Rechtsanwältin
Dr. Sylvia Hochreiter
Mildenburggasse 1
5020 Salzburg
[p] +43 662 453520-0 [f] +43 662 453520-16
kanzlei@recht-salzburg.at www.recht-salzburg.at

S. Hochreiter

11 / 2019

Stolzlechner/Wendl/Bergthaler

(Herausgeber)

Die gewerbliche Betriebsanlage

Ein Handbuch für die Praxis

Mit Beiträgen von

Wolfgang Berger
Wilhelm Bergthaler
Karim Giese
Kerstin Holzinger
Ferdinand Kerschner
Vanessa McAllister
Sylvia Paliege-Barfuß
Kurt Schmoller
Harald Stolzlechner
Kai Vogelsang
Harald Wendl
Erwin Ziermann

4., überarbeitete Auflage

Wien 2016
MANZ'sche Verlags- und Universitätsbuchhandlung

Zitiervorschlag: *Autor,* [Titel], in *Stolzlechner/Wendl/Bergthaler* (Hrsg), Die gewerbliche Betriebsanlage[4] (2016) [Rz]

Beispiel: *Vogelsang,* Verordnungen im Betriebsanlagenrecht, in *Stolzlechner/Wendl/Bergthaler* (Hrsg), Die gewerbliche Betriebsanlage[4] (2016) Rz 254

ISBN 978-3-214-08352-6

© 2016 MANZ'sche Verlags- und Universitätsbuchhandlung GmbH, Wien
Telefon: (01) 531 61-0
E-Mail: verlag@manz.at
www.manz.at
Druck: FINIDR, s.r.o., Český Těšín

Vorwort zur vierten Auflage

Seit der 3. Auflage (2008) ist wiederum ein längerer Zeitraum verstrichen, in dem das gewerbliche Betriebsanlagenrecht durch zahlreiche Gesetzesnovellen und andere Rechtsakte (zB 2. GenehmigungsfreistellungsV BGBl II 2015/80) teils gravierend geändert wurde. Die Gesetzesnovellen zielen vorrangig auf Deregulierung und Verwaltungsvereinfachung ab, daneben dienen sie vielfach der Anpassung an unionsrechtliche Vorgaben. Mit BGBl I 2010/66 wurde die Gastgartenregelung in das gew BA-Recht in Form einer Genehmigungsfreistellung übergeführt und eine Anzeigepflicht vorgesehen (§ 76 a). Diese Neuerung war freilich mit Problemen verbunden: Der VfGH sah sich zweimal veranlasst, bestimmte Wortfolgen des § 76 a als verfassungswidrig aufzuheben (vgl BGBl I 2012/6; BGBl I 2014/60). Mit einer GewO-Nov BGBl I 2012/85 wurden bestimmte Neuerungen in Bezug auf das Genehmigungsverfahren eingeführt, zB bzgl der Kundmachung von mündlichen Verhandlungen. Mit BGBl I 2013/85 (GewRNov 2013 I) wurde ein umfangreiches Maßnahmenpaket namentlich zur Erleichterung von Unternehmensgründungen und Betriebsübergaben umgesetzt. Darin wurden zB eine Ermächtigung zur Aufhebung bzw Abänderung von Auflagen und die Genehmigung von Abweichungen vom Genehmigungsbescheid vorgesehen; ferner die Parteistellung in solchen Verfahren entsprechend angepasst. Auch Betriebsübernahmen wurden durch einschlägige Regelungen erleichtert. Weiters wurden die Ausnahmen von der Genehmigungspflicht erweitert, zB durch Freistellung von Anlagenänderungen von vorübergehender Dauer und von nachbarneutralen Änderungen einer Betriebsanlage. Ferner wurde das Ediktalverfahren neu gestaltet und es wurden in § 356 Abs 1 neue Formen der Bekanntgabe einer mündlichen Verhandlung eingeführt. Schließlich wurden mit der GewRNov 2013 I auch die aufgrund der neuen Verwaltungsgerichtsbarkeit (BGBl I 2012/51) erforderlichen Änderungen vorgesehen (vgl zB § 359 Abs 4; Bescheidbeschwerde).

Die Anpassung des gewerblichen Betriebsanlagenrechts an unionsrechtliche Vorgaben wurde zunächst durch die GewONov BGBl I 2013/125 (GewRNov 2013 II) vorgenommen; darin wurde das rechtliche Regime der IPPC-Anlagen in wesentlichen Teilen erneuert. Jüngst wurde mit einer umfassenden Seveso III-Nov BGBl I 2015/81 das nationale Gewerberecht an die geänderte Seveso III-RL angepasst. Alle diese rechtlichen Änderungen und dazu die sich ständig fortentwickelnde Rechtsprechung des VwGH und (seit 1. 1. 2014) der VwG der Länder waren in die einzelnen Beiträge aufzunehmen und entsprechend nachzuzeichnen. Alle Beiträge wurden wieder auf den Stand der aktuellen Rechtslage unter Einbeziehung der höchstgerichtlichen Judikatur und der einschlägigen Literatur, jeweils unter Beachtung der Auswirkungen der Verwaltungsgerichtsbarkeits-Nov BGBl I 2012/51 iVm dem VwGVG, gebracht. Die möglichst praxisorientierte Darstellung der Rechtsfragen in den einzelnen Beiträgen wurde beibehalten.

Das Team der Herausgeber ist gleich geblieben. Bei den Autoren gab es kleine personelle Änderungen: Univ.-Prof. Dr. *Herbert Wegscheider* schied aus Altersgründen aus. Seinen Beitrag „Gerichtliche Straftaten im Zusammenhang mit gewerblichen Betriebsanlagen" übernahmen Univ.-Prof. Dr. *Kurt Schmoller* und Mag. *Vanessa McAllister.* Dazugekommen ist ferner Dr. *Kerstin Holzinger,* die gemeinsam mit Dr. *Wilhelm Bergthaler* für die Bearbeitung zweier Beiträge verantwortlich zeichnet.

Bei der Bearbeitung der 4. Auflage wurden wir wiederum von Mitarbeitern des Fachbereichs Öffentliches Recht an der Universität Salzburg unterstützt: *Brigitte Weissenbrunner* und *Martina Wurnitsch* haben große Teile des Manuskripts geschrieben und auch sonst jede technische Unterstützung gewährt. MMag. *Christian Aufreiter,* Mag. *Johannes Stoll, Thomas Müller* sowie *Silvia Steinbauer* haben uns durch Recherchetätigkeiten, Fahnenkorrektur und bei der Anfertigung des Sachregisters unterstützt. Allen Mitarbeitern sei für ihre wertvolle Arbeit aufrichtig gedankt.

Salzburg/Wien, Jänner 2016

Harald Stolzlechner
Harald Wendl
Wilhelm Bergthaler

Vorwort zur dritten Auflage

Seit Herausgabe der zweiten Auflage des Handbuchs (1991), einschließlich des Ergänzungsbandes (1994), ist ein erheblicher Zeitraum verstrichen. Das gewerbliche Betriebsanlagenrecht blieb zwar seiner Grundkonzeption nach unverändert, dennoch gab es in diesem Zeitraum wichtige rechtliche Änderungen; die wichtigsten davon waren: Mit einer AVG-Novelle BGBl I 1998/158 wurden die Durchführung einer mündlichen Verhandlung und die Parteistellung der Nachbarn im gewerblichen Betriebsanlagengenehmigungsverfahren grundsätzlich neu gestaltet. Ferner wurde das „vereinfachte Genehmigungsverfahren" (§ 359b GewO) durch Grundsatzentscheidungen des VfGH an rechtsstaatliche Standards angepasst. Weiters wurde ein Konzentrationsverfahren (§ 356b GewO) eingeführt. Wesentliche Anstöße zur Fortentwicklung des Betriebsanlagenrechts kamen vom Europarecht. So wurden in Umsetzung der IPPC-RL ein integriertes Umweltverfahren für bestimmte Betriebstypen eingeführt oder in Umsetzung der Seveso-II-RL für umweltgefährdende Betriebe besondere Kontroll- und Meldepflichten vorgesehen. An Bedeutung zugenommen hat für gewerbliche Betriebsanlagen ferner das UVP-Verfahren, dem ein eigener Beitrag gewidmet ist. Schließlich hat auch die Erlassung verschiedener Nebengesetze (IG-L, EG-K, Bundes-LärmG etc) zu Neuerungen geführt. Alle diese Änderungen der gesetzlichen Grundlagen wurden durch Weiterentwicklungen in Judikatur und Literatur begleitet.

Die skizzierten rechtlichen Änderungen haben Niederschlag im Inhalt der neuen Auflage des Handbuchs gefunden: Überholte Beiträge wurden ausgeschieden, vor allem aber neue Beiträge (zB über die gemeinschaftsrechtlichen Grundlagen des Betriebsanlagenrechts) in das Handbuch aufgenommen. Die Beiträge wurden inhaltlich auf den Stand der aktuellen Rechtslage unter Einbeziehung der höchstgerichtlichen Judikatur und Literatur gebracht. Das Grundkonzept einer möglichst praxisorientierten Darstellung der Rechtsfragen wurde beibehalten.

Im Hinblick auf den seit der zweiten Auflage verstrichenen langen Zeitraum sind auch personelle Änderungen notwendig geworden: Em. RA Prof. Dr. *Rudolf Zitta* ist aus Altersgründen ausgeschieden, an seiner statt wurde RA Dr. *Wilhelm Bergthaler* (Wien/Salzburg) in das Herausgeberteam aufgenommen. Damit wurde die bewährte Konstellation beibehalten, dass ein Wissenschafter, ein Praktiker der öffentlichen Verwaltung und ein Rechtsanwalt ihre je unterschiedlichen Erfahrungen und Kenntnisse in die Herausgeberschaft des Buches einbringen. Überdies konnten weitere Experten als neue Autoren gewonnen werden, so (in alphabetischer Reihenfolge) Dr. *Wolfgang Berger* (VwGH), Ass.-Prof. Dr. *Karim Giese* (Universität Salzburg), Univ.-Prof. Dr. *Ferdinand Kerschner* (Universität Linz), MR Mag. *Sylvia Paliege-Barfuß* (Bundesministerium für Wirtschaft und Arbeit), Mag. *Kai Vogelsang* (Amt der Salzburger Landesregierung) sowie Mag. *Erwin Ziermann* (Mitglied des UVS Salzburg).

Bei der Bearbeitung der dritten Auflage waren wiederum Mitarbeiter des Fachbereichs Öffentliches Recht der Universität Salzburg behilflich, namentlich *Brigitte Weissenbrunner* und *Martina Wurnitsch* bei der technischen Betreuung des Manuskripts und Mag. *Marlene Mayer* und Mag. *Andreas Wimmer* bei der Fahnenkorrektur. Für ihre Mitarbeit sei ihnen aufrichtig gedankt.

Aufgrund der vielen rechtlichen Änderungen hat der Umfang der neuen Auflage zugenommen. Die Herausgeber hoffen, dass auch die Neuauflage des Handbuchs in Wissenschaft und Praxis eine ähnlich gute Aufnahme finden möge wie die Vorauflagen.

Salzburg/Wien, Juni 2008

Harald Stolzlechner
Harald Wendl
Wilhelm Bergthaler

Aus dem Vorwort zur ersten Auflage 1986

Im Jänner 1983 veranstaltete die Arbeitsgemeinschaft Recht + Fortbildung (damals noch unter dem Namen Arbeitsgemeinschaft Salzburger Rechtsanwälte) im Rahmen ihres Fortbildungsprogrammes für Juristen ein Seminar über das Thema „Die gewerbliche Betriebsanlage". Von vornherein war geplant, die Beiträge zu diesem Seminar mit einigen Abstrichen und Ergänzungen auch als Buch zu veröffentlichen. Die Zielsetzungen des Buches sind dieselben wie die des Seminars: Im Vordergrund sollte nicht die Erarbeitung neuer wissenschaftlicher Erkenntnisse stehen, sondern die möglichst verständliche Aufbereitung eines wirklich schwierigen Rechtsgebietes, um den Praktikern den Zugang dazu zu erleichtern.

Insbesondere wurde großer Wert auf eine einheitliche formale Gestaltung der Beiträge gelegt. Die Herausgeber unternahmen es deshalb, die Beiträge der Autoren nach einheitlichen Gesichtspunkten ziemlich stark und übersichtlich zu gliedern, verhältnismäßig kleine Gedankeneinheiten zu bilden, zwischen Haupttexten und Nebentexten zu unterscheiden; dabei wurden aber im Interesse der Übersichtlichkeit weitere Untergliederungen vermieden. Auf Fußnoten wurde daher ebenfalls verzichtet. Als Anknüpfungspunkt zum Auffinden von Textstellen wurden durchgehende Randzahlen gewählt. Mit all dem sollte erreicht werden, daß sich auch der im Betriebsanlagenrecht nicht erfahrene Praktiker im Buch rasch und leicht zurechtfindet.

Dem Anliegen des Seminars und des Buches entsprechend, waren an der Gestaltung des Seminars und des Buches Juristen verschiedener Berufe beteiligt: ein Wissenschafter aus dem Fachgebiet des öffentlichen Rechts, ein Verwaltungsbeamter mit besonderen Kenntnissen und Erfahrungen im Betriebsanlagenrecht und ein in der Praxis stehender Rechtsanwalt mit langjähriger Erfahrung in der Fortbildung von Juristen. Auch die Autoren der Beiträge des Handbuches kommen teils aus der Wissenschaft, teils aus der Praxis.

Mit der Herausgabe des Buches wird einem besonderen Anliegen des Salzburger Instituts für juristische Information und Fortbildung entsprochen: der Förderung des wechselseitigen Verständnisses der Rechtswissenschaft und der Rechtspraxis füreinander.

Salzburg, im September 1985
Harald Stolzlechner
Harald Wendl
Rudolf Zitta

Autorenverzeichnis

RA Dr. *Wolfgang Berger,* Partner von Haslinger, Nagele & Partner, Linz – Wien

Hon.-Prof. RA Dr. *Wilhelm Bergthaler,* Partner von Haslinger, Nagele & Partner, Linz – Wien

Ass.-Prof. Mag. Dr. *Karim Giese,* Universität Salzburg

Dr. *Kerstin Holzinger,* Kanzlei Haslinger, Nagele & Partner, Linz – Wien

Univ.-Prof. i. R. Dr. *Ferdinand Kerschner,* Universität Linz

Univ.-Ass. Mag. *Vanessa McAllister,* LLB. oec., Universität Salzburg

MR Mag. *Sylvia Paliege-Barfuß,* Bundesministerium für Wissenschaft, Forschung und Wirtschaft

Univ.-Prof. Dr. *Kurt Schmoller,* Universität Salzburg

Univ.-Prof. Dr. *Harald Stolzlechner,* Universität Salzburg

Mag. *Kai Vogelsang,* Referatsleiter beim Amt der Salzburger Landesregierung

HR i. R. Dr. *Harald Wendl,* ehemaliger Abteilungsleiter beim Amt der Salzburger Landesregierung

Mag. *Erwin Ziermann,* Mitglied des Landesverwaltungsgerichts Salzburg

Inhaltsverzeichnis

Erster Teil

Lexikon und Verfahrensübersicht

Zweiter Teil

I.

Betriebsanlage und Genehmigungspflicht

II.

Schutzbereiche (Genehmigungsvoraussetzungen)

III.

Stellung der Nachbarn

IV.
Die Betriebsanlage im Unions- und Verfassungsrecht sowie im sonstigen öffentlichen Recht

V.
Auflagen

VI.
Anlagenänderung

VII.
Bescheidänderung

Dritter Teil
Überwachung, Zwangsmaßnahmen und Strafen

Abkürzungsverzeichnis

aA	=	anderer Ansicht, anderer Auffassung
AAV	=	Allgemeine Arbeitnehmerschutzverordnung BGBl 1983/218 idF zuletzt BGBl II 2014/77
AB 2000	=	Bericht des Handelsausschusses zur GewRNov 2000 (212 BlgNR 21. GP)
AB 2013 II	=	Bericht des Ausschusses für Wirtschaft und Industrie zur Regierungsvorlage zur GewRNov 2013 II (2393 BlgNR 24. GP)
ABGB	=	Allgemeines bürgerliches Gesetzbuch JGS 946 idF zuletzt BGBl I 2015/87
Abs	=	Absatz
aE	=	am Ende
ALSAG	=	Altlastensanierungsgesetz BGBl 1989/299 idF zuletzt BGBl I 2013/103
Alt	=	Alternative
aM	=	anderer Meinung
AnlRNov 2006	=	Anlagenrechtsnovelle 2006 BGBl I 2006/84
Anm	=	Anmerkung
ArbIG	=	Arbeitsinspektionsgesetz 1993 BGBl 1993/27 idF zuletzt BGBl I 2015/101
arg	=	argumento (= folgt aus)
Art	=	Artikel
ASchG	=	ArbeitnehmerInnenschutzgesetz BGBl 1994/450 idF zuletzt BGBl I 2015/60
AtomHG	=	Atomhaftungsgesetz 1999 BGBl I 1999/170 idF zuletzt BGBl I 2003/33
AußWG	=	Außenwirtschaftsgesetz 2011 BGBl I 2011/26 idF zuletzt BGBl I 2013/37
AVG	=	Allgemeines Verwaltungsverfahrensgesetz 1991 BGBl 1991/51 idF zuletzt BGBl I 2013/161
AWG	=	Abfallwirtschaftsgesetz 2002 BGBl I 2002/102 idF zuletzt BGBl I 2013/193
BA	=	Betriebsanlage(-n)
BAO	=	Bundesabgabenordnung BGBl 1961/194 idF zuletzt BGBl I 2015/118
bbl	=	Baurechtliche Blätter
Bd	=	Band
Beh	=	Behörde(-n)
Besch	=	Beschuldigte(-r)
Bf	=	Beschwerdeführer(-in)
BFG	=	Bundesfinanzgericht
BG	=	Bundesgesetz
BGBl I 2005/85	=	Zitierweise Bundesgesetzblatt (Teil, Jahr/Nr)
BGHSlg	=	Sammlung der Erkenntnisse, Beschlüsse und Rechtssätze des österreichischen Bundesgerichtshofes (1934–1938)
BK	=	Bundeskanzler
BLRG	=	Bundesluftreinhaltegesetz BGBl I 2002/137 idF zuletzt BGBl I 2013/97
BM	=	Bundesminister
BMHGI	=	Bundesminister für Handel, Gewerbe und Industrie (Vorgängerbezeichnung für BMwAng)
BMGSK	=	Bundesminister für Gesundheit, Sport und Konsumentenschutz
BMLFUW	=	Bundesminister für Land- und Forstwirtschaft, Umwelt und Wasserwirtschaft
BMUJF	=	Bundesminister für Umwelt, Jugend und Familie (hinsichtlich Umwelt jetzt BMLFUW)
BMVIT	=	Bundesminister für Verkehr, Innovation und Technologie

BMwAng	= Bundesminister für wirtschaftliche Angelegenheiten (Vorgängerbezeichnung für BMWA)
BMWFW	= Bundesminister für Wissenschaft, Forschung und Wirtschaft
BStG	= Bundesstraßengesetz 1971 BGBl 1971/286 idF zuletzt BGBl I 2013/96
Budw	= Erkenntnisse des kk Verwaltungsgerichtshofes, zusammengestellt von *Budwinski* [Nummer]
BVB	= Bezirksverwaltungsbehörde
BVE	= Beschwerdevorentscheidung
B-VG	= Bundes-Verfassungsgesetz BGBl 1930/1 idF zuletzt BGBl I 2014/102
BVwG	= Bundesverwaltungsgericht
bzgl	= bezüglich
bzw	= beziehungsweise
DE 1988	= Durchführungserlass zur GewRNov 1988
DE 1992	= Durchführungserlass zur GewRNov 1992
dgl	= dergleichen
dh	= das heißt
diesbzgl	= diesbezüglich
DIN	= Deutsche Industrienorm
DMSG	= Denkmalschutzgesetz BGBl 1923/533 idF zuletzt BGBl I 2013/92
DSG	= Datenschutzgesetz 2000 BGBl I 1999/165 idF zuletzt BGBl I 2015/132
DV	= Durchführungsverordnung(-en)
EB	= Erläuternde Bemerkungen
EB GewO 1973	= Erläuternde Bemerkungen zur Regierungsvorlage zur GewO 1973 (395 BlgNR 13. GP)
EB GewRNov 1988	= Erläuternde Bemerkungen zur Regierungsvorlage zur GewRNov 1988 (341 BlgNR 17. GP)
EB 1997	= Erläuternde Bemerkungen zur Regierungsvorlage zur GewRNov 1997 (575 BlgNR 20. GP)
EB 2012	= Erläuternde Bemerkungen zur Regierungsvorlage zur GewRNov 2012 (1800 BlgNR 24. GP)
EB 2013 I	= Erläuternde Bemerkungen zur Regierungsvorlage zur GewRNov 2013 I (2197 BlgNR 24. GP)
EEffG	= Bundes-Energieeffizienzgesetz BGBl I 2014/72
EG-K	= Emissionsschutzgesetz für Kesselanlagen BGBl I 2013/127 idF zuletzt Art 2 BGBl I 2015/81
EG-L	= Emissionshöchstmengengesetz-Luft BGBl I 2003/34
EGVG	= Einführungsgesetz zu den Verwaltungsverfahrensgesetzen 2008 BGBl 2008/87 idF zuletzt BGBl I 2013/33
EisbG	= Eisenbahngesetz 1957 BGBl 1957/60 idF zuletzt BGBl I 2015/137
ElWOG	= Elektrizitätswirtschafts- und Organisationsgesetz BGBl I 2010/110 idF zuletzt BGBl I 2013/174
EMRK	= Europäische Konvention zum Schutz der Menschenrechte und Grundfreiheiten samt Zusatzprotokoll BGBl 1958/210 idF zuletzt BGBl III 2010/47
Erk	= Erkenntnis(se)
etc	= et cetera
EuGH	= Europäischer Gerichtshof
EvBl	= Evidenzblatt der Rechtsmittelentscheidungen (in „Österreichische Juristen-Zeitung")
EZG	= Emissionszertifikategesetz 2011 BGBl I 2011/118 idF zuletzt BGBl I 2015/128

FinStrG	=	Finanzstrafgesetz BGBl 1958/129 idF zuletzt BGBl I 2015/118
FN	=	Fußnote
G	=	Gesetz
gem	=	gemäß
gew	=	gewerblich(-e, -en, -er, -es)
gew BA	=	gewerbliche Betriebsanlage(-n)
GewO (1994)	=	Gewerbeordnung 1994 BGBl 1994/194 idF zuletzt BGBl I 2015/155
GewONov 1993	=	Gewerberechts-Novelle 1993 BGBl 1993/29
GewONov 2000	=	Gewerbeordnungs-Novelle 2000 BGBl I 2000/88
GewRNov 1988	=	Gewerberechts-Novelle 1988 BGBl 1988/399
GewRNov 1992	=	Gewerberechts-Novelle 1992 BGBl 1993/29
GewRNov 1997	=	Gewerberechts-Novelle 1997 BGBl I 1997/63
GewRNov 2002	=	Gewerberechts-Novelle 2002 BGBl I 2002/111
GewRNov 2005	=	Gewerberechts-Novelle 2005 BGBl I 2005/85
GewRNov 2010 I	=	Gewerbeordnungs-Novelle 2010 BGBl I 2010/111
GewRNov 2012	=	Gewerbeordnungs-Novelle 2012 BGBl I 2012/85
GewRNov 2013 I	=	Gewerbeordnungs-Novelle 2013 BGBl I 2013/85
GewRNov 2013 II	=	Gewerbeordnungs-Novelle 2013 BGBl I 2013/125
Gf	=	Geschäftsführer
GFA-RL	=	RL 2001/80/EG des Europäischen Parlaments und des Rates vom 23. 10. 2001 zur Begrenzung von Schadstoffemissionen von Großfeuerungsanlagen in die Luft
GlU	=	Sammlung der zivilrechtlichen Entscheidungen des kk OGH, hrsg von *Glaser* und *Unger*
GRC	=	Charta der Grundrechte der Europäischen Union ABl C 2007/303, 1; ABl C 2010/83, 389; ABl C 2012/326, 391; BGBl III 2009/139
grds	=	grundsätzlich
GSpG	=	Glücksspielgesetz BGBl 1989/620 idF zuletzt BGBl I 2015/118
hA	=	herrschende Ansicht
hL	=	herrschende Lehre
hM	=	herrschende Meinung
Hrsg	=	Herausgeber
iaR	=	in aller Regel
idF	=	in der Fassung
idgF	=	in der geltenden Fassung
idR	=	in der Regel
IE-R	=	RL 2010/75/EU des Europäischen Parlaments und des Rates vom 24. 11. 2010 über Industrieemissionen (integrierte Vermeidung und Verminderung der Umweltverschmutzung) ABl L 334/2010, 17
IG-L	=	Immissionsschutzgesetz – Luft BGBl I 1997/115 idF zuletzt BGBl I 2010/77
insb	=	insbesondere
IPPC-Richtlinie	=	RL 96/61/EG des Rates vom 24. 9. 1996 über die integrierte Vermeidung und Verminderung der Umweltverschmutzung, ABl L 257/1996, 26; neu kodifiziert durch RL 2008/1/EG vom 15. 1. 2008, ABl L 24/2008, 8
iS	=	im Sinne
iSd	=	im Sinne des/der
IUR/IUTR	=	Institut für Umweltrecht der JKU Linz/Institut für Umwelt- und Technikrecht der Universität Trier
IUV	=	Industrieunfallverordnung BGBl II 2015/229
iVm	=	in Verbindung mit
iZm	=	im Zusammenhang mit

Abkürzungsverzeichnis

JBl	= Juristische Blätter
JMW	= Jahresmittelwert
JRP	= Journal für Rechtspolitik
Jud	= Judikatur
K	= Kundmachung
KesselG	= Kesselgesetz BGBl 1992/211 idF zuletzt BGBl I 2012/28
KFG	= Kraftfahrgesetz 1967 BGBl 1967/267 idF zuletzt BGBl I 2015/73
KorrStrÄG 2012	= Korruptionsstrafrechtsänderungsgesetz 2012 BGBl I 2012/61
leg cit	= legis citatae
LFG	= Luftfahrtgesetz BGBl 1957/253 idF zuletzt BGBl I 2015/61
LG	= Landesgesetz
LGBl	= Landesgesetzblatt
LH	= Landeshauptmann
lit	= litera
LMSVG	= Lebensmittelsicherheits- und Verbraucherschutzgesetz BGBl I 2005/151 idF zuletzt BGBl I 2015/144
LPolDion	= Landespolizeidirektion
LReg	= Landesregierung
LRG-K	= Luftreinhaltegesetz für Kesselanlagen BGBl 1988/380 idF zuletzt BGBl I 2004/150 (außer Kraft; vgl BGBl I 2013/127)
LRV-K	= Luftreinhalteverordnung für Kesselanlagen 1989 BGBl 1989/19 idF zuletzt BGBl II 2007/292 (außer Kraft; vgl BGBl I 2013/127)
LVwG	= Landesverwaltungsgericht(e)
mAnm	= mit Anmerkung
MinroG	= Mineralrohstoffgesetz BGBl I 1999/38 idF zuletzt BGBl I 2015/80
MSchG	= Markenschutzgesetz 1970 BGBl 1970/260 idF zuletzt BGBl I 2015/130
mwN	= mit weiteren Nachweisen
Nov	= Novelle
ÖAL	= Österreichischer Arbeitsring für Lärmbekämpfung
OGH	= Oberster Gerichtshof
ÖGZ	= Österreichische Gemeindezeitung
ÖJZ	= Österreichische Juristenzeitung
ÖZG 2003	= Öffnungszeitengesetz 2003 BGBl I 2003/48 idF zuletzt BGBl I 2007/62
ÖZW	= Österreichische Zeitschrift für Wirtschaftsrecht
PatG	= Patentgesetz 1970 BGBl 1970/259 idF zuletzt BGBl I 2013/126
RdU	= Recht der Umwelt
RdU-U&T	= Recht der Umwelt, Beilage Umwelt & Technik
RFG	= Rechts- und Finanzierungspraxis der Gemeinden
rk	= rechtskräftig
RL	= Richtlinie
ROG	= Raumordnungsgesetz(-e)
Rsp	= Rechtsprechung
RV	= Regierungsvorlage
Rz	= Randzahl
RZ	= (Österreichische) Richterzeitung
s	= siehe
Satz	= Satz

XIV

Sbg L-BG	= Salzburger Landes-Beamtengesetz LGBl 1987/1 idF zuletzt LGBl 2015/94
SchFG	= Schifffahrtsgesetz BGBl I 1997/62 idF zuletzt BGBl I 2015/61
SeilbG	= Seilbahngesetz 2003 BGBl I 2003/103 idF zuletzt BGBl I 2012/40
Seveso-III-Nov	= BG, mit dem die Gewerbeordnung 1994 geändert wird (Seveso III – Novelle) und mit dem das Emissionsschutzgesetz für Kesselanlagen geändert wird BGBl I 2015/81
sog	= sogenannte(-r, -s)
SPG	= Sicherheitspolizeigesetz BGBl 1991/566 idF zuletzt BGBl I 2014/97
SPRW	= Spektrum der Rechtswissenschaft
StA	= Staatsanwalt, -schaft
StGG	= Staatsgrundgesetz über die allgemeinen Rechte der Staatsbürger RGBl 1867/142 idF zuletzt BGBl I 1988/684
StGB	= Strafgesetzbuch BGBl 1974/60 idF zuletzt BGBl I 2015/113
StPO	= Strafprozessordnung 1975 BGBl 1975/631 idF zuletzt BGBl I 2015/112
StPRÄG 2014	= Strafprozessrechtsänderungsgesetz 2014 BGBl I 2014/71
StrSchG	= Strahlenschutzgesetz BGBl 1969/227 idF zuletzt BGBl I 2015/133
stRsp	= ständige Rechtsprechung
StVO	= Straßenverkehrsordnung 1960 BGBl 1960/159 idF zuletzt BGBl I 2015/123
SUP-RL	= RL 2001/42/EG des Europäischen Parlaments und des Rates über die Prüfung der Umweltauswirkungen bestimmter Pläne und Programme
SV	= Der Sachverständige
SZ	= Entscheidungen des OGH in Zivilsachen (Bd/Nr)
TabG	= Tabakgesetz BGBl I 1995/431 idF zuletzt BGBl I 2015/101
TMW	= Tagesmittelwert
TN	= Teilnovelle zum ABGB
TSchG	= Tierschutzgesetz BGBl I 2004/118 idF zuletzt BGBl I 2013/80
ua	= und andere(-m, -n)
UBA	= Umweltbundesamt
udgl	= und dergleichen
UFG	= Umweltfondsgesetz BGBl 1983/567 idF zuletzt BGBl 1990/325
UIG	= Umweltinformationsgesetz BGBl 1993/495 idF zuletzt BGBl I 2015/95
US	= Umweltsenat
uUmwSen	= Unabhängiger Umweltsenat
UVP-G	= Umweltverträglichkeitsprüfungsgesetz 2000 BGBl 1993/697 idF zuletzt BGBl I 2014/14
UVP-RL	= RL 2011/92/EU des Europäischen Parlaments und des Rates vom 13. 12. 2011 über die Umweltverträglichkeitsprüfung bei bestimmten öffentlichen und privaten Projekten, ABl L 26/2012, 1
UVS	= Unabhängiger Verwaltungssenat
UWG	= Gesetz gegen unlauteren Wettbewerb 1984 BGBl 1984/448 (Wv) idF zuletzt BGBl I 2015/49
uzw	= und zwar
V	= Verordnung(-en)
VAG	= Veranstaltungsgesetz (eines Landes)
VA	= Verkehrsausschuss
VbVG	= Verbandsverantwortlichkeitsgesetz BGBl I 2005/151 idF zuletzt BGBl I 2007/112
VerwRefG 2001	= Verwaltungsreformgesetz 2001 BGBl I 2002/65
verst Sen	= verstärkter Senat
VfGH	= Verfassungsgerichtshof
VfSlg	= Sammlung der Erkenntnisse und Beschlüsse des VfGH

Abkürzungsverzeichnis

vgl	= vergleiche
VStG	= Verwaltungsstrafgesetz 1991 BGBl 1991/52 idF zuletzt BGBl I 2013/33
VVG	= Verwaltungsvollstreckungsgesetz 1991 BGBl 1991/53 idF zuletzt BGBl I 2013/33
VwG	= Verwaltungsgericht(e)
VwGG	= Verwaltungsgerichtshofgesetz 1985 BGBl 1985/10 idF zuletzt BGBl I 2013/122
VwGH	= Verwaltungsgerichtshof
VwGVG	= Verwaltungsgerichtsverfahrensgesetz BGBl I 2013/33 idF zuletzt BGBl I 2015/82
VwSlg	= Sammlung der Erkenntnisse und Beschlüsse des VwGH
wbl	= Wirtschaftsrechtliche Blätter
WEG	= Wohnungseigentumsgesetz 2002 BGBl I 2002/70 idF zuletzt BGBl I 2015/87
WRG	= Wasserrechtsgesetz 1959 BGBl 1959/215 idF zuletzt BGBl I 2014/54
WRG-Nov 1990	= Wasserrechtsgesetz-Novelle 1990 BGBl 1990/252
wr	= wasserrechtlich(e)
Wv	= Wiederverlautbarung
ww	= wasserwirtschaftliche(s)
WWSGG	= Wald- und Weideservituten-Grundsatzgesetz BGBl 1951/103 idF zuletzt BGBl I 2013/189
Z	= Ziffer
Zak	= Zivilrecht aktuell
zB	= zum Beispiel
ZBl	= Zentralblatt für die juristische Praxis (1883–1938)
ZfV	= Zeitschrift für Verwaltung
ZfVB	= Beilage zur Zeitschrift für Verwaltung (Die administrativrechtlichen Entscheidungen des VwGH und die verwaltungsrechtlich relevanten Entscheidungen des VfGH)
zit	= zitiert(-e, -en, -er usw)
ZivRÄG 2004	= Zivilrechts-Änderungsgesetz 2004 BGBl I 2003/91
Zl	= Zahl
ZPMRK	= Zusatzprotokoll zur EMRK
ZTR	= Zeitschrift für Energie- und Technikrecht
ZUR	= Zeitschrift für Umweltrecht
ZustellG	= Zustellgesetz BGBl 1982/200 idF zuletzt BGBl I 2013/33
ZUV	= Zeitschrift der Unabhängigen Verwaltungssenate
ZVG	= Zeitschrift der Verwaltungsgerichtsbarkeit
ZVR	= Zeitschrift für Verkehrsrecht

Paragraphen ohne Angabe der Rechtsquelle sind solche der GewO 1994.

Verzeichnis der abgekürzt zitierten Literatur

Antoniolli/Koja, AVR[3]   = *Antoniolli/Koja*, Allgemeines Verwaltungsrecht[3] (1996)

Berka, VfR[5]   = *Berka*, Verfassungsrecht[5] (2014)

E/R/W (zB § . . . Rz . . .)   = *Ennöckl/Raschauer/Wessely* (Hrsg), Kommentar zur Gewerbeordnung 1994, Bd I, Bd II (2015)

Fischer/Pabel/Raschauer (Hrsg), Handbuch   = *Fischer/Pabel/Raschauer* (Hrsg), Handbuch der Verwaltungsgerichtsbarkeit (2014)

Grabenwarter/Fister, VerwVerfR[4]   = *Grabenwarter/Fister*, Verwaltungsverfahrensrecht und Verwaltungsgerichtsbarkeit[4] (2014)

Grabler/Stolzlechner/Wendl, GewO[3]   = *Grabler/Stolzlechner/Wendl*, GewO Kommentar[3] (2011)

Grabler/Stolzlechner/Wendl, GewO-KK   = *Grabler/Stolzlechner/Wendl*, GewO-Kurzkommentar (2014)

Gruber/Paliege-Barfuß, GewO[7]   = *Gruber/Paliege-Barfuß*, Die Gewerbeordnung samt gewerberechtlichen Verordnungen, Nebengesetzen und EU-Recht (Loseblattwerk, Stand März 2015)

Hauer, Gerichtsbarkeit[3]   = *Hauer*, Gerichtsbarkeit des öffentlichen Rechts[3] (2014)

Hengstschläger/Leeb, VerwVerfR[5]   = *Hengstschläger/Leeb*, Verwaltungsverfahrensrecht[5] – Verfahren vor den Verwaltungsbehörden und Verwaltungsgerichten (2014)

Hengstschläger/Leeb, AVG I[2], II, III, IV (zB § . . . Rz . . .) = *Hengstschläger/Leeb*, Kommentar zum Allgemeinen Verwaltungsverfahrensgesetz, Bd I[2] (§§ 1 – 36 AVG) 2014, Bd II (§§ 37 – 62 AVG) 2005, Bd III (§§ 63 – 67 h AVG) 2007, Bd IV (§§ 68 – 82 a) 2009

Kolonovits/Muzak/Stöger, VerwVerfR[10]   = *Kolonovits/Muzak/Stöger*, Grundriss des österreichischen Verwaltungsverfahrensrechts[10] (2014)

Mayer/Kucsko-Stadlmayer/Stöger, BVerfR[11] = *Mayer/Kucsko-Stadlmayer/Stöger*, Grundriss des österreichischen Bundesverfassungsrechts[11] (2015)

Öhlinger/Eberhard, VerfR[10]   = *Öhlinger/Eberhard*, Verfassungsrecht[10] (2014)

Potacs, Betriebsanlagenrecht   = *Potacs*, Gewerbliches Betriebsanlagenrecht, in *Holoubek/Potacs* (Hrsg), Öffentliches Wirtschaftsrecht II[3] (2013) 839

B. Raschauer, AVR[4]   = *B. Raschauer*, Allgemeines Verwaltungsrecht[4] (2013)

Thienel/Schulev-Steindl, VerwVerfR[5]   = *Thienel/Schulev-Steindl*, Verwaltungsverfahrensrecht[5] (2009)

Erster Teil

Lexikon und Verfahrensübersicht

A. Lexikon des Betriebsanlagenrechts

Harald Stolzlechner / Harald Wendl / Wilhelm Bergthaler

Übersicht

3

Abänderung von Auflagen s Lexikon „Aufhebung (Abänderung) von Auflagen" Rz 14.

1   **Abfälle:** Abfälle sind – nach der **Legaldefinition** der AbfallrahmenRL 2008/98/EG (Art 3 Z 1) – Gegenstände oder Stoffe, deren sich der Besitzer entledigt, entledigen will (subjektiver Abfallbegriff) oder entledigen muss (objektiver Abfallbegriff). Der Bundesgesetzgeber hat – unter Inanspruchnahme seiner Bedarfskompetenz auch für nicht gefährliche Abfälle (Art 10 Abs 1 Z 12 B-VG) – diese Definition in § 2 AWG 2002 umgesetzt und dabei den objektiven Abfallbegriff näher erläutert (bewegliche Sachen, deren „Sammlung, Lagerung, Beförderung und Behandlung als Abfall erforderlich ist, um die öffentlichen Interessen [§ 1 Abs 3 AWG 2002] nicht zu beeinträchtigen").

Seit Inkrafttreten des AWG gibt es für gew Abfallbehandlungsanlagen ein weitgehend von der GewO autonomes **Genehmigungsregime.** Eine „Restzuständigkeit" der Gewerbebehörden besteht lediglich für Anlagen (sofern eine Genehmigungspflicht nach den §§ 74 ff GewO 1994 besteht)

- zur ausschließlich stofflichen Verwertung nicht gefährlicher Abfälle und die damit im Zusammenhang stehende Vorbehandlung (§ 37 Abs 2 Z 1 und 2 AWG) oder
- zur ausschließlich stofflichen Verwertung gefährlicher und nicht gefährlicher Abfälle, die im eigenen Betrieb anfallen (§ 37 Abs 2 Z 3 AWG) oder
- zur thermischen Verwertung nicht gefährlicher Abfälle mit einer thermischen Leistung bis 2,8 MW (§ 37 Abs 2 Z 4 AWG) oder
- zur (Zwischen)Lagerung von Abfällen (§ 37 Abs 2 Z 5 AWG).

Fallen beim Betrieb einer BA selbst Abfälle an, dann ist dem Ansuchen um Genehmigung gem § 353 Z 1 lit c ein Abfallwirtschaftskonzept anzuschließen (s Lexikon „Abfallwirtschaftskonzept" Rz 2). Zur Genehmigungsvoraussetzung des § 77 Abs 4 betreffend Vermeidung, Verwertung oder Entsorgung der beim Betrieb anfallenden Abfälle s

Lexikon „Genehmigung (Voraussetzungen)" Rz 59. Zur Verpflichtung der Behörden gem § 79 b zur Vorschreibung anderer oder zusätzlicher Auflagen iSd § 77 Abs 4 s Lexikon „Vorschreibung anderer oder zusätzlicher Auflagen" Rz 158.

Näheres s *Giese*, Das Betriebsanlagenrecht und andere Bereiche des öffentlichen Rechts Rz 312, *Wendl*, Zulässige und unzulässige Auflagen Rz 349 sowie *Stolzlechner*, Die Rechtskraft und die Änderung von Bescheiden Rz 366.

Abfallwirtschaftskonzept: Jeder Konsenswerber hat für die zu genehmigende BA ein Ab- **2**
fallwirtschaftskonzept zu erstellen und es dem Ansuchen um eine gew BA-Genehmigung als Unterlage anzuschließen. Diese Konzept hat gem § 353 Z 1 lit c – neben allgemeinen Angaben über Branchenzugehörigkeit, den Zweck und verfahrenstechnische Konfiguration – eine abfallrelevante Darstellung des Betriebs (insb der Stoffströme, die vom Produktionsverlauf „abzweigen" und zum Anfall flüssiger oder fester Abfälle führen), Angaben über organisatorische Vorkehrungen zur Einhaltung abfallwirtschaftlicher Rechtsvorschriften und eine Abschätzung der zukünftigen Entwicklung zu enthalten.

Das Abfallwirtschaftskonzept unterliegt der Prüfung der Gewerbebehörden, die auch bestimmte geeignete Auflagen vorschreiben können, um sicherzustellen, dass die Abfälle nach dem Stand der Technik vermieden oder verwertet oder, soweit es wirtschaftlich nicht vertretbar ist, ordnungsgemäß entsorgt werden (§ 77 Abs 4). Ausgenommen davon sind BA, deren Abfälle nur in haushaltsüblicher Menge und Zusammensetzung anfallen. Näheres dazu s Lexikon „Abfälle" Rz 1, „Ansuchen" Rz 9 sowie *Wendl*, Zulässige und unzulässige Auflagen Rz 349.

Zur Verpflichtung der Behörde gem § 79 b zur Vorschreibung anderer oder zusätzlicher Auflagen, wenn die gem § 77 Abs 4 wahrzunehmenden Interessen trotz Einhaltung (ua) des Abfallwirtschaftskonzepts nicht hinreichend geschützt sind, s Lexikon „Vorschreibung anderer oder zusätzlicher Auflagen" Rz 158.

Abwasserbeseitigung s Lexikon „Gewässerschutz" Rz 65.

Abweichungen vom Genehmigungsbescheid: Es kommt in der Gewerbepraxis vor, **3**
dass bei der tatsächlichen Errichtung einer genehmigten BA die Vorschreibungen des Genehmigungsbescheids (zB Auflagen) nicht genau eingehalten werden und folglich die errichtete BA nicht mit der „genehmigten" BA übereinstimmt. Für diesen Fall ermächtigt § 79 c Abs 2 dazu, **„Abweichungen"** vom Genehmigungsbescheid einschließlich seiner Bestandteile mit Bescheid **zuzulassen,** soweit dem nicht der Schutz der nach § 74 Abs 2 wahrzunehmenden Interessen entgegensteht, erforderlichenfalls unter Aufhebung oder Abänderung von vorgeschriebenen Auflagen oder auch Vorschreibung zusätzlicher Auflagen (*„Ersatzregelung"* für den mit GewRNov 2013 II aufgehobenen § 78 Abs 2).

Nach den EB 2013 I ermöglicht diese neue Regelung die **Durchbrechung der Rechtskraft** eines Genehmigungsbescheids. Ein Verfahren gem § 79 c Abs 2 darf nur auf **Antrag des Anlageninhabers** eingeleitet werden (§ 79 c Abs 3).

> Im Falle „bescheidmäßig zugelassener Änderungen" ist eine Genehmigungspflicht nach § 81
> Abs 1 nicht gegeben (§ 81 Abs 2 Z 1). Auf die Abgrenzung zur „echten" Änderung iSd § 81
> Abs 1 ist zu achten; diese darf nur in einem Verfahren nach § 81 Abs 1 genehmigt werden.

Näheres s Lexikon „Konsensgemäßer Zustand" Rz 83 und *Wendl*, Verfahrensübersicht „Verfahren nach § 79c Abs 2" Rz 172 sowie *Stolzlechner*, Die Rechtskraft und die Änderung von Bescheiden Rz 367, 9.3.

Nach § 359 Abs 5 gelten für Bescheide, mit denen gem § 79c Abs 2 Abweichungen vom Genehmigungsbescheid zugelassen werden, die Abs 2 bis 4 des § 359 sinngemäß. Nach § 356 Abs 3 haben in Verfahren (ua) gem § 79c Abs 2 jene Nachbarn **Parteistellung,** deren Parteistellung im ursprünglichen Genehmigungsverfahren aufrecht geblieben ist. Weiters haben nach § 356 Abs 4 in Verfahren gem § 79c Abs 2 Nachbarn auch insoweit Parteistellung, als damit neue oder größere nachteilige Wirkungen iSd § 74 Abs 2 verbunden sein können. Näher dazu *Wendl*, Die Nachbarn und ihre Parteistellung Rz 272, 15.4.

4   **Amtshaftung (im Zusammenhang mit gewerblichen Betriebsanlagen):** Ein nicht auflagengemäßer oder nicht gesetzmäßiger Betrieb einer gew BA kann insb bei Nachbarn oder Kunden zu Schäden (Leben, Gesundheit, Eigentum, dingliche Rechte) führen. Die Gewerbebehörde trifft eine Überwachungspflicht, durch deren Erfüllung derartige Schäden verhindert werden sollen. Ferner ist die Behörde unter bestimmten Voraussetzungen verpflichtet, die Herstellung des auflagengemäßen und gesetzmäßigen Zustandes durch Erlassung von Zwangsmaßnahmen und Strafbescheiden etc sicherzustellen. Die Unterlassung dieser Pflichten kann zur Amtshaftung des verantwortlichen Rechtsträgers (hier: des Bundes) führen.

5   **Amtsrevision:** Gem § 371a ist der LH berechtigt, gegen Erkenntnisse des LVwG *Revision wegen Rechtswidrigkeit* an den VwGH zu erheben (*Amtsrevision;* vgl Art 133 Abs 8 B-VG; davon ausgenommen sind jene Fälle, in denen der BMWFW belangte Behörde im Verfahren vor dem VwG war – hier ergibt sich dessen Revisionsrecht aus Art 133 Abs 6 Z 2 B-VG). Bei der Amtsrevision geht es um die Wahrung objektiven Rechts, nicht subjektiver Rechte. Gegenstand einer Amtsrevision können Erkenntnisse des LVwG „in Verfahren nach diesem Bundesgesetz" sein, also Erkenntnisse in Verfahren betreffend BA und in Gewerbestrafsachen. Bei Inanspruchnahme der Befugnis zur Amtsrevision untersteht der LH als Organ der mittelbaren Bundesverwaltung (Art 102 B-VG) dem Weisungsrecht des BMWFW.

6   **Änderung der Betriebsanlage:** Als Änderung der BA sind alle Maßnahmen an einer bestehenden BA zu verstehen, die vom Genehmigungskonsens abweichen: Erfasst sind sowohl technische oder räumliche Erweiterungen (zB zusätzliche Maschinen, weitere Lagerflächen) als auch bloße Änderungen der Betriebszeiten (zB von Zweischicht- auf Dreischichtbetrieb) oder der Betriebsabläufe (zB geänderter Chemikalieneinsatz).

Wird allerdings der bisherige Betriebszweck (die in der Anlage ausgeübte gewerbliche Tätigkeit) bzw der räumliche oder sachliche Zusammenhalt der BA soweit geändert, dass sich die BA als wesensmäßig gänzlich andere bzw neue BA darstellt, ist nicht mehr von einer Änderung, sondern einer „Gesamtumwandlung" der BA zu sprechen, die dem Genehmigungsregime für Neuanlagen unterliegt.

Das Genehmigungsregime für Änderungen der BA findet sich in § 81: Demgemäß bedürfen Änderungen bei abstrakter Eignung zur Auslösung zusätzlicher (vom bisherigen Konsens nicht gedeckter) Gefährdungen, Belästigungen oder Beeinträchtigungen iSd § 74 Abs 2 einer Genehmigung. In diesem Genehmigungsverfahren sind die Genehmigungsvoraussetzungen des § 77 sinngemäß anzuwenden. Genehmigungsfreie Änderungen sind in § 81 Abs 2 aufgeführt; praktisch bedeutsam sind insb der „Maschinenaustausch", die sog „nachbarneutrale" Änderung und die sog „emissionsneutrale" Änderung (vgl § 81 Abs 2 Z 5, Z 7 und 9).

Ein Sonderregime für Änderungen von IPPC-Anlagen ist in § 81a normiert: Es unterwirft „wesentliche Änderungen" (mit erheblichen nachteiligen Auswirkungen auf die Menschen oder die Umwelt) der vollen Genehmigungspflicht mit Öffentlichkeitsbeteiligung; bloße „Änderungen des Betriebs" (darunter fällt die Änderung der Beschaffenheit oder der Funktionsweise oder eine Erweiterung der BA, die Auswirkungen ausschließlich auf die Umwelt haben kann) sind bloß anzeigepflichtig. Auf sonstige Änderungen von IPPC-Anlagen ist § 81 anzuwenden.

Der unterschiedlich weite Anlagenbegriff der GewO nach der „Einheit der Betriebsanlage" einerseits und dem IPPC-Sonderregime andererseits kann zu besonderen Konstellationen führen: Überschreitet ein Betrieb etwa erstmals die IPPC-Schwellen, so ist dies nach dem IPPC-Regime als Neuerrichtung, nach dem (normalen) gewerberechtlichen Regime als Änderung einer BA zu werten.

Die Änderungsgenehmigung hat auch die bereits genehmigte Anlage so weit zu umfassen, als es wegen der Änderung zur Wahrung der im § 74 Abs 2 umschriebenen Interessen gegenüber der bereits genehmigten Anlage erforderlich ist (§ 81 Abs 1 zweiter Satz). Die Genehmigung der Änderung ist ein antragsbedürftiger Verwaltungsakt. Das Verfahren richtet sich nach den Bestimmungen der §§ 353 ff. Näheres s *Paliege-Barfuß*, Die Änderung der genehmigten Anlage Rz 356 ff; *Vogelsang*, Sonderbestimmungen für IPPC-Anlagen Rz 247 und *Wendl*, Verfahrensübersicht „Verfahren nach § 81" Rz 176.

Anpassung: Werden durch einen BA-Genehmigungsbescheid die gem § 74 Abs 2 wahrzunehmenden Interessen (zB Gesundheit von Nachbarn) nicht hinreichend geschützt, kann die Behörde in einem Verfahren nach § 79 andere oder zusätzliche Auflagen bzw die Vorlage eines Sanierungskonzepts vorschreiben und auf diese Weise für besseren Schutz der Nachbarn sorgen. In der Gewerbepraxis wird dies vielfach als *„Anpassung"* der BA-„Stammgenehmigung" an die tatsächliche Gefährdungs- bzw Belästigungssituation bezeichnet; s dazu Lexikon „Sanierungskonzept" Rz 119 und „Vorschreibung anderer oder zusätzlicher Auflagen" Rz 158 sowie *Stolzlechner*, Die Rechtskraft und die Änderung von Bescheiden Rz 362 ff. **7**

Anrainer: Unter Anrainer im engeren Sinn des Wortes ist der Eigentümer eines an die BA angrenzenden Grundstücks zu verstehen. Die GewO geht im BA-Recht von dem wesentlich weiteren Begriff des Nachbarn iSd § 75 Abs 2 aus. Von Bedeutung ist der Begriff des Anrainers nur in § 353, demzufolge der Genehmigungswerber (sofern es sich nicht um den Betrieb eines Gasflächenversorgungsleitungsnetzes oder eines Fernwärmeleitungsnetzes handelt) seinem Ansuchen ua ein Verzeichnis der Eigentümer der an das Betriebsgrundstück „unmittelbar angrenzenden Grundstücke" – und damit nicht etwa aller überhaupt in Frage kommenden Nachbarn – anzuschließen hat. Handelt es sich bei den Eigentümern der unmittelbar angrenzenden Grundstücke um Wohnungseigentümer iSd WEG 2002 s die diesbzgl Sonderregelung in § 353. Näheres s Lexikon „Ladung/Verständigung, persönliche" Rz 89, „Nachbarn" Rz 99 und „Über- **8**

gangene Nachbarn" Rz 134 sowie *Wendl,* Die Nachbarn und ihre Parteistellung Rz 268.

Anschläge s Lexikon „Hausanschläge" Rz 71.

9 Ansuchen: Eine Reihe von BA-Verfahren, insb das Verfahren zur Genehmigung einer BA bzw zur Genehmigung der Änderung einer BA (§ 81), dürfen nur aufgrund eines entsprechenden Ansuchens eingeleitet und durchgeführt werden (**„antragsbedürftiger Verwaltungsakt";** dazu s *Wendl,* Verfahrensübersicht zB Rz 167).

> Ein Ansuchen erfordert einen **(verbalen) Inhalt,** der als solcher – unabhängig von den weiteren einem derartigen Ansuchen anzuschließenden und dieses detaillierenden Unterlagen und Plänen – Art und Umfang der beantragten Genehmigung eindeutig erkennen lässt (vgl etwa VwGH 27. 11. 1990, 90/04/0185; 15. 9. 1992, 92/04/0025). Bei Unklarheit eines Ansuchens ist der Antragsteller zu einer Präzisierung seines Begehrens aufzufordern (zB VwGH 26. 2. 1991, 90/04/0277; 15. 9. 1992, 92/04/0025). Beilagen zum Ansuchen (zB Pläne und eine Liste „Maschinenaustausch bzw Neuanlage") lassen mangels eines entsprechenden verbalen Inhalts Gegenstand und Umfang der Änderung nicht erkennen (VwGH 15. 9. 1992, 92/04/0025). Ein § 353 entsprechendes Ansuchen kann nicht im Wege einer in einem Aktenvermerk erwähnten *telefonischen Rücksprache* gestellt werden (VwGH 10. 6. 1992, 92/04/0043).

Einem Ansuchen sind **folgende Unterlagen** anzuschließen (§ 353):

– in vierfacher Ausfertigung
  • Betriebsbeschreibung einschließlich eines Verzeichnisses der Maschinen und sonstigen Betriebseinrichtungen (einem Willensakt des Konsenswerbers vorbehalten, der einen verbalen Inhalt voraussetzt: VwGH 15. 9. 1992, 92/04/0113),
  • erforderliche Pläne und Skizzen,
  • Abfallwirtschaftskonzept;
– in einfacher Ausfertigung
  • sonstige, für die Beurteilung des Projekts und der zu erwartenden Emissionen der Anlage im Ermittlungsverfahren erforderliche technische Unterlagen,
  • Namen und Anschriften des Eigentümers des Betriebsgrundstücks und der Eigentümer der an dieses Grundstück unmittelbar angrenzenden Grundstücke; sind dies Wohnungseigentümer iSd WEG 2002, dann Namen und Anschrift des jeweiligen Verwalters (§§ 19 ff WEG 2002); und
– in einfacher Ausfertigung, die zur Beurteilung des Schutzes jener Interessen erforderlichen Unterlagen, die nach anderen Rechtsvorschriften (zB ASchG) zu berücksichtigen sind.

Eine **Betriebsbeschreibung** bildet die Beurteilungsgrundlage für die zu erwartenden Emissionen und bestimmt die normative Tragweite eines Genehmigungsbescheids. Sie muss insb präzise Angaben zu jenen Faktoren enthalten, die für die Beurteilung der auf Nachbarliegenschaften zu erwartenden Immissionen von Bedeutung sind. Enthält ein Ansuchen nicht alle Angaben, die für die Beurteilung einer BA (im Hinblick auf die Genehmigungskriterien) von Bedeutung sind, bedeutet dies einen **Mangel iSd § 13 Abs 3 AVG,** dessen Behebung die Behörde zu veranlassen hat. Im Verbesserungsauftrag ist anzugeben, welche vom G geforderten Eigenschaften dem Anbringen fehlen, und dem Einschreiter die Behebung des Mangels innerhalb angemessener Frist mit der Wirkung aufzutragen, dass das Anbringen nach fruchtlosem Ablauf der Frist zurückgewiesen wird (zB VwGH 7. 9. 2009, 2009/04/0153; 29. 3. 2006, 2005/04/0118).

Unvollständige Ansuchen, insb Ansuchen, bei denen erforderliche Unterlagen fehlen, können im Weg eines Verbesserungsauftrags (§ 13 Abs 3 AVG) ergänzt werden. Kommt ein Antragsteller einem Auftrag (zB die erforderliche Anzahl der Unterlagen nachzureichen) nicht nach, hat die Behörde das Ansuchen als unzulässig zurückzuweisen.

> Ein solcher Zurückweisungsbescheid stellt nur eine **Erledigung in prozessualer Hinsicht** dar; daher steht einer Sachentscheidung über einen neuerlichen Antrag in derselben Angelegenheit die Rechtskraft des Zurückweisungsbescheides nicht entgegen (VwGH 21. 9. 1993, 91/04/0196).
>
> Ist aufgrund des **unklaren Wortlauts eines Ansuchens** zweifelhaft, in welchem „Ausmaß" eine Genehmigung erteilt werden soll (Neugenehmigung oder Genehmigung von Änderungen der BA) bzw welche konkreten Änderungen den Verfahrensgegenstand bilden sollen, ist der Antragsteller zur **Klarstellung** aufzufordern. Erst wenn einer solchen Aufforderung nicht ausreichend Rechnung getragen wird, ist ein Ansuchen zurückzuweisen (zB VwGH 12. 6. 2013, 2013/04/0019; 27. 6. 1995, 95/04/0051).

Ein Ansuchen ist wesentlich für den **Umfang der behördlichen Entscheidungsbefugnis:** Die im Genehmigungsverfahren zu entscheidende „Sache" wird durch das Genehmigungsansuchen bestimmt (zB VwGH 10. 12. 1991, 91/04/0186). Bei der Entscheidung über den Antrag auf Genehmigung einer BA haben Anlagen außer Betracht zu bleiben, die nicht den Gegenstand des Genehmigungsansuchens bilden, uzw ohne Rücksicht darauf, ob sie möglicherweise tatsächlich dem eingereichten Projekt technisch zuzurechnen sind. Nur dann, wenn solche Anlagen einen **notwendigen Teil** des Projekts bilden, ohne den die projektierte Anlage nicht betriebsfähig ist, müsste dies wegen Mangelhaftigkeit der Projektunterlagen zur Abweisung des Genehmigungsantrags führen (VwGH 31. 3. 1992, 91/04/0267). Die Behörde ist an den Inhalt des Antrags des Konsenswerbers gebunden. Es steht ihr nicht frei, abweichend vom Inhalt des dem Verfahren zugrunde liegenden Antrags etwa je nach dem Ergebnis des Ermittlungsverfahrens die Genehmigung zur Errichtung (zum Betrieb) einer gew BA oder zur Änderung einer genehmigten Anlage zu erteilen bzw zu versagen (VwGH 30. 3. 1993, 91/04/0197).

> Wenn einerseits das Vorhaben (Genehmigungsansuchen) durch Auflagen nur soweit modifiziert wird, dass dieses *in seinem „Wesen" unberührt bleibt* und sich andererseits auch die dem normativen Abspruch zugrunde liegende Betriebsbeschreibung bzw eine in der Folge „modifizierte" Betriebsbeschreibung innerhalb dieser Grenzen hält, hält sich die „Modifizierung" eines Genehmigungsantrags auch innerhalb der Sachentscheidungsbefugnis der *Berufungsbehörde* (VwGH 15. 9. 1992, 92/04/0113; jetzt wohl: LVwG).

Siehe auch Lexikon „Abfallwirtschaftskonzept" Rz 2, „Antragsteller" Rz 10 und „Genehmigungsverfahren" Rz 62. Zur Betriebsbeschreibung s auch *Wendl,* Zulässige und unzulässige Auflagen Rz 347, 9.3 sowie Lexikon „Genehmigung (Voraussetzungen)" Rz 59. Zum verbalen Inhalt eines Ansuchens, der Art und Umfang der beantragten Genehmigung im Hinblick auf den allfälligen Eintritt von Präklusionswirkungen gegenüber Nachbarn eindeutig erkennen lassen muss, s auch *Wendl,* Die Nachbarn und ihre Parteistellung Rz 347, 9.5.

Besondere Bedeutung kommt dem Ansuchen im **vereinfachten Genehmigungs-verfahren** (§ 359 b) zu, weil sich bereits aus dem Genehmigungsansuchen und dessen Beilagen (§ 353) ergeben muss, dass die Voraussetzungen für die Durchführung eines vereinfachten Genehmigungsverfahrens vorliegen. Näheres s Lexikon „Vereinfachtes Genehmigungsverfahren (Auftragsverfahren)" Rz 148 sowie *Wendl,* Verfahrensübersicht „Verfahren nach § 359 b" Rz 187.

Ist im Zusammenhang mit der Errichtung und/oder dem Betrieb einer gew BA auch eine **Bewilligungspflicht nach anderen Rechtsvorschriften** gegeben (s hiezu *Giese,* Das Betriebsanlagenrecht und andere Bereiche des öffentlichen Rechts Rz 305), dann besteht (dennoch) im gewerbebehördlichen BA-Verfahren keine verfahrensrechtliche Grundlage, den Genehmigungswerber aufzufordern, in allen Verfahren ein einheitliches Projekt vorzulegen (VwGH 27. 3. 1990, 87/04/0091-0094; s auch Lexikon „Genehmigung [Voraussetzungen]" Rz 59).

10 **Antragsteller:** Antragsteller ist idR der Gewerbetreibende, der die BA errichten und betreiben will. Die GewO verlangt diesbzgl keine besondere Antragslegitimation – weder das Vorliegen einer Gewerbeberechtigung noch das Eigentum am Betriebsgrundstück (nicht einmal die Zustimmungserklärung des Grundeigentümers ist dem Ansuchen beizulegen).

Aus einzelnen Bestimmungen ist allerdings abzuleiten, dass der Antragsteller zumindest **„Inhaber"** der BA sein muss (zB sprechen die §§ 80, 81 d, 82 b, 83, 84 f vom „Inhaber", die §§ 84 c, 84 d vom „Betriebsinhaber" und die §§ 81 b, 360 vom „Betriebs-anlageninhaber" bzw „Anlageninhaber"): Dabei ist „Innehabung" im zivilrechtlichen Sinn als Ausübung der Sachherrschaft zu verstehen, sodass auch Mieter, Pächter oder Fruchtgenussberechtigte antragslegitimiert sind (VwGH 15. 10. 1985, 84/04/0202; zum Inhaber s Lexikon „Wechsel des Inhabers" Rz 159). Freilich hat die Frage der „Inhaber-eigenschaft" nur dann rechtliche Relevanz, wenn sich der Antrag auf eine bestehende BA bezieht (etwa auf eine Änderung der BA oder die Gewährung einer Ausnahme von gesetzlichen Anpassungspflichten – vgl VwGH 31. 3. 1992, 91/04/0306).

Im Übrigen ist für die Antragslegitimation die persönliche Rechts- und Handlungsfä-higkeit iSd § 9 AVG bzw der Vorschriften des bürgerlichen Rechts erforderlich: Mangels ei-gener Rechtspersönlichkeit scheiden als Antragsteller Gesellschaften bürgerlichen Rechts ebenso wie stille Gesellschaften aus. Bei fehlender Handlungsfähigkeit vermag auch der Schuldner im Insolvenzverfahren keine Anträge an die Gewerbebehörde zu stellen; wäh-rend Anhängigkeit eines Insolvenzverfahrens ist in diesen Fällen ausschließlich der Masse-verwalter zur Abgabe von Parteierklärungen berechtigt (VwGH 27. 11. 1990, 90/04/0186).

Einzelkaufleute können sowohl als natürliche Person als auch unter ihrer Firma vor der Gewerbebehörde auftreten (§ 63 Abs 3 idF GewRNov 1992; ausgenommen sind lediglich Fälle, in denen sich ein Verwaltungsakt seiner Art nach nur auf die natürliche Person als solche beziehen kann, zB Verwaltungsstrafsachen).

Eine Genehmigung darf immer nur an die Person erteilt werden, die darum ange-sucht hat („Identität zwischen Antragsteller und Bescheidadressat" – VwGH 15. 10. 1985, 84/04/0202). Bei Erteilung des Konsenses an eine Person, die gar nicht angesucht hat, ist der Bescheid mit Rechtswidrigkeit belastet (VwGH 15. 11. 1985, 85/04/0065). Daher ist es auch rechtswidrig, wenn die Genehmigung jemand anderem erteilt wird als dem, der darum angesucht hat (VwGH 20. 10. 1987, 87/04/0043).

Bei Einkaufszentren können unterschiedliche Personen als Antragsteller auftreten: Für die Gesamtanlage iSd § 356 e hat der Betreiber des Einkaufszentrums, auf den die Generalgenehmigung zu lauten hat, den Antrag zu stellen; für die einzelnen Geschäftslokale können die jeweiligen Pächter bzw Mieter Spezialgenehmigungen iSd § 356 e erwirken. Wird von einer solchen Möglichkeit der „Konsensgliederung" in General- und Spezialgenehmigungen kein Gebrauch gemacht, ist nach der bisherigen Jud nur der Betreiber der Gesamtanlage antragslegitimiert. Soll in dieser Konstellation ein Mietobjekt (Geschäftslokal) geändert werden, betrifft ein solches Begehren (§ 81) inhaltlich eine Änderung der Gesamtanlage, weshalb die Antragstellung deren Betreiber vorbehalten ist (VwGH 30. 10. 1990, 90/04/0143).

Siehe auch *Paliege-Barfuß,* Der Begriff der Betriebsanlage Rz 196, und *Stolzlechner,* Die Genehmigungspflicht der Betriebsanlage Rz 200. Dem Genehmigungsansuchen (§ 353) sind ua Name und Anschrift des Eigentümers des Betriebsgrundstücks anzuschließen (s auch Lexikon „Ansuchen" Rz 9).

Anzeigepflichten: Für den Inhaber einer BA bestehen folgende Anzeigepflichten nach **11** dem Betriebsanlagenrecht:

- Anzeige an die Bergbehörde und Gewerbebehörde gem § 74 Abs 4, dass eine Bergbauanlage (s Lexikon „Kombinierte Anlagen" Rz 82) nunmehr den Charakter einer gew BA aufweist;
- Anzeige des Betriebs eines genehmigungsfreien Gastgartens gem § 76 a Abs 3;
- Anzeige der Unterbrechung des Betriebs und der getroffenen Vorkehrungen an die zur Genehmigung der BA zuständige Behörde gem § 80 Abs 1 bzw Abs 2; Näheres s Lexikon „Unterbrechung des Betriebs" Rz 147;
- Anzeige des Ersatzes gleichartiger Maschinen sowie von Änderungen, die das Emissionsverhalten der Anlage nicht nachteilig beeinflussen bzw von vorübergehender Dauer: Nach § 81 Abs 3 sind der Ersatz solcher gleichartiger Maschinen, Geräte oder Ausstattungen gem Abs 2 Z 5, wegen deren Verwendung die Anlage einer Genehmigung bedurfte, sowie Änderungen gem Abs 2 Z 7, 9 und 11 der zur Genehmigung der Anlage zuständigen Behörde vorher anzuzeigen. Zum Anzeigeverfahren s *Paliege-Barfuß,* Die Änderung der genehmigten Anlage Rz 357, 2.3. Siehe auch Lexikon „Ersatzinvestitionen" Rz 48. Die Nichterstattung der Anzeige steht unter der Strafsanktion des § 368;
- Anzeige der Änderung einer IPPC-Anlage gem § 81 a Z 2; Näheres s *Vogelsang,* Sonderbestimmungen für IPPC-Anlagen Rz 247;
- Anzeige der Auflassung der BA oder von Teilen der BA und der getroffenen Vorkehrungen an die zur Genehmigung der BA zuständige Behörde gem § 83 Abs 2 und 5; Näheres s Lexikon „Auflassung von Betriebsanlagen" Rz 16;
- Anzeige der Fertigstellung der BA an die zur Genehmigung der BA zuständige Behörde gem § 359 Abs 1; Näheres s Lexikon „Fertigstellung einer Betriebsanlage" Rz 51.
- Siehe weiters die Mitteilungs- und Informationspflichten nach Abschnitt 8 a GewO für die Inhaber von Betrieben, in denen dort näher bezeichnete gefährliche Stoffe vorhanden sind (s Lexikon „Industrieunfall[-recht]" Rz 74).

Arbeiten außerhalb der Betriebsanlage s Lexikon „Gewerbliche Arbeiten außerhalb der Betriebsanlage" Rz 67.

12 **ArbeitnehmerInnen:** Der Schutz der Arbeitnehmer (des eigenen Betriebs) im BA-Verfahren richtet sich nicht nach den Bestimmungen der GewO (§ 74 Abs 2 Z 1). Die Gewerbebehörden haben die einschlägigen Bestimmungen des technischen Arbeitnehmerschutzrechts (insb des ASchG und der dazu erlassenen V) im Genehmigungsverfahren zu berücksichtigen (Näheres s *Giese,* Das Betriebsanlagenrecht und andere Bereiche des öffentlichen Rechts Rz 306).

Arbeitnehmer benachbarter Betriebe können bei Vorliegen der Voraussetzungen des § 75 Abs 2 Nachbarn sein (s *Wendl,* Die Nachbarn und ihre Parteistellung Rz 261); allerdings sind die Schutzansprüche und Schutzstandards gegenüber Wohnnachbarn wohl differenziert anzusetzen (zB hinsichtlich des Ruhebedürfnisses zur Nachtzeit – vgl die Differenzierungsmöglichkeit nach § 3 Abs 2 Bundes-LärmG; zu einer vergleichbaren Konstellation s die E des Umweltsenats vom 17. 5. 2006, 3 B 2005/ 19-20 = RdU 2006, 130 mAnm *Schulev-Steindl*).

13 **Arbeitsinspektorat:** Das Arbeitsinspektorat (AI) verfügt – zur Wahrnehmung der rechtlichen Interessen der Arbeitnehmer (des eigenen Betriebes) – über Mitwirkungsrechte in gewerberechtlichen BA-Verfahren sowie (darüber hinaus) über umfassende Kontroll- und Überwachungsrechte gegenüber Betrieben (§ 3 Abs 1 ArbIG).

Im BA-Verfahren hat das AI Organparteistellung sowie ein besonderes Stellungnahmerecht. Gegen die Entscheidung der Gewerbebehörde steht dem AI das Recht der Beschwerde an das zuständige VwG zu (§ 12 Abs 4 ArbIG); ein Revisionsrecht wird dem BMASK eingeräumt (§ 13 ArbIG). Zu alldem näher s *Giese,* Das Betriebsanlagenrecht und andere Bereiche des öffentlichen Rechts Rz 306.

14 **Aufhebung (Abänderung) von Auflagen:** Nach § 79 c Abs 1 sind vorgeschriebene Auflagen mit Bescheid aufzuheben oder abzuändern, wenn sich nach der Vorschreibung von Auflagen ergibt, dass diese für die nach § 74 Abs 2 wahrzunehmenden Interessen nicht erforderlich sind oder für die Wahrnehmung dieser Interessen auch mit den Inhaber der BA weniger belastenden Auflagen das Auslangen gefunden werden kann. Näheres hiezu s *Wendl,* Verfahrensübersicht „Verfahren nach § 79 c" Rz 172; *Stolzlechner,* Die Rechtskraft und die Änderung von Bescheiden Rz 367 sowie *Wendl,* Zulässige und unzulässige Auflagen Rz 355.

> Gem § 356 Abs 3 haben in Verfahren nach § 79 c Abs 1 jene Nachbarn Parteistellung, deren Parteistellung im ursprünglichen Genehmigungsverfahren aufrecht geblieben ist. Nach § 356 Abs 4 haben Nachbarn in Verfahren nach § 79 c Abs 1 auch insoweit Parteistellung, als damit neue oder größere nachteilige Wirkungen iSd § 74 Abs 2 verbunden sein können. Näheres hiezu s *Wendl,* Die Nachbarn und ihre Parteistellung Rz 272, 15.4.

15 **Auflagen:** Das Wesen der Auflagen besteht darin, dass die Behörde in einen dem Hauptinhalt nach begünstigenden Bescheid belastende Gebote oder Verbote als Nebenbestimmungen aufnimmt, mit denen der Inhaber des Rechts für den Fall der Gebrauchnahme zu einem bestimmten, im Wege der Vollstreckung erzwingbaren Tun oder Unterlassen verpflichtet wird. Auflagen müssen insb den Erfordernissen der Bestimmtheit,

Geeignetheit und Erforderlichkeit iSd § 77 Abs 1 entsprechen. Näheres s *Wendl*, Zulässige und unzulässige Auflagen Rz 341 sowie Lexikon „Konsensgemäßer Zustand" Rz 83.

Zur Unterscheidung der Auflagen von Bedingungen s Lexikon „Bedingungen" Rz 19.

Auflassung von Betriebsanlagen: Darunter versteht man die **endgültige Aufhebung der** 16 **Widmung einer BA für den ursprünglichen Betriebszweck** durch den Anlageninhaber (vgl VwGH 23. 5. 2014, 2012/04/0155). Wird eine BA oder ein Teil einer BA aufgelassen, ist der Betriebsinhaber gem § 83 von Gesetzes wegen verpflichtet, die zur Vermeidung einer von der aufgelassenen BA oder dem aufgelassenen Teil ausgehenden Gefährdung, Belästigung etc **notwendigen Vorkehrungen** zu treffen (zB Absperren eines Platzes; Entsorgen gefährlicher Abfälle). *„Auflassender Inhaber"* ist derjenige, der eine BA auflässt; darüber hinaus jeder andere, der eine BA (nach Auflassung) innehat (VwSlg 11.932 A/1985; 29. 2. 2008, 2004/04/0179). Erforderlichenfalls sind bereits im Genehmigungsbescheid Maßnahmen für den Fall der Auflassung vorzuschreiben (§ 77 Abs 1).

Auflassung und Vorkehrungen sind der Behörde anzuzeigen. Für **IPPC-Anlagen** sind in § 83 a besondere Bestimmungen in Bezug auf den Inhalt der Anzeige vorgesehen. Die Unterlassung der Anzeige ist strafbar (§ 368). Sind angezeigte Vorkehrungen unzureichend oder trifft der Anlageninhaber notwendige Vorkehrungen nicht oder nur unvollständig, hat die Behörde die notwendigen Vorkehrungen bescheidmäßig aufzutragen. **Bescheidmäßige Aufträge** müssen „notwendig" (erforderlich), bestimmt und geeignet sein (vgl *Wendl*, Zulässige und unzulässige Auflagen Rz 343 – 345). Vorkehrungen dürfen nur „anlässlich der Auflassung" (nicht mehrmals in aufeinander folgenden Bescheiden) aufgetragen werden. Das Einschreiten der Behörde setzt das (weiterhin gegebene) Vorliegen eines der Rechtsordnung nicht entsprechenden Zustands voraus (arg „notwendige" Vorkehrungen). Für eine Vorkehrung nach § 83 ist kein Raum, wenn der rechtmäßige Zustand hergestellt ist (VwGH 30. 10. 1990, 90/04/0133).

Normadressat für die Einhaltung der Gebote gem § 83 wie auch eines bescheidmäßigen Auftrags ist der **„Inhaber" der Anlage,** auf den die Tatbestandsmerkmale des § 83 GewO zutreffen (zB VwGH 23. 5. 2014, 2012/04/0155; 25. 2. 1992, 91/04/0281, 0283). Wird die Möglichkeit der **Bestimmung des faktischen Geschehens** auf einer BA durch ein Vertragsverhältnis determiniert und macht der Bf geltend, aufgrund dieses Verhältnisses nur „Verwalter" der Tankstelle gewesen zu sein, hat die Behörde Feststellungen zum Inhalt der vertraglichen Ausgestaltung der Beziehungen zwischen dem Bf und der A GmbH sowie zu den darin eingeräumten Möglichkeiten der Einflussnahme auf das faktische Geschehen zu treffen (VwGH 23. 5. 2014, 2012/04/0155).

Ein Wechsel in der Person des Inhabers berührt die Gültigkeit eines bescheidmäßigen Auftrags gem § 83 nicht (**„Bescheid mit dinglicher Wirkung"**).

Näher dazu *Wendl*, Verfahrensübersicht „Verfahren nach § 83" Rz 181 sowie Lexikon „Anzeigepflichten" Rz 11 und „Wechsel des Inhabers" Rz 159.

Auftragsverfahren s Lexikon „Vereinfachtes Genehmigungsverfahren" Rz 148.

Augenscheinsverhandlung s Lexikon „Verhandlung, mündliche" Rz 151.

Ausschluss von Gefährdungen s Lexikon „Gefährdungen" Rz 56.

Austausch gleichartiger Maschinen s Lexikon „Ersatzinvestitionen" Rz 48.

17 **Bagatellanlagen:** Es gibt BA, die grundsätzlich geeignet sind, Gefährdungen, Belästigungen etc iSd § 74 Abs 2 hervorzurufen, von denen aber nur ein **geringer Belästigungsgrad** zu erwarten ist. Solche an sich genehmigungspflichtige Bagatellanlagen sind in § 359 b Abs 1 näher umschrieben. Für solche BA ist ein vereinfachtes Genehmigungsverfahren vorgesehen. Der BMWFW hat bzw kann durch V weitere Arten von BA bezeichnen, die dem vereinfachten Genehmigungsverfahren zu unterziehen sind (§ 359 b Abs 2 und 3). Näheres s Lexikon „Vereinfachtes Genehmigungsverfahren (Auftragsverfahren)" Rz 148 sowie *Stolzlechner,* Die Genehmigungspflicht der Betriebsanlage Rz 203.

Als Bagatellanlagen können auch **genehmigungsfreigestellte BA** bezeichnet werden (zB Bürobetriebe); näher dazu *Stolzlechner,* Die Genehmigungspflicht der Betriebsanlage Rz 202, 5.2.

18 **Baurecht (Zivilrecht):** Gem § 1 Abs 1 BaurechtsG kann jedes Grundstück mit dem dinglichen, veräußerlichen und vererblichen Recht, auf oder unter der Bodenfläche ein Bauwerk zu haben, belastet werden (Baurecht). Daher können auch gew BA aufgrund eines Baurechts auf fremdem Grund errichtet werden. Ist der Konsenswerber zugleich Bauberechtigter, ist aus der Sicht des BA-Rechts der Eigentümer des Grundstücks wie bei anderen zivilrechtlichen Überlassungsformen (also wie ein Nachbar) zu behandeln (näher dazu s Lexikon „Eigentümer" Rz 36).

Zum (öffentlichen) Baurecht s *Giese,* Das Betriebsanlagenrecht und andere Bereiche des öffentlichen Rechts Rz 328.

Baustellen s Lexikon „Gewerbliche Arbeiten außerhalb der Betriebsanlage" Rz 67.

19 **Bedingungen:** Bei den von der Gewerbebehörde in BA-Verfahren – insb nach § 77 Abs 1 – vorzuschreibenden Maßnahmen handelt es sich ihrem Wesen nach nicht um Bedingungen (iS von Suspensiv- oder Resolutivbedingungen), sondern um Auflagen. Näheres s Lexikon „Auflagen" Rz 15.

Eine Auflage unterscheidet sich dadurch von einer Bedingung, dass ihre Nichtbefolgung den Bestand des Aktes, dem sie beigefügt wird, nicht berührt. Für eine Bedingung ist charakteristisch, dass der Bestand der Bewilligung vom ungewissen Eintritt eines künftigen Ereignisses, sei es aufschiebend, sei es auflösend, abhängt (VwGH 14. 10. 1991, 91/10/0028).

20 **Beeinträchtigungen:** Beeinträchtigungen sind – neben Gefährdungen, Belästigungen und nachteiligen Einwirkungen – eine **Art von Immissionen,** nämlich solche, die geeignet sind, die Religionsausübung in Kirchen, den Unterricht in Schulen, den Betrieb von Kranken- und Kuranstalten, die Verwendung oder den Betrieb anderer öffentlicher Anlagen oder Einrichtungen (zB Kindergärten, Altenheime; § 74 Abs 2 Z 3) oder die Sicherheit, Leichtigkeit und Flüssigkeit des Verkehrs an oder auf öffentlichen Straßen (§ 74 Abs 2 Z 4) zu stören. Aus den Z 3 und 4 ist **kein subjektives Nachbarrecht** abzuleiten. Beeinträchtigungen müssen auf ein zumutbares Maß beschränkt werden (§ 77 Abs 1). Näheres s Lexikon „Einrichtungen, benachbarte" Rz 38 und „Sicherheit, Leichtigkeit und Flüssigkeit des Verkehrs" Rz 122.

Beherrschung der Gefahren bei schweren Unfällen s Lexikon „Industrieunfall(-recht)" Rz 74.

Behörden/Verwaltungsgerichte: Die *„Angelegenheiten des Gewerbes und der Industrie"* **21** fallen unter den Kompetenztatbestand des Art 10 Abs 1 Z 8 B-VG und sind sohin Bundessache in Gesetzgebung und Vollziehung. Die Vollziehung erfolgt in mittelbarer Bundesverwaltung. Gewerbebehörden sind gem § 333 grundsätzlich die BVB.

Beschwerden sind an die VwG der Länder zu richten. Siehe auch Lexikon „Zuständigkeit" Rz 164.

Zu den verfassungsrechtlichen Grundlagen der Behördenorganisation s *Stolzlechner,* Bundesverfassungsrechtliche Grundlagen des Betriebsanlagenrechts Rz 301.

Beilagen s Lexikon „Ansuchen" Rz 9.

Belästigungen: Darunter versteht man von einer BA ausgehende Emissionen jedweder **22** Art (Geruch, Lärm, Rauch, Staub, Erschütterungen etc), die das Wohlbefinden von Nachbarn stören, nicht aber deren Gesundheit gefährden können. Im Streitfall ist zu klären, ob Immissionen aus einer BA eine Belästigung oder eine Gesundheitsgefährdung bewirken. Die Unterscheidung ist rechtlich wesentlich: Gesundheitsgefährdungen müssen vermieden, Belästigungen lediglich auf ein zumutbares Maß beschränkt werden (dazu s *Wendl,* Die Gefährdung des Lebens und der Gesundheit Rz 212 sowie *Paliege-Barfuß,* Die Belästigung der Nachbarn Rz 215 ff).

Belastungen der Umwelt s Lexikon „Umweltbelastungen (Umweltverschmutzungen)" Rz 137.

Bergbauanlagen s Lexikon „Kombinierte Anlagen" Rz 82.

Berichtspflichten, unionsrechtliche: Im Abschnitt 8 b betreffend „Gemeinschaftsrechtli- **23** che Berichtspflichten, Meldepflichten" ist in § 84 p eine Pflicht von Inhabern gew BA zur Übermittlung von Aufzeichnungen über betriebliche Messdaten betreffend emittierte Schadstoffe vorgesehen. Die in § 84 p festgelegte Ermächtigung der Behörde (§ 333), die Übermittlung dieser Emissionsdaten zu verlangen, ist Grundlage für die Erfüllung unionsrechtlicher Berichtspflichten. Nähere Regelungen darüber sind festgelegt in der V über begleitende Regelungen im Zusammenhang mit der Schaffung eines großeuropäischen Schadstofffreisetzungs- und -verbringungsregisters (E-PRTR-BegleitV BGBl II 2007/380).

Berufung: In Verfahren betreffend gew BA wurde das Rechtsmittel der Berufung mit **24** Einführung der gestuften Verwaltungsgerichtsbarkeit durch BGBl I 2012/51 (mit 31. 12. 2013) aufgehoben und durch die Möglichkeit der Erhebung einer Beschwerde an das zuständige VwG ersetzt. Seit 1. 1. 2014 ist daher gegen den Bescheid einer Verwaltungsbehörde in einem Verfahren betreffend gew BA Bescheidbeschwerde an das LVwG zu erheben (s auch Lexikon „Beschwerde" Rz 26 und „Behörden/Verwaltungsgerichte" Rz 21).

Bescheidbeschwerde s Lexikon „Beschwerde" Rz 26 und „Landesverwaltungsgericht" Rz 90.

25 **Beschlagnahme:** Die Zulässigkeit einer Beschlagnahme von Waren, Werkzeugen, Maschinen, Geräten und Transportmitteln unmittelbar auf der Rechtsgrundlage der GewO eröffnet § 360 Abs 2 bei Vorliegen der dort näher normierten Voraussetzungen. Siehe auch Lexikon „Einstweilige Zwangs- und Sicherheitsmaßnahmen" Rz 40 sowie *Wendl,* Verfahrensübersicht „Verfahren nach § 360" Rz 188 und *Stolzlechner,* Bundesverfassungsrechtliche Grundlagen des Betriebsanlagenrechts Rz 303, 6.2.

26 **Beschwerde:** Zuständig zur Entscheidung über Beschwerden gegen den Bescheid, die Ausübung unmittelbarer verwaltungsbehördlicher Befehls- und Zwangsgewalt oder wegen Säumnis einer Behörde in gew BA-Verfahren sind seit 1. 1. 2014 die LVwG. Das Recht zur Erhebung einer **Bescheidbeschwerde** (Art 130 Abs 1 Z 1 B-VG) steht idR neben dem Genehmigungswerber jenen Nachbarn zu, die Parteien (geblieben) sind (vgl § 359 Abs 4); zur Stellung der Nachbarn s *Wendl,* Die Nachbarn und ihre Parteistellung Rz 258 ff. Das Recht zur Erhebung einer **Maßnahmenbeschwerde** (Art 130 Abs 1 Z 2 B-VG) gegen einen Akt unmittelbarer verwaltungsbehördlicher Befehls- und Zwangsgewalt (zB Betriebsschließung) steht dem Anlageninhaber zu; ebenso das Recht zur Erhebung einer **Säumnisbeschwerde** (Art 130 Abs 1 Z 3 B-VG) für den Fall, dass die Behörde in einer gew BA-Angelegenheit nicht fristgerecht entscheidet.

Beste verfügbare Techniken (BVT) s Lexikon „Stand der Technik" Rz 126 und „BVT-Merkblätter, BVT-Schlussfolgerungen Rz 33 und *Bergthaler/Berger,* Die unionsrechtlichen Grundlagen des Betriebsanlagenrechts Rz 294, 2.4.

Betrieb einer Betriebsanlage (allenfalls ohne rk Genehmigung) s Lexikon „Errichtung und Betrieb einer BA (allenfalls ohne rk Genehmigung)" Rz 47.

Betriebsabfälle s Lexikon „Abfälle" Rz 1.

27 **Betriebsanlage:** Unter einer gew BA ist jede örtlich gebundene Einrichtung zu verstehen, die der Entfaltung einer gew Tätigkeit regelmäßig zu dienen bestimmt ist (§ 74 Abs 1). Siehe auch Lexikon „Genehmigungspflicht" Rz 61 und „Genehmigung (Voraussetzungen)" Rz 59 sowie *Paliege-Barfuß,* Der Begriff der Betriebsanlage Rz 191 und *Stolzlechner,* Die Genehmigungspflicht der Betriebsanlage Rz 200.

Betriebsbeschreibung s Lexikon „Ansuchen" Rz 9.

28 **Betriebsbewilligung:** Mit der GewRNov 1992 wurde die bis dahin in § 78 Abs 2 vorgesehene Möglichkeit der Anordnung einer eigenen Betriebsbewilligung **aufgehoben.**

> Diese Anordnung hatte zum Inhalt, dass die BA oder Teile derselben erst aufgrund einer Betriebsbewilligung in Betrieb genommen werden durften, wenn bestimmte Voraussetzungen vorlagen; hiebei konnte auch ein befristeter Probebetrieb zugelassen oder angeordnet werden.

Errichtung *und Betrieb* einer BA sind *gemeinsam* zu genehmigen. Nach § 359 Abs 1 hat aber die Behörde, wenn es aus Gründen der Überwachung der Einhaltung der Auflagen notwendig ist, im Genehmigungsbescheid anzuordnen, dass ihr die Fertigstellung der Anlage angezeigt wird.

Betriebsgeheimnis: Besteht aus Anlass eines Augenscheins die Gefahr der Verletzung eines **29** Kunst-, Betriebs- oder Geschäftsgeheimnisses iSd § 40 AVG, ist den Nachbarn die Teilnahme an der Besichtigung der Anlage nur mit Zustimmung des Genehmigungswerbers gestattet, doch ist ihr allfälliges Recht auf Parteiengehör zu wahren (§ 356 Abs 2 GewO).

Zu beachten ist allerdings, dass die Nachbarn nach dem Umweltinformationsgesetz (UIG) umfassende Informationsansprüche geltend machen können, denen Geschäfts- und Betriebsgeheimnisse nur sehr eingeschränkt entgegengehalten werden können; vgl insb § 6 Abs 3 letzter Satz UIG, demzufolge die Befürchtung wirtschaftlicher Nachteile *„aufgrund einer Minderung des Ansehens [des BA-Betreibers] in der Öffentlichkeit infolge des Bekanntwerdens umweltbelastender Tätigkeiten [. . .] kein schutzwürdiges Interesse an der Geheimhaltung"* begründet.

Betriebsübernahme: Gew BA sind vielfach technisch komplizierte Anlagen. Beabsich- **30** tigt jemand die **Übernahme einer gew BA,** kann dies mit schwer abschätzbaren Risken verbunden sein, zumal idR keine „konsolidierten Genehmigungsbescheide" (§ 22 UmweltmanagementG) vorliegen und einem Übernehmer zumeist erforderliche Kenntnisse über den technischen und baumäßigen Zustand der BA fehlen. Um hier Abhilfe zu schaffen, sieht § 79 d **Sonderbestimmungen** für den Fall einer **Betriebsübernahme** vor.

Dabei ist folgender Verfahrensablauf zu beachten: Zunächst kann ein übernehmender Inhaber einer BA beantragen, dass ihm eine *„Zusammenstellung"* (eine nicht-normative Liste) der die Genehmigung einer BA betreffenden Bescheide übermittelt wird. In der Folge kann er weiters beantragen,

- dass ein Verfahren gem § 79 c Abs 1 oder 2 durchgeführt wird,
- dass bestimmte vorgeschriebene Auflagen durch Festlegung der Behörde erst nach Ablauf einer angemessenen Frist eingehalten werden müssen.

Zentraler Zweck dieser Regelung ist eine *„bürokratische Vereinfachung"* (**EB 2013 I**), die die **Betriebsübernahme erleichtert.**

Näheres s *Stolzlechner,* Die Rechtskraft und die Änderung von Bescheiden Rz 368 sowie *Wendl,* Verfahrensübersicht „Verfahren nach § 79 d Abs 2 Z 1 und 2" Rz 173.

Gem § 356 Abs 3 haben in Verfahren betreffend eine Betriebsübernahme nach § 79 d jene Nachbarn Parteistellung, deren Parteistellung im ursprünglichen Genehmigungsverfahren aufrecht geblieben ist. Nach § 356 Abs 4 haben Nachbarn in diesen Verfahren nach § 79 d auch insoweit Parteistellung, als damit neue oder größere nachteilige Wirkungen iSd § 74 Abs 2 verbunden sein können. Näheres hiezu s *Wendl,* Die Nachbarn und ihre Parteistellung Rz 272, 15.4.

Beurteilungsmaß s Lexikon „Istmaß – Beurteilungsmaß" Rz 79.

Bodenschutz: Die Vermeidung solcher nachteiliger Einwirkungen von BA, die geeignet **31** sind, ua den Boden bleibend zu schädigen, ist nach § 69 a durch V gem § 69 Abs 1, § 76 Abs 1 und § 82 Abs 1 zu gewährleisten/anzustreben (s Lexikon „Umweltbelastungen [Umweltverschmutzungen]" Rz 137). Daneben kann eine Vermeidung der Beeinträchtigung des Bodens im Einzelfall uU auch als subjektiv-öffentliches Recht unter dem Titel einer Eigentumsgefährdung geltend gemacht werden (s *Kerschner,* Die Gefährdung des Eigentums und sonstiger dinglicher Rechte Rz 227).

Dem Bodenschutz in Bezug auf IPPC-Anlagen dienen die Bestimmungen des § 71 b Z 8; § 77 a Abs 2 Z 1, 4 und 5; § 83 a Abs 1 Z 1 und 2; § 353 a Abs 1 Z 3.

Die BodenschutzG der Länder (zB Sbg BodenschutzG LGBl 2001/80) schützen landwirtschaftliche Böden. Ihnen kommt im gew BA-Verfahren keine direkte Bedeutung zu.

Bundes-Umgebungslärmschutzgesetz s Lexikon „Lärm" Rz 93.

32 **Bundeswarnzentrale:** Sie ist eine *organisatorische Untergliederung des BMI.* Ihre zentrale Aufgabe besteht darin, andere EU-Mitgliedstaaten oder Helsinki-Vertragsstaaten (zB Deutschland, Schweiz) über einen im Bundesgebiet eingetretenen schweren Unfall (§ 84 b Z 4) *„mit möglicherweise grenzüberschreitenden Folgen"* zu unterrichten. Die Gewerbebehörde (§ 333) hat die Bundeswarnzentrale ihrerseits *„unverzüglich"* über eingetretene schwere Unfälle in Kenntnis zu setzen und das Ausmaß grenzüberschreitender Auswirkungen abzuschätzen (§ 84 e). Siehe auch Lexikon „Industrieunfall(-recht)" Rz 74.

33 **BVT-Merkblätter, BVT-Schlussfolgerungen:** Im Rahmen der IE-R organisiert die Europäische Kommission einen Informationsaustausch mit den Mitgliedstaaten, den Industrieverbänden und den Umweltschutzorganisationen. Ergebnis sind die umfangreichen **BVT-Merkblätter** sowie die daraus abgeleiteten, im Art 75-Ausschuss beschlossenen, zusammengefassten **BVT-Schlussfolgerungen.** Ein eigens eingerichtetes Art 13-Forum überwacht die Arbeiten zur Erstellung der BVT-Merkblätter. Die Ausarbeitung der BVT-Merkblätter erfolgt federführend durch das European IPPC-Bureau in Sevilla, Spanien. In den BVT-Merkblättern (auch: BAT-Dokumente, BREFs genannt) werden die bei industriellen Tätigkeiten (Anhang I der IE-R) angewandten Verfahren beschrieben sowie die bei Anwendung dieser Verfahren auftretenden Emissionen, mögliche Emissionsminderungsmaßnahmen sowie nähere Angaben dazu (Einsatzbedingungen, Kosten von Emissionsminderungsmaßnahmen etc) erläutert.

In den **BVT-Schlussfolgerungen** finden sich zusammengefasst die „besten verfügbaren Techniken" (vgl Rz 126) sowie damit assoziierte BAT-Emissionswerte (BAT-AELs), welche gemäß der IE-R als Grundlage für die Erteilung von Genehmigungen heranzuziehen sind. Dadurch soll erreicht werden, dass innerhalb der EU in den Mitgliedstaaten ähnliche Standards bei der Vorschreibung umweltrelevanter Auflagen angewendet werden. Siehe näher *Bergthaler/Berger,* Unionsrechtliche Grundlagen des Betriebsanlagenrechts Rz 294, 2.4 sowie *Vogelsang,* Sonderbestimmungen für IPPC-Anlagen Rz 245.

Dauerschallpegel, energieäquivalenter s Lexikon „Lärm" Rz 93.

Deponien s Lexikon „Abfälle" Rz 1.

34 **Dingliche Rechte:** Die (mögliche) Gefährdung des Eigentums und sonstiger dinglicher Rechte ist einerseits Voraussetzung für das Entstehen der Genehmigungspflicht einer BA (§ 74 Abs 2 Z 1), andererseits muss eine Gefährdung des Eigentums und sonstiger dinglicher Rechte vermieden werden, damit eine Anlagengenehmigung erteilt werden kann (§ 77 Abs 1 erster Satz). Dingliche Rechte iSd GewO sind nicht den dinglichen

Rechten iSd Zivilrechts gleichzusetzen, sondern – entsprechend dem Schutzzweck der GewO – einschränkend zu interpretieren. Es handelt sich sohin um solche Rechte, die ein begrenztes, mit Ausschließlichkeitsanspruch gegenüber jedermann bewehrtes Nutzungs-, Gebrauchs- oder Bezugsrecht an einer Sache gewähren, das durch die Auswirkungen einer BA gefährdet werden könnte (zB Dienstbarkeit, Bergwerksberechtigung, Baurecht). Keine dinglichen Rechte iSd GewO sind etwa die Bestandrechte (auch nicht bei Verbücherung) oder Vor- und Wiederkaufsrechte. Kraft ausdrücklicher gesetzlicher Regelung gelten Wald- und Weidenutzungsrechte als dingliche Rechte (§ 74 Abs 2 Z 1 iVm § 2 Abs 1 Z 4 lit g). Näheres s *Kerschner*, Die Gefährdung des Eigentums und sonstiger dinglicher Rechte Rz 229.

Dingliche Wirkung s Lexikon „Wechsel des Inhabers" Rz 159.

Domino-Effekt: Als „Domino-Effekt" wird in § 84i die Konstellation bezeichnet, dass **35** zwischen zwei Seveso-III-Betrieben auf Grund ihrer Standorte und ihrer Nähe zueinander sowie ihrer gefährlichen Stoffe ein erhöhtes Risiko schwerer Unfälle besteht oder diese Unfälle folgenschwerer sein können. Liegt eine solche Situation vor, hat ein Austausch zweckdienlicher Informationen stattzufinden, die für das Sicherheitskonzept, den Sicherheitsbericht, den internen Notfallplan oder das Sicherheitsmanagementsystem von Bedeutung sind. Siehe dazu auch Lexikon „Industrieunfall(-recht)" Rz 74.

Durchbrechung der Rechtskraft (von BA-Genehmigungsbescheiden) s Lexikon „Betriebsübernahme" Rz 30 und „Vorschreibung anderer oder zusätzlicher Auflagen" Rz 158.

Edikt s Lexikon „Kundmachung" Rz 88.

Eigentümer: Unter diesem Stichwort kann Verschiedenes verstanden werden: der Ei- **36** gentümer des Grundstücks, auf dem die BA errichtet werden soll, oder der Eigentümer der BA, aber auch der Eigentümer benachbarter Grundstücke.

Ist der Eigentümer des Grundstücks, auf dem die BA errichtet wird (wurde), nicht selbst Inhaber bzw Betreiber der BA, so kommt ihm im Verfahren bei Vorliegen der Voraussetzungen des § 75 Abs 2 die Rechtsstellung eines Nachbarn zu (vgl auch VwGH 25. 2. 1992, 92/04/0031: Im gew BA-Verfahren ist die Frage des Eigentums an einem Grundstück, auf dem eine BA errichtet werden soll, nicht entscheidungsrelevant). Ob eine Person nach § 75 Abs 2 wegen einer möglichen Gefährdung oder Belästigung als Nachbar einer BA anzusehen ist, ist von allenfalls privatrechtlich bestehenden Bindungen zwischen dieser Person und dem Betriebsinhaber unabhängig. Nachbar ist nämlich unter den weiteren Voraussetzungen des § 75 Abs 2 begrifflich jede vom Genehmigungswerber bzw vom Inhaber der BA verschiedene Person (VwGH 13. 11. 1984, 84/04/0181). Siehe auch Lexikon „Baurecht (Zivilrecht)" Rz 18, „Wechsel des Inhabers" Rz 159 und „Zustimmung des Grundeigentümers" Rz 166.

Hinsichtlich des Eigentümers benachbarter Grundstücke s zunächst Lexikon „Anrainer" Rz 8 und „Nachbarn" Rz 99. Zur Frage der Geltendmachung des seine Person betreffenden Nachbarschutzes durch den Eigentümer (oder sonstigen dinglich Berechtigten) s *Wendl*, Die Nachbarn und ihre Parteistellung Rz 260.

37 Einkaufszentren: Mit BGBl I 2010/111 ist die bis dahin in § 77 Abs 5 enthaltene Sonderregelung, derzufolge der Betrieb eines Einkaufszentrums nur dann genehmigt werden konnte, wenn keine Gefährdung der Nahversorgung der Bevölkerung mit Konsumgütern des kurzfristigen und des täglichen Bedarfs zu befürchten war, entfallen. Die GewO enthält nunmehr auch keine gesonderte Definition des „Einkaufszentrums". Folglich sind Genehmigungsverfahren für „Einkaufszentren" – bei Vorliegen der Voraussetzungen – unter Anwendung der für alle „Gesamtanlagen" beachtlichen Vorgaben des § 356 e zu führen.

Näheres s *Stolzlechner,* Bundesverfassungsrechtliche Grundlagen des Betriebsanlagenrechts Rz 299, 2.5, Die Genehmigungspflicht der Betriebsanlage Rz 200, *Giese,* Das Betriebsanlagenrecht und andere Bereiche des öffentlichen Rechts Rz 327, 23.2.

38 Einrichtungen, benachbarte: Die GewO schützt nicht nur den Nachbarn als Individuum, sondern stellt Rechtshilfe auch für benachbarte Einrichtungen bereit. So dürfen durch den Betrieb einer BA die Religionsausübung in Kirchen, der Unterricht in Schulen, der Betrieb von Kranken- und Kuranstalten und die Verwendung oder der Betrieb anderer öffentlichen Interessen dienender benachbarter Anlagen oder Einrichtungen nicht über ein zumutbares Maß hinaus beeinträchtigt werden (§ 74 Abs 2 Z 3 iVm § 77 Abs 1). Typisch ist, dass sich in solchen Einrichtungen Personen nur vorübergehend aufhalten und daher selbst keine Nachbarstellung haben. Die Geltendmachung der Nachbarrechte bei Einrichtungen wie Beherbergungsbetrieben, Krankenanstalten und Heimen obliegt den Inhabern dieser Einrichtungen; im Fall einer benachbarten Schule dem Schulerhalter (Gemeinde, Land etc) hinsichtlich des Schutzes der Lehrer, Schüler und sonstiger Bediensteter (s auch *Wendl,* Die Nachbarn und ihre Parteistellung Rz 262).

39 Einstellung des Betriebs: Die Praxis versteht darunter einerseits die Auflassung einer BA (s Lexikon „Auflassung von Betriebsanlagen" Rz 16), andererseits die Schließung des Betriebes (s Lexikon „Einstweilige Zwangs- und Sicherheitsmaßnahmen" Rz 40).

40 Einstweilige Zwangs- und Sicherheitsmaßnahmen: Die Verpflichtung der Gewerbebehörde zur Verfügung einstweiliger Zwangs- und Sicherheitsmaßnahmen wie Schließung von Betrieben usw ergibt sich aus der Bestimmung des § 360 bei Vorliegen der dort normierten Voraussetzungen. Näheres s Lexikon „Sofortmaßnahmen" Rz 123, *Wendl,* Verfahrensübersicht „Verfahren nach § 360" Rz 188 und *Giese,* Einstweilige Zwangs- und Sicherheitsmaßnahmen Rz 376 ff.

41 Einwendungen: Darunter versteht man das Vorbringen einer Partei (des Nachbarn) eines BA-Genehmigungsverfahrens, in welchem behauptet wird, das Vorhaben des Konsenswerbers entspreche entweder zur Gänze oder hinsichtlich eines Teils (einzelner Punkte) nicht den Bestimmungen der Rechtsordnung. Eine Einwendung braucht nicht begründet zu werden; sie liegt bereits vor, wenn das Vorbringen die Behauptung der **Verletzung eines subjektiven Rechts** zum Inhalt hat, wenn somit wenigstens erkennbar ist, aus welchen Gründen sich ein Nachbar gegen ein Vorhaben eines Konsenswerbers wendet (zB VwGH 12. 8. 2014, Ro 2014/06/0049; zum Baurecht).

Nachbarn (§ 75 Abs 2) kommt gem § 8 AVG iVm den ihnen zustehenden *subjektiv-öffentlichen Rechten* (§ 74 Abs 2 Z 1 oder 2) Parteistellung in BA-Genehmigungsverfahren zu. Ein Nachbar *„verliert"* die Parteistellung, wenn er nicht spätestens am Tag einer mündlichen Verhandlung oder während der Verhandlung zulässige Einwendungen erhebt (§ 42 Abs 1 AVG). Werden rechtzeitig **zulässige Einwendungen** erhoben, bewirkt dies, dass die Parteistellung erhalten bleibt. Der Kreis *zulässiger Einwendungen* ist beschränkt: Nur wer als **Nachbar** Gesundheitsgefährdung bzw Gefährdung des Eigentums oder sonstiger dinglicher Rechte (§ 74 Abs 2 Z 1) oder unzumutbare Belästigungen (§ 74 Abs 2 Z 2) behauptet, behält seine Parteistellung. Einwendungen, durch eine BA würden *andere öffentlich-rechtliche Vorschriften* (Raumordnung, Naturschutz etc) oder *privatrechtliche Vorschriften* (zB Verletzung von Bestandverträgen) verletzt, verhindern hingegen den Verlust der Parteistellung nicht (s auch Lexikon „Subjektive öffentliche Rechte" Rz 130). Näheres s *Bergthaler/Holzinger,* Zulässige und unzulässige Einwendungen Rz 278, 279.

Einwirkung auf Gewässer s Lexikon „Gewässerschutz" Rz 65.

Emissionen: Darunter versteht man von einer BA ausgehende Beeinträchtigungen der Um- **42** welt durch Geruch, Schadstoffe, Lärm, Rauch, Staub, Lichteinwirkung, Erschütterung usw. Sie führen über die Transmission (Weitertransport der Umweltbeeinträchtigung) zur Immission (s Lexikon „Immissionen" Rz 72). Für die Begrenzung zulässiger Emissionen ist der „Stand der Technik" als Maßstab besonders wichtig (s Lexikon „Stand der Technik" Rz 126). Siehe auch Lexikon „Zulässiges Ausmaß von Emissionen" Rz 163. Zur Bekanntmachung von Emissionsdaten s Lexikon „Umweltinformation" Rz 140.

Energieeffizienz: Der Frage der sparsamen (effizienten) Energieverwendung durch BA **43** kommt zwar unter dem Aspekt des Umweltschutzes sachlich Bedeutung zu; der Gewerbebehörde ist es aber aufgrund kompetenzrechtlicher Grenzen verwehrt, zum Zwecke der Energieeinsparung Auflagen vorzuschreiben (VfSlg 10.831/1986, 17.022/2003).

Im IPPC-Regime musste freilich – aufgrund zwingender unionsrechtlicher Vorgaben – die „effiziente Verwendung von Energie" als Genehmigungskriterium umgesetzt werden (§ 77a Abs 1 Z 1). In VfSlg 17.022/2003 hat der VfGH diese Verpflichtung dahingehend eingeschränkt, dass keine energielenkenden Maßnahmen angeordnet werden können, sondern lediglich solche, die der „Vorsorge gegen Umweltverschmutzung" dienen. Damit werden aber nur emissionsrelevante Energieverwendungen geprüft, was im Vergleich zur IE-R zu kurz, nach der Kompetenzlage der GewO wiederum bedenklich weit greift. Effektive (verfassungs- und unionsrechtskonforme) Energiesparvorschriften können demnach nur von den Ländern erlassen werden; diesbzgl Genehmigungsverfahren können gem § 356b Abs 2 mit dem gew BA-Verfahren koordiniert werden. Näheres dazu s *Stolzlechner,* Bundesverfassungsrechtliche Grundlagen des Betriebsanlagenrechts Rz 299, 2.2; *Bergthaler/Berger,* Die unionsrechtlichen Grundlagen des Betriebsanlagenrechts Rz 294, 2.5 und *Giese,* Das Betriebsanlagenrecht und andere Bereiche des öffentlichen Rechts Rz 311.

Entschädigung: Sofern im Zuge einer amtswegigen Überprüfung der BA eine Proben- **44** entnahme (s Lexikon „Probenentnahme" Rz 108) erfolgt, hat der Bund auf Verlangen des Betriebsinhabers gem § 338 Abs 3 für die entnommene Probe eine von der zuständigen Gewerbebehörde (s Lexikon „Zuständigkeit" Rz 164) zu bestimmende Entschädigung in der Höhe des Einstandspreises zu leisten, falls dieser mehr als € 36 beträgt. Siehe auch *Vogelsang,* Die Überwachung von Betriebsanlagen Rz 370, 2.5.

Entscheidungskonzentration s Lexikon „Verfahrens- und Entscheidungskonzentration" Rz 149.

45 **Erfüllungsgehilfe:** Darunter versteht man Personen, die bei der Errichtung und beim Betrieb einer Anlage im Auftrag eines BA-Inhabers in der BA tätig werden, wie zB Arbeitnehmer, Lieferanten, Ferialpraktikanten, Volontäre. Das Verhalten dieser Personen ist der gew BA zuzurechnen (vgl § 74 Abs 3) und bei der BA-Genehmigung in die Beurteilung der Behörde einzubeziehen. Näheres s Lexikon „ArbeitnehmerInnen" Rz 12 sowie *Stolzlechner,* Die Genehmigungspflicht der Betriebsanlage Rz 198, 1.6.

46 **Erlöschen der Genehmigung:** Gem § 80 Abs 1 **erlischt** eine rk BA-Genehmigung **von Gesetzes wegen,** ohne dass es eines behördlichen Rechtsakts bedürfte (zB VwGH 11. 9. 2013, 2010/04/0032), namentlich ist ein Feststellungsbescheid über das Erlöschen einer Genehmigung nicht zu erlassen (zB VwGH 23. 5. 1995, 94/04/0251). Voraussetzung für das Erlöschen ist, dass der Betrieb der Anlage nicht binnen fünf Jahren nach rk erteilter Genehmigung in zumindest einem für die Erfüllung des Anlagenzwecks wesentlichen Teil der BA aufgenommen oder durch mehr als fünf Jahre in allen für die Erfüllung des Anlagenzwecks wesentlichen Teilen der BA unterbrochen wird. Die Frist ist auf Antrag erstreckbar, darf jedoch sieben Jahre nicht übersteigen (§ 80 Abs 3 und 4); Näheres s Lexikon „Unterbrechung des Betriebs" Rz 147 sowie *Wendl,* Verfahrensübersicht „Verfahren nach § 80 Abs 3 und 4" Rz 175.

47 **Errichtung und Betrieb einer Betriebsanlage (allenfalls ohne rk Genehmigung):** Nicht nur der **eigentliche Betrieb,** auch die **Errichtung einer BA** unterliegt der Genehmigungspflicht (§ 74 Abs 2). Der Tatbestand des „*Errichtens*" einer BA ist mit der Herbeiführung eines solcherart zu qualifizierenden Sachverhalts abgeschlossen, wobei nicht wesentlich ist, dass zB ein „Rohbau" noch nicht beendet ist (VwGH 28. 4. 1992, 91/04/0332). „*Errichter*" einer BA ist derjenige, der als Inhaber eine Handlung zur Herbeiführung eines solcherart zu qualifizierenden Sachverhalts durchführt bzw dem eine derartige Auftragserteilung zuzurechnen ist, wobei er keineswegs bereits über eine Gewerbeberechtigung verfügen muss (VwGH 28. 4. 1992, 91/04/0332).

Errichtung und Betrieb einer Anlage sind gemeinsam zu genehmigen. Mit Errichtung und Betrieb einer BA darf grundsätzlich erst **nach Vorliegen einer rk Genehmigung** begonnen werden (zB mit Erlassung des Erk eines LVwG; dazu s *Stolzlechner,* Die Rechtskraft und die Änderung von Bescheiden Rz 359, 1.1).

Von diesem Grundsatz sind **Ausnahmen** vorgesehen:

– **Gem § 78 Abs 1** dürfen Anlagen(teile) *vor Eintritt der Rechtskraft* des Genehmigungsbescheids errichtet und betrieben werden, wenn dessen Auflagen bei Errichtung und Betrieb der BA eingehalten werden. Dieses Recht endet mit Erlassung des Erk über die Beschwerde gegen den Genehmigungsbescheid, spätestens aber drei Jahre nach Zustellung des Genehmigungsbescheids an den Genehmigungswerber. *„Die zur Entscheidung zuständige Behörde"*, das LVwG, hat die Inanspruchnahme dieses Rechts bei Vorliegen bestimmter Voraussetzungen **auszuschließen.**

– Wird ein Genehmigungsbescheid (idF des Erk eines LVwG) vom VwGH (aufgrund einer Revision) aufgehoben, darf der Genehmigungswerber **gem § 359 c** die betreffende BA bis zur *„Rechtskraft des Ersatzbescheids"* (idF des *„Ersatz-Erk"* des LVwG), längstens jedoch ein Jahr, **weiterbetreiben,** sofern er die BA entsprechend dem aufgehobenen Bescheid, also unter Beachtung der vorgeschriebenen Auflagen, betreibt. Erlaubt ist nur ein *„Weiterbetreiben",* nicht aber das Errichten einer noch nicht errichteten BA.
Erlässt die Behörde (das LVwG) nicht binnen Jahresfrist das „Ersatzerkenntnis", endet die Befugnis zum Weiterbetrieb mit Ablauf eines Jahres nach Zustellung des Erk des VwGH.
Das Recht gem § 359 c besteht nicht, wenn der VwGH der Revision, die zur Aufhebung des Genehmigungsbescheids (idF des Erk des LVwG) führte, die aufschiebende Wirkung zuerkannt hatte.

Zur verfassungsrechtlichen Problematik des § 78 Abs 1 s *Stolzlechner,* Bundesverfassungsrechtliche Grundlagen des Betriebsanlagenrechts Rz 302, 5.1.

– **Gem § 354** kann die Behörde schon *vor der Genehmigung der Errichtung und des Betriebes der Anlage* unter bestimmten Voraussetzungen die Durchführung erforderlicher Vorarbeiten (zB eines Versuchsbetriebs) genehmigen. Näheres s Lexikon „Vorarbeiten" Rz 156.

Ersatzinvestitionen: Besteht die Absicht, in einer genehmigten BA Ersatzinvestitionen **48** vorzunehmen, so ist hiefür keine Änderungsgenehmigung erforderlich, wenn es sich lediglich um den „Ersatz von Maschinen, Geräten oder Ausstattungen durch gleichartige Maschinen, Geräte oder Ausstattungen" handelt (§ 81 Abs 2 Z 5). Solche Ersatzinvestitionen sind vor ihrer Durchführung der zuständigen Behörde anzuzeigen (§ 81 Abs 3); eine diesbzgl Anzeige ist mit Bescheid zur Kenntnis zu nehmen, wenn die geforderten Voraussetzungen gegeben sind. Andernfalls hat die Behörde die Maßnahme zu untersagen (§ 345 Abs 6 iVm Abs 5); die Änderung ist dann im vereinfachten Verfahren genehmigungspflichtig (§ 359 b Abs 5). Näheres s *Paliege-Barfuß,* Die Änderung der genehmigten Anlage Rz 357, 2.3 sowie Lexikon „Anzeigepflichten" Rz 11.

Erschütterungen: Sie werden verursacht zB durch vibrierende Produktionsvorgänge, **49** durch den unruhigen Lauf von Maschinen oder zB durch Sprengungen (zB anlässlich der Errichtung einer BA). Wird das Eigentum von Nachbarn durch von einer BA ausgehenden Erschütterungen gefährdet (zB Setzungsrisse an Nachbarhäusern), muss gem § 77 Abs 1 eine derartige Eigentumsgefährdung durch Vorschreibung entsprechender Auflagen „vermieden", also ausgeschlossen werden. Sofern Erschütterungen lediglich den Grad von Belästigungen erreichen, sind sie auf ein zumutbares Maß zu beschränken. Zur Beurteilung von Erschütterungen s Lexikon „Richtlinien" Rz 117.

Erwerbsgesellschaft s Lexikon „Antragsteller" Rz 10.

Erwerbs- und Wirtschaftsgenossenschaften, land- und forstwirtschaftliche s Lexikon „Land- und Forstwirtschaft" Rz 92.

50 **Familienangehörige:** Beim Schutz mittätiger Familienangehöriger des Genehmigungs-werbers ist gem § 74 Abs 2 Z 1 zu unterscheiden, je nachdem, ob Familienangehörige als Angestellte oder ohne förmlichen Anstellungsvertrag im Betrieb mitarbeiten. Im ers-ten Fall gelten die Bestimmungen des ASchG auch für Familienangehörige; bei Mitar-beit ohne vertragliche Bindung muss zumindest eine Gefährdung von Leben und Ge-sundheit der Familienangehörigen vermieden werden (§ 77 Abs 1). Siehe auch *Wendl,* Die Gefährdung des Lebens und der Gesundheit Rz 213.

51 **Fertigstellung einer Betriebsanlage:** In aller Regel darf der Konsenswerber nach Fertig-stellung einer rk genehmigten BA den Betrieb derselben ohne weiteres aufnehmen. Un-ter bestimmten Voraussetzungen – zB bei Vorschreibung komplizierter Auflagen – hat die Behörde im Genehmigungsbescheid anzuordnen, dass ihr die Fertigstellung der BA anzuzeigen ist (§ 359 Abs 1). Der Inhaber einer dem Abschnitt 8 a unterliegenden BA („Seveso-III-Anlage") hat die Fertigstellung jedenfalls anzuzeigen (§ 359 Abs 1). Die Unterlassung der Anzeige ist strafbar (§ 368). Die Möglichkeit des Vorbehalts einer Be-triebsbewilligung ist nicht mehr vorgesehen (s auch Lexikon „Anzeigepflichten" Rz 11 und „Inbetriebnahme einer Anlage" Rz 73).

52 **Feststellungsbescheid:** Zieht der Inhaber einer Anlage in Zweifel, dass die Vorausset-zungen für die Genehmigungspflicht der BA gegeben sind, so hat die BVB auf Antrag des Inhabers gem § 358 durch Bescheid festzustellen, ob Errichtung und Betrieb der Anlage der Genehmigung bedürfen. Ein Feststellungsbescheid ist jedoch nicht zu erlas-sen, wenn die Genehmigungspflicht der Anlage offenkundig ist. Ergeben sich im Fest-stellungsverfahren Zweifel, ob die GewO überhaupt auf die der BA zugrunde liegende Tätigkeit anzuwenden ist, so ist dieses Verfahren zu unterbrechen und ein Feststellungs-verfahren nach § 348 durchzuführen. Näheres s *Stolzlechner,* Die Genehmigungspflicht der Betriebsanlage Rz 207 und *Wendl,* Verfahrensübersicht „Verfahren nach § 358 Abs 1" Rz 185.

Zum Verfahren über einen Antrag auf Feststellung, ob eine gem § 82 Abs 1 erlas-sene V oder der Abschnitt 8 a der GewO auf eine BA anzuwenden ist, s *Wendl,* Verfah-rensübersicht „Verfahren nach § 358 Abs 3" Rz 186.

Zum Begriff und zur Problematik des im sog vereinfachten Genehmigungsverfah-ren zu erlassenden Feststellungsbescheides s Lexikon „Vereinfachtes Genehmigungsver-fahren (Auftragsverfahren)" Rz 148 und *Wendl,* Verfahrensübersicht „Verfahren nach § 359b" Rz 187.

Hinsichtlich der Frage der Zulässigkeit eines Feststellungsbescheides zur Entschei-dung über die Parteistellung von Nachbarn s *Wendl,* Die Nachbarn und ihre Parteistel-lung Rz 265, 8.5.

53 **Flächenwidmungspläne:** Flächenwidmungspläne sind aufgrund der Raumordnungsge-setze der Bundesländer erlassene V, die als Instrumente der örtlichen Raumplanung die geordnete Nutzung des jeweiligen Gemeindegebiets regeln.

Die raumordnungsrechtliche Zulässigkeit einer BA am jeweiligen Standort ist von der Gewerbebehörde (entgegen früherer Rechtslage) nicht mehr zu überprüfen (VwGH 24. 10. 2001, 98/04/0181).

Näheres s Lexikon „Raumordnung" Rz 111 sowie *Giese,* Das Betriebsanlagenrecht und andere Bereiche des öffentlichen Rechts Rz 327 sowie *Stolzlechner,* Bundesverfassungsrechtliche Grundlagen des Betriebsanlagenrechts Rz 299, 2.5.

Flüssigkeit des Verkehrs s Lexikon „Sicherheit, Leichtigkeit und Flüssigkeit des Verkehrs" Rz 122.

Forstschädliche Luftverunreinigungen: Forstschädliche Luftverunreinigungen iSd **54** ForstG sind Luftverunreinigungen, die messbare Schäden an Waldboden oder Bewuchs (Gefährdung der Waldkultur) verursachen (§ 47).

Der Schutz vor einer Gefährdung der Waldkultur ist unter bestimmten Voraussetzungen bei Errichtung oder Änderung gew BA von den Gewerbebehörden wahrzunehmen. Näheres s *Giese,* Das Betriebsanlagenrecht und andere Bereiche des öffentlichen Rechts Rz 307, 3.2.

Maßnahmen gegenüber schon bestehenden gew BA zur Beseitigung einer (zuvor von der Forstbehörde gem § 51 Abs 1 ForstG festgestellten) Gefährdung der Waldkultur sind von der Gewerbebehörde – außer wenn es sich um Schutz- oder Bannwälder handelt, die durch die Emissionen der Anlage betroffen werden – durch Bescheid vorzuschreiben.

Freistellung von der Genehmigungspflicht einer Betriebsanlage s Lexikon „Genehmigungspflicht" Rz 61.

Gäste s Lexikon „Kunden (Gäste, Konsumenten)" Rz 87.

Gastgärten: Für den Betrieb von **Gastgärten** ist in § 76 a eine Sonderregelung, näm- **55** lich eine **Anzeigepflicht,** vorgesehen: Danach ist für Gastgärten, die sich auf öffentlichem Grund befinden oder an öffentliche Verkehrsflächen angrenzen, für die Zeit von **8 bis 23 Uhr keine BA-Genehmigung** erforderlich; Gleiches gilt für auf „privatem" Grund befindliche Gastgärten (erlaubte Öffnungszeit **9 bis 22 Uhr**). Der Inhaber eines Gastgartens hat die Aufnahme des Betriebs **vorher anzuzeigen.** Die Genehmigungsfreistellung für Gastgärten besteht nur bei Vorliegen der gesetzlichen Voraussetzungen (zB höchstens 75 Verabreichungsplätze). Liegen die Voraussetzungen nicht vor, ist der Betrieb zu untersagen (§ 76 a Abs 4). Für den Fall, dass während des laufenden Betriebs die gesetzlichen Voraussetzungen „wiederholt" nicht eingehalten werden, ist ein abgestuftes Verfahren zur Einhaltung der gesetzlichen Betriebsvoraussetzungen vorgesehen.

Besteht die Absicht, einen Gastgarten über die gesetzliche Betriebszeit hinaus zu betreiben, ist hiefür eine **BA-Genehmigung** erforderlich (§ 76 a Abs 7).

Gem § 76 a Abs 8 sind auf angezeigte und an sich gesetzeskonform betriebene Gastgärten auch die §§ 79, 79 a anzuwenden, uzw mit der Maßgabe, dass *„Auflagen und Einschränkungen der Betriebszeit"* zugunsten von Nachbarn mit Bescheid vorgeschrieben werden dürfen (sofern dies zum Schutz der Nachbarn erforderlich ist).

Im Übrigen kann eine Gemeinde mit V *„abweichende Regelungen betreffend die in Abs 1 und 2 festgelegten Zeiten"*, also kürzere oder längere Betriebszeiten, für Gebiete einer Gemeinde festlegen, die eine solche Sonderregelung aus einem der gesetzlich angeführten Gründe rechtfertigen (zB Verlängerung aus touristischen Gründen; § 76 a Abs 9). Näher zu alldem *Stolzlechner,* Die Genehmigungspflicht der Betriebsanlage Rz 199.

56 **Gefährdungen:** Die Möglichkeit einer Gefährdung des Lebens oder der Gesundheit des Gewerbetreibenden, bestimmter mittätiger Familienangehöriger, der Nachbarn oder der Kunden sowie einer Gefährdung des Eigentums oder sonstiger dinglicher Rechte der Nachbarn begründet die Genehmigungspflicht einer gew BA (§ 74 Abs 2 Z 1).

Die BA ist zu genehmigen, wenn nach dem Stand der Technik und dem Stand der medizinischen und der sonst in Betracht kommenden Wissenschaften zu erwarten ist, dass überhaupt oder bei Einhaltung von Auflagen die nach den Umständen des Einzelfalls voraussehbaren Gefährdungen im oben zitierten Sinne vermieden werden.

Näheres zu Gefährdungen des Lebens und der Gesundheit s *Wendl,* Die Gefährdung des Lebens und der Gesundheit Rz 208 ff; zu Gefährdungen des Eigentums s Lexikon „Minderung des Verkehrswertes" Rz 98 und „Substanzverlust" Rz 131 sowie *Kerschner,* Die Gefährdung des Eigentums und sonstiger dinglicher Rechte Rz 224 ff. Sofortmaßnahmen zur Abwehr einer Gefahr für das Leben oder die Gesundheit von Menschen oder für das Eigentum darf die Behörde erforderlichenfalls nach § 360 Abs 4 treffen; Näheres hiezu s *Giese,* Einstweilige Zwangs- und Sicherheitsmaßnahmen Rz 380, 381.

57 **Gegenprobe:** Sofern im Zuge der amtswegigen Überprüfung von BA Proben entnommen werden, ist dem Betriebsinhaber oder seinem Stellvertreter auf dessen Verlangen gem § 338 Abs 3 eine Gegenprobe auszufolgen. Damit soll dem Betreiber der Anlage aus Beweissicherungsgründen die Möglichkeit einer eigenen Analyse der Probe eröffnet werden. Siehe auch *Vogelsang,* Die Überwachung von Betriebsanlagen Rz 370, 2.5.

58 **Gemeinde:** Die Gemeinde ist gem § 355 im Verfahren zur Genehmigung der BA zum Schutz der öffentlichen Interessen iSd § 74 Abs 2 Z 2 bis 5 im Rahmen ihres (eigenen) Wirkungsbereiches zu hören. Unter „Gemeinde" ist nicht nur die Gemeinde des Standortes der BA, sondern jede Gemeinde zu verstehen, deren Gebiet von den Emissionen der BA betroffen wird (VwSlg 10.616 A/1981). Der BA-Genehmigungsbescheid ist auch der Gemeinde zuzustellen. Hiebei ist ihr eine Ausfertigung der Projektunterlagen einschließlich einer Beschreibung der beim Betrieb zu erwartenden Abfälle und der diesbzgl Vorkehrungen mit Sichtvermerken zu übermitteln (§ 359 Abs 2 und 3). Ein Recht zur Erhebung von Einwendungen bzw ein Beschwerderecht gegen den Bescheid steht der Gemeinde – außer in den Fällen, in denen sie selbst als Nachbar iSd § 75 Abs 2 berührt ist (insb als Erhalter von Schulen oder als Eigentümer benachbarter Grundstücke) – nicht zu. Siehe hiezu auch *Bergthaler/Holzinger,* Zulässige und unzulässige Einwendungen Rz 276, 2.2 und *Wendl,* Die Nachbarn und ihre Parteistellung Rz 260, 3.1 und 263.

59 **Genehmigung (Voraussetzungen):** Voraussetzung für die Erteilung einer BA-Genehmigung ist, dass nach dem Stand der Technik und dem Stand der medizinischen und der sonst in Betracht kommenden Wissenschaften zu erwarten ist, dass **Gefährdungen**

des **Lebens** und der **Gesundheit** von Menschen (zB von Nachbarn) sowie **Gefährdungen** des **Eigentums** oder **sonstiger dinglicher Rechte vermieden** werden können (s auch Lexikon „Stand der medizinischen und der sonst in Betracht kommenden Wissenschaft" Rz 125 und „Stand der Technik" Rz 126 sowie *Wendl,* Die Gefährdung des Lebens und der Gesundheit Rz 210, *Kerschner,* Die Gefährdung des Eigentums und sonstiger dinglicher Rechte Rz 230 und *Wendl,* Zulässige und unzulässige Auflagen Rz 339 ff). Zudem müssen **Belästigungen, Beeinträchtigungen** etc iSd § 74 Abs 2 Z 2 – 5 auf ein **„zumutbares Maß" beschränkt** werden (§ 77 Abs 1 erster Satz). Näheres s Lexikon „Maßstäbe für die Beurteilung der Zumutbarkeit" Rz 96 und *Paliege-Barfuß,* Die Belästigung der Nachbarn Rz 218.

Emissionen von Luftschadstoffen sind jedenfalls nach dem Stand der Technik zu begrenzen (§ 77 Abs 3). Ferner ist zu berücksichtigen, dass beim Betrieb der Anlage allenfalls zu erwartende Abfälle (mit Ausnahme solcher, die nach Art und Menge mit denen privater Haushalte vergleichbar sind) nach dem Stand der Technik vermieden oder verwertet oder, soweit dies wirtschaftlich nicht vertretbar ist, ordnungsgemäß entsorgt werden (§ 77 Abs 4). Näheres s Lexikon „Abfälle" Rz 1 sowie *Giese,* Das Betriebsanlagenrecht und andere Bereiche des öffentlichen Rechts Rz 312.

Zu den zusätzlichen Genehmigungsvoraussetzungen für IPPC-Anlagen s *Vogelsang,* Sonderbestimmungen für IPPC-Anlagen Rz 245; bzgl der aus IPPC-Anlagen austretenden Schadstoffe sind in § 77 b **besondere Emissionsgrenzwerte** festgelegt.

Gegenstand der Genehmigung ist nicht der Typus einer BA, sondern die **konkrete BA.** Der Genehmigungsbescheid hat über den Antrag des Genehmigungswerbers (auf Genehmigung der Errichtung und des Betriebes der BA) einschließlich der erforderlichen Auflagen und über alle sonstigen Anträge (Einwendungen) der Parteien sowie über die Kostenfrage abzusprechen. In der **Betriebsbeschreibung** des Genehmigungsbescheides (bzw in den der Genehmigung zugrunde liegenden Unterlagen, die dem Bescheid anzuschließen sind) müssen alle für die Genehmigungsfähigkeit bedeutsamen Elemente der BA, wie zB Maschinen und Einrichtungen, die geeignet sind, die in § 74 Abs 2 genannten Gefährdungen, Belästigungen usw hervorzurufen, im Einzelnen genannt sein. Nur dann sind solche Maschinen bzw Einrichtungen vom Genehmigungsbescheid erfasst (zB VwGH 27. 3. 1990, 89/04/0223).

Eine beantragte BA darf durch Auflagen nur soweit modifiziert werden, dass sie in ihrem Wesen unberührt bleibt (s dazu *Wendl,* Zulässige und unzulässige Auflagen Rz 347, 9.3). Dieser Grundsatz gilt auch für den **Antragsteller** bei (nachträglicher) Änderung seines Genehmigungsansuchens: Auch die dem normativen Abspruch zugrunde liegende Betriebsbeschreibung bzw eine in der Folge „modifizierte" Betriebsbeschreibung hat sich innerhalb dieser Grenzen zu halten, die im Gegensatz zur behördlich obliegenden Kompetenz zur Auflagenvorschreibung aber einem ausdrücklich erklärten Willensakt des Konsenswerbers als Ausfluss seiner Antragslegitimation vorbehalten sind (vgl zB VwGH 30. 10. 1990, 90/04/0116; 27. 11. 1990, 90/04/0185; 23. 4. 1991, 90/04/0335). Die Änderung des ursprünglichen Genehmigungsantrags dahin, dass ein „Gastgarten" durch **Überdachung** und weitere bauliche Maßnahmen gestaltet werde, stellt **keine zulässige bloße Modifizierung** des ursprünglichen Vorhabens, sondern eine *dieses Vorhaben in seinem Wesen erfassende und somit unzulässige Projektsänderung* dar (VwGH 30. 10. 1990, 90/04/0116); s näher Lexikon „Ansuchen" Rz 9 sowie *Wendl,* Die

Nachbarn und ihre Parteistellung Rz 267, 10.9.2 und *Stolzlechner,* Die Rechtskraft und die Änderung von Bescheiden Rz 362, 4.4.

 Zu den dem Genehmigungsbescheid als dessen Bestandteil anzuschließenden Beilagen s § 359 Abs 2. Die **Zustellung** des Bescheides hat an die im § 359 Abs 3 angeführten Personen bzw Stellen zu erfolgen.

Genehmigungsfreistellung s Lexikon „Genehmigungspflicht" Rz 61.

60 **Genehmigungsbescheid (konsolidierter):** Die Errichtung und der Betrieb einer genehmigungspflichtigen BA wird – soweit die entsprechenden Voraussetzungen vorliegen (s dazu Lexikon „Genehmigung [Voraussetzungen]" Rz 59) – allenfalls unter Vorschreibung von Auflagen (s dazu Lexikon „Auflagen" Rz 15) mit Bescheid erteilt. Der mit dem ursprünglichen Genehmigungsbescheid erzielte Konsens kann in der Folge etwa durch zusätzliche Auflagen (§ 79), aufgehobene oder abgeänderte Auflagen (§ 79 c) oder auch vom Betriebsinhaber selbst beantragte oder angezeigte Änderungen einer genehmigten BA (§ 81) geändert werden. Um eine Übersicht über die Genehmigungssituation einer BA zu erhalten, kann der übernehmende Inhaber aus Anlass einer Betriebsübernahme beantragen, dass ihm eine Zusammenstellung aller die Genehmigung der BA betreffenden Bescheide übermittelt wird (§ 79 d Abs 1). § 22 UMG sieht darüber hinaus vor, dass auf Antrag einer nach § 15 UMG registrierten Organisation sämtliche für eine BA (nach bundesrechtlichen Regelungen) geltenden Genehmigungen in einem Bescheid zusammenzufassen sind. Mit Rechtskraft dieses konsolidierten Bescheides treten die betroffenen Einzelgenehmigungen außer Kraft.

61 **Genehmigungspflicht:** Ob eine gew BA genehmigungspflichtig ist, hängt davon ab, ob sie nach allgemeiner menschlicher Erfahrung geeignet ist, Gefährdungen, Belästigungen oder nachteilige Einwirkungen iSd § 74 Abs 2 hervorzurufen. Für das Vorliegen der Genehmigungspflicht ist ausreichend, dass Gefährdungen, Belästigungen etc **nicht von vornherein ausgeschlossen werden können** (*„abstrakte Gefährdung"*). Kann hingegen bei einer gew BA nach allgemeiner menschlicher Erfahrung **ausgeschlossen** werden, dass von ihr Gefährdungen, Belästigungen etc ausgehen, ist eine BA-Genehmigung nicht erforderlich; der Betrieb kann ohne Einholung einer BA-Genehmigung aufgenommen werden (zB kleine Verkaufsläden, Bürobetriebe). Für Streitfälle ist ein besonderes Feststellungsverfahren vorgesehen (§ 358).

 Zur Sicherstellung eines einheitlichen Vollzugs bzgl der Genehmigungspflicht von BA ist in § 74 Abs 7 eine Ermächtigung zur **Genehmigungsfreistellung** vorgesehen. Danach kann der BMWFW (unter bestimmten Voraussetzungen) *„Arten von BA, für die jedenfalls keine Genehmigung erforderlich ist",* durch V bezeichnen. Geschehen ist dies mit einer **2. GenehmigungsfreistellungsV BGBl II 2015/80;** darin sind zahlreiche Typen von BA bezeichnet, für die eine Genehmigung nicht erforderlich ist, wie zB Einzelhandelsbetriebe bis zu 200 m² (ausgenommen Einzelhandel mit Lebensmitteln), Bürobetriebe, Kosmetik-, Fußpflege-, Friseur-, Massage- und Bandagistenbetriebe. Die Freistellung von der Genehmigungspflicht gilt nur, wenn eine BA innerhalb bestimmter, vorgeschriebener Betriebszeiten betrieben wird; zur Genehmigungspflicht und zur Freistellung hievon s näher *Stolzlechner,* Die Genehmigungspflicht der Betriebsanlage Rz 198 und 202, 5.2.

BA mit geringem Belästigungsgrad (s Lexikon „Bagatellanlagen" Rz 17) unterliegen zwar der Genehmigungspflicht, für sie ist aber ein *vereinfachtes Genehmigungsverfahren,* endend mit einem Feststellungsbescheid und allfälligen Schutzaufträgen, vorgesehen (§ 359 b). Näheres dazu s Lexikon „Vereinfachtes Genehmigungsverfahren (Auftragsverfahren)" Rz 148 und *Wendl,* Verfahrensübersicht „Verfahren nach § 359 b" Rz 187.

Genehmigungsverfahren: Gem § 356 ist die Durchführung einer mündlichen Verhandlung in Verfahren betreffend BA, einschließlich dem regulären Genehmigungsverfahren, nicht zwingend vorgesehen. Die **Anberaumung einer mündlichen Verhandlung** liegt im **Ermessen der Behörden.** Wird eine mündliche Verhandlung nicht angeordnet, sind dennoch die Parteirechte der Nachbarn, namentlich das Recht zur Geltendmachung ihrer rechtlichen Interessen (§ 37 AVG) zu wahren. *Präklusionswirkung* mit der Folge des Verlustes der Parteistellung tritt in einem solchen Fall selbst dann nicht ein, wenn Nachbarn keine Einwendungen iSd § 74 Abs 2 erheben. Zur Erzielung klarer rechtlicher Verhältnisse, namentlich zur Verhinderung „übergangener Parteien", erscheint es sinnvoll, dass jedenfalls im regulären Genehmigungsverfahren eine mündliche Verhandlung anberaumt wird (vgl §§ 40 ff AVG). In einem solchen Fall hat die Behörde den Nachbarn Gegenstand, Zeit und Ort der Verhandlung sowie die Voraussetzungen zur Aufrechterhaltung der Parteistellung durch Anschlag bekannt zu geben (§ 356 Abs 1). Wird die mündliche Verhandlung in der in § 41 Abs 1 AVG vorgesehenen Form (zB Anschlag in der Gemeinde) und in einer dazu nach Verwaltungsvorschriften vorgesehenen Form („*doppelte Kundmachung*"; dazu unter Berücksichtigung der einschlägigen Lit s *Wendl,* Die Nachbarn und ihre Parteistellung Rz 266, 267) kundgemacht, hat dies gem § 42 Abs 1 AVG zur Folge, dass ein Nachbar seine Parteistellung verliert, wenn er nicht rechtzeitig Einwendungen iSd § 74 Abs 2 erhebt (**„Präklusionswirkung"**). Nachbarn müssen daher spätestens bei der mündlichen Verhandlung Einwendungen iSd § 74 Abs 2 erheben, um ihre Parteistellung aufrechtzuerhalten. Ausnahmsweise (nämlich bei unverschuldeter Unterlassung von Einwendungen) können sie dies auch noch bis zum rk Abschluss des Verfahrens tun. Näheres zur Präklusionswirkung und zur nachträglichen Erhebung von Einwendungen s *Wendl,* Die Nachbarn und ihre Parteistellung Rz 267.

Der Genehmigungsbescheid ist dem Konsenswerber, dem Arbeitsinspektorat, der Gemeinde und den Nachbarn mit Parteistellung zuzustellen (§ 359 Abs 3). In Folgeverfahren (zB nach § 79) haben jene Nachbarn Parteistellung, deren Parteistellung im regulären Verfahren *aufrecht geblieben ist"* (§ 356 Abs 3). Siehe auch Lexikon „Arbeitsinspektorat" Rz 13, „Beschwerde" Rz 26 und „Verhandlung, mündliche" Rz 151 sowie *Wendl,* Verfahrensübersicht „Verfahren nach § 77 Abs 1" Rz 167 und „Verfahren nach § 81" Rz 176.

Hinsichtlich des vereinfachten Genehmigungsverfahrens s Lexikon „Vereinfachtes Genehmigungsverfahren (Auftragsverfahren)" Rz 148.

Generalgenehmigung: Im Falle von Gesamtanlagen (das sind solche, die verschiedene Gewerbebetriebe aufnehmen) besteht gem § 356 e die Möglichkeit, dass der Inhaber zunächst nur eine Generalgenehmigung beantragt. Diesfalls werden nur die allgemeinen

Einrichtungen (die nicht nur einem einzelnen Gewerbebetrieb dienen) genehmigt, zB Rolltreppen, Aufzüge, Brandmelde-, Sprinkler-, Lüftungseinrichtungen.

Die Genehmigung für die einzelnen „Lokale" in einer solchen Gesamtanlage kann hingegen von deren jeweiligen Betreibern mittels sog Spezialgenehmigungen erwirkt werden.

Erlischt die Generalgenehmigung, so erlöschen damit auch die Spezialgenehmigungen (§ 356 e Abs 2). Näheres s *Stolzlechner,* Die Genehmigungspflicht der Betriebsanlage Rz 200, 3.3, Lexikon „Einkaufszentren" Rz 37, „Spezialgenehmigung" Rz 124, „Ansuchen" Rz 9, „Antragsteller" Rz 10.

64 **Geschäftsführer, gewerberechtlicher:** Jeder Gewerbetreibende kann einen gew Gf bestellen, der dem Gewerbeinhaber für die fachlich einwandfreie Ausübung des Gewerbes und der Behörde gegenüber für die Einhaltung der gewerberechtlichen Vorschriften verantwortlich ist (§ 39). Zwingend zu bestellen ist ein gew Gf unter anderem dann, wenn der Gewerbeinhaber einen notwendigen Befähigungsnachweis nicht selbst erbringen kann. Auch wenn der Gewerbetreibende eine juristische Person ist, muss jedenfalls ein gew Gf bestellt werden (§ 9).

65 **Gewässerschutz:** Die Errichtung und der Betrieb von gew BA ist ua auch dann genehmigungspflichtig, wenn sie geeignet sind, eine nachteilige Einwirkung auf die Beschaffenheit der Gewässer herbeizuführen, sofern nicht ohnedies eine Bewilligung aufgrund wr Vorschriften vorgeschrieben ist (§ 74 Abs 2 Z 5). Dagegen sieht die Regelung des § 356 b Abs 1 vor, dass in den dort taxativ aufgezählten Fällen der Z 1 bis 6 die (an sich im WRG vorgesehene) wr Bewilligungspflicht entfällt, wenn die jeweilige Maßnahme mit Errichtung, Betrieb oder Änderung einer BA verbunden ist, wobei die nach der GewO zuständige Behörde aber die materiellrechtlichen Bewilligungsregelungen des WRG mitanzuwenden hat (s dazu auch Lexikon „Verfahrens- und Entscheidungskonzentration" Rz 149).

> „Mitanzuwenden" bedeutet, dass weiterhin die entsprechenden Bestimmungen der GewO für die Genehmigung der BA zu beachten sind (VwGH 14. 3. 2010, 2010/04/0143).

Nach § 356 b Abs 4 obliegt der Gewerbebehörde – im Hinblick auf die Mitanwendung von Bestimmungen des WRG – auch die *„spezielle"* Gewässeraufsicht iSd im ersten Satz dieser Bestimmung aufgezählten behördlichen Befugnisse und Aufgaben, allerdings nur für die im Abs 1 Z 1 bis 5 genannten Maßnahmen (die durch die GewRNov 2013 II eingefügte Z 6 ist hier nicht genannt). Dagegen bleiben die Bestimmungen betreffend die *„allgemeine"* Gewässeraufsicht (§§ 130 ff WRG) unberührt.

Hinzuweisen ist auch auf die Sonderregelung des *§ 31 a WRG* betreffend *Anlagen zur Lagerung und Leitung wassergefährdender Stoffe:* Diese Anlagen sind grundsätzlich wr nicht bewilligungspflichtig, jedoch besteht eine Kontroll- und Meldepflicht, sofern solche Anlagen in einer V (s dzt BGBl II 1998/4) näher bezeichnet sind; bei Anlagen, die nach dem Gewerberecht genehmigungspflichtig sind (zB Tankstellen, Tanklager, Mineralöllagerungen in sonstigen BA), entfällt die wr Meldepflicht, es sind aber im Rahmen der Kontrolle bestimmte Vorschriften des WRG sinngemäß anzuwenden; die nach der GewO zuständige Behörde ist auch für die Aufsicht zuständig. Siehe in diesem

Zusammenhang die besondere Aufsichtsbestimmung des § 134 Abs 4 WRG iVm § 82 b GewO.

Näheres s *Giese,* Sonstige Genehmigungsvoraussetzungen im Rahmen der Verfahrens- und Entscheidungskonzentration Rz 234 und *Giese,* Das Betriebsanlagenrecht und andere Bereiche des öffentlichen Rechts Rz 308 sowie Lexikon „Umweltbelastungen (Umweltverschmutzungen)" Rz 137 betreffend die Regelung des § 69 a iVm V zur Vermeidung von Belastungen der Umwelt (wozu auch nachteilige Einwirkungen auf die Gewässer gehören).

Gewerbebehörden s Lexikon „Behörden/Verwaltungsgerichte" Rz 21.

Gewerbetreibender: Genehmigungswerber ist idR ein **Gewerbetreibender** (§ 38 Abs 2); **66** ihm kommt auch Parteistellung in Verfahren betreffend BA zu. Gewerbetreibende sind insofern zu schützen, als die Behörde durch Vorschreibung entsprechender Auflagen Gefährdungen des Lebens und der Gesundheit der Gewerbetreibenden und ihrer mittätigen Familienangehörigen (§ 74 Abs 2 Z 1) auszuschließen hat.

Das Vorliegen einer Gewerbeberechtigung ist jedoch *keine Voraussetzung für ein zulässiges Genehmigungsansuchen.* Daher können auch Personen, die nicht Gewerbetreibende sind, um BA-Genehmigung ansuchen. Gew Gf hingegen sind nicht befugt an Stelle des Gewerbeinhabers um eine BA-Genehmigung anzusuchen. Siehe dazu auch Lexikon „Antragsteller" Rz 10 sowie *Wendl,* Die Gefährdung des Lebens und der Gesundheit Rz 213.

Gewerbliche Arbeiten außerhalb der Betriebsanlage: Werden gewerbliche Arbeiten **67** außerhalb der BA ausgeführt, so hat die Behörde erforderlichenfalls von Amts wegen dem Gewerbetreibenden die für die Ausführung dieser Arbeiten notwendigen Vorkehrungen zur Vorbeugung gegen oder zur Abstellung von Gefährdungen von Menschen oder unzumutbaren Belästigungen der Nachbarn mit Bescheid aufzutragen (§ 84).

In den meisten Anwendungsfällen des § 84 handelt es sich um sog Baustelleneinrichtungen. Diese stellen, da ihnen insb das Element der Ortsgebundenheit bzw der Dauer fehlt, keine gew BA iSd § 74 Abs 1 dar. Zur Abgrenzungsproblematik zwischen BA und Baustelleneinrichtung s *Paliege-Barfuß,* Der Begriff der Betriebsanlage Rz 193, 3.1 und Rz 194, 4.1.

Nachbarn einer Baustelle haben in Verfahren nach § 84 keine Parteistellung (s jedoch die Erörterung zu einer allenfalls doch gegebenen Parteistellung von Nachbarn bei *Grabler/Stolzlechner/Wendl,* GewO[3] § 84 Rz 11; aM *Gruber/Paliege-Barfuß,* GewO[7] § 84 Anm 9). Näheres zum Verfahren s *Wendl,* Verfahrensübersicht „Verfahren nach § 84" Rz 182.

Grenznahe Grundstücke: Als Rechtsvorschrift des Bundes ist die GewO bzgl ihres ört- **68** lichen Geltungsbereichs auf das **Bundesgebiet** beschränkt. § 75 Abs 3 normiert davon insofern eine Ausnahme, als auch Personen als **Nachbarn** zu behandeln sind, die im Gefährdungs- oder Belästigungsbereich einer im Bundesgebiet gelegenen BA, freilich auf *„grenznahen Grundstücken im Ausland"* (zB BRD) wohnen, also dort dauerhaft ansässig sind. Solchen Personen kommt unter den gleichen Voraussetzungen wie im Inland ansässigen Personen Parteistellung zu, sofern österreichischen Staatsbürgern eine vergleichbare Rechtsstellung in den entsprechenden Verfahren des anderen Staates zukommt (Grundsatz der **Gegenseitigkeit**). Näheres s *Wendl*, Die Nachbarn und ihre Parteistellung Rz 264.

69 **Grenzwerte:** *Verbindliche Grenzwerte für Emissionen bzw Immissionen*, die in BA-Verfahren anzuwenden sind, enthalten insb aufgrund des § 82 Abs 1 GewO bzw des EG-K und des ForstG erlassene DurchführungsV:

– V über die Begrenzung des Schwefelgehaltes von Kraftstoffen für nicht zum Betreiben von Kraftfahrzeugen bestimmte Dieselmotoren BGBl 1985/549 idF zuletzt BGBl II 2000/123;

– V über die Begrenzung des Schwefelgehaltes von Heizöl BGBl 1989/94 idF BGBl 1994/545;

– V über die Begrenzung von Emissionen aus Aufbereitungsanlagen für bituminöses Mischgut BGBl 1993/489;

– V über die Begrenzung der Emission von luftverunreinigenden Stoffen aus Anlagen zur Gipserzeugung BGBl 1993/717;

– V über die Begrenzung der Emission von luftverunreinigenden Stoffen aus Brennöfen zur Ziegelerzeugung in gew BA und Bergbauanlagen BGBl 1993/720;

– V über die Begrenzung der Emission von luftverunreinigenden Stoffen aus Anlagen zur Glaserzeugung BGBl 1994/498;

– V über die Begrenzung der Emission von luftverunreinigenden Stoffen aus Anlagen zur Erzeugung von Eisen und Stahl BGBl II 1997/160 idF BGBl II 2010/38 Art 2;

– V über die Begrenzung der Emission von luftverunreinigenden Stoffen aus Anlagen zum Sintern von Eisenerzen BGBl II 1997/163 (diese V wurde mit BGBl II 2014/303 mit Ablauf des 30. 11. 2014 aufgehoben; s jedoch die Übergangsregelung des § 2 dieser V);

– V über die Begrenzung der Emission von luftverunreinigenden Stoffen aus Anlagen zur Erzeugung von Nichteisenmetallen und Refraktärmetallen – NER-V BGBl II 2008/86;

– V über die Begrenzung der Emissionen bei der Verwendung organischer Lösungsmittel in gew BA (VOC-Anlagen-Verordnung – VAV) BGBl II 2002/301 idF BGBl II 2010/77;

– V über die Begrenzung der Emissionen bei der Verwendung halogenierter organischer Lösungsmittel in gew BA (HKW-Anlagen-Verordnung – HAV) BGBl II 2005/411;

– V über die Bauart, die Betriebsweise, die Ausstattung und das zulässige Ausmaß der Emission von Anlagen zur Verfeuerung fester, flüssiger oder gasförmiger Brennstoffe in gew BA (FeuerungsanlagenV – FAV) BGBl II 1997/331 idF BGBl II 2011/312;

– V über die Begrenzung der Emission von luftverunreinigenden Stoffen aus Anlagen zur Zementerzeugung 2007 – ZementV 2007 BGBl II 2007/60 idF BGBl II 2010/38 Art 1;

– V über die Begrenzung der Emission von luftverunreinigenden Stoffen aus Gießereien 2014 (Gießerei-Verordnung 2014 – GießV 2014) BGBl II 2014/264;

– V über forstschädliche Luftverunreinigungen (Zweite V gegen forstschädliche Luftverunreinigungen) BGBl 1984/199; diese aufgrund des *ForstG* erlassene V legt Immissionsgrenzwerte fest.

Siehe weiters die auf Grundlage der §§ 33 b und c WRG erlassenen sog *„Abwasser-
emissionsverordnungen"*, auf die zutreffendenfalls in Konzentrationsverfahren gem
§ 356 b GewO Bedacht zu nehmen ist.

Das *IG-L* enthält Immissionsgrenzwerte, Alarm- und Zielwerte (s § 3 iVm Anlagen 1, 2, 4, 5 a, 5 b und 5 c leg cit). Zur Bedeutung dieser Werte und zur Heranziehung
der Werte weiterer Fachnormen im Hinblick auf gew BA s *Bergthaler/Holzinger,* Immissionsschutz-Luft im Betriebsanlagenrecht Rz 250; 251; 252 sowie *Giese,* Das Betriebsanlagenrecht und andere Bereiche des öffentlichen Rechts Rz 307, 3.3.

Hinsichtlich der rechtlichen Relevanz von Grenzwerten, die (lediglich) in als Regeln der Wissenschaft anerkannten Richtlinien enthalten sind, s Lexikon „Richtlinien"
Rz 117 sowie *Wendl,* Die Gefährdung des Lebens und der Gesundheit Rz 212, 5.4.

Hinzuweisen ist schließlich auf die IPPC-Anlagen betreffenden Sonderbestimmungen des § 77 a Abs 2 Z 1, § 77 b Abs 2 und 3 und § 81 b Abs 3 hinsichtlich der *bescheidmäßigen Festlegung* von Emissionsgrenzwerten sowie des § 77 a Abs 6 hinsichtlich Vorschreibung von Auflagen zur Verhinderung des Überschreitens eines unionsrechtlich
vorgesehenen Immissionsgrenzwertes (Näheres s *Vogelsang,* Sonderbestimmungen für
IPPC-Anlagen Rz 245).

Grundeigentümer s Lexikon „Zustimmung des Grundeigentümers" Rz 166.

Grundgeräuschpegel s Lexikon „Lärm" Rz 93.

Haftpflichtversicherung: Ausnahmsweise besteht für die Behörde die Möglichkeit, ei- **70**
nem Anlagenbetreiber den Abschluss und den Fortbestand einer Haftpflichtversicherung bescheidmäßig vorzuschreiben, wenn der Ersatz für Schädigungen, die im Hinblick auf die besondere Gefährlichkeit derartiger Anlagen möglich sind, in anderer Weise nicht sichergestellt werden kann. Diese Befugnis besitzt die Behörde nur bei Genehmigung *bestimmter Rohrleitungsanlagen* (§ 78 Abs 3).

> Die Prüfung der Voraussetzungen für die Vorschreibung einer Haftpflichtversicherung ob-
> liegt der Behörde von Amts wegen; für Nachbarn bestehen keine diesbzgl subjektiv-öffentli-
> chen Rechte (vgl VwGH 27. 3. 1990, 87/04/0091-0094).

Während des Nichtbestehens einer solchen Haftpflichtversicherung darf die gew
BA nicht betrieben werden (§ 92 Abs 1). Die Nichtbefolgung dieses Verbots ist gem
§ 367 Z 28 strafbar.

Näheres zur Abgrenzung zwischen den der GewO und damit dem § 78 Abs 3 unterliegenden Rohrleitungen einerseits und den dem RohrleitungsG unterliegenden Anlagen andererseits s *Giese,* Das Betriebsanlagenrecht und andere Bereiche des öffentlichen
Rechts Rz 317.

Hausanschläge: Wird im BA-Genehmigungsverfahren eine mündliche Verhandlung an- **71**
beraumt, so hat die Behörde gem § 356 Abs 1 Z 4 den Nachbarn Gegenstand, Zeit und
Ort der Verhandlung sowie die Voraussetzungen zur Aufrechterhaltung der Parteistel-

lung (§ 42 AVG) auch durch *Anschlag in den der BA unmittelbar benachbarten Häusern* bekannt zu geben; die Eigentümer der betroffenen Häuser haben derartige Anschläge in ihren Häusern zu dulden. Näheres zum Begriff der „unmittelbar benachbarten Häuser" und zur Vornahme der Hausanschläge s *Wendl,* Die Nachbarn und ihre Parteistellung Rz 266, 9.5; zum Inhalt der Hausanschläge (Kundmachung) s Lexikon „Kundmachung" Rz 88. Statt durch Hausanschlag kann die Bekanntgabe durch persönliche Verständigung erfolgen (s auch Lexikon „Ladung/Verständigung, persönliche" Rz 89).

72 **Immissionen:** Immissionen sind Einwirkungen durch Geruch, Lärm, Rauch, Staub, Erschütterung usw, die an einem bestimmten Ort auftreten. Siehe auch Lexikon „Istmaß – Beurteilungsmaß" Rz 79, „Beeinträchtigungen" Rz 20, „Belästigungen" Rz 22, „Grenzwerte" Rz 69 sowie *Bergthaler/Holzinger,* Immissionsschutz-Luft im Betriebsanlagenrecht Rz 249 ff.

73 **Inbetriebnahme einer Anlage:** Grundsätzlich darf die Inbetriebnahme erst nach Vorliegen einer rk Genehmigung erfolgen (Näheres s Lexikon „Fertigstellung einer Betriebsanlage" Rz 51). Zu den Ausnahmen von diesem Grundsatz s Lexikon „Errichtung und Betrieb einer Betriebsanlage (allenfalls ohne rk Genehmigung)" Rz 47.

Vorgesehen ist aber auch, dass eine BA oder Teile einer BA in Betrieb genommen werden dürfen und die vorgeschriebenen Auflagen erst *zu einem späteren, von der Behörde festzusetzenden Zeitpunkt* eingehalten werden müssen, wenn dagegen vom Standpunkt des Schutzes der im § 74 Abs 2 umschriebenen Interessen keine Bedenken bestehen (§ 77 Abs 1 letzter Halbsatz).

74 **Industrieunfall(-recht):** Mit BGBl I 2015/81 wurde die RL 2012/18/EU zur Beherrschung der Gefahren schwerer Unfälle mit gefährlichen Stoffen **(Seveso-III-RL)** in die GewO umgesetzt und deren Abschnitt 8 a (§§ 84 a – 84 o) entsprechend novelliert (näher dazu *Bergthaler/Berger,* Die unionsrechtlichen Grundlagen des Betriebsanlagenrechts Rz 297).

Das **Industrieunfallrecht** stellt an bestimmte BA (sog **„Seveso-III-Betriebe"**) – unionsrechtlichen Vorgaben folgend – besondere Anforderungen zur *Verhütung schwerer Unfälle mit gefährlichen Stoffen* und zur *Begrenzung ihrer Folgen.* Die erfassten (Seveso-III-)*„Betriebe"* werden umschrieben als unter Aufsicht eines Inhabers stehende Bereiche (gew BA iSd § 74 Abs 1), in denen **gefährliche Stoffe** in einer oder mehreren technischen Anlagen vorhanden sind (§ 84 b Z 8). Je nach der Menge der im Betrieb vorhandenen gefährlichen Stoffe wird zwischen „Betrieben der unteren Klasse" (§ 84 b Z 2) und „Betrieben der oberen Klasse" (§ 84 b Z 3) unterschieden. Unter **„gefährlichen Stoffen"** versteht man Stoffe oder Gemische, die in der Anlage 5 zur GewO (Teil 1) angeführt sind oder die in der Anlage 5 zur GewO (Teil 2) festgelegten Kriterien erfüllen, einschließlich in Form eines Rohstoffs, End-, Zwischen- oder Nebenprodukts oder Rückstands (§ 84 b Z 9).

Durch das Industrieunfallrecht werden zusätzliche Anforderungen an dem 8 a. Abschnitt unterliegende BA gestellt, die sich freilich nicht wesentlich von den Anforderungen an nicht dem Industrieunfallrecht unterliegende BA unterscheiden. Vor allem sind zusätzliche Pflichten für Inhaber von Seveso-III-Betrieben vorgesehen (insb Mitteilungspflichten [§ 84 d] und die Erarbeitung eines Sicherheitskonzepts [§ 84 e]).

Von zentraler Bedeutung ist die Pflicht gem § 84 c, wonach alle nach dem Stand der Technik (§ 71 a) notwendigen Maßnahmen ergriffen werden müssen, um *schwere Unfälle zu verhüten* und *deren Folgen für Mensch und Umwelt zu begrenzen.* § 84 b Z 12 definiert den **„schweren Unfall"** als Ereignis, welches ua *„zu einer ernsten Gefahr für die menschliche Gesundheit oder die Umwelt führt".* Es ist unbestritten, dass mit einem „schweren Unfall" ein Ereignis gemeint ist, das weitreichende Auswirkungen haben kann und daher auch hinsichtlich des Nachbarschaftsschutzes iSd § 74 Abs 2 Z 2 von Interesse ist.

Darüber hinaus gebietet das Industrieunfallrecht (für Betriebe der oberen Klasse) die Erstellung eines Sicherheitsberichts (§ 84 f) sowie eines internen Notfallplans (§ 84 h), eines Sicherheitsmanagementsystems (§ 84 e Abs 3 iVm § 11 IUV). Beim *Sicherheitsmanagementsystem* geht es um eine exakte Darlegung der Betriebsorganisation in sicherheitstechnischer Hinsicht, also um eine *dokumentierte Festlegung von Verantwortlichkeiten* und *Befugnissen des Personals* und der sich daraus ergebenden *Notwendigkeiten für Qualifikation und Schulung* (vgl im Detail § 11 IUV). Bei den *Auswirkungsbetrachtungen für die Notfallplanung* handelt es sich um **Ausbreitungsrechnungen,** wie sie auf gleicher mathematischer Grundlage für die Berechnung von Immissionswerten durchgeführt werden (vgl § 9 f IUV).

Mit der Novelle 2015 zur GewO geht der Gesetzgeber auch von der von ihm für nicht zweckmäßig erachteten Institution der zentralen Meldestelle ab (ErlRV 624 BlgNR 25. GP 6); die unionsrechtlich gebotene Information der Europäischen Kommission wird hinkünftig durch den BMWFW erfolgen, der direkt von den zuständigen Behörden zu informieren ist (§ 84 l Abs 7).

Ergänzt wird das Industrieunfallrecht nunmehr durch ein **Inspektionssystem** (§ 84 k), das die jeweils örtlich zuständige Behörde zur Überwachung und Kontrolle der in ihrem Zuständigkeitsbereich gelegenen Seveso-III-Betriebe verpflichtet; zu diesem Zweck haben die Behörden Inspektionspläne und Inspektionsprogramme zu erstellen, anhand derer routinemäßige Kontrollen der Betriebe erfolgen.

Detaillierte Regelungen betreffend das Industrieunfallrecht normiert die **IndustrieunfallV (IUV) BGBl II 2015/229.** Näheres s Lexikon „Domino-Effekt" Rz 35 und „Notfallplan, interner" Rz 101; vgl ferner *Bezemek,* Gewerbliches Industrieunfallrecht, in *N. Raschauer/Wessely* (Hrsg), Handbuch Umweltrecht[2] (2010) 292.

IndustrieemissionsRL (IE-R): Mit der RL 2010/75/EU des Europäischen Parlaments **75** und des Rates über Industrieemissionen (integrierte Vermeidung und Verminderung der Umweltverschmutzung) wurden die Inhalte mehrerer RL (etwa der IPPC-RL und der Abfallverbrennungs-RL) in einer einheitlichen RL zusammengefasst. Für die in der GewO geregelten IPPC-Anlagen brachte die Umsetzung der IE-R insofern eine bedeutsame Neuerung, als die BVT-Schlussfolgerungen nunmehr durch § 81 b für verbindlich erklärt werden und jede Anlage grundsätzlich innerhalb eines Jahres nach Veröffentlichung einschlägiger BVT-Schlussfolgerungen anzupassen ist. Siehe dazu näher Lexikon „BVT-Merkblätter, BVT-Schlussfolgerungen" Rz 33.

Inhaber der Betriebsanlage s Lexikon „Antragsteller" Rz 10 und „Wechsel des Inhabers" Rz 159.

76 Instanzenzug: Mit Einführung der VwG wurde der Instanzenzug ua im BA-Verfahren beseitigt. Behörde „erster Instanz" ist wie bisher grundsätzlich die **BVB** (§ 333). Deren Entscheidungen können mittels Beschwerde beim zuständigen **LVwG** angefochten werden. Näheres s Lexikon „Zuständigkeit" Rz 164 und „Rechtsmittel" Rz 113.

77 Interessen, öffentliche: Bei den in § 74 Abs 2 festgelegten Schutzinteressen kann nach der Schutzrichtung zwischen **für die Nachbarstellung maßgeblichen Schutzzwecken** des Abs 2 Z 1 und 2 sowie sonstigen, **überwiegend im öffentlichen Interesse gelegenen Schutzzwecken** des Abs 2 Z 3 bis 5 unterschieden werden. Die Schutzbestimmungen des Abs 2 Z 1 und 2 stellen vornehmlich auf den Schutz der Nachbarn, aber auch anderer Personen (zB Kunden) ab; aus ihnen können **Nachbarn** zulässige Einwendungen und letztlich ihre Parteistellung ableiten (sog **„Schutznormen"**). Hingegen dienen die Bestimmungen des Abs 2 Z 3 bis 5 überwiegend **öffentlichen Interessen;** die Schutzinteressen des Abs 2 Z 3 bis 5 können daher nicht von Nachbarn eingewendet werden, sondern sind von Amts wegen wahrzunehmen (zB VwGH 24. 5. 2006, 2006/04/0050). Gleiches gilt zB für die besonderen Voraussetzungen gem § 77 Abs 3 und 4 oder etwa für die zusätzlichen Genehmigungsvoraussetzungen des § 77 a für IPPC-Anlagen (näher s *Wendl,* Die Nachbarn und ihre Parteistellung Rz 259).

Internet (Kundmachung einer mündlichen Verhandlung) s Lexikon „Kundmachung" Rz 88.

78 IPPC-Anlagen: Ziel der nunmehr in Kapitel II der IE-R enthaltenen und mit BGBl I 2013/125 in die GewO umgesetzten Vorschriften über IPPC-Anlagen ist es, ein hohes Schutzniveau für die Umwelt durch eine *integrierte Anlagengenehmigung* zu gewährleisten, die sich über alle Umweltmedien (Luft, Wasser, Boden) unter Einbeziehung der Abfallwirtschaft erstreckt. Dieser integrierte Umweltschutz bezieht sich allerdings nur auf bestimmte, besonders umweltgefährdende Betriebe („IPPC-Anlagen"). Für solche (in der Anlage 3 zur GewO bestimmten) IPPC-Anlagen sind in § 77 a Abs 1 besondere, über die in § 77 Abs 1 zu schützende Interessen hinausgehende Anforderungen vorgesehen (zB Vorsorgemaßnahmen durch effiziente Verwendung von Energie); Näheres dazu s *Bergthaler/Berger,* Die unionsrechtlichen Grundlagen des Betriebsanlagenrechts Rz 294 und *Vogelsang,* Sonderbestimmungen für IPPC-Anlagen Rz 243 ff.

79 Istmaß – Beurteilungsmaß: Das **Istmaß** ist der durch die **tatsächlichen örtlichen Verhältnisse** bestimmte Immissionsstand, einschließlich der (konsensgemäßen) Immissionen bereits genehmigter Anlagen bzw Anlagenteile.

> Immissionen, die von nicht genehmigten BA ausgehen, sind bei Ermittlung des Istmaßes außer Anschlag zu belassen (VwGH 3. 12. 1985, 85/04/0140). Die Ermittlung des Istmaßes hat mit Hilfe geeigneter Sachverständigengutachten, insb auch unter Durchführung von dem Stand der Technik entsprechenden Messungen zu erfolgen. Hinsichtlich der Berücksichtigung des Verkehrslärms s Lexikon „Verkehrslärm" Rz 152.
> Das Istmaß wird, wenn es um die Beurteilung der Belästigung durch Lärm geht, insb durch den Grundgeräuschpegel, den äquivalenten Dauerschallpegel und kennzeichnende Schallpegelspitzen (s Lexikon „Lärm" Rz 93) beschrieben.

In Fällen, in denen die **akustische Umgebungssituation** starken Schwankungen unterliegt, sind die Auswirkungen der von der zu genehmigenden BA ausgehenden Emissionen unter Zugrundelegung jener Situation zu beurteilen, in denen diese für die Nachbarn am ungünstigsten (= am **belastendsten**) sind (ua VwGH 31. 3. 1992, 91/04/0267: fehlerhafte Mitberücksichtigung des Lärms einer benachbarten Wasserkraftanlage bei Vollbetrieb [im Rahmen der Beurteilung des Umgebungslärms], obwohl diese Anlage mit unterschiedlicher Intensität betrieben und der Wasserzufluss auch längerfristig abgesperrt wird; VwGH 2. 7. 1992, 92/04/0052: fehlerhafte Mitberücksichtigung der von Nachbarseite verursachten Sägegeräusche, da diese im gegenständlichen Fall nicht zum regelmäßigen Bestandteil der Umgebungsgeräuschsituation zählen).

Es ist verfehlt, allein aus dem Umstand, dass die von der BA ausgehenden Lärmemissionen ihrer Quantität nach etwa in den im **Umgebungslärm** enthaltenen Lärmspitzen ihre Deckung finden, auf deren Bedeutungslosigkeit für die Gesundheit bzw das Wohlbefinden der Nachbarn zu schließen. Dieser Schluss wäre nur dann zutreffend, wenn die Zahl der Lärmspitzen dadurch keine nennenswerte Erweiterung erführe (VwGH 25. 2. 1993, 92/04/0208).

Zur allfälligen Bedeutung von strategischen Lärmkarten und Aktionsplänen iSd Bundes-Umgebungslärmschutzgesetzes als Beurteilungsgrundlage bei Ermittlung der tatsächlichen örtlichen Verhältnisse s *Bergthaler/Berger,* Die unionsrechtlichen Grundlagen des Betriebsanlagenrechts Rz 296, 4.2.

Die Ansicht, es sei auf das „Istmaß" abzustellen und es sei daher jede noch so geringfügige Überschreitung des den örtlichen Verhältnissen entsprechenden Immissionsstandes nicht als zumutbar zu qualifizieren, entspricht nicht der Rechtslage (vgl VwGH 14. 11. 1989, 89/04/0047). Aus § 74 Abs 2 Z 1 und 2 iVm § 77 Abs 2 geht hervor, dass unter dem Gesichtspunkt eines Schutzes der Nachbarn nicht jede Veränderung des bisherigen Immissionsmaßes zu ihren Lasten ausgeschlossen ist, sondern nur eine Veränderung in einem solchen Ausmaß, mit der eine Gefährdung ihres Lebens oder ihrer Gesundheit oder eine unzumutbare Belästigung verbunden ist (VwGH 22. 4. 1997, 96/04/0217).

Das **Beurteilungsmaß** ist die – im Rahmen der Beurteilung der Zumutbarkeit von Belästigungen der Nachbarn festzulegende – noch zumutbare Immissionsgrenze (Grenze der zumutbaren Belastung). Daran sind die durch die BA(-Änderung) zu erwartenden Änderungen des Istmaßes zu messen. Der aus dem Zusammenwirken des Istmaßes und des von der zu genehmigenden BA(-Änderung) zu erwartenden Beurteilungspegels sich ergebende neue Immissionsstand (sohin das durch die Änderung der tatsächlichen örtlichen Verhältnisse sich ergebende neue Istmaß) darf das Beurteilungsmaß nicht überschreiten.

Für die Ermittlung des Beurteilungsmaßes, die im Einzelfall unter Heranziehung geeigneter Sachverständigengutachten, insb eines ärztlichen Sachverständigen, zu erfolgen hat, sind gem § 77 Abs 2 die Auswirkungen der durch die BA(-Änderung) verursachten Änderungen des „Istmaßes" auf ein gesundes, normal empfindendes Kind und auf einen gesunden, normal empfindenden Erwachsenen maßgeblich. Im Bereich der Belästigung durch Lärm wird daher das Beurteilungsmaß als jener Lärmpegel festzulegen sein, der bei Zusammenwirken von Istmaß und einem Immissionsanteil der zu genehmigenden BA(-Änderung) wegen ansonst zu befürchtender unzumutbarer Auswirkungen auf ein gesundes, normal empfindendes Kind oder auf einen gesunden, normal empfindenden Erwachsenen nicht überschritten werden darf (so auch VwGH 20. 2. 2007, 2004/05/0248).

Siehe auch Lexikon „Lärm" Rz 93 und „Widmungsmaß" Rz 160.

80 **Kinder:** Kinder sind Personen im Rechtssinn. Daher kommt ihnen in BA-Genehmigungsverfahren **Nachbarstellung** (§ 75 Abs 2) und, sofern der gesetzliche Vertreter (§ 10 AVG) rechtzeitig zulässige Einwendungen (iSd § 74 Abs 2 Z 1, 2) für sie erhebt, auch **Parteistellung** zu. Die Behörde hat auf Einwendungen folgendermaßen zu reagieren: Bei Beurteilung von **Belästigungen** (zB durch Lärm) ist auf die in § 77 Abs 2 grundgelegte Unterscheidung zwischen einem gesunden, normal empfindenden Erwachsenen und einem gesunden, normal empfindenden Kind Rücksicht zu nehmen (zB VwGH 27. 4. 1993, 90/04/0265); daher kann zB die Annahme, Kinder würden nicht empfindlicher auf Lärm reagieren als Erwachsene, nicht auf eine allgemeine Erfahrung gegründet werden (VwGH 20. 9. 1994, 92/04/0279). Näheres s Lexikon „Überempfindlichkeit" Rz 133 sowie *Paliege-Barfuß,* Die Belästigung der Nachbarn Rz 220.

Bei Beurteilung der **Gefährdung des Lebens** und der **Gesundheit von Kindern** ist mangels gesetzlicher Anordnung nicht nach dem Maßstab eines gesunden, normal empfindenden Kindes vorzugehen, sondern es ist von einer dem Stand der medizinischen Wissenschaft entsprechenden Durchschnittsbetrachtung auszugehen, sodass auf den Umstand, dass Kinder erfahrungsgemäß bereits vor 22 Uhr schlafen gehen, Rücksicht zu nehmen ist (VwGH 25. 2. 1993, 92/04/0208; Gesundheitsgefährdung durch Schlafstörungen). Siehe dazu auch *Wendl,* Die Gefährdung des Lebens oder der Gesundheit Rz 212, 5.3.

81 **Klimaschutz:** Der Klimawandel ist ein globales Phänomen; folglich ist die Aufgabe des Klimaschutzes auch eine globale Aufgabe. Das nationale BA-Recht vermag – aufgrund der Limitierung des Verfahrensgegenstandes auf eine BA an einem Standort – dazu nur einen beschränkten Beitrag zu leisten. Hauptansatzpunkt ist die Beschränkung der Emission klimaschädlicher Luftschadstoffe. Die Voraussetzung dafür, den Regelungskomplex der Luftreinhaltung für den Klimaschutz nutzbar zu machen, ist freilich, dass Treibhausgase wie CO_2 als Luftschadstoffe qualifiziert werden. Dies ist nach neuerer Ansicht zu bejahen (vgl *Horvath,* Klimaschutz und Kompetenzverteilung [2014]). Damit bietet die Emissionsbegrenzung nach dem Stand der Technik einen prinzipiell tauglichen, vorsorgeorientierten Ansatz; allerdings wird dieser gerade bei BA, die dem Emissionshandelsregime unterliegen, dadurch unterlaufen, dass bei diesen gem § 46 EZG die Behörde *„keine Emissionsgrenzwerte für direkte Emissionen der [. . .] Treibhausgase vorschreiben [darf], es sei denn, dies ist erforderlich, um sicherzustellen, dass keine erhebliche lokale Umweltverschmutzung bewirkt wird".* In Anbetracht der globalen Dimension des Klimaschutzes ist das letztgenannte Kriterium idR nie erfüllt. Damit erhebt das Emissionshandelsregime einen Exklusivitätsanspruch bei der Limitierung des Treibhausgas-Ausstoßes, der vielfach kritisiert wird (vgl statt vieler *Epiney,* Instrumente und Optionen im europäischen Klimaschutzrecht in IUR/IUTR [Hrsg], Europäisches Klimaschutzrecht und erneuerbare Energien [2014] 1 [15]).

Kollaudierung s Lexikon „Betriebsbewilligung" Rz 28.

82 **Kombinierte Anlagen:** Darunter versteht man Anlagen, die **verschiedenen Zwecken** dienen, nämlich der Entfaltung einer Tätigkeit iSd GewO (zB Erzeugung von Fernwärme) und gleichzeitg der Entfaltung einer nach anderen Vorschriften geregelten Erwerbstätigkeit (zB Erzeugung elektrischer Energie). Für solche Anlagen sind idR **mehrere An-**

lagengenehmigungen erforderlich (zB nach Elektrizitätswirtschaftsrecht und nach der GewO). In zwei Fällen, nämlich bei Bergbauanlagen, in denen vom Bergbauberechtigten auch gew Tätigkeiten ausgeübt werden (§ 74 Abs 4), sowie bei Stromerzeugungsanlagen, die auch der Erzeugung von Fernwärme dienen (§ 74 Abs 5), bedarf es unter bestimmten Voraussetzungen **keiner eigenen gew BA-Genehmigung,** sofern der Charakter als Bergbau- bzw Stromerzeugungsanlage gewahrt bleibt. Weist eine Bergbauanlage bereits den Charakter einer gew BA auf, so besteht eine Anzeigepflicht (s Lexikon „Anzeigepflichten" Rz 11). Näheres s *Stolzlechner,* Die Genehmigungspflicht der Betriebsanlage Rz 204 und *Giese,* Das Betriebsanlagenrecht und andere Bereiche des öffentlichen Rechts Rz 316, 12.1.2 und 12.3.1 sowie Rz 319, 15.2.

Konsensgemäßer Zustand: BA dürfen grundsätzlich nur auf Grundlage und in Übereinstimmung mit einem rk Genehmigungsbescheid einschließlich der als Bestandteile des Bescheids geltenden Beilagen (zB Betriebsbeschreibung; vgl § 359 Abs 2) und mit den bescheidmäßig vorgesehenen Auflagen errichtet und betrieben werden. Dies gilt gleichermaßen für den Zeitpunkt der Aufnahme eines Betriebs wie auch für die gesamte Betriebsdauer. **83**

Von diesem Grundsatz eines konsensgemäßen Zustands/Betriebs sind in der GewO **Ausnahmen** vorgesehen. So kann die Behörde gem § 77 Abs 1 unter bestimmten Voraussetzungen zulassen, dass Auflagen erst zu einem Zeitpunkt nach Inbetriebnahme einer BA eingehalten werden müssen. Ferner können gem § 79 c Abs 2 und (bei Betriebsübernahme) gem § 79 d Abs 2 Z 1 Abweichungen vom Genehmigungsbescheid zugelassen, also zB „überschießende" Auflagen aufgehoben oder durch weniger strenge Auflagen ersetzt werden. Näher dazu *Stolzlechner,* Die Rechtskraft und die Änderung von Bescheiden Rz 367 und 368 sowie *Wendl,* Verfahrensübersicht „Verfahren nach § 79 c Abs 2" Rz 172 und „Verfahren nach § 79 d Abs 2 Z 1 und 2" Rz 173.

Die Einhaltung des konsensgemäßen Zustands unterliegt der Behördenkontrolle (§ 338). Näheres s Lexikon „Überprüfung von Betriebsanlagen (Überwachung)" Rz 135 und *Vogelsang,* Die Überwachung von Betriebsanlagen Rz 370.

Konsumenten s Lexikon „Kunden (Gäste, Konsumenten)" Rz 87.

Kontrolle von Betriebsanlagen s Lexikon „Überprüfung von Betriebsanlagen (Überwachung)" Rz 135.

Konzentration der Verfahren s Lexikon „Verfahrens- und Entscheidungskonzentration" Rz 149.

Kosten des Verfahrens: Als Kosten, die im Zusammenhang mit BA-Verfahren anfallen, kommen insb in Betracht: **84**

- Barauslagen der Behörde iSd § 76 AVG (insb für Gutachten von privaten Sachverständigen),
- Kommissionsgebühren iSd § 77 AVG (für Amtshandlungen außerhalb des Amtes; tarifmäßig festgesetzt in Kommissionsgebühren-V des Bundes bzw der Länder),
- Bundesverwaltungsabgaben iSd § 78 AVG (für die Erteilung der Genehmigung, Niederschrift, Sichtvermerke usw; tarifmäßig festgesetzt in der Bundes-VerwaltungsabgabenV 1983 BGBl 24 idF zuletzt BGBl II 2006/371) und

– Stempelgebühren iSd GebührenG 1957 BGBl 267 idF BGBl I 2008/5 (für Ansuchen, Berufungen, Niederschriften, Pläne und sonstige Beilagen).

Für die **Kostentragungspflicht** gilt:

– Die Barauslagen und Kommissionsgebühren sind gem §§ 76 und 77 AVG im Allgemeinen von der Partei zu tragen, die den verfahrenseinleitenden Antrag gestellt hat, bei Verschulden eines anderen Beteiligten jedoch durch diesen. Bei von Amts wegen angeordneten Amtshandlungen (zB Überprüfung nach § 338 GewO) sind diese Kosten gem § 75 Abs 1 AVG grundsätzlich auch von Amts wegen zu tragen; sie belasten einen Beteiligten nach § 76 Abs 2 AVG dann, wenn sie durch sein Verschulden verursacht worden sind (zB Überprüfung der BA im Hinblick auf die angezeigte Nichterfüllung einer Bescheidauflage, wenn sich dieser Hinweis als zutreffend herausstellt).

Voraussetzung für die Verpflichtung zum Kostenersatz durch einen Beteiligten bei einer von Amts wegen angeordneten Amtshandlung ist ein gem § 1294 ABGB zu beurteilendes Verschulden, das für die Vornahme der Amtshandlung kausal ist, sowie, dass die von Amts wegen angeordnete, die Kosten verursachende Maßnahme zur Feststellung des maßgebenden Sachverhalts erforderlich ist (VwGH 19. 9. 1989, 89/04/0009).

Selbst wenn eine Partei die Einholung eines Gutachtens eines Privatsachverständigen beantragt hat, muss die Behörde prüfen, ob die Aufnahme eines solchen Beweises – im Hinblick auf § 39 Abs 2 AVG – **notwendig** war und mit der Beiziehung eines Amtssachverständigen nicht das Auslangen gefunden werden konnte (VwGH 19. 6. 1990, 89/04/0219). War sohin die Einholung des Gutachtens eines Privatsachverständigen nicht notwendig, dann hat auch ein Konsenswerber für die Kosten eines solchen Gutachtens selbst dann nicht aufzukommen, wenn er es beantragt hat.

– Eine Sonderbestimmung enthält § 79a Abs 4: Beantragt ein Nachbar gem § 79a Abs 3 die Vorschreibung anderer oder zusätzlicher Auflagen, so ist er nicht gem § 76 Abs 1 AVG zur Kostentragung verpflichtet, wenn aufgrund seines Antrags tatsächlich andere oder zusätzliche Auflagen vorgeschrieben wurden.
– Für die Bundesverwaltungsabgaben und Stempelgebühren haben diejenigen Parteien aufzukommen, in deren Interesse die Amtshandlung (zB Erteilung der Genehmigung) liegt.
– Schwierigkeiten bereitet oftmals die Festlegung, wer zur Entrichtung der Kosten des Beschwerdeverfahrens verpflichtet ist. Hiezu sind uU auch die beschwerdeführenden Nachbarn heranzuziehen. Eine Beschwerde, auch wenn ihr ein Erfolg versagt geblieben ist, enthält jedoch nicht zwangsläufig auch den Antrag auf Durchführung einer mündlichen Verhandlung. Auch eine in der Beschwerde erhobene Verfahrensrüge kann nicht als Antrag auf Vornahme einer mündlichen Verhandlung gewertet werden, selbst dann nicht, wenn die in Hinsicht auf die Verfahrensrüge erforderliche Ergänzung des Ermittlungsverfahrens nicht anders als im Rahmen einer mündlichen Verhandlung erfolgen konnte (VwSlg 11.948 A/1985; an die neue Rechtslage angepasst).

Die **Vorschreibung der Kosten** (mit Ausnahme der Stempelgebühren) hat entweder in dem über die Hauptsache ergehenden Bescheid oder in einem abgesonderten Kostenbescheid der Gewerbebehörde zu erfolgen.

Nach § 53 a AVG haben nichtamtliche Sachverständige für ihre Tätigkeit Anspruch auf Gebühren nach den §§ 24 bis 37 und 43 bis 49 und 51 GebührenanspruchsG. Die Gebühr ist gem § 38 GebührenanspruchsG bei der Behörde geltend zu machen, die den Sachverständigen herangezogen hat. Gem § 38 GebührenanspruchsG hat der Sachverständige den Anspruch auf seine Gebühr *binnen 14 Tagen nach Abschluss seiner Tätigkeit* bei sonstigem Verlust schriftlich oder mündlich geltend zu machen (zum Verlust des Gebührenanspruchs s auch VwGH 4. 4. 2003, 2002/06/0190).

Die Vorschreibung der Stempelgebühren durch Bescheid der Gewerbebehörde ist unzulässig, da für die Vollziehung der Gebührenvorschriften die Finanzbehörden zuständig sind.

Krankenanstalten: Gem § 75 Abs 2 dritter Satz gelten als **Nachbarn** auch *„Inhaber von* **85** *Einrichtungen",* in denen sich Personen regelmäßig **vorübergehend aufhalten** (wie zB in Krankenanstalten, Heimen), uzw *„hinsichtlich des Schutzes dieser Personen"* (zB Patienten). Krankenanstaltenträger (zB Aktiengesellschaft, Gemeinde, geistlicher Orden) können daher Einwendungen iSd § 74 Abs 2 Z 1 oder 2 zum Schutz ihrer Patienten erheben; diesbzgl kommt ihnen **Parteistellung** zu.

Für Heime, die dem *dauernden Aufenthalt* von Personen dienen (zB Senioren- oder Pflegeheime) gilt anderes; dort ansässigen Personen kommt selbst Nachbarstellung und bei Erhebung zulässiger Einwendungen Parteistellung zu. Näheres s *Wendl,* Die Nachbarn und ihre Parteistellung Rz 262.

Kumulationsprinzip: Gew BA können technisch komplexe Einrichtungen mit Bezügen **86** zu vielen Rechtsgebieten (Wasser-, Forst-, Baurecht, Natur- und Landschaftsschutz etc) sein. Das Kumulationsprinzip besagt, dass bei Zusammentreffen von Rechtsnormen verschiedener kompetenzrechtlicher Herkunft **jede Behörde** die **in ihren Zuständigkeitsbereich fallenden Aufgaben** wahrzunehmen hat. Für BA sind daher häufig *mehrere Bewilligungen* erforderlich. Streng durchgehalten ist dieses Prinzip allerdings nur im Verhältnis der bundes- und landesgesetzlichen Bewilligungspflichten (Ausnahme für UVP-pflichtige Anlagen; vgl Art 11 Abs 1 Z 7 B-VG). Die neben der GewO vorgesehenen bundesgesetzlichen Bewilligungen (zB gem ASchG, StrSchG, EG-K, WRG) haben idR zu entfallen, jedoch hat die Gewerbebehörde die Genehmigungsregelungen der sonstigen MaterienG anzuwenden (vgl § 356 b). Näheres s *Giese,* Sonstige Genehmigungsvoraussetzungen im Rahmen der Verfahrens- und Entscheidungskonzentration Rz 233 sowie Lexikon „Kombinierte Anlagen" Rz 82.

Kunden (Gäste, Konsumenten): Eine gew BA ist nach § 74 Abs 2 Z 1 ua dann genehmigungspflichtig, wenn sie geeignet ist, das Leben oder die Gesundheit der Kunden, **87** die die BA der Art des Betriebes gemäß aufsuchen, zu gefährden. Die Genehmigungspflicht besteht gem § 74 Abs 3 auch dann, wenn Gefährdungen, Belästigungen usw durch Personen **in der BA** bewirkt werden können, die die Anlage der Art des Betriebes gemäß in Anspruch nehmen (zB Kegelbahn). Näheres s Lexikon „Verkehrslärm" Rz 152 sowie *Paliege-Barfuß,* Der Begriff der Betriebsanlage Rz 195, 5.3 und *Stolzlechner,* Die Genehmigungspflicht der Betriebsanlage Rz 198, 1.6.

Im Genehmigungsverfahren ist der Schutz der Kunden nach den Bestimmungen des § 77 Abs 1 von Amts wegen wahrzunehmen. Eine Nachbareigenschaft und somit eine Parteistellung für Kunden im BA-Verfahren ist ausgeschlossen.

88 **Kundmachung:** Wird in BA-Verfahren eine mündliche Verhandlung anberaumt, so hat gem § 356 Abs 1 Z 1 bis 4 eine entsprechende Kundmachung der Verhandlung zu erfolgen. Die Kundmachung hat Gegenstand, Zeit und Ort der Verhandlung sowie die Voraussetzungen zur Aufrechterhaltung der Parteistellung (§ 42 AVG) bekannt zu geben und die gem § 41 Abs 2 AVG für Ladungen vorgeschriebenen Angaben zu enthalten (Näheres zur Kundmachung s *Wendl*, Die Nachbarn und ihre Parteistellung Rz 266).

Zu der anstelle der Anschläge iSd Z 3 und 4 möglichen persönlichen Verständigung s Lexikon „Ladung/Verständigung, persönliche" Rz 89.

89 **Ladung/Verständigung, persönliche:** Bei Anberaumung einer mündlichen Verhandlung kann deren Bekanntgabe statt durch Anschlag nach § 356 Abs 1 Z 3 und 4 aus Gründen der Zweckmäßigkeit, Raschheit und Einfachheit durch persönliche Verständigung erfolgen.

Zum Inhalt der persönlichen Ladung bzw Verständigung s Lexikon „Kundmachung" Rz 88.

Eine Verpflichtung zur persönlichen Ladung aller der Behörde bekannt gewordenen Nachbarn, zB von Beschwerdeführern, Eigentümern nicht unmittelbar angrenzender Grundstücke, Mietern usw, besteht dagegen seit Inkrafttreten der GewRNov 1988 nicht mehr.

90 **Landesverwaltungsgericht:** Entscheidungen der Gewerbebehörde im BA-Verfahren können gem Art 130 Abs 1 Z 1 iVm Art 131 Abs 1 B–VG beim örtlich zuständigen LVwG angefochten werden. Näheres s Lexikon „Instanzenzug" Rz 76 und „Beschwerde" Rz 26. Gegen Beschlüsse und Erkenntnisse der LVwG kommt eine Beschwerde an den VfGH bzw eine Revision an den VwGH in Betracht. Siehe dazu Lexikon „Revision" Rz 116.

91 **Landschaftsschutz:** Landschaftsschutz (zB in Form einer Naturschutzgebiets- oder Landschaftsschutzgebietserklärung) ist Landessache (Art 15 B-VG); geregelt ist er in den einschlägigen Landes-Naturschutzgesetzen. Werden durch die Errichtung einer BA Landschaftsschutzinteressen berührt (zB durch Errichtung in einem Landschaftsschutzgebiet), so bedarf es einer zusätzlichen naturschutzrechtlichen Bewilligung (s *Giese*, Das Betriebsanlagenrecht und andere Bereiche des öffentlichen Rechts Rz 330). Im gew BA-Genehmigungsverfahren ist dagegen auf die Interessen des Landschaftsschutzes nicht Bedacht zu nehmen; Einwendungen, mit denen die Verletzung von Landschaftsschutzinteressen durch Errichtung oder Betrieb einer Anlage behauptet wird, sind unzulässig (s dazu *Bergthaler/Holzinger*, Zulässige und unzulässige Einwendungen Rz 279, 5.2).

92 **Land- und Forstwirtschaft:** Der Schutz der Land- und Forstwirtschaft wird vorrangig dadurch gewährleistet, dass eine BA-Genehmigung nur dann erteilt werden darf, wenn Gefährdungen des Eigentums oder sonstiger dinglicher Rechte ausgeschlossen werden, wobei unter „Eigentumsgefährdung" insb Eingriffe in die Substanz der Sache zu verstehen sind (zB Ertragsminderung auf landwirtschaftlichen Grundstücken infolge betrieblichen Schadstoffausstoßes). Der Eigentumsschutz erfasst auch die Nutzung von Sachen (Schutz des weidenden Viehs etc). Vornehmlich der Landwirtschaft dient die ausdrückliche Erklärung der Wald- und Weidenutzungsrechte zu „dinglichen Rechten" (§ 74 Abs 2 Z 1 iVm § 2 Abs 1 Z 4 lit g). Näheres s *Kerschner,* Die Gefährdung des Eigentums und sonstiger dinglicher Rechte Rz 227 und 229 sowie Lexikon „Dingliche Rechte" Rz 34.

Der Vermeidung von Belastungen des Bodens, des Pflanzenbestandes oder des Tierbestandes durch nachteilige Auswirkungen von BA sollen des Weiteren V gem § 69 a dienen. Näheres s Lexikon „Umweltbelastungen (Umweltverschmutzungen)" Rz 137.

Mit Ausnahme des UVP-Regimes für land- und forstwirtschaftliche Großbetriebe (Anh 1 Z 43 bis 46 UVP-G 2000) besteht für **land- und forstwirtschaftliche Produktions- und Betriebsstätten** kein Genehmigungsregime, das den betroffenen Nachbarn gegen betriebsbedingte Gesundheitsgefährdungen und Belästigungen ähnliche Rechtsschutzmöglichkeiten wie nach der GewO einräumen würde. Infolge der weitgehenden Ausnahme land- und forstwirtschaftlicher Betriebe von der GewO finden auf diese Anlagen nahezu ausschließlich die Landes-Bauordnungen Anwendung, die idR eines ausgebauten Systems des nachbarlichen Gesundheits- und Belästigungsschutzes entbehren. Unbeschadet des Umstands, dass land- und forstwirtschaftliche Tätigkeiten, einschließlich ihrer Nebentätigkeiten, nicht der GewO unterliegen (vgl § 2 Abs 1 Z 1, 2 und 4), kommt insb in folgenden Ausnahmefällen das gew BA-Recht zur Anwendung:

- Die Be- und Verarbeitung von Naturprodukten, die den Charakter als land- und forstwirtschaftlicher Betrieb überschreitet und jenen eines Gewerbebetriebs aufweist. Nach § 2 Abs 4 Z 1 ist der Charakter eines Gewerbebetriebs dann anzunehmen, wenn der Kapitaleinsatz zur Be- und Verarbeitung (im Vergleich zu jenem in der Land- und Forstwirtschaft) unverhältnismäßig hoch ist oder wenn fremde Arbeitskräfte für die Be- und Verarbeitung beschäftigt werden.
- Biomasseanlagen mit einer Brennstoffwärmeleistung > 4 MW (s dazu auch die Verordnungskompetenz des LH gem § 2 Abs 4 Z 9 letzter Satz, mit der diesem eine Ausnahmeregelung ermöglicht wird).
- Die Ausnahme von Tätigkeiten land- und forstwirtschaftlicher Erwerbs- und Wirtschaftsgenossenschaften von den Bestimmungen der GewO gilt nicht für ua die Bestimmungen über die BA (§ 2 Abs 8).

Lärm: Lärm ist unerwünschter, störender und belästigender Schall. Die Beurteilung des **93** Lärms erfordert daher die Messung seines Schall-(Druck-)Pegels (L_p). Dieser **Schalldruckpegel** wird in Dezibel (dB) angegeben, und zwar in nachbarrechtlichen Verfahren in der Regel als A-bewerteter Schalldruckpegel $L_{p,A}$. Die A-Bewertung ermöglicht die Berücksichtigung des subjektiv empfundenen Lärmausmaßes. Hiebei wird davon ausgegangen, dass hohe Frequenzen als störender empfunden werden als tiefe. Die Bewertung erfolgt mit Hilfe genormter Bewertungskurven in Abhängigkeit von der Frequenz.

> Beim unmittelbaren Vergleich von Schallimmissionen mit ähnlichem Geräuschcharakter aber mit unterschiedlichem Schalldruckpegel kann man näherungsweise annehmen, dass ein Unterschied von 1 dB kaum und ein Schalldruckpegelunterschied von 3 dB deutlich wahrnehmbar ist, während eine Erhöhung um 10 dB ungefähr als doppelt so laut empfunden wird.

Zur physikalischen Beschreibung des im Rahmen von BA-Verfahren festzustellenden Betriebslärms bzw Umgebungslärms und Verkehrslärms dienen (in Anlehnung an Begriffsumschreibungen der ÖAL-Richtlinie Nr 3 Blatt 1) insb folgende Pegel:

- **A-bewerteter Schalldruckpegel** (L_A): Dies ist der mit der Frequenzbewertung A gemessene Schalldruckpegel. Die A-Bewertung stellt eine gewisse Annäherung an die Lautheitsempfindung des Menschen dar und ist in ÖVE ÖNORM EN 61672 – 1 festgelegt. Für die Beschreibung der Schallimmissionen wird in der Regel der A-bewertete Schalldruckpegel verwendet.
- **Basispegel** (L_A, 95): Dies ist der in 95% der Messzeit überschrittene A-bewertete Schalldruckpegel (kennzeichnend für Ruhe; früher als „Grundgeräuschpegel" bezeichnet).
- **Energieäquivalenter Dauerschallpegel** (L_{eq}): Dieser wird als jener Schalldruckpegel errechnet, der bei dauernder Einwirkung einem beliebigen Geräusch energieäquivalent ist. Der A-bewertete energieäquivalente Dauerschallpegel ($L_{A,\,eq}$) ist der mit A-Bewertung ermittelte energieäquivalente Dauerschallpegel.
- **Mittlerer Spitzenpegel** ($L_{A,\,1}$): Dies ist der in 1% der Messzeit überschrittene A-bewertete Schalldruckpegel der Schallpegel-Häufigkeitsverteilung.
- **Beurteilungspegel** (L_r): Dies ist der A-bewertete energieäquivalente Dauerschallpegel eines beliebigen Geräusches, der – wenn nötig – mit Anpassungswerten (das sind Pegelzu- oder -abschläge für bestimmte Arten von Geräuschquellen) versehen ist.

In BA-Verfahren ist der **Schutzbereich** des Nachbarn nicht auf Gebäude beschränkt. Die Beurteilung des Lärms ist auf den der Lärmquelle am nächsten liegenden Teil des Nachbargrundstücks abzustellen, der bei Bedachtnahme auf die – im Entscheidungszeitpunkt geltenden Vorschriften insb auf dem Gebiet des Baurechts – dem regelmäßigen Aufenthalt des Nachbarn, sei es in einem Gebäude, sei es außerhalb des Gebäudes, dienen kann (ua VwGH 14. 9. 2005, 2004/04/0131; 24. 5. 2006, 2004/04/0072; 30. 1. 2007, 2005/05/0083). Geeignete **Messpunkte** sind daher zB Fenster von Wohnräumen, Balkone, Vorgärten. Die Wahl der Messpunkte fällt in den fachlichen Verantwortungsbereich des Sachverständigen (ua VwGH 24. 5. 2006, 2003/04/0159). Ist eine **Lärmmessung** möglich, dann ist eine solche vorzunehmen und die bloße Schätzung bzw Berechnung dieser Immissionen aufgrund von Projektsunterlagen unzulässig (ua VwGH 7. 11. 2005, 2003/04/0102). Ebenso unzulässig ist es – wenn eine Messung am entscheidenden Immissionspunkt möglich ist – die zu erwartenden Immissionen aus den Ergebnissen einer Messung an einem anderen Ort zu prognostizieren (VwGH 20. 2. 2007, 2004/05/0248).

Hinsichtlich der Beurteilung der **akustischen Umgebungssituation** s Lexikon „Istmaß-Beurteilungsmaß" Rz 79.

Ein bestimmtes, dem Schutz vor Immissionen (hier: Lärm) dienendes Verhalten der Nachbarn ist gesetzlich nicht normiert. Zur **„Dispositionsfreiheit"** des Inhabers einer Wohnung in Ansehung der Verwendung seiner Räume bzw zur Grenze dieser Dispositionsfreiheit s *Wendl,* Zulässige und unzulässige Auflagen Rz 345, 7.1 bzw Rz 350, 12.9.

Hinsichtlich der in Österreich als Regeln der Wissenschaft anerkannten **Richtlinien** auf dem Gebiet des Lärmschutzes s zunächst Lexikon „Richtlinien" Rz 106.

In gew BA-Verfahren werden zumeist im Rahmen der Begutachtung durch die Sachverständigen berücksichtigt:

- ÖAL-Richtlinie Nr 3 (Blatt 1) vom 1. 3. 2008 „Beurteilung von Schallimmissionen im Nachbarschaftsbereich";

- ÖAL-Richtlinie Nr 6/18 vom 1. 2. 2011 „Die Wirkung des Lärms auf den Menschen, Beurteilungshilfen für den Arzt";
- ÖAL-Richtlinie Nr 14 vom Dez 1987 „Berechnung des Schallpegels in Betriebshallen";
- ÖAL-Richtlinie Nr 21 (Blatt 3) vom März 1982 „Schalltechnische Grundlagen für örtliche und überörtliche Raumplanung, Beispiele für die Praxis"; dieser kommt im Zusammenhang mit der Begutachtung der Zumutbarkeit von Belästigungen keine direkte Bedeutung mehr zu – s Lexikon „Widmungsmaß" Rz 160;
- ÖAL-Richtlinie Nr 33 vom Nov 1990 „Schalltechnische Grundlagen für die Errichtung von Gastgewerbebetrieben, insbesondere Diskotheken";
- ÖNORM S 5004 vom 1. 12. 2008 „Messung von Schallimmissionen" (Begriffsbestimmungen, Durchführung der Messung, Messbericht usw);
- ÖNORM S 5021 vom 1. 4. 2010 „Schalltechnische Grundlagen für die örtliche und überörtliche Raumplanung und -ordnung" (s die Anm oben zu ÖAL-Richtlinie Nr 21).

Eine rechtlich verbindliche Wirkung kommt jedoch allen oben angeführten Richtlinien nicht zu (s Lexikon „Richtlinien" Rz 117).

Siehe auch Lexikon „Istmaß – Beurteilungsmaß" Rz 79, „Grenzwerte" Rz 69, „Verkehrslärm" Rz 152; zur Problematik der Abgrenzung der Gesundheitsgefährdung von der Belästigung speziell im Hinblick auf Lärm s *Wendl,* Die Gefährdung des Lebens und der Gesundheit Rz 212, 5.4.

Das *Bundes-Umgebungslärmschutzgesetz* – Bundes-LärmG, BGBl I 2005/60 hat Maßnahmen zum Gegenstand, die sich auf den Umgebungslärm im Freien beziehen, dem Menschen durch ua „Aktivitäten auf Geländen für industrielle Tätigkeiten" ausgesetzt sind (Näheres hiezu s *Bergthaler/Berger,* Die unionsrechtlichen Grundlagen des Betriebsanlagenrechts Rz 296, 4.1 und 4.2 sowie *Giese,* Das Betriebsanlagenrecht und andere Bereiche des öffentlichen Rechts Rz 309). Zur Meldepflicht der Lärmemissionen bestimmter in § 84i GewO bezeichneter IPPC-Anlagen, die in einem Ballungsraum gem § 3 Abs 3 Bundes-LärmG liegen, s *Vogelsang,* Sonderbestimmungen für IPPC-Anlagen Rz 248, 6.6. Siehe auch Lexikon „Umweltprüfung von Plänen und Programmen" Rz 144.

Leichtigkeit des Verkehrs s Lexikon „Sicherheit, Leichtigkeit und Flüssigkeit des Verkehrs" Rz 122.

Lokalaugenschein s Lexikon „Verhandlung, mündliche" Rz 151.

Luftverunreinigungen: Reine Luft in ihrer natürlichen Zusammensetzung besteht aus **94** ca 78% Stickstoff, 21% Sauerstoff, 0,03% Kohlendioxid und 0,97% Edelgasen (jeweils Volumsprozent). Luftverunreinigungen sind Veränderungen der natürlichen Zusammensetzung der Luft durch Zufuhr von luftfremden Stoffen, insb von gesundheitsschädlichen oder belästigenden Substanzen (Rauch, Ruß, Staub, Gase, Dämpfe, Aerosole usw). Sie entstehen vornehmlich bei Verbrennungsprozessen, zB als Schwefeldioxid (SO_2), Stickstoffoxide (NO_x) und Rauch. Als **Leitsubstanzen** für Luftverunreinigungen gelten SO_2, NO_x, Staub, Kohlenmonoxid (CO) und Folgeprodukte wie Ozon (O_3).

In BA-Verfahren werden erforderlichenfalls Messungen der von einer Anlage an die freie Atmosphäre abgegebenen Luftverunreinigungen (Emissionen), Berechnungen der Transmission (des Weitertransports) sowie Messungen der Immissionen dieser Luftverunreinigungen durchgeführt.

Siehe auch Lexikon „Istmaß – Beurteilungsmaß" Rz 79 „Emissionen" Rz 42, „Grenzwerte" Rz 69 und „Richtlinien" Rz 117; zur Problematik der Abgrenzung der Gesundheitsgefährdung von der Belästigung speziell im Hinblick auf Luftverunreinigungen s *Wendl,* Die Gefährdung des Lebens und der Gesundheit Rz 212, 5.4.

Die Bedeutung, die der Gesetzgeber der Vermeidung bzw Einschränkung von Luftverunreinigungen beimisst, kommt in mehreren Sonderregelungen zum Ausdruck, die – über die Schwelle des Nachbarschutzes hinaus – der Umweltvorsorge dienen: Aus **emissionsseitiger** Sicht gilt zunächst gem § 77 Abs 3 ein Minimierungsgebot: Emissionen von Luftschadstoffen sind aus Anlass der Neugenehmigung bzw Änderungsgenehmigung von BA jedenfalls nach dem Stand der Technik zu begrenzen. Aus **immissionsseitiger** Sicht trifft § 77 Abs 3 besondere Anordnungen bei vorbelasteten Gebieten: Zusatzbelastungen durch neue Vorhaben müssen entweder unter der Irrelevanzschwelle gehalten werden oder durch anderweitige Reduktionen – sei es in derselben BA (interner Ausgleich) oder bei anderen Emittenten (externer Ausgleich) – kompensiert werden (s *Bergthaler/Holzinger,* Immissionsschutz-Luft im Betriebsanlagenrecht Rz 249 ff, *Wendl,* Zulässige und unzulässige Auflagen Rz 347, 9.1). Des Weiteren kommt dieser Schutz der Luftqualität auch in § 79 Abs 4 zum Ausdruck, demzufolge in Sanierungsgebieten auch genehmigten Anlagen nachträglich besondere Reduktionspflichten (nach Maßgabe der Verhältnismäßigkeit) auferlegt werden können (Näheres s *Stolzlechner,* Die Rechtskraft und die Änderung von Bescheiden Rz 364).

Hinsichtlich der neben den gewerberechtlichen Bestimmungen bestehenden Sondervorschriften zur Luftreinhaltung s *Giese,* Das Betriebsanlagenrecht und andere Bereiche des öffentlichen Rechts Rz 307.

95 **Manuduktionspflicht:** Nach § 13a AVG hat die Behörde Personen, die nicht durch berufsmäßige Parteienvertreter vertreten sind, die zur Vornahme ihrer Verfahrenshandlungen nötigen Anleitungen idR mündlich zu geben und sie über die mit diesen Handlungen oder Unterlassungen unmittelbar verbundenen Rechtsfolgen zu belehren.

Zu dieser speziell in der Abwicklung des BA-Verfahrens – vor allem iZm dem Schutz der Interessen der Nachbarn – wichtigen Bestimmung liegt eine *umfangreiche Jud des VwGH* vor, so zB:

Es besteht keine Pflicht der Behörde, einer Partei zur rechtsfreundlichen Vertretung zu raten (VwGH 16. 7. 2010, 2009/07/0041). Die Verpflichtung zur Rechtsbelehrung besteht nur in Bezug auf ein konkretes Verfahren, das bereits anhängig ist (VwGH 14. 6. 2012, 2008/10/0343). Die Erörterung über künftige mögliche Rechtsfolgen in einem anhängigen oder in einem weiteren Verfahren geht über die gebotene Manuduktion hinaus (VwGH 22. 12. 2010, 2007/08/0067); daher auch keine Verpflichtung, Nachbarn zu belehren, dass sie nur bei Erhebung von Einwendungen im ursprünglichen Genehmigungsverfahren in einem Folgeverfahren Parteistellung haben. Keine Pflicht, die Partei in materiell-rechtlicher Hinsicht zu beraten (VwGH 9. 11.

2011, 2010/06/0029). Es ist nicht Aufgabe der Behörde, inhaltliche Mängel von Partei-eingaben aus der Welt zu schaffen (VwGH 3. 5. 2011, 2009/05/0247). Die Manuduk-tionspflicht geht nicht so weit, dass eine Partei, die unter Hinweis auf die Präklusions-folgen gem § 42 Abs 1 AVG zu einer mündlichen Verhandlung geladen wurde, vom Verhandlungsleiter ausdrücklich zur Erhebung von Einwendungen und deren inhaltli-cher Ausgestaltung angeleitet werden müsste (VwGH 9. 11. 2011, 2010/06/0029; vgl auch VwGH 30. 5. 1996, 93/06/0155). Es besteht keine Pflicht, Parteien dahin zu bera-ten, mit welchen Mitteln sie aufgenommene Beweise widerlegen oder in Frage stellen könnten (VwGH 21. 12. 2011, 2010/08/0138). Erweist sich dagegen die Erklärung eines Nachbarn bei der Verhandlung als in sich widersprüchlich, ist es Aufgabe des Ver-handlungsleiters, sich darüber Klarheit zu verschaffen, ob der Nachbar Einwendungen erheben oder lediglich die Behörde auf ihre Pflicht hinweisen wollte, gleichsam von Amts wegen für den Schutz vor Lärmbelästigungen und für die Erhaltung der Wohn-qualität zu sorgen (VwGH 27. 6. 1989, 89/04/0027).

Maßnahmenbeschwerde s Lexikon „Beschwerde" Rz 26 und „Landesverwaltungsge-richt" Rz 90

Maßstäbe für die Beurteilung der Zumutbarkeit: Ob Belästigungen der Nachbarn zu- **96** mutbar sind, ist gem § 77 Abs 2 danach zu beurteilen, wie sich die durch die BA verur-sachten Änderungen der tatsächlichen örtlichen Verhältnisse auf ein gesundes, normal empfindendes Kind und auf einen gesunden, normal empfindenden Erwachsenen aus-wirken.

Maßstäbe für die Beurteilung der Zumutbarkeit sind daher

– die Auswirkungen auf ein gesundes, normal empfindendes Kind und auf einen ge-sunden, normal empfindenden Erwachsenen sowie
– die tatsächlichen örtlichen Verhältnisse („Istmaß").

Die vorangeführten, objektiven Beurteilungsmaßstäbe des § 77 Abs 2 bilden ohne Einschränkung auf einzelne, sie bestimmende Kriterien jeweils auch ihrem gesamten In-halt nach die Grundlage bei Prüfung der sich nach § 74 Abs 2 ergebenden subjektiv-öf-fentlichen Nachbarrechte. Dies gilt auch in Ansehung der kumulativen Tatbestands-merkmale des § 77 Abs 2 („gesundes, normal empfindendes Kind und gesunder, normal empfindender Erwachsener"), die als solche **unabhängig von der Person des jeweiligen Nachbarn in ihrer Gesamtheit** die von der Behörde bei Beurteilung der Frage der Zu-mutbarkeit nach dieser Gesetzesstelle heranzuziehende Richtlinie darstellen (VwGH 31. 3. 1992, 91/04/0306).

Die Behörde hat unter Berücksichtigung dieser Maßstäbe und unter Heranziehung geeigneter Sachverständigengutachten die Grenze der Zumutbarkeit von Belästigungen der Nachbarn zu ermitteln. Näheres s Lexikon „Istmaß – Beurteilungsmaß" Rz 79 und „Kinder" Rz 80 sowie *Paliege-Barfuß*, Die Belästigung der Nachbarn Rz 219.

Bei der Beurteilung der Frage einer allfälligen Gefährdung des Lebens oder der Ge-sundheit haben diese Maßstäbe außer Betracht zu bleiben (s *Wendl*, Die Gefährdung des Lebens und der Gesundheit Rz 211, 4.3).

Maximalpegel s Lexikon „Lärm" Rz 93.

97 **Meldestelle, zentrale:** Mit der Seveso III-Nov ging der Gesetzgeber von der von ihm für nicht zweckmäßig erachteten Institution der zentralen Meldestelle ab (ErlRV 624 BlgNR 25. GP 6). Die unionsrechtlich gebotene Information der Europäischen Kommission wird hinkünftig durch den BMWFW erfolgen, der direkt von den zuständigen Behörden zu informieren ist (§ 84l Abs 7). Siehe dazu auch Lexikon „Industrieunfall(-recht)" Rz 74.

98 **Minderung des Verkehrswerts:** Die Errichtung einer BA kann eine Minderung des Verkehrswerts eines benachbarten Grundstücks bewirken, was gem § 75 Abs 1 nicht als *Gefährdung des Eigentums* (§ 74 Abs 2 Z 1) zu verstehen ist. Eine bloße Wertminderung ist daher nicht Gegenstand einer zulässigen Einwendung. Die Abgrenzung zwischen bloßer Minderung des Verkehrswerts und zu beachtendem Substanzeingriff kann im Einzelfall schwierig sein (s Lexikon „Gefährdungen" Rz 56 und „Substanzverlust" Rz 131 sowie *Kerschner,* Die Gefährdung des Eigentums und sonstiger dinglicher Rechte Rz 227).

Mittätige Familienangehörige s Lexikon „Familienangehörige" Rz 50.

Müll s Lexikon „Abfälle" Rz 1.

Mündliche Verhandlung s Lexikon „Verhandlung, mündliche" Rz 151.

99 **Nachbarn:** Der Begriff des Nachbarn ist in § 75 Abs 2 definiert. Das für die Beurteilung nach dieser Gesetzesstelle maßgebende räumliche Naheverhältnis wird durch den möglichen Immissionsbereich bestimmt (VwGH 21. 6. 1993, 92/04/0255). Als Nachbarn gelten demnach nicht nur Anrainer im engeren Sinn (s Lexikon „Anrainer" Rz 8), sondern alle Personen, die durch die Errichtung, den Bestand oder den Betrieb einer BA gefährdet oder belästigt oder deren Eigentum oder sonstige dingliche Rechte gefährdet werden könnten. Darunter fallen also insb auch Mieter oder Daueruntermieter des Hauses, in dem sich die BA befindet, sowie benachbarter Häuser. Näheres s *Wendl,* Die Nachbarn und ihre Parteistellung Rz 258 bis 264; zum übergangenen Nachbarn s auch Lexikon „Übergangene Nachbarn" Rz 134.

Naturschutz s Lexikon „Landschaftsschutz" Rz 91.

Nebengewerbe der Land- und Forstwirtschaft s Lexikon „Land- und Forstwirtschaft" Rz 92.

Nebengewerbliche Anlagen s Lexikon „Land- und Forstwirtschaft Rz 92.

100 **Nichtraucherschutz:** Gem § 13a Abs 1 TabG gilt in den der Verabreichung von Speisen oder Getränken an Gäste dienenden Räumen von Gastgewerbebetrieben (vgl § 111 Abs 1 Z 2) grundsätzlich ein **Rauchverbot.** Davon sieht § 13a Abs 2 und 3 TabG Ausnahmen vor, namentlich für abgetrennte Nebenräume (Abs 2) und für sehr kleine Lokale (weniger als 50 m²; Abs 3 Z 1). Gem § 12 iVm § 17 Abs 9 TabG idF BGBl I 2015/101 (Art 1) wird ab 1. 5. 2018 ein **generelles Rauchverbot** in der Gastronomie gelten.

Notfallplan, interner: Inhaber von Betrieben nach § 84a Abs 2 iVm § 84b Z 3 (Seveso- **101** III-Betrieb der oberen Klasse) haben (nach Anhörung des Betriebsrats bzw der Beschäftigten) einen *internen Notfallplan* für Maßnahmen innerhalb des Betriebs zu erstellen. Dieser Plan ist der Behörde anzuzeigen und auf Verlangen vorzulegen; er ist (spätestens alle drei Jahre) zu aktualisieren (§ 84h; s dazu auch Lexikon „Industrieunfall(-recht)" Rz 74.

Nutzungsrechte s Lexikon „Dingliche Rechte" Rz 34.

Öffentliche Interessen s Lexikon „Interessen, öffentliche" Rz 77.

Ortsaugenschein s Lexikon „Verhandlung, mündliche" Rz 151.

Ortsgebundenheit: Gew BA sind „örtlich gebundene Einrichtungen" (§ 74 Abs 1). Be- **102** weglichkeit (zB Eisverkaufswagen) schließt danach das Vorliegen einer BA ebenso aus wie – von Ausnahmen abgesehen – eine lediglich vorübergehende Befestigung (bewegliche Müllverbrennungsanlage; Bitumenmischanlage als Baustelleneinrichtung etc). Näheres s *Paliege-Barfuß,* Der Begriff der Betriebsanlage Rz 193.

Ortsüblichkeit von Immissionen: Das BA-Recht der GewO kennt den Begriff der **103** „Ortsüblichkeit" nicht. Bei Beurteilung der Zumutbarkeit von Belästigungen der Nachbarn ist von den tatsächlichen örtlichen Verhältnissen im Bereich der BA und ihrer Umgebung und ihren durch die BA verursachten Änderungen auszugehen. Siehe auch Lexikon „Istmaß – Beurteilungsmaß" Rz 79, „Maßstäbe für die Beurteilung der Zumutbarkeit" Rz 96 und „Zumutbarkeit von Belästigungen".

Parteistellung s Lexikon „Genehmigungsverfahren" Rz 62, „Verhandlung, mündliche" Rz 151, „Einwendungen" Rz 41, „Nachbarn" Rz 99 und „Präklusion" Rz 105 sowie *Wendl,* Die Nachbarn und ihre Parteistellung Rz 258 ff.

Pflanzenschutz: Die Vermeidung solcher nachteiliger Einwirkungen von BA, die geeig- **104** net sind, ua den Pflanzenbestand bleibend zu schädigen, ist gem § 69a durch V zu gewährleisten/anzustreben (s Lexikon „Umweltbelastungen [Umweltverschmutzungen]" Rz 137). Im IPPC-Regime gebietet die gem § 77a Abs 1 Z 1 zu wahrende Vorsorge gegen Umweltverschmutzungen auch den Schutz des Pflanzenbestandes – freilich nicht als Individuenschutz, sondern in einem weiter gefassten Beurteilungsrahmen als Teilaspekt der „Umweltqualität". Daneben kann eine Vermeidung der Beeinträchtigung des Pflanzenbestandes im Einzelfall uU auch als subjektiv-öffentliches Recht unter dem Titel einer Eigentumsgefährdung geltend gemacht werden (s *Kerschner,* Die Gefährdung des Eigentums und sonstiger dinglicher Rechte Rz 227).

Präklusion: Wurde im BA-Verfahren eine mündliche Verhandlung ordnungsgemäß **105** kundgemacht, dann hat dies gem § 42 Abs 1 bzw 2 AVG zur Folge, dass Nachbarn iSd § 75 Abs 2 GewO ihre (ex lege bestehende) Parteistellung verlieren (Präklusion), soweit sie nicht spätestens am Tag vor Beginn der Verhandlung während der Amtsstunden bei der Behörde oder während der Verhandlung zulässige Einwendungen erheben. Im Falle der Kundmachung des Genehmigungsantrags bei Großverfahren durch Edikt gelten im

Hinblick auf Präklusionsfolgen die Bestimmungen des § 44 a Abs 2 iVm § 44 b Abs 1 AVG. Näheres s *Wendl,* Die Nachbarn und ihre Parteistellung Rz 267.

Gegenüber dem Antragsteller selbst können nur die in § 42 Abs 4 AVG normierten Säumnisfolgen eintreten.

Privatrechtliche Einwendungen s Lexikon „Einwendungen" Rz 41.

106 **Privatsachverständige; nichtamtliche Sachverständige:** Gewerbebehörden haben grundsätzlich *Amtssachverständige* für die Beweisaufnahme heranzuziehen. Stehen aber Amtssachverständige nicht zur Verfügung oder ist es mit Rücksicht auf die Besonderheit des Falles geboten, kann die Behörde andere Personen als *„nichtamtliche Sachverständige"* heranziehen (zB Lufthygieniker, Meteorologen; § 52 Abs 2 AVG). Gewerbebehörden verletzen die Verfahrensvorschriften, wenn sie – obwohl ihnen geeignete Amtssachverständige zur Verfügung stehen – ohne besonderen Grund andere (private) Sachverständige heranziehen (VwGH 30. 9. 1983, 82/04/0137). Die unzulässige Beiziehung eines nichtamtlichen Sachverständigen ist jedoch kein zur Aufhebung führender, wesentlicher Verfahrensmangel (VwGH 12. 11. 1991, 91/05/0109).

Parteien bleibt die Beiziehung von Privatsachverständigen unbenommen; dies empfiehlt sich ganz besonders dann, wenn die sachliche Richtigkeit von Amtssachverständigengutachten bestritten werden soll, weil solchen Gutachten auf **„gleicher fachlicher Ebene"** zu begegnen ist (zB VwSlg 7515 A/1969). Siehe auch Lexikon „Sachverständige" Rz 118 sowie „Kosten des Verfahrens" Rz 84.

107 **Probebetrieb:** Mit der GewRNov 1992 wurden § 78 Abs 2 und die dort vorgesehene Möglichkeit der Anordnung eines befristeten Probebetriebs aufgehoben. Ein Probebetrieb kann daher im Rahmen des gew BA-Rechts nicht mehr angeordnet werden. Davon zu unterscheiden ist der gem § 354 vorgesehene Versuchsbetrieb (s Lexikon „Versuchsbetrieb" Rz 154 und „Vorarbeiten" Rz 156).

108 **Probenentnahme:** Soweit dies zur Vollziehung der gewerberechtlichen Vorschriften erforderlich ist, sind die Organe der zuständigen Behörden sowie die von diesen herangezogenen Sachverständigen berechtigt, im amtswegigen Überprüfungsverfahren Proben im unbedingt erforderlichen Ausmaß zu entnehmen (§ 338 Abs 3). Siehe auch Lexikon „Gegenprobe" Rz 57 und „Entschädigung" Rz 44 sowie *Vogelsang,* Die Überwachung von Betriebsanlagen Rz 370, 2.5.

109 **Prozessnachfolge:** Die Nachfolge in die Prozessposition eines Rechtsvorgängers (zB bei Erwerb einer BA oder eines Nachbarhauses) ist sowohl auf Seiten des Konsenswerbers als auch auf Seiten der Nachbarn denkbar, uzw sowohl während eines anhängigen Verfahrens als auch nach rk Abschluss eines Genehmigungsverfahrens (zB in einem Folgeverfahren). Rechtlich ist zwischen der Position des Konsenswerbers und der Nachbarn zu unterscheiden (s *Wendl,* Die Nachbarn und ihre Parteistellung Rz 269): Bei einem Wechsel in der Person des Konsenswerbers während eines anhängigen Verfahrens tritt der Nachfolger dann in die Rechtsposition des Vorgängers ein, wenn er gegenüber der Behörde eine „Eintrittserklärung" abgibt. Liegt bereits eine rk Genehmigung vor, so wird die Wirksamkeit dieser Genehmigung durch den Wechsel

in der Person des Inhabers nicht berührt (Näheres s Lexikon „Wechsel des Inhabers" Rz 159). Zum Parteiwechsel auf Nachbarseite s *Wendl,* Die Nachbarn und ihre Parteistellung Rz 269, 12.2.

Prüfbescheinigung: Über jede wiederkehrende Prüfung iSd § 82 b, die der Inhaber ei- **110** ner genehmigten BA regelmäßig in Auftrag zu geben hat, ist von den herangezogenen befugten Anstalten bzw Personen eine Prüfbescheinigung auszustellen, die insb festgestellte Mängel und Vorschläge zu deren Behebung zu enthalten hat. Näheres s *Vogelsang,* Die Überwachung von Betriebsanlagen Rz 372, 4.4.

Raumordnung: Mit der Aufhebung der Sonderregelung des § 77 Abs 5 mit BGBl I **111** 2010/111 ist für die Errichtung eines Einkaufszentrums das Vorliegen einer entsprechenden Widmung nicht mehr im Rahmen des gewerblichen BA-Genehmigungsverfahrens zu prüfen. Die Frage der Raumordnung spielt sohin in gewerberechtlichen Angelegenheiten keine gesonderte Rolle mehr. Näheres s Lexikon „Flächenwidmungspläne" Rz 53 sowie *Giese,* Das Betriebsanlagenrecht und andere Bereiche des öffentlichen Rechts Rz 327.

Rechtskraft: Nach Einführung der gestuften Verwaltungsgerichtsbarkeit (vgl BGBl I **112** 2012/51) mit VwG, die über eine Bescheidbeschwerde (Art 130 Abs 1 Z 1 B-VG) grundsätzlich in der Sache selbst zu entscheiden haben (vgl § 28 VwGVG), tritt **Rechtskraft eines Bescheids** ein, wenn dagegen eine **Bescheidbeschwerde nicht (mehr) zulässig** ist. Dies ist der Fall, wenn eine Bescheidbeschwerde nicht erhoben wird, nach Ablauf der Beschwerdefrist von vier Wochen; mit Abgabe eines Beschwerdeverzichts (§ 7 Abs 2 VwGVG) oder bei Zurückziehung einer Bescheidbeschwerde. Wird eine Bescheidbeschwerde erhoben, erwächst ein Bescheid mit **Erlassung des Erk des VwG** in Rechtskraft (näher dazu *Stolzlechner,* Die Rechtskraft und die Änderung von Bescheiden Rz 359, 1.1).

In Mehrparteienverfahren (zB BA-Genehmigungsverfahren) tritt Rechtskraft häufig nicht allen Parteien gegenüber gleichzeitig ein. Bescheide in BA-Verfahren erwachsen vielfach **zu unterschiedlichen Zeitpunkten** in Rechtskraft (zB ein Nachbar erhebt Bescheidbeschwerde, andere verzichten darauf; sog **„Teilrechtskraft"**).

Mit Eintritt der Rechtskraft ist die Wirkung verbunden, dass auch die **Behörde selbst an den BA-Genehmigungsbescheid gebunden** ist; der Bescheid wird für die Behörde grundsätzlich *unwiderrufbar* (**„materielle Rechtskraft"**). Freilich steht dem die praktische Erfahrung entgegen, dass sich der Betrieb in einer BA so entwickeln kann, dass – entgegen den ursprünglichen Emissionserwartungen – der Schutz der Nachbarn nicht ausreichend gewährleistet ist. In der GewO sind daher Bestimmungen vorgesehen, die die Gewerbebehörde in verschiedenen Situationen ermächtigen, nachträglich einen rk BA-Genehmigungsbescheid (zB durch Vorschreibung anderer Auflagen) abzuändern (vgl §§ 79 bis 79 d; näher dazu *Stolzlechner,* Die Rechtskraft und die Änderung von Bescheiden Rz 362 ff).

Rechtsmittel: Entscheidungen der Gewerbebehörde in BA-Verfahren können gem **113** Art 130 Abs 1 Z 1 iVm Art 131 Abs 1 B-VG beim örtlich zuständigen LVwG angefochten werden. Näheres s Lexikon „Instanzenzug" Rz 76 und „Beschwerde" Rz 26. Gegen

Beschlüsse und Erkenntnisse der LVwG kommt eine Beschwerde an den VfGH bzw eine Revision an den VwGH in Betracht.

Weitere mögliche Rechtsmittel sind die Vorstellung gegen Bescheide nach § 57 Abs 1 AVG, der Einspruch gegen Strafverfügungen gem §§ 47 ff VStG sowie Beschwerden gegen Akte der unmittelbaren Befehls- und Zwangsgewalt an die VwG (s hiezu *Giese*, Einstweilige Zwangs- und Sicherheitsmaßnahmen Rz 377, 2.10.3). Schließlich ist auf die Möglichkeit der Wiederaufnahme des Verfahrens nach §§ 69 f AVG und der Wiedereinsetzung in den vorigen Stand gem §§ 70 f AVG hinzuweisen.

Rechtsnachfolge s Lexikon „Prozessnachfolge" Rz 109.

114 **Reduktionsplan, betrieblicher:** Nach § 82 Abs 3a kann in einer V gem § 82 Abs 1 vorgesehen werden, dass Inhaber von BA anstelle der Erfüllung der Anforderungen nach Abs 1 die Emissionen nach Maßgabe eines betrieblichen Reduktionsplans verringern dürfen und dass dieser Reduktionsplan der bescheidmäßigen Genehmigung durch die Behörde bedarf. Näheres s *Wendl*, Verfahrensübersicht „Verfahren nach § 82 Abs 3 a" Rz 179 und *Vogelsang*, Verordnungen im Betriebsanlagenrecht Rz 255, 3.4.

115 **Religionsausübung:** Gem § 77 Abs 1 iVm § 74 Abs 1 Z 3 darf die **Religionsausübung in Kirchen** nicht unzumutbar beeinträchtigt werden. Unter „*Kirche*" ist dabei jedes Gebäude einer anerkannten Kirche oder Religionsgesellschaft zu verstehen, das der Vornahme gottesdienstlicher Handlungen gewidmet ist. Der Schutz der Religionsausübung in Kirchen ist **von Amts wegen** wahrzunehmen; Kirchen und Religionsgesellschaften kommt diesbzgl keine Nachbarstellung zu (vgl § 75 Abs 2). Wohl aber können Kirchen und Religionsgesellschaften Nachbarstellung in Bezug auf den Schutz ihres Eigentums oder sonstiger dinglicher Rechte erlangen. Siehe auch *Wendl*, Die Nachbarn und ihre Parteistellung Rz 259 und 260, 3.2.

116 **Revision:** Gegen Beschlüsse und Erkenntnisse der LVwG kann Revision an den VwGH erhoben werden. Gem Art 133 Abs 4 B-VG ist eine Revision an den VwGH zulässig, wenn sie von der Lösung einer Rechtsfrage, der grundsätzliche Bedeutung zukommt, abhängt (dies ist insb bei fehlender oder uneinheitlicher Rechtsprechung des VwGH der Fall oder wenn das Erkenntnis von einer Rechtsprechung des VwGH abweicht). Hat das LVwG die Revision wegen Vorliegens einer solchen Rechtsfrage mit grundsätzlicher Bedeutung für zulässig erachtet, so kann eine **ordentliche Revision** erhoben werden; anderenfalls ist eine **außerordentliche Revision** zu erheben.

117 **Richtlinien:** Zu EU-Richtlinien mit Bezug auf BA, ihre Umsetzung in innerstaatliches Recht und ihre allfällige Direktanwendung s *Bergthaler/Berger*, Die unionsrechtlichen Grundlagen des Betriebsanlagenrechts Rz 293 ff.

Die folgenden Ausführungen beziehen sich auf Richtlinien, die als Regeln auf dem Gebiet verschiedener Wissensgebiete vorliegen und an denen sich Sachverständige in BA-Verfahren üblicherweise orientieren. Diesen Richtlinien (und den darin empfohlenen Grenzwerten) kommt **keine die Behörde bindende Wirkung** zu, es wäre denn, dass sie gesetzlich für verbindlich erklärt wurden (s Lexikon „Grenzwerte" Rz 69). Sie sind wie andere Sachverhaltselemente Gegenstand der Beweisaufnahme und Beweiswürdigung und können ohne Darlegung der ihnen zugrunde liegenden fachlichen Prämissen nicht herangezogen werden (ua VwSlg 10.616 A/1980; s auch *Wendl,* Die Gefährdung des Lebens und der Gesundheit Rz 212, 5.4). Ein genereller Verweis in einer Auflage des Bescheides mit dem Verlangen nach Einhaltung einer Richtlinie entspricht nicht der Pflicht zur Konkretisierung von Auflagen (s *Wendl,* Zulässige und unzulässige Auflagen Rz 343).

Bei Beurteilung der Genehmigungsfähigkeit einer BA nach § 77 sind daher nicht die sich aus Richtlinien ergebenden Richtwerte, sondern unter *Darlegung der zugrunde liegenden fachlichen Prämissen* die in § 77 festgelegten Genehmigungsvoraussetzungen rechtlich relevant (VwGH 25. 9. 1981, 04/2787/79). Allgemeine Lärmbeurteilungsrichtlinien (hier: ÖAL-Richtlinien und ÖNORM S 5021) haben nur jene Bedeutung, die ihnen durch G oder V beigemessen wird. Daraus folgt aber, dass eine unmittelbare Anwendung von Lärmbeurteilungsrichtlinien im Zusammenhang mit „raumplanerischen Richtlinien . . . für ein erweitertes Wohngebiet" bei Beurteilung der Lärmimmissionen iSd § 77 Abs 2 nicht statthaben kann (VwGH 24. 10. 2001, 98/04/0181).

Dennoch kommt wegen der Unbestimmtheit der gesetzlichen Genehmigungsvoraussetzungen nach § 77 sowie aus Gründen der Einheitlichkeit der Beurteilung von Emissionen bzw Immissionen einer Reihe von als Regeln der Wissenschaft anerkannten Richtlinien im Rahmen des Beweisverfahrens eine nicht unerhebliche Bedeutung zu. Erwähnt seien:

– Auf dem Gebiet des Schutzes vor **Lärm:**
Richtlinien des Österreichischen Arbeitsringes für Lärmbekämpfung (ÖAL), insb die schon im Lexikon „Lärm" Rz 93 erwähnten Richtlinien (erhältlich beim ÖAL unter *www.oeal.at* sowie beim Österreichischen Normungsinstitut, Heinestraße 38, 1020 Wien bzw über *www.austrian-standards.at*) sowie *ÖNORMEN des Österreichischen Normungsinstitutes* (erhältlich ebendort).
– Auf dem Gebiet des Schutzes vor **Luftverunreinigungen:**
Luftqualitätskriterien Schwefeloxide (SO_2), Stickstoffdioxid (NO_2) und Ozon (O_3, Richtlinie 15) der Österreichischen Akademie der Wissenschaften (erhältlich beim BMLFUW); s jedoch Lexikon „Grenzwerte" Rz 69 hinsichtlich der nunmehr durch das IG-L festgelegten Immissionsgrenzwerte, Alarm- und Zielwerte, die Hinweise bei *Bergthaler/Holzinger,* Immissionsschutz-Luft im Betriebsanlagenrecht Rz 250 – 252 sowie Lexikon „Luftverunreinigungen" Rz 94; ÖNORMEN, wie zB die ÖNORM M 9440 betreffend die „Ausbreitung von luftverunreinigenden Stoffen in der Atmosphäre – Berechnung von Immissionskonzentrationen und Ermittlung von Schornsteinhöhen", und M 9466 betreffend die „Emissionsbegrenzung für luftverunreinigende Stoffe aus Feuerungsanlagen für Holzbrennstoffe mit einer Nennwärmeleistung ab 50 kW – Anforderungen und Prüfungen am Aufstellungsort"; VDI/DIN-Handbuch Reinhaltung der Luft (Deutsche Normen); insb Band 1 A: Maximale Immissionswerte; Band 1 B: Umweltmeteorologie; Band 2: Emissionsminderung I; Band 3: Emissionsminderung II; Band 6: Abgasreinigung – Staubtechnik;
Technische Anleitung zur Reinhaltung der Luft – TA-Luft vom 24. 7. 2002 (Erste Allgemeine Verwaltungsvorschrift zum Bundes-Immissionsschutzgesetz der BRD).

– Auf dem Gebiet des Schutzes vor **Erschütterungen** bzw Schwingungen:
ÖNORMEN S 9001 (Mechanische Schwingungen – Erschütterungen; Allgemeine
Grundsätze und Ermittlung von Schwingungsgrößen), ISO 2631 – 1 bzw 2: 2007
07 01 (mechanische Schwingungen und Stöße – Bewertung der Auswirkung von
Ganzkörperschwingungen auf den Menschen – Teil 1: allgemeine Anforderungen
bzw Teil 2: Schwingungen in Gebäuden) und S 9020 (Bauwerkserschütterungen;
Sprengerschütterungen und vergleichbare impulsförmige Immissionen), jeweils erhältlich beim Österreichischen Normungsinstitut;
Deutsche Normen DIN 4150, Teil 1 (Erschütterungen im Bauwesen, Vorermittlung
von Schwingungsgrößen), DIN 4150, Teil 2 (Erschütterungen im Bauwesen – Einwirkungen auf Menschen in Gebäuden) und DIN 4150, Teil 3 (Erschütterungen im
Bauwesen – Einwirkungen auf bauliche Anlagen), jeweils erhältlich beim Beuth-
Verlag GmbH, Burggrafenstraße 6, D-10 787 Berlin 30;
Richtlinien des Vereins deutscher Ingenieure VDI 2057, Blatt 1 (Einwirkung mechanischer Schwingungen auf den Menschen – Ganzkörperschwingungen), VDI
2057, Blatt 2 (Einwirkung mechanischer Schwingungen auf den Menschen – Handarmschwingungen) und VDI 2057, Blatt 3 (Einwirkung mechanischer Schwingungen auf den Menschen – Ganzkörperschwingungen an Arbeitsplätzen in Gebäuden), sämtliche ebenfalls erhältlich beim Beuth-Verlag GmbH, Berlin.
– Auf dem Gebiet der Belästigung durch **Geruch:**
Österreichische Akademie der Wissenschaften (ÖAW), 1994, Umweltwissenschaftliche Grundlagen und Zielsetzungen im Rahmen des Nationalen Umweltplans für
die Bereiche Klima, Luft, Lärm und Geruch (Kapitel 5 Geruch; 5.5.1), Bewertungskriterien für zumutbare Geruchsbelastungen; Kommission Reinhaltung der Luft im
VDI und DIN: DIN EN 13725: 2003/AC:2006: Bestimmung der Geruchsstoffkonzentration mit dynamischer Olfaktometrie, Beuth Verlag GmbH, Berlin;
VDI-Richtlinie 3788 Blatt 1, Umweltmeteorologie – Ausbreitung von Geruchsstoffen in der Atmosphäre – Grundlagen; Geruchsimmissions-Richtlinie des (deutschen) Ministeriums für Umwelt und Naturschutz, Landwirtschaft und Verbraucherschutz vom 5. 11. 2009).

118 Sachverständige: In gew BA-Verfahren begegnen vielfach **schwierige Sachverhaltsfragen,** die von der Behörde alleine nicht beantwortet werden können, für deren Beantwortung sie vielmehr den Sachverstand von Experten benötigt. Aufgabe der Sachverständigen ist es daher, die Behörde als *Hilfsorgane* bei deren Entscheidung durch Klärung schwieriger Sachverhaltsfragen zu unterstützen; eine **rechtliche Beurteilung**
kommt ihnen nicht zu. Vielmehr hat sich die Behörde aufgrund von Sachverständigengutachten im Rechtsbereich ihr Urteil zu bilden.

Das Gutachten eines Sachverständigen hat aus einem **Befund** und dem **Urteil,**
dem Gutachten im engeren Sinn, zu bestehen. Hiebei hat der Befund alle jene Grundlagen und die Art ihrer Beschaffung zu nennen, die für das Gutachten, das sich auf den
Befund stützende Urteil, erforderlich sind. Dieses Urteil muss so begründet sein, dass
es auf seine Schlüssigkeit hin überprüft werden kann (vgl etwa VwGH 29. 1. 1991, 90/
04/0215; 24. 11. 1992, 92/04/0119).

In gew BA-Verfahren werden überwiegend Sachverständige folgender Sachbereiche herangezogen:

– der **(gewerbe-)technische Sachverständige;** dieser hat sich darüber zu äußern, welcher Art die von einer BA zu erwartenden Einflüsse auf die Nachbarschaft sind, welche Einrichtungen der BA als Quellen solcher Immissionen in Betracht kommen, ob und durch welche Vorkehrungen zu erwartende Immissionen verhütet oder verringert werden und welcher Art und Intensität die verringerten Immissionen noch sein werden; er hat sich dabei grundsätzlich jener Hilfsmittel zu bedienen, die seine Wissenschaft entwickelt hat (vgl etwa VwGH 25. 9. 1990, 90/04/0035; 14. 9. 2005, 2004/04/0224);

– der **ärztliche Sachverständige;** ihm obliegt es, – fußend auf dem Gutachten des gewerbetechnischen Sachverständigen – darzulegen, welche Auswirkungen die zu erwartenden unvermeidlichen Immissionen nach Art und Dauer auf den menschlichen Organismus entsprechend den in diesem Zusammenhang in § 77 Abs 2 enthaltenen Tatbestandsmerkmalen auszuüben vermögen (vgl etwa VwGH 27. 11. 1990, 90/04/0149; 14. 9. 2005, 2004/04/0224).

In komplexeren Verfahren werden auch andere Sachverständige gehört (Chemotechniker, Geologen, Meteorologen, Lufthygieniker etc).

Bekämpfbar ist ein – in sich schlüssiges und logisches – Gutachten nicht durch laienhafte Äußerungen, sondern durch Äußerungen auf „gleicher fachlicher Ebene", also wiederum nur durch das **Gutachten eines anderen Experten.** Bei Vorliegen einander widersprechender Gutachten hat die Behörde nachvollziehbar zu begründen, warum sie der Auffassung eines Gutachters gefolgt ist.

Siehe auch Lexikon „Privatsachverständige; nichtamtliche Sachverständige" Rz 106 und „Richtlinien" Rz 117 sowie *Wendl,* Die Gefährdung des Lebens und der Gesundheit Rz 212, 5.1 und 5.4.

Sanierungskonzept: Es kann vorkommen, dass aufgrund der Entwicklung des Betriebs **119** in einer rk genehmigten BA der Schutz der gem § 74 Abs 2 wahrzunehmenden Interessen (zB Schutz von Nachbarn vor gesundheitsgefährdenden Abgasen) nur mehr durch Vorschreibung neuer, die BA ihrem Wesen nach ändernde Auflagen erreicht werden kann (zur grundsätzlichen Unzulässigkeit solcher Auflagen s *Wendl,* Zulässige und unzulässige Auflagen Rz 347, 9.3). In einem solchen Fall hat die Behörde dem Inhaber der Anlage gem **§ 79 Abs 3** mit Bescheid die **Vorlage eines Sanierungskonzepts** innerhalb angemessener Frist vorzuschreiben. Wird ein Sanierungskonzept vorgelegt, hat die Behörde dieses in einem zweiten Verfahrensschritt mit Bescheid zu genehmigen; darin kann auch eine entsprechende Sanierungsfrist festgelegt werden. Näheres s *Stolzlechner,* Die Rechtskraft und die Änderung von Bescheiden Rz 363.

Sanierungsprinzip: Darunter versteht man den Grundsatz, dass genehmigte Anlagen **120** **an den Stand der Technik anzupassen** sind. Dieser Grundsatz ist in der GewO nicht generell vorgesehen. Allerdings ist die Behörde zur nachträglichen Vorschreibung von Auflagen gem § 79 Abs 1 und § 79b sowie zur Vorschreibung eines Sanierungskonzepts gem § 79 Abs 3 unter bestimmten Voraussetzungen verpflichtet. Dabei sind Emissionen von Luftschadstoffen jedenfalls nach dem Stand der Technik (§ 71 a) zu begrenzen. Siehe auch Lexikon „Vorschreibung anderer oder zusätzlicher Auflagen" Rz 158, „Sanierungskonzept" Rz 119 und „Stand der Technik" Rz 126.

Säumnisbeschwerde s Lexikon „Beschwerde" Rz 26 und „Landesverwaltungsgericht" Rz 90.

Schallpegel s Lexikon „Lärm" Rz 93.

Schließung von Betrieben s Lexikon „Einstweilige Zwangs- und Sicherheitsmaßnahmen" Rz 40.

Schulerhalter s Lexikon „Einrichtungen, benachbarte" Rz 38.

Schutz (der Arbeitnehmer, Kunden, Nachbarn) s Lexikon „ArbeitnehmerInnen" Rz 12, „Kunden (Gäste, Konsumenten)" Rz 87 und „Nachbarn" Rz 99.

Seveso-III-Betriebe s Lexikon „Industrieunfall(-recht)" Rz 74.

121 **Sicherheitskonzept, Sicherheitsbericht:** Inhaber von Seveso-III-Betrieben haben ein Konzept zur Verhütung schwerer Unfälle *(„Sicherheitskonzept")* auszuarbeiten, zu verwirklichen und zur Einsicht der Behörde bereitzuhalten. Die Verwirklichung des Sicherheitskonzepts ist der Behörde nachzuweisen (§ 84 e). Inhaber eines Seveso-III-Betriebes „der oberen Klasse" haben zusätzlich einen *Sicherheitsbericht* zu erstellen, der über das Sicherheitskonzept hinausgehende Daten und Informationen zu enthalten hat (§ 84 f). Nähere Vorgaben für die Erstellung eines Sicherheitskonzeptes bzw eines Sicherheitsberichts finden sich in der IUV (BGBl II 2015/229). Siehe dazu auch Lexikon „Industrieunfall(-recht)" Rz 74.

122 **Sicherheit, Leichtigkeit und Flüssigkeit des Verkehrs:** Bereits die Möglichkeit einer wesentlichen Beeinträchtigung der Sicherheit, Leichtigkeit und Flüssigkeit des Verkehrs an oder auf Straßen mit öffentlichem Verkehr durch eine gew BA begründet gem § 74 Abs 2 Z 4 die Genehmigungspflicht derselben.

> Bei dem Tatbestandsmerkmal einer „wesentlichen Beeinträchtigung" handelt es sich um einen unbestimmten Gesetzesbegriff, der sich an normativen Inhalten – hier dem Regelungsbereich der GewO – zu orientieren hat. Solche Begriffe haben einen objektiven und nach objektiven Kriterien zu ermittelnden Sinn, indem sie auf Maßstäbe und Vorstellungen Bezug nehmen, die sich in bestimmten Lebens- und Sachbereichen herausgebildet haben. Daraus folgt aber, da im Regelungsbereich der GewO nicht etwa Verkehrsvorgänge als solche zu regeln sind, dass die Beantwortung der Frage der Erfüllung dieses Tatbestandsmerkmals unter Bedachtnahme auf die konkreten Gegebenheiten der BA sowie auf die damit im örtlichen Zusammenhang vorgefundenen, den Verkehrsablauf bestimmenden Umstände zu beantworten ist (VwGH 19. 6. 1990, 89/04/0277).

Im Genehmigungsverfahren selbst ist es gem § 77 Abs 1 eine Voraussetzung für die Genehmigung der BA, dass Beeinträchtigungen im eingangs zit Sinne auf ein zumutbares Maß beschränkt werden.

Der Schutz der Sicherheit, Leichtigkeit und Flüssigkeit des Verkehrs ist von der Gewerbebehörde von Amts wegen wahrzunehmen. Der Gemeinde kommt hiebei gem

§ 355 zum Schutz dieser öffentlichen Interessen ein Anhörungsrecht zu. Dagegen sind die Nachbarn einer BA nicht berechtigt, den Schutz dieser Interessen geltend zu machen (s *Wendl*, Die Nachbarn und ihre Parteistellung Rz 259).

Siehe Lexikon „Straßen mit öffentlichem Verkehr" Rz 129.

Sicherheitsmaßnahmen s Lexikon „Einstweilige Zwangs- und Sicherheitsmaßnahmen" Rz 40.

Sofortmaßnahmen: Besteht der (schlichte) Verdacht einer Übertretung gem § 366 **123** Abs 1 Z 1, 2 oder 3, hat die Behörde gem **§ 360 Abs 1** – unabhängig von der Einleitung eines Strafverfahrens – den BA-Inhaber zur Herstellung des gesetzmäßigen Zustandes mit (nicht gesondert bekämpfbarer) Verfahrensanordnung unter Setzung einer angemessenen Frist aufzufordern; verstreicht diese fruchtlos, sind die notwendigen Zwangs- und Sicherheitsmaßnahmen zu verfügen (Stilllegung, Schließung).

Beim offenkundigen Verdacht der Übertretung gem § 366 Abs 1 Z 4, 5 oder 6 (Verletzung der sich aus § 71 ergebenden Verpflichtungen betreffend Maschinen- und Geräteschutz), darf die Behörde gem **§ 360 Abs 2** auch ohne vorausgegangenes Verfahren und vor Erlassung eines Bescheides die notwendigen Maßnahmen wie zB Beschlagnahme von Waren an Ort und Stelle treffen.

Ist der Verdacht einer Übertretung des § 366 Abs 1 Z 1 offenkundig, hat die Behörde gem **§ 360 Abs 3** ohne vorausgegangenes Verfahren und vor Erlassung des Bescheides mittels Betriebsschließung an Ort und Stelle vorzugehen; hierüber ist binnen eines Monats ein schriftlicher Bescheid zu erlassen, widrigenfalls die getroffene Maßnahme als aufgehoben gilt.

Hat schließlich die Behörde Grund zur Annahme, dass zur Gefahrenabwehr iSd **§ 360 Abs 4** Sofortmaßnahmen an Ort und Stelle erforderlich sind, so darf sie notwendige Maßnahmen wie zB die Schließung des Betriebes, die Stilllegung von Maschinen usw ebenfalls ohne vorausgegangenes Verfahren und vor Erlassung eines Bescheides an Ort und Stelle treffen.

Näheres s Lexikon „Einstweilige Zwangs- und Sicherheitsmaßahmen" Rz 40, *Wendl*, Verfahrensübersicht, „Verfahren nach § 360" Rz 188 und *Giese*, Einstweilige Zwangs- und Sicherheitsmaßnahmen Rz 376 ff.

Spezialgenehmigung: Wurde für eine Gesamtanlage eine Generalgenehmigung erteilt **124** (§ 356 e), kann für die darin eröffneten Gewerbebetriebe – sofern sie gem § 74 Abs 2 eine Genehmigungspflicht auslösen – eine Spezialgenehmigung im vereinfachten Verfahren (§ 359 b Abs 6) erteilt werden. Mit Erlöschen der Generalgenehmigung erlischt auch die Spezialgenehmigung (§ 356 e Abs 2); s auch Lexikon „Generalgenehmigung" Rz 63.

Spitzenpegel s Lexikon „Lärm" Rz 93.

Stand der medizinischen und der sonst in Betracht kommenden Wissenschaften: Da **125** der Stand der Technik nicht alle wissenschaftlichen Bereiche erfasst, die in Betracht kommen können, ist nach folgenden Bestimmungen des BA-Rechts auch auf den (dem Stand der Technik vergleichbar gesicherten) Stand der medizinischen und der sonst in Betracht kommenden Wissenschaften (zB Meteorologie) Bedacht zu nehmen:

– gem § 76 Abs 1 bei der Erlassung von V zur Bezeichnung von Maschinen, Geräten und Ausstattungen, deren Verwendung für sich allein die Genehmigungspflicht einer Anlage nicht begründet (s *Vogelsang,* Verordnungen im Betriebsanlagenrecht Rz 254);

– gem § 77 Abs 1 bei der Beurteilung der Voraussetzungen für die Erteilung der Genehmigung der BA (die Einhaltung des Standes der medizinischen und der sonst in Betracht kommenden Wissenschaften ist hier aber nicht als Genehmigungsvoraussetzung schlechthin normiert: s *Wendl,* Zulässige und unzulässige Auflagen Rz 347, 9.1);

– gem § 79 Abs 1 bei der Vorschreibung anderer oder zusätzlicher Auflagen von Amts wegen bzw auf Antrag des BMLFUW oder eines Nachbarn (s *Wendl,* Zulässige und unzulässige Auflagen Rz 350, 12.2);

– gem § 82 Abs 1 bei der Erlassung von V über die Bauart, die Betriebsweise, die Ausstattung oder das zulässige Ausmaß der Emissionen von Anlagen oder Anlagenteilen.

126 **Stand der Technik:** § 71 a definiert den Stand der Technik für den Geltungsbereich des Gewerberechts. Demnach gilt als Stand der Technik (**beste verfügbare Techniken – BVT**) „der auf den einschlägigen wissenschaftlichen Erkenntnissen beruhende Entwicklungsstand fortschrittlicher Verfahren, Einrichtungen, Bau- oder Betriebsweisen, deren Funktionstüchtigkeit erprobt und erwiesen ist"; insb sind „vergleichbare Verfahren, Einrichtungen, Bau- oder Betriebsweisen heranzuziehen" (also auch ausländische Erfahrungen und technische Normen), „welche am wirksamsten zur Erreichung eines allgemein hohen Schutzniveaus für die Umwelt insgesamt sind; weiters sind unter Beachtung der sich aus einer bestimmten Maßnahme ergebenden Kosten und ihres Nutzens und des Grundsatzes der Vorsorge und der Vorbeugung im Allgemeinen wie auch im Einzelfall die Kriterien der **Anlage 6** zu diesem Bundesgesetz zu berücksichtigen".

Auf diesen Stand der Technik ist nach folgenden Bestimmungen des BA-Rechts Bedacht zu nehmen:

– gem § 72 Abs 2 bei der Festlegung durch V, von wem und wie der A-bewertete Schallleistungspegel von Maschinen oder Geräten zu bestimmen ist;

– gem § 76 Abs 1 bei der Erlassung von V zur Bezeichnung von Maschinen, Geräten und Ausstattungen, deren Verwendung für sich allein die Genehmigungspflicht einer Anlage nicht begründet (s *Vogelsang,* Verordnungen im Betriebsanlagenrecht Rz 254);

– gem § 77 Abs 1 bei der Beurteilung der Voraussetzungen für die Erteilung der Genehmigung der BA (die Einhaltung des Standes der Technik ist hier aber nicht als Genehmigungsvoraussetzung schlechthin normiert: s *Wendl,* Zulässige und unzulässige Auflagen Rz 347, 9.1);

– gem § 77 Abs 3 bei der Begrenzung der Emissionen von Luftschadstoffen nach dem Stand der Technik (s *Wendl,* Zulässige und unzulässige Auflagen Rz 347, 9.1);

– gem § 77 Abs 4 bei der Beurteilung der Genehmigungsvoraussetzung der Vermeidung, Verwertung oder Entsorgung von Abfällen (s Lexikon „Genehmigung [Voraussetzungen]" Rz 59);

- gem § 77 a Abs 1, 2, 3, 4 und 6 sowie § 77 b Abs 2, 3 und 4 in Genehmigungsverfahren betreffend IPPC-Anlagen;
- gem § 79 Abs 1 bei der Vorschreibung anderer oder zusätzlicher Auflagen von Amts wegen oder auf Antrag des BMLFUW oder eines Nachbarn (s *Wendl,* Zulässige und unzulässige Auflagen Rz 350, 12.2);
- gem § 79 Abs 3 im Rahmen des Auftrags zur Vorlage eines Sanierungskonzeptes bzw der Genehmigung desselben (s *Stolzlechner,* Die Rechtskraft und die Änderung von Bescheiden Rz 363, 5.1);
- gem § 79 b bei der Vorschreibung anderer oder zusätzlicher Auflagen iSd § 77 Abs 4 von Amts wegen (s *Wendl,* Zulässige und unzulässige Auflagen Rz 351, 13.2);
- gem § 81 b Abs 1 und 2 betreffend Anpassung an Veränderungen des Standes der Technik von IPPC-Anlagen;
- gem § 82 Abs 1 bei der Erlassung von V über die Bauart, die Betriebsweise, die Ausstattung oder das zulässige Ausmaß der Emissionen von Anlagen (s *Vogelsang,* Verordnungen im Betriebsanlagenrecht Rz 255);
- gem § 84 c Abs 1 und § 84 d Abs 6 und 7 im Rahmen der Regelungen des Abschnitts 8 a betreffend die Beherrschung der Gefahren bei schweren Unfällen.

Durch Einfügung des Klammerausdrucks **„(beste verfügbare Techniken – BVT)"** nach der Wortfolge *„Stand der Technik"* soll verdeutlicht werden, dass mit beiden Begriffen das Gleiche gemeint ist (idS AB 2013 II). Der Begriff „beste verfügbare Techniken – BVT" wird weiters verwendet in: § 71 b Z 2 „BVT-Merkblatt"; § 71 b Z 3 „BVT-Schlussfolgerungen"; § 77 a Abs 2, 3, 4 und 5; § 77 b Abs 2, 3 und 4; § 81 b Abs 1, 2, 4 und 6.

Weiters ist gem § 356 b Abs 1 in den dort vorgesehenen Konzentrationsverfahren (s Lexikon „Verfahrens- und Entscheidungskonzentration" Rz 149) der Stand der Technik nach Maßgabe seiner in anderen Verwaltungsvorschriften des Bundes allenfalls enthaltenen Definition wahrzunehmen (so beispielsweise der *Stand der Technik iSd § 12 a WRG* im Rahmen der unter das Konzentrationsverfahren nach § 356 b GewO fallenden Tatbestände des WRG).

Darüber hinaus gibt es Regelungen in anderen Verwaltungsvorschriften des Bundes, die ihrerseits schon gegenüber gew BA den Entfall einer gesonderten Genehmigung vorsehen, der nach der GewO zuständigen Behörde dafür aber die Anwendung materiell-rechtlicher Bestimmungen dieser anderen Verwaltungsvorschriften auftragen, so zB § 32 EG-K (Definition des Standes der Technik in § 3 Z 31 leg cit).

Standort: BA sind *örtlich gebundene* Einrichtungen (vgl § 74 Abs 1); es muss daher einen geografischen Ort geben, an dem sie eingerichtet bzw errichtet sind (**„Betriebsstandort"**). Mit dem Begriff „Standort" ist idR allerdings der *Standort der Gewerbeausübung* gemeint (vgl § 339 Abs 2). Dieser ist zumeist mit jenem Ort identisch, an dem die der Ausübung des betreffenden Gewerbes dienende BA gelegen ist. Der Standort der Gewerbeberechtigung und der Betriebsstandort können aber auch „auseinanderfallen" (zB Ausübung eines Gewerbes in weiterer Betriebsstätte; § 46). **127**

Der Betriebsstandort ist wesentlich für die **örtliche Zuständigkeit**: Zuständig zur Erteilung einer BA-Genehmigung ist jene BVB, in deren Bereich die BA betrieben wird (§ 333 GewO iVm § 3 Z 2 AVG); s näher Lexikon „Zuständigkeit" Rz 164.

Die **raumordnungsrechtliche Widmung** der Liegenschaft(en) eines Betriebsstandorts ist nicht Gegenstand eines gew BA-Genehmigungsverfahrens. Die Gewerbebehörde hat in den Genehmigungsbescheid allenfalls einen *Hinweis* aufzunehmen, „dass ihrer Ansicht nach im Standort das Errichten und Betreiben der Anlage im Zeitpunkt der Bescheiderlassung durch Rechtsvorschriften verboten ist" (§ 359 Abs 1 dritter Satz). Näheres s Lexikon „Flächenwidmungspläne" Rz 53 und „Raumordnung" Rz 111.

Strafverfahren s Lexikon „Verwaltungsstrafverfahren" Rz 155.

128 **Strahlen:** Von BA ausgehende Strahlen begründen die Genehmigungspflicht entweder unter dem Titel der Gesundheitsgefährdung (§ 74 Abs 2 Z 1) oder unter dem Titel der Nachbarschaftsbelästigung (§ 74 Abs 2 Z 2); zwar werden Strahlen unter den möglichen Belästigungsarten gem § 74 Abs 2 Z 2 nicht ausdrücklich genannt, doch handelt es sich dabei um eine demonstrative Aufzählung, durch die die Behörde in der Beurteilung anderer Schadstoffarten nicht eingeschränkt werden sollte. Es müssen daher die Voraussetzungen für die Erteilung einer BA-Genehmigung auch unter dem Gesichtspunkt betrieblich verursachter Strahlungen geprüft werden.

Für eine besondere Strahlenart – nämlich die ionisierende Strahlung (wie sie insb von radioaktiven Stoffen ausgeht) – besteht ein eigenes Genehmigungsregime im StrSchG BGBl 1969/227 idF BGBl I 2013/106. Sofern Anlagen für den Umgang mit (ionisierenden) Strahlenquellen in gew BA errichtet und betrieben werden, entfallen zwar gesonderte strahlenschutzrechtliche Genehmigungen; die Gewerbebehörden sind aber im Rahmen der Verfahrens- und Entscheidungskonzentration verpflichtet, die strahlenschutzrechtlichen Bestimmungen mitanzuwenden (§ 3 Abs 1 StrSchG und § 356 b GewO).

Siehe auch Lexikon „Gefährdungen" Rz 56 sowie *Giese,* Das Betriebsanlagenrecht und andere Bereiche des öffentlichen Rechts Rz 315.

129 **Straßen mit öffentlichem Verkehr:** Die Errichtung einer BA bewirkt häufig ein stärkeres Verkehrsaufkommen auf Straßen mit öffentlichem Verkehr (§ 1 StVO) und als Folge davon eine Erhöhung der Lärm- und Geruchsimmissionen bei der Nachbarschaft (zB von Tankstellen, Gaststätten). Für die Beurteilung der Gefährdung oder Belästigung von Nachbarn müssen auch Vorgänge berücksichtigt werden, die sich im engeren örtlichen Bereich einer BA abspielen, wie etwa das wesentlich zum Betriebsgeschehen gehörende Zufahren und Abfahren von Fahrzeugen des Betriebs und der Erfüllungsgehilfen, nicht jedoch von Kundenfahrzeugen. Ebenso ist der BA das bloße „Vorbeifahren" von Betriebsfahrzeugen auf einer Straße mit öffentlichem Verkehr nicht zuzurechnen.

Ausgangspunkt einer Eignung zur Belästigung von Nachbarn einer gew BA muss das zur dort entfalteten gew Tätigkeit gehörende Geschehen sein. Es ist sohin zwischen gew BA iSd § 74 Abs 1 und Straßen mit öffentlichem Verkehr iSd § 1 Abs 1 StVO grundsätzlich zu unterscheiden. Das Fahren von Betriebsfahrzeugen auf einer Straße mit öffentlichem Verkehr kann nicht als zu einer gew BA gehörendes Geschehen gewertet werden (VwGH 25. 5. 1993, 92/04/0233).

Dadurch, dass das wesentlich zum Betriebsgeschehen in einer BA gehörende Zufahren zu dieser und das betreffende Wegfahren von dieser – nicht jedoch das bloße Vorbeifahren auf einer Straße mit öffentlichem Verkehr – dem einer BA zugehörigen Geschehen zuzurechnen ist, wird die Grenze zwischen der BA und ihrer Umwelt nicht verändert (VwGH 7. 7. 1993, 91/04/0338).

Vorgänge außerhalb der BA, die von Personen herrühren, die die Anlage der Art des Betriebes gemäß in Anspruch nehmen (Kunden), sind gemäß § 74 Abs 3 nicht zu berücksichtigen (VwGH 26. 4. 2006, 2003/04/0190).

Näheres s Lexikon „Sicherheit, Leichtigkeit und Flüssigkeit des Verkehrs" Rz 122 und „Verkehrslärm" Rz 152 sowie *Paliege-Barfuß,* Der Begriff der Betriebsanlage Rz 195, 5.1 und *Stolzlechner,* Die Genehmigungspflicht der Betriebsanlage Rz 198, 1.4.

Strategische Umweltprüfung s Lexikon „Umweltprüfung von Plänen und Programmen" Rz 144.

Stromerzeugungsanlagen s Lexikon „Kombinierte Anlagen" Rz 82.

Subjektive öffentliche Rechte: Eine zulässige Einwendung gegen die BA liegt nur dann vor, **130** wenn der Nachbar die Verletzung eines subjektiven – also ihn selbst betreffenden – öffentlichen Rechts behauptet, dessen Rechtsgrund in § 74 Abs 2 Z 1 oder 2 liegt. Näheres s Lexikon „Einwendungen" Rz 41 sowie *Bergthaler/Holzinger,* Zulässige und unzulässige Einwendungen Rz 278 und *Wendl,* Die Nachbarn und ihre Parteistellung, Rz 259.

Substanzverlust: Eine *„Gefährdung des Eigentums"* der Nachbarn (§ 74 Abs 2 Z 1) liegt **131** vor, wenn Eigentum (zB Wohnhaus) durch den Betrieb einer BA in seiner Substanz bedroht ist; ferner, wenn die einzige in Betracht kommende Nutzung einer Nachbarliegenschaft unmöglich gemacht wird, weil in diesem Fall der Mangel der Verwertbarkeit einer Substanzvernichtung gleichzuhalten ist (VwGH 20. 10. 1976, 137/71). Näheres s Lexikon „Gefährdungen" Rz 56 sowie *Kerschner,* Die Gefährdung des Eigentums und sonstiger dinglicher Rechte Rz 227.

Teilrechtskraft s Lexikon „Rechtskraft" Rz 112.

Tierschutz: Die Vermeidung nachteiliger Einwirkungen von BA, die geeignet sind, ua **132** den Tierbestand bleibend zu schädigen, ist gem § 69 a durch V zu gewährleisten/anzustreben (s Lexikon „Umweltbelastungen [Umweltverschmutzungen]" Rz 137). Im IPPC-Regime gebietet die gem § 77 a Abs 1 Z 1 zu wahrende Vorsorge gegen Umweltverschmutzungen auch den Schutz des Tierbestandes – freilich nicht als Individuenschutz, sondern in einem weiter gefassten Beurteilungsrahmen als Teilaspekt der „Umweltqualität". Daneben kann eine Vermeidung nachteiliger Einwirkungen auf den Tierbestand im Einzelfall uU auch als subjektiv-öffentliches Recht unter dem Titel einer Eigentumsgefährdung geltend gemacht werden (s *Kerschner,* Die Gefährdung des Eigentums und sonstiger dinglicher Rechte Rz 227).

Überempfindlichkeit: Gem § 77 Abs 2 ist die Frage, ob Belästigungen den Nachbarn **133** zumutbar sind, danach zu beurteilen, wie sich die durch die BA verursachten Änderungen der tatsächlichen örtlichen Verhältnisse auf ein gesundes, normal empfindendes Kind und auf einen gesunden, normal empfindenden Menschen auswirken. Eine besondere, krankhafte Überempfindlichkeit eines einzelnen Nachbarn kann nicht zum Anlass genommen werden, die Genehmigung einer gew BA zu versagen (ua VwSlg 4007 A/

1956). Krankhafte Überempfindlichkeiten oder Zustände der Rehabilitation bzw der besondere Kundenkreis eines Pensionsbetriebs stellen im Rahmen der Beurteilung des Belästigungsschutzes keine im G vorgesehenen Beurteilungskriterien dar (VwGH 30. 9. 1997, 95/04/0052). Siehe auch *Paliege-Barfuß,* Die Belästigung der Nachbarn Rz 220; zur besonderen Berücksichtigung der Kinder s auch Lexikon „Kinder" Rz 80.

134   **Übergangene Nachbarn:** Als solche gelten insb solche Nachbarn iSd § 75 Abs 2, die dem BA-Verfahren nicht vorschriftsmäßig beigezogen wurden und denen gegenüber keine wirksame Bescheiderlassung erfolgte. Weiters auch solche Personen, deren Parteistellung im Verwaltungsverfahren strittig war und an die keine Bescheidzustellung erfolgte. Näheres hiezu, vor allem auch im Hinblick auf die Konsequenzen eines solchen Übergehens von Nachbarn s *Wendl,* Die Nachbarn und ihre Parteistellung Rz 268 sowie Lexikon „Präklusion" Rz 105.

135   **Überprüfung von Betriebsanlagen (Überwachung):** Zu unterscheiden sind Überprüfungen von BA durch die Behörde von Amts wegen und Überprüfungen, die der Inhaber der BA selbst zu veranlassen hat.

– Rechtsgrundlage für die amtswegigen Überprüfungen ist insb § 338. Darin finden sich nähere Regelungen über die Vornahme von Besichtigungen, Vorlage von Unterlagen, Einblick in Aufzeichnungen, Entnahme von Proben usw. Nähere Hinweise s *Wendl,* Verfahrensübersicht „Verfahren nach § 338" Rz 183 und *Vogelsang,* Die Überwachung von Betriebsanlagen Rz 370.

– Eine Pflicht des Inhabers einer genehmigten BA, diese regelmäßig und wiederkehrend innerhalb bestimmter Fristen – und zwar unabhängig von den vorangeführten amtswegigen Überprüfungen und auf seine Kosten – zu prüfen oder prüfen zu lassen, normiert § 82 b. Diese Prüfung hat sich erforderlichenfalls auch darauf zu erstrecken, ob die Anlage dem Abschnitt 8 a betreffend die Beherrschung der Gefahren bei schweren Unfällen unterliegt.

– Näheres zur Überwachung der Betriebe und die damit im Zusammenhang allenfalls zu treffenden Maßnahmen s *Vogelsang,* Die Überwachung von Betriebsanlagen Rz 369 ff.
Zu *Umweltinspektionen,* denen IPPC-Anlagen regelmäßig unterzogen werden müssen, s Lexikon „Umweltinspektion" Rz 141.

136   **Übertretungen:** Übertretungen der Bestimmungen des BA-Rechts sind nach §§ 366 ff zu ahnden. Näheres s Lexikon „Verwaltungsstrafverfahren" Rz 155 sowie *Ziermann,* Das Verwaltungsstrafrecht und Verwaltungsstrafverfahren im Zusammenhang mit gewerblichen Betriebsanlagen Rz 382 ff.

137   **Umweltbelastungen (Umweltverschmutzungen):** Das Schutzziel der Vermeidung von Belastungen der Umwelt ist in § 69 a verankert. Die Umsetzung dieses Gebotes eines vorsorgenden Umweltschutzes soll über V gem § 69 Abs 1, § 76 Abs 1 und § 82 Abs 1 erfolgen (Näheres s *Vogelsang,* Verordnungen im Betriebsanlagenrecht, Rz 253, 1.1). Subjektive öffentliche Nachbarrechte wie aus den nach § 74 Abs 2 geschützten Interessen können sohin aus diesem generellen Schutzziel nicht abgeleitet werden.

Zu den **Belastungen der Umwelt** iSd § 69 a sind jedenfalls solche nachteiligen Einwirkungen zu zählen, die geeignet sind, insb den Boden, den Pflanzenbestand oder den Tierbestand bleibend zu schädigen (s Lexikon „Bodenschutz" Rz 31, „Pflanzenschutz" Rz 104 und „Tierschutz" Rz 132). Aus den Worten „jedenfalls" und „insbesondere" geht hervor, dass auch solche Umweltbelastungen erfassbar sind, die nicht geeignet sind, bleibende Schädigungen hervorzurufen, und dass die Vorsorgemaßnahmen nicht nur Boden, Pflanzen oder Tiere betreffen müssen (sondern zB auch den Gewässerschutz).

Das IPPC-Regime stellt darauf ab, dass alle geeigneten Vorsorgemaßnahmen gegen Umweltverschmutzungen getroffen werden. **Umweltverschmutzung** wird dabei iSd § 71 b Z 10 umfassend als jede durch menschliche Tätigkeit direkt oder indirekt bewirkte Freisetzung von Stoffen, Erschütterungen, Wärme oder Lärm in Luft, Wasser, Boden verstanden, die der menschlichen Gesundheit oder der Umweltqualität schaden oder zu einer Schädigung von Sachwerten oder zu einer unzumutbaren Beeinträchtigung oder Störung des durch die Umwelt bedingten Wohlbefindens eines gesunden, normal empfindenden Menschen oder von anderen zulässigen Nutzungen der Umwelt führen können.

Weitere Ansatzpunkte einer Berücksichtigung genereller Umweltinteressen enthalten § 79 Abs 2, § 79 a Abs 2, § 80 Abs 2, § 81 a Z 1, § 81 c, § 359 b Abs 1 Z 2 und § 359 b Abs 2.

Umweltförderung, betriebliche: Das UmweltförderungsG (UFG; BGBl 1993/185 idF **138** BGBl I 2015/51) regelt in seinem dritten Abschnitt (Umweltförderung im Inland) auch die betriebliche Umweltförderung des Bundes. Ziele dieser Förderung sind a) die Verwirklichung von betrieblichen Umweltschutzmaßnahmen, deren Erfolg die vorgegebenen umweltrelevanten Verpflichtungen erheblich übersteigt (zB Vorzieheffekt); b) die Sicherstellung einer größtmöglichen Verminderung von Emissionen; c) die Bedachtnahme auf den Grundsatz „Vermeiden vor Verwerten vor Entsorgen" (§ 23 UFG).

Gefördert werden können ua Investitionen zur Verringerung der Umweltbelastung in Form von Luftverunreinigungen, klimarelevanten Schadstoffen, Lärm (ausgenommen Verkehrslärm) und durch Behandlung oder Lagerung von gefährlichen Abfällen; weiters Pilotanlagen für fortschrittliche Umwelttechnologien sowie Sofortmaßnahmen zur Gefahrenabwehr (§ 24 UFG). Förderungswerber können ua Betreiber oder Besitzer gewerberechtlich genehmigungspflichtiger BA sein (§ 26 UFG). Förderungsansuchen sind unter Anschluss der erforderlichen Unterlagen bei dem mit der Abwicklung der Förderungen beauftragten Rechtsträger (Kommunalkredit Public Consulting GmbH s VO BGBl II 2003/460) einzubringen. Über Förderungsansuchen entscheidet der BMLFUW unter Bedachtnahme auf die Empfehlung einer aus Vertretern einschlägiger Bundesministerien, der Sozialpartner und der im Hauptausschuss des Nationalrates vertretenen Klubs zusammengesetzten Beratungskommission (§ 12 Abs 4 iVm § 28 UFG). Die Höhe der Förderung kann nach dem Wirkungs- und Innovationsgrad einer Anlage festgelegt werden, darf jedoch 50 vH der förderbaren Kosten nicht übersteigen. Lediglich bei Pilotanlagen können Förderungen bis zur Höhe der förderbaren Kosten gewährt werden (§ 27 UFG). Mit der banktechnischen Abwicklung genehmigter Förderungsansuchen ist die Kommunalkredit Public Consulting GmbH beauftragt (§ 11 UFG iVm VO BGBl II 2003/460).

139 **Umwelthaftung:** In Umsetzung der UmwelthaftungsRL 2004/35/EG (idF RL 2013/30/EU) wurden das Bundes–Umwelthaftungsgesetz (B-UHG; BGBl I 2009/55 idF BGBl I 2013/97) und entsprechende Landesgesetze erlassen. Das **B-UHG** regelt die Vermeidung und Sanierung bestimmter Umweltschäden auf Grundlage des Verursacherprinzips. Als Schäden vom B-UHG erfasst sind **Gewässer- und Bodenschäden.** Allerdings ist auch das B-UHG kein allgemeines Gesetz zur Vermeidung bzw Sanierung solcher Schäden an Boden und Gewässern, sondern regelt lediglich eine besondere verschuldensunabhängige Haftung für derartige Schäden, die aus bestimmten (umweltgefahrengeneigten) Tätigkeiten resultieren (können). Die erfassten Tätigkeiten werden im Gesetz taxativ aufgezählt; darunter finden sich etwa der Betrieb einer bewilligungspflichtigen IPPC-Anlage, Abfallbewirtschaftungsmaßnahmen wie die Beförderung oder Verwertung von nicht gefährlichen oder gefährlichen Abfällen, aber auch das wasserrechtlich bewilligungspflichtige Ableiten, Einleiten oder Einbringen in Gewässer, sowie Gefahrenguttransporte oder die absichtliche Freisetzung gentechnisch veränderter Organismen in die Umwelt.

Die **Landes-UHG** befassen sich insb mit der Haftung für sog **Biodiversitätsschäden,** also Schäden an der Artenvielfalt von Pflanzen und Tieren sowie von natürlichen Lebensräumen; hier wird ebenfalls eine verschuldensunabhängige Haftung für bestimmte gefahrengeneigte Tätigkeiten normiert, darüber hinaus besteht aber auch eine generelle (verschuldensabhängige) Haftung unabhängig von der Art der ausgeübten Tätigkeit (vgl etwa § 2 Abs 1 Z 2 lit b Bgld UHG). Daneben erfassen die Landes-UHG auch bestimmte Bodenschäden im Zusammenhang mit landesgesetzlich zu regelnden – gefahrengeneigten – Tätigkeiten.

Eine Haftungsausnahme für den „Normalbetrieb" ist im B-UHG nur hinsichtlich jener Gewässerschäden vorgesehen, die durch eine Genehmigung nach dem WRG gedeckt sind (vgl § 4 Abs 1 lit a B-UHG).

Siehe dazu auch *Kerschner,* Zivilrechtliche Ansprüche und Einwendungen der Nachbarn Rz 283 ff.

140 **Umweltinformation:** Die Information der Öffentlichkeit über die Umwelt, insb durch Regelung des freien Zugangs zu den bei den Verwaltungsorganen vorhandenen Umweltdaten und durch Veröffentlichung von Umweltdaten, wird – in Umsetzung der einschlägigen EU-RL 2003/4/EG – durch das UmweltinformationsG (UIG BGBl 1993/495 idF BGBl I 2013/97) geregelt.

Dem freien Zugang unterliegen ua jedenfalls **Daten** über Emissionen von Stoffen, Energie, Lärm und Strahlung oder Abfall einschließlich radioaktivem Abfall, Emissionen, Ableitungen oder sonstiges Freisetzen von Stoffen oder Organismen in die Umwelt (als Umweltbestandteile werden etwa Luft und Atmosphäre, Wasser, Boden, Land, Landschaft und natürliche Lebensräume genannt), aber auch über die „Überschreitungen von Emissionsgrenzwerten" (somit auch von gewerbebehördlich vorgeschriebenen Emissionsgrenzwerten; vgl § 4 Abs 2 Z 3 iVm § 2 Z 2 und § 4 Abs 2 Z 4 UIG).

Ein Begehren auf Mitteilung von Umweltdaten kann schriftlich oder soweit es der Natur der Sache nach tunlich erscheint, mündlich gestellt werden. Dies kann in jeder technischen Form geschehen, die die informationspflichtige Stelle zu empfangen in der Lage ist (§ 5 Abs 1 UIG). Die begehrte Mitteilung ist in jener Form zu erteilen, die im Einzelfall vom Informationssuchenden verlangt wird oder in einer anderen Form, wenn dies zweckmäßig ist, wobei der elektronischen Datenübermittlung, nach Maßgabe vorhandener Mittel, der Vorzug zu geben ist (§ 5 Abs 4 UIG).

Besteht Grund zur Annahme, dass durch die Weitergabe einer Information ein schutzwürdiges **Geschäfts- und Betriebsgeheimnis** berührt wird, so ist der betroffene Betriebsinhaber zur Bekanntgabe aufzufordern, ob Tatsachen, die der begehrten Mitteilung unterliegen, geheim gehalten werden sollen. Das Interesse an der Geheimhaltung ist zu begründen. Spricht sich der Betroffene gegen eine Mitteilung aus, so hat die Behörde im Wege einer **Interessenabwägung** über die Freigabe der begehrten Daten zu entscheiden (§ 7 Abs 2 UIG). Dabei sind freilich die Mitteilungsschranken und Ablehnungsgründe für Umweltinformationen eng auszulegen (§ 6 Abs 4); insb bildet die Befürchtung „negativer Publicity" keinen Versagungsgrund (§ 6 Abs 3).

Begehren auf Weitergabe von Umweltdaten sind **rechtlich durchsetzbar.** Werden verlangte Umweltdaten nicht oder nicht im begehrten Umfang mitgeteilt, so hat die Behörde auf Antrag einen **Bescheid** zu erlassen (§ 8 Abs 1 UIG). Über Beschwerden in Angelegenheiten, die in unmittelbarer Bundesverwaltung vollzogen werden, entscheidet das BVwG; in den übrigen Angelegenheiten das jeweils zuständige LVwG (§ 8 Abs 4 UIG). Behauptet ein Betroffener, durch die Mitteilung in seinen Rechten verletzt worden zu sein, so ist auf dessen Antrag von der informationspflichtigen Stelle, soweit sie behördliche Aufgaben besorgt, hierüber ein Bescheid zu erlassen (zB Anlageninhaber behauptet Verletzung seines geschützten Betriebsgeheimnisses); gegen diesen Bescheid kann wiederum das jeweils zuständige VwG mittels Beschwerde angerufen werden. Zum Grundrecht auf Datenschutz vgl *Stolzlechner,* Bundesverfassungsrechtliche Grundlagen des Betriebsanlagenrechts Rz 303, 6.8.

Besondere Informationspflichten für die Inhaber von Anlagen nach § 14 Abs 2 UIG enthält § 14 UIG.

Umweltinspektion: § 71 b Z 9 definiert – im Zusammenhang mit IPPC–Anlagen – **141** Umweltinspektion als alle Maßnahmen, einschließlich Besichtigungen vor Ort, die der Überwachung der Emissionen und (Über-)Prüfung interner Berichte, der Eigenkontrolle, der angewandten Techniken und der Eignung des Umweltmanagements der IPPC-Anlage, die von der Behörde oder in deren Nahmen zur Prüfung und Förderung der Einhaltung des Genehmigungskonsenses und gegebenenfalls zur Überwachung der Auswirkungen auf die Umwelt getroffen werden. Nähere Vorgaben im Zusammenhang mit Umweltinspektionen sind in § 82 a festgelegt.

Umweltmanagementgesetz: Das Umweltmanagementgesetz – UMG BGBl I 2001/96 **142** idF BGBl I 2013/98 wurde als begleitende innerstaatliche Regelung zur Verordnung (EG) 1221/2009 des Europäischen Parlaments und des Rates vom 25. 11. 2009 (sog „EMAS-V III") erlassen.

Das UMG enthält in seinem IV. Abschnitt *Verwaltungsvereinfachungen für EMAS-Organisationen* (s § 16 leg cit hinsichtlich der Eintragung solcher Organisationen in ein EMAS-Organisationsverzeichnis über Veranlassung des BMLFUW bei Vorliegen bestimmter Voraussetzungen):

- § 21 leg cit regelt den *Entfall der Genehmigungspflicht für Änderungen von Anlagen* unter bestimmten Voraussetzungen und den Ersatz durch ein bloßes Anzeigeverfahren.

Dies gilt nicht für die Änderung jener Teile von Anlagen, die nach dem UVP-G genehmigungspflichtig sind sowie ua für IPPC-Anlagen.

– § 22 leg cit sieht vor, dass die BVB auf Antrag einer Organisation, die zumindest eine erste Umweltbetriebsprüfung durchgeführt hat, einen *„konsolidierten Genehmigungsbescheid"* zu erlassen hat (Zusammenfassung sämtlicher für die Anlage eines Standorts bzw für einen Anlagenteil nach bundesrechtlichen Regelungen geltenden Genehmigungen in *einem* Bescheid);

– § 23 leg cit legt unter bestimmten Voraussetzungen ein *Absehen von Verwaltungsstrafen* (für fahrlässige Verstöße gegen bundesrechtliche Vorschriften, die dem Schutz der Umwelt dienen) gegenüber verwaltungsstrafrechtlich Verantwortlichen von Organisationen, die ein Umweltmanagement aufbauen, fest;

– §§ 25 und 26 leg cit sehen die *Einschränkung behördlicher Kontrollpflichten* bzw den *Entfall bestimmter Meldepflichten* vor;

– schließlich normiert § 27 leg cit den *Entfall der Eigenüberwachung* gem § 82 b und § 134 Abs 4 WRG für in ein Verzeichnis gem § 16 UMG eingetragene Organisationen (s hiezu auch *Vogelsang*, Die Überwachung von Betriebsanlagen Rz 372, 4.5 und Lexikon „Gewässerschutz" Rz 65).

Zum EMAS-Umweltmanagement s *Giese*, Das Betriebsanlagenrecht und andere Bereiche des öffentlichen Rechts Rz 310.

143   **Umweltorganisationen:** Nach § 356 b Abs 7 haben in gewerbebehördlichen Verfahren betreffend Genehmigung oder Genehmigung einer wesentlichen Änderung von *IPPC-Anlagen* auch folgende Umweltorganisationen **Parteistellung:**

– *gem § 19 Abs 7 UVP-G 2000 anerkannte Umweltorganisationen* unter der in Z 1 des § 356 b Abs 7 GewO genannten Voraussetzung. Näheres s *Vogelsang*, Sonderbestimmungen für IPPC-Anlagen Rz 246, 4.4;

– *Umweltorganisationen aus einem anderen Staat* unter den in Z 2 lit a bis d des § 356 b Abs 7 GewO genannten Voraussetzungen. Näheres s *Vogelsang*, Sonderbestimmungen für IPPC-Anlagen Rz 246, 4.4.

Nach **§ 19 Abs 1 Z 7 UVP-G 2000** haben Umweltorganisationen in *UVP-Verfahren* **Parteistellung,** wenn sie gem Abs 7 anerkannt wurden. Näheres s *Vogelsang*, Sonderbestimmungen für UVP-pflichtige Betriebsanlagen Rz 335, 4.5.

144   **Umweltprüfung von Plänen und Programmen:** Nach der RL 2001/42/EG des Europäischen Parlaments und des Rates vom 27. 6. 2001 über die Prüfung der Umweltauswirkungen bestimmter Pläne und Programme (sog SUP-RL) sind bestimmte Pläne und Programme, die voraussichtlich erhebliche Umweltauswirkungen haben, durch die Mitgliedstaaten einer Umweltprüfung zu unterziehen. Dies mit dem Ziel, dass Umwelterwägungen bei der Ausarbeitung und Annahme solcher Pläne und Programme – in den Bereichen Land- und Forstwirtschaft, Wasserwirtschaft, Abfallwirtschaft, Energie, Industrie, Verkehr, Raumordnung usw – einbezogen werden.

So erfolgten zB innerstaatliche Umsetzungen im WRG, AWG, IG-L, Bundes-LärmG (s dessen § 8, wonach ua eine Umweltprüfung von Aktionsplänen durchzuführen ist, die einen

Rahmen für die künftige Genehmigung von im Anhang 1 des UVP-G angeführten Vorhaben festlegen) und in den Raumordnungsgesetzen der Länder.

Literatur: *Alge/Kroiss,* Strategische Umweltprüfung – SUP, in *N. Raschauer/Wessely* (Hrsg), Handbuch Umweltrecht[2] (2010) 375.

Umweltverträglichkeitsprüfung: Nach dem UVP-G 2000 sind bestimmte, im **An-** **145** **hang 1** dieses Gesetzes angeführte Vorhaben bzw bestimmte Änderungen derselben (dazu gehört auch eine Reihe von Vorhaben zur Errichtung gew BA) einer UVP zu unterziehen. Für diese „UVP-pflichtigen Vorhaben" ist ein konzentriertes Genehmigungsverfahren mit Entscheidungskonzentration vorgesehen. Behörde zur Durchführung des UVP-Verfahrens und zur Entscheidung über den umfassenden Genehmigungsantrag ist die LReg. Gegen die Entscheidung der LReg ist gem § 40 Abs 1 UVP-G 2000 die Beschwerde an das BVwG zulässig.

Näheres s *Wendl,* Verfahrensübersicht „Umweltverträglichkeitsprüfungsverfahren" Rz 190 sowie *Vogelsang,* Sonderbestimmungen für UVP-pflichtige Betriebsanlagen Rz 332 ff.

Unionsrecht: Unionsrecht ist für die GewO insoweit bedeutsam, als in Richtlinien Vor- **146** gaben für den österreichischen Gesetzgeber getroffen werden, die im gew BA-Recht umzusetzen sind. Zu erwähnen sind insb die IE-R, die Öffentlichkeitsbeteiligungs-RL, die Seveso-III-RL und die Umgebungslärm-RL.

Die Umsetzungsbestimmungen sind unionsrechtskonform auszulegen. Ist dies nicht möglich oder liegt eine unionsrechtswidrige (Umsetzungs-)Lücke vor, so kann – unter bestimmten Voraussetzungen – Unionsrecht kraft Anwendungsvorrangs innerstaatliches Recht verdrängen oder unmittelbar anwendbar sein. Näher dazu *Bergthaler/ Berger,* Die unionsrechtlichen Grundlagen des Betriebsanlagenrechts, Rz 293 ff. Siehe auch Lexikon „Berichtspflichten, unionsrechtliche" Rz 23.

Unterbrechung des Betriebs: Betriebsunterbrechungen sind idR ohne weiteres zulässig. **147** Wird der Betrieb einer BA jedoch durch mehr als fünf Jahre in allen für die Erfüllung des Anlagenzwecks wesentlichen Teilen unterbrochen, **erlischt** die **Anlagengenehmigung** von Rechts wegen, ohne dass es eines behördlichen Rechtsakts bedürfte (§ 80 Abs 1). Wird der Betrieb lediglich **in bestimmten Teilen einer BA** länger als fünf Jahre unterbrochen, erlischt die Anlagengenehmigung nicht. Im Übrigen kann auf Antrag die **fünfjährige Frist** zur Unterbrechung des Betriebs, längstens auf sieben Jahre, **verlängert** werden (Abs 4).

> Beruft sich die Bf unter Hinweis auf Baueinstellungsbescheide darauf, sie sei durch willkürliche Behördentätigkeit an der Durchführung ihrer rechtswahrenden legalen Tätigkeit behindert worden, so würde auch das Zutreffen eines derartigen Umstandes der Erfüllung der Tatbestandsvoraussetzungen des § 80 Abs 1 in Ansehung des Erlöschens einer BA-Genehmigung nicht entgegenstehen (VwGH 10. 9. 1991, 91/04/0101).

Der Betriebsinhaber hat notwendige Vorkehrungen zu treffen, um eine sich aus der Betriebsunterbrechung ergebende Gefährdung, Belästigung etc iSd § 74 Abs 2 zu vermeiden, sowie die **Betriebsunterbrechung** der Behörde unter bestimmten Voraussetzungen innerhalb eines Monats **anzuzeigen.** Die Behörde hat erforderlichenfalls **not-**

wendige Vorkehrungen bescheidmäßig **aufzutragen.** Sie darf bereits im Genehmigungsbescheid Maßnahmen für den Fall der Betriebsunterbrechung vorschreiben (§ 77 Abs 1 zweiter Satz).

Durch Elementarereignisse oder sonstige besondere Umstände bewirkte Unterbrechungen sind der Behörde unverzüglich anzuzeigen (§ 80 Abs 2). Näheres s Lexikon „Anzeigepflichten" Rz 11, „Auflassung von Betriebsanlagen" Rz 16 sowie *Wendl,* Verfahrensübersicht „Verfahren nach § 80 Abs 1 und 2" Rz 174, „Verfahren nach § 80 Abs 3 und 4" Rz 175.

Unterlagen (Ansuchen) s Lexikon „Ansuchen" Rz 9.

Unterricht in Schulen s Lexikon „Einrichtungen, benachbarte" Rz 38.

148 **Vereinfachtes Genehmigungsverfahren (Auftragsverfahren):** Ergibt sich aus dem Genehmigungsansuchen und dessen Beilagen (die den Anforderungen des § 353 entsprechen müssen; s Lexikon „Ansuchen" Rz 9), dass es sich nur um Anlagen iSd § 359 b Abs 1 Z 1 oder Z 2, Abs 5 oder 6 handelt (s Lexikon „Bagatellanlagen" Rz 17 und *Stolzlechner,* Die Genehmigungspflicht der Betriebsanlage Rz 203), so ist lediglich ein vereinfachtes Genehmigungsverfahren durchzuführen (s *Wendl,* Verfahrensübersicht „Verfahren nach § 359 b Abs 1" Rz 187). Siehe auch die V-Ermächtigungen des § 359 b Abs 2 und 3, auf deren Grundlage der BMWFW Arten von BA zu bezeichnen hat bzw bezeichnen kann, die dem vereinfachten Verfahren gem Abs 1 zu unterziehen sind (Näheres hiezu bei *Vogelsang,* Verordnungen im Betriebsanlagenrecht Rz 257, 5.6 und 5.7). IPPC-Anlagen sind gem § 359 b Abs 1 letzter Satz nicht dem vereinfachten Verfahren zu unterziehen.

Die Genehmigungspflicht einer BA iSd § 74 Abs 2 ist auch dann gegeben, wenn die inhaltlichen Tatbestandsvoraussetzungen des § 359 b zutreffen, da es sich bei letzterer Bestimmung lediglich um die Anordnung eines vereinfachten Genehmigungsverfahrens bei Zutreffen der dort normierten Voraussetzungen handelt (VwGH 25. 9. 1990, 90/04/0072). „Im § 359 b ist ein eigener, auf einen Feststellungsbescheid gerichteter Antrag eines Genehmigungswerbers nicht vorgesehen, sondern es hat die Behörde bei Vorliegen eines den Voraussetzungen des § 353 entsprechenden Genehmigungsantrages ... von Amts wegen einen Feststellungsbescheid zu erlassen". (Ein ausschließlich auf die Erlassung eines Feststellungsbescheides iSd § 359 b gerichteter Antrag wäre als unzulässig zurückzuweisen.) „Mangels eines im § 359 b vorgesehenen Feststellungsantrages des Genehmigungswerbers hat dieser daher auch keinen Anspruch auf die Erlassung eines derartigen Feststellungsbescheides, sondern hat dieser ein **Ansuchen iSd § 353** um Genehmigung der BA zu stellen, ..." (ua VwGH 27. 11. 1990, 90/ 04/0175; 22. 4. 1997, 97/04/0037). Im Rahmen dieses Ansuchens kann der Genehmigungswerber die entsprechenden Nachweise iSd § 359 b erbringen (VwGH 21. 6. 1993, 90/04/ 0240). Ergibt sich aus diesem Ansuchen, dass die Voraussetzungen gem § 359 b vorliegen, so ist eben von Amts wegen das vereinfachte Genehmigungsverfahren durchzuführen.

Liegen dagegen die Voraussetzungen nach § 359 b nicht vor, so ist das reguläre Genehmigungsverfahren nach § 77 Abs 1 (s *Wendl,* Verfahrensübersicht „Verfahren nach § 77 Abs 1" Rz 167) durchzuführen. Der Genehmigungswerber ist hievon zur Wahrung des Parteigehörs vor Anberaumung der mündlichen Verhandlung in Kenntnis zu setzen (vgl DE 1988). Ein „negativer" Feststellungsbescheid kann auf der Rechtsgrundlage des § 359 b nicht erlassen werden.

Zur Bekanntgabe des Projekts gegenüber den Nachbarn, ihre Beteiligung am vereinfachten Verfahren und ihre „beschränkte Parteistellung" s *Wendl*, Die Nachbarn und ihre Parteistellung s Rz 271.

Im vereinfachten Genehmigungsverfahren ist sachverständig zu prüfen, ob *Aufträge* zum Schutz der gem § 74 Abs 2 sowie der gem § 77 Abs 3 und 4 wahrzunehmenden Interessen erforderlich sind. Bejahendenfalls hat die Behörde im Bescheid, mit dem die Beschaffenheit der Anlage iSd § 359 b festgestellt wird, diesbzgl Aufträge zu erteilen (daher auch „Auftragsverfahren"). Als Maßstab für diese „erforderlichenfalls" zu erteilenden Aufträge kommen nur die Kriterien des § 77 in Betracht (VfGH 18. 6. 1996, G 1355/95). Auf BA, die dem vereinfachten Verfahren zu unterziehen sind, findet auch die Bestimmung des § 356 b sinngemäß Anwendung (s hiezu Lexikon „Verfahrens- und Entscheidungskonzentration" Rz 149).

Der (positive) *Feststellungsbescheid gilt als Genehmigungsbescheid* für die Anlage. Die Rechtskraft des Feststellungsbescheides stellt eine Voraussetzung für die zulässige Inbetriebnahme der Anlage dar (VwGH 25. 9. 1990, 90/04/0072). *E/R/W*, § 359 b Rz 11, weisen darauf hin, dass der Bescheid nach § 359 b – da er erst das Recht zum Errichten und Betreiben der Anlage begründet – konstitutiv wirkt und somit einen Rechtsgestaltungsbescheid darstellt.

> Der Genehmigungsbescheid im vereinfachten Verfahren begründet jedoch nach der Rsp des OGH und der überwiegenden Lehre *keine Sperrwirkung nach § 364a ABGB*, dh, dass der Unterlassungsanspruch des nachbarlichen Grundbesitzers nicht ausgeschlossen ist. Näheres hiezu s *Kerschner*, Zivilrechtliche Ansprüche und Einwendungen der Nachbarn Rz 287, 5.3.

Aus der Regelung, dass der Bescheid gem § 359 b als Genehmigungsbescheid für die Anlage gilt, folgt, dass *alle Bestimmungen betreffend Genehmigungsbescheide* auch auf im vereinfachten Verfahren erlassene Bescheide *Anwendung finden.* So insb auch §§ 79, 79 a Abs 1 iVm Abs 3, 81 (*Grabler/Stolzlechner/Wendl*, GewO-KK § 359 b Rz 11). Zu bestimmten Änderungen der BA s auch die Sonderbestimmungen des § 359 b Abs 5 und 8.

Auch die unter § 359 b fallenden Anlagen unterliegen der wiederkehrenden Überprüfungspflicht nach § 82 b (Näheres s *Vogelsang*, Die Überwachung von Betriebsanlagen Rz 372, 4.2).

Hinsichtlich der behördlichen Zuständigkeit und der möglichen Rechtsmittel in den vereinfachten Genehmigungsverfahren s Lexikon Rz 164 und 113.

Literatur: *E/R/W*, Kommentierung zu § 359 b; *Graber/Stolzlechner/Wendl*, GewO-KK, Kommentierung zu § 359 b; *Gruber/Stolzlechner/Wendl*, GewO³ Kommentierung zu § 359 b; *Gruber/Paliege-Barfuß*, GewO⁷ Kommentierung zu § 359 b; *B. Raschauer*, Das vereinfachte Verfahren, in *Hauer* (Hrsg), Betriebsanlagenrecht im Umbruch (2004) 83; *N. Raschauer*, Das vereinfachte Betriebsanlagengenehmigungsverfahren im Gefolge jüngster höchstgerichtlicher Entscheidungen, RdU 2005/56; *Thienel*, Verfassungsrechtliche Grenzen für das vereinfachte Genehmigungsverfahren nach § 359 b GewO, ZfV 2001, 718.

Verfahren s *Wendl*, Verfahrensübersicht Rz 167 ff.

Verfahrens- und Entscheidungskonzentration: **§ 356 b Abs 1** sieht eine Ausnahme **149** vom „Kumulationsprinzip" (s Lexikon „Kumulationsprinzip" Rz 86) vor. Wenn nämlich für Errichtung, Betrieb oder Änderung einer nach der GewO genehmigungspflichtigen

BA *auch nach anderen Verwaltungsvorschriften des Bundes* eine Genehmigung (Bewilligung) zum Schutz vor Auswirkungen der Anlage oder zum Schutz des Erscheinungsbildes der Anlage erforderlich ist, **entfallen gesonderte Genehmigungen (Bewilligungen) nach diesen anderen Vorschriften.** Es sind aber deren *materiellrechtliche* Genehmigungs-(Bewilligungs-)Regelungen bei Erteilung der BA-Genehmigung anzuwenden. Die Mitanwendung der *Bestimmungen des WRG* bezieht sich aber nur auf die in Z 1 bis 6 (des § 356 b vierter Satz) taxativ aufgezählten, mit Errichtung, Betrieb oder Änderung der BA verbundenen Maßnahmen.

> In Frage kommende Genehmigungs-(Bewilligungs-)Regelungen anderer Verwaltungsvorschriften (die also in BA-Verfahren mitanzuwenden sind) enthalten – neben den sich auf die oben erwähnten wr Tatbestände beziehenden Bewilligungsregelungen des WRG – zB § 21 Abs 1 BundesstraßenG 1971, § 30 RohrleitungsG sowie § 86 Abs 1 und § 91 LuftfahrtG. Siehe in diesem Zusammenhang auch § 50 Abs 2 ForstG 1975, der selbst schon gegenüber gew BA den Entfall einer gesonderten Bewilligung nach § 49 leg cit vorgesehen hat, jedoch die Anwendung dessen materiellrechtlicher Bestimmungen hiebei vorsieht (zusätzlich ordnet nunmehr § 356 b Abs 5 GewO an, dass dessen Abs 1 bis 3 auch für forstrechtliche Verfahren nach § 50 ForstG 1975 gelten). Weitere Regelungen in anderen Verwaltungsvorschriften des Bundes, die ihrerseits ebenfalls schon gegenüber gew BA den Entfall einer gesonderten Genehmigung vorgesehen haben, enthalten beispielsweise § 32 EG-K, § 3 Abs 1 StrSchG und § 93 ASchG.
>
> Näheres zu den (gem § 356 Abs 1 in Frage kommenden) mitanzuwendenden materiellrechtlichen Genehmigungsregelungen s *Giese*, Sonstige Genehmigungsvoraussetzungen im Rahmen der Verfahrens- und Entscheidungskonzentration Rz 233, 1.2. *Verfahrensrechtliche* Sonderregelungen der anderen Verwaltungsvorschriften, zB hinsichtlich der Erforderlichkeit einer mündlichen Verhandlung, sind dagegen im BA-Verfahren nicht anzuwenden.

Gem § 359 b Abs 1 drittvorletzter Satz gilt § 356 b sinngem, dh, dass dessen Konzentrationsbestimmungen auch in Verfahren betreffend BA, die dem **vereinfachten Verfahren** unterliegen, zur Anwendung kommen (zu den sich in der Umsetzung dieser Bestimmung ergebenden Rechtsfragen und Problemen s *Grabler/Stolzlechner/Wendl*, GewO[3] § 356 b Rz 9). Auch hinsichtlich jener BA, denen zwar eine von der GewO ausgenommene Tätigkeit zugrunde liegt, auf die jedoch *nach ausdrücklicher gesetzlicher Anordnung das BA-Recht anzuwenden ist* (zB BA land- und forstwirtschaftlicher Erwerbs- und Wirtschaftsgenossenschaften gem § 2 Abs 8), ist § 356 b anzuwenden.

Nach § 353 Z 3 sind (in den Konzentrationsverfahren nach § 356 b Abs 1) dem Ansuchen um BA-Genehmigung auch die zur Beurteilung des Schutzes der nach den „anderen Verwaltungsvorschriften des Bundes" mitzuberücksichtigenden Interessen **erforderlichen Unterlagen** in einfacher Ausfertigung anzuschließen. Nach § 356 b Abs 1 zweiter Satz sind dem Verfahren auch **Sachverständige** für die von den anderen Vorschriften erfassten Gebiete beizuziehen (zB wasserbautechnische, hydrobiologische Sachverständige).

Die Verpflichtung zur Anwendung der materiellrechtlichen Genehmigungs-(Bewilligungs-)Regelungen bei Erteilung der gew BA-Genehmigung inkludiert auch das Erfordernis der Vorschreibung entsprechender **Auflagen** (sowie allenfalls Bedingungen oder Befristungen) zur Erfüllung der entsprechenden Voraussetzungen nach den anderen Verwaltungsvorschriften.

Die **BA-Genehmigung (bzw Änderungsgenehmigung) gilt auch als entsprechende Genehmigung (Bewilligung) nach den anderen Verwaltungsvorschriften des Bundes** (§ 356 b Abs 1 dritter Satz).

Diese anderen jeweils in Frage kommenden Verwaltungsvorschriften sind *im Spruch* des BA-
Genehmigungsbescheides iVm § 356 b Abs 1 gesondert anzuführen.

§ 356 b Abs 2 enthält einen an die nach der GewO zuständige Behörde gerichteten
Auftrag zur Koordinierung des BA-Genehmigungsverfahrens mit nach anderen Verwaltungsvorschriften – die *nicht* gem Abs 1 mitanzuwenden sind – zuständigen Behörden.

Unter diesen nicht mitanzuwendenden Verwaltungsvorschriften sind *landes*gesetzliche Geneh-
migungs-, Bewilligungs- oder Anzeigeregelungen zu verstehen, die (auch) zum Schutz vor Auswirkungen oder zum Schutz des Erscheinungsbildes der BA dienen (zB Regelungen des Bau-,
Ortsbildschutz- oder Naturschutzrechts). *Andere zuständige Behörden* iSd Abs 2 sind daher zB
die nach den letztgenannten Rechtsvorschriften zuständigen Behörden. Es kommt in diesen Fällen also zu keiner Entscheidungskonzentration (diese bedürfte einer eigenen verfassungsrechtlichen Grundlage), sondern lediglich zum Auftrag, die weiterhin selbständig zu führenden Verfahren zu koordinieren und damit sinnvollerweise aufeinander abzustimmen.

§ 356 b Abs 3 sieht eine *„Konzentration der Kontrolle"* bei der nach der GewO zuständigen Behörde auch hinsichtlich der in den anderen Verwaltungsvorschriften gem
Abs 1 bestehenden behördlichen Befugnisse und Aufgaben vor.

Siehe in diesem Zusammenhang auch die Regelung des § 134 b WRG, wonach die nach dem
WRG bestehenden behördlichen Befugnisse zur Überprüfung der Ausführung der Anlage,
zur Kontrolle, zur Herstellung des gesetzmäßigen Zustandes usw von der nach der GewO
zuständigen Behörde wahrzunehmen sind, soweit diese Befugnisse nach dem WRG über
die Befugnisse nach der GewO hinausgehen.

Gem **§ 356 b Abs 4** *gelten die Abs 1 bis 3 nicht* für die Errichtung, den Betrieb oder
die Änderung von Anlagen, die

– dem *§ 37 AWG 2002* unterliegen. Es handelt sich dabei um nach dem AWG 2002
  genehmigungspflichtige ortsfeste Behandlungsanlagen, für die gem § 38 Abs 1 a
  leg cit ua eine gew BA-Genehmigung entfällt, dafür aber im Verfahren nach dem
  AWG 2002 ua die gewerberechtlichen BA-Genehmigungsvorschriften – mit Ausnahme der Bestimmungen über die Parteistellung, die Behördenzuständigkeit und
  das Verfahren – anzuwenden sind;

– dem *UVP-G 2000* unterliegen (Näheres s *Vogelsang*, Sonderbestimmungen für
  UVP-pflichtige Betriebsanlagen Rz 335, 4.1).

Gem **§ 356 b Abs 7** haben in den *Verfahren betreffend IPPC-Anlagen* auch bestimmte Umweltorganisationen Parteistellung (Näheres s *Vogelsang*, Sonderbestimmungen für IPPC-Anlagen Rz 246, 4.4).

Verhältnismäßigkeit: Durch die GewRNov 1988 wurde der bis zu ihrem Inkrafttreten **150**
als Voraussetzung für die Erteilung nachträglicher Auflagen zur Vermeidung einer Gefährdung des Eigentums oder sonstiger dinglicher Rechte sowie einer unzumutbaren
Belästigung oder Beeinträchtigung gem § 79 normierte subjektive Maßstab der „wirtschaftlichen Zumutbarkeit" durch den aus dem deutschen Bundes-Immissionsschutzge-

setz übernommenen Grundsatz der „Verhältnismäßigkeit" – die mittels einer an Hand von im Gesetz beispielsweise angeführten objektiven Kriterien durchzuführenden Interessenabwägung zu prüfen ist – ersetzt. Dieser Grundsatz gilt auch bei Vorschreibung nachträglicher Auflagen zur Vermeidung von Gefährdungen von Menschen. Näheres s *Wendl*, Zulässige und unzulässige Auflagen Rz 350, 12.5 und *Stolzlechner*, Die Rechtskraft und die Änderung von Bescheiden Rz 362, 4.4.2.

Dem Grundsatz der Verhältnismäßigkeit kommt weiters Bedeutung zu im Rahmen der V-Ermächtigung des § 82 Abs 1. Näheres s *Vogelsang*, Verordnungen im Betriebsanlagenrecht Rz 255, 3.1.

Durch die GewRNov 1992 wurde schließlich der Grundsatz der Verhältnismäßigkeit auch für die mit dieser Novelle neu eingeführten Verfahren nach § 79 Abs 3 (Auftrag zur Vorlage und Genehmigung eines Sanierungskonzepts; Näheres s *Wendl*, Verfahrensübersicht „Verfahren nach § 79 Abs 3" Rz 169 und *Stolzlechner*, Die Rechtskraft und die Änderung von Bescheiden Rz 363) und Verfahren nach § 79b (Vorschreibung nachträglicher Auflagen zur hinreichenden Wahrung der nach § 77 Abs 4 wahrzunehmenden Interessen; Näheres s *Wendl*, Zulässige und unzulässige Auflagen Rz 351 und *Stolzlechner*, Die Rechtskraft und die Änderung von Bescheiden Rz 366) als maßgebend erklärt.

Im IPPC-Regime kommt dem Verhältnismäßigkeitsgebot mehrfach Bedeutung zu: Zunächst schon bei der Ermittlung des „Standes der Technik", bei welchem das Verhältnismäßigkeitsprinzip integrales Tatbestandselement ist (vgl § 71a Abs 1), weiters auch bei der Aktualisierungsverpflichtung für Altanlagen (§ 82 Abs 1); Näheres s *Vogelsang*, Sonderbestimmungen für IPPC-Anlagen Rz 248 sowie *Bergthaler/Berger*, Die unionsrechtlichen Grundlagen des Betriebsanlagenrechts Rz 294.

Verhältnisse, örtliche s Lexikon „Maßstäbe für die Beurteilung der Zumutbarkeit" Rz 96.

151 **Verhandlung, mündliche:** Auch in den sog regulären (ordentlichen) BA-Genehmigungsverfahren ist die Durchführung einer mündlichen Verhandlung nicht zwingend vorgesehen. Die Behörde kann jedoch nach § 39 Abs 2 AVG von Amts wegen oder auf Antrag eine mündliche Verhandlung durchführen. Besondere Bedeutung kommt einer mündlichen Verhandlung vor allem im Hinblick auf ihre in § 42 Abs 1 und 2 AVG normierte mögliche Präklusionswirkung (Verlust der Parteistellung von Nachbarn im Falle der Nichterhebung rechtzeitiger und zulässiger Einwendungen; s Lexikon „Präklusion" Rz 105) zu. Wird eine mündliche Verhandlung anberaumt, dann sind alle diesbzgl Formvorschriften des § 41 AVG sowie die besonderen Verwaltungsvorschriften des § 356 Abs 1 GewO zu beachten. Der mündlichen Verhandlung sind zur Feststellung des maßgebenden Sachverhalts insb auch die erforderlichen Sachverständigen beizuziehen (s Lexikon „Sachverständige" Rz 118). Näheres zur Anberaumung und Durchführung einer mündlichen Verhandlung und zu ihrer möglichen Präklusionswirkung s *Wendl*, Die Nachbarn und ihre Parteistellung Rz 266 und 267.

Von der mündlichen Verhandlung zu unterscheiden ist der **Lokalaugenschein** iSd § 54 AVG, den die Behörde zur Aufklärung der Sache auf Antrag oder von Amts wegen, nötigenfalls mit Zuziehung von Sachverständigen vornehmen kann. Mit der Durchführung eines solchen Lokalaugenscheins kann auch ein Sachverständiger allein beauftragt werden.

Verkehr, öffentlicher s Lexikon „Sicherheit, Leichtigkeit und Flüssigkeit des Verkehrs" Rz 122, „Straßen mit öffentlichem Verkehr" Rz 129 und „Verkehrslärm" Rz 152.

Verkehrslärm: Es ist zu unterscheiden zwischen   **152**

– Verkehrslärm, der nicht von der BA selbst stammt:
Dieser ist bei der Ermittlung des Istmaßes (s Lexikon „Istmaß – Beurteilungsmaß" Rz 79) grundsätzlich zur Gänze zu berücksichtigen. In Anlehnung an die bisherige Jud (VwSlg 10.482 A/1981) wird es hiebei wohl auf jene Immissionen seitens des tatsächlichen Verkehrsgeschehens, mit dem erfahrungsgemäß unter Außerachtlassung von Ausnahmesituationen zu rechnen ist, ankommen. Siehe auch die Ausführungen zur akustischen Umgebungssituation in Lexikon „Lärm" Rz 93.

– Verkehrslärm, der durch die BA selbst bzw deren Kunden verursacht wird:
Der BA ist nicht nur der Lärm zuzurechnen, der durch Verkehrsvorgänge im eigenen Bereich der Anlage (wozu auch der betriebseigene Kundenparkplatz gehört) entsteht, sondern auch der Lärm, der durch das wesentlich zum Betriebsgeschehen gehörende Zufahren zur BA und das Wegfahren von dieser im engeren örtlichen Bereich, auch auf der öffentlichen Verkehrsfläche, durch betriebseigene Fahrzeuge und Fahrzeuge von Erfüllungsgehilfen verursacht wird. Nicht der BA zuzurechnen ist jedoch der Lärm, den diese Fahrzeuge durch das bloße Vorbeifahren an Anrainerobjekten auf Straßen mit öffentlichem Verkehr hervorrufen, sowie jener Verkehrslärm, der durch Fahrzeuge von Gästen bzw Kunden des Betriebs außerhalb der BA erzeugt wird. Näheres s Lexikon „Lärm" Rz 93 und „Straßen mit öffentlichem Verkehr" Rz 129 sowie *Paliege-Barfuß,* Der Begriff der Betriebsanlage Rz 195, 5.1 und *Stolzlechner,* Die Genehmigungspflicht der Betriebsanlage Rz 198, 1.4.

Verkehrswert s Lexikon „Minderung des Verkehrswertes" Rz 98.

Verlängerung der Frist zur Inbetriebnahme s Lexikon „Erlöschen der Genehmigung" Rz 46.

Verordnungen: Zur **Vereinheitlichung der Vollzugspraxis im BA-Recht** sieht die GewO **153** zahlreiche V-Ermächtigungen vor: So kann zB gem § 76 Abs 1 der BMWFW Maschinen, Geräte und Ausstattungen bezeichnen, deren Verwendung für sich allein die Genehmigungspflicht einer Anlage nicht begründet (vgl § 359 b). Zufolge § 82 Abs 1 hat der BMWFW (im Einvernehmen mit dem BMLFUW) nähere Vorschriften über Bauart, Betriebsweise, Ausstattung oder zulässiges Ausmaß der Emissionen von Anlagen oder Anlagenteilen zu erlassen. In beiden Fällen ist der Stand der Technik und der medizinischen und sonstigen Wissenschaften zu berücksichtigen. Ferner hat der BMWFW die Möglichkeit, Arten von BA zu bezeichnen, die dem vereinfachten Verfahren nach § 359 b Abs 1 zu unterziehen sind (§ 359 b Abs 2 und 3). Der BMWFW kann weiters gem § 69 Abs 1 ua festlegen, welche Maßnahmen Gewerbetreibende bei der Gewerbeausübung hinsichtlich der Einrichtung der Betriebsstätte zu treffen haben. Aufgrund dieser und anderer V-Ermächtigungen hat der BMWFW zahlreiche V für BA erlassen; s näher dazu *Vogelsang,* Verordnungen im Betriebsanlagenrecht Rz 253 ff (mit Hinweis auf einschlägige V). Näheres s Lexikon „Stand der Technik" Rz 126 und „Vereinfachtes Genehmigungsverfahren (Auftragsverfahren)" Rz 148.

Verständigung von der mündlichen Verhandlung s Lexikon „Kundmachung" Rz 88 und „Ladung/Verständigung, persönliche" Rz 89.

154   **Versuchsbetrieb:** Gem § 354 kann die Behörde im Rahmen des Verfahrens zur Genehmigung von „Vorarbeiten" zB auch die Führung eines Versuchsbetriebes genehmigen (s Lexikon „Vorarbeiten" Rz 156 sowie *Wendl*, Verfahrensübersicht „Verfahren nach § 354" Rz 184). Die Genehmigung bzw Führung eines Versuchsbetriebes ist nur vor rk Genehmigung (Genehmigung der Änderung) der BA (zB auch während eines anhängigen Rechtsmittelverfahrens) zulässig. Der Versuchsbetrieb wird durch die Behörde auf jene Zeitdauer zu befristen sein, die für die Gewinnung der relevanten Projekts- bzw Entscheidungsgrundlagen notwendig ist.

> Sowohl der Umfang als auch die Dauer des Versuchsbetriebes sind von Rechts wegen dahin begrenzt, dass nur jene Arbeiten und (Teile von) BA in Betrieb genommen werden dürfen, bei denen der konkrete Versuchscharakter und das Versuchsziel als Grundlage der weiteren Durchführung des Ermittlungsverfahrens entsprechend präzisiert werden können. Die Dauer des Versuchsbetriebes ist – unabhängig von einer bescheidmäßigen Befristung – durch das Erreichen dieses Verfahrenszieles begrenzt (VfGH 4. 3. 1992, B 1208, 1286, 1288, 1289/90, 985/91).

Hinsichtlich des Unterschiedes zum Probebetrieb, der seit der GewRNov 1992 nicht mehr angeordnet bzw zugelassen werden kann, s Lexikon „Probebetrieb" Rz 107.

155   **Verwaltungsstrafverfahren:** Im Zusammenhang mit gew BA ist bei Erfüllung einzelner in §§ 366, 367 und 368 GewO enthaltener Straftatbestände ein Verwaltungsstrafverfahren durchzuführen.

- – Einleitung des Verfahrens: von Amts wegen.
- – Straftatbestände und Verfahren: s *Ziermann*, Das Verwaltungsstrafrecht und Verwaltungsstrafverfahren im Zusammenhang mit gewerblichen Betriebsanlagen Rz 382 ff.
- – Keine Parteistellung der Nachbarn: s *Wendl*, Die Nachbarn und ihre Parteistellung Rz 274.
- – Zuständigkeit und Rechtsmittel: s *Ziermann*, Das Verwaltungsstrafrecht und Verwaltungsstrafverfahren im Zusammenhang mit gewerblichen Betriebsanlagen Rz 387 und 388, 7.1.
- – Kosten: §§ 64 und 66 VStG.

Verwaltungsübertretungen s Lexikon „Übertretungen" Rz 136.

156   **Vorarbeiten:** Gem § 354 kann die Behörde unter bestimmten Voraussetzungen schon vor der Genehmigung der Errichtung und des Betriebes der Anlage die Durchführung der erforderlichen Arbeiten („Vorarbeiten") genehmigen. Hiezu gehört zB auch die Genehmigung der Führung eines Versuchsbetriebes (s Lexikon „Versuchsbetrieb" Rz 154). Gegen die Genehmigung von Vorarbeiten ist ein abgesondertes Rechtsmittel nicht zulässig. Nachbarn kommt in Verfahren nach § 354 keine Parteistellung zu (Näheres s *Wendl*, Die Nachbarn und ihre Parteistellung Rz 273).

Die mittels Bescheides zu erteilende Genehmigung von Vorarbeiten setzt einen entsprechenden Antrag des BA-Genehmigungswerbers voraus (DE 1988). Außerdem muss vor Erteilung der Genehmigung von Vorarbeiten eine mündliche Verhandlung durchgeführt werden. Hiebei muss es sich aber noch nicht um die (allenfalls) im Genehmigungsverfahren betreffend Errichtung und Betrieb der BA anzuberaumende mündliche Verhandlung nach § 356 Abs 1 handeln. Im Bescheid können erforderlichenfalls bestimmte Auflagen vorgeschrieben werden. Durch die Genehmigung von Vorarbeiten wird kein Rechtsanspruch auf die Genehmigung der BA selbst begründet.

Näheres zum Verfahren s *Wendl*, Verfahrensübersicht „Verfahren nach § 354" Rz 184.

Vorbehaltsklausel: Darunter war der in Bescheiden – welche im Geltungszeitraum der GewO 1859 ergingen – enthaltene Vorbehalt der Erlassung zusätzlicher Auflagen zu verstehen, wenn sich herausstellen sollte, dass mit den bisherigen Auflagen nicht das Auslangen gefunden werden konnte. Näheres zur Rechtskraft s *Stolzlechner,* Die Rechtskraft und die Änderung von Bescheiden Rz 359. **157**

Vorschreibung anderer oder zusätzlicher Auflagen: § 79 Abs 1 sieht die „Anpassung" eines rk Genehmigungsbescheides für den Fall vor, dass mit den bescheidmäßig vorgesehenen Auflagen die gem § 74 Abs 2 wahrzunehmenden Interessen nicht ausreichend geschützt sind. Die Behörde hat die zur Erreichung dieses Schutzes erforderlichen **anderen** oder **zusätzlichen Auflagen** vorzuschreiben. Sie darf solche Auflagen nicht vorschreiben, wenn diese *unverhältnismäßig* sind, vor allem, wenn der mit der Erfüllung der Auflagen verbundene Aufwand außer Verhältnis zu dem mit den Auflagen angestrebten Erfolg steht. Für *nachträglich zugezogene Nachbarn* dürfen gem § 79 Abs 2 Auflagen nur für den Lebens- und Gesundheitsschutz (nicht aber zum Schutz vor Belästigungen) vorgeschrieben werden. Näheres s Lexikon „Verhältnismäßigkeit" Rz 150 sowie *Wendl*, Verfahrensübersicht „Verfahren nach § 79 Abs 1" Rz 168, *Wendl*, Zulässige und unzulässige Auflagen Rz 350, *Stolzlechner,* Die Rechtskraft und die Änderung von Bescheiden Rz 362, sowie *Wendl*, Die Nachbarn und ihre Parteistellung, Rz 272, 15.2. **158**

§ 79 Abs 3 sieht für den Fall, dass durch die Vorschreibung anderer oder zusätzlicher Auflagen nach Abs 1 und 2 die genehmigte BA in ihrem Wesen verändert würde, vor, dass die Behörde dem Inhaber einer BA mit Bescheid die Vorlage eines Sanierungskonzepts vorschreibt. Näheres s Lexikon „Sanierungskonzept" Rz 119, *Wendl*, Verfahrensübersicht „Verfahren nach § 79 Abs 3" Rz 169, *Stolzlechner,* Die Rechtskraft und die Änderung von Bescheiden Rz 363.

§ 79 b sieht für den Fall, dass die gem § 77 Abs 4 wahrzunehmenden Interessen trotz Einhaltung des Abfallwirtschaftskonzepts und der Bescheidauflagen nicht hinreichend gewahrt sind, die Vorschreibung anderer oder zusätzlicher Auflagen vor. Näheres s *Wendl*, Verfahrensübersicht, „Verfahren nach § 79b" Rz 171, *Wendl*, Zulässige und unzulässige Auflagen Rz 351, *Stolzlechner,* Die Rechtskraft und die Änderung von Bescheiden Rz 366.

Wasserrechtsbewilligung s Lexikon „Gewässerschutz" Rz 65.

Wechsel des Inhabers: Gem § 80 Abs 5 wird durch einen Wechsel in der Person des Inhabers der Anlage die Wirksamkeit der (rk) **Genehmigung** (Genehmigung der Änderung) nicht berührt. Diese sog „dingliche Wirkung" einer BA-Genehmigung bewirkt, dass von der einmal erteilten Genehmigung jeder neue Inhaber Gebrauch machen kann, er also keiner neuerlichen Anlagengenehmigung bedarf. Umgekehrt obliegt dem neuen **159**

Inhaber die Erfüllung bzw Einhaltung aller dem Vorgänger vorgeschriebenen Auflagen, ohne dass es hiezu eines neuen und gesonderten Auftrags der Gewerbebehörde bedürfte.

Die Rechtsfigur der **Innehabung (des Inhabers)** entstammt dem Zivilrecht, weshalb von jenem Bedeutungsinhalt auszugehen ist, den die Privatrechtsordnung – die der Gesetzgeber der GewO 1973 vorgefunden hat – geprägt hat. Danach ist nach § 309 ABGB (Sach-)Inhaber, wer eine Sache in seiner Gewahrsame hat (VwGH 25. 2. 1992, 91/04/0281). Der Begriff des „Inhabers" stellt auf den Fall der unmittelbaren Innehabung ab, das ist im Wesentlichen die **Möglichkeit der Bestimmung des in der BA ausgeübten faktischen Geschehens** (s zB VwGH 23. 5. 2014, 2012/04/0155; 14. 11. 2007, 2005/04/0300).

Zum Unterschied vom Besitzer bedarf der Inhaber des sog Eigentümerwillens nicht. Solcherart ist ua auch der **Bestandnehmer** vom Inhaberbegriff eingeschlossen (VwGH 23. 5. 2014, 2012/04/0155; 21. 9. 1977, 1823/76).

Eine Herleitung des Begriffs „Inhaber der Anlage" aus dem (gewerberechtlichen) Begriff des „Gewerbeinhabers" mit den sich daran anknüpfenden Konsequenzen stellt *Balthasar* (Inhaber einer Betriebsanlage, ecolex 1993, 350) als Lösungsvorschlag zur Diskussion.

Die in § 80 Abs 5 verankerte dingliche Wirkung erstreckt sich aber nicht nur auf den Bescheid betreffend Genehmigung (Änderung) der BA bzw die darin vorgeschriebenen Auflagen, sondern auch auf die in den §§ 78, 79 Abs 1, § 82 Abs 3 und 4 sowie § 354 vorgesehenen Maßnahmen. Eine gleichsinnige Anordnung der dinglichen Wirkung gilt auch für die Arbeitsstättenbewilligung nach § 92 Abs 7 ASchG. Ebenso dingliche Wirkung kommt aufgrund der ausdrücklichen Anordnung des § 80 Abs 1 und Abs 2 jeweils letzter Satz sowie § 83 Abs 4 den bescheidmäßigen Aufträgen der Behörde aus Anlass einer Betriebsunterbrechung oder Auflassung der BA zu.

Damit soll erreicht werden, dass die dem Inhaber der Anlage, der die Betriebsunterbrechung oder Auflassung vorgenommen hat, bescheidmäßig auferlegte Verpflichtung, die notwendigen Vorkehrungen zu treffen, ohne gesonderten Auftrag auf seinen Rechtsnachfolger übergeht (ErlRV zur GewRNov 1988).

Weiters kommt den Maßnahmen bzw Auflagen gem § 79 Abs 3 und § 79b dingliche Wirkung zu; schließlich – aufgrund der ausdrücklichen Anordnung des § 360 Abs 5 zweiter Satz – auch den Bescheiden, mit denen einstweilige Zwangs- und Sicherheitsmaßnahmen verfügt werden (s *Giese*, Einstweilige Zwangs- und Sicherheitsmaßnahmen Rz 377, 2.7).

Wechselt der Inhaber einer gew BA oder des Standorts während eines anhängigen Verfahrens, so kann ein neuer Inhaber durch ausdrückliche **Eintrittserklärung in das noch nicht rk abgeschlossene Genehmigungsverfahren** eintreten.

Im Hinblick auf § 80 Abs 5 kann ein neuer Inhaber einer gew BA oder des Standorts, in Ansehung dessen die Absicht besteht, eine solche zu errichten, in ein noch nicht zu Ende geführtes Genehmigungsverfahren eintreten. Will ein anderer Rechtsträger anstelle des ursprünglichen Konsenswerbers, der als solcher im Genehmigungsansuchen aufgetreten war, in das Verfahren in der Rechtsstellung als Konsenswerber eintreten, so bedarf dies einer ausdrücklichen, von der solcherart eintretenden Rechtsperson abgegebenen Erklärung, durch welche das Genehmigungsansuchen in Ansehung der Person des Konsenswerbers geändert wird. Die Auffassung, die Behörde hätte in Hinsicht auf einen Verfahrenseintritt, ohne dass eine ausdrückliche Eintrittserklärung abgegeben wäre, von Amts wegen vorzugehen, entspricht nicht der Rechtslage (VwGH 30. 10. 1990, 89/04/0127 und 90/04/0125).

Eine mangelnde Identität zwischen Antragsteller und Bescheidadressat ist von Amts wegen aufzuklären (VwGH 20. 10. 1987, 87/04/0050).

Zu oben stehender Problematik s auch Lexikon „Antragsteller" Rz 10.

Zum Parteiwechsel auf **Nachbarseite** s *Wendl,* Die Nachbarn und ihre Parteistellung Rz 269.

Widmungsmaß: Diesem Begriff, unter dem man das nach den für die Widmung der **160** Liegenschaften maßgebenden Vorschriften zulässige Immissionsmaß verstand, kommt im Rahmen des BA-Rechts infolge der Änderung des § 77 Abs 2 durch die GewRNov 1988 keine Bedeutung mehr zu.

Die Beurteilung, ob es durch die BA zu die Nachbarn in ihrer Gesundheit gefährdenden oder unzumutbar belästigenden Lärmimmissionen kommt, hängt nicht vom „Widmungsmaß" eines Grundstücks ab, sondern von Art und Ausmaß der von der BA ausgehenden und auf die Nachbarn einwirkenden Emission (VwGH 16. 2. 2005, 2002/04/0191; 31. 7. 2006, 2004/05/0003). Siehe auch *Paliege-Barfuß,* Die Belästigung der Nachbarn Rz 219 sowie Lexikon „Flächenwidmungspläne" Rz 53.

Widmungsvorschriften s Lexikon „Flächenwidmungspläne" Rz 53, „Raumordnung" Rz 111 und „Widmungsmaß" Rz 160 sowie *Paliege-Barfuß,* Die Belästigung der Nachbarn Rz 219.

Wirtschaftliche Zumutbarkeit: Im Verfahren zur Genehmigung von BA (§ 77 Abs 1) **161** bzw zur Genehmigung der Änderung genehmigter BA (§ 81) ist auf die wirtschaftliche Zumutbarkeit von Auflagen nicht Bedacht zu nehmen. Näheres s *Wendl,* Zulässige und unzulässige Auflagen Rz 347, 9.2.

Ähnlich ist bei Auflagen nach § 79 Abs 1 auf die *Verhältnismäßigkeit* erforderlicher Auflagen, nicht aber auf die wirtschaftliche Zumutbarkeit Bedacht zu nehmen. Näheres s Lexikon „Verhältnismäßigkeit" Rz 150 sowie *Stolzlechner,* Die Rechtskraft und die Änderung von Bescheiden Rz 362, 4.4.2.

Hingegen ist auf die *wirtschaftliche Zumutbarkeit* abzustellen, wenn gem § 82 Abs 5 eine (höchstens 5 Jahre dauernde) Frist für die Erfüllung von nicht unter § 82 Abs 1 dritter Satz fallenden Bestimmungen einer V nach § 82 eingeräumt wird (s auch *Vogelsang,* Verordnungen im Betriebsanlagenrecht Rz 255, 3.6).

Wissenschaftliche Erkenntnisse s Lexikon „Sachverständige" Rz 118, „Stand der medizinischen und der sonst in Betracht kommenden Wissenschaften" Rz 125 sowie „Stand der Technik" Rz 126.

Zeitpunkt der Entscheidung: Die entscheidende Verwaltungsbehörde hat ihrer Ent- **162** scheidung die *im Zeitpunkt der Bescheiderlassung bestehende Rechts- und Sachlage* (abgesehen im Falle etwaiger Übergangsbestimmungen) zugrunde zu legen. Dies betrifft insb auch den im Zeitpunkt der Entscheidung vorliegenden Stand der Technik bzw der medizinischen und der sonst in Betracht kommenden Wissenschaften (s auch *Wendl,* Die Gefährdung des Lebens und der Gesundheit Rz 211, 4.2).

Bei Beurteilung der Sachlage sind nicht konkret absehbare Entwicklungen außer Betracht zu lassen. Liegen aber bereits konkrete Anhaltspunkte dafür vor, dass es in absehbarer Zeit zu einer *Änderung in den örtlichen Verhältnissen* kommen wird (zB Beginn des Baus einer Umfahrungsstraße), und ist die Behörde in der Lage, sich über die Auswirkungen dieser Änderung ein hinlängliches Bild zu machen, dann ist auf derartige Entwicklungen bei der Entscheidung über die Genehmigung der BA Bedacht zu nehmen (VwSlg 11.477 A/1984).

Auch im Falle der Anhängigkeit einer Beschwerde gegen den Bescheid der Verwaltungsbehörde ist für die reformatorische Entscheidung des LVwG (§ 28 VwGVG) die Rechts- und Sachlage zum Entscheidungszeitpunkt maßgeblich (vgl *Götzl/Gruber/Reisner/Winkler,* Das neue Verfahrensrecht der Verwaltungsgerichte [2015], § 28 VwGVG Rz 13 und die dort zit Jud und Lit). Siehe hiezu auch *Giese,* Einstweilige Zwangs- und Sicherheitsmaßnahmen Rz 377, 2.10.2.

163 **Zulässiges Ausmaß von Emissionen:** Das zulässige Ausmaß von Emissionen (s Lexikon „Emissionen" Rz 42) von BA ist bestimmt durch die Genehmigungsvoraussetzungen des § 77 Abs 1 und somit letztlich durch eine vorausgehende Beurteilung der Immissionssituation.

Eine von der Immissionssituation unabhängige Begrenzung des zulässigen Ausmaßes von Emissionen nach dem Stand der Technik ergibt sich aus § 77 Abs 3 und § 79 Abs 3 im Hinblick auf Luftschadstoffe, aus § 77 a Abs 2 Z 1 für IPPC-Anlagen im Hinblick auf in der Anlage 4 zur GewO genannte Schadstoffe sowie aus bisher aufgrund der V-Ermächtigungen des EG-K und des § 82 Abs 1 GewO erlassenen DurchführungsV (s Lexikon „Grenzwerte" Rz 69 und „Stand der Technik" Rz 126). Zur Emissionsbegrenzung aufgrund von Immissionsgrenzwerten s Lexikon „Forstschädliche Luftverunreinigungen" Rz 54.

Zulässigkeit von Abweichungen s Lexikon „Abweichungen vom Genehmigungsbescheid" Rz 3.

Zumutbarkeit von Belästigungen s näher dazu Lexikon „Belästigungen" Rz 22, „Kinder" Rz 80, „Maßstäbe für die Beurteilung der Zumutbarkeit" Rz 96, „Ortsüblichkeit von Immissionen" Rz 103, „Sachverständige" Rz 118 und „Überempfindlichkeit" Rz 133 sowie *Paliege-Barfuß,* Die Belästigung der Nachbarn Rz 218.

Zustand, konsensgemäßer s Lexikon „Konsensgemäßer Zustand" Rz 83.

164 **Zuständigkeit:** Gem § 333 *Abs 1 ist* **(sachlich)** *zuständige Behörde* in BA-Verfahren die **BVB.** Dies gilt auch in den Fällen der gem § 356 b mitanzuwendenden Genehmigungsregelungen anderer Verwaltungsvorschriften des Bundes (s Lexikon „Verfahrens- und Entscheidungskonzentration" Rz 149.

Zur Zuständigkeit in **Verfahren zur Abänderung oder Behebung von Bescheiden nach § 68 Abs 3 AVG** s *Wendl,* Verfahrensübersicht „Verfahren nach § 68 Abs 3 AVG" Rz 189. Auch in **Verfahren zur Nichtigerklärung von Bescheiden nach § 68 Abs 4 AVG** ist als „sachlich in Betracht kommende Oberbehörde" der **LH** bzw der **BMWFW** zuständig.

Zur Zuständigkeit in **Verwaltungsstrafverfahren** in Bezug auf gew BA s *Ziermann,* Das Verwaltungsstrafrecht und Verwaltungsstrafverfahren im Zusammenhang mit gewerblichen Betriebsanlagen Rz 387. Zur Zuständigkeit in Vollziehung der Strafbestimmungen betreffend UVP-pflichtige BA s § 39 UVP-G 2000.

Sonderregelungen für eine sachliche Zuständigkeit anstelle der BVB in Verfahren, die sich *auch* auf BA beziehen können, enthalten ua folgende Regelungen:

- § 39 UVP-G 2000 (Zuständigkeit der **LReg;** s *Vogelsang,* Sonderbestimmungen für UVP-pflichtige Betriebsanlagen Rz 337);
- § 38 Abs 6 AWG 2002 (Zuständigkeit des **LH** für gem § 37 leg cit genehmigungspflichtige Behandlungsanlagen – mit Ausnahme solcher gem § 54; Näheres s *Giese,* Betriebsanlagenrecht und andere Bereiche des öffentlichen Rechts Rz 312, 8.1.5);
- § 17 ALSAG (Zuständigkeit des **LH** zur Entscheidung über die notwendigen Maßnahmen zur Sicherung oder Sanierung von Altlasten ua nach §§ 79, 79 a und 83 GewO).

Örtlich zuständig in BA-Verfahren ist die BVB, in deren Bereich sich der Standort der BA befindet (s § 3 AVG). Im Falle von Bezirks- bzw Ländergrenzen überschreitenden BA ist gem § 355 diejenige BVB örtlich zuständig, in deren Bereich sich der größte Teil der Grundfläche der BA befindet („Schwerpunkt-BVB"; vgl EB 2013 I). Hiebei sind die übrigen betroffenen BVB zu hören.

Im Falle der Erhebung einer *Beschwerde* gegen den Bescheid der Verwaltungsbehörde entscheidet das *örtlich zuständige* **LVwG** (in UVP-Verfahren entscheidet über eine Beschwerde gegen die Entscheidung der LReg das BVwG).

Siehe auch Lexikon „Rechtsmittel" Rz 113.

Zustellbevollmächtigter: Dem Phänomen der Massenverfahren, in denen Projektgegner **165** mit „Mustereinwendungen" und „Unterschriftenlisten" operieren, trägt die Sondervorschrift des § 356 c Rechnung, mit der in solchen Fällen Zustellerleichterungen geschaffen werden. Liegen von mehr als 20 Personen im Wesentlichen gleichgerichtete Einwendungen vor, kann ihnen die Behörde den Auftrag erteilen, innerhalb einer gleichzeitig zu bestimmenden, angemessenen, mindestens aber zweiwöchigen Frist einen gemeinsamen Zustellbevollmächtigten namhaft zu machen. Kommen die Nachbarn diesem Auftrag nicht fristgerecht nach, hat die Behörde von Amts wegen einen gemeinsamen Zustellbevollmächtigten zu bestellen.

Zustimmung des Grundeigentümers: Es stellt keine Voraussetzung für die Erteilung **166** einer BA-Genehmigung dar, dass der Eigentümer des Grundstücks, auf dem die BA errichtet werden soll, diesem Vorhaben zustimmt (s auch Lexikon „Antragsteller" Rz 10). Auch der Umstand, dass etwa für die Erfüllung einer Auflage die *zivilrechtliche Zustimmung des Grundeigentümers* bzw *des Eigentümers der BA* erforderlich ist, bewirkt nicht, dass deswegen die Auflage unzulässig wäre (s *Wendl,* Zulässige und unzulässige Auflagen Rz 344). Zur Frage, unter welchen Voraussetzungen dem Eigentümer im BA-Verfahren die Rechtsstellung eines Nachbarn zukommt, s Lexikon „Eigentümer" Rz 36.

Zwangsmaßnahmen s Lexikon „Einstweilige Zwangs- und Sicherheitsmaßnahmen" Rz 40.

B. Übersicht über die Verfahren betreffend Betriebsanlagen

Harald Wendl

167 Verfahren nach § 77 Abs 1 über ein Ansuchen um die Genehmigung der Errichtung und des Betriebes einer Betriebsanlage

- Einleitung des Verfahrens: auf Ansuchen (s Lexikon „Ansuchen" Rz 9 und „Antragsteller" Rz 10).
- Genehmigungsvoraussetzungen: s Lexikon „Genehmigung (Voraussetzungen)" Rz 59 und die dort erfolgten näheren Hinweise auf einzelne Beiträge.
- Durchführung des Verfahrens: Dieses richtet sich nach den Bestimmungen der §§ 353 ff GewO und des AVG; s insb Lexikon „Genehmigungsverfahren" Rz 62, „Verhandlung, mündliche" Rz 151 und „Kundmachung" Rz 88.
- Einwendungen der Nachbarn: s Lexikon „Einwendungen" Rz 41 und die dort erfolgten näheren Hinweise auf einzelne Beiträge.
- Parteistellung im Verfahren: s *Wendl*, Die Nachbarn und ihre Parteistellung Rz 265.
- Auflagen im Genehmigungsbescheid: s Lexikon „Auflagen" Rz 15 sowie *Wendl*, Zulässige und unzulässige Auflagen Rz 339 ff.
- Genehmigung: Bei Vorliegen der Voraussetzungen ist die Genehmigung für die Errichtung und den Betrieb der BA, erforderlichenfalls unter Vorschreibung von Auflagen, zu erteilen (Rechtsanspruch). Wenn es aus Gründen der Überwachung der Einhaltung der Auflagen notwendig ist, hat die Behörde im Genehmigungsbescheid anzuordnen, dass ihr die Fertigstellung der Anlage angezeigt wird; der Inhaber einer dem Abschnitt 8 a unterliegenden BA hat deren Fertigstellung der zur Genehmigung dieser Anlage zuständigen Behörde anzuzeigen, ohne dass es einer diesbzgl Anordnung im Genehmigungsbescheid bedarf (§ 359 Abs 1 zweiter Satz).
- Behörden, Rechtsmittel und Zuständigkeit: s diese Stichworte im Lexikon Rz 21, 113 und 164.

168 Verfahren nach § 79 Abs 1 betreffend die Vorschreibung anderer oder zusätzlicher Auflagen

- Einleitung des Verfahrens: von Amts wegen oder auf Antrag des BMLFUW bzw eines Nachbarn (s *Stolzlechner*, Die Rechtskraft und die Änderung von Bescheiden Rz 362, 365).
- Gegenstand des Verfahrens und Voraussetzungen für die Vorschreibung anderer oder zusätzlicher Auflagen: s Lexikon „Anpassung" Rz 7 sowie *Stolzlechner*, Die Rechtskraft und die Änderung von Bescheiden Rz 362 und *Wendl*, Zulässige und unzulässige Auflagen Rz 350.
- Durchführung des Verfahrens und Parteistellung der Nachbarn: s *Wendl*, Die Nachbarn und ihre Parteistellung Rz 272, 15.2.
- Auflagen im Bescheid: s *Wendl*, Zulässige und unzulässige Auflagen Rz 350.

- Verhältnis zu § 364 ABGB: s *Kerschner,* Zivilrechtliche Ansprüche und Einwendungen der Nachbarn Rz 283; 287, 5.3; 291.
- Behörden, Rechtsmittel und Zuständigkeit: s diese Stichworte im Lexikon Rz 21, 113 und 164.

Verfahren nach § 79 Abs 3 betreffend die Vorlage eines Sanierungskonzepts   **169**

- Einleitung des Verfahrens: von Amts wegen (s *Stolzlechner,* Die Rechtskraft und die Änderung von Bescheiden Rz 363, 5.1). Den Nachbarn steht kein Recht auf Einleitung eines solchen Verfahrens zu (s *Wendl,* Die Nachbarn und ihre Parteistellung Rz 272, 15.3).
- Gegenstand des Verfahrens und Voraussetzungen für den Auftrag zur Vorlage eines Sanierungskonzepts sowie für die Genehmigung der Sanierung: s Lexikon „Anpassung" Rz 7, „Sanierungskonzept" Rz 119 sowie *Stolzlechner,* Die Rechtskraft und die Änderung von Bescheiden Rz 363.
- Durchführung des Verfahrens sowie zur Frage der Parteistellung von Nachbarn: s *Wendl,* Die Nachbarn und ihre Parteistellung Rz 272, 15.3.
- Behörden, Rechtsmittel und Zuständigkeit: s diese Stichworte im Lexikon Rz 21, 113 und 164.

Verfahren nach § 79 Abs 4 betreffend Sanierung gem IG-L   **170**

- Einleitung des Verfahrens: von Amts wegen.
- Gegenstand des Verfahrens und Voraussetzungen für den Auftrag zur Vorlage eines Sanierungskonzepts sowie für die Genehmigung der Sanierung: s Lexikon „Anpassung" Rz 7, „Sanierungskonzept" Rz 119 und *Stolzlechner,* Die Rechtskraft und die Änderung von Bescheiden Rz 364.
- Keine Parteistellung der Nachbarn: s *Wendl,* Die Nachbarn und ihre Parteistellung Rz 274.
- Behörden, Rechtsmittel und Zuständigkeit: s diese Stichworte im Lexikon Rz 21, 113 und 164.

Verfahren nach § 79 b betreffend die Vorschreibung anderer oder zusätzlicher Auflagen   **171**
zur Wahrung der gem § 77 Abs 4 wahrzunehmenden Interessen

- Einleitung des Verfahrens: von Amts wegen.
- Gegenstand des Verfahrens und Voraussetzungen für die Vorschreibung anderer oder zusätzlicher Auflagen: s Lexikon „Anpassung" Rz 7 sowie *Stolzlechner,* Die Rechtskraft und die Änderung von Bescheiden Rz 366 und *Wendl,* Zulässige und unzulässige Auflagen Rz 351.
- Keine Parteistellung der Nachbarn: s *Wendl,* Die Nachbarn und ihre Parteistellung Rz 274.
- Behörden, Rechtsmittel und Zuständigkeit: s diese Stichworte im Lexikon Rz 21, 133 und 164.

Verfahren nach § 79 c Abs 1 betreffend die Aufhebung oder Abänderung von Auflagen   **172**
sowie nach **§ 79 c Abs 2** betreffend die Zulassung von Abweichungen vom Genehmigungsbescheid einschließlich seiner Bestandteile

- Einleitung des Verfahrens: auf Antrag des Inhabers der BA (s § 79 c Abs 3; s auch § 79 d Abs 2 Z 1 sowie Lexikon „Ansuchen" Rz 9).
- Gegenstand des Verfahrens und Voraussetzungen für die Aufhebung oder Abänderung von Auflagen sowie die Zulassung von Abweichungen vom Genehmigungsbescheid einschließlich seiner Bestandteile: s Lexikon „Aufhebung (Abänderung) von Auflagen" Rz 14; „Zulässigkeit von Abweichungen" Rz 3 und *Stolzlechner,* Die Rechtskraft und die Änderung von Bescheiden Rz 367.
- Parteistellung der Nachbarn: s *Wendl,* Die Nachbarn und ihre Parteistellung Rz 272, 15.4.
- Behörden, Rechtsmittel und Zuständigkeit: s diese Stichworte im Lexikon Rz 21, 113 und 164.

173 **Verfahren nach § 79 d Abs 2 Z 1 und 2** betreffend Antrag auf Durchführung eines Verfahrens nach § 79 c Abs 1 oder 2 sowie Einräumung einer Frist für die Einhaltung bestimmter Auflagen

- Einleitung des Verfahrens: auf Antrag des einen Betrieb übernehmenden Inhabers der BA (s auch Lexikon „Ansuchen" Rz 9).
- Gegenstand des Verfahrens: s Lexikon „Betriebsübernahme" Rz 30.
- Parteistellung von Nachbarn: s *Wendl,* Die Nachbarn und ihre Parteistellung Rz 272, 15.4.
- Behörden, Rechtsmittel und Zuständigkeit: s diese Stichworte im Lexikon Rz 21, 113 und 164.

174 **Verfahren nach § 80 Abs 1** vorletzter Satz **und Abs 2** letzter Satz betreffend die Vorschreibung der bei einer Betriebsunterbrechung notwendigen Vorkehrungen

- Einleitung des Verfahrens: von Amts wegen.
- Gegenstand des Verfahrens und Voraussetzungen für die Vorschreibung der notwendigen Vorkehrungen: s Lexikon „Unterbrechung des Betriebes" Rz 147.
- Dingliche Wirkung der bescheidmäßigen Aufträge: s Lexikon „Wechsel des Inhabers" Rz 159.
- Keine Parteistellung der Nachbaren: s *Wendl,* Die Nachbarn und ihre Parteistellung Rz 274.
- Behörden, Rechtsmittel und Zuständigkeit: s diese Stichworte im Lexikon Rz 21, 113 und 164.

175 **Verfahren nach § 80 Abs 3 und 4** über einen Antrag auf Verlängerung der Frist zur Inbetriebnahme der Anlage bzw Unterbrechung des Betriebes

- Einleitung des Verfahrens: auf Antrag des Inhabers der BA (s Lexikon „Ansuchen" Rz 9).
- Gegenstand des Verfahrens: s Lexikon „Erlöschen der Genehmigung" Rz 46 und „Unterbrechung des Betriebes" Rz 147.
- Keine Parteistellung der Nachbarn: s *Wendl,* Die Nachbarn und ihre Parteistellung Rz 274.
- Behörden, Rechtsmittel und Zuständigkeit: s diese Stichworte im Lexikon Rz 21, 113 und 164.

Verfahren nach § 81 Abs 1 über ein Ansuchen um Genehmigung der Änderung einer **176** genehmigten Betriebsanlage

- Einleitung des Verfahrens: auf Ansuchen des Inhabers der BA (s Lexikon „Ansuchen" Rz 9) sowie *Paliege-Barfuß,* Die Änderung der genehmigten Anlage Rz 358, 3.1.
- Genehmigungsvoraussetzungen: s *Paliege-Barfuß,* Die Änderung der genehmigten Anlage Rz 358, 3.2 und *Vogelsang,* Sonderbestimmungen für IPPC-Anlagen Rz 247.
- Durchführung des Verfahrens: Dieses richtet sich nach den Bestimmungen der §§ 353 ff GewO und des AVG; s insb Lexikon „Genehmigungsverfahren" Rz 62, „Verhandlung, mündliche" Rz 151 und „Kundmachung" Rz 88.
- Einwendungen der Nachbarn: s Lexikon „Einwendungen" Rz 41 und die dort erfolgten näheren Hinweise auf einzelne Beiträge.
- Parteistellung im Verfahren: s *Wendl,* Die Nachbarn und ihre Parteistellung Rz 265 sowie – speziell zur Parteistellung der Nachbarn – Rz 270.
- Auflagen im Genehmigungsbescheid: s Lexikon „Auflagen" Rz 15 sowie *Wendl,* Zulässige und unzulässige Auflagen Rz 339 bis 347.
- Genehmigung: Bei Vorliegen der Voraussetzungen ist die Genehmigung für die Errichtung und Inbetriebnahme der Änderung der BA, erforderlichenfalls unter Vorschreibung von Auflagen, zu erteilen (Rechtsanspruch).
- Behörden, Rechtsmittel und Zuständigkeit: s diese Stichworte im Lexikon Rz 21, 113 und 164.
- **§ 81 Abs 2** normiert Fälle, bei deren Vorliegen eine Genehmigungspflicht nach § 81 Abs 1 nicht gegeben ist. Näheres hiezu s *Paliege-Barfuß,* Die Änderung der genehmigten Anlage Rz 357, 2.3 und *Wendl,* Die Nachbarn und ihre Parteistellung Rz 270, 13.2.

Verfahren nach § 82 Abs 2 betreffend die bescheidmäßige Anpassung einer bereits ge- **177** nehmigten Betriebsanlage an eine Verordnung gem § 82 Abs 1

- Einleitung des Verfahrens: von Amts wegen. Hiebei ist eine Mitwirkung des Inhabers der BA durch Erbringung eines Nachweises vorgesehen.
- Gegenstand des Verfahrens und Voraussetzungen für die individuelle Anpassung an die V: s Lexikon „Anpassung" Rz 7 sowie *Vogelsang,* Verordnungen im Betriebsanlagenrecht Rz 255, 3.1 und 3.2.
- Parteistellung der Nachbarn: s *Wendl,* Die Nachbarn und ihre Parteistellung Rz 272, 15.5.
- Behörden, Rechtsmittel und Zuständigkeit: s diese Stichworte im Lexikon Rz 21, 113 und 164.

Verfahren nach § 82 Abs 3 betreffend die Festlegung der von den Bestimmungen einer **178** Verordnung gem § 82 Abs 1 abweichenden Maßnahmen

- Einleitung des Verfahrens: von Amts wegen oder auf Antrag, in den Fällen des zweiten Satzes des Abs 3 nur auf Antrag.
- Gegenstand des Verfahrens und Voraussetzungen für die bescheidmäßige Festlegung von abweichenden Maßnahmen: s *Vogelsang,* Verordnungen im Betriebsanlagenrecht Rz 255, 3.3.

– Parteistellung der Nachbarn: s *Wendl,* Die Nachbarn und ihre Parteistellung Rz 272, 15.5.
– Behörden, Rechtsmittel und Zuständigkeit: s diese Stichworte im Lexikon Rz 21, 113 und 164.

179 **Verfahren nach § 82 Abs 3 a** betreffend bescheidmäßige Genehmigung eines betrieblichen Reduktionsplanes

– Einleitung des Verfahrens: auf Antrag des Inhabers der BA unter Vorlage des Reduktionsplanes.
– Gegenstand des Verfahrens und Voraussetzungen für die bescheidmäßige Genehmigung des Reduktionsplanes: s Lexikon „Reduktionsplan, betrieblicher“ Rz 114 und *Vogelsang,* Verordnungen im Betriebsanlagenrecht Rz 255, 3.4.
– Keine Parteistellung der Nachbarn: s *Wendl,* Die Nachbarn und ihre Parteistellung Rz 274.
– Behörden, Rechtsmittel und Zuständigkeit: s diese Stichworte im Lexikon Rz 21, 113 und 164.

180 **Verfahren nach § 82 Abs 4** betreffend die Vorschreibung der über die Bestimmungen einer Verordnung gem § 82 Abs 1 hinausgehenden Auflagen

– Einleitung des Verfahrens: von Amts wegen.
– Gegenstand des Verfahrens und Voraussetzungen für die bescheidmäßige Vorschreibung von weiter reichenden Auflagen: s *Vogelsang,* Verordnungen im Betriebsanlagenrecht Rz 255, 3.5.
– Parteistellung der Nachbarn: s *Wendl,* Die Nachbarn und ihre Parteistellung Rz 272, 15.5.
– Behörden, Rechtsmittel und Zuständigkeit: s diese Stichworte im Lexikon Rz 21, 113 und 164.

181 **Verfahren nach § 83** betreffend die Vorschreibung der bei der Auflassung von Betriebsanlagen notwendigen Vorkehrungen

– Einleitung des Verfahrens: von Amts wegen.
– Gegenstand des Verfahrens und Voraussetzungen für die Vorschreibung der notwendigen Vorkehrungen: s Lexikon „Auflassung von Betriebsanlagen“ Rz 16.
– Dingliche Wirkung der bescheidmäßigen Aufträge: s Lexikon „Wechsel des Inhabers“ Rz 159.
– Keine Parteistellung der Nachbarn: s *Wendl,* Die Nachbarn und ihre Parteistellung Rz 274.
– Sonderbestimmungen für den Auftrag erforderlicher Maßnahmen durch die Behörde im Falle der Auflassung einer *IPPC-Anlage* enthält § 83 a Abs 2 und 3. Siehe hiezu *Vogelsang,* Sonderbestimmungen für IPPC-Anlagen Rz 248, 6.4.
– Behörden, Rechtsmittel und Zuständigkeit: s diese Stichworte im Lexikon Rz 21, 113 und 164.

182 **Verfahren nach § 84** betreffend Vorkehrungen für die Ausführung gewerblicher Arbeiten außerhalb der Betriebsanlage

- Einleitung des Verfahrens: von Amts wegen.
- Gegenstand des Verfahrens und Voraussetzungen für die Erteilung von Aufträgen: s Lexikon „Gewerbliche Arbeiten außerhalb der Betriebsanlage" Rz 67.
- Abgrenzung der Baustelleneinrichtung von der gew BA: s *Paliege-Barfuß*, Der Begriff der Betriebsanlage Rz 193, 3.1 und 194, 4.1.
- Keine Parteistellung der Nachbarn: s *Wendl*, Die Nachbarn und ihre Parteistellung Rz 274.
- Behörden, Rechtsmittel und Zuständigkeit: s diese Stichworte im Lexikon Rz 21, 113 und 164.

Verfahren nach § 338 betreffend Überprüfung von Betriebsanlagen   **183**

- Einleitung des Verfahrens: von Amts wegen.
- Gegenstand des Verfahrens und Art der regelmäßig zu überprüfenden BA: s Lexikon „Überprüfung von Betriebsanlagen (Überwachung)" Rz 135 und *Vogelsang*, Die Überwachung von Betriebsanlagen Rz 370.
- Keine Parteistellung der Nachbarn: s Wendl, Die Nachbarn und ihre Parteistellung Rz 274.
- Zuständigkeit: s Lexikon „Zuständigkeit" Rz 164 und *Vogelsang*, Die Überwachung von Betriebsanlagen Rz 370, 2.4.
- Kosten des Verfahrens: Diese sind grundsätzlich von Amts wegen zu tragen (Näheres s Lexikon „Kosten des Verfahrens" Rz 84).

Verfahren nach § 354 betreffend die Genehmigung von Vorarbeiten (zB eines Versuchsbetriebes)   **184**

- Einleitung des Verfahrens: durch gesonderten Antrag des Genehmigungswerbers (um die BA-Genehmigung) auf Genehmigung von Vorarbeiten.
- Gegenstand und Durchführung des Verfahrens: s Lexikon „Versuchsbetrieb" Rz 154 und „Vorarbeiten" Rz 156.
- Gegen die Genehmigung von Vorarbeiten ist ein abgesondertes Rechtsmittel nicht zulässig (§ 354 letzter Satz). Nachbarn können erst in einer allfälligen Beschwerde gegen den Genehmigungsbescheid, der auf Grund des Ansuchens um Genehmigung der BA ergeht, die Genehmigung gem § 354 bekämpfen (s auch *Wendl*, Die Nachbarn und ihre Parteistellung Rz 273).
- Behörden, Rechtsmittel und Zuständigkeit: s diese Stichworte im Lexikon Rz 21, 113 und 164.

Verfahren nach § 358 Abs 1 über einen Antrag auf Feststellung, ob die Errichtung und **185** der Betrieb einer Anlage einer Genehmigung bedürfen

- Einleitung des Verfahrens: auf Antrag des Inhabers der BA.
- Gegenstand und Durchführung des Verfahrens: s Lexikon „Feststellungsbescheid" Rz 52 und *Stolzlechner*, Die Genehmigungspflicht der Betriebsanlage Rz 197, 10.1.
- Keine Parteistellung der Nachbarn: s *Stolzlechner*, Die Genehmigungspflicht der Betriebsanlage Rz 207, 10.1.
- Behörden, Rechtsmittel und Zuständigkeit: s diese Stichworte im Lexikon Rz 21, 113 und 164.

186 **Verfahren nach § 358 Abs 3** über einen Antrag auf Feststellung, ob eine gem § 82 Abs 1 erlassene Verordnung oder der Abschnitt 8a der GewO auf eine Betriebsanlage anzuwenden ist

- Einleitung des Verfahrens: auf Antrag des Inhabers der BA.
- Gegenstand und Durchführung des Verfahrens: s *Stolzlechner,* Die Genehmigungspflicht der Betriebsanlage Rz 207, 10.2.
- Keine Parteistellung der Nachbarn: s *Wendl,* Die Nachbarn und ihre Parteistellung Rz 274.
- Behörden, Rechtsmittel und Zuständigkeit: s diese Stichworte im Lexikon Rz 21, 113 und 164.

187 **Verfahren nach § 359 b Abs 1** über ein Ansuchen um die Genehmigung der Errichtung und des Betriebes einer Betriebsanlage („vereinfachtes Genehmigungsverfahren")

- Einleitung des Verfahrens: auf Ansuchen (s Lexikon „Ansuchen" Rz 9, „Antragsteller" Rz 10 und „Vereinfachtes Genehmigungsverfahren [Auftragsverfahren]" Rz 148). Aus dem Ansuchen und dessen Beilagen (§ 353) muss sich ergeben, dass es sich nur um Anlagen iSd § 359 b Abs 1 Z 1 oder Z 2, oder Abs 5 oder 6 handelt. Weiters sind dem vereinfachten Genehmigungsverfahren solche BA zu unterziehen, die in V nach § 359 b Abs 2 oder 3 näher bezeichnet werden (s Lexikon „Bagatellanlagen" Rz 17, *Stolzlechner,* Die Genehmigungspflicht der Betriebsanlage Rz 198, 1.7; 203, 6.2 und *Vogelsang,* Verordnungen im Betriebsanlagenrecht Rz 257, 5.5 bis 5.7.
- Durchführung des Verfahrens: s Lexikon „Vereinfachtes Genehmigungsverfahren (Auftragsverfahren)" Rz 148.
- Beschränkte Parteistellung der Nachbarn: s *Wendl,* Die Nachbarn und ihre Parteistellung Rz 271.
- Feststellungsbescheid: Handelt es sich um BA, die dem vereinfachten Genehmigungsverfahren zu unterziehen sind, dann hat die Behörde diese Beschaffenheit der Anlage mit Bescheid festzustellen; der Bescheid gilt als Genehmigungsbescheid. Auch Anlagen, die nach § 359 b Abs 1 genehmigt sind, unterliegen den §§ 79, 79 a Abs 1 iVm Abs 3, §§ 81 und 82 b. Näheres s Lexikon „Bagatellanlagen" Rz 17 und „Vereinfachtes Genehmigungsverfahren (Auftragsverfahren)" Rz 148.
- Aufträge im Feststellungsbescheid: Erforderlichenfalls sind Aufträge zum Schutz der gem § 74 Abs 2 sowie gem § 77 Abs 3 und 4 wahrzunehmenden Interessen zu erteilen.
- Behörden, Rechtsmittel und Zuständigkeit: s diese Stichworte im Lexikon Rz 21, 113 und 164.

188 **Verfahren nach § 360** betreffend Verfügung einstweiliger Zwangs- und Sicherheitsmaßnahmen

- Einleitung des Verfahrens: von Amts wegen (s *Giese,* Einstweilige Zwangs- und Sicherheitsmaßnahmen Rz 377, 2.4).
- Gegenstand und Durchführung des Verfahrens: s *Giese,* Einstweilige Zwangs- und Sicherheitsmaßnahmen Rz 376 ff.

- Dingliche Wirkung der Bescheide gem § 360: s Lexikon „Wechsel des Inhabers" Rz 159.
- Keine Parteistellung der Nachbarn: s *Giese,* Einstweilige Zwangs- und Sicherheitsmaßnahmen Rz 377, 2.4.
- Behörden, Rechtsmittel und Zuständigkeit: s diese Stichworte im Lexikon Rz 21, 113 und 164. Auch die in § 360 Abs 2, 3 und 4 vorgesehenen Akte unmittelbarer verwaltungsbehördlicher Befehls- und Zwangsgewalt können mit Beschwerde bei den LVwG (Art 130 Abs 1 Z 2 B-VG) angefochten werden. Dagegen kann die in § 360 Abs 1 erster Satz vorgesehene Verfahrensanordnung nicht mit Beschwerde bei den LVwG angefochten werden (s *Giese,* Einstweilige Zwangs- und Sicherheitsmaßnahmen Rz 378, 3.2.1.).

Verfahren nach §§ 366 bis 368 s Lexikon „Verwaltungsstrafverfahren" Rz 155 und die dort erfolgten weiteren Verweisungen.

Verfahren nach § 68 Abs 3 AVG betreffend Abänderung und Behebung von Bescheiden   **189**

- Einleitung des Verfahrens: von Amts wegen.
- Gegenstand des Verfahrens und Voraussetzungen für die Abänderung bzw Behebung von Bescheiden: s *Stolzlechner,* Die Rechtskraft und die Änderung von Bescheiden Rz 360, 2.1, sowie *Wendl,* Zulässige und unzulässige Auflagen Rz 350, 12.6.
- Abgrenzung gegenüber Maßnahmen nach §§ 79 und 360 GewO: s *Giese,* Einstweilige Zwangs- und Sicherheitsmaßnahmen Rz 376, 1.3.
- Keine Parteistellung der Nachbarn: s *Wendl,* Die Nachbarn und ihre Parteistellung Rz 274.
- Zuständigkeit: Zur *örtlichen* Zuständigkeit s Lexikon „Zuständigkeit" Rz 164. *Sachlich* zuständig zur Abänderung oder Behebung von Bescheiden betreffend BA ist gem § 68 Abs 3 AVG
  - *„die Behörde, die den Bescheid in letzter Instanz erlassen hat".* Da es nach der Verwaltungsgerichtsbarkeits-Nov 2012 – außer in den Angelegenheiten des eigenen Wirkungsbereiches der Gemeinde – nur noch eine einzige Verwaltungsinstanz gibt und jede Verwaltungsbehörde daher „erste und letzte Instanz" ist (vgl EB RV 1618 BlgNR 24. GP), ist dies hier für den Bereich des gew BA-Verfahrens die **BVB**
  - oder *„die sachlich in Betracht kommenden Oberbehörde",* also hier für den Bereich des gew BA-Verfahrens der **LH** bzw der **BMWFW.**

    Zur Frage der Zulässigkeit eines Vorgehens der Verwaltungsbehörde nach § 68 AVG in dem Fall, dass das Verfahren durch Erk eines VwG beendet wurde, s *Stolzlechner,* Die Rechtskraft und die Änderung von Bescheiden Rz 360, 2.1.

- Rechtsmittel: Gegen den Bescheid der Verwaltungsbehörde kann Beschwerde an das LVwG erhoben werden. Gegen das Erk des LVwG kann bei Vorliegen der jeweils verfassungsgesetzlich normierten Voraussetzungen in weiterer Folge Revision an den VwGH bzw Beschwerde an den VfGH erhoben werden.

190 Umweltverträglichkeitsprüfungsverfahren

- Einleitung des Verfahrens: auf Antrag (s *Vogelsang*, Sonderbestimmungen für UVP-pflichtige Betriebsanlagen Rz 335, 4.2).
- Gegenstand des Verfahrens: Umweltverträglichkeitsprüfung betreffend die im Anhang 1 des UVP-G aufgezählten Vorhaben und allfällige Genehmigung derselben. Näheres s *Vogelsang*, Sonderbestimmungen für UVP-pflichtige Betriebsanlagen Rz 334, 335.
- Verfahrens- und Entscheidungskonzentration: s *Vogelsang*, Sonderbestimmungen für UVP-pflichtige Betriebsanlagen Rz 335, 4.1.
- Genehmigungsvoraussetzungen: die in den betreffenden Verwaltungsvorschriften (zB GewO, WRG, AWG, Bauordnungen) vorgesehenen und die in § 17 Abs 2 UVP-G normierten zusätzlichen Genehmigungsvoraussetzungen. Näheres s *Vogelsang*, Sonderbestimmungen für UVP-pflichtige Betriebsanlagen Rz 335, 4.4.
- Parteistellung im Verfahren: besitzen die im § 19 UVP-G näher bezeichneten Personen bzw Institutionen. Näheres s *Vogelsang*, Sonderbestimmungen für UVP-pflichtige Betriebsanlagen Rz 335, 4.5.
- Behörde: Zur Durchführung des UVP-Verfahrens und zur Entscheidung im konzentrierten Genehmigungsverfahren ist die LReg zuständig; Näheres s Lexikon „Zuständigkeit" Rz 164 und *Vogelsang*, Sonderbestimmungen für UVP-pflichtige Betriebsanlagen Rz 337.
- Rechtsmittel: Gegen die Entscheidung der LReg ist gem § 40 Abs 1 UVP-G 2000 (basierend auf Art 131 Abs 4 Z 2 B-VG) die Beschwerde an das BVwG zulässig. Weitere Rechtsmittel sind die bei Vorliegen der verfassungsgesetzlichen Voraussetzungen zulässige Revision an den VwGH und Beschwerde an den VfGH. Näheres s *Vogelsang*, Sonderbestimmungen für UVP-pflichtige Betriebsanlagen Rz 337.

Zweiter Teil

I.
Betriebsanlage und Genehmigungspflicht

II.
Schutzbereiche
(Genehmigungsvoraussetzungen)

III.
Stellung der Nachbarn

IV.
Die Betriebsanlage im Unions- und Verfassungsrecht
sowie im sonstigen öffentlichen Recht

V.
Auflagen

VI.
Anlagenänderung

VII.
Bescheidänderung

I.
Betriebsanlage und Genehmigungspflicht

A. Der Begriff der Betriebsanlage

Sylvia Paliege-Barfuß

Literatur: *Bergthaler/Follner,* IPPC-Anlagen in der GewO: Anlagenbegriff und verfahrensrechtliche Konsequenzen, ecolex 2004, 750; *Duschanek,* Die Genehmigung gewerblicher Betriebsanlagen, in *Rill* (Hrsg), Gewerberecht, Beiträge zu Grundfragen der GewO 1973 (1978) 257; *Duschanek,* Die Genehmigung von Betriebsanlagen nach der Gewerberechtsnovelle 1988, ZfV 1989, 215; *E/R/W,* insb Kommentierung zu § 74; *Grabler/Stolzlechner/Wendl,* GewO[3] insb Kommentierung zu § 74; *Gruber/Paliege-Barfuß,* GewO[7] insb Kommentierung zu § 74; *Stolzlechner/Lütte,* Aktuelle Judikatur des VwGH zum gewerblichen Betriebsanlagenrecht, in FS Kerschner (2013) 535; *Potacs,* Gewerbliches Betriebsanlagenrecht, in *Holoubek/Potacs* (Hrsg), Öffentliches Wirtschaftsrecht II[3] (2013) 839 (846); *B. Raschauer,* Anlagenrecht und Nachbarschutz aus verfassungsrechtlicher Sicht, ZfV 1999, 506; *Stolzlechner,* Gewerberechtsfragen im Zusammenhang mit Clubbings in Niederösterreich, ZVG 2014, 422; *Wallner,* Weitere Betriebsstätten und Gewerbeausübung außerhalb der Betriebsstätte, in *Rill* (Hrsg), Gewerberecht, Beiträge zu Grundfragen der GewO 1973 (1978) 350.

Inhalt

1. Betriebsanlage: Legaldefinition

Unter einer **gewerblichen Betriebsanlage** ist jede örtlich gebundene Einrichtung **191** zu verstehen, die der Entfaltung einer gewerblichen Tätigkeit regelmäßig zu dienen bestimmt ist (§ 74 Abs 1). Die **Gesamtheit jener Einrichtungen,** die dem Zweck des **Betriebs eines Unternehmens gewidmet** sind und in einem **örtlichen Zusammenhang** stehen, sind dabei als **Einheit** zu betrachten (vgl VwSlg 11.888 A/1985, 14.857 A/1998 und 15.017 A/1998 sowie *Stolzlechner,* Die Genehmigungspflicht der Betriebsanlage Rz 200, 3.1).

Bei einer **Holzschnitzelanlage,** die im Rahmen eines Gastgewerbebetriebs verwendet wird, handelt es sich daher nicht um eine selbständige gew BA, sondern um einen Teil der gastgewerblichen BA (VwGH 19. 6. 1990, 91/04/0090).

Ein Gastgarten, der als **Zugang** zur im Untergeschoss liegenden Bar außerhalb der Öffnungszeiten des verbundenen Restaurants dient, ist unstrittig Teil der (als Einheit zu betrachtenden) genehmigten BA (VwGH 21. 12. 2004, 2003/04/0094).

Neben dem örtlichen Zusammenhang muss auch ein zweckbezogener Zusammenhang gegeben sein. So muss für die Bejahung der Einheit der BA geprüft werden, ob ein „Abstellplatz" dem Zweck des Betriebs „Tankstelle mit Servicestation" gewidmet ist (vgl VwGH 23. 10. 1995, 94/04/0223).

Eine **Ausnahme** vom Grundsatz der „Einheit der BA" besteht in Bezug auf **IPPC-Anlagen.** Näheres dazu s *Stolzlechner,* Die Genehmigungspflicht der Betriebsanlage Rz 200, 3.5. und *Vogelsang,* Sonderbestimmungen für IPPC-Anlagen Rz 244.

2. Verschiedene Arten von Betriebsanlagen

192   Nach der GewO 1994 kann man verschiedene Arten von gew BA unterscheiden. Neben den herkömmlichen BA **(„Normalanlagen")** gibt es minder belästigende Anlagen **(„Bagatellanlagen")** sowie seit der GewONov 2000 dem integrierten Genehmigungsverfahren unterliegende BA **(„IPPC-Anlagen")** und dem Industrieunfallrecht unterliegende BA **(„Seveso-Anlagen").** Alle Arten der BA müssen den oben unter 1. genannten Kriterien entsprechen.

BA mit geringem Belästigungsgrad (§ 359 b) unterliegen dem vereinfachten Genehmigungsverfahren nach § 359 b. Die Voraussetzungen für das Vorliegen einer Bagatellanlage sind im § 359 b Z 1 und 2 umschrieben. Weiters hat der BMWFW mit V Arten von BA bezeichnet, die dem vereinfachten Genehmigungsverfahren unterliegen (V BGBl 1994/850 idF BGBl 1995/772, 1996/543 und II 1999/19). Näheres dazu s Lexikon „Vereinfachtes Genehmigungsverfahren (Auftragsverfahren)" Rz 148 sowie *Stolzlechner,* Die Genehmigungspflicht der Betriebsanlage Rz 203, 6.2 und *Vogelsang,* Verordnungen im Betriebsanlagenrecht Rz 257, 5.5 bis 5.7.

Für die in der Anlage 3 zur GewO 1994 genannten BA („IPPC-Anlagen") sind – den Vorgaben der IE-R folgend – sowohl zusätzliche materiellrechtliche Genehmigungsvoraussetzungen (§ 77 a Abs 1 bis 6) als auch zusätzliche verfahrensrechtliche Anforderungen (§ 77 a Abs 7, §§ 353 a, 356 a), die bei der Erteilung der Genehmigung einzuhalten sind, vorgesehen. Weiters ist in Verfahren zur Genehmigung einer IPPC-Anlage anerkannten Umweltorganisationen Parteistellung eingeräumt (§ 356 b Abs 7). Spezielle Anforderungen sind auch für die Änderung von IPPC-Anlagen vorgesehen (§ 81 a). Darüber hinaus sind IPPC-Anlagen periodisch an den Stand der Technik anzupassen (Näheres dazu *Vogelsang,* Sonderbestimmungen für IPPC-Anlagen Rz 243 ff).

Bei den dem **Industrieunfallrecht unterliegenden BA** („Seveso-Anlagen") handelt es sich um Betriebe iSd § 84 b Z 1, in denen die in Anlage 5 zur GewO 1994 genannten Stoffe in den dort genannten Mengen vorhanden sind. Dem Konzept der Seveso-III-RL (Richtlinie 2012/18/EU zur Beherrschung der Gefahren schwerer Unfälle mit gefährlichen Stoffen, zur Änderung und anschließenden Aufhebung der Richtlinie 96/82/EG) folgend, unterscheidet die GewO 1994 zwischen in sicherheitstechnischer Hinsicht weniger gefährlichen Betrieben nach § 84 b Z 2 **(Betriebe der unteren Klasse),** welche weniger strengen Anforderungen unterliegen (zB Erstellung eines Sicherheitskonzepts), und den Betrieben nach § 84 b Z 3 **(Betriebe der oberen Klasse),** welche strengeren Anforderungen unterliegen (zB Erstellung eines Sicherheitsberichts, Erarbeitung von Notfallplänen). Beide Arten von Betrieben unterliegen weitreichenden Mitteilungspflichten (§ 84 d) und Informationspflichten (§ 84 j) sowie einer verstärkten Kontrolle (§ 84 k). Nähere Bestimmungen betreffend die Beherrschung der Gefahren schwerer Unfälle mit gefährlichen Stoffen wurden gem § 84 m mit V BGBl II 2015/229 erlassen. Näher dazu s Lexikon „Industrieunfall(recht)" Rz 74, sowie *Bergthaler/*

Berger, Die unionsrechtlichen Grundlagen des Betriebsanlagenrechts Rz 297; *Vogelsang,* Verordnungen im Betriebsanlagenrecht Rz 256 und *Vogelsang,* Überwachung von Betriebsanlagen Rz 371.

BA, die nach allgemeiner Erfahrung nicht geeignet sind, Gefährdungen, Belästigungen oder sonstige Einwirkungen iSd § 74 Abs 2 hervorzurufen, unterliegen nicht der Genehmigungspflicht (**„genehmigungsfreie Betriebsanlagen"**). Gleiches gilt für BA, die mit Verordnung gem § 74 Abs 7 genehmigungsfrei gestellt wurden. Näheres dazu s *Stolzlechner,* Die Genehmigung der Betriebsanlage Rz 202, 5.1 und 5.2 und *Vogelsang,* Verordnungen im Betriebsanlagenrecht Rz 257, 5.8.

3. Betriebsanlage: Die „örtlich gebundene Einrichtung"

3.1 Das Wesen der „Anlage" liegt in der **stabilen Einrichtung.** **193**

Dieses Wesensmerkmal ist auch bei Magazinen, Lagerplätzen, Verkaufsräumen, Steinbrüchen, Badeanstalten usw gegeben (EB zur RV GewO 1973; auch nach VwGH 30. 11. 1977, 2103/76, ist in solchen Fällen das Wesensmerkmal der örtlich gebundenen Einrichtung im Einzelfall gegeben; betreffend Lagerplatz vgl VwGH 16. 12. 1986, 86/04/0091).

Dagegen fehlt dieses Wesensmerkmal bei **Baustellen** und ähnlichen Arbeitsplätzen, die eine Quelle der Belästigung der Nachbarn sein können.

Nach § 84 hat die Behörde auch für gew **Arbeiten außerhalb der BA** erforderlichenfalls von Amts wegen dem Gewerbebetreibenden die für die Ausführung dieser Arbeiten notwendigen Vorkehrungen zur Vorbeugung gegen oder zur Abstellung von Gefährdungen von Menschen oder unzumutbaren Belästigungen der Nachbarn mit Bescheid aufzutragen (s auch unten 4.1 und *Wendl,* Verfahrensübersicht „Verfahren nach § 84" Rz 182).

3.2 Für eine örtlich gebundene Einrichtung ist eine **eigene Baulichkeit nicht unbedingt erforderlich.** Gebäude oder andere bauliche Anlagen sind keine für die „Betriebsanlage" wesentlichen Begriffsmerkmale.

So VwSlg 10.286 A/1980 für einen abgetrennten Teil einer Tiefgarage, der im Rahmen der Organisation eines Gewebebetriebs samt entsprechenden beweglich eingesetzten Geräten auf Dauer dem Einbau von Autoradios in Kraftfahrzeuge gewidmet ist; noch deutlicher VwGH 30. 10. 1974, 1876/73, 18/74 und 19/74, für Einrichtungen im Freien, wie zB Kraftfahrzeugabstellplätze, und VwSlg 9183 A/1976 für ein Grundstück, das als Abstellplatz für im Betrieb verwendete Lastkraftwagen und sonstige Maschinen benützt wird. Das regelmäßige Abstellen von Last- und Tankfahrzeugen auf einem Platz macht diesen zu einem Abstellplatz und bedarf daher einer gewerbebehördlichen Genehmigung (VwGH 7. 9. 1988, 88/18/0031; 24. 4. 1990, 89/04/0217). Gleiches gilt für eine stabile Einrichtung eines Einstellplatzes und Abstellplatzes, auf dem Kraftfahrzeuge für ein Mietwagen- und Taxigewerbe eingestellt und abgestellt werden; dies auch dann, wenn sie sich im Bereich eines Einfamilienhauses befindet (VwGH 28. 4. 1994, 91/04/0340). Weder der behördlich genehmigte Betrieb eines Tanklagers noch der eines Transportunternehmens ohne Abstellplatz für Last- und Tankfahrzeuge erlaubt es dem so Berechtigten, Tankfahrzeuge innerhalb des räumlichen Umfangs seines Betriebs abzustellen (VwGH 20. 2. 1974, 1145/72; 7. 9. 1988, 88/18/0031).

Das in der Praxis zu beobachtende, je nach Parkmöglichkeit ständig wechselnde Abstellen von Lastkraftwagen, teilweise unter Vornahme von geringfügigen Servicearbeiten, auf Straßen kann nicht als genehmigungspflichtige *BA* angesehen werden (*Gruber/Paliege-Barfuß*, GewO⁷ § 74 Anm 5).

3.3 Im Rahmen einer örtlich gebundenen Einrichtung verwendete, **nicht stabile** oder **nicht örtlich gebundene Einrichtungen** sind im gewerbebehördlichen BA-Genehmigungsverfahren zu berücksichtigen.

Bei diesen Einrichtungen kann es sich um Kraftfahrzeuge, Stapler, Ladegeräte, Schneid- und Schweißgeräte, elektrische Handbohrgeräte, Lötkolben, Maschinen usw handeln (VwGH 30. 10. 1974, 1876/73, 18/74 und 19/74; VwSlg 9183 A/1976 und 10.286 A/1980).

3.4 Aus der Definition der BA als „örtlich gebundene Einrichtung" ergibt sich weiters, dass zwischen den einzelnen Teilen der gew BA ein **örtlicher Zusammenhang** bestehen muss (VwGH 10. 12. 1991, 91/04/0090; 19. 3. 2003, 2001/04/0065).

Die räumliche Einheit erfordert allerdings nicht, dass alle einer BA zuzurechnenden Betriebsliegenschaften unmittelbar aneinander grenzen. Vielmehr steht eine geringfügige räumliche Trennung, wie etwa durch eine Straße, der Annahme der Einheit der BA nicht entgegen, solange die tatsächlichen Betriebsabläufe auf den Betriebsliegenschaften eine Einheit bilden (VwGH 1. 7. 1997, 97/04/0063). Näheres dazu *Stolzlechner*, Die Genehmigungspflicht der gewerblichen Betriebsanlage Rz 200, 3.1.

3.5 Von einer örtlich gebundenen Einrichtung kann nicht mehr gesprochen werden, wenn es sich um **transportable** und **ortsveränderliche Anlagen** oder **Einrichtungen** handelt und diese nicht in einer BA selbst verwendet werden.

Es handelt sich hier beispielsweise um eine auf einem Lastkraftwagen eingerichtete Bettfedernreinigungsmaschine oder Holzschneidemaschine, die immer wieder Anlass zu Beschwerden geben. Das Gleiche gilt für Straßen- und sonstige Baumaschinen, Tankwagen, Lokomobile und ähnliche Maschinen.

In seinem Erk v 22. 11. 1978, 2678/77, ist der VwGH noch einen Schritt weiter gegangen und hat auch eine **Abfallverbrennungsanlage**, die „über Wunsch und Auftrag der Kunden auf ständig wechselnden Orten, etwa auf Grundstücken der Kunden, zur Verbrennung des Abfalls aufgestellt und daher im Aufstellungsort nur für eine relativ kurze Zeit verwendet wird", im Hinblick darauf, dass diese Verbrennungsanlage grundsätzlich mobil bleibt, nicht als örtlich gebundene Einrichtung bezeichnet, obwohl einzelne Zubehörteile der Anlage, und zwar der Kessel, auf Eisenkonstruktionen mit dem Boden fixiert werden, um die Vorrichtung während des Einsatzes an Ort und Stelle abzustützen. Der VwGH hat dazu lapidar festgestellt, dass das Merkmal der örtlich gebundenen Einrichtung nicht schon dadurch gegeben sei. Der in diesem Erk zum Ausdruck kommende Grundsatz, dass stabile Einrichtungen dann nicht als örtlich gebundene Einrichtungen zu werten sind, wenn sie **grundsätzlich transportierbar** sind, kann nicht geteilt werden. Entscheidend ist die örtliche Gebundenheit, die bei der gegenständlichen Abfallverbrennungsanlage aus statischen Gründen vor dem Betrieb dieser Anlage hergestellt werden musste, und nicht die Leichtigkeit des Abbaus und die Transportfähigkeit der Anlage. Jede andere Auslegung kommt in Widerstreit mit der sonstigen Jud des VwGH zum Tatbestandselement „örtlich gebundene Einrichtung" und würde letztlich durch die Bevorzugung von derart transportierbaren BA eine Aushöhlung des BA-Rechts und damit auch des Umweltschutzes bedeuten.

Das Merkmal der örtlichen Gebundenheit einer BA ist nicht nur dann gegeben, wenn die Einrichtung schon ihrer physischen Natur nach unbeweglich ist, sondern auch dann, wenn die ihrer Natur nach zwar bewegliche Einrichtung nach der Absicht des Gewerbetreibenden ausschließlich oder **überwiegend** und **für längere Zeit an einem bestimmten Standort** der Entfaltung der gewerblichen Tätigkeit dienen soll (VwGH 24. 6. 1992, 91/12/0097; mobile Abfallsortieranlage).

Auch ein **„mobiler" Würstelstand,** der immer wieder am selben Standort nach Maßgabe einer auf diesen lautenden Konzession aufgestellt wird, kann als örtlich gebundene Einrichtung und damit als gew BA qualifiziert werden.

4. Betriebsanlage: Die „der Entfaltung einer gewerblichen Tätigkeit regelmäßig zu dienen bestimmt ist"

Dieses Tatbestandselement muss im Zusammenhang mit der örtlich gebundenen **194** Einrichtung gesehen werden. Die durch die GewRNov 1988 erfolgte Umstellung des Wortes „regelmäßig", das sich nunmehr eindeutig nur noch auf die örtlich gebundene Einrichtung bezieht, bringt deutlich die schon in der bisherigen Jud gezogene Abgrenzung zu den Baustelleneinrichtungen zum Ausdruck.

4.1 Bei Prüfung der Frage, ob eine örtlich gebundene Einrichtung der Entfaltung einer gew Tätigkeit regelmäßig zu dienen bestimmt ist, ist jedenfalls auch auf deren Art und Zweckbestimmung Bedacht zu nehmen (vgl VwGH 24. 4. 1990, 89/04/0217 und 22. 1. 1992, 91/04/0262). Wenn eine örtlich gebundene Einrichtung nur vorübergehend zur Entfaltung einer gew Tätigkeit bestimmt ist, dann handelt es sich nicht um eine gew BA (vgl VwGH 21. 11. 1980, 2214/79).

Damit wird eine weitere Abgrenzung zwischen einer **Baustelleneinrichtung** und ihrer Genehmigungspflicht gezogen. Von einer Regelmäßigkeit iSd § 74 Abs 1 kann somit bei einer für eine bestimmte Baustelle errichteten Baustelleneinrichtung, wie zB einer Mischanlage, noch nicht gesprochen werden, sodass eine gew BA gem der vorerwähnten Gesetzesstelle nicht gegeben ist. Anders liegt allerdings der Fall, wenn es sich um eine Mischanlage handelt, von der das Material auf verschiedene (andere) Baustellen geführt wird und die Anlage daher für eine von vornherein nicht bestimmte Anzahl von Bauführungen – sohin auf unbestimmte Zeit – aufgestellt und betrieben wird (vgl VwSlg 5681 A/1961 sowie 14.769 A/1997).

4.2 Der Begriff der **„gewerblichen Tätigkeit"** erfordert

- **Gewerbsmäßigkeit iSd § 1 Abs 2** mit den drei Begriffsmerkmalen
  - Selbständigkeit,
  - Regelmäßigkeit und
  - Absicht, einen Ertrag oder sonstigen wirtschaftlichen Vorteil zu erzielen
- **sowie** eine unter die Bestimmungen der **GewO fallende Tätigkeit** (s auch unten 4.3).

Als **gewerbsmäßige Tätigkeiten** iSd § 1 Abs 2 kommen nur solche Tätigkeiten in Betracht, die in einer Teilnahme am allgemeinen Wirtschaftsverkehr in Form der Produktion von Gütern, des Handels oder der Erbringung von Dienstleistungen bestehen. Nicht unter den Begriff der gewerbsmäßigen Tätigkeit fallen daher Tätigkeiten, die zur *Befriedigung des Eigenbedarfs* des Handelnden gesetzt werden. Es sind daher insb alle Tätigkeiten eines Gewerbetreibenden, die dieser zur Errichtung oder zur Änderung seiner BA setzt, jedenfalls keine gewerblichen Tätigkeiten (VwSlg 15.254 A/1999). Ist eine Tätigkeit **vom Anwendungsbereich** der GewO ausgenommen (vgl die Ausnahmen in § 2), so liegt keine „gewerbliche Tätigkeit" iSd § 74 Abs 1 vor. *Keine gew Tätigkeiten* sind zB der Betrieb eines *Buschenschankbuffets* (§ 1 Abs 1 Z 5), der Betrieb von *Tennissportanlagen* (§ 2 Abs 1 Z 17; VwGH 26. 6. 2001, 2000/04/0144) sowie der Betrieb eines *„selbstfahrenden Wasserlifts"* (§ 2 Abs 1 Z 15; VwGH 26. 2. 2003, 2001/04/0244).

Hingegen ist der Betrieb von nicht Heilzwecken, sondern der **Freizeitgestaltung die-nenden Badeanstalten** eine gew Tätigkeit (vgl VwGH 15. 12. 2014, 2013/04/0070; s auch *Stolzlechner*, Bundesverfassungsrechtliche Grundlagen des Betriebsanlagenrechts Rz 299, 2.5). Die Erzeugung und der Verkauf von (sprengkräftigen oder nicht sprengkräftigen) Zündmitteln zählen nicht zu den gem § 2 Abs 1 Z 21 vom Anwendungsbereich der GewO 1994 ausgenommenen Tätigkeiten. Ein *Verschleißlager für Sprengkapseln oder elektrische Zünder* (beides „sprengkräftige Zündmittel") ist eine *gew BA* und bedarf bei Vorliegen der im § 74 Abs 2 festgelegten Kriterien einer BA-Genehmigung (*Gruber/Paliege-Barfuß*, GewO⁷ § 74 Anm 12).

Wird eine zum Schutz einer Seilbahn betriebene ortsfeste **Lawinensprenganlage** nicht vom Eisenbahnunternehmen selbst sondern von einem Dritten gewerbsmäßig betrieben, so handelt es sich um eine gew BA. Dass ausschließlicher Zweck der Lawinensprenganlage der Schutz einer Seilbahn ist, die nicht der GewO 1994 unterliegt (§ 2 Abs 1 Z 15), ändert daran nichts.

Keine gew BA iSd §§ 74 ff sind **in einem Marktgebiet errichtete standfeste Einrichtungen.** § 293 Abs 2 Z 1 enthält eine V-Ermächtigung für Gemeinden zur Regelung, ob und inwieweit auf Marktplätzen standfeste Bauten errichtet werden dürfen. Unter „standfesten Bauten" iSd § 293 Abs 2 Z 1 können nur spezifische gewerberechtliche Bauten, was durchaus vergleichbar mit dem Begriff „örtlich gebundene Einrichtung" in § 74 Abs 1 ist, verstanden werden, da die Regelung in § 293 auf dem Kompetenztatbestand des Art 10 Abs 1 Z 8 B-VG (Angelegenheiten des Gewerbes und der Industrie) beruht. Es kann sich bei § 293 Abs 2 Z 1 jedoch nicht um eine baurechtliche Norm handeln, da das Baurecht Landessache in Gesetzgebung und Vollziehung ist (Art 15 B-VG). Wenn also § 293 Abs 2 Z 1 eine Ermächtigung zur Regelung „standfester Bauten" enthält, normiert er eine **für Märkte geltende gewerberechtliche Spezialregelung,** die den allgemeinen Regelungen der §§ 74 ff vorgeht (vgl LVwG Wien 11. 3. 2015, VGW-122/008/27123/2014).

Treten im Rahmen eines vom Gewerbeinhaber gestellten Antrags auf Durchführung eines Feststellungsverfahrens gem § 358 (ob eine Genehmigungspflicht der BA gegeben ist) Zweifel auf, ob es sich bei der ausgeübten Tätigkeit um eine unter die GewO fallende handelt, ist dieses Verfahren zu unterbrechen und ein Feststellungsverfahren gem § 348 durchzuführen (vgl auch VwSlg 9319 A/1977, wo es darum ging, ob es sich bei der iZm der Vermietung eines Baderaums mit Schwimmbecken und Saunakammer mit Nebenräumen vorgesehenen Tätigkeit um eine häusliche Nebenbeschäftigung gem § 2 Abs 1 Z 9 handelt).

§ 1 Abs 2 zweiter Satz („oder im Zusammenhang mit einer nicht diesem Bundesgesetz unterliegenden Tätigkeit erzielt werden soll") kommt auch im vorliegenden Zusammenhang Bedeutung zu (näher *Duschanek*, ZfV 1989, 216); dies insofern, als nach dieser Regelung die GewO auch für solche Tätigkeiten mit den Merkmalen der Gewerbsmäßigkeit gilt, die iZm einer anderen, nicht der GewO unterliegenden Tätigkeit ausgeübt werden. Daher ist für **gewerbliche (Neben-)Tätigkeiten** eines sonst ausgenommenen Rechtsträgers eine BA-Genehmigung zu verlangen, wenn die übrigen Voraussetzungen des § 74 vorliegen (zB Vermietung eines Sportplatzes und von Sportgeräten an Nichtvereinsmitglieder; vgl dazu auch *Duschanek*, ZfV 1989, 216 f).

Für die Ausübung gew Tätigkeiten im Rahmen von Bergbau- bzw Stromerzeugungsanlagen ist unter bestimmten Voraussetzungen ausnahmsweise keine Genehmigungspflicht vorgesehen (§ 74 Abs 4 und 5). Näheres dazu s Lexikon „Kombinierte Anlagen" Rz 82 sowie *Stolzlechner*, Die Genehmigungspflicht der Betriebsanlage Rz 204.

4.3 In den Fällen, in denen die **Anwendung des BA-Rechts auf sonst von der GewO ausgenommene Tätigkeiten** durch eigene Bestimmungen festgelegt wurde, kommt dem Begriff „gewerbliche Tätigkeit" keine Bedeutung zu:

– BA der von der GewO ausgenommenen Nebengewerbe der Land- und Forstwirtschaft, wenn sie bestimmte Voraussetzungen erfüllen (§ 2 Abs 5); Näheres s Lexikon „Land- und Forstwirtschaft" Rz 92,

– BA der von der GewO ausgenommenen Tätigkeiten land- und forstwirtschaftlicher Erwerbs- und Wirtschaftsgenossenschaften (§ 2 Abs 8),

– BA der dem Bund zustehenden Monopole und Regalien (§ 2 Abs 12),

– bestimmte BA zur Erzeugung oder Verarbeitung von Schieß- und Sprengmitteln (§ 2 Abs 16),

– BA, die Patentanmelder zur gewerbsmäßigen Ausübung ihrer Erfindung verwenden (§ 3 Abs 2).

5. Reichweite der Betriebsanlage

Dabei geht es um die Frage, welche Vorgänge noch als Auswirkungen einer gew BA anzusehen sind. Sie hat mit der zunehmenden Motorisierung Bedeutung erlangt und schon in den 1960er Jahren den VwGH befasst. **195**

5.1 Im Rahmen dieser Jud wurde zum Ausdruck gebracht, dass das wesentlich zum Betriebsgeschehen einer BA gehörende **Zufahren zur Betriebsanlage und das Wegfahren von dieser** zu den Vorgängen, die als Auswirkung der BA anzusehen sind, gehört (s auch Lexikon „Straßen mit öffentlichem Verkehr" Rz 129 sowie „Verkehrslärm" Rz 152 und *Stolzlechner*, Die Genehmigungspflicht der Betriebsanlage Rz 198, 1.4).

So etwa die Zu- und Abfahrt der aufzutankenden Fahrzeuge zu einer Tankstelle, die Zu- und Abfahrt sowie der Reversiervorgang im Bereich einer zu einer BA zählenden Warenhalle, das Befahren einer Hauseinfahrt mit Kraftfahrzeugen zu einer entsprechenden BA, Zu- und Abfahren zur bzw von der Waschhalle (zB VwSlg 6104 A/1963, 6236 A/1964; VwGH 30. 9. 1970, 832/70; 14. 10. 1983, 82/04/0163; 8. 10. 1996, 94/04/0191; 27. 11. 1997, 95/04/0123).

Durch die Neufassung des § 77 Abs 3 durch die GewRNov 1988 erfuhr diese Aussage eine Einschränkung dahin, dass zu diesen Vorgängen nicht mehr jene zählen, die von Personen herrühren, die die BA der Art des Betriebs gem in Anspruch nehmen. Siehe dazu unten 5.3.

Einer BA ist das Zu- und Abfahren in ihrem engeren örtlichen Bereich zuzurechnen (VwGH 15. 10. 2003, 2002/04/0073). Immissionen durch den Zu- bzw Abfahrtsverkehr sind daher der BA nur in dem Ausmaß zuzurechnen, als sie sich beim Ein- und Abbiegevorgang in den Zufahrtsweg (hier: Zufahrt zur BA direkt von der Landesstraße) ereignen, nicht aber sofern sie durch ein „Vorbeifahren" von LKW vor bzw nach diesen Vorgängen entstehen (VwGH 27. 3. 1990, 87/04/0091-0094).

Die Grenze zwischen einer projektierten BA und ihrer Umwelt ist dort zu ziehen, wo die BA – entsprechend dem den Gegenstand des Genehmigungsverfahrens bildenden Projekt – in ihrem räumlichen Umfang endet und dementsprechend das Umfeld der BA beginnt. Eine ins öffentliche Gut übernommene **Zufahrtsrampe zu einer BA,** die damit eine Straße mit öffentlichem Verkehr wird, gehört nicht zur BA (VwGH 6. 2. 1990, 89/04/0089, 0090).

Eine nicht dem öffentlichen Verkehr dienende Werkstraße, die als Transportweg zur BA dient, bildet im Hinblick auf den „funktionellen Zusammenhang mit der örtlich gebundenen Einrichtung" einen Bestandteil der BA (VwGH 26. 6. 1981, 04/0652/79). Daher sind Privatstraßen und der gesamte Verkehr auf solchen Straßen im BA-Verfahren zu berücksichtigen.

Wird in einem Bescheid das Anlegen einer Aufschließungsstraße als Auflage vorgeschrieben, so spricht dies für die Annahme, dass es sich dabei um einen Teil der gew BA handelt. Die von der Aufschließungsstraße herrührenden, insb durch Kunden verursachten Lärmimmissionen sind daher der BA zuzurechnen (VwGH 9. 9. 1998, 98/04/0083).

5.2 Da aber der Ausgangspunkt einer Eignung zur Belästigung von Nachbarn eine gew BA und das wesentlich zur dort entfalteten gew Tätigkeit gehörende Geschehen sein muss, kann das bloße **Vorbeifahren von Betriebsfahrzeugen auf einer Straße mit öffentlichem Verkehr** nicht mehr als zu einer gew BA gehörendes Geschehen gewertet werden; es sind daher im BA-Genehmigungsverfahren diesbezüglich Belästigungen nicht zu berücksichtigen (VwSlg 9943 A/1979 sowie VwGH 22. 3. 1988, 87/04/0137; 30. 9. 1997, 97/04/0149; 28. 8. 1997, 95/04/0070). Dies selbst dann nicht, wenn über den (unstrittig als öffentliche Straße qualifizierten) Gemeindeweg hauptsächlich das ca 400 – 500 m entfernt liegende Grundstück der BA erreicht werden soll (VwGH 30. 6. 2004, 2001/04/0204) oder es sich um die einzige Zufahrtsstraße zur BA handelt (VwGH 27. 1. 2010, 2009/04/0297).

Gleiches gilt für Staus von an der BA vorbeifahren wollenden Kfz, die allenfalls durch die Abbiegevorgänge von Kfz entstehen, die zur BA zufahren wollen (VwGH 14. 4. 1999, 98/04/0225).

5.3 Durch die Neufassung des § 74 Abs 3 anlässlich der GewRNov 1988 wurde klargestellt, dass das **Verhalten von Kunden** und von anderen betriebsfremden Personen *außerhalb einer gew BA* für eine Zurechnung zur BA nicht mehr in Betracht kommt. Damit ist die vom VwGH entwickelte Jud (vgl zB VwGH 10. 12. 1985, 85/04/0091) über das dem Betrieb zuzurechnende „Johlen und Singen" von Gästen eines Gastgewerbebetriebes außerhalb der BA auf der Straße und über die damit dem Gewerbetreibenden übertragenen Aufgaben hinfällig. Nunmehr bietet § 113 Abs 5 die Handhabe, durch Einzelmaßnahmen hinsichtlich der Sperrstunde eine unzumutbare Belästigung der Nachbarschaft „durch ein nicht strafbares Verhalten von Gästen unmittelbar vor der Betriebsanlage des Gastgewerbebetriebs" zu vermeiden. Eine ungebührliche Lärmerregung von Gästen ist verwaltungsstrafbehördlich zu ahnden.

Der VwGH hat in seinem Erk v 10. 9. 1991, 91/04/0105, 0106, 0107 ausdrücklich festgehalten, dass die Ausführungen im Erk eines verstärkten Senates VwSlg 9943 A/1979 über die Zurechnung von Vorgängen, die sich außerhalb, aber im engeren örtlichen Bereich der BA abspielen, seit Inkrafttreten der GewRNov 1988 durch die dadurch geschaffene neue Rechtslage insoweit überholt sind, als nunmehr das *Bewirken von Gefährdungen, Belästigungen, Beeinträchtigungen* oder nachteiligen Einwirkungen bei Nachbarn *durch Personen außerhalb der BA* – abgesehen vom Inhaber der BA und seinen Erfüllungsgehilfen – *keine Immissionen* iSd §§ 74 und 77 sind.

Für die Beurteilung der Frage, ob die vom Parkplatz herrührenden, insb durch das Zu- und Abfahren der Kunden verursachten und auf die Liegenschaft des Nachbarn einwirkenden, Lärmemissionen der in Rede stehenden BA zuzurechnen sind, ist demnach allein entscheidend, ob dieser Parkplatz – unabhängig von seiner Qualifikation als Straße mit öffentlichem Verkehr iSd § 1 Abs 1 StVO – einen Teil der betreffenden BA bildet. Ist das der Fall, so handelt es sich bei den vom Parkplatz ausgehenden Lärmemissionen nicht um das – der BA nicht mehr zuzurechnende – bloße Vorbeifahren von Fahrzeugen auf einer Straße mit öffentlichem Verkehr, sondern um das Verhalten von Kunden der BA iS von § 74 Abs 3. Zu- und Abfahrten auf diesem Parkplatz haben somit in die Beurteilung der von der BA ausgehenden Lärmemissionen einzufließen (VwGH 27. 1. 1999, 98/04/0115). Dagegen haben die von einem öffentlichen Parkplatz (der nicht Teil der BA ist) und von den Zugangswegen zur BA ausgehenden, durch Kunden dieser BA verursachten Lärmemissionen außer Betracht zu bleiben (VwGH 11. 11. 1998, 98/04/0137).

Auch wenn **Gästelärm vor einer BA** nach der stRsp des VwGH an sich nicht der BA zugerechnet werden kann, kann es spezielle Konstellationen geben, in denen es sehr wohl zu einer Zurechnung kommt. So ist der Lärm der zwecks Lokalwechsels vor der BA befindlichen Gäste, welche durch die Verlängerung der Betriebszeit bis 6 Uhr morgens offenbar in das im selben Haus befindliche und ebenfalls von der Konsenswerberin betriebene Kaffeehaus mit Betriebszeit ab 6 Uhr morgens gelotst werden sollen, sehr wohl der **Clubbinglounge** zurechenbar (LVwG Wien 25. 6. 2014, VGW-122/008/6830/2014).

5.4 Bei den **Auswirkungen** einer gew BA muss es sich **nicht** um Auswirkungen handeln, die für die gew BA **spezifisch** sind; es sind vielmehr auch Auswirkungen zu berücksichtigen, die ohne Zusammenhang mit einer gew BA auftreten können (zB der Betrieb einer Stereomusikanlage im Rahmen des Betriebs eines Gasthauses: VwSlg 10.432 A/1981; s auch *Stolzlechner,* Die Genehmigungspflicht der Betriebsanlage Rz 198, 1.7).

6. Betriebsanlage und Gewerbeberechtigung

Der Begriff der genehmigungspflichtigen BA iSd § 74 ist **nicht auf den Bestand einer bestimmten Gewerbeberechtigung** oder einer bestimmten Anzahl von Gewerbeberechtigungen **abgestellt** (VwSlg 8916 A/1975). Es ist durchaus zulässig, dass eine gew BA der Entfaltung einer gew Tätigkeit, die in der Ausübung **mehrerer Gewerbeberechtigungen** besteht, regelmäßig zu dienen bestimmt ist (VwGH 28. 9. 2011, 2011/04/0128). **196**

Für die Genehmigung einer gew BA oder für die Genehmigung der Änderung einer gew BA ist der Bestand einer bestimmten Gewerbeberechtigung, die das persönliche Recht der Gewerbeausübung im Standort der gew BA abdeckt, keine Voraussetzung (VwSlg 7182 A/1967).

Die erforderliche **Genehmigung der BA** muss **bei einer Gewerbeanmeldung** oder **bei Erlassung eines Bescheides nach § 340 Abs 2** noch nicht vorliegen (§ 15).

7. Verhältnis von Betriebsanlage und Betriebsstätte

197   Seit der GewRNov 1988 gibt es keine Legaldefinition der **Betriebsstätte** mehr. **Betriebsstätte** ist der Standort der Gewerbeberechtigung, sohin der in der Gewerbeberechtigung angeführte Ort, in dem sich der Mittelpunkt des Unternehmens bzw der gew Tätigkeit befindet. **Weitere Betriebsstätte** ist der Ort einer Gewerbeausübung außerhalb des Standorts der Gewerbeberechtigung, in dem andere als durch § 50 Abs 1 und § 46 Abs 3 erfasste Tätigkeiten ausgeübt werden. Außer den zuletzt angeführten Tätigkeiten ist also eine Betriebsstätte der Standort, auf den die Gewerbeanmeldung lautet, oder der Standort, für den die Anzeige einer weiteren Betriebsstätte erstattet wurde.

Eine weitere Betriebsstätte liegt allerdings nur dann vor, wenn sich der Standort der Stammberechtigung im Inland befindet (VwSlg 12.313 A/1986).

Der Begriff **Betriebsstätte** kommt in der GewO wiederholt vor, zB §§ 46 – 48 betreffend die weitere Betriebsstätte, §§ 50 – 52 betreffend gew Tätigkeiten außerhalb von Betriebsstätten, §§ 63 – 67 betreffend die Namensführung und Bezeichnung der Betriebsstätten, § 69 betreffend Schutzmaßnahmen bei der Gewerbeausübung hinsichtlich der Errichtung der Betriebsstätten.

7.1 Es bedarf für eine Betriebsstätte **keiner ortsfesten Anlage** (zB Gebäude, Verkaufslokal). Es genügen auch die für das Anbieten von Waren oder für die Durchführung von Dienstleistungen erforderlichen Einrichtungen. Es kann sich auch um eine Einrichtung handeln, die beweglich ist, sofern sie auf dem bezeichneten Standort zumindest kurzfristig aufgestellt und für die gew Tätigkeit verwendet wird.

Daher ist zB der Verkauf von Waren, der von einem an einem bestimmten Platz abgestellten Kfz aus erfolgt, als Standort zu werten (vgl auch EB zur RV GewO 1973). Auch der außerhalb der Hauptbetriebsstätte gelegene Standort, an dem der ständige Vertreter eines Gewerbetreibenden regelmäßig gew Tätigkeiten entfaltet, ist eine weitere Betriebsstätte, wobei es sich um die Wohnung dieses Vertreters handeln kann (vgl auch VwSlg 3365 A/1954, 6705 A/1965, 7603 A/1969 und VwGH 30. 9. 1983, 83/04/0164).

7.2 Das Erfordernis einer mehr als drei Tage dauernden Tätigkeit für eine Betriebsstätte wurde durch die GewRNov 1988 beseitigt. Eine weitere Betriebsstätte liegt nun auch schon bei einer **kurzfristigen** oder **vorübergehenden Gewerbeausübung** vor (§ 46 Abs 1).

Dabei genügt bereits eine **Teiltätigkeit des Gewerbes** (VwSlg 9860 A/1979; VwGH 30. 9. 1983, 83/04/0164); als solche gilt zB: der Bürobetrieb in einer weiteren Betriebsstätte, die Entgegennahme von Bestellungen, der Abschluss von Lieferverträgen oder die Annahme von Zahlungen; Bestellungen können auch in einem aufgestellten Briefkasten gesammelt werden (VwSlg 3365 A/1954, 6705 A/1965, 7603 A/1969; VwGH 30. 9. 1983, 83/04/0164). Eine Teiltätigkeit kann auch in der Ausübung des dem Gewerbetreibenden aufgrund seiner Gewerbeberechtigung zustehenden Nebenrechtes bestehen.

Aus dem Gesagten folgt, dass dem **Begriff Betriebsstätte** iSd § 46 Abs 1 eine *weitere Bedeutung* zukommt als dem bei der Definition der BA verwendeten Begriff (§ 74 Abs 1). Nicht jede Betriebsstätte ist daher eine BA iS von § 74 Abs 1. Ergibt sich aber bei einer Betriebsstätte ein Sachverhalt, der der Definition der BA entspricht, so ist die Frage der Genehmigungspflicht einer solchen Betriebsstätte iSd

§ 74 Abs 2 zu stellen (s dazu *Stolzlechner,* Die Genehmigungspflicht der Betriebsanlage Rz 206).

Räumlichkeiten, die nur der **Aufbewahrung von Waren** oder **Betriebsmitteln** dienen, sind von der Anzeigepflicht nach § 46 Abs 3 nicht erfasst, können aber BA iSd § 74 Abs 1 sein; oder wie es der VwGH ausdrückt: „das Wesensmerkmal der ortsgebundenen Einrichtungen ist auch bei Lagerplätzen, Magazinen usw gegeben" (VwGH 30. 11. 1977, 2103/76).

B. Die Genehmigungspflicht der Betriebsanlage

Harald Stolzlechner

Literatur: *Bergthaler/Follner,* IPPC-Anlagen in der GewO: Anlagenbegriff und verfahrensrechtliche Konsequenzen, ecolex 2004, 750; *Bergthaler/Holzinger,* Mobile Maschinen im Anlagen- und Immissionsschutzrecht – dargestellt am Beispiel der Off-RoadV, in FS Stolzlechner (2013) 37; *Duschanek,* Die Genehmigung gewerblicher Betriebsanlagen, in *Rill* (Hrsg), Gewerberecht. Beiträge zu Grundfragen der GewO 1973 (1978) 257 ff; *Duschanek,* Die Genehmigung von Betriebsanlagen nach der Gewerberechtsnovelle 1988, ZfV 1989, 215 ff; *E/R/W,* insb Kommentierung der §§ 74, 76 a, 358; *Feik,* Gewerbliches Betriebsanlagenrecht, in *N. Raschauer / Wessely* (Hrsg), Handbuch Umweltrecht[2] (2010) 270; *Feik,* Gewerberecht, in *Bachmann et al* (Hrsg), Besonderes Verwaltungsrecht[10] (2014) 229 (256); *Grabler/Stolzlechner/Wendl,* GewO[3] Kommentierung zu §§ 74, 76 a, 358; *Grassl,* Apropos – Gastgartenlärm muss wieder im Einzelfall geprüft werden, ecolex 2012, 177; *Gruber,* Die Judikatur des Verwaltungsgerichtshofes zum gewerblichen Betriebsanlagenrecht: aktuelle Entwicklungen, in *Hauer* (Hrsg), Betriebsanlagenrecht im Umbruch (2004) 1; *Gruber/Paliege-Barfuß,* GewO[7] insb Kommentierung zu § 74; *Hauer,* Umweltanlagenrecht, in *Hauer/Mayrhofer* (Hrsg), Umweltrecht[2] (2015) 247 ff; *Hauer/Oberndorfer,* ElWOG (2007); *Kind,* Verfassungsrechtliche Überlegungen zur Novelle der Gastgartenregelung, RdU 2010, 112; *Kleiser,* Rechtsprechung des Verwaltungsgerichtshofs zum Gewerberecht 2011, ÖJZ 2012, 991; *Lechner-Hartlieb,* Wahrung der (Nachbar-)Interessen für die Genehmigungsfreistellung von Gastgärten, RFG 2012, 182; *Stolzlechner/Lütte,* Aktuelle Judikatur des VwGH zum gewerblichen Betriebsanlagenrecht, in FS Kerschner (2013) 535; *Merli,* Unzumutbare Gesetzgebung: Die neue Gastgartenregelung der Gewerbeordnung, JRP 2011, 195; *Potacs,* Gewerbliches Betriebsanlagenrecht, in *Holoubek/Potacs* (Hrsg), Öffentliches Wirtschaftsrecht II[3] (2013) 839; *Pöschl,* Gleichheitsrechte, in *Merten/Papier/Kucsko-Stadlmayer* (Hrsg), Handbuch der Grundrechte[2] (2014) § 14; *Schlögl,* Elektrizitätswirtschafts- und –organisationsgesetz 2010, in *Altenburger/N. Raschauer* (Hrsg), Kommentar zum Umweltrecht (2014) 355; *Schulev-Steindl,* Gastgärten quo vadis – was folgt aus VfGH 7. 12. 2011, G 17/11 ua? ZfV 2012, 627; *Stolzlechner,* Gewerberechtsfragen im Zusammenhang mit Clubbings in Niederösterreich, ZVG 2014, 422 ff; *Wimmer,* Gewerberechtliche Gefahrenabwehr bei verborgenen Fliegerbomben-Blindgängern, bbl 2007, 138; *Winkler,* Bergbauanlagenrecht, in *Holoubek/Potacs* (Hrsg), Öffentliches Wirtschaftsrecht II[3] (2013) 1085.

Inhalt

1. Begründung der Genehmigungspflicht

198 **1.1** Gew BA unterliegen nicht unbedingt und in jedem Fall der Genehmigungspflicht. Eine *genehmigungspflichtige BA* liegt erst vor, wenn sie „*geeignet*" ist, Gefährdungen, Belästigungen, Beeinträchtigungen oder nachteilige Einwirkungen iS von § 74 Abs 2 hervorzurufen (*„abstrakte Gefährdung, Belästigung etc"*; Erläut zur GewO 1973). Es genügt die **bloße Eignung** einer BA, **nachteilige Einwirkungen** iSd § 74 Abs 2 **verursachen zu können.** Nicht gefordert ist ein mit Sicherheit feststehender, tatsächlicher Eintritt von Gefährdungen, Belästigungen etc.

Nach der Jud ist Genehmigungspflicht gegeben, wenn **nachteilige Auswirkungen** auf **Personen** sowie **Tätigkeits-** und **Sachbereiche iSd § 74 Abs 2 nicht von vornherein ausgeschlossen** werden können (zum geschützten Personenkreis s *Wendl,* Die Gefährdung des Lebens und der Gesundheit Rz 213). Es kommt nicht darauf an, dass ein Betriebsinhaber durch eigene Verbote (zB Rauchverbot) bemüht ist, Gefährdungen hintanzuhalten (VwGH 23. 10. 1984, 84/04/0146, 0147). Für die Begründung der Genehmigungspflicht genügt bereits die **grundsätzliche Eignung** einer BA, Gefährdungen, Beeinträchtigungen oder Belästigungen iSd § 74 Abs 2 hervorzurufen, ohne dass es Feststellungen im Einzelfall bedarf, ob solche Gefährdungen etc von der konkreten BA tatsächlich ausgehen (zB VwGH 15. 9. 2011, 2009/04/0154; 22. 1. 2003, 2002/04/0197; 23. 1. 2002, 2000/04/0203). Ob *tatsächlich Gefährdungen usw* bestehen, ist im Genehmigungsverfahren (nach § 77) zu prüfen (zB VwGH 20. 12. 1994, 94/04/0162; 8. 11. 2000, 2000/04/0157; 22. 2. 2001, 2000/04/0206). Genehmigungspflicht liegt bereits vor, wenn solche Auswirkungen (Gefährdungen, Belästigungen usw) auf bestimmte Personen *nicht auszuschließen sind* (zB VwGH 22. 6. 2011, 2009/04/0275). Tatbestandselement nach § 74 Abs 2 ist die mit einer gew BA verbundene **konkrete Eignung,** die näher bezeichneten Auswirkungen hervorzurufen (zB VwGH 28. 1. 1997, 96/04/0283; 11. 11. 1998, 98/04/0132), bzw die mit einer gew BA verbundene personenbezogene (§ 74 Abs 2 Z 1, 2) oder tätigkeits- bzw sachbereichsbezogene (§ 74 Abs 2 Z 3 – 5) konkrete Eignung, die im § 74 Abs 2 näher bezeichneten Auswirkungen hervorzurufen (VwGH 16. 12. 1998, 98/04/0056). – Dazu vgl auch *Grabler/Stolzlechner/Wendl,* GewO³ § 74 Rz 14 sowie *Potacs* in *Holoubek/Potacs,* Öffentliches Wirtschaftsrecht II³ 848 ff.

Vgl zB VwSlg 10.046 A/1980: Betrieb eines Heurigengartens samt Parkplatz; 10.286 A/1980: Tiefgarage als Werkstatt zum Einbau von Autoradios; 10.432 A/1981: Lärm durch Stereoanlage in Kaffeehaus; VwGH 2. 7. 1982, 81/04/0230: Barbetrieb mit Lüftungsanlage, Videothek, Stereo- und Kühlanlage; VwGH 10. 4. 1981, 80/04/0774: Kleinhandelsgeschäft mit anschließendem Kellerraum zur Lagerung brennbaren Materials; VwGH 9. 10. 1981, 3603/80: Betrieb einer neuen Druckereimaschine; VwGH 16. 10. 1981, 81/04/0176, 0177: Befahren einer Anlage mit LKW; Notwendigkeit zum Reversieren beim Ausfahren aus der Anlage; VwGH 21. 5. 1985, 84/04/0044: fallweises Abstellen von LKW auf Holzlagerplatz eines Sägewerks (ähnlich VwSlg 6282 A/1964: Abstellen von LKW auf Privatgrund); VwGH 18. 3. 1986, 85/04/0081: Lagerung von Kalkammonsalpeter; VwGH 16. 2. 1988, 87/04/0068: mit der Zulieferung von Waren bzw mit deren Abholung verbundene Vorgänge; VwGH 22. 3. 1988, 87/04/0226: Stehimbiss; VwGH 14. 11. 1989, 89/04/0048: dem Abstellen von LKW dienende BA bei Vorhandensein von Nachbarn; VwGH 22. 6. 2011, 2009/04/0275: Abstellplatz für Bagger und LKW. – Hingegen **nicht geeignet,** Nachbarn zu belästigen oder eine nachteilige Einwirkung auf die Beschaffenheit von Gewässern herbeizuführen, ist das Aufstellen eines **Getränkeautomaten** in einem (von der GewO ausgenommenen) Wettbüro (LVwG Tir 25. 2. 2014, LVwG-2013/25/2704-2).

Der Umstand, dass für eine BA die *Vorschreibung von Auflagen nicht erforderlich ist,* weil das zur Genehmigung vorgelegte Projekt hinsichtlich der von der Anlage ausgehenden und deren Genehmigungspflicht begründenden Auswirkungen bereits ausreichend vorsorgt, hat für die Beurteilung der Genehmigungspflicht dieser Anlage *keine Bedeutung* (Erlass des BMwA vom 1. 2. 1989, Zl 33.310/4-III/11/89).

1.2 Die Genehmigungspflicht der **Änderung einer gew BA** ist bereits gegeben, wenn die Änderung grundsätzlich geeignet ist, die in § 74 Abs 2 erwähnten Gefährdungen usw hervorzurufen. Um dies zu beurteilen, genügt idR ein Rückgriff auf das *allgemeine menschliche Erfahrungsgut* (zB VwGH 22. 6. 2011, 2009/04/0275; 20. 9. 1994, 94/04/0068); s näher *Paliege-Barfuß*, Die Änderung der genehmigten Anlage Rz 357, 2.1.

1.3 Grundsätzlich sind alle **im örtlichen Bereich einer BA** vor sich gehenden und mit **Betrieb** und **Errichtung einer BA funktionell zusammenhängenden Vorgänge, Ereignisse** und **Abläufe** betriebsbedingt und davon ausgehende **Auswirkungen der BA zuzurechnen.** Derartige Vorgänge, Ereignisse und Abläufe können die Genehmigungspflicht einer BA mitbegründen und sind im Genehmigungsverfahren zu berücksichtigen (zur „Einheit der Betriebsanlage" s unten 3).

Nicht nur vom Betrieb, sondern bereits von der **Errichtung ausgehende Gefahren etc** können die Genehmigungspflicht begründen (arg § 74 Abs 2: „. . . *errichtet und betrieben werden* . . ."; „. . . *sonst geeignet sind* . . ."). Dabei geht es idR um Gefährdungen des Eigentums oder sonstiger dinglicher Rechte der Nachbarn (§ 74 Abs 2 Z 1; zB Maueroder Deckenrisse in Nachbargebäuden; Eindringen von Grundwasser). So führt der VwGH etwa in Bezug auf die befürchtete **Erhöhung des Grundwasserspiegels** anlässlich einer BA-Errichtung aus, dass sich „die Einleitung des § 74 Abs 2 auf die Zulässigkeit der Errichtung und des Betriebes und in diesem Zusammenhang nicht nur auf die vom Betrieb einer BA verursachten Immissionen, sondern schlechterdings auf die BA, also insb auch auf ihre **Errichtung** und ihren **Bestand** und deren **Eignung zu Gefährdungen** etc bezieht" (VwGH 6. 2. 1990, 89/04/0089; s dazu *Wimmer*, bbl 2007, 140).

Nach stRsp des VwGH ist **Gästelärm vor einer BA** grundsätzlich nicht der BA zuzurechnen. Es können sich jedoch spezielle Konstellationen ergeben, in denen es zur Zurechnung kommt, zB dann, wenn es aufgrund des beabsichtigten, frühmorgendlichen Gästeflusses von einer Clubbinglounge ins anschließend öffnende, sich im selben Haus befindliche und von derselben Anlageninhaberin betriebene Kaffeehaus zu Lärmbelästigungen durch Gäste beim Lokalwechsel kommt (LVwG Wien 25. 6. 2014, VGW-122/008/6830/2014).

1.4 Die Abgrenzung zwischen einer **gew BA** und einer **Straße mit öffentlichem Verkehr** ist nach stRsp wie folgt vorzunehmen: Es ist grundsätzlich zwischen **gew BA** und **Straßen mit öffentlichem Verkehr** (§ 1 Abs 1 StVO) zu unterscheiden (VwSlg 9943 A/1979). Dies schließt nicht aus, dass die Eignung einer *„örtlich gebundenen Einrichtung",* die Nachbarn zu belästigen, in Vorgängen liegen kann, die sich zwar außerhalb, aber *im engeren örtlichen Bereich einer BA* abspielen. Solche Vorgänge sind gegenüber dem Verkehr auf öffentlichen Straßen so abzugrenzen, dass zwar das **wesentlich zum Betriebsgeschehen in einer BA gehörende Zufahren** und das **Wegfahren von dieser, nicht** aber das **bloße Vorbeifahren** auf einer Straße mit öffentlichem Verkehr, dem einer BA zugehörigen Geschehen zuzurechnen ist (zB VwGH 27. 1. 2006, 2003/04/0130; 30. 6. 2004, 2001/04/0204; 14. 4. 1999, 98/04/0225). Dies gilt auch dann, wenn es sich um die **einzige Zufahrtsstraße** zur BA handelt (VwGH 27. 1. 2010, 2009/04/0297). Die Vorschreibung *einer Aufschließungsstraße* als Auflage spricht hingegen dafür, dass es sich um einen Teil der BA handelt (VwGH 9. 9. 1998, 98/04/0083). Gem § 74 Abs 3 zählen dazu jene Vorgänge, die von Personen herrühren, die die Anlage der Art des Betriebes gemäß in Anspruch nehmen; die Einschränkung *„in der Betriebsanlage"* bezieht sich nur auf Personen, nicht auf Anlageninhaber und Erfüllungsgehilfen (VwGH 7. 7. 1993, 91/04/0338; 12. 7. 1994, 92/04/0067, 0068).

Beim **Verhalten auf Kundenparkplätzen** (unabhängig von ihrer Qualifikation als Straße mit öffentlichem Verkehr), insb beim *Zu-* und *Abfahren* bzw beim Zuschlagen von Kfz-Türen, handelt es sich um Lärmemissionen, die von Kunden herrühren, welche eine BA *„bestimmungsgemäß"* in Anspruch nehmen; dieses Verhalten ist daher für die Genehmigungspflicht relevant (zB VwGH 27. 1. 1999, 98/04/0115; 27. 2. 1996, 94/04/0096). *Lärmeinwirkungen von Straßen mit öffentlichem Verkehr* gelten nur dann als die tatsächlichen örtlichen Verhältnisse mitbestimmend, wenn sie (wie zB Lärm von Tankvorgängen oder das Zu- und Abfahren von einer Tankstelle) der BA zuzurechnen sind (zB VwGH 8. 10. 1996, 94/04/0191; VwSlg 6236 A/1964); ähnlich in Bezug auf Waschhallen: VwGH 25. 11. 1997, 95/07/0123. Hingegen ist Fahren von Fahrzeugen (auch von *Betriebsfahrzeugen*) auf **Straßen mit öffentlichem Verkehr** oder durch **Bahnbetrieb** verursachter Lärm einer gew BA nicht mehr zuzurechnen (zB VwGH 25. 11. 1997, 95/04/0123; 25. 5. 1993, 92/04/0233). Gleiches gilt für *Anhalten, Halten* und *Parken* von *Betriebsfahrzeugen* auf Straßen mit öffentlichem Verkehr, die zB auf Einlass in eine BA warten (VwGH 10. 2. 1998, 97/04/0165). Auch von einem *öffentlichen Parkplatz* (der nicht Teil einer gew BA ist) ausgehender, von Kunden einer BA verursachter Lärm hat außer Betracht zu bleiben (VwGH 11. 11. 1998, 98/04/0137). Die *Grenze zwischen projektierter BA* und *ihrer Umwelt* ist dort zu ziehen, wo die BA – entsprechend dem Projekt – in ihrem räumlichen Umfang endet und das Umfeld der BA beginnt. Eine ins öffentliche Gut übernommene *Zufahrtsrampe* (zu einer BA), die damit Teil einer Straße mit öffentlichem Verkehr wird, gehört nicht mehr zur BA (VwGH 6. 2. 1990, 89/04/0089, 0090). – Zu weiteren Details vgl *Grabler/Stolzlechner/Wendl,* GewO³ § 74 Rz 9 und Rz 37 und *E/R/W* § 74 Rz 26 ff.

Gewerbe können ausnahmsweise auf Straßen mit öffentlichem Verkehr betrieben werden (zB Schanigärten; vgl § 82 Abs 3 lit c StVO). Diesfalls sind die vom Betrieb eines Gastgewerbes auf einer öffentlichen Straße ausgehenden Belästigungen etc der jeweiligen BA zuzurechnen (vgl jedoch die Sonderbestimmung des § 76a für Gastgärten).

1.5 Bei der Frage, welche Vorgänge in einer gew BA für die Genehmigungspflicht wesentlich sind, können auch **von außerhalb auf eine BA einwirkende Einflüsse** von Bedeutung sein: Es ist nicht nur auf das Emissionsverhalten der in Rede stehenden Anlage, sondern auch auf die *konkrete Umwelt, in der sie sich befindet,* abzustellen (VwGH 20. 12. 1994, 92/04/0276). In einem anderen Fall bejahte der VwGH die wegen des **benachbarten Waldes** voraussehbare Gefährdung (zB durch umstürzende Bäume, herabfallende Äste) der sich am Standort der BA aufhaltenden geschützten Personen (zB Kunden) und meinte: *„Die an diesem Standort (an sich) bestehende Gefährdung ist iSd § 74 Abs 2 Z 1 der BA zuzurechnen, weil die BA diesen Standort in Anspruch nimmt"* (VwGH 12. 12. 2001, 2000/04/0178). Ähnliche Überlegungen gelten für Gefährdungen iSd § 74 Abs 2, welche von **im Boden befindlichem Kriegsmaterial** (zB Fliegerbomben) ausgehen (näher *Wimmer*, bbl 2007, 138 ff).

1.6 IdR verursachen der Anlageninhaber und seine *„Erfüllungsgehilfen"* (insb Beschäftigte, Lieferanten) durch ihre Tätigkeit im Gelände einer BA die Genehmigungspflicht begründende Gefährdungen, Belästigungen etc. Nachteilige Einwirkungen iSd § 74 Abs 2 können auch von **Personen** verursacht werden, die eine **BA bestimmungsgemäß in Anspruch nehmen,** zB Gäste oder Kunden (zB Tankstelle, Kfz-Reparaturwerkstätte, Gastgewerbebetrieb einschließlich Parkplatz). Auch eine *bestimmungsgemäße Inanspruchnahme* ist *betriebsbedingt* und folglich einer BA zuzurechnen.

Maßgeblich ist Kundenverhalten freilich nur, sofern es sich *„in der Betriebsanlage"*, also **im örtlichen Bereich einer gew BA** ereignet. *Außerhalb einer gew BA* gesetztes oder *nicht der Bestimmung einer gew BA entsprechendes Verhalten* kann nicht zur Genehmigungspflicht führen (näher *Grabler/Stolzlechner/Wendl*, GewO[3] § 74 Rz 37, 38). **Vorgänge außerhalb der BA,** die von Personen herrühren, die die Anlage der Art des Betriebs gemäß in Anspruch nehmen (Kunden), sind gem § 74 Abs 3 nicht zu berücksichtigen (zuletzt zB VwGH 29. 4. 2014, Ro 2014/04/0014).

> Mit dem Besuch einer Tanzbar (Diskothek) ist nach den Erfahrungen des täglichen Lebens ein *Lärmen der Gäste im Bereich der BA* verbunden, welches als Verhalten von Personen anzusehen ist, die „die Anlage der Art des Betriebes gemäß in Anspruch nehmen" (sinngemäß VwSlg 10.976 A/1983; ähnlich bei der Betriebsart *Heurigenrestaurant,* wo von einem Teil der Gäste auch „Singen und Johlen" zu erwarten ist, VwSlg 11.399 A/1984). Dies gilt nicht schlechthin für die *Betriebsart „Cafe"* (VwGH 22. 3. 1988, 87/04/0137). Von ähnlichen Erwägungen ging der VwGH im Erk v 20. 3. 1984, 83/04/0261, 0262 bei einer gastgewerblichen BA hinsichtlich des für Gäste bestimmten Kfz-Abstellplatzes aus; ähnlich wird in Bezug auf *Stehimbisse* festgestellt, dass verabreichte Speisen und Getränke von Kunden im Freien konsumiert werden und damit Belästigungen von Nachbarn nicht ausgeschlossen scheinen (zB VwGH 22. 3. 1988, 87/04/0226).
>
> Bestimmungsgemäßes **Benützen von Kundenzugängen,** die zur BA gehören, ist der BA zuzurechnen. So ist zB Lärm, welcher sich unmittelbar vor den Zugangskontrollen durch das Warten der Gäste auf den Einlass bzw das Herumstehen nicht eingelassener Gäste ergibt, der BA zuzurechnen (LVwG Ktn 13. 10. 2014, KLVwG-1661/10/2014; Diskothek).
>
> Kommt es im örtlichen Umfeld einer Diskothek häufig zu Raufhändeln einschließlich Lärmerregung, wird dadurch die BA *nicht bestimmungsgemäß in Anspruch genommen.* Es handelt sich um ein sicherheitspolizeiliches, nicht aber um ein gewerberechtliches Problem.

1.7 In gew BA werden vielfach **Geräte** und **Einrichtungen** verwendet, wie sie auch in herkömmlichen Haushalten Verwendung finden (zB Frittiergeräte, Stereoanlagen). Auch davon ausgehende, **für gew BA nicht typische Auswirkungen** können die Genehmigungspflicht begründen: Genehmigungspflicht ist auch gegeben, wenn es sich um Auswirkungen handelt, die *für gew BA nicht spezifisch* sind und die auch *ohne Zusammenhang mit einer solchen Anlage* auftreten können (zB VwGH 19. 9. 1989, 89/04/ 0004; VwSlg 10.432 A/1981: Lärm durch Stereoanlage in Kaffeehaus). Genehmigungspflicht tritt nicht erst ein, wenn eine BA wegen ihrer Größe und der in ihr ausgeführten Tätigkeiten eine über das *„normale Ausmaß hinausgehende Gefahr"* bedeutet, sondern bereits dann, wenn – selbst bei Verwendung einfachster Geräte (zB Lötkolben, Frittiergerät) – negative Auswirkungen iSd § 74 Abs 2 nicht ausgeschlossen werden können (zB VwGH 10. 4. 1981, 80/04/0774: Feuergefahr durch Verwendung elektrischer Hand-bohrgeräte und Lötkolben).

> Weitere Beispiele: VwGH 13. 9. 1988, 87/04/0261; 18. 6. 1996, 96/04/0005, 0006: jegliche von einer gew BA ausgehende (nicht bloß „spezifische") Feuergefahr ist relevant; VwGH 16. 2. 1988, 87/04/0214: Stehimbiss bestehend aus elektrischen Frittiergeräten, Kühlschränken, Gratinierofen und Dunstabzugshaube (vgl ferner VwGH 18. 10. 1988, 88/04/0055); VwGH 22. 3. 1988, 87/04/0074: Stereoanlage bei Eisbar.

Vgl in dem Zusammenhang § 359b Abs 1 Z 1, wonach eine BA dem **vereinfachten Genehmigungsverfahren** zu unterziehen ist, wenn sich aus dem Ansuchen und dessen Bei-lagen ergibt, dass jene Maschinen, Geräte und Ausstattung einer Anlage, deren Verwen-dung die *Genehmigungspflicht* begründen könnte, nach ihrer Beschaffenheit und Wirkungs-weise vornehmlich oder auch dazu bestimmt sind, in *Privathaushalten* verwendet zu wer-den (s Lexikon „Vereinfachtes Genehmigungsverfahren [Auftragsverfahren]" Rz 148).

1.8 Gefährdungen (der Gesundheit) und Belästigungen iSd § 74 Abs 2 können ih-re Auswirkungen nur entfalten, wenn **Menschen (Nachbarn)** im Gefährdungs- bzw Be-lästigungsbereich einer gew BA **vorhanden sind.** Zur Beurteilung der Frage, ob eine gew BA unter dem Gesichtspunkt des Nachbarschutzes genehmigungspflichtig ist, be-darf es daher (für den Fall, dass dies fraglich ist) *konkreter Feststellungen* über das *Vor-handensein von Nachbarn,* die durch Einwirkungen iSd § 74 Abs 2 gefährdet etc werden könnten (VwGH 23. 11. 1993, 93/04/0131; 11. 11. 1998, 97/04/0116); s dazu auch *Grab-ler/Stolzlechner/Wendl,* GewO³ § 74 Rz 17. Gibt es in einer konkreten Situation keine Personen, die sich im Gefährdungs- und Belästigungsbereich einer BA dauerhaft aufhal-ten, besteht unter dem Gesichtspunkt des Nachbarschutzes (§ 74 Abs 2 Z 1, 2) **keine Genehmigungspflicht.**

1.9 Nachbarn haben bei der Frage, ob eine gew BA genehmigungspflichtig ist oder nicht, **kein Mitspracherecht** (VwGH 2. 2. 2012, 2010/04/0108); vgl auch 10.1.

2. Gastgärten – Anzeigepflicht anstatt Genehmigungspflicht

Für **Gastgärten** und darin durchzuführende **gastgewerbliche Tätigkeiten** (§ 111 **199** Abs 1 Z 2) besteht insofern eine Sonderregelung, als Gastgärten nicht dem herkömmli-chen BA-rechtlichen Regime unterliegen, sondern für Errichtung und Betrieb von Gast-gärten (bei Vorliegen bestimmter Voraussetzungen) eine **Anzeigepflicht** anstatt einer Genehmigungspflicht vorgesehen ist.

2.1 Auf öffentlichem Grund befindliche Gastgärten. Gem § 76a Abs 1 ist für *Gastgärten, die sich auf öffentlichem Grund befinden oder an öffentliche Verkehrsflächen angrenzen,* für die Zeit von **8 bis 23 Uhr** keine BA-Genehmigung erforderlich. Folglich benötigt man für Errichtung und Betrieb eines Gastgartens innerhalb dieses Zeitrah-mens keine BA-Genehmigung (§ 77).

Eine *jahreszeitliche Beschränkung* der erlaubten Betriebszeit besteht nicht, sodass Gast-gärten (zB mit Stehplätzen) auch in der **kühleren Jahreszeit** betrieben werden dürfen.

Gastgärten sind im Freien sowie in unmittelbarer Nähe eines Gastlokals gelegene Betriebsflächen, auf denen vom angrenzenden Gastlokal aus Speisen und Getränke an Gäste verabreicht werden. Eingrenzungen durch Zäune, Hecken oder Mauern zählen definitionsgemäß zu einem Gastgarten. Ob eine **Überdachung** dem Wesensmerkmal eines Gastgartens widerspricht, ist danach zu beurteilen, ob der Gesamtcharakter eines Gartens erhalten bleibt. So stehen zB eine *Laube* oder *zusammenklappbare Sonnenschirme* dem Charakter eines Gastgartens nicht entgegen (zur Überdachung vgl VwGH 30. 10. 1990, 90/04/0116); ebenso nicht *aufgestellte Heizgeräte* („Heizpilze"). Der Charakter als Gastgarten bleibt so lange erhalten, als ein Gastgarten nicht durch bautechnische Maßnahmen in ein *Bauwerk* umgewandelt wird.

Auf *„öffentlichem Grund"* befindet sich ein Gastgarten, wenn er (teilweise oder zur Gänze) auf einer für die Öffentlichkeit gewidmeten Grundfläche situiert ist, also zB Gastgärten in einer öffentlichen Parkanlage oder auf öffentlichem Straßengrund, insb auf einer Straße mit öffentlichem Verkehr (§ 1 StVO; Gehsteige, Fußgängerzonen, Wohnstraßen, Sackgassen etc).

Ein Gastgarten grenzt an eine *„öffentliche Verkehrsfläche"* an, wenn er eine gemeinsame Grenze mit einer Straße mit öffentlichem Verkehr (§ 1 StVO) hat.

2.2 Betriebsvoraussetzungen. Die Genehmigungsfreistellung für Gastgärten gilt nur bei **Vorliegen der Voraussetzungen gem Abs 1,** nämlich wenn

– Gastgärten *„ausschließlich"* der Verabreichung von Speisen und Getränken dienen; sonstige gew Tätigkeiten, zB Zubereitung von Speisen auf Grillgeräten, sind nicht erlaubt;
– Gastgärten *„über nicht mehr als 75 Verabreichungsplätze verfügen"*; darunter sind **Sitzplätze,** aber auch **Stehplätze** (zB an erhöhten Tischen) zu verstehen, weil auch dort Speisen *„verabreicht"* werden können; auch der Regelungszweck legt dies nahe, weil auch stehend konsumierende Gäste Lärm erzeugen können;
– in Gastgärten *„lauteres Sprechen"* als der übliche Gesprächston der Gäste, Singen und Musizieren vom Gastgewerbetreibenden untersagt ist und auf dieses Verbot hinweisende Anschläge *„dauerhaft"* und von allen Zugängen zum Gastgarten deutlich erkennbar angebracht sind; die Art der Anwendung ist dem Gewerbetreibenden überlassen; das Verbot muss *„deutlich erkennbar"* sein;
– aufgrund der geplanten Ausführung eines Gastgartens zu erwarten ist, dass die gem § 74 Abs 2 wahrzunehmenden Interessen (zB keine unzumutbare Lärmbelästigung von Nachbarn) hinreichend geschützt sind und Belastungen der Umwelt (§ 69 a) vermieden werden; eine wesentliche Beeinträchtigung des Verkehrs iSd § 74 Abs 2 Z 4 ist nicht zu erwarten, wenn ein Gastgarten gem § 82 StVO bewilligt ist.

Mit ErkSlg 19.584/2011 hob der VfGH die ursprünglich in Z 4 enthaltene Wortfolge *„eine Gesundheitsgefährdung oder unzumutbare Belästigung durch Lärm ist jedenfalls nicht zu erwarten, wenn die im Einleitungssatz und in Z 1 bis Z 3 genannten Voraussetzungen erfüllt sind"* als dem Gleichheitssatz widersprechend auf (vgl BGBl I 2012/6). Begründend führte er an, dass „Fälle erheblicher Lärmbelästigung durch Gastgärten" weder selten seien, noch a priori geringeres Gewicht hätten. Daher sei die Annahme, *„dass die durch die von Gastgärten ausgehenden Lärmimmissionen betroffenen Schutzinteressen des § 74 Abs 2 bereits durch die Erfüllung der in den Z 1 bis 3 genannten Voraussetzungen hinreichend geschützt sind"*, angesichts dessen, dass bei der schalltechnischen und lärmmedizinischen Beurteilung auf die **tatsächlichen örtlichen Gegebenheiten** abgestellt werden müsse, nicht nachvollziehbar. Daher müsse **im Einzelfall geprüft werden,** *„dass die spezifischen Immissionen allein durch eine Begrenzung auf 75 Verabreichungsplätze und durch ein bestimmtes, durch Hinweistafeln angezeigtes und durch den Gastgewerbetreibenden durchzusetzendes Verhalten an der Lärmquelle begrenzt werden".* Diese **Prüfung im Einzelfall,** also eine Prüfung der spezifischen Situation jedes Gastgartens in die Richtung, dass eine Gesundheitsgefährdung oder unzumutbare Belästigung von Nachbarn durch Lärm nicht zu erwarten ist, wird garantiert durch die *Anzeigepflicht gem Abs 3* und die *Untersagungsmöglichkeit gem Abs 4.*

2.3 Nicht auf öffentlichem Grund befindliche Gastgärten. Für Gastgärten, *die sich weder auf öffentlichem Grund befinden noch an öffentliche Verkehrsflächen angrenzen,* also für auf „privatem Grund" befindliche Gastgärten (zB in Innenhöfen von Gastgewerbebetrieben) ist für die Zeit von **9 bis 22 Uhr** keine Genehmigung erforderlich, sofern die Voraussetzungen gem Abs 1 Z 1 bis 4 erfüllt sind.

Zur Rechtfertigung (Art 7 B-VG) für die (im Verhältnis zu Gastgärten gem Abs 1) **kürzere Betriebszeit** wird in den EB Folgendes ausgeführt:

> „Eine besondere Situation ergibt sich für Gastgärten ‚auf privatem Grund'. Solche Gastgärten sind oftmals in Innenhöfen oder ähnlichen Lagen mit hohem Schallreflexionsgrad gelegen, sodass diesbezüglich – auch unter Berücksichtigung des Umstandes, dass sich in diesen Lagen Störgeräusche üblicherweise stärker von den Umgebungsgeräuschen abheben – eine differenzierte Behandlung erforderlich ist. Ein nach den landespolizeilichen Regelungen und dem zivilen Nachbarschaftsrecht zu beurteilender besonderer Ruheanspruch wird in der Regel erst ab 22 Uhr angenommen (vgl zB OGH 29. 8. 2000, 1 Ob 196/00 f). Es ist daher sachlich konsequent, den Entfall des Erfordernisses einer BA-Genehmigung für Gastgärten ‚auf privatem Grund' weiterhin an diesen in der Sicherheitsverwaltung und im Nachbarschaftsrecht üblichen Zeitpunkt von 22 Uhr zu knüpfen" (**ErlRV 780 BlgNR 24. GP**).

2.4 Anzeigepflicht. Gem Abs 3 ist der Betrieb eines Gastgartens iSd Abs 1 oder 2 der Behörde *„vorher",* also zeitlich vor Aufnahme des Gastgartenbetriebs, **anzuzeigen.** Einer Anzeige sind Unterlagen iSd § 353 Z 1 lit a bis c (Betriebsbeschreibung, Pläne etc) in 4-facher Ausfertigung anzuschließen. Daraus kann auf eine sinngemäße Anwendung des § 353 geschlossen werden, mit der Folge, dass es sich bei der behördlichen Reaktion auf eine Anzeige um einen **„antrags- bzw anzeigebedürftigen" Verwaltungsakt** handelt und es dem Anzeigenerstatter daher freisteht, durch die inhaltliche Gestaltung seiner Anzeige den Umfang der Anzeigenprüfung und eines allfälligen Untersagungsverfahrens zu bestimmen (ähnlich VwG Wien 13. 1. 2014, VGW-122/008/6711/2014); zur **baurechtlichen Behandlung** von Gastgärten s *Giese,* Das Betriebsanlagenrecht und andere Bereiche des öffentlichen Rechts Rz 328, 24.1.

Eine Anzeige muss sich auf den **gesamten Gastgarten** unter Zugrundelegung der gesamten beabsichtigten Betriebszeit beziehen; sie stellt also eine **Einheit** dar (VwG Wien 13. 1. 2014, VGW-122/008/6711/2014; zu den Folgen für eine behördliche Untersagung vgl 2.5).

Eine **bescheidmäßige Kenntnisnahme** einer Anzeige gem Abs 3 ist – im Unterschied zur Anzeige gem § 81 Abs 3 iVm § 345 Abs 6 – **nicht vorgesehen.** Die Anzeige bildet daher keinen Bestandteil des Genehmigungsbescheids für die BA des Gastgewer-bebetriebs (*Grabler/Stolzlechner/Wendl*, GewO³ § 76 a Rz 17).

Aus dem Umstand, dass eine bescheidmäßige Kenntnisnahme einer Anzeige nicht vorgesehen ist, ergibt sich auch, dass mit dem Betrieb eines Gastgartens bei Vorliegen der Voraussetzungen gem Abs 1 oder 2 **sofort begonnen werden darf** (ähnlich **ErlRV 780 BlgNR 24. GP**). Die Unterlassung einer (rechtzeitigen) Anzeigenerstattung ist als Verwaltungsübertretung sanktioniert (vgl § 367 Z 24 a). Die Unterlassung einer Anzeigenerstattung oder eine verspätete Anzeigenerstattung ändert nichts an der Rechtmäßigkeit des Betriebs eines Gastgartens, sofern die Voraussetzungen des Abs 1 oder 2 erfüllt sind.

Die Erstattung einer Anzeige bedeutet **keine Pflicht zur Aufnahme des Gastgartenbetriebs.** Eine Anzeige gem Abs 3 kann daher zu einem Zeitpunkt erstattet werden, in dem der Termin der tatsächlichen Aufnahme des Gastgartenbetriebs noch ungewiss ist. In Fällen, in denen ein gesamter Gastgewerbebetrieb neu errichtet werden soll, kann eine Anzeige gem Abs 3 auch **gleichzeitig mit dem Ansuchen um Genehmigung der BA** (Errichtung des Gastgewerbebetriebs, die von § 76 a nicht erfasst ist) erstattet werden (idS **ErlRV 780 BlgNR 24. GP**).

Beginnt ein Gewerbetreibender sofort nach Errichtung eines Gastgartens mit dem Betrieb, so geschieht dies auf die Gefahr hin, dass der vom Gastgarteninhaber angenommene rechtmäßige Betrieb von der Behörde anders, nämlich als *nicht rechtmäßig* beurteilt wird und die Behörde den Betrieb untersagt (Abs 4). Diesfalls ist wegen konsenslosen Betriebs einer genehmigungspflichtigen BA zu bestrafen (§ 366 Abs 1 Z 2).

2.5 Untersagung des Betriebs eines Gastgartens. Eine Anzeige gem Abs 3 dient der Information der Behörde über den beabsichtigten Betrieb und die geplante Ausgestaltung eines Gastgartens. Aus der Anzeige soll erkennbar sein, ob ein Gastgarten entsprechend den Voraussetzungen des Abs 1 oder 2 betrieben werden soll (vgl **ErlRV 780 BlgNR 24. GP**). Kommt die Behörde bei Prüfung einer Anzeige zur Ansicht, dass die **Voraussetzungen gem Abs 1 oder 2 nicht erfüllt sind** (zB Einrichtung von mehr als 75 Verabreichungsplätzen; kein hinreichender Lärmschutz der Nachbarn), hat sie dies festzustellen und *„den Betrieb des Gastgartens mit Bescheid zu untersagen"*. Eine solche Untersagung kann nur den Gastgartenbetrieb, so wie er angezeigt wurde, **in seiner Gesamtheit** erfassen. Eine Zerlegung der Anzeige in *„Teilbetriebszeiten"* oder in *örtliche Teilbereiche* (zB Gastgarten auf Gehsteig und angrenzendem Parkplatz) bzw eine *„Teiluntersagung"* in Bezug auf einzelne Betriebszeiten bzw Betriebsflächen ist der GewO fremd. Ergibt die Prüfung einer Anzeige, dass die Voraussetzungen des Abs 1 oder 2 nicht erfüllt sind, hat die Behörde, wenn der Einschreiter seine Anzeige nicht einschränkt, das Gastgartenprojekt **zur Gänze zu untersagen** (VwG Wien 13. 1. 2014, VGW-122/008/6711/2014).

Die Behörde hat einen Untersagungsbescheid *„spätestens 3 Monate nach Einlangen der Anzeige samt Unterlagen"* zu erlassen. Der Fristenlauf beginnt mit dem Tag der Erstattung einer **vollständigen Anzeige.** Ab diesem Zeitpunkt hat die Behörde 3 Monate Zeit, den Untersagungsbescheid zuzustellen. Versäumt sie die 3-Monatsfrist, darf der Betrieb eines Gastgartens nicht mehr untersagt werden (so auch **EB 2010 II**). Ein **nach der 3-Monatsfrist** zugestellter Untersagungsbescheid kann mit Bescheidbeschwerde

(Art 130 Abs 1 Z 1 B-VG) bekämpft werden. Das LVwG hat einen nach Ablauf der 3-Monatsfrist zugestellten Bescheid gem Abs 4 ersatzlos zu beheben. Ein nach Ablauf der 3-Monatsfrist unbekämpft gebliebener Untersagungsbescheid erwächst hingegen in Rechtskraft und ist zu beachten.

Im Anzeige- bzw Untersagungsverfahren (Abs 3) kommt **Nachbarn** eines Gastgartens **keine Parteistellung** zu; auch für das Schließungsverfahren (Abs 5) ist eine Parteistellung der Nachbarn nicht vorgesehen (vgl *Grabler/Stolzlechner/Wendl*, GewO³ § 76a Rz 21 sowie *E/R/W* § 76a Rz 15).

Die Untersagung eines Gastgartenbetriebs hat „*unbeschadet eines Verfahrens nach §§ 366ff*" zu erfolgen. Wird danach ein Gastgarten betrieben, obwohl die Voraussetzungen gem Abs 1 oder 2 nicht vorliegen, hat die Behörde wegen konsenslosen Betriebs eines Gastgartens eine Verwaltungsstrafe zu verhängen (§ 366 Abs 1 Z 2).

2.6 Verfahren zur Einhaltung der gesetzlichen Betriebsvoraussetzungen. Ein den Voraussetzungen gem Abs 1 oder 2 entsprechender Betrieb eines Gastgartens ist **während der gesamten Betriebsdauer** aufrechtzuerhalten. Geschieht dies nicht, werden die in Abs 1 oder 2 vorgesehenen Voraussetzungen „*wiederholt*" nicht eingehalten (zB Benützung eines Gastgartens zur Zubereitung von Speisen auf Grillgeräten; Zurverfügungstellung von mehr als 75 Verabreichungsplätzen; Erlaubnis zum Singen und Musizieren), ist in Abs 5 ein **gestuftes Verfahren zur Einhaltung der gesetzlichen Betriebsvoraussetzungen** vorgesehen: Die Behörde hat zunächst den Gastgarteninhaber mit „*Verfahrensanordnung*" zur Einhaltung der Voraussetzungen eines gesetzmäßigen Gastgartenbetriebs „*aufzufordern*". Eine solche **„Aufforderung"** ist kein Bescheid und kann nicht abgesondert bekämpft werden (vgl § 7 Abs 1 VwGVG). Kommt ein Gastgarteninhaber einer solchen „Aufforderung" nicht nach, hält er also auch nach Zustellung einer Aufforderung die Voraussetzungen gem Abs 1 oder 2 nicht ein, hat die Behörde die „*Schließung des Gastgartens*" mit Bescheid zu verfügen. Auf einen solchen Bescheid ist § 360 Abs 4 letzter Satz und Abs 5 „*sinngemäß*" anzuwenden. Dies bedeutet namentlich, dass Untersagungsbescheide „*sofort vollstreckbar*" sind. Die im Bescheid angeordnete Verfügung (Schließung eines Gastgartenbetriebs) kann ab Erlassung des Bescheids und nicht erst mit Eintritt der Rechtskraft erzwungen werden (vgl *Grabler/Stolzlechner/ Wendl*, GewO³ § 360 Rz 61). Die Behörde kann daher zB mit Zustellung eines Bescheids gem Abs 5 den Gastgartenbetrieb schließen. Die allfällige Erhebung einer Bescheidbeschwerde (Art 130 Abs 1 Z 1 B-VG) gegen den Untersagungsbescheid hat diesfalls keine aufschiebende Wirkung.

> Ob die Voraussetzungen gem Abs 1 oder 2 nicht erfüllt sind, hat die Behörde selbst zu beurteilen; rk Bestrafungen müssen nicht vorliegen.
> „*Wiederholt*" bedeutet, dass der Gastgarteninhaber die Voraussetzungen **öfter als zwei Mal** nicht eingehalten hat.

2.7 Erteilung einer Genehmigung gem § 81; Rechtsfolgen. Wird der Betrieb eines Gastgartens gem Abs 4 untersagt, kann sich der Gastgarteninhaber dazu entschließen, ein Ansuchen um Änderung einer genehmigten BA gem § 81 zu stellen (Gastgarten als Teil eines genehmigten Gastgewerbebetriebs). Werden die Voraussetzungen gem Abs 1 oder 2 vom Gastgarteninhaber wiederholt nicht eingehalten, kann dies ein

Zeichen dafür sein, dass die Voraussetzungen gem Abs 1 oder 2 zwar ursprünglich vorlagen und daher der Gastgartenbetrieb nicht untersagt wurde, dass aber inzwischen der Betrieb erweitert (zB auf 80 Verabreichungsplätze) oder verändert (zB Zubereitung von Grillspeisen im Gastgarten) wurde. In solchen Fällen hat der Gastgarteninhaber zur Wiedererlangung eines gesetzmäßigen Betriebs um eine **Änderungsgenehmigung gem § 81** anzusuchen. Wird eine solche Änderungsgenehmigung für den Gastgartenbetrieb erteilt, hat dies gem Abs 6 zur Folge, dass mit (rk) Erteilung der Änderungsgenehmigung Bescheide gem Abs 4 (Untersagungsbescheid) oder Abs 5 (Schließungsbescheid) *„außer Wirksamkeit"* treten, **also ex lege aufgehoben werden.** Mit dieser Regelung werden die Voraussetzungen für den gesetzmäßigen Betrieb eines Gastgartens (bei Vorliegen eines Bescheids gem Abs 4 oder 5) (wieder-)hergestellt.

2.8 Über die gesetzlichen Betriebszeiten hinaus betriebene Gastgärten. Ein Gastgewerbetreibender kann die Absicht haben, einen Gastgarten über die in Abs 1 oder 2 vorgesehenen Betriebszeiten hinaus zu betreiben (zB einen Gastgarten gem Abs 1 bis 23.30 Uhr oder einen Gastgarten gem Abs 2 bis 23 Uhr). Diese Absicht kann sich gleichermaßen auf einen Gastgarten beziehen, der erst errichtet und dessen Betrieb erst aufgenommen wird, wie auch auf einen bereits angezeigten und gem § 76 a betriebenen Gastgarten, bei dem die Betriebszeit über das gesetzliche Ausmaß hinaus verlängert werden soll. Für solche Fälle sieht Abs 7 vor, dass Gastgärten, die iSd Abs 1 Z 1 bis 4, *„jedoch über die in Abs 1 oder Abs 2 angeführten Zeiten hinaus betrieben werden",* einer **„Genehmigung"**, also einer gew BA-Genehmigung (idR wohl gem § 81) bedürfen; dies freilich nur dann, *„wenn es zur Wahrung der im § 74 Abs 2 umschriebenen Interessen erforderlich ist".* Diese Erforderlichkeit wird idR zu bejahen sein, weil durch den in einem Gastgarten erzeugten Lärm Nachbarn zumeist belästigt oder sogar in ihrer Gesundheit gefährdet werden können.

Mit der Regelung des Abs 7 wird – laut EB – klargestellt, dass eine Betriebszeit über die in Abs 1 oder 2 genannten Zeiten hinaus in einem BA-Genehmigungsverfahren *„grundsätzlich möglich"* ist, auch wenn ein geplanter Gastgarten nach den Voraussetzungen des Abs 1 Z 1 bis Z 4 betrieben wird. Das Erfordernis der Genehmigung beziehe sich auf den *„gesamten Gastgartenbetrieb"* bzw auf den noch nicht durch eine BA-Genehmigung erfassten Betrieb. Dies sei iSd „Einheit der BA" geboten, weil die zeitliche Verlängerung einer Emissionssituation (hier Lärmentwicklung im Gastgarten) eine umfassende Betrachtung der Emissionen erfordere **(ErlRV 780 BlgNR 24. GP).**

Unter *„Genehmigung"* iSd Abs 7 ist sowohl eine **Genehmigung gem § 77** wie auch eine **Änderungsgenehmigung gem § 81** zu verstehen. Aber auch die Anwendung abgekürzter Verfahren ist nicht ausgeschlossen. Bei Vorliegen der Voraussetzungen kann die Behörde daher im Wege des **vereinfachten Verfahrens gem § 359 b** oder des **Anzeigeverfahrens gem § 81 Abs 3** vorgehen (idS auch **ErlRV 780 BlgNR 24. GP**).

Hinsichtlich der Frage, welche Betriebszeiten für ein **Gastlokal** und einen im **örtlichen** und **funktionellen Zusammenhang damit stehenden Gastgarten** gelten sollen, ist auf die Bestimmung des § 113 Abs 6 letzter Satz zu verweisen: Zwar dürfen Sperrstunde und Aufsperrstunde grundsätzlich nur **einheitlich für den gesamten Gastgewerbebetrieb** mit allen seinen Betriebsflächen angeordnet werden. *„Dies gilt [jedoch] nicht für Gastgärten".* Danach dürfen für einen Gastgewerbebetrieb, namentlich für die Gastlokale einschließlich sonstiger Betriebsräume und Betriebsflächen andere, zB längere Betriebszeiten (zB bis 2 Uhr früh) vorgesehen sein als sie für den dazugehörigen Gastgarten gelten (zB bis 23 Uhr). Eine zwingende zeitliche Angleichung der Sperrzeiten in den Ausübungsregeln wäre mit den betriebsanlagenrechtlich differenzierten Betriebszeiten nicht vereinbar (**ErlRV 780 BlgNR 24. GP**).

2.9 Anwendbarkeit der §§ 79, 79 a auf angezeigte und nicht untersagte Gastgärten. Es ist nicht gänzlich ausgeschlossen, dass ein angezeigter und nicht untersagter Gastgarten, der unter Beachtung der Voraussetzungen der Abs 1 oder 2 betrieben wird, (zB aufgrund besonderer örtlicher Verhältnisse) dennoch Nachbarn in ihrer Gesundheit gefährdet oder durch Lärm unzumutbar belästigt. In einer solchen Situation stellt sich die Frage, ob ein Verfahren gem § 79 zur Vorschreibung „anderer oder zusätzlicher Auflagen" eingeleitet werden darf. Eine direkte Anwendung ist in so einem Fall nicht möglich, weil § 79 das Bestehen einer BA-Genehmigung (§ 77) voraussetzt, die bei einem angezeigten Gastgarten gerade nicht vorliegt. Daher war eine Sonderbestimmung für die Anwendbarkeit der §§ 79, 79 a auf Gastgärten erforderlich (idS auch **ErlRV 780 BlgNR 24. GP**).

Gem Abs 8 sind auf Gastgärten, *„die im Sinne des Abs 1 oder 2"*, also **gesetzeskonform**, betrieben werden, die **§§ 79, 79 a anzuwenden**; dies mit der Maßgabe, dass *„Auflagen und Einschränkungen der Betriebszeit"* zugunsten von Nachbarn iSd § 75 Abs 2 und 3 mit Bescheid vorgeschrieben werden dürfen. Vorgeschrieben werden können **„Auflagen"** (zB Errichtung einer Schallschutzwand) und – wohl iS eines „letzten Mittels" gedacht – **„Einschränkungen der Betriebszeit"** (zB Reduktion der Betriebszeit auf 22 Uhr). Dazu wird in den EB ausgeführt, dass eine Einschränkung der Betriebszeit als *„Eingriff in das Wesen der BA"* (§ 79 Abs 3) verstanden werden könne und dies ein aufwendiges Sanierungsverfahren auslösen würde. Dies sei *„weder iSd Schutzes der Nachbarn, welche ein berechtigtes Interesse an einer möglichst raschen Entscheidung haben, noch im Interesse des Gastgewerbetreibenden, der für längere Zeit mit einer weitgehenden Rechtsunsicherheit konfrontiert wäre"* (**ErlRV 780 BlgNR 24. GP**). Es ist daher der Beurteilung in den EB zuzustimmen, wenn ausgeführt wird, dass die *„eng gefasste Andersbehandlung einer möglichen Wesensänderung"* in Abs 8 **sachlich gerechtfertigt** (Art 7 B-VG) ist (**ErlRV 780 BlgNR 24. GP**).

Auflagen und Einschränkungen der Betriebszeit dürfen gem Abs 8 nur soweit vorgeschrieben werden, „als diese *[zur Vermeidung einer Gefährdung des Lebens oder der Gesundheit der Nachbarn oder einer unzumutbaren Belästigung der Nachbarn durch Lärm]* notwendig sind." Die Vorschreibung von Auflagen oder eine Einschränkung der Betriebszeit ist also nur insoweit **erlaubt,** als dies für den Gesundheitsschutz oder den Schutz vor unzumutbaren Belästigungen der Nachbarn erforderlich ist (zur Gesundheitsgefährdung s *Wendl*, Die Gefährdung des Lebens und der Gesundheit Rz 211; zur unzumutbaren Belästigung s *Paliege-Barfuß*, Die Belästigung der Nachbarn Rz 218).

Nach der ursprünglichen Fassung des Abs 8 (vgl BGBl I 2010/66) durften Auflagen und Betriebszeitenbeschränkungen nur soweit vorgeschrieben werden, als dies zur *Vermeidung einer Gefährdung des Lebens oder der Gesundheit von Nachbarn* notwendig war. Dies qualifizierte der VfGH als **Ungleichbehandlung,** weil danach zwar nachträgliche Auflagen zur Vermeidung der Gesundheitsgefährdung, nicht aber Auflagen zur Vermeidung unzumutbarer Belästigungen von Nachbarn vorgeschrieben werden konnten. *„Diese Ungleichbehandlung ist ebenso wenig zu rechtfertigen wie die mit dem Erk VfSlg 19.584/2011 beseitigte Privilegierung in § 76 a Abs 1 Z 4 GewO 1994 von Gastgärten gegenüber sonstigen BA"* (VfGH 16. 6. 2014, G 94/2013; Aufhebung mit BGBl I 2014/60).

Zur **Stellung von Nachbarn** in Verfahren gem § 76 a Abs 8 iVm § 79 ist Folgendes zu sagen: Gem Abs 8 sind die §§ 79, 79 a (nicht auch § 356 Abs 3!) *„mit der Maßgabe"* anzuwenden, dass Auflagen und Einschränkungen der Betriebszeit zugunsten von Nachbarn nur soweit vorzuschreiben sind, als diese für den Gesundheitsschutz der Nachbarn oder den Schutz vor unzumutbarer Belästigung erforderlich sind (zur Einleitung eines Verfahrens gem § 79 vgl *Stolzlechner,* Die Rechtskraft und die Änderung von Bescheiden Rz 365). Gem § 76 a Abs 8 iVm § 79 a ist ein Verfahren gem Abs 8 grundsätzlich von Amts wegen, auf Antrag des BMLFUW oder eines Nachbarn einzuleiten, wobei Nachbarn glaubhaft zu machen haben, dass sie nicht hinreichend vor den Auswirkungen eines Gastgartens geschützt sind. Den gem § 79 a Abs 3 gleichfalls zu führenden Nachweis, dass eine Person *„im Zeitpunkt der Genehmigung der BA"* oder einer BA-Änderung bereits Nachbar war, kann die Person nicht führen, weil für Gastgärten eine Anzeige-, anstatt einer Genehmigungspflicht gilt. Dieser Teil des § 79 a Abs 3 kann hier also nicht zur Anwendung kommen. Fraglich ist daher, ob § 79 a Abs 4 hier sinngemäß anzuwenden ist. Es sprechen mehr Argumente dagegen als dafür. Ein dem Abs 3 „entsprechender" Antrag ist im Fall eines Gastgartens nicht möglich, weil ein Nachweis iSd Abs 3 zweiter Satzteil (Nachbar bereits im Zeitpunkt der „Genehmigung") nicht gelingen kann. Ferner wäre es sachlich nicht zu rechtfertigen, dass Nachbarn zwar in Verfahren gem § 76 a Abs 3 und 5 Parteistellung fehlt, in Verfahren gem § 76 a Abs 8 iVm § 79 für sie aber Parteistellung vorgesehen ist. Zusammenfassend: Nachbarn können ein Verfahren gem § 76 a Abs 8 iVm § 79 a zwar beantragen, in einem eingeleiteten Verfahren kommt ihnen aber keine Parteistellung zu (anders offenbar *Merli,* JRP 2011, 210 sowie *Schulev-Steindl,* ZfV 2012, 630). – Zur Parteistellung von Nachbarn in Verfahren gem § 79 vgl *Wendl,* Verfahrensübersicht „Verfahren gem § 79" Rz 168.

2.10 Festlegung abweichender Regelungen. Gem Abs 9 kann die **„Gemeinde"**, also das nach dem Gemeinderecht für die V-Erlassung zuständige Gemeindeorgan (idR der **Gemeinderat**), *„abweichende Regelungen betreffend die in Abs 1 und 2 festgelegten Zeiten"*, also **kürzere** oder **längere Betriebszeiten**, für solche **Gebiete einer Gemeinde** mit V festlegen, die eine solche Sonderregelung aus einem oder mehreren der gesetzlich angeführten Gründe rechtfertigen. Eine solche V ist im eigenen Wirkungsbereich der Gemeinde zu erlassen (vgl § 337 Abs 1). Gleich wie bisher in V gem § 112 Abs 3 ändern in V gem Abs 9 geregelte Betriebszeiten **gebietsweise** die in § 76 a Abs 1 oder 2 vorgesehenen Betriebszeiten (idS auch **ErlRV 780 BlgNR 24. GP**); dies mit der Folge, dass Gastgärten, die in einem mit V gem Abs 9 festgelegten Gemeindegebiet gelegen sind, nur nach Maßgabe der **abweichend geregelten Zeiten** betrieben werden dürfen.

Die iSd Art 18 Abs 2 B-VG erforderliche **inhaltliche Determinierung von V** gem Abs 9 wird dadurch herbeigeführt, dass eine abweichende Regelung nur für Gebiete festgelegt werden darf, die dies wegen ihrer besonderen Flächenwidmung (zB überwiegend Bauland-Wohngebiet) oder wegen der tatsächlichen Verbauungsdichte oder aus einem anderen sachverwandten Grund rechtfertigen. Die Rechtfertigungsgründe sind nur *beispielhaft* angeführt (arg *„insbesondere"*); daher kommen auch „örtlich andere gleichgewichtige Rechtfertigungsgründe" in Betracht, zB Erfordernisse des **Tourismus:**

„Diese touristischen Gründe sollen nunmehr ergänzt zum weiterhin aufrechten Verweis auf § 113 Abs 1 GewO in der V-Ermächtigung selbst genannt werden, wobei auch die zukünftige Tourismusplanung (‚Erwartungshaltungen') von Gemeinden ausdrücklich unterstützt werden soll; in diesen Fällen sind ausdrücklich auch Zeiten bis 24 Uhr rechtfertigbar" (**ErlRV 780 BlgNR 24. GP).**

V gem Abs 9 dürfen nur für **bestimmte (örtlich begrenzte) Gebiete** einer Gemeinde festgelegt werden, in denen eine Sonderregelung rechtfertigbar ist. Da kaum vorstellbar ist, dass die Rechtfertigungsgründe des Abs 9 für das gesamte oder auch nur für große Teile des Gebiets einer Gemeinde vorliegen, wird Abs 9 im Regelfall nicht geeignet sein, *„einheitliche Modifikationen"* für das gesamte oder auch nur für große Teile des Gebiets einer Gemeinde abzudecken (idS auch **EB 2012**).

2.11 Gaststätten und Baurecht. Bei einer Gaststätte mit Gastgarten hat – neben der Gewerbebehörde – auch die **Baubehörde** mittels Vorschreibung von Auflagen Sorge zu tragen, dass vom Gastgarten ausgehende Lärmbelästigungen vermieden werden (VwGH 23. 10. 2007, 2007/07/0241 bbl 2008/18 sowie VwSlg 18.149 A/2011); s näher *Giese,* Das Betriebsanlagenrecht und andere Bereiche des öffentlichen Rechts Rz 328, 24.1.

3. Einheit der Betriebsanlage

3.1 Gewerbeanlagen sind komplexe Einrichtungen, die regelmäßig aus Gebäuden, **200** sonstigen Objekten (zB Lagerplätzen, Parkplätzen), Maschinen, Geräten sowie sonstigen Ausstattungen bestehen *(„Anlagenteile")* und in denen *betrieblich erforderliche Tätigkeiten und Prozesse* durchgeführt werden. Eine BA kann sich – neben anderen Objekten – auch aus Einrichtungen zusammensetzen, die – für sich genommen – der Genehmigungspflicht nicht unterliegen (zB Portierloge, Bürogebäude).

Das BA-Recht ist seit jeher von dem **Grundsatz** geprägt, dass **sämtliche Einrichtungen** und **Objekte einer Anlage** eine **Einheit** bilden und als **Gesamtobjekt** einschließlich der **darin durchgeführten Handlungen** und **betriebsbedingten Prozesse** der Genehmigungspflicht unterliegen, einschließlich solcher Objekte, die – für sich genommen – nicht genehmigungspflichtig wären (ähnlich VwGH 30. 6. 2004, 2004/04/0096: Büroräume; vgl ferner *Grabler/Stolzlechner/Wendl,* GewO[3] § 74 Rz 8; *Gruber/Paliege-Barfuß,* GewO[7] § 74 Anm 16); anders *Gruber,* der unter Hinweis auf einen „gemeinschaftsrechtlichen Begriff" der BA (dazu unten 3.5) zur Ansicht gelangt, dass „für sich genommen nicht genehmigungspflichtige" Anlagenteile dem Gebotsregime der GewO nicht unterliegen (*Gruber* in *Hauer* [Hrsg], Betriebsanlagenrecht im Umbruch 17).

Belästigungen – hier Lärmbelästigungen – können von **allen Räumlichkeiten einer BA** ausgehen. Unter den in § 113 Abs 7 genannten Betriebsräumen und Betriebsflächen sind nicht nur jene Bereiche zu verstehen, die für den Aufenthalt der Lokalgäste geeignet sind, sondern auch solche, die iZm einer gastgewerblichen BA in Verwendung stehen, wie zB ein als **Lagerraum** genutztes „Stüberl", selbst wenn es für Lokalgäste nicht zugänglich ist (UVS-OÖ 16. 9. 2011, VwSen-222501/7/Bm/Ba). Ein Nebengebäude, in dem Speisen für die **Gastronomie** zubereitet werden, dient **nicht ausschließlich landwirtschaftlichen Zwecken.** Es ist daher jener Teil, in welchem die im Rahmen des

117

Gastgewerbes verabreichten Speisen hergestellt werden, untrennbarer Bestandteil der gastgewerblichen BA (UVS-Stmk 23. 6. 2008, 43.19 – 5/2008).

Für die Einheit einer BA sind zwei Kriterien maßgeblich, nämlich der **einheitliche betriebliche Zweck** einer Anlage und die **räumliche Einheit**. Fehlt eines, liegt *keine einheitliche gew BA* vor.

> In der *Wärmeerzeugung in einem Fernheizkraftwerk* einerseits und im *Wärmetransport in einer ca 18 km langen Anlage* mit verschiedenen Einspeisungsmöglichkeiten andererseits liegen **verschiedene Betriebszwecke,** die **örtlich getrennt** verfolgt werden, sodass *nicht von einer einheitlichen* (Wärmetransportleitung und Fernheizkraftwerk umfassenden) *gew BA zu sprechen ist* (VwSlg 12.759 A/1988). Ähnlich entspricht es der Lebenserfahrung, dass „*der Zweck eines Lebensmittelmarktes nicht identisch mit dem Zweck des Betriebs einer PKW-Treibstofftankstelle ist*". Bloß aufgrund des räumlichen und örtlichen Zusammenhangs allein, kann aus zwei getrennten BA **keine einheitliche Anlage** konstruiert werden (LVwG-NÖ 26. 3. 2014, LVwG-AB-13 – 0266; kein betrieblicher Zusammenhang zwischen **PKW-Tankstelle** mit aufsichtslosem Betrieb und **Lebensmittelmarkt**).

Als gew BA ist die **Gesamtheit jener Einrichtungen** anzusehen, die dem *Zweck des Betriebs eines Unternehmens gewidmet* sind und *in örtlichem Zusammenhang stehen* (zB VwGH 13. 9. 1988, 87/04/0246; 30. 10. 1990, 90/04/0143; 19. 3. 2003, 2001/04/0065; 14. 9. 2005, 2004/04/0131). Eine BA stellt, soweit der **lokale Zusammenhang** aller ihrer Einrichtungen gegeben ist, gewerberechtlich ein **einheitliches Objekt** dar (VwGH Budw 7694 A/1910; VwGH 17. 5. 1988, 88/04/0011: Kunstschneeanlage iZm einem Schlepplift; VwSlg 12.759 A/1988; VwGH 30. 6. 2004, 2004/04/0096).

Dies gilt auch für **„Einkaufszentren"** (VwGH 30. 10. 1990, 90/04/0143; zur möglichen Erteilung einer Generalgenehmigung und von Spezialgenehmigungen s unten 3.3; s auch Lexikon „Antragsteller" Rz 10). Bei Beurteilung der **räumlichen Einheit** ist nicht wesentlich, dass alle einer BA zuzurechnenden Betriebsliegenschaften *unmittelbar aneinander grenzen*. Eine **geringfügige räumliche Trennung** steht der Einheit der BA nicht entgegen, solange die *tatsächlichen Betriebsabläufe* auf den Betriebsliegenschaften eine Einheit bilden (VwGH 1. 7. 1997, 97/04/0063; durch eine Straße von der Sägehalle getrennter Holzlagerplatz, der mittels Hubstapler beschickt wird; LVwG Wien 25. 6. 2014, VWG-122/008/6830/2014).

> **Werksstraßen** stehen als betriebliche Transportwege idR in einem räumlichen und funktionellen Zusammenhang mit einer BA und sind daher Teil dieser BA (VwGH 26. 6. 1981, 04/0652/79).

3.2 Gegenstand der behördlichen Genehmigung sind nicht einzelne Maschinen und Geräte bzw beim Betrieb vorkommende Tätigkeiten und Manipulationen, sondern die *gesamte gew BA, die eine Einheit darstellt,* und die **in ihr vorzunehmenden Tätigkeiten** und **betrieblichen Prozesse** (zB VwGH Budw 7694 A/1910, zit in VfSlg 7125/1973; VwGH 15. 3. 1979, 2932/78; 21. 3. 1988, 87/04/0055: Reifenmontagehalle, Ölfeuerung, Kundenraum; VwGH 22. 3. 1988, 87/04/0074: Eisbar, am Hotel befestigte Lautsprecher; VwGH 19. 6. 1990, 90/04/0002: Hackschnitzelheizanlage in Gastgewerbebetrieb; ferner VwGH 17. 3. 1998, 97/04/0139; 19. 3. 2003, 2001/04/0167; 19. 3. 2003, 2001/04/0065; 14. 9. 2005, 2004/04/0131). Ein Gastgarten, der auch als Zugang zur im Untergeschoss liegenden Bar außerhalb der Öffnungszeiten des verbundenen Restaurants dient, ist unstrittig Teil der (als Einheit zu betrachtenden) genehmigten BA (VwGH 21. 12. 2004, 2003/04/0094; Führung eines Gastgewerbebetriebs in unterschiedlichen Betriebsarten, aber in einheitlicher BA). Nur bei einer **Gesamtbetrachtung** kann das gegenseitige Ineinanderwirken der einzelnen Anlagenteile in ihren Auswirkungen auf die Umwelt *umfassend beurteilt* und damit der vom G angestrebte *umfassende Nachbarschaftsschutz* bewirkt werden (zB VwSlg 11.888 A/ 1985; VwGH 6. 11. 1995, 95/04/0137; 11. 11. 1998, 98/04/0137).

Bei einer **Clubbinglounge** und einem im selben Haus befindlichen **Kaffeehaus,** die nur geringfügig räumlich getrennt sind, kommt es für die Beurteilung der **räumlichen Einheit** nicht darauf an, dass *„alle einer BA zurechenbaren Betriebsliegenschaften unmittelbar aneinander grenzen"*. Aufgrund des beabsichtigten Gästeflusses in das Kaffeehaus nach einem Clubbingloungebesuch, kann durch diesen Sachzusammenhang die **Einheit dieser beiden BA** auch im Hinblick auf den einheitlichen betrieblichen Zweck gegeben sein, sodass hier eine **Gesamtbetrachtung** geboten ist (vgl LVwG-Wien 25. 6. 2014, VGW-122/008/6830/2014).

> Durch den Grundsatz der **Einheit der BA** kommt sohin zum Ausdruck,
> – dass sich die Genehmigungspflicht nicht auf einzelne Gebäude, Einrichtungen, bestimmte Maschinen oder Geräte beschränkt, sondern das Genehmigungsverfahren sämtliche Gebäude, Einrichtungen, bestimmte Maschinen und Geräte in ihrem Zusammenwirken erfasst,
> – dass sich die Genehmigungspflicht nicht auf einzelne Produktionsabläufe und sonstige Vorgänge beschränkt, sondern das Genehmigungsverfahren sämtliche Produktionsabläufe und sonstige Vorgänge in ihrem Zusammenwirken erfasst,
> – dass die Genehmigungspflicht eines Teilbereichs der BA die Genehmigungspflicht der gesamten Anlage begründet und
> – dass eine abgesonderte Genehmigung eines Teils einer BA unzulässig ist.
>
> Ausfluss des Grundsatzes der **Einheit der BA** ist auch, dass der Begriff der BA nicht auf den Bestand einer bestimmten Anzahl von Gewerbeberechtigungen abstellt. Daher ist zulässig, dass eine gew BA der Entfaltung einer gew Tätigkeit, die in der Ausübung **mehrerer Gewerbeberechtigungen** besteht, regelmäßig zu dienen bestimmt ist (vgl VwGH 28. 9. 2011, 2011/04/0128).

3.3 Der Grundsatz der Einheit einer BA ist auch für **Form** und **Inhalt der Erledigung** einer Anlagengenehmigung von Bedeutung; dies insofern, als sich die BA-Genehmigung auf die gesamte Anlage zu beziehen hat. Unzulässig ist die Erledigung eines Ansuchens um Genehmigung einer gew BA in der Weise, dass zunächst die *„Gesamtanlage"* unter Ausschluss der *„Einzelanlageteile"* mit gesondertem Bescheid und sodann die *„Einzelanlageteile"* wieder in getrennten Bescheiden genehmigt werden (VwSlg 11.888 A/1985).

> Es ist unzulässig, in einer Art **Grundsatzentscheidung** eine nur der Type nach bestimmte BA in dem in Frage kommenden Standort zu genehmigen (VwSlg 11.888 A/1985).

Eine Ausnahme davon sieht § 356 e vor: Betrifft ein Genehmigungsansuchen eine „Gesamtanlage", also eine *„verschiedenen Gewerbebetrieben zu dienen bestimmte, dem § 356 Abs 1 unterliegende BA"* (zB BA von Handelsbetrieben, Friseuren, Kosmetikern) und wird ausdrücklich nur eine Generalgenehmigung beantragt, so hat damit eine Trennung des Verfahrens zu erfolgen, uzw in ein Verfahren betreffend die Genehmigung der allen Betrieben dienenden Anlagenteile (zB Treppen, Aufzüge; **„Generalgenehmigung"**) und in die (getrennt dazu zu führenden) Verfahren betreffend die einzelnen in der Gesamtanlage befindlichen BA (**„Spezialgenehmigung"**). Diese Trennung in eine Generalgenehmigung und mehrere Spezialgenehmigungen dient der Erleichterung des Verfahrens zur Genehmigung von „Gesamtanlagen" (näher dazu *Grabler/Stolzlechner/Wendl*, GewO³ § 356 e Rz 2 ff).

3.4 Der Einheit der BA kann auch iZm der **Errichtung einer neuen BA** bzw **Änderung einer genehmigten BA** Bedeutung zukommen. Steht eine projektierte BA *in einem betrieblichen* und *örtlichen Zusammenhang mit einer rk genehmigten BA,* kommt § 81 zur Anwendung; fehlt ein solcher Zusammenhang, ist eine neu projektierte BA gem § 77 zu genehmigen: Einrichtungen, die gem den Kriterien des § 74 Abs 2 mit einer gew BA in einem **sachlichen (betrieblichen)** und **örtlichen Zusammenhang** stehen, zählen zu dieser BA. Sie können *nicht „abgesondert" genehmigt werden.* Vielmehr bewirkt die Errichtung oder Inbetriebnahme einer mit einer rk genehmigten BA in einem solchen Zusammenhang stehenden Einrichtung bei Erfüllung der Tatbestandsmerkmale des § 81 eine *genehmigungspflichtige Änderung der genehmigten Anlage,* wobei die Genehmigung auch die bereits genehmigte Anlage so weit zu umfassen hat, als es wegen der Änderung zur Wahrung der in § 74 Abs 2 umschriebenen Interessen gegenüber der genehmigten Anlage erforderlich ist (zB VwGH 14. 9. 2005, 2004/04/0131; ähnlich 19. 3. 2003, 2001/04/0167: Versorgung einer Bar durch bestehenden Gastgewerbebetrieb; VwGH 19. 3. 2003, 2001/04/0065: baulicher und betrieblicher Zusammenhang zwischen Disco und Gastgewerbebetrieb). – Näher dazu *Paliege-Barfuß*, Die Änderung der genehmigten Anlage Rz 356.

3.5 Eine **Ausnahme vom Grundsatz der „Einheit der BA"** besteht in Bezug auf **IPPC-Anlagen:** Gem § 71 b Z 1 versteht man unter einer IPPC-Anlage eine in der Anlage 3 zur GewO *„angeführte BA oder jene Teile einer BA, in denen eine oder mehrere der in der Anlage 3 [. . .] angeführten Tätigkeiten sowie andere unmittelbar damit verbundene, in einem technischen Zusammenhang stehende Tätigkeiten, die Auswirkungen auf die Emissionen und die Umweltverschmutzungen haben können, durchgeführt werden".* Aus dieser Legaldefinition ergibt sich, dass unter einer IPPC-Anlage zweierlei verstanden werden kann, nämlich

– eine **BA in ihrem gesamten Umfang,** sofern in ihr ausschließlich Tätigkeiten gem der Anlage 3 zur GewO und damit verbundene Tätigkeiten durchgeführt werden (was praktisch selten vorkommen wird; vgl aber selbst in diesem Fall die Ausnahmen für der Forschung, Entwicklung oder Erprobung dienende Teile einer BA; Anlage 3 Z 1 zur GewO);

– jene **Teile einer BA,** in denen Tätigkeiten iSd Anlage 3 zur GewO und damit verbundene Tätigkeiten durchgeführt werden, wobei es in einem solchen Fall zwingend andere Teile einer BA geben muss, in denen „herkömmliche", nicht in der Anlage 3 zur GewO bezeichnete gew Tätigkeiten durchgeführt werden. In Bezug auf IPPC-Anlagen (der 2. Gruppe) gilt somit der Grundsatz der „Einheit der BA" nicht, sondern ein *„geteiltes" Anlagenregime:* Jene BA-Teile, in denen Tätigkeiten iSd Anhangs 3 durchgeführt werden, unterliegen den besonderen Anforderungen an IPPC-Anlagen (vgl §§ 77 a, 81 a); sonstige BA-Teile unterliegen den allgemeinen

Genehmigungsvoraussetzungen gem § 77 (s auch *Vogelsang*, Sonderbestimmungen für IPPC-Anlagen Rz 244; ähnlich auch *Gruber* in *Hauer* [Hrsg], Betriebsanlagenrecht im Umbruch 17).

4. Nachträglich entstehende Genehmigungspflicht

Aus dem Grundsatz der *„Einheit der BA"* ist eine weitere Rechtsfolge abzuleiten: **201** Wird an eine bestehende, bislang nicht genehmigungspflichtige gew BA ein *genehmigungspflichtiger Anlagenteil* hinzugefügt (zB Lagerraum für leicht entzündbares Material wird an Verkaufslokal angeschlossen), so wird dadurch die **Genehmigungspflicht der gesamten Anlage,** somit auch bislang nicht genehmigungspflichtiger Anlagenteile, begründet (so bereits VwGH Budw 7694 A/1910, zit in: VfSlg 7125/1973; *Grabler/Stolzlechner/Wendl,* GewO³ § 74 Rz 8; *Gruber/Paliege-Barfuß,* GewO⁷ § 74 Anm 21). Dies gilt namentlich dann, wenn beide Anlagenteile *in Verbindung miteinander erwarten lassen,* dass von ihnen Gefährdungen, Belästigungen sowie sonstige Einwirkungen iSd § 74 Abs 2 ausgehen können. In beiden Fällen entsteht Genehmigungspflicht durch *nachträglich hinzukommende Anlagenteile.* Eine Genehmigung ist allenfalls in einem Verfahren gem § 77 Abs 1 oder § 359b (nicht aber gem § 81) zu erteilen.

Das Gesagte gilt auch für **nachträglich eingebaute Maschinen, Geräte** und **Ausstattungen,** die Gefährdungen, Belästigungen und sonstige Einwirkungen iSd § 74 Abs 2 hervorzurufen geeignet sind (arg *„wegen der Verwendung von Maschinen und Geräten":* § 74 Abs 2). Dies können spezifische, nur in Betrieben verwendete Maschinen etc oder auch Maschinen etc sein, wie sie in gleicher Weise in *Privathaushalten* verwendet werden (zB Kaffeemaschine, Stereoanlage in Gastgewerbebetrieb). Dabei kann eine Antwort auf die Frage, ob solche Maschinen, Geräte, Ausstattungen den Voraussetzungen des § 74 Abs 2 entsprechen, im Einzelfall schwierig sein. Zur Vereinheitlichung des Verwaltungsgeschehens ist in § 76 Abs 1 vorgesehen, dass der BMWFW Maschinen, Geräte und Ausstattungen **mit V bezeichnen kann,** deren Verwendung für sich allein *Genehmigungspflicht nicht begründet* (s SolarienV BGBl 1995/147; dazu *Vogelsang,* Verordnungen im Betriebsanlagenrecht Rz 254, 2.1).

Fehlt es an einer V-Regelung nach § 76 Abs 1, hat der BMWFW (auf Antrag) für eine bestimmte Bauart, Maschine etc mit **Bescheid festzustellen,** ob die Voraussetzungen gem Abs 1 dafür gegeben sind, dass die Verwendung dieser Bauart etc für sich allein die Genehmigungspflicht nicht begründet (§ 76 Abs 2). Bei alleiniger Verwendung von Maschinen, Geräten etc iSd Abs 1 und 2 ist Genehmigungspflicht daher nicht gegeben. Unter § 76 Abs 1 und Abs 2 fallende Maschinen, Geräte etc sind in einem Genehmigungsverfahren zu *„berücksichtigen",* wenn durch die Verbindung der Maschinen etc mit anderen Anlagenteilen oder durch die Anzahl der Maschinen etc Gefährdungen, Belästigungen etc iSd § 74 Abs 2 bewirkt werden können (§ 76 Abs 3).

5. Fehlende Genehmigungspflicht; Genehmigungsfreistellung

Es gibt gew BA, auf die die Voraussetzungen für die Genehmigungspflicht gem **202** § 74 Abs 2 nicht zutreffen und die daher nicht der Genehmigungspflicht unterliegen (*„genehmigungsfreie BA"*). Das können gew BA sein, bei denen aufgrund **behördlicher Prüfung im Einzelfall** das Vorliegen der Genehmigungspflicht verneint wird; das können aber auch BA sein, die **aufgrund gesetzlicher Regelung** von der Genehmigungspflicht ausgenommen sind.

5.1 Fehlende Genehmigungspflicht. Es gibt gew BA, bei denen nach allgemeiner Erfahrung ausgeschlossen werden kann, dass sie geeignet sind, Gefährdungen, Belästigungen, sonstige Einwirkungen iSd § 74 Abs 2 hervorzurufen, zB *kleine* Handelsgeschäfte (ohne Kundenverkehr mit Kfz) oder *„reine"* Bürobetriebe (zB Büro eines „planenden" Baumeisters). Solche gew BA sind **nicht genehmigungspflichtig;** in ihnen kann die gew Tätigkeit *ohne Ansuchen um eine BA-Genehmigung* aufgenommen werden. Ist *zweifelhaft,* ob eine gew BA genehmigungspflichtig iSd § 74 Abs 2 ist, kann darüber ein Feststellungsverfahren beantragt werden, zB um ein drohendes Verwaltungsstrafverfahren (vgl § 366 Abs 1 Z 2) zu vermeiden (zum Feststellungsverfahren s unten Rz 207).

5.2 Genehmigungsfreistellung.

5.2.1 Zur *Vereinheitlichung der Gewerbepraxis* ist in § 74 Abs 7 eine V-Ermächtigung vorgesehen: Danach kann der BMWFW *„Arten von Betriebsanlagen, für die jedenfalls keine Genehmigung erforderlich ist",* **durch V bezeichnen,** *„wenn von ihnen erwartet werden kann, dass die gem § 74 Abs 2 wahrzunehmenden Interessen hinreichend geschützt sind"* (näher dazu *Grabler/Stolzlechner/Wendl,* GewO[3] § 74 Rz 43, 44). Ein erster Schritt wurde gesetzt durch die **V betreffend Erdgasflächen- und Fernwärmeversorgungsleitungsnetze BGBl II 1999/20 idF BGBl II 1999/149,** mit der bestimmte Leitungsnetze für die Erdgas- und Fernwärmeversorgung genehmigungsfrei gestellt wurden (dazu *Vogelsang,* Verordnungen im Betriebsanlagenrecht Rz 257, 5.8). Aufgrund einer **2. GenehmigungsfreistellungsV BGBl II 2015/80** (in Kraft am 17. 4. 2015) sind zahlreiche BA vom Erfordernis einer BA-Genehmigung freigestellt.

5.2.2 Gem § 1 dieser V ist für **folgende Typen von BA eine Genehmigung nicht erforderlich** (sofern bestimmte Betriebszeiten eingehalten werden und § 2 dieser V nicht anderes bestimmt):

- Einzelhandelsbetriebe (zB Schuh- oder Textilhandelsbetriebe) mit einer Betriebsfläche von bis zu 200 m²,
- Bürobetriebe (zB „planender" Baumeister),
- Lager in geschlossenen Gebäuden für Waren und Betriebsmittel (bis zu einer Betriebsfläche von 600 m²),
- Kosmetik-, Fußpflege-, Frisör-, Massage- und Bandagistenbetriebe (vgl idZ auch die **SolarienV BGBl 1995/147,** mit der jene Solarien bezeichnet werden, deren Verwendung für sich allein die Genehmigungspflicht nicht begründet),
- Änderungsschneidereien und Schuhservicebetriebe (vgl 1. TeilgewerbeV BGBl II 1998/11),
- Fotografenbetriebe.

Die aufgezählten **Typen von „ungefährlichen Kleinstanlagen"** umfassen alle zu einer solchen BA gehörenden Verwendungen von Maschinen, Geräten, Ausstattungen und Betriebsweisen. Im Einzelfall entscheidend ist das **Erscheinungsbild der BA** nach ihrem Typus. So ist zB der *„Einzelhandel"* als Betriebstype anzusehen, deren Merkmal die Abgabe von Gebrauchsgütern an Letztverbraucher ist. Wesentlich ist das Erscheinungsbild der BA als Einzelhandelsbetrieb, nicht aber die zugrunde liegende Gewerbeberechtigung (vgl unveröffentlichte Erl zum V-Entwurf).

Mit *„Bürobetriebe"* sind Anlagentypen gemeint, in welchen ausschließlich Tätigkeiten wie Schreiben, Zeichnen, Lesen oder das Durchführen von Besprechungen vorgenommen werden; dazu gehört auch die übliche Ausstattung (zB PC, Kopiergerät). In solchen Anlagen werden zB Tätigkeiten von Versicherungsdienstleistern, Immobilienverwaltern, Ingenieurbüros, Reisebüros etc durchgeführt (vgl unveröffentlichte Erl zum V-Entwurf).

Der Begriff **„Betriebsfläche"** ist so zu verstehen, wie er in § 359 b verwendet wird; erfasst sind *alle betrieblich genutzten Flächen,* einschließlich Lagerflächen etc.

5.2.3 Die Freistellung von der Genehmigungspflicht ist nur gegeben, wenn eine BA innerhalb folgender in § 1 Abs 2 dieser V **festgelegter Betriebszeiten** betrieben wird:

1. an Werktagen von Montag bis Freitag zwischen 6 und 22 Uhr, ausgenommen Lieferverkehr,
2. an Werktagen am Samstag zwischen 6 und 19 Uhr, ausgenommen Lieferverkehr,
3. für Lieferverkehr an Werktagen von Montag bis Freitag zwischen 6 und 19 Uhr, und
4. für Lieferverkehr an Werktagen am Samstag zwischen 6 und 18 Uhr.

Diese Betriebszeiten entsprechen insb der ÖNORM S 5021 (vgl unveröffentlichte Erl zum V-Entwurf). Wird eine in § 1 der V bezeichnete BA **über die festgelegten Betriebszeiten hinaus** betrieben, fehlt es an einer wichtigen Voraussetzung und die BA unterliegt der Genehmigungspflicht gem § 74 Abs 2.

Überdies nimmt § 2 dieser V bestimmte Typen von BA, die an sich genehmigungsfrei gestellt sind, von der Genehmigungsfreistellung wieder aus, sofern sie bestimmte Voraussetzungen erfüllen. **Ausgenommen von der Genehmigungsfreistellung** sind zB BA für den *„Einzelhandel mit Lebensmittel"* (ohne Betriebsflächenbeschränkung; § 2 Z 1 der 2. GenehmigungsfreistellungsV) oder BA, bei denen außerhalb der Gebäudehülle *„mechanische Anlagenteile zur Be- oder Entlüftung oder zur Wärmeübertragung"* gelegen sind (§ 2 Z 2 der 2. GenehmigungsfreistellungsV). Diese **Ausnahmen** sind **sachlich gerechtfertigt,** zumal zB Lebensmittelgeschäfte besonders häufig frequentiert werden und daher auch bei kleineren Geschäften Gefährdungen, Belästigungen etc iSd § 74 Abs 2 von vornherein nicht ausgeschlossen werden können.

Hinzuweisen ist ferner allgemein darauf, dass der BMWFW bei Erlassung einer solchen V an den **Gleichheitssatz (Art 7 B-VG)** gebunden ist (zB VfSlg 18.839/2009, 14.629/1996, 12.281/1990). Daher dürfen nur jene BA genehmigungsfrei gestellt werden, von deren Betrieb nach allgemeiner Erfahrung Gefährdungen und Belästigungen iSd § 74 Abs 2 nicht zu erwarten sind.

6. Arten gewerblicher Betriebsanlagen

6.1 Mit Bezug auf die *Genehmigungspflicht* nach § 74 Abs 2 kann unterschieden **203** werden zwischen

- genehmigungspflichtigen BA (§§ 74 ff),
- genehmigungsfreigestellten BA (vgl § 74 Abs 7; 2. GenehmigungsfreistellungsV),
- nicht genehmigungspflichtigen BA (vgl § 74 Abs 2),
- anzeigepflichtigen BA (Gastgärten; vgl § 76 a).

6.2 Nach der *Strenge der Genehmigungsvoraussetzungen* sowie nach der *Stellung der Nachbarn* im Genehmigungsverfahren können folgende Typen gew BA unterschieden werden:

– **BA nach § 359b;** sie sind gem § 77 Abs 1 bis 4 iVm § 74 Abs 2, jedoch in einem „vereinfachten Verfahren" zu genehmigen, in welchem Nachbarn lediglich beschränkte Parteistellung zukommt (s Lexikon „Vereinfachtes Genehmigungsverfahren [Auftragsverfahren]" Rz 148 sowie *Wendl,* Die Nachbarn und ihre Parteistellung Rz 271);

– **„normale" BA;** sie sind gem § 77 Abs 1 bis 4 iVm § 74 Abs 2 nach Durchführung einer (allerdings nicht zwingenden; vgl § 356) mündlichen Verhandlung zu genehmigen (Parteistellung der Nachbarn; s Lexikon „Mündliche Verhandlung" Rz 151);

– **eine verschiedenen Gewerbebetrieben zu dienen bestimmte, dem § 356 Abs 1 unterliegende BA (Gesamtanlage)** iSd § 356e Abs 1 („Einkaufszentren"); sie ist gem § 77 Abs 1 bis 4 iVm § 74 Abs 2 zu genehmigen, wobei die allen Betrieben dienenden Anlagenteile mit einer *Generalgenehmigung* und die einzelnen Betriebe mit einer *Spezialgenehmigung* zu genehmigen sind; (s dazu Lexikon „Einkaufszentren" Rz 37);

– **IPPC-Anlagen** (vgl § 71b Z 1); bei diesen Anlagen ist gem § 77a *„über § 77 hinaus"* sicherzustellen, dass sie so errichtet, betrieben und aufgelassen werden, dass für die Erreichung von Umweltzielen wichtige Maßnahmen getroffen werden, wie zB geeignete Vorsorgemaßnahmen gegen Umweltverschmutzungen, effiziente Energieverwendung, erforderliche Maßnahmen gegen Unfälle und gegen Gefahren einer Umweltverschmutzung bei Betriebsauflassung (s *Vogelsang,* Sonderbestimmungen für IPPC-Anlagen Rz 244);

– **Seveso-III-Betriebe;** dies sind Betriebe, in denen **„gefährliche Stoffe"** (vgl § 84b Z 9) in einer oder in mehreren technischen Anlagen vorhanden sind (vgl § 84b Z 8); den Inhaber eines solchen Betriebs treffen allgemeine (§ 84c) und besondere Pflichten (§§ 84d bis 84j), die der Verhütung von schweren Unfällen dienen (s Lexikon „Seveso-III-Betriebe" Rz 73, 74);

– **UVP-pflichtige gew BA;** im Anhang 1 zum UVP-G aufgezählte gew BA sind einer Umweltverträglichkeitsprüfung zu unterziehen (s näher *Vogelsang,* Sonderbestimmungen für UVP-pflichtige Betriebsanlagen Rz 334).

7. Kombinierte Anlagen

204   **7.1** Es gibt technische Anlagen, die *zwei* oder *mehreren (rechtlich relevanten) Zwecken,* darunter auch der Entfaltung gew Tätigkeiten, zu dienen bestimmt sind **(„kombinierte Anlagen").** Fehlen verfahrenskonzentrierende Vorschriften, sind für Anlagen, die gleichzeitig als gew BA, daneben aber auch für einen anderen Zweck (zB Stromerzeugung) verwendet werden, grundsätzlich **mehrere Anlagengenehmigungen** erforderlich (zum Kumulationsprinzip s *Giese,* Das Betriebsanlagenrecht und andere Bereiche des öffentlichen Rechts Rz 305). So ist zB die Dampfkesselanlage eines Fernheizkraftwerks als **kombinierte BA** zu qualifizieren, die einerseits der *Erzeugung elektrischer Energie,* andererseits der *Erzeugung von Fernwärme* dient. Eine solche Anlage bedarf als Elektrizitätsversorgungseinrichtung einer elektrizitätsrechtlichen Genehmigung, als Fernwärmeversorgungseinrichtung zusätzlich auch einer gew BA-Genehmigung (VfSlg 10.930/1986).

7.2 Aus Gründen der Verwaltungsvereinfachung sind in § 74 Abs 4 bis 6 für bestimmte kombinierte Anlagen Regelungen zur **Vermeidung von Mehrfachgenehmigungen** vorgesehen. § 74 Abs 4 bezieht sich auf „Bergbauanlagen" (vgl § 118 MinroG), in denen (neben dem MinroG unterliegenden Tätigkeiten) auch *gew Tätigkeiten* (zB Veredelungs- und Weiterverarbeitungstätigkeiten; s *Grabler/Stolzlechner/Wendl,* GewO³ § 2 Rz 159) ausgeübt werden, die mit Tätigkeiten der in § 2 Abs 1 MinroG (zB Aufsuchen, Gewinnen, Aufbereiten mineralischer Rohstoffe) oder § 107 MinroG (zB Aufbereitung mineralischer Rohstoffe; Benützung von Grubenbauen zu anderen Zwecken als dem Gewinnen mineralischer Rohstoffe) genannten Art *„in wirtschaftlichem und fachlichem Zusammenhang"* stehen. Solche Anlagen bedürfen **keiner gew BA-Genehmigung,**

– wenn sie nach *„bergrechtlichen Vorschriften"* bewilligt sind (vgl § 119 MinroG), und
– wenn der *„Charakter"* als Bergbauanlage gewahrt bleibt (dazu auch *Winkler,* in Holoubek/Potacs [Hrsg], Öffentliches Wirtschaftsrecht II³ 1089).

Entgegen dem Wortlaut *(„. . . bewilligt sind")* ist nicht darauf abzustellen, ob eine Genehmigung nach bergrechtlichen Vorschriften bereits vorliegt. Die Gewerbebehörde hat selbständig zu prüfen, ob für eine Anlage eine Bewilligung nach bergrechtlichen Vorschriften erforderlich ist (so VwGH 30. 11. 2006, 2005/04/0168 in Bezug auf § 74 Abs 5).

Der *„Charakter"* als Bergbauanlage bleibt so lange gewahrt, als in einer Anlage in der Hauptsache und überwiegend Tätigkeiten nach MinroG durchgeführt werden. Gew Tätigkeiten dürfen nur als *Nebentätigkeiten* ausgeübt werden.

Der *Weiterverarbeitung mineralischer Rohstoffe* zu verkaufsfähigen Produkten dienende Anlagen gelten als **Bergbauanlage,** wenn die Weiterverarbeitung in den Berechtigungsumfang des Bergbauberechtigten nach § 132 Abs 1 BergG (jetzt: § 107 MinroG) fällt (VwGH 24. 6. 1998, 97/04/0225). Werden in einem Vorgang verkaufsfähige veredelte mineralische Produkte gewonnen und wird aus diesen unter Hinzufügung von Bitumen *Heißasphalt* erzeugt, ist die ganzheitlich zu betrachtende Anlage **nicht als Bergbauanlage** anzusehen (VwSlg 14.920 A/1998); zum „Aufbereiten" mineralischer Rohstoffe s ferner VwSlg 14.533 A/1996.

Ändert sich der Charakter der Tätigkeiten dadurch, dass gew Tätigkeiten in größerem Ausmaß durchgeführt werden, sodass die **gew Tätigkeiten als Haupttätigkeit** zu qualifizieren sind, schlägt dies auf die rechtliche Qualifikation der BA durch: Weist eine Anlage nicht mehr den *„Charakter einer Bergbauanlage",* sondern den einer gew BA auf, hat dies der Anlageninhaber *„unverzüglich"* der Bergbehörde und Gewerbebehörde (§ 333 GewO: BVB) anzuzeigen. Die (ehemals) mineralrohstoffrechtliche Anlagenbewilligung gilt dann ex lege als gew BA-Genehmigung weiter (bei Anzeigenerstattung ohne Vorliegen der gesetzlichen Voraussetzungen hat die Behörde gem § 345 Abs 5 vorzugehen).

7.3 § 74 Abs 5 bezieht sich auf **„Anlagen zur Erzeugung elektrischen Stroms"** *(„Elektrizitätserzeugungsanlagen"),* die gleichzeitig einer mit dieser Tätigkeit wirtschaftlich und fachlich zusammenhängenden **Gewinnung** und **Abgabe von Wärme** dienen (Heizkraftwerk in Kombination mit einer Anlage zur Erzeugung und Abgabe von „Fernwärme"; zur Wärmeerzeugung als freies Gewerbe s *Grabler/Stolzlechner/Wendl,* GewO[3] § 5 Rz 12). Solche *doppelfunktionellen Anlagen* (zB **Kraft-Wärme-Kopplungs-anlagen**) unterliegen einerseits den *(Landes-)ElWOGen* und bedürfen hinsichtlich der der Stromerzeugung dienenden Anlagenteile einer **elektrizitätsrechtlichen Bewilligung;** andererseits unterliegen die der Wärmeerzeugung dienenden BA-Teile den §§ *74 ff GewO* und bedürfen grundsätzlich einer gew BA-Genehmigung (s dazu *Giese,* Die gewerbliche Betriebsanlage und andere Bereiche des öffentlichen Rechts Rz 316, 12.1 und *Schlögl* in *Altenburger/N. Raschauer,* Umweltrecht Kommentar Rz 41). Allerdings bedarf eine solche kombinierte Strom- und Wärmeerzeugungsanlage gem § 74 Abs 5 **keiner gew BA-Genehmigung,** wenn die der Wärmeerzeugung dienenden Anlagenteile *„nach anderen bundesrechtlichen Vorschriften für derartige Anlagen"* (zB EG-K, WRG, ForstG – vgl VwGH 30. 11. 2006, 2005/04/0168) bewilligt sind und der *„Charakter"* der Anlage als Elektrizitätserzeugungsanlage gewahrt bleibt (s auch *Hauer/Oberndorfer,* ElWOG § 12 Rz 20). Für den **Entfall der gewerberechtlichen Genehmigungspflicht** ist also entscheidend, ob für jenen Teil der Anlage, welcher der Gewinnung und Abgabe von Wärme dient, eine **(andere) bundesrechtliche Bewilligung** erforderlich ist (zB EG-K), was voraussetzt, dass von der (anderen) bundesrechtlichen Bewilligung eben dieser Teil der Anlage erfasst wird (VwGH 24. 2. 2010, 2008/04/0028).

7.4 Abs 6 sieht allgemein, somit für Anlagen nach Abs 5, aber auch für andere Anlagen vor, dass *„Abs. 4 vorletzter und letzter Satz"* (Anzeige bei Änderung des Anlagencharakters; Weitergeltung als gew BA-Genehmigung) für eine *„nach anderen als bergrechtlichen Vorschriften genehmigte oder bewilligte Anlage"* gilt, welche nicht mehr den Charakter einer von der GewO ausgenommenen Anlage, sondern den **Charakter einer gew BA** aufweist. Sind danach die Voraussetzungen des Abs 6 gegeben und erstattet der Anlageninhaber Anzeige über die **Änderung des Charakters** seiner Anlage (in eine gew BA), gilt mit der Anzeige die ursprünglich nach sonstigen Vorschriften erteilte Anlagenbewilligung als **gew BA-Genehmigung iSd § 74 Abs 2,** vorausgesetzt, dass die **Identität** der ursprünglich nach anderen Vorschriften bewilligten und der nunmehr als gew BA betriebenen **Anlage** wie auch der von der ursprünglichen Bewilligung umfassten und der nunmehr darin ausgeübten **Tätigkeiten** gegeben ist (VwSlg 15.307 A/ 1999).

„Andere als bergrechtliche Vorschriften" können bundes- oder landesrechtliche Vorschriften sein; so gilt zB eine nach *baurechtlichen Bestimmungen* erteilte Bewilligung (für einen Buschenschankbetrieb) als gew BA-Genehmigung weiter, wenn der Buschenschankbetrieb in einen Gastgewerbebetrieb umgewandelt wird (*Grabler/Stolzlechner/ Wendl,* GewO[3] § 74 Rz 41).

7.5 Im Verhältnis zu nicht im § 74 Abs 4 und 5 erwähnten Verwaltungsbereichen bleibt die *Notwendigkeit von Mehrfachgenehmigungen* (aus Sicht des gew BA-Rechts) bestehen, sofern nicht aufgrund von verfahrenskonzentrierenden Bestimmungen in anderen Materiengesetzen die nach diesen Vorschriften erforderlichen Genehmigungen entfallen (zB Nutzung einer gew BA als **Veranstaltungsstätte** gem Landes-VeranstaltungsG; s dazu *Stolzlechner,* ZVG 2014, 422 ff und *Stolzlechner,* Bundesverfassungsrechtliche Grundlagen des Betriebsanlagenrechts Rz 299, 2.5).

8. Altanlagen

8.1 Werden BA-Regelungen novelliert bzw neu erlassen, entsteht die Frage, ob **205** neu erlassene (materielle) Vorschriften (erst) *ab dem Zeitpunkt ihres Inkrafttretens,* also lediglich für neu zu errichtende gew BA gelten sollen, oder ob sie auch auf im Zeitpunkt ihres Inkrafttretens bereits bestehende, rk genehmigte Anlagen (**„Altanlagen"**) anwendbar sein sollen. Für solche Fälle sind zumeist in *Übergangsbestimmungen* entsprechende Anwendungsregeln vorgesehen, die unterschiedlich gestaltet sind, so zB dass neues Recht nur auf erst zu genehmigende BA anzuwenden ist oder dass Bestimmungen des neuen Rechts auch auf bestehende Anlagen („Altanlagen") – unter Gewährung einer Übergangsfrist – anzuwenden sind. Dabei hat der Gesetzgeber das aus dem Gleichheitssatz erfließende **Vertrauensschutzprinzip** zu beachten (vgl zB *Pöschl* in *Merten/Papier/Kucsko-Stadlmayer,* Handbuch der Grundrechte[2] § 14 Rz 64 ff).

> **Beispiel:** Mit der GewRNov 2002 wurde die Pflicht zur Erstellung eines **Abfallwirtschaftskonzepts** (vgl § 353 Z 1 lit c) eingeführt. Diese Pflicht gilt grundsätzlich erst für nach dem Zeitpunkt des Inkrafttretens der GewRNov 2002 (1. 8. 2002; § 382 Abs 11) zu genehmigende BA. Mit § 376 Z 11 Abs 3 wurde für *„Altanlagen"* folgende Regelung getroffen: Für im Zeitpunkt des Inkrafttretens der GewRNov 2002 (1. 8. 2002) genehmigte BA sowie für BA, für die in diesem Zeitpunkt ein Genehmigungsverfahren anhängig war, war bis zum 31. 12. 2003 ein Abfallwirtschaftskonzept zu erstellen, wenn in der BA mehr als 20 Arbeitnehmer beschäftigt sind. – Zu „Altanlagen" nach den (inzwischen überholten) Übergangsbestimmungen gem der GewO 1973 (Stammfassung), der GewRNov 1988 und der GewRNov 1992 s *Stolzlechner,* Die Genehmigungspflicht der Betriebsanlage, in *Stolzlechner/Wendl/Zitta* (Hrsg), Handbuch der gewerblichen Betriebsanlage[2] (1991) Rz 167.

8.2 Werden Bestimmungen über das *Verfahren betreffend gew BA* neu erlassen, entsteht die Frage, ob die neuen Verfahrensbestimmungen erst ab dem Zeitpunkt ihres Inkrafttretens, also für ab diesem Zeitpunkt eingeleitete BA-Genehmigungsverfahren, gelten sollen oder ob neues Recht auch auf anhängige BA-Genehmigungsverfahren Anwendung finden soll. Auch für diese Problematik sind in Übergangsbestimmungen **entsprechende Anwendungsregeln** vorgesehen: Zumeist ist altes Verfahrens- bzw Organisationsrecht auf anhängige Verfahren weiter anzuwenden, während neues Verfahrens- bzw Organisationsrecht für neu einzuleitende Verfahren gilt. Die Übergangsbestimmungen sehen im Einzelfall unterschiedliche und komplizierte Regelungen vor.

> **Beispiel:** Mit der Verwaltungsgerichtsbarkeits-Nov 2012 (BGBl I 2012/51) wurde der Rechtsschutz in Verwaltungsverfahren neu gestaltet: Gem § 359 a (aF) waren in gew BA-Genehmigungsverfahren die UVS als Berufungsbehörde vorgesehen. Die UVS wurden mit 1. 1. 2014 aufgelöst (Art 151 Abs 51 Z 8 B-VG). An die Stelle des Rechtsmittels der Berufung wurde mit 1. 1. 2014 die Bescheidbeschwerde an das LVwG (Art 130 Abs 1 Z 1 B-VG) eingeführt. Gem Art 151 Abs 51 Z 8 B-VG ging die Zuständigkeit zur *„Weiterführung der mit Ablauf des 31. Dezember 2013"* ua **bei den UVS anhängigen BA-Verfahren ex-lege auf die LVwG über.** Der neue verwaltungsgerichtliche Rechtsschutz war somit auf im Zeitpunkt 1. 1. 2014 anhängige BA-Verfahren anzuwenden.

9. Weitere Betriebsstätten

206   Die Anzeigepflicht gem § 46 zB hinsichtlich der Ausübung eines Gewerbes in einer **weitere Betriebsstätte** ist eine berufsrechtliche Regelung. Davon zu unterscheiden ist, ob für eine weitere Betriebsstätte oder eine der Aufbewahrung von Waren dienende Räumlichkeit (§ 46 Abs 3 Z 2) eine **BA-Genehmigung** erforderlich ist. Dies ist im Einzelfall nach Maßgabe des § 74 Abs 2 zu prüfen (s näher *Grabler/Stolzlechner/Wendl*, GewO[3] § 46 Rz 9). Sofern die Voraussetzungen gem § 74 Abs 2 vorliegen, unterliegen weitere Betriebsstätten oder der Aufbewahrung von Waren dienende Räumlichkeiten der Genehmigungspflicht, uzw unabhängig davon, wie die gew BA am Standort der Gewerbeberechtigung (*„Stammbetrieb"/„Hauptbetrieb[sstätte]"*) zu beurteilen ist.

Die Genehmigungspflicht kann für den Stammbetrieb wie auch für eine „weitere Betriebsstätte" (zB Produktionsbetrieb) gegeben sein. Stammbetrieb und „weitere Betriebsstätte" (Filiale) können aber auch unterschiedlich zu beurteilen sein: Während der Stammbetrieb (zB Produktionsbetrieb) der Genehmigungspflicht unterliegt, kann bei den „weiteren Betriebsstätten" (zB bloße Handelsbetriebe) die Genehmigungspflicht fehlen (s näher *Paliege-Barfuß*, Der Begriff der Betriebsanlage Rz 197).

10. Feststellung der Genehmigungspflicht

207   Bei Klärung der Genehmigungspflicht haben Gewerbebehörden nach allgemeiner menschlicher Erfahrung zu beurteilen, ob eine geplante oder bereits errichtete Anlage *„geeignet"* ist, Gefährdungen, Belästigungen etc iSd § 74 Abs 2 hervorzurufen oder ob dies von vornherein ausgeschlossen werden kann. IdR ist das Vorliegen der Genehmigungspflicht unbestritten. Es kann aber vorkommen, dass Konsenswerber die Genehmigungspflicht bestreiten. Für diesen Fall ist ein besonderes **Feststellungsverfahren** (§ 358) vorgesehen.

10.1 Antragsbedürftigkeit des Verfahrens

Werden Umstände bekannt, die die Genehmigungspflicht einer Anlage begründen könnten, zieht der Inhaber der Anlage aber das Vorliegen der Voraussetzungen für die Genehmigungspflicht in Zweifel, hat die Behörde gem § 358 Abs 1 auf **Antrag des Inhabers der Anlage** zu prüfen, ob Errichtung und Betrieb der Anlage einer Genehmigung iSd § 74 bedürfen.

Ein Verfahren gem § 358 darf somit nur auf Antrag des **Inhabers einer Anlage** eingeleitet werden (*„antragsbedürftiger Verwaltungsakt"*). Inhaber einer Anlage ist eine Person, die eine Sache in ihrer Gewahrsame hat (§ 309 ABGB), also eine Anlage faktisch betreibt (zB Eigentümer, Mieter; vgl VwGH 2. 2. 2012, 2011/04/0170; *Grabler/Stolzlechner/Wendl*, GewO[3] § 358 Rz 5). In Abs 1 wird zwischen einer errichteten Anlage (*„Anlage"*) und einer noch nicht errichteten, erst geplanten Anlage (*„Vorhaben"*) unterschieden. Bei einer geplanten Anlage ist jener Rechtsträger *„Inhaber"*, der beabsichtigt, die möglicherweise gem § 74 genehmigungspflichtige Anlage zu errichten, der aber die Genehmigungspflicht in Zweifel zieht (VwGH 30. 6. 2004, 2002/04/0190; *Grabler/Stolzlechner/Wendl*, GewO[3] § 358 Rz 5).

Aus der Antragsbedürftigkeit eines Verfahrens gem § 358 Abs 1 folgt, dass sich eine allfällige Feststellung **im Rahmen des zugrunde liegenden Antrags** zu halten hat. – Es ist nicht Aufgabe der Behörde, konkrete, im Antrag nicht bezeichnete Teile einer BA festzustellen, die die Genehmigungspflicht bewirken (VwGH 28. 9. 2011, 2007/04/0114; Abgrenzung einer landwirtschaftlichen von einer gew Gärtnerei).

Ein Antragsrecht von **Nachbarn** ist nicht vorgesehen (VwGH 2. 2. 2012, 2010/04/0108); ebenso nicht eine Einleitung **von Amts wegen.** Sollten bei einer Behörde anlässlich des Ansuchens um die Genehmigung einer Anlage Zweifel entstehen, ob die Anlage genehmigungspflichtig ist, hat sie die Frage von sich aus zu prüfen und bei Verneinung dieser Frage den Antrag auf Genehmigung *zurückzuweisen* (*Grabler/Stolzlechner/Wendl,* GewO[3] § 358 Rz 5).

Nachbarn haben bei der Frage, ob eine gew BA genehmigungspflichtig ist oder nicht, **kein Mitspracherecht:** Ob eine gew BA bzw deren Änderung nur mit Genehmigung ausgeführt werden darf, ist eine Frage, welche die Rechtsstellung der Nachbarn keinesfalls berührt. Die GewO räumt den Nachbarn kein **subjektiv-öffentliches Recht** ein, in das durch die Annahme der Genehmigungspflicht bzw Genehmigungsfreiheit einer BA eingegriffen werden könnte. Dies ergibt sich auch aus § 358 Abs 1, wonach eine Feststellung nur auf Antrag des Konsenswerbers zulässig ist (VwGH 2. 2. 2012, 2010/04/0108). Nachbarn kommt daher im Feststellungsverfahren gem § 358 Abs 1 **keine Parteistellung** zu (zB VwGH 2. 2. 2012, 2010/04/0108; 17. 3. 1987, 87/04/0023; VwSlg 10.977 A/1983).

Für das Verfahren nach § 358 sind **keine besonderen Verfahrensbestimmungen** vorgesehen; s dazu *Wendl,* Verfahrensübersicht „Verfahren nach § 358 Abs 1" Rz 185.

10.2 Gegenstand des Ermittlungsverfahrens

Aufgrund eines Antrags gem § 358 hat die Behörde *„zu prüfen",* ob Errichtung und Betrieb einer Anlage einer Genehmigung bedürfen. Diese „Prüfung" soll **kein langwieriges Ermittlungsverfahren** auslösen; insb ist die *Aufnahme eines Sachverständigenbeweises* zu vermeiden (VwSlg 10.286 A/1980). Auch ist nicht auf die Frage des *„zumutbaren Maßes"* (§ 77) einzugehen; Behörden müssen weder einen Vergleich mit anderen Lärmquellen noch überhaupt Lärmpegelmessungen vornehmen (VwSlg 10.046 A/1986; VwGH 10. 4. 1981, 80/04/0774). Der unbestimmte Hinweis auf die Lagerung brennbaren Materials in einem Kellerraum genügt allerdings nicht als Begründung für die Genehmigungspflicht (wegen Brandgefahr; VwGH 10. 4. 1981, 80/04/0774).

> Im Verfahren nach § 358 sind *keine detaillierten Feststellungen* über die Auswirkungen einer BA erforderlich. Es ist eine *gewisse Ungenauigkeit* in Kauf zu nehmen. Die Behörde kann im Genehmigungsverfahren zu anderen Ergebnissen gelangen. Diesem Umstand trägt § 358 Abs 2 Rechnung: Durch ein Feststellungsverfahren soll „späteren Feststellungen" über Art und Umfang möglicher Gefährdungen, Belästigungen etc nicht „vorgegriffen" werden. Die Behörde ist danach beim Abspruch über die BA-Genehmigung (§ 77) an ihre ursprüngliche Feststellung (§ 358) nicht gebunden: Sie kann zB zusätzliche Gefahrenquellen feststellen bzw Emissionsquellen als nicht so gefährlich wie ursprünglich befürchtet bewerten.

Die Behörde hat sich bei ihrer Feststellung (lediglich) auf die Frage des Vorliegens der Merkmale der *„örtlich gebundenen Einrichtung"* und der *„Regelmäßigkeit"* sowie auf die die Genehmigungspflicht einer BA begründenden Merkmale gem § 74 Abs 2 und 3 zu beziehen, hingegen nicht auf die Frage, ob in einer Anlage überhaupt eine **gew Tätigkeit** durchgeführt werden soll. Darüber ist (im Zweifelsfall) in einem Feststellungsverfahren gem § 348 abzusprechen (s auch *Grabler/Stolzlechner/Wendl,* GewO-KK § 358 Rz 2; zum Verfahren gem § 348 Abs 4 s VwGH 28. 9. 2011, 2009/04/0287).

Ein Feststellungsbescheid gem § 358 kann ferner beantragt werden:

– für die Frage, ob die „**Änderung**" **einer gew BA** genehmigungspflichtig ist (s auch *Paliege-Barfuß*, Die Änderung der genehmigten Anlage Rz 357; vgl zB VwSlg 11.562 A/1984; VwGH 25. 5. 1993, 92/04/0259; 23. 1. 2002, 2000/04/0203; 29. 3. 2006, 2006/04/003: Schlachtung von mehr als 600 Schweinen und 300 Rindern pro Woche als genehmigungspflichtige BA-Änderung; VwGH 15. 9. 2011, 2009/04/0154); in diesem Verfahren ist nicht zu klären, ob eine nach § 81 zu erteilende Genehmigung auch *die bereits genehmigte Anlage* zu erfassen hat (VwGH 25. 11. 1997, 97/04/0136);

– für die Frage, ob eine gem § 82 Abs 1 erlassene V auf eine gew BA anzuwenden ist (Abs 3);

– für die Frage, ob der Abschnitt 8a betreffend die Beherrschung der Gefahren bei schweren Unfällen auf eine gew BA anzuwenden ist (Abs 3).

Bei „**Altanlagen**" ist § 376 Z 11 Abs 2 zu beachten (VwGH 2. 7. 1982, 81/04/0230). Eine BA, welche seit 1960 in dieser Form (Verwendung einer Wohnung für Direktvertrieb von Kosmetik- und Toiletteartikel) betrieben wird, war ebenso schon nach § 25, allenfalls § 32 GewO 1859 genehmigungspflichtig, wie sie es auch nach § 74 Abs 2 und 3, allenfalls § 81 GewO 1973 ist (Tonverstärker mit Lautsprechern direkt am Mauerwerk – Körperschall; Lärm der Seminarteilnehmer im Stiegenhaus). Der Feststellung der Genehmigungspflicht steht § 376 Z 11 Abs 2 nicht entgegen (VwGH 10. 12. 1985, 85/04/ 0126; ähnlich 25. 5. 1993, 92/04/0259).

10.3 „Offenkundigkeit" der Genehmigungspflicht

Zur Verhinderung des Missbrauchs der Feststellungskompetenz ist vorgesehen, dass ein Feststellungsbescheid nicht zu erlassen ist, wenn die Genehmigungspflicht „offenkundig" ist (§ 358 Abs 1). *„Offenkundigkeit"* liegt vor, wenn **keine Zweifel an der Genehmigungspflicht einer Anlage** bestehen. In einem solchen Fall ist kein Feststellungsbescheid zu erlassen, sondern der Feststellungsantrag zurückzuweisen (zB VwGH 28. 9. 2011, 2007/04/0114; 23. 1. 2002, 2000/04/0203; 28. 10. 1997, 97/04/0127; 2. 7. 1982, 81/04/0230; VwSlg 10.046 A/1980; s dazu auch *Kleiser,* ÖJZ 2012, 995).

10.4 Folgen einer rk Feststellung

Wird die Genehmigungspflicht einer Anlage mit Bescheid gem § 358 Abs 1 rk festgestellt, hat der Inhaber der Anlage unverzüglich um die BA-Genehmigung anzusuchen, sofern er die Anlage zu errichten und/oder zu betreiben beabsichtigt. Die Behörde hat in Bezug auf eine konsenslos errichtete Anlage, bei der nachträglich Genehmigungspflicht festgestellt wird, unverzüglich den der Rechtsordnung entsprechenden Zustand herzustellen (§ 360 Abs 1; s *Giese,* Einstweilige Zwangs- und Sicherheitsmaßnahmen Rz 378). Ferner hat sie bei Vorliegen von Verdachtsmomenten ein Verwaltungsstrafverfahren (vgl § 366 Abs 1 Z 2) einzuleiten (vgl zB VwGH 15. 9. 2011, 2009/04/0154).

II.

Schutzbereiche (Genehmigungsvoraussetzungen)

A. Die Gefährdung des Lebens und der Gesundheit

Harald Wendl

Literatur: *Duschanek,* Die Genehmigung gewerblicher Betriebsanlagen, in *Rill* (Hrsg), Gewerberecht. Beiträge zu Grundfragen der GewO 1973 (1978) 257; *E/R/W,* insb Kommentierung zu §§ 74 und 77; *Grabler/Stolzlechner/Wendl,* GewO[3] insb Kommentierung zu §§ 74 und 77; *Gruber/Paliege-Barfuß,* GewO[7]; *Steindl,* Umweltschutz im Betriebsanlagenrecht – neue Akzente durch die Gewerberechtsnovelle 1988, ÖZW 1989, 6.

Inhalt

1. Rechtsfrage

Die GewO fordert in einer Reihe von Bestimmungen des BA-Rechts den von der Behörde wahrzunehmenden Schutz vor einer von gew BA ausgehenden Gefährdung des Lebens oder der Gesundheit von Menschen. Bei der Beurteilung eines Sachverhalts daraufhin, ob eine Gefährdung in diesem Sinn vorliegt, handelt es sich um die Lösung einer **Rechtsfrage.** Selbstverständlich kann die Lösung dieser Rechtsfrage nur aufgrund geeigneter und schlüssiger Sachverständigengutachten, insb eines ärztlichen Sachverständigen, erfolgen, mit deren Hilfe in jedem Einzelfall die entsprechenden Feststellungen zu treffen sind. **208**

Im Rahmen dieser Abhandlung erfolgt daher lediglich eine Darstellung der *rechtlichen* Aspekte der gegenständlichen Problematik; dies nach der Systematik jener Bestimmungen der GewO, die eine Gefährdung des Lebens oder der Gesundheit als Tatbestandselement normieren.

2. Die Gefährdungsarten

Die Art der Gefährdungen des Lebens oder der Gesundheit ist in § 74 Abs 2 Z 1 – im Gegensatz zu den Belästigungen, die in Z 2 demonstrativ aufgezählt werden – nicht näher angeführt. In Betracht kommen alle möglichen Gefährdungen, die **in kausalem Zusammenhang mit Bestand oder Betrieb der Anlage** stehen. **209**

Hiebei handelt es sich in erster Linie um solche Gefährdungen, die durch die Anlage selbst verursacht werden. Es kommen aber auch Gefährdungen in Betracht, die den geschützten Personen von außen drohen können, zB Gefährdungen durch Lawinen, Muren usw gegenüber den eine Anlage benützenden „Kunden".

Der Einleitungssatz zu § 74 Abs 2 umfasst alle ursächlichen Zusammenhänge zwischen BA und abzuwehrender Gefährdung und damit auch die aus dem Standort erwachsenden Gefahrenmomente (*Duschanek*, Genehmigung 272). Es ist nicht nur auf das Emissionsverhalten der Anlage, sondern auch auf die konkrete Umwelt, in der sie sich befindet, abzustellen (VwGH 20. 12. 1994, 92/04/0276). Ist der Standort einer BA so beschaffen (hier: der Standort der geplanten BA ist bei Sturmereignissen und starken Schneefällen gefährdet, uzw durch umstürzende Bäume des benachbarten Waldgrundstücks und von diesen herabfallende Äste), dass die sich hier aufhaltenden Personen einer Lebens- oder Gesundheitsgefährdung ausgesetzt sind, so trifft die erwähnte Eignung, Leben oder Gesundheit des geschützten Personenkreises zu gefährden, auf diese BA bereits deshalb zu, weil sie an diesem Standort besteht bzw betrieben wird. Die an diesem Standort (an sich) bestehende Gefährdung ist iSd § 74 Abs 2 Z 1 der BA zuzurechnen, weil die BA diesen Standort in Anspruch nimmt (VwGH 12. 12. 2001, 2000/04/0178).

3. Die Möglichkeit einer Gefährdung als Voraussetzung der Genehmigungspflicht

210   Nach § 74 Abs 2 begründet bereits die **grundsätzliche Eignung** einer Gefährdung des Lebens oder der Gesundheit der dort genannten Personen (s unten 6.) die Genehmigungspflicht der BA; sie ist immer schon dann gegeben, wenn solche Einwirkungen nicht auszuschließen sind.

Die Meinung, die Gefährdung müsse konkret und unmittelbar sein, findet damit im Gesetz keine Deckung (VwGH 19. 6. 1990, 89/04/0256). Die Genehmigungspflicht ist aber auch dann gegeben, wenn es sich um Auswirkungen handelt, die für gew BA **nicht spezifisch** sind, sondern auch ohne Zusammenhang mit solchen Anlagen auftreten können (ua VwGH 19. 9. 1989, 89/04/0004). Der Gefahrenschutz iSd § 74 Abs 2 Z 1 umfasst jegliche Gefährdungen und *nicht bloß spezifische Feuergefahren* (VwGH 18. 6. 1996, 96/04/0005, 0006).
Näheres s *Stolzlechner*, Die Genehmigungspflicht der Betriebsanlage Rz 198, 1.1.

Ob dann im konkreten Einzelfall tatsächlich Gefährdungen bestehen, ist im Genehmigungsverfahren nach § 77 zu prüfen (vgl ua VwGH 8. 11. 2000, 2000/04/0157). Siehe unten 4.

4. Die Vermeidung einer Gefährdung als Voraussetzung der Genehmigung

211   **4.1** Nach § 77 Abs 1 ist eine BA (bzw iVm § 81 eine Änderung derselben) zu genehmigen, wenn zu erwarten ist, dass (ua) die nach den Umständen des Einzelfalles und daher konkret **voraussehbaren Gefährdungen** iSd § 74 Abs 2 Z 1 vermieden werden.

Auch für die Vorschreibung von Auflagen reicht eine bloß abstrakte Eignung der gew BA, Gefährdungen hervorzurufen, nicht aus; hiefür ist eine konkrete Eignung Voraussetzung. Ein derartiger Gefahrenbegriff setzt aber seinem gesetzlichen Sinngehalt nach nicht etwa die Feststellung eines in Ansehung der Gewissheit seines Eintrittes als auch seiner zeitlichen Komponenten fixierten Schadenseintrittes voraus, sondern es genügt, dass die Gefahr sachverhaltsbezogen nicht ausgeschlossen werden kann (VwGH 19. 6. 1990, 89/04/0256). Die Voraussetzung der Vermeidung von Gefährdungen ist jedenfalls erfüllt, wenn der Ausschluss einer Gefährdung *mit an Sicherheit grenzender Wahrscheinlichkeit* anzunehmen ist (VwGH 9. 9. 1998, 98/04/0090).

Vgl sinngemäß VwGH 27. 6. 1989, 89/04/0341, wonach „ungünstige Witterungsverhältnisse, insb auch Inversionswetterlagen, nicht etwa als nicht voraussehbar außer Betracht gelassen werden können".

Ob eine voraussehbare Gefährdung von Leben oder Gesundheit vermieden wird, ist unter Bedachtnahme auf die in der Umwelt bereits gegebenen Gefährdungen zu beurteilen. Dieser Beurteilung ist daher die durch das Hinzutreten der durch die beantragte BA bewirkten Immissionen zu der – aus anderen Quellen stammenden – Grundbelastung entstehende Gesamtsituation zugrunde zu legen; maßgeblich sind die Auswirkungen der veränderten Gesamtsituation auf Leben und Gesundheit (ua VwGH 29. 6. 2005, 2004/04/0048).

Nicht verlangt wird dagegen der *Ausschluss jeder überhaupt denkbaren möglichen Gefährdung,* wie etwa durch Elementarereignisse, Kriegsfälle, Sabotageakte.

Mit den voraussehbaren Gefährdungen iSd § 74 Abs 2 Z 1 sind „*Störfälle",* die nicht voraussehbar sind, nicht erfasst, wohl aber Störfälle, die aufgrund einer unzureichenden Technologie regelmäßig und vorhersehbar auftreten (VwGH 18. 11. 2004, 2004/07/0025).

4.2 Die Vermeidung der hier relevanten Gefährdungen muss in einer jeden Zweifel ausschließenden Weise erwartet werden können – allerdings auf der Basis des derzeitigen, dh im **Zeitpunkt der Entscheidung** (s Lexikon „Zeitpunkt der Entscheidung" Rz 162) vorliegenden Standes der Technik (s Lexikon „Stand der Technik" Rz 126) und Standes der medizinischen und der sonst in Betracht kommenden Wissenschaften" (s Lexikon „Stand der medizinischen und der sonst in Betracht kommenden Wissenschaften" Rz 125).

4.3 Die nach den Umständen des Einzelfalles voraussehbaren Gefährdungen müssen unbedingt vermieden werden können. Eine Interessenabwägung oder Beurteilung der Zumutbarkeit von Gefährdungen ist nicht vorzunehmen.

Der in § 77 Abs 2 normierte Beurteilungsmaßstab der tatsächlichen „örtlichen Verhältnisse" bezieht sich nur auf die Frage der Zumutbarkeit von Belästigungen der Nachbarn. Unter dem Gesichtspunkt der Gefährdung des Lebens oder der Gesundheit sind diese Kriterien dagegen ohne rechtliche Bedeutung (ua VwGH 25. 9. 1981, 2787, 2789/79). Die Kriterien der Zumutbarkeit iSd § 77 Abs 2 sind nur in Ansehung des Tatbestandselements der Belästigung iSd § 74 Abs 2 Z 2 von rechtlicher Relevanz. Sie haben hingegen in Ansehung des Tatbestandselements der Gefährdung iSd § 74 Abs 2 Z 1 außer Betracht zu bleiben (VwGH 22. 3. 2000, 98/04/0019). Träfe die Behauptung der Bf zu, dass die *vereinzelt* wahrgenommenen Immissionen gesundheitsgefährdend sind, käme es auf die Häufigkeit ihres Auftretens nicht an, weil das Kriterium der Zumutbarkeit von Immissionen unter dem Gesichtspunkt der Gefährdung iSd § 74 Abs 2 Z 1 außer Betracht zu bleiben hat (vgl VwGH 17. 12. 2012, 2011/04/0008). Hinsichtlich des Merkmals „Gefährdung der Gesundheit" kommt es allein darauf an, ob nach einer dem Stand der medizinischen Wissenschaft entsprechenden, objektiven Gegebenheiten Rechnung tragenden Betrachtung auszuschließen ist, dass die auf die BA zurückzuführenden Emissionen zu einer Gesundheitsgefährdung führen können (VwGH 26. 2. 2003, 2002/04/0104). Die Beurteilung, ob es zu die Nachbarn in ihrer Gesundheit gefährdenden Lärmimmissionen kommt, ist auch nicht vom „Widmungsmaß" eines Grundstückes abhängig, sondern von Art und Ausmaß der von der BA ausgehenden Emissionen und auf die Nachbarn einwirkenden Immissionen (VwGH 31. 7. 2006, 2004/05/0003).

5. Die Abgrenzung der Gesundheitsgefährdung von der Belästigung

212   **5.1** Gesundheitsgefährdungen und bloße Belästigungen begrifflich klar auseinander zu halten ist im Hinblick auf die unterschiedlichen Rechtsfolgen von Bedeutung (vgl insb § 77 Abs 1 und 2, § 78 Abs 1, § 79 Abs 1 und 2, § 81 Abs 1, § 82 Abs 1, § 360 Abs 2).

Das Merkmal der Gefährdung der Gesundheit ist ein **unbestimmter Rechtsbegriff**. Ein entscheidender Ansatzpunkt für seine Auslegung ergibt sich aus der Unterscheidung zwischen der Gefährdung der Gesundheit und der Belästigung der Nachbarn. **Gefährdung der Gesundheit ist demnach eine Einwirkung auf den menschlichen Organismus, die in Art und Nachhaltigkeit über eine bloße Belästigung hinausgeht.** Die Abgrenzung ist von der Behörde im Rechtsbereich jeweils unter Heranziehung von dem Stand der medizinischen Wissenschaft entsprechenden Sachverständigenaussagen vorzunehmen (ua VwGH 27. 6. 1989, 87/04/0002). Siehe jedoch die unter 5.4 näher erörterte diesbzgl Problematik. Zu den Aufgaben von Sachverständigen der verschiedenen Fachbereiche bei der Beurteilung von Sachfragen s Lexikon „Sachverständige" Rz 118.

> So ist zB die Annahme eines besonderen Ruhebedürfnisses der Anrainer eines „Schanigartens" nach 22.00 Uhr zur Vermeidung von Schlafstörungen und daraus resultierenden Gesundheitsstörungen aufgrund einer Durchschnittsbetrachtung rechtmäßig (VwGH 13. 12. 1988, 88/04/0138).
>
> Für den Begriff der „Gesundheitsschädigung" ist es allerdings kein maßgebliches Kriterium, dass es sich um eine „dauernde" Gesundheitsschädigung handeln müsste. Daher kann auch bei einer Betriebszeitenbeschränkung auf 25 Tage jährlich eine Gesundheitsschädigung gegeben sein (VwGH 13. 9. 1988, 88/04/0075). Ähnlich VwGH 27. 4. 1993, 90/04/0265 und 17. 12. 2012, 2011/04/0008.
>
> Eine (allerdings rechtlich nicht verbindliche: s Lexikon „Richtlinien" Rz 117) Begriffsumschreibung der Gesundheitsgefährdung enthält die ÖAL-Richtlinie Nr 3 Blatt 1 vom 1. 3. 2008. Demnach gilt als Gesundheitsgefährdung eine Einwirkung (Immission), durch die nach den Erfahrungen der medizinischen Wissenschaft die Möglichkeit besteht, dass Krankheitszustände, Organschäden oder unerwünschte organische oder funktionelle Veränderungen, die die situationsgemäße Variationsbreite von Körper- oder Organformen bzw -funktionen signifikant überschreiten, entweder bei der Allgemeinbevölkerung oder auch nur bei bestimmten Bevölkerungsgruppen bzw auch Einzelpersonen eintreten können. Die Gesundheitsgefährdung ist also die Erwartbarkeit eines Gesundheitsschadens oder eines hohen Gesundheitsrisikos, die mit Mitteln der wissenschaftlichen Prognose zu belegen ist oder mit hoher Wahrscheinlichkeit nicht ausgeschlossen werden kann.

5.2 Die Behörde hat zunächst zu beurteilen, ob eine Gesundheitsgefährdung vermieden wird. Nur dann, wenn dies zu erwarten ist, obliegt es der Behörde zu prüfen, ob Belästigungen auf ein zumutbares Maß beschränkt werden (ua VwGH 27. 6. 1988, 87/04/0002). Die Eignung von Störgeräuschen, die Gesundheit der Nachbarn zu gefährden, erübrigt daher die Erörterung der Zumutbarkeit (VwGH 18. 2. 1976, 1165/75).

5.3 Wie schon zu 4.3 ausgeführt, haben die Kriterien der Zumutbarkeit iSd § 77 Abs 2 hinsichtlich des Tatbestandes der Gefährdung des Lebens oder der Gesundheit außer Betracht zu bleiben. Es ist daher auch nicht auf den Maßstab eines gesunden, normal empfindenden Kindes oder Erwachsenen abzustellen, sondern vielmehr von einer dem Stand der medizinischen Wissenschaft entsprechenden, **objektiven Gegebenheiten Rechnung tragenden Durchschnittsbetrachtung** auszugehen (ua VwGH 31. 3. 1992, 91/04/0306).

Bei einer derartigen Durchschnittsbetrachtung hätte aber die Behörde zu berücksichtigen gehabt, ob in der Nachbarschaft etwa Kinder leben, die sich erfahrungsgemäß auch schon vor 22.00 Uhr zur Nachtruhe begeben, und allenfalls in die Prüfung eintreten müssen, ob durch die von der BA ausgehenden Lärmemissionen bei solchen Kindern die vom medizinischen Sachverständigen angesprochenen Schlafstörungen, mit denen eine Gesundheitsgefährdung verbunden sein kann, eintreten können (VwGH 25. 2. 1993, 92/04/0208, 0209).

5.4 Bei der Abgrenzung der Begriffe der Gesundheitsgefährdung und Belästigung kommt der Festlegung der **Beurteilungsmaße bzw Grenzwerte** eine entscheidende Bedeutung zu. Rechtlich verbindliche Grenzwerte liegen für einige Bereiche vor (zB im EG-K 2013, Anlage 3; in der Gießerei-V 2014, BGBl II 2014/264). In als Regeln der Wissenschaft anerkannten Richtlinien enthaltenen Grenzwerten (zB Richtlinien des ÖAL) kommt dagegen eine die Behörde bindende Wirkung nicht zu (s auch Lexikon „Istmaß – Beurteilungsmaß" Rz 79, „Grenzwerte" Rz 69 und „Richtlinien" Rz 117).

Allgemeine Beurteilungsrichtlinien nehmen nicht Bedacht auf die konkrete Situation des Einzelfalles und haben nur jene Bedeutung, die ihnen durch G und V beigemessen wird (vgl ua VwSlg 10.020 A/1980). Solche Richtlinien bzw darin enthaltene Grenzwerte bilden bloß ein Element des für die Erlassung des Bescheides maßgebenden Sachverhalts und bedürfen entsprechender Beweisaufnahme. Ihre Würdigung unter dem Gesichtspunkt der gebotenen Schlüssigkeitsprüfung setzt die Darstellung ihrer *fachlichen Prämissen* voraus. Die für die Empfehlung der Grenzwerte maßgebenden Gründe sind im Gutachten des ärztlichen Sachverständigen jedenfalls soweit aufzuzeigen, dass zu erkennen ist, welche Bedeutung der Einhaltung bzw Überschreitung der Grenzwerte zukommt (vgl VwSlg 10.616 A/1981).

Auch Grenzwerten, die in V festgelegt sind, kommt keine rechtlich verbindliche Wirkung zu, wenn es sich um solche V handelt, deren gesetzliche Grundlagen im gew BA-Verfahren nicht anzuwenden sind, so zB: Die V über die Bestimmung des äquivalenten Dauerschallpegels bei Baulandwidmungen (NÖ) stellt in Ansehung des Tatbestandes einer Gesundheitsgefährdung iSd § 79 iVm § 74 Abs 2 Z 1 keine Rechtsvorschrift dar, die im Verfahren nach § 79 anzuwenden ist (VwSlg 12.532 A/1987).

Der oben in 5.1 zit Rechtssatz des VwGH, dass die Gefährdung der Gesundheit eine Einwirkung ist, die in Art und Nachhaltigkeit über eine bloße Belästigung hinausgeht, ist im Bereich der Festlegung von Grenzwerten für **Lärm** insoweit ohne besondere Probleme zu verwirklichen, als aufgrund schlüssiger Gutachten unter Berücksichtigung aller rechtserheblichen Umstände im Einzelfall Grenzwerte festgelegt werden können, bei deren Überschreitung eine Gesundheitsgefährdung befürchtet werden muss, bei deren Unterschreitung dagegen nur eine Belästigung anzunehmen ist.

Allerdings wird hiebei zu beachten sein, dass bei einer Langzeiteinwirkung von Lärm auch bei Lautstärken, die zunächst lediglich dem Belästigungsbereich zugeordnet wurden, eine

Gefährdung der Gesundheit möglich ist. Besonderheiten gelten auch für die Beurteilung nächtlichen Lärms (s auch Lexikon „Lärm" Rz 93).

Eine einfache Übertragung dieses Gedankengangs ist auf den Bereich des Schutzes der Nachbarn vor den von einer BA ausgehenden Beeinträchtigungen der **Luft** dagegen nicht möglich. Hier können die Grenzwerte für Gefährdungen durch einzelne Schadstoffe niedriger liegen als die Grenze, ab der erst mit einer Belästigung zu rechnen ist.

So können etwa durch Schadstoffe wie SO_2, NO_x, Bleistäube, Chloride und Flouride Belästigungen erst bei Konzentrationen auftreten, bei denen schon massive Gesundheitsgefährdungen festgestellt werden. Hier liegt daher der Grenzwert für eine Gesundheitsgefährdung niedriger als ein Grenzwert für Belästigungen.

Belästigend können nur wahrnehmbare Umweltfaktoren sein, damit jedenfalls alle diejenigen Faktoren, die mittels eines Sinnesorgans erfassbar sind. Bei vielen riechbaren Substanzen tritt zunächst eine (unzumutbare) Belästigung und erst in höheren Konzentrationen bzw bei langer Expositionszeit möglicherweise eine Gesundheitsgefährdung auf (s auch Lexikon „Luftverunreinigungen" Rz 94).

Zur Problematik der Begrenzung von Luftschadstoffen im BA-Verfahren, insb im Hinblick auf § 77 Abs 3, s *Bergthaler/Holzinger,* Immissionsschutz-Luft im Betriebsanlagenrecht Rz 249.

6. Die geschützten Personen

213   Der Schutz vor Gefährdungen des Lebens oder der Gesundheit ist gegenüber den in § 74 Abs 2 Z 1 genannten Personen zu gewährleisten (Gewerbetreibender; nicht den Bestimmungen des ASchG unterliegende mittätige Familienangehörige oder nicht den Bestimmungen des ASchG unterliegender eingetragener Partner; Nachbarn; Kunden, die die BA der Art des Betriebes gemäß aufsuchen). Ein etwaiger **Verzicht** auf diesen Schutz durch die genannten Personen wäre rechtlich **unerheblich.**

Der dem **Gewerbetreibenden** gewährleistete Schutz steht bei juristischen Personen und eingetragenen Personengesellschaften dem gem § 9 Abs 1 bestellten Geschäftsführer zu. Der bloße Eigentümer der BA hat bei Vorliegen der Voraussetzungen des § 75 Abs 2 die Rechtsstellung eines Nachbarn.

Mittätige Familienangehörige gehören nur dann zu den unmittelbar aufgrund des § 74 Abs 2 Z 1 geschützten Personen, wenn sie nicht den Bestimmungen des ASchG unterliegen. Der Schutz der ArbeitnehmerInnen (des eigenen Betriebes) ist im BA-Verfahren von den Gewerbebehörden wahrzunehmen. Näheres hiezu s unten *Giese,* Das Betriebsanlagenrecht und andere Bereiche des öffentlichen Rechts Rz 306, Lexikon „ArbeitnehmerInnen" Rz 12 und „Familienangehörige, mittätige" Rz 50 sowie *Grabler/Stolzlechner/Wendl,* GewO[3] § 74 Rz 20.

Wer **Nachbar** ist, richtet sich nach der Begriffsdefinition des § 75 Abs 2. Der Schutz vor den hier gegenständlichen Gefährdungen des Lebens oder der Gesundheit kann schon rein begrifflich nur solchen Nachbarn zuteil werden, die einen zumindest vorübergehenden Aufenthalt im Nahebereich der BA nachweisen, auch wenn sie Eigentümer benachbarter Grundstücke oder sonstige dinglich berechtigte Nachbarn sind (Näheres s *Wendl,* Die Nachbarn und ihre Parteistellung Rz 258 bis 264).

Zum Begriff **Kunden** s Lexikon „Kunden, (Gäste, Konsumenten)" Rz 87.

7. Vorkehrungen gegen Gefährdungen außerhalb des Genehmigungsverfahrens

Eine Reihe weiterer gesetzlicher Bestimmungen sieht den Schutz vor Gefährdungen des **214** Lebens oder der Gesundheit durch BA in **sonstigen Verfahren** vor. Hiefür gelten grundsätzlich die obigen Ausführungen mit der Maßgabe, dass Voraussetzung für Vorkehrungen der nachstehend angeführten Art jeweils das Vorliegen einer konkreten Gefährdung ist:

7.1 Vorschreibung anderer oder zusätzlicher Auflagen in Verfahren nach § 79 Abs 1; s *Wendl*, Verfahrensübersicht „Verfahren nach § 79 Abs 1" Rz 168 und *Wendl*, Zulässige und unzulässige Auflagen Rz 350;

7.2 Vorkehrungen zur Sanierung von genehmigten BA in Verfahren nach § 79 Abs 3; s *Wendl*, Verfahrensübersicht „Verfahren nach § 79 Abs 3" Rz 169 und *Stolzlechner*, Die Rechtskraft und die Änderung von Bescheiden Rz 363;

7.3 Vorkehrungen zur Vermeidung einer Gefährdung des Lebens oder der Gesundheit im Falle der Unterbrechung des Betriebes einer BA in Verfahren nach § 80 Abs 1 vorletzter Satz und Abs 2 letzter Satz; s *Wendl*, Verfahrensübersicht „Verfahren nach § 80 Abs 1 und Abs 2" Rz 174;

7.4 Anwendung von V gem § 82 Abs 1 auf bereits genehmigte BA; s *Vogelsang*, Verordnungen im Betriebsanlagenrecht Rz 255, 3.1;

7.5 Vorschreibung von über die Bestimmungen einer V gem § 82 Abs 1 hinausgehenden Auflagen; s *Wendl*, Verfahrensübersicht „Verfahren nach § 82 Abs 4" Rz 180 und *Vogelsang*, Verordnungen im Betriebsanlagenrecht Rz 255, 3.5;

7.6 Vorkehrungen zur Vermeidung einer von der aufgelassenen BA ausgehenden Gefährdung des Lebens oder der Gesundheit nach § 83; s *Wendl*, Verfahrensübersicht „Verfahren nach § 83" Rz 181;

7.7. Bescheidmäßiger Auftrag erforderlicher Maßnahmen zur Beseitigung, Verhütung usw relevanter gefährlicher Stoffe im Zusammenhang mit der Auflassung einer IPPC-Anlage im Falle einer durch die einzustellenden Tätigkeiten verursachten „ernsthaften Gefährdung der menschlichen Gesundheit oder der Umwelt" (§ 83a Abs 3);

7.8 Vorkehrungen zur Vorbeugung gegen oder zur Abstellung von Gefährdungen von Menschen durch gewerbliche Arbeiten außerhalb der BA gem § 84; s *Wendl*, Verfahrensübersicht „Verfahren nach § 84" Rz 182;

7.9 Aufträge zum Schutz der gem § 74 Abs 2 wahrzunehmenden Interessen in „vereinfachten Genehmigungsverfahren" nach § 359b; s *Wendl*, Verfahrensübersicht „Verfahren nach § 359b Abs 1" Rz 187;

7.10 Einstweilige Zwangs- und Sicherheitsmaßnahmen bei Gefahr für das Leben oder die Gesundheit von Menschen in Verfahren nach § 360 Abs 4; s *Giese*, Einstweilige Zwangs- und Sicherheitsmaßnahmen Rz 380 und 381;

7.11 Vorschreibung von Auflagen zum Schutz des Lebens und der Gesundheit der Arbeitnehmer; s *Giese*, Das Betriebsanlagenrecht und andere Bereiche des öffentlichen Rechts Rz 306;

7.12 Abänderung und Behebung von Bescheiden zur Beseitigung von das Leben oder die Gesundheit von Menschen gefährdenden Missständen nach § 68 Abs 3 AVG; s *Wendl*, Verfahrensübersicht „Verfahren nach § 68 Abs 3 AVG" Rz 189.

B. Die Belästigung der Nachbarn

Sylvia Paliege-Barfuß

Literatur: *Baumgartner,* Begrenzung von Luftschadstoffen im gewerblichen Betriebsanlagengenehmigungsverfahren, ZfV 2010, 739; *Bergthaler,* Über die Dispositionsfreiheit des Nachbarn, in FS Kerschner (2013) 473; *Duschanek,* Die Genehmigung gewerblicher Betriebsanlagen, in *Rill* (Hrsg), Gewerberecht. Beiträge zu Grundfragen der GewO 1973 (1978) 257; *Duschanek,* Die Genehmigung von Betriebsanlagen nach der Gewerberechtsnovelle 1988, ZfV 1989, 216; *E/R/W,* insb Kommentierung zu §§ 74 und 77; *Gaisbauer,* Vorschreibung von Auflagen bei der Genehmigung gewerblicher Betriebsanlagen im Interesse der Nachbarschaft, ÖJZ 1987, 77; *Grabler/Stolzlechner/Wendl,* GewO³ insb Kommentierung zu §§ 74 und 77; *Gruber/Paliege-Barfuß,* GewO⁷ insb Kommentierung zu §§ 74 und 77; *Moosbauer/Gratt,* Betriebslärm – Istmaß und Messungen, ecolex 1999, 860; *Müller,* Der Nachbar im Betriebsanlagenrecht, Juristische Schriftenreihe Bd 130 (1998); *Steindl,* Umweltschutz im Betriebsanlagenrecht – neue Akzente durch die Gewerberechtsnovelle 1988, ÖZW 1989/1, 6; *Stolzlechner/Lütte,* Aktuelle Judikatur des VwGH zum gewerblichen Betriebsanlagenrecht, in FS Kerschner (2013) 535.

Inhalt

1. Der Begriff der Belästigung

Belästigung ist eine **Einwirkung auf den menschlichen Organismus,** die in ihrer **215** Art und Nachhaltigkeit eine Gefährdung des Lebens oder der Gesundheit nicht erreicht. Näheres zur Abgrenzungsproblematik gegenüber der Gefährdung des Lebens oder der Gesundheit s *Wendl,* Die Gefährdung des Lebens und der Gesundheit Rz 212.

2. Die Belästigungsarten

§ 74 Abs 2 Z 2 führt als in Betracht kommende Belästigungen Geruch, Lärm, Rauch, **216** Staub und Erschütterungen an und bringt durch die Worte *„oder in anderer Weise"* zum Ausdruck, dass es sich bei dieser Aufzählung um eine demonstrative handelt. Damit möchte – wie die EB zur RV GewO 1973 ausführen – der Gesetzgeber die in Betracht kommenden Belästigungen deutlich machen, ohne durch eine erschöpfende Aufzählung die Behörde einzuengen. Jedenfalls können auch Gase, Dämpfe, Nebel, Lichteinwirkungen, sichtbare und unsichtbare Strahlen, Wärme oder Schwingungen geeignet sein, Nachbarn zu belästigen. Es wird sohin **alles, was zu belästigen** und die entsprechenden Sinnesorgane anzusprechen **geeignet ist,** erfasst. Auch *Beschattungswirkungen* der BA oder einzelner Teile (zB einer Schallschutzmauer) gegenüber Nachbarn oder einer Abgasfahne (VwGH 15. 10. 2003, 2002/04/0073) können als Belästigung zu werten sein. Dies muss umso mehr dafür gelten, wenn *Sonnenlicht großflächiger,* wie etwa durch Wasserdampf, der zur Nebelbildung führen kann, entzogen wird (VwGH 5. 3. 2014, 2012/05/0105).

Insoweit eine BA ein Hindernis dafür ist, dass Luftschadstoffe, die der Nachbar selbst – zulässigerweise – verursacht, in den freien Luftraum kommen können, weist die BA im Hinblick auf diese Eigenschaft die Eignung auf, die Nachbarn durch Geruch oder Rauch zu belästigen (VwGH 19. 6. 1990, 90/04/0017).

Unter den im § 74 Abs 2 näher bezeichneten Belästigungen sind aber nur **physische Einwirkungen** zu verstehen. Die von einer BA allenfalls ausgehenden *sittlichen Gefährdungen* oder *Belästigungen* von Nachbarn können im Rahmen eines gew BA-Genehmigungsverfahrens nicht geprüft werden (vgl VwSlg 14.116 A/1994). Die durch den Anblick einer BA hervorgerufenen Beeinträchtigungen des Empfindens fallen nicht unter die in § 74 Abs 2 genannten Gefährdungen, Belästigungen und Beeinträchtigungen (VwGH 15. 10. 2003, 2002/04/0073); ebensowenig psychologische Belastungen sowie „optische Belästigungen" durch die Nichtrücksichtnahme auf „ästhetische Ansprüche" (VwGH 1. 7. 2010, 2004/04/0166). Die Beeinträchtigung der *Sonneneinstrahlung* bzw die Beeinträchtigung der *Wahrnehmbarkeit der Umgebung durch Wasserdampf,* der zur Nebelbildung führen kann, kann nicht als bloß psychische Erscheinung oder Beeinträchtigungen des „Empfindens" gewertet werden (VwGH 5. 3. 2014, 2012/05/0105).

Nach § 74 Abs 3 werden auch solche Belästigungen durch das BA-Recht erfasst, die nicht durch den Betriebsinhaber oder seine Erfüllungsgehilfen bewirkt werden, sondern durch Personen in der BA, die die Anlage der Art des Betriebs gemäß in Anspruch nehmen. Näheres hiezu s *Stolzlechner,* Die Genehmigungspflicht der Betriebsanlage Rz 198, 1.6.

3. Die Möglichkeit einer Belästigung als Voraussetzung der Genehmigungspflicht

217   **3.1** Nach § 74 Abs 2 Z 2 begründet bereits die **bloße Möglichkeit einer Belästigung** der Nachbarn die Genehmigungspflicht einer BA bzw – iVm § 81 Abs 1 – einer Änderung derselben.

Nicht erst die Erwartung, eine BA werde zu *„erheblichen Belästigungen, Beeinträchtigungen oder nachteiligen Einwirkungen"* führen, löst die Genehmigungspflicht aus (VwGH 19. 3. 2003, 2001/04/0169).

Die Genehmigungspflicht einer BA ist schon dann gegeben, wenn Belästigungen der angeführten Art nicht auszuschließen sind (ua VwGH 16. 12. 1998, 98/04/0056; 19. 3. 2003, 2001/04/0169).

Auch ein allfälliger Gewöhnungseffekt, der durch ein Auftreten von Geräuschen während mehrerer Jahre entsteht, schließt den Belästigungscharakter und damit die Genehmigungspflicht nicht aus (VwGH 25. 5. 1993, 92/04/0259).

Dies gilt auch dann, wenn es sich um für BA nicht spezifische Auswirkungen handelt bzw wenn keine über das Ausmaß einer durch ein normales Haushaltsgerät bewirkte Immissionen hinausgehenden Geräuschimmissionen verursacht werden können. Als Beispiel für eine solche nicht spezifische Auswirkung nennt der VwGH im Erk VwSlg 10.432 A/1981 den Lärm durch eine Stereoanlage eines Kaffeehauses. Näheres hiezu s *Stolzlechner,* Die Genehmigungspflicht der Betriebsanlage Rz 198, 1.7.

Erforderlich ist auch das **Vorhandensein von Nachbarn,** auf die diese Emissionen gefährdend, beeinträchtigend oder belästigend einwirken können. Es bedarf daher neben der Feststellung der von der BA möglicherweise ausgehenden Einwirkungen auch konkreter Feststellungen über das Vorhandensein von Nachbarn, die durch solche Einwirkungen gefährdet, beeinträchtigt oder belästigt werden könnten (VwGH 11. 11. 1998, 97/04/0116). § 74 Abs 2 verlangt aber nicht, dass die dort erwähnten Einwirkungen eine *größere Anzahl von Nachbarn* betreffen (VwGH 22. 11. 2011, 2010/04/0023).

3.2 § 76 enthält eine V-Ermächtigung, aufgrund der Maschinen, Geräte und Ausstattungen bezeichnet werden können, deren Verwendung für sich allein die Genehmigungspflicht einer BA nicht begründet, wenn bestimmte Voraussetzungen vorliegen. Von dieser V-Ermächtigung wurde bisher nur im Hinblick auf Solarien (SolarienV, BGBl 1995/147) Gebrauch gemacht. Weiters hat der BMWFW nach § 76 Abs 2 auf Antrag des Erzeugers oder einer sachlich interessierten anderen Person, wie zB des Importeurs, bei Vorliegen der Voraussetzungen mit Bescheid eine diesbezügliche Feststellung zu treffen. Näheres s *Vogelsang,* Verordnungen im Betriebsanlagenrecht Rz 254.

Eine solche Feststellung ist einerseits bedeutsam, weil dann das im § 359 b vorgesehene vereinfachte Verfahren (s *Wendl,* Verfahrensübersicht „Verfahren nach § 359 b" Rz 187) anzuwenden ist, und andererseits im Genehmigungsverfahren derartige Geräte, Maschinen und Ausstattungen nur in besonderen Fällen zu berücksichtigen sind (§ 76 Abs 3).

3.3 § 76 a Abs 1 und 2 enthalten Sonderregelungen betreffend die **Genehmigungsfreistellung von Gastgärten,** die den dort genannten Voraussetzungen entsprechen. Näheres hiezu s *Stolzlechner,* Die Genehmigungspflicht der Betriebsanlage Rz 199.

4. Die Zumutbarkeit einer Belästigung als Voraussetzung der Genehmigung

Nach § 77 Abs 1 ist eine BA bzw – iVm § 81 – deren Änderung zu genehmigen, **218** wenn nach dem Stand der Technik und dem Stand der medizinischen und der sonst in Betracht kommenden Wissenschaften zu erwarten ist, dass (ua) **Belästigungen** der Nachbarn iSd § 74 Abs 2 Z 2 auf ein **zumutbares Maß** beschränkt werden (s auch Lexikon „Stand der medizinischen und der sonst in Betracht kommenden Wissenschaften" Rz 125 sowie „Stand der Technik" Rz 126).

Wenn auch jede mögliche Belästigung eine BA genehmigungspflichtig macht (s oben 3.1), so muss doch der Nachbar *Belästigungen,* die *nicht* – oder bei Einhaltung der im Genehmigungsbescheid vorgeschriebenen Auflagen nicht – *über das zumutbare Ausmaß hinausgehen,* hinnehmen. Damit kommt den Maßstäben für die Beurteilung der Zumutbarkeit besondere Bedeutung zu (s unten 5.).

Die *„Minimierung der Beeinträchtigung von Nachbarn"* ist kein Kriterium für die Zulässigkeit der Genehmigung der BA (VwGH 27. 1. 1999, 98/04/0154).

Eine Abwägung zwischen dem Interesse des Anlageninhabers am Betrieb seiner BA einerseits und dem Interesse des Nachbarn auf Ruhe andererseits ist nicht vorzunehmen (VwGH 14. 11. 1989, 89/04/0088).

Dagegen hat die Beurteilung der Zumutbarkeit beim Tatbestand der Gefährdung iSd § 74 Abs 2 Z 1 außer Betracht zu bleiben (s *Wendl*, Die Gefährdung des Lebens und der Gesundheit Rz 211, 4.3).

5. Die Maßstäbe für die Beurteilung der Zumutbarkeit

219   Nach § 77 Abs 2 ist die Frage, ob Belästigungen der Nachbarn zumutbar sind, nach den Auswirkungen der durch die BA verursachten Änderungen der tatsächlichen örtlichen Verhältnisse (s unten 7.) auf ein gesundes, normal empfindendes Kind und einen gesunden, normal empfindenden Erwachsenen (s unten 6.) zu beurteilen. Siehe auch Lexikon „Maßstäbe für die Beurteilung der Zumutbarkeit" Rz 96.

Die früher geltende Bestimmung, wonach bei Beurteilung der Zumutbarkeit „auch die für die Widmung der Liegenschaften maßgebenden Vorschriften zu berücksichtigen" sind, wurde mit der GewRNov 1988 beseitigt (s Lexikon „Widmungsmaß" Rz 160).
Die Lösung der Frage, ob von einer BA ausgehende Emissionen eine Gefährdung oder unzumutbare Belästigung iSd § 74 Abs 2 Z 1 und 2 bewirken, hängt nicht von der Widmung des Betriebsstandorts im Flächenwidmungsplan ab (VwGH 22. 11. 2001, 98/04/0075).
Die Zumutbarkeit von Belästigungen der Nachbarn gem § 77 Abs 2 ist danach zu beurteilen, wie sich die tatsächlichen örtlichen Verhältnisse verändern werden und welche Auswirkungen diese Veränderungen für die Nachbarn haben (VwGH 22. 5. 2003, 2001/04/0168).

6. Das gesunde, normal empfindende Kind und der gesunde, normal empfindende Erwachsene

220   § 77 Abs 2 legt als Maßstab für die Beurteilung der Zumutbarkeit der Belästigung das **gesunde, normal empfindende Kind** und den **gesunden, normal empfindenden Erwachsenen** fest. Das bedeutet, dass nach § 77 Abs 2 unabhängig von der Person des jeweiligen Nachbarn und dessen subjektivem Empfinden auf das Empfinden der Maßstabfigur des gesunden, normal empfindenden Kindes und des gesunden, normal empfindenden Erwachsenen abzustellen ist und dass auf krankhafte Überempfindlichkeit (VwGH 30. 9. 1997, 95/04/0052; 22. 5. 2003, 2001/04/0168) oder Zustände der Rehabilitation bzw auf den besonderen Kundenkreis eines Pensionsbetriebes (VwGH 30. 9. 1997, 95/04/0052) nicht Bedacht genommen werden kann. Es ist daher nach einem **objektiven Maßstab** vorzugehen, bei dem dem Konstitutionsunterschied zwischen Kindern und Erwachsenen Rechnung zu tragen ist (s auch Lexikon „Kinder" Rz 80 und „Überempfindlichkeit" Rz 133).

7. Die örtlichen Verhältnisse

221   § 77 Abs 2 schreibt vor, dass die Zumutbarkeit von Belästigungen der Nachbarn danach zu beurteilen ist, wie sich die **tatsächlichen örtlichen Verhältnisse** durch die BA ändern.

7.1 Es ist sohin zuerst der den tatsächlichen örtlichen Verhältnissen entsprechende Immissionsstand festzustellen. Hiebei sind auch konsensmäßige Immissionen bereits genehmigter, aber noch nicht betriebener Anlagen zu berücksichtigen.

Um dem Gesetzesauftrag des § 77 Abs 2 entsprechen zu können, bedarf es **präziser Feststellungen** über die *Immissionssituation vor Inbetriebnahme* des zu genehmigenden Projekts, welcher die *aufgrund des zu genehmigenden Betriebs zu erwartenden Immissionen gegenüberzustellen* sind (VwGH 15. 9. 1992, 92/04/0070).

Dagegen sind Immissionen, die von nicht genehmigten BA ausgehen, bei Ermittlung des Istmaßes außer Anschlag zu belassen (VwGH 3. 12. 1985, 85/04/0140). Ein der Rechtsordnung widerstreitendes Verhalten darf nicht die Grundlage der Beurteilung der Zumutbarkeit bilden (VwSlg 10.551 A/1981). Im Erk v 28. 5. 1991, 90/04/0320 hat der VwGH unter Bezugnahme auf die Neufassung des § 77 Abs 2 ausdrücklich festgehalten, dass durch die normative Bezugnahme auf die „tatsächlichen örtlichen Verhältnisse" keine Einschränkung auf nur behördlich genehmigte Vorgangsweisen bzw Abläufe erfolgt ist und daher nur auf diese abzustellen sei. Siehe auch Lexikon „Istmaß – Beurteilungsmaß" Rz 79.

7.2 Wenn auch die Behörde bei der Beurteilung der Genehmigungsfähigkeit die Sachlage im Zeitpunkt ihrer Entscheidung zugrunde zu legen und hiebei nicht konkret absehbare Entwicklungen, die möglicherweise in Zukunft eintreten können, außer Betracht zu lassen hat, so hat sie doch auf konkrete Anhaltspunkte, dass **in absehbarer Zeit eine Änderung in den örtlichen Verhältnissen** eintritt, Rücksicht zu nehmen und darf einen solchen Umstand in ihrer Entscheidung nicht außer Betracht lassen (VwSlg 11.477 A/1984).

Dem VwGH lag bei dieser Entscheidung die Sachlage zugrunde, dass die örtlichen Lärmverhältnisse im Zeitpunkt der Entscheidung der belangten Behörde durch den Verkehr auf der Bundesstraße geprägt waren, dass aber mit dem Bau einer Umfahrungsstraße bereits begonnen worden war, deren provisorische Befahrung in Kürze möglich und mit deren Fertigstellung innerhalb von ein bis eineinhalb Jahren zu rechnen war, womit eine völlig geänderte Lärmsituation bei der BA gegeben sein wird.

7.3 Bei der Beurteilung der Zumutbarkeit einer Lärmbelästigung ist auf jenen **der Lärmquelle am nächsten liegenden Teil des Nachbargrundstücks** abzustellen, der bei Bedachtnahme auf die im Zeitpunkt der Entscheidung der Gewerbebehörde insb auf dem Gebiete des Baurechts geltenden Vorschriften dem regelmäßigen Aufenthalt des Nachbarn, sei es in einem Gebäude, sei es außerhalb eines Gebäudes, dienen kann (zB VwGH 28. 8. 1997, 94/04/0222, 14. 9. 2005, 2004/04/0031; 28. 2. 2012, 2011/04/0111). Näheres zu Lärmmessungen s Lexikon „Lärm" Rz 93.

Hiebei kommt es nicht auf die tatsächliche Benutzung an, sondern auf die Möglichkeit der Benutzung (VwGH 28. 8. 1997, 95/04/0222).

Nichts anderes kann für die Beurteilung der Zumutbarkeit einer Geruchsbelästigung gelten, wobei es nicht auf die tatsächliche Benützung (hier: Gartenbenützung), sondern auf die Möglichkeit der Benützung ankommt (VwGH 28. 8. 1997, 95/04/0222).

Die Verpflichtung zur Feststellung des maßgebenden Sachverhaltes trifft die Behörde und kann von dieser nicht auf die Parteien überwälzt werden. Es ist daher verfehlt, wenn die Behörde davon ausgig, die Bf hätten die (Zulässigkeit der) Gartenbenutzung zwar behauptet, aber nicht „bewiesen" (VwGH 28. 8. 1997, 95/04/0222).

7.4 Die Auswirkungen der zu genehmigenden BA bzw der zu genehmigenden Änderung einer genehmigten BA sind unter Zugrundelegung jener Situation zu beurteilen, in der die **Immissionen für die Nachbarn am ungünstigsten, dh am belastendsten** sind (zB VwGH 28. 2. 2012, 2011/04/0111; 28. 3. 2007, 2006/04/0228; 24. 5. 2006, 2004/04/0072; detailliert dazu *Bergthaler* in FS Kerschner 474 ff).

Ist daher zu erwarten, dass von einer BA bei unterschiedlichen Betriebssituationen unterschiedlich hohe Immissionen auf die Nachbarn einwirken, so ist der Beurteilung im Rahmen der Prüfung des Genehmigungsantrages jene Betriebssituation zugrunde zu legen, die bei den Nachbarn die *höchsten Immissionen* erwarten lässt (VwGH 25. 5. 2006, 2004/04/0072).

7.5 Weitere Grundsätze betreffend die Berücksichtigung der **örtlichen Verhältnisse** ergeben sich aus folgenden Erk des VwGH:

Betriebslärm ist jedenfalls dann unzumutbar, wenn die Werte der Lärmpegelmessungen auch unter Einbeziehung des Verkehrslärms zum Teil niedriger liegen als die während des Betriebs der Anlage erhobenen Werte (VwGH 19. 3. 1975, 2087/74). So ist zB jedenfalls eine Erhöhung des Schallpegels um 10 dB(A) unzumutbar (VwGH 15. 2. 1978, 1209/77).

Bei Beurteilung der Störung durch Lärm sind dessen Lautstärke, die Erhöhung des Schallpegels, die Frequenzzusammensetzung des Lärms und des Lärmpegels und der zeitliche Ablauf des Lärms von maßgebender Bedeutung (VwGH 1. 12. 1976, 943/76). Eine bloße Gegenüberstellung des Dauerschallpegels mit den „betriebskausalen Störgeräuschimmissionen", ohne dass in schlüssig erkennbarer Weise vor allem auf das Verhältnis von Intensität, Klangcharakteristik und Häufigkeit der Störgeräusche gegenüber dem Grundgeräuschpegel (GGP) und der Intensität, Klangcharakteristik und Häufigkeit der sonstigen sich über den GGP erhebenden Umgebungsgeräusche eingegangen wird, lässt – jedenfalls ohne nähere Begründung – keine Rückschlüsse auf eine Belästigung der Nachbarn durch „betriebskausale Immissionen" zu (VwGH 20. 9. 1994, 94/04/0054). Siehe auch Lexikon „Lärm" Rz 93.

Die Ansicht, es sei auf das Istmaß abzustellen und es sei daher jede noch so geringfügige Überschreitung des den örtlichen Verhältnissen entsprechenden Immissionsstands nicht als zumutbar zu qualifizieren, entspricht nicht der Rechtslage nach der GewRNov 1988 (VwGH 14. 11. 1989, 89/04/0047).

8. Istmaß und Beurteilungsmaß

222 **8.1 Alte Rechtslage**

Den vom VwGH aufgrund der alten Fassung des § 77 Abs 2 in seiner Jud geschaffenen Begriffen Istmaß und Beurteilungsmaß kommt auch nach der neuen Rechtslage Bedeutung zu. Der Begriff Widmungsmaß und die sich durch diesen und die alte Jud des VwGH (sog „Breitenbach"-Erk VwSlg 10.428 A/1981) ergebende Notwendigkeit, einen Zusammenhang zwischen Widmungsmaß und Istmaß zu finden, ist dagegen durch die Neufassung des § 77 Abs 2 überholt (Näheres s Lexikon „Widmungsmaß" Rz 160).

8.2 Istmaß und Beurteilungsmaß

Das **Istmaß** ist der durch die tatsächlichen örtlichen Verhältnisse unter Berücksichtigung der Ausführungen oben unter 7. ermittelte und bestimmte Immissionsstand. Das

Beurteilungsmaß ist die noch zumutbare Immissionsgrenze (Grenze der zumutbaren Belastung). An diesem Beurteilungsmaß, das unter Heranziehung von Sachverständigen, insb ärztlichen, unter Beachtung des Maßstabs eines gesunden, normal empfindenden Kindes und eines gesunden, normal empfindenden Erwachsenen zu ermitteln ist, sind die durch die BA(-Änderung) zu erwartenden Änderungen des Istmaßes zu messen (s Lexikon „Istmaß – Beurteilungsmaß" Rz 79). Die durch die BA(-Änderung) allenfalls durch Vorschreibung von Auflagen zu erwartenden Änderungen des Istmaßes dürfen das Beurteilungsmaß nicht überschreiten. Näheres s Lexikon „Istmaß – Beurteilungsmaß" Rz 79.

8.3 Vorgangsweise bei der Beurteilung der Belästigung der Nachbarn

Die Beurteilung des Sachverhalts dahin, ob eine Gefährdung der Gesundheit der Nachbarn vorliegt und ob die Belästigungen den Nachbarn zumutbar sind, ist die Lösung einer **Rechtsfrage** (VwGH 20. 9. 1994, 92/04/0279). Die Beweisaufnahme durch Sachverständige ist ein Element zur Ermittlung des für die Bescheiderlassung maßgeblichen Sachverhalts.

Zuerst hat die Behörde zu beurteilen, ob zu erwarten ist, dass eine Gesundheitsgefährdung vermieden wird (s *Wendl*, Die Gefährdung des Lebens und der Gesundheit Rz 209, 211 und 212 hinsichtlich der Abgrenzung zu Belästigungen). Der gewerbetechnische Amtssachverständige hat in seinem Gutachten die Art und das Ausmaß der von der BA zu erwartenden Immissionen festzuhalten. Dieses Gutachten sowie die Gutachten allfälliger weiterer Sachverständiger (zB Chemotechniker, Meteorologe) bilden die Grundlage für das Gutachten des ärztlichen Sachverständigen über die Auswirkungen der Immissionen auf den Organismus des Nachbarn (s auch Lexikon „Sachverständige" Rz 118).

Für die Beurteilung der Zumutbarkeit von Belästigungen der Nachbarn ist es wesentlich, das Istmaß mit dem Beurteilungsmaß in vergleichende Beziehung zu setzen (Näheres s Lexikon „Istmaß – Beurteilungsmaß" Rz 79).

8.4 Zur **Berücksichtigung des Verkehrslärms** von als Straßen gewidmeten Grundflächen s die im Lexikon „Verkehrslärm" Rz 152 wiedergegebenen Ausführungen des VwGH.

9. Emissionen von Luftschadstoffen

Durch § 77 Abs 3 wird die Behörde verpflichtet, Emissionen von Luftschadstoffen **223** jedenfalls nach dem Stand der Technik zu begrenzen. Das bedeutet, dass die Begrenzung der Luftschadstoffe auch unterhalb der Grenze der Zumutbarkeit von Belästigungen festzusetzen ist, wenn der Stand der Technik eine solche Maßnahme ermöglicht. Hiebei wird bei dem Begriff Stand der Technik (beste verfügbare Techniken) auf die im § 71 a gegebene Definition zurückgegriffen (s Lexikon „Stand der Technik" Rz 126). In diesen Fällen wird im Ermittlungsverfahren bei der Bewertung des Sachverhalts und der Festlegung der notwendigen Maßnahmen im Rahmen von Auflagen dem gewerbetechnischen Gutachten im Hinblick auf den Stand der Technik entscheidende Bedeutung zukommen, weil die Schutzinteressen des § 74 Abs 2 gewahrt und über diese hinausgehende Maßnahmen zu setzen sind (s auch *Wendl*, Zulässige und unzulässige Auflagen Rz 347, 9.1).

Zur verfassungsrechtlichen Problematik, dass lediglich Luftschadstoffe nach dem Stand der Technik zu begrenzen sind, s *Stolzlechner,* Die bundesverfassungsrechtlichen Grundlagen des Betriebsanlagenrechts Rz 303, 6.3.1. Zu über den Stand der Technik hinausgehenden Vorschreibungen s *Vogelsang,* Sonderbestimmungen für IPPC-Anlagen Rz 245 sowie *Bergthaler/Holzinger,* Immissionsschutzgesetz-Luft im Betriebsanlagenrecht Rz 252, 4.2.

Zur Begrenzung von Luftschadstoffen von BA in belasteten Gebieten s *Bergthaler/Holzinger,* Immissionsschutz-Luft im Betriebsanlagenrecht Rz 249 ff.

Zu der durch die GewRNov 1992 neu geschaffenen Regelung des § 79 Abs 3, nach der in den sog Sanierungsverfahren ebenfalls eine Begrenzung der Emission von Luftschadstoffen nach dem Stand der Technik anzustreben ist, s Lexikon „Sanierungskonzept" Rz 119 und die dort erfolgten weiteren Verweisungen.

C. Die Gefährdung des Eigentums und sonstiger dinglicher Rechte

Ferdinand Kerschner

Literatur: *Duschanek,* Die Genehmigung gewerblicher Betriebsanlagen, in *Rill* (Hrsg), Gewerberecht. Beiträge zu Grundfragen der GewO 1973 (1978) 257; *Duschanek,* Die Genehmigung von Betriebsanlagen nach der Gewerberechtsnovelle 1988, ZfV 1989, 216; *Erlacher/Forster,* Gewerbeordnung (2014); *Feik,* Gewerberecht, in *Bachmann et al* (Hrsg), Besonderes Verwaltungsrecht[10] (2014) 255; *Ferz,* Mediation im öffentlichen Bereich (2013); *Hanusch,* Kommentar zur Gewerbeordnung 17. Lfg (2011); *Kerschner,* Die Umsetzung von Mediationsvereinbarungen, in *Ferz/Pichler* (Hrsg), Mediation im öffentlichen Bereich (2000) 55; *Kerschner,* Entscheidungsanmerkung JBl 2002, 390; *Kerschner,* Neues Nachbarrecht: Abwehr negativer Immissionen/Selbsthilferecht, RZ 2004, 9; *Kerschner,* Funktion der Liegenschaftsbewertung bei der Bemessung der Enteignungsentschädigung, Der Sachverständige 2006, 156; *Kerschner/Bergthaler/Hittinger,* Umweltmediation im österreichischen Recht (2003) 140; *Potacs,* Gewerbliches Betriebsanlagenrecht, in *Holoubek/Potacs* (Hrsg), Öffentliches Wirtschaftsrecht II[3] (2013) 839; *Ramsebner,* Eigentum am Grundwasser, RdU 2003/21; *Schwaighofer,* Mediation im öffentlichen Baurecht, bbl 2005, 99; *Spielbüchler* in *Rummel*[3] §§ 308, 383 ABGB; *Wagner,* Die Betriebsanlage im zivilen Nachbarrecht (1997).

Inhalt

1. Rechtsgrundlagen

Die „Gefährdung des Eigentums und sonstiger dinglicher Rechte" ist vor allem in **224** § 74 Abs 2 Z 1, § 75 Abs 1 und Abs 2 und § 77 Abs 1, aber auch in den § 79 Abs 1 und 3, §§ 79 a, 79 c, 79 d, 81 und 360 Abs 4 bedeutsam. Den einzelnen Bestimmungen kommen unterschiedliche Funktionen zu, die unterschiedliche Beurteilungsmaßstäbe ergeben können.

Eine BA unterliegt gem § 74 ua dann einer Genehmigungspflicht, wenn sie aufgrund ihrer generell abschätzbaren Eigenschaften **abstrakt geeignet** ist, ua das Eigentum oder sonstige dingliche Rechte der Nachbarn zu gefährden (ebenso für die Änderung einer genehmigten Anlage nach § 81). Nachbar ist gem § 75 Abs 2 ua derjenige, dessen dingliche Rechtsposition gefährdet werden könnte (näher dazu *Wendl,* Die Nachbarn und ihre Parteistellung Rz 260). § 75 Abs 1 fingiert für die Genehmigung

147

der BA (aber auch nur für diese), dass die **Möglichkeit einer bloßen Verkehrswertminderung keine Eigentumsgefährdung** ist. Für die Genehmigung gem § 77 muss **zu erwarten** sein, dass die nach den Umständen des Einzelfalls voraussehbaren Gefährdungen der Eigentümer **vermieden** werden.

Eine Genehmigungspflicht besteht daher immer dann, wenn durch Art und Wirkungsweise der Anlage bedingte Gefährdungen nicht von vornherein auszuschließen sind (VwGH 21. 12. 1977, 659/77; VwSlg 10.046 A/1980 und 10.286 A/1980; VwGH 28. 1. 1997, 96/04/0283); allerdings ist die Anlage zu genehmigen, wenn zu erwarten ist, dass eigentumsgefährdende Auswirkungen allenfalls durch die Auferlegung von Auflagen vermieden werden können. Für nachträgliche Auflagen nach § 79 muss sich ein nicht hinreichender Schutz des Eigentums **ergeben** haben. Für das Antragsrecht des Nachbarn nach § 79a muss dieser mangelnden Schutz glaubhaft machen. Dafür ist es ausreichend, Tatsachen vorzubringen, die es als wahrscheinlich erscheinen lassen, dass die Beeinträchtigung tatsächlich stattfindet, wobei stets eine Betroffenheit **in eigenen Rechten** glaubhaft gemacht werden muss (VwGH 25. 6. 2003, 2000/04/0092; *E/R/W* § 79a Rz 8). Einstweilige Vorkehrungen bzw Sicherheitsmaßnahmen nach § 360 setzen hingegen eine konkrete Gefahr für das Eigentum voraus; vgl etwa *Grabler/Stolzlechner/Wendl*, GewO[3] § 360 Rz 42.

Die GewO stellt bei Normierung der Genehmigungsvoraussetzungen auf die **Auswirkungen der BA** ab, die von der errichteten und betriebenen Anlage ausgehend auf die Umgebung, insb die Nachbarn samt ihrem Eigentum und ihren dinglichen Rechten, voraussichtlich einwirken. Nur durch den **Betrieb der BA** kann es somit zu einer iSd § 77 Abs 1 iVm § 74 Abs 2 Z 1 relevanten **Gefährdung eines dinglichen Rechts** kommen (vgl zB VwGH 29. 5. 2002, 2001/04/0104). Hingegen bildet die Frage der Vereinbarkeit der Errichtung des Projektes mit auf der Liegenschaft haftenden (dinglichen oder obligatorischen) privaten Rechten keinen Gegenstand des gewerberechtlichen Genehmigungsverfahrens. Ob die **Errichtung** (bzw der **Betrieb**) der **BA** unter den Gesichtspunkten der bestehenden privatrechtlichen Rechtsverhältnisse zulässig ist, ist vielmehr eine ausschließlich in die Zuständigkeit der Zivilgerichte fallende **Frage des privaten Rechts** (VwG Wien 18. 8. 2014, VGW-122/008/17464/2014; Behauptung, BA werde auf Grundfläche errichtet, an der Nachbar eine *Dienstbarkeit* zustehe).

Der Grundeigentümer ist nach bürgerlichem Recht zu bestimmen, ein bloß obligatorischer Verschaffungstitel reicht dazu nicht aus; VwGH RdU-LSK 2007/15.

2. Die Bedeutung der Unterscheidung zwischen Eigentumsgefährdung und Immissionsbelästigung

225   Ob die Auswirkungen einer BA eine Eigentumsgefährdung (§ 74 Abs 2 Z 1) oder eine Immissionsbelästigung (§ 74 Abs 2 Z 2) darstellen, ist für den Genehmigungsanspruch gem § 77 Abs 1 ganz maßgeblich: Nur wenn nach dem Stand der Technik und dem Stand einer allenfalls sonst noch einschlägigen Wissenschaft zu erwarten ist, dass eine nach den Umständen des einzelnen Falles voraussehbare **Eigentumsgefährdung vermieden** wird, ist die BA zu genehmigen. Im Fall der **Immissionsbelästigung** ist hingegen die Genehmigung schon zu erteilen, wenn zu erwarten ist, dass die Belästigung auf **ein zumutbares Maß beschränkt wird** (vgl statt vieler *Grabler/Stolzlechner/Wendl*,

GewO[3] § 77 Rz 27 ff). Dasselbe gilt auch für die nachträgliche Auflagenerteilung nach § 79 Abs 1 und für die Anlagenänderung gem § 81.

Bedeutungslos ist die Unterscheidung hingegen für die Genehmigungspflicht gem § 74, da sowohl die Eigentumsgefährdung nach § 74 Abs 2 Z 1 als auch die Immissionsbelästigung nach § 74 Abs 2 Z 2 die Genehmigungspflicht auslösen.

Die Unterscheidung ist schwierig, weil das zivile Eigentumsrecht natürlich nicht nur das statische Haben der Sache, sondern auch deren Nutzung schützt. Schutzobjekt des zivilen Immissionsrechts sind die **aus dem Eigentumsrecht fließenden Nutzungs- und Verwendungsmöglichkeiten** (einschließlich der Verkaufsmöglichkeit) – § 364 Abs 2 ABGB iVm § 354 ABGB – Innenseite des Eigentums. Fast jede der in § 74 Abs 2 Z 2 genannten Immissionen kann nun die Sachnutzungsmöglichkeiten des Nachbarn gefährden (zB durch üblen Geruch, starken Lärm, Rauch, Staub, Hexachlorbenzol) und manche sogar die Sachsubstanz (zB durch Erschütterung oder durch Abwässer). Immissionsbelästigungen werden somit in zivilrechtlicher Sicht häufig oder sogar meist Eigentumsgefährdungen darstellen.

Die Abgrenzungsschwierigkeiten sind schon im Gesetz selbst angelegt, weil es den Gefährdungstatbestand des § 74 Abs 2 Z 1 durch die gefährdeten Schutzgüter und den Belästigungstatbestand des § 74 Abs 2 Z 2 durch die belästigenden Ursachen umschreibt, sodass Überschneidungen ganz unvermeidlich sind.

3. Die Abgrenzung von Eigentumsgefährdung und Immissionsbelästigung in der Lehre

3.1 Die nunmehr hL beruht auf den überzeugenden Ausführungen *Aichers* in **226** der 1. und 2. Auflage und verlangt für die Eigentumsgefährdung eine substantielle Beeinträchtigung des Eigentums. Eine solche ist nicht nur gegeben, wenn gröbere Sachbeschädigungen drohen oder jedwede sinnvolle Eigentumsnutzung vereitelt oder wesentlich beeinträchtigt ist, sondern **schon dann, wenn eine bestimmungsgemäße ortsübliche Eigentumsnutzung durch eine unmittelbar auf den Eigentumsgegenstand bezogene nachteilige Auswirkung der BA verhindert wird;** vgl *Grabler/Stolzlechner/Wendl,* GewO[3] § 74 Rz 25 („nach der Verkehrsanschauung *übliche bestimmungsgemäße (Sach)nutzung* oder Verwertung ausgeschlossen"); gleich *E/R/W* § 74 Rz 49; *Gruber/Paliege-Barfuß,* GewO[7] § 74 Anm 67; *Potacs* in *Holoubek/Potacs,* Öffentliches Wirtschaftsrecht II[3] 851; weiters *Feik* in *Bachmann et al,* Besonderes Verwaltungsrecht[10] 261. *Hanusch,* GewO § 74 Rz 33 zufolge sind unabhängig von einer Beeinträchtigung der Sachnutzung jegliche drohende Schäden für den Boden sowie den Bestand von Pflanzen und Tieren gemessen an der Verkraftbarkeit der Umwelt generell als Gefährdung zu qualifizieren. ME ist eine **wesentliche Beeinträchtigung der bestimmungsgemäßen üblichen Sachnutzung erforderlich, aber auch ausreichend.** Einer Verhinderung dieser und somit eines völligen Wertverlusts bedarf es daher für das Vorliegen einer Eigentumsgefährdung nicht; vgl auch *E/R/W* § 74 GewO Rz 50 (*„wesentlich beeinträchtigte[n] bestimmungsgemäße[n] Nutzung – und damit Eigentumsgefährdung"*) und *Erlacher/Forster,* Gewerbeordnung 61 (*„übliche Nutzung bzw Verwertung der Sache wesentlich beeinträchtigt"*). Diese Auslegung deckt sich auch mit der Absicht des historischen Gesetzgebers:

Obwohl nach der alten GewO 1859 der gewerbebehördliche Nachbarschutz (allein) von der Personengefährdung her konzipiert war (vgl VwSlg 5154 A/1959) und der Eigentumsschutz der Nachbarn den Zivilgerichten überlassen sein sollte, hat der VwGH schon sehr früh, nämlich seit 1907 (VwGH Budw 5242 A/1907) in stRsp ausgesprochen, dass sich der Schutz der Nachbarschaft nicht nur auf die Person, sondern auch auf das Eigentum beziehe (vgl zB VwSlg 5154 A/1959 und 7197 A/1967). Wegen der „Ergänzungsfunktion" sollte das nur dann gelten, wenn die „Existenz des Eigentums" (VwGH Budw 5242 A/1907) oder die „Substanz des Eigentums" (VwGH 20. 10. 1976, 137/71) bedroht war. In diesem Sinn verstehen wohl auch die EB GewO 1973 (zu § 75 Abs 1 [S 163]) die Eigentumsgefährdung: Unter Verweis auf diese Jud wird die nunmehrige explizite Erwähnung des Eigentumsschutzes damit begründet, dass es mit der Verpflichtung, die Nachbarn vor bloßen Belästigungen zu schützen, nicht vereinbar wäre, ihrem Eigentum keinerlei Schutz angedeihen zu lassen. Das zwingt zwar zu keiner völligen Gleichsetzung mit der bisherigen Jud, weil eine Positivierung allein dieser wenig Sinn gemacht hätte. Das von der GewO 1973 grundsätzlich rezipierte traditionelle Verständnis der Eigentumsgefährdung legt nur eine restriktive Interpretation des Tatbestandsmerkmals der „Gefährdung des Eigentums" nahe, lässt aber zweifellos eine Erweiterung dergestalt zu, dass das Eigentum auch „gefährdet" ist, wenn dessen **privatnützige Verwendung,** orientiert am bestimmungsgemäßen, ortsüblichen Gebrauch, durch eine unmittelbar auf den Eigentumsgegenstand bezogene Auswirkung der BA **wesentlich beeinträchtigt** wird. **Beurteilungsmaßstab** dieser Kriterien muss die **Verkehrsanschauung** sein, weil sich danach auch der Verkehrswert und damit die Verwertbarkeit der Liegenschaft richten; vgl konkrete Fälle (wie Beschädigung der bei der Nutzung verwendeten Sachen; zB Schäden an Kulturen, am Weidevieh, an Betriebseinrichtungen; Veränderung der chemisch-physikalischen Bodenbeschaffenheit; Erhöhung der Schadstoffkonzentration in den Pflanzen in einer die landwirtschaftliche Nutzung einschränkenden Weise; Verminderung des Wachstums von Bäumen und Sträuchern; durch Veränderung bedingte Vertrocknung eines Weingartens; Erschütterungen, die Gebäudeschäden bewirken) bei *E/R/W* § 74 Rz 49 und *Hanusch,* GewO 17. Lfg § 74 Rz 30. Wegen der teilweisen Deckungsgleichheit der Fälle der Eigentumsgefährdung mit der unzumutbaren Belästigung (die aber auch Nichteigentümer erfasst) erscheint es geboten, unter teleologischen Gesichtspunkten die Eingriffsintensität der Immissionen in beiden Fällen weitgehend anzugleichen; aA *E/R/W* § 74 GewO Rz 49.

3.2 Diese Ansicht steht in keiner Weise mit § 75 Abs 1 in Widerspruch: Unter einer Gefährdung des Eigentums iSd § 74 Abs 2 Z 1 ist danach die Möglichkeit einer bloßen Minderung des Verkehrswertes des Eigentums nicht zu verstehen. Die Bestimmung soll ausweislich der EB GewO 1973 lediglich klarstellen, dass es nicht Aufgabe der Verwaltung sein könne, im Rahmen des Genehmigungsverfahrens durch die Errichtung der Anlage bedingte Minderungen des Verkehrswertes der Nachbarliegenschaften hintanzuhalten. Dies kann freilich dann nicht gelten, wenn die Minderung des Verkehrswertes durch eine Bedrohung der Eigentumssubstanz oder durch den Entzug – oder wohl auch die wesentliche Beeinträchtigung – bestimmungsgemäßer üblicher Nutzungsbefugnisse hervorgerufen wird (zu letzter Einschränkung sogleich unter 4.); zur eingeschränkten Bedeutung des § 75 Abs 1 vgl schon *Kerschner,* JBl 2002, 393.

4. Die Eigentumsgefährdung in der Rechtsprechung

Die Jud des VwGH steht grundsätzlich mit der von *Aicher* begründeten hL (s oben **227** 3.1) in Einklang, wobei freilich zum einen noch keine völlig einheitlichen Kriterien erkennbar sind bzw im Einzelfall nach wie vor zu restriktiv judiziert wird. Unter Berücksichtigung der Jud des VwGH gewinnt der Begriff der „Eigentumsgefährdung" folgende Konturen. Eine **Eigentumsgefährdung** ist danach gegeben:

4.1 Wenn die **Substanz des Eigentums** bedroht ist (VwGH 20. 10. 1976, 137/71; 19. 9. 1989, 86/04/0103; 6. 2. 1990, 89/04/0089, 0090; 26. 9. 2012, 2008/04/0118; 25. 3. 2014, 2013/04/0165; LVwG Tirol 15. 12. 2014, LVwG-2013/22/2099-26; bei gravierender Änderung der Abflusssituation durch die Fundamente der BA, bei Entzug des mit dem Liegenschaftseigentum verbundenen Grundwassers [vgl *Ramsebner,* RdU 2003/21 mwN; *Kerschner,* RZ 2004, 11]), bei Entzug der erforderlichen Stütze der Liegenschaft bzw eines darauf errichteten Gebäudes (vgl § 364b ABGB) oder bei Entzug des Winddeckungsschutzes. Dazu gehört die Gefahr von Sachbeschädigungen, wenn sie sich nachteilig auf den objektstypischen Gebrauch auswirken uva. Vor allem dürfte von grobkörperlichen Immissionen eine Substanzgefährdung ausgehen, sie kann aber – wie im Fall von Erschütterungen oder rostfördernden Dämpfen (vgl *Wagner,* Betriebsanlage 160) – auch durch unwägbare Immissionen ausgelöst werden.

In der **Beeinträchtigung des Ertrags** einer landwirtschaftlich genützten Liegenschaft kann im Fall einer dadurch bewirkten Substanzbedrohung Eigentumsgefährdung liegen (so bereits VwGH 11. 12. 1981, 04/2958/80); das Abstellen von PKW durch Benutzer eines Schleppliftes auf dem Nachbargrundstück kann substanzbedrohende Eigentumsverletzung sein (VwSlg 10.874 A/1982); ebenso Ertragsminderung durch Austrocknen eines Weingartens (VwGH 18. 9. 1984, 82/04/0263). Die bloße Minderung der Vermietbarkeit eines Wohnobjekts durch Lärm- und Geruchsbelästigungen sei dagegen keine Eigentumsgefährdung (VwGH 2. 10. 1989, 89/04/0070); vgl aber OGH RdU 1998, 144 mAnm *Kerschner/Wagner.* Das soll auch gelten, wenn die Vermietung möglicherweise **mangels Kostendeckung nicht mehr** wirtschaftlich ist (VwGH 15. 9. 1992, 92/04/0099), was mE bereits einer Substanzbedrohung gleichkommt.

4.2 Wenn die **Sachnutzung bedroht** ist, weil die bei der Nutzung verwendeten Sachen oder die Nutzungsergebnisse einer **Beschädigung ausgesetzt** sind.

So zB Schäden an den Kulturen, an weidendem Vieh, an Betriebseinrichtungen (VwGH 30. 11. 1977, 945/76, ZfVB 1978/520). Dabei handelt es sich vor allem um Immissionen, die unmittelbar auf die genutzte Sache oder auf die Nutzungsergebnisse nachteilig einwirken.

4.3 Wenn eine **sinnvolle Nutzung der Sache wesentlich beeinträchtigt** wird oder **überhaupt nicht mehr möglich ist.**

Ein Grundstück, als Eigenjagd verwendet und anderweitig nicht nutzbar, wird durch Lärmimmissionen eines benachbarten Steinbruchs praktisch wertlos (VwGH 21. 12. 2004, 2000/04/0201; 28. 1. 1993, 92/04/0220; 20. 10. 1976, 137/71; 18. 5. 2005,

2004/04/0099; 27. 1. 2006, 2003/04/0130; 24. 6. 2009, 2007/05/0171). Die wesentliche Beeinträchtigung bzw Unmöglichkeit der Nutzung muss **auf Dauer** erfolgen; so zB für Servituten VwGH 8. 5. 2002, 2000/04/0186.

Ergibt sich aus einer Nachbareinwendung die Befürchtung einer wesentlichen Beeinträchtigung der Nutzung von zum Schotterabbau verwendeten Grundstücken, so muss sich die Behörde damit auseinandersetzen: Entweder um darzutun, weshalb trotz rechtzeitig geäußerter Befürchtungen kein zur Begründung der Parteistellung geeignetes Vorbringen vorliegt, oder um auf dieses Vorbringen meritorisch einzugehen (VwGH 6. 2. 1990, 89/04/0089, 0090).

4.4 Wenn eine **wesentliche bestimmungsgemäße ortsübliche Nutzungsweise** des Eigentums durch die Auswirkung einer BA vereitelt wird.

Gleichsinnig nimmt der VwGH Verlust der Verwertbarkeit und damit Eigentumsgefährdung an, wenn die bestimmungsgemäße (Sach-)Nutzung oder Verwertung **ausgeschlossen** ist; VwGH 10. 12. 2009, 2007/04/0168; 27. 6. 2003, 2001/04/0236; 8. 5. 2002, 2000/04/0186; 25. 6. 1991, 91/04/0004; ihm folgend LVwG NÖ 26. 2. 2015, LVwG-AB-07 – 0119. Eine (bloße) Erschwerung der Verwertung der Liegenschaft reicht aufgrund des eindeutigen Wortlautes des § 75 Abs 1 für eine Eigentumsgefährdung gerade nicht aus (LVwG NÖ 12. 2. 2015, LVwG-AB-13 – 0004).

Ein Weggrundstück kann nur mehr begangen, aber nicht mehr befahren werden (VwSlg 10.109 A/1980). Ein Grundstück kann nicht mehr als Viehweide, sondern nur mehr zum Grasanbau verwendet werden. Der **Ausschluss** der Verwertbarkeit bzw **Nutzung** der Liegenschaft **für den Fremdenverkehr** zum Zweck der Gästebeherbergung soll hingegen keine Eigentumsgefährdung sein; so VwGH 27. 1. 2006, 2003/04/0130. Diese Einschränkung durch den VwGH ist mE verfehlt, wenn und soweit die bestimmungsgemäße Verwendung die Nutzung für Fremdenverkehrszwecke ist. Außerdem handelt es sich dabei um eine **sinnvolle Nutzung** (vgl oben 4.3), wo bereits nach hA eine **wesentliche Beeinträchtigung** ausreicht. Ganz grundsätzlich kann mE nicht zwischen sinnvoller Nutzung (oben 4.3) und ortsüblicher bestimmungsgemäßer Verwendung unterschieden werden: Es muss vielmehr **stets** um die nach der Verkehrsanschauung ortsübliche bestimmungsgemäße und (selbstverständlich) sinnvolle Nutzung gehen: **In allen Fällen muss dabei aber die wesentliche Beeinträchtigung für das Vorliegen einer Eigentumsgefährdung reichen.**

5. Die Gefährdung des Eigentums an beweglichen Sachen

228   Bezüglich des Eigentumsschutzes bei der BA-Genehmigung unterscheidet das Gesetz nicht zwischen beweglichen und unbeweglichen Sachen. Daher ist grundsätzlich auch das Eigentumsrecht an beweglichen Sachen vom Schutzbereich umfasst (ebenso *Potacs* in *Holoubek/Potacs,* Öffentliches Wirtschaftsrecht II[3] 851). Im Einzelnen sind zwei Fragen auseinanderzuhalten:

5.1 Ist jemand nach den Kriterien des § 75 Abs 2 Nachbar, wird auch sein **Eigentum an beweglichen Sachen** geschützt. Dabei ist freilich der mögliche Zirkel teleologisch aufzulösen, der dadurch entsteht, dass der Nachbarbegriff seinerseits (auch) beim Eigentumsrecht anknüpft.

Gewerberechtlichen Eigentumsschutz genießen daher die Sachen des Mieters sowie der PKW des Pächters, den dieser auf dem gepachteten Grund abstellt; ähnlich wohl nun auch *Gruber/Paliege-Barfuß*, GewO[7] § 74 Anm 66. Es ist aber nicht zutreffend, wenn *Gruber/Paliege-Barfuß*, GewO[7] (§ 74 Anm 66) Kfz auf öffentlichem Grund ausnehmen wollen. Sofern sich die Eigentümer zulässigerweise und **nicht nur vorübergehend** (vgl § 75 Abs 2 Satz 2) in der Nähe der BA aufhalten, müssen auch deren bewegliche Sachen geschützt sein.

5.2 Damit ist ebenso die andere Frage entschieden: Kann allein das Eigentum an einer beweglichen Sache, die sich im Nachbarschaftsbereich befindet, die Nachbarstellung iSd § 75 Abs 2 begründen? **Aufgrund des § 75 Abs 2 können nur Eigentümer von beweglichen Sachen ausgenommen sein, die sich entweder rechtswidrig oder nur vorübergehend im Einflussbereich der BA aufhalten.** Daraus ergibt sich folgender Schutzbereich: 1. Das Eigentum an der beweglichen Sache steht dem Eigentümer oder Nutzungsberechtigten an der Liegenschaft zu. 2. Der Eigentümer der beweglichen Sache hält sich mit dieser zulässigerweise und nicht nur vorübergehend in der Nähe der BA auf; anders *Aicher* in der 2. Auflage.

Der Eigentümer eines PKW, den dieser, wenn auch regelmäßig, auf einer öffentlichen Verkehrsfläche parkt, ist daher Nachbar iSd § 75 Abs 2. Es gibt auch keinerlei teleologischen Grund, diesen vom Immissionsschutz auszuschließen.

6. Die Gefährdung „sonstiger dinglicher Rechte"

Der Schutz der „sonstigen dinglichen Rechte" ist eine Neuschöpfung der GewO 1973. **229** Dingliche Rechte iSd GewO sind nur jene Rechte, die ein im Verhältnis zum Eigentumsrecht beschränktes dingliches, mit Ausschließlichkeitsanspruch gegenüber jedermann bewehrtes Nutzungs-, Gebrauchs-, Verwertungs- oder Bezugsrecht an einer Sache gewähren, welches durch die Auswirkungen einer BA gefährdet werden könnte. Das trifft vor allem für die **Dienstbarkeiten,** die **Bergwerksberechtigungen** (§§ 22 ff MinroG), das **Baurecht** (§ 1 BauRG) und für das vom Grundeigentum gelöste **Fischereirecht** (vgl OGH 12. 6. 1963 SZ 36/82 und die einschlägigen Fischereilandesgesetze) in vollem Umfang zu; vgl aber VwGH 27. 3. 1981, 04/1101/80: Die Fischereiberechtigung allein sei keine Ausübung des Eigentumsrechts. Das **Jagdrecht** als Teil des Liegenschaftseigentums kann – anders als früher – nicht mehr als Dienstbarkeit weitergegeben werden; vgl *Spielbüchler* in *Rummel*[3] § 383 ABGB Rz 2. Der VwGH (20. 10. 1976, 137/71) hält (demnach) den Liegenschaftseigentümer als Jagdausübungsberechtigten (Eigenjagd) für einwendungsberechtigt, nicht hingegen den bloß Jagdberechtigten; vgl auch *Kerschner,* Der Sachverständige 2006, 163 f.

Die **Dienstbarkeit des Wasserbezugsrechts** wird auch gefährdet, wenn durch die Betriebserweiterung die auf der Betriebsliegenschaft befindlichen Anlagen zur Ausübung des Wasserbezugsrechts gefährdet sind (VwGH 30. 6. 1987, 87/04/0024). Wird die Gefährdung einer Dienstbarkeit eingewendet, hat die Behörde die **Vorfrage** nach dem Bestand der Dienstbarkeit im Rahmen ihrer Entscheidung zu lösen (VwGH 27. 5. 1986, 85/04/0183). Das wird auch bei allen anderen geschützten beschränkten dinglichen Rechten gelten. Das Vorbringen, die gewerbliche Nutzung seiner Privatstraße weite unzulässig die Wegedienstbarkeit durch den Konsenswerber aus, reicht nicht, um die

Eigentumsgefährdung darzutun. Die Servitutsausweitung muss der „Nachbar" auf dem Zivilrechtsweg abwehren (VwGH 27. 5. 1986, 85/04/0127).

Dienstbarkeiten, die auf der Betriebsliegenschaft lasten, fallen unter § 74 Abs 2; so zutreffend VwGH 27. 5. 1986, 85/04/0183. Das soll dort nicht gelten, wo die Ausübung der Dienstbarkeit und die Betriebsanlage nebeneinander nicht möglich sind; so VwGH 14. 4. 1999, 98/09/0140. Der durch die BA gefährdete Servitutsberechtigte muss sich in der Tat auf dem Zivilrechtsweg wehren und ist auch dorthin zu verweisen; vgl § 357.

Gem § 74 Abs 2 Z 1 letzter Halbsatz gelten auch die der Regulierung (Ablösung) nach dem Wald- und Weideservituten-GrundsatzG (WWSGG) unterworfenen **Wald-** **und Weidenutzungsrechte** (§ 1 Abs 1 Z 1 bis 3 WWSGG) sowie andere Felddienstbar-keiten (§ 32 WWSGG) – trotz ihrer öffentlich-rechtlichen Ausgestaltung – als dingliche Privatrechte iSd GewO. Diese Nutzungsberechtigten kommen daher ebenfalls als Nach-barn gem § 75 Abs 2 in Betracht, ihre Rechte sind gleich wie dingliche Rechte geschützt. Die durch die GewRNov 1988 vorgenommene Ergänzung hat – soweit ersichtlich – zu keiner wesentlichen Vermehrung genehmigungspflichtiger Vorhaben geführt (vgl schon die Prognose von *Duschanek,* ZfV 1989, 217); s auch die Übergangsbestimmung des Art VI Abs 5 und Abs 6.

Keine dinglichen Rechte sind – entgegen dem Wortlaut des § 1095 ABGB – das verbücherte Bestandrecht wegen der „eingeschränkten" Wirkung der Verbücherung (le-diglich „Ausschluss" des § 1120 ABGB; vgl näher *Spielbüchler* in *Rummel*[3] § 308 ABGB Rz 4), ebenso wenig Wasserbenutzungsrechte (§ 22 Abs 1 WRG), wohl aber Wasserbe-zugsrechte als Servituten; zu diesen schon oben.

Fraglich ist die Qualifikation als **dingliches Recht** iSd GewO für:

6.1 Grundpfandrechte (Hypotheken)

Durch die Auswirkungen einer BA kann auch die Substanz des Pfandrechts als ab-solut geschütztes Verwertungs- und Befriedigungsrecht tangiert werden; anders noch die 2. Auflage unter Verweis auf eine Analogie zu § 75 Abs 1, wonach die Möglichkeit einer bloßen Minderung des Verkehrswertes keine Gefährdung des Eigentums darstellt. So wie beim Eigentum die wesentliche Beeinträchtigung der üblichen bestimmungs-gemäßen Nutzung zur Eigentumsgefährdung führt, gilt das unter denselben Vorausset-zungen auch für den Eigentumssplitter Pfandrecht.

6.2 Reallastberechtigungen

Inhalt der Reallastberechtigung ist es, dass der Berechtigte zur Befriedigung seines Anspruches auf eine idR wiederkehrende Leistung Exekution in die haftende Liegen-schaft führen kann. Die Reallast ist nämlich nur eine besondere und atypische Form der Dienstbarkeit (§ 530 ABGB) und teilt insofern auch hier deren rechtliche Beurtei-lung; die Atypizität (Verpflichtung zu positivem Tun) kann keine Verschiedenbehand-lung rechtfertigen. Soweit die Reallast im Einzelfall von der BA nicht betroffen ist, liegt eben auch keine Gefährdung vor.

6.3 Vorkaufs- und Wiederkaufsrechte

Vorkaufs- und Wiederkaufsrechte sind im Fall der Verbücherung dingliche Rech-te, freilich besonderer Art. Sie sind durch die Ausübung – Vorkaufsrechte überdies durch den Vorkaufsfall – bedingte Rechte. Die „Dinglichkeit" der Rechtsstellung des Berechtigten wirkt sich vor allem so weit aus, als er das Recht über die Sache auch gegenüber jedem Dritten, der die Sache erworben hat, unmittelbar durchsetzen kann, also in der Absolutheit des Rechts; vgl dazu auch *Spielbüchler* in *Rummel*[3] § 308 ABGB Rz 4. Die Ausübungserklärung begründet ein Kaufverhältnis zum Vorkaufsverpflichteten (bzw zu demjenigen, der den Vorkaufsfall herstellt), vor dessen Erfüllung auch der dingliche Vorkaufsberechtigte keine Nutzungsrechte an der Sache besitzt. Für diese zwar absolute Rechtsstellung, aus der jedoch – was wesentlich ist – allein noch keine Nutzungsrechte an der Sache erfließen, gewährt die GewO keinen Schutz (nunmehr ausdrücklich VwGH 14. 3. 2012. 2010/04/0143).

6.4 Da auch aus einem **verbücherten Veräußerungs**- und **Belastungsverbot** kein Nutzungsrecht an der Sache erfließt, liegt kein dingliches Recht vor (VwGH 14. 3. 2012, 2010/04/0143).

6.5 Der VwGH (19. 9. 1989, 86/04/0103) qualifiziert das der Verpflichtung des jeweiligen Liegenschaftseigentümers, die natürlichen Abflussverhältnisse nicht zum Nachteil des unteren Grundstücks zu verändern, korrespondierende **Recht des Unterliegers** richtigerweise als dingliches Recht, da es sich um einen Bestandteil des Liegenschaftseigentums handelt.

7. Die Vermeidung der Eigentumsgefährdung als Genehmigungsvoraussetzung

Auf die oben (4.1 bis 6.5) umschriebenen Gefährdungen hat die Behörde zum Schutz **230** des Eigentums (und der sonstigen dinglichen Rechte) Bedacht zu nehmen, soweit sie nach den Umständen des Einzelfalles voraussehbar, dh hinreichend wahrscheinlich sind (Vernachlässigbarkeit eines unerheblichen „Restrisikos" überhaupt denkbarer Gefährdungen; *Duschanek,* ZfV 1989, 224; *Potacs* in *Holoubek/Potacs,* Öffentliches Wirtschaftsrecht II[3] 862), und dabei zu beurteilen, ob überhaupt oder ob bei Einhaltung erforderlichenfalls vorzuschreibender bestimmter geeigneter Auflagen die technische Funktionsweise der Anlage unter Zugrundelegung des technischen Erkenntnisstandes erwarten lässt, dass der durch § 74 Abs 2 Z 1 verpönte Wirkungszusammenhang vermieden wird. Vorhersehbare „Störfälle" aufgrund einer unzureichenden Technologie sind jedenfalls zu berücksichtigen; zutreffend VwGH RdU 2005, 177 mit zust Anm *Schulev-Steindl.* Dass die Vorschreibung von Auflagen zur Vorbeugung gegen oder zur Abwehr von **Katastrophen** – abgesehen von Maßnahmen zu Störfälle umfassenden Auflagen – über den § 77 Abs 1 hinausgingen, weil Katastrophen nicht voraussehbar seien (so *Gruber/Paliege-Barfuß,* GewO[7] § 77 Anm 50), wird in dieser Allgemeinheit nicht zutreffen. Insb Hochwasserkatastrophen nehmen zu und sind daher durchaus vorhersehbar. Sind mit der BA insofern für die Nachbarn erhebliche Gefahrenerhöhungen verbunden, müssen mE wirtschaftlich zumutbare Vorsorgemaßnahmen verlangt werden. (Richtschnur: 30-jährliche Hochwässer; vgl § 38 WRG). ISd unionsrechtlichen Vorsorgeprinzips (Art 191 Abs 2 AEUV) und der Neufassung des § 71 a (beste verfügbare Techniken – BVT), dem auch das Vorsorgeprinzip zugrunde liegt, **darf kein zu hoher Wahrscheinlichkeitsgrad** bzgl der Gefährdung verlangt werden. Aus demselben Grund ist auch die Erheblichkeitsschwelle des hinzunehmenden Restrisikos nicht zu hoch anzusetzen.

Stets ist ein **konkretes Vorbringen** bezüglich der Gefährdung der geschützten Rechte vorausgesetzt; so für die Eigentumsgefährdung VwGH 27. 6. 2003, 2001/04/0236.

8. Verzichtbarkeit des Eigentumsschutzes

231   Fraglich ist einerseits, ob ein Nachbar auf die Einwendung einer allfälligen Eigentumsgefährdung durch privatrechtliche Vereinbarung mit der Folge verzichten kann, dass diese Frage im Genehmigungsverfahren nicht mehr releviert werden kann. Andererseits ist die Auswirkung einer (privatautonomen) Verschiebung der dinglichen Rechtslage (vor allem durch Begründung von Dienstbarkeiten) auf die Genehmigungslage zu prüfen.

8.1   Es entsprach der früheren hL und Jud, dass der durch privatrechtliche Vereinbarung erfolgte Verzicht von Nachbarn, Einwendungen gegen die Errichtung gew BA zu erheben, im gewerbebehördlichen Verfahren unerheblich sei.

Dies wurde vor allem damit begründet, dass es sich bei den in § 74 Abs 2 angeführten Interessen um öffentlich-rechtliche handle, die von der Behörde von Amts wegen wahrzunehmen seien (vgl *Gruber/Paliege-Barfuß*, GewO[7] § 74 Anm 47; vgl auch schon VwGH Budw 3621 A/1905; VwSlg 9158 A/1976).

8.2   Auf eine Ausnahme hat bereits *Aicher* in der 2. Auflage hingewiesen: Wenn sich eine Gefährdung des Eigentums (oder sonstiger dinglicher Rechte) nur in solcher Weise aktualisiere, dass öffentliche Belange des Nachbarschutzes schlechterdings nicht berührt werden können, dann kann die Behörde ja insofern gar nicht öffentliche Interessen berücksichtigen.

Dies ist zB der Fall, wenn ein aufgrund einer Wegeservitut Fahrberechtigter über das Grundstück des Genehmigungswerbers nicht mehr fahren kann, weil der Weg durch den Steinschlagbereich des zu genehmigenden Steinbruchs führt. Darüber hinaus ist die privatrechtliche Wirkung von Einwendungs- und Berufungsverzichten nach der zwingenden Wertung des § 42 AVG bzw § 63 Abs 4 AVG und nunmehr auch des § 7 Abs 2 VwGVG zu bestimmen (vgl näher *Kerschner* in *Ferz/Pichler,* Mediation 55 f; ebenso nun *Ferz,* Mediation im öffentlichen Bereich 827): Ein „a-priori-Verzicht" kann danach nicht wirksam sein, erst ab Ende der mündlichen Verhandlung bzw ab Zustellung bzw Verkündung des Bescheids ist ein solcher Verzicht wirksam; so auch *Schwaighofer,* bbl 2005, 99 (108 f).

8.3   Eine **Veränderung der dinglichen Rechtspositionen** (vor allem durch Dienstbarkeiten) wirkt auch nach den §§ 74 ff, soweit eben diese Bestimmungen beim Inhalt des dinglichen Rechts anknüpfen. So können etwa die Nachbarn an sich nach § 364 Abs 2 ABGB unzulässige Immissionen dulden (Projektwerber als Servitutsberechtigter; vgl näher *Kerschner/Bergthaler/Hittinger,* Umweltmediation 140 ff; *Kerschner* in *Ferz/Pichler,* Mediation 58).

9. Verhältnis zu zivilrechtlichen Einwendungen

232   Die auf Gefährdung des Eigentums bzw anderer dinglicher Rechte gestützten Einwendungen iSd §§ 74, 77 und 79 sind öffentlich-rechtliche Einwendungen (subjektiv-öffentliche Rechte); vgl VwGH 28. 4. 1959, 1151/56.

Der Einwand unzulässiger Immissionen kann aber auch zugleich auf § 364 Abs 2 ABGB gestützt sein (vgl VwGH 28. 4. 1959, 1151/56), sodass eine solche Einwendung nach Versuch gütlicher Einigung auf den Zivilrechtsweg zu verweisen ist; vgl § 357 und *Kerschner,* Zivilrechtliche Ansprüche und Einwendungen der Nachbarn Rz 285. Die zivilrechtliche Abwehr ist aber im Rahmen des rk BA-Genehmigungsbescheids durch § 364 a ABGB maßgeblich eingeschränkt.

Sonstige besondere privatrechtliche Einwendungen können sich vor allem aus (verneinenden) Dienstbarkeiten ergeben, die dem Bau und Betrieb der BA ganz oder teilweise entgegenstehen können.

D. Sonstige Genehmigungsvoraussetzungen im Rahmen der Verfahrens- und Entscheidungskonzentration

Karim Giese

Inhalt

1. Zweck und Umfang der Verfahrens- und Entscheidungskonzentration

Literatur: *Ennöckl/Reithmayer,* GewO, in *Altenburger/N. Raschauer* (Hrsg), Kommentar zum Umweltrecht (2013) 517; *Gruber,* Praxis der Verfahrenskonzentration – Zielvorstellungen und Rechtsprobleme, in *Institut für Umweltrecht* (Hrsg), Jahrbuch Umweltrecht 2005 (2005) 141; *Hauer,* Probleme der Genehmigungskonzentration im Anlagenrecht der Gewerbeordnung, in *Hauer* (Hrsg), Betriebsanlagenrecht im Umbruch (2004) 21; *Huber,* Die Verfahrenskonzentration aus der Sicht des Projektwerbers, in *Furherr/Schwarzer* (Hrsg), Anlagenrecht und Verwaltungsreformgesetz (2002) 23; *Leitl/Mayrhofer,* Das Verfahren zur Genehmigung von gewerblichen Betriebsanlagen nach der Verwaltungsreform 2001, ÖGZ 2003/9, 42; *Kneihs,* Anlagengenehmigungsverfahren als Dauerthema von Reformen – Zwischenbilanz Österreich, in *Merli/Greimel* (Hrsg), Optimierungspotenziale bei Behördenverfahren (2009) 15; *Müller,* Gewerberechtsnovelle 1997. Die Änderungen im betriebsanlagenrechtlichen Bereich, wbl 1998, 329; *Paliege-Barfuß,* Der neue One-Stop-Shop im gewerblichen Betriebsanlagenrecht, in *Furherr/Schwarzer* (Hrsg), Anlagenrecht und Verwaltungsreformgesetz (2002) 17; *Schulev-Steindl,* Risiken und Chancen der Verwaltungsreform und Deregulierung – Verwaltungsverfahrensrecht, in *Lienbacher/Pürgy* (Hrsg), Risiken und Chancen der Verwaltungsreform und Deregulierung (2012) 93; *Thienel,* „One-stop-shop" und Zuständigkeitskonkurrenzen. Erläutert am Beispiel gewerberechtlicher Betriebsanlagenverfahren, wbl 2002, 249.

233   **1.1** Um Nachteilen aus Kumulationsprinzip und Genehmigungskonkurrenz (s dazu *Giese,* Das Betriebsanlagenrecht und andere Bereiche des öffentlichen Rechts Rz 305) entgegen zu wirken, sieht § 356b Abs 1 eine weitreichende Verfahrens- und Entscheidungskonzentration im gewerberechtlichen BA-Verfahren vor. Zweck dieser Konzentration ist es, einerseits eine **materienübergreifende („integrative") Beurteilung** der gew BA sicherzustellen (zB betreffend Umweltauswirkungen von IPPC-Anlagen), andererseits dem Bewilligungswerber eine Verwaltungsbehörde als zentrale Anlaufstelle für die wichtigsten anlagenrelevanten Genehmigungen anzubieten (**„one-stop-shop"-Prinzip**).

§ 356 b ist auch im Genehmigungsverfahren über die **Änderung von BA** (§ 81 Abs 1) anzuwenden. Im **vereinfachten Genehmigungsverfahren** gelten die Bestimmungen des § 356 b sinngemäß (§ 356 b Abs 1 drittletzter Satz). Keine Anwendung findet § 356 b im **Anzeigeverfahren** (§ 81 Abs 3).

§ 356 b gilt nicht für BA, die der Bewilligungspflicht und der weiter reichenden Verfahrens- und Entscheidungskonzentration gem AWG 2002 (s dazu *Giese,* Das Betriebsanlagenrecht und andere Bereiche des öffentlichen Rechts Rz 312) oder gem UVP-G 2000 (s dazu *Vogelsang,* Sonderbestimmungen für UVP-pflichtige Betriebsanlagen Rz 334) unterliegen (§ 356 b Abs 4).

1.2 Aufgrund der Konzentrationsanordnung des § 356 b **entfallen** bei genehmigungspflichtigen gew BA **gesonderte Genehmigungen** (Bewilligungen), die nach anderen Verwaltungsvorschriften des Bundes zum **Schutz vor Auswirkungen** der gew BA oder zum **Schutz ihres Erscheinungsbildes** erforderlich sind. Dafür sind die **materiellrechtlichen Genehmigungs-/Bewilligungsregelungen** dieser Verwaltungsvorschriften (zB betreffend Stand der Technik, Emissions- und Immissionsbegrenzungen, Schutz der Rechte Dritter) bei der Erteilung der BA-Genehmigung **von der Gewerbebehörde anzuwenden.** Dazu zählen auch materienspezifische Ermächtigungen zur Vorschreibung von Auflagen, Bedingungen und Befristungen. Die gewerberechtliche BA-Genehmigung gilt als entsprechende Genehmigung (Bewilligung) nach den betreffenden Verwaltungsvorschriften.

Der **Genehmigungsumfang** im konzentrierten BA-Verfahren ist von Amts wegen zu ermitteln und festzustellen. Die erweiterten Wirkungen der gewerberechtlichen BA-Genehmigung kommen auch dann zum Tragen, wenn die Gewerbebehörde einzelne materiellrechtliche Genehmigungsvoraussetzungen irrtümlich nicht vollumfänglich geprüft hat (*Grabler/Stolzlechner/Wendl,* GewO[3] § 356 b Rz 13; *Gruber/Paliege-Barfuß,* GewO[7] § 356 b Anm 15).

Genehmigungen zum **„Schutz des Erscheinungsbildes"** der gew BA betreffen – ausweislich der Gesetzesmaterialien (AB 212 BlgNR 21. GP) – insb die Belange des Denkmalschutzes nach dem DMSG (zB Zerstörungs-, Änderungsbewilligungen).

Die Frage, ob eine kumulierende Genehmigung dem **„Schutz vor Auswirkungen"** der gew BA dient, ist am Maßstab der *jeweiligen Genehmigungskriterien* zu beurteilen. Enthalten diese zB Beschränkungen zum Schutz der *Nachbarschaft, Umwelt* (zB Wald) oder *bestimmter Einrichtungen,* dann werden diese Genehmigungen von § 356 b erfasst. Neben den in § 356 b Abs 1 und 5 angeführten Bewilligungen des **WRG** und **ForstG** fallen zB auch Genehmigungen für **gew Schifffahrtsanlagen** gem §§ 47, 49 SchFG in den Anwendungsbereich des § 356 b (vgl *Muzak,* Binnenschifffahrtsrecht 126 mwH). Der Begriff *„Auswirkungen"* wird nach der herrschenden Auslegungspraxis (vgl DE des BMWA v 15. 1. 1998, GZ 32.830/2-III/A/2/98 sowie *Grabler/Stolzlechner/Wendl,* GewO[3] § 356 b Rz 4, *Gruber/Paliege-Barfuß,* GewO[7] § 356 b Anm 4) so weit verstanden, dass von der Entscheidungskonzentration des § 356 b auch alle dem Schutz von **Verkehrs- bzw Transportwegen** dienenden (Ausnahme-)Bewilligungen (§ 21 BStG, § 43 EisbG, §§ 86, 91, 94 LuftfahrtG; § 66 SchFG; § 30 RohrleitungsG) erfasst werden. Entgegen der hM werden auch (Ausnahme-)Bewilligungen für **bahnfremde Anlagen im Bauverbotsbereich von Eisenbahnen** (§ 42 Abs 3 EisbG; s unten Rz 239, 6.1) von der Entscheidungskonzentration erfasst, da es auch in diesem Fall – analog zu § 43 Abs 3 EisbG und § 21 Abs 1 BStG – um den Schutz vor Beeinträchtigungen der öffentlichen Verkehrsinteressen durch (zB gew Betriebs-)Anlagen geht. Das wird ferner auch für (Ausnahme-)Bewilligungen für fremde (zB gew BA-)Anlagen in **Bauverbots- und Gefährdungsbereichen von Seilbahnen** (§§ 54 und 56 SeilbG) gelten müssen. Konsequenterweise müssten – entgegen der Annahme der hM – auch (Ausnahme-)Bewilligungen für **bergbaufremde gew BA in Bergbaugebieten** (§§ 153, 156 MinroG; s dazu *Giese,* Das Betriebsanlagenrecht und andere Bereiche des öffentlichen Rechts Rz 319, 15.3) in den Anwendungsbereich des § 356 b fallen.

Nicht erfasst von § 356 b werden nach hM (*Grabler/Stolzlechner/Wendl,* GewO³ § 356 b Rz 4, *Gruber/Paliege-Barfuß,* GewO⁷ § 356 b Anm 4) Bewilligungen und Genehmigungen gem § 17 Abs 2 ForstG (Rodungsbewilligung), § 23 GentechnikG (Genehmigung zur Durchführung von Arbeiten mit gentechnisch veränderten Organismen), § 11 ElektrotechnikG (Ausnahmen von der Anwendung bestimmter elektrotechnischer Sicherheitsvorschriften).

Nicht erfasst werden weiters Bewilligungen nach BG, deren **Vollziehung Landessache** sind (Art 11 Abs 1 Z 4 und 6 B-VG; vgl *Hauer,* Probleme 22 f): zB straßenpolizeiliche Bewilligungen gem § 82 StVO (Gastgarten auf öffentlicher Verkehrsfläche), schifffahrtsrechtliche Bewilligungen für nicht in die Bundesvollziehung fallende Gewässer (§ 37 Abs 1 SchFG).

§ 356 b schließt nicht aus, dass es aufgrund anderer bundesgesetzlicher Bestimmungen zu einer **weiter gehenden Verfahrens- und Entscheidungskonzentration** kommen kann (zB gem § 93 ASchG, § 12 EG-K, § 3 Abs 1 StrSchG, § 31 c Abs 2 und 3 WRG; vgl dazu *Giese,* Das Betriebsanlagenrecht und andere Bereiche des öffentlichen Rechts Rz 306, Rz 307, 3.1, Rz 315 und Rz 308).

Auch ist eine **bloß verfahrensrechtliche Verbindung** des konzentrierten BA-Genehmigungsverfahrens mit anderen **bundes- und landesrechtlichen Bewilligungsverfahren** möglich (§ 39 Abs 2 und 2 a AVG), vorausgesetzt die BVB als Gewerbebehörde (s Lexikon „Behörden" Rz 21, „Zuständigkeit" Rz 164) ist – zB als Forst-, Wasserrechts-, Naturschutzbehörde (s dazu *Giese,* Das Betriebsanlagenrecht und andere Bereiche des öffentlichen Rechts Rz 305, 1.2) – auch zur Vollziehung dieser Gesetze zuständig.

In allen verbleibenden Fällen von Bewilligungs- und Genehmigungskumulationen, wie zB im Fall (landes-)baurechtlicher Bewilligungspflichten, bestehen **Koordinierungspflichten** der Gewerbebehörde gegenüber mitbeteiligten Verwaltungsbehörden (§ 356 b Abs 2; s dazu *Giese,* Das Betriebsanlagenrecht und andere Bereiche des öffentlichen Rechts Rz 328, 24.3 sowie Lexikon „Verfahrens- und Entscheidungskonzentration" Rz 149). Die Koordinierung dient in der Praxis insb zur Vermeidung von unzulässigen oder einander widersprechenden Auflagen und Bedingungen.

1.3 Die Gewerbebehörde ist verpflichtet, dem Verfahren **Sachverständige** für die von anderen Verwaltungsvorschriften erfassten Sachgebiete beizuziehen (§ 356 b Abs 1 – zB wasserbautechnische oder hydrologische Sachverständige). Ihr stehen kraft gesetzlicher Anordnung jene (Amts-)Sachverständigen zur Verfügung, die den ansonsten zur Vollziehung zuständigen Behörden beigegeben sind oder zur Verfügung stehen (§ 52 Abs 1 AVG).

Daher kann zB bezüglich Sachverständigenfragen zum LuftfahrtG auch die Austro-Control GmbH in Anspruch genommen werden (vgl § 2 Abs 2 BG über die Austro Control GmbH sowie *Grabler/Stolzlechner/Wendl,* GewO³ § 356 b Rz 12 mwH; *Gruber/Paliege-Barfuß,* GewO⁷ § 356 b Anm 13).

Bezüglich des Denkmalschutzes ist das Bundesdenkmalamt ermächtigt, selbst Sachverständige für das konzentrierte BA-Verfahren zu nominieren (§ 5 Abs 8 DMSG).

1.4 Dem konzentrierten BA-Verfahren sind – nicht zuletzt aufgrund verfassungsrechtlicher Überlegungen (*Grabler/Stolzlechner/Wendl,* GewO³ § 356 b Rz 7; *Gruber/Paliege-Barfuß,* GewO⁷ § 356 b Anm 7; *Hauer,* Probleme 33) – neben den Parteien des gewerberechtlichen BA-Verfahrens (ieS; s dazu *Wendl,* Die Nachbarn und ihre Parteistellung Rz 265) zusätzlich jene Personen als **weitere Nebenparteien** beizuziehen, denen im Fall der Durchführung gesonderter Genehmigungsverfahren (Neben-)Parteistellung zur Durchsetzung ihrer materienspezifischen subjektiv-öffentlichen Rechte zukäme (zB Wassernutzungsberechtigte – § 102 WRG; Waldeigentümer – § 8 AVG iVm § 49 ForstG; vgl dazu VwGH 22. 12. 1993, 91/10/0161).

Umstritten geblieben ist, ob dies uneingeschränkt auch für **Formal-, Organ- und Amtsparteien** (wie zB die **Bundesstraßenverwaltung** im straßenrechtlichen Ausnahmebewilligungsverfahren gem § 21 Abs 1 BStG – s Rz 337) gilt. *Hauer* schließt dies aus, weil diesen Parteien nur eine (rein) verfahrensrechtliche Position zur Wahrung bestimmter öffentlicher Interessen eingeräumt wird. Da es sich bei der Begründung solcher Parteistellungen um Verfahrensrechtsgesetzgebung (und nicht – wie sonst – um Materiengesetzgebung) handelt, sind gesetzliche Regelungen über Formal-, Organ- und Amtsparteien als *Sonderverfahrensrecht* der „anderen Verwaltungsvorschriften des Bundes" (iSd § 356 b Abs 1) zu qualifizieren und daher im konzentrierten BA-Verfahren nicht mitanzuwenden (*Hauer,* Probleme 36; *Grabler/Stolzlechner/Wendl,* GewO³ § 356 b Rz 7; aA *Gruber/Paliege-Barfuß,* GewO⁷ § 356 b Anm 7).

Unzweifelhaft ist die Parteistellung von Amtsparteien im konzentrierten BA-Verfahren im Fall, dass ihre Beiziehung in § 356 b Abs 1 (zB betreffend das **ww Planungsorgan** gem § 55 Abs 5 WRG) oder in anderen Bundesgesetzen (zB gem § 5 Abs 8 DMSG das **Bundesdenkmalamt;** vgl dazu *Hauer, Probleme* 36 mwH [keine Derogation]) ausdrücklich angeordnet wird.

Zur Parteistellung von anerkannten **Umweltorganisationen** in Verfahren betreffend die BA-Genehmigung oder die BA-Genehmigung wesentlicher Änderungen von IPPC-Anlagen vgl § 356 b Abs 7.

2. Wasserrecht

Rechtsquellen: WRG 1959 BGBl 1959/215 idF BGBl I 2014/54; Indirekteinleiterverordnung **234** (IEV) BGBl II 1998/222 idF BGBl II 2006/523.

Literatur: *Akyürek,* Wasserrecht, in *N. Raschauer/Wessely,* Handbuch Umweltrecht² (2010) 236; *Baumgartner,* Wasserrecht, in *Bachmann et al* (Hrsg), Besonderes Verwaltungsrecht¹⁰ (2014) 283; *Hattenberger,* Anlagenrelevante Bestimmungen des Wasserrechtsgesetzes, in *Holoubek/Potacs* (Hrsg), Öffentliches Wirtschaftsrecht II³ (2013) 1025; *Kaan/Braumüller,* Handbuch Wasserrecht (2000); *Kneihs,* Die bewilligungspflichtige Gewässernutzung, ÖZW 1997, 33; *Oberleitner,* Das „öffentliche Interesse" im Wasserrecht, RdU 2005/2; *Oberleitner/Berger,* Kommentar zum Wasserrechtsgesetz³ (2011); *B. Raschauer,* Kommentar zum Wasserrecht (1993); *Vogl,* Wasserrecht, in *Norer* (Hrsg), Handbuch des Agrarrechts² (2012) 455.

Der Entfall einer gesonderten wr Bewilligung und die Mitanwendung der materiellrechtlichen Bewilligungsvorschriften des WRG ist nur bei den in § 356 b Abs 1 Z 1 bis 6 **taxativ aufgezählten Maßnahmen** vorgesehen.

Bei allen anderen Maßnahmen, die mit der Errichtung, dem Betrieb oder der Änderung einer gew BA verbunden sein können (zB Versickerung von Betriebsabwässern, Nassbaggerungen gem § 32 Abs 2 lit c WRG – s dazu Rz 234, 2.6 sowie *Oberleitner/Berger,* WRG § 32 Anm 22 ff), bestehen grds weiterhin **gesonderte wr Bewilligungspflichten,** es sei denn, im WRG wird eine **weiter reichende Entscheidungskonzentration** angeordnet (zB § 31 c Abs 2 und 3 WRG; s dazu *Giese,* Das Betriebsanlagenrecht und andere Bereiche des öffentlichen Rechts Rz 308).

2.1 Wasserentnahmen für Feuerlöschzwecke (§ 356 b Abs 1 Z 1)

Wasserentnahmen für Feuerlöschzwecke sind bewilligungspflichtig, wenn die Entnahmen aus einem *öffentlichen Gewässer* (§ 2 Abs 1 WRG) über den zulässigen Gemeingebrauch (§ 9 Abs 1 WRG) bzw die Entnahmen aus dem *Grundwasser* über die grundstücksangemessene Menge hinausgehen (§ 10 Abs 2 WRG). Bei *privaten Tagwässern* (vgl § 2 Abs 2, § 3 Abs 1 WRG) sind Entnahmen bewilligungspflichtig, wenn sie geeignet sind, fremde Rechte oder Gewässer (zB betreffend Gefälle, Lauf, Beschaffenheit, Höhe) zu beeinträchtigen (§§ 3, 9 Abs 2 WRG).

Die **Nutzung von Grund-** und **sonstigen Privatgewässern** steht grds nur dem Eigentümer (bzw sonst dinglich Berechtigten) zu (§ 5 Abs 2 WRG).

Im Fall, dass die Wasserentnahme aus einem privaten Tagwasser nur fremde Rechte berührt und darüber eine **privatrechtliche Vereinbarung** getroffen worden ist, ist die Maßnahme nicht bewilligungspflichtig (VwGH 28. 7. 1994, 92/07/0085; 25. 10. 1994, 92/07/0098). Für die Behörde stellt diese Frage eine Vorfrage (iSd § 38 AVG) dar.

Die Maßnahme ist zu genehmigen, wenn öffentliche Interessen (§ 105 WRG) nicht beeinträchtigt sowie bestehende Rechte Dritter nicht verletzt werden (§ 12 Abs 1 WRG). In der Bewilligung sind Ort, Maß und Art der Wasserbenutzung festzulegen (§ 11 Abs 1 WRG). Für die Bestimmung des zulässigen Ausmaßes der Wasserbenutzung enthält § 13 WRG konkretere Vorgaben (zB Bedarf des Bewilligungswerbers, bestehende ww Verhältnisse).

2.2 Erd- und Wasserwärmepumpen (§ 356 b Abs 1 Z 2)

Erdwärmepumpen sind grds nur in wr besonders geschützten Gebieten (§§ 34, 35 und 54 WRG) sowie geschlossenen Siedlungsgebieten ohne zentrale Trinkwasserversorgung bewilligungspflichtig (§ 31 c Abs 5 lit a WRG). Außerhalb dieser Gebiete sind nur Erdwärmepumpen in Form von Vertikalkollektoren **(Tiefensonden)** bewilligungspflichtig, wenn sie in (im Wasserbuch ersichtlich zu machenden) Gebieten mit gespannten oder artesisch gespannten Grundwasservorkommen errichtet werden sollen und die betreffenden Anlagen eine **Tiefe von 300 m** überschreiten (§ 31 c Abs 5 lit b WRG). Anlagen zur Wärmenutzung der Gewässer **(Wasserwärmepumpen)** sind generell bewilligungspflichtig (§ 31 c Abs 5 lit c WRG).

Die Konzentrationsbestimmung des § 356 b Abs 1 Z 2 GewO überlagert die wr Konzentrationsbestimmungen des § 31 c Abs 5 iVm Abs 2 bis 4 WRG vollständig.

Auch wenn Erd- und Wasserwärmepumpen nach dem WRG bloß anzeigepflichtig sind (§ 31 c Abs 5 vorletzter Satz WRG), handelt es sich dabei um Anlagen(-teile), deren „Errichtung auch nach einer anderen Verwaltungsvorschrift eine Genehmigung (Bewilligung)" iSd § 356 b GewO erfordert. Das wr **„Anzeigeverfahren"** gem § 114 WRG ist nach hM als eine Art „beschleunigtes" Bewilligungsverfahren zu qualifizieren (*Oberleitner/Berger*, WRG[3] § 114 Rz 1).

Stehen der Errichtung keine öffentlichen Interessen (iSd §§ 30 ff, 105 WRG) bzw in wasserrechtlichen geschützten Gebieten (§§ 34, 35 und 54 WRG) deren jeweilige Schutzzwecke nicht entgegen, ist das Vorhaben unter Vorschreibung der zur Vermeidung einer Gewässerverunreinigung und einer Beeinträchtigung der lokalen Trinkwasserversorgung erforderlichen Maßnahmen zu genehmigen (§ 31 c Abs 3 WRG). Bewilligungen für Tiefensonden sind mit 25 Jahren zu befristen.

2.3 Abwassereinleitungen in Gewässer (§ 356 b Abs 1 Z 3)

Abwassereinleitungen in Gewässer (iSd § 32 Abs 2 lit a, b und e WRG), ausgenommen Abwassereinleitungen aus öffentlichen Kanalisationsanlagen, sind grds bewilligungspflichtig. **Wr bewilligungsfrei** sind Abwassereinleitungen nur im Fall der **Geringfügigkeit** (§ 32 Abs 1 zweiter Satz WRG).

Entfällt die *wr Bewilligungspflicht* aufgrund Geringfügigkeit, kann sich die Genehmigungspflicht der Maßnahme auf Grundlage des § 74 Abs 2 Z 5 GewO ergeben.

Teilweise gilt die Bagatellgrenze der Geringfügigkeit in regionalen Schutz- und Schongebieten nicht (§§ 34, 35 WRG; vgl dazu *Oberleitner/Berger*, WRG[3] § 32 Rz 3).

Zweck der Bewilligung ist es, eine weitestmögliche Reinhaltung sowie den Schutz der Gewässer zu gewährleisten (VwGH 28. 9. 1961, 2110/60; 13. 9. 1983, 83/07/0078). Bei der Genehmigung und der Vorschreibung von Auflagen ist daher – unter Beachtung des Standes der Technik (§ 12 a WRG) – insb auf die technischen und ww Verhältnisse (wie zB das Selbstreinigungsvermögen des Wassers – § 33 Abs 1 WRG), besondere Abwasseremissions- (§ 33 b WRG) und Wassergütewerte in Regionalprogrammen (§ 55 g Abs 1 Z 1 WRG), Einbringungsbeschränkungen und -verbote (§ 32 a WRG), sonstige öffentliche Interessen (§ 105 WRG) sowie Rechte Dritter (§§ 11 bis 13 WRG) Rücksicht zu nehmen.

2.4 Lagerung von Stoffen, die das Grundwasser verunreinigen können (§ 356 b Abs 1 Z 4)

Die Lagerung von Stoffen, die durch Eindringen (Versickern) in den Boden das Grundwasser verunreinigen können, ist bewilligungspflichtig (§ 32 Abs 2 lit c WRG).

Dem Begriff der **„Lagerung"** ist immanent, dass die betreffenden Stoffe projektgemäß wieder entfernt werden (*B. Raschauer*, WRG § 31 b Rz 3). Die **dauerhafte Ablagerung von Abfällen** (*„Deponie"*) unterliegt nicht der Bewilligungspflicht gem § 32 Abs 2 lit c WRG (*B. Raschauer*, WRG § 32 Rz 7), sondern den Deponie(anlagen)bestimmungen des AWG (so auch *Grabler/Stolzlechner/Wendl*, GewO[3] § 356 b Rz 23). Im Fall einer **bloß temporären (Zwischen-)Lagerung von Altstoffen** (zB Metallschrott) kann sich aber weiterhin auch eine wr Bewilligungspflicht gem § 32 Abs 2 lit c WRG ergeben (vgl dazu VwGH 25. 6. 1991, 90/07/0131 sowie *B. Raschauer*, WRG § 32 Rz 7).

Ausgenommen von der Bewilligungspflicht sind bloß **geringfügige Einwirkungen** (§ 32 Abs 1 WRG); davon kann zB bei Gefahr des Eindringens von **Mineralöl** in das Grundwasser aber keine Rede sein (VwGH 18. 2. 1999, 99/07/0007).

Zu den Bewilligungsvoraussetzungen s oben 2.3.

2.5 Abwassereinleitungen in wr bewilligte Kanalisationsanlagen (§ 356 b **Abs 1 Z 5)**

Die sog **Indirekteinleitung betrieblicher Abwässer** in die wr bewilligte **Kanalisationsanlage eines anderen** ist grds bewilligungsfrei (§ 32 b WRG).

Die Indirekteinleitung erfordert einen Vertrag zwischen Indirekteinleiter und Kanalisationsunternehmer (oder eine ähnliche Rechtskonstruktion nach den KanalG der Länder), worin die Bedingungen der Indirekteinleitung in Abstimmung mit der wr Bewilligung des Kanalisationsunternehmers festzulegen sind. Entsprechende rechtliche Verantwortlichkeiten des Indirekteinleiters und des Kanalisationsunternehmers ergeben sich unmittelbar aus § 32 b Abs 1 bis 4 WRG.

Behördliche Genehmigungspflichten können sich allerdings – differenziert nach öffentlichen oder privaten Kanalisationen – aufgrund des **Herkunftsbereichs (und der Gefährlichkeit)** und/oder **Menge der Abwässer** im Verhältnis zur Vorflutkläranlage ergeben (§ 32 b Abs 5 WRG iVm § 2 Abs 2 und 3 IEV).

2.6 Beseitigung von Dach-, Parkplatz- und Straßenwässern (§ 356 b **Abs 1 Z 6)**
Oberflächenwasserversickerungen (Versickerungen von Dach-, Parkplatz- und Straßenwässern) sind – außer im Fall der Geringfügigkeit (s oben 2.4) – bewilligungspflichtig (§ 32 Abs 2 lit c WRG).

Die großflächige Verrieselung (und Versickerung) von **Straßenoberflächenwässern** auf Wiesen kann nicht als geringfügige Einwirkung iSd § 32 Abs 1 WRG bezeichnet werden (VwGH 9. 1. 2009, 2008/07/0040).
    Die Versickerung aller nicht von § 356 b Abs 1 Z 6 umfassten **(Betriebs-)Abwässer** bedarf weiterhin einer gesonderten wr Bewilligung gem § 32 WRG (s dazu *Giese,* Das Betriebsanlagenrecht und andere Bereiche des öffentlichen Rechts Rz 308 4.2).

Zu den Bewilligungsvoraussetzungen s oben 2.3.

3. Forstrecht

235   **Rechtsquellen:** §§ 47 bis 57 ForstG 1975 BGBl 1975/440 idF BGBl I 2015/102; Zweite Verordnung gegen forstschädliche Luftverunreinigungen (kurz: 2. VO) BGBl 1984/199.
    Literatur: *Brawenz/Kind/Wieser,* ForstG[4] (2015); *Duschanek,* Luftreinhaltepflichten nach dem Forstgesetz, ZfV 1983, 255; *Giese,* Forstrecht, in *Bachmann et al* (Hrsg), Besonderes Verwaltungsrecht[10] (2014) 352; *Jäger,* Forstrecht[3] (2003); *Kalss,* Forstrecht (1990); *Lindner/Zankl,* §§ 48, 49 ForstG, in *Altenburger/N. Raschauer,* Kommentar zum Umweltrecht (2013).

3.1 Die speziellen **anlagenbezogenen Luftreinhaltevorschriften** zum Schutz des Waldes vor forstschädlichen Luftverunreinigungen (§§ 47 ff ForstG) sind im konzentrierten BA-Genehmigungsverfahren *uneingeschränkt* anzuwenden (§ 356 b Abs 5 GewO).

Die im ForstG (noch) enthaltene Ausnahme von der Verfahrens- und Entscheidungskonzentration im Fall, dass von forstschädlichen Emissionen **Schutz-** oder **Bannwälder** betroffen sind (§ 50 Abs 3 ForstG), wird – seit der GewRNov 1997 – von der weiter reichenden Konzentrationsbestimmung des § 356 b Abs 4 GewO überlagert (*Giese,* Forstrecht 352 f; so auch *Grabler/Stolzlechner/Wendl,* GewO[3] § 356 b Rz 53 [Derogation]; idS auch VwGH 17. 5. 2001, 99/07/006 – hier: Verhältnis zum AWG).

3.2 Die Errichtung (Änderung) von **Anlagen** (daher auch von **gew BA**), die nach dem Stand der wissenschaftlichen Erkenntnisse und Erfahrung **forstschädliche Luftver-unreinigungen** verursachen, ist bewilligungspflichtig (§ 49 Abs 1, § 48 Abs 1 lit e ForstG). Bei der Bewilligungspflicht kommt es nicht auf eine bestimmte räumliche Entfernung der Anlage zum Wald, sondern ausschließlich auf die abstrakte Eignung der Anlage aufgrund der **Art** (zB Schwefeloxide, Fluorwasserstoff, Chlor, Schwefelsäure, Ammoniak, Staub) und **Menge der Emissionsstoffe** an (§ 9 iVm Anh 4, 11 2. VO). Ausdrücklich ausgenommen sind nur Anlagen, deren Verbrennungseinrichtungen eine Brennstoffwärmeleistung von nicht mehr als 2 MW aufweisen (§ 11 Abs 2 2. VO).

Die Bewilligungsvoraussetzungen differenzieren nach Art der von Immissionen betroffenen Wälder:

Die Überschreitung bestimmter, in § 4 der 2. VO festgelegter Immissionsgrenzwerte stellt nur bei **Bann- und Schutzwäldern** (§§ 21, 27 ForstG) einen Versagungsgrund dar (§ 49 Abs 4 ForstG). Schutz- und Bannwälder sind Wälder, denen forstrechtlich – zT ex lege, zT mit Bescheid – ein erhöhter Bestandsschutz (zB zum Schutz vor Elementargefahren) eingeräumt wird (§§ 21 ff, 27 ff ForstG).

Bei allen **anderen Wäldern** hat die Gewerbebehörde die Genehmigung zu erteilen, wenn eine Gefährdung der Waldkultur nicht zu erwarten ist oder diese Gefährdung auf ein tragbares Ausmaß beschränkt werden kann (§ 49 Abs 3 ForstG). Dabei ist auf die **konkreten Folgen** einer mit dem Betrieb einer Anlage verbundenen Verschlechterung von Immissionswerten (= Schäden für die Nutz-, Schutz-, Wohlfahrts- und Erholungsfunktionen des Waldes) abzustellen. Können Waldgefährdungen trotz Vorschreibung von Auflagen und Bedingungen (zB Beschränkung von Emissionsstoffen nach Mengen und/oder Zeiträumen) nicht ausgeschlossen werden, dann hat die Gewerbebehörde bzgl der Frage der Tragbarkeit der Waldgefährdung eine **umfassende Abwägung** zwischen den Nachteilen für die Waldkultur und den **gesamtwirtschaftlichen Vorteilen der Anlage** vorzunehmen.

Zur **gesamtwirtschaftlichen Bedeutung** einer Anlage zählt – ausweislich der Gesetzesmaterialien – insb auch ihre regionalwirtschaftliche oder arbeitsmarktpolitische Bedeutung (AB 1677 BlgNR 13. GP).

4. Rohrleitungsgesetz

Rechtsquelle: RohrleitungsG BGBl 1975/411 idF BGBl I 2011/138.   **236**

Vorhaben (daher auch **gew BA**), die aufgrund der Lage, Gefährlichkeit oder des Verwendungszwecks zu einer **Beeinträchtigung der Sicherheit einer Rohrleitungsanlage** führen können, sind genehmigungspflichtig (§ 30 Abs 1 RohrleitungsG).

Unter *„Rohrleitungsanlagen"* sind Einrichtungen zu verstehen, welche das zu befördernde Gut allseits umschließen und als Transportweg für dieses Gut dienen. Dazu zählen auch alle mit dem Betrieb der Rohrleitungsanlage örtlich verbundenen Baulichkeiten und technischen Einrichtungen, wie zB Abgabestellen, Lagerstätten, Verteilungsanlagen (§ 2 Abs 1 RohrleitungsG).

Die Gewerbebehörde hat das Vorhaben zu genehmigen, wenn von der gew BA keine Gefährdung der Rohrleitungsanlage oder ihres Betriebes zu erwarten ist (§ 30 Abs 2 RohrleitungsG).

In Ermangelung einer gesetzlichen Ermächtigung kann ein beantragtes Vorhaben nicht mittels Vorschreibung von Auflagen an die gesetzlichen Sicherheitserfordernisse angepasst werden (VwGH 8. 4. 1988, 88/18/0026).

5. Bundesstraßengesetz

237 **Rechtsquelle:** BStG BGBl 1971/286 idF BGBl I 2013/96.

Literatur: *Wessely,* Zur Bewilligungspflicht gemäß § 21 BStG nach der Bundesstraßengesetz-Novelle 1996, ZfV 1997, 580.

In bestimmten Entfernungen **beiderseits von Bundesstraßen** (bei Bundesautobahnen: 40 m; bei Bundesschnellstraßen, Rampen von Anschlussstellen, Zu- und Abfahrten der Bundesautobahnen und Bundesschnellstraßen: 25 m) sind **straßenfremde Neu-, Zu- und Umbauten** (daher auch **gew BA**) **verboten** (§ 21 Abs 1 und 2 BStG). Ausnahmen sind aufgrund einer **privatrechtlichen Zustimmung** der Bundesstraßenverwaltung grds zulässig. Erteilt diese binnen 6 Wochen ab Einlangen des Antrages die Zustimmung nicht, hat die Gewerbebehörde über das Vorliegen der (Ausnahme-)Voraussetzungen **bescheidmäßig** zu entscheiden (§ 21 Abs 1 BStG).

§ 21 Abs 1 BStG schränkt – ähnlich wie im EisbG und SeilbG (s Rz 238 und Rz 239) – die Bewilligungspflicht auf jene Fälle ein, in denen keine zivilrechtliche Vereinbarung zwischen Bundesstraßenverwaltung und Projektwerber zustande kommt (*Wessely,* ZfV 1997, 584 f). Da es sich im Unterschied zum EisbG und SeilbG jedoch um eine **subsidiäre Zuständigkeit der (Gewerbe-)Behörde** handelt, ergibt sich im Vollzug folgende Besonderheit: Da die Gewerbebehörde im konzentrierten Verfahren den erforderlichen Genehmigungsumfang von Amts wegen festzustellen hat (s oben 1.2), muss sie im Einzelfall prüfen, ob die Erteilung einer **behördlichen Ausnahmebewilligung** (schon) zulässig ist. Der Genehmigungswerber hat daher im Ansuchen um Genehmigung der gew BA entsprechende Angaben (§ 353 Z 3 GewO) darüber zu machen, ob er eine Zustimmung der Bundesstraßenverwaltung rechtzeitig beantragt hat und ob sie erteilt, verweigert oder mehr als 6 Monate unerledigt geblieben ist. Stellt sich heraus, dass die Zustimmung der Bundesstraßenverwaltung (noch) gar nicht beantragt worden ist, besteht vorläufig auch noch keine Zuständigkeit der Gewerbebehörde zur Erteilung einer behördlichen Ausnahmebewilligung. Das (Gesamt-)Ansuchen um Genehmigung der gew BA ist in diesem speziellen Fall „eng" auszulegen, sodass die Gewerbebehörde nicht ermächtigt ist, das (Gesamt-)Ansuchen allein aus diesem Grunde zurückzuweisen (vgl dazu den Erlass des BMWA GRT 2001 Pkt 50).

Die Ausnahme ist von der Gewerbebehörde zu genehmigen, wenn durch die Bauführung Straßenanlagen, Straßenbild und Straßenverkehr (mit Berücksichtigung künftiger Verkehrsentwicklungen sowie Nachbarschutzerfordernissen) nicht beeinträchtigt werden (§ 21 Abs 1 BStG).

6. Eisenbahngesetz

238 **Rechtsquelle:** EisbG BGBl 1957/60 idF BGBl I 2015/61.

Literatur: *Catharin/Gürtlich,* Eisenbahngesetz[2] (2010); *Kühne/Hofmann/Nugent,* Eisenbahnenteignungsgesetz und Eisenbahngesetz (1982); *Liebmann,* EisbG[3] (2014); *Netzer,* EisbG, in *Altenburger/N. Raschauer,* Umweltrecht Kommentar (2013) 231; *Netzer/Pipp,* Verbotsbereiche im österreichischen Eisenbahnrecht. Eine dogmatische Untersuchung geschützter Bereiche nach EisbG und HlG, ZVR 2012, 316; *Schlossarek,* Das eisenbahnrechtliche Bauverfahren (1977); *Zeleny,* Eisenbahnplanungs- und -baurecht (1994).

6.1 Die Errichtung von **bahnfremden Anlagen** (daher auch von **gew BA**) im **Bauverbotsbereich** entlang von Eisenbahnen (und Straßenbahnen auf eigenem Bahnkörper in unverbautem Gebiet) ist grds **verboten** (§ 42 Abs 1 und 2 EisbG).

Der Bauverbotsbereich beträgt – in vertikaler und horizontaler Richtung (OGH 28. 3. 1990, 2 Ob 595/89) – 12 m von den Gleisanlagen sowie den Bahnhofsgrenzen (§ 42 Abs 1 EisbG; vgl dazu *Netzer/Pipp,* ZVR 2012, 318 ff). In wessen Eigentum die betreffenden Grundflächen stehen, ist nicht rechtserheblich (VwGH 22. 12. 1971, 1525/70).

Ausnahmen vom Bauverbot sind zulässig, wenn über die bahnfremde Anlage zwischen Eisenbahnunternehmen und Anrainer eine **privatrechtliche Einigung** zustande kommt oder – mangels Einigung – eine **behördliche (Ausnahme-)Bewilligung** erteilt wird (§ 42 Abs 3 EisbG). Die Ausnahme ist von der Gewerbebehörde zu bewilligen, wenn die Errichtung einer bahnfremden Anlage mit den öffentlichen Verkehrsinteressen vereinbar ist (§ 42 Abs 3 EisbG). Neben der Wahrung von Möglichkeiten zur Erweiterung der Eisenbahnanlagen kommt insb bahntechnischen Gesichtspunkten (wie zB der Betriebssicherheit), aber auch der Sicherheit der bahnfremden Anlagen (VwGH 22. 12. 1971, 1525/70; vgl dazu kritisch *Morscher,* JBl 1972, 381 ff) Bedeutung zu. Liegen die Voraussetzungen vor, hat der Antragsteller einen Rechtsanspruch auf Erteilung der (Ausnahme-)Bewilligung. Der Behörde kommt **kein Ermessen** zu (VwGH 28. 2. 2006, 2005/03/0244).

6.2 Darüber hinaus sind in der Umgebung von Eisenbahnanlagen (**Gefährdungsbereich**) auch die Errichtung von **Anlagen** (daher auch von **gew BA**) sowie sonstige Handlungen, die zu einer **Gefährdung des Eisenbahnbetriebs** (zB durch Beeinträchtigung der freien Sicht auf Signale und Eisenbahnübergänge) führen können, grds **verboten** (§ 43 Abs 1 EisbG).

Die **Ausdehnung des Gefährdungsbereichs** ist nur für Hochspannungsleitungen „exakt" nach Metern bestimmt (§ 43 Abs 2 EisbG – Freileitungen: 25 m; verkabelte Leitungen: 5 m). Bei allen anderen Eisenbahnanlagen geht der Gefährdungsbereich idR über den Bauverbotsbereich hinaus (VwGH 22. 12. 1971, 1525/70) und bestimmt sich nach **konkreten betrieblichen und betriebstechnischen Erfordernissen** im Einzelfall. Dabei kommt – im Lichte des verfassungsmäßigen Eigentumsschutzes (Art 5 StGG, Art 1 1. ZPMRK) – auch den Grundsätzen der Erforderlichkeit und Verhältnismäßigkeit erhebliche Bedeutung zu. Nicht jede Einschränkung eines vorhandenen Sichtraumes muss zu einer Gefährdung des Eisenbahnbetriebs (iSd § 43 Abs 1 EisbG) führen, insb im Fall, wenn Eisenbahnkreuzungen etwa durch Schranken- oder Blinklichtanlagen gesichert sind (VwGH 14. 11. 2006, 2004/03/0024 mwH).

Bei diesem Verbot handelt es sich um **kein generelles Bauverbot** (VwGH 22. 12. 1971, 1525/70). Für die Errichtung von Steinbrüchen, Stauwerken und anderen Anlagen (daher auch **gew BA**) sowie die Lagerung (Verarbeitung) explosiver oder brennbarer Stoffe (wie zB Flüssiggasanlagen) kann eine **behördliche Bewilligung** erwirkt werden. Die Errichtung (Lagerung, Verarbeitung) ist von der Gewerbebehörde zu genehmigen, wenn durch entsprechende geeignete Vorkehrungen eine Gefährdung des Eisenbahnbetriebs ausgeschlossen werden kann (§ 43 Abs 3 EisbG).

Im neueren Schrifttum wird zT zwischen *absolut verbotenen* Anlagen (Abs 1) und *bewilligungspflichtigen* Anlagen (Abs 3) unterschieden (*Zeleny,* Eisenbahnplanungs- und -baurecht 239 f; *Catharin/Gürtlich,* EisbG[2] § 43 Rz 6; *Netzer,* EisbG § 43 Rz 4). Die erforderliche Abgrenzung der Anlagen unter Bezugnahme auf eine *tatsächliche* oder *bloß potenzielle* Gefährdung überzeugt allerdings nicht. Wesentlich schlüssiger erscheint es – auch im Vergleich zum Normaufbau des § 42 EisbG – mit der Praxis (*Schlossarek,* Bauverfahren 81 und dem VwGH) von einem engen systematischen Zusammenhang zwischen Abs 1 und 3 und folglich **demselben weiten Anlagenbegriff** in Abs 3 auszugehen. Daher kommt grds auch für die **Errichtung eines Gebäudes** im Gefährdungsbereich eine behördliche Bewilligung in Betracht (VwSlg 8271/1972).

Die Bewilligungspflicht gem § 43 Abs 3 EisbG entfällt, wenn zwischen dem Eisenbahnunternehmen und dem Errichter (Lagerer, Verarbeiter) eine **privatrechtliche Einigung** über die notwendigen Vorkehrungen getroffen wird (§ 43 Abs 4 EisbG).

7. Seilbahngesetz

239   **Rechtsquellen:** SeilbG 2003 BGBl I 2003/103 idF BGBl I 2012/40; SchleppV, BGBl II 2004/464 idF BGBl II 2013/364; Verordnung über genehmigungsfreie Bauvorhaben bei Seilbahnen (VgBSeil 2006) BGBl II 2006/287 idF BGBl II 2011/412.

Literatur: *Haidlen,* Das österreichische Seilbahnrecht (2007); *Morscher/Christ,* Das neue SeilbG 2003, ZVR 2004, 343; *Schnorr,* Das österreichische Seilbahnrecht (2013).

7.1 Die Errichtung von **seilbahnfremden Anlagen** (daher auch von **gew BA**) im **Bauverbotsbereich** entlang von Seilbahnen (12 m beiderseits des Seilstranges und von Stationsobjekten) ist grds **verboten** (§ 53 SeilbG). Die Gewerbebehörde hat aber eine **(Ausnahme-)Bewilligung** zu erteilen, wenn die Sicherheit und Ordnung des Seilbahnbetriebes und Seilbahnverkehrs durch die seilbahnfremde Anlage nicht beeinträchtigt wird (§ 54 erster Satz SeilbG). Keine (Ausnahme-)Bewilligung ist erforderlich, wenn es zwischen Seilbahnunternehmen und Anrainer zu einer **privatrechtlichen Einigung** über die Errichtung der seilbahnfremden Anlage kommt und die Sicherheit und Ordnung des Seilbahnbetriebs und Seilbahnverkehrs durch das Seilbahnunternehmen ausdrücklich (auch gegenüber der Behörde) bestätigt wird (§ 54 zweiter Satz SeilbG).

7.2 In der **Umgebung von Seilbahnanlagen (Gefährdungsbereich)** sind die Errichtung von Bauwerken und anderen Anlagen (daher auch von **gew BA**) sowie die Vornahme sonstiger Handlungen, die zu einer Gefährdung der Seilbahn oder des Seilbahnbetriebs führen, grds **verboten** (§ 55 SeilbG). Für die Errichtung von Bauwerken und anderen Anlagen oder die Lagerung und Verarbeitung von explosiven oder brennbaren Stoffen kann aber auch in diesem Fall eine **behördliche (Ausnahme-)Bewilligung** erwirkt werden. Die (Ausnahme-)Bewilligung ist von der Gewerbebehörde zu erteilen, wenn durch geeignete Schutzmaßnahmen eine Gefährdung der Seilbahnanlage ausgeschlossen werden kann (§§ 55, 56 Abs 1 SeilbG).

Die **Bewilligungspflicht entfällt,** wenn für die betreffende Maßnahme bereits nach einer anderen bundesgesetzlichen oder landesgesetzlichen Vorschrift eine Bewilligung erteilt worden ist, das Seilbahnunternehmen in diesem Verfahren Partei- oder Beteiligtenstellung hatte und dessen allfälligen Einwendungen hinsichtlich einer Gefährdung des Seilbahnbetriebes Rechnung getragen wurde (§ 56 Abs 1 SeilbG).

8. Luftfahrtgesetz

Rechtsquelle: LFG BGBl 1957/253 idF BGBl I 2015/61.   **240**

Literatur: *Bauer/Lichtl,* Österreichisches Luftfahrtrecht (Loseblattwerk); *Hauer,* Luftfahrts-anlagen im Raum, in *Hauer/Nußbaumer* (Hrsg), Österreichisches Raum- und Fachplanungsrecht (2006) 375; *Ortner,* Luftfahrthindernisse. Haftungsrisiken und Kennzeichnungspflichten für Eigen-tümer von Luftfahrthindernissen, ZVR 2014, 115.

8.1 Innerhalb der Sicherheitszonen von Flugplätzen (§ 86 LFG) ist für die Er-richtung (Änderung, Erweiterung) eines **Luftfahrthindernisses** eine behördliche Aus-nahmebewilligung erforderlich. Lufthindernisse sind ua **überirdische Bauten** (daher auch **gew BA**), wenn sie – unbeschadet ihrer konkreten Höhe – die in den jeweiligen Si-cherheitszonen-V bezeichneten Flächen (zB Anflugsfläche) durchragen (§ 85 Abs 1 Z 1, § 86 LFG).

„Sicherheitszonen" dienen der Sicherheit der Abflug- und Landebewegungen von Flugzeugen. Für Flughäfen und Militärflugplätze sowie für Flugfelder mit Instrumentenflugbetrieb sind verpflichtend Sicherheitszonen festzulegen, für alle sonstigen Flugfelder nur dann, wenn ein öffentliches Interesse besteht und andere öffentliche Interessen (an einer Nichtfestlegung) nicht überwiegen (§ 86 Abs 2 LFG).

Sicherheitszonen-V sind an der **Amtstafel der Gemeinde** kundzumachen (§§ 87, 89 LFG). Zur Sicherheitszone zugehörige Grundstücke sind im **Grundbuch** ersichtlich zu ma-chen (§ 90 LFG).

Die in der Sicherheitszonen-V bezeichneten Flächen stellen eine **horizontale** und **ver-tikale Begrenzung der Sicherheitszone** dar. Für die vertikalen Flächen (Anflugfläche) wer-den auf die festgelegten Bezugspunkte bezogen Anstiegsverhältnisse angegeben, über welche der vertikale Verlauf der Sicherheitszonenbegrenzung ermittelt werden kann.

Außerhalb der Sicherheitszonen von Flugplätzen sind Bauten (und daher auch **gew BA**) nur dann als Luftfahrthindernisse bewilligungspflichtig, wenn ihre Höhe **100 m** übersteigt. Auf Bodenerhebungen, die mehr als 100 m aus der umgebenden Landschaft herausragen, sind Bauten bereits ab einer Höhe von **30 m** bewilligungspflich-tig. Im Umkreis von 10 km um den Flughafen gilt als Höhe der umgebenden Land-schaft die Höhe des in der Sicherheitszonen-V festgelegten Flugplatzbezugspunktes (§ 85 Abs 2, § 91 LFG).

Die Gewerbebehörde hat für Luftfahrthindernisse eine **Ausnahmebewilligung** zu erteilen, wenn durch ihre Errichtung (Abänderung, Erweiterung) die **Sicherheit der Luftfahrt** nicht beeinträchtigt wird. Bedingungen, Befristungen oder Auflagen können im Interesse der Sicherheit der Luftfahrt oder zum Schutze der Allgemeinheit vorge-schrieben werden (§ 92 Abs 2 LFG).

Ob ein geplantes Bauwerk eine latente Gefahr für die Sicherheit der Luftfahrt darstellt, kann ohne Beiziehung eines Sachverständigen aus dem Bereich der Luftfahrttechnik nicht hinrei-chend beurteilt werden (VwGH 11. 12. 1991, 90/03/0228).

Der Begriff der *„Sicherheit der Luftfahrt"* (iSd § 92 Abs 2 LFG) ist weit auszulegen. Der Schutz erstreckt sich zunächst auf den Flugverkehr sowie den Flug*platz*verkehr; ferner auf die Sicherheit der Person und des Eigentums, auf das Leben und die Gesundheit von Dienst-nehmern, die Sicherheit des Betriebes von Luftfahrzeugen, Luftfahrtgerät und Luftverkehrs-unternehmungen ua (VwGH 28. 2. 1996, 93/03/0053).

Die Behörde kann bei der Beurteilung der Sicherheit der Luftfahrt auch **internationale Sicherheitsstandards** berücksichtigen (VwGH 11. 12. 1991, 90/03/0228 – hier: 300 m Verfahrensschutzbereich gem dem ICAO-Dokument 8168-OPS/611/3 im Annex des auch von Österreich ratifizierten Abkommens über die Internationale Zivilluftfahrt).

Auflagen zum „**Schutze der Allgemeinheit**" können auch Schallschutzmaßnahmen zum Schutz der Benützer einer Anlage (zB Angehörige, Besucher, Lieferanten) umfassen (VwGH 28. 2. 1996, 93/03/0053).

8.2 Ortsfeste und mobile **Anlagen mit optischer oder elektrischer Störwirkung** (daher auch **gew BA**), die eine Gefährdung der Sicherheit der Luftfahrt (zB durch Verwechslung mit einer Luftfahrtbefeuerung, Betriebsstörung von Flugsicherungseinrichtungen) verursachen können, sind ebenfalls **bewilligungspflichtig.** Ihre Errichtung ist von der Gewerbebehörde zu genehmigen, wenn die Sicherheit der Luftfahrt nicht beeinträchtigt wird. Bedingungen, Befristungen oder Auflagen können vorgeschrieben werden, soweit dies im Interesse der Sicherheit der Luftfahrt erforderlich ist (§ 94 Abs 1 LFG).

9. Schifffahrtsgesetz

241   **Rechtsquelle:** SchFG BGBl 1997/62 idF BGBl I 2015/61.

Literatur: *Muzak,* Österreichisches, europäisches und internationales Binnenschifffahrtsrecht (2004); *Resch/Pürgy,* Verkehrsrecht, in *Holoubek/Potacs* (Hrsg), Öffentliches Wirtschaftsrecht I³ (2013) 971 (975).

9.1 Die Errichtung (Änderung, Wiederverwendung) von **Schifffahrtsanlagen** (Häfen, Länden, Fähranlage, Schiffumschlagsanlage uÄ) ist grds bewilligungspflichtig (§ 2 Z 19, § 47 Abs 1 SchFG). **Schifffahrtsanlagen für Sport- oder Vergnügungszwecke,** die auch gewerblich genutzt werden, sind von der Bewilligungspflicht nicht ausgenommen (vgl dazu § 47 Abs 2 iVm § 2 Z 25 SchFG sowie *Muzak,* Binnenschifffahrtsrecht 495 FN 2058).

Zu einer Entscheidungskonzentration im BA-Verfahren kann es nur dann kommen, wenn die betreffende Schifffahrtsanlage überhaupt *gewerberechtlich* bewilligungspflichtig ist. Dies ist ausgeschlossen, wenn die betreffende Anlage keine schädlichen Immissionen (iSd § 74 Abs 2 GewO) bewirkt oder zB nicht örtlich gebunden ist (*Muzak,* Binnenschifffahrtsrecht 126).

Im Rahmen des Betriebes eines *Schifffahrtsunternehmens* verwendete Schifffahrtsanlagen sind ex definitione keine gew BA (vgl *Giese,* Das Betriebsanlagenrecht und andere Bereiche des öffentlichen Rechts Rz 324).

Schifffahrtsanlagen sind zu genehmigen, wenn Rechte Dritter nicht entgegenstehen (zB dingliche Rechte) sowie insb den Bestimmungen über Bau, Ausgestaltung, Erhaltung, Benützung und Betrieb von Schifffahrtsanlagen (§ 58 SchFG), Erfordernissen der Schifffahrt, des Umweltschutzes, des Arbeitnehmerschutzes und anderen öffentlichen Interessen (zB der Personensicherheit) entsprochen wird. Die Vorschreibung von Bedingungen, Auflagen und Einschränkungen sowie die Festsetzung von bestimmten Verwendungszwecken ist zulässig (§ 49 SchFG).

9.2 Die Errichtung (Änderung, Benützung) von **sonstigen Anlagen,** die keine Schifffahrtsanlagen sind (daher auch von **gew BA**), ist genehmigungspflichtig, wenn diese Anlagen **unmittelbar an einer Wasserstraße** liegen (§ 66 Abs 1 SchFG).

„Wasserstraßen" sind Gewässer von besonderer Bedeutung für die gewerbsmäßige Schifffahrt: die Donau (einschließlich Wiener Donaukanal), die March, die Enns und die Traun, mit allen ihren Armen, Seitenkanälen, Häfen und Verzweigungen, ausgenommen die in der Anl 2 des SchFG angeführten Gewässerteile (§ 2 Z 18, § 15 Abs 1 SchFG).

Es gelten analoge Genehmigungsvoraussetzungen wie bei Schifffahrtsanlagen (§ 66 Abs 3 iVm §§ 49 ff SchFG). Die Genehmigung kann auch befristet oder auf Widerruf erteilt werden (§ 66 Abs 1 SchFG). Für Sportanlagen bestehen besondere Genehmigungsvoraussetzungen (§ 66 Abs 4).

10. Denkmalschutzgesetz

Rechtsquelle: DMSG BGBl 1923/533 idF BGBl I 2013/92.   **242**

Literatur: *Bazil/Binder-Krieglstein/Kraft*, Das österreichische Denkmalschutzrecht[2] (2015); *Cudlik*, Baudenkmäler im Spannungsverhältnis zwischen Erhaltungsinteresse und Veränderungsnotwendigkeit, ipCompetence 2014/11, 4; *Fuchs/Bachmann*, Denkmalschutzrecht, in *Bachmann et al* (Hrsg), Besonderes Verwaltungsrecht[10] (2014) 419; *Geuder*, Denkmalschutzrecht (2001); *Hammer/Perthold-Stoitzner/Wieshaider*, Denkmalschutzrecht, in *Hammer et al* (Hrsg), Besonderes Verwaltungsrecht (2012) 534; *Hofer-Zeni*, Die Bewilligung zur Zerstörung eines Denkmals als Ermessensproblem, FS Hellbling (1981) 209; *Hofer-Zeni*, Denkmalschutz und Unverletzlichkeit des Eigentums, ZfV 1985, 474; *Riccabona*, Entwicklungstendenzen im österreichischen Denkmalschutzrecht, ÖJZ 2002, 176; *Wieshaider*, Denkmalschutzrecht (2002).

Die Veränderung (Zerstörung) von **als Denkmal geschützten gew BA** (zB historischen Fabrikanlagen) ist ohne denkmalschutzrechtliche Bewilligung **verboten** (§ 4 DMSG).

„Denkmale" sind Bauten sowie sonstige von Menschen geschaffene Gegenstände von geschichtlicher, künstlerischer oder sonstiger kultureller Bedeutung (§ 1 DMSG).

Bei einer *„Veränderung"* wird Bestand (Substanz), überlieferte (gewachsene) Erscheinung oder künstlerische Wirkung eines Denkmals beeinflusst (§ 4 Abs 1 DMSG). Ein Fall der *„Zerstörung"* liegt nicht nur bei einer faktischen Vernichtung, sondern auch bei Unterlassung unbedingt notwendiger Instandhaltungsmaßnahmen vor (§ 4 Abs 2 und 3 DMSG).

Den Beschränkungen des DMSG unterliegen **im Privateigentum stehende Denkmale** erst nach Erlassung eines *konstitutiven Bescheides* durch das Bundesdenkmalamt (§ 3 DMSG). Für unbewegliche Denkmale im alleinigen oder überwiegenden Eigentum des Bundes, eines Landes, anderer öffentlich-rechtlicher Körperschaften (wie zB Gemeinden), Anstalten und Fonds, gesetzlich anerkannter Kirchen oder Religionsgemeinschaften gilt eine gesetzliche Vermutung des Vorliegens eines öffentlichen (Erhaltungs-)Interesses (§ 2 DMSG), wenn eine vorläufige Unterschutzstellung durch V des Bundesdenkmalamts erfolgt ist (§ 2a DMSG).

Die **Genehmigung (Versagung) einer Veränderung (Zerstörung)** erfordert von der Gewerbebehörde, alle vom Antragsteller geltend gemachten Gründe, die für eine Zerstörung (Veränderung) sprechen (zB wirtschaftliche Erfordernisse), gegenüber jenen Gründen abzuwägen, die für eine unveränderte Erhaltung des Denkmals im öffentlichen Interesse sprechen (§ 5 Abs 1 DMSG). Bei dieser Interessenabwägung handelt es sich um eine **gebundene Abwägungsentscheidung** (VwGH 21. 9. 2005, 2002/09/0209), bei der verstärkt auf die **Aspekte der Wirtschaftlichkeit** Bedacht zu nehmen ist (VwGH 23. 3. 2013, 2012/09/0108).

Dass eine Bewilligung nur im Fall **wirtschaftlicher Unzumutbarkeit** erteilt werden könnte, ist aus § 5 Abs 1 DMSG nicht abzuleiten. Es kommt daher nicht auf die *wirtschaftliche Zumutbarkeit* der Erhaltung des Denkmals an, für die ua die Vermögens- und Einkommenssituation des jeweiligen Eigentümers von Bedeutung ist. Entscheidend ist vielmehr das **Überwiegen** der für die Zerstörung (Änderung) oder für die Erhaltung des Denkmals sprechenden Gründe (VwGH 23. 3. 2013, 2012/09/0108; 22. 3. 2012, 2011/09/0166; 21. 9. 2005, 2002/09/0209).

Der **Nachweis** der für eine Veränderung (Zerstörung) geltend gemachten Gründe obliegt grds dem Antragsteller (§ 5 Abs 1 DMSG). Behördliche Ermittlungspflichten ergeben sich nur im Fall, dass es sich zB bei der Veränderung ganz offenkundig um eine Maßnahme handelt, die die dauernde wirtschaftliche Erhaltung eines Gebäudes sicherstellt (VwGH 23. 3. 2013, 2012/09/0108).

E. Sonderbestimmungen für IPPC-Anlagen

Kai Vogelsang

Literatur: *Forster,* Die Umsetzung der Industrieemissionsrichtlinie in der Gewerbeordnung, JAP 2014/2015/8; *Grabler/Stolzlechner/Wendl,* GewO-KK; *Gruber/Paliege-Barfuß,* GewO[7].

Inhalt

1. Überblick

Mit der RL 2010/75/EU über Industrieemissionen (**IE-R**) wurden insgesamt sieben **243** RL inhaltlich geändert und zusammengefasst. Die IE-R baut auf bestehende IPPC-Regelungen auf (und zwar die RL 96/61/EG in der kodifizierten Fassung 2008/1/EG des Rates über die integrierte Vermeidung und Verminderung der Umweltverschmutzung; englisch: Council Directive 96/61/EC concerning integrated pollution prevention and control – „**IPPC-RL**"), bindet aber das Anlagenrecht wesentlich enger als bisher an unionsrechtliche Vorgaben. Ziel war die Beseitigung von Ungleichgewichten in der Union beim Umfang von Emissionen aus Industrietätigkeiten.

Zentraler Punkt für die Verpflichtungen im Rahmen der IE-R ist die Festlegung von Referenzdokumenten für die **besten verfügbaren Techniken (BVT)**. Die **BVT-Merkblätter** sind das Ergebnis eines unverbindlichen Informationsaustausches auf europäischer Ebene (Mitgliedstaaten, Industriezweige, Umweltorganisationen, Kommission) und dienen als Grundlage für das weitere Verfahren. Die zentralen Elemente der BVT-Merkblätter werden als sogenannte **BVT-Schlussfolgerungen** von der Kommission im Ausschussverfahren gem Art 75 IE-R als Beschluss verabschiedet und erlangen Verbindlichkeit. Ab dem Tag der Veröffentlichung im Amtsblatt der EU sind sie von der Behörde als Referenzunterlage bei der (Änderungs-)Genehmigung sowie der Anpassung einer IPPC-Anlage heranzuziehen. Für die Aktualisierung hat sich die Europäische Kommission einen Zeitraum von „spätestens 8 Jahren nach Veröffentlichung der Vorgängerversion" vorgenommen.

Die Fundstellen der für gew IPPC-Anlagen relevanten BVT-Schlussfolgerungen und BVT-Merkblätter sind auf der Homepage des Wirtschaftsressorts veröffentlicht (http://www.bmwfw.gv.at).

Die Umsetzung der in der IE-R enthaltenen neuen IPPC-Regelungen in der GewO erfolgte durch BGBl I 2013/125.

2. IPPC-Anlagenbegriff

244   Art 3 Z 3 der IE-R definiert als Anlage eine **ortsfeste technische Einheit,** in der *eine* oder *mehrere der in Anhang I oder Anhang VII Teil 1 genannten Tätigkeiten* sowie *andere, unmittelbar damit verbundene Tätigkeiten* am selben Standort durchgeführt werden, die mit den in den genannten Anhängen angeführten Tätigkeiten in einem technischen Zusammenhang stehen und die Auswirkungen auf die Emissionen und die Umweltverschmutzung haben können (s dazu auch *Bergthaler/Berger,* Die unionsrechtlichen Grundlagen des Betriebsanlagenrechts Rz 294, 2.3).

Die Frage, ob und wieweit die durch den RL-Text vorgegebene Abgrenzung durch die in einem Ausschussverfahren erarbeiteten BVT-Schlussfolgerungen ausgedehnt werden dürfen (vgl die BVT-Schlussfolgerungen in Bezug auf die Herstellung von Zement, die den IPPC-relevanten Anlagenteil sehr weit ausdehnen) wird letztlich nur in einem Verfahren vor dem EuGH geklärt werden können.

Die GewO hat diesen Anlagenbegriff nicht explizit rezipiert. Die Regelungen der GewO nehmen bloß auf „in der Anlage 3 zu diesem Bundesgesetz angeführte[n] Betriebsanlagen" Bezug (§ 71 b Z 1). Die Anlage 3 ist überschrieben mit „IPPC-Anlagen". Dabei ist auf den konkreten Einzelfall einzugehen und eine technisch plausible Abgrenzung zu den nicht unmittelbar mit der IPPC-Tätigkeit in Zusammenhang stehenden Anlagenteilen zu treffen.

> Der Unterschied **des Anlagenbegriffs der GewO** („Einheit der BA") zum **Anlagenbegriff der IE-R** ist evident: Während gem § 74 der „lokale Zusammenhang" von Einrichtungen eines gewerblichen Zwecks genügt, ist die Zurechnung nach der IE-R strenger: Gefordert ist ein „unmittelbarer" und „technischer Zusammenhang" mit spezifischen „industriellen Tätigkeiten". Ein gemeinsamer Zweck allein reicht nach der IE-R ebenso wenig aus wie bloß räumliche, organisatorische, logistische oder wirtschaftliche Verbindungen.
>
> Eine IPPC-Anlage ist jener Teil einer gew BA, in welcher eine Tätigkeit iSd Anlage 3 zur GewO ausgeübt wird. Insofern ist der Grundsatz der „Einheit der BA" durchbrochen (s auch *Stolzlechner,* Die Genehmigungspflicht der Betriebsanlage Rz 200).
>
> Unter dem in der Anlage 3 zur GewO mehrfach verwendeten Begriff **„Kapazität"** ist jene Kapazität zu verstehen, die bei konsensgemäßem Betrieb der Anlage erreichbar ist. Es ist dabei von einer vollständigen Ausnutzung des Konsenses (Umfang der Genehmigung) auszugehen. Dies bedeutet auch, dass einschränkende Projektbestandteile oder Auflagen bei der Bemessung der Anlagenkapazität zu berücksichtigen sind.

3. Neuerrichtung einer IPPC-Anlage

245   Die Neuerrichtung einer in Anlage 3 zur GewO angeführten BA (IPPC-Anlage) ist gem **§ 77 a Abs 1** nur dann zu genehmigen, wenn im Genehmigungsbescheid, in dem auf die eingelangten Stellungnahmen (s unten 4.2) Bedacht zu nehmen ist, über die in § 77 zu schützenden Interessen hinaus sichergestellt wird, dass die IPPC-Anlage so errichtet, betrieben und aufgelassen wird, dass:

– alle geeigneten Vorsorgemaßnahmen gegen Umweltverschmutzungen, insb durch den Einsatz von dem Stand der Technik entsprechenden technologischen Verfahren, Einrichtungen und Betriebsweisen sowie durch die effiziente Verwendung von Energie, getroffen werden (Z 1);

– die notwendigen Maßnahmen ergriffen werden, um Unfälle zu verhindern oder deren Folgen zu begrenzen (Z 2);
– die erforderlichen Maßnahmen getroffen werden, um bei der Auflassung der IPPC-Anlage die Gefahr einer Umweltverschmutzung zu vermeiden und um einen zufriedenstellenden Zustand des IPPC-Anlagengeländes wiederherzustellen (Z 3).

Die ursprüngliche Regelung in § 77a Abs 1 Z 2 hinsichtlich der effizienten Energieverwendung wurde mit Erk des VfGH 10. 10. 2003, G 212/02-18 als verfassungswidrig aufgehoben, weil weder Art 10 Abs 1 Z 8 B-VG („Angelegenheiten des Gewerbes und der Industrie") noch ein anderer Kompetenztatbestand den Bundesgesetzgeber ermächtigt, eine entsprechende Verpflichtung zu erlassen. Die Aufhebung trat mit 31. 12. 2004 in Kraft (s näher dazu *Stolzlechner*, Bundesverfassungsrechtliche Grundlagen des Betriebsanlagenrechts Rz 299, 2.2).

Mit der GewRNov 2005 wurde der Tatbestand der „effizienten Verwendung von Energie" in Z 1 des § 77a Abs 1 aufgenommen. Dadurch sollte klargestellt werden, dass keine energielenkenden Maßnahmen angeordnet werden, sondern Maßnahmen, die dazu dienen, Umweltverschmutzungen bzw Belastungen der Umwelt möglichst gering zu halten.

Die Regelung, dass im Genehmigungsbescheid *„über § 77 hinaus sicherzustellen"* ist, dass IPPC-Anlagen so errichtet, betrieben und aufgelassen werden, dass die in Z 1 bis Z 3 näher angeführten Maßnahmen getroffen werden, verpflichtet die Genehmigungsbehörde zu entsprechenden Anordnungen über den Kreis der nach § 77 zu schützenden Interessen hinaus. Insofern handelt es sich dabei um zusätzliche Genehmigungsvoraussetzungen. Nachbarn können daraus keine zusätzlichen subjektiv-öffentlichen Rechte ableiten und daher auch keine diesbzgl zulässigen Einwendungen erheben (s auch *Wendl*, Die Nachbarn und ihre Parteistellung Rz 274).

Die in den BVT-Schlussfolgerungen genannten Emissionswerte sind nicht als Emissionsgrenzwerte zu verstehen. Die Dokumente sollen lediglich Information bereitstellen und der Öffentlichkeit bekannt machen, welche Emissions- und Verbrauchswerte fortschrittliche Anlagen aufweisen. Die Genehmigungsbehörden haben sich an diesen Werten zu orientieren, müssen aber in jedem Fall prüfen und entscheiden, welche Emissionsgrenzwerte unter Berücksichtigung der jeweils vorliegenden technischen Beschaffenheit der Anlage, ihres geographischen Standorts und der jeweiligen örtlichen Umweltbedingungen vorzusehen sind. Emissionsgrenzwerte für bestimmte Schadstoffe (§ 71b Abs 2 iVm § 77a Abs 2) dürfen die mit den besten verfügbaren Techniken assoziierten Emissionswerte der BVT-Schlussfolgerungen nicht bzw nur unter bestimmten Voraussetzungen (vgl § 71b Abs 3) übersteigen.

§ 71c sieht ausdrücklich vor, dass die BVT-Schlussfolgerungen als Referenzdokumente für die Genehmigung (die wesentliche Änderung und die Anpassung) von IPPC-Anlagen anzuwenden sind.

Als **Umweltverschmutzung** iSd Abs 1 anzusehen ist die durch menschliche Tätigkeiten direkt oder indirekt bewirkte Freisetzung von Stoffen, Erschütterungen, Wärme oder Lärm in Luft, Wasser oder Boden, die der menschlichen Gesundheit oder der Umweltqualität schaden oder zu einer Schädigung von Sachwerten oder zu einer unzumutbaren Beeinträchtigung oder Störung des durch die Umwelt bedingten Wohlbefindens eines gesunden, normal empfindenden Menschen oder von anderen zulässigen Nutzungen der Umwelt führen können (§ 71b Z 10).

Gem **§ 77a Abs 2** hat ein Genehmigungsbescheid für eine IPPC-Anlage – sofern nicht bereits nach Abs 1 geboten – darüber hinaus zu enthalten:

- jedenfalls dem Stand der Technik (§ 71 a) entsprechende Emissionsgrenzwerte für Schadstoffe, die in der Anlage 4 zur GewO genannt sind sowie für sonstige Schadstoffe , sofern sie von der IPPC-Anlage in relevanter Menge emittiert werden können, wobei die mögliche Verlagerung der Verschmutzung von einem Medium (Wasser, Luft, Boden) in ein anderes zu berücksichtigen ist, um zu einem hohen Schutzniveau für die Umwelt insgesamt beizutragen; gegebenenfalls dürfen andere dem Stand der Technik entsprechende technische Maßnahmen vorgesehen werden, die zu einem gleichwertigen Ergebnis führen; hiebei sind die technische Beschaffenheit der betreffenden IPPC-Anlage, ihr geographischer Standort und die jeweiligen örtlichen Umweltbedingungen zu berücksichtigen (Z 1);

Die Anlage 4 zur GewO enthält Vorschläge über jene Schadstoffbegrenzungen, die im Genehmigungsbescheid für derartige Anlagen enthalten sein sollen.

- Anforderungen an die Überwachung der Emissionen (einschl Messmethodik, Messhäufigkeit und Bewertungsverfahren sowie in den Fällen des § 77 b Z 2 der Vorgabe, dass die Ergebnisse der Überwachung der Emissionen für die gleichen Zeiträume und Referenzbedingungen verfügbar sein müssen wie für die mit den besten verfügbaren Techniken assoziierten Emissionswerte); die Überwachungsauflagen sind ggf auf die in den BVT-Schlussfolgerungen beschriebenen Überwachungsanforderungen zu stützen (Z 2);
- Die Verpflichtung des Anlageninhabers, der Behörde regelmäßig, mindestens jedoch einmal jährlich Unterlagen zu übermitteln (Z 3);

Bei diesen Unterlagen handelt es sich um die Ergebnisse der Emissionsüberwachung.

- angemessene Auflagen zum Schutz des Bodens und des Grundwassers sowie Anforderungen an die Wartung und die Überwachung der Maßnahmen zur Vermeidung der Verschmutzung des Bodens und des Grundwassers (Z 4).
- angemessene Anforderungen betreffend die wiederkehrende Überwachung des Bodens und des Grundwassers auf die relevanten gefährlichen Stoffe (Z 5).

Die wiederkehrende Überwachung muss mindestens alle 5 Jahre für das Grundwasser und mindestens alle 10 Jahre für den Boden durchgeführt werden.

- Maßnahmen für andere als normale Betriebsbedingungen (Z 6).

Bei diesen in den BA-Genehmigungsbescheid aufzunehmenden Festlegungen handelt es sich – im Gegensatz zu den Anordnungen in § 77 a Z 1 bis Z 3 – um keine zusätzlichen Genehmigungsvoraussetzungen, sondern um **zusätzliche Anforderungen an den Bescheidinhalt.** Nachbarn können daraus keine subjektiv-öffentlichen Rechte ableiten (s auch *Wendl,* Die Nachbarn und ihre Parteistellung Rz 274).

Die Abs 3 bis 5 regeln wie vorzugehen ist, wenn ein Stand der Technik, der in keiner einschlägigen BVT-Schlussfolgerung beschrieben ist, dem Genehmigungsbescheid zugrunde gelegt wird (Abs 3), wenn die einschlägigen BVT-Schlussfolgerungen keine mit den besten verfügbaren Techniken assoziierten Emissionswerte enthalten (Abs 4), sowie die Fälle, wenn für eine Tätigkeit oder einen Produktionsprozess in einer IPPC-Anlage keine BVT-Schlussfolgerungen vorliegen oder diese Schlussfolgerungen nicht alle möglichen Umweltauswirkungen abdecken (Abs 5).

Zur Verhinderung des Überschreitens eines unionsrechtlich festgelegten Immissionsgrenzwertes sind gem Abs 6 im Genehmigungsbescheid für IPPC-Anlage erforderlichenfalls über den Stand der Technik hinausgehende bestimmte, geeignete Auflagen vorzuschreiben.

§ 77 b regelt die Vorschreibung von **Emissionsgrenzwerten** und richtet sich nach den besonderen Vorgaben des Art 15 IE-R; sie sind hinsichtlich der mit den besten verfügbaren Techniken assoziierten Emissionswerten anzuwenden, die in den BVT-Schlussfolgerungen angegeben sind. Im Rahmen dieser in den BVT-Schlussfolgerungen ausgedrückten Emissionswerte hat die Behörde im Genehmigungsbescheid konkrete Emissionsgrenzwerte festzulegen.

Dabei hat die Behörde durch in Abs 2 beschriebene Maßnahmen sicherzustellen, dass die Emissionen unter normalen Betriebsbedingungen die mit den besten verfügbaren Techniken assoziierten Emissionswerte der BVT-Schlussfolgerungen nicht überschreiten.

Die Behörde muss sich nicht zwingend an Höchstgrenzen, Zeiträume und Referenzbedingungen der BVT-Schlussfolgerungen halten, sondern kann im Einzelfall davon abweichende Kriterien festlegen. Diesfalls hat sie aber mindestens einmal jährlich die Ergebnisse der Emissionsüberwachung zu bewerten.

Eine weitere Aufweichung der Verbindlichkeit der BVT-Schlussfolgerungen besteht darin, dass die Behörde in besonderen Einzelfällen auch weniger strenge Emissionsgrenzwerte festlegen kann, sofern eine Abwägung zwischen dem Umweltnutzen und dem Aufwand unverhältnismäßig höhere Kosten ergibt. Die Behörde hat die Entscheidung im Bescheid zu begründen (Abs 3).

Für die Erprobung und Anwendung von Zukunftstechniken sieht Abs 4 die Möglichkeit der Genehmigung von vorübergehenden Abweichungen vor. Nach Ablauf des Zeitraumes von höchstens 9 Monaten ist die Anwendung der Technik entweder zu beenden oder sind mindestens die mit den besten verfügbaren Techniken assoziierten Emissionswerte zu erreichen.

4. Verfahrensrechtliche Sonderregelungen für die Genehmigung von IPPC-Anlagen

4.1 Zusätzliche Antragsunterlagen

246

§ 353 a Abs 1 enthält IPPC-Anlage betreffende Sonderregelungen hinsichtlich der für den Genehmigungsantrag zusätzlich vorzulegenden Antragsunterlagen bzw -angaben. Demnach hat der Genehmigungsantrag für eine IPPC-Anlage folgende Angaben zu enthalten, soweit diese nicht bereits nach § 353 erforderlich sind:

– die in der BA verwendeten oder erzeugten Stoffe und Energie;
– eine Beschreibung des Zustands des Betriebsanlagengeländes;
– einen Bericht über den Ausgangszustand (Abs 3) in Hinblick auf eine mögliche Verschmutzung des Bodens und Grundwassers auf dem Anlagengelände, wenn in der IPPC-Anlage relevante gefährliche Stoffe verwendet, erzeugt oder freigesetzt werden;
– die Quellen der Emissionen aus der Betriebsanlage;

– Art und Menge der vorhersehbaren Emissionen aus der Betriebsanlage in jedes Umweltmedium;

– die zu erwartenden erheblichen Auswirkungen der Emissionen auf die Umwelt;

– Maßnahmen zur Überwachung der Emissionen;

– Maßnahmen zur Vermeidung oder, sofern dies nicht möglich ist, Verminderung der Emissionen;

– sonstige Maßnahmen zur Erfüllung der Voraussetzungen gem § 77 a;

– die wichtigsten vom Antragsteller gegebenenfalls geprüften Alternativen in einer Übersicht;

– eine allgemein verständliche Zusammenfassung der vorstehenden sowie der gem § 353 Z 1 lit a und lit c erforderlichen Angaben.

Sind Vorschriften des WRG mitanzuwenden (§ 356 b Abs 1), so hat der Genehmigungswerber schon vor dem Genehmigungsantrag dem ww Planungsorgan die Grundzüge des Projekts anzuzeigen.

Der Genehmigungsantrag für eine IPPC-Anlage hat die in Z 1 bis 11 aufgezählten Angaben zusätzlich zu den für alle genehmigungspflichtigen BA erforderlichen Angaben bzw Unterlagen gem § 353 zu enthalten.

Ww Planungsorgan ist gem § 55 Abs 1 WRG der LH.

Sinngemäß gilt § 353 a Abs 1 auch für den Antrag um Genehmigung einer wesentlichen Änderung (§ 81 a Z 1) einer dem § 77 a unterliegenden BA (§ 353 a Abs 2).

Der **Bericht über den Ausgangszustand** hat die erforderlichen Informationen zur Beurteilung des Standes der Boden- und Grundwasserverschmutzung zu enthalten, damit ein qualifizierter Vergleich mit dem Zustand bei der Auflassung der IPPC-Anlage vorgenommen werden kann. Inhalt des Berichtes müssen jedenfalls Informationen über die derzeitige (falls verfügbar, auch die frühere) Nutzung des Geländes und falls verfügbar, bestehende Informationen über Boden- und Grundwassermessungen, die den Zustand zum Zeitpunkt der Erstellung des Berichts widerspiegeln oder neue Messungen, bezüglich der Möglichkeit einer Verschmutzung des Bodens und des Grundwassers durch in der Anlage verwendete, erzeugte oder freigesetzte gefährliche Stoffe (Abs 3) sein.

4.2 Bekanntgabe des Antrags

Der Antrag um Genehmigung oder um Genehmigung einer wesentlichen Änderung (s unten 5.) einer IPPC-Anlage ist gem **§ 356 a Abs 1** von der Behörde im redaktionellen Teil einer im Bundesland weit verbreiteten Tageszeitung, in einer in der betroffenen Gemeinde verbreiteten periodisch erscheinenden Zeitung und im Internet bekannt zu geben. Betriebs- und Geschäftsgeheimnisse sind dabei jedenfalls zu wahren. Die Regelungen des § 356 bleiben unberührt.

Im Falle der Durchführung einer mündlichen Verhandlung – die auch im Verfahren betreffend IPPC-Anlage nicht zwingend erforderlich ist – ist nach § 356 Abs 1 und 2 vorzugehen.

Die Bekanntmachung hat gem Abs 2 jedenfalls folgende Informationen zu enthalten:

– den Hinweis, bei welcher Behörde der Antrag sowie die zum Zeitpunkt der Bekanntmachung bei der Behörde vorliegenden wichtigsten entscheidungsrelevanten Berichte und Empfehlungen innerhalb eines bestimmten, mindestens sechs Wochen betragenden Zeitraums während der Amtsstunden zur Einsichtnahme aufliegen und dass jedermann innerhalb dieses mindestens sechswöchigen Zeitraums zum Antrag Stellung nehmen kann;

– den Hinweis, dass die Entscheidung mit Bescheid erfolgt;
– den Hinweis, dass allfällige weitere entscheidungsrelevante Informationen, die zum Zeitpunkt der Bekanntmachung noch nicht vorgelegen sind, in der Folge während des Genehmigungsverfahrens bei der Behörde während der Amtsstunden zur Einsichtnahme aufliegen;
– gegebenenfalls den Hinweis, dass Kontaktnahmen und Konsultationen gem Abs 3 bis 5 erforderlich sind.

Gem Z 1 des Abs 2 kann „jedermann", also jede Person, eine Stellungnahme abgeben, gleichgültig, ob sie von der geplanten IPPC-Anlage unmittelbar betroffen ist oder nicht. Personen, die eine Stellungnahme abgeben, kommt aber allein aus diesem Grund keine Parteistellung zu. Umgekehrt müssen Nachbarn iSd § 75 Abs 2 gleichzeitig mit ihrer Stellungnahme Einwendungen erheben, um die Parteistellung zu erhalten.

„Die vorgesehene **Befassung der Öffentlichkeit** (Stellungnahmerecht für ‚jedermann') hat jedenfalls zu erfolgen, und zwar auch unabhängig davon, ob die Behörde die Bestimmungen über Großverfahren (§§ 44 a bis 44 g AVG) anwendet oder nicht" (vgl **AB 2000**).

4.3 Informationspflicht gegenüber anderen Staaten

Im Falle, dass die Verwirklichung eines Projekts für eine dem § 77 a unterliegende IPPC-Anlage oder für die wesentliche Änderung (§ 81 a Z 1) einer solchen BA erhebliche Auswirkungen auf die Umwelt eines anderen Staats haben könnte oder wenn ein von den Auswirkungen eines solchen Projekts möglicherweise betroffener Staat ein diesbezügliches Ersuchen stellt, gilt gem **§ 356 a Abs 3** Folgendes: Die Behörde hat diesen Staat spätestens, wenn die Bekanntgabe erfolgt, über das Projekt zu benachrichtigen; verfügbare Informationen über mögliche grenzüberschreitende Auswirkungen und über den Ablauf des Genehmigungsverfahrens sind zu erteilen; eine angemessene Frist für die Mitteilung des Wunsches, am Verfahren teilzunehmen, ist dem Staat einzuräumen.

„Staat" iSd § 356 a Abs 3 sind jene Staaten iSd Völkerrechts, auf deren Territorium Auswirkungen von Projekten gem Abs 3 nicht ausgeschlossen werden können; dies werden idR unmittelbar angrenzende Nachbarstaaten sein, ausnahmsweise könnten dies aber auch weiter entfernt liegende Staaten sein, zB bei Gefahr einer Schadstoffverfrachtung in der Luft (vgl **AB 2000**).

Wird vom Staat gewünscht, am Verfahren teilzunehmen, so sind ihm gem § 356 a Abs 4 die Antragsunterlagen sowie allfällige weitere entscheidungsrelevante Unterlagen, die der Behörde zum Zeitpunkt der Bekanntgabe gem Abs 1 noch nicht vorgelegen sind, zuzuleiten und ist ihm eine angemessene Frist zur Stellungnahme einzuräumen; diese Frist ist so zu bemessen, dass es dem am Verfahren teilnehmenden Staat ermöglicht wird, die Antragsunterlagen der Öffentlichkeit zugänglich zu machen und ihr Gelegenheit zur Stellungnahme zu geben. Erforderlichenfalls sind Konsultationen über mögliche grenzüberschreitende Auswirkungen und allfällige Maßnahmen zur Vermeidung oder Verminderung schädlicher grenzüberschreitender Umweltauswirkungen zu führen.

Gem § 356 a Abs 5 sind einem am Verfahren teilnehmenden Staat ferner die Ergebnisse des Ermittlungsverfahrens, die wesentlichen Entscheidungsgründe, Angaben über das Verfahren zur Beteiligung der Öffentlichkeit und die Entscheidung über den Genehmigungsantrag zu übermitteln.

Wird im Rahmen eines in einem anderen Staat durchgeführten Verfahrens betreffend die Genehmigung oder die wesentliche Änderung (§ 81 a Z 1) einer IPPC-Anlage der Genehmigungsantrag übermittelt, so hat die Behörde iSd Abs 1 vorzugehen. Bei der Behörde eingelangte Stellungnahmen sind von der Behörde dem Staat zu übermitteln, in dem das Projekt, auf das sich der Genehmigungsantrag bezieht, verwirklicht werden soll (§ 356 a Abs 6).

> Die Absätze 3 bis 6 gelten zunächst und va gegenüber den Vertragsstaaten des Abkommens über den Europäischen Wirtschaftsraum. Im Verhältnis zu Nicht-EWR-Staaten gelten die vorgenannten Absätze nur nach Maßgabe des Grundsatzes der Gegenseitigkeit (§ 356 a Abs 7).
>
> Besondere staatsvertragliche Regelungen bleiben unberührt (§ 356 a Abs 8).

4.4 Parteistellung von anerkannten Umweltorganisationen

Parteistellung in Verfahren betreffend die Genehmigung oder die Genehmigung einer wesentlichen Änderung (§ 81 a Z 1) einer IPPC-Anlage haben nach **§ 356 b** Abs 7 auch folgende Umweltorganisationen:

– Gem § 19 Abs 7 UVP-G 2000 anerkannte Umweltorganisationen, soweit sie während der Auflagefrist iSd § 356 a Abs 2 Z 1 schriftliche Einwendungen erhoben haben; die Umweltorganisationen haben das Recht, die Einhaltung von Umweltschutzvorschriften im Verfahren geltend zu machen und Rechtsmittel zu ergreifen (Z 1);

> „Umweltschutzvorschriften", deren Einhaltung die Umweltorganisationen nach der GewO geltend machen können, finden sich im § 77 Abs 3 und im § 77 a. Nicht zu diesen Umweltschutzvorschriften, die Umweltorganisationen (als objektives Interesse) geltend machen können, zählen jedenfalls die im § 74 Abs 2 Z 1 und 2 verankerten subjektiven Rechte zB der Nachbarn.
>
> Nach § 19 Abs 7 UVP-G 2000 entscheidet der BMLFUW im Einvernehmen mit dem BMWA durch Bescheid, ob und in welchen Bundesländern eine Umweltorganisation zur Ausübung der Parteienrechte befugt ist. Eine Liste der anerkannten Umweltorganisationen findet sich auf der Homepage des BMLFUW.

– Umweltorganisationen aus einem anderen Staat unter den in § 356 b Abs 7 Z 2 lit a bis d angeführten Voraussetzungen.

> Der durch die GewRNov 2005 neu geschaffene § 356 b Abs 7 folgt im Wesentlichen § 42 Abs 1 Z 13 und 14 AWG 2002.

4.5 Ausschluss des vereinfachten Verfahrens

In der Anlage 3 zur GewO angeführte IPPC-Anlagen sind nach **§ 359 b** Abs 1 letzter Satz nicht dem vereinfachten Genehmigungsverfahren zu unterziehen. Es ist daher in jedem Fall das reguläre Genehmigungsverfahren gem § 356 Abs 1 unter Beachtung der Sonderverfahrensvorschriften des § 356 a durchzuführen.

Für IPPC-Anlagen gelten ebenfalls die einheitlichen Konzentrationsregelungen des § 356 b Abs 1 bis 3.

4.6 Öffentliche Auflage des Genehmigungsbescheides

Die Behörde hat im redaktionellen Teil einer im Bundesland weit verbreiteten Tageszeitung, in einer in der betroffenen Gemeinde verbreiteten periodisch erscheinenden Tageszeitung und im Internet bekannt zu geben, dass die Entscheidung über die Genehmigung einer IPPC-Anlage innerhalb eines bestimmten, mindestens sechs Wochen betragenden Zeitraums bei der Behörde während der Amtsstunden zur Einsichtnahme aufliegt. Betriebs- und Geschäftsgeheimnisse sind zu wahren. Diese Bekanntgabe hat auch Angaben über das Verfahren zur Beteiligung der Öffentlichkeit zu enthalten (§ 77 a Abs 7).

5. Änderung einer IPPC-Anlage

247 § 81 a enthält besondere Bestimmungen über die Änderung von IPPC-Anlagen. Wird dagegen eine nach § 77 genehmigte BA, die bisher keine IPPC-Anlage darstellt, derart geändert (erweitert), dass zur bereits bestehenden BA eine „IPPC-Anlage" hinzukommt, ist davon auszugehen, dass das eine BA-Änderung ist, die jedenfalls die Schutzinteressen des § 74 Abs 2 berührt und die demnach nach § 81 genehmigungspflichtig ist. Nach § 81 Abs 1 bedarf die Änderung einer genehmigten BA einer Genehmigung „iSd vorstehenden Bestimmungen". Auch § 77 a zählt zu den vorstehenden Bestimmungen. Hinsichtlich des IPPC-relevanten Anlagenteils wird also ein Verfahren nach § 81 iVm § 77 und § 77 a durchzuführen sein (s näher *Paliege-Barfuß*, Die Änderung der genehmigten Anlage Rz 358, 3.3).

Umgekehrt sind Änderungen, die den nicht IPPC-pflichtigen Teil einer Anlage betreffen, nicht nach den IPPC-Bestimmungen zu beurteilen.

Hinsichtlich der Antragsunterlagen für die Änderung einer IPPC-Anlage gilt § 353 a Abs 1 sinngemäß (§ 353 a Abs 2).

Für die **Änderung** einer IPPC-Anlage gilt gem § 81 a Folgendes:

– die **wesentliche Änderung** (das ist eine Änderung, die erhebliche nachteilige Auswirkungen auf den Menschen oder die Umwelt haben kann) bedarf einer Genehmigung iSd §§ 77 a und 77 b; die Änderungsgenehmigung hat dabei auch die bereits genehmigte BA so weit zu umfassen, als es wegen der Änderung zur Wahrung der im § 77 a Abs 1 umschriebenen Interessen gegenüber der bereits genehmigten BA erforderlich ist; als wesentliche Änderung gilt jedenfalls eine Änderung, die für sich genommen den in der Anlage 3 zur GewO jeweils festgelegten Schwellenwert erreicht, sofern ein solcher in der Anlage 3 zur GewO festgelegt ist (Z 1);

Nur eine **wesentliche** Änderung bedarf einer „qualifizierten" Genehmigung iSd § 77 a. Für dieses Verfahren gelten sinngemäß die verfahrensrechtlichen Sonderregelungen.

Unter einer „bereits genehmigten BA" ist auch eine solche BA zu verstehen, die zwar vor Inkrafttreten der IPPC-Bestimmungen genehmigt wurde, nunmehr aber iSd Anlage 3 unter den Begriff einer IPPC-Anlage fällt.

– eine **Änderung des Betriebs** (das ist die Änderung der Beschaffenheit oder der Funktionsweise oder eine Erweiterung der BA, die Auswirkungen ausschließlich auf die Umwelt haben kann) ist der Behörde vom BA-Inhaber vier Wochen vorher anzuzeigen; die Behörde hat diese Anzeige, erforderlichenfalls unter Erteilung von bestimmten, geeigneten Aufträgen zur Erfüllung der in den §§ 77a und 77b und in den nach § 356b Abs 1 mitanzuwendenden Verwaltungsvorschriften festgelegten Anforderungen mit Bescheid zur Kenntnis zu nehmen; dieser Bescheid bildet einen Bestandteil des Genehmigungsbescheids (Z 2);

Unter „Änderung des Betriebes" ist auch eine Erweiterung der BA mit Auswirkungen ausschließlich auf die Umwelt zu verstehen.
    Im Anzeigeverfahren kommt den Nachbarn keine Parteistellung zu, da hier Auswirkungen ausschließlich auf die Umwelt zu prüfen sind, auf deren Schutz dem Nachbarn keine subjektiv-öffentlichen Rechte zukommen.

– auf eine weder unter Z 1 noch unter Z 2 fallende Änderung ist § 81 anzuwenden, sofern dessen Voraussetzungen zutreffen (Z 3).

Die Änderungstatbestände des § 81 gelangen subsidiär zur Anwendung, wenn die Spezialtatbestände des § 81a Abs 1 Z 1 und 2 nicht erfüllt sind. Im Falle der Z 3 ist daher nicht auf die Kriterien der §§ 77a und 77b abzustellen.

6. Sonstige für IPPC-Anlagen bedeutsame Bestimmungen

248   ### 6.1 Anpassung an den Stand der Technik

Der Anlageninhaber hat gem **§ 81b** innerhalb eines Jahres nach Veröffentlichung von BVT-Schlussfolgerungen zur Haupttätigkeit einer IPPC-Anlage der Behörde **mitzuteilen,** ob seine **Anlage noch dem Stand der Technik** entspricht. Diese Mitteilung kann den Antrag auf Festlegung weniger strenger Emissionsgrenzwerte iSd § 77b Abs 3 enthalten.

Erforderlichenfalls hat der Anlageninhaber umgehend die entsprechenden Anpassungsmaßnahmen zu treffen. Die Mitteilung und die Anpassungsmaßnahmen haben auch jenen die IPPC-Anlage betreffenden BVT-Schlussfolgerungen Rechnung zu tragen, deren Erlassung oder Aktualisierung seit der Genehmigung oder seit der letzten Anpassung der IPPC-Anlage veröffentlicht wurden. § 81a bleibt unberührt. Wer die Mitteilung nach § 81b Abs 1 nicht erstattet oder die zur Anpassung an den Stand der Technik erforderlichen Maßnahmen nicht trifft, begeht eine Verwaltungsübertretung gem § 367 Z 24b.

Gem § 356d sind im Fall der Festlegung weniger strenger Emissionsgrenzwerte iSd § 77b Abs 3 in einem Anpassungsverfahren gem § 81b die §§ 77a Abs 7, 356a und 356b Abs 7 anzuwenden.
    Die Kriterien für die Festlegung des Standes der Technik finden sich in Anlage 6 zur GewO.
    § 81b Abs 2 sieht umfangreiche **Meldepflichten des Betriebsinhabers** nach Aufforderung der Behörde vor, um einen Vergleich des Betriebes der Anlage mit dem Stand der Technik gem der geltenden BVT-Schlussfolgerungen und mit den mit den besten verfügbaren Techniken assoziierten Emissionsgrenzwerten zu ermöglichen.

Ist der Anlageninhaber seinen Verpflichtungen nicht oder nicht ausreichend nachgekommen, so hat die Behörde entsprechende Maßnahmen mit Bescheid anzuordnen (Abs 3). § 81a ist nicht anzuwenden.

Durch die Maßnahmen iSd Abs 1 und 3 muss sichergestellt sein, dass die IPPC-Anlage innerhalb von vier Jahren nach Veröffentlichung der maßgeblichen BVT-Schlussfolgerungen deren Anforderungen entspricht (Abs 4).

In begründeten Fällen kann die Behörde einen längeren Zeitraum festlegen (Abs 5).

Abs 6 sieht weiters eine anlassbezogene Anpassung in bestimmten Fällen vor (zB wenn es die Betriebssicherheit erforderlich macht).

Würden die gem den Abs 3 bis 6 vorzuschreibenden Maßnahmen die IPPC-Anlage in ihrem Wesen verändern, so hat die Behörde § 79 Abs 3 sinngemäß anzuwenden (Abs 7).

Ist die Umweltverschmutzung so stark, dass neue Emissionsgrenzwerte festgelegt werden müssen, so hat die Behörde den Anlageninhaber mit Bescheid zur Vorlagen eines Konzepts zur Durchführung von Anpassungsmaßnahmen innerhalb einer angemessenen Frist aufzufordern; die Vorlage des Konzepts gilt dann als Antrag auf Genehmigung einer wesentlichen Änderung gem § 81 a Z 1. Im Änderungsgenehmigungsbescheid ist jedenfalls eine angemessene Frist zur Durchführung der Anpassungsmaßnahmen festzulegen (Abs 8).

Zur Überwachung von IPPC-Anlagen s *Vogelsang,* Die Überwachung von Betriebsanlagen Rz 373.

6.2 Meldepflicht bei Unfällen

Gem § 81 c hat der Inhaber einer IPPC-Anlage die Behörde unverzüglich über einen nicht unter Abschnitt 8 a fallenden **Unfall** bzw **Vorfall** mit erheblichen Auswirkungen auf die Umwelt **zu unterrichten.** Er hat unverzüglich Maßnahmen zur Begrenzung der Umweltauswirkungen und zur Vermeidung weiterer möglicher Unfälle oder Vorfälle zu ergreifen. Die Behörde hat erforderlichenfalls darüber hinausgehende geeignete Maßnahmen zur Begrenzung der Umweltauswirkungen und zur Vermeidung weiterer möglicher Unfälle oder Vorfälle mit Bescheid anzuordnen.

Ein nicht unter den Abschnitt 8 a fallender Unfall liegt insb dann vor, wenn es sich entweder bei der IPPC-Anlage um keinen Betrieb iSd § 84 a Abs 2 handelt oder wenn kein schwerer Unfall mit gefährlichen Stoffen iSd Begriffsdefinition des § 84 b vorliegt.

6.3 Verhaltensmaßnahmen bei Nichteinhaltung des Konsenses

Gem § 81 d Abs 1 hat der Inhaber einer IPPC-Anlage die Behörde bei Nichteinhaltung des Genehmigungskonsenses **unverzüglich zu informieren** und unverzüglich die **erforderlichen Maßnahmen zu ergreifen,** um sicherzustellen, dass die Einhaltung der Anforderungen so schnell wie möglich wieder hergestellt wird. Gegebenenfalls hat die Behörde weitere Maßnahmen mit Bescheid anzuordnen.

Entspricht der Inhaber den Anforderungen des Abs 1, so bilden angezeigte Mängel keine Verwaltungsübertretung iSd § 366 Abs 1 Z 3 oder gem § 367 Z 25, sofern die Voraussetzungen für eine Maßnahme gem § 360 Abs 4 nicht vorliegen (§ 81 d Abs 2).

Ansonsten begeht eine Verwaltungsübertretung gem § 367 Z 24 c, wer die Behörde nicht informiert oder die erforderlichen Maßnahmen nicht ergreift.

6.4 Pflichten bei Auflassung einer IPPC-Anlage

Im Fall der Auflassung einer IPPC-Anlage treffen den Anlageninhaber gem **§ 83 a** je nachdem, ob ein Bericht über den Ausgangszustand vorliegt oder nicht, **unterschied-**

liche Pflichten. Liegt ein **Bericht** vor, so ist gem § 353 a Abs 3 eine Bewertung des Standes der Boden- und Grundwasserverschmutzung bei Auflassung mit dem im Bericht festgehaltenen zu vergleichen. Wurden Boden- und Grundwasserverschmutzungen durch den Betrieb der Anlage verursacht, so ist eine Darstellung der erforderlichen Maßnahmen zur Beseitigung dieser Verschmutzung zu übermitteln (s auch Lexikon „Auflassung von Betriebsanlagen" Rz 16).

Im Fall, dass **kein Bericht** über den Ausgangszustand vorliegt, ist eine Bewertung zu übermitteln, aus der hervorgeht, ob die Verschmutzung von Boden und Grundwasser eine ernsthafte Gefährdung der menschlichen Gesundheit oder der Umwelt als Folge der Tätigkeit darstellt. Liegt eine solche Gefährdung vor, so sind der Behörde die erforderlichen Maßnahmen zur Beseitigung, Verhütung, Eindämmung oder Verringerung relevanter gefährlicher Stoffe am Gelände darzustellen.

Werden vom Inhaber die erforderliche Bewertung oder allfällig notwendige Maßnahmen nicht angezeigt oder durchgeführt, hat die Behörde die entsprechenden Maßnahmen mit Bescheid aufzutragen (Abs 2 und 3). Die Behörde hat die bei der Auflassung getroffenen Maßnahmen im Internet zu veröffentlichen (Abs 4).

6.5 Aufzeichnungs- und Meldepflichten für IPPC-Anlagen

Wer aufgrund gewerberechtlicher Vorschriften verpflichtet ist, Messungen oder andere geeignete Verfahren zur Bestimmung von Emissionen aus seiner BA durchzuführen und darüber Aufzeichnungen zu führen, hat diese Aufzeichnungen gem § 84 h auf Aufforderung der Behörde in geeigneter Form zu übermitteln, soweit dies zur Erfüllung gemeinschaftsrechtlicher Berichtspflichten erforderlich ist.

Näher ausgeführt wird diese Dokumentationspflicht durch die E-PRTR-BegleitV BGBl II 2007/380, die die regelmäßige Meldung von Schadstoffemissionsfrachten va für IPPC-Anlagen vorsieht (s Lexikon „Berichtspflichten, unionsrechtliche" Rz 23).

6.6 Meldepflicht von Lärmemissionen nach § 84 i

Gem § 84 i Abs 1 hat der Inhaber einer IPPC-Anlage, die in einem Ballungsraum gem § 3 Abs 3 Bundes-LärmG mit einer insgesamt jedenfalls mehr als 250.000 Einwohner übersteigenden Einwohnerzahl liegt, bis längstens vier Wochen nach der rk Genehmigung oder nach der rk Genehmigung einer wesentlichen Änderung der IPPC-Anlage der Behörde die von dieser Anlage ausgehenden Lärmemissionen (bezogen auf die Lärmquelle und die Betriebsanlagengrenze) und deren Quellen zu melden.

Abs 2 des § 84 i sieht gleichlautende Meldepflichten für Inhaber von IPPC-Anlagen, die in einem Ballungsraum mit einer insgesamt jedenfalls 100.000 Einwohner übersteigenden Einwohnerzahl liegen, vor. Da es unterschiedliche Fristen für die Erstellung der strategischen Lärmkarten und der Aktionspläne gab (für Ballungsräume ab 250.000 Einwohner Mai 2007 und für Ballungsräume ab 100.000 Einwohner 1. Mai 2012) wurden zwei getrennte Bestimmungen normiert.

In der Folge hat die Behörde die Meldungen auf Plausibilität zu prüfen und unverzüglich an den BMWA (jetzt BMWFW) weiterzuleiten (§ 84 i Abs 1 letzter Satz).

Abs 3 des § 84 i enthält Bestimmungen darüber, in welcher Form (Tag-Abend-Nacht- und Nachtlärmindex iSd VO gem § 11 Bundes-LärmG) die von der IPPC-Anlage ausgehenden Lärmemissionen und für welche Punkte der Betriebsanlagengrenze sie vom Inhaber der Anlage anzugeben sind. Auf Verlangen der Behörde sind die für die Ausbreitungsrechnungen erforderlichen weiteren schalltechnischen auf die BA bezogenen Angaben anzugeben.

Der durch die Anlagenrechtsnovelle 2006 BGBl I 2006/84 neu geschaffene § 84i dient der Umsetzung der RL 2002/49/EG über die Bewertung und Bekämpfung von Umgebungslärm.

F. Immissionsschutz-Luft im Betriebsanlagenrecht

Wilhelm Bergthaler / Kerstin Holzinger

Literatur: *Baumgartner,* Immissionsgrenzwerte im Anlagengenehmigungsverfahren, RdU 2002, 44; *Baumgartner,* Begrenzung von Luftschadstoffen im gewerberechtlichen Betriebsanlagengenehmigungsverfahren, ZfV 2010, 739; *Bergthaler/Schmelz,* Anlagengenehmigungen in (luft)belasteten Gebieten – rechtliche Aspekte, in *Furherr/Schwarzer* (Hrsg), Anlagenrecht Symposium 2007 (2007); *Brandl/Nagl/Bergthaler/Niederhuber/Schulev-Steindl,* Schwerpunkt Luftschadstoffe: Probleme der Immissionsprognose aus rechtlicher und technischer Sicht, RdU-U&T 2005/1; *Bratrschovsky/Chojnacka,* Luftreinhaltung und Klimaschutz, in *N. Raschauer / Wessely* (Hrsg), Handbuch Umweltrecht (2006) 471; *Furherr/Schwarzer/Puxbaum/Ellinger/Wimmer,* Die IG-L Novelle 2005 und das „Schwellenwertkonzept", RdU-U&T 2006/1; *Hattenberger,* Klimaschutz und Anlagengenehmigung, in IUR/ÖWAV (Hrsg), Jahrbuch des österreichischen und europäischen Umweltrechts 2008, 111; *Potacs,* Subjektives Recht gegen Feinstaubbelastung? ZfV 2009, 874; *Schermann,* Die Irrelevanz der „Irrelevanzkriterien" im gewerbebehördlichen Anlagenverfahren, ZUV 2005, 132; *Schulev-Steindl,* Mögliche – wirksame – Maßnahmen nach dem Immissionsschutzgesetz Luft, in *Wagner/Kerschner* (Hrsg), Immissionsschutzgesetz Luft (IG-L) – Praxishandbuch (2008); *Schulev-Steindl,* Subjektives Recht auf Erlassung oder Ergänzung eines Luftqualitätsplans, RdU 2015, 203; *TU-Wien* (Hrsg), Technische Anleitung zur Anwendung des Schwellenwertkonzeptes im Verfahren nach dem UVP-G (2007); UBA (Hrsg), Leitfaden UVP und IG-L (überarbeitete Version 2007); *Struckl,* Anlagengenehmigungen in luftbelasteten Gebieten – technische Aspekte, in *Furherr/Schwarzer* (Hrsg), Anlagenrecht Symposium 2007 (2007) 30; *Vogelsang/Bergthaler/Schmelz,* „Irrelevanzschwellen" für Luftschadstoffe: Neue Leitfäden von UBA und TU-Wien zu einem „Dauerbrenner", RdU-U&T 2007/7; *Wagner,* Revolutionäre Entscheidung im Luftqualitätsrecht: Subjektives Recht auf Einhaltung von Grenzwerten, RdU 2008, 169.

Inhalt

1. Die Begrenzung von Luftschadstoffen im Betriebsanlagenverfahren

249   **1.1** Die **Schnittstelle zwischen der Emissionsbegrenzung** einer BA einerseits und **der Sicherstellung eines bestimmten Immissionsschutzes** für benachbarte Wohn- und Siedlungsgebiete andererseits wirft in der Genehmigungspraxis va bei Luftschadstoffen schwierige Fragestellungen auf. Während bei anderen Emissionsarten (zB Lärm, Abwasser) nach dem Stand der Technik die Verknüpfung zwischen Emissionsausstoß und Immissionsbeitrag relativ treffsicher bestimm- und nachweisbar ist, gestaltet sich dies bei Luftschadstoffen ungleich schwieriger: Unterschiedliches Ausbreitungsverhalten, klimatische Einflüsse, Vermischungen und kumulative Effekte erschweren die Nachweisführung im Verfahren.

Diese Beweisprobleme führen zu einem „Entscheidungsdilemma" der Anlagenbehörden, wenn diese einerseits nur über die Genehmigung (gegebenenfalls unter Auflagen) der jeweils verfahrensgegenständlichen BA – also eines einzelnen Emittenten oder einer Emittentengruppe – absprechen dürfen, andererseits aber eine Immissionslage zu schützen haben, die nicht nur von dieser BA beeinflusst ist, sondern von einer Vielzahl anderer Emittenten (Verkehr, Hausbrand etc), hinsichtlich derer die Behörde weder im konkreten Genehmigungsverfahren Vorschreibungen treffen kann, noch über einen sonstigen rechtlichen Zugriff verfügt. Dieses **Auseinanderklaffen zwischen einem weiten Beurteilungsgegenstand** und **einer engen Vorschreibungskompetenz** zwingt den Gewerberechtsgesetzgeber gerade bei Luftschadstoffen, einzelfallgerechte Emissionsbegrenzungen durch differenzierte – auf unterschiedliche Schutzobjekte gerichtete (multiperspektivische) – Genehmigungstatbestände zu ermöglichen.

1.2 Die Begrenzung des Luftschadstoffausstoßes von gew BA ist Gegenstand mehrerer Bestimmungen des Genehmigungsregimes der GewO, und zwar ausgehend von unterschiedlichen Schutzobjekten:

– Dem **Nachbarschutz** verpflichtet sind die Genehmigungskriterien des § 74 Abs 2 Z 1 und 2 und des § 77 Abs 1 und 2, die Nachbarn einen Anspruch auf Vermeidung von gesundheitsgefährdenden oder unzumutbar belästigenden ebenso wie von eigentumsgefährdenden Luftschadstoffbelastungen aus BA einräumen. Diese Normen sind tatbestandlich eindeutig auf Gefahrenabwehr ausgerichtet.

– Als **Minimierungsgebot** nach dem Stand der Technik ist § 77 Abs 3 erster Satz gefasst, wonach „Emissionen von Luftschadstoffen jedenfalls nach dem Stand der Technik (§ 71 a) zu begrenzen" sind: Dabei handelt es sich um eine vorsorgeorientierte Norm, die unabhängig von einem allfällig notwendigen Nachbarschutz zur Anwendung kommt.

– § 77 Abs 3 zweiter Satz ordnet die Anwendbarkeit von V gem § 10 IG–L an und normiert so ein weiteres **Genehmigungskriterium.** Ist in einem Maßnahmenkatalog zB der Einsatz eines bestimmten, emissionsintensiven Brennstoffs verboten, ist eine Anlage, die auf die Verwendung eben dieses Brennstoffs ausgerichtet ist, insoweit nicht genehmigungsfähig (ErlRV 608 BlgNR 20. GP 43).

– § 77 Abs 3 dritter Satz statuiert ein **zusätzliches Genehmigungskriterium für BA in vorbelasteten Gebieten,** also in Gebieten, in denen die Grenzwerte des IG-L in einem bestimmten Ausmaß bereits überschritten sind oder – in Folge der Emissionen der verfahrensgegenständlichen Anlage – künftig überschritten werden. In solchen Belastungsgebieten besteht ein Genehmigungsanspruch für Neuanlagen oder Anlagenerweiterungen nur unter der Voraussetzung, dass ihre Emissionen
  • entweder „keinen relevanten Beitrag zur Immissionsbelastung leisten" (§ 77 Abs 3 Z 1 **„Irrelevanzklausel"**) oder
  • aus technisch/wirtschaftlicher Sicht minimiert werden und durch Emissionseinsparungen bei anderen (betriebsinternen oder externen) Emittenten soweit ausgeglichen werden, dass die Einhaltung der IG-L Grenzwerte langfristig gesichert ist (§ 77 Abs 3 Z 2 **„Kompensationsklausel"**).

Die systematische Sonderstellung und der anders geartete tatbestandliche Aufbau des § 77 Abs 3 belegen, dass diese Norm – im Vergleich zu den vorzitierten Bestimmungen – ein **anderes Schutzziel** mit einer eigenen Beurteilungsperspektive verfolgt.

Zugleich wird eine gewisse Verwandtschaft mit der IPPC-rechtlichen Sonderbestimmung des § 77a Abs 6 sichtbar.

Aus systematischer Sicht liegt § 77 Abs 3 GewO an der eingangs beschriebenen Schnittstelle zwischen Immissionsschutz- und Anlagengenehmigungsregime: Sie ist der Vorbildbestimmung des § 20 Abs 3 IG-L angeglichen; gleichartige (nur geringfügig differenzierende) Normen finden sich in den anderen AnlagenG, etwa § 13 Z 3 EG-K, § 116 Abs 2 und § 119 Abs 3 Z 6 MinroG.

Inhaltlich ist § 77 Abs 3 GewO (lediglich) als Genehmigungskriterium gefasst; anders als sonstige Schutzgüter vermag der **Luftqualitätsschutz** allein – unabhängig von Gefährdungen oder Belästigungen nach § 74 – eine gewerbebehördliche Genehmigungspflicht nicht zu begründen.

2. Schutzrichtung und -gegenstand von § 77 Abs 3

250   **2.1** § 77 Abs 3 kombiniert mehrere umweltrechtliche Regelungstechniken und -inhalte: das Minimierungsgebot, das Verschlechterungsverbot in der Irrelevanzklausel und die Rücksichtnahmepflicht auf gebietsbezogene Sanierungserfordernisse in der Kompensationsklausel; diese Regelungen zielen auf ein bestimmtes Qualitätsniveau der Luft ab. Das **Umweltmedium Luft** ist also **nicht nur als Transportmedium** zu abgesondert geschützten Rechtsgütern (der menschlichen Gesundheit, Eigentumsschutz) erfasst, sondern **für sich allein genommen Schutzgut;** die Bestimmung dient damit dem **Umweltqualitätsschutz.**

Diese systematische Einordnung des § 77 Abs 3 als Umweltqualitätsnorm weist eine gewisse Parallelität zu § 77a Abs 6 auf. Unionsrechtlicher Hintergrund dieser Bestimmung, die ebenfalls auf eine Verknüpfung zwischen Immissionsschutz und Anlagengenehmigung abzielt, ist Art 18 IE-R, wonach zur Einhaltung unionsrechtlicher Umweltqualitätsnormen auch Auflagen, die über die besten verfügbaren Techniken hinausgehen, vorgeschrieben werden können.

Aus unionsrechtlicher Sicht kann damit argumentum a maiori ad minus geschlossen werden, dass für nicht IPPC-pflichtige BA jedenfalls kein strengerer Maßstab, als er in § 77a Abs 6 formuliert ist, angelegt werden darf. Daraus resultiert auch eine Leitlinie für die Auslegung des § 77 Abs 3: Dieser darf für BA keine schärferen Restriktionen zeitigen, als sie nach der (strengeren) IPPC-rechtlichen Sondernorm des § 77a Abs 6 geboten wären.

2.2 Die spezifische Schutzrichtung des § 77 Abs 3 als Luftqualitätsnorm führt auch zu einer adäquaten Abgrenzung des Schutzgegenstandes: Geschützt ist das Umweltmedium Luft selbst, nicht eine bestimmte Einzelperson: Weder Nachbarn noch Arbeitnehmer können aus dieser Bestimmung persönliche Schutzansprüche ableiten.

Art 2 Z 1 der LuftqualitätsrahmenRL stellt klar, dass Arbeitsplatzluft nicht vom Geltungsbereich des Immissionsschutzes erfasst ist. Eine **Rechtseinräumung an Nachbarn** oder **sonstige Parteien** iZm der Einhaltung des § 77 Abs 3 im Anlagengenehmigungsverfahren ist grundsätzlich **nicht vorgesehen;** sie wäre in diesem Systemzusammenhang auch inkonsequent, weil Luft nicht nur als Transportmedium zum Nachbarn, sondern als **eigenes Schutzgut** erfasst ist. Zu § 77 Abs 3 erster Satz hat der VwGH bereits ausdrücklich festgehalten, dass sich aus dieser Bestimmung **kein subjektives Nachbarrecht** betreffend die Verpflichtung der Behörde zur Begrenzung von Luftschadstoffen nach dem Stand der Technik ergibt (VwGH 29. 9. 2000, 2000/04/0069; s auch VwGH 27. 6. 2003, 2002/04/0195). Ob auch aus § 77 Abs 3 zweiter bzw dritter Satz keine subjektiv-öffentlichen Rechte der Nachbarn abgeleitet werden können, ist – insb seit dem Urteil des EuGH in der Rs *Janecek* (Rs C-237/07, Slg I-6221) – Gegenstand von Diskussionen. Während mancherorts ein aus § 77 Abs 3 ableitbares subjektives Recht auf Einhaltung der dort vorgesehenen Grenzwerte bejaht wird (vgl zB *Potacs,* Subjektives Recht 876; *Wagner,* Luftqualitätsrecht 172), betonen andere Autoren verstärkt den durch § 77 Abs 3 verwirklichten Gedanken der allgemeinen Luftqualitätssicherung und anerkennen, dass der Nachbarschutz durch andere Bestimmungen der GewO verwirklicht wird (*Baumgartner,* ZfV 2010, 477 f). In diese Richtung weist auch VwGH 26. 6. 2012, 2010/07/0161, wo klargestellt wird, dass Nachbarn (wenn überhaupt) nur insoweit ein Recht auf Einhaltung von Grenzwerten zukommt, als eine Gefährdung ihrer Gesundheit unmittelbar in Frage kommt. Diesem Schutzinteresse der Nachbarn wird jedoch bereits durch § 77 Abs 1 iVm § 74 Abs 1 Z 1 (bzw Z 2) Rechnung getragen. UE wurde die hier vertretene Sichtweise durch das Erkenntnis des VwGH vom 28. 5. 2015, Ro 2014/07/0096 verstärkt. Mit dieser Entscheidung hat der VwGH – unter Bezugnahme auf die Luftqualitäts-RL (RL 2008/50/EG ABl L 2008/152, 1) – ein allen „unmittelbar Betroffenen" subjektives Recht auf Erstellung bzw Ergänzung von Luftqualitätsplänen (somit Programmen iSd § 9 a IG-L) in belasteten Gebieten zugesprochen. Als unmittelbar betroffen gilt nach dieser Entscheidung jeder, bei dem anzunehmen ist, dass er sich nicht nur vorübergehend im belasteten Gebiet aufhält (lebt, arbeitet und dort seine sozialen Kontakte pflegt); eine konkrete Gesundheitsgefährdung ist für eine anspruchsbegründende Betroffenheit nicht erforderlich. Angesichts dessen, dass Betroffenen sohin bereits aus diesem Grund ein Recht auf die Ergreifung konkreter Maßnahmen zur Einhaltung der in einem bestimmten belasteten Gebiet maßgeblichen Grenzwerte zukommt, ist eine Einräumung subjektiver Rechte in einem lediglich auf eine konkrete BA bezogenen Genehmigungsverfahren umso weniger erforderlich. Denkbar wäre in diesem Zusammenhang lediglich, dass hinkünftig – zusätzlich zu den in § 77 Abs 3 enthaltenen Genehmigungskriterien – zu prüfen ist, ob eine Genehmigung der verfahrensgegenständlichen BA die zur Sanierung eines Gebietes vorgeschriebenen Maßnahmen (auf die Betroffene einen subjektiv-rechtlichen Anspruch haben) nicht konterkariert. Es erübrigt sich daher, aus § 77 Abs 3 ein zusätzliches subjektives Recht ableiten zu müssen, weshalb es dabei bleiben kann, dass diese Bestimmung – entsprechend ihrer systematischen Stellung als Umweltqualitätsnorm – ausschließlich dem **objektiven Umweltschutz** verpflichtet ist und Nachbarn keine subjektiv-öffentlichen Rechte einräumt. Es bedarf daher keiner „Versubjektivierung" des § 77 Abs 3. Die hier vertretene Auffassung steht auch im Einklang mit der Rsp des EuGH (vgl insb EuGH 30. 5. 1991, C-361/88, *Kommission/Deutschland,* Slg 1991 I-2567 Rz 16, wonach „die Betroffenen in allen Fällen, in denen die Überschreitung dieser Grenzwerte die menschliche Gesundheit gefährden könnte, in der Lage sein müssen, sich auf zwingende Vorschriften zu berufen, um ihre Rechte geltend zu machen"; idS auch EuGH 25. 7. 2008, C-237/07, *Janecek,* Slg 2008 I-6221 Rz 38).

2.3 Aus dem Charakter des § 77 Abs 3 als Luftqualitätsnorm ergibt sich, dass der Blick nicht nur auf die zu genehmigende BA gerichtet werden darf, sondern es muss das zu schützende Umweltmedium Luft durch einen bestimmten Gebietsausschnitt abgegrenzt werden: Dem System des IG-L liegt – wie insb die Anordnung des Messstellennetzes und die Bezugnahme auf die Repräsentativität der Luftgütemessstellen zeigt – ein **gebietsbezogener Schutz** zugrunde; dieser schlägt auch auf § 77 Abs 3 – und dabei insb dessen dritten Satz – als Schnittstellennorm zwischen IG-L und GewO durch.

Übereinstimmend damit stellt die Legaldefinition der „Umweltqualitätsnorm" in Art 3 Z 6 IE-R auf Anforderungen zu einem gegebenen Zeitpunkt in einer gegebenen Umwelt oder in einem bestimmten Teil davon, maW auf einen Umweltausschnitt, ab.

2.4 Für die Anwendung des § 77 Abs 3 dritter Satz gilt es vor dem Hintergrund dieses gebietsbezogenen Schutzgedankens sohin **jenes Gebiet** zu bestimmen, für das in der Folge zu beurteilen ist, ob die maßgeblichen Schwellenwerte überschritten sind oder durch den zusätzlichen Immissionsbeitrag überschritten werden, und, ob die Emissionen der zu genehmigenden BA keinen relevanten Beitrag leisten (§ 77 Abs 3 Z 1) oder minimiert und ausgeglichen werden können (§ 77 Abs 3 Z 2). Während in der nachbarschutzrechtlichen Jud der Grundsatz geprägt wurde, dass bei Beurteilung der Genehmigungsfähigkeit eines Vorhabens auf die aus Sicht des Nachbarn nachteiligsten Verhältnisse abzustellen ist (was eine Bezugnahme auf den maximalen Immissionspunkt im ständigen Aufenthaltsbereich des Nachbarn bedingt), setzt der Gebietsschutz bei einem **größeren, repräsentativen räumlichen Bezugsrahmen** an, der durch die MessstellenV abgesteckt ist.

Dieser Bezug eröffnet unterschiedliche Auslegungsvarianten: die Heranziehung der nächstgelegenen Messstelle als Immissionspunkt, die Interpolation von Werten mehrerer umliegender Messstellen, die Auswahl repräsentativer Immissionsbereiche (wie sie etwa in der CAFE-RL vorgesehen ist). Auf fachlicher Ebene wird ua versucht, als gebietsbezogenen Beurteilungsgegenstand einen „lufthygienisch zusammenhängenden Raum" zu identifizieren (vergleichbar dem „Wasserkörper" nach der WRRL), um anstelle einer isolierten punktuellen Beurteilung verstärkt eine **repräsentativere räumliche Gesamtbetrachtung** zu ermöglichen.

2.5 Im Ergebnis ist als maßgeblich stets jenes **Gebiet** anzusehen, das von den Zusatzemissionen der zu genehmigenden BA betroffen sein wird (*Hattenberger*, Klimaschutz 124; vgl auch AB 1451 BlgNR 22. GP 2). Ob es sich bei diesem Gebiet um ein **belastetes Gebiet** handelt, auf welches sodann das Genehmigungskriterium des § 77 Abs 3 dritter Satz anzuwenden ist, ist anhand der dort festgelegten Schwellenwerte zu bestimmen. Seit der Novelle 2010 zum IG-L (BGBl I 2010/77) sind die einzuhaltenden Grenzwerte – unter Verweis auf die entsprechenden Anlagen des IG-L im Gesetz (sowohl in § 20 IG-L als auch in § 77 Abs 3) explizit aufgelistet. Der maximal zulässige JMW für NO_2 wird dabei gegenüber Anlage 1a zum IG-L um 10 µg/m^3 erhöht, hinsichtlich des TMW für PM_{10} werden erst mehr als 35 Überschreitungen für beachtlich erklärt. Damit wird der unionsrechtlich eingeräumte Spielraum (vgl Art 13 Abs 1 iVm Anhang XI RL 2008/50) voll ausgeschöpft (s auch ErlRV 782 BlgNR 24. GP 11). Sind die so für beachtlich erklärten Grenzwerte in dem maßgeblichen Gebiet überschritten oder werden sie durch die zusätzlichen Emissionen überschritten werden, kann die BA nur unter den Voraussetzungen des § 77 Abs 3 Z 1 oder Z 2 genehmigt werden. Die dabei vorzunehmende Prognosebeurteilung hat gem § 77 Abs 3 nicht auf die nachteiligsten Ausbreitungsbedingungen abzustellen, sondern – was durch die geforderte Langzeitbetrachtung verständlich ist – auf **„realistische Szenarien"** (s auch unten Punkt 4.4).

2.6 Letztlich ist auch der **Schutzmaßstab** des § 77 Abs 3 ein besonderer: Während es beim Nachbarschutz um die Abwehr von Gesundheitsgefährdungen oder unzumutbaren Belästigungen geht, zielt § 77 Abs 3 auf die **Sanierung belasteter Gebiete** ab. Dies führt auch dazu, dass IG-L Grenzwerte nicht kritiklos als Grenzwerte für den Gesundheitsschutz von Nachbarn angewendet werden dürfen.

Sowohl die unterschiedlichen Beurteilungskategorien des IG-L (Alarmwerte, Grenzwerte, Zielwerte) als auch die festgelegte Grenzwertdegression einzelner Schadstoffe indizieren, dass die IG-L-Grenzwerte primär umweltpolitisch und vorsorgeorientiert geprägt sind. Für die konkrete umweltmedizinische Beurteilung im Verfahren ist näher zu differenzieren: Ansätze sind iZm der Bewertung von Feinstaubimmissionen erkennbar, wenn etwa nicht nur abhängig von der Partikelgröße, sondern auch von der chemischen Zusammensetzung unterschiedliche umwelthygienische Bewertungen angestellt werden (TU-Wien 2007, FN 12).

3. Die Irrelevanzklausel

251 Nach der Tatbestandsalternative des § 77 Abs 3 dritter Satz Z 1 besteht ein Genehmigungsanspruch dann, *„wenn die Emissionen der Anlage keinen relevanten Beitrag zur Immissionsbelastung leisten"*. Damit wird das fachwissenschaftlich begründete, von der Jud rezipierte **„Schwellenwertkonzept"** umgesetzt.

Dieses „Schwellenwertkonzept" (Irrelevanzkriterium) findet in Anlagengenehmigungsverfahren einerseits bei Abgrenzung des Untersuchungsgebiets, andererseits bei der Frage der Genehmigungsfähigkeit Verwendung. Bei der Genehmigungsfähigkeit tritt das Irrelevanzkriterium zunächst bei der Frage auf, welche Emissionen/Immissionen überhaupt einer näheren fachlichen Betrachtung zu unterziehen sind; ferner bei der Frage, ob rechnerisch ermittelte Zusatzimmissionen trotz Überschreitung von immissionsseitigen Schwellenwerten (hier: des IG-L) zuzulassen sind.

Nach dem Tenor der Rsp (vgl grundlegend US 3. 12. 2004, 5 B/2004/11 *[„Spielberg I"]*; 16. 8. 2007, 5B/2006/24 *[„Wien Aderklaaerstraße"]*; 21. 3. 2011, 1A/2010/22 *[Graz Südgürtel]*; vgl auch VwGH 23. 9. 2004, 2004/07/0055 sowie 31. 3. 2005, 2004/07/0199 *[„MVA Pfaffenau"*; Abgrenzung des Untersuchungsgebiets]) kann ein **Immissionsbeitrag** als **unerheblich** vernachlässigt werden, wenn

– er nach dem Stand der Messtechnik **nicht mehr** oder **nur mit unverhältnismäßigem Aufwand überhaupt messbar** ist, oder
– wenn er im Verhältnis zum Grenzwert eine **sehr geringe Quantität** aufweist und nur **mit sehr geringer Wahrscheinlichkeit Umweltauswirkungen** nach sich ziehen kann.

Zur Frage, in welcher Höhe der maßgebliche Schwellenwert anzusetzen ist, maW, ab welchem Wert von einem „relevanten Beitrag" zur Immissionsbelastung auszugehen ist, liegen unterschiedliche fachliche Richtlinien vor. Die Gesetzesmaterialien (ErlRV 1367 BlgNR 22. GP 4; vgl auch die Erl zur Neufassung des § 20 Abs 3 IG-L durch das UmweltrechtsanpassungsG 2005, RV 1147 BlgNR 22. GP 27) verweisen namentlich auf die (deutsche) TA

Luft und auf Leitfäden des UBA. Zu erwähnen sind auch die Schwellenwerte des deutschen LAI (Länderausschuss für Immissionsschutz) sowie – als aktuellste Fachrichtlinien – die Technische Anleitung zur Anwendung des Schwellenwertkonzeptes in Verfahren nach dem UVP-G, herausgegeben von der TU Wien, und der überarbeitete Leitfaden UVP und IG-L, herausgegeben vom UBA.

Der Gesetzgeber hat bewusst davon Abstand genommen, eine dieser Fachnormen für verbindlich zu erklären oder gar einen festen Prozentsatz als Irrelevanzschwelle festzuschreiben, sondern die Heranziehung geeigneter Bewertungsgrundlagen in das Beweiswürdigungsermessen der Behörde gestellt: „[. . .] es wird der Behörde im Einzelfall obliegen, einen angemessenen Schwellenwert festzulegen" (ErlRV 1367 BlgNR 22. GP 4).

IdR sind nach den einschlägigen Fachnormen Immissionsbeiträge von **3%** der „Langzeitgrenzwerte" (zB Jahresmittelwerte [JMW]) als irrelevant einzustufen. In bereits belasteten Gebieten werden im Allgemeinen Immissionsbeiträge von 1% – 3% dieser „Langzeitgrenzwerte" als irrelevant eingestuft.

Verschiedentlich werden auch „Kurzzeitgrenzwerte" (zB Halbstundenmittelwerte [HMW]) betrachtet und dabei Immissionsbeiträge von 3% als irrelevant eingestuft. Die Bauphase wird üblicherweise gesondert betrachtet; „Kurzzeitgrenzwerte" werden dabei nicht herangezogen (vgl etwa US 26. 8. 2013, 3A/2012/19-51 *[Graz Murkraftwerk]*; zur Bauphase s auch BVwG 3. 9. 2015, W113 2011751-1/64E).

Nach der TA Luft beträgt die Irrelevanzschwelle bei Depositionswerten (im Gegensatz zu Konzentrationswerten) 5%, beim Schutz der Ökosysteme und der Vegetation 10%. Für Sonderfälle werden teils eigene Normen entwickelt (zB RVS 4. 2. 2012 Ausbreitung von Luftschadstoffen an Verkehrswegen und Tunnelportalen).

Zum Teil bestehen auch Erfahrungssätze in der Verwaltungspraxis. Vgl etwa die Ausführungen von *Struckl* zum Verzicht auf eine Ausbreitungsrechnung bei Bagatellfällen: Bei einer zusätzlichen Emission, die unter 5% der auf angrenzenden Flächen bestehenden Belastungen liegt, wären Änderungen an der Gesamtimmissionssituation messtechnisch kaum nachweisbar, weshalb nach allgemeiner Ansicht auf eine Berechnung verzichtet werden kann (*Struckl,* Anlagengenehmigungen, 35).

4. Die Kompensationsklausel

252   **4.1** Nach der Tatbestandsalternative des § 77 Abs 3 dritter Satz Z 2 besteht ein Genehmigungsanspruch dann, „*wenn der zusätzliche Beitrag durch emissionsbegrenzende Auflagen im technisch möglichen und wirtschaftlich zumutbaren Ausmaß beschränkt wird und die zusätzlichen Emissionen erforderlichenfalls durch Maßnahmen zur Senkung der Immissionsbelastung, insbesondere auf Grund eines Programms gemäß § 9a IG-L oder eines Maßnahmenkatalogs gemäß § 10 [des IG-L] ausreichend kompensiert werden, so dass in einem realistischen Szenario langfristig keine weiteren Grenzwertüberschreitungen anzunehmen sind, sobald diese Maßnahmen wirksam geworden sind*".

Die Kompensationsklausel des § 77 Abs 3 dritter Satz Z 2 sieht demnach eine **3-stufige Prüfung** vor:

– Minimierungsgebot,
– interner/externer Ausgleich,
– spezifischer Beurteilungshorizont.

4.2 Nach dem **Minimierungsgebot** sind die Emissionen im **technisch möglichen und wirtschaftlich zumutbaren Ausmaß** zu beschränken. Dies kann Maßnahmen erfordern, die über den Stand der Technik hinausgehen (zB Limitierung der Brennstoffwahl, Versuchsbetrieb). Die Umsetzung solcher Maßnahmen kann nur soweit verlangt werden, als es wirtschaftlich zumutbar ist. Bei der wirtschaftlichen Zumutbarkeit ist wohl nicht auf die Situation des einzelnen Unternehmens, sondern auf die Branche abzustellen („Anspannungspflicht" des Unternehmers; *Hattenberger* [Klimaschutz 130 f] spricht von einer „Durchschnittsbetrachtung").

4.3 „Erforderlichenfalls", dh soweit nicht bereits das Minimierungsgebot (die Maßnahmen zur Minimierung der Emissionen) zum gewünschten Ergebnis führt, ist nachzuweisen, dass die vorhabensbedingten zusätzlichen Emissionen durch Maßnahmen zur Senkung der Immissionsbelastung ausreichend kompensiert werden. Die **Kompensation** kann durch Maßnahmen des Konsenswerbers erfolgen **(interner Ausgleich)** oder auch durch Maßnahmen Dritter **(externer Ausgleich).** Das Gesetz selbst führt dazu beispielhaft Programme und Maßnahmenkataloge nach §§ 9 a und 10 IG-L an.

Kompensationstauglich sind auch andere konkret absehbare Reduktionsmaßnahmen, sei es
– durch Bescheid (zB nachträgliche Auflagen gem § 79),
– durch V (zB V gem § 82),
– durch Gesetz (zB IPPC-Anpassung ab Oktober 2007 oder künftige Abgasnormen – zB „Euro IV, V oder VI" – nach KFG) oder
– durch Fördermaßnahmen (zB „Filterzuschüsse").

Bei der Prognose ist weiters davon auszugehen, dass sich die IG-L-Behörden gesetzeskonform verhalten, dh gem § 11 IG-L den für die Belastung hauptverantwortlichen Emittenten auch in der gebotenen Zeit und mit der erforderlichen Effektivität notwendige Sanierungsbeiträge auferlegen werden. In diesem Sinne ist gesetzeskonformes Behördenverhalten gleichsam zu antizipieren. Ähnlich wie dem Anlagenbetreiber bei der Prognose nicht unterstellt werden darf, er würde seine gesetzlichen oder bescheidmäßigen Verpflichtungen nicht einhalten, darf auch den IG-L-Behörden nicht unterstellt werden, sie würden mit ihren Handlungsverpflichtungen säumig.

Die Kompensation setzt eine gemeinsame **Prognosebasis** von Gewerbebehörde und IG-L-Behörde voraus: Die Gewerbebehörde hat daher bei Berücksichtigung von Programmen und Maßnahmenkatalogen der IG-L-Behörde auch die diesen zugrunde gelegten Annahmen zu übernehmen. Eine davon abweichende (pessimistischere oder optimistischere) Einschätzung der Wirksamkeit dieser Programme und Maßnahmenkataloge ist nur zulässig, wenn der Anlagenbehörde neuere Beweismittel vorliegen, dass die Annahmen der IG-L-Behörde nicht zutreffen. Ein derartiger neuerer Erkenntnisstand würde freilich auch wieder einen entsprechenden Handlungsbedarf der IG-L-Behörde auslösen.

4.4 All dem ist ein **spezifischer Prognosehorizont** zugrunde zu legen, nämlich der eines „realistischen Szenarios". Vor allem ist darauf abzustellen, dass „langfristig" keine weiteren Grenzwertüberschreitungen anzunehmen sind, „sobald diese Maßnahmen wirksam geworden sind". Maßgeblich ist daher nicht eine punktuelle Stichtagsbetrachtung, sondern eine realistische Prognose, die das Wirksamwerden künftiger Maßnahmen mit ins Kalkül zieht (nach den ErlRV 1367 BlgNR 22. GP bedeutet „langfristig" jedoch nicht „erst in ferner Zukunft").

4.5 An der Regelungstechnik des § 77 Abs 3 wird zunehmend die gehäufte Verwendung unbestimmter Rechtsbegriffe gerügt und darin ein Verstoß gegen das Determinierungsgebot des Art 18 B-VG gesehen (*Hattenberger*, Klimaschutz 133; *Schulev-Steindl*, Maßnahmen 97). Der juristische Wunsch nach größerer Klarheit mag verständlich sein, darf aber die **naturwissenschaftlichen Grenzen der Auswirkungsprognose** nicht außer Acht lassen. Das Sachlichkeitsgebot verwehrt es dem Gesetzgeber, bei seiner Regelung eine höhere Prognoseschärfe und genauere Verursacherzuordnung zu verlangen, als sie die Fachwissenschaften leisten können. Zu bedenken ist in diesem Zusammenhang, dass auch nach den besten Ausbreitungsmodellen erhebliche Unsicherheitsbereiche verbleiben und dass Spitzenbelastungen und kurzfristige Phänomene kaum treffsicher modelliert werden können (*Brandl/Nagl/Bergthaler/Niederhuber/Schulev-Steindl*, RdU-U&T 2005/1). Die naturwissenschaftlich vorgegebene Unschärfe der Prognose schlägt notwendigerweise auf den um eine sachgerechte Lastenverteilung bemühten Tatbestand des § 77 Abs 3 durch. Eine klarere (und damit auch simplifizierende) Regelung, die dem einzelnen Anlagenbetreiber die gesamte Beweis- und Sanierungslast hinsichtlich der Luftqualität aufbürden würde, obwohl sie von ihm kaum oder nur geringfügig beeinflussbar ist, würde wohl in noch stärkerem Maße an verfassungsrechtliche Grenzen stoßen.

G. Verordnungen im Betriebsanlagenrecht

Kai Vogelsang

Literatur: *Aichlreiter,* Österreichisches Verordnungsrecht, Bd 1 und 2 (1988); *Grabler/Stolzlechner/Wendl,* GewO³; *Gruber/Paliege-Barfuß,* GewO⁷.

Inhalt

1. Überblick; Zweck betriebsanlagenrechtlicher Verordnungen

1.1 Zweck der V im Betriebsanlagenrecht ist die **Festlegung bundeseinheitlicher** **253** **technischer Anforderungsstandards,** denen BA oder BA-Teile (Anlagen im technischen Sinne, Ausstattungen, Maschinen, Geräte) zur Wahrung der betriebsanlagenrechtlich zu schützenden Interessen zu entsprechen haben.

Damit dienen diese V auch Gewerbetreibenden, die von der V erfasste Anlagenteile herstellen oder einführen, sowie jenen Personen, die die Errichtung oder Änderung einer der V unterliegenden BA planen, da sie ihr Projekt der V entsprechend gestalten und dadurch eine wesentliche Verfahrensbeschleunigung erreichen können.

Sowohl im Interesse des Genehmigungswerbers als auch im Interesse der Gewerbebehörde liegt die durch betriebsanlagenrechtliche V bewirkte Entlastung des Genehmigungsverfahrens, da der in der (für die BA maßgebenden) V festgelegte Anforderungsstandard als feststehend vorausgesetzt und daher im Genehmigungsverfahren nicht mehr behandelt und im Genehmigungsbescheid nicht mehr festgeschrieben werden muss.

Die Bedeutung BA-rechtlicher V für Verfahren betreffend BA zeigt sich insb daran, dass
– nur dann ein Bescheid aufgrund des § 76 Abs 2 (für eine bestimmte Bauart, Maschine, Ausstattung oder ein bestimmtes Gerät) in Betracht kommt, wenn keine diesbezügliche V aufgrund des § 76 Abs 1 erlassen worden ist (Gleiches gilt für Bescheide aufgrund des § 69 Abs 4 in Bezug auf V nach § 69 Abs 1),
– im Genehmigungsverfahren unter § 76 Abs 1 oder 2 fallende Maschinen usw nur dann zu berücksichtigen sind, wenn sie durch ihre Anzahl oder ihre Verbindung mit anderen Anlagenteilen Schutzinteressen iSd § 74 Abs 2 verletzen können,
– eine individuelle Anpassung einer bereits genehmigten BA an eine V aufgrund des § 82 Abs 1 nach § 82 Abs 2 nur dann in Betracht kommt, wenn der Anlageninhaber nachweist, dass eine generelle Anpassung entsprechend der V aufgrund des § 82 Abs 1 nicht erfolgen kann,

– ein Abweichen von einer V aufgrund des § 82 Abs 1 durch Bescheid gem § 82 Abs 3 nur zulässig ist, wenn die abweichenden Maßnahmen die Schutzinteressen in gleicher Weise wahren wie die V (ebenso bei von einer V aufgrund des § 69 Abs 1 abweichendem Bescheid nach § 69 Abs 5),

– über eine V aufgrund des § 82 Abs 1 hinausgehende (strengere) Auflagen nach § 82 Abs 4 bescheidmäßig nur dann vorgeschrieben werden müssen, wenn dies im Einzelfall erforderlich ist, um den mit der V gem § 82 Abs 1 angestrebten Schutz zu gewährleisten.

Zur Verfolgung des Zieles eines vorsorgenden Umweltschutzes, ohne das Individualverfahren zeit- und kostenmäßig unvertretbar zu belasten, wurde/n der/die V-Geber in den § 69 Abs 1, § 76 Abs 1 und § 82 Abs 1 zur Erlassung von Regelungen zur „Vermeidung von Belastungen der Umwelt" im Hinblick auf eine vorsorgliche Wahrung des Umweltschutzinteresses ermächtigt. Durch derartige V zu vermeidende Belastungen der Umwelt sind nach § 69a jedenfalls solche nachteiligen Einwirkungen, die geeignet sind, insb den Boden, den Pflanzen- oder den Tierbestand bleibend zu schädigen. Die „Vermeidung von Belastungen der Umwelt" findet sich auch in der V-Ermächtigung des § 359b Abs 2.

Nach § 77 Abs 1 erster Satz ist eine BA nur dann zu genehmigen, wenn nach dem Stand der Technik und dem Stand der medizinischen und der sonst in Betracht kommenden Wissenschaften zu erwarten ist, dass überhaupt oder bei Einhaltung der erforderlichenfalls vorzuschreibenden bestimmten geeigneten Auflagen die nach den Umständen des Einzelfalles voraussehbaren Gefährdungen iSd § 74 Abs 2 Z 1 vermieden und Belästigungen, Beeinträchtigungen oder nachteilige Einwirkungen iSd § 74 Abs 2 Z 2 bis 5 auf ein zumutbares Maß beschränkt werden.

Wenn BA-rechtliche V ihrem Zweck, das Individualverfahren zu entlasten, gerecht werden sollen, müssen im Hinblick auf § 77 Abs 1 und § 69a ihre Bestimmungen so gestaltet sein, dass Gefährdungen iSd § 74 Abs 2 Z 1, wie sie bei den der V unterliegenden BA voraussehbar sind, vermieden und die sich durch den Betrieb derartiger Anlagen unvermeidbar ergebenden Belästigungen, Beeinträchtigungen oder nachteiligen Einwirkungen iSd § 74 Abs 2 Z 2 bis 5 auf ein zumutbares Maß beschränkt sowie von der BA ausgehende Belastungen der Umwelt iSd § 69a vermieden werden.

1.2 Zur Beurteilung, welchen Anforderungen BA oder BA-Teile zum Schutz der im § 74 Abs 2 umschriebenen Interessen und zur Vermeidung von Belastungen der Umwelt iSd § 69a zu entsprechen haben, ist der Stand der Technik (§ 71a) und der Stand der medizinischen oder sonst in Betracht kommenden Wissenschaften heranzuziehen.

1.3 V, die nicht nur für genehmigungspflichtige BA, sondern – zum Teil nur in einzelnen Bestimmungen – auch für nicht genehmigungspflichtige BA gelten, stützen sich (bzgl der nicht genehmigungspflichtigen Anlagen) auf § 69 Abs 1 und (bzgl der genehmigungspflichtigen Anlagen) auf § 82 Abs 1 (s zB die V über die Lagerung pyrotechnischer Gegenstände in gew BA BGBl II 2004/252 idF BGBl II 2015/133). Da eine solche V die Genehmigungspflichtigkeit bzw -freiheit der in Betracht kommenden BA bereits voraussetzt, kann sie nicht herangezogen werden, um zu beurteilen, ob eine bestimmte BA genehmigungspflichtig ist; diese Beurteilung hat vielmehr nur nach § 74 Abs 2 und 3 zu erfolgen.

1.4 Für gew BA sind nicht nur auf § 76 Abs 1, § 82 Abs 1 oder § 84 d Abs 7, sondern auch auf § 69 Abs 1, § 70 Abs 1, § 71 Abs 4 oder § 72 Abs 2 gestützte V von Bedeutung, da die in diesen V an Waren, Dienstleistungen usw gestellten Anforderungen in einschlägigen gew BA entsprechend zu berücksichtigen sind (so zB Maßnahmen, die Gewerbetreibende gem einer V aufgrund des § 69 Abs 1 „hinsichtlich der Waren, die sie erzeugen" zu treffen haben).

> Normadressaten der V gem § 76 Abs 1, § 82 Abs 1 und § 84 d Abs 7 sind die Inhaber der der jeweiligen V unterliegenden BA; Normadressaten der V gem § 69 Abs 1, § 70 Abs 1, § 71 Abs 4 und § 72 Abs 2 sind durch eine solche V erfasste Gewerbetreibende. Die Nichtbefolgung solcher V ist nach verschiedenen Strafbestimmungen (zB § 367 Z 25) verwaltungsstrafrechtlich sanktioniert.

1.5 Durch V können bestimmte Anlagenarten bezeichnet werden, die der Genehmigungspflicht nicht unterliegen (§ 74 Abs 7) oder die dem vereinfachten Genehmigungsverfahren zu unterziehen (§ 359 b Abs 2 und 3) oder keinesfalls zu unterziehen sind (§ 359 b Abs 7).

1.6 § 84 h enthält eine V-Ermächtigung zur Festlegung näherer Anforderungen etwa an erforderliche Messungen, Aufzeichnungen und die Form der Übermittlung zur Erfüllung gemeinschaftsrechtlicher Berichts- und Meldepflichten.

1.7 § 76 a Abs 9 enthält eine V-Ermächtigung für die Gemeinde, abweichende Regelungen betreffend die in Abs 1 und Abs 2 festgelegten Zeiten der durch die GewRNov 2010 II (BGBl I 2010/66) neu gestalteten Gastgartenregelung für bestimmte Gebiete festzulegen (Aufgabe des eigenen Wirkungsbereichs; näher dazu *Stolzlechner*, Die Genehmigungspflicht der Betriebsanlage Rz 199, 2.10).

2. Verordnungen, die Maschinen, Geräte und Ausstattungen bezeichnen, deren Verwendung für sich allein die Genehmigungspflicht einer Betriebsanlage nicht begründet

Maschinen, Geräte und Ausstattungen begründen nur dann die Genehmigungs- **254** pflicht einer BA, wenn sie geeignet sind, im § 74 Abs 2 angeführte Schutzinteressen zu verletzen (§ 74 Abs 2 Einleitungssatz). Mit der V-Regelung des § 76 Abs 1 und der Möglichkeit einer bescheidmäßigen Feststellung für bestimmte Bauarten oder Einzelstücke von Maschinen, Geräten oder Ausstattungen gem § 76 Abs 2 soll einerseits im Interesse des Umweltschutzes ein zusätzlicher Anreiz geboten werden, Maschinen, Geräte und Ausstattungen so herzustellen, dass ihre Verwendung die Schutzinteressen des § 74 Abs 2 nicht berührt, und andererseits eine Verwaltungsvereinfachung und Verfahrensbeschleunigung dadurch erreicht werden, dass im Genehmigungsverfahren unter § 76 Abs 1 oder 2 fallende Maschinen, Geräte und Ausstattungen nur dann zu berücksichtigen sind, wenn die im § 76 Abs 3 festgelegten Voraussetzungen vorliegen.

2.1 Regelungsbereich der Verordnungen

Nach § 76 Abs 1 kann der BMwAng (jetzt: BMWFW) durch V Maschinen, Geräte und Ausstattungen bezeichnen, deren Verwendung für sich allein die Genehmigungspflicht einer Anlage nicht begründet, weil sie so beschaffen sind oder mit Schutzvorrichtungen so versehen oder für ihre Verwendung andere Schutzmaßnahmen, zu denen auch die Beigabe von Aufstellungs-, Montage-, Bedienungs-, Kontroll- und Wartungsanleitungen zählt, so getroffen sind, dass nach dem Stand der Technik (§ 71 a) und dem Stand der medizinischen oder der sonst in Betracht kommenden Wissenschaften zu erwarten ist, dass Gefährdungen, Belästigungen, Beeinträchtigungen oder nachteilige Einwirkungen iSd § 74 Abs 2 oder Belastungen der Umwelt (§ 69 a) vermieden werden.

Der Grund für die Einschränkung „für sich allein" ergibt sich aus § 76 Abs 3 (s unten 2.3). Bzgl „Schutzvorrichtungen" s § 71, bzgl „anderer Schutzmaßnahmen" s die §§ 69, 70 und 71.

Aufgrund des § 76 Abs 1 erging bisher lediglich die **SolarienV** BGBl 1995/147. Bei Einhaltung der Anforderungen der SolarienV wird die Genehmigungsfreiheit einer gew BA bewirkt. Werden diese Anforderungen nicht erfüllt, so ist die BA genehmigungspflichtig. Allfällige Auflagen in einem Genehmigungsbescheid dienen der Erreichung der Genehmigungsfähigkeit.

2.2 Subsidiärer Bescheid

Gibt es keine diesbezügliche V aufgrund des § 76 Abs 1, so hat der BMwAng (jetzt BMWFW) für eine bestimmte Bauart, für eine bestimmte Maschine, für ein bestimmtes Gerät oder für eine bestimmte Ausstattung auf Antrag durch Bescheid festzustellen, ob die Voraussetzungen gem § 76 Abs 1 dafür gegeben sind, dass die Verwendung dieser Bauart, dieser Maschine, dieses Gerätes oder dieser Ausstattung für sich allein die Genehmigungspflicht einer Anlage nicht begründet. Der Antrag kann vom Erzeuger oder auch von anderen Personen gestellt werden, die ein sachliches Interesse an der Feststellung nachweisen.

Die im § 76 Abs 2 vorgesehene, an eine Antragstellung gebundene bescheidmäßige Feststellung setzt – anders als eine V nach Abs 1 – voraus, dass sie eine „bestimmte" Bauart, Maschine, ein bestimmtes Gerät oder eine bestimmte Ausstattung zum Gegenstand hat. Aus dem Umstand einer bescheidmäßigen Feststellung im Zusammenhalt mit den angeführten Tatbestandsmerkmalen folgt, dass sich die angeführten Voraussetzungen ohne darüber hinaus erforderlichen Subsumtionsvorgang aus dem Bescheidabspruch ergeben müssen, was die Erfüllung des Tatbestandsmerkmals der „Bestimmtheit" voraussetzt. Einem Feststellungsantrag mangelt die Bestimmtheit, wenn darin „auf die Einhaltung der anerkannten Regeln der Technik" Bezug genommen wird, da ein derartiger Umstand weitere Subsumierungs- und Prüfungsvorgänge voraussetzen würde.

2.3 Berücksichtigung im Genehmigungsverfahren

Unter § 76 Abs 1 oder Abs 2 fallende Maschinen, Geräte oder Ausstattungen sind gem § 76 Abs 3 im Genehmigungsverfahren nur dann zu berücksichtigen, wenn durch die Verbindung der Maschine, des Gerätes oder der Ausstattung mit anderen Anlageteilen oder durch die Anzahl der Maschinen, Geräte oder Ausstattungen Gefährdungen, Belästigungen, Beeinträchtigungen oder nachteilige Einwirkungen iSd § 74 Abs 2 bewirkt werden können.

In den Fällen des § 76 Abs 3 ist bei Vorliegen der Voraussetzungen des § 359 b Abs 1 Z 1 ein vereinfachtes Genehmigungsverfahren durchzuführen.

2.4 Keine genehmigungspflichtige Betriebsanlagenänderung

Die Änderung einer genehmigten BA durch den Einsatz von Maschinen, Geräten und Ausstattungen, die unter V gem § 76 Abs 1 fallen oder in Bescheiden gem § 76 Abs 2 angeführt sind, ist gem § 81 Abs 2 Z 6 nicht genehmigungspflichtig, sofern § 76 Abs 3 nicht entgegen steht.

3. Verordnungen betreffend Bauart, Betriebsweise, Ausstattung oder zulässiges Ausmaß der Emissionen von Betriebsanlagen oder Betriebsanlagen-Teilen

Die V nach § 82 Abs 1 dienen der Entlastung der Genehmigungsverfahren betref- **255** fend die einzelnen Anlagen sowie der Anpassung von Altanlagen an neue Anforderungsstandards.

3.1 Regelungsbereich der Verordnungen

Gem § 82 Abs 1 kann der BMwAng (jetzt: BMWFW) im Einvernehmen mit dem BMUJF (jetzt: BMLFUW) durch V für genehmigungspflichtige Arten von Anlagen die nach dem Stand der Technik (§ 71 a) und dem Stand der medizinischen und der sonst in Betracht kommenden Wissenschaften zum Schutz der im § 74 Abs 2 umschriebenen Interessen und zur Vermeidung von Belastungen der Umwelt (§ 69 a) sowie die zur Anpassung an neue oder geänderte BVT-Schlussfolgerungen erforderlichen näheren Vorschriften über die Bauart, die Betriebsweise, die Ausstattung oder das zulässige Ausmaß der Emissionen von Anlagen oder Anlagenteilen erlassen.

Für bereits genehmigte BA sind in einer solchen V abweichende Bestimmungen oder Ausnahmen von V-Bestimmungen festzulegen, wenn sie nach dem Stand der Technik und dem Stand der medizinischen und der sonst in Betracht kommenden Wissenschaften wegen der Unverhältnismäßigkeit zwischen dem Aufwand zur Erfüllung der betreffenden V-Bestimmungen und dem dadurch erreichbaren Nutzen für die zu schützenden Interessen sachlich gerechtfertigt sind (generelle Anpassung von Altanlagen); bei IPPC-Anlagen muss jedenfalls den Vorgaben des § 77 b entsprochen werden. Es dürfen jedoch keine abweichenden Bestimmungen oder Ausnahmen von jenen V-Bestimmungen festgelegt werden, die solche Maßnahmen zur Vermeidung einer Gefahr für das Leben oder die Gesundheit der im § 74 Abs 2 Z 1 genannten Personen betreffen, die, wenn es nicht diese V-Bestimmungen gäbe, mit Bescheid gem § 79 vorgeschrieben werden müssten. Derartige V-Bestimmungen sind in der V entsprechend zu bezeichnen.

Normadressaten der V sind die Inhaber der der jeweiligen V unterliegenden BA.

Betrifft eine Änderung iSd § 81 Abs 1 eine BA, auf die eine nach § 82 Abs 1 erlassene V anzuwenden ist, so ist mit Rücksicht auf den sich aus § 82 Abs 1 erster Satz ergebenden Zweck einer nach dieser Bestimmung erlassenen V die Genehmigungspflicht dieser Änderung schon dann gegeben, wenn die BA in ihrer geänderten Form und als Folge der Änderung den Anforderungen dieser V nicht mehr entspricht (VwGH 16. 12. 1998, 98/04/0033).

Durch den zweiten und dritten Satz des § 82 Abs 1 wird der Unterschied zwischen Vorsorgemaßnahmen (wie insb Maßnahmen zur Vermeidung von Belastungen der Umwelt) und dringenden Maßnahmen zur Vermeidung einer Gefahr für das Leben oder die Gesundheit der im § 74 Abs 2 Z 1 genannten Personen hervorgehoben und weiters klargestellt, dass

auch bereits genehmigte Anlagen einer aufgrund des ersten Satzes erlassenen V unterliegen
– sofern nicht der dritte Satz solchen Regelungen überhaupt entgegen steht – und nur bei
Vorliegen der im G festgelegten Voraussetzungen (Unverhältnismäßigkeit zwischen Aufwand und Nutzen) abweichende Bestimmungen und Ausnahmen zulässig sind, die in einer
V selbst angeführt werden müssen.

Folgende V aufgrund des § 82 Abs 1 wurden bisher erlassen:
– V über die Ausstattung und Betriebsweise von gew BA zum Betrieb von Flüssiggas-Tank-
stellen 2010 (Flüssiggas-Tankstellen-V 2010 – FGTV 2010) BGBl II 2010/247
– V über die Begrenzung des Schwefelgehaltes von Kraftstoffen für nicht zum Betreiben von
Kraftfahrzeugen bestimmten Dieselmotoren BGBl 1985/549 idF BGBl II 2000/123
– V über die Begrenzung des Schwefelgehaltes von Heizöl BGBl 1989/94 idF BGBl 1994/545
– V über Lagerung und Abfüllung brennbarer Flüssigkeiten (V über brennbare Flüssigkei-
ten – VbF) BGBl 1991/240 idF BGBl II 2005/351 und § 122 Abs 5 ASchG
– V über die Ausstattung gew BA mit Gaspendelleitungen für ortsfeste Kraftstoffbehälter
BGBl 1991/558 idF BGBl 1995/904
– V über die Ausstattung von Tankstellen mit Benzindampf-Rückgewinnungssystemen beim
Betanken von Kraftfahrzeugen (Benzindampf-Rückgewinnungs-V – BDRV) BGBl II 2013/67
– V über die Begrenzung von Emissionen aus Aufbereitungsanlagen für bituminöses Misch-
gut BGBl 1993/489
– V über die Begrenzung der Emission von luftverunreinigenden Stoffen aus Anlagen zur
Gipserzeugung BGBl 1993/717
– V über die Begrenzung der Emission von luftverunreinigenden Stoffen aus Brennöfen zur
Ziegelerzeugung in gew BA und Bergbauanlagen BGBl 1993/720
– V über die Begrenzung der Emission von luftverunreinigenden Stoffen aus Gießereien
2014 (Gießerei-V 2014 – GießV 2014) BGBl II 2014/264
– V über die Begrenzung der Emission von luftverunreinigenden Stoffen aus Anlagen zur
Glaserzeugung BGBl 1994/498
– V über die Begrenzung der Emission von luftverunreinigenden Stoffen aus Anlagen zur
Erzeugung von Eisen und Stahl BGBl II 1997/160 idF BGBl II 2010/38
– V über die Bauart, die Betriebsweise, die Ausstattung und das zulässige Ausmaß der Emis-
sion von Anlagen zur Verfeuerung fester, flüssiger oder gasförmiger Brennstoffe in gew
BA (Feuerungsanlagen-V – FAV) BGBl II 1997/331 idF BGBl II 2011/312
– V über die Begrenzung der Emission von luftverunreinigenden Stoffen aus Anlagen zur
Erzeugung von Nichteisenmetallen und Refraktärmetallen – NER-V BGBl II 2008/86
– V zur Umsetzung der RL 1999/13/EG über die Begrenzung der Emissionen bei der Ver-
wendung organischer Lösungsmittel in gew BA (VOC-Anlagen-V – VAV) BGBl II 2002/
301 idF BGBl II 2010/77
– V über die Verbrennung von Abfällen (AbfallverbrennungsV – AVV) BGBl 2002/389
(Art 1 der Abfallverbrennung-SammelV) idF BGBl II 2013/135
– V über die Lagerung, Abfüllung, Umfüllung und Verwendung von Flüssiggas (Flüssiggas-
V 2002 – FGV) BGBl II 2002/446
– V über die Lagerung von Druckgaspackungen in gew BA 2002 (Druckgaspackungslage-
rungsV 2002 – DGPLV 2002) BGBl II 2002/489
– V über die Lagerung pyrotechnischer Gegenstände in gew BA 2004 (Pyrotechnik-LagerV
2004 – Pyr-LV 2004) BGBl II 2015/133
– V über die Begrenzung der Emissionen bei der Verwendung halogenierter organischer
Lösungsmittel in gew BA (HKW-Anlagen-V – HAV) BGBl II 2005/411
– V über die Begrenzung der Emission von luftverunreinigenden Stoffen aus Anlagen zur
Zementerzeugung 2007 (ZementV 2007) BGBl II 2010/38

Als Vorschriften zum Schutz der Gesundheit der Kunden iSd § 82 Abs 1 gelten der III. Abschnitt – mit Ausnahme der Bestimmungen, die sich auf Badegewässer und die Zulassung eines Überprüfungsbetriebes beziehen – des BäderhygieneG (BHygG) BGBl 1976/254 idF BGBl I 2012/42 (s § 1 Abs 4 BHygG) und die V über Hygiene in Bädern, Warmsprudelwannen (Whirlwannen), Saunaanlagen, Warmluft- und Dampfbädern und Kleinbadeteichen (BäderhygieneV 2012 – BhygV 2012) BGBl II 2012/321 idF BGBl II 2014/15.

3.2 Subsidiärer Bescheid zur individuellen Anpassung von Altanlagen

Weist der Inhaber einer genehmigten BA nach, dass seine Anlage wegen der verwendeten Maschinen und Geräte, wegen ihrer Betriebsweise, wegen ihrer Ausstattung oder aus sonstigen Gründen (wie wegen besonderer örtlicher Gegebenheiten) von den in einer V gem § 82 Abs 1 für bestehende BA festgelegten abweichenden Bestimmungen oder Ausnahmen nicht erfasst wird, so ist die erforderliche Anpassung der BA an die V mit Bescheid aufzutragen; hiebei sind Abweichungen oder Ausnahmen von der V unter denselben Voraussetzungen festzulegen, wie sie für die Festlegung von Abweichungen oder Ausnahmen von V-Bestimmungen in der V bestehen.

Im Falle einer individuellen Anpassung gem § 82 Abs 2 kommt ein Feststellungsverfahren nach § 358 Abs 3 nicht in Betracht, da in diesem Verfahren lediglich festzustellen ist, ob eine V aufgrund des § 82 Abs 1 (überhaupt) auf eine bestimmte BA anzuwenden ist.

Die (generelle oder individuelle) Anpassung einer BA an eine V aufgrund des § 82 Abs 1 stellt keine genehmigungspflichtige Änderung der BA dar (s § 81 Abs 2 Z 3).

3.3 Bescheidmäßiges Abweichen von der Verordnung

Von den Bestimmungen einer V gem § 82 Abs 1 abweichende Maßnahmen dürfen von Amts wegen mit Bescheid aufgetragen oder auf Antrag mit Bescheid zugelassen werden, wenn hiedurch der gleiche Schutz erreicht wird (§ 82 Abs 3 erster Satz).

Abweichungen von einer V gem § 82 Abs 1 können nicht nur in einem Genehmigungsbescheid, sondern auch in einem eigenen Bescheid aufgetragen oder zugelassen werden.

Siehe hiezu auch die gleichartige Bescheidregelung des § 69 Abs 5 für Abweichungen von einer V aufgrund des § 69 Abs 1.

Abweichungen von einer V gem § 82 Abs 1 dürfen auf Antrag mit Bescheid ferner zugelassen werden, wenn durch geeignete Maßnahmen, wie Einrichtungen, Verfahren oder Betriebsweisen, sichergestellt ist, dass der gleiche Schutz erreicht ist, wie er bei Einhaltung einer V gem § 82 Abs 1 ohne solche Maßnahme zu erwarten ist (§ 82 Abs 3 zweiter Satz).

Durch diese Bestimmung werden vor dem Inkrafttreten der V vom BA-Inhaber gesetzte freiwillige Maßnahmen, durch die bereits jener Schutz gewährleistet ist, der durch die V angestrebt wird, honoriert.

3.4 Betrieblicher Reduktionsplan

In einer V gem § 82 Abs 1 kann vorgesehen werden, dass Inhaber von BA an Stelle der Erfüllung der Anforderungen nach § 82 Abs 1 die Emissionen nach Maßgabe eines betrieblichen Reduktionsplanes verringern dürfen und dass dieser Reduktionsplan der bescheidmäßigen Genehmigung durch die Behörde bedarf; wenn der Reduktionsplan erfüllt ist, muss eine gleichwertige Verringerung der Emissionen erreicht sein wie bei der Erfüllung der entsprechenden Anforderungen der V. In der V können auch nähere Anforderungen an die Reduktionspläne sowie darüber, wie der Inhaber der BA die Erfüllung der vorgeschriebenen Reduktionspläne nachzuweisen hat, festgelegt werden (§ 82 Abs 3 a).

Aufgrund des § 82 Abs 3 a (iVm Abs 1) wurde bisher die VOC-Anlagen-V – VAV BGBl II 2002/301 idF BGBl II 2010/77 erlassen.

3.5 Berücksichtigung von über die V hinausgehenden Schutzerfordernissen

Wird im Einzelfall durch die Einhaltung der Bestimmungen einer V gem § 82 Abs 1 der mit dieser V angestrebte Schutz nicht gewährleistet, so sind zur Erreichung dieses Schutzes auch über die Bestimmungen der V hinausgehende Auflagen vorzuschreiben (§ 82 Abs 4).

Die Vorschreibung von Auflagen, die über die Bestimmungen einer nach § 82 Abs 1 ergangenen V hinausgehen, ist nicht schon dann zulässig, wenn die Behörde der Meinung ist, die Bestimmungen einer solchen V seien generell ergänzungsbedürftig, sondern nur dann, wenn im „Einzelfall", also aufgrund der besonderen Verhältnisse der im konkreten Fall zu genehmigenden BA, der mit der V angestrebte Schutz nicht gewährleistet wird (VwGH 17. 3. 1998, 97/04/0204).

3.6 Vermeidung von Härtefällen

Für die Erfüllung von Bestimmungen einer V gem § 82 Abs 1 darf gem § 82 Abs 5 auf Antrag mit Bescheid eine angemessene, höchstens fünf Jahre betragende Frist eingeräumt werden, wenn die Erfüllung dieser V-Bestimmungen für den Betriebsinhaber erst innerhalb dieser Frist wirtschaftlich zumutbar ist; dies ist nicht zulässig, wenn es um die Einhaltung jener entsprechend bezeichneten V-Bestimmungen geht, von denen gem § 82 Abs 1 keine abweichenden Bestimmungen oder Ausnahmen in der V festgelegt werden dürfen (s § 82 Abs 1 dritter Satz). Auf IPPC-Anlagen ist § 77 b Abs 3 sinngemäß anzuwenden.

Hinsichtlich der Beurteilung, innerhalb welcher Frist die Erfüllung von V-Bestimmungen für den Betriebsinhaber wirtschaftlich zumutbar ist, trifft den Betriebsinhaber eine Mitwirkungspflicht, dh, er hat der Behörde die idR nur ihm bekannten betriebswirtschaftlichen Umstände bekannt zu geben.

3.7 Strafbestimmungen

Die Nichteinhaltung von Bestimmungen einer V gem § 82 Abs 1 (oder eines Bescheides nach § 82) stellt eine Verwaltungsübertretung dar und ist mit einer Geldstrafe bis zu € 2.180 zu bestrafen (§ 367 Z 25).

4. Verordnung betreffend Industrieunfallrecht

256 Die EU hat eine neue Richtlinie zur Beherrschung der Gefahren schwerer Unfälle mit gefährlichen Stoffen erlassen (Seveso-III-RL, RL 2012/18/EU). Diese hat die sog Seveso-II-RL abgelöst. Mit der sog Seveso-III-Nov (BGBl I 2015/81) erfolgte die Umsetzung der RL in Abschnitt 8 a GewO.

Der Abschnitt 8 a gilt für jene gew BA, bei denen die in der Anlage 5 zur GewO genannten gefährlichen Stoffe in den entsprechenden Mengen vorhanden sind.

4.1 Regelungsbereich der Verordnung

Gem § 84 m hat der BMWFW im Einvernehmen mit dem BMLFUW durch V nähere Bestimmungen über

1. die Pflichten des Betriebsinhabers nach einem schweren Unfall,
2. das Sicherheitskonzept,
3. das Sicherheitsmanagementsystem,
4. den Sicherheitsbericht und
5. den internen Notfallplan

zu erlassen.

Aufgrund des § 84 m erging die V BGBl II 2015/229 des BMWFW, mit der nähere Bestimmungen betreffend die Beherrschung der Gefahren schwerer Unfälle mit gefährlichen Stoffen in Betrieben erlassen wurden (Industrieunfallverordnung 2015 – IUV 2015).

§ 358 Abs 3 ermöglicht dem Inhaber einer gew BA den Antrag auf Feststellung, ob der Abschnitt 8 a und damit auch die IUV auf seine BA anzuwenden ist.

4.2 Industrieunfall

Ein Industrieunfall ist gem § 2 Z 1 IUV ein Ereignis, das in einem Betrieb iSd § 84 b Z 1 auftreten kann und das die im § 84 b Z 12 festgelegten Merkmale eines schweren Unfalles aufweist.

4.3 Pflichten des Anlageninhabers

In Verbindung mit Abschnitt 8 a deckt die IUV die Betreiberpflichten einer unter den Abschnitt 8 a fallenden BA abschließend ab.

4.4 Strafbestimmungen

Die Nichteinhaltung von Bestimmungen einer V gem § 84 m ist als Verwaltungsübertretung mit einer Geldstrafe bis zu € 2.180 zu bestrafen (§ 367 Z 25).

(Weitere Strafbestimmungen finden sich in § 367 Z 55 bis Z 57).

4.5 Inspektionen

Gem § 84 k hat die Behörde für die in ihrem örtlichen Zuständigkeitsbereich liegenden Betriebe ein System von Inspektionen oder sonstigen Kontrollmaßnahmen zu erstellen und auf der Grundlage dieses Systems die Einhaltung der Pflichten der Betriebsinhaber planmäßig und systematisch zu überwachen. Näheres s *Vogelsang*, Die Überwachung von Betriebsanlagen Rz 371.

5. Sonstige für Betriebsanlagen bedeutsame Verordnungen

5.1 Verordnungen betreffend Betriebsstätten-Einrichtungen, Waren und Dienstleistungen

257

Gem § 69 Abs 1 kann der BMwAng (jetzt: BMWFW) zur Vermeidung einer Gefährdung von Leben oder Gesundheit von Menschen oder zur Vermeidung von Belastungen der Umwelt (§ 69 a) durch V festlegen, welche Maßnahmen die Gewerbetreibenden bei der Gewerbeausübung hinsichtlich der Einrichtung der Betriebsstätten, hinsichtlich der Waren, die sie erzeugen oder verkaufen oder deren Verkauf sie vermitteln, hinsichtlich der Einrichtungen oder sonstigen Gegenstände, die sie zur Benützung bereithalten, oder hinsichtlich der Dienstleistungen, die sie erbringen, zu treffen haben. Die V kann auch festlegen, wie der Gewerbetreibende die Erfüllung der vorgeschriebenen Maßnahmen nachzuweisen hat.

V-Regelungen über die Einrichtung von Betriebsstätten, die nach § 74 Abs 1 BA sind, sind dann aufgrund des § 69 Abs 1 zu treffen, wenn diese BA nicht der Genehmigungspflicht nach § 74 Abs 2 unterliegen (für genehmigungspflichtige BA ist die V-Ermächtigung des § 82 Abs 1 heranzuziehen).

Aufgrund des § 69 Abs 1 (allenfalls im Zusammenhalt mit anderen G-Bestimmungen) wurden zB folgende V erlassen:
– V über Ausübungsvorschriften für das gebundene Gewerbe der Hörgeräteakustiker BGBl 1976/72 idF BGBl 1990/676
– V über Lagerung und Abfüllung brennbarer Flüssigkeiten (V über brennbare Flüssigkeiten – VbF) BGBl 1991/240 idF BGBl II 2005/351
– V über Schutzmaßnahmen betreffend Dekorationsleuchten BGBl 1979/255
– V über die Begrenzung des Schwefelgehaltes von Kraftstoffen für nicht zum Betreiben von Kraftfahrzeugen bestimmte Dieselmotoren BGBl 1985/549 idF BGBl II 2000/123
– V über die Begrenzung des Schwefelgehaltes von Heizöl BGBl 1989/94 idF BGBl 1994/545
– V über die Sicherheit von Aufzügen und von Sicherheitsbauteilen für Aufzüge (Aufzüge-SicherheitsV 2008 – ASV 2008) BGBl II 2008/274 idF BGBl II 2015/4
– V über den sicheren Betrieb und die Änderung von Hebeanlagen (Hebeanlagen-BetriebsV 2009 – HBV 2009) BGBl II 2009/210 idF BGBl II 2014/228
– V über die Lagerung von Druckgaspackungen in gew BA 2002 (DruckgaspackungslagerungsV 2002 – DGPLV 2002) BGBl II 2002/489
– V über Schutzmaßnahmen betreffend die Aufbereitung von bituminösem Mischgut in mobilen Einrichtungen BGBl II 1998/170
– V über Maßnahmen zur Bekämpfung der Emission von gasförmigen Schadstoffen und luftverunreinigenden Partikeln aus Verbrennungsmotoren für mobile Maschinen und Geräte (Mot-V) BGBl II 2005/136 idF BGBl II 2013/463
– V über Geräuschemissionen von zur Verwendung im Freien vorgesehenen Geräten und Maschinen BGBl II 2001/249 idF BGBl II 2006/347
– V über die Lagerung pyrotechnischer Gegenstände in gew BA 2004 (Pyrotechnik-LagerV 2004 – Pyr-LV 2004) BGBl II 2004/252 idF BGBl II 2015/133
– V über die Sicherheit von Maschinen und von Sicherheitsbauteilen für Maschinen (Maschinen-SicherheitsV 2010 – MSV 2010) BGBl II 2008/282 idF BGBl II 2015/78
– V zur Schaffung eines Rahmens für die Festlegung von Anforderungen an die umweltgerechte Gestaltung energieverbrauchsrelevanter Produkte (Ökodesign-V 2007 – ODV 2007) BGBl II 2007/126 idF BGBl II 2011/187

Gem § 69 Abs 3 darf die V-Ermächtigung nicht zur Festlegung von Schutzmaßnahmen auf den Gebieten des Gesundheitswesens, der Nahrungsmittelkontrolle, der Arzneimittelkontrolle, des Giftwesens sowie des Arbeitnehmerschutzes herangezogen werden.

Ist keine Regelung in einer V gem § 69 Abs 1 erlassen worden, so kann die Behörde Maßnahmen mit Bescheid auftragen (§ 69 Abs 4).

Nach § 69 Abs 5 kann die Behörde auf Antrag von den Bestimmungen einer V gem § 69 Abs 1 abweichende Maßnahmen iSd Abs 1 mit Bescheid zulassen, wenn hiedurch der gleiche Schutz erreicht wird.

Die Nichteinhaltung von Bestimmungen einer V gem § 69 Abs 1 ist als Verwaltungsübertretung mit einer Geldstrafe bis zu € 2.180 zu bestrafen (§ 367 Z 22).

Siehe im Zusammenhang mit § 69 auch die Regelung gem § 2 Abs 14.

5.2 Verordnung betreffend die Befähigung der Arbeitnehmer zur Durchführung bestimmter gefährlicher Arbeiten

Gem § 70 Abs 1 kann der BMWA (jetzt: BMWFW) durch V Arbeiten bezeichnen, die in besonderem Maße Leben oder Gesundheit von Menschen gefährden können. Dies gilt auch für Arbeiten, deren unfachgemäße Vornahme die ordnungsgemäße Funktion von dem Schutz vor solchen Gefahren dienenden Maschinen, Geräten oder Ausrüstungen beeinträchtigen kann. Die durch solche V bezeichneten Arbeiten haben die Gewerbetreibenden von Personen ausführen zu lassen, die zur Ausführung dieser Arbeiten fachlich befähigt sind. Diese Personen haben ihre Befähigung durch Belege iSd § 18 Abs 2 nachzuweisen. Der BMWA (jetzt: BMWFW) kann in der V unter Bedachtnahme auf die für die jeweils bezeichnete Arbeit erforderlichen Fähigkeiten festlegen, dass die Befähigung durch das Zeugnis über eine erfolgreich abgelegte Prüfung nachzuweisen ist, wenn als Befähigungsnachweis für das Gewerbe, in dem die gefährlichen Arbeiten ausgeführt werden, eine Prüfung vorgesehen ist. Diese Prüfung ist vor einer Prüfungskommission abzulegen.

Durch eine V nach Abs 1 erster Satz können im Zusammenhang mit gew Tätigkeiten zulässigerweise durchzuführende Arbeiten bezeichnet werden, die in „besonderem Maß" Leben oder Gesundheit von Menschen gefährden. Eine solche Bezeichnung kann auch „Arbeiten" iSd Abs 1 zweiter Satz betreffen. Rechtliche Folge einer verordnungsmäßigen Bezeichnung gem Abs 1 ist, dass bezeichnete Arbeiten nur von solchen Mitarbeitern ausgeführt werden dürfen, die dazu „fachlich befähigt" sind.

Nach Abs 2 des § 70 darf der Gewerbetreibende bei durch V nach Abs 1 bezeichneten Arbeiten, die er durch fachlich befähigte Personen ausführen lassen muss, Lehrlinge einsetzen und ausbilden.

Von der V-Ermächtigung des § 70 Abs 1 darf nur dann Gebrauch gemacht werden, wenn der V-Zweck nicht durch eine entsprechende arbeitnehmerschutzrechtliche Regelung erreicht wird (§ 70 Abs 3).

Der Verstoß gegen eine V aufgrund des § 70 Abs 1 ist als Verwaltungsübertretung mit einer Geldstrafe bis zu € 2.180 zu bestrafen (§ 367 Z 23).

5.3 Verordnungen betreffend die Sicherheit von Maschinen und Geräten

Nach § 71 Abs 4 erster Satz hat der BMwAng (jetzt: BMWFW) für Maschinen, Geräte, Ausrüstungen sowie deren Teile und Zubehör, die wegen der Bauart oder Wirkungsweise Gefahren für das Leben oder die Gesundheit ihrer Benutzer herbeiführen können, durch V festzulegen, welche grundlegenden Sicherheitsanforderungen hinsichtlich der Konstruktion, des Baus und weiterer Schutzmaßnahmen einschließlich der Beigabe von Beschreibungen und Bedienungsanleitungen zumindest zu treffen sind.

Zu diesen V sind Verzeichnisse der harmonisierten Europäischen Normen und der hilfreichen österreichischen Normen durch Kundmachung des BMwAng (jetzt: BMWFW) anzuführen (§ 71 Abs 4 zweiter und dritter Satz).

Aufgrund des § 71 Abs 4 wurden folgende V erlassen:
- V über die Sicherheit von Aufzügen und von Sicherheitsbauteilen (Aufzüge-SicherheitsV 2008 – ASV 2008) BGBl II 2008/274 idF BGBl II 2015/4
- V über die Sicherheit von Maschinen und von Sicherheitsbauteilen für Maschinen (Maschinen-SicherheitsV 2010 – MSV 2010) BGBl II 2008/282 idF BGBl II 2015/78
- V über den sicheren Betrieb und die Änderung von Hebeanlagen (Hebeanlagen-BetriebsV 2009 – HBV 2009) BGBl II 2009/210 idF BGBl II 2014/228

– V über Geräte und Schutzsysteme zur bestimmungsgemäßen Verwendung in explosionsgefährdeten Bereichen (ExplosionsschutzV 1996 – ExSV 1996) BGBl 1996/252
– V über das Inverkehrbringen und Ausstellen von Gasgeräten und die grundlegenden Sicherheitsanforderungen an Gasgeräte (Gasgeräte-SicherheitsV – GSV) BGBl 1994/430 idF BGBl II 2011/114
– V über das Inverkehrbringen und Ausstellen von persönlichen Schutzausrüstungen und über die grundlegenden Sicherheitsanforderungen an persönliche Schutzausrüstungen (PSA-SicherheitsV – PSASV) BGBl 1994/596 idF BGBl II 2015/14
– V über Geräuschemissionen von zur Verwendung im Freien vorgesehenen Geräten und Maschinen, BGBl II 2001/249 idF BGBl II 2006/347
– V über Maßnahmen zur Bekämpfung der Emission von gasförmigen Schadstoffen und luftverunreinigenden Partikeln aus Verbrennungsmotoren für mobile Maschinen und Geräte (MOT-V) BGBl II 2005/136 idF BGBl II 2013/463
– V über Anforderungen an Sportboote, BGBl II 2004/276

Die Nichteinhaltung einer V nach § 71 Abs 4 bei der Abgabe einer Übereinstimmungserklärung gem § 71 Abs 3 oder der Anbringung eines Zeichens oder einer Plakette gem § 71 Abs 6 ist als Verwaltungsübertretung mit einer Geldstrafe bis zu € 3.600 zu bestrafen (§ 366 Abs 1 Z 5).

Siehe im Zusammenhang mit § 71 auch die Regelung gem § 2 Abs 14.

5.4 Verordnungen betreffend die Bestimmung des Schallpegels von Maschinen und Geräten

Nach § 72 Abs 2 hat der BMwAng (jetzt: BMWFW) entsprechend der Art der Maschinen und Geräte und dem Stand der Technik (§ 71a) durch V festzulegen, von wem und wie der A-bewertete Schallleistungspegel bei Leerlauf und bzw oder bei üblicher Belastung zu bestimmen ist.

Aufgrund des § 72 Abs 2 wurde die V über die Bestimmung der Geräuschemissionen von Haushaltsgeräten, BGBl 1996/621 idF BGBl II 2011/232 erlassen.

Gewerbetreibende dürfen gem § 72 Abs 1 Maschinen oder Geräte, die im Leerlauf oder bei üblicher Belastung einen größeren A-bewerteten Schallleistungspegel als 80 dB entwickeln, nur dann in den inländischen Verkehr bringen, wenn die Maschinen und Geräte mit einer deutlich sichtbaren und gut lesbaren sowie dauerhaften Aufschrift versehen sind, die den entsprechend der V aufgrund des § 72 Abs 2 bestimmten A-bewerteten Schallleistungspegel bei Leerlauf und bzw oder bei üblicher Belastung ausweist (sog Lärmauszeichnung).

Werden nicht unter den Abs 1 fallende Maschinen oder Geräte mit einer Aufschrift über die Geräuschentwicklung in den inländischen Verkehr gebracht, so hat diese Aufschrift, sofern für die in Betracht kommenden Arten von Maschinen und Geräten eine V nach § 72 Abs 2 besteht, den A-bewerteten Schallleistungspegel bei Leerlauf und bzw oder bei üblicher Belastung zu enthalten, der entsprechend der V gem Abs 2 ermittelt worden ist (§ 72 Abs 3).

Die Nichteinhaltung einer V nach § 72 Abs 2 ist (ebenso wie ein Verstoß gegen § 72 Abs 1) eine Verwaltungsübertretung, die mit einer Geldstrafe bis zu € 2.180 zu bestrafen ist (§ 367 Z 24).

5.5 Verordnung, mit der Arten von Betriebsanlagen bezeichnet werden, die trotz höherer elektrischer Anschlussleistung der zur Verwendung gelangenden Maschinen und Geräte dem vereinfachten Genehmigungsverfahren zu unterziehen sind

Nach § 359b Abs 3 kann der BMwAng (jetzt: BMWFW) durch V Arten von BA bezeichnen, die dem vereinfachten Verfahren gem § 359b Abs 1 zu unterziehen sind, weil sie den Voraussetzungen des § 359 b Abs 1 Z 2 bis auf die elektrische Anschlussleistung der zur Verwendung gelangenden Maschinen und Geräte entsprechen und diese Anschlussleistung die im § 359 b Abs 1 Z 2 angegebene Messgröße um höchstens 50% aus Gründen übersteigt, die in der technischen Besonderheit dieser Maschinen oder Geräte oder deren Verbindung miteinander oder mit anderen Anlagenteilen oder in einschlägigen elektrotechnischen Sicherheitsvorschriften oder in Vertragsbedingungen des Energieversorgungsunternehmens, nicht jedoch in der Betriebsweise der Anlage liegen, da ein gleichzeitiges Betreiben aller dieser Maschinen und Geräte nicht in Betracht kommt.

Nach § 359 b Abs 1 Z 2 darf die elektrische Anschlussleistung der in der BA zur Verwendung gelangenden Maschinen und Geräte 300 kW nicht übersteigen.
Bisher ist keine auf Abs 3 gestützte V erlassen worden.

5.6 Verordnung, mit der dem vereinfachten Genehmigungsverfahren zu unterziehende Arten von Betriebsanlagen bezeichnet werden

Nach § 359 b Abs 2 hat der BMwAng (jetzt: BMWFW) durch V Arten von BA zu bezeichnen, die dem vereinfachten Verfahren gem § 359 b Abs 1 zu unterziehen sind, weil aufgrund der vorgesehenen Ausführung der Anlagen (insb der Beschaffenheit und Wirkungsweise der Maschinen, Geräte und Ausstattungen der Anlage, der elektrischen Anschlussleistung der eingesetzten Maschinen und Geräte, der Betriebsweise, der räumlichen Ausdehnung der Anlage, der Art und Menge der in der Anlage gelagerten, geleiteten, umgeschlagenen, verwendeten oder hergestellten Stoffe) nach Art, Ausmaß und Dauer der Emissionen dieser Anlagen zu erwarten ist, dass die gem § 74 Abs 2 wahrzunehmenden Interessen hinreichend geschützt und Belastungen der Umwelt (§ 69 a) vermieden werden.

Aufgrund des § 359 b Abs 2 wurde die V, mit der Arten von Betriebsanlagen bezeichnet werden, die dem vereinfachten Genehmigungsverfahren zu unterziehen sind, BGBl 1994/850 idF BGBl II 1999/19, erlassen.
Erfüllt eine BA die in dieser V festgelegten Voraussetzungen, dann hat die Behörde diese die Anwendung des vereinfachten Verfahrens begründende Beschaffenheit der Anlage festzustellen.

5.7 Verordnung, mit der Arten von Betriebsanlagen bezeichnet werden, die nicht dem vereinfachten Genehmigungsverfahren zu unterziehen sind

Nach § 359 b Abs 7 hat der BMwAng (jetzt: BMWFW) im Einvernehmen mit dem BMUJF (jetzt: BMLFUW) durch V jene Arten von BA zu bezeichnen, die aus Gründen des vorsorgenden Umweltschutzes jedenfalls nicht dem vereinfachten Genehmigungsverfahren gem § 359 b Abs 1 zu unterziehen sind, auch wenn im Einzelfall eine derartige Anlage die Voraussetzungen für die Anwendung des vereinfachten Genehmigungsverfahrens erfüllt.

Aufgrund der V-Ermächtigung nach § 359 b Abs 7 wurde die V, mit der jene Arten von Betriebsanlagen bezeichnet werden, die keinesfalls dem vereinfachten Genehmigungsverfahren zu unterziehen sind, BGBl II 1998/265, erlassen.
Durch die Aufhebung des § 359 b Abs 4, auf den § 1 der obzit V verweist, gehen die Regelungen dieser V allerdings ins Leere.

5.8 Verordnungen, mit der Arten von Betriebsanlagen bezeichnet werden, für die jedenfalls keine Genehmigung erforderlich ist

Nach § 74 Abs 7 kann der BMwAng (jetzt: BMWFW) durch V Arten von BA, für die jedenfalls keine Genehmigung erforderlich ist, bezeichnen, wenn von ihnen erwartet werden kann, dass die gem § 74 Abs 2 wahrzunehmenden Interessen hinreichend geschützt sind.

Aufgrund der V-Ermächtigung des § 74 Abs 7 wurde die V, mit der jene Arten von Betriebsanlagen bezeichnet werden, für die jedenfalls keine Genehmigung erforderlich ist, BGBl II 1999/20 idF BGBl II 1999/149, erlassen.

Zur 2. GenehmigungsfreistellungsV BGBl II 2015/80 s *Stolzlechner*, Die Genehmigungspflicht der Betriebsanlage Rz 192, 5.2.

5.9 Verordnungen zur Erfüllung gemeinschaftsrechtlicher Berichtspflichten, Meldepflichten

Der im Abschnitt 8 b „Gemeinschaftsrechtliche Berichtspflichten, Meldepflichten" enthaltene § 84 h sieht vor, dass der nach der GewO oder aufgrund behördlicher Anordnungen zur Durchführung von Messungen oder anderer geeigneter Verfahren zur Bestimmung von Emissionen aus seiner BA und zur Führung von Aufzeichnungen darüber Verpflichtete diese Aufzeichnungen auf Aufforderung der Behörde in geeigneter Form zu übermitteln hat, soweit dies zur Erfüllung gemeinschaftsrechtlicher Berichtspflichten erforderlich ist.

Der BMWA (jetzt: BMWFW) kann im Einvernehmen mit dem BMLFUW durch V nähere Anforderungen an die erforderlichen Messungen oder andere geeignete Verfahren zur Bestimmung von Emissionen entsprechend den jeweiligen Arten von BA oder Schadstoffen, an die Art, den Aufbau und die Führung von Aufzeichnungen oder Daten sowie der Form der Übermittlung festlegen. Ist es zur Erfüllung gemeinschaftsrechtlicher Berichtspflichten notwendig, können in dieser V Messungen oder andere geeigneten Verfahren zur Bestimmung von Emissionen aus BA und die diesbezüglichen Aufzeichnungspflichten auch für bereits genehmigte BA festgelegt werden. Aufgrund des § 84 h sind bisher folgende V erlassen worden:
– V über die Begrenzung der Emissionen bei der Verwendung halogenisierter organischer Lösungsmittel in gew BA (HKW-Anlagen-V – HAV) BGBl II 2005/411
– V zur Umsetzung der RL 1999/13/EG über die Begrenzung der Emissionen bei der Verwendung organischer Lösungsmittel in gew BA (VOC-Anlagen-V – VAV) BGBl II 2002/301 idF 2010/77
– V über begleitende Regelungen im Zusammenhang mit der Schaffung eines Europäischen Schadstofffreisetzungs- und -verbringungsregisters (E-PRTR-BegleitV) BGBl II 2007/380.

III.

Stellung der Nachbarn

A. Die Nachbarn und ihre Parteistellung

Harald Wendl

Literatur: *Aichlreiter,* Was ist und woran erkennt man eine Formalpartei? ZfV 1993, 333; *Andreaus/Lahnsteiner,* Parteistellung von Nachbarn in vereinfachten Verfahren – Der Weg ist das Ziel, ZfV 2012, 633; *Berl,* Präkludiert oder doch nicht? RdU 2012, 185; *Demmelbauer,* Anmerkungen zum Betriebsanlagenrecht, ÖGZ 1982, 370; *E/R/W; Ennöckl/Raschauer/Bergthaler,* Umweltverträglichkeitsprüfungsgesetz – Kommentar[3] (2013); *Götzl/Gruber/Reisner/Winkler,* Das neue Verfahrensrecht der Verwaltungsgerichte, Kommentar (2015); *Grabenwarter,* Großverfahren nach dem AVG, ZfV 2000, 718; *Grabler/Stolzlechner/Wendl,* GewO[3], insb Kommentierung zu §§ 74, 75, 77 und 356; *Grabler/Stolzlechner/Wendl,* GewO-KK; *Gruber,* Die Judikatur des Verwaltungsgerichtshofes zum gewerblichen Betriebsanlagenrecht: Aktuelle Entwicklungen, in *Hauer* (Hrsg), Betriebsanlagenrecht im Umbruch (2004) 8; *Gruber/Paliege-Barfuß,* GewO[7]; *Hauer,* Zur Problematik der übergangenen Partei, in *Korinek/Krejci* (Hrsg), Handbuch des Bau- und Wohnungsrechts; *Hauer,* Probleme der Genehmigungskonzentration im Anlagenrecht der Gewerbeordnung, in *Hauer* (Hrsg), Betriebsanlagenrecht im Umbruch (2004) 33; *Hengstschläger,* Verlust der Parteistellung – auch des „Übergangenen" – gem § 42 AVG, ÖJZ 2000, 790; *Hengstschläger/Leeb,* AVG I[2], II, III; *Hengstschläger/Leeb,* VerwVerfR[5]; *Jahnel,* Internetkundmachung: Die neuen Bestimmungen in AVG und GewO, bbl 2013, 188; *Kastner,* Präklusion im gewerblichen Anlagenrecht, ecolex 2014, 657; *Kolonovits/Muzak/Stöger,* VerwVerfR[10]; *Krzizek,* Das öffentliche Nachbarrecht (1959); *Mas,* Die Präklusion im Verwaltungsverfahren und in der Verwaltungsgerichtsbarkeit im Licht der Rechtsprechung des EuGH, ÖJZ 2002, 161; *Mannlicher/Quell,* Das Verwaltungsverfahren[8] (1975); *Mayer,* Präklusion und Prozessgegenstand des Berufungsverfahrens, ZfV 1981, 521; *Müller,* Der Nachbar im Betriebsanlagenrecht, Juristische Schriftenreihe Bd 130 (1998); *Okresek,* Genehmigungsverfahren von grenzüberschreitenden Großprojekten, ÖJZ 1996, 441; *Pallitsch,* Die Präklusion in Verwaltungsverfahren (2001) 47 f; *Pauger,* Der dingliche Bescheid, ZfV 1984, 93 ff, 250; *Potacs* in *Hauer* (Hrsg), Die Handhabung des Gemeinschaftsrechts in der Österreichischen Verwaltung (2002); *B. Raschauer,* Anlagenrecht und Nachbarschutz aus verfassungsrechtlicher Sicht, ZfV 1994/4, 506; *N. Raschauer,* Das vereinfachte Betriebsanlagengenehmigungsverfahren im Gefolge jüngster höchstgerichtlicher Entscheidungen, RdU 2005/56; *Schulev-Steindl,* Der Genehmigungsbescheid im anlagenrechtlichen Verwaltungsrechtsverhältnis, ZfV 1998/2, 82; *Schulev-Steindl,* Parteistellung im Verwaltungsverfahren im Lichte des Gemeinschaftsrechts, in *Holoubek/Lang* (Hrsg), Abgabenverfahrensrecht und Gemeinschaftsrecht (2006) 89; *Sieberer,* Gemeinschafts- und verfassungsrechtliche Anforderungen an § 42 AVG, ZfV 2000, 733; *Stolzlechner,* Gleichheitssatz, Rechtsstaatprinzip, Umweltschutz-BVG und Parteistellung von Nachbarn im technischen Anlagenrecht, in FS Robert Walter (1991) 666; *Thienel/Schulev-Steindl,* VerwVerfR[5]; *Thienel,* Verfassungsrechtliche Grenzen für das vereinfachte Genehmigungsverfahren nach § 359 b GewO, ZfV 2001, 718; *Unterpertinger,* Die Präklusion im Betriebsanlagengenehmigungsverfahren nach der GewO-Novelle 2012, ZfV 2014, 24; *Wendl,* Der Nachbarschutz im gewerblichen Betriebsanlagenrecht in Theorie und Praxis – ein Überblick, in FS Stolzlechner (2013) 725; *Wiederin,* Die Neuregelung der Präklusion, in *Schwarzer* (Hrsg), Das neue Anlagenverfahrensrecht (1999) 17; *Wiederin,* Der Umfang der Bescheidprüfung durch das Verwaltungsgericht im Parteibeschwerdeverfahren, ÖJZ 2014, 149; *Wieshaider,* Der übergangene rechtliche Interessent (1999); *Winkler,* Der Nachbar im vereinfachten Genehmigungsverfahren nach § 359 b GewO zwischen Verwaltungsrecht, Verfassungsrecht und zivilrechtlichem Nachbarrecht, in FS Stolzlechner (2013) 783.

Inhalt

1. Die Nachbarschaft

258   Nachbarschaft bedeutet ein räumliches Naheverhältnis, das **nicht deckungsgleich** ist mit der **Anrainerschaft.**

> „Anrainer ist derjenige, dessen Liegenschaft mit einer anderen, in fremdem Eigentum ste-
> henden Liegenschaft, eine gemeinsame Grundgrenze – einen gemeinsamen Rain – besitzt.
> Bei einer schachbrettartigen Anordnung von Liegenschaften, die im aufgeschlossenen Bau-
> land häufig anzutreffen ist, ist als anrainend auch eine Liegenschaft anzusehen, die mit einer
> anderen Liegenschaft nur einen Grenzpunkt gemeinsam hat" (*Krzizek,* Nachbarrecht 61).

Schon die im öffentlichen Nachbarrecht übliche Anordnung eines Ediktalverfah-
rens zeigt, dass der Kreis der durch eine geplante Anlage Berührten jedenfalls zunächst
nicht feststeht. Wie die Nachbarschaft abzugrenzen ist, muss daher – insoweit der Gesetzgeber keine exakte Umschreibung der Nachbarstellung gegeben hat – nach dem
Zweck des öffentlichen Nachbarrechtes beantwortet werden.

Subjektive öffentliche **Nachbarrechte** können dementsprechend nur insoweit vorliegen, als der **Einflussbereich einer BA** reicht, also ein Schutzbedürfnis gegeben ist
(so zB auch der VwGH hinsichtlich der baurechtlichen Bewilligung des Atomkraftwerks
Zwentendorf VwSlg 9485 A/1978). Dabei ist nicht erforderlich, dass die schädlichen Einwirkungen auf die Umgebung tatsächlich hervorgerufen werden. Es genügt vielmehr,
dass mit ihnen gerechnet werden muss.

> Das für die Beurteilung nach § 75 Abs 2 maßgebende räumliche Naheverhältnis wird durch
> den möglichen Immissionsbereich bestimmt (ua VwGH 28. 9. 2011, 2009/04/0211). Steht
> aufgrund des Ergebnisses des Ermittlungsverfahrens fest, dass der regelmäßige Aufenthalts-
> ort von bestimmten Personen außerhalb des möglichen Emissionsbereichs einer BA liegt,

so fehlt diesen Personen die Nachbareigenschaft (ua VwGH 27. 3. 1990, 87/04/0091-0094; 21. 6. 1993, 92/04/0255). Nähere Hinweise zum erforderlichen räumlichen Naheverhältnis s *Grabler/Stolzlechner/Wendl*, GewO³ § 75 Rz 3.

Der Schutz der Nachbarschaft war schon nach der Urfassung der GewO 1859 ein *Kernstück des gewerblichen Betriebsanlagenrechts*. Näheres zur historischen Entwicklung des Nachbarschutzes s *Wendl*, Der Nachbarschutz im gewerblichen Betriebsanlagenrecht in Theorie und Praxis, in FS Stolzlechner 725 ff.

2. Die Bestimmung der Nachbarstellung durch die nachbarlichen Schutzzwecke

Die für die Nachbarstellung maßgeblichen Schutzzwecke sind aus jenen Vorschriften der GewO zu ermitteln, die ausdrücklich auf die Nachbarn abstellen. **Schutznormen** in diesem Sinn sind folgende Kriterien der Genehmigungsbedürftigkeit einer gew BA gem § 74 Abs 2: **259**

- – Z 1: der Schutz des Lebens und der Gesundheit sowie der Schutz des Eigentums und sonstiger dinglicher Rechte der Nachbarn vor Gefährdungen durch die BA;
- – Z 2: der Schutz der Nachbarn vor Belästigungen durch die BA.

Keine Schutznormen in diesem Sinn sind dagegen Rechtsvorschriften, die *keine subjektiv-öffentlichen Nachbarrechte* begründen, wie insb:

- – Der Schutz der Religionsausübung in Kirchen, des Unterrichts in Schulen, des Betriebs von Kranken- und Kuranstalten oder der Verwendung oder des Betriebs anderer öffentlichen Interessen dienender benachbarter Anlagen oder Einrichtungen vor Beeinträchtigungen iSd § 74 Abs 2 Z 3.

Den Nachbarn steht ein isoliertes Recht auf Prüfung einer möglichen Beeinträchtigung nach § 74 Abs 2 Z 3, losgelöst von einer damit allenfalls verbundenen Gefährdung ihres Eigentums, sonstiger dinglicher Rechte oder ihrer Gesundheit bzw von einer damit verbundenen Belästigung, nicht zu; das Schutzinteresse des § 74 Abs 2 Z 3 ist vielmehr von der Behörde von Amts wegen zu wahren (VwGH 24. 5. 2006, 2003/04/0159).

So resultiert etwa die Nachbarstellung und damit Parteistellung des Erhalters von Schulen aus der in § 74 Abs 2 Z 1 oder 2 normierten Möglichkeit einer Gefährdung seines Eigentums bzw sonstiger dinglicher Rechte oder der Möglichkeit einer Gefährdung des Lebens oder der Gesundheit bzw einer Belästigung der seinem Schutz anvertrauten Personen, nämlich der Schüler, der Lehrer und der sonst in Schulen ständig beschäftigten Personen (§ 75 Abs 2 dritter Satz; s unten 6.).

- – Der Schutz der Sicherheit, Leichtigkeit und Flüssigkeit des Verkehrs an oder auf Straßen mit öffentlichem Verkehr vor wesentlichen Beeinträchtigungen iSd § 74 Abs 2 Z 4 (ua VwGH 24. 5. 2006, 2006/04/0050).
- – Der Schutz vor einer nachteiligen Einwirkung auf die Beschaffenheit der Gewässer iSd § 74 Abs 2 Z 5 (sofern nicht ohnedies eine Bewilligung aufgrund wr Vorschriften vorgeschrieben ist).

Den Nachbarn steht ein isoliertes Recht auf Prüfung der nachteiligen Einwirkung einer BA auf die Beschaffenheit der Gewässer gem § 74 Abs 2 Z 5, losgelöst von einer damit allenfalls verbundenen Gefährdung ihres Eigentums, sonstiger dinglicher Rechte oder ihrer Gesundheit bzw von einer damit verbundenen Belästigung, nicht zu (VwGH 30. 6. 2004, 2002/04/0072).

– Die Bestimmung des § 77 Abs 3 erster Satz betreffend die Verpflichtung der Behörde, die Emission von Luftschadstoffen jedenfalls nach dem Stand der Technik zu begrenzen (ua VwGH 25. 2. 1992, 91/04/0297; 27. 6. 2003, 2002/04/0195).

– Die Bestimmungen des § 77 Abs 3 zweiter und dritter Satz betreffend die Verpflichtung der Behörde zur Wahrung sonstiger Schutzziele bei Genehmigung einer BA, losgelöst von allfälligen Beeinträchtigungen iSd § 74 Abs 2 Z 1 oder 2.

Siehe hiezu die Hinweise auf Jud und einander teilweise widersprechende Lit in *Grabler/Stolzlechner/Wendl,* GewO³ § 77 Rz 46; *Bergthaler/Holzinger,* Immissionsschutz-Luft im Betriebsanlagenrecht Rz 250, 2.2. bis 2.6 und *Giese,* Das Betriebsanlagenrecht und andere Bereiche des öffentlichen Rechts Rz 307, 3.3.2.

– Die zusätzlichen Genehmigungsvoraussetzungen des § 77 a Abs 1 für IPPC-Anlagen (s *Vogelsang,* Sonderbestimmungen für IPPC-Anlagen Rz 245) sowie Festlegungen nach § 77 a Abs 2.

Näheres hiezu in *Grabler/Stolzlechner/Wendl,* GewO³ § 77 a Rz 3 mit Hinweis auf *Potacs,* der die Auffassung, dass Nachbarn aus diesen Bestimmungen keine subjektiv-öffentlichen Rechte ableiten können, als fraglich bezeichnet. Siehe auch die Erwägungen in *Bergthaler/Holzinger,* Zulässige und unzulässige Einwendungen Rz 280, 6.1 betreffend die allfällige Ableitbarkeit subjektiver Rechte aus § 77 a Abs 1 Z 1.

– Aus der Bestimmung des § 78 Abs 3, nach der die Behörde bei der Genehmigung bestimmter BA den Abschluss und den Fortbestand einer Haftpflichtversicherung vorschreiben kann, ergeben sich keine subjektiv-öffentlichen Nachbarrechte (vgl VwGH 27. 3. 1990, 87/04/0091-0094).

Näheres zur Sonderregelung des § 78 Abs 3 s Lexikon „Haftpflichtversicherung" Rz 70.

– Auch aus den „industrieunfallrechtlichen" Regelungen (§§ 84 a ff) erwachsen keine subjektiv-öffentlichen Nachbarrechte.

Näheres hiezu s *Bergthaler/Holzinger,* Zulässige und unzulässige Einwendungen Rz 280, 6.2.

– Das eingeschränkte Mitspracherecht der Nachbarn im gew BA-Verfahren umfasst nicht Belange des Arbeitnehmerschutzes (VwGH 4. 3. 1991, 90/19/0295).

– Die Frage, ob das vorliegende Projekt einer UVP zu unterziehen gewesen wäre, berührt die subjektiv-öffentlichen Nachbarrechte im gew BA-Verfahren nicht (VwGH 26. 4. 2006, 2003/04/0097).

– Die Bestimmungen des Bundes-LärmG BGBl I 2005/60 und die diesem zugrunde liegende RL 2002/49/EG können keine subjektiv-öffentlichen Rechte begründen (VwGH 4. 5. 2006, 2005/03/0250 betreffend Baugenehmigungsverfahren nach dem EisbG).

Siehe hiezu auch *Bergthaler/Berger,* Die unionsrechtlichen Grundlagen des Betriebsanlagenrechts Rz 296, 4.2 und *Giese,* Das Betriebsanlagenrecht und andere Bereiche des öffentlichen Rechts Rz 309, 5.3.

– Siehe weiters die Aufzählung (unten unter 16. und 17.) jener Verfahren, in denen Nachbarn keine Parteistellung haben.

Entsprechend den oben genannten Schutznormen (des § 74 Abs 2) bestimmt § 75 Abs 2 und 3, welche Personen als **Nachbarn iSd GewO** in Frage kommen. Demnach sind folgende Personenkreise zu unterscheiden:

- Eigentümer oder sonstige dinglich Berechtigte als Nachbarn (s unten 3.);
- Personen, die sich nicht nur vorübergehend in der Nähe der BA aufhalten (s unten 4.);
- die Inhaber bestimmter Einrichtungen als Nachbarn (s unten 5.);
- die Erhalter von Schulen als Nachbarn (s unten 6.);
- Bewohner auf grenznahen Grundstücken im Ausland als Nachbarn (s unten 7.).

Entscheidend für die Nachbarstellung ist bereits die bloße Möglichkeit einer Gefährdung oder Belästigung iSd § 75 Abs 2 (vgl VwGH 22. 3. 2000, 99/04/0178).

3. Eigentümer und sonstige dinglich Berechtigte als Nachbarn

(§ 75 Abs 2 erster Satz)

Eigentümer und sonstige dinglich Berechtigte in der Nachbarschaft (s oben 1.) genießen die Rechtsstellung von Nachbarn in *zweifacher* Hinsicht: **260**

3.1 Den die **Person** betreffenden Nachbarschutz können nach ständiger Jud Eigentümer oder sonstige dinglich Berechtigte nur bei Zutreffen der im § 75 Abs 2 erster Satz erster Satzteil enthaltenen Merkmale und daher jedenfalls nur unter Berufung auf Sachverhaltsumstände geltend machen, die den Eintritt einer *persönlichen Gefährdung oder Belästigung* in Hinsicht auf einen, wenn auch nur vorübergehenden *Aufenthalt im Nahebereich der BA* überhaupt möglich erscheinen lassen (ua VwGH 16. 2. 2005, 2002/04/0197). Ist die zuvor bezeichnete Voraussetzung erfüllt, dann obliegt es weiters der Behörde, die zum Schutz der solcherart als Nachbarn zu qualifizierenden Personen notwendigen Auflagen vorzuschreiben (VwGH 18. 4. 1989, 87/04/0080).

So kann daher zB der Eigentümer und Benützer eines **Wochenendhauses** einen Nachbarschutz im angeführten Sinn geltend machen; nicht dagegen der Eigentümer einer dauernd vermieteten Wohnung, die er selbst nie benützt; sein in keiner Weise substantiiertes Vorbringen, er habe die Absicht, „in absehbarer Zeit" wieder in der in Rede stehenden Wohnung zu wohnen, vermag daran nichts zu ändern (VwGH 25. 2. 1997, 96/04/0239). Die Meldung an einer anderen Anschrift schließt aber einen vorübergehenden Aufenthalt im Nahebereich der BA nicht aus (VwGH 10. 2. 1998, 97/04/0203). Mangels eines, wenn auch nur vorübergehenden Aufenthalts der Bf auf ihrem landwirtschaftlich genutzten Grundstück bzw ihrem Waldgrundstück ist die Möglichkeit des Eintritts einer persönlichen Gefährdung oder Belästigung der Bf ausgeschlossen (VwGH 11. 11. 1998, 96/04/0135).

Dabei kann auch dem Hinweis des Vermieters, dass es ihm unbenommen bliebe, im Fall der Beendigung des Mietverhältnisses selbst in seinem Haus Wohnung zu nehmen, keine rechtliche Bedeutung zukommen, da die im Zeitpunkt der Bescheiderlassung bestehende Sachlage maßgebend ist (VwGH 2. 10. 1989, 89/04/0070). Ist im Zeitpunkt der Entscheidung ein Grundstück zwar als Bauland gewidmet, tatsächlich jedoch nur landwirtschaftlich genutzt, erlangt der Eigentümer mit Hinweisen betreffend Belästigungen seiner Person im Hinblick auf die **beabsichtigte künftige Verwendung dieses Grundstückes** keine Nachbarstellung (vgl sinngemäß VwSlg 10.110 A/1980). Der Eintritt einer persönlichen Gefährdung bzw Belästigung setzt jedoch nicht ausschließlich das Vorhandensein einer Wohnmöglichkeit voraus. So könnte beispielsweise das Vorhandensein eines Rohbaues genügen (vgl VwGH 24. 4. 1990, 89/04/0193). Die Verwendung eines unbebauten Grundstücks „für Freizeit und Erholungszwecke der Familie" schließt die Stellung eines Nachbarn nicht aus (VwGH 16. 2. 2005, 2002/04/0191). Mit der geplanten Errichtung eines Wohnhauses und eines diesbzgl Baubewilligungsverfahrens wird kein Umstand dargetan, demzufolge der Eintritt der geltend gemachten persönlichen Gefährdung bzw Belästigung des Nachbarn im Hinblick auf einen, wenn auch nur vorübergehenden Aufenthalt auf seinem – unbebauten – Grundstück möglich wäre (VwGH 28. 1. 1997, 96/04/0158).

Ist Eigentümer eines Nachbargrundstücks oder dinglich Berechtigter an einem solchen Grundstück eine **juristische Person** (oder eingetragene Personengesellschaft), so schließt diese Eigenschaft eine Nachbarstellung wegen Gefährdung oder Belästigung iSd § 75 Abs 2 erster Satz erster Satzteil, und damit eine Parteistellung aus (ua VwGH 25. 11. 1997, 97/04/0100; 18. 5. 2005, 2005/04/0065, der neuen Rechtslage angepasst). Eine persönliche Gefährdung oder Belästigung durch „Lärm, Geruch und Gas" kommt in Ansehung einer juristischen Person schon begrifflich nicht in Betracht (VwGH 24. 4. 1990, 89/04/0178). So kommt auch eine Nachbarstellung für eine Gemeinde (wegen persönlicher Gefährdung oder Belästigung) nicht in Betracht (ua VwGH 24. 5. 2006, 2003/04/0159).

Zum Begriff „Gefährdung" s *Wendl,* Die Gefährdung des Lebens und der Gesundheit Rz 209; zum Begriff „Belästigung" s *Paliege-Barfuß,* Die Belästigung der Nachbarn Rz 215.

3.2 Den das **Eigentum** und die **sonstigen dinglichen Rechte** betreffenden Nachbarschutz genießen die Nachbarn *unabhängig von einer bestimmten Aufenthaltsdauer.*

Eine gewerberechtliche Nachbarstellung und (hierauf gegründete) Parteistellung einer juristischen Person (oder eingetragenen Personengesellschaft) kommt als Eigentümerin oder sonst dinglich Berechtigte zum Schutz dieses Eigentums oder sonstiger dinglicher Rechte in Frage. Im Falle einer Eigentümergemeinschaft nach § 2 Abs 5 WEG 2002 – die juristische Person mit Rechtsfähigkeit in dem durch § 18 Abs 1 leg cit umschriebenen Umfang ist – kommt jedoch die Geltendmachung gewerbebehördlicher Nachbarrechte gem § 75 Abs 2 erster Satz zweiter Satzteil GewO nicht der Eigentümergemeinschaft, sondern den einzelnen Wohnungseigentümern zu (VwGH 18. 5. 2005, 2005/04/0065).

Zu den Begriffen „Eigentum", „dingliche Rechte" und „Schutz des Eigentums" s oben *Kerschner,* Die Gefährdung des Eigentums und sonstiger dinglicher Rechte Rz 227 und 229.

Auch der Eigentümer des Grundstücks, auf dem sich die BA befindet, kann selbst Nachbarstellung haben, wenn er mit dem Inhaber der BA nicht ident ist (s auch Lexikon „Eigentümer" Rz 36).

4. Personen, die sich nicht nur vorübergehend in der Nähe der Betriebsanlage aufhalten, als Nachbarn

(§ 75 Abs 2 erster Satz iVm dem zweiten Satz)

261   Nachbarstellung besitzen zB **Mieter** und **Untermieter (Wohnparteien), Pächter** und deren **Familienangehörige,** wenn sie sich **nicht bloß vorübergehend** im Nahebereich der BA aufhalten. Das gilt auch für Mieter usw von Wohnungen oder Geschäftslokalen in dem Haus, in dem sich die BA befindet. Zu den geschützten Personen gehören etwa auch die **Arbeitnehmer** von benachbarten Betrieben (s Lexikon „Arbeitnehmer" Rz 11) sowie Bewohner von Einrichtungen wie Altersheimen usw, die zum dauernden Aufenthalt benutzt werden (s unten 5. letzter Absatz).

Personen, die sich dagegen *nur vorübergehend* in der Nähe der BA aufhalten und dort nicht Eigentümer oder sonstige dinglich Berechtigte sind, gelten *nicht* als Nachbarn; so zB Passanten, Lieferanten.

> Das Erfordernis des nicht bloß vorübergehenden Aufenthalts ist jedenfalls dann nicht gegeben, wenn der Aufenthalt nicht durch die Rechtsordnung gedeckt ist; soweit auf den Aufenthalt in einem im Eigentum einer anderen Person stehenden Wohnhaus – für das noch keine baubehördliche Benützungsbewilligung vorliegt – Bezug genommen wird, ist das Merkmal des nicht bloß vorübergehenden Aufenthalts nicht erfüllt. Daher keine Nachbareigenschaft des in diesem Hause bereits Wohnenden (VwGH 25. 6. 1991, 91/04/0004).
>
> Kunden, die die BA der Art des Betriebes gemäß aufsuchen, fallen in den Schutzbereich der GewO (§ 74 Abs 2 Z 1). Dieser Schutz ist jedoch von Amts wegen wahrzunehmen; eine Nachbarstellung kommt ihnen nicht zu (s Lexikon „Kunden [Gäste, Konsumenten]" Rz 87).

5. Die Inhaber bestimmter Einrichtungen als Nachbarn

(§ 75 Abs 2 dritter Satz)

Die **Inhaber von Einrichtungen,** in denen sich regelmäßig **Personen vorüberge-** **262** **hend aufhalten,** gelten als Nachbarn. Solche Einrichtungen sind die beispielsweise in § 75 Abs 2 dritter Satz angeführten Beherbergungsbetriebe, Krankenanstalten und Heime. Aber auch Privatzimmervermietungen udgl fallen darunter; ebenso Kindergärten (VwGH 24. 5. 2006, 2003/04/0159).

Diese Inhaber gelten unabhängig von ihrer allfälligen eigenen Nachbarstellung als Nachbarn *zur Wahrung des Schutzes der sich dort vorübergehend aufhaltenden Personen* (Schutz vor Gefährdungen oder Belästigungen iSd § 75 Abs 2 erster Satz). Da vom „Inhaber" gesprochen wird, wird darunter sowohl der Eigentümer als auch ein allfälliger Pächter oder ein öffentlicher Rechtsträger zu verstehen sein.

> Der beispielsweisen Aufzählung „Beherbergungsbetriebe, Krankenanstalten, Heime" lässt sich entnehmen, dass unter „Einrichtungen" nur solche zu verstehen sind, in denen der vorübergehende Aufenthalt von Personen durch eine für derartige Einrichtungen typische Art der Inanspruchnahme der betreffenden BA als solche gekennzeichnet ist. Eine Arztpraxis ist daher keine Einrichtung iSd § 75 Abs 2 dritter Satz (VwGH 24. 1. 1995, 94/04/0196). Ebenso nicht Miethäuser oder verpachtete Liegenschaften; daran vermögen allenfalls aus dem bürgerlichen Recht erfließende Verpflichtungen des Bestandgebers nichts zu ändern (VwGH 26. 5. 1998, 98/04/0044). Zinshäuser und Wohnungseigentumsobjekte fallen nicht unter solche Einrichtungen. Vielmehr sind die Mieter bzw Wohnungseigentümer selbst als Nachbarn einer BA anzusehen. Die Hausverwaltung stellt nur dann den verlängerten Arm der Mieter dar, wenn sie auf Grund einer Spezialvollmacht (die Hausverwaltervollmacht reicht dazu nicht aus!) im Namen der einzelnen Mieter und Wohnungseigentümer deren subjektive Rechte wahrnimmt (LVwG Wien 3. 6. 2014, VGW-122/008/20731/2014). Auch Dienstleistungsbetriebe fallen nicht unter diesen Begriff, da der Aufenthalt von Dienstnehmern in diesem Betrieb mit der Art des Aufenthalts der Insassen bzw Kunden in den im § 75 Abs 2 letzter Satz beispielsweise aufgezählten Einrichtungen nicht vergleichbar ist (VwGH 26. 5. 1998, 98/04/0078; ähnlich VwGH 26. 4. 2006, 2003/04/0097 hinsichtlich des Aufenthalts von Arbeitnehmern bzw Kunden eines Handelsbetriebes

und VwGH 27. 6. 2003, 2001/04/0236 hinsichtlich des Aufenthalts von Kunden/Anglern in einer Fischteichanlage). Zum von Amts wegen wahrzunehmenden Schutz von Kunden, die die BA der Art des Betriebes gemäß aufsuchen, s Lexikon „Kunden (Gäste, Konsumenten)" Rz 87.

Vergleichbare Einrichtungen, die jedoch zum dauernden Aufenthalt benutzt werden (wie Altersheime, Pflegeheime, Blindenheime, Lehrlingsheime, Studentenheime oder Schwesternheime), fallen nicht unter diese Bestimmung des § 75 Abs 2 dritter Satz; die dort wohnenden Personen genießen selbst Nachbarstellung. Ob dies auch für Haftanstalten und Häftlinge gelten kann, ist ungeklärt.

6. Schulerhalter als Nachbarn
(§ 75 Abs 2 dritter Satz)

263   Nachbarn sind auch die Erhalter von Schulen *hinsichtlich des Schutzes der Schüler, der Lehrer und der sonst in Schulen ständig beschäftigten Personen* (Schutz vor Gefährdungen oder Belästigungen iSd § 75 Abs 2 erster Satz).

Schulen sind *Hochschulen* (zB Universitäten, Privatuniversitäten, Fachhochschulen, Pädagogische Hochschulen) und *Schulen iS der schulorganisationsrechtlichen Vorschriften* (zB Volks-, Haupt-, Mittel- oder Berufsschulen), nicht jedoch die sog Fertigkeitsschulen (zB Schischulen, Tanzschulen).

Als **Schulerhalter** und daher Nachbarn kommen somit je nach der Schulart zB der Bund, die Bundesländer, die Gemeinden oder auch Privatschulerhalter nach dem PrivatschulG BGBl 1962/244 idF zuletzt BGBl I 2014/48 in Betracht (vgl VwGH 24. 5. 2006, 2003/04/0159).

Die Nachbarstellung kommt dem Schulerhalter, nicht den „Elternvertretern" zu, auch wenn es um die Frage der Gefährdung oder Belästigung der Schüler geht (VwGH 22. 2. 1979, 2805/77). Gleiches gilt für Schülervertreter.

Die Erklärung einer Gemeinde als Erhalterin einer Volksschule in einem BA-Genehmigungsverfahren, dass durch den beabsichtigten Betrieb die Sicherheit, Leichtigkeit und Flüssigkeit des Verkehrs auf der vorbeiführenden Landesstraße nicht mehr gewährleistet erscheint und befürchtet wird, dass durch den zukünftig erhöhten LKW-Verkehr Schulkinder gefährdet würden, kann nicht als Einwendung iSd § 74 Abs 2 Z 3, sondern lediglich als solche nach § 74 Abs 2 Z 4 beurteilt werden (vgl VwGH 30. 6. 1987, 87/04/0024-0025). Daraus, dass die (Gewerbe-)Behörde die Schutzinteressen des § 74 Abs 2 Z 4 von Amts wegen zu wahren hat, lässt sich eine Parteistellung der Gemeinde nicht ableiten (vgl VwGH 19. 3. 1996, 95/04/0171-0173). Aber auch das Schutzinteresse des § 74 Abs 2 Z 3 ist (nur) von der Behörde von Amts wegen zu wahren (VwGH 24. 5. 2006, 2003/04/0159). Der Gemeinde kommt gem § 355 bzgl dieser Fragen im Rahmen ihres Wirkungsbereichs ein Anhörungsrecht zu.

7. Bewohner auf grenznahen Grundstücken im Ausland als Nachbarn
(§ 75 Abs 3)

264   Personen, die auf grenznahen Grundstücken im Ausland wohnen, sind als Nachbarn zu behandeln,

– wenn sie durch die Errichtung, den Bestand oder den Betrieb einer BA gefährdet oder belästigt oder ihr Eigentum oder sonstige dingliche Rechte gefährdet werden könnten und

– wenn in dem Staat, in dem das Grundstück liegt, österreichische Nachbarn in den entsprechenden Verfahren rechtlich oder doch tatsächlich den gleichen Nachbarschaftsschutz genießen.

Die Vorschrift erstreckt sich nicht bloß auf angrenzende Grundstücke, sondern auf grenznahe, wobei nicht näher bestimmt wird, wie nahe zur Grenze sie sich befinden müssen. Dies wird wiederum im Einzelfall davon abhängen, ob eine Gefährdung oder Belästigung iSd § 75 Abs 2 erster Satz möglich ist. Die oben in 3.1 und 3.2 betreffend Eigentümer und sonstige dinglich Berechtigte getroffenen Differenzierungen und in 4. angeführten Einschränkungen auf Personen, die sich nicht nur vorübergehend in der Nähe der BA aufhalten, sind zu beachten.

Was die Frage der **materiellen Gegenseitigkeit** anlangt, bestehen Schwierigkeiten bei der Ermittlung. Diese obliegt der Behörde von Amts wegen. Bisher wurde das Vorliegen der Gegenseitigkeit nur gegenüber dem Fürstentum Liechtenstein festgestellt. Weiters wurde aufgrund einer Erhebung des Amtes der OÖ LReg in einem Anlassfall (Abfallbehandlungsanlage) festgestellt, dass ein Österreicher in solchen Verfahren vor Behörden der Bundesrepublik Deutschland im Wesentlichen dieselbe verfahrensrechtliche Stellung genießt wie in einem Verfahren nach österreichischem Recht und daher die materielle Gegenseitigkeit gegeben sei (Protokoll der Bundes-Gewerbereferententagung 1995, Pkt 28).

Siehe auch die Sonderregelungen in § 356 a Abs 3 bis 8 betreffend die *Beteiligung anderer Staaten* in Verfahren zur Genehmigung von IPPC-Anlagen.

8. Die Parteistellung

8.1 Parteien sind alle Beteiligten eines Verwaltungsverfahrens, „insoweit sie an der   **265** Sache vermöge eines Rechtsanspruches oder eines rechtlichen Interesses beteiligt sind" (§ 8 AVG). Dies ist nach hA so zu verstehen, dass aufgrund einer hinlänglich konkreten Rechtsvorschrift (des materiellen oder auch des formellen Rechts) eine *unmittelbare Berührung der subjektiven Rechtssphäre* gegeben sein muss. Ob dies der Fall ist, ist manchmal ausdrücklich geregelt, in der überwiegenden Zahl der Fälle hingegen eine Auslegungsfrage.

Hinsichtlich der rechtlichen Interessen ist aus den Rechtsvorschriften zu ermitteln, ob diese nur zur Wahrung öffentlicher Interessen oder auch zum Schutz der Rechtsposition Einzelner erlassen sind. Es ist daher durchaus denkbar, dass die Behörde im öffentlichen Recht verwurzelte Parteirechte Einzelner und die öffentlichen Interessen zu wahren hat, welche parallel laufen können, aber nicht müssen. Die Parteistellung kann auch gegeben sein, wenn die Sache die privatrechtliche Sphäre berührt, dies freilich nur dann und insoweit, als der Verwaltungsbehörde die Wahrung von Privatrechten auferlegt ist. Die Berührung bloß wirtschaftlicher oder faktischer Interessen (dh solcher, die nicht durch die Rechtsvorschriften ausdrücklich oder erkennbar in den Rang rechtlich geschützter Interessen erhoben sind) vermag eine Parteistellung nicht zu begründen.

Die persönliche **Rechts- und Handlungsfähigkeit** von Beteiligten ist von der Behörde, wenn in den Verwaltungsvorschriften nicht anderes bestimmt ist, nach den Vorschriften des bürgerlichen Rechts zu beurteilen (§ 9 AVG). Rechtsfähig sind alle natürlichen Personen sowie alle juristischen Personen (insb die Gebietskörperschaften Bund, Länder und Gemeinden, AG, GmbH, Erwerbs- und Wirtschaftsgenossenschaft, OG [Offene Gesellschaft], KG, Vereine, Stiftungen, Konkursmasse). Näheres zur Rechts- und Handlungsfähigkeit s *Thienel/Schulev-Steindl,* VerwVerfR[5] 88 f sowie *Kolonovits/Muzak/Stöger,* VerwVerfR[10] 61.

Keine Rechtsfähigkeit und damit auch keine Fähigkeit, im Verwaltungsverfahren als Partei aufzutreten (Parteifähigkeit), kommt grundsätzlich Gesellschaften bürgerlichen Rechts zu. (Ausnahmen können sich aus einzelnen Verwaltungsvorschriften ergeben, die solchen Gesellschaften ausdrücklich Parteifähigkeit einräumen.)

Auch zB einem „Verband der Rauchgasgeschädigten" – der ein Zusammenschluss mehrerer Personen ohne eigene Rechtspersönlichkeit ist – kann keine Parteistellung zukommen (VwGH 23. 4. 1982, 82/04/0083).

Jedoch kann im Bereich des Verwaltungsverfahrens auch Gebilden, denen nach bürgerlichem Recht keine Rechtsfähigkeit zukommt – wie zB „Bürgerinitiativen" ohne vereinsmäßige Organisation –, Parteifähigkeit und somit eine partielle Rechtsfähigkeit zukommen (VwGH 14. 9. 2001, 2001/19/0068). Siehe hiezu beispielsweise die Bürgerinitiativen unter bestimmten Voraussetzungen durch § 19 Abs 1 Z 6 iVm Abs 4 UVP-G 2000 eingeräumte Parteistellung in Verfahren zur Erteilung der Genehmigung von UVP-pflichtigen Vorhaben.

Auch einer „Firma", dh dem in das Firmenbuch eingetragenen Namen eines Unternehmers, mit dem er seine Geschäfte betreibt und die Unterschrift abgibt (§ 17 Abs 1 UGB), kommt Rechtspersönlichkeit nicht zu. Zur Zulässigkeit des Auftretens von natürlichen und juristischen Personen unter ihrer Firma vor den Gewerbebehörden s jedoch Lexikon „Antragsteller" Rz 9.

Ist im Briefkopf eines als Berufung bezeichneten Anbringens zwar ein „unabhängiges parteifreies Bürgerkomitee . . ." genannt, das Anbringen selbst aber von mehreren Personen im eigenen Namen unterschrieben (und treffen noch weitere Sachverhaltselemente zu), so darf die Behörde nicht davon ausgehen, dass das Anbringen keinem Rechtssubjekt zurechenbar sei (VwGH 22. 3. 1988, 87/04/0234).

Die Rechtsfähigkeit (Parteifähigkeit) und die prozessuale Handlungsfähigkeit (Prozessfähigkeit) einschreitender Beteiligter (Parteien) sind von der Behörde von Amts wegen zu prüfen und in jeder Lage des Verfahrens wahrzunehmen (vgl *Thienel/Schulev-Steindl*, VerwVerfR[5] 90).

8.2 Die Parteirechte sind im AVG und in den einschlägigen Verwaltungsvorschriften geregelt.

Die wichtigsten **Parteirechte nach dem AVG** sind:
- Akteneinsicht (§ 17);
- Parteiengehör (§ 37), insb bei der mündlichen Verhandlung (§ 43 Abs 2 bis 4), Stellungnahme zum Ergebnis der Beweisaufnahme (§ 45 Abs 3), Ablehnung nichtamtlicher Sachverständiger (§ 53);
- Verständigung von der Anberaumung einer mündlichen Verhandlung (§ 41);
- Erheben von Einwendungen (§ 42 Abs 1);
- Kenntnis des Bescheides (§ 62);
- Wiederaufnahmeantrag (§ 69);
- Wiedereinsetzungsantrag (§ 71).
  Parteirechte nach der GewO (für Nachbarn) sind:
- besondere Form der Kundmachung einer mündlichen Verhandlung (§ 356 Abs 1);
- Bescheidzustellung (§ 359 Abs 3);
- Recht der Beschwerde (§ 359 Abs 4).

Zur Geltendmachung der Entscheidungspflicht der Behörde durch Nachbarn s unten 8.7.

8.3 Zu unterscheiden ist zwischen Hauptpartei und mitbeteiligten Parteien:

Unter **Hauptpartei** versteht man jene Partei, die von der Behörde die Durchführung eines Verfahrens in eigener Sache zur Begründung oder Feststellung eines Rechts begehrt (aktive Partei) oder gegen die die Behörde ihrerseits ein Verfahren durchführt, das die Begründung oder Feststellung einer Verpflichtung oder einen Eingriff in Rechte zum Gegenstand hat (passive Partei). Die Parteirechte nach dem AVG stehen der Hauptpartei im vollen Umfang schon ohne ausdrückliche Regelung in den einschlägigen Verwaltungsvorschriften zu.

Hauptpartei im gew BA-Verfahren ist der **Konsenswerber** (Antragsteller, s Lexikon Rz 10), im Verwaltungsstrafverfahren der Beschuldigte.

Mitbeteiligten Parteien (Nebenparteien) stehen die Parteirechte nur nach Maßgabe des sich aus den betreffenden Rechtsvorschriften ergebenden Zwecks der ihnen zukommenden Parteistellung und der etwa vorgesehenen besonderen Bedingungen, jenen aber, denen bloß das Recht der Stellungnahme eingeräumt ist, überhaupt nur zur Geltendmachung dieses Rechts zu (*Mannlicher/Quell,* Verwaltungsverfahren[8], 175 f).

> Die Schaffung von subjektiven Rechten, die die Parteistellung begründen, wozu auch die Schaffung von Legalparteien zählt, ist eine Angelegenheit des materiellen Rechts und hat durch den nach den Kompetenzvorschriften der Verfassung zur Regelung der Sachmaterie zuständigen Gesetzgeber zu erfolgen. Im Rahmen der gegebenen verfassungsrechtlichen Schranken kann der Materiengesetzgeber anordnen, in welchem Verfahren einer bestimmten Partei bestimmte Rechte einzuräumen sind (VwGH 23. 4. 1991, 90/04/0322).
>
> Zur Unterscheidung von Hauptparteien und mitbeteiligten Parteien (Nebenparteien) s auch *Thienel/Schulev-Steindl,* VerwVerfR[5] 95 und *Kolonovits/Muzak/Stöger,* VerwVerfR[10] Rz 125/1.

Im gew BA-Verfahren ergibt sich für die Nachbarn die unmittelbare Berührung ihrer subjektiven Rechtssphäre (s oben 8.1) aus dem Anspruch, dass Eingriffe in dieselbe nur bei Vorliegen der gesetzlichen Voraussetzungen vorgenommen werden dürfen.

> Nach ständiger Jud des VwGH haben Nachbarn einer gew BA zwar Anspruch darauf, dass diese nur dann genehmigt wird, wenn zu erwarten ist, dass die Nachbarn dadurch weder in ihrem Leben, in ihrer Gesundheit, in ihrem Eigentum oder in sonstigen dinglichen Rechten gefährdet, noch in unzumutbarer Weise belästigt werden. Hingegen räumt die GewO den Nachbarn einer BA kein subjektiv-öffentliches Recht darauf ein, dass unabhängig von einer konkreten Gefährdung oder Belästigung iSd § 74 Abs 2 Z 1 und 2 die Genehmigung aus sonstigen Gründen nicht erteilt werde. Die Wahrnehmung der öffentlichen Interessen liegt diesbzgl bei der Gewerbebehörde alleine, dem Nachbarn kommt hier weder das Recht zur Mängelrüge noch ein sonstiges Mitspracherecht zu (ua VwGH 1. 3. 2005, 2002/04/0202 und die dort zit Vorjud).

Nachbarn iSd § 75 Abs 2 GewO kommt daher bereits ex lege (vgl auch VwGH 27. 6. 2003, 2001/04/0236) Parteistellung als mitbeteiligte Parteien (Nebenparteien) zu, und zwar aufgrund des § 8 AVG iVm den ihnen zustehenden subjektiv-öffentlichen Rechten (Schutzzwecken) gem § 74 Abs 2 Z 1 und 2 (s oben 2.). Diese Parteistellung der Nachbarn besteht in den „regulären" Verfahren zur Genehmigung bzw Genehmigung der Änderung von BA, in den in § 356 Abs 3 und 4 genannten „Folgeverfahren" jedoch nur unter den dort genannten Voraussetzungen (s unten 15.1.1).

In den „vereinfachten" Verfahren haben Nachbarn dagegen nach der ausdrücklichen Bestimmung des § 359b Abs 1 nur eine auf die Frage, ob die Voraussetzungen des vereinfachten Verfahrens vorliegen, beschränkte Parteistellung (Näheres s unten Rz 261, 14.1 bis 14.7). Nach der Jud des VfGH haben die Nachbarn auch in dem Änderungsanzeigeverfahren nach § 81 Abs 3 iVm Abs 2 Z 9 und § 345 Abs 6 eine auf die Beurteilung des Vorliegens der Voraussetzungen des § 81 Abs 2 Z 9 beschränkte Parteistellung (Näheres s unten Rz 271, 14.8).

Die bloße „Beiziehung im erstinstanzlichen Verfahren" oder „Zuziehung zu einer Verhandlung" vermag für sich allein die Parteistellung nicht zu begründen (VwGH 30. 6. 1992, 89/07/0030). Die Erhebung von Einwendungen zur *Erlangung* der Parteistellung durch Nachbarn ist nicht erforderlich, da die Parteistellung bereits unmittelbar auf Grund des Gesetzes besteht. Fehlt aber einer Person die Qualifikation eines Nachbarn, so vermag ihr auch die Erhebung von Einwendungen nicht die Position einer Verfahrenspartei zu verschaffen (vgl VwGH 26. 5. 1998, 98/04/0028).

Als *weitere mitbeteiligte Parteien* (Nebenparteien) sind – neben den Nachbarn iSd § 75 Abs 2 – *in konzentrierten BA-Verfahren nach § 356b Abs 1* jedenfalls auch jene Personen beizuziehen, denen nach den „anderen Verwaltungsvorschriften des Bundes" im Fall der Durchführung eines gesonderten Verfahrens aufgrund subjektiv-öffentlicher Rechte Parteistellung zukäme, zB den Inhabern von Wasserrechten oder betroffenen Waldeigentümern (s *Giese,* Sonstige Genehmigungsvoraussetzungen im Rahmen der Verfahrens- und Entscheidungskonzentration Rz 233, 1.4).

8.4 Neben den in 8.3 angeführten Hauptparteien und mitbeteiligten Parteien sind noch die sog **Organ- oder Formalparteien** (auch Legalparteien) zu erwähnen, deren Parteistellung sich durch ausdrückliche Anordnung des Materiengesetzgebers ergibt. Beispielsweise ist hier die Parteistellung des ww Planungsorgans in allen Verfahren, durch die ww Interessen berührt werden, zur Wahrung dieser Interessen einschließlich der Beschwerdelegitimation an das LVwG, der Revision wegen Rechtswidrigkeit und des Antrages auf Fristsetzung wegen Verletzung der Entscheidungspflicht durch ein Verwaltungsgericht an den VwGH zu erwähnen (§ 356b Abs 1 letzter Satz). Näheres hiezu s auch unten 10.5 und Lexikon „Verfahrens- und Entscheidungskonzentration" Rz 149.

Zur Frage der Parteistellung von Organ- oder Formalparteien, deren Parteistellung in „anderen Verwaltungsvorschriften des Bundes" iSd § 356b Abs 1 vorgesehen ist, in konzentrierten Verfahren nach dieser Gesetzesstelle s *Giese,* Sonstige Genehmigungsvoraussetzungen im Rahmen der Verfahrens- und Entscheidungskonzentration Rz 233, 1.4 sowie *Bergthaler/ Holzinger,* Zulässige und unzulässige Einwendungen Rz 276, 2.4.

8.5 Die **Parteistellung** kann in verschiedenen Fällen **umstritten** sein:

– von einer Person in Anspruch genommen, aber von der Behörde nicht anerkannt;
– von einer anderen Partei bestritten;
– von der Behörde oder einer anderen Partei behauptet, von der betreffenden Person bestritten.

In solchen Fällen hat die Behörde gem § 59 Abs 1 und § 73 Abs 1 AVG die **Pflicht zur förmlichen Entscheidung über die Parteistellung,** nach Situation des Falles in der

Regel iVm der Entscheidung über die den Gegenstand des Verfahrens bildende Verwaltungsangelegenheit.

> Im Erk v 15. 12. 1976, 255/76, hat der VwGH unter Hinweis auf die frühere Rsp zusammengefasst, in welchen Fällen die Verwaltungsbehörden befugt sind, Feststellungsbescheide zu erlassen, nämlich sofern hiefür entweder eine ausdrückliche gesetzliche Anordnung vorliegt oder ein im öffentlichen Interesse begründeter Anlass dazu gegeben ist und die Verwaltungsvorschriften nichts anderes bestimmen, aber auch in den Fällen, in welchen die Feststellung im rechtlichen Interesse einer Partei erforderlich ist.
>
> In dem dem zit Erk zugrunde liegenden Fall hatte die Behörde mit (von der Hauptsache abgesondertem) Bescheid festgestellt, dass eine Person, von der Einwendungen gegen die Genehmigung der Änderung der BA erhoben wurden, wegen der „räumlichen Entfernung" ihrer Liegenschaft von der BA im Verfahren nicht Partei iSd § 8 AVG iVm § 75 Abs 2 GewO sei. Der VwGH erkannte in diesem Fall, dass iS der oben zit Voraussetzungen für die Erlassung eines Feststellungsbescheides weder eine ausdrückliche gesetzliche Grundlage noch ein öffentliches Interesse und, da über die Einwendungen in dem den Antrag des Konsenswerbers erledigenden Bescheid abzusprechen sein wird, auch kein rechtliches Interesse einer Partei anzunehmen ist.

8.6 Die Wahrung der Parteirechte der Nachbarn

8.6.1 In den meisten Fällen wird, jedenfalls in den sog regulären (ordentlichen) BA-Genehmigungsverfahren, durch die Behörde eine *mündliche Verhandlung* anberaumt und durchgeführt. In deren Rahmen sind sodann die (bis zum Schluss dieser Verhandlung zu berücksichtigenden) Parteirechte der Nachbarn zu wahren (Näheres s unten 9.).

8.6.2 Aber auch in den Fällen, in denen die Behörde in den regulären BA-Genehmigungsverfahren *keine* mündliche Verhandlung – die ja nicht zwingend vorgeschrieben ist – durchführt, sind selbstverständlich die Parteirechte der Nachbarn zu wahren. Daher ist ihnen insb iSd § 37 AVG Gelegenheit zur Geltendmachung ihrer Rechte und rechtlichen Interessen zu geben. Eine Präklusionswirkung iS eines Verlustes der Parteistellung tritt jedoch bei dieser Vorgangsweise auch dann nicht ein, wenn sich die Nachbarn zu dem ihnen bekannt gegebenen Projekt nicht oder nicht negativ äußern (*Grabler/Stolzlechner/Wendl*, GewO[3] § 356 Rz 4).

8.6.3 Hinsichtlich der vereinfachten Genehmigungsverfahren enthält § 359b zur Beteiligung der Nachbarn Sonderregelungen, in deren Rahmen ihre eingeschränkte Parteistellung gewahrt werden kann (Näheres s unten 14.).

8.7 Geltendmachung der Entscheidungspflicht durch Nachbarn

Nach der aus der Zeit vor der Verwaltungsgerichtsbarkeits-Novelle 2012 vorliegenden Jud des VwGH steht einem Nachbarn im gew BA-Genehmigungsverfahren, solange eine Entscheidung der Gewerbebehörde über den Antrag des Bewilligungswerbers bzw über gegen diesen erhobene Einwendungen des Nachbarn noch nicht ergangen ist, das Recht auf Geltendmachung der behördlichen Entscheidungspflicht nicht zu (VwGH 20. 9. 1994, 94/04/0098).

Aufbauend auf dieser Jud ist davon auszugehen, dass in diesem Stadium des Verfahrens eine Berechtigung des Nachbarn zur Geltendmachung einer Verletzung der Entscheidungspflicht der Verwaltungsbehörde mittels Säumnisbeschwerde an das LVwG gem Art 130 Abs 1 Z 3 iVm Art 132 Abs 3 B-VG nicht gegeben ist.

Eine Beschwerde des Nachbarn an das LVwG gem Art 130 Abs 1 Z 3 B-VG wird dagegen im Falle der Säumigkeit der Verwaltungsbehörde im Hinblick auf einen vom ihm gestellten, dem § 79a Abs 3 entsprechenden Antrag auf Einleitung eines Verfahrens gem § 79 Abs 1 zulässig sein.

Haben Nachbarn gegen die von der Gewerbebehörde erteilte BA-Genehmigung Beschwerde an das LVwG erhoben und entscheidet dieses über die Beschwerde nicht innerhalb der in § 34 VwGVG vorgesehenen Frist von sechs Monaten, dann steht dem Nachbarn das Recht zur Stellung eines Antrags auf Fristsetzung wegen Verletzung der Entscheidungspflicht durch das LVwG gem Art 133 Abs 1 Z 2 iVm Abs 7 B-VG zu.

9. Die Durchführung einer mündlichen Verhandlung

266   Den früheren Regelungen in § 356 Abs 1 betreffend verpflichtende Durchführung einer „Augenscheinsverhandlung" war durch die AVG-Nov 1998, BGBl I 1998/158, mit Ablauf des 31. 12. 1998 materiell derogiert worden.

Seither ist (auch) in den sog regulären (ordentlichen) BA-Genehmigungsverfahren die Durchführung einer **mündlichen Verhandlung nicht mehr zwingend** vorgesehen (s nunmehr § 356 Abs 1 idgF).

Die Behörde kann aber nach § 39 Abs 2 AVG „von Amts wegen oder auf Antrag eine mündliche Verhandlung durchführen". Sie hat sich bei dieser – nicht gesondert anfechtbaren – Verfahrensanordnung „von Rücksichten auf möglichste Zweckmäßigkeit, Raschheit, Einfachheit und Kostenersparnis leiten zu lassen".

Im Hinblick auf die in § 42 Abs 1 und 2 AVG normierte mögliche **Präklusionswirkung** einer mündlichen Verhandlung – die Nachbarn einer BA verlieren ihre ex-lege-Parteistellung (s oben 8.3), wenn sie nicht spätestens während der Verhandlung zulässige Einwendungen erheben (Näheres s unten 10.1) – wird im regulären (ordentlichen) BA-Genehmigungs(Änderungs)Verfahren die *Durchführung einer mündlichen Verhandlung zur Erzielung klarer rechtlicher Verhältnisse* jedenfalls aus Gründen der Zweckmäßigkeit, Raschheit und Einfachheit angebracht sein.

> Auch in den vereinfachten Genehmigungsverfahren gem § 359b ist die Durchführung einer mündlichen Verhandlung nach § 39 Abs 2 AVG zulässig (vgl VwGH 17. 11. 2004, 2003/04/0091). Zur möglichen Präklusionswirkung im Hinblick auf die „eingeschränkte" Parteistellung von Nachbarn in diesen Verfahren s unten 14.4.

Nach § 40 Abs 1 AVG sind mündliche Verhandlungen unter Zuziehung aller bekannten Beteiligten sowie (insb) der *erforderlichen Sachverständigen* (s Lexikon „Sachverständige" Rz 118) vorzunehmen und, sofern sie mit einem Augenschein (s § 54 AVG) verbunden sind, womöglich an Ort und Stelle, sonst am Sitz der Behörde oder an dem Ort abzuhalten, der nach der Sachlage am zweckmäßigsten erscheint.

Grundsätzlich sind mündliche Verhandlungen *nicht öffentlich*. Ausnahmen bestehen zB in den durch Edikt anberaumten Großverfahren (§ 44e AVG; Näheres zu Großverfahren s unten 9.6). Auch mündliche Verhandlungen der LVwG sind gem § 24 Abs 1 VwGVG öffentlich durchzuführen.

Zur Verpflichtung der Behörde, Beteiligte nach § 13 a AVG über Verfahrenshandlungen und mögliche Rechtsfolgen zu belehren und zu den Grenzen dieser Verpflichtung s Lexikon **„Manuduktionspflicht"** Rz 95.

9.1 Anberaumung der mündlichen Verhandlung

Der Beachtung aller gesetzlich vorgesehenen Formvorschriften für die Kundmachung einer mündlichen Verhandlung durch die Behörde kommt schon im Hinblick auf die möglichen Präklusionsfolgen für Nachbarn (Näheres zur Präklusion s unten 10.) besondere Bedeutung zu.

Die **Form der Kundmachung einer mündlichen Verhandlung** regeln § 41 AVG und im Besonderen für BA-Genehmigungsverfahren (bzw Verfahren zur Genehmigung der Änderung einer BA) die spezielle Verwaltungsvorschrift des **§ 356 Abs 1 GewO:**

„Wird eine mündliche Verhandlung anberaumt, so hat die Behörde Gegenstand, Zeit und Ort der Verhandlung sowie die Voraussetzungen zur Aufrechterhaltung der Parteistellung (§ 42 AVG) durch Anschlag in der Gemeinde (§ 41 AVG) in folgender Weise bekannt zu geben:

1. Kundmachung an der Amtstafel der Gemeinde (§ 41 AVG),
2. Verlautbarung auf der Internetseite der Behörde,
3. Anschlag auf dem Betriebsgrundstück und
4. Anschlag in den der BA unmittelbar benachbarten Häusern.

Die Eigentümer der betroffenen Häuser haben derartige Anschläge in ihren Häusern zu dulden. Statt durch Anschlag iSd Z 3 und 4 kann die Bekanntgabe aus Gründen der Zweckmäßigkeit, Raschheit und Einfachheit durch persönliche Verständigung erfolgen".

9.2 Kundmachung an der Amtstafel der Gemeinde

Die Verhandlungskundmachung in der Gemeinde hat **in jener Gemeinde** zu erfolgen, *in der der Standort der BA liegt* (in diesem Sinne auch *E/R/W* § 356 Rz 18). Wenn sich die Grundfläche der BA auf mehrere Gemeinden (Bezirke; s auch Zuständigkeitsregelung des § 335) erstreckt, auf der Amtstafel jeder dieser Gemeinden. Darüber hinaus sollten Anschläge auch an der Amtstafel jener Gemeinde (Gemeinden) erfolgen, in deren Bereich Nachbarn von den Emissionen der BA voraussichtlich betroffen sein können. In diesem Sinne auch *Berl*, RdU 2012, 185.

Anderer Meinung *Kolonovits/Muzak/Stöger*, VerwVerfR[10], Rz 284, die davon ausgehen, dass die K an der Amtstafel in der Gemeinde, „in deren Bereich die mündliche Verhandlung durchgeführt werden soll", zu erfolgen hätte. Dagegen ist aber einzuwenden, dass es in der Praxis öfter vorkommt, dass mündliche Verhandlungen in einer anderen Gemeinde als in der Standortgemeinde durchgeführt werden (zB weil in der Standortgemeinde kein geeigneter Verhandlungsraum zur Verfügung steht). Diesfalls würden die Nachbarn jedenfalls im Wege der K an der Amtstafel kaum von der Anberaumung der Verhandlung Kenntnis erlangen. Gerade dieses Kenntniserlangen ist aber der Hauptzweck des Anschlags an der Amtstafel der Gemeinde.

Eine Verlautbarung im Amtsblatt anstelle des Anschlags in der Gemeinde kommt nicht in Betracht. Dass eine (zusätzliche) Amtsblattverlautbarung unterblieben ist, bedeutet keinen Verstoß gegen die Vorschrift des § 41 Abs 1 zweiter Satz AVG, weil nach dieser Bestimmung der Anschlag in der Gemeinde genügt [arg: „oder"] (VwGH 17. 11. 2004, 2004/04/0169).

In der Praxis werden Ausfertigungen der Verhandlungskundmachung von der Gewerbebehörde den Gemeinden mit dem Ersuchen übermittelt, diese K an der Amtstafel der Gemeinde anzuschlagen.

Für die Erfüllung der Tatbestandsvoraussetzung „Anschlag in der Gemeinde" ist die Bezeichnung der Amtstafel als „Amtstafel" allerdings ebenso wenig erforderlich wie ihre Beleuchtung oder ihre zeitlich uneingeschränkte Zugänglichkeit. Wesentlich ist vielmehr, dass der Anschlag in einer Art und Weise erfolgte, wie das bei öffentlichen Kundmachungen in der Gemeinde im Allgemeinen der Fall ist (VwGH 17. 11. 2004, 2004/04/0169).

Zur Dauer des Anschlags in der Gemeinde erkannte der VwGH in dem dem Erk v 20. 10. 1999, 99/04/0140 zugrunde liegenden Fall einen Zeitraum von drei Wochen als nicht zu kurz bemessen. Im Erk v 17. 11. 2004, 2004/04/0169 wies der VwGH darauf hin, dass eine Dauer des Anschlags von knapp zwei Wochen im Allgemeinen ausreichen wird; ein Vergleich mit der sechswöchigen Frist nach § 44a Abs 2 Z 2 AVG für Großverfahren sei nicht angebracht. Siehe hiezu auch unten 9.5 letzter Absatz.

9.3 Verlautbarung auf der Internetseite der Behörde

Die K im Internet unter der Adresse der Behörde *gilt als geeignet,* wenn sich aus einer dauerhaften K an der Amtstafel der Behörde ergibt, dass solche K im Internet erfolgen können und unter welcher Adresse sie erfolgen (§ 42 Abs 1a AVG).

9.4. Anschlag auf dem Betriebsgrundstück

Mit der am 14. 2. 2013 in Kraft getretenen Neufassung des § 356 Abs 1 (durch die GewRNov 2012) entfiel die bis dahin verpflichtend vorgesehene persönliche Ladung der Eigentümer des Betriebsgrundstücks und der Eigentümer der an dieses Grundstück unmittelbar angrenzenden Grundstücke.

Die nunmehr vorgesehene Kombination von Internetbekanntgabe mit Hausanschlägen erscheint ein geeignetes Mittel, um das notwendige hohe Niveau an Aufmerksamkeit gegenüber betriebsanlagenrechtlichen Verfahren sicherzustellen. Außerdem sind die Eigentümer des Betriebsgrundstücks und der unmittelbar angrenzenden Grundstücke üblicherweise auch am Bauverfahren beteiligt und können daher aus einer weiteren Informationsquelle schöpfen. **(EB 2012).**

Hinsichtlich des Anschlags am Betriebsgrundstück ist insofern zu differenzieren, als dessen Ausgestaltung es uU notwendig macht, mehrere Anschläge anzubringen. Liegt die BA etwa in einem Gebäude zu dem es mehrere Zugänge gibt, etwa einen zur BA und andere zu den im Gebäude befindlichen Wohneinheiten, so wird der Anschlag auf dem Betriebsgrundstück so zu erfolgen haben, dass dieser sowohl bei der BA als auch bei den Zugängen zu den Wohneinheiten zu erfolgen hat (*E/R/W* § 356 Rz 20).

Da eine BA aber grundsätzlich vor Errichtung zu genehmigen ist, wird das Betriebsgrundstück in den meisten Fällen noch unbebaut sein. In diesen Fällen ist der „Anschlag auf dem Betriebsgrundstück" an geeigneter Stelle, an der eine entsprechende Einsehbarkeit für Beteiligte gegeben ist, anzubringen.

9.5 Der Anschlag in unmittelbar benachbarten Häusern

Unter unmittelbar benachbarten Häusern sind alle Häuser zu verstehen, die *rund um die zur Verhandlung stehende BA dieser zunächst liegen,* und zwar auch dann, wenn etwa dazwischen eine Straße liegt.

Unmittelbare Nachbarschaft erfordert demnach zwar keine gemeinsame Grundgrenze, wohl aber darf das Betriebsgrundstück vom verbauten Grundstück lediglich durch eine Straße oder in einer dieser vergleichbaren Weise getrennt sein; als „unmittelbar benachbarte Häuser" kommen daher nur jene Häuser in Frage, die in einem solchen Nahe- und Nachbarschaftsbereich der BA gelegen sind (vgl ua VwGH 17. 11. 2004, 2003/04/0091 und 2004/04/0169).

Unter den Begriff der benachbarten Häuser fallen nicht nur Wohnhäuser, sondern alle Häuser, in denen sich Menschen nicht nur vorübergehend aufhalten (zB Schulgebäude oder Amtsgebäude).

Die Anschläge sind durch behördliche Organe durchzuführen. Für eine Zustellung an den Hauseigentümer mit dem Auftrag zur Anbringung im Hause besteht keine gesetzliche Grundlage (DE 1973). Die Eigentümer der betroffenen Häuser haben derartige Anschläge aber in ihren Häusern zu dulden (§ 356 Abs 1 zweiter Satz). Näheres s *Grabler/Stolzlechner/Wendl*, GewO[3] § 356 Rz 22 und 23.

9.6 Die persönliche Verständigung

Statt durch Anschlag auf dem Betriebsgrundstück und in den unmittelbar benachbarten Häusern kann die Bekanntgabe aus den im dritten Satz des § 356 Abs 1 genannten Gründen durch persönliche Verständigung erfolgen.

Mit dieser Regelung sollen zB Fälle von Einfamilienhäusern, in denen ein Hausanschlag nicht sinnvoll bzw in Einzelfällen nur schwer möglich ist, erfasst werden. Bei dieser Vorgangsweise trifft die Behörde allerdings eine erhöhte Sorgfaltspflicht. Denn es müssen dann alle in Frage kommenden Nachbarn (iSd § 75 Abs 2, also zB auch Mieter benachbarter Häuser) verständigt werden; die Tatsache der erfolgten persönlichen Verständigung sollte nachvollziehbar dokumentiert werden. Keinesfalls genügt dabei die persönliche Verständigung nur des Hauseigentümers.

Unter sinngemäßer Anwendung des ua im Erk des VwGH 29. 2. 1980, 378/79 zum Ausdruck gebrachten Grundsatzes wird es der Behörde im Falle persönlicher Verständigung obliegen, anhand der ihr zugänglichen Unterlagen die Richtigkeit und Vollständigkeit des (vom Antragsteller gem § 353 Z 2 lit b vorzulegenden) Eigentümerverzeichnisses zu prüfen. Zu den zugänglichen Unterlagen ist wohl die Grundstücksdatenbank zu zählen.

9.7 Anforderungen an die Kundmachung und ihre Rechtswirkung

Die Verhandlungskundmachung bzw persönliche Verständigung hat den Nachbarn bekannt zu geben:

– **Gegenstand, Zeit und Ort der mündlichen Verhandlung** (§ 356 Abs 1 GewO, Einleitungssatz)
Nur bei Übereinstimmung des bekannt gegebenen Gegenstandes *mit dem tatsächlichen Gegenstand der mündlichen Verhandlung* kann Präklusion eintreten. Antragsänderungen, die zwischen Anberaumung und mündlicher Verhandlung erfolgen, unterliegen daher grundsätzlich nicht der Präklusion.

Der VwGH hat in den Erk v 27. 5. 1997, 94/05/0305 und 30. 9. 2010, 2008/07/0171, darauf hingewiesen, dass aber nicht jede Projektsänderung eine neuerliche Kundmachung erfordert, weil man sonst zum Ergebnis gelangte, dass auch durch eine ausschließlich dem Schutz der Nachbarinteressen dienende Projektsänderung für den Bewilligungswerber der

Rechtsnachteil eines übergangenen Nachbarn herbeigeführt werden könnte. Projektsänderungen, die auf die in § 75 Abs 2 genannten Nachbarinteressen keinen Einfluss haben, vermögen einen für die Beurteilung der Parteistellung von Nachbarn zu beachtenden Kundmachungsmangel nicht herbeizuführen. Die Identität zwischen dem Gegenstand der Bekanntmachung und dem Genehmigungsverfahren ist unter dem Blickwinkel zu sehen, dass die Bekanntmachung als Voraussetzung dafür zu dienen hat, dem Nachbarn die zur Verfolgung seiner Rechte erforderlichen Informationen zu vermitteln. Zu Projektsänderungen s auch unten 10.9;

– die **Voraussetzungen zur Aufrechterhaltung der Parteistellung** gem § 42 AVG (§ 356 Abs 1 GewO, Einleitungssatz), nämlich die rechtzeitige Erhebung zulässiger Einwendungen (Näheres s unten 10.);

– die für Ladungen vorgeschriebenen Angaben einschließlich des **Hinweises auf die gem § 42 AVG eintretenden Folgen** (§ 41 Abs 2 zweiter Satz AVG). Mit diesen Folgen sind die Präklusionsfolgen für mitbeteiligte Parteien bei Unterlassung von Einwendungen (s § 42 Abs 1), die ausnahmsweise Zulässigkeit der Erhebung nachträglicher Einwendungen (s § 42 Abs 3) und die Folgen für den säumigen Antragsteller gem § 42 Abs 4 AVG gemeint.

Es kommt dann nicht zum Verlust der Parteistellung nach § 42 AVG, wenn in der Verständigung (Kundmachung) über die Anberaumung der Verhandlung – entgegen § 41 Abs 2 zweiter Satz AVG bzw § 356 Abs 1 GewO – nicht auf diese in § 42 AVG vorgesehenen Rechtsfolgen verwiesen wird, wobei die bloße Anführung von Paragraphenbezeichnungen nicht ausreicht. Allerdings geht der VwGH (vgl 27. 5. 2004, 2003/07/0133) davon aus, dass der Hinweis auf die Zulässigkeit nachträglicher Einwendungen iSd § 42 Abs 3 AVG nicht Voraussetzung für den Eintritt der Präklusion ist (aM *Kolonovits/Muzak/Stöger*, VerwVerfR[10] Rz 286.2). Der Hinweis muss auch deutlich machen, dass auch Einwendungen, die elektronisch (E-Mail) oder mit Telefax eingebracht werden, nach § 42 Abs 1 AVG noch am letzten Tag vor der Verhandlung bei der Behörde während der Amtsstunden einlangen müssen (*Thienel/Schulev-Steindl*, VerwVerfR[5] 165). Eine Belehrung in der Verhandlung über die gem § 42 AVG eintretenden Folgen kann den Umstand der Kdm einer Ladung bzw der persönlichen Ladung jeweils ohne einen solchen Hinweis nicht sanieren. Eine solche Sanierung dieses Mangels kann auch nicht durch den Umstand der tatsächlichen Einlassung in die Sache in der Verhandlung eintreten (VwGH 28. 10. 1999, 98/06/0158);

– falls für Zwecke der Verhandlung **Pläne oder sonstige Behelfe** zur Einsicht der Beteiligten aufzulegen sind, ist dies bei der Anberaumung der Verhandlung unter Angabe von **Zeit und Ort der Einsichtnahme** bekannt zu geben (§ 41 Abs 2 dritter Satz AVG).

Das Fehlen dieser Angaben ändert nichts am Eintritt der in § 42 Abs 1 und 2 AVG umschriebenen Folgen. Die Präklusionsfolgen können freilich (ebenso wie bei unvollständigen oder unbestimmten Unterlagen) dann fortfallen, wenn ohne Planunterlagen den Nachbarn jene Informationen fehlen, die sie zur Verfolgung ihrer Rechte im Verfahren benötigen, maW: Wenn das Fehlen von Unterlagen in eine Unbestimmtheit der Kundmachung umschlägt (*Wiederin*, Neuregelung der Präklusion 26). Ähnlich VwGH 27. 5. 2004, 2003/07/0119. Die Ergänzung bzw Nachreichung von Projektsunterlagen noch vor oder während der mündlichen Verhandlung hat dann keinen Einfluss auf die Präklusionsfolgen, wenn durch diese keine neuen oder größeren Gefährdungen, Belästigungen usw iSd § 74 Abs 2 GewO anzunehmen sind (vgl VwGH 26. 4. 2006, 2003/04/0097).

Die Verhandlung ist gem § 41 Abs 2 erster Satz AVG so anzuberaumen, dass die Teilnehmer **rechtzeitig und vorbereitet** erscheinen können.

Nach hA hindert eine kurzfristige Anberaumung der Verhandlung jedenfalls dann den Eintritt der Präklusionsfolgen des § 42 AVG, wenn den Parteien nicht einmal ausreichend Zeit bleibt, den Termin entweder selbst wahrzunehmen oder für den Fall einer unauflösbaren Terminkollision einen Vertreter zu entsenden. Nähere Hinweise zu dieser Problematik und zu der für eine angemessene Vorbereitung benötigten Zeitspanne s *Grabler/Stolzlechner/Wendl*, GewO³ § 356 Rz 26 und *Thienel/Schulev-Steindl*, VerwVerfR⁵ 165 f. Eine zu kurz bemessene Vorbereitungszeit hindert an sich jedoch nicht die Präklusionsfolgen. Die Parteien sind vielmehr gehalten, rechtzeitig, also spätestens am Tag vor Beginn oder während der Verhandlung, die **Vertagung** derselben zu beantragen. Unterlässt es die Partei einen Vertagungsantrag zu stellen, gilt der Verständigungsmangel als geheilt (*E/R/W* § 356 Rz 38). .

9.8 Sonderbestimmungen für Großverfahren

Sind an einer Verwaltungssache oder an verbundenen Verwaltungssachen voraussichtlich insgesamt mehr als 100 Personen beteiligt, so kann die Behörde den Antrag oder die Anträge durch Edikt kundmachen (§ 44 a Abs 1 AVG). Das Edikt hat gem Abs 2 des § 44 a ua eine Frist von mindestens sechs Wochen zu enthalten, innerhalb derer bei der Behörde schriftlich Einwendungen erhoben werden können; weiters den Hinweis auf die Rechtsfolgen des § 44 b leg cit (nämlich den Verlust der Parteistellung für mitbeteiligte Parteien, soweit sie nicht rechtzeitig schriftliche Einwendungen erheben; die „Quasi-Wiedereinsetzung" des § 42 Abs 3 AVG ist sinngemäß anzuwenden). Die Form der Kundmachung regelt § 44 a Abs 3 AVG.

Bei Anberaumung einer mündlichen Verhandlung durch Edikt gelten die Sondervorschriften der §§ 44 d und 44 e AVG. Ausführlich zu Großverfahren *Thienel/Schulev-Steindl*, VerwVerfG⁵ 177 f.

9.9 Sonderbestimmungen gelten auch für die Bekanntgabe eines Antrags auf Genehmigung oder auf Genehmigung einer wesentlichen Änderung einer **IPPC-Anlage**. Näheres hiezu, auch im Hinblick auf die Nachbarn s *Vogelsang*, Sonderbestimmungen für IPPC-Anlagen Rz 246, 4.2.

9.10 Zur *Bedeutung der mündlichen Verhandlung* und zu ihrem *Ablauf* und ihrer *Gestaltung* unter Beachtung der Erfahrungen aus der Praxis (speziell im Hinblick auf die Wahrung der Parteirechte der Nachbarn und das Hinwirken des Verhandlungsleiters auf das Zustandekommen eines Ausgleichs bei einander widersprechenden Ansprüchen von Konsenswerber und Nachbarn iSd § 43 Abs 5 AVG) s *Wendl* in FS Stolzlechner 738 ff.

10. Verlust der Parteistellung (Präklusion)

10.1 Die Präklusionsfolgen einer ordnungsgemäß kundgemachten mündlichen **267** Verhandlung *für mitbeteiligte Parteien* regelt **§ 42 Abs 1 und 2 AVG**:

„Wurde eine mündliche Verhandlung gemäß § 41 Abs. 1 zweiter Satz und in einer in den Verwaltungsvorschriften vorgesehenen besonderen Form kundgemacht, so hat dies zur Folge, dass eine Person ihre Stellung als Partei verliert, soweit sie nicht spätestens am Tag vor

Beginn der Verhandlung während der Amtsstunden bei der Behörde oder während der Verhandlung Einwendungen erhebt. Wenn die Verwaltungsvorschriften über die Form der Kundmachung nichts bestimmen, so tritt die im ersten Satz bezeichnete Rechtsfolge ein, wenn die mündliche Verhandlung gemäß § 41 Abs. 1 zweiter Satz und in geeigneter Form kundgemacht wurde." (Abs 1).

„Wurde eine mündliche Verhandlung nicht gemäß Abs. 1 kundgemacht, so erstreckt sich die darin bezeichnete Rechtsfolge nur auf jene Beteiligten, die rechtzeitig die Verständigung von der Anberaumung der Verhandlung erhalten haben" (Abs 2).

Im obzit Abs 1 erster Satz wurde durch Art 2 Z 18 des Verwaltungsverfahrens- und Zustellrechtsänderungsgesetzes 2007, BGBl I 2008/5, (mit Wirkung vom 1. 1. 2008) das Wort „wenn" durch das Wort *„soweit"* ersetzt. Nach den Erläuterungen der RV zu diesem G (294 BlgNR 23. GP) handelte es sich dabei nur um die Bereinigung eines durch BGBl I 2000/10 unterlaufenen Redaktionsversehens und die Wiederherstellung der ursprünglichen Formulierung im BGBl I 1998/158. Damit wird klargestellt, dass die Stellung als Partei nur erhalten bleibt, soweit *(in welchem Umfang)* Einwendungen erhoben wurden. Zur *Teilpräklusion* s auch die Hinweise unten 10.3 und 10.4.

Erfolgte daher die Kundmachung bzw Verständigung über die Anberaumung der mündlichen Verhandlung im BA-Genehmigungs(Änderungs)Verfahren
   a) in der den gesetzlichen Bestimmungen entsprechenden qualifizierten Form und
   b) entspricht die Kundmachung bzw persönliche Verständigung überdies den oben in 9.7 dargestellten Anforderungen (nach Maßgabe der für eine Präklusion relevanten Hinweise)
dann hat dies zur Folge, dass Nachbarn iSd § 75 Abs 2 GewO ihre (ex lege bestehende) **Parteistellung verlieren, soweit sie nicht** spätestens am Tag vor Beginn der Verhandlung während der Amtsstunden bei der Behörde oder während der Verhandlung **Einwendungen erheben**. Aus der Formulierung *„soweit"* ist abzuleiten, dass die Parteistellung *nur im Umfang* der rechtzeitig erhobenen Einwendungen erhalten bleibt und somit neue Einwendungen später nicht nachgetragen werden können (vgl VwGH 31. 1. 2008, 2007/06/0203). (Eine Sanierung mangelhafter Kundmachung oder Verständigung kann nach der ua im Erk des VwGH 3. 4. 2003, 2002/05/0937 geäußerten Ansicht „auch nicht durch den Umstand der tatsächlichen Einlassung in die Sache in der Verhandlung eintreten".) Solche Einwendungen müssen nicht nur *rechtzeitig* (Näheres hiezu s unten 10.2), sondern auch *zulässig* (Näheres hiezu s *Bergthaler/Holzinger*, Zulässige und unzulässige Einwendungen Rz 278) sein, um den Verlust der Parteistellung zu verhindern.

Zu den unter a) angesprochenen gesetzlichen Bestimmungen ist auf das *Problem des Verhältnisses zwischen den Präklusionsregeln des AVG* (§ 42 Abs 1 und 2 iVm § 41 Abs 1 zweiter Satz; s oben 10.1) einerseits *und den Kundmachungsvorschriften der GewO* (§ 356 Abs 1 Z 1 bis 4 bzw § 356 Abs 1 letzter Satz; s oben 9.1) andererseits näher einzugehen:

Unterpertinger, ZfV 2014, 28 weist darauf hin, „dass es für den Eintritt der Präklusionsfolgen zum einen irrelevant ist, welche der drei *allgemeinen* Kundmachungsformen des § 41 Abs 1 Satz 2 AVG durch die Behörde gewählt wird – selbst wenn im § 356 Abs 1 Z 1 GewO bereits eine Einschränkung auf *eine* dieser Formen vorgenommen wurde –, und zum anderen bereits *eine* einzige *besondere* Form der Z 2 bis 4 des § 356

Abs 1 GewO ausreicht, um § 42 Abs 1 Satz 1 AVG zu genügen". Die Behörden hätten daher die Möglichkeit, auf unterschiedlichste Arten doppelt kundzumachen: „Neben den drei zulässigen *allgemeinen* Formen des § 41 Abs 1 Satz 1 AVG stehen ihnen [Anm: den Behörden] nunmehr auch drei *besondere* Formen der GewO zur freien Auswahl". Im Ergebnis zustimmend *E/R/W* § 356 Rz 17.

Kastner, ecolex 2014, 657 kommt bei seiner Untersuchung dieses Problems zum Ergebnis, dass es, um die Rechtsfolge nach § 42 AVG eintreten zu lassen, genüge „ – neben einer allgemeinen Kundmachung nach § 41 Abs 1 AVG –, die Verhandlung auf der Internetseite der Behörde zu verlautbaren".

Dagegen führt *Jahnel,* bbl 2013, 188 zu dem angesprochenen Problem des Verhältnisses zwischen AVG und GewO aus, dass der Verweis auf § 41 AVG in § 356 Abs 1 Z 1 GewO darauf hinweise, dass die „Kundmachung an der Amtstafel der Gemeinde" die (einzige) gültige erste Kundmachungsform mittels Edikt darstellt. „Da die Z 2 bis 4 des § 356 Abs 1 GewO keinen derartigen Verweis enthalten und im Einleitungssatz von „Voraussetzungen zur Aufrechterhaltung der Parteistellung (§ 42 AVG)" die Rede ist, deutet alles darauf hin, dass es sich bei diesen Ziffern um die zweite Form der Kundmachung in der Variante „in einer in den Verwaltungsvorschriften vorgesehenen besonderen Form" handelt. Wenn man die Wendung *„in einer"* nicht als Zahl liest, können darunter auch ohne Probleme § 356 Abs 1 Z 2 bis 4 GewO verstanden werden. „Mit anderen Worten: Fehlt eine der drei (bzw zwei bei persönlicher Verständigung) in § 356 in Abs 1 Z 2 bis 4 GewO vorgesehenen Kundmachungen, liegt keine rechtsgültige zweite Kundmachung vor und es kommt zu keinem Verlust der Parteistellung". Von diesem Ergebnis gehen auch *Gruber/Paliege-Barfuß,* GewO⁷ § 356 Anm 2 aus.

Insgesamt spricht bei Abwägung der oben dargestellten divergierenden Lit mehr für eine Auslegung iSd Beachtung aller in § 356 Abs 1 Z 1 bis 4 vorgesehenen Kundmachungsformen als Voraussetzung für den Eintritt einer Präklusion (bei Nichterhebung rechtzeitiger und zulässiger Einwendungen).

Abschließend ist zu dieser Thematik darauf hinzuweisen, dass es sich bei der **Aufzählung der Kundmachungsformen** in § 356 Abs 1 Z 1 bis 4 um eine **taxative** handelt und die Gewerbebehörde auch unabhängig von der Präklusionsfrage daher zu einer Beachtung aller dieser Kundmachungsformen (die der Erzielung einer möglichst großen und weitreichenden Publizitätswirkung der Anberaumung einer mündlichen Verhandlung und damit auch dem Schutz der Nachbarrechte dienen) – allenfalls unter Anwendung der in § 356 Abs 1 dritter Satz alternativ vorgesehenen persönlichen Verständigung – verpflichtet ist. Die Nichtbeachtung dieser Regelungen in § 356 Abs 1 stellt daher jedenfalls einen Verfahrensfehler dar.

10.2 Hinsichtlich der **Rechtzeitigkeit der Einwendungen** ist auf Folgendes hinzuweisen:

Einwendungen können rechtswirksam frühestens nach der Kundmachung der Verhandlung, also nach „Abgrenzung des Verhandlungsgegenstandes" erhoben werden (vgl ua VwSlg 11.745 A/1985). Werden **Einwendungen vor der Verhandlung** erhoben, dann müssen diese – um rechtswirksam zu sein – „spätestens am Tag vor Beginn der Verhandlung während der Amtsstunden bei der Behörde" eingebracht werden. (Diese Regelung findet ihren praktischen Sinn darin, dass der Verhandlungsleiter am Verhandlungstag mit dem Akt allenfalls schon unterwegs zum Verhandlungsort ist und die Einwendungen mangels Kenntnis daher in einer mündlichen Verhandlung nicht berücksichtigen könnte – VwGH 3. 2. 2000, 99/07/ 0191 mit Hinweis auf *Walter/Mayer,* VerwVerfR[8] Rz 290.) Dies kann *schriftlich, mündlich* oder *telefonisch* erfolgen. Erscheint die telefonische Einbringung eines Anbringens der Natur der Sache nach nicht tunlich, so kann die Behörde dem Einschreiter auftragen, es innerhalb einer angemessenen Frist schriftlich oder mündlich einzubringen (§ 13 Abs 1 AVG). Die Behörde ist nur während der Amtsstunden verpflichtet, schriftliche Anbringen entgegenzunehmen oder Empfangsgeräte empfangsbereit zu halten, und, außer bei Gefahr im Verzug, nur während der für den Parteienverkehr bestimmten Zeit verpflichtet, mündliche oder telefonische Anbringen entgegenzunehmen. Die Amtsstunden und die für den Parteienverkehr bestimmte Zeit sind im Internet und an der Amtstafel bekannt zu machen (§ 13 Abs 5 erster und zweiter Satz AVG).

Werden **Einwendungen während der Verhandlung** erhoben, dann muss dies bis spätestens zum Schluss der Verhandlung erfolgen. Diese Einwendungen dürfen im Hinblick auf § 44 Abs 2 letzter Satz AVG nur mündlich erhoben werden. Siehe jedoch VwGH 3. 2. 2000, 99/07/0191: Wenn der Verhandlungsleiter eine schriftliche Einwendung entgegen nimmt und dem Protokoll als dessen Bestandteil anschließt, muss dies so gewertet werden, als ob der Antrag korrekt gestellt worden wäre. Damit ist die Einwendung als rechtzeitig eingebracht anzusehen.

In einer späteren Verhandlung können rechtzeitig Einwendungen nur dann erhoben werden, wenn die erste Verhandlung vertagt wurde und die zweite Verhandlung eine Fortsetzung der ersten Verhandlung darstellt (VwGH 23. 4. 1991, 90/04/0352). Umgekehrt bedarf es in späteren Verhandlungen keiner Wiederholung von Einwendungen. Das über ein Ansuchen durchgeführte Verfahren – mögen im Gegenstand auch mehrere Verhandlungen stattgefunden haben – bildet eine *Einheit* (ua VwGH 17. 3. 1998, 97/04/0249).

Mit den Bestimmungen des § 42 AVG ist es unvereinbar, sich vorzubehalten, zu einem späteren Zeitpunkt Einwendungen zu erheben. Von der Präklusionswirkung des § 42 AVG sind auch rechtzeitig erhobene Einwendungen betroffen, wenn sie nicht erkennen lassen, in welchen Rechten sich die Partei durch das Vorhaben verletzt erachtet (LVwG Bgld 5. 9. 2014, Ü M2A/07/2014.001/002). Ausführlich zur **Zulässigkeit der Einwendungen** s *Bergthaler/Holzinger,* Zulässige und unzulässige Einwendungen Rz 278.

10.3 Mit dem Verlust der Parteistellung (durch nicht rechtzeitige Erhebung von Einwendungen bzw wenn lediglich unzulässige Einwendungen erhoben wurden) **entfallen alle Rechte, die an die Parteistellung anknüpfen,** insb das Recht zur Erhebung einer Beschwerde an das LVwG (eine dennoch erhobene Beschwerde wäre vom LVwG als unzulässig zurückzuweisen) oder zur Stellung eines Antrags auf Wiedereinsetzung in den vorigen Stand. (Zur Zulässigkeit einer „Quasi Wiedereinsetzung in den vorigen Stand" s unten 10.7.)

Wurde die Parteistellung nur teilweise verloren (*Teilpräklusion;* zB durch Erhebung auch unzulässiger Einwendungen), dann bleibt das Recht zur Erhebung einer Beschwerde an das LVwG *im Rahmen der zulässigen Einwendungen* erhalten.

Der Verlust der Parteistellung iSd § 42 AVG bleibt auf das jeweilige Verfahren beschränkt (vgl Bericht des Verfassungsausschusses zur AVG-Nov 1998, 1167 BlgNR 20. GP). § 356 Abs 3 GewO weicht jedoch von der AVG-Regelung ab: Der im (ursprünglichen) Genehmigungsverfahren allenfalls eingetretene Verlust der Parteistellung *wirkt auf „Folgeverfahren" weiter,* sodass in diesen Verfahren nur jene Nachbarn Parteistellung haben, deren Parteistellung im Verfahren nach Abs 1 aufrecht geblieben ist (s unten 15.1.1 sowie die Ausnahmeregelung unter 15.4).

Kein Folgeverfahren in diesem Sinn ist jedoch ein späteres Änderungsverfahren betreffend eine rk genehmigte BA; in diesem haben auch im ursprünglichen Genehmigungsverfahren allenfalls präkludierte Nachbarn wieder ex lege Parteistellung im Hinblick auf diese Änderung (s unten 13.).

10.4 Im Falle der Erhebung rechtzeitiger und zulässiger Einwendungen der mitbeteiligten Parteien (Nachbarn) bleibt deren Parteistellung aufrecht (s oben 10.1). Im Rahmen solcher Einwendungen ist eine **Konkretisierung durch späteres Vorbringen** zulässig.

Die Präklusionsfolgen des § 42 AVG beziehen sich nur auf die Einwendungen als solche, schließen daher ein ergänzendes späteres Vorbringen im Rahmen der erhobenen Einwendungen nicht aus (ua VwGH 23. 2. 1977, 1173/76). Wurde zB durch eine auf den Alternativtatbestand „Lärm" (iSd § 74 Abs 2 Z 2) gestützte Einwendung die Parteistellung aufrecht erhalten, dann erweist sich das ebenfalls auf Lärmemissionen, uzw durch auf dem Betriebsgrundstück fahrende Kfz, bezogene spätere Vorbringen als zulässige Konkretisierung dieser Einwendung; ein Vorbringen, „grundsätzlich Einwendungen" zu erheben, ist dagegen nicht als Einwendung zu werten und damit auch einer – rechtserheblichen – Konkretisierung unzugänglich (VwGH 21. 12. 1993, 93/04/0008, an die neue Rechtslage angepasst). Nach der Verhandlung können rechtens keine weiteren, neuen Einwendungen (gemeint ist durch eine teilweise präkludierte Partei) nachgetragen werden (VwGH 4. 4. 2002, 2000/06/0090).

10.5 *Keine Präklusion iSd § 42 AVG* kann gegenüber sog **Organ- oder Formalparteien,** soweit sie öffentliche Interessen vertreten, eintreten. Auch das Erheben von Einwendungen (iSd Behauptung einer Verletzung in subjektiven Rechten) kommt für solche Parteien schon deswegen regelmäßig nicht in Betracht, weil sie im Regelfall in Verfahren überhaupt keine subjektiven Rechte verfolgen, sondern öffentliche Interessen vertreten. *In der Lit uneinheitlich beurteilt wird dagegen die Frage,* ob auch jene Organparteien, denen von einzelnen Verwaltungsvorschriften die Wahrung eines öffentlichen Interesses als „*subjektives Recht*" übertragen ist (s zB die dem Umweltanwalt gem § 19 Abs 1 Z 3 iVm Abs 3 UVP-G übertragene Wahrnehmung bestimmter öffentlicher Interessen als subjektives Recht), der Präklusion unterliegen können. Verneinend hiezu *Ennöckl/Raschauer/Bergthaler,* UVP-G[3] § 19 Rz 48 ff, unter Darstellung der divergierenden Lit. Zur Frage der allfälligen Präklusion gegenüber den in § 19 Abs 1 Z 3 bis 7 UVP-G aufgezählten Formalparteien s auch *Vogelsang,* Sonderbestimmungen für UVP-pflichtige Betriebsanlagen Rz 335, 4.5.

10.6 Gegenüber dem **Antragsteller als Hauptpartei** selbst können – im Gegensatz zu den Nachbarn – nur die im § 42 Abs 4 AVG normierten Säumnisfolgen (Durchführung der Verhandlung entweder in seiner Abwesenheit oder Verlegung auf seine Kosten auf einen anderen Termin) eintreten.

10.7 Personen, die verhindert waren, rechtzeitig Einwendungen zu erheben und die daher ihre Parteistellung verloren haben, bleibt (bei Vorliegen der entsprechenden Voraussetzungen) die Möglichkeit einer „Quasi-Wiedereinsetzung in den vorigen Stand" durch **nachträgliche Erhebung von Einwendungen gem § 42 Abs 3 AVG:**

„Eine Person, die glaubhaft macht, daß sie durch ein unvorhergesehenes oder unabwendbares Ereignis verhindert war, rechtzeitig Einwendungen zu erheben, und die kein Verschulden oder nur ein minderer Grad des Versehens trifft, kann binnen zwei Wochen nach dem Wegfall des

Hindernisses, jedoch spätestens bis zum Zeitpunkt der rechtskräftigen Entscheidung der Sache bei der Behörde Einwendungen erheben. Solche Einwendungen gelten als rechtzeitig erhoben und sind von jener Behörde zu berücksichtigen, bei der das Verfahren anhängig ist".

Es handelt sich bei dieser Regelung deshalb um eine **„Quasi-Wiedereinsetzung in den vorigen Stand",** da die betreffenden Personen ja ihre Parteistellung verloren haben und ihnen deshalb das Parteirecht der (regulären) Wiedereinsetzung nach § 71 Abs 1 AVG nicht zusteht.

Zwischen dem Ende der Verhandlung und der nachträglichen Einwendung ist der präkludierte Nachbar nicht Partei, hat aber schon vor der Erhebung nachträglicher Einwendungen bestimmte Parteirechte, wie zB das Recht auf Akteneinsicht (VwGH 15. 9. 2005, 2004/07/0135).

10.7.1 Die nachträglichen Einwendungen sind bei der Behörde, die die mündliche Verhandlung anberaumt hat, einzubringen.

Im Hinblick auf § 13 Abs 1 AVG müssen solche Einwendungen, da sie an Fristen gebunden sind (s unten 10.7.2), schriftlich eingebracht werden.

10.7.2 Die Möglichkeit zur Erhebung nachträglicher Einwendungen durch Nachbarn ist in zweierlei Hinsicht **zeitlich limitiert:**

Zum *Ersten* muss der Nachbar seine Einwendungen binnen zwei Wochen nach dem Wegfall des Hindernisses erheben.

Dabei handelt es sich um eine verfahrensrechtliche Frist. Zur Nichteinrechnung des Postlaufes in die Frist s § 33 Abs 3 AVG. Gegen Versäumung der zweiwöchigen Frist ist eine Wiedereinsetzung gem § 71 AVG unzulässig, da der Nachbar in diesem Stadium ja (noch) keine Parteistellung hat.

Zweitens müssen die Einwendungen spätestens bis zum Zeitpunkt der rk Entscheidung der Sache erhoben werden.

Die Einwendungen können also nach Abschluss der mündlichen Verhandlung und auch nach Erlassung des Bescheides der Behörde erhoben werden, solange dieser Bescheid nicht gegenüber den dem bisherigen Verfahren beigezogenen Parteien rk geworden ist. Als rk entschieden ist eine Angelegenheit anzusehen, wenn gegen den über das Genehmigungsansuchen absprechenden Bescheid dem Genehmigungswerber, (allenfalls) dem Arbeitsinspektorat und jenen Nachbarn, die durch fristgerechte Erhebung von Einwendungen ihre Parteistellung aufrechterhalten haben, ein weiters Rechtsmittel nicht mehr offen steht (VwGH 25. 11. 1997, 96/04/0233, an die neue Rechtslage angepasst). Zu dieser „Erweiterung der Rechtskraftwirkung" s auch Lexikon „Rechtskraft" Rz 112.
    Die Möglichkeit nachträglicher Einwendungen ist damit nur unzureichend sichergestellt, womit fraglich ist, ob diese Regelung den verfassungsrechtlichen Anforderungen an ein effektives Rechtsschutzsystem entspricht (*Thienel/Schulev-Steindl*, VerwVerfR[5] 172 und die dort zit Lit). Der VfGH hatte zu einer dem nunmehrigen § 42 Abs 3 AVG ähnlichen Vorgängerregelung des § 107 Abs 2 WRG keine verfassungsrechtlichen Bedenken geäußert (ua VfGH 18. 10. 1979, B 112/78).

10.7.3 § 42 Abs 3 AVG stellt – wie § 71 Abs 1 Z 1 AVG – darauf ab, dass seitens der Partei glaubhaft gemacht wird, dass die Versäumung durch ein unvorhergesehenes oder unabwendbares Ereignis eintrat und kein Verschulden vorlag oder nur ein minderer Grad des Versehens vorgeworfen werden konnte. Es kann daher hinsichtlich des Vorliegens dieser Voraussetzungen nach § 42 Abs 3 AVG auf die zu § 71 Abs 1 Z 1 AVG entwickelte Rsp zurückgegriffen werden (VwGH 15. 9. 2005, 2004/07/0135).

An Anträge auf „Quasi-Wiedereinsetzung in den vorigen Stand" sind daher die gleichen Anforderungen zu stellten, wie sie an Wiedereinsetzungsanträge zu stellen sind. Daraus folgt, dass der Antragsteller in seinem Antrag jene Angaben zu machen hat, die zur Beurteilung der Begründetheit und der Rechtzeitigkeit des Antrags erforderlich sind (VwGH 25. 6. 1999, 97/06/0194). Das Fehlen solcher Angaben ist ein Mangel iSd § 13 Abs 3 AVG, sodass eine Zurückstellung zur Verbesserung geboten ist (*Thienel/Schulev-Steindl*, VerwVerfR[5] 171).

10.7.4 Die (rechtzeitig) erhobenen Einwendungen sind von jener Behörde zu berücksichtigen, bei der das Verfahren anhängig ist (also zB im Falle einer anhängigen Beschwerde vom LVwG).

Die Behörde hat über den „Wiedereinsetzungsantrag" nach § 42 Abs 3 AVG nicht förmlich abzusprechen, sondern inzident zu beurteilen, ob eine Person durch nachträgliche Einwendungen die *Parteistellung (mit Wirkung ex nunc) wiedererlangt* hat. Den Personen, die durch die „Wiedereinsetzung" ihre Parteistellung wiedererlangt haben, ist insb in vollem Umfang Parteiengehör zu gewähren. Erforderlichenfalls sind Verfahrensschritte erneut zu setzen (Durchführungsrundschreiben des Bundeskanzleramtes zur AVG-Nov 1998 vom 18. 12. 1998, GZ 600.127/23-V/2/98). Jedoch hat der Nachbar keinen Anspruch auf Wiederholung der versäumten mündlichen Verhandlung (vgl sinngemäß VwSlg 10.859 A/1982).
    Weitere Hinweise bei *Grabler/Stolzlechner/Wendl*, GewO[3] § 356 Rz 8.

Hinweise auf die Zulässigkeit nachträglicher Einwendungen von Personen, deren Stellung als Partei vor der *Verwaltungs*behörde unverschuldet präkludiert ist, in sinngemäßer Anwendung des § 42 Abs 3 AVG im verwaltungs*gerichtlichen* Verfahren bei *Götzl/Gruber/Reisner/Winkler* § 27 VwGVG Rz 14.

10.8 Hinsichtlich der Präklusionswirkung eines Edikts, mit dem die Behörde den Antrag betreffend ein **Großverfahren** kundgemacht hat, s die Sonderbestimmungen oben 9.6.

10.9 Nach § 13 Abs 8 AVG kann der verfahrenseinleitende Antrag (hier: Antrag auf Genehmigung bzw Genehmigung der Änderung der BA) *in jeder Lage des Verfahrens* geändert werden, wodurch aber die Sache ihrem Wesen nach nicht geändert werden darf.

Zu dieser Abgrenzungsproblematik allgemein s Bericht und Antrag des Verfassungsausschusses (1167 BlgNR 20. GP) zu § 13 Abs 8 AVG.
    Projektsänderungen, die nicht geeignet sind, gegenüber dem ursprünglichen Projekt *neue oder größere Gefährdungen, Belästigungen* usw iSd § 74 Abs 2 herbeizuführen, sind als gem § 13 Abs 8 AVG nicht wesentliche Antragsänderung zulässig (VwGH 14. 9. 2005, 2003/04/ 0007). Modifikationen, durch die der Verfahrensgegenstand eingeengt und damit eine mögliche Betroffenheit der Parteien in subjektiven Rechten vermindert, zumindest nicht ausgeweitet wird, sind als Änderungen des verfahrenseinleitenden Antrags nach § 13 Abs 8 AVG zulässig (vgl VwGH 26. 6. 2014, 2011/06/0040). Ebenso Projektsänderungen im Falle einer Einschränkung

des Vorhabens oder bei Projektsänderungen ausschließlich im Interesse des Nachbarn oder bei solchen Änderungen des Gegenstandes, bei welchen eine Berührung subjektiv-öffentlicher Rechte des Nachbarn von vornherein ausgeschlossen ist bzw eine Verbesserung der Nachbarstellung offenkundig eintritt (vgl sinngemäß VwGH 30. 9. 2010, 2008/07/0171).

Beispielsweise kommt es im Rahmen der Erörterung des Projekts in der mündlichen Verhandlung zur Verbesserung des Nachbarschutzes und zur Erzielung eines Konsenses gelegentlich zu einer Umplanung, indem lärm- oder geruchsintensive Anlagenteile in gegenüber den Nachbarn besser abgeschirmte bzw weiter entfernte Teile des Betriebsareals verlegt werden. Wenn dagegen eine solche Umplanung auf andere, nicht zur Verhandlung erschienene Nachbarn neue oder größere Auswirkungen haben könnte, würde dies das Projekt seinem Wesen nach ändern und müsste über einen neuen Projektsantrag zu einer Neudurchführung des Verfahrens führen. Dennoch kann dieser Weg auch im Hinblick auf mögliche nachhaltige Verbesserungen für die Nachbarschaft im Einzelfall sinnvoll sein (*Wendl* in FS Stolzlechner 738 f).

10.9.1 Erfolgt eine (nicht wesensändernde) **Projektsänderung** *nach Abschluss der mündlichen Verhandlung,* ist zu prüfen, ob die Nachbarn anders als bisher berührt werden. Bejahendenfalls lebt eine etwa schon verloren gegangene Parteistellung in diesem Umfang (ex nunc) wieder auf (vgl VwGH 7. 9. 2004, 2003/05/0229).

Dagegen ist bei einer Einschränkung des Vorhabens oder bei Projektsänderungen ausschließlich im Interesse des Nachbarn oder bei solchen Änderungen, bei welchen eine Berührung subjektiv-öffentlicher Rechte des Nachbarn von vornherein ausgeschlossen ist bzw eine Verbesserung der Nachbarstellung offenkundig eintritt, eine bereits früher eingetretene Präklusion weiter als gegeben anzunehmen (VwGH 19. 9. 2000, 98/05/0171).

Bei einer relevanten anderen oder neuen Berührung der nachbarlichen Interessen hat die Behörde dann zu prüfen, in welcher Form den Nachbarn im Rahmen ihrer wieder aufgelebten Parteistellung neuerlich Gelegenheit zur Geltendmachung ihrer subjektiv-öffentlichen Interessen zu geben ist, so etwa im Wege einer neuerlichen mündlichen Verhandlung. Diesfalls können sie die gegenständliche Änderung betreffende Einwendungen erheben; unterlassen sie dies, sind sie wieder präkludiert.

10.9.2 Dagegen ist eine Antragsänderung, die das Projekt seinem *Wesen nach verändert,* im Zuge des Genehmigungsverfahrens nicht mehr zulässig. Eine das Wesen des Projekts berührende Änderung einer gew BA ist inhaltlich als *Zurückziehung des ursprünglichen Antrags* zu verstehen, an dessen Stelle das geänderte Projekt tritt, sodass die Behörde nunmehr allein über diesen Antrag zu entscheiden hat (ua VwGH 10. 12. 1996, 96/04/0140). Präklusionen betreffend das ursprüngliche Projekt haben im neuen Verfahren daher keine Bedeutung mehr.

11. Übergangene Parteien (Nachbarn)

268   11.1 Zum Problem übergangener Parteien kommt es in gew BA-Verfahren vor allem dann, wenn Nachbarn iSd § 75 Abs 2 (denen ex lege Parteistellung in den oben in 8.3 genannten Verfahren zukommt) diesen Verfahren nicht vorschriftsmäßig beigezogen wurden und denen gegenüber keine wirksame Bescheiderlassung erfolgte.

Dies wird im Fall der Anberaumung einer mündlichen Verhandlung nach § 356 Abs 1 dann der Fall sein, wenn die Kundmachung bzw persönliche Ladung gegenüber

Nachbarn nicht in einer die Präklusion iSd § 42 Abs 1 bzw 2 AVG zur Folge habenden Form (s oben 10.1) erfolgte, und die **Parteistellung** der mitbeteiligten Parteien (Nachbarn) daher **aufrecht geblieben** ist.

Dieser Grundsatz ist durch zwei Ausnahmen durchbrochen. Erstens muss sich der unterlassene Fehler auf die Beteiligten konkret auswirken (wenn zB im Zuge eines gew BA-Verfahrens ein einzelner Häuseranschlag unterblieben ist, so können zwar die dort wohnhaften Parteien weiterhin im Verfahren Einwendungen erheben; die im Nachbarhaus wohnhaften Beteiligten haben hingegen durch Schweigen in der mündlichen Verhandlung ihre Parteistellung eingebüßt, sofern in ihrem Haus der Anschlag rite angebracht wurde). Zweitens ist in § 42 Abs 2 AVG eine Heilung der Kundmachungsfehler durch persönliche Verständigung der Beteiligten vorgesehen. Eine darüber hinausgehende Heilung von Anberaumungsfehlern ist hingegen dem AVG nach wie vor unbekannt (*Wiederin*, Neuregelung der Präklusion 28 f).

Wurde in einem gew BA-Verfahren von der Behörde keine mündliche Verhandlung durchgeführt (s oben 8.6.2), kann es selbstverständlich ebenfalls zum Problem der übergangenen Partei kommen, wenn dem Nachbarn iSd § 75 Abs 2 GewO nicht gem § 37 AVG Gelegenheit zur Geltendmachung seiner subjektiv-öffentlichen Interessen gegeben wurde und keine Bescheiderlassung an ihn erfolgte. Übergangene Parteien sind schließlich auch solche Personen, deren Parteistellung im Verwaltungsverfahren strittig war und an die keine Bescheidzustellung erfolgte.

11.2 Ist in einem Mehrparteienverfahren der Bescheid zumindest einer Partei rechtsgültig zugestellt worden, so ist dieser Bescheid zweifellos erlassen und rechtlich existent geworden, und zwar unabhängig von der Frage der Zustellung dieses Bescheides an andere Parteien (vgl ua VwGH 25. 4. 1996, 95/07/0216). Gegenüber einer übergangenen Partei (einem übergangenen Nachbarn) entfaltet dagegen ein solcher **Bescheid keinerlei Rechtswirkungen.** Da er ihr gegenüber nicht rechtskräftig geworden ist, kann eine übergangene Partei *keine Wiederaufnahme* des Verfahrens gem § 69 AVG beantragen. Sie kann auch *keine Wiedereinsetzung* in den vorigen Stand verlangen, da mangels Zustellung des Bescheides an sie die Frist iSd § 71 Abs 1 AVG gar nicht zu laufen begonnen hat und daher nicht versäumt werden konnte (VwGH 2. 9. 1998, 97/05/0157). Aber auch eine „Quasi-Wiedereinsetzung" iSd § 42 Abs 3 AVG (s oben 10.6) kommt nicht in Frage, da die übergangene Partei ihre Parteistellung nicht verloren hat (§ 42 Abs 3 AVG findet nur auf präkludierte Personen Anwendung).

11.3 Nach nicht ganz einheitlicher Jud und Lit stehen der übergangenen Partei (dem übergangenen Nachbarn) verschiedene **Möglichkeiten zur (nachträglichen) Geltendmachung ihrer subjektiven Interessen** zu:

11.3.1 Sie hat das Recht, von der Verwaltungsbehörde ohne zeitliche Limitierung entweder die *Feststellung ihrer Parteistellung* oder sogleich die *nachträgliche Zustellung des (schon gegenüber anderen Parteien erlassenen) Bescheides* zu verlangen und diesen sodann mit Beschwerde beim LVwG anzufechten.

Die übergangene Partei, die die Zustellung des Bescheides begehrt, hat einen Anspruch darauf, dass entweder der Bescheid zugestellt wird oder dass dann, wenn die Behörde der Mei-

nung ist, ihr komme keine Parteistellung zu, darüber mit Bescheid abgesprochen/das Zustell-
begehren abgewiesen wird (vgl ua VwGH 31. 1. 2000, 99/10/0202; 31. 3. 2008, 2007/05/
0021). Ein formal bloß auf Bescheidzustellung gerichteter Antrag schließt „eine schon bei
der Parteistellung ansetzende und also umfassende Erledigung des Antrages" (dh eine Feststellung der Parteistellung mit Feststellungsbescheid) nicht aus (ua VwGH 20. 12. 1991, 90/
17/0313). Ebenso *Hengstschläger/Leeb,* AVG I² § 8 Rz 21.

11.3.2   Nach *§ 7 Abs 3 VwGVG* kann von einer Partei (in einem Mehrparteienverfahren) – wenn der Bescheid bereits einer anderen Partei zugestellt oder verkündet worden ist – die Beschwerde (hier: an das LVwG) „bereits ab dem Zeitpunkt erhoben werden, in dem der Beschwerdeführer von dem Bescheid Kenntnis erlangt hat".

Gestützt auf diese Bestimmung wird von *Hengstschläger/Leeb,* VerwVerfR⁵ Rz 90
die Meinung vertreten, dass „übergangene Parteien" von dieser Möglichkeit der unmittelbaren Anfechtung eines ihnen zur Kenntnis gelangten Bescheides Gebrauch machen
können (dh gegen den ihnen zur Kenntnis gelangten Bescheid unmittelbar Beschwerde
an das LVwG erheben können).

Die zu den Möglichkeiten einer übergangenen Partei zur nachträglichen Geltendmachung
ihrer subjektiven Interessen aus der Zeit vor der Verwaltungsgerichtsbarkeits-Nov 2012 vorliegende Jud ging ebenfalls von der Annahme der Zulässigkeit einer unmittelbaren Anfechtung eines zur Kenntnis gelangten Bescheides aus (vgl ua VwGH 28. 2. 2006, 2001/03/0048
und 15. 11. 2001, 2000/07/0100).

In *Kolonovits/Muzak/Stöger,* VerwVerfR¹⁰ Rz 711 wird jedoch in diesem Zusammenhang darauf hingewiesen, dass § 7 Abs 3 VwGVG der Bestimmung des § 26 Abs 2
VwGG „alt" nachempfunden ist. Nach der Rsp des VwGH (s zuletzt Beschluss vom
12. 8. 2014, Ro 2014/10/0065) waren nach § 26 Abs 2 VwGG „alt" nur die Personen, deren Parteistellung im Verwaltungsverfahren unstrittig war (und die nur hinsichtlich der
Bescheidzustellung übergangen wurden), beschwerdelegitimiert, nicht aber „übergangene Parteien", deren Parteistellung im Administrativverfahren strittig war und die dem
Verwaltungsverfahren nicht beigezogen wurden; diese hätten zuerst – etwa durch einen
Antrag auf Bescheidzustellung – eine Entscheidung der Verwaltungsbehörde herbeizuführen und diese inhaltliche Abweisung dann zu bekämpfen gehabt. Der Wortlaut des
§ 7 Abs 3 VwGVG (arg: „einer anderen Partei") und die betreffenden Gesetzesmaterialien, wonach Vorkehrungen „für den Fall, dass in einem Mehrparteienverfahren der Bescheid bereits einer Partei, nicht aber dem Bf zugestellt worden ist" sprechen dafür, dass
dieser ebenfalls nicht auf übergangene Parteien anwendbar ist. In *Kolonovits/Muzak/
Stöger,* VerwVerfR¹⁰ Rz 432 wird daraus gefolgert, dass – „überträgt man die bisherige
Rsp des VwGH auf die neue Rechtslage – eine übergangene Partei, *solange noch keine
Rechtsmittelentscheidung des LVwG vorliegt,* ebenfalls *zuerst die Zustellung des Bescheides der Verwaltungsbehörde* beantragen muss".

Hiezu ist anzumerken, dass zumindest in jenen Fällen, in denen die Qualifizierung eines
Nachbarn iSd § 75 Abs 2 als „übergangene Partei" nur darauf beruht, dass er dem BA-Verfahren nicht vorschriftsmäßig beigezogen wurde und er deshalb nicht präkludiert ist (s oben
11.1), seine Parteistellung im Administrativverfahren *nicht strittig* war. Deshalb scheint jedenfalls in diesen Fällen die Zulässigkeit einer unmittelbaren Anfechtung des dem nicht prä-

kludierten Nachbarn zur Kenntnis gelangten Bescheides durch Beschwerde an das LVwG gegeben zu sein.

11.3.3 In der Beschwerde und im daran anschließenden Beschwerdeverfahren kann (bzw muss) die übergangene Partei *alles vorbringen,* was sie vorbringen hätte können, wenn sie dem Verfahren ordnungsgemäß beigezogen worden wäre (ua VwGH 25. 4. 1996, 95/07/0216, an die neue Rechtslage angepasst). Sie kann in der Beschwerde alle ihre Einwendungen nachträglich vorbringen; ein Anspruch auf Wiederholung des Verfahrens kommt ihr aber nicht zu (VwGH 25. 7. 2002, 2001/07/0037, an die neue Rechtslage angepasst). Die übergangene Partei darf sich in ihrer Beschwerde nicht nur darauf beschränken, das Unterbleiben der Ladung zu rügen, sondern sie *muss auch konkrete Einwendungen erheben* (VwGH 26. 6. 2013, 2010/06/2013, an die neue Rechtslage angepasst).

Der VwGH hat zur Problematik einer übergangenen Partei wiederholt ausgesprochen, dass die übergangene Partei keinen Rechtsanspruch auf Durchführung einer neuerlichen Verhandlung hat. Das Auftreten eines übergangenen Nachbarn bedeutet nicht, dass das durchgeführte Verfahren schon deshalb rechtswidrig ist, vielmehr ist die Beschwerde abzuweisen, wenn die vom Nachbarn im Rechtsmittelverfahren vorgebrachten Einwendungen nicht berechtigt sind (VwGH 2. 2. 2012, 2011/04/0175, an die neue Rechtslage angepasst).

11.3.4 Uneinheitlich wurde in der *zur Rechtslage vor der Verwaltungsgerichtsbarkeits-Nov 2012* BGBl I 2012/51 vorliegenden Jud die *Frage* beantwortet, *welche Möglichkeiten einer übergangenen Partei* zur nachträglichen Geltendmachung ihrer subjektiven Interessen *offenstehen,* **wenn bereits** aufgrund eines durch andere Parteien erhobenen Rechtsmittels **eine Sachentscheidung der Rechtsmittelbehörde vorliegt.**

Während der VwGH in seinem Erk ua vom 18. 1. 2005, 2004/05/0238, davon ausging, dass die übergangene Partei selbst – nach Anerkennung ihrer Parteistellung – den erstinstanzlichen Bescheid bekämpfen und den Austragungsweg ausschöpfen müsse, um eine VwGH-Beschwerde einbringen zu können, vertrat er im Erk vom 15. 11. 2001, 2000/07/0100 unter Hinweis auf Vorjud die Auffassung, dass eine übergangene Partei nur noch den an Stelle des erstinstanzlichen Bescheides getretenen Berufungsbescheid sogleich durch Beschwerde an den VwGH anfechten könne.

In der *zur neuen Rechtslage* bekannten **Lit** wird – unter Hinweis auf den Umstand, dass eine bereits vorliegende Rechtsmittelentscheidung in der Sache an die Stelle des Bescheides der Verwaltungsbehörde getreten ist (vgl ua auch VwGH 6. 7. 1999, 99/10/0105) – die Meinung vertreten, dass die übergangene Partei ab Vorliegen einer verwaltungsgerichtlichen Entscheidung deren *Zustellung zu beantragen* hat und diese Entscheidung bzw die durch den Bescheid oder Beschluss ausgesprochene Verweigerung ihrer Zustellung mangels Parteistellung sodann durch **Revision** an den VwGH bekämpfen kann. Verwiesen wird in diesem Zusammenhang wieder darauf, dass bei Übertragung der Rsp des VwGH zu der vergleichbaren Regelung des § 26 Abs 2 VwGG „alt" (s oben 11.3.2) auf die neue Rechtslage daher davon auszugehen ist, dass die übergangene Partei jedenfalls zuerst die Zustellung des Erk des LVwG beantragen muss und nicht schon bei Erlangung der Kenntnis desselben Revision erheben kann (*Kolonovits/Muzak/Stöger,* VerwVerfR[10] Rz 432).

Zu dieser vorgeschlagenen Lösung ist jedoch anzumerken, dass eine Revision an den VwGH nur bei Vorliegen der Voraussetzungen des Art 133 Abs 4 B-VG zulässig ist (s hiezu ua VwGH 24. 3. 2015, Ra 2015/05/0001), was bei der vorliegenden Konstellation nicht angenommen werden kann.

Fraglich bliebe auch bei der von *Kolonovits/Muzak/Stöger* vorgeschlagenen Vorgangsweise die Lösung des sich aus dem Umstand ergebenden Problems, dass der übergangene Nachbar möglicherweise in ganz anderen subjektiv-öffentlichrechtlichen Interessen betroffen ist (und mit denen jetzt der VwGH in der Entscheidung über die Revision – noch dazu ohne Vorliegen entsprechender Sachverhaltsfeststellungen – befasst wäre) als andere Parteien (Nachbarn), über deren Interessen und Einwendungen in der Rechtsmittelentscheidung des Verwaltungsgerichtes abgesprochen wurde.

Diese Überlegungen sprechen für die Zulässigkeit einer Übertragung der im ob zit Erk des VwGH vom 18. 1. 2005, 2004/05/0238 vorgezeichneten Vorgangsweise auf die neue Rechtslage nach der Verwaltungsgerichtsbarkeits-Nov 2012 und damit auf das Erfordernis einer Ausschöpfung des Austragungsweges durch den übergangenen Nachbarn.

11.3.5 Für die Beurteilung der Parteistellung des übergangenen Nachbaren ist *die Rechtslage anzuwenden,* die in jenem Verfahren galt, in dem der Nachbar Parteistellung wünscht (VwGH 28. 3. 2008, 2005/04/0087).

12. Parteiwechsel auf Nachbarseite/Rechtsnachfolge

269 Mangels besonderer Anordnungen in den Verwaltungsverfahrensgesetzen hat die Rechtslehre als allgemeine Grundsätze herausgearbeitet,

– dass das Ausscheiden einer Verfahrenspartei zur Einstellung des Verfahrens mit ihr führen muss, wenn die Parteistellung in der Verwaltungsangelegenheit von höchst *persönlichen* Voraussetzungen abhängig war,
– dass aber andererseits der Rechtsnachfolger in die Rechtsstellung des Vorgängers eintritt, wenn die Behördenentscheidung auf *sachbezogenen* Grundlagen beruht und die Parteistellung nur durch das Eigentum oder ein Nutzungsrecht an der Sache begründet wird.

Dieser Gedanke ist auch in der Jud anerkannt worden, zunächst für die Anrainerstellung in Baubewilligungsverfahren (VwSlg 3847 A/1955). Gleiches ist für die aus der Nachbarstellung erfließende Parteistellung in gew BA-Verfahren schon unter der Herrschaft der GewO 1859 ausgesprochen worden (VwSlg 5741 A/1962). Das AVG enthält keine besonderen Vorschriften über die Nachfolge in die Parteistellung. Die Rsp geht davon aus, dass bei „persönlichen" Verwaltungssachen eine Rechtsnachfolge im Allgemeinen nicht in Betracht kommt; in Fällen, in denen die zu erlassenden Bescheide „dingliche Wirkung" haben, aber eine Rechtsnachfolge in die Parteistellung jedenfalls des Antragstellers (Projektwerbers) eintritt. Bei Bescheiden mit dinglicher Wirkung handelt es sich um solche, die zwar an Personen ergehen, ihrer Rechtsnatur nach – ungeachtet der persönlichen Eigenschaften des Bescheidadressaten – nur auf Eigenschaften der Sache abstellen (ua VwGH 30. 10. 1991, 91/09/0047, 0108; 24. 10. 2000, 2000/05/0020).

12.1 Wechselt der **Inhaber** einer gew BA oder des Standortes während eines anhängigen Verfahrens, so kann ein neuer Inhaber durch ausdrückliche **Eintrittserklä-**

rung in das noch nicht rk abgeschlossene **Genehmigungsverfahren** eintreten. Liegt bereits eine rk Genehmigung vor, so wird die Wirksamkeit dieser Genehmigung durch den Wechsel in der Person des Inhabers nicht berührt (Näheres s Lexikon „Wechsel des Inhabers" Rz 159).

12.2 Wesentlich schwieriger ist die Frage nach den Auswirkungen eines **Parteiwechsels auf Nachbarseite** zu beantworten:

Wechselt der Nachbar einer gew BA *während eines anhängigen Verfahrens,* so ist davon auszugehen, dass der neue Nachbar jedenfalls bis zum Abschluss der mündlichen Verhandlung – allenfalls durch Abgabe einer Eintrittserklärung – in das Verfahren eintreten kann. Nach diesem Zeitpunkt wird er den allfälligen Verlust der Parteistellung seines Rechtsvorgängers durch Nichterhebung zulässiger Einwendungen wohl gegen sich gelten lassen müssen.

Zur Rechtslage *nach Vorliegen einer rk BA-Genehmigung* hat der VwGH in seinem Erk v 29. 1. 1991, 90/04/0269, 90/04/0088 (an die neue Rechtslage angepasst) ausgeführt, dass die GewO – zum Unterschied von einem Wechsel in der Person des Inhabers der BA – eine Erweiterung der Bescheidwirkungen bezogen auf die Nachbarn nicht vorsieht; insb kennt die GewO *keine Regelung über eine „Rechtsnachfolge"* in eine durch entsprechende Einwendungen – bezogen auf Sachverhaltsumstände, die den **Eintritt einer persönlichen Gefährdung oder Belästigung** möglich erscheinen lassen – aufrechterhaltene Parteistellung. Eine Gefährdung des Eigentums oder sonstiger dinglicher Rechte wurde aber (in dem dem Erk zugrunde liegenden Fall) vom „Rechtsvorgänger" des Bf nicht geltend gemacht und insofern eine Parteistellung nie aufrechterhalten. Abgesehen davon wird vom Bf selbst nicht behauptet, eine Eintrittserklärung abgegeben zu haben. (In diese Richtung auch VwGH 23. 4. 1991, 90/04/0238.) Schon nach älteren Erk erstreckte der VwGH die dingliche Wirkung kraft der „wesensmäßig mit der Beziehung zu einem sachlichen Objekt verbundenen Parteistellung" auch auf den Rechtsnachfolger im Eigentum einer an die genehmigungspflichtige BA angrenzenden Liegenschaft, wenn der Vorgänger diese Rechtsstellung besessen hatte (VwGH 15. 5. 1968, 688/67; 19. 3. 1979, 1671, 1672/76; im Ergebnis gleich lautend *Krzizek,* Nachbarrecht 159).

Insgesamt scheint der VwGH generell eine Rechtsnachfolge auf Nachbarseite mit Eintritt in die Parteistellung zumindest für diejenigen Fälle zu verneinen, in denen der Rechtsvorgänger seine Parteistellung „lediglich" durch Einwendungen betreffend eine *persönliche* Gefährdung oder Belästigung aufrechterhalten hat. (So nunmehr auch LVwG Wien 3. 6. 2014, VGW-122/008/20731/2014.)

Einschränkende Sonderregelungen enthalten § 79 Abs 2 und § 79 a hinsichtlich „nachträglich zugezogener Nachbarn". Näheres hiezu s unten 15.2.2.

13. Die Parteistellung in Verfahren betreffend Änderung der Betriebsanlage

13.1 Im Verfahren gem § 81 Abs 1 betreffend *Genehmigung* der Änderung einer **270** BA kommt den Nachbarn iSd § 75 Abs 2 gleichermaßen bereits ex lege **Parteistellung** zu **wie im Verfahren betreffend Neugenehmigung der Anlage** (s oben 8.3).

Ist eine beantragte Änderung im „vereinfachten" Verfahren nach § 359 b abzuhandeln, haben Nachbarn nur eine beschränkte Parteistellung. Näheres s unten 14.

Die Parteistellung im Änderungsverfahren für Nachbarn besteht auch dann, wenn sie im ursprünglichen Neugenehmigungsverfahren ihre Parteistellung verloren haben (s oben 10.1). Auch nachträglich zugezogene Nachbarn (zum Begriff s unten 15.2.2) haben im Verfahren gem § 81 ex lege Parteistellung. (Eine dem § 79 Abs 2 vergleichbare Einschränkung hinsichtlich solcher Nachbarn besteht nicht – vgl VwGH zuletzt 28. 3. 2007, 2006/04/0228.)

Allerdings bezieht sich die Parteistellung im Änderungsverfahren nur auf die den Gegenstand des Änderungsansuchens bildende Angelegenheit, in den Fällen des § 81 Abs 1 zweiter Satz jedoch auch auf die bereits genehmigte Anlage in dem dort bezeichneten Umfang (s dazu auch *Paliege-Barfuß, Die Änderung der genehmigten Anlage* Rz 358, 3.4).

Näheres zum Verfahren s *Wendl,* Verfahrensübersicht „Verfahren nach § 81" Rz 176.

13.2 Mit der Frage der Parteistellung von Nachbarn in Verfahren betreffend *Zurkenntnisnahme* von Anzeigen bestimmter gem § 81 Abs 2 *genehmigungsfreier Änderungen* der BA nach § 81 Abs 3 iVm § 345 Abs 6 (**„Änderungsanzeigeverfahren"**) setzte sich der VfGH in seinem Erk vom 1. 3. 2012, B 606/11 auseinander. Er kam darin unter Bezugnahme auf das verfassungsgesetzlich gewährleistete Recht auf ein Verfahren vor dem gesetzlichen Richter zum Ergebnis, dass **Nachbarn** auch in diesen Verfahren ein rechtliches Interesse an der Überprüfung der Voraussetzungen des § 81 Abs 3 iVm § 81 Abs 2 Z 9 leg cit und daher eine auf die Beurteilung dieser Frage **beschränkte Parteistellung** zukommt. Dass § 81 Abs 3 den Nachbarn nicht wie § 359 b Abs 1 Anhörungsrechte einräumt, hindert die Annahme einer beschränkten Parteistellung nicht. *E/R/W* § 81 Rz 20 weisen darauf hin, dass sich die erwähnte Entscheidung des VfGH nur auf den Fall des § 81 Abs 2 Z 9 bezieht, jedoch mit guten Gründen aufgrund der diesbzgl Gleichartigkeit der Verfahren davon ausgegangen werden kann, dass in *sämtlichen Änderungsanzeigeverfahren* eine solche Parteistellung der Nachbarn besteht.

Im Gegensatz dazu verneinte der VwGH bisher in stRsp eine Parteistellung von Nachbarn in Anzeigeverfahren nach § 81 Abs 3 (ua Erk vom 22. 3. 2000, 2000/04/0062; 27. 6. 2007, 2006/04/0091).

Zu dieser Rechtsprechungsdivergenz s auch *Andreaus/Lahnsteiner,* ZfV 2012, 633 und *Winkler* in FS Stolzlechner 794 f.

14. Die beschränkte Parteistellung in vereinfachten Verfahren

271   **14.1** BA, die die im § 359 b Abs 1 Z 1 oder 2, Abs 5 oder 6 oder in einer V gem Abs 2 oder 3 festgelegten Voraussetzungen erfüllen, sind dem vereinfachten Genehmigungsverfahren zu unterziehen.

Das Verfahren ist bei Vorliegen der Voraussetzungen mit Feststellungsbescheid abzuschließen. Hiebei sind erforderlichenfalls Aufträge zum Schutz der gem § 74 Abs 2 sowie der gem § 77 Abs 3 und 4 wahrzunehmenden Interessen zu erteilen. Der Bescheid gilt als Genehmigungsbescheid für die Anlage. Näheres s Lexikon „Vereinfachtes Genehmigungsverfahren/Auftragsverfahren" Rz 148.

14.2 Nach § 359 b Abs 1 hat die Behörde das Projekt ua mit dem Hinweis bekannt zu geben, dass die Nachbarn innerhalb eines bestimmten Zeitraums von ihrem

Anhörungsrecht Gebrauch machen können; für diese Bekanntgabe ist § 356 Abs 1 sinngemäß anzuwenden.

Diese Bekanntgabebestimmungen im vereinfachten Verfahren wurden durch die GewRNov 2012 neu gefasst und damit „hinsichtlich ihrer Publikation mit *der K im Regelverfahren vereinheitlicht*" **(EB 2012)**. Sie sind am 14. 2. 2013 in Kraft getreten. Die sinngemäße Anwendung des § 356 Abs 1 kann sich nur auf die Bekanntgabemodalitäten der Z 1 bis 4 beziehen, nicht dagegen auf dessen Einleitungssatz.

Das Anhörungsrecht räumt den Nachbarn *keinen Anspruch* auf Berücksichtigung *bestimmter materieller Interessen* ein (ua VwGH 6. 4. 2005, 2003/04/0009), insb auch kein Recht auf Nichtgenehmigung der BA wegen Nichtvorliegens der in § 74 Abs 2 normierten Voraussetzungen (VwGH 14. 11. 2007, 2006/04/0132).

14.3 Nachbarn (§ 75 Abs 2) haben eine auf die Frage, ob die Voraussetzungen des vereinfachten Verfahrens vorliegen, **beschränkte Parteistellung** (§ 359 b Abs 1 vorletzter Satz).

Lediglich in der Frage, ob überhaupt die Voraussetzungen des vereinfachten Verfahrens gegeben sind, ob also die Kriterien für die Anwendung des vereinfachten Verfahrens erfüllt sind, kommt den Nachbarn eine insoweit eingeschränkte Parteistellung zu. Im Hinblick auf die *Durchführung* des vereinfachten Verfahrens kommt den Nachbarn jedoch keine Parteistellung zu (ua VwGH 29. 6. 2005, 2002/04/0127). Den Nachbarn kommen darüber hinaus keine weiteren subjektiv-öffentlichen Nachbarrechte zu; insb kein Recht auf Nichtgenehmigung der BA wegen Nichtvorliegens der in § 74 Abs 2 normierten Voraussetzungen (VwGH 26. 9. 2005, 2003/04/0101).

14.4 Aus der beschränkten Parteistellung der Nachbarn (s 14.3) ergibt sich jedenfalls die Verpflichtung der Behörde, die diesbezüglich (beschränkten) *Parteirechte der Nachbarn zu wahren* und ihnen insb iSd § 37 Abs 1 AVG Gelegenheit zur Geltendmachung der entsprechenden rechtlichen Interessen zu geben. Dafür bietet sich das ohnehin in § 359 b Abs 1 vorgesehene *Anhörungsverfahren* mit Bekanntgabe des Projekts unter sinngemäßer Anwendung des § 356 Abs 1 an (s oben 14.2).

Der Behörde steht es aber auch frei, zur Erzielung klarer rechtlicher Verhältnisse eine *mündliche Verhandlung* iSd §§ 40 ff AVG anzuberaumen. Dies unter voller Beachtung der in § 356 Abs 1 normierten Bekanntgabebestimmungen.

Der Behörde steht es gem § 39 Abs 2 AVG frei, unter Bedachtnahme auf die Verfahrensgrundsätze der Zweckmäßigkeit, Raschheit, Einfachheit und Kostenersparnis eine mündliche Verhandlung gem den §§ 40 f AVG anzuberaumen. Insb schließt es § 359 b nicht aus, die Nachbarn im Rahmen einer mündlichen Verhandlung anzuhören (VwGH 17. 11. 2004, 2003/04/0091).

Wurde eine solche Verhandlung ordnungsgemäß kundgemacht und erfolgte insb dabei auch ein ausdrücklicher Hinweis auf die Rechtsfolge des § 42 AVG (Verlust der – beschränkten – Parteistellung bei nicht rechtzeitiger Erhebung von in vereinfachten Verfahren zulässigen Einwendungen), dann kommt es bei Nichterhebung solcher Einwendungen bis spätestens zum Schluss der mündlichen Verhandlung zu einem Verlust der beschränkten Parteistellung.

Im Verfahren nach § 359 b Abs 1 ist das Erheben von Einwendungen zum Zwecke der Aufrechterhaltung der (beschränkten) Parteistellung nur dann notwendig, wenn eine mündliche Verhandlung durchgeführt wird. Denn nur im Falle der Durchführung einer ordnungsgemäß kundgemachten Verhandlung kann die beschränkte Parteistellung verlorengehen (ua VwGH 26. 9. 2012, 2010/04/0095).

14.5 Der gem § 359b Abs 1 ergehende **Feststellungsbescheid** ist den Nachbarn im Hinblick auf ihre beschränkte Parteistellung **zuzustellen** (vgl § 359 Abs 3).

Ausgenommen sind Nachbarn, bei denen es im Hinblick auf eine durchgeführte mündliche Verhandlung zu einer Präklusion (Verlust der beschränkten Parteistellung) gekommen ist (s oben 14.4).

14.6 Den Nachbarn steht im Rahmen ihrer beschränkten Parteistellung das **Recht der Beschwerde** an das LVwG gegen den gem § 359b Abs 1 ergehenden Feststellungsbescheid zu (s § 359 Abs 4).

Ausgenommen sind wieder Fälle einer allfälligen Präklusion (s oben 14.4).

14.7 Auch bei BA, die im vereinfachten Verfahren genehmigt wurden (s oben 14.1: Der Feststellungsbescheid gilt als Genehmigungsbescheid für die Anlage), erlangt ein Nachbar gem § 79a Abs 4 – durch Einbringung eines dem Abs 3 entsprechenden Antrags – Parteistellung im Hinblick auf die Einleitung eines Verfahrens nach § 79 Abs 1 (vgl auch VwGH 15. 11. 2010, 2010/04/0076 und 28. 9. 2011, 2009/04/0211). Näheres zu diesem Verfahren s *Wendl*, Zulässige und unzulässige Auflagen Rz 350.

14.8. Zur Frage der beschränkten Parteistellung von Nachbarn in „Änderungsanzeigeverfahren" nach § 81 Abs 3 iVm § 345 Abs 6 s oben Rz 270, 13.2.

15. Die Parteistellung in Folgeverfahren

272   **15.1 Allgemeines**

15.1.1 Eine BA kann auch nach rk Erteilung der Genehmigung iSd § 77 bzw der Genehmigung der Änderung iSd § 81 Gegenstand weiterer Verwaltungsverfahren werden.

In welchen der sog Folgeverfahren Nachbarn Parteistellung zukommen kann, regelt § 356 Abs 3 und 4. Demnach kommt eine Parteistellung für Nachbarn **nur in Verfahren gem § 79 Abs 1 und 3, § 79c Abs 1 und 2, § 79d sowie § 82 Abs 2, 3 und 4** in Betracht.

In sonstigen, im § 356 Abs 3 und 4 nicht angeführten Folgeverfahren haben sohin Nachbarn keine Parteistellung. Die Parteistellung der Nachbarn in Folgeverfahren ist in § 356 Abs 3 *abschließend* geregelt (VwGH 27. 6. 2007, 2006/04/0091).

Parteistellung in den angeführten Folgeverfahren haben jedoch nach der ausdrücklichen Bestimmung des § 356 Abs 3 nur **jene Nachbarn, „deren Parteistellung im Verfahren gemäß § 356 Abs. 1 aufrecht geblieben ist".** (Eine *Sonderregelung* enthält § 356 Abs 4 für die Folgeverfahren gem §§ 79c und 79d; Näheres hiezu s unten 15.4). Das sind jene Nachbarn, die im ursprünglichen Verfahren zur Genehmigung der BA durch Erhebung zulässiger Einwendungen bis spätestens zum Schluss der mündlichen Verhandlung (s oben 10.1 und 10.2) ihre Parteistellung aufrechterhalten sowie auch jene

Nachbarn, die ihre Parteistellung durch zulässige Erhebung nachträglicher Einwendungen gem § 42 Abs 3 AVG (s oben 10.7) wiedererlangt haben; schließlich auch übergangene Parteien/Nachbarn (s oben 11.).

Wurde im ursprünglichen BA-Genehmigungsverfahren keine mündliche Verhandlung durchgeführt, dann konnte es zu keiner Präklusion iSd § 42 Abs 1 AVG kommen (s oben 8.6.2). Die Parteistellung von Nachbarn iSd § 75 Abs 2 GewO im Rahmen solcher Genehmigungsverfahren ist daher jedenfalls aufrecht geblieben.

Der Grundsatz verfassungskonformer, mit dem Gleichheitssatz vereinbarer Anwendung des § 356 Abs 3 idF der GewONov 2000 gebietet, dass auch jene Nachbarn Parteistellung haben, die im dem „Folgeverfahren" zugrunde liegenden Genehmigungsverfahren (dem „Grundverfahren") – nach der früheren Rechtslage – Parteistellung erworben haben (VwGH 4. 9. 2002, 2002/04/0075; ausführlich dazu *Gruber,* Judikatur des VwGH 15).

Sinngem gilt das oben Gesagte für Nachbarn, deren Parteistellung im Verfahren nach § 81 aufrecht geblieben ist (s oben 13.), in Folgeverfahren nach diesem Verfahren.

15.1.2 Es besteht **keine „Manuduktionspflicht"** der Behörde gem § 13 a AVG, Nachbarn im Genehmigungsverfahren (Änderungsverfahren) darüber zu belehren, dass sie nur bei Erhebung entsprechender Einwendungen (in diesem Verfahren) in einem allfälligen Folgeverfahren Parteistellung haben. Denn die Behörde hat der betreffenden Person nur die unmittelbaren Rechtsfolgen der verfahrensrechtlichen Handlungen oder Unterlassungen vor Augen zu führen.

Die Anleitungs- und Belehrungspflicht gem § 13 a AVG bezieht sich nur auf anhängige Verfahren. Die Erörterung über künftige mögliche Rechtsfolgen in einem anhängigen oder in weiteren Verfahren geht weit über die gem § 13 a AVG gebotenen Manuduktion hinaus (VwGH 22. 12. 2010, 2007/08/0067). Weitere Hinweise s Lexikon „Manuduktionspflicht" Rz 95.

15.1.3 Blieb die Parteistellung des Nachbarn im ursprünglichen Genehmigungsverfahren aufrecht, dann kommt ihm in den angeführten Folgeverfahren (s 15.1.1) jedenfalls Parteistellung zu. Zur Problematik der allfälligen Rechtsnachfolge in die – aufrecht gebliebene – Parteistellung eines Rechtsvorgängers (hier: im Hinblick auf die Parteistellung in Folgeverfahren) s oben 12.

15.1.4 Ein allfälliger **Verlust der Parteistellung in den Folgeverfahren** selbst käme dann in Frage, wenn die Behörde in den Folgeverfahren eine *mündliche Verhandlung* iSd § 40 AVG anberaumt und die Nachbarn durch Nichterheben von zulässigen, auf die Verletzung subjektiv-öffentlicher Rechte iSd § 74 Abs 2 Z 1 oder 2 gestützten Einwendungen der Präklusion unterliegen. (Ein solcher allfälliger Verlust der Parteistellung in einem Folgeverfahren wirkt sich aber auf spätere Folgeverfahren nicht aus, da mit dem im letzten Satzteil des § 356 Abs 3 zitierten „Verfahren gemäß Abs 1" nur das ursprüngliche Verfahren zur Genehmigung der BA – s oben 15.1.1 – gemeint ist.)

Hiebei ist jedoch zu beachten, dass zB in den von Amts wegen eingeleiteten Folgeverfahren nach § 79 Abs 1 Einwendungen im Hinblick auf den Verhandlungsgegenstand – wahrzunehmende Interessen zugunsten der Nachbarn – *„schon begrifflich nicht denkbar"* (vgl VwGH 19. 12. 1995, 95/04/0164) sind und damit auch ein Verlust der Parteistellung nicht anzunehmen sein wird. Wird keine mündliche Verhandlung anberaumt, kommt auch eine Präklusionswirkung nicht in Frage.

15.2 Verfahren betreffend die Vorschreibung anderer oder zusätzlicher Auflagen nach § 79 Abs 1

15.2.1 *Parteistellung von Nachbarn, die bereits im Zeitpunkt der Genehmigung der BA oder der betreffenden BA-Änderung Nachbarn waren:*

– *Gem § 356 Abs 3* haben jene Nachbarn im Verfahren nach § 79 Abs 1 Parteistellung, deren Parteistellung im ursprünglichen Genehmigungsverfahren aufrecht geblieben ist (s oben 15.1.1). Diese Regelung bezieht sich (primär) auf die **von Amts wegen** eingeleiteten Verfahren nach § 79 Abs 1.

Die Nachbarn sind dem Verfahren beizuziehen, es ist ihnen der Bescheid zuzustellen, gegen den sie Beschwerde erheben können.

– *Gem § 79 a Abs 1* haben jene Nachbarn darüber hinaus das Recht, einen **Antrag** auf Einleitung eines Verfahrens nach § 79 Abs 1 zu stellen. Entspricht der Antrag den Voraussetzungen des § 79 a Abs 3 (Näheres s *Stolzlechner,* Die Rechtskraft und die Änderung von Bescheiden Rz 365, 7.3), erlangt der Nachbar *mit der Einbringung des Antrags Parteistellung* (§ 79 a Abs 4). Nach dieser Spezialnorm ist der Nachbar auch nicht zur Kostentragung für das auf seinen Antrag eingeleitete Verfahren verpflichtet, wenn aufgrund seines Antrags andere oder zusätzliche Auflagen vorgeschrieben wurden.

Auch bei BA, die in *vereinfachten Verfahren* gem § 359 b genehmigt wurden, erlangt ein Nachbar durch einen entsprechenden Antrag iSd § 79 a Abs 3 Parteistellung (vgl auch VwGH 5. 11. 2010, 2010/04/0076 und 28. 9. 2011, 2009/04/0211).

Die Parteistellung im Wege des § 79 a erlangt der Nachbar unabhängig davon, ob seine Parteistellung im ursprünglichen Genehmigungsverfahren aufrecht geblieben ist oder nicht.

15.2.2 *Rechtsstellung der nachträglich zugezogenen Nachbarn:*

– Auch zugunsten von Personen, die erst nach Genehmigung der BA Nachbarn iSd § 75 Abs 2 (und 3) geworden sind, ist ein Verfahren nach § 79 Abs 1 bei Vorliegen der dort genannten Voraussetzungen **von Amts wegen** einzuleiten (hiebei dürfen aber nach § 79 Abs 2 nur Auflagen zur Vermeidung einer Gefährdung des Lebens oder der Gesundheit dieser Personen vorgeschrieben werden).

Näheres zum Begriff der nachträglich zugezogenen Nachbarn s *Grabler/Stolzlechner/Wendl,* GewO[3] § 79 Rz 20.

– In diesen Verfahren kommt den nachträglich zugezogenen Nachbarn aber **keine Parteistellung** im Wege des § 356 Abs 3 zu, da sie im ursprünglichen Genehmigungsverfahren keine Parteistellung hatten und diese daher nicht „aufrecht geblieben" sein konnte.

Siehe hiezu aber die Ausführungen zur Problematik einer allfälligen Rechtsnachfolge in die Parteistellung des Rechtsvorgängers oben Rz 259 12.2.

– Die nachträglich zugezogenen Nachbarn verfügen über **keine Antragslegitimation** auf Einleitung eines Verfahrens gem § 79 Abs 1, da sie den Nachweis gem § 79 a Abs 3 nicht erbringen und daher nach § 79 a Abs 4 auch **keine Parteistellung erlangen** können.

15.2.3 Nach der Spezialnorm des **§ 17 Abs 5 ALSAG haben Nachbarn keine Parteistellung** ua *in den Verfahren nach § 79 GewO* betreffend Maßnahmen zur Sicherung oder Sanierung von Altlasten (sowie auch keine Antragslegitimation nach § 79 a GewO).

15.2.4 Näheres zu den Verfahren nach § 79 Abs 1 s *Wendl,* Verfahrensübersicht „Verfahren nach § 79 Abs 1" Rz 168, *Wendl,* Zulässige und unzulässige Auflagen Rz 350 und *Stolzlechner,* Die Rechtskraft und die Änderung von Bescheiden Rz 362.

15.3 Verfahren betreffend die Genehmigung der Sanierung der BA nach § 79 Abs 3

In dieser Bestimmung ist für jene Fälle, in denen der hinreichende Schutz der gem § 74 Abs 2 wahrzunehmenden Interessen nur durch Vorschreibung wesensändernder (und damit unzulässiger) Auflagen erreicht werden könnte, ein **mehrstufiges amtswegiges Verfahren** vorgesehen. (Nachbarn steht keine Antragslegitimation für die Einleitung eines Verfahrens nach § 79 Abs 3 zu.)

Zum Begriff der wesensändernden Auflagen s *Wendl,* Zulässige und unzulässige Auflagen Rz 347, 9.3.

In der *ersten Stufe betreffend den behördlichen Auftrag zur Vorlage eines Sanierungskonzepts* wird die Rechtsstellung der Nachbarn noch nicht berührt. Daher haben sie **keine Parteistellung** und damit auch kein Beschwerderecht gegen den die Vorlage eines solchen Konzepts auftragenden Bescheid (ua VwGH 17. 3. 1998, 97/04/0078, an die neue Rechtslage angepasst).

In der *Verfahrensstufe betreffend die bescheidmäßige Genehmigung der Sanierung* (des vom Inhaber der Anlage vorgelegten Sanierungskonzepts) einschließlich der Vorschreibung erforderlicher Auflagen haben gem § 356 Abs 3 jene Nachbarn **Parteistellung,** deren Parteistellung im ursprünglichen Genehmigungsverfahren aufrecht geblieben ist (s oben 15.1.1).

Näheres zu den Verfahren nach § 79 Abs 3 s *Wendl,* Verfahrensübersicht „Verfahren nach § 79 Abs 3" Rz 169 und *Stolzlechner,* Die Rechtskraft und die Änderung von Bescheiden Rz 363.

15.4 In Verfahren betreffend

– **Aufhebung oder Abänderung von Auflagen nach § 79 c Abs 1**
– **Zulassung von Abweichungen vom Genehmigungsbescheid einschließlich seiner Bestandteile nach § 79 c Abs 2 sowie**
– **Betriebsübernahme nach § 79 d**

haben gem *§ 356 Abs 3* jene Nachbarn Parteistellung, deren Parteistellung im ursprünglichen Genehmigungsverfahren aufrechtgeblieben ist (s oben 15.1.1).

In den bezeichneten Verfahren nach § 79 c Abs 1, § 79 c Abs 2 sowie § 79 d haben nach *§ 356 Abs 4* jedoch Nachbarn *„auch insoweit Parteistellung,* als damit neue oder größere nachteilige Wirkungen iSd § 74 Abs 2 verbunden sein können".

Der durch die GewRNov 2013 I dem § 356 angefügte Abs 4 enthält eine **Sonderregelung** für die mit dieser Novelle neu geschaffenen Verfahren gem § 79 c und 79 d. Unabhängig davon, ob Nachbarn ihre Parteistellung im „Grundverfahren" aufrechterhalten haben, sollen alle Nachbarn in der Frage (und in diesem Rahmen) Parteistellung haben, ob neue oder größere nachteilige Wirkungen iSd § 74 Abs 2 mit Aufhebung oder Abänderungen von Bescheidauflagen, Abweichungen vom Genehmigungsbescheid einschließlich seiner Bestandteile bzw im Zusammenhang mit Betriebsübernahmen verbunden sein können. (**EB 2013 I**)

Siehe auch § 359 Abs 5: Den Nachbarn (deren Parteistellung aufrecht geblieben ist) ist der Bescheid gem § 79 c Abs 2 zuzustellen und sie können dagegen Beschwerde erheben.

15.5 In **Verfahren nach § 82 Abs 2, 3 und 4** haben jene Nachbarn Parteistellung, deren Parteistellung im ursprünglichen Genehmigungsverfahren aufrecht geblieben ist (s oben 15.1.1).

Näheres zu diesen Verfahren s *Wendl,* Verfahrensübersicht „Verfahren nach § 82 Abs 2" Rz 177, „Verfahren nach § 82 Abs 3" 178 und „Verfahren nach § 82 Abs 4" 180.

16. Keine Parteistellung in Verfahren betreffend die Genehmigung von Vorarbeiten

273   Über Antrag des Genehmigungswerbers um eine BA-Genehmigung kann die Behörde gem § 354 schon vor der Genehmigung der Errichtung und des Betriebes der Anlage die Durchführung erforderlicher Arbeiten, wozu auch die Führung eines Versuchsbetriebes gehört, genehmigen (s Lexikon „Vorarbeiten" Rz 156 und „Versuchsbetrieb" Rz 154).

Bei den Verfahren nach § 354 handelt es sich um Verfahren sui generis und nicht um dem Genehmigungsverfahren inhärente Verfahren. Nachbarn iSd § 75 Abs 2 kommt in diesen Verfahren **keine Parteistellung** zu.

Auch nach der bisher zu § 354 vorliegenden Jud (zB VfGH 27. 2. 1996, B 1709/95; VwGH 26. 6. 2002, 2000/04/0071) iVm der Regelung des zweiten Satzes des § 354 ist auch nach der aufgrund der AVG-Nov 1998 und der GewONov 2000 nunmehr geltenden Rechtslage davon auszugehen, dass in Verfahren nach § 354 den Nachbarn keine Parteistellung zukommt.

Das Ergebnis der gem § 354 durchgeführten Arbeiten ist jedoch als Ermittlungsergebnis im Anlagengenehmigungsverfahren den Nachbarn zur Wahrung des Parteiengehörs (§ 45 Abs 3 AVG) zur Kenntnis zu bringen (DE 1992, an die neue Rechtslage angepasst).

Der zweite Satz des § 354, demzufolge gegen die Genehmigung von Vorarbeiten ein abgesondertes Rechtsmittel nicht zulässig ist, trägt der herrschenden Auffassung Rechnung, dass Nachbarn in Verfahren gem § 354 keine Parteistellung zukommt (vgl DE 1992). Nachbarn können daher erst in der Beschwerde gegen den Genehmigungsbescheid, der aufgrund des Ansuchens nach § 353 um Genehmigung (Genehmigung der Änderung) der BA ergeht, die Genehmigung von Vorarbeiten bekämpfen.

17. Keine Parteistellung in sonstigen Verfahren

274   Keine Parteistellung haben Nachbarn insb in Verfahren betreffend

– genehmigungsfreie Gastgärten iSd § 76 a (Anzeige-, Untersagungs- und Schließungsverfahren gem Abs 2, 3 und 4);
– die Genehmigung einer BA im Hinblick auf die Verpflichtung der Behörde zur Begrenzung von Luftschadstoffen nach dem Stand der Technik gem § 77 Abs 3 erster Satz (s oben 2. und die dort zit Lit);

– die Genehmigung einer BA im Hinblick auf die Wahrung der sonstigen Schutzziele gem § 77 Abs 3 zweiter und dritter Satz (s jedoch die Hinweise auf die oben unter 2. hiezu angeführte Jud und einander teilweise widersprechende Lit);

– die Genehmigung einer IPPC-Anlage im Hinblick auf die zusätzlichen Genehmigungsvoraussetzungen des § 77 a Abs 1 sowie Festlegungen nach Abs 2 (s oben 2. sowie *Vogelsang,* Sonderbestimmungen für IPPC-Anlagen Rz 245);

– die Vorschreibung von Auflagen in auf Antrag des BMLFUW gem § 79 a eingeleiteten Verfahren;

– Maßnahmen zur Sicherung oder Sanierung von Altlasten gem § 79 GewO iVm § 17 Abs 5 ALSAG (s oben 15.3.3);

– Sanierung gem IG-L nach § 79 Abs 4;

– die Vorschreibung anderer oder zusätzlicher Auflagen nach § 79 b;

– die Vorschreibung von bei einer Betriebsunterbrechung notwendigen Vorkehrungen gem § 80 Abs 1 vorletzter Satz und Abs 2 letzter Satz;

– die Verlängerung der Frist zur Inbetriebnahme der Anlage bzw zur Unterbrechung des Betriebes gem § 80 Abs 3 und 4;

– die bescheidmäßige Genehmigung eines betrieblichen Reduktionsplans nach § 82 Abs 3 a;

– die Vorschreibung der bei der Auflassung von BA notwendigen Vorkehrungen gem § 83 Abs 3;

– die Erteilung von Aufträgen bei gewerblichen Arbeiten außerhalb der BA gem § 84 (s hiezu jedoch die Erörterung zu einer allenfalls doch gegebenen Parteistellung von Nachbarn bei *Grabler/Stolzlechner/Wendl,* GewO[3] § 84 Rz 11; aM hiezu *Gruber/Paliege-Barfuß,* GewO[7] § 84 Anm 9);

– die Erfüllung der zusätzlichen Anforderungen des Abschnitts 8 a der GewO;

– die Überprüfung von BA nach §§ 81 b, 82 b, 84 d Abs 5, § 338 und besonderen Verwaltungsvorschriften; s auch *Vogelsang,* Überwachung von Betriebsanlagen Rz 369 ff;

– die Genehmigung von Vorarbeiten gem § 354 (s oben 16);

– die Feststellung, ob die Errichtung und der Betrieb einer Anlage einer Genehmigung bedürfen (gem § 358 Abs 1); dazu *Stolzlechner,* Die Genehmigungspflicht der Betriebsanlage Rz 207;

– den Antrag des Inhabers einer gew BA auf Feststellung, ob eine gem § 82 Abs 1 erlassene V oder der Abschnitt 8 a auf seine BA anzuwenden ist (gem § 358 Abs 3);

– die Verfügung einstweiliger Zwangs- und Sicherheitsmaßnahmen gem § 360; dazu *Giese,* Einstweilige Zwangs- und Sicherheitsmaßnahmen Rz 376 ff;

– Verwaltungsstrafsachen gem §§ 366, 367 und 368;

– die Abänderung oder Behebung von Bescheiden gem § 68 Abs 3 AVG.

B. Zulässige und unzulässige Einwendungen

Wilhelm Bergthaler / Kerstin Holzinger

Literatur: *Durner,* Direktwirkung europäischer Verbandsklagerechte? ZUR 2005, 285; *Ennöckl / N. Raschauer,* Eckpunkte der Gewerberechts-Nov 2005, ecolex 2005, 870; *Ennöckl / N. Raschauer/Bergthaler,* Kommentar zum UVP-G³ (2013); *Epiney,* Verwaltungsgerichtlicher Rechtsschutz in Umweltangelegenheiten in Europa, EuRUP 2006, 242; *Grabenwarter,* Großverfahren nach dem AVG, ZfV 2000, 718; *Grabenwarter,* Subjektive Rechte und Verwaltungsrecht, 16. ÖJT Bd IV/1 (2006); *Grabenwarter,* Die Beteiligung von Umweltorganisationen, Bürgerinitiativen und Gebietskörperschaften am Verwaltungsverfahren, in *Brunner,* Funktionen des Rechts in der pluralistischen Wissensgesellschaft (2007); *Hauer,* Probleme der Genehmigungskonzentration im Anlagenrecht der Gewerbeordnung, in *Hauer* (Hrsg), Betriebsanlagenrecht im Umbruch (2004) 21; *K. Holzinger,* Die Präklusion ist tot, es lebe die Präklusion, ZVG 2016, 25; *Noll,* Rechtsschutz für Allergiker im Nachbarschaftsrecht? RdU 2002/1; *Paliege-Barfuß,* Auswirkungen der AVG-Novelle auf Genehmigungsverfahren nach dem Gewerberecht, in *Schwarzer* (Hrsg), Das neue Anlagenrecht (1999) 138; *Schulev-Steindl,* Subjektive Rechte im öffentlichen Interesse? Anmerkungen zur Aarhus-Konvention, JRP 2004, 128; *Wiederin,* Die Neuregelung der Präklusion, in *Schwarzer* (Hrsg), Das neue Anlagenrecht (1999) 17; *Wiederin,* Verfahrenskonzentration, in FS Mayer (2011) 837; *Winkler,* Das Anlagenrecht zwischen Gemeinschaftsrecht und Verfassungsrecht – Überlegungen zur Umsetzung von IPPC-Recht und Öffentlichkeitsbeteiligung, RdU-U&T 2007/13.

Inhalt

1. Grundsätzliches zu Einwendungen und Präklusion

275   **1.1** Dem Begriff der Einwendung ist die **Behauptung einer Verletzung in Bezug auf ein bestimmtes Recht** immanent (VwGH 11. 11. 1981, 0599/80). Eine dem § 42 AVG entsprechende (den Verlust der Parteistellung verhindernde, also „zulässige") Einwendung liegt demnach vor, wenn der Nachbar die **Verletzung eines konkreten subjektiven öffentlichen Rechts** geltend macht. Dem betreffenden Vorbringen muss jedenfalls entnommen werden können, dass überhaupt die Verletzung eines subjektiven Rechts geltend gemacht wird, und ferner, welcher Art dieses Recht ist (zB VwGH 16. 4. 1985, 84/04/0104; 20. 12. 1994, 94/04/0100). Einwendungen sind keine privatrechtlichen Erklärungen, die gegenüber einer rechts- und parteifähigen Person abgegeben werden, sondern an die Behörde gerichtete öffentlich-rechtliche **Prozesserklärun-**

gen, deren Wirksamkeit nicht durch die Rechts- und Parteifähigkeit des Antragstellers bedingt ist (VwGH 30. 9. 1986, 86/04/0058).

Die Erklärung, sich Einwendungen für einen späteren Zeitpunkt vorzubehalten, ist **nicht als Einwendung** zu werten: Ein solcher Vorbehalt ist rechtsunwirksam (VwGH 16. 4. 1985, 84/04/0104).

Die Erklärung, Einwendungen zu erheben, ohne darzulegen, worin diese bestehen, ist **keine Einwendung** im Rechtssinn (VwGH 19. 9. 1991, 89/06/0110); ebenso nicht die Erklärung eines Nachbarn, mit der BA nicht einverstanden zu sein, solange nicht eine bestimmte rechtsgültige Vereinbarung vorliegt (VwGH 28. 2. 1978, 1568/76); ebenso nicht das Vorbringen, „grundsätzlich Einwendungen" zu erheben (VwGH 21. 12. 1993, 93/04/0008).

Anzeigen können nicht als Einwendungen angesehen werden, insb wenn sie vor der Abgrenzung des Verhandlungsgegenstands mit der Kundmachung erstattet werden. Für die Erhaltung der Parteistellung ist nicht die darauf gerichtete Absicht der Beteiligten, sondern allein das Erheben einer entsprechend qualifizierten Einwendung maßgebend (VwGH 16. 4. 1985, 84/04/0104).

Auch an die Behörde gerichtete **Erinnerungen** bzw diesen gegenüber ausgesprochene **Aufforderungen,** ihrer amtswegigen Prüfungspflicht im Rahmen des verfahrensgegenständlichen Genehmigungsverfahrens nachzukommen, sind keine Einwendungen (VwGH 16. 7. 1996, 95/04/0241; 26. 9. 2012, 2008/04/0118). Siehe dazu auch unten 3. und 6.

1.2 Zur Frage, inwieweit das Unterlassen der fristgerechten Erhebung zulässiger Einwendungen zum Verlust der Parteistellung (Präklusion) führen darf, hat der EuGH in seinem Urteil C-137/14 vom 15. 10. 2015 *(Kommission/Deutschland)* Bedeutsames festgehalten. Bislang ging die österreichische Rechtsordnung davon aus, dass ein Nachbar in anlagenrechtlichen Verfahren seine Parteistellung insoweit verliert, als er nicht fristgerecht zulässige Einwendungen erhoben hat (§ 42 Abs 1 AVG). Der EuGH sprach in dem zitierten Urteil nunmehr (zur mit der österreichischen grundsätzlich vergleichbaren deutschen Rechtslage) aus, dass das Unionsrecht (konkret die UVP-RL und die IE-R) einer nationalen Regelung entgegensteht, die *„die Klagebefugnis und den Umfang der gerichtlichen Prüfung auf Einwendungen beschränkt, die bereits innerhalb der Einwendungsfrist im Verwaltungsverfahren, das zur Annahme der Entscheidung geführt hat, eingebracht wurden"*.

Dies bedeutet nun, dass jenen Nachbarn, die fristgerecht zulässige Einwendungen erhoben haben, eine umfassende (auch über bereits erhobene Einwendungen hinaus) Beschwerdebefugnis gegen den das Verfahren abschließenden Bescheid zukommen muss.

Weiterhin kann jedoch davon ausgegangen werden, dass jene Nachbarn, die überhaupt keine zulässigen Einwendungen fristgerecht erheben, ihre Parteistellung gänzlich verlieren. In Rz 76 des zitierten Urteils spricht der EuGH nämlich davon, dass es zulässig ist, für einen Rechtsbehelfsführer die Verpflichtung vorzusehen, sämtliche verwaltungsbehördlichen Rechtsbehelfe auszuschöpfen, bevor er einen gerichtlichen Rechtsbehelf einlegen kann; lediglich die Gründe, auf die er einen gerichtlichen Rechtsbehelf stützen kann, dürfen nicht beschränkt werden. In diesem Sinne kann die grundsätzliche Erhebung zulässiger Einwendungen (als „Rechtsbehelf") sehr wohl Voraussetzung für eine Beschwerdebefugnis sein, weshalb ohne die Erhebung solcher Einwendungen die

Parteistellung und damit auch die Beschwerdebefugnis verloren geht (ausführlich s *K. Holzinger,* ZVG 2016, 23).

Fest steht weiters, dass das infolge des EuGH-Urteils nunmehr geänderte Verständnis der Präklusionswirkung nur in jenen Verfahren zum Tragen kommt, die unionsrechtlich (durch die UVP-RL oder die IE-R) determiniert sind. Im gew BA-Verfahren ist dies daher insb im Zusammenhang mit der Genehmigung von IPPC-Anlagen bedeutsam. Aus Gründen der Übersichtlichkeit wurde auf eine diesbezügliche Differenzierung im nachfolgenden Beitragstext verzichtet. Soweit sich die unten stehenden Ausführungen auf IPPC-Anlagen beziehen, müssen das zitierte EuGH-Urteil und dessen Auswirkungen jedoch stets mitbedacht werden.

2. Das Recht zur Erhebung von Einwendungen

276   **2.1** Den **Nachbarn,** denen im ordentlichen BA-Genehmigungs- bzw Änderungsverfahren ex lege Parteistellung zukommt, steht das Recht zu, Einwendungen iSd § 74 Abs 2 Z 1 oder 2 zu erheben. Näheres zum Begriff der Nachbarn s oben *Wendl,* Die Nachbarn und ihre Parteistellung Rz 258 ff.

2.2 Wenn eine **Gemeinde** selbst die **Stellung eines Nachbarn** hat, zB als Grundstückseigentümer oder Schulerhalter, dann ist auch sie Nachbar iSd § 75 Abs 2 und kann Einwendungen erheben. Anders als einer natürlichen Person kommt für eine Gemeinde als Gebietskörperschaft ein persönlicher Schutz vor Gefährdungen des Lebens und der Gesundheit oder vor Belästigungen nicht in Betracht, weshalb ihr eine darauf gerichtete Erhebung von Einwendungen verwehrt ist (VwGH 28. 2. 1989, 88/04/0231).

Von dem Recht der Gemeinde, aufgrund einer ihr allenfalls zukommenden Parteistellung als Nachbar Einwendungen erheben zu können, ist das Gemeinden gem § 355 zuerkannte Anhörungsrecht zu unterscheiden. Aus dieser Bestimmung kann eine Gemeinde kein (generelles) Recht zur Erhebung von Einwendungen ableiten und berechtigt diese Bestimmung Gemeinden auch nicht zur Erhebung einer Beschwerde gegen den das verwaltungsbehördliche Verfahren abschließenden Bescheid.

> Das Recht auf Anhörung umfasst die öffentlichen Interessen iSd § 74 Abs 2 Z 2 bis 5 und erfolgt im Rahmen des eigenen Wirkungsbereichs. Näheres s Lexikon „Gemeinde" Rz 58.

2.3 Neben den Nachbarn ist das **Arbeitsinspektorat** nach § 12 ArbIG in Verfahren betreffend gew BA Partei; es sind ihm die notwendigen Unterlagen nach Möglichkeit mindestens zwei Wochen vor der Verhandlung zu übersenden, und es ist zu dieser einzuladen. Das Arbeitsinspektorat ist befugt, eine Stellungnahme zur Wahrung von Arbeitnehmerschutzinteressen abzugeben, nicht aber **Einwendungen im Rechtssinn** zu erheben. Gem § 12 Abs 4 ArbIG steht dem Arbeitsinspektorat das Recht der Beschwerde an das LVwG (Art 130 Abs 1 Z 1 B-VG) zu. Näheres s Lexikon „Arbeitsinspektorat" Rz 13.

> Präklusionsfolgen treten im Hinblick auf die Sonderregelung des § 12 ArbIG gegenüber dem Arbeitsinspektorat nicht ein. § 12 Abs 2 ArbIG ordnet ausdrücklich an, dass im Fall der Nichtteilnahme des Arbeitsinspektorats an der mündlichen Verhandlung ihm über sein Verlangen die Verhandlungsakte zwecks Abgabe einer Stellungnahme zur Verfügung zu stellen sind.

Zum Arbeitnehmerschutz im Zusammenhang mit gew BA s auch *Giese,* Das Betriebsanlagenrecht und andere Bereiche des öffentlichen Rechts Rz 306.

2.4 Im **konzentrierten Verfahren nach § 356 b** kommt neben den eben Genannten auch jenen Personen Parteistellung zu, denen nach den im Verfahren mitanzuwendenden bundesrechtlichen Verwaltungsvorschriften subjektiv-öffentliche Rechte zukommen. Auch sie müssen, soweit sie ihre Parteistellung iSd § 42 AVG aufrechterhalten
wollen, zulässige Einwendungen erheben.

Umstritten ist, ob Einrichtungen, denen in den mitanzuwendenden Materiengesetzen eine **Stellung als Formal-** oder **Organpartei** eingeräumt wird, diese Stellung auch
im konzentrierten Genehmigungsverfahren nach § 356 b zukommt. Gegen diese Auffassung wird insb ins Treffen geführt, dass die die Stellung als Formalpartei begründenden
Bestimmungen keine materiellrechtlichen Genehmigungsregeln iSd § 356 b Abs 1 darstellen und daher nicht mitanzuwenden sind (idS insb *Hauer,* Probleme 33 f). Jedenfalls
Parteistellung im konzentrierten Verfahren haben die in § 356 b ausdrücklich genannten
Formalparteien (ww Planungsorgan gem § 356 b Abs 1 letzter Satz) sowie jene, denen
diese Stellung explizit auch für konzentrierte Verfahren eingeräumt wird (vgl etwa § 5
Abs 8 DMSG). Zur Unmöglichkeit des Präklusionseintritts gegenüber Formal- und Organparteien s *Wendl,* Die Nachbarn und ihre Parteistellung Rz 267, 10.5.

2.5 Umweltorganisationen

Im Sonderverfahrensregime für IPPC-Anlagen (§ 356 b Abs 7) kommt auch österreichischen Umweltorganisationen, die gem § 19 Abs 7 UVP-G 2000 anerkannt sind,
sowie – im Falle grenzüberschreitender Auswirkungen der Anlage – Umweltorganisationen aus dem (betroffenen) anderen Staat das Recht zu, „während der Auflagefrist gemäß § 356 a Abs 2 Z 1 **schriftliche Einwendungen** zu erheben". Die Umweltorganisationen haben das Recht, die Einhaltung von Umweltschutzvorschriften im Verfahren
geltend zu machen und Rechtsmittel zu ergreifen. Näher dazu *Vogelsang,* Sonderbestimmungen für IPPC-Anlagen Rz 246.

Die **Anerkennung österr Umweltorganisationen** erfolgt mit Bescheid des BMLFUW im
Einvernehmen mit dem BMWFW und ist an mehrere, kumulativ zu erfüllende Voraussetzungen geknüpft: die Rechtsform eines Vereins oder einer Stiftung, die Verfolgung des Umweltschutzes als vorrangiger Zweck gem Statut bzw Stiftungserklärung, die Gemeinnützigkeit
der Ziele iSd §§ 35 und 36 BAO und der mindestens 3-jährige Bestand vor Antragstellung;
abhängig vom Tätigkeitsbereich der Organisation kann die Befugnis zur Ausübung der Parteirechte auch auf einzelne Bundesländer beschränkt werden (§ 19 Abs 6, 7 und 8 UVP-G
2000).

Die **Parteifähigkeit von ausländischen Umweltorganisationen** ist nach dem **Recht
des Staates zu beurteilen, in dem die Organisation ihren Sitz hat** (so auch *Ennöckl /
N. Raschauer / Bergthaler,* UVP-G³ § 19 Rz 127). Nur Organisationen, denen der betroffene
ausländische Staat in Umsetzung der ÖffentlichkeitsbeteiligungsRL die dort vorgesehenen
Partizipationsrechte einräumt, können auch in österreichischen Verfahren unter den weiteren Voraussetzungen des § 356 b Abs 7 Z 2 Parteistellung erlangen.

Der Wortlaut des § 356 b Abs 7 Z 2 sieht zwar die Voraussetzung der Anerkennung im ausländischen Staat nicht ausdrücklich vor; uE ist dies jedoch unions- und ver-

fassungsrechtlich geboten. Immerhin wären anderenfalls Wertungswidersprüche unvermeidlich, wenn etwa bei grenzüberschreitenden Vorhaben einer Umweltorganisation gegenüber den im Ausland bewirkten Auswirkungen mehr Rechte zukämen als gegenüber jenen in ihrem Heimatstaat; eine derartige Differenzierung wäre vor dem Hintergrund des gleichheitsrechtlichen Sachlichkeitsgebots nicht rechtfertigbar.

> Im Falle mangelhafter Umsetzung der ÖffentlichkeitsbeteiligungsRL im Nachbarstaat kommt freilich die Einräumung einer Parteistellung im Wege unmittelbarer Anwendung des Art 9 Abs 2 dieser Richtlinie in Betracht (zum Meinungsstand vgl *Durner*, ZUR 2005, 288).

Außerhalb des Sonderverfahrensregimes für IPPC-Anlagen kommt Umweltorganisationen keine Parteistellung zu (außer sie erlangen eine solche als Eigentümer oder dinglich Berechtigte).

Ebenso wenig sieht die GewO (anders als etwa das UVP–G) für Bürgerinitiativen Parteirechte vor. Auch § 356 c kann nicht in diese Richtung gedeutet werden. Mit dieser Bestimmung, wonach die Behörde, falls von mehr als 20 Personen im Wesentlichen gleichgerichtete Einwendungen vorliegen, diesen die Namhaftmachung eines gemeinsamen Zustellbevollmächtigten auftragen kann, wird keine „Kollektivpartei" eingerichtet, sondern nur eine Zustellerleichterung für Massenverfahren geschaffen.

3. Die Gestaltung der Einwendungen

277   **3.1** Die Einwendung muss so gestaltet sein, dass aus ihrem Inhalt die **Behauptung der Verletzung eines subjektiv-öffentlichen Rechts** hervorgeht. Das heißt, es muss auf einen oder mehrere der im § 74 Abs 2 Z 1 oder 2, im Falle des § 74 Abs 2 Z 2 auf einen oder mehrere der dort vorgeschriebenen Alternativtatbestände (Geruch, Lärm, Rauch, Staub, Erschütterungen oder „in anderer Weise" auftretende Einwirkungen) abgestellt sein (zB VwGH 9. 9. 1998, 98/04/0098; 22. 3. 2000, 99/04/0178). Eine **nähere Begründung** der Einwendung ist **nicht erforderlich** (vgl zB VwGH 22. 11. 1988, 87/04/0129 und 19. 10. 1993, 92/04/0267).

Bei der Beurteilung, ob ein Vorbringen als geeignete Einwendung zu werten ist, sind die Erklärungen eines Nachbarn nicht nur ihrem Wortlaut nach, sondern auch nach ihrem Sinn zu beurteilen (VwGH 6. 10. 2009, 2009/04/0017; 2. 2. 2000, 99/04/0172); es geht somit darum, dass aus dem Verhalten der Partei mit Sicherheit geschlossen werden kann, was sie mit ihrem Vorbringen anstrebt (idS [allerdings iZm der Frage des Vorliegens eines begründeten Berufungsantrages nach § 63 Abs 3 AVG] VwGH 23. 2. 1977, 1173/76).

> Wenn ein Nachbar zwar grundsätzlich, aber mit Vorbehalten gegen die Gestaltung von Auflagen bzw mit Forderungen nach zusätzlichen Auflagen seine Zustimmung zum Projekt erklärt, liegt eine **zulässige Einwendung** vor (VwGH 23. 2. 1977, 1173/76).
>
> Ebenfalls kann eine **zulässige Einwendung** vorliegen, wenn der Nachbar in der mündlichen Verhandlung ua unter der „Bedingung" keinen Einwand erhebt, dass durch den zu genehmigenden Gewerbebetrieb keine schädlichen Immissionen seinen Grundbesitz stören oder beeinträchtigen.
>
> Demgegenüber stellt die Erklärung eines Nachbarn, er lehne es als Eigentümer eines Fremdenverkehrsbetriebs ab, dass vor den Fenstern seines Hauses zwei Großtanks errichtet

werden, und er habe größte Bedenken wegen der Sicherheit, **keine zulässigen Einwendungen** dar. Nach Auffassung des VwGH ist einer solchen Aussage weder zu entnehmen, dass sich der Nachbar durch Geruchs- und Lärmimmissionen beschwert erachtet, noch hat er damit eine Gefährdung seines Eigentums gelten gemacht (VwGH 23. 9. 1983, 82/04/0216).

Lässt sich der Erklärung des Nachbarn nicht einmal entnehmen, dass er sich überhaupt in einem subjektiven Recht verletzt erachtet, und ist auch nicht zu erkennen, inwiefern er ein verfolgbares Nachbarrecht geltend macht, liegen ebenfalls **keine zulässigen Einwendungen** vor (VwGH 22. 11. 1988, 87/04/0129); Gleiches gilt für die Erklärung eines Nachbarn, *„grundsätzlich Einwendungen"* – ohne Bezugnahme auf ein bestimmtes subjektiv-öffentliches Recht – zu erheben (VwGH 21. 12. 1993, 93/04/0008).

Mit der bei der Verhandlung abgegebenen *Erklärung* des Nachbarn, „er wünscht sich den Anschluss an die Fernwärmeleitung, wenn diese in unmittelbarer Nähe vorbeigeführt wird; sollte die Waschmaschine und das Hochdruckreinigungsgerät erneuert werden, dann soll eine leisere eingebaut werden, die hinteren Parkplätze sollen nur für Betriebszwecke benützt werden; grundsätzlich erhebt er jedoch gegen die Genehmigung . . . keine Einwände" werden **keine geeigneten qualifizierten Einwendungen** erhoben, da sich einer solchen Erklärung nicht einmal entnehmen lässt, dass sich der Nachbar überhaupt in einem subjektiven Recht verletzt erachtet (VwGH 28. 11. 1988, 87/04/0129).

Befürchtungen bzw Vermutungen, der Bewilligungswerber würde in Überschreitung der gewerbebehördlichen Genehmigung weitere Tätigkeiten entfalten und dies würde dann zu zu erwartenden Belästigungen führen, oder die Behauptung, dass die Erfahrung gezeigt habe, der Bewilligungswerber werde sich nicht an Vereinbarungen halten, sind **keine rechtswirksamen Einwendungen** (VwGH 29. 1. 1991, 90/04/0324; 10. 12. 2009, 2005/04/0059).

Vom Nachbarn erstattete Vorbringen, die sich lediglich in Hinweisen auf diverse Punkte, die von der Behörde bei Erlassung des Genehmigungsbescheids zu beachten sein werden, und in der Forderung nach Vorschreibung bestimmter Auflagen erschöpfen, sind auch in ihrer Gesamtheit **keine qualifizierten Einwendungen** (VwGH 9. 9. 1998, 98/04/0057 und 98/04/0084).

Die Forderung eines Nachbarn, alle Auflagen zu erteilen, die notwendig sind, um die Liegenschaft und deren Bewohner und Benützer vor Beeinträchtigungen jeglicher Art zu schützen, weist nicht die für eine zulässige Einwendung erforderliche Gestaltung auf (VwGH 17. 2. 1987, 86/04/0181).

Einem bloß allgemein auf Einwirkungen auf die Nachbarschaft gerichteten Vorbringen kommt eine Qualifikation als **Einwendung im Rechtssinn** nicht zu, weil sie eine Konkretisierung insb in Ansehung der hierfür erforderlichen sachverhaltsmäßigen Bezugspunkte als Voraussetzung für eine persönliche Gefährdung oder Belästigung des Nachbarn (oder eine relevante Gefährdung seines Eigentums) nicht erkennen lässt (VwGH 28. 10. 1997, 95/04/0151).

Eine spätere **„Konkretisierung"** von zunächst nur dem Grunde nach vorgebrachten Einwendungen (durch nachträgliches Vorbringen weiterer Überlegungen) ist zwar zulässig, setzt jedoch voraus, dass tatsächlich zulässige Einwendungen iSd § 74 erhoben wurden.

Zulässigerweise kann eine solche Konkretisierung nur im Rahmen der vorgebrachten Einwendungen erfolgen. Immerhin bleibt nur in diesem Ausmaß die Parteistellung des Nachbarn aufrecht. Nicht möglich ist es daher, nachträglich Rechte, die mit rechtzeitig vorgebrachten Einwendungen bloß „im Zusammenhang" stehen, im weiteren Verfahren geltend zu machen (VwGH 19. 9. 1989, 86/04/0103).

Zum möglichen Verlust der Parteistellung iZm nachträglichem Vorbringen s *Wendl,* Die Nachbarn und ihre Parteistellung Rz 267.

3.2 Die Behörde trifft **keine Manuduktionspflicht** in Bezug auf die Erhebung oder Gestaltung von Einwendungen. Bei **widersprüchlichen Einwendungen** hat sie sich aber Klarheit über den wahren Inhalt einer Einwendung zu verschaffen.

Der Verhandlungsleiter ist nicht verpflichtet, Nachbarn mögliche und zulässige Einwendungen vorzugeben oder sie dazu anzuleiten (VwGH 19. 6. 1986, 85/04/0088).

Erweist sich die Erklärung eines Nachbarn bei der Augenscheinverhandlung als **in sich widersprüchlich,** ist es Aufgabe des Verhandlungsleiters, sich darüber Klarheit zu verschaffen, ob der Nachbar mit seiner Erklärung Einwendungen erheben oder lediglich die Behörde auf ihre Pflicht hinweisen wollte, (gleichsam von Amts wegen) für den Schutz vor Lärmbelästigung und für die Erhaltung der Wohnqualität zu sorgen (VwGH 27. 9. 1989, 89/04/0027).

Zur Manuduktionspflicht iZm Einwendungen s auch *Wendl,* Die Nachbarn und ihre Parteistellung Rz 272 sowie Lexikon „Manuduktionspflicht" Rz 95.

4. Zulässige (rechtswirksame) Einwendungen von Nachbarn

278   Voraussetzung für zulässige (dh die Rechtswirkung des § 42 AVG auslösende und damit die Präklusion vermeidende) Einwendungen ist, dass derjenige, der Einwendungen erhebt, die Stellung eines Nachbarn hat (s oben 2.1 und 2.2) und er die Verletzung von subjektiv-öffentlichen Rechten iSd § 74 Abs 2 Z 1 oder 2 (s unten 4.1 bis 4.3) in prozessrelevanter Art (s oben 1. und 3.) behauptet.

Das subjektiv-öffentliche Recht, dessen Verletzung der Nachbar behauptet, muss auf einen oder mehrere der in § 74 Abs 2 Z 1 oder 2, im Fall des § 74 Abs 2 Z 2 auf einen oder mehrere der dort vorgeschriebenen Alternativtatbestände (Geruch, Lärm, Rauch, Staub, Erschütterungen oder eine „in anderer Weise" auftretende Einwirkung) bezogen sein (vgl ua VwGH 19. 9. 1989, 86/04/0103 und 2. 10. 1989, 89/04/0059).

Die Verletzung von Rechtsvorschriften, die ausschließlich öffentlichen Interessen dienen, kann vom Nachbarn nicht im Rahmen seiner Parteistellung geltend gemacht werden, denn die Wahrung anderer als seiner eigenen subjektiv-öffentlichen Interessen steht dem Nachbarn nicht zu.

Zulässig sind subjektiv-öffentliche Einwendungen der Nachbarn wegen:

4.1 Gefährdung des Lebens oder der Gesundheit (§ 74 Abs 2 Z 1): Näheres zu diesem unbestimmten Rechtsbegriff sowie zur Abgrenzung gegenüber der Belästigung des Nachbarn s *Wendl,* Die Gefährdung des Lebens und der Gesundheit Rz 209 und 212.

4.2 Belästigung durch Geruch, Lärm, Rauch, Staub, Erschütterung oder in anderer Weise (§ 74 Abs 2 Z 2): **Die Belästigung des Nachbarn muss über das zumutbare Maß iS des § 77 Abs 2 hinausgehen.** Das bedeutet, dass sich der Nachbar Belästigungen, die überhaupt nicht oder bei Einhaltung der vorgeschriebenen Auflagen nicht über dieses zumutbare Maß hinausgehen, gefallen lassen und diese hinnehmen muss. Näheres zum Begriff der Belästigung s oben *Paliege-Barfuß,* Die Belästigung der Nachbarn Rz 215.

4.3 Gefährdung des Eigentums oder sonstiger dinglicher Rechte (§ 74 Abs 2 Z 1): Näheres zu diesem Begriff s oben *Kerschner,* Die Gefährdung des Eigentums und sonstiger dinglicher Rechte Rz 227 bis 229.

Näheres s *Wendl,* Die Nachbarn und ihre Parteistellung Rz 259.

5. Unzulässige (unwirksame) Einwendungen von Nachbarn

Folgende Einwendungen, sind grundsätzlich nicht geeignet, die Rechtswirkungen **279** des § 42 AVG auszulösen und die Parteistellung als Nachbar zu erhalten.

5.1 Privatrechtliche Einwendungen: Als solche kommen insb in Betracht

– die Behauptung der Möglichkeit „einer bloßen Minderung des Verkehrswerts des Eigentums" (§ 75 Abs 1);
– die Behauptung der Verletzung von Rechten aus Miet- oder Pachtverträgen an Objekten, auf denen BA errichtet oder betrieben werden sollen;
– die Forderung auf Ersatz des durch den Betrieb der Anlage entstehenden Schadens;
– die Behauptung, dass ein privater (einer Weggenossenschaft gehörender) Zufahrtsweg lediglich für normalen Besucherverkehr, nicht aber auch für betriebliche Zufahrten gewidmet ist.

5.2 Öffentlich-rechtliche Einwendungen bestimmter Art: Unzulässig sind vor allem Einwendungen,

– die ausschließlich dem öffentlichen Recht entnommen sind und bei denen keine subjektiven Interessen geltend gemacht werden können, zB auf § 74 Abs 2 Z 4 fußende Einwendungen betreffend die Beeinträchtigung des Verkehrs an oder auf Straßen mit öffentlichem Verkehr (vgl zB VwGH 21. 12. 2001, 2001/04/0098),
– die sich auf die (über den Gesundheits- und Belästigungsschutz hinausgehende) Minimierung von Emissionen nach dem Stand der Technik oder die Anwendung einer bestimmten Methode zur Immissionsprognose beziehen (VwGH 27. 6. 2003, 2002/04/0195-7 = RdU-U&T 2005/4 mAnm *Bergthaler*).
– die sich auf nachteilige Einwirkungen einer BA auf die Beschaffenheit der Gewässer gem § 74 Abs 2 Z 5 beziehen, sofern sie losgelöst von einer damit allenfalls verbundenen Gefährdung des Eigentums, sonstiger dinglicher Rechte oder der Gesundheit bzw Belästigung vorgebracht werden (VwGH 30. 6. 2004, 2002/04/0072),
– die sich auf eine mögliche Gewässerverunreinigung beziehen, uzw im Fall des Erfordernisses der Bewilligung nach wr Vorschriften (vgl etwa VwGH 26. 6. 1984, 84/04/0018; 18. 10. 1988, 88/04/0073),
– mit denen der Nachbar nicht auf seine Person bzw sein Eigentum oder seine dinglichen Rechte bezogene Gefährdungen oder Belästigungen geltend macht (zB einen das gesamte umgebende Gebiet umfassenden Belästigungsschutz [VwGH 24. 1. 1980, 1115/97] oder durch die Einwendung „Belästigung umliegender Bewohner durch Windverfrachtung" [VwGH 18. 10. 1988, 88/04/0073] oder eine Befürchtung von „Umweltbelastungen" [VwGH 21. 9. 1993, 93/04/0017]),
– bei denen es sich wohl um subjektiv-öffentliche Einwendungen handelt, aber der Nachbar im konkreten Fall diesbzgl keine subjektiven Interessen geltend machen

kann, zB die Einwendungen des Eigentümers eines benachbarten unverbauten und landwirtschaftlich genutzten Grundstücks, er fühle sich durch Lärm von der BA unzumutbar belästigt,

– deren Rechtsgrund nicht in den Bestimmungen des § 74 Abs 2 Z 1 oder 2, sondern in anderen öffentlich-rechtlichen Normen liegt, zB die Einwendung, dass der Nachbarabstand nach baurechtlichen Bestimmungen nicht eingehalten wird, oder auf Naturschutznormen gestützte Einwendungen.

6. Zu Nachbareinwendungen aus Sonderregimen des objektiven Umweltrechts

280   **Unzulässig** sind auch **Einwendungen** von Nachbarn, die sich auf **Handlungspflichten** der **Behörden** oder **Anlagenbetreiber** nach bestimmten Sonderregimen des objektiven Umweltrechts – ohne spezifisch nachbarschützende Komponente – beziehen.

Nur vereinzelt und in Ausnahmefällen sind aus diesen Regimen subjektive Rechte ableitbar und zulässige Einwendungen begründbar.

6.1 Einwendungen wegen Verletzungen objektiver **IPPC-rechtlicher Verpflichtungen** (§ 77 a Abs 1 Z 1): Grundsätzlich ist das IPPC-Regime im System der GewO den **objektiven Umweltschutznormen** zugeordnet, sodass dessen Einhaltung von Nachbarn nicht unter Berufung auf subjektiv-öffentliche Rechte geltend gemacht werden kann.

In **Einzelaspekten** wohnt IPPC-rechtlichen Schutzgütern und Genehmigungskriterien jedoch eine **individualschützende Komponente** inne, zu deren Geltendmachung Nachbarn legitimiert sind: Konkret gebietet § 77 a Abs 1 Z 1 „geeignete Vorsorgemaßnahmen gegen Umweltverschmutzungen" zu treffen. Gem § 71 b Z 10 idF BGBl I 2013/125 versteht man unter beachtlichen Umweltverschmutzungen solche Auswirkungen, die „der menschlichen Gesundheit schaden" oder „zu einer Schädigung von Sachwerten oder zu einer unzumutbaren Beeinträchtigung oder Störung des durch die Umwelt bedingten Wohlbefindens eines gesunden, normal empfindlichen Menschen oder von anderen zulässigen Nutzungen der Umwelt führen können".

Inhaltlich ist dieser Schutzanspruch – trotz teilweise unterschiedlicher Formulierung – **deckungsgleich mit dem Schutz vor Gesundheitsgefährdung** und **Belästigung sowie dem Eigentumsschutz gem § 74 Abs 2 Z 1 und 2.**

> Dass der nachbarrechtliche Schutzanspruch in § 74 Abs 2 Z 1 und 2 als **Gefahrenabwehr**anspruch formuliert ist, während § 77 a Abs 1 Z 1 dem Wortlaut nach der (potenziell strengeren) **Vorsorge** dient, wird durch die Legaldefinition der Umweltverschmutzung in § 71 b Z 10 wieder nivelliert, die – im hier maßgeblichen Zusammenhang – auf die „Schädigung" bzw die Eignung, „zu einer Schädigung ... führen [zu] können", abstellt.

Aarhuskonvention und ÖffentlichkeitsbeteiligungsRL verlangen uE nicht zwingend eine weitergehende Anspruchseinräumung. Auch die dort normierten Rechtsansprüche der „betroffenen Öffentlichkeit" sind nämlich an ein „ausreichendes Interesse" und die Geltendmachung einer „Rechtsverletzung" gebunden, sodass es im Ergebnis wiederum auf den Eingriff in eine individuelle (subjektive) Interessenposition ankommt. Mit anderen Worten: Betroffenen steht **nur im Rahmen ihrer Betroffenheit Rechtsschutz** zu.

Bei weitergehender unionsrechtlicher Deutung (die dem in einem Aspekt Betroffenen auch hinsichtlich aller anderen Aspekte alle Rechtsschutzansprüche zubilligt) bieten sich – wie *Winkler*, RdU-U&T 2007, 12, zutreffend ausführt – zwei Auslegungsvarianten: Einerseits könnte **Nachbarn hinsichtlich der über den Nachbarschutz hinausgehenden IPPC-Anforderungen (bloße) Formalparteistellung** zugestanden werden (was uE system- und richtlinienkonform wäre). Andererseits könnte (wofür *Winkler* optiert) das IPPC-Regime auch „subjektiviert" gedeutet werden; diesfalls stünde den Nachbarn hinsichtlich aller IPPC-rechtlichen Aspekte ein subjektives Recht zu – ein Ergebnis, das uE weder durch die ÖffentlichkeitsbeteiligungsRL geboten noch mit der in der Rsp der GH öff Rechts gehandhabten Dogmatik der subjektiv-öffentlichen Rechte vereinbar ist (was *Winkler* auch zugesteht, aber zugunsten einer seines Erachtens systemgerechteren Lösung ändern möchte). Zur Zulänglichkeit bloßer Formalparteistellung s *Schulev-Steindl*, JRP 2004, 134 f, sowie allgemein *Grabenwarter*, Subjektive Rechte, FN 205.

6.2 Einwendungen wegen befürchteter **Störfälle:** Der VwGH hat in mehreren Erk ausgesprochen, dass aus störfallrechtlichen Regelungen keine subjektiv-öffentlichen Rechte erwachsen (zB VwGH 25. 6. 2001, 99/07/0183; 17. 5. 2001, 99/07/0064; 27. 5. 1997, 94/07/0180). Diese Rsp bezog sich zwar auf das Störfallrecht vor der GewONov 2000, ist aber gleichermaßen auf das Industrieunfallrecht anwendbar (vgl den Ausschluss der Nachbarparteistellung durch § 84 a Abs 3 sowie Lexikon „Industrieunfall[recht]" Rz 74). Mittlerweile differenziert der VwGH jedoch: Einwendungen können zulässigerweise nicht auf Störfälle, „die nicht vorhersehbar sind," gestützt werden, „wohl aber auf ‚Störfälle', die [. . .] aufgrund einer unzureichenden Technologie regelmäßig und vorhersehbar auftreten" (VwGH 18. 11. 2004, 2004/07/0025 = RdU-U&T 2005/3 mAnm *Schulev-Steindl*). Letztere Kategorie beschreibt freilich keine Störfälle im Rechtssinn, sondern instabile Betriebszustände und -abläufe, die der „Betriebsweise" iSd § 74 Abs 2 und dem „Betrieb" iSd § 75 Abs 2 zuzurechnen sind.

6.3 Einwendungen wegen mangelhafter **Umgebungslärmvorsorge:** Aus dem Umgebungslärmregime und den gegebenenfalls in einem Aktionsplan festgeschriebenen Maßnahmenvorschlägen erwachsen keine subjektiv-öffentlichen Rechte (§ 7 Abs 12 Bundes-LärmG). Folglich entschied der VwGH (4. 5. 2006, 2005/03/0250), dass das Bundes-LärmG auch in einem Genehmigungsverfahren keine subjektiv-öffentlichen Rechte zu begründen vermag.

6.4 Einwendungen wegen Verletzung des **Immissionsschutzregimes für Luftschadstoffe** des § 77 Abs 3: Diese Sondernorm, die dem Anlagenbetreiber unter bestimmten Voraussetzungen einen Genehmigungsanspruch in vorbelasteten Gebieten einräumt, ist systematisch den objektiven Umweltschutznormen zugeordnet (unmittelbar anschließend an das Minimierungsgebot nach dem Stand der Technik) und zielt teleologisch nicht auf einen Individualrechtsschutz, sondern einen Umweltqualitäts- und Gebietsschutz ab. Auch hier gilt der Leitsatz der VwGH-Rsp, wonach Nachbarn kein isoliertes Recht auf Begrenzung der Emissionen von Luftschadstoffen zukommt (VwGH 14. 3. 2012, 2010/04/0143; 27. 6. 2003, 2002/04/0195). Zu Einzelheiten des Zusammenhangs zwischen GewO und IG-L s näher *Bergthaler/Holzinger*, Immissionsschutz-Luft im Betriebsanlagenrecht Rz 250, 2.2 und 2.3.

7. Zeitpunkt, Form und Rechtswirkungen von Einwendungen

Seit der AVG-Nov 1998 (BGBl I 1998/158) kommt Nachbarn iSd § 75 Abs 2 im BA- **281** Genehmigungs(Änderungs)verfahren auch ohne Erhebung von Einwendungen Parteistellung zu. Die den Nachbarn (ex lege) zukommende Parteistellung bleibt im Falle der Durchführung einer mündlichen Verhandlung jedoch nur insoweit aufrecht, als von diesen zulässige und rechtzeitige Einwendungen erhoben wurden (vgl § 42 Abs 1 AVG).

Rechtzeitig sind Einwendungen dann, wenn sie spätestens am Tag vor Beginn der Verhandlung bei der Behörde oder während der Verhandlung erhoben werden (vgl § 42 Abs 1 AVG).

Frühestens können Einwendungen ab Kundmachung der mündlichen Verhandlung erhoben werden. Parteienerklärungen, die, aus welchem Grund auch immer, vor der Abgrenzung des Verhandlungsgegenstands in Form der Kundmachung abgegeben werden, kommt die rechtliche Eigenschaft als Einwendung nicht zu (VwGH 25. 1. 1994, 93/04/0154).

Im BA-Genehmigungsverfahren können Beteiligte ihre Einwendungen nicht zu jedem Zeitpunkt ihrer Wahl in der mündlichen Verhandlung abgeben, sondern nur dann, wenn ihnen vom Verhandlungsleiter dazu Gelegenheit gegeben wird. Wird diese Gelegenheit erst im Zuge der Abfassung des Protokolls eingeräumt, so sind „zahlreiche und teilweise lautstarke Einwendungen gegen das Projekt" zu Beginn der Verhandlung unerheblich (VwGH 17. 3. 1998, 97/04/0139).

In einer **fortgesetzten mündlichen Verhandlung** erhobene Einwendungen gelten nur dann als „rechtzeitig", wenn die erste Verhandlung vertagt wurde und die zweite Verhandlung eine Fortsetzung derselben darstellt (vgl VwGH 21. 9. 1993, 93/04/0017; 25. 1. 1994, 93/04/0154). Dagegen bewirken unzulässige Einwendungen (s oben 5.) auch bei zeitgerechter Erhebung nicht, dass die Parteistellung des Nachbarn aufrecht bleibt.

Personen, die verhindert waren, rechtzeitig Einwendungen zu erheben und die dadurch ihre Parteistellung verloren haben, können – bei Vorliegen der im § 42 Abs 3 AVG genannten Voraussetzungen – nachträglich Einwendungen gem § 42 Abs 3 AVG erheben.

Näheres zu den Fragen der Rechtswirkung der Erhebung von Einwendungen sowie der Präklusion s *Wendl,* Die Nachbarn und ihre Parteistellung Rz 267.

Zieht der Nachbar rechtzeitig erhobene (zulässige) **Einwendungen zurück,** verliert er damit seine Parteistellung.

Da der Verlust der Parteistellung dem Nachbarn jegliche Möglichkeit nimmt, weiter auf das Verfahren Einfluss zu nehmen, geht der VwGH davon aus, dass die Annahme, eine Partei ziehe ihre Einwendungen zurück, nur dann zulässig ist, wenn die entsprechende Erklärung keinen Zweifel daran offen lässt (VwGH 10. 12. 1996, 96/04/0090). Maßgebend ist das Vorliegen einer eindeutigen Erklärung, wobei die zugrunde liegenden Motive nicht relevant sind (VwGH 25. 11. 1997, 96/04/0238). Hingegen ist nur eine bedingt erklärte Zurückziehung von Einwendungen schon wegen der im Allgemeinen bestehenden Bedingungsfeindlichkeit von Prozesshandlungen unzulässig und damit unwirksam (VwGH 18. 4. 1983, 82/10/0197).

8. Die Entscheidung über die Einwendungen

282   Über jedes Ansuchen um gewerbebehördliche Genehmigung einer BA(-Änderung) ist mit Bescheid abzusprechen, in dem auch über erhobene Einwendungen zu entscheiden ist.

Aus dem Bescheid (Spruch iZm der Begründung) muss hervorgehen, wer von den Nachbarn Parteistellung behalten hat: Der Genehmigungswerber hat einen Rechtsanspruch darauf, dass nur solche Nachbarn, die nicht präkludiert sind, am Genehmigungsverfahren als Parteien teilnehmen. Deshalb ist die Behörde verpflichtet, die Parteistellung jedes einzelnen Nachbarn zu überprüfen. Unterlässt sie dies, belastet sie den angefochtenen Bescheid mit Rechtswidrigkeit infolge Verletzung der Verfahrensvorschriften. Hat ein Nachbar seine Parteistellung durch Einbringung verspäteter Einwendungen verloren, ist eine von ihm gegen den verfahrensabschließenden Bescheid erhobene Beschwerde als **unzulässig** zurückzuweisen. Siehe dazu auch *Wendl*, Die Nachbarn und ihre Parteistellung Rz 267.

8.1 Die Entscheidung über zulässige Einwendungen

Können auch bei Erfüllung allenfalls vorgeschriebener Auflagen Gefährdungen nicht vermieden oder Belästigungen usw nicht auf ein zumutbares Ausmaß beschränkt werden, ist die beantragte Genehmigung zu versagen (VwGH 16. 6. 1976, 1446/75). Damit wird auch über erhobene subjektiv-öffentliche Einwendungen abgesprochen.

Wird ein Ansuchen um Genehmigung einer gew BA unter Vorschreibung von Auflagen positiv beschieden, ist über erhobene subjektiv-öffentliche Einwendungen gesondert im Spruch zu entscheiden. Unbegründete Einwendungen sind abzuweisen.

8.2 Die Entscheidung über unzulässige Einwendungen

Wenn im Verwaltungsverfahren **privatrechtliche Einwendungen** (s oben 5.1) vorgebracht werden, hat der Verhandlungsleiter „auf eine Einigung hinzuwirken" (§ 357), dh, er muss bei sonstigem Vorliegen eines Verfahrensmangels auf eine gütliche Beilegung des durch das Vorbringen von privatrechtlichen Einwendungen aufgetretenen Rechtsstreits hinwirken. Kommt es zu keiner Einigung, dann ist der Nachbar mit solchen Einwendungen im Spruch des Genehmigungsbescheids **auf den Zivilrechtsweg zu verweisen** (§ 357). Durch die Verweisung von Einwendungen auf den Zivilrechtsweg wird bloß zum Ausdruck gebracht, dass sich die Behörde zur Behandlung dieser Einwendungen nicht für zuständig erachtet; eine Zurückweisung der Einwendungen ist damit nicht verbunden (VwGH 30. 4. 2008, 2005/04/0078). Näheres hierzu s *Kerschner*, Zivilrechtliche Ansprüche und Einwendungen der Nachbarn Rz 285.

> Kommt es dagegen zu einer Einigung über solche Einwendungen, dann ist dies in der Verhandlungsniederschrift zu beurkunden. Eine derartige Beurkundung ist nicht in den Spruch des Genehmigungsbescheids aufzunehmen. Gegen eine Sachverhaltsdarstellung über die erzielte Einigung in der Begründung des Bescheids bestehen keine Bedenken.

Unzulässige öffentlich-rechtliche Einwendungen (s oben 5.2) sind im Spruch eines Bescheids, mit dem ein Ansuchen um Genehmigung einer gew BA positiv beschieden wird, **zurückzuweisen.**

> Werden von einem Nachbarn fristgerecht Einwendungen erhoben, die sowohl auf das öffentliche Recht als auch auf das Privatrecht gestützt sind, dann ist hinsichtlich der subjektiv-öffentlichen Einwendungen wie oben in 8.1 bzw 8.2 dargestellt vorzugehen, mit den verbleibenden privatrechtlichen Einwendungen ist der Nachbar auf den Zivilrechtsweg zu verweisen (VwGH 20. 10. 1976, 137/71).

C. Zivilrechtliche Ansprüche und Einwendungen der Nachbarn

Ferdinand Kerschner

Literatur: *Aicher,* Grundfragen der Staatshaftung bei rechtmäßigen hoheitlichen Eigentumsbeeinträchtigungen (1978); *Aicher,* Umweltschutz und Privatrecht, JBl 1979, 235; *Aicher,* Nachbarschutz zwischen öffentlichem und privatem Recht, in *Korinek/Krejci* (Hrsg), Handbuch des Bau- und Wohnungsrechts I (1988); *Eccher/Riss* in *Koziol/Bydlinski/Bollenberger* (Hrsg), Kurzkommentar zum ABGB[4] (2014) §§ 364, 364a; *Erhart-Schippek,* Bewertung ökologischer Lasten, Der Sachverständige 2007/2; *Gimpel-Hinteregger,* Grundfragen der Umwelthaftung (1993); *Holzner,* „Immissionsabwehransprüche" für Superädifikatseigentümer mit nur prekaristischem Grundbenützungsverhältnis? JBl 2012, 136; *Holzner* in *Kletečka/Schauer,* ABGB-ON[1.02] (2014) §§ 364, 364a; *Illedits/Illedits-Lohr,* Zivilrechtlicher Unterlassungsanspruch gegen eine im vereinfachten Verfahren nach § 359b GewO genehmigte Anlage, RdW 2004, 16; *Illedits/Illedits-Lohr,* Handbuch Nachbarrecht: die Rechtsstellung der Nachbarn im öffentlichen und zivilen Recht[3] (2013); *Iro,* Sachenrecht[5] (2013); *Jabornegg,* Privates Nachbarrecht und Umweltschutz, ÖJZ 1983, 365; *Jabornegg,* Bürgerliches Recht und Umweltschutz, GA z 9. ÖJT (1985); *Jabornegg/Strasser* in *Jabornegg/Rummel/Strasser,* Privatrecht und Umweltschutz (1976); *Karner,* Abwehransprüche bei naturgegebenen Immissionen? in FS Iro (2013); *Kerschner,* Umwelthaftungssysteme des geltenden österreichischen Rechts, in *Hanreich/Schwarzer* (Hrsg), Umwelthaftung (1991); *Kerschner,* Umwelthaftung im Privatrecht, JBl 1993, 216; *Kerschner,* Nachbarrecht im Spannungsfeld zwischen Privatrecht und öffentlichem Recht, JBl 1994, 781; *Kerschner,* „Reprivatisierung" des Nachbarrechts? in Jahrbuch des Trierer Instituts für Umwelt- und Technikrecht, UTR 40 (1997) 279; *Kerschner,* Liegenschaftsentwertung durch Umweltbelastungen, Der Sachverständige 2002/4; *Kerschner,* Der Verkehrswert von Liegenschaften bei der Enteignungsentschädigung, JBl 2006, 355; *Kerschner,* Art 6 EMRK und Zivilrecht – Neueste Entwicklungen, in FS Machacek/Matscher (2008) 775; *Kerschner/Wagner,* Nachbarrecht, in *Straube/Aicher* (Hrsg), Bauvertrags- und Bauhaftungsrecht (Loseblattwerk); *Kerschner/Wagner* in *Fenyves/Kerschner/Vonkilch,* Klang[3] Großkommentar zum ABGB (2011) Vor §§ 364 – 364b, §§ 364, 364a; *Kisslinger,* Gefährdungshaftung im Nachbarrecht (2006); *Klang,* Bemerkungen zu den sachenrechtlichen Bestimmungen der Zivilnovellen (1917); *Koziol,* Eingriffs- und Gefährdungshaftung im Nachbarrecht. Einige grundsätzliche Überlegungen und deren Auswirkungen, RdW 2013/12; *Koziol/Apathy/Koch,* Österreichisches Haftpflichtrecht III[3]: Gefährdungs-, Produkt- und Eingriffshaftung (2014); *Lang,* Ortsunüblichkeit und Wesentlichkeit von Immissionen (2011); *Lang,* Ziviles Nachbarrecht in *Altenburger/N. Raschauer,* Umweltrecht Kommentar (2013); *Linder,* Privates Umweltrecht – Ausgewählte Fragen des Nachbarrechts und der Umwelthaftung, in *N. Raschauer/Wessely* (Hrsg), Handbuch Umweltrecht[2] (2010) 135; *Mayer,* Kontrolle der Verwaltung durch die ordentlichen Gerichte? ÖZW 1991, 97; *Oberhammer* in *Schwimann/Kodek* (Hrsg), ABGB Praxiskommentar II[4](2012) §§ 364, 364a; *Panholzer/Stichlberger,* Der gewerberechtliche Schutz des Nachbarn gegen genehmigte Betriebsanlagen, ZfV 1979, 186; *Pittl/Feldkircher,* Zur Begründung der Passivlegitimation des Grundeigentümers als mittelbarer Störer, wobl 2014/151; *B. Raschauer,* Immissionsschutz und Gewerberecht im Zivilrecht, ÖZW 1980, 7; *B. Raschauer,* Anlagenrecht und Nachbarschutz aus verfassungsrechtlicher Sicht, ZfV 1999, 506; *N. Raschauer,* Das vereinfachte Betriebsanlagengenehmigungsverfahren (§ 359b GewO) im Gefolge jüngster höchstgerichtlicher Entscheidungen, RdU 2005, 100; *Reischauer,* Zur Zulässigkeit landwirtschaftlicher Immissionen – ein Beitrag insbesondere zum Ortsbegriff des § 364 ABGB, JBl 1990, 217; *Roth* in *Staudinger,* Kommentar BGB[13] (2009) § 906; *Rummel,* Erfolgshaftung im Nachbarrecht, JBl 1967, 120; *Rummel,* Ersatzansprüche bei summierten Immissionen (1979); *Rummel/Kerschner,* Umwelthaftung im Privatrecht (1991); *Schauer,* Zivilrechtliche Aspekte der Belästigung durch Verkehrslärm, Verkehrsannalen 1982 Heft 3, 5; *Schulev-Steindl*, Subjektive Rechte im öffentlichen Interesse? Anmerkungen zur Aarhus-Konvention, JRP 2004, 128; *Spielbüchler* in *Rummel*³ §§ 364, 364 a ABGB; *Steiner*, Zur Auslegung des Begriffes der Ortsüblichkeit in § 364 Abs 2 ABGB, JBl 1978, 133; *Thienel*, Verfassungsrechtliche Grenzen für das vereinfachte Genehmigungsverfahren nach § 359 b GewO, ZfV 2001, 718; *Wagner*, Die Betriebsanlage im zivilen Nachbarrecht (1997); *Wagner*, Die Gewerberechtsnovelle 1997 und deren Folgen für zivile Nachbarrechte, RdU 1997, 174; *Wagner*, Deregulierung im Baurecht und ziviler Rechtsschutz, bbl 1999, 131 und 171; *Wagner*, Muster: Klagebegehren bzw Urteilstenor, RdU 2005, 23; *Wagner*, Gesetzliche Unterlassungsansprüche im Zivilrecht (2006); *Winkler*, Der Nachbar im vereinfachten Genehmigungsverfahren nach § 359 b GewO zwischen Verwaltungsrecht, Verfassungsrecht und zivilem Nachbarrecht, in FS Stolzlechner (2013) 783.

Inhalt

1. Rechtsgrundlage

Der **zivilrechtliche Immissionsschutz** hat seine maßgebliche Rechtsgrundlage in **283** **§ 364 Abs 2** und für Beschattungsfälle seit dem ZivRÄG 2004 auch in **Abs 3** jeweils iVm § 354 ABGB:

Abs 2: „Der Eigentümer eines Grundstückes kann dem Nachbarn die von dessen Grund ausgehenden Einwirkungen durch Abwässer, Rauch, Wärme, Gase, Geruch, Geräusch, Erschütterung und ähnliche insoweit untersagen, als sie das nach den örtlichen Verhältnissen gewöhnliche Maß überschreiten und die ortsübliche Benutzung des Grundstückes wesentlich beeinträchtigen. Unmittelbare Zuleitung ist ohne besonderen Rechtstitel unter allen Umständen unzulässig."

Abs 3: „Ebenso kann der Grundstückseigentümer einem Nachbarn die von dessen Bäumen oder anderen Pflanzen ausgehenden Einwirkungen durch den Entzug von Licht oder Luft insoweit untersagen, als diese das Maß des Abs. 2 überschreiten und zu einer unzumutbaren Beeinträchtigung der Benutzung des Grundstücks führen. Bundes- und landesgesetzliche Regelungen über den Schutz von oder vor Bäumen und anderen Pflanzen, insbesondere über den Wald-, Flur-, Feld-, Ortsbild-, Natur- und Baumschutz, bleiben unberührt."

Der **öffentlich-rechtliche Immissionsschutz** des Nachbarn hat seine maßgeblichen Rechtsgrundlagen in § 77 Abs 1 und 2 iVm § 74 Abs 2 Z 1, §§ 79 und 79 a GewO: Danach sind die Nachbarn vor Gefährdungen des Lebens, der Gesundheit, des Eigentums und sonstiger dinglicher Rechte und iVm § 74 Abs 2 Z 2 GewO vor unzumutbaren Belästigungen durch Geruch, Lärm, Rauch, Staub, Erschütterung oder in anderer

Weise zu schützen. Insoweit überschneiden sich der Immissionsschutz des öffentlichen Rechts und jener des Zivilrechts teilweise, decken sich aber keineswegs völlig. Soweit sich der Nachbar darauf beruft, dass von einer BA Einwirkungen ausgehen (werden), die sein Eigentum oder seine sonstigen dinglichen Rechte gefährden oder ihn unzumutbar belästigen, und er ferner geltend macht, dass die Einwirkungen das nach den örtlichen Verhältnissen gewöhnliche Maß überschreiten und die ortsübliche Benutzung des Grundstücks wesentlich beeinträchtigen, kann das seine Grundlage gleichzeitig im **öffentlichen Recht** und im **Privatrecht** haben. Die Tatbestandsvoraussetzungen, aber auch die Rechtsfolgen sind keineswegs identisch; vgl näher schon *Kerschner,* JBl 1994, 789 ff.

Die Behauptung in den Materialien zur GewO (EB zur RV GewO 1973), dass die Bestimmungen des bürgerlichen Rechts keinen unmittelbaren Schutz der Nachbarn gegen Immissionen gewährten, überrascht nicht nur, sondern ist schlichtweg falsch. Es liegt in der Tat nahe, dass die Gesetzesverfasser auf § 364 Abs 2 ABGB einfach vergessen haben. Denn sie zitieren zum Beweis der Schutzlosigkeit die §§ 340 bis 342 ABGB. Die Bauverbotsklage betrifft nur einen ganz spezifischen Fall der Eigentumsgefährdung und ist kein tauglicher und umfassender Schutz gegen Immissionen; zur Bauverbotsklage umfassend *Wagner,* bbl 1999, 131 ff und 171 ff. § 364 Abs 2 ABGB wäre dagegen eine fast alle Umweltmedien (integrativ) erfassende und starke Schutzbestimmung. Die III. TN hat jedoch nicht nur § 364 Abs 2, sondern auch § 364a ABGB eingeführt: Der Nachbar, dessen privatrechtliche Einwendung gegen die BA im Verwaltungsverfahren nicht berücksichtigt werden kann (vgl § 357), hat nun aufgrund des § 364a ABGB mit rk (!) gewerbebehördlicher Genehmigung der BA seinen an sich durch § 364 Abs 2 ABGB gegebenen Unterlassungsanspruch nicht mehr, soweit die Immissionen von der BA-Genehmigung gedeckt sind. Nach dem Grundsatz „dulde und liquidiere" ist der Nachbar auf einen **Ausgleichsanspruch (Schadenersatzanspruch)** verwiesen (s unten 4.). Insoweit der Unterlassungsanspruch durch § 364a ABGB ausgeschlossen ist, gibt das Zivilrecht den Nachbarn tatsächlich keinen unmittelbaren Schutz gegen die von einer BA ausgehende Immission.

2. Die Geltendmachung im Betriebsanlagenverfahren

284   Der Nachbar kann eine Beeinträchtigung iSd § 364 Abs 2 ABGB als Einwendung im BA-Verfahren geltend machen. Soweit sich die Beeinträchtigung mit den öffentlich-rechtlichen relevanten Einwirkungen (zumindest teilweise) deckt (also Gefährdung des Eigentums oder anderer dinglicher Rechte oder der Gesundheit bzw unzumutbare Belästigung), muss diese öffentlich-rechtliche Einwendung von der Behörde überprüft und ihr, wenn sie berechtigt ist, durch Auflagen oder eine Abweisung des Antrags auf Genehmigung der BA Rechnung getragen werden. Soweit die Einwendung *nur auf das Privatrecht* (vor allem auf § 364 Abs 2 ABGB oder sonstige private Rechtstitel) gestützt ist, hat der Verhandlungsleiter gem § 357 GewO auf eine Einigung hinzuwirken und mangels Einigung den Nachbarn mit seinem Vorbringen auf den Zivilrechtsweg zu verweisen (VwGH 20. 10. 1976, 137/71); **dingliche** oder **obligatorische Rechte,** die der Errichtung einer BA entgegenstehen, bilden **keinen Gegenstand des gewerbebehördlichen Genehmigungsverfahrens** (VwG Wien 18. 8. 2014, VGW-122/008/27464/2014 =

ZVG-Slg 2015/11, 83) Das (nämlich: Pflicht zur Hinwirkung auf Einigung, bei mangelnder Einigung Verweisungspflicht) gilt mE auch im vereinfachten Verfahren gem § 359 b, wenn eine mündliche Verhandlung stattfindet; so auch *Gruber/Paliege-Barfuß*, GewO[7] § 357 Anm 5; aA *Grabler/Stolzlechner/Wendl*, GewO[3] § 357 Rz 2.

Nach neuerer Rsp (zB VwGH 14. 9. 2005, 2004/04/0079) soll weder das Unterlassen der Verweisung auf den Zivilrechtsweg noch die Zurückweisung erhobener privatrechtlicher Einwendungen eine Rechtsverletzung sein (VwG Wien 18. 8. 2014, VGW-122/008/27464/2014 ZVG-Slg 2015/11). Es trifft zwar zu, dass dadurch dem Einwendenden nicht die Möglichkeit genommen wird, den Zivilrechtsweg zu beschreiten, doch haben die Pflichten nach § 357 mE darüber hinausgehende Zwecke, sodass von einer **bekämpfbaren Rechtsverletzung** auszugehen ist.

Die beim Einigungsversuch allenfalls erzielte privatrechtliche Einigung ist nur in der Verhandlungsniederschrift zu beurkunden, nicht aber in den Spruch des Genehmigungsbescheids aufzunehmen; so auch *Gruber/Paliege-Barfuß*, GewO[7] § 357 Anm 7.

Privatrechtliche Einwendungen sind vor allem solche nach § 364 Abs 2 ABGB, Schadenersatzansprüche nach § 364 a ABGB (zB auch wegen Wertminderung der Nachbarliegenschaft; vgl dazu iZm Amtshaftung OGH JBl 2002, 390 mAnm *Kerschner*), negatorische Ansprüche aus Dienstbarkeiten, Ansprüche wegen Verletzung von Bestandrechten durch die Errichtung der BA uam.

3. Die Ansprüche auf dem Zivilrechtsweg

Auf dem Zivilrechtsweg kommen für den Nachbarn vor allem der **Anspruch auf** 285 **Unterlassung** (einschließlich Beseitigung, Entfernung einer Störungsquelle auf dem Nachbargrundstück) und der **Ausgleichsanspruch** nach § 364 a ABGB in Betracht. Beide Ansprüche sind von einem Verschulden der Emittenten unabhängig. Selbstverständlich können auch gegebenenfalls verschuldensabhängige Schadenersatzansprüche geltend gemacht werden. Dagegen kann der Nachbar im Zivilrechtsweg weder zusätzliche Auflagen noch eine Änderung der Anlage noch eine Aufhebung der BA-Genehmigung selbst begehren, und zwar selbst dann nicht, wenn damit die Störung gemindert würde und der Betrieb der Anlage nicht gefährdet wäre (*Klang*, Bemerkungen 39). Das Klagebegehren muss auf Unterlassen der (unzulässigen) Immissionen (Zuleitung) lauten (Erfolgsverbot; OGH JBl 1998, 309). Der Nachbar hat seinem Gegner die zur Unterlassung oder Verhinderung von Immissionen erforderlichen Schutzmaßnahmen zu überlassen und ist daher nicht berechtigt, von ihm ganz bestimmte Vorkehrungen zu deren Verminderung zu begehren (OGH 1. 12. 1982 EvBl 1983/82; 13. 4. 1988 JBl 1988, 594 mwN), er kann aber geeignete Vorkehrungen vorschlagen; wenn es offenkundig nur eine Möglichkeit gibt, die Störung abzustellen (zB Beendigung eines Mietvertrages), kann diese begehrt werden (OGH 5 Ob 2/11 x mwN). Zum richtigen Klagebegehren vgl *Wagner*, Muster: Klagebegehren bzw Urteilstenor, RdU 2005, 23. Kein Unterlassungsanspruch nach § 364 Abs 2 besteht, wenn die Störung von einer hoheitlichen Tätigkeit ausgeht, die Unterlassungsklage also darauf abzielt, einen Hoheitsakt rückgängig zu machen oder das hoheitliche Handeln sonstwie zu beeinflussen (OGH 8 Ob 128/09 w mwN); anderes gilt für Immissionen, die zwar im Rahmen der Hoheitsverwaltung entstehen, deren Untersagung aber die hoheitliche Aufgabe an sich nicht konterkarieren würde (zuletzt am Beispiel einer Müllinsel OGH 8 Ob 28/13 w; dazu *Schlager,* Nachbar-rechtlicher Immissionsabwehranspruch bei „Müllinsel"? RFG 2015, 42); *Kerschner,* Anm zu OGH 8 Ob 28/13 w RdW 2014, 217 ff.

Der auf § 364 Abs 2 iVm § 354 ABGB gestützte **Unterlassungsanspruch verjährt** – als Unterfall der Eigentumsklage – durch die bloße Duldung der Immission über ei-nen längeren Zeitraum hin nicht (§ 1459 ABGB), sofern nicht der Immittent nach den allgemeinen Grundsätzen des Ersitzungsrechts eine diesbzgl Servitut erwirbt (OGH 23. 2. 1886 GlU 10.947). Abgesehen davon würde sich die Frage der Verjährung von Unterlassungsansprüchen gegenüber Immissionen – selbst bei einer – mE (wegen § 1478 ABGB) nicht vertretbaren – Annahme einer dreijährigen Verjährungsfrist – praktisch kaum stellen. Immissionen sind idR fortgesetzte Einwirkungen, bei denen mit jeder Einwirkung ein neuer Unterlassungsanspruch mit eigener Verjährungsfrist entsteht. Während der fortdauernden Immission könnte eine Verjährung nicht eintre-ten. Von **höchster praktischer Bedeutung** ist aber der Umstand, **dass durch längeres widerspruchsloses Hinnehmen einer Immission diese ortsüblich werden kann.** Die Rsp schwankt insofern zwischen drei und dreißig Jahren; vgl einerseits OGH JBl 1989, 578 (30 Jahre) zu Industrieimmissionen und andererseits OGH RdU 2001, 30 (3 Jahre, soweit Immissionen verwaltungsrechtlich zulässig sind); zuletzt offen lassend OGH 19. 2. 2008, 5 Ob 8/08 z RdU 2008/90 mAnm *Kerschner.* Wegen der sachlichen Nähe zur Ersitzung einer an sich unzulässigen Immissionsausübung muss grundsätzlich die dreißigjährige Ersitzungsfrist analog angewendet werden; vgl *Jabornegg,* RdU 2001/49, 35; *Kerschner,* RdU 1998, 92 (96) (allenfalls Differenzierung nach beweglichem System); *Lang,* Ortsunüblichkeit 130 ff; *Kerschner/Wagner* in *Fenyves/Kerschner/Vonkilch,* ABGB³ (Klang) § 364 Rz 213 – 224. Wird die Immission beendet und verlangt der Nachbar nach Verlauf längerer Zeit Unterlassung, wäre der Anspruch schon mangels Wiederho-lungsgefahr nicht gegeben.

Schadenersatzansprüche gem § 364 a ABGB verjähren nach ganz herrschender und zutreffender Ansicht in drei Jahren ab Kenntnis des Schadens und des Schädigers (§ 1489 ABGB); vgl näher *Kisslinger,* Gefährdungshaftung 48. Sofern der Schaden (nur) in der fortwährenden Immission besteht, beginnt die Verjährungsfrist mit jeder Immission neu zu laufen (vgl OGH JBl 1993, 191; zuletzt 1 Ob 74/09 b).

4. Der Ausschluss des Unterlassungsanspruchs

286   § 364 a ABGB bestimmt:

„Wird jedoch die Beeinträchtigung durch eine Bergwerksanlage oder eine behörd-lich genehmigte Anlage auf dem nachbarlichen Grund in einer dieses Maß überschrei-tenden Weise verursacht, so ist der Grundbesitzer nur berechtigt, den Ersatz des zuge-fügten Schadens gerichtlich zu verlangen, auch wenn der Schaden durch Umstände ver-ursacht wird, auf die bei der behördlichen Verhandlung keine Rücksicht genommen wurde."

Nach zutreffender Auffassung muss § 364 a ABGB iSd Art 6 MRK verfassungskon-form ausgelegt werden, wonach der **Ausschluss des** dem Kernbereich des Zivilrechts angehörenden **Immissionsabwehranspruchs nur dann** gegeben sein kann, wenn dem Nachbarn im BA-Genehmigungsverfahren ein **Recht auf Gehör im Sinne einer Partei-**

stellung mit Einwendungs- und Rechtsmittelbefugnis und damit **effektiver Rechts-schutz** zukommt. Allein dann liegt ein faires Verfahren vor. Eine entsprechende Ver-pflichtung lässt sich nunmehr auch aus Art 47 der GRC in deren Anwendungsbereich (*„Durchführung des Rechts der Union"*, vgl Art 51 Abs 1 GRC) ableiten. Insofern haben Art 6 MRK bzw Art 47 GRC alle dogmatischen Ansätze bei der Bergwerksanlage, für deren Genehmigung im Jahre 1916 gerade keine Parteistellung der Nachbarn vorgese-hen war (vgl näher *Wagner*, Betriebsanlage 85 ff), überholt. Danach kann es eben gerade nicht mehr ausreichen, dass im Gesetz selbst eine generelle Interessenabwägung vorge-nommen ist oder dieses eine solche der entscheidenden Behörde aufträgt; so aber noch *Spielbüchler* in *Rummel*[3] § 364a Rz 4; offen noch *Kerschner*, RZ 1990, 26 (31) und OGH 8 Ob 135/06 w. Diese Auffassung kann deshalb nicht zutreffen, weil damit dem einfa-chen Gesetzgeber eine völlige Aushöhlung des Art 6 MRK bzw des Art 47 GRC möglich wäre! Gewaltenteilungsaspekte, die gerade auch dem Art 6 MRK zugrunde liegen (vgl näher *Kerschner* in FS Machacek/Matscher 775 ff), sprechen gerade nicht gegen diese Auslegung, sondern umgekehrt dafür (vgl näher *Kerschner,* JBl 1994, 781 ff; *Thienel*, ZfV 2001, 718 [727 ff] uva). Bergwerksanlagen können folglich nur dann vom Haftungs-privileg des § 364a ABGB profitieren, wenn sie einem UVP-Verfahren unterzogen wur-den, da hierbei den Nachbarn eine immissionsbezügliche Parteistellung zukommt; vgl *Kerschner/Wagner* in *Fenyves/Kerschner/Vonkilch,* ABGB[3] (Klang) § 364a Rz 90.

Nunmehr hat der OGH ausdrücklich festgehalten, dass eine vom Gesetzgeber vor-genommene Interessenabwägung nicht ausreiche; **Nachbarn** müsse vielmehr in verfas-sungskonformer Interpretation (Art 6 iVm Art 13 MRK) **Parteistellung** im Verfahren zukommen, um § 364a ABGB zur Anwendung zu bringen; OGH 8 Ob 128/09 w JBl 2011, 234 mAnm *Wagner* = RdU 2011/45 mAnm *Kisslinger*. Ist demnach der Abwehr-anspruch gem § 364 Abs 2 ABGB nur soweit genommen, als und soweit die Immissio-nen von einer rk BA-Genehmigung gedeckt sind, die in einem Verfahren mit effektivem Rechtsschutz der Nachbarn erteilt worden ist (vgl auch *B. Raschauer*, ZfV 1999, 506 ff), sind die Grenzen des § 364a ABGB abgesteckt. Abwehrfähig sind daher vor allem

- Immissionen vor Rechtskraft der BA-Genehmigung,
- Immissionen, die inhaltlich (räumlich und sachlich) nicht von der BA-Genehmi-gung gedeckt sind,
- Immissionen nach Aufhebung der BA-Genehmigung.

Fälle, in welchen der **Unterlassungsanspruch nicht ausgeschlossen ist,** werden im folgenden Kapitel dargestellt.

5. Der Unterlassungsanspruch (Fälle)

§ 364a ABGB knüpft seiner historischen Absicht nach an die gewerbebehördliche **287** Genehmigung an. Obwohl nunmehr die BauO schon weitgehend, aber in sehr unter-schiedlichem Ausmaß Immissionsschutz vorsehen, **reicht** eine **baubehördliche Geneh-migung** der Anlage nach ganz hA **nicht aus** (OGH 11. 7. 1956 EvBl 1957/19; 24. 2. 1971 MietSlg 23.035; 18. 2. 1975 SZ 48/15; jüngst auch 9 Ob 48/12 t RdU 2014/23 mAnm *Kleewein* = bbl 2013/230 mAnm *Egglmeier-Schmolke;* VfSlg 4227/1962, 5334/ 1966; *Klang*, Kommentar 167 f mwN; ausführlichst *Wagner*, Betriebsanlage 257 ff; *Ai-*

cher, Nachbarschutz 20, 38 ff; *Jabornegg,* Bürgerliches Recht 64 f; aA *Schauer,* Aspekte 8; *Engel/Strauss,* RdU 2014, 236 ff). Vor Rechtskraft des gewerbebehördlichen Genehmigungsbescheides liegt keine behördlich genehmigte Anlage vor (vgl schon *B. Raschauer,* Umweltschutzrecht 31). Eine **ausländische BA-Genehmigung** zeigt nur Tatbestandswirkung nach § 364 a ABGB, wenn sie gleichwertig einer inländischen Genehmigung ist. Gleichwertigkeit liegt nur vor, wenn die grenzüberschreitende Immission völkerrechtlich zulässig ist, die ausländische BA-Genehmigung materiell an die gleichen Voraussetzungen anknüpft wie die inländische und den potentiell gefährdeten Inländern ausreichend Verfahrensbeteiligung gewährt worden ist (*Kerschner/Wagner* in *Fenyves/Kerschner/Vonkilch,* ABGB[3] (Klang) Vor §§ 364 – 364 b Rz 22 mwN zur Rsp und Lit).

5.1 Gem § 78 dürfen unter den dort näher umschriebenen Voraussetzungen bereits vor Eintritt der Rechtskraft gew BA errichtet und betrieben (längstens drei Jahre nach der Zustellung des Genehmigungsbescheides an den Genehmigungswerber) werden (s dazu Lexikon „Errichtung und Betrieb einer Betriebsanlage [allenfalls ohne rk Genehmigung]" Rz 47). Gem § 359 c darf die BA längstens ein Jahr nach Aufhebung des Genehmigungsbescheids durch den VwGH weiterbetrieben werden. In diesen Fällen liegt eindeutig keine formell-rk Genehmigung vor, Errichtung und Betrieb (im Fall des § 359 c: lediglich der Betrieb) erfolgen zwar aufgrund einer gesetzlichen Erlaubnis, die für die **Rechtsfolgen der GewO** (aber auch nur für diese) den noch nicht rk Genehmigungsbescheid **ersetzt.** Auch wenn die gesetzliche Errichtungs- bzw Betriebsbefugnis erst nach Durchführung eines die Nachbarinteressen berücksichtigenden Genehmigungsverfahrens sowie auf der Grundlage der vorgeschriebenen Auflagen in Anspruch genommen werden darf, erfolgt das **ohne effektiven Rechtsschutz** der Nachbarn.

Die öffentlich-rechtliche Befugnis der §§ 78 und 359 c ist daher einer rk Genehmigung **nicht gleichzuhalten** (anders *Aicher* in der 2. Auflage; wie hier *B. Raschauer,* ÖZW 1980, 7 ff [12]; *Lang* in *Altenburger/N. Raschauer,* Umweltrecht Kommentar 602 Rz 17). Gem § 78 ist der Betrieb auch im Fall einer Beschwerde (Art 130 Abs 1 Z 1 B-VG) der Nachbarn möglich. Soweit ein Nachbar Beschwerde erhebt, liegt dann auch keine Rechtskraft gegenüber diesem Nachbarn vor.

5.2 Ähnliche Überlegungen gelten für den **genehmigten Versuchsbetrieb** (§ 354). Ein solcher Versuchsbetrieb darf zwar nur angeordnet werden, wenn anzunehmen ist, dass die Errichtung und der Betrieb einer BA bei Vorschreibung bestimmter Auflagen zulässig sein wird. Auch darf diese Anordnung erst nach Durchführung einer die Nachbarschaftsinteressen ausreichend berücksichtigenden mündlichen Verhandlung erfolgen (vgl Lexikon „Versuchsbetrieb" Rz 154). Zum einen beruht der Versuchsbetrieb aber auf einer recht vorläufigen Prognose („wenn anzunehmen ist"), zum anderen besteht eben **kein effektiver Rechtsschutz** der Nachbarn.

Das entspricht auch der Auffassung des VfGH, wenn er in seinem Erk v 4. 3. 1992, B 1208/90 et al (verfassungsrechtliche Zulässigkeit des Versuchsbetriebs) ausführt: „Des Rechtsschutzes entraten die Nachbarn gleichwohl auch beim ‚genehmigten' Versuchsbetrieb nicht: unbenommen bleibt ihnen nämlich der zivilrechtliche Untersagungsanspruch unter den Voraussetzungen des § 364 Abs 2 ABGB, solange nicht eine (nach Durchführung des Verfahrens gem § 356 GewO) gem §§ 74 ff GewO ‚behördlich genehmigte Anlage' (iSd § 364 a ABGB) vorliegt." Ein möglicher nachträglicher Schadenersatzanspruch nach § 364 a ABGB entspräche allein hingegen dem Gebote effektiven präventiven Rechtsschutzes nicht; zutreffend *B. Raschauer*, ZfV 1999, 514 ff. Im Übrigen widerspricht das nicht dem Gewaltentrennungsgrundsatz, dieser fordert geradezu eine gerichtliche Prüfung der Immissionslage nach § 364 Abs 2 ABGB. Den Gerichten wird dabei auch gar nicht erlaubt, die Errichtung oder den Betrieb (auch nur vorübergehend) behördlich genehmigter Anlagen zu untersagen; so aber *Aicher* in der 2. Auflage und auch *Mayer*, ÖZW 1991, 97 ff. Die Gerichte können nur die nach § 364 Abs 2 ABGB unzulässigen Immissionen untersagen; vgl näher *Kerschner*, JBl 1993, 216; diesem folgend *Thienel*, ZfV 2001, 730 FN 63 mwN.

5.3 Auch der **Genehmigungsbescheid im vereinfachten Verfahren** gem § 359 b begründet nach ganz herrschender Rsp des OGH und der überwiegenden Lehre **keine Sperrwirkung** nach § 364 a ABGB. Die Erläuterungen (351 BlgNR 17. GP 57) gehen ausweislich des Hinweises auf § 364 a ABGB im Zusammenhang mit § 359 b letzter Halbsatz zwar offensichtlich davon aus. Maßgeblich ist aber die Auslegung der privatrechtlichen Norm, eben des § 364 a ABGB. Denn die Genehmigung gem § 359 b ist dadurch gekennzeichnet, dass Nachbarn neben ihrem Anhörungsrecht nur beschränkte Parteistellung betreffend die Frage, ob die Voraussetzungen des vereinfachten Verfahrens überhaupt vorliegen, haben. Dagegen stehen ihnen keine Rechtsmittelbefugnisse in Bezug auf ihre allfällige Gefährdungen bzw Belästigungen betreffenden Einwendungen zu (Näheres s *Wendl*, Die Nachbarn und ihre Parteistellung Rz 271). Im Gegensatz dazu hängt die Anwendbarkeit des § 364 a ABGB nach zutreffender hA davon ab, dass die Anlagengenehmigung aufgrund eines **Verfahrens** erfolgt, **in welchem die Berücksichtigung der Interessen der Nachbarn** in gleich wirksamer Weise vorgesehen ist, wie im „normalen" BA-Genehmigungsverfahren (vgl statt vieler OGH 18. 2. 1975 SZ 48/15; *B. Raschauer*, Umweltschutzrecht 32; *Jabornegg*, Bürgerliches Recht 63 mwN). Daher ist die Genehmigung nach § 359 b keine Anlagengenehmigung iSd § 364 a ABGB; wie hier OGH RdU 2003/88 = RdW 2004/7 = bbl 2003/166 = JBl 2004, 173 = EvBl 2003/185; OGH 1 Ob 123/08 g RdU 2009/62 mAnm *Kerschner; Wagner*, Betriebsanlage 182 f; *Wagner*, RdU 1997, 183; *Kerschner*, JBl 1999, 697; *Kerschner*, UTR 40 291 ff; *Grabler/Stolzlechner/Wendl*, GewO³ § 79 a Rz 4; *Mayer*, ÖZW 1991, 97 (100); *Kisslinger*, Gefährdungshaftung 18 f; *Linder*, Privates Umweltrecht 153; *Thienel*, ZfV 2001/730 FN 63 uva. Auch das Gewaltenteilungsprinzip lässt sich gegen das hier vertretene Ergebnis nicht ins Treffen führen (vgl OGH 4 Ob 137/03 f), ganz im Gegenteil gebietet dieses in solchen Fällen effektiven privatrechtlichen Rechtsschutz. Die bisherige Praxis hat die Notwendigkeit eines zivilrechtlichen Rechtsschutzes deutlich ergeben.

Die Sperrwirkung des § 364 a ABGB ist auch dann nicht gegeben, wenn **gar kein Genehmigungsverfahren** durchgeführt werden muss. Dies ist bei all jenen BA der Fall, die mittels V des BMWFW gem § 74 Abs 7 von der Genehmigungspflicht ausgenommen sind; vgl die 2. GenehmigungsfreistellungsV (BGBl II 2015/80); näher dazu *Stolzlechner*, Die Genehmigungspflicht der Betriebsanlage Rz 202, 5.2.

5.4 Unterlassungsanspruch besteht, soweit die **Anlage nicht konsensgemäß betrieben** wird (Überschreitung der Genehmigung oder Verletzung von Bescheidauflagen).

§ 364 a ABGB schließt den Unterlassungsanspruch eindeutig nur aus, soweit Immissionen grundsätzlich von der Genehmigung mitumfasst sind (so zB auch *Jabornegg/Strasser*, Privatrecht 111; *Oberhammer* in *Schwimann/Kodek*, ABGB II[4] § 364 a Rz 4; *Iro*, Sachenrecht[5] Rz 4/18; aA nur *Spielbüchler* in *Rummel*[3] § 364 a ABGB Rz 4 [„wohl"]; wie hier die stRsp; OGH 1. 12. 1982 EvBl 1983/82; RdU 1997, 140 mAnm *Wagner*; MietSlg 34.031; RdU 2001/59 = NZ 2001, 374 = MietSlg 52.025; MietSlg 52.794; RdU 2008/90 mAnm *Kerschner*). Könnten die Gerichte die Reichweite von Genehmigungen (einschließlich erteilter Auflagen) nicht überprüfen, könnte jede noch so enge Genehmigung jegliche private Abwehr ausschließen.

5.5 Wenn eine bereits genehmigte **BA so geändert wird,** dass **sich neue oder größere Gefährdungen, Belästigungen** udgl ergeben, solange die Änderung nicht rk gewerbebehördlich genehmigt ist.

Gem § 81 bedarf auch die Änderung der Anlage eines Genehmigungsverfahrens nach den §§ 74 und 77. Während des Verfahrens ist die Änderung noch nicht genehmigt. *B. Raschauer,* Immissionsschutz 12, hielt die Vorstellung, dass die Anlage hinsichtlich der Änderung nicht „genehmigt" iSd § 364 a ABGB ist, für „wenig praktisch". Dem hat bereits *Aicher* zu Recht in der 2. Auflage widersprochen. Es ist eindeutig das Risiko des Unternehmers, wenn er sich nicht vorher um eine Genehmigung der Anlagenänderung bemüht und sich daher das nachbarschützende Potenzial des Genehmigungsverfahrens (§ 74 Abs 2, § 77) noch nicht entfalten konnte. Auch eine neu errichtete Anlage ist vor Genehmigung mit § 364 Abs 2 ABGB bekämpfbar und muss erst nach Genehmigung geduldet werden.

B. Raschauer (Immissionsschutz 7, 12) will dem Nachbarn über § 360 Abs 2 GewO helfen. Danach hat die Behörde gegenüber Gefährdungen und Belästigungen durch eine nicht genehmigte BA in Fällen drohender Gefahr sofortige Sicherheitsmaßnahmen zu ergreifen, die bis zur Schließung der Anlage oder von Anlageteilen gehen. Dieser Weg ist freilich nicht gangbar, weil der gefährdete oder belästigte Nachbar diesen Schutz mangels Parteistellung nicht aktualisieren kann. Eine solche wird nämlich vom VwGH in stRsp (VwSlg 9045 A/1976; 9475 A/1978; VwGH 24. 10. 2001, 2001/04/0173 uam) abgelehnt; s auch *Giese*, Einstweilige Zwangs- und Sicherheitsmaßnahmen Rz 376 ff.

5.6 Erforderlichkeit einer Gesamtsanierung

Der OGH hat in der bekannten Sandstrahlentscheidung (OGH RdU 1996, 39 mAnm *Kerschner/B. Raschauer* = JBl 1996, 446 mAnm *Jabornegg* = ZVR 1996/97 = EvBl 1996/83) **bei Erforderlichkeit nachträglicher Auflagen** gem § 79 bei neuen wissenschaftlichen Erkenntnissen oder damaligem Irrtum der Genehmigungsbehörde im Ergebnis einen zivilrechtlichen Unterlassungsanspruch bejaht; die restriktive, bloß auf Schadenersatz fokussierte Interpretation der Sandstrahlentscheidung durch *B. Raschauer* (ZfV 1999, 515 ff) ist nicht begründet; vgl selbst *Kerschner/B. Raschauer*, RdU 1996, 39 (44 f). Diese Sandstrahljudikatur des OGH hat zu einer Änderung der GewO, nämlich zum Antragsrecht der Nachbarn nach § 79 a auf Einleitung eines Verfahrens zur Vorschreibung nachträglicher Auflagen geführt. Wegen dieses öffentlich-rechtlichen Rechtsschutzes nach § 79 a hält der OGH (RdU-LSK 2003/63) eine zivilrechtliche Unterlassungsklage für nicht mehr erforderlich.

Soweit Nachbarn **kein Antragsrecht** nach § 79 a eingeräumt ist (s dazu *Wendl*, Die Nachbarn und ihre Parteistellung Rz 272, 15.), muss ihnen eine privatrechtliche Abwehr jedenfalls weiterhin möglich sein.

5.7 Unterlassungsanspruch besteht auch gegen **Einwirkungen,** die **nicht typisch** mit der genehmigten BA verknüpft sind.

Nur typischerweise mit der BA verbundene Immissionen sind idR von der Genehmigung gedeckt; so *Jabornegg/Strasser,* Privatrecht 111; *Schauer,* Aspekte 14; *Jabornegg,* Nachbarrecht 373; *Spielbüchler* in *Rummel*³ § 364 a ABGB Rz 2. Daher besteht etwa der Unterlassungsanspruch, wenn der Unternehmer auf dem Betriebsgrundstück stark rußende oder stinkende Abfälle verbrennt, es wäre denn, dass dies durch die Anlagengenehmigung gedeckt ist. Allgemein sind auch sonst nach der übrigen Rechtsordnung verbotene Verhaltensweisen von der Genehmigung nicht gedeckt.

Der Ausbruch eines Brandes in einer chemischen Produktionsanlage mag aber idR zur typischen abstrakten Gefährlichkeit der BA gehören; soweit sich bereits die Gefahr konkretisiert hat, muss zudem Abwehr möglich sein.

5.8 Unterlassungsanspruch besteht gegen Einwirkungen, die im Zeitpunkt der Genehmigung **nicht einmal abstrakt vorhersehbar** waren, also als völlig inadäquat angesehen werden müssen. § 364 a letzter Halbsatz ABGB soll dem nach *Aicher* (in der 2. Auflage), *Schauer* (Aspekte 14) und *Jabornegg* (Nachbarrecht 373) nicht entgegenstehen.

5.9 Unterlassungsanspruch besteht gegen **Einwirkungen grobkörperlicher Art.**

Es muss sich um das Eindringen **fester Körper größeren Umfangs** handeln (RG 29. 6. 1939 EvBl 1939/525; OGH 13. 7. 1978 EvBl 1978/210). Bloße Natureinwirkungen müssen hingegen hingenommen werden, es sei denn, die benachbarte BA hat die entsprechende Naturgefahr durch eine gefährliche Nutzungsart begünstigt; OGH 8 Ob 79/ 13 w immolex 2014/6 mAnm *Limberg*; s dazu auch *Karner,* Abwehransprüche bei naturgegebenen Immissionen, in FS Iro 24 f; *Wagner/Jandl,* Anm zu OGH 3 Ob 132/14 d RdU 2015/85.

§ 364 a ABGB knüpft an Immissionen iSd § 364 Abs 2 ABGB an, zu denen das Eindringen fester Körper nicht gehört (*Klang,* Kommentar 170; *Ehrenzweig,* Sachenrecht 134; *Jabornegg/Strasser,* Privatrecht 111). Freilich setzt der OGH den Begriff der **grobkörperlichen Immission** eher hoch an, indem er – die ratio des § 364 a ABGB berücksichtigend – verhältnismäßig kleine Körper, deren völliges Fernhalten vom beeinträchtigten Grundstück auch bei ordnungsgemäßem Betrieb der behördlich genehmigten Anlage tatsächlich unmöglich ist, den Immissionen des § 364 Abs 2 ABGB gleichsetzt, um die Anwendbarkeit des § 364 a ABGB zu erreichen (so OGH EvBl 1978/210 für **Holzspäne eines Sägewerkes,** die offenbar in reichlichem Ausmaß Wiese und Schwimmbecken des Nachbarn erreicht hatten). Die Toleranzgrenze des OGH dürfte erst bei Steinsplittern überschritten sein. Dagegen ist **Staub** eine Immission iSd § 364 Abs 2 ABGB. Im Einzelfall kann aber die BA-Genehmigung auch allfällige, mit dem Betrieb der Anlage verbundene typische grobkörperliche Immission (etwa Metallspäne) decken. Dann scheidet eine Abwehr aus; so auch *Kisslinger,* Gefährdungshaftung 172. Maßgebliche Rechtsgrundlage zur Abwehr grobkörperlicher Einwirkungen ist § 354 ABGB (actio negatoria). Der Abwehranspruch besteht bereits bei manifestierter Einwirkungsgefahr; *Holzner* in ABGB-ON[1.02] § 354 Rz 5.

5.10 Unterlassungsanspruch besteht gegen **eine unmittelbare Zuleitung** iSd § 364 Abs 2 letzter Satz ABGB, wie zB die Zuführung von Abwässern (OGH 28. 1. 1976 EvBl 1977/36; *Spielbüchler* in *Rummel*[3] § 364 a ABGB Rz 2). Auch hier mag im Einzelfall eine Deckung durch die BA-Genehmigung gegeben sein.

5.11 Unterlassungsanspruch besteht gegen Immissionen, die **die Gesundheit der Nachbarn konkret** und **in erheblicher, ernsthafter Weise gefährden.**
Zivilrechtliche Ansprüche auf Unterlassung von lebens- und gesundheitsgefährlichen Beeinträchtigungen können nicht durch die BA-Genehmigung ausgeschlossen werden. Dem Gesetzgeber kann nicht unterstellt werden, die (relativ) höchsten Rechtsgüter wirtschaftlichen Interessen opfern zu wollen; so auch OGH 26. 7. 2006, 3 Ob 134/06 m RdU 2006/103 mAnm *Kerschner* = JBl 2006, 580 = Zak 2006/355 und die ganz überwiegende Auffassung in der Lehre; zuerst wohl *Moser*, ÖJZ 1974, 377; dann *Jabornegg*, Bürgerliches Recht 67 f; *P. Bydlinski*, JBl 1990, 492; *Stabentheiner*, ÖJZ 1992, 782 und *Kerschner*, JBl 1993, 219; *ders*, RdU 2000, 34; *Wagner*, Betriebsanlage 293; *Kisslinger*, Gefährdungshaftung 172; *Koziol-Welser/Kletečka*, Grundriss des Bürgerlichen Rechts I[14] Rz 904; *Kerschner/Wagner* in *Fenyves/Kerschner/Vonkilch*, ABGB[3] (Klang) Vor §§ 364 – 364 b Rz 10; wohl auch *Iro*, Sachenrecht[5] Rz 4/14 uva; zwischen abstrakten und konkreten Gefährdungen differenzierend *Koziol/Apathy/Koch*, Haftpflichtrecht III[3] 531 f. Ein Unterlassungsanspruch besteht nach der Rsp bei ernstlich drohender und unmittelbar bevorstehender Schädigungsgefahr, wobei der Kläger nachweispflichtig ist; OGH 3 Ob 134/12 w mwN zur Rsp = RdU 2013/26 mAnm *Kerschner*. Der Abwehranspruch des in seiner Gesundheit bzw seinem Leben Gefährdeten ist richtigerweise auf § 16 ABGB zu stützen. Die §§ 364 ff ABGB regeln nur das Liegenschaftseigentum. Einem nachträglich zugezogenen Nachbarn soll allerdings nach OGH 2 Ob 57/09 k selbst bei Gesundheitsgefährdung **kein Unterlassungsanspruch** zukommen, wenn die Beeinträchtigung einem durchschnittlichen Käufer erkennbar war (ebenso OGH 6 Ob 113/11 b); die Entscheidung steht dogmatisch auf wackeligen Beinen (vgl die krit Anm von *Kerschner*, RdU 2010/119; s auch *Pestal-Czedik-Eysenberg/Bernegger*, Zur Reichweite der Duldungspflicht von durch Eisenbahnanlagen hervorgerufenen Lärmemissionen, ecolex 2010, 1033). Jedenfalls bei unmittelbarer, konkreter Gesundheitsgefährdung sollten auch nachträgliche Nachbarn zivilrechtliche Untersagungsmöglichkeiten haben.

5.12 Unterlassungsanspruch besteht gegen Störungen, die von **Benützern** und **Kunden außerhalb der BA** bewirkt werden.
Gem § 74 Abs 3 sind für die Genehmigungspflicht und damit auch für die Einwendungsmöglichkeiten der Nachbarn nur jene Emissionen relevant, die von Personen, welche die Anlage der Art des Betriebes gemäß in Anspruch nehmen, **innerhalb der BA verursacht werden** (s näher *Stolzlechner*, Die Genehmigungspflicht der Betriebsanlage Rz 198, 1.3). Nur auf derartige Belästigungen und Gefährdungen hat die Behörde bei der Genehmigung abzustellen (VwGH 6. 2. 1990, ecolex 1990, 454 mAnm *Schmelz*). Soweit solche Beeinträchtigungen von Benutzern **außerhalb der BA** gesetzt werden (zB

Verkehrslärm, sonstige Lärmerregung, Schadstoffemissionen), bleibt der Unterlassungsanspruch bei nachbarrechtlicher Zurechenbarkeit aufrecht. Anspruchsgegner ist einerseits die unmittelbar störende „betriebsfremde Person" selbst („Handlungsstörer" §§ 354, 523 ABGB; vgl *Spielbüchler* in Rummel³ § 354 ABGB Rz 7; *Kerschner/Wagner* in *Fenyves/Kerschner/Vonkilch,* ABGB³ (Klang) § 364 Rz 285 – 288; *Hofmann* in Rummel³ § 523 ABGB Rz 9; OGH 21. 1. 1936 ZBl 1936/220), andererseits auch der Anlagenbetreiber, weil er die Störung zumindest mittelbar veranlasst und deshalb gehalten ist, auf die Unterlassung durch Anlagenbenutzer hinzuwirken (OGH ZBl 1936/220; OLG Wien 13. 1. 1976 MietSlg 28.032; OGH 22. 9. 1977 MietSlg 29.064; RdU 1997, 90 mAnm *Wagner* = RdW 1997, 525 [„Harley-Davidson"] – Lärmimmission durch Motorräder, und RdU 2001/59 = immolex 2001/9 [Zurechnung von Diskothekengästen]), sofern er nicht ohnehin das Zumutbare gegen erwartbare Belästigungen vorgekehrt hat (OGH 5. 3. 1986 JBl 1986, 719). Vorausgesetzt wird eine betriebstypische und mit dem Betrieb der Anlage notwendig verbundene Immission sein. Zum praktisch wichtigen **Zu-** und **Abfahrtslärm** bei BA s näher *Stolzlechner,* Die Genehmigungspflicht der Betriebsanlage Rz 198, 1.4; *Kerschner/Wagner* in *Fenyves/Kerschner/Vonkilch,* ABGB³ (Klang) § 364a Rz 157.

Wenn ein Nachbar im BA-Verfahren keine Einwendungen bezüglich Zu- und Abfahrtsverkehr geltend machen kann, steht ihm soweit die Abwehr nach § 364 Abs 2 ABGB zu.

6. Der Schadenersatzanspruch

Der Schadenersatzanspruch als **verschuldensunabhängiger Ausgleichsanspruch** **288** besteht dann, wenn der Unterlassungsanspruch gem § 364a ABGB ausgeschlossen ist (s oben 4.), und – in Analogie zu § 364a ABGB – trotz eines bestehenden Unterlassungsanspruches dann, wenn durch die mit einer behördlichen Genehmigung verbundene faktische Vermutung der Gefahrlosigkeit der (besonders gefährlichen?) Handlung dessen Geltendmachung erschwert wird – **nachbarrechtliche Gefährdungshaftung** (grundlegend *Rummel,* Erfolgshaftung 126 ff; OGH 12. 12. 1977 SZ 50/160; 20. 1. 1981 EvBl 1981/155; 12. 12. 2000 RdU 2001/74 = bbl 2001/Z 6; zuletzt 1 Ob 258/11 i; *Spielbüchler* in *Rummel³* § 364a ABGB Rz 6; umfassend und überzeugend nun *Kisslinger,* Gefährdungshaftung; weiters *Kerschner/Wagner* in *Fenyves/Kerschner/Vonkilch,* ABGB³ (Klang) § 364a). Der 6. Senat des OGH verlangt für die analoge Anwendung auch einen konkreten individuellen behördlichen Rechtsakt; vgl OGH RdU 1998, 41 (Wäscherei) und RdU 1999/177 (generell genehmigtes Pflanzenschutzmittel); anders der 5. Senat in OGH RdU 1999/178 mAnm *Oberhammer* = JBl 1999, 520 mAnm *Rummel,* sowie jüngst der 2. Senat in OGH 2 Ob 216/08 s RdU 2009/130 mAnm *Kerschner.* Ebenfalls kritisch zu den Weiterungen der nachbarrechtlichen Gefährdungshaftung *Aicher,* Nachbarschutz 41 f; *Koch* zu OGH 9. 12. 1987 JBl 1989, 315; OGH 16. 3. 1988, 1 Ob 1188; 15. 1. 1986 SZ 59/5; gegen eine reine Erfolgshaftung im Nachbarrecht auch *Kerschner,* RdU 2000, 154 und *Kisslinger,* Gefährdungshaftung, passim.

Ersetzt wird nach zutreffender hA und stRsp nur der **Schaden, der über das ortsüblich zu duldende Maß hinausgeht** (*Jabornegg/Strasser,* Privatrecht 111; OGH RS0010671). Auch im Rahmen des § 364a ABGB gilt das Primat der Naturalrestitution.

Führt die Reparatur zu einer über die Wiederherstellung des vorherigen Zustands hinausgehenden Verbesserung der beeinträchtigten Sache, können Abzüge entsprechend dem Grundsatz „neu für alt" geltend gemacht werden; diesbzgl ist die bekl Partei behauptungs- und beweislastpflichtig (OGH 3 Ob 77/09 h). Der Anspruch ist nicht nur auf den Ersatz des positiven Schadens, sondern auf das gesamte subjektiv berechnete Interesse, also auch unter Einschluss des entgangenen Gewinns, gerichtet (vgl näher *Kisslinger,* Gefährdungshaftung 47 f; OGH SZ 68/101; bbl 2002/94). Entgegen *Jabornegg/Strasser,* Privatrecht 114 f, kann der Ersatz des ideellen Schadens nicht verlangt werden; vgl OGH EvBl 1983/82; *Kerschner* in *Hanreich/Schwarzer,* Umwelthaftung 53; *Kerschner/Wagner* in *Fenyves/Kerschner/Vonkilch,* ABGB[3] (Klang) § 364 a Rz 326. Es sind aber **adäquate Vor-** und **Folgeschäden** zu ersetzen.

Die praktisch wichtigsten Schadensfälle im Bereich der direkten Anwendung des § 364 a ABGB sind **Waldschäden.** Zunehmend an Bedeutung gewinnen auch **Wertminderungen** von Nachbarliegenschaften, die durch nach § 364 Abs 2 ABGB an sich unzulässige Immissionen eintreten (dauernder merkantiler Minderwert); OGH 1 Ob 74/09 b mwN immolex 2010/75 mAnm *Cerha.* § 75 Abs 1 GewO will nur – trotz Wertminderungen – BA-Genehmigungen ermöglichen und steht einem zivilrechtlichen Ausgleich nicht entgegen; vgl *Kerschner,* JBl 2002, 393; zu Verkehrswertermittlungen bei Umweltbelastungen *Kerschner,* Liegenschaftsentwertung durch Umweltbelastungen, Der Sachverständige 2002/4, 185 ff; die Kritik von *Erhart-Schippek* (Bewertung ökologischer Lasten, Der Sachverständige 2007, 75 ff) überzeugt nicht; zur Verkehrswertermittlung allgemein *Kerschner,* JBl 2006, 355 ff. Ist die Verkehrswertminderung nur vorübergehender Natur, gebührt Ersatz nur bei Nachweis des Verlusts einer konkreten Verkaufs- bzw Verwertungsmöglichkeit; zB OGH 1 Ob 74/09 b bbl 2010, 30 = wobl 2010, 112.

7. Die Aktivlegitimation

289   Aktiv legitimiert ist der „**Grundbesitzer**" (§ 364 a ABGB). Das sind – auch für den Unterlassungsanspruch nach § 364 Abs 2 ABGB, obwohl dort nur vom „Eigentümer" die Rede ist – der Eigentümer und alle dinglich Berechtigten kraft ihres absoluten Rechts an der Sache, unter Einschluss des Hypothekargläubigers, nach überwiegender, mE aber verfehlter Ansicht aber auch jeder bloß obligatorisch berechtigte Rechtsbesitzer, also zB der Bestandnehmer (*Koziol/Apathy/Koch,* Haftpflichtrecht III[3] Rz 23; *Jabornegg/Strasser,* Privatrecht 111; *Aicher* in der 2. Auflage); aus der Rsp: OGH 14. 12. 1989 wbl 1990, 42 = JBl 1990, 447 mAnm *Spielbüchler* = JAP 1990/91, 36 mAnm *Kerschner.* Jüngst bejahte der 9. Senat einen Abwehranspruch nach § 364 Abs 2 ABGB beim **Superädifikatseigentümer,** obwohl dieser am Grundstück nur ein prekaristisches Nutzungsrecht hatte (9 Ob 29/11 x; aus teleologischen Gründen zustimmend *Kerschner/Wagner* in *Fenyves/Kerschner/Vonkilch,* ABGB[3] (Klang) § 364 Rz 248; krit *Holzner,* „Immissionsansprüche" für Superädifikatseigentümer mit nur prekaristischem Grundbenützungsverhältnis? JBl 2012, 136). In der Entscheidung 3 Ob 249/08 a (RdU 2010/22 mAnm *Pilgerstorfer*) scheint sich der 3. Senat in einem obiter dictum von der bisherigen Rsp abzuwenden, da er einen Ausgleichsanspruch nach § 364 a ABGB für bloß obligatorisch Berechtigte verneint.

Auch **Miteigentümer** können den Ausgleichsanspruchs nach § 364 a ABGB im Ausmaß ihres ideellen Anteils geltend machen; ein Anspruch besteht selbst dann, wenn der Rechtsvorgänger des klagenden Nachbarn auch Miteigentümer jener Liegenschaft ist, von der die Störung ausgeht; OGH 3 Ob 249/08 a RdU 2010/22 mAnm *Pilgerstorfer.* Stehen hingegen störende wie auch gestörte Liegenschaft im Miteigentum derselben Personen, ist der Ersatzanspruch ausgeschlossen; OGH 7 Ob 189/07 f.

8. Die Passivlegitimation

Passiv legitimiert ist der **Nachbar, der die genehmigte Anlage betreibt,** unabhän- **290** gig davon, ob er Grundstückseigentümer ist, aber auch der **Grundstückseigentümer,** wenn ein ausreichender sachlicher Zusammenhang zwischen der Sachherrschaft an der Liegenschaft und den Immissionen besteht. Ein solcher ist jedenfalls dann gegeben, wenn der Grundstückseigentümer mit dem störenden Dritten (hier Betreiber der BA) in einem Rechtsverhältnis bezüglich der Benützung der Liegenschaft steht; vgl zB OGH JBl 1995, 168; *Kerschner,* RdU 1994, 151. Kann der Eigentümer hingegen keinen Einfluss auf den Störer nehmen, etwa weil er aufgrund einer Servitut verpflichtet ist, einen fremden Kanal auf seinem Grundstück zu dulden, ist er nicht passivlegitimiert; OGH 9 Ob 86/10 b JBl 2011, 503 mAnm *Kisslinger* = immolex 2011/58 mAnm *Cerha.* *Koziol* leitet aus der Berechtigung, in fremde Eigentumssphären einzugreifen, – freilich mit nicht überzeugenden Argumenten – ab, dass ausschließlich der BA-Betreiber und nicht auch der Grundeigentümer passivlegitimiert sei (RdW 2013/12, 8).

Sind **mehrere Störer** vorhanden, die jedoch dem Raum noch kein zur Ortsüblichkeit der Störung führendes Gepräge gegeben haben, kann trotz Ortsüblichkeit der jeweils einzelnen Störung die Gesamtstörung ein ortsunübliches Ausmaß annehmen. In einem solchen Fall „summierter Immissionen" haften die Störer, wenn sie nicht ohnehin als Mittäter zusammenwirken (§§ 1301, 1302 ABGB), solidarisch, es sei denn, dass jeder von ihnen nachweislich nur einen Teil des Schadens verursacht hat. Diesfalls besteht Anteilshaftung; zum Ganzen *Rummel,* Ersatzansprüche; *Jabornegg/Strasser,* Privatrecht 59 ff; *Kerschner/Wagner* in *Fenyves/Kerschner/Vonkilch,* ABGB³ (Klang) § 364 a Rz 306 ff; vgl auch OGH 14. 12. 1988 JBl 1989, 578 (Einwirkung von Rauchgasen auf einen Waldbestand).

9. Divergenzen im zivilrechtlichen und gewerberechtlichen Nachbarschutz

Die nur teilweise Deckungsgleichheit der gewerberechtlichen Genehmigungskrite- **291** rien – zumutbares Maß der Immissionsbelästigung (§ 77 Abs 2 GewO) – mit der entschädigungslosen Duldungspflicht ortsüblicher bzw unwesentlicher Immissionen (§ 364 Abs 2 ABGB; Ortsüblichkeit als raumbezogenes Zumutbarkeitskriterium; dazu: *Steiner,* Ortsüblichkeit 133 ff; *Jabornegg,* Nachbarrecht 369; *Reischauer,* JBl 1990, 217 ff), verhindert es nur zum Teil, dass von genehmigten BA ortsunübliche Immissionen ausgehen, die die ortsübliche Nutzung des Nachbargrundstücks wesentlich beeinträchtigen und wegen § 364 a ABGB gegen Entschädigung geduldet werden müssen.

9.1 Gem § 77 Abs 2 GewO hat sich das **Beurteilungsmaß** lediglich am **Istmaß** (den örtlichen Verhältnissen) zu orientieren (s Lexikon „Istmaß-Beurteilungsmaß" Rz 79); ein davon abweichendes (höheres) Widmungsmaß ist nicht mehr miteinzubeziehen. Abzulehnen ist jene Judikatur, nach welcher dem Flächenwidmungsplan (OGH

4 Ob 24/13 b immolex 2013/80 mAnm *Cerha;* krit *Lang,* Ortsunüblichkeit 103 f sowie *Kerschner/Wagner* in *Fenyves/Kerschner/Vonkilch,* ABGB[3] (Klang) Rz 210 f) bzw einer bestehenden verwaltungsbehördlichen Genehmigung (OGH 8 Ob 128/09 w JBl 2011, 234 mAnm *Wagner* = RdU 2011/45 mAnm *Kisslinger*) Indizfunktion betreffend die Ortsüblichkeit zukommen soll.

Bzgl der **Ortsüblichkeit der Immission** ist somit ein weitgehend **gleicher fachlicher Maßstab** anzulegen, doch stellt der OGH bei der Wesentlichkeit der Störung auf einen **verständigen Durchschnittsmenschen,** der sich in der Lage des Gestörten befindet, ab; vgl zB OGH RdU 2000/32 = NZ 2001/165; 6 Ob 166/13 z immolex 2014/26 mAnm *Cerha.* Die Unzumutbarkeit der Belästigung grenzt der VwGH nur negativ von der gesundheitsgefährdenden Immission ab, während der wesentliche Eingriff nach § 364 Abs 2 ABGB nur den Schutz des Liegenschaftseigentums im Auge hat; vgl oben 5.11. Die unzumutbare Belästigung ist ferner von der Rsp des VwGH mit keinem erkennbaren inhaltlichen Kriterium gefüllt; vgl näher *Paliege-Barfuß,* Die Belästigung der Nachbarn Rz 219.

9.2 Zugunsten der **nach Genehmigung** der BA „zugezogenen Nachbarn" („nachträgliche Nachbarn") sind gem § 79 Abs 2 GewO **Auflagen** bei Betroffenheit einzelner unmittelbarer Nachbarn nur soweit vorzuschreiben, als diese **zur Vermeidung einer Gefährdung des Lebens** oder **der Gesundheit** dieser Personen notwendig sind. Diese können sich zivilrechtlich auf § 16 ABGB stützen. In anderer Weise von Immissionen betroffene zugezogene Nachbarn erwerben die dingliche Rechtsposition des Vorgängers, sodass insofern die Rechtslage gleich bleibt. Sie müssen dann entweder dulden und können Ortsüblichkeit und Wesentlichkeit der Immission nach § 364 a ABGB liquidieren; zutreffend *B. Raschauer,* ÖJZ 1980, 11; *Wagner,* Betriebsanlage 190. Anders ist das nur, wenn der immittierende Betrieb, allenfalls im Verein mit anderen Anlagen, nicht ohnehin schon die Raumstruktur geprägt hat, sodass es an der Ortsunüblichkeit der Immission fehlt (OGH 4. 11. 1981, EvBl 1982/50). Die Auffassung, dass demjenigen, der sich erst nach dem Beginn der Immissionen in der beeinträchtigten Gegend angesiedelt hat, die Berufung auf die Ortsunüblichkeit versagt ist (so *Aicher* in der 2. Auflage unter Berufung auf *Koziol,* Haftpflichtrecht[2] 323), entbehrt einer Begründung. Abzulehnen ist jene Jud, die den nachträglich Zugezogenen selbst bei Gesundheitsgefährdung einen Unterlassungsanspruch versagen möchte (s oben 5.11); vgl auch *Lang* in *Altenburger/ N. Raschauer* (Hrsg), Umweltrecht Kommentar 614 Rz 50.

9.3 Der nachbarliche Belästigungsschutz nach der GewO hat längere Zeit die Bedeutung der zivilrechtlichen Entschädigung nach BA-Genehmigung erheblich reduziert. Die bisherige Rsp mag diesen Befund auch bestätigt haben. Die publizierten Entscheidungen betreffen nämlich fast keine Entschädigungsansprüche im Gefolge einer BA-Genehmigung, sondern Fälle analoger Anwendung des § 364 a ABGB zur Begründung nachbarlicher Gefährdungshaftung (s oben 6.) Es erweckt sogar den Anschein, dass man in der Praxis auf den Ausgleichsanspruch nach § 364 a ABGB weitgehend vergessen hat. Gerade in Hinblick auf **Verkehrswertminderungen** infolge der Nähe zu einer BA und damit verbundener Immissionen könnte der Ausgleichsanspruch wieder eine „Renaissance" erleben.

10. Zivilrechtliche Ansprüche des übergangenen Nachbarn

Gem § 42 Abs 1 und 2 AVG iVm § 356 GewO verlieren Nachbarn ihre Parteistel- **292** lung, wenn sie nicht spätestens bei der Verhandlung Einwendungen gegen die Anlage iSd § 74 Abs 2 Z 1 oder 2 GewO erheben. Dabei kann jedoch ein Nachbar, der nachweist, dass er durch ein unvorhergesehenes oder unabwendbares Ereignis verhindert war, rechtzeitig Einwendungen zu erheben, und dass ihn kein Verschulden oder nur ein minderer Grad des Versehens trifft, bis zur rk Entscheidung auch noch nachträglich von der Behörde zu berücksichtigende Einwendungen erheben (§ 42 Abs 3 AVG).

Letztere Möglichkeit nützt freilich dem **übergangenen Nachbarn** nichts, der vom BA-Genehmigungsverfahren erst so spät oder gar nicht erfahren hat, sodass er vor formeller Rechtskraft des Genehmigungsbescheides keine Einwendungen erheben konnte.

Wie *Aicher* in der 2. Auflage nachgewiesen hat, scheidet eine Analogie zu § 26 Abs 3 WRG aus; vgl auch *Wagner,* Betriebsanlage 190 f.

Um den Anforderungen des Art 6 MRK zu entsprechen, muss der unverschuldet übergangene Nachbar aber Unterlassung von wesentlichen und ortsüblichen Immissionen behördlich genehmigter Anlagen geltend machen können; so zutreffend *Wagner,* Betriebsanlage 190 f; ebenso *Mayer,* ÖZW 1991, 100, mit anderer Begründung; OGH 8 Ob 95/11 w RdU 2012/109 mAnm *Kleewein.* Bei verfassungs- und europarechtskonformer Interpretation liegt eben im Fall mangelnder Beteiligungsmöglichkeit keine behördlich genehmigte Anlage iSd § 364 a vor; idS auch schon OGH JBl 2011, 234 mAnm *Wagner* = RdU 2011/45 mAnm *Kisslinger.*

Zum Begriff des übergangenen Nachbarn und zur nachträglichen Geltendmachung seiner subjektiven Interessen im Verwaltungsverfahren s *Wendl,* Die Nachbarn und ihre Parteistellung Rz 268.

IV.

Die Betriebsanlage im Unions- und Verfassungsrecht sowie im sonstigen öffentlichen Recht

A. Die unionsrechtlichen Grundlagen des Betriebsanlagenrechts

Wilhelm Bergthaler / Wolfgang Berger

Literatur: *Berger,* Parteistellung und Öffentlichkeitsbeteiligung im UVP-Verfahren, in *Ennöckl/N. Raschauer* (Hrsg), UVP-Verfahren vor dem Umweltsenat (2008) 81; *Berger,* UVP-Feststellungsverfahren und Rechtsmittelbefugnis: Revolution durch „Mellor"? RdU-U&T 2009/25; *Berger,* UVP-Verfahren: Vereinbarkeit von Unionsrecht und Präklusion, RdU-U&T 2012/12; *Berger,* EuGH verneint Bindungswirkung von UVP-Feststellungsbescheiden (Entscheidungsbesprechung), RdU 2015/84; *Bergthaler,* Öffentliches Lärmrecht, in *N. Raschauer / Wessely* (Hrsg), Handbuch Umweltrecht (2010) 456; *Bergthaler,* Die Umsetzungsgesetze zur Industrieemissions-Richtlinie: BVT-Standardisierung zwischen formeller Bindung und materieller Flexibilität, in *Institut für Umweltrecht der JKU Linz* (Hrsg), Jahrbuch des österreichischen und europäischen Umweltrechts 2014 (2014); *Bergthaler,* Öffentlichkeitsbeteiligung bei Großprojekten – aktuelle Herausforderungen im Lichte der Aarhus-Konvention, RdU-UT 2015/20; *Bergthaler/Fekete,* Die neue Industrieemissions-Richtlinie, Auswirkungen auf die betriebliche Praxis, in *Furherr* (Hrsg), Anlagenrecht 2010 (2011) 49; *Bergthaler/Follner,* IPPC-Anlagen in der GewO: Anlagenbegriff und verfahrensrechtliche Konsequenzen, ecolex 2004, 750; *Bergthaler/Hauer,* Die Vor-Ort-Besichtigung nach der Industrieemissionsrichtlinie, ZTR 2012, 207; *Bergthaler/Niedersüß,* „Energieeffizienz" im IPPC-Anlagenrecht, RdU-U&T 2006, 18; *Grassl,* Wirkungen der BVT-Schlussfolgerungen nach der Richtlinie über Industrieemissionen, ecolex 2012, 355; *Bernhard,* Die Implementierung des EG-Rechts in Österreich – Das Industrieunfallrecht (2007); *Bezemek,* Gewerberechtliches Industrieunfallrecht, in *N. Raschauer / Wessely,* Handbuch Umweltrecht[2] (2010) 292; BMLFUW, Handbuch Umgebungslärm. Minderung und Ruhevorsorge (2007); *Bohne,* The Quest for Environmental Regulatory Integration in the European Union. Integrated Pollution Prevention and Control, Environmental Impact Assessment and Major Accident Prevention (2006); *Donninger/Struckl,* Industrieunfallrecht – Kommentar und Dokumentation (2003); *Ennöckl / N. Raschauer,* Eckpunkte der Gewerberechts-Nov 2005, ecolex 2005, 870; *Epiney,* Umweltrecht in der Europäischen Union. Primärrechtliche Grundlagen, Gemeinschaftsrechtliches Sekundärrecht[2] (2005); *Ermacora/Krämer,* Die Umsetzung des Europäischen Umweltrechts in Österreich (2000); *Faßbender,* Die Umsetzung von Umweltstandards der Europäischen Gemeinschaft (2001); *Forster,* Die Umsetzung der Industrieemissionsrichtlinie in der Gewerbeordnung, JAP 2014/2015/8; *Gruber,* Die Judikatur des Verwaltungsgerichtshofes zum gewerblichen Betriebsanlagenrecht: Aktuelle Entwicklungen, in *Hauer* (Hrsg), Betriebsanlagenrecht im Umbruch (2004) 1; *Hecht,* Partizipation and Access to Justice im Umweltbereich – Umsetzung der Aarhus-Konvention in Österreich, Informationen zur Umweltpolitik (2001) 145; *Hecht,* Die dritte Säule der Aarhus-Konvention, Studie im Auftrag des BMUJF (Juni 2004); *Jarass,* Das neue Recht der Industrieanlagen? (dt) Neue Zeitschrift für Verwaltungsrecht, 2013, 169; *Kracht/Wasilewski,* Integrierte Vermeidung und Verminderung der Umweltverschmutzung, in *Rengeling,* Handbuch zum europäischen und deutschen Umweltrecht, Bd 1 Allgemeines Umweltrecht (1998) 1071; *Krämer,* Europäisches Umweltrecht in der Rechtsprechung des EuGH dargestellt anhand von 50 Urteilen (2002); *List/Pyka,* Gegen die „Besachwalterung" im UVP-Recht, RdU 2015, 10; *Madner,* Europäisches Klimaschutzrecht – Vom Zusammentreffen von „alten" und „neuen" Instrumenten im Umweltrecht, ZfV 2015, 201; *Metzler,* BVT-Referenzdokumente: Rolle und Rechtsqualität nach der IER, ZTR 2011, 16; *Öhlinger/Potacs,* Gemeinschaftsrecht und staatliches Recht[3] (2006); *Onz/Berl,* Der Rechtsschutz im Verfahren vor den Verwaltungsgerichten im Lichte des Art 9 Abs 2 Aarhus-Konvention, ZVG 2014, 308; *Pürgy,* Die Einbindung der Umweltorganisationen in das UVP-Feststellungsverfahren durch die UVP-G-Novelle BGBl I 2012/77, ZfV 2012, 777; *Reichl,* Umweltinspektion und Kontrolle – Herausforderungen für die Vollzugsbehörden, RdU-U&T 2013, 10; *Schulev-Steindl,* Subjektive Rechte im öffentlichen Interesse? Anmerkungen zur Aarhus-Konvention, JRP 2004, 128; *Schulev-Steindl,* Rechtliche Optionen zur Verbesserung des Zugangs zu Gerichten (access to justice) im österr Umweltrecht gemäß der Aarhus-Konvention (Art 9 Abs 3), Studie im Auftrag des BMLFUW (2009); *Schulev-Steindl,* Umweltbeschwerde im Lichte der Aarhus-Konvention, in: IUR/ÖWAV (Hrsg), Jahrbuch des österr Umweltrechts 2010 (2010) 169; *Sobczak,* Normung und Umweltschutz im Europäischen Gemeinschaftsrecht (2002); *T. Weber,* Die Umsetzung der Aarhus-Konvention beim direkten Vollzug von Unionsrecht, JRP 2012, 137; *Weber/Schmid,* Die Rechtsmittelbefugnis von Umweltorganisationen in Umweltverfahren, in FS Stolzlechner (2013) 705; *Winkler,* Das Anlagenrecht zwischen Gemeinschaftsrecht und Verfassungsrecht – Überlegungen zur Umsetzung von IPPC-Recht und Öffentlichkeitsbeteiligung, RdU-U&T 2007, 41; *Würthinger,* Umgebungslärm, in *Hauer/Nußbaumer* (Hrsg), Österreichisches Raum- und Fachplanungsrecht (2006) 77.

Inhalt

1. Einleitung

Das Umwelt- und Anlagenrecht der Europäischen Union hat in den letzten Jahr- **293** zehnten zunehmend an Bedeutung, Komplexität und Durchsetzungskraft gewonnen. Davon war und ist auch das gew BA-Recht betroffen. Freilich zeigt eine genauere Betrachtung der einzelnen unionsrechtlichen Einflussfaktoren, dass das **Umweltrecht auf europäischer Ebene** von einer ähnlichen **strukturellen Zerrissenheit** bedroht ist, wie dies in Österreich seit langem bemängelt wird: Unterschiedliche Rechtstraditionen, „diplomatische Formulierungskompromisse" zur Überwindung divergenter mitgliedstaatlicher Standpunkte und die Fortentwicklung in legistischen „Wellen" haben dazu geführt, dass sich das umweltbezogene Sekundärrecht bisweilen äußerst inhomogen entwickelte und einer „inneren Harmonisierung" bedurfte.

Mit der IE-R ist zwischenzeitig auf europäischer Ebene der Durchbruch zu einem weitgehend einheitlichen Industrieanlagenrecht gelungen.

Auch auf europäischer Ebene ist Umweltpolitik eine **„Querschnittsaufgabe",** für die unterschiedliche Kompetenzgrundlagen zur Verfügung stehen; hervorzuheben sind namentlich die Art 191 bis 193 und 114 AEUV, die durch **extensive Interpretation** für eine intensive legistische Tätigkeit der EU in Umweltbelangen genutzt werden. Der Unionsgesetzgeber hat va durch RL mehrfach Vorgaben erlassen, die Umsetzungserfordernisse im gew BA-Recht ausgelöst haben. Dabei tritt erschwerend zutage, dass sich die GewO auf **kompetenzrechtlich schwierigem** (weil nach tradierten Vorstellungen der typisch gewerbepolizeilichen Gefahrenabwehr abgegrenztem) **Terrain** befindet (*Stolzlechner,* Bundesverfassungsrechtliche Grundlagen des Betriebsanlagenrechts Rz 299, 2.1

bis 2.3); dies führt dazu, dass in der GewO bisweilen sachlich zusammengehörige sekundärrechtliche Regelungskomplexe nur partiell umgesetzt werden können.

Als Beispiel sei der Regelungskomplex der Energieeffizienz angeführt (*Winkler,* RdU-U&T 2007/13).

Für die GewO von besonderer Relevanz sind auf allgemeiner Ebene, die das Genehmigungsregime als solches betreffen, insb

– die IPPC-RL (nunmehr IE-R) sowie
– die Öffentlichkeitsbeteiligungs-RL und auch die – sowohl von den Mitgliedstaaten als auch der EU unterzeichnete – Aarhus-Konvention

zu nennen; auf einer spezielleren Ebene, die sich auf einzelne Aspekte von BA und deren Auswirkungen beschränkt, sind exemplarisch

– die Umgebungslärm-RL (als Beispiel für medienschützendes Sekundärrecht) und
– die Seveso II- sowie Seveso III-RL (als Beispiel für stoff- und tätigkeitsbezogenes Sekundärrecht)

zu erwähnen.

Die Bedeutung dieser RL für das BA-Recht liegt zum einen darin, dass sie – in Folge des Gebots der richtlinienkonformen Interpretation – als **„Auslegungshintergrund"** zu beachten sind. Zum anderen können einzelne dieser Normen in Bereichen, in denen Umsetzungslücken oder -mängel bestehen, kraft **Anwendungsvorrangs** oder **unmittelbarer Anwendbarkeit** auch für Entscheidungen in BA-Verfahren verbindliche Kraft entfalten.

Der EuGH bejaht die **unmittelbare Anwendung** sekundärrechtlicher Normen dann, wenn sie unbedingt gelten, hinreichend bestimmt sind und dem Einzelnen Rechte gegen die Behörden seines Mitgliedstaates einräumen (*Ermacora/Krämer,* Umsetzung 34); des Weiteren darf die Direktanwendung nicht zu einer Belastung Dritter führen (*Öhlinger/Potacs,* Gemeinschaftsrecht[3] 70). Letztere Einschränkung wird gerade bei der unmittelbaren Anwendung genehmigungsrechtlicher Vorschriften zu Gunsten von Nachbarn und zu Lasten von Anlagenbetreibern stark relativiert; dem folgend beschränkt sich auch der VwGH bei Prüfung der unmittelbaren Anwendbarkeit bisweilen auf die Kriterien der inhaltlichen Unbedingtheit und hinreichenden Bestimmtheit (VwGH 18. 11. 2004, 2003/07/0127 RdU 2005, 89 mAnm *Schulev-Steindl*).

Der **Anwendungsvorrang** von Unionsrecht betrifft Konstellationen, in denen mitgliedstaatliches Recht unionsrechtlichen Vorgaben widerspricht. In einem derartigen Konfliktfall tritt die einzelstaatliche Regelung hinter die unionsrechtliche Norm zurück (*Ermacora/Krämer,* Umsetzung 36). Konsequenz eines solchen Anwendungsvorrangs des Unionsrechts ist häufig dessen unmittelbare Anwendung (vgl etwa VwGH 6. 9. 2001, 99/03/0424); vereinzelt nimmt der VwGH auch eine „Erstreckung" der österr Umsetzungsnormen auf den richtlinienwidrigerweise ausgenommenen Sachverhalt an (vgl VwGH 20. 2. 2003, 2001/07/0171 RdU 2003, 114 mAnm *Bergthaler* und *Hauer*).

Die nachfolgende Darstellung kann nur einen Überblick über Inhalte und Ziele der jeweiligen RL bieten und auf jene Bereiche verweisen, in denen die RL für die praktische Anwendung besonders bedeutsam ist.

Im Bereich des medien- und stoffbezogenen Sekundärrechts wird bewusst auf die Aufzählung aller einschlägigen Rechtsakte verzichtet; stattdessen wird anhand ausgewählter Beispiele der systematische Zugang verdeutlicht.

2. Die Industrieemissions-RL

2.1 Mit dem neuen IE-Regime (vgl zB *Bergthaler/Hauer,* ZTR 2012, 207; *Grassl,* **294** ecolex 2012, 355; *Metzler,* ZTR 2011, 16; *Reichl,* RdU-U&T 2013, 10 ua), das neben der IPPC-RL eine Reihe weiterer industrieanlagenrechtlicher Sekundärnormen (GFA-RL, Abfallverbrennungs-RL etc) abgelöst und zusammengeführt hat, verfügt die EU über eine **weitgehend einheitliche Kodifikation des europäischen Industrieanlagenrechts.** Das IE-Regime zeichnet sich aus der Perspektive des österr Umweltrechts durch folgende spezifische Elemente aus, die in weiterer Folge die österr Rechtsanwendung zu neuen Beurteilungs- und Bewertungsansätzen zwingen:

- „integrativer Ansatz",
- Begriff der IPPC-Anlage,
- Konzept der besten verfügbaren Technik,
- periodische Anpassung von Anlagen

2.2 Der **„integrative Ansatz":** Das IE-Regime zielt unmittelbar auf das mitgliedstaatliche **Genehmigungs- und Überwachungsregime** von Industrieanlagen ab, um dem integrativen Ansatz zum Durchbruch zu verhelfen: An die Stelle einer sektorbezogenen Bekämpfung der Umweltverschmutzung in einzelnen Medien (Luft, Wasser, Boden) soll eine **gesamthafte Kontrolle** treten, die alle Umweltauswirkungen einer Industrieanlage im Auge behält, auf diese Weise Verlagerungen der Emissionen von einem Medium zum anderen verhindert und durch allseitig optimierte Konzepte ein hohes Schutzniveau der Umwelt insgesamt garantiert.

Die IE-R erfordert aufgrund ihres breiten Anwendungsbereichs Umsetzungsakte in vielen Materiengesetzen; dazu zählen auf Bundesebene die GewO 1994 (umgesetzt mit BGBl I 2013/125), das EG-K (BGBl I 2013/127), das AWG (umgesetzt mit BGBl I 2013/103), das WRG (umgesetzt mit BGBl I 2013/98) sowie das MinroG (umgesetzt mit BGBl I 2015/80). Auf Landesebene sind es die diversen landesrechtlichen IPPC-Normen; beispielhaft erwähnt sei für Wien das WIAG (LGBl 2013/98).

2.3 Der Begriff der **IPPC-Anlage:** Die RL findet nur auf die taxativ im Anh I aufgezählten Industrieanlagen Anwendung. Diese Aufzählung zeichnet sich va dadurch aus, dass sie auf die verfahrenstechnischen Kerntätigkeiten der jeweiligen Industriesparten abstellt; ausschlaggebend für die Anwendbarkeit des IPPC-Regimes ist idR die Überschreitung eines bestimmten „Schwellenwerts" (eines Maßstabs für die Produktionskapazität oder Leistung einer Anlage).

Konsequenterweise zielt auch der Anlagenbegriff des Art 3 Z 3 IE-R primär auf den prozesstechnischen Zusammenhang mit der IPPC-auslösenden Produktionseinheit ab und ist damit wesentlich enger gefasst als das zur GewO entwickelte Verständnis der „Einheit der Betriebsanlage". Mit BGBl I 2013/125 wurde die Legaldefinition in § 71 b Z 1 verankert, wobei der GewO-Gesetzgeber durch den Hinweis, dass die IPPC-Anlage unter Umständen nur „Teile einer Betriebsanlage" erfasst, das engere richtlinienkonforme Anlagenverständnis explizit umgesetzt hat (*E/R/W* § 71 b Rz 3, 4; vgl weiters *Gruber,* Judikatur 15; *Bergthaler/Follner,* ecolex 2004, 750; dazu *Vogelsang,* Sonderbestimmungen für IPPC-Anlagen Rz 244 und *Stolzlechner,* Die Genehmigungspflicht der Betriebsanlage Rz 200, 3.5).

> **Nicht** zur IPPC-Anlage sind **verwaltungstechnische Einrichtungen, Fuhrparks** oder auch solche **Hilfsaggregate** (Ver- und Entsorgungseinrichtungen) zu rechnen, die nicht schwerpunktmäßig den verfahrenstechnischen Kernanlagen zugeordnet sind. Ausgenommen von der IPPC-Anlage sind nach Anh I Z 2 **Forschungsanlagen;** dieses Forschungsprivileg wurde in Anlage 3 zur GewO mit BGBl I 2006/84 rezipiert. Nähere Auslegungshilfen zur Anlagenabgrenzung bietet das von der Kommission herausgegebene „Paper on Interpretation of ,Installation' and ,Operator' for the Purposes of the IPPC-Directive".

Umgehungen der Kapazitätsschwellen durch Aufteilung eines Anlagenvorhabens in mehrere Teile („Salami-Taktik") beugt die **Additionsregel** des Anh I Z 1 vor, derzufolge mehrere Tätigkeiten an einem Standort zusammenzuzählen sind.

> Die Umsetzungsnorm in Anlage 3 zur GewO beschränkte die Zusammenrechnung schon vor der IE-R auf Tätigkeiten „in ein und derselben Betriebsanlage"; die IE-R wählt nunmehr eine gleichartige Abgrenzung und stellt zudem klar, dass Tätigkeiten derselben Kategorie – bei Vorliegen der übrigen Voraussetzungen – auch betreiberübergreifend addiert werden müssen. Zunächst stellt die Additionsregel in Anh 1 IE-R im Gegensatz zur IPPC-RL nicht mehr auf *„ein und denselben Betreiber"* ab; hinzu kommt, dass die IE-R sicherstellt, dass auch ein bloß teilweiser Betreiber Adressat der in der RL verankerten Rechte und Pflichten sein kann. Unverändert blieb jedoch der *Standortbezug* als Voraussetzung für das Addieren von Tätigkeiten: Zwar fehlt in der Additionsregel der IE-R im Vergleich zur IPPC-RL die Wortfolge *„an ein und demselben Standort"*; bei genauem Hinsehen zeigt sich jedoch, dass diese auch in der IPPC-RL lediglich als Alternativvoraussetzung zu *„in ein und derselben Anlage"* vorgesehen war. Die IE-R begnügt sich mit dem Abstellen auf *„ein und dieselbe Anlage"* und stellt den Standortbezug über die Anlagendefinition her.

2.4 Das Konzept der besten verfügbaren Technik

Gem Art 11 IE-R sind von den Anlagenbetreibern bei den IPPC-pflichtigen Tätigkeiten bestimmte **Grundpflichten** einzuhalten, die einen umfassenden Katalog ökologischer Schutz- und Vorsorgegebote enthalten: von der präventiven Eindämmung von Umweltbelastungen über die Vermeidung von erheblichen Umweltverschmutzungen bis zur Kreislaufführung von Abfällen, weiter zur effizienten Energieverwendung und schlussendlich zur Unfallverhütung.

> Nach dem Konzept der RL sollen diese Grundpflichten unabhängig von einem Genehmigungsverfahren gelten. Freilich werden die Mitgliedstaaten nicht verpflichtet, ein solches autonomes Regime von Betreiberpflichten einzuführen; es reicht aus, diese Grundpflichten im Rahmen eines Genehmigungssystems umzusetzen – eine Umsetzungsalternative, die naheliegenderweise in der GewO gewählt wurde.

Die IE-R statuiert umfassende Vorgaben zu einem Genehmigungsregime für Neuanlagen und wesentliche Änderungen; zudem wird durch periodische Überwachung der Anlagen mit entsprechenden Anpassungspflichten einer „Überalterung" der betrieblichen Umweltschutzmaßnahmen vorgebeugt.

Zentrales Ziel der IE-R und der österr Umsetzungsnormen ist es, das Industriean-lagenregime enger an EU-rechtliche Vorgaben zum Stand der Technik zu binden. Als maßgebliches Instrument wurden dafür die **BVT-Schlussfolgerungen** etabliert, die als Referenzunterlagen europaweit verbindlich sind, nach Möglichkeit alle acht Jahre aktualisiert werden sollten (vgl Erwägungsgrund 13 IE-R) und an deren Vorgaben die betroffenen Anlagen jeweils innerhalb von vier Jahren anzupassen sind. Damit wird ein **dynamischer Referenzrahmen** geschaffen, der eine konsequente Modernisierung und Aktualisierung des Industrieanlagenrechts in Europa leisten soll (s dazu Lexikon „BVT-Merkblätter, BVT-Schlussfolgerungen" Rz 33).

Die beste verfügbare Technik (BVT) als zentrales Element der Standardisierung wird in allen Umsetzungsgesetzen gleichlautend vorgegeben; ihre **rechtliche Verbindlichkeit** erhalten diese technischen Standards durch die „BVT-Schlussfolgerungen", die in § 71 b Z 3 GewO, § 2 Abs 8 Z 8 AWG und § 3 Z 34 EG-K wie folgt legal definiert werden:

„*BVT-Schlussfolgerungen": ein Dokument, das die Teile des BVT Merkblattes mit den Schlussfolgerungen zum Stand der Technik, ihrer Beschreibung, Informationen zur Bewertung ihrer Anwendbarkeit, den mit den besten verfügbaren Techniken* **assoziierten** **Emissionswerten***, den dazugehörigen Überwachungsmaßnahmen, den dazugehörigen Verbrauchswerten sowie gegebenenfalls einschlägigen Standortsanierungsmaßnahmen enthält;*

Die **rechtliche Qualität** dieser **BVT-Schlussfolgerungen** wird daraus erkennbar, dass sie in einem besonderen Rechtssetzungsverfahren ergehen: Sie werden im Komitologieverfahren von der EU-Kommission beschlossen und im Amtsblatt L der EU veröffentlicht. Damit sind sie nicht nur als generelle Fachgutachten oder technische Fachnormen etabliert, sondern stellen „*echtes Unionsrecht*" (*Jarass*, NVwZ 2013, 171) dar. Bislang veröffentlicht wurden BVT-Schlussfolgerungen für:

- Chloralkaliindustrie (2013/732/EU),
- Glasherstellung (2012/134/EU),
- Eisen- und Stahlerzeugung (2012/135/EU; korr: ABl L 2012/70, 63),
- Gerben von Häuten und Fellen (2013/84/EU),
- Herstellung von Zement, Kalk und Magnesiumoxid (2013/163/EU).

Die rechtliche Verbindlichkeit wird von den österr Umsetzungsgesetzgebern deutlich zum Ausdruck gebracht: In § 71 c Abs 1 heißt es wörtlich, dass die „in den BVT-Merkblättern enthaltenen BVT-Schlussfolgerungen . . . als Referenzdokumente für die Genehmigung, die wesentliche Änderung und die Anpassung (§ 81 b) von IPPC-Anlagen mit dem Tag der Veröffentlichung im Amtsblatt der Europäischen Union anzuwenden" sind. Gleichermaßen wird angeordnet, dass Schlussfolgerungen aus älteren BVT-Merkblättern (die von der Europäischen Kommission vor dem 6. 1. 2011 angenommen wurden) als BVT-Schlussfolgerung iS von Absatz 1 **gelten,** dies allerdings „mit Ausnahme der Festlegung von Emissionsgrenzwerten" gem § 77 b Abs 2 und 3.

Die Umsetzungsbestimmungen in der GewO sind damit als **Verweisnormen auf Unionsrecht** strukturiert. Maßgeblich für den **Eintritt der Bindungswirkung** der BVT-Schlussfolgerungen ist **allein die Veröffentlichung im Amtsblatt der EU.** Ein al-

lenfalls späterer österr Publikationsakt oder die spätere Erlassung von Durchführungs-
normen verzögert den Eintritt der Rechtswirkungen der BVT-Schlussfolgerungen nicht.
Es ist also unerheblich, ob die Internetveröffentlichung der BVT-Schlussfolgerungen auf
der Homepage des BMWFW oder auf www.edm.gv.at termingerecht erfolgt; ebenso wenig ist beachtlich, ob später noch näher konkretisierende Anordnungen in BranchenV
(etwa nach § 82 Abs 1) ergehen. Die BVT-Schlussfolgerungen entfalten mit ihrer Kundmachung im Amtsblatt der EU ihre rechtliche Wirkung, die Anpassungsfrist für betroffene Anlagenbetreiber läuft ab diesem Stichtag.

Zugleich ist zu betonen, dass der **materielle Gehalt der Vorgaben der BVT-Schlussfolgerungen mitunter schwer fassbar** ist, sind sie doch vielfach eher beschreibend als normativ formuliert. Zutreffend betonen daher die Materialien zur Umsetzung der IE-R in der
GewO (vgl AB 2393 BlgNR 24. GP) und im EG-K (vgl ErlRV 2321 BlgNR 24. GP) zwar einerseits die Bindungswirkung, andererseits aber auch die Flexibilität dieses Regimes; sie
charakterisieren die BVT-Schlussfolgerungen als *„rechtlich bedeutsames Element"*, *„verbindliche technische Regel"* und stellen klar, dass diese *„verbindlich anzuwenden"* sind, fügen aber
hinzu, dass sie *„nicht 1:1 umzusetzen sind"*, sondern dass auch *„ähnliche Maßnahmen"* und
„Abweichungen" zulässig sind. Diese Position wird auch im dt Fachschrifttum vertreten,
wenn zum einen die BVT-Schlussfolgerungen als *„neuartige Rechtsfigur"*, welche *„(grundsätzlich) verbindlich"* sei, qualifiziert werden, zugleich aber angemerkt wird, dass diese *„keine strikte Bindung"* bewirken würden, *„der Spielraum beträchtlich"* bleibe, zumal es sich
„nur um Referenzdokumente" handle (vgl die Nachweise bei *Jarass*, NVwZ 2013, 171). Diese
Ambivalenz zwischen formeller Bindung und **materieller Flexibilität** ist schon in der
IE-R grundgelegt, in deren 15. Erwägungsgrund heißt es: *„Es ist wichtig, mit Blick auf die
besten verfügbaren Techniken den zuständigen Behörden ausreichenden Spielraum für die
Festlegung von Emissionsgrenzwerten zu gewähren."*

Wesentlich ist in diesem Zusammenhang, dass zwischen *„Emissionsgrenzwerten"* einerseits
und *„assoziierten Emissionswerten"* andererseits strikt zu unterscheiden ist. Die *„assoziierten
Emissionswerte"* beschreiben das Emissionsniveau des Betriebes, das es insgesamt zu erreichen gilt, während die *„Emissionsgrenzwerte"* exakt definierte Messgrößen vorgeben, bei deren Einhaltung dieses Emissionsniveau erreicht wird. Mit anderen Worten: **Die *„assoziierten
Emissionswerte"* sind das Ziel, die *„Emissionsgrenzwerte"* das Instrument zur Erreichung
dieses Ziels.** Aufgrund dieser unterschiedlichen Funktionen unterscheidet sich daher die
Methodik der österr (und auch dt) Grenzwertbildung (etwa nach der TA Luft oder ähnlichen technischen Normen) maßgeblich von jener der *„mit den besten verfügbaren Techniken
assoziierten Emissionswerte der BVT-Schlussfolgerungen"*:
- Die assoziierten Emissionswerte sind *„Betriebswerte"* unter **„normalen Bedingungen"** und
  werden vielfach durch Bandbreiten und Vorbehalte relativiert.
- Die Emissionsgrenzwerte sind hingegen **auch bei ungünstigen Bedingungen** (Fahrwei-
  sen) einzuhalten; für sie gelten **strikte Überschreitungsverbote** mit engen Ausnahmen.
  Aus dieser unterschiedlichen Beurteilungs- und Ermittlungsmethodik folgt, dass – wie
der deutsche Abgeordnete *K.-H. Florenz* in einer parlamentarischen Anfrage richtig formulierte – *„die Betriebswerte in der Regel unter den Emissionsgrenzwerten liegen, damit letztere
sicher eingehalten werden"*. Die Kommission bestätigte diese Ansicht in ihrer Antwort auf
diese Anfrage: *„Die BVT-assoziierten Werte der Merkblätter werden nicht zu rechtsverbindli-
chen Emissionsgrenzwerten"* (ABl C 18 v 13. 7. 2010); die Emissionsgrenzwerte müssen daher
konsequenterweise idR höher festgesetzt werden als die assoziierten Emissionswerte.

Freilich ist damit nur ein Zwischenschritt der Grenzwertfindung gelungen, denn die Vorgaben des IE-Regimes erlauben unter bestimmten Voraussetzungen Ausnahmen (Erleichterungen), gewähren aber zugleich strengeren nationalen Werten oder EU-Immissionsgrenzwerten den Vorrang:

- Zur Gruppe der **Ausnahmen** zählt das berühmte *„Abweichungsfenster"* (§ 77 b Abs 3 GewO, § 10 Abs 2 EG-K, § 47 a Abs 3 AWG), wonach Abweichungen bei Unverhältnismäßigkeit wegen des geografischen Standorts und der lokalen Umweltbedingungen oder der technischen Merkmale der Anlage möglich sind. Gegenüber dem früheren IPPC-Regime ist die Öffnung dieses *„Abweichungsfensters"* nunmehr durch Dokumentations-, Begründungs- und Veröffentlichungspflichten erschwert.
- Ausnahmemöglichkeiten gibt es ebenfalls in *„besonderen Situationen"* (Notstandsklausel gem § 7 EG-K). Eine weitere Abweichungsmöglichkeit wurde für sog *„Zukunftstechniken"* geschaffen (§ 77 b Abs 4 GewO, § 27 Abs 1 EG-K, § 47 a Abs 4 AWG), die auf einen Zeitraum von neun Monaten für die Anwendung und Erprobung von Zukunftstechniken limitiert ist. Nicht zu verwechseln ist diese befristete Erprobung von Zukunftstechniken mit dem in Österreich bereits etablierten Versuchsbetrieb. Dazu ordnet § 26 EG-K an, dass für Entwicklungsmaßnahmen sowie die Erprobung neuer Verfahren und Technologien Bewilligungen auf bis zu sieben Jahren erstreckt werden können. Diese Bestimmung ist durch das Forschungsprivileg des IPPC-Regimes, das auch im IE-Regime beibehalten wurde, als richtlinienkonform anzusehen.
- Eine Verschärfung der Emissionsgrenzwerte ist etwa zur Einhaltung der EU-Immissionsgrenzwerte vorgesehen (§ 77 a Abs 6 GewO) bzw allgemein zur Wahrung der geschützten Interessen, zB der Nachbarn. Ebenso bleiben strengere Anordnungen durch nationale Vorgaben (zB aus Verordnungen) aufrecht (§ 10 Abs 7 EG-K, § 47 Abs 3 Z 1 lit a AWG; vgl auch § 82 Abs 1 GewO).

2.5 Periodische Anpassung von Anlagen

Betreiber von IE-pflichtigen Anlagen sind binnen vier Jahren ab Veröffentlichung von BVT-Schlussfolgerungen im Amtsblatt der EU zur Anpassung (*„Aktualisierung"*) verpflichtet (§ 81 b GewO, § 43 EG-K, § 57 AWG); freilich ist diese Anpassungspflicht nur bei neuen BVT-Schlussfolgerungen zur *„Haupttätigkeit"* angeordnet. Es besteht daher keine Anpassungspflicht:

- an sog horizontale BVT-Merkblätter (zB zur Energieeffizienz) und
- hinsichtlich anderer Haupttätigkeiten (zB lösen bei einer Abfallmitverbrennung im Zementwerk neue BVT für die Abfallverbrennung keine Anpassung für die Zementerzeugung aus).

Strukturell sind die Anpassungsverfahren in den Materiengesetzen größtenteils ähnlich aufgebaut, gemeinsam ist allen, dass:

- der Betreiber binnen eines Jahres ab Veröffentlichung der Behörde mitzuteilen hat, ob aus seiner Sicht eine Anpassung erforderlich ist,
- der Betreiber diese Anpassungsmaßnahmen vorzulegen hat und
- die Behörde darüber entscheidet, wobei als Umsetzungszeitraum vier Jahre zur Verfügung stehen.

In allen Materiengesetzen ist vorgesehen, dass beim Erfordernis zusätzlicher Maßnahmen ein bescheidmäßiger Auftrag der Behörde zu ergehen hat; die Umsetzung der erforderlichen Maßnahmen kann in unterschiedliche Materienverfahren mit/ohne Änderungsgenehmigungspflicht münden (§ 81 b Abs 3, 8).

Erwähnenswert ist weiters die Sondernorm des § 81 d bei *„Nichteinhaltung des Genehmigungskonsenses"*: Abs 1 sieht dazu eine Informationspflicht des Betreibers vor. Wenn dieser *„Vorschläge zur unverzüglichen Behebung der Mängel / Beseitigung der Abweichungen"* vorlegt, ist ihm keine Verwaltungsübertretung anzulasten und es drohen ihm keine Maßnahmen nach § 360 Abs 4. Es handelt sich damit um eine **Sonderausprägung der Figur der** *„tätigen Reue"*, hier mit der unternehmerfreundlichen Besonderheit, dass noch keine Behebung/Beseitigung der Mängel gefordert ist, sondern entsprechende Vorschläge genügen.

2.6 Im Zusammenhang mit Verfahren betreffend die Genehmigung von IPPC- und UVP-Anlagen ist auf die Rechtsprechung des EuGH zur Präklusion, dh zur Frage, inwieweit das Unterlassen der fristgerechten Erhebung zulässiger Einwendungen zum Verlust der Parteistellung führen darf, hinzuweisen. Der EuGH hat in seinem Urteil C-137/14 vom 15. 10. 2015 *(Kommission/Deutschland)* festgehalten, dass jenen Nachbarn, die fristgerecht zulässige Einwendungen erhoben haben, eine umfassende – auch über bereits erhobene Einwendungen hinaus bestehende – Beschwerdebefugnis gegen den das Verfahren abschließenden Bescheid zukommen muss. Bislang ging die österreichische Rechtsordnung hingegen davon aus, dass ein Nachbar in anlagenrechtlichen Verfahren seine Parteistellung verliert, insoweit als er nicht fristgerecht zulässige Einwendungen erhoben hat (§ 42 Abs 1 AVG). Anzunehmen ist aber (auch im Lichte der zitierten EuGH-Judikatur) weiterhin, dass jene Nachbarn, die überhaupt keine zulässigen Einwendungen fristgerecht erheben, ihre Parteistellung gänzlich verlieren. Zu Fragen der Beteiligung von Umweltorganisationen an Genehmigungsverfahren im Lichte der Aarhus-Konvention sowie zur Präklusion ist vom VwGH mit Beschluss vom 26. 11. 2015, Ra 2015/07/0051 (EK 2015/0007) ein Vorabentscheidungsverfahren eingeleitet worden.

3. Öffentlichkeitsbeteiligungs-RL und Aarhus-Konvention

295   **3.1** Aarhus-Konvention

Mit dem Übereinkommen der UN-Wirtschaftskommission für Europa (UN-ECE) über den Zugang zu Informationen, die Öffentlichkeitsbeteiligung an Entscheidungsverfahren und den Zugang zu Gerichten in Umweltangelegenheiten v 25. 6. 1998 (**Aarhus-Konvention** – in Kraft getreten am 30. 10. 2001) haben die Partizipationsmöglichkeiten an umweltrelevanten Verfahren eine neue Qualität erreicht. Die EU hat – ebenso wie die Republik Österreich – die Aarhus-Konvention unterzeichnet und ratifiziert. Österreich und die EU haben die (jeweils eigenständige) völkerrechtliche Pflicht zur Umsetzung der Konvention.

Vgl einerseits den Beschluss des Rates 2005/370/EG v 17. 2. 2005 über den Abschluss dieses Übereinkommens im Namen der Europäischen Gemeinschaft und andererseits in Bezug auf Österreich **BGBl III 2005/88.** Die Verpflichtung zur Anpassung des Unionsrechts an die Konvention machte neben einer Neufassung der RL über die Umweltinformation eine Neuregelung der Beteiligung der Öffentlichkeit an umweltrelevanten Entscheidungsverfahren sowie die Einführung des von der Aarhus-Konvention vorgesehenen Zugangs zu Überprüfungsverfahren vor Gerichten oder anderen Tribunalen erforderlich.

In Umsetzung der Aarhus-Konvention ist insb die sog **Öffentlichkeitsbeteiligungs-RL 2003/35/EG (ÖB-RL)** erlassen worden, die eine Neuregelung der Öffentlichkeitsbeteiligung bei bestimmten Plänen und Programmen sowohl bei UVP-pflichtigen Vorhaben als auch bei IPPC-Anlagen vorsieht. Weiters ist auf die Seveso III-RL zu verweisen. Mittlerweile spielt die Aarhus-Konvention auch bei der Auslegung des Unionsrechts durch den EuGH eine gewisse Rolle, wenn es um Beteiligung der betroffenen Öffentlichkeit geht.

3.2 „Öffentlichkeit" und „betroffene Öffentlichkeit"

Die RL unterscheidet – wie schon bisher die UVP-RL – zwischen der **„Öffentlichkeit",** der gegenüber sowohl „frühzeitig" im Verfahren als auch nach Erteilung einer Genehmigung Informationspflichten bestehen, und der **betroffenen Öffentlichkeit",** der Gelegenheit zur Stellungnahme zu geben und das Recht einzuräumen ist, Überprüfungsverfahren vor Gericht oder einem anderen Tribunal anhängig zu machen, um die materiell-rechtliche und verfahrensrechtliche Rechtmäßigkeit von Entscheidungen überprüfen zu lassen (vgl Art 11 [ex Art 10 a] UVP-RL und Art 25 IE-R [ex Art 16 IPPC-RL]).

Ziel der Änderung der UVP-RL durch die ÖB-RL 2003/35/EG ist ua, der betroffenen Öffentlichkeit einen „weiten Zugang zu Gerichten zu gewähren". Die Verfahren sollen „fair, zügig und nicht übermäßig teuer" sein.

Vgl Art 3 Z 7 (nunmehr Art 11 UVP-RL) und Art 4 Z 4 der RL 2003/35/EG (nunmehr Art 25 IE-R).

Zur „betroffenen Öffentlichkeit" gehören auch **Nichtregierungsorganisationen (NGOs),** die sich „für den Umweltschutz einsetzen und alle nach innerstaatlichem Recht geltenden Voraussetzungen erfüllen" (Art 1 Abs 2 lit e UVP-RL bzw Art 3 Nr 17 IE-R). Dies geht auf Art 2 Nr 5 der Aarhus-Konvention zurück, der die „non-governmental organizations promoting environmental protection" zur „betroffenen Öffentlichkeit" („public concerned") rechnet, indem ihnen ein Interesse an umweltbezogenen Entscheidungsverfahren zugesprochen wird, wenn sie die innerstaatlichen Voraussetzungen erfüllen („for the purposes of this definition, non-governmental organizations promoting environmental protection and meeting any requirements under national law shall be deemed to have an interest"). Aufgrund der daraus folgenden Notwendigkeit der Rechtseinräumung an Nichtregierungsorganisationen kann man davon sprechen, dass es im Gefolge der Aarhus-Konvention zu einer gewissen „Subjektivierung öffentlicher Interessen" kommt.

Eine solche ist dem österr Recht allerdings nicht völlig fremd: Schon nach dem UVP-G 1993 war die Bürgerinitiative berechtigt, „die Einhaltung von Umweltschutzvorschriften als subjektives Recht im Verfahren geltend zu machen und Beschwerde an den Verwaltungsgerichtshof oder den Verfassungsgerichtshof zu erheben" (vgl § 19 Abs 4 UVP-G 2000).

3.3 Die **„drei Säulen" der Öffentlichkeitsbeteiligung** nach der Aarhus-Konvention

Die Aarhus-Konvention sieht neben dem Zugang zu Umweltinformationen (1. Säule) und der Beteiligung der Öffentlichkeit an umweltrelevanten Entscheidungsverfahren (2. Säule) auch den Zugang zu Überprüfungsverfahren vor Gerichten oder anderen Tribunalen vor (sog 3. Säule – access to justice).

3.3.1 Die Konvention legt in Art 6 (Öffentlichkeitsbeteiligung an Entscheidungen über bestimmte Tätigkeiten) die Mechanismen der Öffentlichkeitsbeteiligung fest, va im Hinblick auf den Zeitpunkt, die Form und den Umfang der Mitwirkung der Öffentlichkeit.

> Sie zählt in ihrem Anhang I jene Tätigkeiten auf, deren Zulassungsverfahren jedenfalls der Öffentlichkeitsbeteiligung unterliegen (vereinfacht gesagt sind dies die der UVP-RL und der IE-R unterliegenden Vorhaben). Ferner ist eine Beteiligung der Öffentlichkeit auch bei sonstigen geplanten Tätigkeiten vorgesehen, die eine erhebliche Auswirkung auf die Umwelt haben können. Die nähere Bestimmung der nicht in Anhang I angeführten Tätigkeiten obliegt den Vertragsstaaten.

Die **„betroffene Öffentlichkeit"** ist in „sachgerechter, rechtzeitiger und effektiver Weise" frühzeitig zu **informieren,** wobei die Information einen gewissen Mindestinhalt über das anstehende Entscheidungsverfahren zu enthalten hat. Ein angemessener zeitlicher Rahmen ist vorzusehen und eine frühzeitige Mitwirkung der Öffentlichkeit sicherzustellen. Die Konvention gibt weiters vor, dass die zust Beh der Öffentlichkeit Zugang zu allen Informationen, die von Relevanz für das Entscheidungsverfahren sind, zu gewähren haben. Gleichzeitig räumt sie der Öffentlichkeit die Möglichkeit ein, zu den geplanten Tätigkeiten Stellungnahmen, Analysen und dgl vorzulegen. Das Ergebnis der Öffentlichkeitsbeteiligung ist durch die Beh angemessen zu berücksichtigen, über das Ergebnis der Entscheidung ist die Öffentlichkeit unverzüglich zu informieren. Bei Verfahren zur „Aktualisierung" bestehender Genehmigungen legt die Konvention fest, dass die genannten Bestimmungen über die Öffentlichkeitsbeteiligung sinngemäß und angemessen anzuwenden sind.

3.3.2 Die „dritte Säule" der Aarhus-Konvention behandelt den **Zugang zu Gerichten** bzw **Tribunalen** in Umweltangelegenheiten (Art 9).

In Bezug auf die erste Säule sieht die Konvention gerichtlichen Rechtsschutz bzw Rechtsschutz durch ein anderes Tribunal (unabhängige und unparteiische Stelle) bei Ablehnung oder ungenügender Beantwortung eines Antrags auf Umweltinformation vor (Art 9 Abs 1).

In Bezug auf die zweite Säule (Öffentlichkeitsbeteiligung an umweltrelevanten Entscheidungsverfahren) legt die Konvention fest, dass Mitglieder der betroffenen Öffentlichkeit Zugang zu einem Überprüfungsverfahren vor einem Gericht oder einer anderen unabhängigen und unparteiischen Stelle haben sollen, wenn sie die materiell- oder verfahrensrechtliche Rechtmäßigkeit umweltbezogener Vorhabensgenehmigungen iSd Art 6 anfechten wollen. Die Konvention räumt diesen Rechtsanspruch jenen ein, die entweder ein „ausreichendes Interesse" haben oder aber alternativ eine „Rechtsverletzung" geltend machen, sofern das nationale Verwaltungsverfahrensrecht dies als Voraussetzung verlangt. Die nähere Ausgestaltung von „ausreichendem Interesse" und „Rechtsverletzung" ist dem innerstaatlichen Recht vorbehalten. NGOs, die sich für den Umweltschutz einsetzen und die nach innerstaatlichem Recht geltenden Voraussetzungen erfüllen, wird – wie oben ausgeführt – jedenfalls ein „ausreichendes Interesse" zuerkannt (Art 9 Abs 2).

Schließlich legt die Aarhus-Konvention im Regelungsbereich der sog dritten Säule in Art 9 Abs 3 zusätzlich zu dem in Art 9 Abs 2 geregelten Bereich der Genehmigungsverfahren fest, dass „Mitglieder der Öffentlichkeit", sofern sie etwaige innerstaatliche Kriterien erfüllen, Zugang zu einem verwaltungsbehördlichen oder gerichtlichen Verfahren haben sollen, um einen sonstigen Verstoß gegen nationales Umweltrecht durch Privatpersonen oder Beh anzufechten (Art 9 Abs 3).

3.4 Umsetzung der Aarhus-Konvention durch die EU und durch Österreich

In Bezug auf die im vorliegenden Zusammenhang relevante zweite und den hiefür maßgeblichen Teil der dritten Säule der Aarhus-Konvention (Art 9 Abs 2) erfolgte die Umsetzung der Konvention durch die schon erwähnte ÖB-RL 2003/35/EG, die für UVP-pflichtige Vorhaben und IPPC-Anlagen gilt. Die ÖB-RL war von den Mitgliedstaaten ihrerseits bis zum 25. 6. 2005 in innerstaatliches Recht umzusetzen. Da diese RL sowohl UVP-pflichtige als auch der IPPC-RL (nunmehr IE-R) unterliegende Vorhaben umfasst, bedingte die Umsetzung neben Änderungen des UVP-G auch Änderungen im Gewerberecht und anderen Rechtsvorschriften betreffend IPPC-Anlagen.

Siehe die zT rückwirkend am 26. 6. 2005 in Kraft getretene GewRNov 2005.

Während die Vorgaben des Art 9 Abs 2 der Aarhus-Konvention damit im gew BA-Recht in Bezug auf IPPC-Anlagen (ebenso wie für UVP-Anlagen) umgesetzt sind, werfen vor allem Art 9 Abs 3 der Konvention sowie Art 11 der UVP-RL noch Probleme auf.

Die Konventionsverpflichtung, der betroffenen Öffentlichkeit Zugang zu einem verwaltungsbehördlichen oder gerichtlichen Verfahren zu gewähren, „um die von Privatpersonen und Behörden vorgenommenen Handlungen und begangenen Unterlassungen anzufechten, die gegen umweltbezogene Bestimmungen ihres innerstaatlichen Rechts verstoßen" (Art 9 Abs 3), ist bisher weder von Österreich noch der EU vollständig umgesetzt worden. Der **Konvention** kommt zwar im Gegensatz zum Unionsrecht **keine unmittelbare Wirkung** zu, was der EuGH ua im Urteil vom 8. 3. 2011, C-240/09, *Slowakischer Braunbär,* festgehalten hat; gleichzeitig sprach er aus, das nationale Recht sei im Hinblick auf die Gewährung eines effektiven gerichtlichen Rechtsschutzes in den vom Umweltrecht der Union erfassten Bereichen so auszulegen, dass es so weit wie möglich im Einklang mit den Zielen des Art 9 Abs 3 des Übereinkommens von Aarhus steht. Vor allem Fragen der Beteiligung von Umweltorganisationen außerhalb des IPPC-Anlagenrechts werden immer wieder unter diesem Gesichtspunkt in Verfahren thematisiert. Zu Fragen der Beteiligung von Umweltorganisationen an Genehmigungsverfahren im Lichte der Aarhus-Konvention sowie zur Präklusion ist vom VwGH mit Beschluss vom 26. 11. 2015, Ra 2015/07/0051 (EK 2015/0007) ein Vorabentscheidungsverfahren eingeleitet worden.

Eine auch mit dem gew BA zusammenhängende Frage der Auslegung der Unionsregelungen über die Öffentlichkeitsbeteiligung im UVP-Recht ist die Beteiligung der betroffenen Öffentlichkeit an **UVP-Feststellungsverfahren.** Die bisherige Rsp sah Bescheide über die Feststellung der UVP-Pflicht eines Vorhabens nach § 3 Abs 7 UVP-G als bindend für alle nachfolgenden (zB gewerberechtlichen) Anlagengenehmigungsverfahren an, obwohl Umweltorganisationen und Nachbarn am Feststellungsverfahren bei der UVP-Behörde nicht beteiligt sind. Mit der UVP-G-Novelle 2012 (BGBl I 2012/77) wurde zunächst den Umweltorganisationen ein Anfechtungsrecht gegen UVP-Negativ-Feststellungen eingeräumt, nicht jedoch den Nachbarn eines Vorhabens (vgl § 3 Abs 7 a UVP-G). Im Gefolge eines von ihm eingeleiteten Vorabentscheidungsverfahrens (EuGH 16. 4. 2015, C-570/13, *Karoline Gruber*) judiziert der VwGH nunmehr, dass ein **UVP-Feststellungsbescheid** gegenüber Nachbarn, die am UVP-Feststellungsverfahren nicht beteiligt waren, **keine Bindungswirkung** entfaltet. Im Verfahren über die Erteilung einer BA-Genehmigung können Nachbarn daher trotz gegenteiliger Entscheidung der UVP-Behörde nun einwenden, dass das Vorhaben UVP-pflichtig sei (VwGH 22. 6. 2015, 2015/04/0002).

Eine Reaktion des Gesetzgebers steht unmittelbar bevor: Im Zuge des „Energie-Infrastruktur"-Gesetzesvorhabens (Abänderungsantrag zur RV 626 BlgNR 25. GP) soll Nachbarn ein nachträgliches Überprüfungsrecht gegen UVP-Negativ-Feststellungen eingeräumt werden; damit würde die Bindungswirkung von UVP-Feststellungsbescheiden wiederhergestellt.

4. Die Umgebungslärm-RL

296   Die **Richtlinie 2002/49/EG über die Bewertung und Bekämpfung von Umgebungslärm** vom 25. 6. 2002 verfolgt einen integrativen Ansatz: Sie normiert keine neuen Emissionsgrenzwerte, sondern operiert mit einer **quellenunabhängigen, immissionsseitigen Perspektive.** Ihre Regelungen setzen beim Umgebungslärm an.

Als Umgebungslärm gelten – im Rahmen eines weit gefassten Verständnisses – unerwünschte oder gesundheitsschädliche Geräusche im Freien, die durch Aktivitäten von Menschen verursacht werden, einschließlich des Lärms, der von Verkehrsmitteln, Straßenverkehr, Eisenbahnverkehr, Flugverkehr sowie von bestimmten Geländen für industrielle Tätigkeiten ausgeht und dem Menschen in bebauten Gebieten, in öffentlichen Parks und Gebieten (eines Ballungsraums oder auf dem Land) ausgesetzt sind.

Die Richtlinie verlangt in einem ersten Schritt eine umfassende Ermittlung der Belastung durch Umgebungslärm im Bereich typischer **„Konfliktzonen"** – konkret im Umfeld großer Verkehrsinfrastruktureinrichtungen (Hauptverkehrsstraßen, Hauptstrecken der Bahn und Flughäfen) und städtischer Ballungsräume mit größeren Industriestandorten. Dazu waren bis Mitte 2007 für maßgebliche Emittenten **Lärmkarten** zu erstellen. Aus diesen Immissionsdaten lässt sich in einem weiteren Schritt für überbelastete Bereiche ein entsprechender Handlungsbedarf ableiten: Dazu waren bis Mitte 2008 von den nationalen Behörden **Aktionspläne** zu erstellen, in denen für Orte in der Nähe der Verkehrs(groß)infrastruktur und Ballungsräume konkrete Maßnahmen zur Bekämpfung der Lärmauswirkungen festgelegt wurden. Diese Maßnahmen sind – abhängig von Belastungsgrad und -ausmaß – mit Prioritäten zu versehen; ihre **Durchsetzung** ist ins Ermessen der zuständigen Behörden gestellt. Begleitet wurde dieser Prozess durch die **Information der Öffentlichkeit** über die Belastungssituation und über Lärmminderungsmaßnahmen. Die Umgebungslärm-RL ist als Rahmenrichtlinie gefasst und soll als Grundlage für die Einführung weiterer Unionsmaßnahmen und Rechtsvorschriften zur Lärmminderung bei den wichtigsten Lärmquellen dienen.

> Aufgrund dieses Rahmencharakters scheidet auch eine Berufung auf unmittelbare Wirkungen der Richtlinie aus, da sie keine inhaltlich unbedingte und hinreichend bestimmte Festlegung von – über Ermittlungs- und Informationsrechte hinausgehenden – Rechten Einzelner enthält (VwGH 4. 5. 2006, 2005/03/0250).

4.1 Umsetzung: Bundes-Umgebungslärmschutzgesetz 2005 und Materiengesetze
Die Umgebungslärm-RL wurde in Österreich – aufgrund der kompetenzrechtlichen Querschnittlage des Lärmschutzes – mit mehreren Gesetzgebungsakten auf Bundes- und Länderebene umgesetzt.

Im Zentrum steht das BG über die Erfassung von Umgebungslärm und über die Planung von Lärmminderungsmaßnahmen (BGBl I 2005/60 – Bundes-Umgebungslärmschutzgesetz – Bundes-LärmG), flankiert durch sektoralgesetzliche Umsetzungen, ua in der GewO.

Das Bundes-LärmG übernimmt die von der RL vorgegebenen spezifisch immissionsseitigen Ziele (schädlichen Lärmwirkungen „vorzubeugen oder entgegenzuwirken" – § 1) und setzt die Maßnahmen im bundesrechtlichen Kompetenzbereich für Verkehr auf Bundesstraßen, Eisenbahnverkehr, zivilen Flugverkehr und industrielle Tätigkeiten (Geltungsbereich – § 2) mit richtlinienkonformen Begriffen (§ 3) und Methoden sowie Indizes (§ 4) um; Letztere werden durch eine V noch näher zu determinieren sein (§ 11).

Mit Hilfe dieser Grundlagen haben die ressortzuständigen BM zunächst die konkreten **Handlungsbereiche** abzustecken (§ 5): durch weitgehend verkehrsmengenbezogene Ausweisung der betroffenen Infrastruktur sowie durch die standort- und kapazitätsabhängige Erhebung der betroffenen Industrieanlagen (IPPC-Anlagen in Ballungsräumen).

In diesen Handlungsbereichen haben die ressortzuständigen BM (für alle Straßenbahnen in Ballungsräumen der LH in mittelbarer Bundesverwaltung) **strategische Umgebungslärmkarten** zu erstellen (§ 6): Inhaltlich handelt es sich dabei um eine Karte zur „Gesamtbewertung" getrennt nach Lärmarten: Straße, Schiene etc der auf die verschiedenen (betroffenen) Quellen zurückzuführenden Lärmbelastung in einem bestimmten Gebiet oder zur „Gesamtprognose" für ein solches Gebiet.

Auf diesen Erhebungsschritt folgt die Maßnahmenkonzeption: Die ressortzuständigen BM (bzw der LH) haben **Aktionspläne** auszuarbeiten (§ 7), das sind Pläne zur Regelung von Lärmproblemen und von Lärmauswirkungen, erforderlichenfalls einschließlich der Lärmminderung, gegebenenfalls auch Maßnahmen zum Schutz ruhiger Gebiete.

Mit der Kategorisierung von **„ruhigen Gebieten"** in § 3 Abs 4 Bundes-LärmG wird eine Anspruchsgrundlage für einen besonderen Ruheschutz geschaffen (vgl dazu einschlägige Ausweisungen in den Landesnaturschutzgesetzen oder Gebieten nach der ÖNORM 5029 wie Kurgebiete, Sanatorien etc); damit wird über die bloße Begrifflichkeit hinaus auch ein **materieller Ansatz für differenzierende Schutzstandards** geschaffen.

Die Bedeutung solcher Differenzierungen ist nicht zu unterschätzen; die Judikatur nimmt solche Indizien zunehmend auf, vgl etwa das Judikat des uUmwSen v 17. 5. 2006, 3B2005/19-20 = RdU 2006, 113 mAnm *Schulev-Steindl,* die zutreffenderweise im zitierten Judikat Argumentationsansätze für eine Relativierung des Immissionsschutzes in Abhängigkeit von der Sensibilität der jeweiligen Nutzung erkennt; nach VwGH 31. 3. 2008, 2006/05/0184 hängt diese allerdings nicht von der Flächenwidmung, sondern von der Nutzungsbeschränkung nach der jeweiligen Baubewilligung ab.

Für die wesentlichen Arbeitsschritte des Umgebungslärmschutzes – die strategischen Lärmkarten und die Aktionspläne – ist sowohl eine entsprechende **Öffentlichkeitsbeteiligung** (durch Kundmachung und Anhörung) als auch eine **Informationszusammenführung** (in Österreich beim BMLFUW) und anschließende Übermittlung an die Kommission vorgesehen (§ 10).

Sofern solche Aktionspläne in einem besonderen Planungskontext für bestimmte (UVP-pflichtige) Projekte oder (Natura-2000-)Gebiete stehen, unterliegt ihre Erstellung besonderen durch die SUP-Richtlinie bedingten Erfordernissen: Sie sind einer Umweltprüfung zu unterziehen (§ 8); im Falle grenzüberschreitender Auswirkungen solcher (umweltprüfungspflichtiger) Aktionspläne ist ein **Konsultationsmechanismus** einzuhalten (§ 9) (s Lexikon „Umweltprüfung von Plänen und Programmen" Rz 144).

Flankiert wird das Bundes-LärmG durch Bestimmungen in der GewO, konkret § 84 q: Darin werden Details der Datenmeldung und -erhebung für Betreiber von IPPC-Anlagen in Ballungsräumen getroffen.

Im Ergebnis führen damit strukturierte Ermittlungen zu konkreten Maßnahmenkatalogen im Aktionsplan. Hier endet der Regelungsanspruch des Bundes-LärmG; die Umsetzung der Maßnahmen ist Sache der für die Emittenten zuständigen Behörden, für die BA also der Gewerbebehörden.

4.2 Der Aktionsplan und seine Bedeutung im Genehmigungsverfahren

Die Umgebungslärm-RL stellt die Umsetzung der im Aktionsplan beschriebenen Maßnahmen ins **„Ermessen"** der zuständigen Behörden, was gegen eine strikte Bindungswirkung des Aktionsplans für die Behörden spricht und diesen einen gewissen Umsetzungsspielraum offen lässt. Zugleich wird aus der Formulierung deutlich, dass Maßnahmen im Aktionsplan so beschrieben sein sollten, dass eine Umsetzung (und eine dahin gerichtete Ermessensübung der Behörden) möglich ist. Daraus folgt: Die Aktionspläne sind **umsetzungstauglich zu gestalten;** sie begründen aber **keine Pflicht der Behörde zur plangleichen Umsetzung** (und konsequenterweise auch **kein Recht eines Einzelnen** darauf).

Diesem Verständnis ist auch der österr Bundesgesetzgebers gefolgt: Eine Bindung der Gewerbebehörde durch den Aktionsplan wird nicht angeordnet; § 7 Abs 10 Bundes-LärmG beschränkt sich auf die Anordnung, dass Maßnahmenvorschläge im Aktionsplan „nach Maßgabe der für die jeweilige Anlage anzuwendenden Verwaltungsvorschriften" zu erstellen sind. Klargestellt wird, dass aus den Maßnahmenvorschlägen selbst „keine subjektiv öffentlichen Rechte" ableitbar sind (§ 7 Abs 12).

> IdS hat der VwGH im Erk v 4. 5. 2006, 2005/03/0250 festgehalten, dass das Bundes-LärmG **keine subjektiv öffentlichen Rechte** in einem Genehmigungsverfahren begründen kann.

Die RV (857 BlgNR 22. GP 5) qualifiziert den Aktionsplan als *„Planungsinstrument ohne rechtlich bindende Wirkung".* Aktionspläne haben also keinen normativen, sondern deskriptiven Charakter (*Würthinger,* Umgebungslärm 77; *Giese,* Das Betriebsanlagenrecht und andere Bereiche des öffentlichen Rechts Rz 309).

> **Methodisch** erinnert die zweistufige Vorgehensweise – zunächst Erstellung von Lärmkarten für Bestand und Prognose, sodann Ausarbeitung von Aktionsplänen für Maßnahmen – an den Sachverständigenbeweis nach AVG, gegliedert in Befund und Gutachten (zB VwGH 27. 4. 1989, 88/03/0208); gerade das Gutachten ieS enthält typischerweise auch Auflagenvorschläge (VwGH 24. 5. 1989, 88/03/0135).
>
> Im Rahmen eines Systemvergleichs erweist sich der **Gefahrenzonenplan** nach § 11 ForstG als in vielerlei Hinsicht „verwandtes" Instrument: Gefahrenzonenpläne bearbeiten ein bestimmtes Gebiet unter Aspekten der Gefahrenprävention und -vorsorge (zB Lawinen) und enthalten konkretere Zonierungen mit nutzungsbezogenen Empfehlungen (zB „rote Zonen"). Ihrer Erstellung geht eine öffentliche Auflage und kommissionelle Überprüfung voraus; dies mit dem Zweck, insb der Raumplanung eine normative Anknüpfung zu erleichtern und Fehlerquellen zu vermeiden. Rechtlich wird der Gefahrenzonenplan als „Gutachten mit Prognosecharakter" qualifiziert (VwGH 27. 3. 1995, 91/10/0090), dem keine normative Außenwirkung zukommt (VwGH 30. 10. 1980, 3424/78) und aus dem sich weder Rechte noch Pflichten für den Einzelnen ableiten lassen.

Inhaltliche, methodische und systematische Argumente sprechen dafür, auch den **Aktionsplan** als **Gutachten** oder **gutachtenähnliches Instrument** zu werten. Daran knüpfen sich freilich rechtliche Konsequenzen.

Gutachten entfalten für die Beh zwar keine Bindungswirkung im rechtlichen Sinn; die Beh ist aber – im Rahmen der freien Beweiswürdigung (§ 45 Abs 2 AVG) – zu einer sachlich nachvollziehbaren Auseinandersetzung mit dem Gutachten verpflichtet (VwGH 13. 9. 1978, 1835/77). Übergeht die Beh einen gutachtlich begründeten Auflagenvorschlag ohne nachvollziehbare Begründung, belastet sie den Bescheid mit Rechtswidrigkeit (VwGH 24. 10. 1973, 810/73).

Aktionspläne können als **Gutachten mit Maßnahmenvorschlägen** herangezogen werden; sie sind zwar nicht unmittelbar normativ verbindlich und verbriefen keine subjektiv öffentlichen Rechte. Sie sind aber von den Gewerbebehörden bei ihren Rechtsakten – soweit sich diese auf lärmrelevante Sachverhalte beziehen – in sachlich angemessener Weise zu berücksichtigen:

In **Genehmigungsverfahren über Industrieanlagen** in Ballungsräumen können strategische Lärmkarten und Aktionspläne zunächst als Beurteilungsgrundlage für die Wirksamkeit von Maßnahmen an der Lärmquelle in das Verfahren entscheidungsrelevant einfließen; darüber hinaus bieten sie – insb wenn sie auch in anderen Verfahren (zB über Verkehrsträger) berücksichtigt werden – eine bedeutsame Beurteilungsgrundlage für den Prognosehorizont bei der Ermittlung der „tatsächlichen örtlichen Verhältnisse" iSd § 77 Abs 2 GewO.

5. Die Seveso-III-RL

Die RL 2012/18/EU zur Beherrschung der Gefahren schwerer Unfälle mit gefährlichen Stoffen wird – anknüpfend an die Vorgänger-RL 82/501/EWG (Seveso-I-RL), die wesentlich durch die Dioxin-Kontamination aus einer BA in Seveso (Italien) im Jahr 1976 motiviert war – sowie deren Nachfolger-RL 96/82/EG (Seveso-II-RL), als **Seveso-III-RL** bezeichnet. Durch die Seveso-III-RL wurde die Seveso-II-RL zunächst geändert und schließlich mit Wirkung vom 1. 6. 2015 aufgehoben. **297**

5.1 Ziele

Die Seveso-II-RL verfolgte einerseits das Ziel der Verhütung schwerer Unfälle, die durch bestimmte Industrietätigkeiten verursacht werden könnten, sowie andererseits das Ziel der Begrenzung der Unfallfolgen für die menschliche Gesundheit und die Umwelt. Sie diente damit sowohl der **Unfallprävention** als auch der **Unfall(folgen)begrenzung.** Daran anschließend zielt die Seveso III-RL darauf ab, das bestehende Schutzniveau zu erhalten und weiter zu erhöhen. Zudem erfolgte durch die Seveso-III-RL eine Anpassung der Einstufungskriterien für gefährliche Stoffe an die **CLP-VO** (VO (EG) 1272/2008 über die Einstufung, Kennzeichnung und Verpackung von Stoffen und Gemischen).

5.2 Anwendungsbereich und Stoffansatz

Im Unterschied zum UVP- und IPPC-Regime steckt die Seveso-III-RL ihren Anwendungsbereich nicht durch eine Anlagenliste ab, sondern knüpft schlichtweg an den **Begriff des Betriebes** an, der definiert wird als „den gesamten unter der Aufsicht eines Betreibers stehenden Bereich, in dem **gefährliche Stoffe** in einer oder in mehreren Anlagen, einschließlich gemeinsamer oder verbundener Infrastrukturen oder Tätigkeiten **vorhanden sind**"; die Betriebe sind entweder „**Betriebe der unteren Klasse**" oder „**Betriebe der oberen Klasse**". Auslösend für die spezifischen Pflichten ist nicht ein bestimmter Anlagentypus, sondern ein Gefahrenpotenzial; demzufolge sind bei der Mengenberechnung für die Seveso-III-Schwellen auch die Höchstmengen heranzuziehen, die im Betrieb vorhanden sein können (sei es durch Lagerung, sei es durch Anfall beim Produktionsprozess oder durch Entstehen bei einem Sonderbetriebszustand, Unfall odgl).

Die Definition der **gefährlichen Stoffe** erfolgt durch Umschreibung im Anhang I, uzw durch zwei verschiedene Regelungstechniken: Teil 1 enthält einen Katalog von Gefahrenkategorien gem der CLP-VO, Teil 2 eine Liste namentlich aufgeführter gefährlicher Stoffe. Ein Stoff oder Gemisch gilt somit dann als „*gefährlicher Stoff*" iSd Seveso-III-RL, wenn er/es entweder unter eine Gefahrenkategorie nach Anhang I Teil 1 fällt, **und/oder** in Anhang I Teil 2 aufgeführt ist.

Für ein „**Vorhandensein gefährlicher Stoffe**" iSd Seveso-III-RL ist ausschlaggebend, ob die in der Anlage vorhandenen Mengen an gefährlichen Stoffen den in Anhang I Teil 1 oder 2 genannten Mengenschwellen entsprechen oder darüber liegen.

Aus den **zweistufigen Mengenschwellen** (Betriebe der unteren und Betriebe der oberen Klasse) der Seveso-III-RL folgt, dass bei **BA aus industrieunfallrechtlicher Sicht** drei Kategorien unterschieden werden können:

– Anlagen mit Stoffmengen unterhalb der Spalte-2-Mengenschwellen: Sind gefährliche Stoffe in derart geringen Mengen vorhanden, **greift die RL nicht** (*Bernhard*, Industrieunfallrecht 13, spricht von „*Bagatellmengen*").
– Betriebe der unteren Klasse: Anlagen mit Stoffmengen entsprechend oder über den Spalte-2-Mengenschwellen, aber unterhalb der Spalte-3-Mengenschwellen; für diese Anlagenkategorie gelten etwas **vereinfachte** Verpflichtungen.
– Betriebe der oberen Klasse: Anlagen mit Stoffmengen entsprechend oder über den Spalte-3-Mengenschwellen; für diese Anlagen gelten aufgrund des typischerweise hohen Gefahrenpotenzials die **strengsten** Vorschriften.

Umgehungen der Mengenschwellen durch Aufteilung treten differenzierte **Additionsregeln** entgegen, wobei sowohl gleichartige Stoffe zusammengerechnet werden, als auch für verschiedenartige Stoffe „**Quotientenregelungen**" bestehen, die das summierte Gefahrenpotenzial abbilden.

5.3 Betreiberpflichten

Entsprechend den Zielen der Seveso-III-RL ist der Betreiber sowohl zur Gefahrenvorsorge als auch – bei Unfällen – zur Eindämmung der Folgen verpflichtet: Dies findet zunächst in innerbetrieblichen Pflichten zur Unfallverhütung und zur Begrenzung von Unfallfolgen seinen Ausdruck, des Weiteren in der Verpflichtung zur Kooperation mit benachbarten Betrieben und Beh, in Mitteilungspflichten der Betreiber und – bei Betrieben der oberen Klasse – in der Erstellung von internen und externen Notfallplänen unter Öffentlichkeitsbeteiligung.

Eine zentrale Stellung kommt **dokumentierten Qualitätssicherungsmaßnahmen** zu; so hat der Betreiber

– ein schriftliches **Konzept** zur Verhütung schwerer Unfälle, das im Rahmen eines Managementsystems in seine Organisation integriert ist, zu erstellen und regelmäßig zu evaluieren und

– in einem **Sicherheitsbericht** die Maßnahmenumsetzung zu dokumentieren und

– **Notfallpläne** aufzustellen, die detaillierte Informationen über Zuständigkeiten und Vorkehrungen bei Unfällen enthalten.

Zweites Standbein der externen Gefahrenvorsorge ist die **Information** der Öffentlichkeit und der Beh: Auch diese greift in zwei Richtungen, nämlich durch Information über präventive Sicherheitsmaßnahmen und das richtige Verhalten bei Unfällen sowie die sofortige Verständigung bei Eintritt eines schweren Unfalls.

5.4 Behördenpflichten

Den Beh obliegt nach dem Seveso-III-Regime die Verpflichtung zur **Kontrolle** und **Überwachung** der Gefahrenvorsorge und Abwehrmaßnahmen des Betreibers. Darüber hinaus haben die Beh durch eine über den einzelnen Betrieb hinausgehende räumliche Betrachtung allfällige **„Dominoeffekte"** zu identifizieren und in die Prävention miteinzubeziehen sowie die Ansiedelung von der RL unterliegenden Betrieben im Rahmen der Flächenausweisung und Flächennutzung mitzuberücksichtigen (so muss bei der Ansiedelung ein angemessener Sicherheitsabstand zu Wohngebieten, öffentlich genutzten Gebäuden, etc gewahrt bleiben). Behörden unterliegen weiters spezifischen **Informationspflichten** sowie **Schutzpflichten** bei Unfällen und haben ein **Inspektionssystem** inklusive der Durchführung von Routineinspektionen einzurichten, wodurch – unabhängig vom Erhalt des Sicherheitsberichts oder anderer Berichte – eine planmäßige und systematische Prüfung der betriebstechnischen, organisatorischen und managementspezifischen Systeme des Betriebs sichergestellt ist.

5.5 Umsetzung in Österreich

Die Mitgliedstaaten hatten die Seveso-III-RL bis zum 31. 5. 2015 in nationales Recht umzusetzen. Die Vorschriften der Seveso-II-RL wurden mit Wirkung vom 1. 6. 2015 aufgehoben.

Die Umsetzung im Bereich der GewO erfolgte durch die Seveso-III-Nov im Abschnitt 8 a durch Einfügung bzw Neugestaltung der §§ 84 a – 84 o und der zugehörigen Strafbestimmungen sowie in Anlage 5 der GewO. Übergangsbestimmungen für bestehende gew BA sind in § 84 o festgelegt.

Gem § 84 m erging die **IUV BGBl II 2015/229,** mit der nähere Bestimmungen über die Beherrschung der Gefahren schwerer Unfälle mit gefährlichen Stoffen in Betrieben erlassen wurden.

B. Bundesverfassungsrechtliche Grundlagen des Betriebsanlagenrechts

Harald Stolzlechner

Inhalt

1. Einleitung

298 Das formelle und materielle gew BA-Recht (§§ 74 ff und 353 ff) weisen vielfache Bezüge zum Bundesverfassungsrecht auf, namentlich zur **Kompetenzverteilung,** zum **verfassungsrechtlichen Organisationsrecht,** zum **Rechtsstaatsprinzip** sowie zu den **Grundrechten.** Unter Bezugnahme auf diese Regelungsbereiche sollen in der Folge die Vorschriften des gew BA-Rechts näher geprüft werden.

Daneben kommt auch dem 7. („Garantien der Verfassung und Verwaltung") sowie dem 8. Hauptstück des B-VG („Volksanwaltschaft") Bedeutung für BA-Genehmigungsverfahren zu. Ferner ist die Pflicht zur ausreichenden inhaltlichen Vorherbestimmung des Verwaltungshandelns („Legalitätsprinzip"; Art 18 B-VG) bei den gesetzlichen V-Ermächtigungen zu beachten (s *Vogelsang,* Verordnungen im Betriebsanlagenrecht Rz 253 ff).

2. Kompetenzgrundlagen hinsichtlich der materiellen Bestimmungen des Betriebsanlagenrechts

299 **Literatur (Auswahl):** *Bernard,* Die Feuerpolizei in verfassungsrechtlicher Sicht, ÖJZ 1972, 225; *Bresich/Klingenbrunner,* Kompetenzrechtliche Abgrenzungsfragen bei Spielen, AnwBl 2008, 59; *Bußjäger/Schneider,* Raumordnung, Gewerberecht und Einkaufszentren – eine missglückte Regulierung, ecolex 1998, 442; *Bußjäger/Seeberger,* Lichtverschmutzung und Kompetenzverteilung, RdU-U&T 2011, 74; *Duschanek,* Kompetenzrechtliche Überlegungen zu Energiesparvorschriften im Gewerberecht, ZfV 1981, 260 ff; *Funk,* Das System der bundesstaatlichen Kompetenzverteilung im Lichte der Verfassungsrechtsprechung, Schriftenreihe des IFÖ, Bd 17 (1980); *Giese,* Sonderwidmungen im Raumordnungsrecht, in FS Stolzlechner (2013) 155; *Granner/N. Raschauer,* Kompetenzrechtliche Überlegungen zur Lichtverschmutzung, SPRW 1/2012 – VuV A 21; *Gruber,* Die Transferierung der Pokerspielsalons in das Glücksspielmonopol des Bundes, in FS Stolzlechner (2013) 191; *Hauer,* Umweltanlagenrecht, in *Hauer/Mayrhofer* (Hrsg), Umweltrecht² (2015) 247 ff; *Horvath,* Energieeffizienzvorschriften für gewerbliche Betriebsanlagen und Kompetenzverteilung, in FS Stolzlechner (2013) 275; *Horvath,* Klimaschutz und Kompetenzverteilung (2014) 57; *Kohl,* Das österreichische Glücksspielmonopol (2013); *Mayer,* Einkaufszentren in der stmk Raumordnung, ecolex 1995, 376; *Mayer/Muzak,* B-VG[5] (2015); *Morscher,* Die Gewerbekompetenz des Bundes, Schriftenreihe des IFÖ, Bd 39 (1987); *Muzak,* Österreichisches, Europäisches und Internationales Binnenschifffahrtsrecht (2004); *Neuhofer/Zeilmayr,* Feuerpolizei und Feuerwehr in Oberösterreich (1999); *Pernthaler/Lukasser/Rath-Kathrein,* Gewerbe – Landwirtschaft – Veranstaltungswesen, Schriftenreihe des IFÖ, Bd 65 (1996); *Potacs,* Gewerbliches Betriebsanlagenrecht, in *Holoubek/Potacs* (Hrsg), Öffentliches Wirtschaftsrecht II[3] (2013) 839; *Potacs,* Betriebsansiedlung und Raumordnung, in *Rebhahn* (Hrsg), Kärntner Raumordnungs- und Grundverkehrsrecht (1996) 49; *N. Raschauer,* Kompetenzrechtliche Vorbemerkungen, in *E/R/W* Vor 1 Rz 1; *Reimeir,* Rechtsprobleme der Planung von Einkaufszentren (1992); *Rill/Madner,* Bergwesen, Angelegenheiten des Gewerbes und der Industrie und die Raumplanungskompetenz der Länder, ZfV 1996, 209; *Rill,* Grundfragen des österreichischen Preisrechts, ÖZW 1974, 97; ÖZW 1975, 65, 97; *Schulev-Steindl,* Wirtschaftslenkung und Verfassung (1996); *Schwartz/Wohlfahrt,* Glücksspielgesetz[2] (2006); *Stolzlechner,* Die rechtliche Behandlung von Sportanlagen, Schriftenreihe des IFÖ, Bd 88 (2002); *Stolzlechner,* Der verfassungsrechtliche Rahmen des Wirtschaftsrechts und seine Konkretisierung durch die verfassungsgerichtliche Judikatur, ÖZW 1987, 33 ff; *Stolzlechner,* Gewerberechtsfragen im Zusammenhang mit Clubbings in Niederösterreich, ZVG 2014, 422; *Stolzlechner,* Überlegungen zur kompetenzrechtlichen Abgrenzung von Gewerberecht, „öffentliche Agentien und Privatgeschäftsvermittlungen" sowie Wettenrecht, in FS Berka (2013) 627; *Strejcek/Bresich,* Glücksspielgesetz[2] (2011), 24; *Winkler,* Bergbauanlagenrecht, in *Holoubek/Potacs* (Hrsg), Öffentliches Wirtschaftsrecht II[3] (2013) 1086; *Zellenberg,* Sportanlagen zwischen Gewerbekompetenz und Veranstaltungswesen, in FS Stolzlechner (2013) 799.

Literatur zu Art 10 Abs 1 Z 12 B-VG (Auswahl): *(„Maßnahmen zur Abwehr von gefährlichen Belastungen der Umwelt, die durch Überschreitung von Immissionsgrenzwerten entstehen"; „Luftreinhaltung, unbeschadet der Zuständigkeit der Länder für Heizungsanlagen; Abfallwirtschaft hinsichtlich gefährlicher Abfälle, hinsichtlich anderer Abfälle nur soweit ein Bedürfnis nach Erlassung einheitlicher Vorschriften vorhanden ist"):* Bergthaler/Holzinger, Mobile Maschinen im Anlagen- und Immissionsschutzrecht – dargestellt am Beispiel der Off-RoadV, in FS Stolzlechner (2013) 37; *Funk,* Die Zuständigkeit des Bundes zur Abwehr von gefährlichen Umweltbelastungen, ZfV 1986, 525 ff; *Funk,* Die neuen Umweltschutzkompetenzen des Bundes, in *Walter* (Hrsg), Verfassungsänderungen 1988 (1989) 63 ff; *Horvath,* Klimaschutz und Kompetenzverteilung (2014) 165; *Madner,* Die Genehmigung von Abfallbehandlungsanlagen (1995) 33; *Mayer,* Abfallwirtschaft: Bemerkungen zur Bedarfskompetenz des Bundes, ecolex 1997, 54; *B. Raschauer,* Abfallverbrennung zwischen Bundes- und Landesrecht, RdU 1997, 63; *Rill,* Der „Immissionsgrenzwerte"-Kompetenztatbestand in Art 10 Abs 1 Z 12 B-VG idF der B-VGN 1983, BGBl 175, ZfV 1984, 225 ff; *Schwarzer,* Die neuen Luftreinhaltungskompetenzen des Bundes, ÖZW 1989, 47; *Stolzlechner,* Die neue Umweltschutzkompetenz des Bundes (Art 10 Abs 1 Z 12 B-VG), Schriftenreihe des Instituts für Kommunalwissenschaften und Umweltschutz (Linz) Bd 72 (1985); *Würthinger,* Luftreinhaltungs- und Klimaschutzrecht, in *N. Raschauer/Wessely* (Hrsg), Handbuch Umweltrecht[2] (2010) 484.

2.1 Das geltende **gew BA-Recht** stützt sich im Wesentlichen auf den Kompetenztatbestand des Art 10 Abs 1 Z 8 B-VG *(„Angelegenheiten des Gewerbes und der Industrie").* Unter diesen Kompetenztatbestand fallen nach Ansicht des VfGH alle Vorschriften, die nach **Stand** und **Systematik der einfachen Gesetze am 1. 10. 1925,** also vor allem nach GewO 1859, als gewerberechtliche Vorschriften anzusehen waren (zB VfSlg 2500/1953, 5024/1965, 10.831/1986, 17.022/2003), wozu auch **Regelungen zur Abwehr betrieblich verursachter Belästigungen und Gefahren** gehören (s auch *Potacs* in *Holoubek/Potacs,* Öffentliches Wirtschaftsrecht II[3] 844).

Die Fixierung auf den Zeitpunkt 1. 10. 1925 schließt die Erlassung *neuartiger Regelungen* insoweit nicht aus, als diese lediglich eine Weiterentwicklung von dem Grund

(„Regelungssystem") nach bereits am 1. 10. 1925 vorhandenen Bestimmungen bedeuten (**„intrasystematische Fortentwicklung"**; vgl *Funk,* System der bundesstaatlichen Kompetenzverteilung 77 ff) und zu keiner grundsätzlichen Neugestaltung führen (zB Regelung neuer Betriebsformen von Gastgewerbebetrieben – Diskotheken – zulässig; VfSlg 12.996/1992). **Neuregelungen des gew BA-Rechts** sind danach mit Art 10 Abs 1 Z 8 B-VG insoweit vereinbar, als sie ihrem Inhalt nach dem Rechtsgebiet *„Angelegenheiten des Gewerbes und der Industrie"* angehören (VfSlg 3393/1958; ähnlich VfSlg 2733/1954). Eine solche Zugehörigkeit lässt sich nicht allein aus dem Umstand ableiten, dass die durch eine Regelung verpflichteten Personen ihrer Tätigkeit nach der GewO unterliegen (VfSlg 3393/1958, 10.831/1986); idS auch *N. Raschauer* in *E/R/W* Vor 1 Rz 39 ff.

2.2 Der Gewerberechtsgesetzgeber hat **kompetenzrechtliche Schranken zu beachten:** Gesetzliche Maßnahmen können nur auf den Gewerberechtskompetenztatbestand gestützt werden, sofern es sich um **„Maßnahmen typisch gewerberechtlicher Art"** (dh um **„gewerbepolizeiliche Maßnahmen"**) handelt (VfSlg 4117/1961, 10.831/1986). Darunter sind Maßnahmen zu verstehen, die dem Schutz des Gewerbes (VfSlg 4117/1961), **der Abwehr von vom Gewerbebetrieb unmittelbar ausgehenden Gefahren für Gewerbetreibende** und **Arbeitnehmer, ferner für Kunden, andere Gewerbetreibende** oder **als Nachbarn sonst von der Gewerbetätigkeit unmittelbar betroffenen Personen** dienen (VfSlg 10.831/1986, 17.022/2003). Erfasst sind alle denkbaren Gefahrenquellen und Belästigungsarten (Lärm-, Rauch-, Staubentwicklung; Erschütterungen etc), ebenso von gew BA ausgehende **Lichtverschmutzungen** (so *Bußjäger/Seeberger,* RdU-U&T 2011, 74; *Granner/Raschauer,* SPRW 1/2012) und **Treibhausgase** (freilich nur zum Schutz der Nachbarschaft; s *Horvath,* Klimaschutz und Kompetenzverteilung 73).

Über diesen historisch feststehenden Umfang der gewerbepolizeilichen Ordnungs- und Sicherungsfunktion hinaus darf der Gewerberechtskompetenztatbestand nicht – auch nicht unter Heranziehung der „Gesichtspunktetheorie" oder in Umsetzung von Unionsrecht (VfSlg 17.022/2003) – ausgedehnt werden (VfSlg 10.831/1986): So sind zB für gew BA vorgesehene **Energiesparstandards** keine Maßnahmen gewerbepolizeilicher Gefahrenabwehr, sondern dienen einer **im gesamtwirtschaftlichen Interesse gelegenen „sinnvollen Nutzung von Energie"** und gehen daher über eine *spezifisch gewerbepolizeiliche Ordnungs- und Sicherungsfunktion* hinaus (VfSlg 10.831/1986). Gleiches gilt für Maßnahmen des **allgemeinen** (über die Nachbarschaft hinausgehenden) **Klimaschutzes** (s *Horvath,* Klimaschutz und Kompetenzverteilung 73).

> Ähnlich war auch die durch § 77 a Abs 1 Z 2 geregelte **Verpflichtung,** bestimmte gew BA nur dann zu genehmigen, wenn sichergestellt ist, dass bei Errichtung, Betrieb und Auflassung der BA *„Energie effizient verwendet wird",* **verfassungswidrig.** – Das Gebot *eines effizienten Energieeinsatzes* ist nämlich nicht der *gewerbepolizeilichen Gefahrenabwehr,* sondern dem Anliegen einer *Beschränkung des Energieeinsatzes* zuzuordnen, die über eine gewerbepolizeiliche Ordnungs- und Sicherungsfunktion hinausgeht (VfSlg 17.022/2003; dazu *Horvath* in FS Stolzlechner 282).
>
> Gem § 79 Abs 2 können Auflagen zur Vermeidung einer *„über die unmittelbare Nachbarschaft hinausreichenden beträchtlichen Belastung durch Luftschadstoffe, Lärm oder gefährliche Abfälle"* vorgeschrieben werden. Bei dieser Bestimmung ist fraglich, ob sie kompetenz-

rechtlich gedeckt ist. Sie kann als Ermächtigung verstanden werden, Abwehrmaßnahmen allgemein über den Bereich unmittelbarer Nachbarschaft hinaus vorzuschreiben. Dabei handelt es sich um keine Regelung des **allgemeinen Umweltschutzes** (s *Morscher*, Gewerbekompetenz 115). Die Formulierung *„über die unmittelbare Nachbarschaft hinausreichend"* ist wohl so zu verstehen, dass sie sich auf Emissionen bezieht, die zwar über Nachbarn mit besonderem Naheverhältnis zur gew BA (zB unmittelbar anrainende Nachbarn) hinausgehen, die aber dennoch im Gefährdungs- und Belästigungsbereich der BA Wirkung entfalten (vgl *Stolzlechner*, Die Rechtskraft und die Änderung von Bescheiden Rz 362, 4.5.2). Insoweit ist § 79 Abs 2 durch Art 10 Abs 1 Z 8 B-VG kompetenzrechtlich gedeckt.

§ 84 *(Arbeiten außerhalb einer BA; Vorkehrungen gegen Gefährdungen oder unzumutbare Belästigungen der Nachbarn, zB durch Lärm von Großbaustellen)*: Regelungen des Baustellenlärms sind grds Landessache (VfSlg 6262/1970), soweit es sich um eine Landesbauvorschriften unterliegende Bauführung handelt. Dies schließt nicht aus, dass auch der Bund aufgrund von Art 10 Abs 1 Z 8 B-VG *unter dem Gesichtspunkt gewerbepolizeilicher Gefahrenabwehr* Schutzmaßnahmen zB gegen Baustellenlärm (als Tätigkeit von Baumeistern) vorsieht und vollzieht.

2.3 Ausnahmsweise gibt es auf Art 10 Abs 1 Z 8 B-VG beruhende BA-Bestimmungen, die nicht in der GewO, sondern in *anderen Bundesrechtsvorschriften* vorgesehen sind.

Die GewO enthielt ehemals *Bestimmungen zum Schutz von in gew BA (zB Zoofachgeschäften) zu haltenden Tieren* (vgl § 70a GewO idF vor Art 3 Z 1 TSchG BGBl I 2004/118). Diese beruhten kompetenzrechtlich auf der Überlegung, dass *Regelungen zum Schutz von Tieren vor Quälerei* in Angelegenheiten, die (wie zB solche des Gewerbes und der Industrie) dem Bund zugewiesen sind, in die Regelungskompetenz des Bundes fallen (Tierschutz als „*Annexmaterie*"; so im Anschluss an VfSlg 5649/1967 die EB zur GewRNov 1988, RV 341 BlgNR 17. GP). Durch Neuregelung der Tierschutzkompetenz durch die B-VG-Nov BGBl I 2004/118 (vgl Art 11 Abs 1 Z 8 B-VG) wurde laut Erläuterungen an dieser Kompetenzlage nichts geändert (vgl EB zur B-VG-Nov BGBl I 2004/118, RV 446 BlgNR 22. GP). Der Bundesgesetzgeber hat aber aus Anlass dieser Neuregelung § 70a GewO aufgehoben (vgl Art 3 Z 1 TSchG) und eine Bestimmung über Tierhaltung in gew BA in das TSchG aufgenommen (vgl § 31 TSchG).

2.4 Neben §§ 74 ff GewO finden zahlreiche **andere Bundesgesetze** Anwendung auf gew BA (zB ASchG; EG-K; ForstG; StrahlenschutzG; WRG; s dazu *Giese*, Das Betriebsanlagenrecht und andere Bereiche des öffentlichen Rechts Rz 305 ff). Diese Gesetze regeln *spezifische Aspekte gew BA* (zB Schutz der Arbeitnehmer, Ableitung verunreinigter Gewässer); ihre Regelungen beziehen sich unter dem *jeweils relevanten Gesichtspunkt* auch auf gew BA *(„Gesichtspunktetheorie" im Verhältnis zu anderen Bundeskompetenzen)*. Solche Gesetze beruhen auf jenem (Bundes-)Kompetenztatbestand, der zur Regelung des jeweiligen Lebenssachverhalts ermächtigt, der zugleich ein spezifischer Aspekt von gew BA ist (zB Gesundheits- und Belästigungsschutz von in einer BA beschäftigten Personen). Wichtige Beispiele sind:

- Art 10 Abs 1 Z 9 B-VG *(„Angelegenheiten der wegen ihrer Bedeutung für den Durchzugsverkehr durch Bundesgesetz als Bundesstraßen erklärten Straßenzüge")*: **BStG** (vgl *Giese*, Das Betriebsanlagenrecht und andere Bereiche des öffentlichen Rechts Rz 320);

– Art 10 Abs 1 Z 10 B-VG (*„Forstwesen", „Wasserrecht", „Dampfkessel- und Kraftmaschinenwesen"*): **ForstG, WRG, EG-K** (diesbzgl kommt auch die Luftreinhaltungskompetenz gem Art 10 Abs 1 Z 12 B-VG in Betracht; dazu näher *Würthinger* in *N. Raschauer / Wessely*, Handbuch Umweltrecht[2] 489 ff);

– Art 10 Abs 1 Z 11 B-VG (*„Arbeitsrecht"*, einschließlich *Arbeitnehmerschutz;* VfSlg 7932/1976): **ASchG;**

– Art 10 Abs 1 Z 12 B-VG (*„Gesundheitswesen"*, einschließlich *Strahlenschutz;* VfSlg 3650/1959): **StrahlenschutzG;**

– Art 10 Abs 1 Z 12 B-VG (*„Maßnahmen zur Abwehr von gefährlichen Belastungen der Umwelt, die durch Überschreitung von Immissionsgrenzwerten entstehen"*): vgl die Immissionsgrenzwertevereinbarung BGBl 1987/443; s ferner die Bedarfskompetenz nach Art 11 Abs 5 B-VG (einheitliche Emissionsgrenzwerte für Luftschadstoffe durch BG); das **IG-L** stützt sich auf alle drei Luftreinhaltekompetenztatbestände (nämlich auf die beiden nach Art 10 Abs 1 Z 12 B-VG und auf Art 11 Abs 5 B-VG; so EB zu BGBl I 1997/115, RV 608 BlgNR 20. GP 25 f; s auch *Bergthaler/Holzinger,* Immissionsschutz-Luft im Betriebsanlagenrecht Rz 249 ff und *Würthinger* in *N. Raschauer / Wessely*, Handbuch Umweltrecht[2] 490); vgl ferner die in Anlagen zum IG-L festgelegten Immissionsgrenzwerte;

– Art 10 Abs 1 Z 12 B-VG (*„Luftreinhaltung, unbeschadet der Zuständigkeit der Länder für Heizungsanlagen"*): BundesluftreinhalteG BGBl I 2002/137 idF BGBl I 2013/97; **OzonG; EZG** (*„Luftreinhaltung"* unabhängig davon, ob es sich um ein ordnungsrechtlich [zB IG-L] oder marktwirtschaftlich [zB EZG] orientiertes Instrument handelt; so Erläut zum EZG AB 417 BlgNR 20. GP 2);

– Art 10 Abs 1 Z 12 B-VG (*„Abfallwirtschaft hinsichtlich gefährlicher Abfälle"*): **AWG;**

– Art 11 Abs 1 Z 7 B-VG (*„Umweltverträglichkeitsprüfung für Vorhaben, bei denen mit erheblichen Auswirkungen auf die Umwelt zu rechnen ist; soweit ein Bedürfnis nach Erlassung einheitlicher Vorschriften als vorhanden erachtet wird, Genehmigung solcher Vorhaben"*): **UVP-G** (s dazu *Vogelsang*, Sonderbestimmungen für UVP-pflichtige Betriebsanlagen Rz 332 ff).

2.5 Der Gewerberechtskompetenztatbestand und die übrigen Kompetenztatbestände des Bundes erfassen nicht alle im Zusammenhang mit gew BA denkbaren Regelungsgegenstände. Gew BA bieten als komplexe Einrichtungen Anknüpfungspunkte auch zu Landeskompetenzen (vgl Art 15 Abs 1 B-VG). Unter Orientierung an der jeweiligen Sachmaterie zugrunde liegenden Gesichtspunkten sind die **Länder** befugt, **Bestimmungen mit rechtlichem Bezug zu gew BA** zu erlassen (*„Gesichtspunktetheorie"* – dazu zB *Mayer/Kucsko-Stadlmayer/Stöger*, BVerfR[11] Rz 297). Die Zuständigkeit des Bundes gem Art 10 Abs 1 Z 8 B-VG schließt nicht aus, *„daß der Landesgesetzgeber im Rahmen seiner Kompetenz Errichtung und Benützung gew BA einer Regelung unterwirft"* (VfSlg 5024/1965). Die Rechtsordnung auf dem Gebiet der Gewerbeangelegenheiten (Stand 1. 10. 1925) beschränkte sich auf Maßnahmen, die dem Umstand entspringen, *dass die Anlage dem Betrieb eines Gewerbes dient.* Soweit aber Maßnahmen mit Umständen verknüpft sind, die zu einer Materie zählen, in der die Gesetzgebungskompetenz bei den Ländern liegt, ist der Landesgesetzgeber zuständig, damit verknüpfte Maßnahmen zu regeln (VfSlg 5024/1965).

Wichtige **Landeskompetenzen** mit rechtlichem Bezug zu gew BA sind etwa (vgl auch *Morscher*, Gewerbekompetenz 83 ff; *Potacs* in *Holoubek/Potacs*, Öffentliches Wirtschaftsrecht II³ 845; *N. Raschauer* in *E/R/W* Vor 1 Rz 44):

– **Baurecht:** Der Bundesgesetzgeber darf Vorschriften erlassen, die ungünstige Auswirkungen des Betriebs einer Anlage auf die Nachbarschaft und Gefährdungen im Betrieb beschäftigter Personen vermeiden sollen; solche Vorschriften können auch die bauliche Gestaltung einer BA betreffen. Der Landesgesetzgeber hingegen ist zuständig, **baupolizeiliche Vorschriften** über Errichtung und Beschaffenheit von auch gewerblichen Zwecken dienenden baulichen Anlagen zu erlassen (VfSlg 2977/1956; ähnlich VfSlg 5024/1965). Die Zuständigkeit zur Erlassung baurechtlicher Vorschriften für gew BA wird jedoch überschritten, wenn Bauvorschriften im Widerspruch zur *verfassungsgesetzlichen Rücksichtnahmepflicht* stehen (zB VfSlg 13.586/1993; denkunmögliche Ableitung eines gewerberechtlichen Standortverbots aus Landesvorschriften über die Lagerung brennbarer Flüssigkeiten).

– **Standortfestlegung für Einkaufszentren:** Für die Errichtung von Einkaufszentren sind in den ROG der Länder vielfach *Sonderwidmungen* vorgesehen, die kompetenzrechtlich auf der Überlegung beruhen, dass die Länder im Rahmen der Raumordnung Sonderwidmungen von Flächen für *Geschäftsbauten für überörtlichen Bedarf* und *Einkaufszentren* festlegen dürfen (VfSlg 9543/1982). Allerdings gibt es *kompetenzrechtliche Schranken:* Solche Sonderwidmungen **dürfen nicht ausschließlich von Aspekten abhängig sein,** zu deren Regelung die **Länder nicht zuständig sind** (zB Aufrechterhaltung/Sicherung der Nahversorgung der Bevölkerung). Eine Widmungsvorschrift für Einkaufszentren, die eine bundesrechtlich zu regelnde Materie nicht bloß *mitberücksichtigt*, sondern die ausschließlich einen Regelungsinhalt aufweist, der unter den Kompetenztatbestand *„Angelegenheiten des Gewerbes"* zu subsumieren ist (zB Bedarfsdeckung), liegt außerhalb der Zuständigkeit der Länder und ist verfassungswidrig (VfSlg 9543/1982 – OÖROG; VfSlg 10.483/1985 – StmkROG; VfSlg 11.393/1987 – VlbgROG; VfSlg 12.284/1990 – NÖROG; keine Aufhebung: VfSlg 11.626/1988 – TirROG sowie VfSlg 11.830/1988 – KrntROG; vgl ferner VfSlg 12.068/1989, 12.384/1990, 12.918/1991); dazu *Morscher*, Gewerbekompetenz 99 ff; *Reimeir*, Rechtsprobleme der Planung von Einkaufszentren 48 ff sowie *Giese* in FS Stolzlechner 167; zur Problematik *„heranrückender Wohnbauten"* s *Giese*, Das Betriebsanlagenrecht und andere Bereiche des öffentlichen Rechts Rz 328, 24.5 sowie *Potacs* in Holoubek/Potacs [Hrsg], Öffentliches Wirtschaftsrecht II³ 878 ff.

Dass eine Bestimmung über Sonderwidmungen auf der Vollzugsebene zur Verfolgung kompetenzfremder Ziele (zB verschleiertes Abstellen auf Lokalbedarf) missbraucht werden könnte, macht die Regelung nicht verfassungswidrig (VfSlg 11.626/1988; dazu GewRNov I 2010/111: Aufhebung der gewerberechtlichen „Einkaufszentrenregelung" mit Hinweis darauf, dass die raumordnungsrechtlichen Bestimmungen ausreichend seien; dazu *Giese* in FS Stolzlechner 167).

– **Feuerpolizei:** Sie umfasst Maßnahmen der *Brandverhütung* und *-bekämpfung. (Allgemeine) Feuerpolizei* ist gem Art 15 Abs 1 B-VG Landessache (vgl Art 118 Abs 3 Z 9 B-VG: „örtliche Feuerpolizei"), was eine Bundeskompetenz für Maßnahmen einer **(speziellen) Feuerpolizei** nicht ausschließt (vgl *Bernard*, ÖJZ 1972, 225; *Neuhofer/Zeilmayr*, Feuerpolizei und Feuerwehr in Oberösterreich 27). Eine feuerpolizeiliche Kompetenz des Bundes ist in Angelegenheiten zu bejahen, in denen bereits 1925 feuerpolizeiliche Schutzmaßnahmen geregelt waren (zB Angelegenheiten des Gewerbes und der Industrie, Forstwesen). Maßnahmen eines *„betriebsbezogenen Brandschutzes"* sind daher von den Gewerbebehörden zu treffen, zumal es sich dabei um Maßnahmen zur *Abwehr typischer, betriebsbedingter Gefahren* handelt. Brandschutzbezogene Vorschreibungen in einem BA-Genehmigungsbescheid sind insofern unbedenklich (so auch *Bernard*, ÖJZ 1972, 225 ff sowie *Neuhofer/Zeilmayr*, Feuerpolizei und Feuerwehr in Oberösterreich 27; anders *Morscher*, Gewerbekompetenz 95).

Die Vorschreibung einer *Betriebsfeuerwehr* für eine gew BA hat hingegen nach dem *Landes-FeuerwehrG* zu erfolgen (zB § 17 Sbg FeuerwehrG LGBl 1978/59).

– **Abwässerbeseitigung:** Die Regelung der **Abwässerbeseitigung** von bebauten Liegenschaften ist, soweit sie die Einwirkung der Abwässerbeseitigung auf *fremde Rechte* oder *öffentliche Gewässer* betrifft, gem Art 10 Abs 1 Z 10 B-VG („Wasserrecht") Bundessache (VfSlg 4387/1963, 5222/1966); ansonsten fällt die Abwasserbeseitigung unter eine Reihe von Kompetenztatbeständen (zB Gewerberecht, Gesundheitswesen, Angelegenheiten des Art 15 B-VG; VfSlg 4387/1963). So ist zB die Verpflichtung zur Herstellung *schlichter Hauskanäle* als Bestandteil von Baulichkeiten eine *Angelegenheit des Landesbaurechts* (VfSlg 5222/1966); ebenso eine Landesvorschrift, die die Einleitung bestimmter Stoffe in Straßenkanäle verbietet, gleichgültig, ob die Einleitung durch einen Gewerbebetrieb, ein anderes Unternehmen oder einen Haushalt erfolgt (VfSlg 6658/1972). Im Übrigen können **Einrichtungen zur gefahrlosen Ableitung von Abwässern** Bestandteile gew BA sein. Daher können Maßnahmen gegen die Gefährdung durch Abwässer aus gew BA, zB Maßnahmen zur unschädlichen Ableitung von Abwässern aus Betrieben (zB Zuckerraffinerien, Brauereien) Angelegenheiten des Gewerbes und der Industrie sein (VfSlg 5222/1966).

– **Natur- und Landschaftsschutz:** Was zB in Bezug auf *Eisenbahnanlagen* (VfSlg 15.552/1999) oder *Bergwerksanlagen* (VwGH 15. 11. 1993, 92/10/0437 = JBl 1994, 633) gilt, nämlich dass diese Anlagen durch Landesrechtsvorschrift einer **naturschutzrechtlichen Bewilligungspflicht** unterstellt werden können, gilt auch für *gew BA*. Auch für diese darf unter dem *„Gesichtspunkt"* des Schutzes von Natur und Landschaft eine Genehmigungspflicht vorgesehen werden (zB für Errichtung eines Gastgewerbebetriebs im Landschaftsschutzgebiet), einschließlich einer Regelung darüber, inwieweit die Interessen des Naturschutzes und die Interessen an einer möglichst freien Gewerbeausübung gegeneinander abzuwägen sind. Dabei ist zu berücksichtigen, dass einer gew BA idR eine geringere Bedeutung als zB der Errichtung einer Eisenbahnanlage zukommt (zur Abwägung zwischen Naturschutz- und Eisenbahninteressen vgl VfSlg 15.552/1999).

– **Buschenschankwesen:** Regelungen betreffend den Buschenschank sind gem Art 15 B-VG Landessache (vgl VfSlg 17.000/2003; vgl ferner § 2 Abs 1 Z 5 iVm Abs 9: keine Anwendung der GewO auf Buschenschanktätigkeiten; s dazu *Grabler/Stolzlechner/Wendl*, GewO³ § 2 Rz 154, 155); dies gilt auch für BA, in denen der Buschenschank ausgeübt wird. Bei fehlender räumlicher und zeitlicher Trennung zwischen Buschenschank- und Gastgewerbebetrieb unterliegt die **gesamte BA** der Genehmigungspflicht unter dem Gesichtspunkt des Gewerberechts (VwSlg 11.399 A/1984).

– **Veranstaltungswesen/Diskotheken/Clubbings:** Finden in einer gew BA (zB **Diskothek** – Gastgewerbebetrieb) regelmäßig Tanzveranstaltungen statt, entsteht die Frage, ob es sich noch um eine gew BA oder bereits um eine **Veranstaltungsstätte** iS eines Landes-VeranstaltungsG handelt. Dazu stellte der VfGH fest: Unter Zugrundelegung der Versteinerungstheorie ist davon auszugehen, dass **musikalische Darbietungen im Rahmen eines Gastgewerbebetriebs** (zB Barmusiker, Fünf-Uhr-Tee-Kapelle) nicht geeignet sind, dem Betrieb die Gastgewerbeeigenschaft zu nehmen. Werden musikalische Darbietungen in einem Gewerbebetrieb veranstaltet, steht es dem Bundesgesetzgeber frei, gewerberechtliche Regelungen für den Gastgewerbebetrieb zu erlassen (VfSlg 12.996/1992).

§ 2 Abs 1 Z 17 nimmt vom Geltungsbereich der GewO nur die *Veranstaltung öffentlicher Belustigungen als solche* aus, nicht aber gastgewerbliche Tätigkeiten, bei denen in Kombination mit der typisch gastgewerblichen Leistungserbringung auch Musik oder Tanz veranstaltet wird. Ob für diese im Rahmen der Tätigkeit des Gewerbetreibenden stattfindenden Darbietungen überdies nach einem *Landes-VeranstaltungsG* Bewilligungen erforderlich oder behördliche Aufsichtsmaßnahmen zulässig sind, ist in einem auf die gewerberechtliche Dimension beschränkten Verfahren nicht zu klären (VfSlg 12.996/1992). *Veranstaltungen in Räumen von Gastgewerbebetrieben* unterliegen auch dem jeweiligen **Landes-VeranstaltungsG** (VwSlg 16.361 A/2004), sofern keine Ausnahme vorgesehen ist (zB § 1 Abs 4 Z 5 NÖ VAG LGBl 7070 – 2); zur Veranstaltung von **Clubbings** in Gastgewerbebetrieben oder in anderen Lokalitäten näher *Stolzlechner,* ZVG 2014, 423. Siehe auch *Giese,* Das Betriebsanlagenrecht und andere Bereiche des öffentlichen Rechts Rz 329.

– **Veranstaltungswesen/Sportanlagen/Badeanstalten (Schwimmbäder):** Das Veranstaltungswesen (Theater- und Kinowesen; öffentliche Belustigungen etc) ist Landessache in Gesetzgebung und Vollziehung (Art 15 Abs 1 iVm Abs 3 B-VG; vgl *Mayer/Muzak,* B-VG[5] Art 15 B-VG I. [114]). Fraglich ist, ob **erwerbswirtschaftlich orientierte Überlassungen von Sportanlagen für den Publikumssport** (zB *Tennis-* und *Golfplätze; Schipisten*) als gew Tätigkeit und die dazu verwendeten Anlagen als gew BA zu qualifizieren sind. Nach dem im Versteinerungszeitpunkt (1. 10. 1925) vorhandenen Rechtsmaterial wurde der Betrieb von Sportanlagen (zB Eislaufplätzen, Schießstätten) als **Angelegenheit öffentlicher Belustigung** (Art 15 Abs 3 B-VG) qualifiziert (eingehend dazu *Stolzlechner,* Zur rechtlichen Behandlung von Sportanlagen 15 ff). Der wirtschaftlich orientierte Betrieb von der Allgemeinheit zur Verfügung stehenden Sportanlagen (Tennis-, Golf-, Eislaufplätze; Schießstätten; Schi-, Snowboard- und Langlaufpisten; Rodelbahnen etc) – unterliegt daher den **Landes-VeranstaltungsG,** nicht der GewO (so auch VwGH 1. 7. 1987, 85/01/0290; 26. 6. 2001, 2000/04/0144 – Tennissportanlage/Tennisplätze; 26. 6. 1995, 94/10/0058 – Golfsportanlage; OGH 7. 3. 2006, 1 Ob 12/06 f – Stadion als Veranstaltungsort eines Snowboard-Wettbewerbs; s ferner *Grabler/Stolzlechner/ Wendl,* GewO[3] § 2 Rz 88). Für den *Betrieb von Tennisplätzen* gilt eine veranstaltungsrechtliche Anmeldepflicht (VwSlg 12.503 A/1987).

Im Gegensatz dazu wird seit alters her und so auch im Versteinerungszeitpunkt (1. 10. 1925) der Betrieb einer **nicht zu Heilzwecken dienenden Badeanstalt** als freies Gewerbe qualifiziert (vgl zB *Frey/Maresch,* Slg 12.896 und 12.897). Es kann daher davon ausgegangen werden, dass der **Betrieb einer der Freizeitgestaltung dienenden Badeanstalt** unter den Gewerberechtskompetenztatbestand (Art 10 Abs 1 Z 8 B-VG) fällt und als **freies Gewerbe** zu qualifizieren ist (näher *Grabler/Stolzlechner/Wendl,* GewO[3] § 2 Rz 89; *Zellenberg* in FS Stolzlechner 800 ff sowie VwGH 15. 12. 2014, 2013/04/0070). Davon zu unterscheiden ist der Betrieb von Hallen- und Freiluftbädern sowie von Sauna- und Wellnessanlagen **im Rahmen eines Hotelbetriebs;** solche Anlagen unterliegen als Teil der Hotelanlage den §§ 74 ff.

– **Halten erlaubter Spiele in gew BA/Glücksspielanlagen/Spielhallen/Kegelbahnen:** In Bezug auf die (entgeltliche) **Veranstaltung von Spielen** und die **Anlagen,** in denen Spiele veranstaltet werden, sind die Kompetenztatbestände „Angelegenheiten des Gewerbes und der Industrie" (Art 10 Abs 1 Z 8 B-VG), „Monopolwesen" (Art 10 Abs 1 Z 4 B-VG) sowie „Veranstaltungswesen" (Art 15 Abs 1 iVm Abs 3 B-VG) zu beachten. Unter einem dem „Glücksspielmonopol" des Bundes (Art 10 Abs 1 Z 4 B-VG) unterliegenden **Glücksspiel** versteht man ein *„Spiel, bei dem die Entscheidung über das Spielergebnis ausschließlich oder vorwiegend vom Zufall abhängt"* (§ 1 Abs 1 GSpG; zB Roulette, Black Jack). Der Umfang des Glücksspielmonopols ist verfassungsrechtlich nicht fixiert; er bestimmt sich letztlich durch die Begriffsbestimmungen der §§ 1 und 2 GSpG sowie die Ausnahmen des § 4 GSpG (zB *Schwartz/Wohlfahrt,* GSpG[2] § 3 Rz 27; *Gruber* in FS Stolzlechner 194). Daher konnte der Gesetzgeber auch das **Pokerspiel** dem Regime des GSpG unterwerfen (VfSlg 19.767/2013). Auf **Anlagen (Casinos, Pokersalons),** in denen Glücksspiele veranstaltet werden, finden gem § 2 Abs 12 GewO – *„soweit andere Rechtsvorschriften keine diesbezüglichen Bestimmungen enthalten"* – die Bestimmungen des gew BA-Rechts Anwendung (zur verfassungsrechtlichen Unbedenklichkeit s *Grabler/Stolzlechner/Wendl,* GewO³ § 2 Rz 165; folgend *Gruber* in FS Stolzlechner 195).

Gem § 4 GSpG vom Glücksspielmonopol des Bundes ausgenommene Glücksspiele werden als **„kleines Glücksspiel"** bezeichnet; sie unterliegen gem Art 15 Abs 1 iVm Abs 3 B-VG der Regelungszuständigkeit der Länder (VfSlg 7567/1975; VwGH 9. 11. 1999, 99/05/0190; 26. 9. 2005, 2004/04/0002, 2004/04/0003-0005; *Schwartz/Wohlfahrt,* GSpG² § 3 Rz 28, § 4 Rz 1; *Kohl,* Glücksspielmonopol 123). Manche Länder haben dieses „kleine Glücksspiel mit Glücksspielautomaten" gesetzlich erlaubt (zB NÖ, Stmk), andere haben es verboten (*Schwartz/Wohlfahrt,* GSpG² § 4 Rz 9). Die Länder können aber auch Regelungen zu Spielen erlassen, die **keine Glücksspiele** sind und als öffentliche Belustigung unter Art 15 Abs 3 fallen (*Bresich/Klingenbrunner,* AnwBl 2008, 64); zur Abgrenzung von Geldspielautomaten und sonstigen Spielautomaten, die als öffentliche Belustigung gem Art 15 Abs 1 B-VG landesgesetzlich zu regeln sind (zB Modellautorennbahnen, Fußball- oder Golfautomaten), von den gem GewO zu haltenden erlaubten Spielen s *Kohl,* Glücksspielmonopol 120 ff. Auf **Spielhallen,** in denen (Geld-)Spielapparate für das „kleine Glücksspiel" oder Automaten für Spiele aufgestellt sind, die keine Glücksspiele sind und als öffentliche Belustigung unter Art 15 Abs 3 fallen, finden die in den **VeranstaltungsG der Länder** vorgesehenen anlagenrechtlichen Bestimmungen Anwendung.

– Es gibt auch **in den Anwendungsbereich der GewO fallende Spiele:** Nach Ansicht des VwGH regelte bereits die GewO 1859 die *„Haltung von erlaubten Spielen"* als Teilberechtigung des Gast- und Schankgewerbes (§ 16 Abs 1 lit g). Diese Teilberechtigungen konnten sowohl *„einzeln oder in Verbindung unter sich"* verliehen werden, was bedeutet, dass die „Haltung von erlaubten Spielen" bereits nach GewO 1859 als selbständiger Erwerbszweig ausgeübt werden konnte. **Halten erlaubter Spiele** ist daher in diesem Umfang vom Kompetenztatbestand des Art 10 Abs 1 Z 8 B-VG erfasst (VwSlg 16.707 A/2005; 16.721 A/2005; *Grabler/Stolzlechner/Wendl,* GewO³ § 2 Rz 103; *Gruber* in FS Stolzlechner 195), wobei es nicht mehr als Teilberechtigung (jedoch als Nebenrecht; vgl § 111 Abs 4 Z 2) des Gastgewerbes geregelt ist, sondern als *freies Gewerbe* ausgeübt werden kann. *„Erlaubte Spiele"* **(Geschicklichkeitsspiele)** sind zB Billard (VwGH 26. 9. 2005, 2004/04/0205), Bridge (zB VwGH 26. 9. 2005, 2004/04/0205), Schnapsen (zB VwGH 8. 9. 2005, 2000/17/0201), Tarock (VwGH 26. 9. 2005, 2004/04/0205) und andere erlaubte Kartenspiele, ebenso Kegelspiele (VwGH 26. 9. 2005, 2004/04/0205) und Brettspiele, zB Mühle (VwGH 26. 9. 2005, 2004/04/0205), Schach (zB VwGH 26. 9. 2005, 2004/04/0205), ferner Tischtennis (VwGH 26. 9. 2005, 2004/04/0205) und wohl auch Darts.

Auf (automatische) **Kegelbahnen** im Rahmen einer gew BA (zB Gaststätte) sind grds die Bestimmungen der GewO anzuwenden, *„wenn die Kegelbahn einen völlig untergeordneten Teil einer gew BA darstellt".* Steht jedoch die Kegelbahn als Anlage *„im Vordergrund",* welche die Kunden zur Belustigung nutzen, ist die Anlage – ähnlich einem Tennis- oder Eislaufplatz – unter **veranstaltungsrechtlichen Gesichtspunkten** zu betrachten (VwGH 1. 7. 2010, 2008/09/0149; *Kohl,* Glücksspielmonopol 123); auch ein **Bowlingcenter** ist als Veranstaltungsstätte zu qualifizieren.

– **Wettbüros:** Vermittlung und Abschluss von **Wetten aus Anlass sportlicher Veranstaltungen (Sportwetten;** Tätigkeit der Totalisateure und Buchmacher) fallen gem Art 15 B-VG in die Regelungs- und Vollziehungszuständigkeit der Länder (VfSlg 1477/1932; § 2 Abs 1 Z 22 GewO, dazu *Grabler/Stolzlechner/Wendl,* GewO³ § 2 Rz 101 sowie *Schwartz/*

Wohlfahrt, GSpG[2] § 3 Rz 31). Gleiches gilt für die **Vermittlung von Wettkunden** (VfGH 2. 10. 2013, B 1316/2012). Auch die Veranstaltung von **Gesellschaftswetten** („öffentliche Belustigung") fällt in die Landeskompetenz (*Grabler/Stolzlechner/Wendl,* GewO[3] § 2 Rz 87). Auf **Wettbüros** und **ähnliche Einrichtungen** sind daher die anlagenrechtlichen Bestimmungen der WettenG der Länder anzuwenden.

- **Campingplätze:** Regelungen über Lage und Sicherheit der Ausstattung von Campingplätzen sowie über den Schutz der Gesundheit auf Campingplätzen sind Landesangelegenheit (Art 15 Abs 1 B-VG), sofern Leistungen des Campingplatzunternehmers nicht über jene Leistungen hinausgehen, die Eigentümer von Mietshäusern üblicherweise erbringen, wie zB Versorgung mit Trinkwasser, Müllbeseitigung (VfSlg 4227/1962; 5024/1965; vgl *Mayer/Muzak,* B-VG[5] Art 15 B-VG I. [102]).
- **Pflegeheimwesen:** Unter **Pflegeheimen** versteht man Heime für Personen, die wohl ständiger Pflege, aber bloß fallweiser ärztlicher Betreuung bedürfen. Regelungen betreffend die Errichtung, die Erhaltung und den Bestand von Pflegeheimen unterliegen Art 15 Abs 1 B-VG, nicht aber dem Gewerberechtskompetenztatbestand (VfSlg 13.237/1992).

2.6 Unter **kombinierten BA** versteht man *verschiedenen Zwecken* dienende Anlagen, auf die *verschiedene Anlagenrechte* anzuwenden sind (zB Wärmekraftwerk „gekoppelt" mit Fernheizwerk; vgl § 74 Abs 4 und 5). Bei solchen Anlagen bestehen Anknüpfungspunkte zu mehreren Kompetenztatbeständen (zB Art 10 Abs 1 Z 8 B-VG: *„Angelegenheiten des Gewerbes und der Industrie";* Art 10 Abs 1 Z 10 B-VG: *„Bergwesen";* Art 12 Abs 1 Z 5 B-VG: *„Elektrizitätswesen";* Art 15 B-VG: *„Veranstaltungswesen"),* je nachdem, welchen Zwecken eine Anlage zu dienen bestimmt ist (zur Abgrenzung zwischen gew BA und **Schifffahrtsanlagen** näher *Muzak,* Österreichisches, Europäisches und Internationales Binnenschifffahrtsrecht 124 ff). Mit Blick auf diese *verschiedenen Anlagenzwecke* unterliegen solche Anlagen *mehreren Kompetenztatbeständen* und folglich *mehreren Anlagenregimen,* wobei verfahrenskonzentrierende Regelungen erlassen werden dürfen (vgl § 74 Abs 4 und 5; s dazu *Stolzlechner,* Die Genehmigungspflicht der Betriebsanlage Rz 204 sowie *Grabler/Stolzlechner/Wendl,* GewO[3] § 74 Rz 39, 40).

3. Kompetenzgrundlagen hinsichtlich der Verfahrensbestimmungen des Betriebsanlagenrechts

3.1 Im Abschnitt *„Verfahren betreffend Betriebsanlagen"* (§§ 353 bis 359 c) sind **300** **besondere für gew BA-Verfahren geltende Verfahrensbestimmungen** vorgesehen, die die allgemeinen Verfahrensbestimmungen (AVG, ZustellG) teils **ergänzen** (zB §§ 353, 355), teils davon **abweichen** (zB §§ 354, 359 b). Diese Unterscheidung ist kompetenzrechtlich bedeutsam: **Verfahrensrecht** folgt an sich der jeweiligen Zuständigkeit in der Sachmaterie *(„Annexmaterie");* vgl zB VfSlg 5833/1968, 5910/1969, 5951/1969, 6011/1969; s dazu *Kolonovits/Muzak/Stöger,* VerwVerfR[10] Rz 33 sowie *Mayer/Muzak,* B-VG[5] Art 11 B-VG II.2. Verfahrensbestimmungen mit einem die allgemeinen Verfahrensbestimmungen *ergänzenden Charakter* dürfen daher vom Gewerberechtsgesetzgeber ohne weiteres erlassen werden. Von den allgemeinen Verfahrensvorschriften *abweichende Bestimmungen der GewO* dürfen hingegen gem Art 11 Abs 2 B-VG nur erlassen werden, wenn sie zur Regelung des Gegenstandes *„erforderlich"* sind; sie sind an den in Art 11 Abs 2 B-VG normierten Anforderungen zu messen.

Die Auslegung einer landes- oder bundesgesetzlichen Verfahrensvorschrift ist in einem Sinn geboten, wodurch die **Einheitlichkeit des Verfahrensrechts** am wenigsten beeinträchtigt wird (VwSlg 9837 A/1979)

3.2 Aus Art 11 Abs 2 B-VG („erforderlich") iVm Art 15 Abs 9 B-VG („erforderliche Bestimmungen") leitet der VfGH ab, dass das Kriterium der „**Unerlässlichkeit**" auch bei der Erforderlichkeitskontrolle des Art 11 Abs 2 B-VG heranzuziehen sei (zB VfSlg 8945/1980, 11.564/1987). Eine vom AVG oder ZustellG abweichende Verfahrensbestimmung der GewO ist nur zulässig, wenn sie durch *„besondere Umstände"* erforderlich (zB VfSlg 14.381/1995, 15.218/1998, 15.369/1998) oder *„unerlässlich"* ist (zB VfSlg 14.153/1995, 15.351/1998, 17.340/2004; s auch *Mayer/Muzak,* B-VG[5] Art 11 B-VG II.3). Die Unerlässlichkeitsprüfung ist im Kontext mit einschlägigen GewO-Vorschriften durchzuführen: Der Zweck *„Hintanhaltung von Zustellungsvereitelungen"* macht eine vom ZustellG abweichende Zustellfiktion, wie sie im § 365l festgelegt ist, nicht unerlässlich. § 365l steht mit dem System gewerbebehördlicher Verfahren in keinem derartigen „Regelungszusammenhang", dass sie als unerlässlich erachtet werden könnte (VfGH 24. 9. 2013, G 103/2012; § 365l verfassungswidrig).

3.3 Materielles und **formelles Verwaltungsstrafrecht** gelten als klassische „**Annexmaterien**" (VfSlg 5649/1967, 5910/1969), zu deren Regelung die zur Regelung der Sachkompetenz zuständige Gebietskörperschaft (hier: Bund) befugt ist. In Bezug auf *allgemeine Bestimmungen des Verwaltungsstrafrechts* (zB Verjährung) und das *Verwaltungsstrafverfahren* ist Art 11 Abs 2 B-VG zu beachten. Abweichende Regelungen sind an den in Art 11 Abs 2 B-VG normierten Anforderungen zu messen. Regelungen betreffend die Straftatbestände und Strafdrohungen unterliegen hingegen nicht Art 11 Abs 2 B-VG (VfSlg 5910/1969; dazu *Mayer/Kucsko-Stadlmayer/Stöger,* BVerfR[11] Rz 259 und *Mayer/Muzak,* B-VG[5] Art 11 B-VG II. 4).

3.4 Gem Art 136 Abs 2 B-VG ist das **Verfahren der VwG** (ausgenommen das BFG) durch besonderes BG einheitlich zu regeln (vgl VwGVG). Abweichende Regelungen können durch BG oder LG getroffen werden, wenn sie zur Regelung des Gegenstands erforderlich sind oder soweit das besondere BG hiezu ermächtigt. Für die *„Erforderlichkeit"* gelten die gleichen Grundsätze wie bei Art 11 Abs 2 B-VG.

4. Organisationsrechtliche Grundlagen

301   **Literatur (Auswahl):** *Fischer/Zeinhofer,* Organisation, Besetzung und Zuständigkeit der Landesverwaltungsgerichte, in *Fischer/Pabel/N. Raschauer* (Hrsg), Handbuch der Verwaltungsgerichtsbarkeit (2014) 147; *Pürgy,* Die Landesverwaltungsgerichte erster Instanz, Zuständigkeiten und Aufgabenbesorgung, in *Holoubek/Lang* (Hrsg), Die Verwaltungsgerichtsbarkeit erster Instanz (2013) 49; *Thienel,* Neuordnung der Verwaltungsgerichtsbarkeit, Schriftenreihe Niederösterreichische Juristische Gesellschaft 116 (2013).

4.1 Angelegenheiten des Gewerbes und der Industrie sind nicht im Katalog jener Angelegenheiten nach Art 102 Abs 2 B-VG aufgezählt, welche *unmittelbar von Bundesbehörden* vollzogen werden dürfen. Sie sind daher grds im Wege der **mittelbaren Bundesverwaltung** zu vollziehen. Danach üben im Bereich der Länder der **LH** und **die ihm unterstellten**

Landesbehörden (BVB) die Vollziehung (hier: der gew BA betreffenden Bestimmungen) aus (Art 102 Abs 1 B-VG). Der LH ist in diesen Angelegenheiten an Weisungen des BMWFW gebunden und verpflichtet, zur Durchsetzung solcher Weisungen auch die ihm als Landesorgan zu Gebote stehenden Mittel anzuwenden (Art 103 Abs 1 B-VG). Der LH wird bei Vollziehung betriebsanlagenrechtlicher Bestimmungen vom *Amt der LReg* unterstützt (vgl Art 106 B-VG; §§ 3, 4 BVG Ämter der LReg BGBl 1925/289).

Eine LReg kann in ihrer Geschäftsordnung beschließen, dass Gruppen von Angelegenheiten der mittelbaren Bundesverwaltung (zB Vollziehung des gew BA-Rechts) *„im Namen des LH"* von einem (anderen) **Mitglied der LReg** zu führen sind. In einem solchen Fall ist das betreffende Regierungsmitglied an Weisungen des LH ebenso gebunden wie dieser an Weisungen des zuständigen BMWFW gebunden ist (Art 103 Abs 2 B-VG).

4.2 Ausführend dazu sieht § 333 GewO vor, dass *Behörde iS der GewO und* somit auch in *Angelegenheiten betreffend gew BA* – sofern nicht anderes vorgesehen ist – die **BVB** ist (s auch Lexikon „Behörden/Verwaltungsgerichte" Rz 21).

Seit Inkrafttreten der Verwaltungsgerichtsbarkeits-Nov BGBl I 2012/51 (1. 1. 2014) gibt es **keinen verwaltungsbehördlichen Instanzenzug** mehr. Jedoch stehen auch in Verfahren betreffend gew BA nunmehr die einschlägigen Rechtsmittel an die LVwG zu, so die **Bescheidbeschwerde** (Art 130 Abs 1 Z 1 B-VG) gegen Bescheide in BA-Verfahren, die **Säumnisbeschwerde** (Art 130 Abs 1 Z 3 B-VG) gegen rechtswidrige Untätigkeit der Behörde in einer BA-Angelegenheit und die **Maßnahmenbeschwerde** (Art 130 Abs 1 Z 2 B-VG) gegen die Ausübung unmittelbarer verwaltungsbehördlicher Befehls- und Zwangsgewalt (zB Betriebsschließung). Gem Art 130 Abs 4 B-VG haben VwG grds in der Sache selbst zu entscheiden (vgl auch § 28 VwGVG).

Gegen die Entscheidung eines LVwG (zB in einer gew BA-Angelegenheit) kann unter den Voraussetzungen des Art 133 Abs 4 B-VG **Revision** beim VwGH (zur Unterscheidung von ordentlicher und außerordentlicher Revision vgl Art 133 Abs 4 B-VG; § 28 Abs 3 VwGG) und unter den Voraussetzungen des Art 144 B-VG **Beschwerde** beim VfGH erhoben werden.

4.3 Grds versehen **Organe des öffentlichen Sicherheitsdienstes** für die Sicherheitsbehörden den Exekutivdienst (§ 5 Abs 1 SPG). Organe des öffentlichen Sicherheitsdienstes sind insb die Angehörigen des Wachkörpers Bundespolizei und der Gemeindewachkörper (§ 5 Abs 2 SPG; hinsichtlich der Gemeindewachkörper vgl Art 118 a B-VG). Besteht die Absicht, Organen des öffentlichen Sicherheitsdienstes Exekutivaufgaben in *anderen Verwaltungsbereichen* zu übertragen, muss dies im jeweiligen MaterienG (zB GewO) vorgesehen sein (VfSlg 4692/1964). Genau dies ist mit der Regelung des § 336 geschehen: Danach haben die *„Organe des öffentlichen Sicherheitsdienstes"*, also insb **Angehörige des Wachkörpers Bundespolizei,** durch *Maßnahmen zur Vorbeugung gegen drohende Verwaltungsübertretungen* (zB Kontrollen) und *Maßnahmen, die für die Einleitung von Verwaltungsstrafverfahren erforderlich sind* (zB Festnahme gem § 35 VStG), an der Vollziehung wichtiger Bestimmungen des Gewerbestrafrechts mitzuwirken (zB bei Vollziehung des § 366 Abs 1 Z 1, 2, 3, 3 a oder der Sperrstundenregelung, § 113). Organe des öffentlichen Sicherheitsdienstes werden bei dieser Mitwirkung im Auftrag der Gewerbebehörde tätig; ihre Handlungen sind **der Gewerbebehörde zuzurechnen.**

5. Betriebsanlagenrecht und Rechtsstaatsprinzip

302   **Lit (Auswahl):** *Adamovich/Funk/Holzinger,* Österreichisches Staatsrecht I² (2011) Rz 14.014; *Hiesel,* Die Rechtsstaatsjudikatur des Verfassungsgerichtshofes, ÖJZ 1999, 522; *Jahnel,* Internet-kundmachung: die neuen Bestimmungen in AVG und GewO, bbl 2013, 188; *Kastner,* Neuerungen im Anlagenverfahrensrecht verfassungswidrig? ecolex 2013, 383; *Kastner,* Präklusion im gewerbli-chen Anlagenrecht, ecolex 2014, 657; *Öhlinger/Eberhard,* VerfR¹⁰ Rz 81; *B. Raschauer,* Allgemeiner Teil, in B. Raschauer (Hrsg), Österreichisches Wirtschaftsrecht³ (2010) 1 (66) Rz 144; *Stolzlechner,* Gleichheitssatz, Rechtsstaatsprinzip, Umweltschutz-BVG und Parteistellung von Nachbarn im technischen Anlagenrecht, in FS Walter (1991) 665; *Unterpertinger,* Die Präklusion im Betriebsan-lagengenehmigungsverfahren nach der GewO-Novelle 2012, ZfV 2014, 24; *Mayer/Kucsko-Stadl-mayer/Stöger,* BVerfR¹¹ Rz 165.

5.1 Das Wirtschaftsgeschehen kann als fortwährend dynamischer Prozess der Veränderung und Erneuerung charakterisiert werden, was auch für Errichtung, Betrieb, Änderung und Auflassung von gew BA gilt. Das gew BA-Recht hat dieser Dynamik durch Regelungen über einen **vernünftigen Interessenausgleich** Rechnung zu tragen, uzw zwischen den **Interessen der Anlageninhaber** an einem möglichst unbehinderten Errichten und Betreiben von gew BA einerseits und den **Interessen von Kunden** und **Nachbarn** andererseits, vor Gefährdungen des Lebens, der Gesundheit und des Eigen-tums, ferner vor unzumutbaren Belästigungen möglichst geschützt zu werden. Dieser Interessenausgleich verlangt „Augenmaß" und Beachtung des **Rechtsstaatsprinzips** bei Regelung der Rechtsstellung von Nachbarn in Verfahren betreffend gew BA (allgemein dazu *Mayer/Kucsko-Stadlmayer/Stöger,* BVerfR¹¹ Rz 165 sowie *Öhlinger/Eberhard,* VerfR¹⁰ Rz 81 ff).

Der VfGH leitet aus dem Rechtsstaatsprinzip ein **Mindestmaß an faktischer Effizienz** für Rechtsschutzsuchende ab; es gehe nicht an, Rechtsschutzsuchende generell einseitig mit allen Folgen einer potentiell rechtswidrigen behördlichen Entscheidung so lange zu belasten, bis ein Rechtsschutzgesuch endgültig erledigt sei (zB VfSlg 11.196/ 1986, 14.374/1995, 14.671/1996, 15.529/1999; näher *Öhlinger/Eberhard,* VerfR¹⁰ Rz 83). Dem Gesetzgeber obliegt es, einen Ausgleich zwischen den Interessen des Rechtsschutz-suchenden und den Interessen Dritter und dem öffentlichen Interesse zu schaffen, *„wo-bei dem **Grundsatz der faktischen Effizienz eines Rechtsbehelfs** der Vorrang zukommt und dessen Einschränkung nur aus **sachlich gebotenen, triftigen Gründen** zulässig ist"* (VfSlg 16.460/2002).

So war zB gem § 78 Abs 1 idF BGBl I 1997/63 die Inanspruchnahme des dort ver-ankerten Rechts (zur Errichtung und zum Betrieb vor Rechtskraft) nur auszuschließen, wenn das **Arbeitsinspektorat** (nicht aber Nachbarn!) gegen einen Genehmigungsbe-scheid berufen hatte, was der VfGH für verfassungswidrig qualifizierte:

„Dadurch, dass der Gesetzgeber das Interesse der Nachbarn, mögliche, aus der Errichtung oder dem Betrieb einer BA resultierende Gefahren für ihr Leben oder ihre Gesundheit wäh-rend laufendem Berufungsverfahren zu berücksichtigen, schlechthin und ausnahmslos ver-nachlässigte, hat er das **rechtsstaatliche Gebot** nach einem **notwendigen Interessenaus-gleich zwischen Genehmigungs-** und **Berufungswerber** [. . .] nicht wahrgenommen und den Rechtsmittelwerber einseitig mit dem Risiko einer möglichen Gefahrensituation belas-tet." (VfSlg 16.460/2002; keine Zuerkennung der aufschiebenden Wirkung bei Berufung durch Nachbarn; Widerspruch zum **effizienten Rechtsschutz**).

Gem § 78 Abs 1 ist nunmehr die Inanspruchnahme des Rechts zur Errichtung und zum Betrieb einer BA vor Rechtskraft eines Genehmigungsbescheids auf Antrag des **Arbeitsinspektorats** oder von **Nachbarn** vom LVwG auszuschließen, wenn der Begründung der Beschwerde (Art 130 Abs 1 Z 1 B-VG) zu entnehmen ist, dass – trotz Einhaltung der Auflagen – eine Gefährdung des Lebens oder der Gesundheit (von Nachbarn oder Arbeitnehmern) zu erwarten ist (vgl *Grabler/Stolzlechner/Wendl*, GewO[3] § 78 Rz 7).

5.2 Eine ähnliche Problematik, aber mit anderer Begründung betraf den **Versuchsbetrieb:** Gem § 354 kann die Behörde – unter bestimmten Voraussetzungen (zB umfangreiches Ermittlungsverfahren wegen Kompliziertheit der BA) – vor Genehmigung der Errichtung und des Betriebs einer BA die *„Durchführung der erforderlichen Arbeiten (zB eines Versuchsbetriebs)"* mit Bescheid genehmigen. In solchen Verfahren kommt Nachbarn **keine Parteistellung** zu (s näher *Wendl*, Die Nachbarn und ihre Parteistellung Rz 273). Im Sinne einer sachlichen Rechtfertigung (Art 7 B-VG) betonte der VfGH den *vorläufigen Charakter* von Verfahren nach § 354, deren spezieller Zweck die *Feststellung des entscheidungserheblichen Sachverhalts* für Genehmigungsverfahren nach § 356 sei, in welchen Nachbarn ohnehin Parteistellung zukomme (VfSlg 13.013/1992; keine Gleichheitswidrigkeit der fehlenden Parteistellung von Nachbarn). – Zu Verfassungsfragen bzgl Nachbarn in *vereinfachten Verfahren nach § 359b* s unten 6.3.2.

5.3 Zentraler Punkt einer effektiven Durchsetzung von Rechtsansprüchen und daher mit Blick auf das **Rechtsstaatsprinzip** relevant ist die **Erlangung der Parteistellung** in einem BA-Verfahren. Mit der Parteistellung verknüpft sind Fragen der **Kundmachung einer mündlichen Verhandlung,** zumal unzureichende Kundmachungsformen zum Verlust der Parteistellung führen können (vgl zB *Hengstschläger/Leeb*, AVG § 42 Rz 7 mwN). IdS werden mit Blick auf § 356 Abs 1 GewO idF BGBl I 2012/85 verfassungsrechtliche Bedenken behauptet, weil Nachbarn zu rasch ihre Parteistellung verlieren würden (*Kastner*, ecolex 2013, 383). Nicht berücksichtigt wird dabei, dass der Wortlaut von § 356 Abs 1 genügend Spielraum für eine verfassungskonforme Interpretation belässt (s näher *Jahnel*, bbl 2013, 188 und *Unterpertinger*, ZfV 2014, 24 ff).

6. Betriebsanlagenrecht und Grundrechte

Literatur (allgemein – Auswahl): *Adamovich/Funk/Holzinger/Frank,* Österreichisches **303** Staatsrecht, III[2] (2015); *Berka,* Die Grundrechte (1999); *Berka,* Verfassungsrecht[5] (2014) Rz 1540; *Grabenwarter/Pabel,* Europäische Menschenrechtskonvention[5] (2012); *Hengstschläger/Leeb,* Grundrechte[2] (2013); *Machacek/Pahr/Stadler* (Hrsg), Grund- und Menschenrechte in Österreich I, II (1991/1992); *Mayer/Muzak,* B-VG[5] (2015) 596 ff; *Mayer/Kucsko-Stadlmayer/Stöger,* BVerfR[11] Rz 1317; *Merten/Papier/Kucsko-Stadlmayer* (Hrsg), Handbuch der Grundrechte – Grundrechte in Österreich[2] (2014); *Öhlinger/Eberhard,* VfR[10] Rz 677; *Pöschl,* Gleichheit vor dem Gesetz (2008); *B. Raschauer,* Allgemeiner Teil, in *B. Raschauer* (Hrsg), Österreichisches Wirtschaftsrecht[3] (2010) 1 (insb 81); *Stolzlechner,* Der verfassungsrechtliche Rahmen des Wirtschaftsrechts und seine Konkretisierung durch die verfassungsgerichtliche Judikatur, ÖZW 1987, 33.

Literatur zu einzelnen Grundrechten (Auswahl): *Bergthaler/Holzinger,* Die „nachbarneutrale" Änderung – ein trojanisches Pferd im Betriebsanlagenrecht? ÖZW 2014, 30; *Duschanek,* Datenschutzrechtliche Schranken der Publizität umweltrelevanter Betriebsdaten, RdW 1988/8, 310; *Ennöckl,* Umweltinformationsgesetz, in *N. Raschauer / Wessely* (Hrsg), Handbuch Umweltrecht[2] (2010) 652;

Feik, Staatliche Gewährleistungspflichten und Nachbarrechte im gewerblichen Betriebsanlagenrecht, in *Grabenwarter/Thienel* (Hrsg), Kontinuität und Wandel der EMRK (1998) 205; *Gruber,* Der Schanigarten – ein ewiges Problem? in *Gruber/Paliege-Barfuß* (Hrsg), Jahrbuch Gewerberecht 2008 (2008) 149; *Gutknecht/Holoubek/Schwarzer,* Umweltverfassungsrecht als Grundlage und Schranke der Umweltpolitik, ZfV 1990, 553; *Jahnel,* Das Grundrecht auf Datenschutz nach dem DSG 2000, in FS Schäffer (2006) 313; *Kind,* Verfassungsrechtliche Überlegungen zur Novelle der Gastgartenregelung, RdU 2010, 112; *Lechner-Hartlieb,* Wahrung der (Nachbar-)Interessen für die Genehmigungsfreistellung von Gastgärten, RFG 2012, 182; *Lütte,* Vereinfachtes Betriebsanlagengenehmigungsverfahren: Bereinigung einer Judikaturdivergenz zwischen VfGH und VwGH, in *Gruber/Paliege-Barfuß* (Hrsg), Jahrbuch Gewerberecht 2010 (2010) 83; *Mayer,* Zivilrechtsbegriff und Gerichtszuständigkeit, ZfV 1988, 473; *Merli,* Unzumutbare Gesetzgebung: Die neue Gastgartenregelung der Gewerbeordnung, JRP 2011, 195; *B. Raschauer,* Anlagenrecht und Nachbarschutz aus verfassungsrechtlicher Sicht, ZfV 1999, 506; *N. Raschauer,* Das vereinfachte Betriebsanlagengenehmigungsverfahren (§ 359 b GewO) im Gefolge jüngster höchstgerichtlicher Entscheidungen, RdU 2005/56; *Schulev-Steindl,* Gastgärten quo vadis – was folgt aus VfGH 7. 12. 2011, G 17/11 ua? ZfV 2012/1005; *Stolzlechner,* Gleichheitssatz, Rechtsstaatsprinzip, Umweltschutz-BVG und Parteistellung von Nachbarn im technischen Anlagenrecht, in FS Walter (1991) 665; *Thienel,* Vertrauensschutz und Verfassungsrecht (1990); *Thienel,* Verfassungsrechtliche Grenzen für das vereinfachte Genehmigungsverfahren nach § 359 b GewO, ZfV 2001, 718; *Thienel,* Aktuelle Entwicklungen in der Rechtsprechung zur GewO 1994, in FS Raschauer (2013) 597; *Trettenbrein,* Datenschutz für Umweltverschmutzer? RdW 1989, 325; 1990, 76; *Winkler,* Der Nachbar im vereinfachten Genehmigungsverfahren nach § 359 b GewO zwischen Verwaltungsrecht, Verfassungsrecht und zivilrechtlichem Nachbarrecht, in FS Stolzlechner (2013) 783.

Gesetzgebungs- und Vollziehungsorgane haben bei Erlassung von Rechtsakten (zB G, V, Bescheiden) betreffend gew BA die **einschlägigen Grundrechte** (Gleichheitssatz, Erwerbsfreiheit etc) zu beachten. Wie in der Folge zu zeigen sein wird, fallen generelle Rechtsvorschriften und individuelle Vollziehungsakte betreffend gew BA in den Schutzbereich zahlreicher Grundrechte. Das dabei zu Tage tretende Spannungsverhältnis zwischen einzelnen Grundrechten und dem BA-Recht aufzulösen, ist Aufgabe der Grundrechts-Jud, aber auch der Literatur.

6.1 Das **Grundrecht auf ein Verfahren vor dem gesetzlichen Richter** (Art 83 Abs 2 B-VG) bezieht sich auf *jede staatliche Behörde,* zB auch auf LVwG. Es begründet insofern ein verfassungsgesetzlich gewährleistetes Recht auf Wahrung der gesetzlich begründeten Zuständigkeit schlechthin (zB VfSlg 2536/1953, 12.111/1989; vgl zB *Mayer/Kucsko-Stadlmayer/Stöger,* BVerfR[11] Rz 151 sowie *Klaushofer* in *Merten/Papier/Kucsko-Stadlmayer,* Handbuch Grundrechte[2] § 18 Rz 20, 22 ff). Träger dieses Rechts sind insb *Parteien eines Verwaltungsverfahrens* und eines *verwaltungsgerichtlichen Verfahrens.* Nach Ansicht des VfGH kann die Parteistellung nicht unmittelbar aus einem Grundrecht oder dem Rechtsstaatsprinzip abgeleitet werden (zB VfSlg 14.512/1996; dazu *Mayer/Muzak,* B-VG[5] Art 83 B-VG, II.3; zur *sachlichen Rechtfertigung der Parteistellung* vgl Rz 6.3.2).

Das Grundrecht auf den gesetzlichen Richter wird durch das **Erk eines VwG** (vgl Art 144 B-VG; bis 31. 12. 2013: *Bescheid einer Verwaltungsbehörde*) verletzt, wenn die Behörde eine ihr gesetzlich nicht zukommende Zuständigkeit in Anspruch nimmt oder in gesetzwidriger Weise ihre Zuständigkeit ablehnt (vgl die Judikaturübersicht bei *Mayer/Muzak,* B-VG[5] Art 83 B-VG III.1). Dies ist namentlich der Fall, wenn die Behörde in *rechtswidriger Weise eine Sachentscheidung verweigert* (zB VfSlg 11.958/1989, 13.698/1994, 13.987/1994, 14.690/1996).

- **VfSlg 5902/1969:** Dadurch, dass die Behörde einem **Nachbarn die Rechtsstellung als Partei in einem BA-Genehmigungsverfahren** *aberkennt* und ihm eine *Sachentscheidung verweigert,* verletzt sie das Recht auf den gesetzlichen Richter.
- **VfSlg 6010/1969:** Die GewO gewährt einem Nachbarn nicht das *Recht auf Einleitung eines Verfahrens in Bezug auf den Gewerbebetrieb eines Dritten.* Die Berufungsbehörde verletzt daher dadurch, dass sie durch Bestätigung des Bescheides erster Instanz den Antrag eines Nachbarn auf Aufhebung einer BA-Genehmigung *zurückweist,* den Nachbarn nicht im Recht auf den gesetzlichen Richter.
- **VfSlg 8307/1978:** *Vertagte* und *später fortgesetzte Verhandlungen* bilden eine *Einheit.* Ist die **Verweigerung einer Sachentscheidung** die Folge *rechtswidriger Nichtanerkennung der Parteirechte,* wird dadurch das Recht auf den gesetzlichen Richter verletzt.
- **VfSlg 8897/1980:** Nachbarn haben *im Verfahren nach § 360 Abs 2 keine Parteistellung.* Sie können durch den Bescheid eines LH, mit dem die (erstinstanzlich angeordnete) *Schließung eines Betriebes* aufgehoben wird, nicht in ihrer Rechtssphäre verletzt werden.
- **VfSlg 9195/1981:** Die GewO gewährt Gemeinden als Gebietskörperschaft grds keine Parteistellung. Gem § 355 ist eine Gemeinde lediglich zum Schutz der öffentlichen Interessen iSd § 74 Abs 2 Z 2 bis 5 zu hören. **Parteistellung** genießt eine **Gemeinde** nur, wenn sie *als Nachbar* iSd § 75 Abs 2 betroffen ist. – Wenn einer Gemeinde im BA-Genehmigungsverfahren Parteistellung eingeräumt wird, soweit sie sich zB im Hinblick auf die Gemeindewasserversorgungsanlage auf ihre Nachbarstellung berufen kann, und ihr im Übrigen Parteistellung nicht zukommt, findet eine Verletzung des Rechts auf den gesetzlichen Richter nicht statt.
- **VfSlg 16.253/2001:** Verletzung im Recht auf den gesetzlichen Richter durch Zurückweisung einer Berufung betreffend eine BA-Genehmigung im *vereinfachten Verfahren* (§ 359 b) mangels Parteistellung der Bf; Parteistellung gesetzwidrig verneint.
- **VfSlg 17.774/2006:** Verletzung im Recht auf den gesetzlichen Richter durch *Zurückweisung einer Maßnahmenbeschwerde* wegen schikanöser Kontrolle eines Lokals hinsichtlich Einhaltung gewerberechtlicher Bestimmungen durch die Gewerbebehörde (§ 338) unter Hinzuziehung von Polizeikräften und in Begleitung eines Fernsehteams; *Beiziehung eines – dem Magistrat der Stadt Wien zuzurechnenden – privaten Kamerateams* als Akt unmittelbarer Befehls- und Zwangsgewalt auf seine Rechtmäßigkeit zu überprüfen (s auch die Folgeentscheidung **VfSlg 18.404/2008**).
- **VfSlg 19.617/2012:** Verletzung im Recht auf den gesetzlichen Richter durch **Versagung der Parteistellung der Nachbarn** hinsichtlich der Frage des Vorliegens der Voraussetzungen im Änderungsanzeigeverfahren (§ 81 Abs 2 Z 5 iVm Abs 3 und § 345 Abs 6); verfassungskonforme Interpretation einschlägiger GewO-Bestimmungen; Rsp zu Verfahren nach § 359 b auf Verfahren nach § 81 Abs 3 übertragbar (s auch *Bergthaler/Holzinger,* ÖZW 2014, 30).

6.2 Auch die **Eigentumsgarantie** (Art 5 StGG, Art 1 1. ZPMRK) wird in Verfahren betreffend gew BA in Anspruch genommen. Allerdings verneint der VfGH bei Nachbarbeschwerden im Hinblick auf den **öffentlich-rechtlichen Charakter einer BA-Genehmigung** regelmäßig die Möglichkeit der Verletzung von Art 5 StGG. Hingegen besitzen **Konsenswerber** üblicherweise einen *privatrechtlichen Titel* (Eigentum, Miete etc) an Betriebsobjekten, sodass die Möglichkeit der Verletzung dieses Grundrechts besteht. Dennoch werden Verletzungen der Eigentumsgarantie nur selten festgestellt, weil BA-Genehmigungsbescheide idR weder gesetzlos noch aufgrund verfassungswidriger Bestimmungen noch in denkunmöglicher Auslegung betriebsanlagenrechtlicher Vorschriften ergehen (VfSlg 7125/1973, 7362/1974 etc). Als Regelung einer *Eigentumsnutzung* iS von Art 1 Abs 2 1. ZPMRK ist ua auch die *Genehmigung für wirtschaftliche Betätigung* zu qualifizieren (näher dazu *Grabenwarter/Pabel,* EMRK[5] § 25 Rz 12).

– **VfSlg 6451/1971:** Durch den angefochtenen Bescheid wurde über die **öffentlich-rechtliche Zulässigkeit der Errichtung einer gew BA** abgesprochen. Durch einen solchen Bescheid kann das durch Art 5 StGG geschützte Eigentumsrecht keinesfalls verletzt werden (ähnlich: VfSlg 3309/1958, 5416/1966, 6994/1973).
– **VfSlg 9195/1981:** Durch einen BA-Genehmigungsbescheid kann auch insoweit, als einer **Gemeinde** Parteistellung zukommt und ihre Rechtssphäre somit berührt wird, das durch Art 5 StGG garantierte Eigentumsrecht gar nicht berührt werden. Wenn die Bf geltend macht, dass sich die Genehmigung der BA für den Fremdenverkehr abträglich auswirke und ihr dadurch Fremdenverkehrsabgaben entgingen, genügt der Hinweis darauf, dass es sich dabei um **keine unter den Schutz der Eigentumsgarantie fallenden Privatrechte** handelt.
– **VfSlg 14.577/1996:** Verletzung im Eigentumsrecht durch denkunmögliche Verhängung von Geldstrafen nach dem ÖZG 1991.

Im Zuge von *Hausdurchsuchungen* in gew BA (vgl unten 6.5) kann es zur **Beschlagnahme von Gegenständen** kommen (vgl § 39 VStG iVm § 369 GewO). Eine Beschlagnahme ist verfassungswidrig, wenn sie in einem bescheidmäßig verfügten Hausdurchsuchungsbefehl oder in einer „Anordnung" (§ 39 Abs 1 VStG) keine Deckung findet (zB VfSlg 12.072/1989) oder in denkunmöglicher Auslegung einschlägiger Vorschriften erfolgt, zB wenn über eine vorläufige Beschlagnahme (§ 39 Abs 2 VStG) nicht unverzüglich mit Bescheid entschieden wird (zB VfSlg 11.650/1988, 11.820/1988). Beschlagnahme durch Polizeiorgane ist als *Akt unmittelbarer Befehls- und Zwangsgewalt* mit einer *Maßnahmenbeschwerde* (Art 130 Abs 1 Z 2 B-VG) zu bekämpfen; dies freilich nur so lange, bis ein die Beschlagnahme anordnender Bescheid nachträglich erlassen wird. Danach ist nur mehr eine Bescheidbeschwerde (Art 130 Abs 1 Z 1 B-VG) zulässig.

Im *Dienste der Strafjustiz* können zB in einer gew BA gelagerte Gegenstände auf Anordnung der Staatsanwaltschaft von Organen der Kriminalpolizei vorläufig **sichergestellt** werden (vgl § 110 StPO). Die **Beschlagnahme sichergestellter Gegenstände** ist unter den Voraussetzungen des § 115 Abs 1 StPO zulässig; darüber entscheidet das Gericht auf Antrag der Staatsanwaltschaft oder einer betroffenen Person (§ 115 Abs 2 StPO). Gegen die (Anordnung der) Sicherstellung von Gegenständen durch die Staatsanwaltschaft und die Kriminalpolizei kann jede betroffene Person **Einspruch** bei Gericht erheben (§ 106 StPO; richterliche Kontrolle aller Akte von Polizeiorganen im Dienste der Strafjustiz, selbst wenn sie einem Polizeiorgan zuzurechnen sind, weil es die Sicherstellung zB aus eigener Macht durchgeführt hat; vgl Art 94 Abs 2 B-VG: Möglichkeit der Berufung gegen Verwaltungsakte bei ordentlichen Gerichten). Vgl aber die mit VfGH 30. 6. 2015, G 233/2014 ua ausgesprochene und mit 31. 7. 2016 wirksame Aufhebung der Formulierung „*Kriminalpolizei oder"* in § 106 Abs 1 StPO idF BGBl I 2013/195. Eine gerichtlich angeordnete Beschlagnahme ist mit **Beschwerde** beim Rechtsmittelgericht zu bekämpfen (§ 87 StPO).

6.3 Der **Gleichheitssatz** (Art 7 B-VG) findet – wie überall – so auch im gew BA-Recht häufige Anwendung. Differenzierende Regelungen sind aber idR *sachlich gerechtfertigt.* Im Folgenden sollen ein Überblick über die einschlägige VfGH-Jud gegeben und einige Bestimmungen am Maßstab des Gleichheitssatzes geprüft werden:

6.3.1 Allgemeines

– **§§ 77, 83:** Verletzung im Gleichheitsrecht bei Vorschreibung verschiedener Vorkehrungen zum Schutz vor Verunreinigung des Grundwassers durch Putzerei **mangels ausreichender Begründung** des angefochtenen Bescheides (VfGH 27. 2. 2007, B 830/06).

– **§ 77 Abs 3** *(Begrenzung von Luftschadstoffen nach dem Stand der Technik)*: Nach § 77 Abs 1 ist die Beachtung des Standes der Technik nicht zwingend, sondern unter der Voraussetzung vorgesehen, dass nur damit die Auswirkungen einer gew BA auf ein zumutbares Maß beschränkt werden können. Die Emission von Luftschadstoffen hingegen ist *„jedenfalls"* nach dem Stand der Technik zu begrenzen (§ 77 Abs 3). Ist dies *sachlich gerechtfertigt?* Der Gesetzgeber ist zur Vorschreibung des Standes der Technik nicht verpflichtet. Wenn er dies dennoch tut, wird man ihm nicht entgegentreten können, wenn er zwischen unterschiedlich schädlichen Umweltfaktoren normativ unterscheidet. Die Luftverschmutzung ist, zumal in städtischen Ballungszentren, wesentliche Ursache für viele Erkrankungen von Menschen (zB Allergien), was eine **schärfere rechtliche Begrenzung der Emission von Luftschadstoffen** als **sachlich gerechtfertigt** erscheinen lässt.

– **§ 81 Abs 2** *(Ausnahme von der Genehmigungspflicht bei Anlagenänderung)*: Grds ist jeder Ausnahmetatbestand auf sachliche Rechtfertigung hin zu überprüfen. Hauptkriterium der Sachlichkeit ist ein geringerer Gefährdungs- bzw Belästigungsgrad genehmigungsfreier Maßnahmen. Auch Überlegungen der Verwaltungsökonomie können eine sachliche Rechtfertigung begründen.

– **§ 81 Abs 2 Z 7** *(keine sachliche Rechtfertigung für Entfall der Genehmigungspflicht bei Änderung von vereinfacht genehmigten BA wegen Fehlens eines Verfahrens zum Schutz bestimmter Rechtsgüter)*: Die Wahrung der Schutzinteressen gem § 74 Abs 2 sowie gem § 77 Abs 3 und Abs 4, damit insb der Immissionsschutz der Nachbarn, der Schutz vor Emissionen von Luftschadstoffen sowie die Vorschreibung geeigneter Auflagen zur Abfallvermeidung oder -verwertung, scheidet bei **Änderung einer im vereinfachten Verfahren genehmigten Anlage** aus. Dafür bildet auch das mit dem vereinfachten BA-Genehmigungsverfahren angestrebte und als legitim erkannte (vgl VfSlg 14.512/1996) Ziel der *Verwaltungsvereinfachung* keinen zureichenden Grund; fehlt es doch an einer sachlichen Rechtfertigung dafür, zwar bei Feststellung der die Anwendung des vereinfachten Verfahrens begründenden Beschaffenheit einer Anlage erforderlichenfalls Aufträge zum Schutz der gem § 74 Abs 2 sowie der gem § 77 Abs 3 und Abs 4 wahrzunehmenden Interessen zu erteilen, nicht aber – schon mangels Durchführung eines entsprechenden Verfahrens – bei Änderung der betreffenden Anlage (VfSlg 16.824/2003; § 81 Abs 2 Z 7 als verfassungswidrig aufgehoben).

– **§ 354** *(Ausschluss der Parteistellung von Nachbarn im Versuchsbetriebsverfahren zulässig)*: § 354 ist **sachlich gerechtfertigt,** „weil die Versuchsbetriebsgenehmigung lediglich einer *möglichst rationellen Verfahrensgestaltung* zur Feststellung des entscheidungserheblichen Sachverhalts für das Genehmigungsverfahren nach § 356 dient. In diesem Verfahren sind die Nachbarn nach Maßgabe des § 356 Abs 3 Parteien, sodass die Behörde verhalten ist, die beim genehmigten Versuchsbetrieb erzielten Verfahrensergebnisse und Entscheidungsgrundlagen mit den Nachbarn als Parteien des Verfahrens im Rahmen des Parteiengehörs zu erörtern (VfSlg 13.013/1992). – Zur fehlenden Parteistellung von Nachbarn s auch *Wendl,* Die Nachbarn und ihre Parteistellung Rz 273.

– **§ 81 Abs 3 iVm § 81 Abs 2 Z 9:** In verfassungskonformer Interpretation ist § 81 Abs 3 iVm § 345 Abs 6 dahingehend auszulegen, dass bei den Bf ein rechtliches Interesse an der Überprüfung der Voraussetzungen des § 81 Abs 3 iVm § 81 Abs 2 Z 9 besteht und daher eine auf die Beurteilung dieser Frage **beschränkte Parteistellung** zukommt. Dass

§ 81 Abs 3 den Nachbarn nicht wie § 359b Abs 1 Anhörungsrechte einräumt, hindert die Annahme einer beschränkten Parteistellung nicht (VfSlg 19.617/2012; kritisch dazu *Thienel* in FS Raschauer 611).

– **§ 376 Z 11 Abs 4:** Zurückweisung von **Individualanträgen** auf Aufhebung von Ausnahmeregelungen für die Genehmigungspflicht gew BA im AWG mangels rechtlicher Betroffenheit der antragstellenden Gesellschaften; sachliche Rechtfertigung der unterschiedlichen, abfallwirtschaftsrechtlichen Behandlung von Altanlagen und neuen BA; verfassungskonforme Auslegung der Stichtagsregelung hinsichtlich der Verpflichtung zur Vorlage eines Abfallwirtschaftskonzepts für Betreiber bestimmter Anlagen (VfSlg 13.822/1994; Abweisung des Antrags auf Aufhebung des § 376 Z 11 Abs 4).

6.3.2 Vereinfachtes BA-Verfahren und Gleichheitssatz

– **§ 359b** *(vereinfachtes Verfahren; Aufhebung von Regelungen der GewO 1994 idF der Novelle 1997 betreffend die Genehmigung bestimmter BA im vereinfachten Verfahren durch Feststellungsbescheid ohne die im normalen BA-Genehmigungsverfahren vorgesehene Prüfung einzelfallbezogener Gesundheitsgefährdungen oder unzumutbarer Immissionen):* Es widerspricht dem **Gleichheitssatz,** wenn der Gesetzgeber im „normalen" Verfahren BA gem § 77 Abs 1 nur genehmigen lässt, wenn Gefährdungen iS des § 74 Abs 2 Z 1 vermieden und Belästigungen, Beeinträchtigungen oder nachteilige Einwirkungen iS des § 74 Abs 2 Z 2 bis Z 5 auf ein zumutbares Maß beschränkt werden, gleichwohl gem § 359b im vereinfachten Verfahren die **bloße Feststellung abstrakter Messgrößen** der projektierten Anlage durch die Behörde als Genehmigung gilt, ohne dass Gefährdungen und Immissionen im Einzelfall im vereinfachten Verfahren überprüft werden. Auch die Verwaltungsvereinfachung kann keinen zureichenden sachlichen Grund dafür bilden, dass BA, denen aufgrund der konkret geplanten Ausführung in Anbetracht der lokalen Verhältnisse die Genehmigungsfähigkeit gem § 74 Abs 2 iVm § 77 Abs 1 fehlt, lediglich **aufgrund der festgestellten abstrakten Typisierung als genehmigt gelten** (VfSlg 17.165/2004).

– **§ 359b** *(verfassungswidrige Versagung der Parteistellung von Nachbarn auch bei Beurteilung der Voraussetzungen für ein vereinfachtes Genehmigungsverfahren):* Es ist verfassungsrechtlich bedenklich, den Nachbarn Parteistellung auch bei Beurteilung der Frage zu versagen, ob die **Voraussetzungen für ein vereinfachtes Genehmigungsverfahren** überhaupt vorliegen, und diese Beurteilung allein der Behörde zu überlassen (VfSlg 16.103/2001; § 359b Abs 4 GewO 1994 idF BGBl I 1997/63 war verfassungswidrig; dazu *Thienel,* ZfV 2001, 718 ff).

– **§ 359b** *(keine Verfassungswidrigkeit der Regelung eines vereinfachten Verfahrens zur Genehmigung bestimmter BA durch Feststellungsbescheid der Gewerbebehörde hinsichtlich des Vorliegens der gesetzlichen Voraussetzungen; keine formalgesetzliche Delegation für die Erlassung einer V zur Bezeichnung bestimmter dem vereinfachten Verfahren unterliegender Anlagentypen; ausreichende Einzelfallbezogenheit dennoch aufgrund gebotener Interessenabwägung gegeben):* Ob und wieweit der Gesetzgeber Personen rechtlichen Schutz gewährt, die durch den einer anderen Person gegenüber ergangenen verwaltungsbehördlichen Bescheid, insb auch durch eine dieser Person erteilte Bewilligung, in ihren Interessen betroffen sind, ist seiner Gestaltungsfreiheit anheim gegeben. Diese ist verfassungsrechtlich lediglich dadurch begrenzt, dass das die **Parteirechte bestimmende Gesetz** dem aus dem Gleichheitssatz **abzuleitenden Sachlichkeitsgebot** unterliegt (VfSlg 14.512/1996; ähnlich zB 8279/1978, 11.934/1988, 12.240/1989).

Wenn es nach ihrer Konfiguration bestimm- und bezeichenbare BA gibt, die sich im Regelfall wegen der von ihnen zu erwartenden *geringfügigen Emissionen* als *genehmigungsfä-*

hig erwiesen haben, so ist es angesichts des *legitimen Zieles der Verwaltungsvereinfachung* nicht zu beanstanden, wenn für derartige BA die Genehmigung in einem vereinfachten Verfahren vorgesehen ist. – Ist es an sich sachlich gerechtfertigt, in Fällen, in denen die **Genehmigungsfähigkeit von Anlagen die Regel bildet,** zum Zwecke der Abkürzung des Verwaltungsverfahrens dieses dadurch zu vereinfachen, dass **Nachbarn keine subjektiven öffentlichen Rechte** eingeräumt werden, wiewohl die Behörde verpflichtet ist, die auch den (faktischen) Interessen der Nachbarn dienenden öffentlichen Interessen von Amts wegen wahrzunehmen, so muss es auch sachlich gerechtfertigt sein, dieses vereinfachte Verfahren (ohne Beteiligung der Nachbarn als Parteien) zur Genehmigung von BA zu verwenden, deren Art **vom V-Geber** aufgrund der Voraussetzungen des § 359 b Abs 2 in gesetzmäßiger Weise **bezeichnet** wurde. – Für die Regelung des § 359 b Abs 2 ist davon auszugehen, dass damit in sachlich gerechtfertigter Weise eine Erweiterung des Kreises der BA erfolgte, die dem vereinfachten Verfahren gem § 359 b Abs 1 zu unterziehen sind. Dass eine Beteiligung der Nachbarn als Parteien gem § 8 AVG im vereinfachten Verfahren nicht vorgesehen ist, verletzt mit Rücksicht auf den **Zweck der Verfahrensbeschleunigung** angesichts der regelmäßigen Genehmigungsfähigkeit der betreffenden BA nicht den Gleichheitssatz (VfSlg 14.512/1996).

– **§ 359 b** *(Verfassungswidrigkeit des Verwaltungsaktes):* Verletzung im Gleichheitsrecht durch *Versagung* der *Parteistellung der Nachbarn* im vereinfachten BA-Genehmigungsverfahren auch hinsichtlich der Beurteilung der Frage des **Vorliegens der Voraussetzungen für ein vereinfachtes Genehmigungsverfahren** infolge verfassungswidriger Gesetzesauslegung (VfSlg 16.778/2003; ähnlich VfSlg 16.103/2001, 16.259/2001).
Keine Verletzung verfassungsgesetzlich gewährleisteter Rechte durch Abweisung des Antrags auf Zustellung eines Bescheides betreffend eine BA-Genehmigung im vereinfachten Verfahren; materieller Abspruch über die Parteistellung der Nachbarn durch Abweisung des Zustellungsbegehrens und damit Erörterung der Voraussetzungen für ein vereinfachtes Verfahren (VfSlg 16.537/2002).

– **§ 359 b** *(keine Verfassungswidrigkeit der bloßen Feststellung der mangelnden Parteistellung der Nachbarn im vereinfachten BA-Genehmigungsverfahren; Verfassungswidrigkeit einer gewerberechtlichen Bestimmung über die Voraussetzungen für ein vereinfachtes Verfahren auch nach teilweiser Neufassung infolge Versagung der Parteistellung auch im Fall der unrichtigen Beurteilung des Vorliegens dieser Voraussetzungen):* Hinweis auf E v 3. 3. 2001, G 87/00, wonach es *unsachlich* sei, dass nach § 359 b Abs 4 ausschließlich die **raumordnungsrechtliche Widmung** darüber entscheidet, ob Nachbarn ihre Schutzinteressen selbst artikulieren und wahrnehmen können oder ob sie darauf angewiesen sind, dass die Behörde entsprechende Aufträge erteilt (VfSlg 16.259/2001; Aufhebung des § 359 b Abs 4 idF BGBl I 2000/88).

6.3.3 Gastgärtenregelung und Gleichheitssatz

– **§ 148 Abs 1 (jetzt § 76 a):** *Keine unsachliche Privilegierung bestimmter Gastgärten* durch die **Betriebszeitengarantie** aufgrund flankierender Strafbestimmungen und der Möglichkeit nachträglicher Vorschreibung von Auflagen im Interesse des Nachbarschutzes; jedoch *Gleichheitsverletzung* durch die sachlich nicht gerechtfertigte Erweiterung dieser Regelung für alle bestehenden sonstigen Gastgärten ungeachtet ihrer Lärmimmissionen (VfSlg 14.551/1996).

– **§ 76 a Abs 1** *(Gleichheitswidrigkeit der Ausnahme von Gastgärten von der gewerberechtlichen Genehmigungspflicht unter bestimmten Voraussetzungen; Benachteiligung der Nachbarn von Gastgärten gegenüber Nachbarn sonstiger BA):* Durch BGBl I 2010/66 wurde für Gastgärten unter bestimmten Voraussetzungen eine **Anzeigepflicht** anstatt einer Genehmigungspflicht vorgesehen, ohne dass im Einzelfall eine Gesundheitsgefährdung oder unzumutbare Lärmbelästigung geprüft werden konnte. Fälle erheblicher Lärmbelästigung durch Gastgärten sind weder selten noch haben sie a priori geringeres Gewicht. Vielmehr ist es offenkundig, dass es durch das – einer Prüfung der Auswirkungen von Lärm im Einzelfall entzogene – System der Anzeigepflicht des Gastgewerbetreibenden nicht nur in Härtefällen, sondern in einer nicht zu vernachlässigenden Anzahl an Fällen, wenn nicht sogar – zumindest in Wohngebieten – im Regelfall, zur Beeinträchtigung der Schutzinteressen von Nachbarn kommt. Ein **angemessener Ausgleich** zwischen den verfassungsrechtlich geschützten Interessen des durch die Lärmerregung durch Gastgärten beeinträchtigten Personenkreises und der ebenfalls verfassungsrechtlich geschützten Erwerbsfreiheit der Gastgewerbetreibenden sowie den allgemeinen Interessen der Bevölkerung am Betrieb von Gastgärten wird durch § 76 a nicht erzielt (VfSlg 19.584/2011; Aufhebung der Wortfolge *„Eine Gesundheitsgefährdung oder unzumutbare Belästigung durch Lärm ist jedenfalls nicht zu erwarten, wenn die im Einleitungssatz und in Z 1 bis Z 3 genannten Voraussetzungen erfüllt sind“*). – Zur Anzeigepflicht bei Gastgärten s näher *Stolzlechner,* Die Genehmigungspflicht der Betriebsanlage Rz 199, 2.2.

 – **§ 76 a Abs 8:** Gem § 76 a Abs 8 idF BGBl I 2010/66 können nachträgliche Auflagen iSd §§ 79 und 79 a zwar **zur Vermeidung der Gefährdung des Lebens** oder **der Gesundheit von Menschen,** nicht aber zur Vermeidung von unzumutbaren Belästigungen vorgeschrieben werden, während für sonstige BA keine solche Beschränkung besteht. Diese Ungleichbehandlung ist ebenso wenig zu rechtfertigen wie die mit VfSlg 19.584/2011 beseitigte Privilegierung von Gastgärten gegenüber sonstigen BA in § 76 a Abs 1 Z 4 (VfGH 16. 6. 2014, G 94/2013; Aufhebung der Wortfolge *„zur Vermeidung einer Gefährdung des Lebens oder der Gesundheit dieser Personen“*).

6.4 Errichtung und Betrieb einer gew BA sind wichtige unternehmerische und insofern auch die **Erwerbsfreiheit (Art 6 StGG)** berührende Maßnahmen. Dadurch, dass das gew BA-Recht *Art* und *Weise* von Errichtung und Betrieb gew BA regelt, ordnet es auch mehr oder weniger gravierende *Beschränkungen der Erwerbsfreiheit* an (zB Betriebszeitenbeschränkung, Verwendung schadstoffarmer Energie etc; **„Ausübungsschranken"**). Die Ausübung beschränkende Vorschriften sind ferner vorgesehen in Bestimmungen, welche die Behörden zum *Eingriff in rk Genehmigungsbescheide* (zB § 79), zur Vornahme von *Sicherheitsmaßnahmen* (zB § 360; Betriebsschließung) oder zur *Kontrolle von Betrieben* (§ 338) ermächtigen.

Der Gesetzesvorbehalt zu Art 6 StGG erlaubt dem Gesetzgeber, auch Beschränkungen für Errichtung und Betrieb gew BA vorzusehen. Solche Beschränkungen sind nur zulässig, *„wenn sie durch das öffentliche Interesse geboten, zur Zielerreichung geeignet, adäquat und auch sonst sachlich zu rechtfertigen sind"* (zB VfSlg 12.921/1991, 15.038/ 1997, 16.120/2001, 16.734/2002, 17.932/2006, 19.749/2013; zu den Eingriffselementen näher zB *Öhlinger/Eberhard,* VfR[10] Rz 888 ff; *Korinek* in *Merten/Papier/Kucsko-Stadlmayer,* Handbuch Grundrechte[2] § 16 Rz 57 ff sowie *Grabenwarter,* in *Machacek/Pahr/ Stadler,* Grund- und Menschenrechte in Österreich II 599 ff). Ausübungsregeln müssen bei einer **Gesamtabwägung** zwischen der Schwere des Eingriffs und dem Gewicht der ihn rechtfertigenden Gründe **verhältnismäßig** sein (zB VfSlg 17.731/2005). Dem Gesetzgeber steht bei Regelungen der Erwerbsausübung ein *größerer rechtspolitischer Gestaltungsspielraum* offen als bei Regelungen, die den Berufszugang beschränken (zB VfSlg 13.704/1994, 16.024/2000, 16.734/2002, 17.731/2005).

Der VfGH hat vor allem *Ladenschluss-* bzw *Öffnungszeitenregelungen* nach Maßgabe des Art 6 StGG geprüft, daneben auch andere Ausübungsbeschränkungen:

- *VfSlg 11.558/1987:* Verfassungswidrigkeit der *einheitlichen Festlegung eines Sperrhalbtags; VfSlg 11.848/1988:* Verfassungswidrigkeit der *Feststellung von Sperrzeiten durch LH; VfSlg 12.094/1989:* Verfassungswidrigkeit *allgemeiner Ladenschlusszeiten an Werktagen;* Verfassungsmäßigkeit des Samstags als Sperrhalbtag; *VfSlg 13.318/1992:* keine Verfassungswidrigkeit der Bestimmungen des ÖZG 1991 über die *allgemeinen Öffnungszeiten an Werktagen; VfSlg 17.730/ 2005:* keine Gesetzwidrigkeit der V-Regelung über Öffnungszeiten von Verkaufsstellen am Linzer Hauptbahnhof; *VfSlg 19.639/2012;* VfGH 3. 3. 2015, G 107/2013: keine Verfassungswidrigkeit des **Verbots der Sonntagsöffnung** aufgrund öffentlichen Interesses an einer (weitgehenden) Synchronisation der Öffnungszeiten mit der Wochenendruhe; Art 16 GRC nicht anwendbar.
- *VfSlg 17.731/2005: keine Verletzung der Erwerbsfreiheit durch das Verbot der Haltung von Hunden und Katzen in Zoofachgeschäften;* kein generelles Verkaufsverbot, bloße Beschränkung von Verkaufsmodalitäten; Vorliegen eines öffentlichen Interesses am Schutz des Lebens und des Wohlbefindens der Tiere (keine Aufhebung von § 31 Abs 5 TSchG).

Die Erwerbsfreiheit ist auch bei Erlassung von *Verwaltungsakten* (zB Bescheiden) zu beachten. Das Grundrecht wird zB verletzt, wenn durch einen Bescheid/durch Erk eines VwG die Ausübung einer Erwerbstätigkeit (zB Betrieb einer gew BA) beschränkt wird, ohne dass ein Gesetz die Behörde/das VwG zu einem die Erwerbstätigkeit einschränkenden Bescheid/Erk ermächtigt, oder wenn die Rechtsvorschrift verfassungswidrig ist, oder wenn die Behörde/das VwG bei Erlassung des Bescheids/des Erk ein Gesetz in denkunmöglicher Weise anwendet (vgl zB VfSlg 14.396/1995, 15.449/1999, 17.980/2006, 19.749/2013; *Berka,* Grundrechte Rz 760 ff sowie *Mayer/Muzak,* B-VG[5] Art 6 StGG VI.).

- VfSlg 13.586/1993: Verletzung der Erwerbsfreiheit durch Versagung der Genehmigung für die Änderung einer BA zur Lagerung von Mineralölprodukten.

6.5 Werden gew BA oder Teile hievon (zB Büros, Betriebs- oder Lagerräume) von Amtsorganen *durchsucht* oder zwecks *Durchführung einer Kontrolle* betreten, kann eine Verletzung des **Hausrechts** (Art 9 StGG, Art 8 EMRK) vorliegen. Dabei ist zu differenzieren: Wird eine *BA durchsucht* (zB zur Beschlagnahme von Gegenständen), unterliegt diese Amtshandlung einer Kontrolle am Maßstab des HausrechtsG (HRG) RGBl 1867/ 142, weil *Betriebsräumlichkeiten aller Art* zu den geschützten Räumlichkeiten zählen (VfSlg 1747/1949, 2867/1955, 3784/1960).

Hotelzimmer sind zur Führung einer Gastgewerbeberechtigung notwendige Betriebsräume (VfSlg 6328/1970). – Bei Überprüfung einer **Baustelle** durch Organe eines Arbeitsamtes fehlt es hingegen an einer geschützten Räumlichkeit iSd § 1 HRG (VfSlg 11.981/1989).

Die GewO ermächtigt die Gewerbebehörden bzw deren Organe zum *Betreten* und zur *Besichtigung von BA* sowie zur **Durchführung von Betriebskontrollen** (§§ 338, 82b; s *Vogelsang,* Die Überwachung von Betriebsanlagen Rz 369 ff). Bei derartigen Kontrollen wird nichts gesucht, sondern die Einhaltung einschlägiger Vorschriften überprüft. Bloßes Betreten eines Raumes zwecks Vornahme einer Amtshandlung ist aber keine Hausdurchsuchung (zB VfSlg 6328/1970: Hotelkontrolle; VfSlg 6736/1972: Kontrollen nach QualitätsklassenG): Sofern kontrollierende Amtsorgane im Rahmen gesetzlicher Ermächtigungen *handeln,* kommt ein Eingriff in die genannten Grundrechte nicht in Betracht.

> Überprüfen von Hotelzimmern nach illegal beschäftigten Ausländern („Schwarzarbeitern") ist kein *„Suchen"* oder *„systematisches Besichtigen"* (VfSlg 12.122/1989).

An sich sind **Betriebsräumlichkeiten** keine „Wohnungen" iS von Art 8 EMRK. Eine behördliche Nachschau in Betriebsräumlichkeiten, bei der nichts gesucht wird, verletzt weder das HRG (kein „Durchsuchen") noch Art 8 EMRK (keine „Wohnung"; VfSlg 11.650/1988). Freilich können Privat- und Geschäftsräumlichkeiten häufig nicht einwandfrei voneinander getrennt werden, was Auswirkungen auf die Auslegung des Art 8 EMRK hat: Auch der *Betreiber eines (gew) Beherbergungsbetriebes* ist vom Schutzbereich des Rechts auf Achtung der Wohnung erfasst (VfSlg 14.864/1997).

> Der VfGH folgt diesbzgl dem EGMR: Art 8 EMRK ist auch auf Hausdurchsuchungen in Bezug auf *berufliche* oder *geschäftliche Tätigkeiten* und *Lokale* anzuwenden (EGMR 16. 12. 1992, *Niemietz,* EuGRZ 1993, 65, Anwaltskanzlei); Schutz der Wohnung nach Art 8 EMRK kann unter bestimmten Umständen auf *Geschäftsräume* ausgedehnt werden (EGMR 16. 4. 2002, Appl Nr 37971/97 – *Stés Colas;* Untersuchung in Geschäftsräumlichkeiten einer Baugesellschaft); dazu *Grabenwarter/Pabel,* EMRK[5] § 22 Rz 21 sowie *Wiederin* in *Merten/Papier/Kucsko-Stadlmayer,* Handbuch Grundrechte[2] § 10 Rz 79.

Nach Ansicht des EGMR kann eine **von einer gew BA ausgehende Umweltbeeinträchtigung** das Wohlbefinden beeinträchtigen und den *Genuss des Wohnens* so behindern, dass das Privat- und Familienleben beeinträchtigt wird (EGMR 9. 12. 1994, *López Ostra,* Serie A 303-C = EuGRZ 1995, 530); in einer anderen Entscheidung (betreffend eine Mobilfunkanlage) hielt der EGMR fest, dass „Eingriffe in das Recht auf Achtung der Wohnung auch durch *immaterielle Beeinträchtigungen,* wie zB Lärm, Emissionen, Geruch, erfolgen und schwerwiegende Einwirkungen eine Person durchaus am Genuss ihrer Wohnung hindern können" (EGMR 17. 1. 2006, *Luginbühl,* Bsw Nr 42.756/02). Die begründete Befürchtung der Zunahme *gesundheitsschädlicher Emissionen* (durch Mobilfunkantennen) reicht danach aus, um Art 8 EMRK für anwendbar zu erklären.

6.6 Bei Verdacht des unbefugten Betriebs einer BA bzw sonstiger auf gew BA Bezug nehmender Verwaltungsübertretungen (vgl § 366 Abs 1, 2, 3 und 3 a; § 367 Z 26 bis 28) können gem § 35 VStG Festnahmen vorgenommen und damit das **Recht auf persönliche Freiheit** (Art 8 StGG, Art 5 EMRK) berührt werden. Eine nach § 35 VStG (und folglich nach Art 8 StGG) rechtmäßige Festnahme einer Person liegt vor, wenn Amtsorgane eine Person auf frischer Tat betreten und das inkriminierte Verhalten mit gutem Grund („vertretbar") als Verwaltungsübertretung qualifizieren (zB VfSlg 10.450/1985); zur Maßnahmenbeschwerde vgl Art 130 Abs 1 Z 2 B-VG.

Zu den übrigen zur Bekämpfung des „Pfuscherunwesens" vorgesehenen Handlungsermächtigungen des § 360 vgl *Giese,* Einstweilige Zwangs- und Sicherheitsmaßnahmen Rz 376 ff.

6.7 Zu fragen ist ferner, ob im Zusammenhang mit gew BA ergehende Verwaltungsakte (zB Versagung oder Widerruf einer BA-Genehmigung) als Entscheidungen über **„zivilrechtliche Ansprüche"** (Art 6 EMRK) zu qualifizieren sind. Der EGMR interpretiert den Begriff *„zivilrechtlicher Anspruch"* extensiv und unterstellt ihm (auch verwaltungsrechtliche) Verfahren, die *Auswirkungen auf Privatrechte* haben, so namentlich in Fällen mit Auswirkungen auf das Eigentum und vertragliche Rechtsbeziehungen im Schutzbereich der Berufs- und Erwerbsfreiheit (EGMR 23. 10. 1985, *Benthem,* Serie A 97 = EuGRZ 1986, 299 ff; Widerruf der Genehmigung einer Flüssiggastankstelle); weitere Jud bei *Grabenwarter/Pabel,* EMRK[5] § 24 Rz 7 ff.

Dagegen vertrat der VfGH zur Rechtslage vor der „neuen" Verwaltungsgerichtsbarkeit (BGBl I 2012/51) die Ansicht, dass für den Bereich *„typischer öffentlich-rechtlicher Eingriffe in private Rechtsstellungen"* die Möglichkeit der Erhebung einer **VwGH-Beschwerde** für den Anspruch auf Entscheidung durch ein *unabhängiges* und *unparteiisches, auf Gesetz beruhendes Gericht* (Art 6 EMRK) ausreiche (VfSlg 11.500/1987; Fall „Miltner"); zu dieser Judikaturdivergenz vgl *Mayer,* Zivilrechtsbegriff 473 ff.

Dieser Auffassung lag die – vom EGMR nicht geteilte – Unterscheidung des VfGH in einen **Kernbereich** und einen **Randbereich des Begriffs der „zivilrechtlichen Ansprüche"** zu Grunde, nach der im Kernbereich die nachprüfende Kontrolle durch VwGH und VfGH nicht genügte, im Randbereich aber schon (vgl *Berka,* VfR[5] Rz 1582; *Grabenwarter/Pabel,* EMRK[5] § 24 Rz 13). Nach einer jüngeren Entscheidung des VfGH erfüllt der VwGH „bei verfassungs- und konventionskonformer Wahrnehmung seiner gesetzlichen Befugnisse zur Sachverhaltskontrolle im Allgemeinen . . . . die Anforderungen an ein Gericht iSd Art 6 EMRK" (VfSlg 19.425/2011). Folgt man dieser Auffassung stellt sich die Frage nicht mehr, ob ein Anspruch in den Kernbereich oder in den Randbereich der „zivilrechtlichen Ansprüche" fällt.

Gewerberechtliche Verwaltungsakte, selbst wenn sie die Untersagung einer gew Tätigkeit zum Inhalt haben, greifen nach herkömmlicher Terminologie nicht in den Kernbereich der „civil rights" ein (vgl VfSlg 11.500/1987, 12.384/1990).

Mit einem **Baueinstellungsauftrag** gegenüber dem Betreiber eines Lebensmittelmarktes wird *nicht unmittelbar über Zivilrechte entschieden;* folglich handelt es sich um kein Verfahren iS von Art 6 EMRK (VfSlg 10.913/1986).

Die skizzierte Unterscheidung verlor durch die Einführung der „neuen" Verwaltungsgerichtsbarkeit (BGBl I 2012/51) an Bedeutung, weil **VwG** als **Gerichte iSd Art 6 EMRK** zu qualifizieren sind. Die Anwendbarkeit von Art 6 EMRK kann aber für die Frage rechtlich erheblich sein, ob eine *mündliche Verhandlung* durchzuführen ist (s *Grabenwarter/Pabel,* EMRK[5] § 24 Rz 73 ff sowie *Klaushofer* in *Merten/Papier/Kucsko-Stadlmayer,* Handbuch Grundrechte[2] § 18 Rz 69 ff). In Fällen der *„Durchführung des Rechts der Union"* (Art 51 GRC), also zB bei Genehmigung von IPPC-Anlagen, kann **Art 47 GRC** zur Anwendung kommen (vgl VfSlg 19.632/2012); zu den IPPC-Anlagen s näher *Vogelsang,* Sonderbestimmungen für IPPC-Anlagen Rz 243 ff.

6.8 Gem § 1 DSG hat jedermann *„Anspruch auf Geheimhaltung der ihn betreffenden personenbezogenen Daten",* worunter auch die eine gew BA betreffenden Daten (zB Emissionsdaten einer Produktionsanlage) zu verstehen sind (**„Grundrecht auf Daten-**

schutz"; vgl *Mayer/Kucsko-Stadlmayer/Stöger*, BVerfR[11] Rz 1439 f; *Wiederin* in *Merten/ Papier/Kucsko-Stadlmayer*, Handbuch Grundrechte[2] § 10 Rz 128 ff sowie *Jahnel,* in FS Schäffer 313 ff). Gem § 1 Abs 2 DSG sind *„Beschränkungen des Anspruchs auf Geheimhaltung"* (zB durch Weitergabe umweltrelevanter Anlagendaten) zur Wahrung überwiegender berechtigter Interessen eines anderen zulässig, uzw bei Eingriffen einer staatlichen Behörde nur aufgrund von Gesetzen, die aus den in Art 8 Abs 2 EMRK genannten Gründen notwendig sind (zB Schutz der Rechte Dritter). Darauf beruht das *UmweltinformationsG* (UIG), dessen § 4 jedermann ein *subjektives öffentliches Recht auf freien Zugang zu Umweltdaten* gewährt. Dabei ist zwischen *zugangsfreien* und *zugangsbeschränkten Umweltinformationen* zu unterscheiden (näher dazu *Ennöckl* in *N. Raschauer/Wessely*, Handbuch Umweltrecht[2] 656 ff).

Zur Durchsetzung der **Informationspflicht** ist in § 8 UIG eine Pflicht vorgesehen, über ein Informationsbegehren bescheidmäßig abzusprechen. Über Beschwerden gegen einen solchen Bescheid entscheidet das LVwG (§ 8 Abs 4 UIG). Bestätigt das LVwG einen die Information verweigernden Bescheid, kann dagegen Revision (Art 133 Abs 1 Z 1 B-VG) oder Beschwerde (Art 144 B-VG) erhoben werden.

Auch Anlagenbetreiber sind geschützt: Gem § 8 Abs 5 UIG ist auf Antrag ein Bescheid zu erlassen, wenn Betroffene behaupten, durch eine Mitteilung von Umweltinformationen in ihren Rechten verletzt zu sein. Dabei bezieht sich die Formulierung *„in ihren Rechten verletzt"* auf die Geheimhaltung personenbezogener Daten gem § 1 DSG (so *Ennöckl* in *N. Raschauer/Wessely*, Handbuch Umweltrecht[2] 661). Gegen den Bescheid kann Beschwerde an das LVwG erhoben werden (vgl § 8 Abs 4 UIG).

6.9 Das BVG über die Nachhaltigkeit, den Tierschutz, den umfassenden Umweltschutz, die Sicherstellung der Wasser- und Lebensmittelversorgung und die Forschung BGBl I 2013/111 normiert **kein einklagbares Grundrecht** iSd Art 144 B-VG, sondern eine *Staatszielbestimmung, die als Interpretationshilfe für die Auslegung unbestimmter Gesetzesbegriffe herangezogen werden kann* (VfSlg 10.791/1986, 11.294/1987, 11.990/ 1989; zum früheren BVG Umweltschutz).

§ 148 Abs 1 (jetzt § 78 a): Kein Verstoß gegen das BVG Umweltschutz durch die in der GewO normierte Betriebszeitengarantie für Gastgärten *mangels Gesundheitsgefährdung der Nachbarn* (VfSlg 14.551/1996).

7. Geltendmachung von Grundrechtsverletzungen

304   **7.1** Grundrechtsverletzungen durch **Bescheide von Verwaltungsbehörden** können zunächst in einer Bescheidbeschwerde (Art 130 Abs 1 Z 1 B-VG) an das in gew BA-Angelegenheiten zuständige LVwG geltend gemacht werden. Grundrechtsverletzungen durch **Erk eines LVwG** können gem Art 144 Abs 1 B-VG vor dem VfGH geltend gemacht werden, soweit Personen behaupten, durch Erk eines LVwG in **verfassungsgesetzlich gewährleisteten Rechten** verletzt zu sein. Die Beschwerde hat einen **begründeten Beschwerdeantrag** zu enthalten.

Der VfGH erkennt ferner über Beschwerden, in denen der Bf wegen Anwendung einer gesetzwidrigen V, eines verfassungswidrigen Gesetzes oder eines rechtswidrigen Staatsvertrages in seinen Rechten verletzt zu sein behauptet (Art 144 Abs 1 B-VG).

7.2 Über Beschwerden von Personen, die behaupten, durch die **Ausübung unmittelbarer verwaltungsbehördlicher Befehls- und Zwangsgewalt** in einer gew BA in ihren Rechten verletzt zu sein, erkennt das zuständige LVwG (Art 130 Abs 1 Z 2 B-VG). Gegen Erk der LVwG steht die Beschwerde an den VfGH (Art 144 Abs 1 B-VG) und die Revision an den VwGH (Art 133 Abs 1 Z 1 B-VG) zur Verfügung.

Mit den Worten *„Ausübung unmittelbarer verwaltungsbehördlicher Befehls- und Zwangsgewalt"* werden die sog **„faktischen Amtshandlungen"** umschrieben, also hoheitliche Verwaltungsakte (mit individuell-normativem Inhalt), die ohne weiteres Verfahren (und daher ohne Bescheidcharakter) gesetzt werden (zB Schließung eines Betriebes; Durchsuchung eines Betriebsgebäudes). Unverzichtbares Inhaltsmerkmal ist dabei entweder, dass der Zwang unmittelbar durch ein Verwaltungsorgan ausgeübt wird (zB Abschalten einer Maschine durch Exekutivorgan) oder der Umstand, dass dem Befehlsadressaten eine bei Nichtbefolgung unverzüglich einsetzende Sanktion angedroht wird (zB Verwaltungsorgan ordnet das Abschalten einer Maschine an). – Vgl VfSlg 9922/1984, 10.420/1985, 10.848/1986, 11.878/1988.

Zu den Zwangs- und Sicherheitsmaßnahmen s unten *Giese,* Einstweilige Zwangs- und Sicherheitsmaßnahmen Rz 376 ff.

7.3 Sofern eine Verletzung von Grundrechten nicht durch auf gew BA Bezug nehmende individuelle Verwaltungsakte, sondern durch diesen zugrunde liegende **allgemeine Rechtsvorschriften** behauptet wird, stehen folgende Möglichkeiten einer Rechtsverfolgung offen: Personen können gegen einen sie betreffenden individuellen Verwaltungsakt beim zuständigen LVwG Beschwerde einlegen und darin ihre *grundrechtlichen Bedenken hinsichtlich der zugrunde liegenden Rechtsvorschriften* (Gesetz, V) äußern. Teilt das LVwG diese Bedenken, hat es gem Art 140 Abs 1 B-VG eine Gesetzesprüfung beim VfGH zu beantragen. Eine gleiche Möglichkeit besteht auch im Rahmen einer Revision an den VwGH. Bei einer Beschwerde an den VfGH (Art 144 Abs 1 B-VG) wird dieser, wenn er die Bedenken teilt, das Erkenntnisprüfungsverfahren zu unterbrechen und ein Gesetzesprüfungsverfahren einzuleiten haben.

Gem Art 140 Z 1 lit c B-VG erkennt der VfGH auch über die Verfassungswidrigkeit von Gesetzen auf Antrag einer Person, die unmittelbar durch die Verfassungswidrigkeit *„in ihren Rechten verletzt zu sein behauptet"*, sofern das Gesetz *„ohne Erlassung eines Bescheides für diese Person wirksam geworden ist"* (**„Individualantrag"**). Nach der Jud des VfGH sind solche Anträge zulässig, sofern Personen durch die bekämpfte Vorschrift in ihrer Rechtssphäre direkt und aktuell betroffen sind und ihnen ein *„anderer zumutbarer Weg"* zur Abwehr des *behaupteterweise* verfassungswidrigen Eingriffs in die Rechtssphäre nicht zur Verfügung steht (vgl zB VfSlg 11.558/1987, 12.094/1989, 12.492/1990, 13.725/1994, 14.354/1995, 14.471/1996 sowie *Mayer/Kucsko-Stadlmayer/Stöger,* BVerfR[11] Rz 1161). Im Zusammenhang mit Rechtsfragen von gew BA wurden mehrfach – teils zulässige, teils unzulässige – Individualanträge gestellt (zB VfSlg 12.492/1990, 15.547/1999, 17.730/2005).

C. Das Betriebsanlagenrecht und andere Bereiche des öffentlichen Rechts

Karim Giese

Inhalt

1. Zwischen Genehmigungskonkurrenz und Verfahrenskonzentration

Literatur (Auswahl): *Furherr/Schwarzer* (Hrsg), Anlagenrecht und Verwaltungsreformgesetz **305** (2002); *Hauer,* Umweltanlagenrecht, in *Hauer/Mayrhofer* (Hrsg), Umweltrecht² (2015) 247; *Hechtner/Schuster,* Auswirkungen des Verwaltungsreformgesetzes 2001 auf das Anlagenrecht, ZUV 2004, 79; *Köhler,* Das konzentrierte Verwaltungsverfahren nach dem Verwaltungsreformgesetz 2001, ZfV 2003, 138; *Leitl/Mayrhofer,* Das Verfahren zur Genehmigung von gewerblichen Betriebsanlagen nach der Verwaltungsreform 2001, ÖGZ 9/2003, 42; *Lienbacher/Pürgy* (Hrsg), Verwaltungsreform und Deregulierung (2012); *Mayer,* Genehmigungskonkurrenz und Verfahrenskonzentration (1985); *Öberseder,* Handbuch Anlagenrecht. Anlagenwesen des Bundes und der Länder (1996); *Öberseder,* Auswirkungen des neuen Anlagenrechts auf die Bezirksverwaltungsbehörden, in *Hauer* (Hrsg), Betriebsanlagenrecht im Umbruch (2004) 43; *Paliege-Barfuß,* Der neue One-Stop-Shop im gewerblichen Betriebsanlagenrecht, in *Furherr/Schwarzer* (Hrsg), Anlagenrecht und Verwaltungsreformgesetz (2002) 17.

1.1 Die Errichtung und der Betrieb einer gew BA sind nicht nur Gegenstand des gewerberechtlichen Betriebsanlagenrechts (§§ 74 ff GewO), sondern können auf verschiedene Weise auch andere Verwaltungsvorschriften des Bundes und der Länder berühren. Solche Berührungspunkte ergeben sich insb mit

– Verwaltungsvorschriften, die **Sondergewerberecht** oder **besondere Bestimmungen für gew BA** enthalten (zB RohrleitungsG, BäderhygieneG, SicherheitsfilmG);

Einzelne Regelungsbereiche der GewO haben sich im Laufe der Zeit zu eigenständigen Rechtsgebieten fortentwickelt. So ist zB der spezifische **gewerberechtliche Arbeiter- und Arbeitnehmerschutz** nahezu vollständig im allgemeinen, für jede berufliche Tätigkeit geltenden ASchG aufgegangen. Obwohl es sich in diesem Fall um keine (sonder-)gewerberechtlichen Bestimmungen ieS mehr handelt, wird im Wege einer behördlichen Entscheidungskonzentration bei der *Gewerbebehörde* (§ 93 ASchG) weiterhin die enge Verbindung zwischen den beiden Rechtsbereichen aufrechterhalten (s Rz 306, 2.3).

– Verwaltungsvorschriften, in denen **von der GewO ausgenommene Wirtschaftszweige** geregelt werden;

Abgrenzungsfragen zu anderen WirtschaftsverwaltungsG stellen sich insb in Fällen, bei denen die rechtliche Abgrenzung nicht oder nicht ausschließlich durch die GewO selbst erfolgt (zB § 2 Abs 10 GewO – „Bergbau"; § 37 Abs 2 AWG – „Abfallbehandlungsanlagen") oder es in der Praxis zu **Mischnutzungen** von BA kommt (vgl dazu § 74 Abs 4 und 5 GewO – Bergbau-, Elektrizitätsanlagen).

– Verwaltungsvorschriften, mit denen über die (bis in jüngere Zeit noch stark nachbarschaftsbezogenen) Schutzzwecke des gew BA-Rechts (§§ 74, 77 GewO) hinaus **weitere wichtige Gesichtspunkte des öffentlich-rechtlichen Anlagen-, Planungs- und Umweltschutzrechts** verfolgt werden. In diesem Fall kommt es regelmäßig zu kumulativen Genehmigungserfordernissen **(Genehmigungskonkurrenzen).**

Die rechtliche **Zersplitterung des Anlagenrechts** wird teilweise auch durch die bundesstaatliche Kompetenzverteilung und dessen dezentrales System von Gesetzgebungs- und Vollzugszuständigkeiten (Art 10 bis 15 B-VG) bewirkt (s dazu *Stolzlechner,* Bundesverfassungsrechtliche Grundlagen des Betriebsanlagenrechts Rz 299). Zwar sind in diesem System grds keine konkurrierenden Zuständigkeiten in der Gesetzgebung vorgesehen. Das schließt aber nach stRsp des VfGH nicht aus, dass ein bestimmter Lebenssachverhalt unter verschiedenen Gesichtspunkten (bundes-, landes-)gesetzlich geregelt wird. Unter dem Gesichtspunkt zB des **Naturschutzes,** der **Raumplanung,** der **Bautechnik** oder des **Ortsbildschutzes** (Art 15

B-VG) unterliegt eine gew BA – als **„Lebenssachverhalt"** – auch einschlägigen Landesgesetzen. Der Vollzug dieser Bestimmungen ist überdies zum Teil den Gemeinden im eigenen Wirkungsbereich vorbehalten (Art 118 Abs 1 und 2 B-VG – zB Baurecht).

1.2 Um insb dem **negativen Effekt von Genehmigungskonkurrenzen** entgegen zu wirken, sehen Rechtsvorschriften – teilweise aufgrund unionsrechtlicher Vorgaben zum integrierten Umweltschutz (UVP-RL, IE-R), teilweise auch aus Gründen der Verwaltungsökonomie und Sicherung des Wirtschaftsstandortes („one-stop-shop"-Prinzip) – immer öfter vor, dass mehrere Verwaltungsverfahren miteinander verbunden werden **(Verfahrenskonzentration)** oder kumulierende Genehmigungen in einem *einzigen* behördlichen Genehmigungsakt zu erledigen sind **(Genehmigungskonzentration).**

Eine **Bundes- und Landesrecht umfassende Genehmigungskonzentration** ergibt sich nur bei gew Großanlagen und -projekten (§ 3 Abs 3, Anh 1 UVP-G; s dazu *Vogelsang*, Sonderbestimmungen für UVP-pflichtige Betriebsanlagen Rz 335) sowie Abfallbehandlungsanlagen (§§ 38 ff AWG 2002; s Rz 312).

Bei allen anderen gew BA entfallen nur jene **gesonderten bundesrechtlichen Genehmigungen,** die zum **Schutz vor Auswirkungen** und zum **Schutz des Erscheinungsbildes** der gew BA erforderlich sind. Die materiellrechtlichen Genehmigungsvorschriften sind von der Gewerbebehörde mitanzuwenden. Die gew BA-Genehmigung gilt auch als Genehmigung nach den betreffenden Bundesgesetzen (§ 356 b GewO; s dazu *Giese*, Sonstige Genehmigungsvoraussetzungen im Rahmen der Verfahrens- und Entscheidungskonzentration Rz 233, 1.2).

Zusätzliche Verfahrens- und Genehmigungskonzentrationen können sich aufgrund weiterer materienspezifischer Vorschriften ergeben (zB ASchG, EG-K, WRG, StrSchG – s Rz 306, 307, 3.1 sowie Rz 308 und 315).

Bezüglich der **übrigen bundes- oder landesrechtlichen Genehmigungen** besteht aufgrund *allgemeiner* (§ 39 Abs 2 und 2 a AVG) oder *besonderer Verfahrensvorschriften* (zB § 5 Abs 6 EZG; s Rz 307, 3.6.5) die Möglichkeit einer **Verfahrensverbindung** in Form einer *gemeinsamen (gleichzeitigen) Verhandlung* und *Entscheidung,* wenn dieselbe Behörde (im Fall von gew BA: die BVB) auch für die Erteilung der anderen Genehmigungen zuständig ist. Das gew BA-Verfahren kann zB mit einem Rodungsbewilligungsverfahren (s Rz 331, 27.2) oder einem Bewilligungsverfahren nach dem WRG, soweit die Bewilligung nicht ohnedies der Entscheidungskonzentration gem § 356 b Abs 1 GewO unterliegt (s Rz 308), oder dem NSchG (s Rz 330, 26.3) *verbunden* werden. Auch die Verbindung mit einem Baubewilligungsverfahren (s Rz 328, 24.6) ist möglich, wenn aufgrund einer Bau-DelegierungsV (Art 118 Abs 7 B-VG) die BVB zur Besorgung baupolizeilicher Angelegenheiten zuständig ist oder – wie bei Städten mit eigenem Statut (zB Salzburg, Linz, Graz) – die Gemeinde *ex constitutione* die Aufgaben der Bezirksverwaltung zu besorgen hat (Art 116 Abs 3 B-VG).

In allen verbleibenden Fällen von Bewilligungs- und Genehmigungskumulationen bestehen **Koordinierungspflichten** der Gewerbebehörde (§ 356 b Abs 2; s Rz 328, 24.3).

2. Arbeitnehmerschutz

306   Rechtsquellen: ArbeitnehmerInnenschutzgesetz (ASchG) BGBl 1994/450 idF BGBl I 2015/60; Allgemeine ArbeitnehmerschutzV BGBl 1983/218 idF BGBl II 2014/77; ArbIG BGBl 1993/27 idF BGBl I 2013/71.

Literatur: *Heider/Schneeberger,* ArbeitnehmerInnenschutzgesetz[6] (2013); *Novak/Lechner-Thomann,* ArbeitnehmerInnenschutzgesetz (2013); *Nöstlinger,* ArbeitnehmerInnenschutzgesetz. Handbuch[2] (2013).

2.1 Der Schutz der in gew BA beschäftigten Arbeitnehmer richtet sich nicht nach der GewO, sondern den *allgemeinen* Arbeitnehmerschutzvorschriften. Insb das ASchG verpflichtet alle Arbeitgeber (daher auch *Gewerbeinhaber*), einen hinreichenden Schutz des Lebens und der Gesundheit der Arbeitnehmer während ihrer beruflichen Tätigkeiten zu gewährleisten (§ 3 Abs 1 ASchG – sog **„technischer Arbeitnehmerschutz"**).

„Arbeitgeber" ist jede natürliche oder juristische Person (bzw eingetragene Personengesellschaft), die als Vertragspartei des Beschäftigungs- oder Ausbildungsverhältnisses mit dem Arbeitnehmer die Verantwortung für das Unternehmen oder den Betrieb trägt (§ 2 Abs 1 ASchG).

Zum geschützten Personenkreis (*„Arbeitnehmer"*) zählen alle **im Rahmen eines Beschäftigungs- und Ausbildungsverhältnisses** tätigen Personen (§ 1 Abs 1 iVm § 2 Abs 1 ASchG; s auch Lexikon „ArbeitnehmerInnen" Rz 12). Das können auch *betriebsfremde* Personen, die zB zu Reinigungs- oder Wartungsarbeiten herangezogen werden, sein (§ 8 Abs 2 ASchG; VwGH 6. 3. 2013, 2012/04/0017).

Bloß mittätige Familienangehörige (s auch Lexikon „Familienangehörige, mittätige" Rz 50) unterliegen nicht dem ASchG, sondern müssen im Rahmen des § 77 Abs 1 (iVm § 74 Abs 2 Z 1 GewO) geschützt werden (s dazu *Wendl*, Die Gefährdung des Lebens und der Gesundheit Rz 213).

Zum Schutz der **Arbeitnehmer benachbarter Betriebe** s Lexikon „ArbeitnehmerInnen" Rz 12 und *Wendl*, Die Nachbarn und ihre Parteistellung Rz 261.

2.2 Die Errichtung (Änderung) einer **Arbeitsstätte** in einem Gebäude oder im Freien, die wegen der Art der Betriebseinrichtungen, Arbeitsmittel, Arbeitsstoffe oder Arbeitsverfahren zu einer Gefährdung der Sicherheit und Gesundheit der Arbeitnehmer führen kann, ist bewilligungspflichtig (§ 92 Abs 1 ASchG – **„Arbeitsstättenbewilligung"**).

Mehrere auf einem Betriebsgelände gelegene oder sonst *im räumlichen Zusammenhang* stehende Gebäude eines Arbeitgebers zählen zusammen als eine Arbeitsstätte (§ 2 Abs 3 ASchG).

Die Bewilligung ist zu erteilen, wenn die Arbeitsstätte sämtlichen Arbeitnehmerschutzvorschriften (ASchG, DfV) entspricht und erwartet werden kann, dass Gefahren für die Sicherheit und Gesundheit der Arbeitnehmer vermieden werden können. Die Vorschreibung von Bedingungen und Auflagen ist zulässig (§ 92 Abs 2 ASchG).

2.3 Bei **genehmigungspflichtigen gew BA** (iSd § 74 Abs 2 GewO) entfällt das Erfordernis einer *gesonderten* Arbeitsstättenbewilligung. Die Belange des Arbeitnehmerschutzes sind **im gewerberechtlichen BA-Verfahren** zu berücksichtigen (§ 93 Abs 1 Z 1, 2 und 5 ASchG). Zur Wahrung der Arbeitnehmerschutzinteressen kommt dem örtlich zuständigen **Arbeitsinspektorat** (§ 15 Abs 7 ArbIG; s auch Lexikon „Arbeitsinspektorat" Rz 13) im Verwaltungsverfahren wie auch im verwaltungsgerichtlichen Verfahren **(Amts-)Parteistellung** zu. Das Arbeitsinspektorat ist befugt, an mündlichen Verhandlungen teilzunehmen sowie Stellungnahmen zu erstatten (§ 12 Abs 1 und 2 ArbIG; s dazu *Bergthaler/Holzinger,* Zulässige und unzulässige Einwendungen Rz 276, 2.3).

Das Arbeitsinspektorat ist über die Anberaumung einer mündlichen Verhandlung (§ 40 AVG, § 356 GewO) rechtzeitig zu verständigen (§ 41 AVG). Mindestens zwei Wochen vor dem Verhandlungstag sind ihm sämtliche zur Beurteilung der Sachlage notwendigen Unterlagen zu übersenden (§ 12 Abs 2 ArbIG). Hat das Arbeitsinspektorat an einer mündlichen Verhandlung *nicht* teilgenommen, kann es binnen drei Tagen verlangen, dass vor Erlassung des Genehmigungsbescheides die Kopien der Verhandlungsakten übermittelt werden. Die Stellungnahme des Arbeitsinspektorats muss längstens binnen zwei Wochen abgegeben werden (§ 12 Abs 2 ArbIG).

Nach Abschluss des Verfahrens ist dem Arbeitsinspektorat der BA-Genehmigungsbescheid (inkl Betriebsbeschreibung, Plänen usw) zu übermitteln (§ 359 Abs 2 und 3 GewO). Zum Zwecke der Wahrung des objektiven Rechts kommt dem Arbeitsinspektorat – unbeschadet seiner tatsächlichen Ausübung des Stellungnahmerechts – ein **(Amts-)Beschwerderecht an das LVwG** zu (§ 12 Abs 4 AschG iVm Art 132 Abs 5 B-VG). Gegen Erkenntnisse des LVwG kann nur der BMASK **(Amts-)Revision beim VwGH** erheben (§ 13 ArbIG).

2.4 Zeigt sich nach rk Genehmigung der Arbeitsstätte, dass die Arbeitnehmer durch bereits vorgeschriebene Bedingungen und Auflagen nicht hinreichend geschützt sind, hat die (Gewerbe-)Behörde nachträglich **andere** oder **zusätzliche Auflagen** (bzw **Bedingungen** [sic]) vorzuschreiben (§ 94 Abs 3 AschG). Erforderlichenfalls kann die (Gewerbe-)Behörde zur Abwehr von Gefahren für Leben oder Gesundheit auch die Beschäftigung von Arbeitnehmern untersagen oder sonstige geeignete Sicherungsmaßnahmen (zB gänzliche oder teilweise Schließung einer Arbeitsstätte, Stilllegung von Arbeitsmitteln) anordnen (§ 96 Abs 1 AschG).

Daneben kommen auch dem **Arbeitsinspektorat** umfassende *Kontroll-* und *Überwachungsrechte* gegenüber Betrieben zu (§ 3 Abs 1 ArbIG). Es kann – im Fall von gew BA – bei der Gewerbebehörde ein *„beschleunigtes" Verfahren* zur Erlassung arbeitnehmerschutzrechtlicher Verfügungen, etwa in Form von Zwangs- und Sicherungsmaßnahmen (§ 96 AschG), in Gang setzen (§ 10 Abs 1 und 2 ArbIG iVm § 99 Z 1 AschG). In Fällen unmittelbar drohender Gefahr für Leben oder Gesundheit von Arbeitnehmern ist das Arbeitsinspektorat auch ermächtigt, selbständig einstweilige Verfügungen (ua auch die Stilllegung von Maschinen oder die teilweise oder gänzliche Schließung der Betriebsstätte) zu erlassen sowie Sofortmaßnahmen an Ort und Stelle anzuordnen (§ 10 Abs 3 bis 8 ArbIG).

3. Luftreinhalterecht

307   Die Reinhaltung der Luft bildet bereits eine wesentliche Genehmigungsvoraussetzung im Rahmen der **gewerberechtlichen BA-Genehmigung.** Einerseits müssen schädliche und unzumutbare Luftverunreinigungen vermieden werden (§ 77 Abs 1 iVm § 74 Abs 2 Z 1 und 2 GewO), andererseits sind Emissionen von Luftschadstoffen nach dem Stand der Technik (§ 71a GewO) sowie bestimmter Immissionsschutzgrenzwerte gem IG-L zu beschränken (§ 77 Abs 3 GewO). Näheres hiezu s Lexikon „Genehmigung (Voraussetzungen)" Rz 59, „Luftverunreinigungen" Rz 94 sowie *Wendl,* Die Gefährdung des Lebens und der Gesundheit Rz 212, 5.4, *Paliege-Barfuß,* Die Belästigung der Nachbarn Rz 223 und *Bergthaler/Holzinger,* Immissionsschutz-Luft im Betriebsanlagenrecht Rz 249.

Darüber hinaus bestehen **zahlreiche weitere Luftreinhaltevorschriften,** die zT auch auf gew BA kumulativ Anwendung finden können. Generelle Aufgabe des Luftreinhalterechts ist es, das Ausmaß der Luftverunreinigung durch luftfremde chemische Substanzen („Luftschadstoffe") zu begrenzen sowie Maßnahmen der aktiven Luftreinhaltung anzuordnen bzw zu fördern.

3.1 Emissionsschutzgesetz für Kesselanlagen

Rechtsquellen:

Unionsrecht: RL 2010/75/EU über Industrieemissionen (integrierte Vermeidung und Verminderung der Umweltverschmutzung) (kurz: IE-R) ABl L 2010/334, 17.

Nationales Recht: EG-K 2013 BGBl I 2013/127 idF BGBl I 2015/81; Emissionserklärungsverordnung (EEV) BGBl II 2007/292 idF BGBl II 2013/127; Emissionsmessverordnung-Luft (EMV-L) BGBl II 2011/153 idF BGBl II 2013/127.

Literatur: *Piska/Erlacher*, Beste verfügbare Techniken – eine neue Größe im Anlagenrecht? ZTR 2014, 67.

3.1.1 Das EG-K regelt den Betrieb **ortsfester Anlagen** bestehend aus **Dampfkesseln, Dampfturbinen** oder **Gasmotoren** und zielt auf die Vermeidung bzw Verminderung von Emissionen ua in die Luft. Vermeidbare Emissionen müssen grds unterbleiben, nicht vermeidbare Emissionen nach dem Stand der Technik so „*rasch und wirksam*" verteilt werden, dass – unter Berücksichtigung auch von meteorologischen und topografischen Bedingungen – Umwelt und Nachbarschaft nicht beeinträchtigt bzw gefährdet werden (§ 4 Abs 1 und 3 EG-K). Für die verschiedenen Luftschadstoffe, die in Anl 1 aufgezählt werden (zB Schwefeloxide, Stickoxide, Kohlenmonoxid, Staub, Asbest), gelten – jeweils in Abhängigkeit von Brennstoffart, Brennstoffwärmeleistung sowie Art der Anlage – die in Anl 3 EG-K festgelegten (§ 6 Abs 12 EG-K) bzw speziell verordneten **Emissionsgrenzwerte** (§ 6 Abs 10) oder äquivalente Parameter oder technische Maßnahmen (§ 6 Abs 3 EG-K).

„*Dampfkessel*" sind Einrichtungen, in denen Dampf erzeugt oder überhitzt wird, oder in denen Flüssigkeiten über ihren atmosphärischen Siedepunkt erhitzt werden, oder denen durch heiße Abgase Wärme zum Zwecke der Erzeugung oder Überhitzung von Dampf oder der Erhitzung von Flüssigkeiten zugeführt wird (Abhitzekessel) (§ 3 Z 1 EG-K).
„*Gasturbinen*" sind rotierende Maschinen, die thermische Energie in mechanische Arbeit umwandeln und hauptsächlich aus einem Verdichter, aus einer Brennkammer, in der Brennstoff zur Erhitzung des Arbeitsmediums oxidiert wird, und aus einer Turbine bestehen (§ 3 Z 2 EG-K).
„*Gasmotoren*" sind nach dem Ottoprinzip arbeitende Verbrennungsmotoren mit Fremdzündung des Kraftstoffes bzw Selbstzündung des Kraftstoffes im Fall von Zweistoffmotoren (§ 3 Z 3 EG-K).

3.1.2 Der Betrieb einschließlich Errichtung und wesentlicher Änderungen von ortsfesten **Anlagen mit einer Brennstoffwärmeleistung von mehr als 50 kW** ist – unabhängig vom konkreten Verwendungszweck (als gew BA, Kraftwerk, Heizungsanlagen zB für private Wohnanlagen) – grds genehmigungspflichtig (§ 12 EG-K).

Kleine Dampfkesselanlagen mit einer Brennstoffwärmeleistung bis zu 1 MW, die mit schadstoffarmen Brennstoffen (zB Heizöl extra leicht, Erdgas) befeuert werden, sind von der Genehmigung **freigestellt**. Anstatt der Genehmigung muss vor Inbetriebnahme der Anlage eine Besichtigung durch einen Sachverständigen (§ 34 Abs 2 EG-K – zB Ziviltechniker, Gewerbetreibende für Dampfkesselanlagen) erfolgen. Ihre Befunde sind der Behörde zu übermitteln (§ 30 EG-K).

Genehmigungsvoraussetzung ist neben der Einhaltung der mit den besten verfügbaren Techniken assoziierten Emissionsgrenzwerte (§ 13 Z 1 iVm §§ 10, 23 und 24 EG-K) insb, dass durch die Anlage keine Immissionen bewirkt werden, die Leben, Gesundheit oder Eigentum (und sonstige dingliche Rechte) gefährden oder zu unzumutbaren Belästigungen der Nachbarschaft führen (§ 13 Z 2 EG-K). Die Vorschreibung von Auflagen ist zulässig. Der Genehmigungsbescheid hat ua Festlegungen über die zur Verwendung gelangenden Brennstoffarten, die zulässigen Emissionsgrenzwerte, die Schornsteinhöhe sowie Anforderungen an die Überwachung der Emissionen zu enthalten (vgl §§ 23, 24 EG-K).

In Gebieten, in denen **IG-L-Grenzwerte** überschritten worden sind (s unten 3.3), darf die Kesselanlage nur dann genehmigt werden, wenn die Emissionen keinen relevanten Beitrag zur Immissionsbelastung leisten oder aber der zusätzliche Beitrag durch Maßnahmen kompensiert werden kann (§ 13 Z 3 EG-K; s dazu auch *Bergthaler/Holzinger*, Immissionsschutz-Luft im Betriebsanlagenrecht Rz 252).

3.1.3 Wird eine Kesselanlage in einer **genehmigungspflichtigen gew BA** errichtet (geändert), entfällt das Erfordernis einer *gesonderten* Genehmigung nach dem EG-K. Die materiellrechtlichen Bestimmungen des EG-K (s oben 3.1.2) sind im gewerberechtlichen BA-Genehmigungsverfahren mitanzuwenden. Die BA-Genehmigung gilt als Genehmigung gem § 12 EG-K (§ 32 EG-K – **Genehmigungskonzentration**).

3.1.4 Auch für die von der Gewerbehörde genehmigten Kesselanlagen gelten die speziellen Bestimmungen des EG-K betreffend Überwachung (§ 33 EG-K – wiederkehrende Überprüfungen; Inspektionen), Betreiberpflichten (§§ 36 bis 38 EG-K – zB Emissionsmessung, Emissionserklärung; Störmeldungen) sowie Verwaltungsstrafen (§ 44 EG-K). Behördliche Aufgaben und Befugnisse sind von der **Gewerbebehörde** (s Lexikon „Behörden/Verwaltungsgerichte" Rz 21 und „Zuständigkeit" Rz 164) wahrzunehmen (§ 45 EG-K; **„Konzentration der Kontrolle"**). Die Gewerbebehörde ist ua – analog zu § 79 Abs 1 und 2 GewO – auch zur **nachträglichen Vorschreibung von Auflagen** verpflichtet, wenn die gem §§ 13 und 14 EG-K wahrzunehmenden Interessen trotz Einhaltung der bisher vorgeschriebenen Auflagen nicht hinreichend geschützt sind. Solche Auflagen müssen bzgl Aufwand und angestrebtem Erfolg **verhältnismäßig** sein (s dazu auch *Wendl*, Zulässige und unzulässige Auflagen Rz 350, 12.5). Zugunsten nachträglich zugezogener Nachbarn ist die Vorschreibung nur dann zulässig, wenn sie zur Vermeidung einer Gefährdung des Lebens oder der Gesundheit der Nachbarn notwendig sind (§ 25 Abs 2 EG-K).

Ein **Eingriff in die Substanz** („Wesen") des verliehenen Rechts ist nur in speziellen Situationen vorgesehen: Inhabern von genehmigten Kesselanlagen, die in einem Sanierungsgebiet gem IG-L liegen und von **Anordnungen einer MaßnahmenV gem § 10 IG-L** betroffen sind (§ 13 IG-L; s dazu unten 3.3.2), hat die (Gewerbe-)Behörde mit Bescheid aufzutragen, innerhalb einer angemessenen Frist ein den Vorgaben der MaßnahmenV entsprechendes **Sanie-**

rungskonzept vorzulegen. Dieses Sanierungskonzept bedarf einer (gewerbe-)behördlichen Genehmigung, die auch die **Sanierungsfrist** zu enthalten hat (§ 40 EG-K).

3.1.5 Kesselanlagen ab einer Brennstoffwärmeleistung von 50 MW sind grds an den jeweiligen **neuesten Stand der Technik** anzupassen. Die Anlagenbetreiber müssen sich folglich über die von der Europäischen Kommission in Form von Merkblättern und BVT-Schlussfolgerungen (§ 5 EG-K) veröffentlichten **besten verfügbaren Techniken** (BVT) informieren und im Fall von Änderungen innerhalb von vier Jahren die **erforderlichen Anpassungsmaßnahmen** durchführen lassen (§ 43 Abs 1 EG-K). Erfolgte oder geplante Anpassungsmaßnahmen sind innerhalb eines Jahres der Gewerbebehörde mitzuteilen (§ 43 Abs 2 EG-K). Die Gewerbebehörde hat mit Bescheid entweder festzustellen, dass die Anlage dem neuesten Stand der Technik entspricht, oder sie muss die ausstehenden Anpassungsmaßnahmen vorschreiben (§ 42 Abs 5 EG-K).

Darüber hinaus kann auch im Fall starker Umweltverschmutzung, betrieblicher Sicherheitsprobleme oder neuer Umweltqualitätsnormen im IG-L die Aktualisierung der Genehmigungsauflagen mit Bescheid angeordnet werden (§ 43 Abs 7 EG-K).

3.1.6 **Altanlagen** (§ 3 Z 4 EG-K) und **bestehende Anlagen** (§ 3 Z 5 EG-K) dürfen – von einigen Ausnahmen abgesehen (zB Ablaugekessel der Zellstofferzeugung) – ab 1. 1. 2016 die in Anl 3, Abschnitt 1 EG-K angegebenen Emissionsgrenzwerte grds nicht mehr überschreiten (§ 9 Abs 1 und 2 LG-K). Ohne Aktualisierung der Genehmigungsauflagen dürfen sie über diesen Zeitraum hinaus nur mehr als **Stand-by-Anlagen mit eingeschränkter Jahresbetriebsdauer** fortbetrieben werden (§ 9 Abs 3 EG-K).

3.2 Forstgesetz

Rechtsquelle: ForstG 1975 BGBl 1975/440 idF BGBl I 2015/102.

Literatur: *Brawenz/Kind/Wieser*, ForstG[4] (2015); *Giese*, Forstrecht, in *Bachmann et al* (Hrsg), Besonderes Verwaltungsrecht[10] (2014) 331; *Hauser*, Besonderes Umweltrecht, in *Hauer/Mayrhofer* (Hrsg), Umweltrecht (2015) 157; *Jäger*, Forstrecht. Kommentar[3] (2003); *Jäger*, Forstrecht, in *Norer* (Hrsg), Handbuch des Agrarrechts[2] (2012) 505; *Lindner/Zankl*, ForstG, in *Altenburger/N. Raschauer* (Hrsg), Umweltrecht Kommentar (2013) 424; *Pabel*, Forstrecht, in *N. Raschauer/Wessely* (Hrsg), Handbuch Umweltrecht[2] (2010) 206.

3.2.1 Die Errichtung (Änderung) von **Anlagen** (also auch von **gew BA**), die nach dem Stand der wissenschaftlichen Erkenntnisse und der Erfahrung **forstschädliche Luftverunreinigungen** verursachen können, bedürfen grds einer forstrechtlichen Anlagenbewilligung (§ 49 Abs 1 ForstG).

Bei **genehmigungspflichtigen gew BA** entfällt eine *gesonderte* forstrechtliche Bewilligung (§ 356b Abs 5 GewO). Die materiellrechtlichen Bestimmungen des ForstG sind im konzentrierten BA-Verfahren von der Gewerbebehörde (s Lexikon „Behörden/Verwaltungsgerichte" Rz 21 und „Zuständigkeit" Rz 164) mitanzuwenden. Die BA-Genehmigung gilt als forstrechtliche Anlagenbewilligung (§ 356b Abs 1 GewO; s dazu *Giese*, Sonstige Genehmigungsvoraussetzungen im Rahmen der Verfahrens- und Entscheidungskonzentration Rz 235).

Aufgrund der (im Verhältnis zu § 50 Abs 2 und 3 ForstG) weiter reichenden Konzentrationsbestimmung des § 356b Abs 5 GewO gilt die Verfahrens- und Entscheidungskonzentration für **sämtliche forstrechtliche Verfahren** gem § 50 ForstG, namentlich auch im Fall, dass **Schutz-** oder **Bannwälder** von einschlägigen Emissionen betroffen sind (§ 50 Abs 3 ForstG).

3.2.2 Wird die Waldkultur trotz Genehmigung einer Anlage gefährdet, kann die (Gewerbe-)Behörde dem von der *Forst*behörde festgestellten Verursacher der Immissionen (§ 51 Abs 1 ForstG) die erforderlichen Maßnahmen für den weiteren Betrieb der Anlage **nachträglich vorschreiben** (§ 356 b Abs 3 GewO iVm § 51 Abs 2 ForstG). Sind auch Maßnahmen im betroffenen Wald erforderlich (zB Bestandsumwandlung), sind diese dem Waldeigentümer auf Kosten des Anlageninhabers aufzutragen (§ 51 Abs 3 und 5 ForstG).

3.2.3 Für Waldschäden, die durch forstschädliche Verunreinigungen herbeigeführt worden sind, gelten zT **besondere zivilrechtliche Haftungsregeln** (§§ 53 bis 57 ForstG).

Besteht für eine Anlage keine forstrechtliche Bewilligung oder überschreiten die Emissionen den bewilligten Umfang, trifft den Anlageninhaber eine (mit § 364 a ABGB vergleichbare) **verschuldensunabhängige Schadenersatzpflicht** (§ 53 Abs 1 ForstG). Diese Ersatzansprüche gehen allerdings verloren, wenn der Geschädigte die forstschädliche Luftverunreinigung dem Ersatzpflichtigen nicht **innerhalb von 3 Monaten** ab Kenntnis des Schadens und des Ersatzpflichtigen **anzeigt** (§ 53 Abs 5 ForstG) oder er diese Ersatzansprüche nicht innerhalb der **gesetzlichen Verjährungsfristen** geltend macht (§ 55 ForstG).

In allen übrigen Fallen (zB gew BA ohne Emissionsobergrenzen oder solche, die die in der Bewilligung festgesetzte Obergrenze nicht übersteigen) gelten die Bestimmungen des **allgemeinen (Immissions-)Haftungsrechts** der §§ 364 f ABGB (§ 56 ForstG).

3.3 Immissionsschutzgesetz – Luft

Rechtsquellen:

Unionsrecht: RL 2008/50/EG über Luftqualität und saubere Luft für Europa (Luftqualitäts-RL) ABl L 2008/152, 1; RL 2004/107/EG über Arsen, Kadmium, Quecksilber, Nickel und polyzyklische aromatische Kohlenwasserstoffe in der Luft (4. TochterRL) ABl L 2005/23, 3 idF ABl L 2015/226, 4.

Nationales Recht: Immissionsschutzgesetz – Luft (IG-L) BGBl 1997/115 idF BGBl I 2010/77; V über Immissionsgrenzwerte und Immissionszielwerte zum Schutz der Ökosysteme und der Vegetation BGBl II 2001/298; V des BMLFUW über den Aktionsplan zum Immissionsschutzgesetz – Luft BGBl II 2002/207; V über die Verwendung und den Betrieb von mobilen technischen Einrichtungen, Maschinen und Geräten in IG-L-Sanierungsgebieten (IG-L Off-RoadV) BGBl II 2013/76.

Literatur: *Bergthaler*, Das Immissionsschutzgesetz-Luft und seine Auswirkungen auf Betriebsanlagen, in *Furherr* (Hrsg), Anlagenrecht. Aktuelle Entwicklungen und Tipps für die Praxis (2005) 77; *Bergthaler/Haslinger*, IG-L: Statuserhebung, Sanierungsgebiet und Grenzwerte, RdU-U&T 2012, 82; *Bergthaler/Holzinger*, Mobile Maschinen im Anlagen- und Immissionsschutzrecht – dargestellt am Beispiel der Off-RoadV, in FS Stolzlechner (2013) 37; *Fekete-Wimmer*, Feinstaubreduktion im IG-L. Zur Schnittstelle zwischen Immissionsschutz und Betriebsanlagenrecht (2010); *Fekete-Wimmer*, IG-L Novelle 2010 – Neuerungen und Auswirkungen für die Praxis, RdU-U&T 2010, 34; *Fekete-Wimmer*, Immissionsschutzgesetz – Luft, in *Altenburger/N. Raschauer* (Hrsg), Umweltrecht Kommentar (2014) 537; *Fekete-Wimmer/Bergthaler*, Immissionsschutzgesetz-Luft – Grenzwerte, Sanierungsgebiete, Maßnahmen – ein fragmentarisches oder harmonisiertes System? ecolex 2011, 663; *Furherr*, Das Immissionsschutzgesetz-Luft, in *Hauer/Nußbaumer*

(Hrsg), Österreichisches Raum- und Fachplanungsrecht (2006) 557; *Hauser*, Besonderes Umweltrecht, in *Hauer/Mayrhofer* (Hrsg), Umweltrecht (2015) 135; *Hojesky/Lenz/Wollansky*, IG-L (2012); *Potacs*, Subjektives Recht gegen Feinstaubbelastung? ZfV 2009, 874; *Potacs*, Säumnis des Verordnungsgebers, in *Holoubek/Lang* (Hrsg), Rechtsschutz gegen staatliche Untätigkeit (2011) 233; *Schultes*, EuGH-Feinstauburteil verstärkt die Rechte der Brüger auf saubere Luft, ÖGZ 2008/9, 40; *Wagner/Kerschner*, Immissionsschutzgesetz-Luft (2008); *Würthinger*, Luftreinhaltungs- und Klimaschutzrecht, in *N. Raschauer/Wessely* (Hrsg), Handbuch Umweltrecht[2] (2010) 500.

3.3.1 Das IG-L dient der Umsetzung der Luftqualitäts-RL und bezweckt den Schutz der Menschen und der Umwelt vor schädlichen und unzumutbar belästigenden Luftschadstoffen, die vorsorgliche Verringerung von Luftschadstoffen sowie die Bewahrung und Verbesserung der Luftqualität (§ 1 Abs 1 IG-L).

3.3.2 Zu diesem Zweck werden im IG-L und seinen Anhängen **Immissions- und Depositionsgrenzwerte, Zielwerte**- sowie **Alarmwerte** für bestimmte Luftschadstoffe (zB Schwefeldioxid, Kohlenstoffmonoxid, Stickstoffdioxid, Feinstaub, Arsen, Cadmium, Nickel) definiert (§ 3 IG-L). Für Feinstaub ($PM_{2,5}$) werden nicht nur Grenz- und Zielwerte, sondern auch eine **Expositionsreduktion** vorgegeben (vgl §§ 3 a und 3 b IG-L).

> **Weitere Immissionsgrenzwerte** können sich aus V ergeben (§ 3 Abs 5 IG-L; vgl dazu zB die V über Immissionsgrenzwerte und Immissionszielwerte zum Schutz der Ökosysteme und der Vegetation).

Zur Kontrolle der Einhaltung der festgelegten Grenz- und Zielwerte haben regelmäßig Immissionsmessungen stattzufinden (§§ 4, 5 IG-L iVm der MesskonzeptV 2012). Werden Werte überschritten, sind die Ursachen zu erforschen. Ist auszuschließen, dass die Überschreitung auf eine einmalige, in absehbarer Zeit nicht wiederkehrende erhöhte Immission (zB Störfall), auf Maßnahmen des Straßenwinterdienstes (zB Ausbringung von Splitt) oder auf Emissionen aus natürlichen Quellen zurückzuführen ist, muss vom LH eine sog **Statuserhebung** durchgeführt werden (§ 8 Abs 1 IG-L). Darin sind Immissionssituation, meteorologische Bedingungen sowie in Betracht kommende Emittenten(-gruppen) festzustellen sowie entsprechende **Sanierungsgebiete** festzulegen (§ 8 Abs 2 IG-L). Soweit erforderlich, hat der LH auch einen **Emissionskataster** zu erstellen (§ 9 IG-L).

Auf der Grundlage der Erhebungsergebnisse hat der LH unter Berücksichtigung näher bestimmter Grundsätze ein **strategisches Maßnahmenprogramm** zur Reduktion der Luftschadstoffe zu erstellen (§§ 9 a, 9 b IG-L). Dieses Programm bildet den Rahmen und die Grundlage für konkrete Maßnahmen (für Anlagen, Verkehr, Stoffe uÄ), die der LH (oder unter Umständen auch der BMLFUW) mittels **MaßnahmenV** (wie zB der Stmk LuftreinhalteV 2011) anordnen kann (§§ 10, 10 a iVm §§ 13–16 IG-L).

> Nach der Rsp kommt *unmittelbar* Betroffenen ein **subjektiv-öffentliches Recht** auf Einhaltung der unionsrechtlich gebotenen Grenzwerte (Alarmschwellen) zu (EuGH 25. 7. 2008, C-237/07, *Janecek* RdU 2008/109 mAnm *Wagner*; 19. 11. 2014, C-404/13, *Client Earth*). „Unmittelbarkeit" erfordert **konkrete Betroffenheit,** dh einen dauernden oder wiederholten Aufenthalt im Einwirkungsbereich der gesundheitsgefährdenden Emissionsquelle (VwGH 26. 6. 2012, 2010/07/0161 RdU 2012/136 Anm *Wagner*). Werden in einem bestimmten Gebiet die gesetzlichen Grenzwerte an der geforderten Anzahl von Tagen (im Kalenderjahr) überschritten, sind **alle** in diesem Gebiet (nicht nur vorübergehend) lebenden Personen gleichermaßen

von der Grenzwertüberschreitung konkret betroffen (VwGH 28. 5. 2015, Ro 2014/07/0096). Das **subjektive Recht auf Erlassung (Ergänzung) einer MaßnahmenV** zum Zweck der Einhaltung der unionsrechtlich gebotenen Grenzwerte umfasst auch das Recht, bei Nichtvorliegen der Voraussetzungen einen **negativen Bescheid** zu erhalten (VwGH 28. 5. 2015, Ro 2014/07/0096 mwH).

In MaßnahmenV kann Inhabern von Anlagen (daher auch Inhabern von **gew BA**) eine Sanierungsmaßnahme in Form zB von **Emissionsbegrenzungen** oder **anderen emissionsmindernden Maßnahmen** (zB Beschränkungen oder Verbot von mobilen technischen Einrichtungen, Maschinen und Geräten – vgl dazu §§ 1 ff Off-RoadV) vorgeschrieben werden (§ 13 Abs 1, § 13 a IG-L). Die Begrenzung der Emissionen (§ 13 Abs 1 Z 1 IG-L) und des maximalen Massenstroms (§ 13 Abs 1 Z 2 lit c IG-L) ist bei gew BA aber **nicht zulässig,** wenn in der GewO, einer V der GewO (zB § 82 GewO – s dazu *Vogelsang,* Verordnungen im Betriebsanlagenrecht Rz 255) oder einem (Sanierungs-) Bescheid gem § 79 GewO (s dazu *Stolzlechner,* Rechtskraft und Änderung von Bescheiden Rz 362 ff) der Stand der Luftreinhaltetechnik generell oder individuell festgelegt ist oder – wie im Fall gew IPPC-Anlagen (s dazu *Vogelsang,* Sonderbestimmungen für IPPC-Anlagen Rz 248) – eine gesetzliche Verpflichtung zur wiederkehrenden Anpassung an den aktuellen Stand der Luftreinhaltetechnik vorgesehen ist (§ 13 Abs 2 IG-L). Diese Ausnahme gilt nur dann nicht, wenn – wie vielfach gegeben – der in der GewO oder in V der GewO festgelegte Stand der Luftreinhaltetechnik **älter als 10 Jahre** ist, in der Zwischenzeit eine **wesentliche Änderung im Stand der (Luftreinhalte-)Technik** eingetreten ist und die gew BA nicht an diesen aktuellen Stand der Luftreinhaltetechnik (zB gem §§ 79, 82 GewO) vollständig angepasst worden ist (§ 13 Abs 2 IG-L).

Reichen – zB in **stark belasteten Gebieten** – die angeordneten und umgesetzten Maßnahmen nach §§ 13 bis 15 a IG-L nicht aus, ist auch die **Anordnung strengerer Maßnahmen,** wie zB die Festlegung niedrigerer Emissionsgrenzwerte oder geringerer Massenströme, als in den Verwaltungsvorschriften (zB gem § 82 GewO) vorgesehen, grds zulässig (§ 16 IG-L). § 20 Abs 5 IG-L nimmt in diesem Zusammenhang nur Anlagen aus, die **in den letzten 5 Jahren** gem § 20 Abs 3 IG-L genehmigt worden sind.

> Da **gew BA** vom Anwendungsbereich des § 20 IG-L generell ausgenommen sind (§ 20 Abs 4 IG-L), aber dem gleichen Genehmigungsregime auf der Grundlage des § 77 GewO unterliegen, gebietet mE der Gleichheitssatz, dass die Ausnahme des § 20 Abs 5 IG-L auch auf gew BA anzuwenden ist.

Zur Vollziehung der MaßnahmenV sind die nach den Materiengesetzen in diesen Angelegenheiten zuständigen Behörden zuständig (§ 17 Abs 1 IG-L), so zB die Gewerbebehörde zur **Vorschreibung eines Sanierungskonzeptes** für gew BA (§ 79 Abs 3 GewO, s *Stolzlechner,* Rechtskraft und Änderung von Bescheiden Rz 363) oder Kesselanlagen (§ 40 KG-L; s oben 3.1.4). Auf Antrag kann die Behörde von der MaßnahmenV abweichende Maßnahmen zulassen, wenn dadurch eine gleichwertige Emissionsminderung erreicht wird (§ 17 Abs 3 IG-L).

3.3.3 Im Fall der **Überschreitung von Alarmwerten** (zB für Schwefeldioxid und Stickstoffdioxid gem Anl 4 IG-L) hat der LH die Bevölkerung zu informieren (**„Smog-**

alarm"). Er kann mittels V und Bescheiden Maßnahmen nach einem **Aktionsplan** des BMLFUW anordnen, um Gefahren zu verringern oder ihre Dauer zu verkürzen (§§ 26 a, 26 b IG-L). Zulässig ist ua die Anordnung der Drosselung der Leistung, der Verwendung schadstoffarmer Brennstoffe oder Stilllegung von Anlagen (daher auch von gew BA), außer es handelt sich zB um Feuerungsanlagen in der Versorgung der Bevölkerung dienenden Betrieben uÄ (§ 1 Abs 1 Z 2 und Abs 2 IG-L Aktionsplan).

3.3.4 Zum Zwecke einer **vorsorglichen Begrenzung von Immissionen** gelten ferner für Anlagen, die einer bundesrechtlichen Genehmigungspflicht unterliegen, **zusätzliche luftreinhalterechtliche Genehmigungsvoraussetzungen,** die in den betreffenden (Anlagen-)Genehmigungsverfahren mitanzuwenden sind (§ 20 Abs 1 IG-L). **Gew BA** sind davon **ausgenommen** (§ 20 Abs 4 Z 1 IG-L), da für sie ohnedies die dem IG-L nachgebildeten Genehmigungsvoraussetzungen des § 77 Abs 3 GewO gelten (s dazu *Bergthaler/Holzinger,* Immissionsschutz-Luft im Betriebsanlagenrecht Rz 250, 2.).

3.4 Ozongesetz

Rechtsquellen:

Unionsrecht: RL 2008/50/EG über Luftqualität und saubere Luft für Europa (Luftqualitäts-RL) ABl L 2008/152, 1; VO (EG) 1005/2009 über Stoffe, die zum Abbau der Ozonschicht führen, ABl L 2009/286, 1.

Nationales Recht: OzonG BGBl 1994/309 idF BGBl I 2003/34; Ozon-MesskonzeptV (Ozon-MKV) BGBl II 2004/99 idF BGBl II 2012/128; V über die Einteilung des Bundesgebietes in Ozon-Überwachungsgebiete BGBl 1992/513 idF BGBl II 1998/359.

Literatur: *Hauser,* Besonderes Umweltrecht, in *Hauer/Mayrhofer* (Hrsg), Umweltrecht (2015) 143; *Schnedl,* NO_x und Recht, RdU 2008, 114; *Würthinger,* Luftreinhaltungs- und Klimaschutzrecht, in *N. Raschauer/Wessely* (Hrsg), Handbuch Umweltrecht[2] (2010) 512.

3.4.1 Das OzonG sieht – in Umsetzung der Luftqualitäts-RL – Regelungen zur Überwachung und Bekämpfung von **Luftverunreinigungen durch bodennahes Ozon** vor. Neben Erhebungs- und Informationspflichten (§§ 2 – 10 OzonG) sowie erforderlichen Sofortmaßnahmen (§ 15 OzonG) sind auch langfristige Maßnahmen zur Absenkung der Emission von Ozonvorläufersubstanzen (§§ 10 a – 13 OzonG) vorgesehen. Im Verhältnis zum IG-L (s oben 3.3) stellt das OzonG eine *lex specialis* dar.

3.4.2 Grundlage für die Ozonüberwachung sind die mittels V festgelegten (derzeit: 8 bundesländerübergreifenden) **Ozon-Überwachungsgebiete,** in denen an bestimmten Messstellen täglich die Ozonwerte gemessen werden. Das OzonG enthält **zwei Ozon-Warnwerte** (§ 6 iVm Anl 1 OzonG): den *Informationsschwellenwert* von 180 µg/m³ (Gesundheitsrisiko für besonders empfindliche Bevölkerungsgruppen) und den *Alarmschwellenwert* von 240 µg/m³ (Gesundheitsrisiko für die Gesamtbevölkerung). Bei Überschreiten der Messwerte ist die Bevölkerung unverzüglich über die Medien zu informieren und sind Empfehlungen zu freiwilligen Verhaltensweisen zu geben (§ 8 OzonG).

3.4.3 Besteht das Risiko, dass die Alarmschwelle für mindestens drei aufeinander folgende Stunden überschritten wird, hat der LH die bestehenden Möglichkeiten zur Senkung des Risikos oder die Verringerung der Dauer der Überschreitung zu sondieren und einen **Aktionsplan für Sofortmaßnahmen** zu erstellen und zu veröffentlichen. Im Fall, dass Maßnahmen nachweislich kein nennenswertes Potenzial zur Reduktion des

Ozons besitzen, kann die Erstellung eines Aktionsplanes auch entfallen (§ 15 Abs 1 OzonG).

Bei der **Auswahl der Sofortmaßnahmen** sind das Ausmaß der Belastung durch Luftschadstoffe (Ozonvorläufersubstanzen), der Anteil der Emittenten an der Belastung und die Angemessenheit der Maßnahmen, insb im Hinblick auf die Versorgung der Bevölkerung mit Gütern des täglichen Bedarf, zu berücksichtigen (§ 15 Abs 1 a OzonG). In Betracht kommen neben Beschränkungen oder Verboten für den Kfz-Verkehr ua auch die **Drosselung** bzw **Stilllegung von Anlagen** (§ 15 Abs 2 Z 2 OzonG), insb auch von **gew BA.** Von der Stilllegung ausgenommen sind Anlagen zur Warmwasserbereitung, Feuerungsanlagen in Bäckereien und ähnliche unmittelbar der Versorgung der Bevölkerung dienende Betriebe. Eine Beschränkung auf das unbedingt erforderliche Ausmaß ist jedoch auch in diesem Fall zulässig (§ 15 Abs 5 OzonG).

Die Vorschreibungen bei (gew Betriebs-)Anlagen hat **mittels Bescheides** des LH zu erfolgen (§ 15 Abs 3 OzonG). Die Überwachung der Einhaltung erfolgt durch die BVB; ihre Organe sind ua zum Betreten und Besichtigen von Anlagen ermächtigt und können Anordnungen zur Inbetriebnahme oder Außerbetriebnahme von Maschinen und Einrichtungen und zur Vornahme betrieblicher Verrichtungen treffen (§ 15 b OzonG).

Nach Außerkrafttreten des Aktionsplanes (§ 15 Abs 3 OzonG) sind die Beschränkungen vom LH wieder aufzuheben.

3.5 Bundesluftreinhaltegesetz

Rechtsquelle: BG über das Verbrennen von Materialien außerhalb von Anlagen (Bundesluftreinhaltegesetz – BLRG) BGBl I 2002/137 idF BGBl I 2013/97.

Literatur: *Würthinger,* Luftreinhaltungs- und Klimaschutzrecht, in *N. Raschauer/Wessely* (Hrsg), Handbuch Umweltrecht[2] (2010) 512.

Das BLRG soll die **Erhaltung der natürlichen Zusammensetzung der Luft** sicherstellen (§ 1 BLRG).

3.5.1 Grds ist jedermann (daher auch Inhaber von **gew BA**) zur Reinhaltung der Luft verpflichtet. „**Reinhaltung**" iSd BLRG erfordert, dass die natürliche Zusammensetzung der Luft nicht durch Luftschadstoffe (zB Partikel, Gase, Dämpfe, Geruchsstoffe und Aerosole) nachteilig verändert wird (§ 2 Abs 1 BLRG). Auch Beeinträchtigungen und Belästigungen Dritter (zB Nachbarn) durch üble Gerüche müssen nach Maßgabe des Standes der Technik vermieden werden (§ 2 Abs 2 BLRG).

3.5.2 Emissionen von Luftschadstoffen, die durch eine **luftreinhalterechtliche Genehmigung** gedeckt sind, sind von den Reinhalteverpflichtungen des BLRG ausgenommen (§ 2 Abs 3 BLRG). Als „*luftreinhalterechtliche*" Genehmigungen gelten nicht nur die speziellen Genehmigungen gem § 21 Abs 1 IG-L, sondern alle (Anlagen-)Genehmigungen, die – wie namentlich § 77 Abs 3 GewO für **gew BA** – luftreinhalterechtliche Gesichtspunkte enthalten (s auch oben 3.3.4).

3.5.3 Das **Verbot des Verbrennens** von biogenen (Laub, Holz) wie auch nicht biogenen Materialien (zB Altreifen, Kunststoffe, Lacke, synthetische Materialien) **außerhalb der hierfür bestimmten Anlagen** (§ 3 BLRG) gilt uneingeschränkt auch für gew BA.

3.6 Emissionszertifikategesetz

Rechtsquellen:

Unionsrecht: RL 2003/87/EG über ein System für den Handel mit Treibhausemissionszertifikaten in der Gemeinschaft, ABl L 2003/275, 32 idF der Änderungs-RL 2008/101/EG, ABl L 2009/8, 3 und 2009/29/EG, ABl L 2009/140, 63 (kurz: Emissionshandel-RL); VO 1031/2010/EU über den zeitlichen und administrativen Ablauf sowie sonstige Aspekte der Versteigerung von Treibhausgasemissionszertifikaten gemäß der RL 2003/87/EG, ABl L 2003/302, 1 idF VO 1210/2011/EU, ABl L 2011/308, 2; VO 389/2013/EU zur Festlegung eines Unionsregisters gem der Richtlinie 2003/87/EG, ABl L 2003/122, 1; VO 601/2012/EU über die Überwachung von und die Berichterstattung über Treibhausgasemissionen gem der RL 2003/87/EG, ABl L 2003/181, 30.

Nationales Recht: Bundesgesetz über ein System für den Handel mit Treibhausgasemissionszertifikaten (Emissionszertifikategesetz 2011 – EZG) BGBl I 2011/118 idF BGBl I 2015/128; V über die Zuteilungsregeln für die Handelsperioden ab 2013 (Zuteilungsregelverordnung – ZuRV) BGBl II 2011/465 idF BGBl II 2015/21; V über die Betrauung einer Registerstelle für die technische Durchführung des Registers für den Emissionshandel und die Führung des nationalen Registers (RegisterstellenV 2012) BGBl II 2012/208.

Literatur: *Furtlehner*, Ausgewählte rechtliche Aspekte der CO_2-Abscheidung und Verwendung im österreichischen Rechtssystem, in *Steinmüller/Hauer/Schneider* (Hrsg), Energiewirtschaft. Jahrbuch 2014 (2014) 117; *Gorbach*, Emissionszertifikaterecht, in *Holoubek/Potacs* (Hrsg), Öffentliches Wirtschaftsrecht II³ (2013) 1131; *Hack* (Hrsg), Emissionszertifikate: rechtliche, steuerliche und praktische Aspekte (2011); *Hauser*, Besonderes Umweltrecht, in *Hauer/Mayrhofer* (Hrsg), Umweltrecht (2015) 150; *Kohlbach/Wollansky*, EZG (2012); *Rajal*, EZG 2011 – Systemwechsel im Emissionshandel ab 2013, ecolex 2011, 1062.

3.6.1 Die EU und ihre Mitgliedstaaten haben sich im Kyoto-Protokoll des Klimarahmenübereinkommens (BGBl III 2005/89) verpflichtet, das Gesamtvolumen des Ausstoßes von Treibhausgasen zu reduzieren. Die Emissionshandel-RL und – in deren Umsetzung – das EZG sehen zu diesem Zweck ein nach marktwirtschaftlichen Gesichtspunkten funktionierendes **Handelssystem mit Treibhausgasemissionszertifikaten** vor. Treibhausgasemissionszertifikate (EZ) berechtigten den Anlageninhaber zeitlich befristet zum Ausstoß einer bestimmten Menge Treibhausgas. Die **Höchstmenge der EZ,** die seit 2013 jährlich für die gesamte EU vergeben werden, ist beschränkt und wird – zum Zweck der Erreichung der festgelegten Reduktionsziele – jährlich weiter verringert (Beschluss der Kommission 2013/448/EU, ABl L 2013/240, 27).

3.6.2 Ab der Handelsperiode 2013 bis 2020 erfolgt die Vergabe der gem Art 10 Abs 2 EH-RL Österreich zugeteilten EZ grds im Wege der **Versteigerung** über eine gem der Versteigerungs-VO eingerichteten Auktionsplattform (§ 21 EZG), außer es ist – übergangsweise – eine **kostenlose Zuteilung von EZ** (§§ 22 – 25 EZG) vorgesehen. Derzeit sind nur Stromerzeuger von der übergangsweisen kostenlosen Zuteilung ausgeschlossen (vgl § 22 Abs 2 EZG).

> Die Anzahl der jährlich kostenlos zu vergebenden EZ richtet sich nach der ZuRV des BMLFUW und BMWFW (§ 23 EZG). Die Zuteilung der kostenlosen EZ erfordert einen **Antrag** innerhalb eines Jahres ab Aufnahme des Betriebes beim BMLFUW. Die Zuteilung an neue Marktteilnehmer hat nach Maßgabe der Verfügbarkeit aus der unionsweiten Reserve zu erfolgen (§ 25 EZG).

3.6.3 Dem **Geltungsbereich** des EZG unterliegen ua Anlagen (und daher auch **gew BA**), in denen die in Anl 3 EZG **genannten Tätigkeiten** durchgeführt werden (zB

Metallindustrie, mineralverarbeitende, chemische Industrie, sonstige Industriezweige, wie zB Papierindustrie) und die jeweils **angegebenen Treibhausgase** (Kohlenstoffdioxid, perfluorierte Kohlenwasserstoffe, Distickstoffoxid) emittiert werden.

Durch V des BMLFUW können erforderlichenfalls **weitere Emittentengruppen** und/oder Treibhausgase in den Geltungsbereich des EZG einbezogen werden (§ 2 Abs 4 EZG). Auf Verlangen des Anlageninhabers hat der BMLFUW mit Bescheid festzustellen, ob und inwieweit eine Anlage den Bestimmungen des EZG unterliegt (§ 2 Abs 9 EZG).

Anlagen, die nicht in den Anwendungsbereich des EZG fallen, können **freiwillig,** dh auf Antrag beim BMLFUW, in das Handelssystem einbezogen werden („Opt-in" – § 2 Abs 5 EZG).

Inhaber von **Kleinanlagen** können beim BMLFUW (einzeln, als Gruppe) einen Antrag auf **Abschluss einer Umweltvereinbarung** (= Festlegung jährlicher Höchstmengen an zulässigen Emissionen) stellen und von der Abgabe von EZ befreit werden („Opt-out" – § 45 EZG).

3.6.4 EZG-Anlagen dürfen nur mit einer **anlagenspezifischen Genehmigung zur Emission von Treibhausgasen** betrieben werden (§ 4 Abs 1 EZG). Die Genehmigung ist von der zuständigen Behörde (s unten 3.6.5) – erforderlichenfalls unter Vorschreibung von Auflagen – zu erteilen, wenn der Anlageninhaber nachweisen kann, dass eine nachvollziehbare Überwachung der Emissionen (§ 7 EZG) möglich ist (§ 4 Abs 2 EZG).

Der Anlageninhaber hat über die **jährlich emittierte Menge CO$_2$** eine von einer akkreditierten unabhängigen Stelle überprüfte **Emissionsmeldung** an das BMLFUW zu erstatten (§§ 9, 10 EZG) und für **jede emittierte Tonne CO$_2$** ein EZ abzugeben (§ 32 EZG).

EZ gelten grds jeweils nur für die festgelegte Handelsperiode (§ 3 Z 1, § 42 Abs 1 EZG). Überzählige EZ kann der Anlageninhaber veräußern oder in neue EZ der nächsten Handelsperiode eintauschen (§ 42 Abs 2 und 3 – sog „Banking"), **fehlende EZ** müssen vom Anlageninhaber zugekauft (§ 34 Abs 1) oder mittels Gutschriften, die für Projekte und andere emissionsreduzierende Tätigkeiten erlangt werden können (vgl §§ 37, 38 EZG), ausgeglichen werden.

EZ haben den Rechtscharakter einer Ware und sind **übertragbar** (§ 34 Abs 1 EZG). Als solche können sie an **Warenbörsen** (zB an der European Climate Exchange – ECX, der Energy Exchange Austria – EXAA, der Gestore Mercato Elettrico – GME) gehandelt werden (§ 44 EZG). Die Übertragung wird mit der Eintragung in das (von der Europäischen Kommission betriebene und in Österreich vom Umweltbundesamt verwaltetete) **elektronische Unionsregister** gültig (§ 43 EZG). Darin ist für jeden Eigentümer von EZ ein **Anlagenbetreiberkonto** zu eröffnen.

Kommt der Anlageninhaber seiner Abgabeverpflichtung von EZ nicht im erforderlichen Umfang nach, sind **Sanktionszahlungen** in der Höhe von € 100 je fehlendem EZ zu leisten. Ausständige EZ sind im Folgejahr abzugeben (§ 53 Abs 1 EZG).

3.6.5 Die EZG-Genehmigung ist grds von jener Behörde zu erteilen, die für die Genehmigung der Anlagenteile zuständig ist, aus denen die Treibhausgasemissionen stammen (§ 49 Z 2 EZG). Bei **gew BA** ist zuständige Anlagenbehörde idR die Gewerbebehörde (§ 26 Z 2 erster Satz EZG; s dazu auch Lexikon „Behörden/Verwaltungsgerichte" Rz 21 und „Zuständigkeit" Rz 164). Auf Antrag kann das EZG-Genehmigungsverfahren mit dem gewerberechtlichen BA-Genehmigungsverfahren (auch) verbunden werden (§ 5 Abs 6 EZG – **„Verfahrenskonzentration"**).

Zur Zuständigkeit in (**Sonder-**)**Fällen,** in denen aufgrund kumulativer Genehmigungserfordernisse mehrere Bundesbehörden oder Bundes- und Landesbehörden zur Genehmigung der maßgeblichen Anlagenteile erforderlich ist, vgl § 49 Z 2 S 2 und 3 EZG.

3.6.6 Die EZG-Genehmigung ist im Abstand von **5 Jahren** amtswegig zu überprüfen und gegebenenfalls abzuändern (§ 4 Abs 8 EZG). Sie ist zu **entziehen,** wenn die anlagenrechtliche Genehmigung der gew BA erlischt, die gew BA stillgelegt wird (iSd § 27 EZG) oder nicht in Betrieb genommen wird (§ 4 Abs 6 EZG).

3.6.7 **Anlagenänderungen** und **Inhaberwechsel** sind der zuständigen Behörde (s oben 3.6.5) anzuzeigen (§§ 49, 26 Abs 2 EZG).

Nach Einlangen der Anzeige der Anlagenänderung muss die Behörde den EZG-Genehmigungsbescheid ändern.

Dem EZG-Genehmigungsbescheid kommt **dingliche Wirkung** zu und geht auf den neuen Anlageninhaber über.

3.7 Emissionshöchstmengengesetz-Luft und Klimaschutzgesetz

Rechtsquellen:

Unionsrecht: RL 2001/81/EG über nationale Emissionshöchstmengen für bestimmte Luftschadstoffe (kurz: NEC-RL), ABl L 2001/309, 22; RL 2008/50/EG über Luftqualität und saubere Luft für Europa (Luftqualitäts-RL) ABl L 2008/152, 1; Entscheidung 406/2009/EG des EP und ER über die Anstrengungen der Mitgliedstaaten zur Reduktion ihrer Treibhausgasemissionen mit Blick auf die Erfüllung der Verpflichtungen der Gemeinschaft zur Reduktion der Treibhausgasemissionen bis 2020, ABl L 2009/140, 136.

Nationales Recht: BG über nationale Emissionshöchstmengen für bestimmte Luftschadstoffe (EG-L) BGBl I 2003/34; BG zur Einhaltung von Höchstmengen von Treibhausgasemissionen und zur Erarbeitung von wirksamen Maßnahmen zum Klimaschutz (Klimaschutzgesetz – KSG) BGBl I 2011/106 idF BGBl I 2013/128.

Literatur: *Schnedl,* NO_x und Recht, RdU 2008, 112; *Schwarzer,* Zielvereinbarungen zwischen politischen Akteuren als Steuerungsinstrument im neuen Klimaschutzgesetz, RdU 2012, 49; *Würthinger,* Luftreinhaltungs- und Klimaschutzrecht, in *N. Raschauer/Wessely* (Hrsg), Handbuch Umweltrecht[2] (2010) 515; zur Kompetenzgrundlage: *Horvath,* Klimaschutz und Kompetenzverteilung (2014) 238.

Zum Schutz von Umwelt, Klima und menschlicher Gesundheit bestehen europarechtliche Verpflichtungen, im Wege der Festlegung **nationaler Emissionshöchstmengen** die Gesamtemissionen von Luftschadstoffen und Treibhausgasen zu beschränken.

3.7.1 Die in der Anl 1 EG-L genannten **Emissionshöchstmengen** für bestimmte Luftschadstoffe (Schwefeldioxid, Stickstoffoxide, VOC und Ammoniak) dürfen ab 2010 nicht mehr überschritten werden.

Um dieses Ziel zu erreichen, hat die BReg ein **nationales Maßnahmenprogramm** (vgl dazu das NEC – Maßnahmenprogramm 2010) zur Verminderung der nationalen Emissionen zu erstellen (§ 6 EG-L). Es sind jährliche Emissionsinventuren durchzuführen und Emissionsprognosen zu erstellen (§ 4 EG-L).

3.7.2 Das KSG bezieht sich auf Treibhausgase, die nicht dem EU-Emissionshandelssystem (s oben 3.6) unterliegen, und enthält in Anl 2 KSG für den Verpflichtungszeitraum 2013 bis 2020 **nach Sektoren** (zB Energie und Industrie, Abfallwirtschaft, Gebäude) **gegliederte, jährliche Emissionshöchstmengen** für näher bestimmte **Treibhausgase.**

Die erforderlichen Maßnahmen (und Maßnahmenprogramme) zur Einhaltung der Höchstmengen in den jeweiligen Sektoren sind im Wege von **Verhandlungen** zwischen den Verantwortungsträgern für die Sektoren auszuarbeiten und festzulegen (vgl *Schwarzer,* RdU 2012, 52 ff).

Als (hoheitliche, privatwirtschaftliche) **Maßnahmenmöglichkeiten** führt § 3 Abs 2 KSG demonstrativ an: Steigerung der Energieeffizienz, Steigerung des Anteils erneuerbarer Energieträger am Endenergieverbrauch, Steigerung der Gesamtenergieeffizienz im Gebäudebereich, Einbeziehung des Klimaschutzes in die Raumplanung, Mobilitätsmanagement, Abfallvermeidung, Schutz und Erweiterung natürlicher Kohlenstoffsenken sowie ökonomische Anreize zum Klimaschutz. Die Nichtumsetzung vereinbarter Maßnahmen kann **finanzielle Sanktionen** für die Verantwortungsträger nach sich ziehen (§ 7 KSG).

3.7.3 Das EG-L und das KSG enthalten **keine Ermächtigungen zu verwaltungspolizeilichen Maßnahmen** im Fall der Überschreitung der festgelegten Emissionshöchstmengen.

3.8 Luftreinhalterecht der Länder

Rechtsquellen: LuftreinhalteG der Länder: Burgenland: Bgld Luftreinhalte-, Heizungsanlagen- und KlimaanlagenG 2008 LGBl 2000/44 idF LGBl 2013/79; Kärnten: K-HeizG LGBl 2014/1; Niederösterreich: §§ 15 ff NÖ BTV LGBl 2015/4; Oberösterreich: OÖ Luftreinhalte- und EnergietechnikG 2002 (OÖ LuftREnTG) LGBl 2002/114 idF LGBl 2014/58; Salzburg: Sbg LuftreinhalteG für Heizungsanlagen LGBl 2009/48 idF LGBl 2014/30; Steiermark: Stmk FeuerungsanlagenG LGBl 2006/108 idF LGBl 2011/96; Tirol: Tir Gas-, Heizungs- und KlimaanlagenG 2013 (TGHKG) LGBl 2013/111; Vorarlberg: Vlbg Gesetz über die Luftreinhaltung hinsichtlich Heizungsanlagen (Landes-Luftreinhaltegesetz) LGBl 1994/42 idF LGBl 2013/44; Wien: Wr Feuerpolizei-, Luftreinhalte- und KlimaanlagenG (WFLKG) LGBl 1957/17 idF 2013/35.

Literatur: *Hauser,* Besonderes Umweltrecht, in *Hauer/Mayrhofer* (Hrsg), Umweltrecht (2015) 155; *Mayrhofer/Metzler,* Luftreinhaltungsrecht, in *Pürgy* (Hrsg), Das Recht der Länder II/2 (2012) 177; *Neuhofer,* Neuregelung der Heizungsanlagen in Oberösterreich durch das Luftreinhalte- und Energietechnikgesetz 2002, bbl 2003, 125; *Würthinger,* Luftreinhaltungs- und Klimaschutzrecht, in *N. Raschauer /Wessely* (Hrsg), Handbuch Umweltrecht[2] (2010) 545.

Die LuftreinhalteG der Länder enthalten Vorschriften für **Heizungs-** bzw **Feuerungsanlagen,** die Wärme für Räume (Gebäude) und die Warmwasserbereitung erzeugen. Solche Heizungsanlagen dürfen nur errichtet werden, wenn näher **bestimmte Emissionsgrenzwerte** (zB betreffend Kohlenstoffmonoxid, Stickstoffdioxide, Schwefeldioxid, Kohlenstoff, Staub) nicht überschritten werden. Diese Bestimmungen gelten grds auch für **gew BA,** wie zB Gaststätten, Verkaufsgeschäften oder Büroräumlichkeiten (vgl zB § 2 OÖ LuftREnTG sowie den AB 1689/2008 Blg OÖ LT 26. GP 5), außer die betreffenden Heizungsanlagen werden ausdrücklich vom Anwendungsbereich der betreffenden G ausgenommen (vgl zB § 2 Abs 3 K-HeizG; § 1 Abs 2 lit b TGHKG 2013).

4. Wasserrecht

Rechtsquellen: WRG 1959 BGBl 1959/215 idF BGBl I 2014/54.

308

Literatur: *Akyürek,* Wasserrecht, in *N. Raschauer/Wessely* (Hrsg), Handbuch Umweltrecht[2] (2010) 236; *G. Baumgartner,* Wasserrecht, in *Bachmann et al* (Hrsg), Besonderes Verwaltungsrecht[10] (2014) 283; *Bumberger/Hinterwirth,* WRG[2] (2013); *Hattenberger,* Anlagenrelevante Bestimmungen des Wasserrechtsgesetzes, in *Holoubek/Potacs* (Hrsg), Öffentliches Wirtschaftsrecht II[3] (2013) 1025; *Kaan/Braumüller,* Handbuch Wasserrecht (2000); *Kneihs,* Die bewilligungspflichtige Gewässernutzung, ÖZW 1997, 33; *Oberleitner/Berger,* WRG[3] (2011); *B. Raschauer,* Kommentar zum Wasserrecht (1993); *Vogl,* Wasserrecht, in *Norer* (Hrsg), Handbuch des Agrarrechts[2] (2012) 455.

Den Gewerbebehörden obliegt im gewerberechtlichen BA-Genehmigungsgefahren in zwei Fällen auch der Schutz der Gewässer vor nachteiligen Einwirkungen:

Zum einen haben Gewerbebehörden zu prüfen, ob eine gew BA eine nachteilige Einwirkung auf die Beschaffenheit von Gewässer herbeiführt, wenn keine gesonderte Bewilligung nach dem WRG vorgeschrieben ist (§ 74 Abs 2 Z 5 GewO – **subsidiäre Zuständigkeit**).

Die Frage der wr Bewilligungspflicht stellt im gewerberechtlichen BA-Genehmigungsverfahren eine Vorfrage (iSd § 38 AVG) dar.

Vor dem Hintergrund umfangreicher wr Bewilligungspflichten beschränkt sich der Anwendungsbereich des § 74 Abs 2 Z 5 GewO idR auf Fälle der **geringfügigen Einwirkung auf Gewässer** (iSd § 32 Abs 1 WRG) oder **Erfordernisse im Rahmen der allgemeinen Sorge für die Reinhaltung der Gewässer** (§ 31 Abs 1 WRG).

Zum anderen sind die Gewerbebehörden bei den in § 356 b Abs 1 GewO taxativ aufgezählten Maßnahmen (zB Wasserentnahme, Abwassereinleitung), die mit dem Betrieb einer gew BA verbunden sind, zur **Mitanwendung des WRG** verpflichtet. Das Erfordernis einer *gesonderten* wr Bewilligung entfällt (**„Genehmigungskonzentration"**). Die gewerberechtliche BA-Genehmigung gilt ex lege als **wr Bewilligung** (s dazu *Giese,* Sonstige Genehmigungsvoraussetzungen im Rahmen der Verfahrens- und Entscheidungskonzentration Rz 234).

Bei allen anderen wr relevanten Maßnahmen ist weiterhin – kumulativ – eine **gesonderte wr Bewilligung** erforderlich, es sei denn, das WRG enthält über § 356 b Abs 1 GewO hinausgehende Konzentrationsbestimmungen (s unten 4.4). Die wichtigsten Fälle der **gesonderten wr Bewilligungspflicht** stellen folgende Maßnahmen dar:

4.1 Wasserbenutzung (ausgenommen zu Feuerlöschzwecken iSd § 356 b Abs 1 Z 1 GewO – s dazu *Giese,* Sonstige Genehmigungsvoraussetzungen im Rahmen der Verfahrens- und Entscheidungskonzentration Rz 234 2.1): Die Wasserbenutzung (zB Wasserentnahme, Nutzung der motorischen Kraft, Wärmegewinnung) einschließlich der erforderlichen Anlagen bedarf einer Bewilligung, wenn die Benutzung bei einem *öffentlichen Gewässer* (§ 2 Abs 1) über den Gemeingebrauch hinausgeht (§ 9 Abs 1 WRG). Beim *Grundwasser* besteht Bewilligungspflicht, wenn die Wassernutzung über eine grundstücksangemessene Menge hinausgeht (§ 10 Abs 2 WRG), bei *privaten Tagwässern* (§ 3 Abs 1), wenn durch die Benützung fremde Rechte oder Gewässer beeinträchtigt werden können (§ 9 Abs 2 WRG).

Im Fall, dass bei Wasserentnahmen aus privaten Tagwässern nur fremde Rechte berührt werden und darüber eine **privatrechtliche Vereinbarung** getroffen worden ist, ist die Maßnahme nicht bewilligungspflichtig (VwGH 28. 7. 1994, 92/07/0085; 25. 10. 1994, 92/07/0098). Für die Behörde stellt dies im Bewilligungsverfahren eine Vorfrage (§ 38 AVG) dar.

Die wr Bewilligung ist im Wesentlichen zu erteilen, wenn öffentliche Interessen (§ 105 WRG) nicht beeinträchtigt und bestehende Rechte Dritter (zB der Wasserbenutzungsbefugten) nicht verletzt werden (§ 12 Abs 1 WRG). In der Bewilligung sind Ort, Maß und Art der Wasserbenutzung festzulegen (§ 11 Abs 1 WRG). Für die Bestimmung des zulässigen Maßes der Wasserbenutzung enthält § 13 WRG konkretere Vorgaben (zB Bedarf des Bewilligungswerbers, bestehende wasserwirtschaftliche Verhältnisse).

4.2 Gewässerreinhaltung (ausgenommen Einleitungen von Betriebs-, Kühl- oder erwärmten Abwässern, Lagerung von grundwasserverunreinigenden Stoffen sowie Oberflächenwasserversickerungen iSd § 356 b Abs 1 Z 3, 4, 5 und 6 GewO – s dazu *Giese,* Sonstige Genehmigungsvoraussetzungen im Rahmen der Verfahrens- und Entscheidungskonzentration Rz 234 2.3): **Einwirkungen auf Gewässer,** die eine die Geringfügigkeitsgrenze übersteigende Beeinträchtigung ihrer Beschaffenheit zur Folge haben, sind bewilligungspflichtig (§ 32 Abs 1 WRG). Das gilt insb für die **Versickerung von Betriebsabwässern** (VwGH 19. 3. 1985, 84/07/0393 – Schutzhütte), aber auch zB für Baggerungen im Grundwasserbereich einschließlich des Grundwasserschwankungsbereichs (**„Nassbaggerungen"** – vgl zB VwGH 27. 11. 2008, 2005/07/0146).

Zweck des Bewilligungstatbestandes des § 32 WRG ist generell, die weitest mögliche Reinhaltung sowie den Schutz der Gewässer zu gewährleisten (VwGH 28. 9. 1961, 2110/60; 13. 9. 1983, 83/07/0078). Bei der Erteilung der Bewilligung und der Vorschreibung von Auflagen ist – unter Beachtung des Standes der Technik (§ 12 a WRG) – insb auf die technischen und wasserwirtschaftlichen Verhältnisse (wie zB das Selbstreinigungsvermögen des Wassers; vgl § 33 Abs 1 WRG), besondere Abwasseremissions- (§ 33 b WRG) und Wassergütewerte (§ 55 g WRG), Einbringungsbeschränkungen und -verbote (§ 32 a WRG), sonstige öffentliche Interessen (§ 105 WRG) sowie Rechte Dritter (§§ 11 bis 13 WRG) Rücksicht zu nehmen.

4.3 Anlagen zur Lagerung und Leitung wassergefährdender Stoffe (s auch Lexikon „Gewässerschutz" Rz 65): Die Errichtung solcher Anlagen ist grds **bewilligungsfrei,** solange nicht Gegenteiliges durch V bestimmt wird (§ 31 a Abs 5 WRG).

Für die **Lagerung und Leitung von Brenn- und Kraftstoffen auf Mineralölbasis** einschließlich von Rohölen mit einem Stockpunkt von plus 25° Celsius und darunter besteht **ab 1000 l** aber eine **Meldepflicht** (§ 31 a Abs 4 iVm V BGBl II 1998/4). Im Falle von **genehmigungspflichtigen gew BA** entfällt diese Meldepflicht (§ 31 a Abs 6 WRG). Dessen ungeachtet sind aber auch gew BA-Inhaber ex lege verpflichtet, ihre Anlagen so zu errichten, zu betreiben und aufzulassen, dass eine Verunreinigung der Gewässer oder eine sonstige nachteilige Veränderung ihrer Eigenschaften nicht zu erwarten ist (§ 31 Abs 1 WRG). § 134 a Abs 4 WRG verpflichtet den gew BA-Inhaber weiters auch zu regelmäßig wiederkehrenden Überprüfungen der Anlagen, insb der Dichtheit von Behältern und Leitungen (**qualifizierte Eigenüberwachung**). Die Überprüfung kann im Rahmen der Überprüfung der gew BA gem

§ 82b GewO (s Lexikon „Überprüfung von Betriebsanlagen (Überwachung)" Rz 135) erfolgen. Aufsichtsbehörde bzgl der allgemeinen wr Betreiberpflichten (§§ 31, 134a Abs 4 WRG) ist bei gew BA die Gewerbebehörde (§ 31a Abs 7 WRG).

4.4 Kies- und Sandabbau: Die Gewinnung von Sand und Kies mit besonderen Vorrichtungen in Form von **„Trockenbaggerungen"** bedarf grds einer Bewilligung gem § 31c Abs 1 WRG. Außerhalb der wr besonders geschützten Gebiete, wie zB Schutz- und Schongebieten (§§ 30d, 34, 35, 37, 55g WRG), Hochwasserabflussgebieten (§ 38 WRG) oder Grundwassergebieten (§§ 48, 59b WRG), entfällt bei genehmigungspflichtigen **gew BA** die gesonderte Bewilligungspflicht. In diesem Fall hat die Gewerbebehörde im **gewerberechtlichen BA-Genehmigungsverfahren** die zur Vermeidung einer Gewässerverunreinigung (§ 30 WRG) notwendigen und nach dem Stand der Technik (§ 12a WRG) möglichen Vorkehrungen zu treffen, die nach Beendigung der Entnahme zu treffenden Maßnahmen aufzutragen sowie darauf zu achten, dass die Trinkwasserversorgung nicht beeinträchtigt wird (§ 31c Abs 2 und 3 WRG – **„Genehmigungskonzentration"**).

4.5 Erd- und Wärmepumpen (§ 31c Abs 5 WRG): Vgl § 356b Abs 1 Z 2 GewO sowie *Giese,* Sonstige Genehmigungsvoraussetzungen im Rahmen der Verfahrens- und Entscheidungskonzentration Rz 234 2.2.

4.6 (Abfall-)Deponien: Der Schutz der Gewässer vor Verunreinigungen durch Anlagen, die zur langfristigen Ablagerung von Abfällen oberhalb oder unterhalb der Erdoberfläche verwendet werden (Deponien), wird nicht durch das WRG, sondern durch Sonderbestimmungen im AWG sichergestellt (vgl § 43 Abs 2 Z 5 AWG; s Rz 312, 8.1.3).

4.7 Maßnahmen in wr Schutz- und Schongebieten: Besondere Genehmigungs- und Verbotsvorschriften bestehen regelmäßig in wr Schutz- und Schongebieten (vgl zB §§ 15, 34, 35, 37, 38, 48, 55g WRG) nach Maßgabe von V oder Bescheiden, mit denen diese dazu erklärt wurden.

4.8 Abänderungen von rk Bewilligungen (Altanlagen): Werden trotz Einhaltung der im Bewilligungsbescheid enthaltenen Auflagen und Vorschriften die öffentlichen Interessen (§ 105 WRG) nicht hinreichend geschützt, sind nachträglich erforderliche **(geänderte, zusätzliche) Auflagen** nach dem aktuellen *(„nunmehrigen")* Stand der Technik (§ 12a WRG) vorzuschreiben, **Anpassungsziele** festzulegen oder die **Vorlage entsprechender Projektsunterlagen** über die Anpassung aufzutragen. Es kann die Wasserbenutzung auch vorübergehend oder auf Dauer eingeschränkt oder untersagt werden (§ 21a Abs 1 WRG). Die vorgeschriebenen Maßnahmen müssen verhältnismäßig, dh objektiv *wirtschaftlich zumutbar* sein (§ 21a Abs 3 WRG).

Eine generelle Verpflichtung zur **Sanierung von Altanlagen** kann sich auch aus Reginalprogrammen ergeben (vgl § 55g Abs 1 Z 2 iVm § 33c WRG). Die darin festgeschriebenen **Sanierungspflichten** lassen § 21a WRG aber unberührt (VwGH 14. 12. 2000, 98/07/0048).

4.9 Abgesehen von bescheidmäßig festgelegten Verpflichtungen treffen den Anlagenbetreiber ua die allgemeine Pflicht zur Gewässerreinhaltung im Zusammenhang mit aktuell oder potenziell gefährlichen Anlagen oder Handlungen/Unterlassungen (§ 31 WRG), die (Betreiber-) Pflicht zur Instandhaltung von Wasserbenutzungsanlagen (§ 50 WRG), eine verschuldensunabhängige Haftung für Wasserbenutzungsanlagen und Gewässereinwirkungen (§ 26 WRG) sowie verschiedene Duldungspflichten im Rahmen der Gewässeraufsicht (§§ 130 ff WRG).

4.10 Wasserrechtsbehörden sind die BVB (§ 98 Abs 1 WRG), bei größeren oder komplexeren Vorhaben der LH (§ 99 Abs 1 WRG – zB Nassbaggerungen) oder BMLFUW (§ 100 Abs 1 WRG – zB Großkraftwerke). Im Fall der Zuständigkeit der BVB können das wr Bewilligungs- und das gewerberechtliche BA-Genehmigungsverfahren **zur gemeinsamen Verhandlung** und **Entscheidung verbunden** werden (§ 39 Abs 2 und 2 a AVG).

Wr Bewilligungsverfahren sind idR **Mehrparteienverfahren,** dem insb jene Personen beizuziehen sind, deren Eigentum oder wr geschützte Rechte (§ 12 Abs 2 WRG) berührt werden (§ 102 Abs 1 lit b WRG).

5. Bundes-Umgebungslärmschutzgesetz

309   Rechtsquellen:

Unionsrecht: RL 2002/49/EG über die Bewertung und Bekämpfung von Umgebungslärm, ABl L 2002/189, 12.

Nationales Recht: Bundes-LärmG BGBl I 2005/60; Bundes-LärmV BGBl II 2006/144.

Literatur: *Bergthaler,* Öffentliches Lärmrecht, in *N. Raschauer/Wessely* (Hrsg), Handbuch Umweltrecht[2] (2010) 481; *Würthinger,* Umgebungslärm, in *Hauer/Nußbaumer* (Hrsg), Österreichisches Raum- und Fachplanungsrecht (2006) 77.

5.1 Durch die Umgebungslärm-RL und in deren Umsetzung das Bundes-LärmG soll Gesundheitsschäden und unzumutbaren Belästigungen durch Umgebungslärm vorgebeugt oder entgegengewirkt werden (§ 1 Abs 1 Bundes-LärmG).

Als **„Umgebungslärm"** gelten Geräusche im Freien, die von menschlichen Aktivitäten, vom (Straßen-, Eisenbahn- oder Flug-)Verkehr oder von industriellen Tätigkeiten ausgehen (§ 3 Abs 1 Bundes-LärmG). Als **„industrielle Tätigkeit"** gilt ua der Betrieb von **gew IPPC-Anlagen** (§ 3 Abs 12 Bundes-LärmG; s dazu *Vogelsang,* Sonderbestimmungen für IPPC-Anlagen Rz 244).

5.2 Von den zuständigen BM sind – nach Lärmquellen gesondert (zB Industrie, Hauptverkehrswege, Flughäfen) – alle 5 Jahre **strategische Umgebungslärmkarten** zu erstellen (§ 6 Bundes-LärmG). Es handelt sich dabei um Bestandsaufnahmen aktueller (bzw künftiger) Lärmbelastung in Form kartographischer Darstellungen des Lärms im Umkreis der betreffenden Lärmquellen. Gebiete, in denen **Schwellenwerte** gem § 8 Abs 2 Bundes-LärmV überschritten werden, müssen besonders ausgewiesen werden (§ 2 Z 3 Bundes-LärmV – sog **Konfliktzonenpläne**).

Die strategischen **Umgebungslärmkarten für industrielle Tätigkeiten** sind nur für bestimmte Ballungsräume (Wien, Graz, Linz, Salzburg, Innsbruck) zu erstellen (§ 6 Bundes-LärmG iVm § 11 Bundes-LärmV). Die Ausarbeitung hat in strategischen Teil-Umgebungslärmkarten für Betriebs-, Bergbau- und Kesselanlagen sowie für Abfallbehandlungslagen zu erfolgen (§ 6 Abs 4 und 5 Bundes-LärmG).

Die für den Industrielärm **maßgeblichen Schwellenwerte** betragen nach Maßgabe europäischer Lärmindizes (iSd § 3 Bundes-LärmV) einen L_{den} von 55 dB und L_{night} von 50 dB (§ 8 Bundes-LärmV).

5.3 Auf der Grundlage der strategischen Umgebungslärmkarten sind für Gebiete mit überschwelliger Lärmbelastung **Aktions-** bzw **Teil-Aktionspläne** auszuarbeiten (§ 7 Bundes-LärmG). Solche Aktionspläne haben neben verschiedenen informativen Angaben zB zu Emissionsquellen und Anzahl der Lärmbetroffenen insb **kurz-, mittel- und langfristige Maßnahmen zur Lärmminderung** zu enthalten. Als Maßnahmen zur Minderung des Industrielärms sind ua Raumordnungsmaßnahmen, auf die Geräuschquelle ausgerichtete technische Maßnahmen, Wahl von Quellen mit geringerer Lärmentwicklung, Maßnahmen zur Verringerung der Schallübertragung, rechtliche oder wirtschaftliche Maßnahmen oder Anreize vorgesehen (§ 9 Abs 3 Bundes-LärmV).

Aktionsplänen kommt lediglich ein **unverbindlicher, programmatischer Charakter** zu. Darin enthaltene Lärmminderungsmaßnahmen stellen Maßnahmen lediglich in Aussicht. Umgesetzt werden müssen sie von den zuständigen Behörden **auf der Grundlage der besonderen Verwaltungsvorschriften** (zB nach der GewO, EG-K, ROG). In diesem Rahmen dienen Aktionspläne den zuständigen Behörden als sachverständig erarbeitete **Richt- und Leitlinien** bzw **Gutachten mit Maßnahmenvorschlägen** (so *Bergthaler* in *N. Raschauer /Wessely*, Handbuch Umweltrecht[2] 482).

Aus Aktionsplänen können **keine subjektiv-öffentlichen Rechte** (zB auf Umsetzung bestimmter Lärmschutzmaßnahmen) abgeleitet werden (§ 7 Abs 12 Bundes-LärmG; vgl dazu VwGH 4. 5. 2006, 2006/03/0250). Es bestehen allerdings umfangreiche Informations- und Stellungnahmerechte der Öffentlichkeit im Zuge der Erstellung der Umgebungslärmkarten und Aktionspläne (§ 10 Bundes-LärmG).

6. Umweltmanagementgesetz

Rechtsquellen: 310

Unionsrecht: Verordnung (EG) 1221/2009 über die freiwillige Teilnahme von Organisationen an einem Gemeinschaftssystem für Umweltmanagement und Umweltbetriebsprüfung (kurz: EMAS-V) ABl L 2009/342, 1.

Nationales Recht: Umweltmanagementgesetz (UMG) BGBl I 2001/96 idF BGBl I 2013/98; Verordnung zur Errichtung weiterer nationaler Register für Organisationen, die zu EMAS gleichwertige Umweltmanagementsysteme anwenden (UMG Register V) BGBl II 2012/152.

Literatur: *Fuchs/Hanslik*, Umweltaudit, in *N. Raschauer/Wessely* (Hrsg), Handbuch Umweltrecht[2] (2010) 629; *Kanzian/List/Tschulik*, UMG (2004); *Kerschner* (Hrsg), EMAS-V II und Umweltmanagementgesetz (UMG) (2002); *List/Tschulik*, Verwaltungsvereinfachungen durch EMAS und das Umweltmanagementgesetz, RdU 2001, 83.

6.1 Gewerbliche Unternehmen (Kleinstunternehmen, KMU, Industriebetriebe), die eine umweltorientierte Unternehmensführung anstreben, können im Rahmen eines EMAS-Verfahrens (**E**co-**M**anagement and **A**udit **S**cheme) freiwillig und eigenverantwortlich ein **Umweltmanagementsystem** zur Bewältigung betrieblicher Umweltauswirkungen aufbauen.

Neben dem europaweit geltenden EMAS gibt es **weitere Umweltmanagementsysteme** (zB ISO 14001), die innerstaatlich als **gleichwertig** anerkannt werden. Für sie sind seit der UMG-Nov 2013 eigene **nationale Register** vorgesehen (vgl § 15 Abs 5 UMG iVm der UMG Register V).

Das EMAS-Verfahren kann sich auf das gesamte Unternehmen oder einzelne Betriebsstandorte beziehen (Art 3 Abs 2 EMAS-V). Es ist in mehreren Verfahrensschritten durchzuführen (Art 4 Abs 1 EMAS-V): Zunächst ist von der obersten Führungsebene des Unternehmens die **betriebliche Umweltpolitik** zu bestimmen (vgl Anh II-A.2. iVm Art 2 Z 1 EMAS-V). Daran schließt eine Analyse und Bewertung des gesamten Umweltverhaltens des Unternehmens (zB betreffend Emissionen, Ableitungen, Abfälle, Verkehr uÄ) an (**Umweltprüfung** iSd Anh I EMAS-V). Die erhobenen Daten dienen als Grundlage für die Erstellung eines **Umweltmanagementprogramms** (Anh II EMAS-V), in dem umweltbezogene Zielsetzungen und Implementierungsmaßnahmen zu ihrer Durchsetzung festzulegen sind. Den Kern des EMAS-Verfahrens bildet eine **Umweltbetriebsprüfung** (Art 9 iVm Anh III EMAS-V) durch interne oder externe Umweltbetriebsprüfer („Auditoren"), die eine objektive Bewertung der Umweltleistung des Unternehmens vorzunehmen haben. Alle relevanten Umweltinformationen sind in einer für die Öffentlichkeit bestimmten **Umwelterklärung** unter Bezugnahme auf bestimmte Kernindikatoren (zB Energie-, Materialeffizienz, Wasser, Emissionen) zu präsentieren (Anh IV EMAS-V).

Umweltpolitik, -prüfung, -programm, -managementsystem, -betriebsprüfung und -erklärung sind abschließend von einem nach dem UMG zugelassenen **unabhängigen Umweltgutachter** (§§ 2 ff UMG) auf ihre Übereinstimmung mit den Erfordernissen der EMAS-V zu überprüfen (**Umweltbegutachtung**). Besonderes Augenmerk kommt der Frage zu, ob die Einhaltung der innerstaatlichen Umweltrechtsvorschriften hinreichend gewährleistet werden kann. Stellt der Umweltgutachter keine Mängel fest, hat er die Umwelterklärung des Unternehmens für gültig zu erklären. Die **validierte Umwelterklärung** bildet eine von mehreren zwingenden Voraussetzungen für die Registrierung des Unternehmens im **EMAS-Register** (§ 16 Abs 1 a und 1 c UMG). Dieses Register ist beim Bundesumweltamt eingerichtet und öffentlich zugänglich. Über die Zulässigkeit der Registrierung entscheidet auf Vorschlag des Bundesumweltamts der BMLFUW (§ 16 Abs 1 UMG). Mit der Registrierung darf das Unternehmen das sog **EMAS-Logo** zB für Marketingzwecke führen (Art 10 EMAS-V).

Umweltbetriebsprüfungen sind in regelmäßigen (zumindest dreijährigen) Abständen zu wiederholen (Art 6 Abs 1 EMAS-V), Umwelterklärungen jährlich zu aktualisieren und zu veröffentlichen (Art 6 Abs 2 lit b EMAS-V). Werden von einem Unternehmen die Anforderungen nicht mehr erfüllt, ist die Eintragung von Amts wegen zu streichen bzw – bis zur Klärung der Frage – zwischenzeitig auszusetzen (§ 16 a UMG).

6.2 Um einen zusätzlichen Anreiz für die Teilnahme an EMAS oder gleichwertigen Umweltmanagementsystemen iSd § 15 UMG zu schaffen, sind für registrierte Unternehmen ua folgende (**umwelt-)verwaltungsrechtliche Vereinfachungen** und **Privilegierungen** vorgesehen:

6.2.1 Für **Anlagenänderungen,** die nach Bundesrecht (zB GewO) genehmigungspflichtig sind, genügt gem den in § 21 Abs 1 UMG näher bestimmten Voraussetzungen eine bloße **Anzeige** bei der zuständigen Behörde (§ 21 Abs 1 Z 3 UMG).

Da im Zuge der UMG-Nov 2013 der Anwendungsbereich des Anzeigeverfahrens gem § 21 UMG auf den **Ersatz durch gleichartige Maschinen, Geräte oder Ausstattungen** eingeschränkt worden ist (§ 21 Abs 1 Z 5 UMG), hat diese Privilegierung für **gew BA** geringe Bedeutung. Für solche Änderungen ist bereits gem § 81 Abs 2 Z 5 iVm Abs 3 GewO ein Anzeigeverfahren vorgesehen.

6.2.2 Registrierte Unternehmen können für ihre gew BA die Erlassung eines **konsolidierten Genehmigungsbescheides** bei der BVB beantragen. In diesem Fall sind alle *bundes*rechtlichen anlagenbezogenen Genehmigungen (Kenntnisnahmen, Bewilligungen, Feststellungen) und Verpflichtungen in einem Bescheid zusammenzufassen (§ 22 UMG). **Geringfügige Abweichungen** von den Genehmigungsbescheiden können im Konsolidierungsbescheid genehmigt werden, wenn die Abweichungen für die öffentlichen Interessen nicht nachteilig sind oder im Fall des Eingriffs in fremde Rechte die Betroffenen zustimmen. Handelt es sich um **nicht geringfügige Abweichungen,** ist eine angemessene Frist zu bestimmen, innerhalb der entweder um die erforderliche Genehmigung angesucht oder der der Rechtsordnung entsprechende Zustand (wieder-)hergestellt werden muss. Das Konsolidierungsverfahren soll mit einem etwaigen nachzuholenden Genehmigungsverfahren koordiniert werden (§ 22 Abs 3a und 3b UMG).

Gegenstandslos gewordene Spruchteile (zB Auflagen, Befristungen und Bedingungen) sind nicht in den Konsolidierungsbescheid zu übernehmen (§ 22 Abs 4 UMG). Bei **widersprüchlichen Bescheidvorschreibungen** sind nur jene Spruchteile aufzunehmen, die nach Maßgabe des Standes der Technik dem Schutz der Parteien und den nach den Materienvorschriften zu schützenden Interessen besser entsprechen (§ 22 Abs 4 UMG).

Im **Konsolidierungsverfahren** sind folgende **verfahrensrechtliche Besonderheiten** zu beachten: Der Bescheidentwurf ist von der BVB bei der jeweiligen Standortgemeinde aufzulegen, die Auflage durch Anschlag an der Amtstafel der Standortgemeinde sowie in sonstiger geeigneter Form kundzumachen. Dem Verfahren sind jene Personen, deren subjektiv-öffentliche Rechte von der Bescheidkonsolidierung betroffen sind, beizuziehen. Diese Parteien können – bei sonstiger Präklusion (iSd § 42 Abs 1 AVG) – binnen 2 Wochen schriftliche **Einwendungen wegen nachteiliger Bescheidänderungen** erheben (§ 22 Abs 6 UMG).

6.2.3 Für registrierte Unternehmen ist in bestimmten Fällen eine (der tätigen Reue gem § 183b StGB nachgebildete) **verwaltungsstrafrechtliche Privilegierung** vorgesehen. Bei fahrlässigen Verstößen gegen umwelt- bzw anlagenrechtliche Vorschriften des Bundes, die im Zuge des EMAS-Verfahrens (s oben 6.1) oder im Rahmen eines Konsolidierungsverfahrens (s oben 6.2.2) festgestellt werden, ist von einer Verwaltungsstrafe abzusehen, wenn eine unverzügliche Meldung an die zuständige Behörde erfolgt und unverzüglich die erforderlichen Maßnahmen zur Einhaltung der gesetzlichen Bestimmungen gesetzt werden (§ 23 UMG).

6.2.4 Bei registrierten **IPPC-Unternehmen,** die im Zusammenhang mit dem Aufbau eines Europäischen Schadstoffemissionsregisters zur **Meldung der Schadstoffemissionen** an die Gewerbebehörde verpflichtet sind (vgl E-PRTR-BegleitV; sowie *Vogelsang,* Sonderbestimmungen für IPPC-Anlagen Rz 248, 6.5), muss die Gewerbebehörde keine Plausibilitäts- und Vollständigkeitsprüfung vornehmen, wenn eine solche nachweislich bereits von einem Umweltgutachter durchgeführt worden ist. Die Prüfung der Gewerbebehörde beschränkt sich auf die Übereinstimmung der Daten mit Ergebnissen behördlicher Kontrollen (§ 25 Abs 2 UMG).

6.2.5 Die Verpflichtung zur **wiederkehrenden Überprüfung der gew BA** (§ 82 b Abs 5 GewO) entfällt bei registrierten Unternehmen (§ 27 UMG).

Die Teilnahme eines registrierten IPPC-Unternehmens an einer Umweltbetriebsprüfung (s oben 6.1) bildet bei **Umweltinspektionen für gew IPPC-Anlagen** (§ 82 a Abs 1 GewO) ein maßgebliches Kriterium für die Beurteilung der Umweltrisiken (§ 82 a Abs 3 Z 3 GewO).

6.2.6 Die Fortschreibung einer gültigen Umwelterklärung (s oben 6.1) gilt gleichzeitig als **Fortschreibung des Abfallwirtschaftskonzeptes,** die nach Änderungen der gew BA, mindestens jedoch alle 7 Jahre, erforderlich ist (§ 81 Abs 4 iVm § 77 Abs 4).

7. Bundes-Energieeffizienzgesetz

311   Rechtsquellen:

Unionsrecht: RL 2012/27/EU zur Energieeffizienz, ABl L 2012/315, 1.

Nationales Recht: Bundes-Energieeffizienzgesetz (EEffG) BGBl I 2014/72

Literatur: Barbist, Das Bundes-Energieeffizienzgesetz bringt allen was. Große Unternehmen im Dienste der Energie(effizienz)politik, ecolex 2015, 74; *Hauer,* Die neue Energieeffizienzverpflichtung der Energielieferanten im Rechtssystem – eine erste Annäherung, ZTR 2015, 17; *B. Raschauer,* Energieeffizienz, in *Stöger/Storr* (Hrsg), Schwerpunkte Energieeffizienz und Verfahrensrecht (2013) 1; *B. Raschauer,* Was ist eine anrechenbare „Energieeffizienzmaßnahme"? ecolex 2014, 1107; *Schwarzer,* Bundes-Energieeffizienzgesetz, Kurzkommentar (2016).

Das EEffG dient der Umsetzung der Energieeffizienz-RL und soll – zum Zwecke der Erreichung europarechtlich vorgegebener Energiesparziele (Art 3 Energieeffizienz-RL iVm § 4 EEffG) – die Effizienz der Energienutzung steigern. In die Pflicht genommen vom EEffG werden – neben dem **Bund** als Vorbild (vgl §§ 12 bis 16 EEffG) – vor allem **Energielieferanten** (§§ 10, 11 EEffG) und **große energieverbrauchende (Wirtschafts-)Unternehmen** (§ 5 Abs 1 Z 19 iVm § 9 Abs 1 und 2 EEffG).

7.1 Energielieferanten, die mehr als 25 GWh an Energie entgeltlich an österreichische Endenergieverbraucher absetzen, müssen eine **Kundenberatungsstelle** zum Thema der Energieeffizienz einrichten (§ 10 Abs 5 EEffG) sowie – im Zeitraum von 2015 bis 2020 – jährlich **Endenergieeffizienzmaßnahmen im Umfang von 0,6%** ihres Vorjahresergebnisses nachweisen (§ 10 Abs 1 und 7 EEffG). 40% der Maßnahmen müssen im **privaten Haushaltsbereich** gesetzt werden (§ 10 Abs 1 EEffG).

Die Verpflichtung gilt für **alle Energieträger,** namentlich feste, flüssige, gasförmige Brennstoffe fossilen und biogenen Ursprungs, einschließlich Abfällen, sowie Elektrizität, Wärme und Kälte, sofern sie leitungsgebunden übertragen werden (§ 5 Abs 1 Z 13 EEffG).

Die Lieferantenverpflichtung entsteht bei jenem Unternehmen, **in dessen Namen und auf dessen Rechnung** die Energieträger abgesetzt werden. Der Betreiber einer *Tankstelle* unterliegt daher nicht den Lieferantenverpflichtungen des EEffG, wenn er Benzin oder Heizöl zB im Rahmen eines **Agenturverhältnisses** für einen Mineralölkonzern verkauft.

Bei der Berechnung des **Mindestabsatzes von 25 GWh** ist – zB bei einer *Tankstellenkette* – eine **konzernweise Zusammenrechnung** aller über einen Eigentumsanteil von mehr als 50%

verbundenen (Tochter-) Unternehmen vorzunehmen (§ 10 Abs 7 EEffG). Der **Übergang der gesetzlichen Verpflichtungen** der Tochter- auf das Mutterunternehmen erfolgt dagegen nicht automatisch, sondern nur im Fall der gegenseitigen Zustimmung (§ 5 Abs 1 Z 11 EEffG).

Zur Erfüllung der **Haushaltsquote von 40%** sind Energielieferanten grds auch dann verpflichtet, wenn das Unternehmen selbst keine Haushaltskunden hat. Nur Energielieferanten, die Endenergieverbraucher **im Mobilitätsbereich** beliefern, können die (Haushalts-) Quote auch durch Maßnahmen im privaten und öffentlichen Mobilitätsbereich erfüllen (zB Angebote für effizienzrelevante Produkte – vgl dazu § 10 Abs 1 EEffG).

Endenergieeffizienzmaßnahmen können die Energielieferanten bei sich selbst (zB Reduzierung von Transportfahrten; Anschaffung von energieeffizienten Elektromotoren oder Computer), bei ihren eigenen Kunden (zB Neuanschaffung von energieeffizienteren Haushaltsgeräten; Installation einer Wärmepumpe; Anschaffung von LED-Lampen uä) oder sonstigen Endenergieverbrauchern setzen. Voll anrechenbar sind Effizienzmaßnahmen nur dann, wenn Maßnahmen ihre Wirkung über den gesamten Verpflichtungszeitraum bis 2020 entfalten.

Können die Effizienzmaßnahmen auf diesem Wege nicht erbracht werden, besteht die Möglichkeit, die Verpflichtungen – alternativ – im Wege einer **Ausschreibung** (§ 20 EEffG), der **Direktvergabe an Dritte** („Zukauf" – vgl § 27 Abs 4 Z 2 EEffG) oder sonst auch im Wege der Zahlung eines **Ausgleichsbetrages** von 20 Cent/kWh (§ 21 EEffG) zu erfüllen.

Kleinere Energielieferanten mit weniger als 150 GWh können im Wege des Abschlusses einer sog „Branchenverpflichtung" zwischen Unternehmesverbänden und BMWFW die gesetzlichen Verpflichtungen *gemeinsam* erfüllen (§ 11 EEffG).

Durch die Möglichkeit, **Nachweise für Endenergieeffizienzmaßnahmen von Dritten** zuzukaufen, werden Anreize zur Setzung von Endenergieeffizienzmaßnahmen auch für **nichtverpflichtete Unternehmen** (zB Gerätehändler, Bauunternehmer, Installateure, Elektriker, Anlagenbauer, industrielle Energietechniker, Umwelttechniker) geschaffen.

Die Endenergieeffizienzmaßnahmen müssen **dokumentiert** (§ 27 Abs 3 EEffG) und jährlich der **Energieeffizienz-Monitoringstelle** (§§ 24 ff EEffG) **gemeldet** werden (§ 10 Abs 3 EEffG). Diese Stelle überprüft auch die Richtigkeit der Angaben und kann erforderlichenfalls Nachforderungen stellen (§ 24 Abs 6 EEffG).

7.2 Große energieverbrauchende Unternehmen sind nur zur regelmäßigen Prüfung der betrieblichen Energieeffizienz verpflichtet (§ 9 Abs 1 EEffG). Als „**großes Unternehmen**" iSd EEffG gelten Unternehmen mit mehr als 249 Beschäftigten sowie solche mit mehr als 50 Mio Euro Umsatz oder 43 Mio Euro Bilanzsumme (vgl § 5 Abs 1 Z 19 bis 22 EEffG).

„**Unternehmen**" iSd EEffG sind *privatrechtlich* organisierte und auf Dauer angelegte Organisationen selbständiger wirtschaftlicher Tätigkeit. Steht ein Unternehmen zu mehr als 50% im Eigentum eines anderen Unternehmens, ist es dem Mutterunternehmen zuzurechnen (§ 5 Abs 1 Z 18 EEffG). Bei **internationalen Konzernen** muss bei der Beurteilung der Größe auf die in Österreich operierenden Konzernteile abgestellt werden. Das EEffG ist nur anzuwenden, wenn die in Österreich wirtschaftenden und zusammenzuzählenden Konzernteile die Mindestgröße überschreiten.

Auch **Energielieferanten** (s oben 7.1) können große energieverbrauchende Unternehmen iSd § 9 EEffG sein.

Die verpflichteten Unternehmen müssen entweder alle vier Jahre ein **externes Energieaudit** von qualifizierten, im Register für Energiedienstleister eingetragenen Energieauditoren (§§ 17, 18 EEffG) durchführen lassen oder ein **Energiemanagementsystem** implementieren (§ 9 Abs 2 EEffG).

Ein „**Energieaudit**" ist ein systematisches Verfahren, das – im Einklang mit der EN-16247 Teil 1 und den zusätzlichen in Anh III EEffG festgelegten Mindestkriterien – Informationen über den Energieverbrauch (zB von Gebäuden, Betriebsabläufen) liefert und kosteneffektive Maßnahmen zur Energieeinsparung aufzeigt (§ 5 Abs 1 Z 3 EEffG). Einem solchen Energieaudit gleichzuhalten sind zertifizierte **Energiemanagementsysteme** gem der ISO 16001 oder ISO 50001, zertifizierte **Umweltmanagementsysteme** gem der ISO 14000 oder der EMAS-V (s Rz 310) sowie **innerstaatlich anerkannte Managementsysteme** gem UMG-Register V (s Rz 310), soweit es auch ein regelmäßiges internes oder externes Energieaudit (iSd §§ 17, 18 EEffG) umfasst.

Soweit große Unternehmen nicht binnen eines Monats nach Inkrafttreten ihrer Verpflichtung gegenüber der **Energieeffizienz-Monitoringstelle** (§§ 24 ff EEffG) erklärt haben, ein Managementsystem einzuführen, muss **binnen elf Monaten** erstmals ein Energieaudit durchgeführt werden. Die Einführung eines Managementsystems hat in vollständigem Umfang binnen zehn Monaten nach Abgabe der Erklärung zu erfolgen (§ 32 Abs 1 EEffG). Energieaudits, die bereits vor Inkrafttreten dieses Bundesgesetzes durchgeführt wurden, sind unter Anwendung der Vierjahresfrist entsprechend anrechenbar (§ 32 Abs 2 EEffG).

Die Einführung eines Managementsystems wie auch die Durchführung und Ergebnisse der (internen, externen) Energieaudits müssen **dokumentiert** werden (§ 9 Abs 2 Z 2 und 3 EEffG) und der Energieeffizienz-Monitoringstelle **gemeldet** werden (§ 9 Abs 2 Z 3, § 17 Abs 4 EEffG).

Eine **Umsetzungspflicht** der im Rahmen eines Energieaudits oder (Energie-) Managementsystems empfohlenen Energieeffizienzmaßnahmen **besteht nicht.** Sie sollen „*nach Möglichkeit*" gesetzt werden (vgl dazu die ErlRV 182 Blg 25. GP 19 zu § 9 EEffG).

8. Abfallwirtschaftsrecht

312   ### 8.1 Abfallwirtschaftsgesetz

Rechtsquellen:

Unionsrecht: RL 2008/98/EG über Abfälle (AbfallrahmenRL) ABl L 2008/312, 3.

Nationales Recht: AWG 2002 BGBl I 2002/102 idF BGBl I 2013/193; AbfallwirtschaftsG der Länder (Burgenland: Bgld AWG 1993 LGBl 1994/10 idF 2015/38; Kärnten: K-AWO 2004 LGBl 2004/17 idF 2013/85; Niederösterreich: NÖ AWG 1992 LGBl 8240–6; Oberösterreich: OÖ AWG 2009 LGBl 2009/71 idF 2013/90; Salzburg: S.AWG 1998 LGBl 1999/35 idF 2013/45; Steiermark: StAWG 2004 LGBl 2004/65 idF 2014/87; Tirol: Tir AWG LGBl 2008/3 idF 2013/130; Vorarlberg: Vlbg L-AWG LGBl 2006/1 idF LGBl 2013/44; Wien: Wr AWG LGBl 1994/13 idF 2013/45).

Literatur: *Berger/Lindner,* Grundzüge des Abfallwirtschaftsrechts, in *N. Raschauer/Wessely* (Hrsg), Handbuch Umweltrecht[2] (2010) 696; *Bergthaler/Wolfslehner* (Hrsg), Das Recht der Abfallwirtschaft[2] (2004); *Bumberger/Hochholdinger/Niederhuber/Wolfslehner,* AWG 2002[2] (2014); *Hauer/List/ Nußbaumer/Schmelz,* AWG 2002 (2002); *Holley,* Abfallwirtschaftsrecht, in *Pürgy* (Hrsg), Das Recht der Länder II/2 (2012) 59; *Kneihs,* Abfallwirtschaftsrecht, in *Holoubek/Potacs* (Hrsg), Öffentliches Wirtschaftsrecht I[3] (2013) 1243; *List/Schmelz,* AWG 2002[3] (2009); *Madner/Niederhuber,* Abfallbehandlungsanlagen, in *Holoubek/Potacs* (Hrsg), Öffentliches Wirtschaftsrecht II[3] (2013) 941; *Nußbaumer,* Abfallwirtschaftsrechtliche Planung, in *Hauer/Nußbaumer* (Hrsg), Österreichisches Raum- und

Fachplanungsrecht (2006) 293; *Potacs/Rondo-Brovetto* (Hrsg), Beiträge zur Abfallwirtschaft in Kärnten (2002); *Sander,* Abfallwirtschaftsgesetz 2002, in *Altenburger/N. Raschauer* (Hrsg), Umweltrecht Kommentar (2013) 1; *Sander/Suchanek,* Abfallrecht und Raumordnung. Gedankenlesen beim Gesetzgeber? ecolex 2013, 1030; *Scheichl/Zauner/Berl,* AWG 2002 (2015); *Tessar,* Grundriss des Abfallwirtschaftsrechts (2006); *Tews,* Die Betriebsanlage in der Abfallwirtschaft – ausgewählte Rechtsfragen (2014); *Wolfslehner/Hochholdinger,* Das Abfallwirtschaftsgesetz 2002, RdU 2002, 44.

8.1.1 Für die Errichtung (Änderung) von **ortsfesten Abfallbehandlungsanlagen** ist eine abfallwirtschaftsrechtliche Genehmigung erforderlich (§ 37 Abs 1 AWG). Da der Bundesgesetzgeber mit dem AWG 2002 seine Bedarfskompetenz hinsichtlich der Genehmigung von Abfallbehandlungsanlagen für nicht gefährliche Abfälle (Art 10 Abs 1 Z 12 B-VG) umfassend in Anspruch genommen hat, fallen nicht nur Abfallbehandlungsanlagen für gefährliche Abfälle, sondern grds **alle Abfallbehandlungsanlagen** unter das Genehmigungsregime des AWG.

Im AWG wird – im Unterschied zum Grundsatz der „Einheit der BA" im gew BA-Recht (s dazu *Stolzlechner,* Die Genehmigungspflicht der Betriebsanlage Rz 200) – von einem **„technischen" Anlagenbegriff** ausgegangen (*Schmelz* in *List/Schmelz,* AWG 2002³ 239), sodass zB bei industriellen Produktionsbetrieben nur **bestimmte technische Einrichtungen (Anlagenteile)** der Gesamtanlage als Abfallbehandlungsanlage zu qualifizieren sind.

Bei spezialisierten Abfallbehandlungsanlagen, wie zB **Müllverbrennungsanlagen,** wird eine „technische" Differenzierung der Anlagenteile idR nicht möglich sein (*Madner/Niederhuber* in *Holoubek/Potacs,* Öffentliches Wirtschaftsrecht II³ 965).

Ausgenommen von der abfallwirtschaftsrechtlichen Bewilligungspflicht sind unter der Voraussetzung, dass diese Anlagen als **gew BA** der **Genehmigungspflicht gem §§ 74 ff GewO** unterliegen, folgende Anlagen: Behandlungsanlagen zur ausschließlichen stofflichen Verwertung von nicht gefährlichen Abfällen; Behandlungsanlagen zur Vorbehandlung (Vorbereitung für die stoffliche Verwertung) von nicht gefährlichen Abfällen; Behandlungsanlagen zur ausschließlichen stofflichen Verwertung von im eigenen Betrieb anfallenden Abfällen; Behandlungsanlagen zur Vorbereitung zur Wiederverwendung von Altfahrzeugen, Elektro- und Elektronikaltgeräten; Verbrennungs- oder Mitverbrennungsanlagen zur thermischen Verwertung für nicht gefährliche Abfälle mit einer thermischen Leistung bis zu 2,8 MW; (Zwischen-)Lager für Abfälle (§ 37 Abs 2 Z 1 – 5 AWG).

Bestehen bzgl der Ausnahme von der Genehmigungspflicht gem § 37 Abs 2 AWG Zweifel, kann der Projektwerber beim LH die Durchführung eines **Feststellungsverfahrens** beantragen (§ 6 Abs 6 Z 1 AWG).

Die Frage, ob es sich bei einer Anlage um eine gem §§ 74 ff GewO **genehmigungspflichtige gew BA** handelt, stellt im Feststellungsverfahren gem § 6 Abs 6 AWG eine **Vorfrage** (iSd § 38 AVG) dar, über die – auf Antrag des Anlageninhabers – die *Gewerbebehörde* (s Lexikon „Behörden/ Verwaltungsgerichte" Rz 21) eine bindende Feststellung gem § 358 GewO zu treffen hat.

8.1.2 Die **Abfallwirtschaftsplanung** (Bestandsaufnahme, Bedarf nach Abfallbehandlungsanlagen, regionale Verteilung) hat – kompetenzrechtlich bedingt – weiterhin getrennt nach **Bundes-** (§ 8 AWG) und **Landes-Abfallwirtschaftsplänen** (zB § 36 K-AWO; § 10 OÖ AWG, § 5 StAWG) zu erfolgen.

Zur **Verbindlichkeit von StandortV** nach den Landes-AWG (zB für thermische Abfallbehandlungsanlagen) im UVP-Verfahren vgl VfSlg 17.389/2004 mit Bezug zur K-AWO.

8.1.3 Im abfallwirtschaftsrechtlichen Genehmigungs- und Anzeigeverfahren (§§ 38 ff, 50, 51 AWG) sind im Rahmen einer **umfassenden Verfahrens- und Entscheidungskonzentration** die Genehmigungsvorschriften des *Bundes* betreffend **Gewerbe-,** Wasser-, Forst-, Mineralrohstoff-, Strahlenschutz-, Luftfahrt-, Schifffahrts-, Luftreinhalte-, Immissionsschutz-, Rohrleitungs-, Eisenbahn-, Bundesstraßen-, Gaswirtschafts- und Denkmalschutzrecht anzuwenden (§ 38 Abs 1 a AWG); dasselbe gilt für die Genehmigungsvorschriften der *Länder* betreffend das Gas-, Elektrizitätswirtschafts-, Landesstraßen-, Naturschutz- und Raumordnungsrecht (§ 38 Abs 1 AWG). Die baurechtliche Bewilligungspflicht nach den BauO der Länder entfällt, es sind (nur) die **bautechnischen (Landes-) Vorschriften** im abfallwirtschaftsrechtlichen Bewilligungsverfahren mitanzuwenden (§ 38 Abs 2 AWG). Dasselbe gilt auch für die arbeitnehmerschutzrechtlichen Vorschriften (§ 38 Abs 3 AWG; s Rz 306).

Die Mitanwendung des **Raumordnungsrechts** bezieht sich – ausweislich der Gesetzesmaterialien (abgedruckt in *List/Schmelz,* AWG 2002[3] 269) – (nur) auf allfällige **raumordnungsrechtliche Genehmigungsbestimmungen** (zB § 15 Sbg ROG – Raumverträglichkeitsprüfung für Seveso-Betriebe), nicht auch auf *Planungskompetenzen.*

Aus dem **Entfall der baurechtlichen Bewilligungspflicht** und der Anwendung nur der bautechnischen Bestimmungen (§ 38 Abs 2 AWG) wird abgeleitet, dass die **Flächenwidmung** im abfallrechtlichen Genehmigungsverfahren **grds keine Rolle** spielt (VfSlg 15.777/2000; vgl dazu *Madner/Niederhuber* in *Holoubek/Potacs,* Öffentliches Wirtschaftsrecht II[3] 971 f). Festlegungen in raumordnungsrechtlichen Raumordnungsplänen können allerdings über **sonstige mitanzuwendende Rechtsvorschriften** (zB Naturschutz-, Forstrecht) Genehmigungsrelevanz erlangen (VwGH 16. 9. 1999, 99/07/0077 betreffend Flächenwidmungen; US 21. 5. 2012, 1A/2011/11-11 betreffend des Bgld Landesraumordnungsplanes über Eignungszonen für gefährliche Abfallbehandlungsanlagen; kritisch dazu *Sander/Suchanek,* ecolex 2013, 1030).

Das AWG enthält über die materienspezifischen Genehmigungsvoraussetzungen hinaus auch einen **Katalog zusätzlicher abfallrechtlicher Genehmigungsvoraussetzungen** (§§ 43, 65 AWG). Für Abfalldeponien sowie für IPPC-Abfallbehandlungsanlagen sind weitere Genehmigungsvoraussetzungen vorgesehen (§ 43 Abs 2 bis 3, § 48 AWG).

8.1.4 Abfallbehandlungsanlagen sind längstens alle 5 Jahre behördlich zu überprüfen. Im Fall der Gefährdung einschlägiger Schutzinteressen (iSd § 43 AWG) sind erforderlichenfalls nachträglich geeignete Maßnahmen (von der Vorschreibung von Auflagen bis hin zur Einstellung des Betriebes) aufzutragen (§ 62 AWG).

8.1.5 **Zuständige Behörde** für die Genehmigung von Abfallbehandlungsanlagen ist grds der LH (vgl § 38 Abs 6 bis 7 AWG).

8.2 Tiermaterialien

Rechtsquellen:

Unionsrecht: VO (EG) 1069/2009 mit Hygienevorschriften für nicht für den menschlichen Verzehr bestimmte tierische Nebenprodukte, ABl L 2009/300, 1; VO (EU) 142/2011 zur Durchführung der VO (EG) 1069/2009 mit Hygienevorschriften für nicht für den menschlichen Verzehr bestimmte tierische Nebenprodukte, ABl L 2011/54, 1 idF der VO (EU) 9/2015 ABl L 2015/3, 10.

Nationales Recht: Tiermaterialiengesetz (TMG) BGBl I 2003/141 idF BGBl I 2013/23; Tiermaterialien-V BGBl II.2008/484 idF BGBl II 2010/141.

Tiermaterialien bzw **tierische Nebenprodukte** (kurz: TNP), wie zB Tierkörper, Schlachtabfälle, Küchen- und Speiseabfälle, ehemalige Lebensmittel tierischen Ursprungs, sind **keine Abfälle iSd AWG** (§ 3 Abs 1 Z 5 AWG). Sie unterliegen den speziellen Bestimmungen der beiden TNP-VO der EU sowie des TMG.

8.2.1 Unternehmer, die mit tierischen Nebenprodukten (zB bei Erzeugung, Transport, Lagerung, Handel, Vertrieb, Beseitigung) zu tun haben, bedürfen einer **Registrierung** bei der BVB (§ 3 Abs 2 und 4 TMG iVm Art 23 VO (EG) 1069/2009). Das gilt – mit Bezug auf Küchen- und Speiseabfälle – auch für **Kleinbetriebe aus Einzelhandel** und **Gastronomie.** Ausdrücklich ausgenommen von der Registrierungspflicht sind zB Tierhaltungsbetriebe und **Lebensmittelhändler** (§ 3 Abs 3 TMG).

8.2.2 Für **Tierkörperverwertungs-** bzw **Tierkörperverarbeitungsbetriebe** (zB Verbrennungsanlage) ist eine **bescheidmäßige Zulassung** erforderlich (§ 3 Abs 2 TMG iVm Art 24 VO (EG) 1069/2009). Diese Zulassung ist zu erteilen, wenn die in den VO (EG) 1069/2009 und VO (EU) 142/2011 für den jeweiligen Betriebstyp spezifizierten Voraussetzungen vorliegen und sichergestellt ist, dass die verordneten Betriebsbedingungen eingehalten werden (§ 3 Abs 5 TMG). Die Zulassung darf erst erfolgen, wenn die für den Betrieb der Anlage allenfalls kumulativ erforderlichen **gewerbe-,** abfall- und/oder wr **Bewilligungen** vorliegen. Tunlichst soll eine **Koordinierung** des Registrierungs- bzw Zulassungsverfahrens mit den anderen (zB dem **gewerberechtlichen BA-**) **Genehmigungsverfahren** erfolgen (§ 3 Abs 6 TMG). Die Tätigkeit darf erst nach Eintragung in das **zentrale Betriebsregister des Verbrauchergesundheitsinformationssystems** (§ 3 Abs 7 TMG) aufgenommen werden (§ 3 Abs 2 TMG).

8.2.3 **Besitzer (Erzeuger) tierischer Nebenprodukte** sind verpflichtet, diese unverzüglich bei einem geeigneten, gem § 3 TMG registrierten oder zugelassenen Betrieb **abzuliefern** (§ 10 Abs 1 TMG) sowie hierüber entsprechende schriftliche Vereinbarungen zu treffen (§ 10 Abs 2 TMG). Für zugelassene Verarbeitungsbetriebe bestehen im Rahmen ihrer Zulassung **Kontrahierungspflichten** (§ 11 TMG).

> Dem Abschluss einer Vereinbarung im Einzelfall gleichzusetzen ist der Nachweis eines bestehenden **Anschlusses** an ein für diesen Zweck geeignetes **kommunales Sammelsystem für tierische Nebenprodukte** (§ 10 Abs 2 TMG). Solche wurden in den meisten Bundesländern auf der Basis einer V des LH gem § 12 TMG geschaffen (vgl zB die NÖ TiermaterialienV).

Zum Nachweis der ordnungsgemäßen betrieblichen Behandlung und Entsorgung der tierischen Nebenprodukte bestehen für Abgabe, Beförderung, Versendung und Annahme **besondere Aufzeichnungsverpflichtungen** (§ 4 TMG).

8.2.4 Nach dem TMG registrierte und zugelassene Betriebe unterliegen einer **regelmäßigen behördlichen Kontrolle** (§ 5 TMG). Werden Mängel festgestellt, hat die Behörde unverzüglich mit Bescheid die erforderlichen Maßnahmen anzuordnen. Abhängig von der Schwere der Mängel reichen die Maßnahmen vom Auftrag zur Mängelbehebung über die Anordnung bestimmter Arbeitsweisen, Vorsichtsmaßnahmen und der ordnungsgemäßen Beseitigung von vorhandenen Nebenprodukten bis hin zur teilweisen oder vorübergehenden **Betriebseinschränkung** und -**einstellung**. Bei wiederholten schweren Verstößen und dringendem Verdacht der Gefahr für die menschliche oder tierische Gesundheit kann auch die **Zulassung entzogen** werden (§ 6 TMG).

8.3 Radioaktive Abfälle

Rechtsquellen:

Unionsrecht: RL 2011/70/Euratom über einen Gemeinschaftsrahmen für die verantwortungsvolle und sichere Entsorgung abgebrannter Brennelemente und radioaktiver Abfälle, ABl L 2011/199, 48; RL 2003/122/Euratom über die Kontrolle hoch radioaktiver umschlossener und herrenloser Strahlenquellen, ABl L 2003/346, 57.

Nationales Recht: StrSchG BGBl 1969/227 idF BGBl I 2015/133; AllgStrSchV BGBl II 2006/191 idF BGBl II 2015/22; Radioaktive Abfälle-Verbringungsverordnung 2009 (RAbf-VV) BGBl II 2009/47 idF BGBl II 2015/22.

Literatur: *Ehold,* Allgemeines Strahlenschutzrecht, in *N. Raschauer/Wessely* (Hrsg), Handbuch Umweltrecht[2] (2010) 598; *Österreichisches Normungsinstitut* (Hrsg), Das Strahlenschutzgesetz (2005).

Radioaktive Abfälle sind keine Abfälle iSd AWG (§ 3 Abs 1 Z 4 AWG) und unterliegen den speziellen Bestimmungen der §§ 36 b ff StrSchG iVm §§ 75 ff AllgStrSchV.

„**Radioaktive Abfälle**" sind Materialien, die radioaktive Stoffe enthalten oder hierdurch kontaminiert sind und für die kein Verwendungszweck vorgesehen ist (§ 2 Abs 32 StrSchG).

Radioaktive Abfälle, für die weder eine Freigabe (§ 79 AllgStrSchV) bzw Ableitung (§ 74 AllgStrSchV) zulässig noch eine Verbringung ins Ausland (§§ 7 ff, §§ 15 ff RAbf-VV) oder Zurückstellung an den Hersteller oder Lieferanten der radioaktiven Stoffe (§ 78 Abs 2 AllgStrSchV) möglich ist, müssen grds an die **Nuclear Engineering Seibersdorf GmbH** (NES) übergeben werden (§ 78 Abs 1 AllgStrSchV). Diese hat sich auf der Grundlage des § 36 c StrSchG gegenüber dem Bund vertraglich verpflichtet, alle in Österreich anfallenden radioaktiven Abfälle gegen Entgelt zu übernehmen, zu sortieren, zu konditionieren und bis zur Beseitigung in einem End- oder Langzeitlager zwischenzulagern.

Zum Erfordernis der **Vorlage eines Abfallentsorgungskonzeptes** bei der strahlenschutzrechtlichen Bewilligung der Errichtung bzw des Betriebes von Anlagen für den Umgang mit Strahlenquellen s Rz 315, 11.1.

9. Umwelthaftungsrecht

313   **Rechtsquellen:**

Unionsrecht: RL 2004/35/EG über Umwelthaftung zur Vermeidung und Sanierung von Umweltschäden, ABl L 2004/178, 66.

Nationales Recht: Bundes-Umwelthaftungsgesetz (B-UHG) BGBl I 2009/55 idF BGBl I 2013/97; UmwelthaftungsG der Länder: Burgenland: Bgld UHG LGBl 2010/5 idF LGBl 2013/79; Kärnten: §§ 57 a K-NSG 2002 LGBl 2002/79 idF LGBl 2013/85; § 9 K-IPPC-AG LGBl 2002/52 idF LGBl 2014/2; § 12 d Krnt Landes-PflanzenschutzmittelG (K-LPG) LGBl 1991/31 idF LGBl 2014/17; Niederösterreich: NÖ UHG LGBl 6200 – 0 idF LGBl 6200 – 1; Oberösterreich: OÖ UHG LGBl 2009/95 idF LGBl 2013/90; Salzburg: §§ 35 ff Sbg Umweltschutz- und UmweltinformationsG (UUIG) LGBl 2005/59 idF LGBl 2014/39; Steiermark: Stmk UHG, LGBl 2010/10 idF LGBl 2013/87; Tirol: Tir UHG LGBl 2010/5 idF LGBl 2013/130; Vorarlberg: §§ 12 a ff G über Betreiberpflichten zum Schutz der Umwelt LGBl 2001/20 idF LGBl 2015/54; Wien: Wr UHG LGBl 2009/38 idF LGBl 2013/31.

Literatur: *Bauer,* Umwelthaftung, in *Pürgy* (Hrsg), Das Recht der Länder II/2 (2012) 137; *Götzl/Janitsch/Latzenhofer/Weismann* (Hrsg), Bundes-Umwelthaftungsgesetz (2010); *Hauenschild/ Wilhelm,* Bundes-Umwelthaftungsgesetz (2009); *Hinteregger/Kerschner* (Hrsg), Kommentar zum Bundes-Umwelthaftungsgesetz (2011); *Kerschner,* Umwelthaftung, JBl 2012, 477; *Köhler,* Öffentlich-rechtliche Umwelthaftung (2008); *Köhler,* Bundes-Umwelthaftung, in *N. Raschauer/Wessely* (Hrsg), Handbuch Umweltrecht[2] (2010) 183; *Köhler,* Umwelthaftung im Überblick, in *Schulev-Steindl* (Hrsg), Ressourcenknappheit, Umwelthaftung und Naturgefahren (2013) 21; *Köhler,* Der „Stand der Technik" in der Umwelthaftung, RdU-U&T 2008, 50; *Mauerhofer,* Rechtsaspekte des „Biodiversitätsschadens" nach der EU-Umwelthaftungs-Richtlinie, in *Schulev-Steindl* (Hrsg), Ressourcenknappheit, Umwelthaftung und Naturgefahren (2013) 49; *B. Raschauer,* Öffentlich-rechtliche Umwelthaftung, in *IUR/ÖWAV* (Hrsg), Jahrbuch Umweltrecht (2008) 151; *B. Raschauer,* Die Gewässerschäden im B-UHG, RdU 2009, 52; *Wagner,* Umsetzung der Umwelthaftungs-RL in Österreich: Das neue Bundes-Umwelthaftungsgesetz (B-UHG), in *Hendler et al* (Hrsg), Jahrbuch des Umwelt- und Technikrechts 2009 (2009) 101; *Wagner,* Richtlinienkonformität des B-UHG und Ausblicke, in *Kerschner/Funk/Priewasser* (Hrsg), Neue Umwelthaftung (2010) 17; *Wagner* (Hrsg), Bodenkontamination und Haftung (2013); *Weber/Barbist,* Bundesumwelthaftung (2009); *Wessely,* Terra incognita – Die Umweltbeschwerde, in FS Raschauer (2013) 671; *Wilhelm,* Umwelthaftung, „angehängte" und konkurrierende Ansprüche nach Zivilrecht, ecolex 2009, 653; *Zehetner,* Zur Richtlinienkonformität von § 4 Z 1 lit a letzter Halbsatz des Bundes-Umwelthaftungsgesetzes, ecolex 2012, 1058.

Das Umwelthaftungsrecht dient der Umsetzung der Umwelthaftungs-RL. Es regelt die **öffentlich-rechtliche Verantwortung für Umweltschäden** und ist daher seinem Regelungsgegenstand nach der *Verwaltungspolizei* zuzurechnen, die die **Abwehr materienspezifischer Umweltgefahren** zur Aufgabe hat.

Die Bestimmungen des *zivilrechtlichen Schadenersatzrechtes* (§§ 1299 ff ABGB) bleiben vom öffentlich-rechtlichen Umwelthaftungsrecht unberührt (§ 2 Abs 4 B-UHG; vgl auch zB § 2 Abs 5 OÖ UHG).

Ausgehend vom Verursacherprinzip soll derjenige zu Vermeidungs- und Sanierungsmaßnahmen verpflichtet sein, der durch seine Tätigkeiten einen Umweltschaden verursacht oder die unmittelbare Gefahr eines solchen herbeigeführt hat. Indem die gesetzlichen Pflichten auf Betreiber bestimmter beruflicher Tätigkeiten beschränkt bleiben, handelt es sich beim Umwelthaftungsrecht um eine **Unternehmerhaftung** in Form einer weitgehend **verschuldensunabhängigen Gefährdungshaftung** (*Bauer* in *Pürgy,* Das Recht der Länder II/2, 143; zu den Ausnahmen s unten 9.2).

Als „Betreiber" (iSd UHG) gilt jede Person, die – allein oder mittels Gehilfen – eine im Anhang des B-UHG (und der Landes-UHG) angeführte Tätigkeit im Rahmen **wirtschaftlicher Tätigkeiten** mit oder ohne Erwerbszweck ausübt (§ 4 Z 4 und 5 B-UHG). Dazu zählen gem Z 1 und 8 des Anh 1 B-UHG **gew IPPC-Anlagen** (iSd § 71b GewO) sowie **taxativ aufgezählte gew BA,** wie zB solche zur Erzeugung von Roheisen und -stahl, Asbest, Glas, Zement, Papiermasse, Grobkeramik uä in Bezug auf **näher bestimmte Schadstoffe,** wie etwa Schwefeldioxid Kohlenmonoxid, Staub, Asbest, Schwermetalle)

Übt der Betreiber seine Tätigkeit nicht mehr aus (Betriebsstilllegung) und kann er nicht mehr in Anspruch genommen werden (zB wegen Tod, Konkurs, unbekannten Aufenthalt), haftet **subsidiär** der **Liegenschaftseigentümer,** wenn er dem Betrieb der schädigenden Anlagen bzw den schädigenden Maßnahmen zugestimmt oder freiwillig geduldet und ihm zumutbare Abwehrmaßnahmen unterlassen hat (§ 4 Z 5 B-UHG).

Das Umwelthaftungsrecht stellt kompetenzrechtlich eine **Querschnittsmaterie** dar (vgl *Köhler* in *N. Raschauer/Wessely,* Handbuch Umweltrecht[2] 184; *Bauer* in *Pürgy* (Hrsg), Das Recht der Länder II/2, 143), zu deren Regelung – abhängig vom Schutzgut (Gewässer, Boden, Biodiversität) – der Bund (s unten 9.1) oder die Länder (s unten 9.2) zuständig sind.

9.1 Schutzobjekte des B-UHG sind **Gewässer** (iSd WRG) sowie der **Boden,** soweit umweltschädigende Emissionen – wie zB im Fall der **gew BA** (Art 10 Abs 1 Z 8 B-VG) – in die Regelungskompetenz des Bundes fallen.

Ein **Umweltschaden am Gewässer** liegt vor, wenn der Schaden erhebliche nachteilige Auswirkungen auf den ökologischen, chemischen oder mengenmäßigen Zustand oder das ökologische Potenzial des betreffenden Gewässers hat und nicht durch eine wr Bewilligung gedeckt ist (§ 4 Z 1 lit a B-UHG).
Ein **Umweltschaden am Boden** ist jede Bodenverunreinigung, die ein erhebliches Risiko einer Beeinträchtigung der menschlichen Gesundheit auf Grund der direkten oder indirekten Einbringung von Stoffen, Zubereitungen, Organismen oder Mikroorganismen in, auf oder unter den Grund verursacht (§ 4 Z 1 lit b B-UHG).

Bei Gefahr eines Umweltschadens muss der Betreiber einer wirtschaftlichen Tätigkeit (Verursacher) **Vermeidungsmaßnahmen** ergreifen (§ 5 Abs 1 B-UHG). Ist der Umweltschaden bereits eingetreten, muss er **Abwehr- und Sanierungsmaßnahmen** setzen (§ 6 Abs 1 iVm Anh 2 und 3 B-UHG). Kommt der Betreiber seinen Verpflichtungen nicht rechtzeitig oder nicht im erforderlichen Maße nach, hat die zuständige BVB (§ 9 Abs 1 B-UHG) die unterlassenen Vermeidungs-, Abwehr- und Sanierungsmaßnahmen **mit Bescheid** aufzutragen oder bei Gefahr im Verzug im Wege unmittelbarer verwaltungsbehördlicher **Befehls- und Zwangsgewalt** anzuordnen (§ 5 Abs 4, § 6 Abs 3 iVm § 7 B-UHG). Sämtliche mit den Vermeidungs- und Sanierungsmaßnahmen in Zusammenhang stehenden **Kosten** (§ 4 Z 12 B-UHG) hat grds der Betreiber (bzw – subsidiär – der Liegenschaftseigentümer) zu tragen (§ 8 iVm § 5 Abs 4 und § 6 Abs 3 B-UHG).

Die BVB ist bei Vorliegen der gesetzlichen Voraussetzungen verpflichtet (arg *„hat"*), von Amts wegen die erforderlichen Maßnahmen anzuordnen. Ist ein Umweltschaden bereits eingetreten, können in ihren Rechten Betroffene, Umweltanwälte und Umweltschutzorganisationen mittels **Umweltbeschwerde** die Einleitung eines Sanierungsverfahrens auch erzwingen (§§ 11, 12 B-UHG).

9.2 Schutzobjekte der Landes-UHG sind die **Biodiversität** sowie auch der **Boden,** soweit hierfür – zB bei Landes-IPPC-Anlagen – keine Zuständigkeit der Bundesgesetzgebung besteht (s oben 9.1).

Biodiversitätsschäden sind Schädigungen von geschützten Arten und natürlichen Lebensräumen (gem Vogelschutz-RL und Flora-Fauna-Habitat-RL), die erhebliche nachteilige Auswirkungen in Bezug auf die Erreichung oder Beibehaltung des günstigen Erhaltungszustands dieser Lebensräume oder Arten haben und nicht durch einschlägige Bewilligungen – zB nach Jagd-, Fischerei- Naturschutzrecht oder Gentechnik-VorsorgeG der Länder – gedeckt sind (§ 4 Z 1 lit a OÖ UHG).

Die Landes-UHG folgen in Aufbau und Inhalt im Wesentlichen dem B-UHG (vgl *Bauer* in *Pürgy,* Das Recht der Länder II/2, 144). Nur im Bereich der **Biodiversitätsschäden** ergibt sich ein erweitertes Haftungsregime, in dem die Umwelthaftung auf **alle beruflichen Tätigkeiten** ausgeweitet wird. Die Umwelthaftung ist in diesem Zusammenhang aber **verschuldensabhängig** (vgl zB § 2 Abs 2 Z 2 OÖ UHG; § 2 Abs 2 Z 2 Tir UHG).

9.3 Den Regelungen der UHG kommt – als leges specialis – gegenüber anderen Materiengesetzen Vorrang zu. **Weitergehende Verpflichtungen** in anderen Materiengesetzen (zB WRG, GewO), Verordnungen, Bescheiden, Erkenntnissen oder im unmittelbar anwendbaren Unionsrecht bleiben allerdings unberührt (§ 2 Abs 3 B-UHG; vgl auch zB § 2 Abs 3 OÖ UHG; § 2 Abs 3 Tir UHG; § 2 Abs 3 Stmk UHG).

Es ist daher zulässig, neben Aufträgen gem §§ 5 und 6 B-UHG auch **einstweilige Sicherungsmaßnahmen** gem § 360 Abs 4 GewO (Betriebsschließung, Stilllegung von Maschinen) anzuordnen oder auch zum Zwecke einer dauerhaften Risikominimierung **nachträgliche Auflagen** bzw ein **Sanierungskonzept** gem § 79 GewO (*Köhler* in *N. Raschauer/Wessely*, Handbuch Umweltrecht[2] 203) vorzuschreiben.

9.4 Die UHG des Bundes und der Länder gelten grds nur für Umweltschäden, die auf Schadenereignisse **nach Inkrafttreten der UHG** zurückgehen. Im Fall des B-UHG ist das der 20. 6. 2009 (vgl dazu kritisch *Wagner* in *Kerschner/Funk/Priewasser,* Neue Umwelthaftung 36 f).

Zur Sicherung und Sanierung von **länger zurückliegenden Umweltschäden** (Altlastensanierung) vgl Rz 314.

10. Altlastensanierungsgesetz

Rechtsquellen: AltlastensanierungsG (ALSAG) BGBl 1989/299 idF BGBl I 2013/103; V des **314** BMLFUW über die Ausweisung von Altlasten und deren Einstufung in Prioritätenklassen (Altlastenatlas-V) BGBl II 2004/232 idF BGBl 2015/18; Umweltförderungsgesetz – UFG BGBl I 2003/71 idF BGBl I 2015/51.

Literatur: *Bumberger,* Das Feststellungsverfahren nach § 10 des Altlastensanierungsgesetzes, in *Piska/Wolfslehner/Lindner,* Abfallwirtschaftsrecht. Jahrbuch 2011 (2011) 111; *Eisenberger,* Das ALSAG als de facto Strafnorm? RdU 2013, 99; IUR/ÖWAV (Hrsg), Alt- und Neulasten. Vermeidung, Sanierung und Haftung. Jahrbuch des österreichischen und europäischen Umweltrechts 2013 (2013); *Kneihs,* Abfallwirtschaftsrecht, in *Holoubek/Potacs* (Hrsg), Öffentliches Wirtschaftsrecht I[3] (2013) 1243 (1283 ff); *List,* ALSAG (2012); *Nußbaumer,* Altlasten, in *Hauer/Nußbaumer* (Hrsg), Österreichisches Raum- und Fachplanungsrecht (2006) 537; *Ortmann,* Die österreichische Bundesförderung zur Altlastensanierung, RFG 2012, 189; *Poltschak,* Rechtsprobleme der Altlastensanierung nach § 79 GewO 1994, SPRW 2011, 11; *Scheichl/Zauner,* ALSAG (2010); *Schmelz,* Sicherung und Sanierung von Altlasten, ecolex 1995, 759; *Schwarzer,* Rechtsfragen der Altlasten, in *Funk* (Hrsg), Abfallwirtschaftsrecht (1993) 137; *Thomasitz,* Das Altlastensanierungsgesetz, ÖZW 1990, 8; *Würthinger,* Wer verantwortet Altlasten? RFG 2009, 47.

10.1 Das ALSAG bildet den rechtlichen Rahmen für die Führung eines **zentralen Altlastenerfassungssystems** sowie die Veranlassung und Durchführung von Maßnahmen zur **Sicherung** und **Sanierung** von Altlasten.

„Altlasten" sind Altablagerungen und Altstandorte sowie durch diese kontaminierte Böden und Grundwasserkörper, von denen – nach den Ergebnissen einer Gefährdungsabschätzung – erhebliche Gefahren für die Gesundheit des Menschen oder die Umwelt ausgehen (§ 2

Abs 1 ALSAG). „**Altablagerungen**" sind Ablagerungen von Abfällen, die befugt oder unbefugt durchgeführt wurden (§ 2 Abs 2 ALSAG). „**Altstandorte**" sind Standorte von Anlagen, in denen mit umweltgefährdenden Stoffen umgegangen wurde (§ 2 Abs 3 ALSAG).

Die hierfür erforderlichen Mittel werden durch eine zweckgebundene Bundesabgabe für bestimmte abfallbezogene Tätigkeiten (zB für langfristiges Ablagern oder Verbrennen von Abfällen) aufgebracht (§§ 3–12 ALSAG – sog „**Altlastenbeitrag**").

10.2 Das ALSAG sieht eine mehrstufige Vorgangsweise für die **Suche** und **Erfassung von Altlasten** vor (§§ 13, 14 ALSAG): Der LH ist verpflichtet, dem BMLFUW einschlägige Verdachtsflächen bekannt zu geben. Diese Flächen sind in einem – von der Umweltbundesamt GesmbH geführten – **Verdachtsflächenkataster** einzutragen. Erst nach Durchführung einer sachverständigen Gefährdungsabschätzung sind *sicherungs- oder sanierungsbedürftige Flächen* im **Altlastenatlas** auszuweisen und nach ihrer Priorität (betreffend Gefährdungsgrad und Umfang/Dringlichkeit der Finanzierung der erforderlichen Sicherungs- und Sanierungsmaßnahmen) zu klassifizieren.

Aufgrund der **konstitutiven Wirkung der Ausweisung** muss der Altlastenatlas als V kundgemacht werden (VfSlg 17.078/2003). Die betroffenen Liegenschaftseigentümer werden in diesem „Ausweisungsverfahren" in Form der Änderung der AltlastenatlasV nicht beigezogen. Die Registrierung einer Altlast kann daher erst im Zuge der Bekämpfung eines allfälligen Sicherungs- oder Sanierungsauftrags gem Art 144 Abs 1 B-VG (Anwendung einer gesetzwidrigen V) beim VfGH angefochten werden (VfSlg 17.078/2003; vgl dazu *Nußbaumer* in *A. Hauer/Nußbaumer,* Raum- und Fachplanungsrecht 544).

Daten über die Gefährdungsabschätzungen und die Prioritätenklassifizierungen zu Verdachtsflächen und Altlasten werden unter www.umweltbundesamt.at/umweltschutz/altlasten/verzeichnisse/ veröffentlicht. Im Zusammenhang mit dem Verdachtsflächenkataster bestehen überdies besondere Auskunftspflichten des BMLFUW (§ 13 Abs 2 und 4 ALSAG).

10.3 Die zur Gefahrenabwehr erforderlichen **verwaltungspolizeilichen Sicherungs-** und **Sanierungsaufträge** (zB Austausch eines kontaminierten Bodens) müssen jeweils materienspezifisch auf der Grundlage der §§ 79, 79 a und 83 GewO, §§ 21 a, 30 bis 35 und 138 WRG, §§ 73 und 74 AWG 2002 ergehen (§ 17 Abs 1 ALSAG). Zuständig zur Erlassung der erforderlichen Aufträge ist **ab Ausweisung der Altlast** im Altlastenatlas ausschließlich die LH (**Zuständigkeitskonzentration** – § 17 Abs 1 ALSAG). Primärer Adressat der Aufträge ist der **Verursacher.** Die Liegenschaftseigentümer können unter näher bestimmten Voraussetzungen im Rahmen des WRG und des AWG subsidiär in Anspruch genommen werden (vgl *Berger/Bergthaler* in IUR/ÖWAV, Alt- und Neulasten 160 ff). Zur Durchführung der Sicherungs- und Sanierungsaufträge hat der LH erforderlichenfalls **Zwangsrechte** gegenüber Dritten zu verfügen (§ 17 Abs 1 ALSAG).

Nachbarn haben – aufgrund einer lex specialis im ALSAG – in Verwaltungsverfahren zur Sicherung oder Sanierung von Altlasten (zB gem §§ 79, 79 a und 83 GewO) **keine Parteistellung** (§ 17 Abs 5 ALSAG; s dazu *Wendl*, Die Nachbarn und ihre Parteistellung Rz 272, 15.2.3).

Soweit keinen nach GewO, WRG, AWG Verpflichteten die erforderlichen Maßnahmen aufgetragen werden können, hat der **Bund** diese Maßnahmen im Rahmen der finanziellen Möglichkeiten selbst durchzuführen (§ 18 Abs 1 ALSAG). Ihm kommen gegenüber (zB später bekannt gewordenen) Verursachern und Liegenschaftseigentümern Regressansprüche zu (§ 18 Abs 2 ALSAG).

10.4 Finanzielle Förderungen im Bereich der Altlastensanierung sieht das UmweltförderungsG vor (§§ 29 – 34 UFG).

11. Strahlenschutzrecht

Rechtsquellen: Strahlenschutzgesetz (StrSchG) BGBl 1969/227 idF BGBl I 2015/133; **315** AllgStrSchV BGBl II 2006/191 idF BGBl II 2015/22.

Literatur: *Ehold,* Allgemeines Strahlenschutzrecht, in *N. Raschauer/Wessely* (Hrsg), Handbuch Umweltrecht[2] (2010) 741; *Österreichisches Normungsinstitut* (Hrsg), Das Strahlenschutzgesetz (2005).

11.1 Das Strahlenschutzrecht soll Menschen vor der schädlichen Wirkung ionisierender Strahlung schützen. In diesem Zusammenhang ist ua bezüglich **Anlagen für den Umgang mit Strahlenquellen** eine besondere strahlenschutzrechtliche Bewilligungspflicht vorgesehen.

„Strahlenquellen" sind Geräte, radioaktive Stoffe oder Anlagen, die imstande sind, ionisierende Strahlung auszusenden oder radioaktive Stoffe freizusetzen (§ 2 Abs 41 StrSchG – zB Röntgeneinrichtung für zerstörungsfreie Prüfungen; Gammagraphieeinrichtung).

„Umgang mit Strahlenquellen" ist der Betrieb von Strahleneinrichtungen (§ 2 Abs 39 StrSchG) sowie sämtliche Tätigkeiten (zB Gewinnung, Bearbeitung, Verwendung) mit radioaktiven Stoffen (zB Uran), die eine nicht außer Acht zu lassende Einwirkung auf Einzelpersonen („Exposition") bewirken können (§ 2 Abs 45 StrSchG).

Eine „Anlage für den Umgang mit Strahlenquellen" besteht aus mindestens einer Strahlenquelle und den für ihre bestimmungsgemäße Verwendung nötigen Komponenten, Installationen und Räumlichkeiten (*Ehold* in *N. Raschauer/Wessely,* Handbuch Umweltrecht 751).

Der **Umfang der Bewilligungspflicht** hängt wesentlich von den erforderlichen Strahlenschutzmaßnahmen ab. Anlagen, die bereits im Zuge der Errichtung *bauliche* Strahlenschutzmaßnahmen erforderlich machen (zB Teilchenbeschleuniger, Hochdosisbestrahlungseinrichtungen, Isotopenlaboratorien), bedürfen sowohl einer **Errichtungs-** (§ 5 StrSchG) als auch einer **Betriebsbewilligung** (§ 6 StrSchG). Bei allen anderen Anlagen (wie zB ortsfesten Anlagen im gewerblichen oder medizinischen Bereich) genügt eine **Betriebsbewilligung** (§ 7 StrSchG) oder **Meldung** (§§ 13 iVm 25 StrSchG; §§ 6 ff AllgStrSchV). Auf Anlagenänderungen finden die §§ 5 – 7 StrSchG sinngemäß Anwendung, wenn dadurch eine zusätzliche Gefährdung des Lebens oder der Gesundheit von Menschen herbeigeführt werden kann (§ 8 Abs 1 StrSchG).

Die **Errichtungsbewilligung** ist zu erteilen, wenn hinsichtlich der Verlässlichkeit des Antragstellers keine Bedenken bestehen, eine ausreichende Vorsorge für den Strahlenschutz getroffen (vgl dazu *Ehold* in *N. Raschauer/Wessely,* Handbuch Umweltrecht[2] 766) sowie – erforderlichenfalls – ein Stilllegungs- und Entsorgungskonzept für die **Beseitigung radioaktiver Abfälle** (s Rz 312, 8.3) vorgelegt worden ist (§ 5 Abs 2 und 3 StrSchG).

Die **Betriebsbewilligung** ist zu erteilen, wenn die Anlage der Errichtungsbewilligung entspricht, eine ausreichende Vorsorge für den Strahlenschutz getroffen sowie ein Strahlenschutzbeauftragter bestellt worden ist. Erforderlichenfalls können auch der

Nachweis einer Haftpflichtversicherung (oder gleichwertigen Deckungsvorsorge) iSd AtomHG verlangt (§ 6 Abs 2 StrSchG) sowie **betriebsbezogene Auflagen und Bedingungen** vorgeschrieben werden (§ 6 Abs 3 StrSchG).

Bei **Anlagen, die keiner Errichtungsbewilligung** (§ 6 StrSchG) **bedurften,** muss im Zuge der Betriebsbewilligung zusätzlich die Verlässlichkeit des Antragstellers geprüft werden sowie ein allenfalls erforderliches Stilllegungs- und Entsorgungskonzept für die Beseitigung radioaktiver Abfälle nachgewiesen werden (vgl § 7 Abs 2 StrSchG).

Werden die bewilligten Anlagen nicht innerhalb bestimmter Fristen fertiggestellt bzw betrieben, **erlöschen** die Bewilligungen wieder (§ 12 StrSchG).

11.2 Bei **genehmigungspflichtigen gew BA** (iSd §§ 74 ff GewO) entfällt eine *gesonderte* strahlenschutzrechtliche (Errichtungs-, Betriebs-) Bewilligung gem § 5 Abs 1 und § 7 Abs 1 StrSchG. Die Gewerbebehörde hat die materiellen Bestimmungen des StrSchG im gewerberechtlichen BA-Genehmigungsverfahren mitanzuwenden. Die BA-Genehmigung gilt ex lege als **strahlenschutzrechtliche Bewilligung (Genehmigungskonzentration).** Darauf ist im Bescheid ausdrücklich hinzuweisen (§ 3 Abs 1 StrSchG).

Ist bei einer gew BA sowohl eine **Errichtungs-** (§ 5 Abs 1 StrSchG) **als auch eine Betriebsbewilligung** gem § 6 Abs 1 StrSchG erforderlich (s oben 11.1), unterliegt nur die Errichtungsbewilligung der Genehmigungskonzentration (vgl § 3 Abs 1 StrSchG). Die Betriebsaufnahme ist erst nach Erteilung einer **gesonderten Betriebsbewilligung durch die Strahlenschutzbehörde** (s unten 11.5) zulässig.

11.3 Da § 3 Abs 1 StrSchG im Unterschied zu § 356 b Abs 3 GewO **keine Konzentration der Kontrolle** (§ 17 StrSchG) vorsieht, ist für die nachträgliche Vorschreibung zusätzlicher Strahlenschutzmaßnahmen in Form von Auflagen (§ 5 Abs 7 StrSchG) bei gew BA weiterhin die Strahlenschutzbehörde (s unten 11.5) zuständig.

11.4 Strahlenschutzrechtlichen Bewilligungen kommt trotz zT *personen*bezogener Genehmigungskriterien **dingliche Wirkung** zu (§ 9 Abs 1 StrSchG). Das gilt auch für **gewerberechtliche BA-Genehmigungen**, die ex lege als strahlenschutzrechtliche Bewilligung gelten (s oben 11.2).

Im Fall eines **Inhaberwechsels** hat der neue Inhaber die Übertragung an die Strahlenschutzbehörde (s unten 11.5) zu melden. Hat die Strahlenschutzbehörde Bedenken bezüglich der persönlichen Voraussetzungen des neuen Inhabers (bei juristischen Personen: auch des vertretungsbefugten Organs), ist die Fortführung des Betriebes (der Errichtung) mit Bescheid zu untersagen (§ 9 Abs 2 StrSchG).

11.5 Soweit es sich nicht um Großanlagen (zB Kernreaktoren, Teilchenbeschleuniger uÄ) handelt, ist **zuständige Strahlenschutzbehörde** idR der LH (§ 41 Abs 1 Z 3 StrSchG).

12. Energiewirtschaftsrecht

316   **12.1** Elektrizitätsversorgung

Rechtsquellen: ElWOG 2010 BGBl I 2010/110 idF BGBl I 2013/174; StarkstromwegeG – StWG BGBl 1968/70 idF BGBl I 2003/112; BG über elektrische Leitungsanlagen, die sich nicht auf zwei oder mehrere Bundesländer erstrecken (Starkstromwege-GrundsatzG – StWGG) BGBl 1968/71 idF BGBl I 2003/112; Landes-ElektrizitätswirtschaftsG: Burgenland: ElWG LGBl 2006/59 idF 2015/38; Kärnten: K-ElWOG 2011 LGBl 2012/10 idF LGBl 2015/51; Niederösterreich: NÖ ElWG 2005 LGBl 7800 – 0 idF LGBl 2015/94; Oberösterreich: OÖ ElWOG 2006 LGBl 2006/1 idF LGBl 2014/103; Salzburg: Sbg LEG 1999 LGBl 1999/75 idF LGBl 2014/73; Steiermark: Stmk El-WOG LGBl 2005/70 idF LGBl 2014/45; Tirol: TEG 2012 LGBl 2011/134 idF LGBl 2014/187; Vorarlberg: Vlbg ElWG LGBl 2003/59 idF LGBl 2014/38; Wien: WElWG 2005 LGBl 2005/46 idF LGBl 2014/51; Landes-StarkstromwegeG: Burgenland: Bgld StarkstromwegeG LGBl 1971/10 idF LGBl 2013/79; Kärnten: K-EG LGBl 1969/47 idF LGBl 2013/85; Niederösterreich: NÖ StarkstromwegeG LGBl 7810 – 0 idF LGBl 7810 – 4; Oberösterreich: OÖ StarkstromwegeG LGBl 1971/1 idF LGBl 2013/90; Salzburg: Sbg LEG 1999 LGBl 1999/75 idF LGBl 2014/73; Steiermark: Stmk StarkstromwegeG LGBl 1971/14 idF 2007/25; Tirol: Tir StarkstromwegeG LGBl 1970/11 idF LGBl 2014/148; Vorarlberg: Vlbg StWG LGBl 1978/22 idF LGBl 2013/44; Wien: Wr StarkstromwegeG 1969 LGBl 1970/20 idF LGBl 2013/35.

Literatur: *Berka,* Starkstromwegeplanung und örtliches Bau- und Raumordnungsrecht, ZfV 2006, 318; *Freylinger/Rogatsch,* Energieanlagenrecht, in *Holoubek/Potacs* (Hrsg), Öffentliches Wirtschaftsrecht II³ (2013) 1103; *Hauenschild,* Energieerzeugungsanlagen, in *N. Raschauer/Wessely* (Hrsg), Handbuch Umweltrecht² (2010) 431; *Hauer,* Das österreichische Starkstromwegerecht (2003); *Hauer,* Starkstromwegeplanung, in *A. Hauer/Nußbaumer* (Hrsg), Österreichisches Raum- und Fachplanungsrecht (2006) 293; *Hauer,* Stromerzeugungsanlagen zwischen Elektrizitäts- und Gewerberecht, RdU-U&T 2007, 17; *Hauer/Oberndorfer,* ElWOG (2007); *Lindner,* Starkstromwege, in *Energieinstitut JKU Linz* (Hrsg), Beiträge zum Elektrizitätsrecht (2009) 219; *Niederhuber/Sander,* Elektrizitätserzeugungsanlagen, in *Energieinstitut JKU Linz* (Hrsg), Beiträge zum Elektrizitätsrecht (2009) 183; *Onz,* Die Genehmigung der 380-kV-Steiermarkleitung nach dem UVP-G 2000, RdU-U&T 2009, 54; *Onz,* Zwangsrechte für Energiewege, in *Storr/Stöger* (Hrsg), Herausforderungen für das Energierecht (2013) 41; *Pauger/Pichler,* Das österreichische Elektrizitätsrecht² (2002); *Potacs/Rogatsch,* Energiewirtschaftsrecht, in *Holoubek/Potacs* (Hrsg), Öffentliches Wirtschaftsrecht I³ (2013) 852 (860); *B. Raschauer,* Handbuch Energierecht (2006); *B. Raschauer,* Aktuelles Energierecht (2006); *Schlögl,* ElWOG, in *Altenburger/N. Raschauer* (Hrsg), Umweltrecht Kommentar (2013) 355; *Tolar,* Elektrizitätsrecht und Starkstromwegerecht, in *Pürgy* (Hrsg), Das Recht der Länder (2012) 589.

12.1.1 Der Betrieb von **Elektrizitätsunternehmen** fällt nicht in den Anwendungsbereich der GewO (§ 2 Abs 1 Z 20 GewO).

> *„Elektrizitätsunternehmen"* sind (natürliche oder juristische) Personen, die in Gewinnabsicht elektrische Energie erzeugen, übertragen, verteilen, liefern oder kaufen und damit in Zusammenhang stehende kommerzielle, technische oder wartungsbezogene Aufgaben wahrnehmen, mit Ausnahme der Endverbraucher (§ 7 Abs 1 Z 11 ElWOG).

Nicht ausgenommen von der GewO (einschließlich der §§ 74 ff GewO) sind der bloße **(Strom-)Handel** (Verkauf) von nicht selbsterzeugter elektrischer Energie (zB Elektrotankstellen – vgl § 157 GewO sowie *Grabler/Stolzlechner/Wendl,* GewO³ § 2 Rz 98) sowie die **Stromerzeugung eines Gewerbetreibenden für den Eigenbedarf** (*Hauer,* RdU-U&T 2007, 18).

12.1.2 Die Errichtung (Änderung, Inbetriebnahme) einer **Elektrizitätserzeugungsanlage** ist nach den Landeselektrizitätsgesetzen grds bewilligungspflichtig (zB §§ 5 ff Stmk ElWOG, §§ 6 ff K-ElWOG, §§ 6 ff OÖ ElWOG). **Genehmigungspflichtige gew BA** (iSd §§ 74 ff GewO) müssen allerdings gem § 12 Abs 2 ElWOG von der landeselektrizitätsrechtlichen Bewilligungspflicht **ausgenommen** werden (vgl zB § 6 Abs 2 lit a K-ElWOG, § 5 Abs 2 Z 1 Stmk ElWOG).

Unter diese Ausnahme von der Bewilligungspflicht fallen nicht nur **gew Eigenerzeugungsanlagen** (s oben 12.1.1; vgl *Hauer/Oberndorfer,* ElWOG § 12 Rz 19), sondern – nach hM (vgl *Schlögl* in *Altenburger /N. Raschauer,* Umweltrecht § 12 ElWOG Rz 40) – auch **gew Eigenerzeugungsanlagen mit Überschussabgabe** (zB an das öffentliche Netz). Ebenso gilt das für sog **kombinierte (doppelfunktionale) Anlagen,** bei denen – unter der Voraussetzung der Einheit der Betriebsanlage (kritisch *Schlögl* in *Altenburger /N. Raschauer,* Umweltrecht § 12 ElWOG Rz 41) – neben den „gewerblichen" Anlagenteilen auch die **gewerbefremden Anlagenteile zur Erzeugung von Elektrizität** in die gew BA-Genehmigung einzubeziehen sind (*Hauer/Oberndorfer,* ElWOG § 12 Rz 20 ff; s auch Lexikon „Kombinierte Anlage" Rz 82 sowie *Stolzlechner,* Die Genehmigungspflicht der Betriebsanlage Rz 204).

Einen Sonderfall unter den kombinierten (doppelfunktionalen) Anlagen stellen **Kraft-Wärme-Kopplungsanlagen** dar, die der Erzeugung von Elektrizität und **Fernwärme** dienen (zB Fernheizkraftwerk – s unten 12.3). Diese Anlagen bedürfen gem § 74 Abs 5 GewO **keiner gewerberechtlichen BA-Genehmigung,** sondern (nur) einer landeselektrizitätsrechtlichen Anlagenbewilligung, wenn ein wirtschaftlicher und fachlicher Zusammenhang zwischen Stromerzeugung und Wärmegewinnung bzw -abgabe besteht, die Anlage nach anderen bundesrechtlichen Vorschriften (zB EG-K, WRG, ForstG) bewilligungs*pflichtig* ist und der **(vorrangige) Charakter der Anlage** als Stromerzeugungsanlage gewahrt bleibt (vgl dazu zB VwSlg 17.072 A/2006).

Fernwärmeverteilungsanlagen stellen idR keinen Teil einer kombinierten Anlage dar und sind *gesondert* bewilligungspflichtig (s unten 12.3).

Ist eine landeselektrizitätsrechtliche Bewilligung erforderlich, ist diese idR zu erteilen, wenn Sicherheit und bestmögliche Energieeffizienz gewährleistet sowie – erforderlichenfalls unter Vorschreibung von Auflagen – die Gefährdung (Beeinträchtigung) näher bestimmter Schutzgüter (Leben, Gesundheit, Eigentum) ausgeschlossen werden können und bautechnische und raumordnungsrechtliche Vorschriften eingehalten werden.

Zuständige **landeselektrizitätsrechtliche Bewilligungsbehörde** ist überwiegend die LReg (vgl zB §§ 12, 57 OÖ ElWOG).

Das Genehmigungsverfahren ist idR ein **Mehrparteienverfahren** unter Einbeziehung von Anrainern (vgl zB § 9 Stmk ElWOG).

12.1.3 Für die Errichtung (Änderung) **elektrischer Leitungsanlagen** (inkl Umspann-, Umform- und Schaltanlagen) ist – abhängig von der räumlichen Erstreckung innerhalb eines oder mehrerer Bundesländer – entweder eine Baubewilligung nach dem StarkstromwegeG des Bundes oder den in Ausführung des StWGG 1968 ergangenen StarkstromwegeG der Länder erforderlich.

Zu den Ausnahmen aufgrund von *geringer Spannung* (unter 1000 V), *Lage* (zB auf eigenem Gelände) oder *Verwendungszweck* (zB für den Betrieb der Eisenbahn) vgl zB § 3 StWG, § 1 Abs 2 OÖ StarkstromwegeG.

Bei der Bewilligung des beantragten Vorhabens (insb des geplanten Trassenverlaufes) sind nicht nur spezifisch elektrizitätswirtschaftliche (Versorgungs-) Interessen zu prüfen, sondern hat auch eine Abstimmung mit anderen öffentlichen Interessen (zB Raumplanung, Naturschutz, Wasserwirtschaft, öffentlicher Verkehr) sowie Interessen der vom Trassenverlauf betroffenen Grundeigentümern (vgl dazu VwGH 5. 3. 1985,

84/05/0193; 23. 2. 1988, 87/05/0182) zu erfolgen. In diesem Rahmen kann sich nach Umständen auch das Erfordernis eines **Trassenvergleiches** ergeben (s dazu *Hauer* in *Hauer/Nußbaumer*, Österreichisches Raum- und Fachplanungsrecht 306 f).

Zuständige Bewilligungsbehörden sind bei bundesländerüberschreitenden Anlagen der BMWFW (§ 24 StWG), bei Anlagen innerhalb eines Bundeslandes die LReg (vgl § 15 StWGG). Bei Starkstromfreileitungen ab einer Nennspannung von 220 kV und einer Länge von mindestens 15 km (bzw 110 kV und 20 km im geschützten Bereich) ist die Durchführung eines **UVP-Verfahrens** erforderlich (Anh 1 Z 16 UVP-G; vgl zB zur Genehmigung der 380-kV-Steiermarkleitung *Onz*, RdU-U&T 2009, 54).

Das Genehmigungsverfahren ist idR ein **Mehrparteienverfahren** unter Einbeziehung der Eigentümer betroffener Liegenschaften (VwSlg 13.237 A/1990), nicht aber auch der Anrainer (s dazu *Hauer* in *Hauer/Nußbaumer*, Österreichisches Raum- und Fachplanungsrecht 308 f).

12.2 Gasversorgung

Rechtsquelle: GaswirtschaftsG 2011 (GWG) BGBl I 2011/107 idF BGBl I 2015/226.

Literatur: *Freylinger/Rogatsch*, Energieanlagenrecht, in *Holoubek/Potacs* (Hrsg), Öffentliches Wirtschaftsrecht II³ (2013) 1103 (1123); *Onz*, Zwangsrechte für Energiewege, in *Storr/Stöger* (Hrsg), Herausforderungen für das Energierecht (2013) 41; *Pauger*, Das österreichische Gaswirtschaftsrecht (2001); *Potacs*, Energiewirtschaftsrecht, in *Holoubek/Potacs* (Hrsg), Öffentliches Wirtschaftsrecht I³ (2013) 852 (877); *B. Raschauer*, Handbuch Energierecht (2006); *Steffek*, Das Recht der Gas- und Fernwärmeversorgung, in FS Wenger (1983) 819.

12.2.1 Der Betrieb von **Erdgasunternehmen** fällt nicht in den Anwendungsbereich der GewO (§ 2 Abs 1 Z 20 GewO).

„*Erdgasunternehmen*" sind (natürliche, juristische) Personen, die in Gewinnabsicht von den Funktionen Fernleitung („Fernleitungsunternehmen"), Verteilung („Verteilungsunternehmen"), Lieferung, Kauf bzw Verkauf („Erdgashändler") von Erdgas (einschließlich verflüssigtes Erdgas) mindestens eine wahrnehmen und für die kommerziellen, technischen oder wartungsbezogenen Aufgaben im Zusammenhang mit diesen Funktionen verantwortlich sind, mit Ausnahme der Endverbraucher (§ 7 Abs 1 Z 16 GWG).

Nicht ausgenommen von der GewO sind gem § 2 Abs 1 Z 20 GewO Tätigkeiten der **Erdgashändler.** Das sind (natürliche oder juristische) Personen, die Erdgas in Gewinnabsicht kaufen oder verkaufen, ohne gleichzeitig eine Fernleitungs- oder Verteilerfunktion wahrzunehmen (§ 7 Abs 1 Z 14 GWG).

12.2.2 Die Errichtung (Erweiterung, Änderung, Betrieb) von **Erdgasleitungsanlagen** ist genehmigungs- oder anzeigepflichtig (§ 134 GWG).

Eine „*Erdgasleitungsanlage*" ist eine Anlage, die zum Zwecke der Fernleitung, der Verteilung von Erdgas durch Rohrleitungen oder Rohrleitungsnetze oder als Direktleitungen errichtet oder betrieben wird. Zu den Erdgasleitungen zählen insb auch Verdichterstationen, Molchschleusen, Schieberstationen, Messstationen und Gasdruckeinrichtungen (§ 7 Abs 1 Z 15 GWG).

Da der Anwendungsbereich des GWG auf Leitungsanlagen für Erdgas beschränkt ist, gilt das GWG nicht auch für **andere Gasleitungsanlagen (zB für Bio- und Deponiegase).** Auf zB lokale **Biogasleitungen** („Biogasnetze") findet daher nicht das GWG, sondern – abhängig vom Betriebsdruck (unter oder über 0,5 bar Überdruck) und dem Standort der Leitungen (innerhalb oder außerhalb gew Betriebsstätten) – entweder das gew BA-Recht (§§ 74 ff GewO) oder das RohrleitungsG (s Rz 317) Anwendung.

Ausgenommen vom Anwendungsbereich des GWG sind neben den (dem MinroG unterliegenden) Erdgaserzeugungsanlagen (§ 3 Abs 2 Z 1 GWG), den Ergasleitungsanlagen vorgelagerten Anlagen (§ 7 Abs 1 Z 15 iVm Z 77 GWG), den Leitungsanlagen ab dem Ende des Hausanschlusses des Endverbrauchers (§ 3 Abs 2 Z 3 GWG) namentlich auch **Erdgasleitungsanlagen von gew BA,** die einen Bestandteil der gew BA bilden und sich innerhalb des Betriebsgeländes befinden (§ 3 Abs 2 Z 2 GWG). Unter diese Ausnahme fallen auch Erdgasleitungsanlagen von Unternehmen, die an sich **keine gew Tätigkeiten** (iSd GewO) ausüben, auf deren Anlagen aber das **gew BA-Recht (§§ 74 ff GewO) anzuwenden** ist: zB BA land- und forstwirtschaftlicher Nebengewerbe (§ 2 Abs 5 GewO), BA land- und forstwirtschaftlicher Erwerbs- und Wirtschaftsgenossenschaften (§ 2 Abs 8 GewO) oder BA von (Bundes-)Monopol- und Regalienunternehmen (§ 2 Abs 12 GewO; vgl *Grabler/Stolzlechner/Wendl*, GewO[3] § 2 Rz 99 und 103; *Pauger*, Gaswirtschaftsrecht 37).

Für **Erdgasflächenversorgungsleitungsnetze mit einem Druckbereich bis einschließlich 1,6 MPa** ist – unter näher bestimmten Voraussetzungen – keine gewerberechtliche BA-Genehmigung erforderlich (§ 74 Abs 7 GewO iVm § 1 Z 2 V BGBl II 1999/20 idF BGBl II 1999/149).

Ist eine gaswirtschaftsrechtliche Bewilligung erforderlich, sind Erdgasleitungsanlagen (einschließlich des Trassenverlaufes) – erforderlichenfalls unter Vorschreibung von Auflagen – zu genehmigen, wenn die sicherheitstechnischen Vorschriften eingehalten werden und ua umwelt- und nachbarliche Schutzinteressen nicht beeinträchtigt werden (§§ 153 iVm 135 GWG).

Zuständige Genehmigungsbehörde ist bei Fernleitungsanlagen (§ 7 Abs 1 Z 19 GWG) sowie Bundesländergrenzen überschreitenden Erdgasleitungsanlagen der BMWFW, bei allen sonstigen Erdgasleitungsanlagen der LH (§ 148 Abs 2 GWG).

Das Genehmigungsverfahren ist ein **Mehrparteienverfahren.** Neben dem Genehmigungswerber haben insb auch die Rechtsinhaber der betroffenen Grundstücke sowie die Nachbarn Parteistellung (§ 138 Abs 1 GWG).

12.3 Fernwärmeversorgung

12.3.1 **Gewerbsmäßig betriebene Fernwärmeunternehmen** (zB Stadtwerke) unterliegen als *freie Gewerbe* („Erzeugung und Verteilung von Wärme") der GewO (*Grabler/Stolzlechner/Wendl*, GewO[3] § 5 Rz 12). Die hierfür erforderlichen Anlagen sind grds gem §§ 74 ff GewO **gewerberechtlich genehmigungspflichtig** (vgl *Steffek* in FS Wenger 819 ff und VfSlg 10.930/1986).

In der Wärmeerzeugung in einem Kraftwerk einerseits und im Wärmetransport in einer ca 18 km langen Anlage mit verschiedenen Einspeisungsmöglichkeiten andererseits liegen **verschiedene Betriebszwecke**, die örtlich getrennt, nämlich am Standort des Kraftwerks zum Unterschied von der örtlichen Strecke des Transportweges, verfolgt werden und die sich auch in ihrer betrieblichen Bedeutung derart voneinander unterscheiden, dass von **keiner einheitlichen** (Wärmetransportleistung und Fernheizkraftwerk umfassenden) **gew BA** mehr gesprochen werden kann (VwSlg 12.759 A/1988).

Für **Fernwärmeversorgungsleitungsnetze** zur flächenmäßigen Verteilung von Fernwärme mit einer Betriebstemperatur von höchstens 180 Grad C ist jedoch – unter näher bestimmten Voraussetzungen – **keine gewerberechtliche BA-Genehmigung** erforderlich (§ 74 Abs 7 GewO iVm § 1 Z 2 V BGBl II 1999/20 idF BGBl II 1999/149).

Zur Genehmigungspflicht von **doppelfunktionalen bzw kombinierten BA** s oben 12.1.2.

12.3.2 Der Betrieb von **Biomasseanlagen (Biogasanlagen)** zur Erzeugung und Lieferung von Wärme aus Biomasse mit einer Brennstoffwärmeleistung bis 4 MW ist vom Anwendungsbereich der GewO ausgenommen, wenn er im Rahmen eines **Nebengewerbes der Land- und Fortwirtschaft** erfolgt und im betreffenden Gebiet keine leitungsgebundenen Energieträger, ausgenommen elektrische Energie, vorhanden sind (§ 2 Abs 4 Z 9 GewO). Da der Betrieb von Biomasseanlagen (Biogasanlagen) allerdings bis zum Inkrafttreten des BG BGBl I 1997/63 nicht als land- und forstwirtschaftliches Nebengewerbe anerkannt war, gelten für solche Anlagen die §§ 74 ff GewO, wenn der **Kapitaleinsatz** in diesem Zusammenhang im Vergleich zum Kapitaleinsatz im Rahmen der land- und Forstwirtschaft **unverhältnismäßig hoch** ist (§ 2 Abs 5 GewO).

13. Rohrleitungsgesetz

Rechtsquelle: RohrleitungsG BGBl 1975/411 idF BGBl I 2011/138

317

Literatur: *Freylinger*, Energieanlagenrecht, in *Holoubek/Potacs* (Hrsg), Öffentliches Wirtschaftsrecht II³ (2013) 1127 (1066); *Karbiner/Krennmayr*, Rohrleitungsrecht, in *Hauer/Nußbaumer* (Hrsg), Österreichisches Raum- und Fachplanungsrecht (2006) 293; *Onz*, Zwangsrechte für Energiewege, in *Storr/Stöger* (Hrsg), Herausforderungen für das Energierecht (2013) 41.

13.1 Bei der gewerbsmäßigen **Beförderung von Gütern in Rohrleitungen** handelt sich um eine *konzessionspflichtige* gewerbliche Tätigkeit, für die die **sondergewerberechtlichen Berufs- und Anlagenvorschriften** des RohrleitungsG gelten (§§ 1, 3 Abs 1 RohrleitungsG). Soweit das RohrleitungsG keine besonderen Regelungen beinhaltet, gelten subsidiär die Bestimmungen der GewO einschließlich der §§ 74 ff GewO (§ 1 Abs 4 RohrleitungsG; vgl dazu VwGH 25. 6. 2002, 2002/03/0136).

Ausgenommen vom Geltungsbereich des RohrleitungsG sind gem § 1 Abs 1 und 2 RohrleitungsG Wasserleitungen (zB auch Fernwärmeversorgungsleitungen; s Rz 316, 12.3), Leitungen für brennbare Gase mit einem Betriebsdruck von unter 0,5 bar Überdruck (zB Biogasnetze; s Rz 316, 12.2.2), **Leitungen innerhalb gew Betriebsstätten, auf die die §§ 74 ff GewO anzuwenden** sind, sowie Leitungen, die den bergrechtlichen Vorschriften unterliegen. Erdgasleitungsanlagen unterliegen dem Anlagenrecht des GWG (§§ 31, 44 ff GWG; s Rz 314, 10.2).

Der in der Praxis wichtigste Anwendungsfall des RohrleitungsG ist heute die Beförderung von **Mineralöl** in Pipelines.

13.2 Die Errichtung (Änderung, Erweiterung) und Inbetriebnahme einer **Rohrleitungsanlage** ist genehmigungspflichtig (§ 17 RohrleitungsG).

Unter *„Rohrleitungsanlagen"* sind Einrichtungen zu verstehen, welche das zu befördernde Gut allseits umschließen und als Transportweg für dieses Gut dienen; ferner alle mit dem

Betrieb der Rohrleitung örtlich verbundenen Baulichkeiten und technischen Einrichtungen, welche ausschließlich für die Beförderung von Gütern in Rohrleitungen dienen. Dazu zählen auch alle mit dem Betrieb der Rohrleitungsanlage örtlich verbundenen Baulichkeiten und technische Einrichtungen (zB Abgabestellen, Lagerstätten, Verteilungsanlagen – § 2 Abs 1 RohrleitungsG).

Die Genehmigung ist – erforderlichenfalls unter Vorschreibung von Auflagen – zu erteilen, wenn die Sicherheit der Anlage sowie der Schutz von Menschen (Nachbarn) und der Umwelt (zB Gewässer, Luft) gewährleistet sind (§ 20 RohrleitungsG). Nach Fertigstellung der Anlage muss die tatsächliche Inbetriebnahme der Rohrleitungsanlage der Behörde angezeigt werden (§ 21 Abs 1 RohrleitungsG). Spätestens zu diesem Zeitpunkt ist auch der Abschluss einer Haftpflichtversicherung nachzuweisen (§§ 13, 21 Abs 1 RohrleitungsG; s dazu Lexikon „Haftpflichtversicherung" Rz 70). Die Behörde ist verpflichtet, binnen eines Jahres die Übereinstimmung der in Betrieb genommenen Rohrleitungsanlage mit dem Genehmigungsbescheid zu überprüfen (§ 21 Abs 2 RohrleitungsG).

Rohrleitungen unterliegen einer behördlichen Aufsicht (§ 38 RohrleitungsG). Die **nachträgliche Vorschreibung weiterer** oder **anderer Auflagen** ist zulässig. Die Auflagen müssen grds wirtschaftlich zumutbar sein, es sei denn, solche Auflagen dienen zur Vermeidung von Gefährdungen des Lebens oder der Gesundheit von Menschen, einer erheblichen Verunreinigung der ober- und unterirdischen Gewässer und der Luft (§ 22 RohrleitungsG).

Zuständige Genehmigungsbehörde ist jeweils der LH, bei länderübergreifenden Leitungen der BMVIT (§ 39 RohrleitungsG).

Das Rohrleitungsbewilligungsverfahren ist – wie das BA-Genehmigungsverfahren – ein **Mehrparteienverfahren.** Parteistellung haben neben dem Antragsteller die in § 18 Abs 2 Z 3 bis 7 RohrleitungsG aufgezählten Personen (zB Grundeigentümer, Wasserberechtigte Bergbauberechtigte) sowie Nachbarn (§ 23 RohrleitungsG). Die Nachbareigenschaft ist am Maßstab des § 75 Abs 2 und 3 GewO zu beurteilen (VwGH 27. 6. 1980, 2801/78).

13.3 Vorhaben, die aufgrund der Lage, Gefährlichkeit oder des Verwendungszwecks zu einer **Beeinträchtigung der Sicherheit** einer Rohrleitungsanlage führen können, sind genehmigungspflichtig (§ 30 Abs 1 RohrleitungsG). Handelt es sich bei dem Vorhaben um eine **genehmigungspflichtige gew BA,** entfällt das Erfordernis einer *gesonderten* Genehmigung durch den LH. Die Genehmigung ist von der Gewerbebehörde im konzentrierten BA-Verfahren gem § 356 b GewO zu erteilen (s dazu *Giese*, Sonstige Genehmigungsvoraussetzungen im Rahmen der Verfahrens- und Entscheidungskonzentration Rz 236).

14. Kesselgesetz

318   **Rechtsquellen:** KesselG BGBl 1992/211 idF BGBl I 2012/28; DruckgeräteüberwachungsV (DGÜW-V) BGBl II 2004/420; 2. Druckgeräte-VerbotsV BGBl II 2007/96.

Während das EG-K Emissionen von Dampfkesselanlagen regelt (s dazu Rz 307, 3.1), enthalten das KesselG und die DGÜW-V Bestimmungen über die **technische Sicherheit von Dampfkesseln** (Druckbehälter, Rohrleitungen). In diesem Zusammenhang sind insb

Erst- (§ 11 KesselG), Erstbetriebs- (§§ 12 f KesselG) sowie wiederkehrende Betriebsprüfungen (§ 15 KesselG) durch beauftragte Prüfstellen (§§ 20 ff KesselG) vorgesehen. Die Einhaltung der gesetzlichen Bestimmungen ist behördlich zu kontrollieren (§ 15 Abs 7 KesselG). Zuständige Behörde ist bei Dampfkesseln (und anderen Druckgeräten), die als **Teil einer gew BA** auch den §§ 74 ff GewO unterliegen, die Gewerbebehörde (§ 32 KesselG; s dazu auch Lexikon „Behörden/Verwaltungsgerichte" Rz 21 und „Zuständigkeit" Rz 164).

15. Mineralrohstoffgesetz

Rechtsquellen: MinroG BGBl I 1999/38 idF BGBl I 2015/80; V über Sicherheitsabstände zu **319** Anlagen des Kohlenwasserstoffbergbaus und zu Anlagen für vergleichbare Tätigkeiten BGBl II 2006/56.

Literatur: *Donninger,* Raumwirkungen des Mineralrohstoffgesetzes, in *Hauer/Nußbaumer* (Hrsg), Österreichisches Raum- und Fachplanungsrecht (2006) 243; *Mihatsch,* MinroG[3] (2007); *Pürgy,* Die anlagenrechtlichen Aspekte im Mineralrohstoffrecht, in *N. Raschauer/Wessely* (Hrsg), Handbuch Umweltrecht[2] (2010) 409; *Rill/Madner,* Bergwesen, Angelegenheiten des Gewerbes und der Industrie und die Raumplanungskompetenz der Länder, ZfV 1996, 209; *Wessely,* Mineralrohstoffgesetz, in *Alterburger/N. Raschauer* (Hrsg) Kommentar Umweltrecht (2013); *Winkler,* Mineralrohstoffrecht (ohne Anlagenrecht), in *Holoubek/Potacs* (Hrsg), Öffentliches Wirtschaftsrecht I[3] (2013) 493; *Winkler,* Bergbauanlagenrecht, in *Holoubek/Potacs* (Hrsg), Öffentliches Wirtschaftsrecht II[3] (2013) 1085.

15.1 Der **Bergbau** ist von der GewO (einschließlich der §§ 74 ff GewO) ausgenommen, soweit er den bergrechtlichen Vorschriften unterliegt (§ 2 Abs 1 Z 6 iVm Abs 10 GewO).

Zum *„Bergbau"* zählen nach dem MinroG bestimmte Tätigkeiten des **Aufsuchens, Gewinnens, Speicherns** sowie **Aufbereitens von mineralischen Rohstoffen** (§ 2 Abs 1 MinroG).
Als *„mineralische Rohstoffe"* gelten natürlich vorkommende Minerale und Mineralgemenge (zB Eisen, Silber, Gips, näher bestimmter Kalkstein, Graphit, Diabas, Quarzsand), Kohle sowie Kohlenwasserstoffe, wie zB Erdöl, Erdgas (§ 1 Z 8 iVm §§ 3 ff MinroG).
Darüber hinaus gelten zahlreiche Bestimmungen des MinroG auch für die **bergbautechnischen Aspekte von anderen Tätigkeiten** (zB der Suche, Erforschung, Gewinnung von geothermischer Energie – vgl § 2 Abs 2–4 MinroG sowie *Winkler* in *Holoubek/Potacs,* Öffentliches Wirtschaftsrecht I[3] 535 ff).

Unter **„Aufbereitung"** iSd MinroG ist die Verarbeitung von mineralischen Rohstoffen zu verkaufsfähigen Mineralprodukten mittels physikalischer, physikalisch-chemischer und/oder chemischer Verfahren (zB Zerkleinern, Anreichern, Entwässern, Stückigmachen) zu verstehen (§ 1 Z 3 MinroG). Stehen Aufbereitungstätigkeiten in **keinem unmittelbaren „betrieblichen",** dh technisch, räumlichen **Zusammenhang** mit dem Aufsuchen und Gewinnen (§ 2 Abs 1 Z 2 MinroG) oder werden über die Aufbereitung **hinausgehende Verarbeitungen** (zB Veredelungs- und Weiterverarbeitungstätigkeiten) durchgeführt (*Grabler/Stolzlechner/Wendl,* GewO[3] § 2 Rz 159), handelt es sich bereits um der GewO (und den §§ 74 ff GewO) unterliegende **gew Tätigkeiten** (s unten 15.2). Das gilt weiters auch im Fall, dass die Aufbereitung im betrieblichen Zusammenhang nicht durch den Bergbauberechtigten selbst, sondern durch einen Dritten erfolgt (*Winkler* in *Holoubek/Potacs,* Öffentliches Wirtschaftsrecht II[3] 499).

In der Praxis werden zB die in der Beton- oder Asphalterzeugung nach dem Waschen, Brechen und Klassieren eingesetzten *Beton-* und *Asphaltmischanlagen* (einschließlich der Aufgabetrichter) als gew BA qualifiziert; dasselbe gilt für *Mischanlagen* (oder *Drehrohröfen*) *zur Zementklinkererzeugung.*

15.2 Unter einer **Bergbauanlage** ist jedes für sich bestehende, örtlich gebundene und künstlich geschaffene Objekt zu verstehen, in dem Aufsuchungs-, Gewinnungs-, Speicher- und Aufbereitungstätigkeiten ausgeübt werden (§ 118 MinroG). Bewilligungspflichtig sind **obertägige Bergbauanlagen** sowie den Zwecken des Bergbaus dienende **Stollen, Schächte, Bohrungen ab 300 m Tiefe** (§ 119 Abs 1 MinroG). Bewilligungsfähig sind solche Anlagen, wenn – im Wesentlichen – nach dem besten Stand der Technik (§ 109 Abs 3 MinroG iVm § 71a Abs 1 GewO) vermeidbare Emissionen unterbleiben und keine Gefährdung von Menschen und fremden Sachen oder unzumutbare Belästigungen von Personen oder Beeinträchtigungen der Umwelt und von Gewässern zu erwarten sind (§ 119 Abs 3 MinroG; vgl bzgl Abfallentsorgungsanlagen § 119a und für IPPC-Anlagen auch § 121a MinroG).

Werden in bergrechtlich bewilligten Bergbauanlagen **auch gew Tätigkeiten** ausgeübt, die mit den Bergbautätigkeiten in wirtschaftlichem und fachlichem Zusammenhang stehen **(kombinierte Anlagen),** ist keine zusätzliche gewerberechtliche BA-Genehmigung erforderlich, wenn der **(Gesamt-)Charakter der Anlage als Bergbauanlage** gewahrt bleibt (§ 74 Abs 4 GewO). Wird der (Gesamt-)Charakter zu einem späteren Zeitpunkt geändert, ist diese Änderung der MinroG-Behörde (§§ 170, 171 MinroG) und der Gewerbebehörde (s Lexikon „Behörden/Verwaltungsgerichte" Rz 21 und „Zuständigkeit" Rz 164) anzuzeigen. Ab dem Einlangen dieser Anzeige bei der Gewerbebehörde gilt die nach dem MinroG erteilte Anlagenbewilligung *ex lege* als **gewerberechtliche BA-Genehmigung** (iSd § 74 Abs 2 GewO). Die Gewerbebehörde ist ab diesem Zeitpunkt ermächtigt, zB nachträgliche Auflagen gem §§ 79, 79a GewO vorzuschreiben (s dazu *Stolzlechner,* Die Genehmigungspflicht der Betriebsanlage Rz 204, 7.2).

Eine **kombinierte Anlage** setzt voraus, dass in der Anlage eine **gänzlich dem MinroG unterliegende Tätigkeit** erfolgt (arg „*Bergbauanlagen*"). Wenn nur einzelne Verarbeitungsschritte dem MinroG unterliegen, der Produktionsprozess als einheitlicher Vorgang insgesamt aber dem (End-) Ziel der Gewinnung eines gewerblichen Endproduktes (zB Heißasphalt) dient, handelt es sich um keine kombinierte Anlage iSd § 74 Abs 4 GewO, sondern um eine **gew BA.** Eine kombinierte Anlage erfordert, dass in derselben Anlage zumindest wesentliche Teile der in den einzelnen Verarbeitungsschritten gewonnenen Produkte einem **selbständigen Schicksal** (= getrennter Verkauf) zugeführt werden und diese Verarbeitungstätigkeit (Aufbereitung) sich im Rahmen des MinroG hält (vgl dazu VwGH 24. 6. 1998, 97/04/0225 sowie *Winkler,* in *Holoubek/Potacs,* Öffentliches Wirtschaftsrecht II[3] 1089).

15.3 In **Bergbaugebieten** ist die Errichtung (wesentliche Erweiterung, Veränderung) von **bergbaufremden Bauten** und **Anlagen** (also auch von **gew BA**) bewilligungspflichtig. Die beantragte Ausnahmebewilligung gilt als erteilt, wenn sie nicht binnen drei Monaten (oder innerhalb einer behördlich festgelegten Frist) versagt wird. Die Versagung hat zu erfolgen, wenn die Gewinnungs- oder Speichertätigkeit verhindert oder erheblich erschwert wird, eine wesentliche Veränderung des geplanten Baus (Anlage) durch Bodenverformungen nicht ausgeschlossen werden kann oder ein möglichst vollständiger Abbau des Vorkommens nicht mehr möglich ist (§§ 153, 156 MinroG).

Die Bewilligung bergbaufremder Anlagen (§ 156 MinroG) tritt zu den nach anderen gesetzlichen Bestimmungen erforderlichen Bewilligungen hinzu und verdrängt diese daher nicht (VwGH 16. 12. 1999, 99/07/0087).

Der BMWFW kann durch V für einzelne Bergbaugebiete festsetzen, dass keine Bewilligungen gem § 153 MinroG erforderlich sind (§ 156 Abs 5 MinroG).

Bezüglich **Anlagen des Kohlenwasserstoffbergbaus** gelten besondere, im Verordnungsweg festgelegte **Sicherheitsabstände** (§ 181 Abs 1 MinroG; §§ 1 ff V über Sicherheitsabstände zu Anlagen des Kohlenwasserstoffbergbaus und zu Anlagen für vergleichbare Tätigkeiten). Ausnahmebewilligungen sind in diesem Fall beim BMWFW zu beantragen.

Sachlich zuständig zur Erteilung von Ausnahmebewilligungen sind – nach hM auch bezüglich **gew BA** (kritisch *Giese,* Sonstige Genehmigungsvoraussetzungen im Rahmen der Verfahrens- und Entscheidungskonzentration Rz 333, 1.2) – die MinroG-Behörden. Es wird dabei differenziert nach der Art des Bergbaus (zB obertägige Gewinnung grundeigener mineralischer Rohstoffe) und seinem räumlichen Umfang (§§ 170, 171 MinroG; vgl dazu *Mihatsch,* MinroG[3] § 171 Rz 1).

16. Straßenrecht

Rechtsquellen: BundesstraßenG (BStG) BGBl 1971/286 idF BGBl I 2013/96; Landesstra- **320** ßenG: Burgenland: Bgld StG 2005 LGBl 2005/79 idF 2013/79, Kärnten: Krnt StrG 1991 LGBl 1991/72 idF 2013/85; Niederösterreich: NÖ StrG 1999 LGBl 8500 – 0 idF LGBl 8500 – 3; Oberösterreich: OÖ StrG 1991 LGBl 1991/84 idF 2013/90; Salzburg: Sbg LStG 1972 LGBl 1972/119 idF 2005/58; Steiermark: Stmk LStVG 1964 LGBl 1964/154 idF 2013/87; Tirol: Tir StrG 1988 LGBl 1989/13 idF 2014/187; Vorarlberg: Vlbg StrG LGBl 2012/79 idF 2014/58.

Literatur: *Demmelbauer,* Die Verkehrsinteressen im Betriebsanlagenrecht nach der Gewerbeordnung, ÖGZ 1975; *Hauenschild,* Übertragung der ehemaligen Bundesstraßen B auf die Länder, ZVR 2003, 380; *Rill,* Betriebe an Bundesautobahnen und Bundesschnellstraßen im Spannungsfeld zwischen Bundesstraßenrecht und Landesraumplanungsrecht, ZfV 1980, 100; *Wessely,* Zur Bewilligungspflicht gemäß § 21 BStG nach der Bundesstraßengesetz-Novelle 1996, ZfV 1997, 580.

Die Gewerbebehörden sind verpflichtet, von gew BA verursachte wesentliche Beeinträchtigungen der **Sicherheit, Leichtigkeit und Flüssigkeit des Verkehrs** an oder auf **Straßen mit öffentlichem Verkehr** (§ 74 Abs 2 Z 4 GewO – s dazu Lexikon „Leichtigkeit des Verkehrs" Rz 122 und „Straßen mit öffentlichem Verkehr" Rz 129) auf ein zumutbares Maß zu beschränken (§ 77 Abs 1 GewO).

Zur Zurechenbarkeit von Beeinträchtigungen des öffentlichen Verkehrs s *Paliege-Barfuß,* Der Begriff der Betriebsanlage Rz 195, 5.1.

Beim Tatbestandsmerkmal einer **„wesentlichen Beeinträchtigung"** der Sicherheit, Leichtigkeit und Flüssigkeit des Verkehrs handelt es sich um einen unbestimmten Gesetzesbegriff. Bei der Beantwortung der Frage, ob das Tatbestandsmerkmal erfüllt ist, muss – da im Regelungsbereich der GewO nicht Verkehrsvorgänge als solche zu regeln sind – jeweils auf konkrete Gegebenheiten der gew BA sowie auf die damit im örtlichen Zusammenhang vorgefundenen, den Verkehrsablauf bestimmenden Umstände abgestellt werden (VwGH 19. 6. 1990, 89/04/0277).

Auflagen, die auf eine Anordnung *straßenpolizeilicher* Maßnahmen auf öffentlichen Verkehrsflächen abzielen, sind nicht zulässig (VwGH 12.11 1996, 94/04/0266).

Daneben können kumulativ folgende – auch der Sicherheit, Leichtigkeit und Flüssigkeit des Verkehrs dienende – **straßenbautechnische Vorschriften** nach dem BStG oder den LStG Bedeutung erlangen:

16.1 Die Errichtung von **Anlagen** (daher auch von **gew BA**) **im Bauverbotsbereich von Bundesautobahnen** (40 m) und **Bundesschnellstraßen** (25 m) erfordert eine **privatrechtliche Zustimmung** der Bundesstraßenverwaltung (vgl § 21 Abs 1 und 2 BStG). Wird diese Zustimmung nicht binnen sechs Wochen nach Einlangen des Antrags erteilt, hat auf Antrag die Straßenbehörde (§ 32 lit a BStG), im Fall von gew BA die Gewerbebehörde im **konzentrierten BA-Genehmigungsverfahren** zu entscheiden (§ 356 b Abs 1 GewO; s dazu *Giese,* Sonstige Genehmigungsvoraussetzungen im Rahmen der Verfahrens- und Entscheidungskonzentration Rz 237).

Vergleichbare Bestimmungen zu Bauverbotsbereichen finden sich für Landesstraßen in den Landes-StrG (zB § 18 Abs 1 OÖ StG [8 m], § 25 Abs 2 Sbg LStG [12 m]).

16.2 Straßenanschlüsse („Zu- und Abfahrten") **von gew BA** an Landes-, ehemalige Bundesstraßen B (s *Hauenschild,* ZVR 2003, 380) sowie Gemeindestraßen bedürfen idR einer **privatrechtlichen Zustimmung** der Landes- bzw Gemeindestraßenverwaltung (zB § 20 OÖ StrG, § 25 a Stmk LStVG). Diese Zustimmung ist zu erteilen, wenn durch die Anschlüsse die Benützbarkeit und Leistungsfähigkeit der Straße (auch im Hinblick auf künftige Verkehrsentwicklungen) nicht beeinträchtigt werden. Wird die Zustimmung verweigert, entscheidet über die Zulässigkeit des Anschlusses auf Antrag die zuständige Straßenbehörde mit **Bescheid.** In diesem Verfahren kommt der Straßenverwaltung, an deren Verkehrsfläche der Anschluss erfolgen soll, Parteistellung zu.

16.3 Die Errichtung (Änderung) von den Verkehrsteilnehmern dienenden **gew BA an Bundesautobahnen und Bundesschnellstraßen** (zB Tankstellen, Raststätten) ist nur mit **privatrechtlicher Zustimmung** der Bundesstraßenverwaltung zulässig (§ 27 Abs 1 BStG).

Zu- und Abfahrten zu und von einzelnen Grundstücken dieser Betriebe sind unzulässig.
    Im Bereich dieser Betriebe sind Anschlüsse zum übrigen Straßennetz zulässig, sofern sie keine Verbindung mit der Bundesstraße ermöglichen (§ 27 Abs 2 BStG).

17. Eisenbahnrecht

321   **Rechtsquelle:** Eisenbahngesetz (EisbG) BGBl 1957/60 idF BGBl I 2015/61.

Literatur: *Catharin/Gürtlich,* Eisenbahngesetz[2] (2010); *Hofmann,* Die Rechtsstellung bei Hochbauten nach dem Eisenbahngesetz, ZVR 1983, 65; *Kühne/Hofmann/Nugent,* Eisenbahnenteignungsgesetz und Eisenbahngesetz (1982); *Liebmann,* EisbG[3] (2014); *Netzer,* Eisenbahngesetz, in *Altenburger/N. Raschauer* (Hrsg), Umweltrecht Kommentar (2013) 231; *Zeleny,* Eisenbahnplanungs- und -baurecht (1994).

17.1 Die Bestimmungen der GewO (einschließlich der §§ 74 ff GewO) finden auf den Betrieb von **Eisenbahnunternehmen** sowie damit zusammenhängende **Hilfseinrichtungen** und **Hilfstätigkeiten** keine Anwendung (§ 2 Abs 1 Z 15 GewO). Auch **Anschlussbahnen** (iSd § 7 EisbG), die den Verkehr eines Unternehmens mit dem öffentlichen Eisenbahnnetz verbinden, unterliegen ausschließlich den eisenbahnrechtlichen Vorschriften; sie bedürfen einer Genehmigung (§ 17 EisbG) durch die BVB (§ 12 EisbG).

Der Betrieb eines „*Eisenbahnunternehmens*" umfasst alles, was zum Betrieb der Eisenbahn und für die Bedürfnisse dieses Betriebes bestimmt ist (VwGH Budw 2450 A/1904).

Als „*Hilfseinrichtungen*" gelten Einrichtungen gem § 18 Abs 4 EisbG wie zB Schottergewinnungsanlagen, Schwellentränkanstalten, Reparaturwerkstätten, Übernachtungsmöglichkeiten für Bahnpersonal (*Catharin/Gürtlich*, Eisenbahngesetz[2] 347 mwH). Es muss sich dabei um **bahneigene Einrichtungen** handeln. Bei einer **von Dritten betriebenen** Sand- und Schottergewinnungsanlage auf dem Eisenbahngrundstück handelt es sich selbst dann um eine genehmigungspflichtige gew BA (§§ 74 ff GewO), wenn der eisenbahnfremde Gewerbeinhaber das gewonnene Material an das Eisenbahnunternehmen zur weiteren freien Verwendung liefert (VwSlg 11.771/1985).

Zu „*Hilfstätigkeiten*" zählen alle Arbeiten, die dem Bau, Betrieb und Verkehr einer Eisenbahn dienen (vgl § 18 Abs 4 EisbG), wie zB Beschotterungs-, Gleisverlegungs- sowie alle sonstigen Bahnerhaltungsarbeiten, Reinigungs- und Instandhaltungsarbeiten, wie zB Anstricharbeiten (*Catharin/Gürtlich*, Eisenbahngesetz[2] 347 mwH).

Anderes gilt für **Materialbahnen ohne beschränkt-öffentlichen Verkehr,** die im Rahmen von **gew BA** betrieben werden. Auf diese *innerbetrieblichen* Bahnen sind ausschließlich die Bestimmungen der §§ 74 ff GewO anzuwenden, weil sie gem § 8 Abs 2 EisbG vom Anwendungsbereich des EisbG ausgenommen sind.

Im Schrifttum wird zT die Ansicht vertreten, dass bei einem **Werks-** bzw **erweiterten Werksverkehr** (§ 17 b EisbG) die materiellrechtlichen Bestimmungen des EisbG im gewerberechtlichen BA-Genehmigungsverfahren mitanzuwenden wären (*Catharin/Gürtlich*, Eisenbahngesetz[2] 291 mwH).

17.2 Nicht ausgenommen von der GewO sind auf Bahngrund befindliche Gewerbebetriebe, die zur Deckung von Bedürfnissen der Bahnbenützer dienen (zB in Bahnhöfen: Gastgewerbe, Kioske, Lebensmittelmärkte). Auf solche **gew Nebenbetriebe im Eisenbahnbereich** finden die §§ 74 ff GewO Anwendung.

17.3 Die Errichtung von **eisenbahnfremden Anlagen in Bauverbots-** und **Gefährdungsbereichen** von Eisenbahnen erfordert eine **privatrechtliche Zustimmung** des Eisenbahnunternehmens oder eine **(eisenbahn-)behördliche Ausnahmebewilligung** (§§ 42, 43 EisbG). Im Fall von **gew BA** ist die Ausnahme von der Gewerbebehörde im konzentrierten BA-Genehmigungsverfahren zu bewilligen (§ 356 b Abs 1 GewO; s dazu *Giese*, Sonstige Genehmigungsvoraussetzungen im Rahmen der Verfahrens- und Entscheidungskonzentration Rz 238).

18. Seilbahngesetz

Rechtsquellen: Seilbahngesetz 2003 (SeilbG) BGBl I 2003/103 idF BGBl I 2012/40; SchleppV BGBl II 2004/464 idF BGBl II 2013/364; Verordnung über genehmigungsfreie Bauvorhaben bei Seilbahnen (VgBSeil) BGBl II 2006/287 idF BGBl II 2011/412. **322**

Literatur: *Haidlen*, Das österreichische Seilbahnrecht (2007); *Morscher/Christ*, Das neue SeilbG 2003, ZVR 2004, 343; *Schnorr*, Das österreichische Seilbahnrecht (2013).

18.1 Die Bestimmungen der GewO (einschließlich der §§ 74 ff GewO) finden auf den Betrieb von **Seilbahnen** (iSd § 2 SeilbG) keine Anwendung (§ 2 Abs 1 Z 15 GewO).

Als „*Seilbahnen*" gelten ua auch **Schlepplifte,** bei denen mit Skiern oder anderen Sportgeräten auf dem Boden gleitenden oder fahrenden Personen durch ein Seil bewegt werden (§ 2 Z 3 SeilbG).

Für die Errichtung (Änderung) von Seilbahnen sowie deren Betrieb ist gem §§ 16 ff und 110 SeilbG eine seilbahnrechtliche Genehmigung des LH erforderlich, außer es wird – wie zB bei bestimmten Um- und Zubauten – vom Erfordernis einer seilbahnrechtlichen Baugenehmigung und Betriebsbewilligung ausdrücklich abgesehen (§ 18 Abs 2 SeilbG iVm §§ 1 ff VgBSeil).

18.2 Auf Seilbahnen, die vom SeilbG ausgenommen sind (§ 3 SeilbG), sind die §§ 74 ff GewO anzuwenden. Das gilt zB für **Materialseilbahnen** und **Materialseilbahnen mit Werksverkehr oder beschränkt-öffentlichem Verkehr,** sofern diese Bestandteil eines gewerblichen Betriebes sind (§ 3 Z 2 SeilbG).

Der „*Werksverkehr*" umfasst die unentgeltliche Beförderung von Bediensteten sowie von Personen, die das Seilbahnunternehmen oder die durch dieses beauftragten Personen im Zusammenhang mit dem Betrieb des Unternehmens zu sich kommen lassen oder deren Beförderung aus öffentlichen Interessen geboten erscheint, sofern es sich nicht um Gäste von *Gastgewerbebetrieben* handelt (§ 6 Abs 2 SeilbG).
Der „*beschränkt öffentliche Verkehr*" umfasst neben dem Werksverkehr auch die Beförderung von anderen Personen (ohne Betriebs- und Beförderungspflicht), sofern der Umfang dieser Beförderung in einer den allgemeinen Verkehr ausschließenden Weise abgegrenzt werden kann. Ein Entgelt für die Beförderung kann eingehoben werden (§ 6 Abs 3 SeilbG).

Auch **nicht öffentliche Schlittenlifte, Rückholanlagen von Sommerrodelbahnen** oder **ähnliche Freizeiteinrichtungen** sind vom SeilbG ausgenommen, sofern diese nicht zumindest zeitweise über diesen Beförderungszweck hinaus auch als öffentliche Seilbahnen oder als Schlepplifte betrieben werden (§ 3 Z 7 SeilbG).

18.3 Die Errichtung von **seilbahnfremden Anlagen in den Bauverbots-** und **Gefährdungsbereichen** von Seilbahnen erfordert eine **privatrechtliche Zustimmung** des Seilbahnunternehmens oder eine **(seilbahn-)behördliche Ausnahmebewilligung** (§§ 54, 56 SeilbG). Im Fall von **gew BA** ist die Ausnahme von der Gewerbebehörde im konzentrierten BA-Genehmigungsverfahren zu bewilligen (§ 356 b Abs 1 GewO; s dazu *Giese,* Sonstige Genehmigungsvoraussetzungen im Rahmen der Verfahrens- und Entscheidungskonzentration Rz 239).

19. Luftfahrtrecht

323   **Rechtsquelle:** Luftfahrtsgesetz (LFG) BGBl 1957/252 idF BGBl I 2015/61.

Literatur: *Bauer/Lichtl,* Österreichisches Luftfahrtrecht (Loseblattwerk); *A. Hauer,* Luftfahrtsanlagen im Raum, in *Hauer/Nußbaumer* (Hrsg), Österreichisches Raum- und Fachplanungsrecht (2006) 375; *Nonnenmacher,* Luftverkehrsunternehmen, in *Stolzlechner* (Hrsg), Recht der Verkehrsgewerbe (2002) 138.

19.1 Die Bestimmungen der GewO (einschließlich der §§ 74 ff GewO) finden auf den Betrieb von **Luftbeförderungsunternehmen** (§ 101 LFG), **Luftfahrzeugs-Vermietungsunternehmen** (§ 116 LFG), **Zivilflugplatzunternehmen** (§§ 63 ff LFG) sowie **Hilfsbetrieben der Luftbeförderungs- und Zivilflugplatzunternehmen** (§§ 75, 103 LFG) keine Anwendung (§ 2 Abs 1 Z 16 GewO); dasselbe gilt für den Betrieb von **Zivilluftfahrtschulen** (§ 2 Abs 1 Z 12 GewO; §§ 44 ff LFG).

Der Begriff *„Luftbeförderungsunternehmen"* in § 2 Abs 1 Z 16 GewO ist entstehungszeitlich zu interpretieren und umfasst **Luftfahrts-** und **Luftbeförderungsunternehmen** iSd § 101 LFG (= **„Luftverkehrsunternehmen"**).

„Luftfahrtsunternehmen" sind Unternehmen zur Beförderung von Personen und Sachen im gewerblichen Luftverkehr mit Luftfahrzeugen (§ 101 Z 1 LFG). Bei *„Luftbeförderungsunternehmen"* (§ 101 Z 2 LFG) bestehen Einschränkungen bezüglich Luftfahrzeuge (Luftfahrzeuge ohne Motorantrieb, wie zB Ballone, Segelflugzeuge) und Beförderungsbefugnisse (zB Rundflüge).

Unter *„Hilfsbetrieben"* der Luftverkehrs- (iwS des § 103 Abs 1 LFG) und Zivilflugplatzunternehmen sind jene Betriebe zu verstehen, die unmittelbar und ausschließlich den **Verkehrsaufgaben** des betreffenden Unternehmens (des Zivilflugplatzes) dienen (§ 75 Abs 1, § 103 Abs 1 LFG – zB Flugzeughallen, Flugkontrolleinrichtungen, eigenbetriebene Tankstellen zum Betanken von Flugzeugen oder Bodenfahrzeugen, Wartungs- und Reparaturwerkstätten).

Nicht ausgenommen von §§ 74 ff GewO sind **Hilfsbetriebe von Luftfahrzeugs-Vermietungsunternehmen** und **Zivilluftfahrtschulen** sowie **gew Nebenbetriebe im Flughafenbereich** (wie zB Gastgewerbebetriebe, Handelsbetriebe).

19.2 Die Errichtung von **luftfahrtfremden Anlagen,** die ein **Luftfahrthindernis** bilden (§§ 85 f LFG) oder **optische oder elektronische Störwirkungen** entfalten (§ 94 LFG), erfordert eine Bewilligung der Luftfahrtbehörde (§§ 93, 94 Abs 2 LFG). Im Fall von **gew BA** ist diese Bewilligung von der Gewerbebehörde im konzentrierten BA-Genehmigungsverfahren zu erteilen (§ 356 b Abs 1 GewO; s dazu *Giese,* Sonstige Genehmigungsvoraussetzungen im Rahmen der Verfahrens- und Entscheidungskonzentration Rz 240).

20. Schifffahrtsrecht

Rechtsquelle: Schifffahrtsgesetz (SchFG) BGBl 1997/62 idF BGBl I 2015/161.

324

Literatur: *Muzak,* Österreichisches, europäisches und internationales Binnenschifffahrtsrecht (2004); *Possler,* Binnenschifffahrtsunternehmen, in *Stolzlechner* (Hrsg), Recht der Verkehrsgewerbe (2002) 171; *Resch/Pürgy,* Verkehrsrecht, in *Holoubek/Potacs* (Hrsg), Öffentliches Wirtschaftsrecht I[3] (2013) 896 (971).

20.1 Die Bestimmungen der GewO finden auf den Betrieb von **Schifffahrts-** und **Fährunternehmen mit Wasserfahrzeugen** (§ 2 Abs 1 Z 15 GewO) sowie **Schiffsführerschulen** (§ 2 Abs 1 Z 12 GewO) keine Anwendung. Ausgenommen von den §§ 74 ff GewO sind nur die im Rahmen des Schifffahrts- und Fährbetriebes verwendeten **Schifffahrtsanlagen,** wie zB Häfen, Länden, Fähranlagen, Schiffumschlagsanlagen, Sportanlagen (§ 2 Z 19 SchFG), nicht aber auch **Anlagen an Land,** die nur mittelbar Schifffahrtszwecken dienen (§ 2 Z 19 SchFG – zB Tanklager, Lagerhaus, Werkstätte). Auch auf **gew Nebentätigkeiten auf Schiffen** (zB in Form eines Schiffrestaurants, -buffets – vgl *Muzak,* Binnenschifffahrtsrecht 127) findet die GewO (einschließlich der §§ 74 ff) Anwendung.

Im **internationalen Schifffahrtsverkehr** können sich – im Falle der Gegenseitigkeit – für **gew Nebentätigkeiten auf Wasserfahrzeugen ausländischer Schifffahrtsunternehmen** Ausnahmen ergeben (vgl dazu § 2 Abs 1 Z 15 GewO sowie *Grabler/Stolzlechner/Wendl*, GewO³ § 2 Rz 76).

20.2 Schifffahrtsanlagen (zB Häfen) können auch von anderen Unternehmen als Schifffahrts- und Fährunternehmen betrieben werden. Erfolgt die Errichtung (Änderung, Wiederverwendung) einer Schifffahrtsanlage **im Rahmen gew Tätigkeiten** (§ 1 GewO), ist bei Eignung der Anlage, die in § 74 Abs 2 GewO umschriebenen Schutzgüter zu gefährden, eine **gewerberechtliche BA-Genehmigung** erforderlich. In diesem Fall kann die *gesonderte* schifffahrtsanlagenrechtliche Bewilligung gem § 47 Abs 1 SchFG entfallen. Die Gewerbebehörde hat die schifffahrtsanlagenrechtlichen Bestimmungen im **konzentrierten gewerberechtlichen BA-Genehmigungsverfahren** mitanzuwenden (§ 356b Abs 1 GewO). Die BA-Genehmigung gilt als **schifffahrtsanlagenrechtliche Bewilligung** (s dazu *Giese*, Sonstige Genehmigungsvoraussetzungen im Rahmen der Verfahrens- und Entscheidungskonzentration Rz 241, 9.1).

20.3 Die Errichtung (Änderung, Benützung) von **sonstigen Anlagen im Nahbereich von Wasserstraßen** ist schifffahrtsrechtlich bewilligungspflichtig (§ 66 Abs 1 SchFG). Im Fall einer **gew BA** ist die erforderliche Bewilligung von der Gewerbebehörde im konzentrierten BA-Genehmigungsverfahren zu erteilen (§ 356b Abs 1 GewO; s dazu *Giese*, Sonstige Genehmigungsvoraussetzungen im Rahmen der Verfahrens- und Entscheidungskonzentration Rz 241, 9.2).

21. Bäderhygienegesetz

325

Rechtsquelle: Bäderhygienegesetz (BHygG) BGBl 1976/254 idF BGBl I 2012/42.

Literatur: *Aigner/Sommer/Mascher*, Bäderhygienerecht⁴ (2014); *Ferrari*, Bäderhygiene und Amtshaftung, in *Kierein/Lanske/Wenda* (Hrsg), Gesundheitsrecht. Jahrbuch 2009 (2009) 113.

Bäder (zB Hallenbäder), **Warmsprudelwannen** (Whirlwannen), **Saunaanlagen, Warmluft-** und **Dampfbäder** sowie **Kleinbadeteiche,** die im Rahmen gew Tätigkeiten (§§ 1 ff GewO) betrieben werden, sind als **gew BA** gem §§ 74 ff GewO genehmigungspflichtig (§ 1 Abs 4 erster Halbsatz BHygG).

Eine *gesonderte* (Errichtungs-, Betriebs-) Bewilligung nach dem II. Abschnitt des BHygG ist nicht erforderlich. Die **Hygienevorschriften des III. Abschnitts** des BHygG gelten als Vorschriften zum Schutz der Gesundheit der Kunden iSd § 82 Abs 1 GewO (s dazu *Vogelsang*, Verordnungen im Betriebsanlagenrecht Rz 255, 3.1) und sind im gewerberechtlichen BA-Genehmigungsverfahren mitanzuwenden (§ 1 Abs 4 zweiter Halbsatz BHygG – **Genehmigungskonzentration**).

22. Sicherheitsfilmgesetz

326

Rechtsquelle: SicherheitsfilmG BGBl 1966/264.

Für Anlagen, in denen Laufbildfilme gewerbsmäßig verwendet, bearbeitet, behandelt, gelagert oder in den inländischen Verkehr gebracht werden, ist – unabhängig von der konkreten Gefährdungseignung iSd § 74 Abs 2 GewO – eine **gewerberechtliche BA-Genehmigung** erforderlich (§ 8 SicherheitsfilmG).

Davon ausgenommen sind nur Anlagen, in denen nicht mehr als 300 kg schwer entzündliche, schwer brennbare *(Laufbild-)Sicherheitsfilme* gelagert werden.

23. Raumordnungsrecht

Rechtsquellen: RaumordnungsG der Länder: Burgenland: Bgld RplG 1969 LGBl 1969/18 idF **327** LGBl 2015/44; Kärnten: Krnt ROG 1969 LGBl 1969/76 idF LGBl 2001/136; Krnt GplG 1995 LGBl 1995/23 idF LGBl 2013/85; Niederösterreich: NÖ ROG 2014 LGBl 2015/3; Oberösterreich: OÖ ROG 1994 LGBl 1993/114 idF LGBl 2015/69; Salzburg: Sbg ROG 2009 LGBl 2009/30 idF LGBl 2015/60; Steiermark: Stmk ROG 2010 LGBl 2010/49 idF LGBl 2014/140; Tirol: Tir ROG 2011 LGBl 2011/56 idF LGBl 2015/82; Vorarlberg: Vlbg RplG 1996 LGBl 1996/39 idF LGBl 2015/54; Wien: Wr BauO LGBl 1930/11 idF LGBl 2015/8.

Literatur: *Auer,* Die Änderung von Flächenwidmungsplänen (1998); *Berka,* Flächenwidmungspläne auf dem Prüfstand, JBl 1996, 69; *Donninger,* Raumwirkungen des Industrieunfallrechts, in *Hauer/Nußbaumer* (Hrsg), Österreichisches Raum- und Fachplanungsrecht (2006) 461; *Feik et al* (Hrsg), Handelsbetriebe im Raumordnungsrecht (2008); *Fröhler/Oberndorfer,* Raumordnung und Gewerberecht (1980); *Giese,* Salzburger Baurecht (2006); *Giese,* Sonderwidmungen im Raumordnungsrecht, in FS Stolzlechner (2013) 155 (= bbl 2013, 225); *Hauer,* Oö ROG 1994 (2007) 127; *Kanonier,* Anlass- und projektbezogene Festlegungen im österreichischen Flächenwidmungsplan, in FS Zehetner (2009) 299; *Kanonier,* Raumplanungsrechtlicher Umgang mit Betriebsansiedelungen, in FS Straube (2009) 481; *Klaushofer,* Raumordnungsrecht, in *Pürgy* (Hrsg), Das Recht der Länder II/2 (2012) 827; *Leitl,* Überörtliche und örtliche Raumplanung, in *Hauer/Nußbaumer* (Hrsg), Österreichisches Raum- und Fachplanungsrecht (2006) 95; *Lienbacher,* Raumordnungsrecht, in *Bachmann et al* (Hrsg), Besonderes Verwaltungsrecht[10] (2014) 473; *Moritz,* BauO Wien[5] (2014); *Pallitsch/Pallitsch,* Burgenländisches Baurecht[2] (2006); *Pallitsch/Pallitsch/Kleewein,* Kärntner Baurecht[5] (2014); *Pallitsch/Pallitsch/Kleewein,* Niederösterreichisches Baurecht[9] (2015); *Potacs,* Betriebsansiedlung und Raumordnung, in *Rebhahn* (Hrsg), Kärntner Raumordnungs- und Grundverkehrsrecht (1996) 49; *Raschhofer-Lechner,* Heranrückende Wohnbebauung, in *Hauer/Nußbaumer* (Hrsg), Österreichisches Raum- und Fachplanungsrecht (2006) 491; *Schwaighofer,* Mediation im öffentlichen Baurecht – Raumordnungsrecht, bbl 2005, 137; *Schwaighofer,* Tiroler Raumordnungsrecht (2006); *Stolzlechner,* Die „Beurteilungsrichtlinien für Handelsgroßbetriebe" im Lichte des Systems der Standortplanung für Handelsgroßbetriebe nach § 11 a Sbg ROG, bbl 2001, 133; *Trippl/Schwarzbeck/Freiberger,* Steiermärkisches Baurecht[5] (2013); *Waldl,* Einkaufszentren, in *Hauer/Nußbaumer* (Hrsg), Österreichisches Raum- und Fachplanungsrecht (2006) 505.

23.1 Die RaumordnungsG zielen auf eine planmäßige, vorausschauende Gestaltung des Raumes ab. Unter Berücksichtigung der natürlichen Gegebenheiten, der abschätzbaren wirtschaftlichen, sozialen, gesundheitlichen sowie kulturellen Bedürfnisse der Bevölkerung soll eine bestmögliche Nutzung und Sicherung des Lebensraumes im Interesse des Gemeinwohles sichergestellt werden. In diesem Zusammenhang ist ua auch das besondere Raumordnungsziel zu verfolgen, die räumlichen Voraussetzungen für eine **leistungsfähige Wirtschaft** zu sichern (zB § 2 Abs 1 Z 9 Sbg ROG, § 2 Abs 1 Z 4 OÖ ROG; vgl *Fröhler/Oberndorfer,* Raumordnung und Gewerberecht 8 f mwH).

23.2 Die raumordnungsrechtliche Festlegung von **geeigneten Betriebsgebieten** und **-standorten** ist grds Aufgabe der örtlichen Raumplanung (Art 118 Abs 3 Z 9 B-VG). Nur im Fall von überörtlichen Wirkungen aufgrund der Eigenart eines bestimmten Betriebstyps, etwa bei **Einkaufszentren,** können auch im Rahmen der überörtlichen Raumplanung (zB mittels V der LReg) besondere Betriebsstandorte, teilweise sogar parzellenscharf, festgelegt werden (VfSlg 11.633/1988, 15.233/1998).

Ähnliches ist zT auch bei **Seveso-Betrieben** (iSd Anl 5 der GewO) vorgesehen (§ 15 Sbg ROG).

23.3 Im Rahmen der örtlichen Raumplanung hat die Gemeinde im Flächenwidmungsplan das gesamte Gemeindegebiet in Bauland, Grünland (Freiland) und Verkehrsflächen einzuteilen. Unter Berücksichtigung der gesetzlichen Raumordnungsziele und -grundsätze sowie der überörtlichen Pläne und Programme ist das Bauland nach den jeweiligen örtlichen Gegebenheiten in **verschiedene Baulandwidmungen,** wie etwa Wohn-, Kern-, Dorf-, Misch-, Betriebs-, Gewerbe-, Industriegebiete oder Sondergebiete zB für Einkaufszentren, Beherbergungsgroßbetriebe uÄ (vgl dazu *Giese* in FS Stolzlechner 155) zu untergliedern und so aufeinander abzustimmen, dass bei der Nutzung eine **gegenseitige Beeinträchtigung oder Gefährdung** möglichst vermieden wird.

Verschiedentlich sind auch innerhalb des Widmungsgebietes **(Nutzungs-)Zonen** zu beachten, womit zB zum *Schutz* der Bevölkerung *vor Immissionen* oder zur *Sicherung von Flächen für Produktionsbetriebe oder Seveso-Betriebe* bestimmte, nach Maßgabe der Widmungsart an sich zulässige Nutzungen ausgeschlossen werden (vgl zB § 38 Sbg ROG, § 30 Abs 1 Z 5 lit b Stmk ROG).

In manchen Bundesländern kann unter bestimmten Voraussetzungen für ein genau bestimmtes Vorhaben (wie zB einer gew BA) eine **bescheidmäßige Ausnahmebewilligung** (sog „Suspension" der Flächenwidmung) erwirkt werden (vgl zB § 46 Sbg ROG; § 22 Abs 2 Vlbg RplG).

23.4 Dem Flächenwidmungsplan kommt aus Gründen der Rechtssicherheit eine **erhöhte Bestandskraft** zu. Widmungsänderungen sind grds nur zulässig, wenn ein *„wichtiger Grund"* (zB wesentliche Änderung der Plaungsgrundlagen bzw –absichten) vorliegt. Nach der Rsp des VfGH ist eine Planänderung aus Anlass eines konkreten Projektes (sog **Anlasswidmung**) nicht von vornherein unzulässig (VfSlg 15.300/1998). *Betriebliche Interessen* an einem bestimmten Betriebsstandort oder einer Betriebserweiterung stellen aber für sich alleine noch keine hinreichende sachliche Begründung dar (vgl zB VfSlg 18.026/2006 sowie *Kanonier* in FS Straube 501 ff; *Kanonier* in FS Zehetner 314 ff; *Giese* in FS Stolzlechner 184 ff).

Zur **Flexibilisierung der Planung** erlauben einzelne ROG Widmungsänderungen zT auch ohne wichtigen Grund, wenn die Widmungsänderung dem örtlichen Entwicklungskonzept entspricht bzw nicht widerspricht (vgl zB § 25 Abs 1 Z 5 Nö ROG; § 44 Abs 2 Z 1 Sbg ROG; § 36 Abs 2 lit a Tir ROG) und Interessen Dritter nicht verletzt werden (§ 36 Abs 2 Z 3 OÖ ROG).

Grundeigentümern kommt **kein Rechtsanspruch** auf Einleitung eines Planänderungsverfahrens zu. Die Einbringung von **Anregungen (Vorschlägen)** zur Änderung des Flächenwidmungsplanes ist aber grds nicht unzulässig; in manchen Bundesländern unterliegen solche Anregungen einem besonderen Verfahrensgang (vgl § 36 Abs 3 OÖ ROG; § 23 a Vlbg RplG).

23.5 Gew BA müssen – von Ausnahmen wie zB Erwerbsgärtnereien abgesehen – überwiegend im Bauland errichtet werden. Welche gewerblichen Tätigkeiten im Rahmen der verschiedenen Baulandwidmungen konkret zulässig sind, kann im Einzelfall schwierig zu bestimmen sein und die Beiziehung von Sachverständigen erforderlich machen. IdR hängt die Zulässigkeit entweder vom **Zweck des gew Betriebes** (zB bei dem Bedarf der Bewohner dienenden Handels- und Dienstleistungsbetrieben) oder dessen **Auswirkungen auf die Umgebung** (zB Immissionsstärke, Ortsbild) ab.

Die Prüfung der Widmungskonformität hat grds am Maßstab des **Betriebstyps** (vgl zB § 14 Bgld RplG – *Pallitsch/Pallitsch,* Burgenländisches Baurecht[2] 103 ff; § 21 Abs 3 OÖ ROG – *Hauer,* Oö ROG 1994, 62 f; § 6 Wr BauO – *Moritz,* BauO Wien[5] 69 f, VwGH 26. 2. 2005, 2002/05/0757) zu erfolgen, außer die raumordnungs- oder baurechtlichen Vorschriften stellen ausdrücklich auf den **konkreten Gewerbebetrieb** ab (zB § 30 Abs 9 Sbg ROG – *Giese,* Salzburger Baurecht 319; § 38 Abs 1 lit d Tir ROG – *Schwaighofer,* Tiroler Raumordnungsrecht 187, 220) bzw beziehen **Maßnahmen zur Verhinderung störender Auswirkungen** ausdrücklich ein (§ 29 Abs 3 und 5 Stmk BauG – *Trippl/Schwarzbeck/Freiberger,* Steiermärkisches Baurecht[5] 392 f; § 14 Abs 8 Vlbg RplG – VwGH 19. 9. 2006, 2005/06/0067).

Betriebstypen dürfen *nicht zu allgemein* definiert werden (VwGH 2. 12. 1997, 94/05/0354 – metallverarbeitende Produktionstypen), sondern müssen nach *Betriebsarten* (VwGH 24. 10. 2001, 99/05/0290 – Tischlereibetrieb mit einer Werkstätte kleineren Umfangs; VwGH 25. 2. 2005, 2002/05/0757 – Gaststätte ohne oder mit Gastgarten) und -*modalitäten* (VwGH 26. 6. 1990, 90/05/0015 – Cafe-Bar) differenziert werden.

Soweit bei der Prüfung der Widmungskonformität auf den *Betriebstyp* abzustellen ist und die zulässigen Betriebstypen in keiner „**BetriebstypenV**" (zB gem § 21 Abs 3 OÖ ROG) abschließend aufgezählt werden (VwGH 30. 5. 2000, 97/05/0221), ist auch in diesem Fall regelmäßig die Erstellung eines **betriebstypologischen Sachverständigengutachtens** erforderlich. Maßstab für die Beurteilung ist nicht der in seinen Betriebsmitteln und Betriebsanlagen bis ins Detail fest umrissene (konkrete) Betrieb (wie gem §§ 74 ff GewO), sondern die herkömmlicherweise in einem solchen Betrieb entfaltete Tätigkeit, die dazu üblicherweise und nach dem Stand der Technik verwendeten Anlagen und Einrichtungen (einschließlich der typisch getroffenen Maßnahmen zum Schutze vor Belästigungen) sowie die damit insgesamt verbundenen Immissionen (VwGH 13. 4. 1993, 93/05/0011 mwH auf VwSlg 9382/1977).

Typenmäßig unzulässige BA können nicht durch Vorschreibung von Auflagen im Baubewilligungsbescheid zulässig gemacht werden (VwGH 18. 9. 1990, 90/05/0012).

23.6 Die widmungsmäßige Zulässigkeit einer gew BA hat die Baubehörde im **baurechtlichen Bewilligungsverfahren** zu prüfen (s Rz 328). Im **gewerberechtlichen BA-Genehmigungsverfahren** ist eine Überprüfung der raumordnungsrechtlichen Zulässigkeit des BA-Standorts nicht (mehr) vorgesehen (VwGH 24. 10. 2001, 98/04/0181).

23.7 Ein besonderes Problem im Spannungsfeld zwischen Raumordnungs- und Gewerberecht stellt eine an bestehende Gewerbebetriebe **heranrückende Wohnbebauung** dar. Denn dabei kann sich eine Verpflichtung der Gewerbebehörde ergeben, dem BA-Inhaber **nachträgliche Auflagen** zum Schutz des Lebens oder der Gesundheit der neu zugezogenen Nachbarn vorzuschreiben (§ 79 Abs 2 GewO; s dazu *Stolzlechner,*

Die Rechtskraft und die Änderung von Bescheiden Rz 362, 4.5 und *Wendl,* Zulässige und unzulässige Auflagen Rz 350, 12.10).

Die Umwidmung der an eine gew BA angrenzenden Nachbargrundstücke in „Wohngebiet" kann sich als gesetzwidrig (gleichheitswidrig) erweisen, wenn dem allgemeinen raumordnungsrechtlichen Grundsatz der **möglichsten Vermeidung gegenseitiger Beeinträchtigungen von Baulandwidmungen** (wie zB Betriebsbaugebiet und Wohngebiet – vgl dazu zB § 21 Abs 2 OÖ ROG; § 28 Abs 1 Sbg ROG; § 37 Abs 3 Z 5 tir ROG sowie zB VfSlg 17.015/2003, 15.037/1997, 12.582/1990, 12.231/1989, 10.703/1985) oder zB **speziellen Schutzabständen zu Seveso-Betrieben** (vgl zB § 21 Abs 2 OÖ ROG, § 1 Abs 5 Wr BauO; § 26 Abs 6 Stmk ROG sowie VfSlg 18.250/2007) nicht hinreichend Rechnung getragen wird.

Eine allfällige Gesetzwidrigkeit des Flächenwidmungsplanes kann der benachbarte BA-Inhaber erst im Anschluss an ein landesverwaltungsgerichtliches Erk über die Rechtmäßigkeit einer von der Baubehörde erteilten Baubewilligung (s Rz 328) im Wege einer Erkenntnisbeschwerde beim VfGH (Art 144 Abs 1 B-VG) geltend machen (VfSlg 10.703/1985 – hier: Sägewerksbesitzer). Ein Individualantrag (Art 139 B-VG) ist idR mangels aktueller Betroffenheit des Nachbarn in seiner Rechtssphäre unzulässig (VfSlg 16.623/2002).

24. Baurecht

328   **Rechtsquellen:** BauO der Länder: Burgenland: Bgld BauG 1997 LGBl 1998/10 idF LGBl 2013/79; Kärnten: Krnt BauO 1996 LGBl 1996/62 idF LGBl 2015/45; Krnt BauV LGBl 1985/56 idF LGBl 2015/31; Niederösterreich: NÖ BauO 2014 LGBl 2015/1 idF LGBl 2015/89; Oberösterreich: OÖ BauO 1994 LGBl 1994/66 idF LGBl 2013/90; OÖ BauTG 2013 LGBl 2013/35 idF LGBl 2014/89; Salzburg: Sbg BGG LGBl 1968/69 idF LGBl 2009/118; Sbg BauPolG 1997 LGBl 1997/40 idF LGBl 2015/60; Sbg BauTG LGBl 1976/75 idF LGBl 2014/76; Steiermark: Stmk BauG 1995 LGBl 1995/59 idF LGBl 2015/75; Tirol: Tir BauO 2011 LGBl 2011/57 idF LGBl 2015/103; Vorarlberg: Vlbg BauG LGBl 2001/52 idF LGBl 2015/54; Wien: Wr BauO LGBl 1930/30 idF LGBl 2015/8.

Literatur: *Germann/Hämmerle,* Das Vorarlberger Baugesetz[2] (2008); *Giese,* Salzburger Baurecht (2006); *Giese,* Verfassungsrechtliche Fragen zur steiermärkischen Baugesetznovelle 2003, bbl 2004, 89; *Hauer,* Rechtsfragen der „heranrückenden Wohnbebauung". Überlegungen zu einer Judikaturdivergenz, RdU 1995, 116; *Jahnel,* Baurecht, in *Bachmann et al* (Hrsg), Besonderes Verwaltungsrecht[10] (2014) 505; *Kleewein,* Die Rechtsstellung des Nachbarn beim Bauen, in *Rebhahn* (Hrsg), Rechtsfragen des Bauens in Kärnten (1997) 45; *Moritz,* BauO Wien[5] (2014); *Neuhofer,* Oberösterreichisches Baurecht[7] (2014); *Pallitsch/Pallitsch,* Burgenländisches Baurecht[2] (2006); *Pallitsch/Pallitsch/Kleewein,* Kärntner Baurecht[5] (2014); *Pallitsch/Pallitsch/Kleewein,* Niederösterreichisches Baurecht[9] (2015); *Raschhofer-Lechner,* Heranrückende Wohnbebauung, in *Hauer/Nußbaumer* (Hrsg), Österreichisches Raum- und Fachplanungsrecht (2006) 491; *Schwarzer,* Rechtsschutz der Betriebe gegen heranrückende Wohnbebauung. Ein richtungsweisendes VfGH-Erkenntnis, RdW 1987, 223; *Schwarzer,* Abwehr- und Ersatzansprüche des Betriebsinhabers bei heranrückender Wohnbebauung, ÖZW 1999, 13; *Trippl/Schwarzbeck/Freiberger,* Steiermärkisches Baurecht[5] (2013); *K. Weber/Rath-Kathrein* (Hrsg), Tiroler Bauordnung (2014); *T. Weber,* Heranrückende Wohnbebauung zu Ende gedacht, ZfV 2011, 572.

24.1 Erfordert eine gew BA die Errichtung (Änderung) von **Bauten (Gebäuden)** oder **baulichen Anlagen,** ist hierfür grds auch eine baubehördliche Genehmigung (Bewilligung, Kenntnisnahme) nach den Landes-BauO erforderlich.

„Bauten" („Gebäude") werden idR als überdeckte Bauwerke definiert, die von Menschen betreten werden können und einen Raum zum Aufenthalt von Menschen oder zur Unterbringung von Sachen umfassen (vgl zB § 2 Abs 2 Tir BauO, § 1 Sbg BauPolG, § 4 Z 29 Stmk BauG).

„Bauliche Anlagen" sind sonstige Bauwerke, zu deren Herstellung ein wesentliches Maß bautechnischer Kenntnisse erforderlich ist, die mit dem Boden in Verbindung gebracht werden und die wegen ihrer Beschaffenheit geeignet sind, die öffentlichen Interessen zu berühren (VwGH 31. 1. 2000, 99/10/0099; vgl idS zB § 2 Abs 1 Tir BauO; § 4 Z 13 Stmk BauG).

Bei gastgewerblichen Betrieben bildet ein **Gastgarten** – unbeschadet der gewerberechtlichen Genehmigungsfreistellung (§ 76a GewO; s dazu *Stolzlechner,* Die Genehmigungspflicht der Betriebsanlage Rz 199) – eine **untrennbare organisatorische bzw funktionelle Einheit** mit der dazugehörigen Gaststätte. Gastgärten müssen daher insb bei der baurechtlichen Beurteilung der **betriebstypologischen Zulässigkeit** (VwGH 25. 5. 2005, 2002/05/0757; 16. 9. 2009, 2007/05/0070) bzw der Zulässigkeit der (von der gew BA) verursachten **Immissionen** in das Baubewilligungsverfahren einbezogen werden (VwGH 8. 6. 2011, 2009/06/0193). Die Baubehörde ist auch ermächtigt, die **Betriebszeiten von Gastgärten** zum Schutz der Nachbarschaft zu beschränken (VwGH 11. 5. 2010, 2009/05/0053 bbl 2010/140 mAnm *Giese;* 23. 10. 2007, 2007/06/0241).

Vereinzelt wird in den BauO auf eine gesonderte baurechtliche Bewilligung von **Teilen einer gew BA** verzichtet (zB § 2 Abs 2 Z 16 Sbg BauPolG – hier: „technische Einrichtungen, die gewerbebehördlich genehmigungspflichtig sind").

Die Genehmigung ist – erforderlichenfalls unter Vorschreibung von Auflagen und/oder Bedingungen – zu erteilen, wenn die bauliche Maßnahme dem Flächenwidmungsplan (s Rz 327, 23.3), Bebauungsplan sowie bestimmten bautechnischen Anforderungen an Standsicherheit, Brandschutz, Nutzungssicherheit, Gesundheit (Hygiene), Schallschutz, Energieeinsparung, Wärmeschutz und Ortsbildschutz entspricht.

Um bei genehmigungspflichtigen gew BA **Zweigleisigkeiten zwischen gewerberechtlichen und baurechtlichen Verfahren** abzubauen, beschränken einzelne BauO die baubehördliche Zuständigkeit auf jene **bau- und raumordnungsrechtlichen „Restkompetenzen",** die nicht bereits von den *gewerberechtlichen* Genehmigungsvorschriften abgedeckt werden (vgl dazu § 20 Abs 1 letzter Satz NÖ BauO sowie VwGH 31. 7. 2007, 2006/05/0083 mit Bezug auf den Immissionsschutz).

24.2 Besondere Bedeutung kommt dem **Schutz der Nachbarn vor gefährlichen oder örtlich unzumutbaren Immissionen** zu. Dabei sind neben dem jeweils zulässigen *Widmungsmaß* als absoluter Immissionsgrenze auch *spezielle bautechnische Immissionsbeschränkungen* zu beachten (vgl dazu VwGH 21. 10. 2004, 2002/06/0029 zu § 13 Abs 12 Stmk BauO; 28. 2. 2006, 2005/06/0231 zu § 39 Abs 2 Sbg BauTG), die – vergleichbar mit dem gewerberechtlichen BA-Recht – an **konkrete örtliche („ortsübliche") Verhältnisse** anknüpfen (vgl dazu *Giese,* Salzburger Baurecht 797). Ob örtlich unzumutbare Immissionen auch die Versagung einer **nach der Flächenwidmung zulässigen gew BA** rechtfertigen können, ist nach den Bestimmungen der jeweiligen BauO zu beurteilen. Enthält die BauO keine explizite Klarstellung, wie zB in § 31 Abs 4 OÖ BauO vorgesehen, dann muss diese Frage im Wege der Interpretation geklärt werden (vgl zB VwGH 24. 2. 2009, 2008/06/0235 bbl 2009/75 mAnm *Giese* zu § 39 Abs 2 sbg BauTG sowie 7. 3. 2000, 99/05/0238 zu § 48 NÖ BauO).

Jene baurechtlichen Bestimmungen, die dem Schutz der Nachbarn vor Immissionen dienen, begründen grds ein **subjektiv-öffentliches Abwehrrecht der Nachbarn.** Das gilt nicht, wenn bei **gew BA** dieses Abwehrrecht – gänzlich oder teilweise – **aus-**

drücklich ausgeschlossen wird (oder der Baubehörde wegen gleichwertiger gewerberechtlicher Genehmigungsvorschriften nur **Restkompetenzen** zukommen – vgl § 20 Abs 1 NÖ BauO).

So sind zB die nachbarrechtlichen Abwehrrechte gem § 23 Abs 5 Krnt BauO und § 31 Abs 6 OÖ BauO auf die Geltendmachung der **Unzulässigkeit der Betriebstype** in der gegebenen Flächenwidmungskategorie beschränkt. Ähnliches ergibt sich gem § 134 a Abs 2 Wr BauO, der subjektiv-öffentliche Nachbarrechte gem § 134 a Abs 1 lit e Wr BauO nur soweit gewährt, als kein **gleichwertiger Schutz gem §§ 74 ff GewO** gegeben ist. Bei bestimmten Widmungen (zB Industrie-, Sonder- und Betriebsbaugebieten) gilt ein gleichwertiger Schutz ex lege als gegeben.

24.3 Aufgrund der Zuständigkeitstrennung haben Gewerbe- und Baubehörden die Übereinstimmung der gew BA mit den von ihnen zu vollziehenden Rechtsvorschriften unabhängig voneinander zu beurteilen. Es besteht **keine wechselseitige Bindung** der Bau- und Gewerbebehörden.

Es kann ein und dasselbe Vorhaben von der Gewerbebehörde bewilligt und von der Baubehörde versagt werden oder umgekehrt (VwGH 19. 9. 1985, 85/06/0051). Die Gewerbebehörde ist daher weder verpflichtet, mit ihrer Entscheidung bis zur baubehördlichen Genehmigung einer baulichen Anlage zuzuwarten (VwGH 25. 9. 1990, 90/04/0013), noch muss sie bei der Vorschreibung von Auflagen deren baurechtliche Zulässigkeit als Vorfrage (iSd § 38 AVG) prüfen (VwGH 14. 2. 1980, 2675/77).

Um den Nachteilen der Zuständigkeitstrennung entgegenzuwirken, sind die Gewerbe- und Baubehörden zu einer **zwischenbehördlichen Koordination** der Genehmigungsverfahren verpflichtet. Danach hat die Gewerbebehörde jedenfalls die Baubehörde über die Einleitung eines BA-Verfahrens zu informieren und sich um eine zeitlich und inhaltlich abgestimmte Vorgangsweise zu bemühen (§ 356 b Abs 2 GewO). Damit korrespondieren zT Verpflichtungen der Baubehörden, etwa die Bauverhandlung zugleich mit der mündlichen Verhandlung im gewerberechtlichen BA-Verfahren abzuhalten (§ 24 Abs 4 Stmk BauG) oder – zB bei Bewilligung von Handelsbetrieben – eine Ausfertigung des Baubewilligungsbescheides der BVB zu übermitteln (§ 23 Abs 8 NÖ BauO).

Um eine effektive Koordination zu ermöglichen, verpflichten einzelne BauO den Bauwerber, dass die betreffenden Verfahren zumindest gleichzeitig mit dem Baubewilligungsverfahren anhängig gemacht werden (zB § 4 Abs 3 Sbg BauPolG).

24.4 Im gewerberechtlichen BA-Genehmigungsverfahren eingeholte **Sachverständigengutachten** können auch von der Baubehörde verwendet werden, wenn die Aufgabenstellung der Baubehörde im Einzelfall – zB bei der Beurteilung von störenden Auswirkungen – vergleichbar mit jener der Gewerbebehörde ist (VwGH 27. 11. 2003, 2000/06/0193 – hier: zu „wesentliche Störung" iSd § 14 Abs 4 Vlbg RPlG); dieser Grundsatz gilt natürlich umgekehrt ebenso.

Ein Gutachten des gewerbetechnischen Amtssachverständigen kann aber dann etwa keine zulässige Grundlage auch im Baubewilligungsverfahren sein, wenn *baurechtlich* die Auswirkungen von Emissionen eines Betriebes bereits an der Grundgrenze des jeweiligen Nachbargrundstückes maßgeblich sind (VwGH 28. 3. 2006, 2004/06/0164 VwSlg 16874/2006); Ähnliches gilt, wenn im Baubewilligungsverfahren bei der Beurteilung von Auswirkungen auf den „Betriebstyp" und nicht auf einen konkreten Betrieb abzustellen ist (VwGH 17. 2. 2004, 2002/06/0116).

24.5 Besondere Fragen zu Parteistellung und Einwendungsrechten des gew BA-Inhabers im Baubewilligungsverfahren ergeben sich im Fall einer an gew BA **heranrückenden Wohnbebauung** (s dazu 23.7):

Der VfGH vertritt – entgegen der Rechtsansicht des VwGH (zB VwSlg 15.137 A/1999 zur Krnt BauO) – in stRsp die Auffassung, dass bei *verfassungskonformer Interpretation* der raumordnungsrechtlichen Widmungsvorschriften im Baubewilligungsverfahren **Einwendungen gegen eine heranrückende Wohnbebauung** geltend gemacht werden können (VfSlg 15.188/1988 – Krnt BauO; VfSlg 16.250/2001, 16.934/2003 – NÖ BauO; 13.210/1992 – OÖ BauO; VfSlg 15.691/1999, 15.752/2000 – Stmk BauG; 15.792/2000 – Tir BauO; 12.468/1990, 14.943/1997 – Wr BauO; vgl dazu weiters VfGH 27. 2. 2014, G 98/2013 zum Vlbg BauG). Um die Judikaturdivergenz mit dem VwGH und die damit einhergehenden Probleme in der Praxis (*Schwarzer,* ÖZW 1999, 13 ff) aufzulösen, wurden inzwischen vielfach **explizite baurechtliche Abwehrrechte** gegen die heranrückende Wohnbebauung in die BauO aufgenommen (vgl zB § 23 Abs 2 lit c und d iVm Abs 6 Krnt BauO; § 31 Abs 5 OÖ BauO; § 26 Abs 4 Stmk BauG), die zum Teil sogar über die Erfordernisse der VfGH-Judikatur hinausgehen (vgl zB § 134 a Abs 1 lit f Wr BauO).

Während § 23 Abs 2 lit d Krnt BauO dem **benachbarten „BA-Inhaber"** (zB als Mieter, Pächter) ausdrücklich Parteistellung im Baubewilligungsverfahren einräumt, kommt diesem in anderen BauO eine Parteistellung nur dann zu, wenn der BA-Inhaber **Grundstückseigentümer** ist (vgl zB § 7 Abs 1 Sbg BauPolG; § 134 Abs 3 Wr BauO; § 4 Z 44 iVm § 26 Abs 4 Stmk BauG). Da in diesem Fall der „traditionell" enge Nachbarbegriff des Baurechts hinter den raumordnungsrechtlich eingeräumten subjektiv-öffentlichen Nachbarrechten zurückbleibt, ergeben sich diesbezüglich *gleichheitsrechtliche Bedenken* (vgl VfSlg 16.040/2000 sowie *Giese,* bbl 2004, 99; aA *Trippl/Schwarzbeck/Freiberger,* Steiermärkisches Baurecht[5] 41; *Moritz,* BauO Wien[5] 421).

Emissionsbezogene Einwendungen (iSd Rsp des VfGH) kann der BA-Inhaber nur dann geltend machen, wenn die Flächenwidmung des *Baugrundstückes* einen Immissionsschutz bezweckt, wie zB beim *„Wohngebiet"* oder *„Kern-, Büro- und Geschäftsgebiet"* (VwGH 5. 7. 2007, 2006/06/0094 – § 23 Abs 5 lit c Stmk ROG 1974), nicht aber auch beim *„Dorfgebiet"* – vgl VwGH 27. 6. 2006, 2005/06/0013 und § 23 Abs 5 lit f Stmk ROG 1974). Auch Sonderwidmungen „mit besonderem Schutzbedürfnis" iSd § 14 Abs 2 Z 8 NÖ ROG 2014, die nur außerhalb von Störungseinflüssen festgelegt werden dürfen, bezwecken nach Ansicht des VfGH Immissionsschutz (vgl zB VfGH 22. 9. 2003, B 863/01 – *„Bauland – Sondergebiet Hotel und Dienstleistungseinrichtungen"*).

Eine hinreichend bestimmte Einwendung des BA-Inhabers erfordert – bei sonstiger Unzulässigkeit der Einwendung – Angaben, welche zulässigen Emissionen von der gew BA ausgehen und im Fall der heranrückenden Verbauung unzulässig werden können (VwGH 30. 1. 2014, 2012/05/0081; 15. 12. 2009, 2008/05/0143; 19. 9. 2006, 2005/05/0357; vgl dazu auch § 31 Abs 5 letzter Satz OÖ BauO). Die bloße Angabe der Geschäftszahlen von Genehmigungsbescheiden reicht nicht aus (VwGH 21. 10. 2009, 2008/06/0041).

Welche betrieblichen Emissionen an welchem Maßstab im Baubewilligungsverfahren konkret zu beurteilen sind, richtet sich nach der jeweiligen BauO. Besteht keine spezielle baurechtliche Regelung, muss wohl die mögliche künftige Vorschreibung von Auflagen gem § 79 GewO als Kriterium herangezogen werden. Anderes gilt dagegen zB gem § 26 Abs 4 stmk BauG, wonach die *tatsächlichen* Emissionen an der Grundstücksgrenze mit Bezug auf die Flächenwidmung (VwGH 21. 10. 2009, 2008/06/0041), oder gem § 134 a Abs 3 wr BauO, wonach die *höchst zulässigen* Emissionen mit Bezug auf den Schutz des Lebens und der Gesundheit der Benützer oder Bewohner zu beurteilen sind (*Moritz*, BauO Wien[5] 423). Tatsächliche Emissionen können nur berücksichtigt werden, wenn es sich um *rechtmäßige,* dh auf der Grundlage eines *behördlichen Bescheides* zulässige Emissionen handelt (§ 26 Abs 4 Stmk BauG; § 31 Abs 5 Oö BauO; § 134 a Abs 3 Wr BauO; vgl zB VwGH 21. 10. 2009, 2008/06/0041). Nach Ansicht des VwGH hat die Prüfung der Rechtmäßigkeit der Immissionen auf das (Wohn-)Baugrundstück nicht nur aus *gewerberechtlicher* (oder zB veranstaltungsrechtlicher) Sicht, sondern auch aus *baurechtlicher* Sicht zu erfolgen.

Sind die Immissionen auf dem (Wohn-)Baugrundstück zu hoch und kann dem nicht ausreichend durch die Projektgestaltung oder wirksame Auflagen bei den geplanten Wohnbauten begegnet werden, muss der Antrag auf Baubewilligung abgewiesen werden (VwGH 8. 6. 2011, 2011/06/0048).

Ob und inwieweit **Auflagen zum Schutz der künftigen Bewohner bzw Benützer** vor bereits bestehenden Beeinträchtigungen in der Baubewilligung vorgeschrieben werden können, ist wiederum nach der jeweiligen BauO zu beurteilen. So können zB gem § 134 a Abs 3 Wr BauO bei gefährlichen oder störenden Emissionen bauliche Maßnahmen zur Vermeidung der Gefährdung des Lebens oder der Gesundheit auf dem Baugrundstück oder – mit Zustimmung des Eigentümers – auch auf der Nachbarliegenschaft vorgeschrieben werden (VwGH 30. 1. 2007, 2005/05/0083). Ohne vergleichbare gesetzliche Ermächtigung sind solche Vorschreibungen idR unzulässig (VwGH 27. 6. 2006, 2005/06/0013 VwSlg 16955 A/2006 zum Stmk BauG – hier: keine größeren Abstände zum Zweck der Abwehr befürchteter Immissionseinwendungen durch die heranrückende Wohnbevölkerung).

24.6 Baubehörde ist der Bürgermeister (im eigenen Wirkungsbereich der Gemeinde), außer es wurden die Angelegenheiten der örtlichen Baupolizei betreffend gew BA – wie häufig der Fall – mittels **Bau-ÜbertragungsV** auf die BVB übertragen (Art 118 Abs 7 B-VG). In diesem Fall sowie in Städten mit eigenem Statut, die neben den Gemeindeangelegenheiten auch die Bezirksverwaltung besorgen (Art 116 Abs 3 B-VG), können das gewerbe- und baurechtliche Genehmigungsverfahren zur **gemeinsamen Verhandlung und Entscheidung** miteinander verbunden werden (§ 39 Abs 2 und 2 a AVG).

Das Baubewilligungsverfahren ist – wenngleich abhängig von der Art, Lage und Höhe von baulichen Anlagen – idR ein **Mehrparteienverfahren,** in denen benachbarten Grundstückseigentümern umfangreiche Mitspracherechte (zB betreffend Abstände, Höhe, Immissionen uÄ) zukommen (zB § 134 a Wr BauO, § 26 Stmk BauO, § 31 Oö BauO). Im Zusammenhang mit gew BA kommt insb den Immissionsschutzbestimmungen der BauO und ROG eine besondere Bedeutung zu (s oben 24.2, 24.5).

25. Veranstaltungsrecht

329   **Rechtsquellen:** VeranstaltungsG der Länder: Burgenland: Bgld VeranstaltungsG LGBl 1994/ 2 idF LGBl 2013/79; Kärnten: K-VAG 2010 LGBl 2011/27 idF LGBl 2013/85; Niederösterreich: NÖ VeranstaltungsG LGBl 7070 – 0 idF LGBl 7070 – 2; Oberösterreich: OÖ VeranstaltungssicherheitsG LGBl 2007/78 idF LGBl 2015/93; Salzburg: Sbg VeranstaltungsG 1997 LGBl 1997/100 (WV) idF LGBl 2013/106; Steiermark: Stmk VeranstaltungsG 2012 LGBl 2012/88 idF LGBl 2015/119; Tirol: Tir VeranstaltungsG 2003 LGBl 2003/86 idF LGBl 2014/4; Vorarlberg: Vlbg VeranstaltungsG LGBl 1989/1 idF LGBl 2013/44; Wien: Wr VeranstaltungsstättenG LGBl 1978/4 idF LGBl 2013/31.

Literatur: *Lienbacher,* Veranstaltungsrecht, in *Pürgy* (Hrsg), Das Recht der Länder II/2 (2012) 637; *Lienbacher,* Veranstaltungsrecht, in *Holoubek/Potacs* (Hrsg), Öffentliches Wirtschaftsrecht I³ (2013) 235; *Lienbacher,* Veranstaltungsrecht, in *Bachmann et al* (Hrsg), Besonderes Verwaltungsrecht¹⁰ (2014) 581.

25.1 Werden in einer **gew BA** nicht ausschließlich gew Tätigkeiten (zB Gastgewerbe), sondern regelmäßig auch **öffentliche Veranstaltungen** iSd Landes-VeranstaltungsG (zB Konzerte, Partys, Modenschauen) durchgeführt, ist neben der gewerberechtlichen BA-Genehmigung eine zusätzliche Bewilligung als **Veranstaltungsstätte** erforderlich (s zur kompetenzrechtlichen Zulässigkeit *Stolzlechner,* Bundesverfassungsrechtliche Grundlagen des Betriebsanlagenrechts Rz 299 2.4). Das gilt nur dann nicht, wenn die Anlagen zB als **baurechtlich bewilligte Räumlichkeiten für größere Ansammlungen von Menschen** (vgl zB § 12 Abs 2 Z 3 Bgld VAG; § 9 Abs 3 lit a K-VAG) oder als **gastgewerbliche BA** (vgl zB § 12 Abs 2 Z 1 Bgld VAG; § 9 Abs 3 lit b K-VAG; § 16 Abs 2 lit a Sbg VAG; § 1 Abs 4 Z 5 NÖ VAG) ausdrücklich von der Bewilligungspflicht (oder dem Anwendungsbereich des VeranstaltungsG) ausgenommen sind.

Veranstaltungsstätten sind idR zu genehmigen, wenn unter Bezugnahme auf Lage, bauliche Gestaltung und Ausstattung in bau-, feuer-, sicherheits-, gesundheits- und verkehrspolizeilicher Hinsicht **keine Gefahren für Menschen und Eigentum** oder **unzumutbare Beeinträchtigungen der Nachbarschaft** zu erwarten sind sowie auch ausreichend Kfz-Abstellplätze für die Veranstaltungsteilnehmer zur Verfügung stehen (vgl zB § 13 Bgld VAG; § 9 Abs 5 K-VAG; § 17 Abs 1 Sbg VAG).

25.2 Zuständige Behörde für die Genehmigung von Veranstaltungsstätten ist – idR abhängig von Größe und Lage der Veranstaltungsstätte – der Bürgermeister (im eigenen Wirkungsbereich der Gemeinde), die BVB oder die LReg (vgl zB § 14 OÖ VeranstaltungssicherheitsG; § 10 Abs 4 Sbg VeranstaltungsG).

Das Veranstaltungsstättenbewilligungsverfahren ist idR ein **Mehrparteienverfahren** mit den von Immissionen betroffenen Nachbarn (zB VwGH 11. 9. 2013, 2012/02/0044 zum Stmk VAG).

26. Naturschutzrecht

Rechtsquellen: Natur- und LandschaftsschutzG der Länder: Burgenland: Bgld Naturschutz- **330** und LandschaftspflegeG 1990 (Bgld NG) LGBl 1991/27 idF LGBl 2015/38; Kärnten: K-NSG 2002 LGBl 2002/79 (WV) idF LGBl 2013/85; Niederösterreich: NÖ NSchG 2000 LGBl 5500 – 0 idF LGBl 2015/111; Oberösterreich: OÖ Natur- und LandschaftsschutzG 2001 (OÖ NSchG) LGBl 2001/129 idF LGBl 2014/92; Salzburg: Sbg NSchG 1999 LGBl 1999/73 (WV) idF LGBl 2013/106; Steiermark: Stmk NSchG 1976 LGBl 1976/65 idF LGBl 2014/55; Tirol: Tir NSchG 2005 LGBl 2005/26 (WV) idF LGBl 2015/87; Vorarlberg: Vlbg G über Naturschutz und Landschaftsentwicklung (Vlbg NSchG) LGBl 1997/22 idF LGBl 2014/9; Wien: Wr NSchG LGBl 1998/45 idF LGBl 2013/31.

Literatur: *Bußjäger,* Österreichisches Naturschutzrecht (2001); *Hattenberger,* Die naturschutzrechtliche Bewilligung, in *Potacs* (Hrsg), Beiträge zum Kärntner Naturschutzrecht (1999) 61; *Cech,* Naturschutzrecht, in *Norer* (Hrsg), Handbuch des Agrarrechts² (2012) 611; *Hauer/Raschhofer-Lechner* (Hrsg), Das Naturschutzrecht des Landes Oberösterreich (2005); *Jahnel,* Naturschutzrecht, in *Bachmann et al* (Hrsg), Besonderes Verwaltungsrecht¹⁰ (2014) 567; *Köhler,* Naturschutzrecht, in *Pürgy* (Hrsg) Das Recht der Länder II/2 (2012) 1; *Loos,* Naturschutzrecht in Salzburg (2005); *Madner,* Naturschutzrecht, in *Holoubek/Potacs* (Hrsg), Öffentliches Wirtschaftsrecht II³ (2013) 993; *Niederhuber,* Abwägungsentscheidungen im Naturschutz- und Forstrecht, in IUR/

ÖWAV (Hrsg), Abwägungen im Umweltrecht. Projektwerber versus Umweltinteressen? Jahrbuch des Umweltrechts 2012 (2012) 163; *Randl,* Naturschutzrecht, in *N. Raschauer/Wessely* (Hrsg), Handbuch Umweltrecht[2] (2010) 586; *Strejcek/Urban,* Naturschutzrecht, in *Hammer et al* (Hrsg), Besonderes Verwaltungsrecht (2012) 589; *Trappl,* Naturschutzrecht, in *Poier/Wieser* (Hrsg), Steiermärkisches Landesrecht (2011) 315; *K. Weber,* Rechtsprobleme der naturschutzrechtlichen Interessenabwägung am Beispiel des § 27 Tiroler Naturschutzgesetz, JRP 1999, 176; *K. Weber,* Stand und Entwicklung des österreichischen Naturschutzrechtes, JBl 2000, 701.

Aus dem Bereich des Naturschutzrechts ist iZm mit der Errichtung von gew BA vor allem der **Landschaftsschutz** von Bedeutung.

26.1 Die meisten NaturschutzG sehen einen **allgemeinen Landschafts-** bzw **Freilandschutz** vor und statuieren Bewilligungs- oder Anzeigepflichten für **landschaftsbeeinträchtigende Maßnahmen,** die in der *freien Landschaft* bzw *außerhalb von Ortsgebieten* (§ 5 Bgld NSchG; § 7 Abs 1 NÖ NSchG; § 5 Abs 1 K-NSG; § 6 Tir NSchG; § 4 Stmk NSchG) oder im *Grünland* (§§ 5, 6 OÖ NSchG; §§ 18, 19 Wr NSchG; § 25 Sbg NSchG) verwirklicht werden sollen. Teilweise können sich solche Bewilligungs- oder Anzeigepflichten auch auf das *gesamte Landesgebiet* erstrecken (vgl zB §§ 4 und 11 K-NSG; § 26 Sbg NSchG; § 3 Stmk NSchG; § 33 Abs 1 Vlbg NSchG; § 18 Abs 1 Wr NSchG).

Die bewilligungs- und anzeigepflichtigen Maßnahmen sind in detaillierten Katalogen taxativ aufgezählt. IdR sind neben **großräumigen Geländeveränderungen** auch die **Errichtung größerer Gebäude, Bauwerke** (zB Hochspannungsleitungen, Windkraftanlagen; Solar- und Photovoltaikanlagen) sowie **sonstiger Anlagen** (zB Straßen, Rohstoffabbau- und –aufbereitungsanlagen, Lager-, Ablagerungs-, Abstell- und Parkplätze, Sport-, Camping-, Golfplätze, Seilbahnen, Tankstellen uÄ) bewilligungs- bzw anzeigepflichtig. Auch die Errichtung, Aufstellung und Anbringung von **Werbeanlagen** unterliegt regelmäßig der Bewilligungs- oder Anzeigepflicht.

Verschiedentlich ist ein **Entfall der naturschutzrechtlichen Bewilligungspflicht** vorgesehen, wenn sich bei Maßnahmen nach (näher bestimmten) anderen LG und BG entsprechende Bewilligungs- und/oder Berücksichtigungspflichten ergeben (vgl zB § 5 Abs 2 K-NSG; § 7 Abs 1 OÖ NSchG; § 49 Abs 3 Sbg NSchG).

Eine naturschutzrechtliche Genehmigung ist zu erteilen, wenn entweder die Interessen von Natur und Landschaft nicht beeinträchtigt werden (bzw mittels Vorschreibung von Auflagen, Bedingungen oder Befristungen ausgeglichen werden können) oder andere, für die Verwirklichung einer Maßnahme sprechende (besonders wichtige, deutlich höhere) öffentliche Interessen die Naturschutzinteressen überwiegen (**Interessenabwägung** – vgl dazu *Madner* in *Holoubek/Potacs,* Öffentliches Wirtschaftsrecht II[3] 1010 ff); zT ist im Rahmen der Interessenabwägung auch eine **Alternativenprüfung** erforderlich (vgl zB § 29 Abs 4 Tir NSchG; § 35 Abs 2 Vlbg NSchG; § 18 Abs 6 Wr NSchG, § 3 a Abs 2 Sbg NSchG – VwGH 24. 2. 2006, 2005/04/0044).

Die mit den Naturschutzinteressen abzuwägenden öffentlichen Interessen werden zT demonstrativ angeführt (zB Fremdverkehrsinteressen; vgl *Hattenberger* in *Potacs,* Kärntner Naturschutzrecht 92 f). **Besonderen volks- oder regionalwirtschaftlichen Interessen** wird dabei regelmäßig Bedeutung einzuräumen sein, nicht aber auch **privaten (wie zB betriebs-) wirtschaftlichen Interessen** an der Verwirklichung von Maßnahmen, außer es ist gesetzlich ausdrücklich vorgesehen (§ 14 Abs 1 Z 2 OÖ NSchG).

Eine Flächenwidmung (zB als **Gewerbe-** oder **Industriegebiet**) stellt – ähnlich wie im Rodungsverfahren (s Rz 331, 27.1) – nur ein Indiz für ein öffentliches Interesse dar; die Gewichtung dieses öffentlichen Interesses und ihre Abwägung gegenüber dem öffentlichen Interesse am Naturschutz bleibt jedoch ausdrücklich der Naturschutzbehörde vorbehalten (VwGH 27. 3. 2000, 97/10/0149).

Im Fall, dass im naturschutzrechtlichen Genehmigungsverfahren ausnahmsweise auch auf Erfordernisse des **Immissionsschutzes** Bedacht zu nehmen wäre, können diese Immissionsschutzbestimmungen – aus kompetenzrechtlichen Gründen (Art 10 Abs 1 Z 8 B-VG) – jedenfalls bei **genehmigungspflichtigen gew BA** nicht zur Anwendung kommen (VwGH 14. 12. 1998, 97/10/0082 – hier: Steinbruch; vgl idS zB § 37 Abs 2 Vlbg NSchG).

Die Bewilligung kann idR unter Vorschreibung von Befristungen, Auflagen oder Bedingungen erfolgen. Ist eine Bewilligung aufgrund überwiegender öffentlicher Interessen zu erteilen, ist zT auch die Vorschreibung von **Ausgleichs-** bzw **Ersatzmaßnahmen** (zB Schaffung von Ersatzlebensräumen) vorgesehen (§ 12 K-NSG; § 3a Abs 4 Sbg NSchG; § 37 Abs 3 Vlbg NSchG). Gem § 51 Sbg NSchG kommt die Vorschreibung von **Ausgleichmaßnahmen** auch anstelle der Versagung der Bewilligung in Betracht. In diesem Fall müssen die vom Bewilligungswerber angebotenen Ausgleichsmaßnahmen die nachteiligen Wirkungen des Vorhabens erheblich übertreffen.

26.2 Strengere Vorschriften bestehen für **besonders geschützte Gebiete** (zB Natur-, Landschafts- bzw Europaschutzgebiete, Nationalparks, Alpinregionen uÄ). In solchen Gebieten sind Eingriffe in die Natur, wie sie sich typischerweise auch bei der Errichtung einer **gew BA** ergeben, entweder **absolut verboten** oder **bewilligungspflichtig.** Eine **(Ausnahme-)Bewilligung** darf nur erteilt werden, wenn der gesetzlich bestimmte Schutzzweck nicht (erheblich) beeinträchtigt wird (vgl zB § 18 Abs 2 Sbg NSchG; § 6 Abs 6 Stmk NSchG) oder – im Fall der Beeinträchtigung – jedenfalls durch besonders wichtige öffentliche Interessen gerechtfertigt ist (§ 3a Abs 2 Sbg NSchG; § 6 Abs 7 Stmk NSchG).

26.3 Naturschutzbehörde ist – abhängig vom jeweiligen Vorhaben oder Verfahren – idR die BVB oder die LReg.

Naturschutzrechtliche Bewilligungen unterliegen nicht der gewerberechtlichen Verfahrens- und Entscheidungskonzentration nach § 356b GewO. Es ist aber zulässig, im Fall der Zuständigkeit der BVB (als Naturschutzbehörde) das gewerberechtliche und naturschutzrechtliche Verfahren zur **gemeinsamen Verhandlung** und **Entscheidung** zu verbinden (§ 39 Abs 2 und 2a AVG).

Da in den NSchG regelmäßig nur öffentliche Interessen geschützt werden, ist dem Naturschutzrecht eine Parteistellung Dritter (zB der Nachbarn) fremd. Zur Wahrung der Interessen des Natur- und Umweltschutzes räumen die meisten NSchG **Naturschutzbeauftragten** sowie **Naturschutz-** bzw **Landesumweltanwälten** Parteienrechte (einschließlich Rechtsmittellegitimation) ein.

27. Forstrecht (Rodungen)

Rechtsquelle: ForstG 1975 BGBl 1975/440 idF BGBl I 2015/102.   **331**

Literatur: *Brawenz/Kind/Wieser,* ForstG[4] (2015); *Gaisbauer,* Die forstrechtliche Rodungsbewilligung im öffentlichen Interesse des Siedlungswesens, ÖGZ 5/1986, 20; *Giese,* Forstrecht, in

Bachmann et al (Hrsg), Besonderes Verwaltungsrecht[10] (2014) 331; *Jäger*, Forstrecht[3] (2003); *Jäger*, Forstrecht, in *Norer* (Hrsg), Handbuch des Agrarrechts[2] (2012) 505; *Niederhuber*, Abwägungsentscheidungen im Naturschutz- und Forstrecht, in IUR/ÖWAV (Hrsg), Abwägungen im Umweltrecht. Projektwerber versus Umweltinteressen? Jahrbuch des Umweltrechts 2012 (2012) 163; *Pabel*, Forstrecht, in *N. Raschauer/Wessely* (Hrsg), Handbuch Umweltrecht[2] (2010) 206.

27.1 Waldboden (iSd §§ 1 a ff ForstG) darf grds nur zum Zweck der Waldkultur (§ 6 ForstG) verwendet werden (§ 17 Abs 1 ForstG). Wird eine **gew BA auf Waldboden** errichtet und dadurch Waldboden zu waldfremden Zwecken verwendet, ist eine **Rodungsbewilligung** erforderlich, uzw selbst dann, wenn im Zuge der Errichtung der gew BA kein einziger Baum gefällt wird (VwGH 19. 10. 1987, 87/10/0063).

Bei **kleinflächigen Rodungen bis 1.000 m²** genügt die bloße *Anmeldung* der Rodung. In diesem Fall hat die Forstbehörde innerhalb von sechs Wochen zu prüfen, ob ein öffentliches Interesse an der Walderhaltung besteht und aus diesem Grund die Durchführung eines („normalen") Bewilligungsverfahrens erforderlich ist. Erfolgt keine diesbezügliche Mitteilung der Forstbehörde, ist die Rodung ex lege zulässig (§ 17 a ForstG).

Die Rodungsbewilligung ist zu erteilen, wenn **kein öffentliches Interesse an der Walderhaltung** besteht (§ 17 Abs 2 ForstG). Es bedarf in diesem Fall nicht der Geltendmachung von öffentlichen Interessen, es genügt (auch) ein bloß *privates* (zB *betriebliches*) Interesse an der Rodung.

Besteht ein **öffentliches Interesse an der Walderhaltung,** dann kann eine Rodung nur dann bewilligt werden, wenn ein anderes öffentliches Interesse das Interesse an der Walderhaltung überwiegt (§ 17 Abs 3 ForstG). Die Forstbehörde hat eine Abwägung zwischen den gegenläufigen Interessen vorzunehmen; es handelt sich um keine Ermessens-, sondern eine **gebundene Abwägungsentscheidung** (VwSlg 9574/1978).

Von einem **öffentlichen Interesse an der Walderhaltung** ist auszugehen, wenn der betreffenden (oder benachbarten) Waldfläche eine mittlere oder hohe Schutz- bzw Wohlfahrtswirkung oder eine hohe Erholungswirkung im Waldentwicklungsplan (§ 9 ForstG) zukommt (VwGH 21. 6. 2007, 2004/10/0095; 29. 2. 2012, 2010/10/0234).

Im Fall eines öffentlichen Interesses an der Walderhaltung kommt die Erteilung einer Rodungsbewilligung für die **Errichtung einer gew BA** nur in Betracht, wenn dies im *öffentlichen Interesse* liegt.

Öffentliche Interessen an einer anderen Verwendung als solchen der Waldkultur werden in § 17 Abs 4 ForstG demonstrativ angeführt (zB Energiewirtschaft, Agrarstrukturverbesserung). Soweit diese mangels Offenkundigkeit nicht von Amts wegen festgestellt werden können, muss der Bewilligungswerber die mit der Rodung verbundenen öffentlichen Interessen bekanntgeben (VwGH 30. 5. 1994, 92/10/0390). Es genügt nicht, dass ein Rodungsvorhaben abstrakt im öffentlichen Interesse gelegen ist. Zu beurteilen ist stets das konkrete Projekt (zB einer **gew BA**).

Neben **speziellen volks- oder regionalwirtschaftlichen Interessen** an der Errichtung einer gew BA kann sich ein entsprechendes öffentliches Interesse auch allgemein aus dem Flächenwidmungsplan und dem **„Siedlungswesen"** iSd § 17 Abs 4 ForstG ergeben, wenn die betreffenden Grundflächen der Verwirklichung eines nach einem Flächenwidmungsplan zulässigen Bauvorhabens dienen sollen (VwGH 11. 10. 1983, 83/07/0055). Allerdings kann aus der bloßen Baulandwidmung und allenfalls rk Bau- und gew BA-Genehmigungen nicht unmittelbar auf ein überwiegendes öffentliches Interesse am Siedlungswesen geschlossen werden. Es ist auch in diesem Fall abzuwägen, welches öffentliche Interesse (Siedlungswesen oder Walderhaltung) konkret überwiegt. Die Behörde muss sich – bei sonstiger Rechtswidrigkeit – mit den Gründen auseinandersetzen, die zur Festlegung einer Baulandwidmung auf Waldflächen geführt haben (VwGH 3. 8. 1995, 93/10/0242).

Die Rodungsbewilligung kann erforderlichenfalls auch unter Bedingungen, Befristungen und Auflagen erteilt werden. In diesem Zusammenhang können auch **Ersatzleistungen** als Ausgleich für den Verlust von Waldwirkungen vorgeschrieben werden (§ 18 Abs 1 und 2 ForstG).

27.2 Forstbehörde ist idR die BVB (§ 170 Abs 1 ForstG).

Sollten für ein Vorhaben neben der Rodungsbewilligung noch weitere bundesrechtliche Genehmigungen (zB gem WRG; s Rz 308, 4.10) erforderlich sein, kann sich im Einzelfall auch eine **(Attraktions-)Zuständigkeit** des LH oder des BMLFUW ergeben (§ 170 Abs 2 ForstG).

Rodungsbewilligungen unterliegen – im Unterschied zu den forstrechtlichen Anlagenbewilligungen gem §§ 49, 50 ForstG (s dazu *Giese,* Sonstige Genehmigungsvoraussetzungen im Rahmen der Verfahrens- und Entscheidungskonzentration Rz 235) – nicht der gewerberechtlichen Verfahrens- und Entscheidungskonzentration nach § 356b GewO. Es ist aber zulässig, im Fall der Zuständigkeit der BVB (als Forstbehörde) das gewerberechtliche und forstrechtliche Verfahren zur **gemeinsamen Verhandlung** und **Entscheidung** zu verbinden (§ 39 Abs 2 und 2a AVG).

Das Rodungsbewilligungsverfahren ist ein **Mehrparteienverfahren** (§ 19 Abs 4 ForstG); ua können benachbarte Waldeigentümer (oder dinglich Berechtigte) die Missachtung des Deckungsschutzes (§ 14 Abs 3 ForstG) gegen das Vorhaben einwenden (VwGH 26. 2. 1987, 86/07/0224, 0225).

D. Sonderbestimmungen für UVP-pflichtige Betriebsanlagen

Kai Vogelsang
(auf Grundlage der von Harald Wendl in der Vorauflage bearbeiteten Fassung)

Literatur: *Altenburger/Wojnar,* Umweltverträglichkeitsprüfungsgesetz (2005); *Bachl,* Die (betroffene) Öffentlichkeit im UVP-Verfahren, RdU Band 42 (2015); *C. Baumgartner,* Immissionsgrenzwerte im Anlagengenehmigungsverfahren, RdU 2002/124; *C. Baumgartner,* Parteistellungen im UVP-G nach der Nov 2004, ecolex 2005, 275; *Bergthaler/Weber/Wimmer* (Hrsg), Die Umweltverträglichkeitsprüfung (1998); *Büchele/Ennöckl,* Umweltinformationsgesetz (2005); *Bußjäger/Lampert,* Bürgerinitiativen im vereinfachten UVP-Verfahren, ecolex 2015, 163; *Eberhartinger-Tafill/Merl,* UVP-G 2000 (2005); *Ennöckl/N. Raschauer/Bergthaler,* Umweltverträglichkeitsprüfungsgesetz. Kommentar[3] (2013); *Grassl/Lampert,* Aktuelle Entwicklungen zur Parteistellung des Umweltanwalts in UVP-Verfahren, ZVG 2015, 500; *Janauer/Kerschner/Oberleitner,* Der Sachverständige in Umweltverfahren (1999); *Kerschner/Bergthaler/Hittinger,* Umweltmediation im österreichischen Recht (Studie im Auftrag des BMLFUW, Schriftenreihe 2003/4); *Köhler/Schwarzer,* Umweltverträglichkeitsprüfungsgesetz (1997); *Madner,* Umweltverträglichkeitsprüfung in *Holoubek/Potacs* (Hrsg), Öffentliches Wirtschaftsrecht II[3] (2013) 881; *N. Raschauer/Schlögl,* Umweltverträglichkeitsprüfung (UVP), in *N. Raschauer/Wessely* (Hrsg), Handbuch Umweltrecht[2] (2010) 307; *Raschhofer,* Die Rechtsstellung des Umweltanwalts am Beispiel des UVP-G 2000, RdU 2004, 90; *Schulev-Steindl,* Keine Präklusion für Umweltanwalt, RdU 2005, 43; *Schmelz/Schwarzer,* UVP-G. Kommentar; *Schwarzer,* Zur unmittelbaren Wirkung der EU-Richtlinie über die UVP in Österreich, RdU 1994, 109.

Inhalt

1. Einleitung

332 Zweck dieser Abhandlung ist (neben einer überblicksweisen Zusammenstellung der rechtlichen Grundlagen der Umweltverträglichkeitsprüfung) eine Kurzdarstellung jener Bestimmungen des UVP-G 2000, die besonders zu beachten sind, wenn Gegenstand des Verfahrens eine UVP-pflichtige gew BA ist.

2. Rechtliche Grundlagen

333 **2.1 Europarechtliche Grundlagen:** Richtlinie 85/337/EWG über die Umweltverträglichkeitsprüfung bei bestimmten öffentlichen und privaten Projekten. Eine wesentliche Änderung erfolgte durch die Richtlinie 2003/35/EG über die Beteiligung der Öffentlichkeit bei der Ausarbeitung bestimmter umweltbezogener Pläne und Programme und zur Änderung der Richtlinien 85/337/EWG und 96/61/EG des Rates in Bezug auf die Öffentlichkeitsbeteiligung und den Zugang zu Gerichten. Eine weitere Änderung erfolgte im Rahmen des sog Klima- und Energiepaketes der EU durch die RL 2009/31/EG über die geologische Speicherung von Kohlendioxid (CCS-RL). Im Jahr 2011 wurde die bis dahin geltende Fassung der UVP-RL durch die RL 2011/92/EU kodifiziert. Inhaltliche Änderungen wurden nicht vorgenommen.

Die letzte Änderung der UVP-RL erfolgte mit der Änderungs-RL 2014/52/EU. Sie ist am 15. 5. 2014 in Kraft getreten, die dreijährige Umsetzungsfrist läuft bis 16. 5. 2017.

2.2 Verfassungsrechtliche Grundlagen

Nach Art 11 Abs 1 Z 7 B-VG ist Bundessache die Gesetzgebung, Landessache die Vollziehung in Angelegenheiten der „Umweltverträglichkeitsprüfung für Vorhaben, bei denen mit erheblichen Auswirkungen auf die Umwelt zu rechnen ist; soweit ein Bedürfnis nach Erlassung einheitlicher Vorschriften als vorhanden erachtet wird, Genehmigung solcher Vorhaben".

Für Bundesstraßen und Eisenbahnhochleistungsstrecken s Art 10 Abs 1 Z 9 B-VG.

Im Bereich der Vollziehung der Länder ist für UVP-Verfahren (nach dem ersten und zweiten Abschnitt des UVP-G 2000) die **LReg** zuständig (s § 39 Abs 1 UVP-G 2000; Näheres s unten 6.).

In Art 131 Abs 4 Z 2 lit a B-VG wurde die verfassungsrechtliche Grundlage geschaffen, mittels BG eine Zuständigkeit der Verwaltungsgerichte des Bundes für Beschwerden in Angelegenheiten der UVP vorzusehen.

Von dieser Befugnis wurde in § 40 UVP-G Gebrauch gemacht. Der bis 31. 12. 2013 als zweite Instanz zuständige uUmwSen wurde aufgelöst.

2.3 Einfachgesetzliche Grundlagen

In Umsetzung der zu 2.1 angeführten EU-Richtlinien und auf Basis der zu 2.2 bezeichneten verfassungsrechtlichen Grundlagen erging das Umweltverträglichkeitsprüfungsgesetz BGBl 1993/697 idF zuletzt BGBl I 2014/14, (UVP-G 2000).

3. UVP-pflichtige Vorhaben

3.1 Gem § 3 Abs 1 UVP-G sind die im **Anhang 1** des UVP-G *taxativ aufgezählten Vorhaben* einer UVP in einem konzentrierten Genehmigungsverfahren (Näheres s unten 4.) zu unterziehen.

Anhang 1 differenziert die dort genannten Vorhaben in drei Spalten. In Spalte 1 und 2 finden sich jene Vorhaben, die *jedenfalls* UVP-pflichtig sind; in Spalte 3 sind jene Vorhaben angeführt, die nur bei Zutreffen besonderer Voraussetzungen der UPV-Pflicht unterliegen *(Einzelfallprüfung)*. Für Vorhaben, die nach Spalte 2 und 3 UVP-pflichtig sind, ist ein *vereinfachtes Verfahren* durchzuführen.

Zum „weiten" Vorhabensbegriff s ua VwGH 31. 7. 2007, 2006/05/0221.

Änderungen von im Anhang 1 angeführten Vorhaben sind nach Maßgabe der in § 3 a UVP-G normierten Voraussetzungen einer UVP zu unterziehen.

Sonderbestimmungen über die UVP-Pflicht von Vorhaben enthalten

– § 3 Abs 2 UVP-G: Vorhaben, die für sich allein die im Anhang 1 festgelegten Schwellenwerte nicht erreichen oder Kriterien nicht erfüllen, bei denen aber mit einer *Kumulierung der Auswirkungen* auf die Umwelt zu rechnen ist;
– § 3 Abs 4 UVP-G: Vorhaben, für die in Spalte 3 des Anhangs 1 ein Schwellenwert in besonders schutzwürdigen Gebieten festgelegt ist;
– § 3 Abs 4a UVP-G: Vorhaben, für die in Spalte 3 des Anhangs 1 andere als in Abs 4 genannte besondere Voraussetzungen festgelegt sind.

In allen diesen Fällen ist nach Maßgabe der in den zit Bestimmungen enthaltenen näheren Regelungen im *Einzelfall* festzustellen (zu entscheiden), ob eine UVP durchzuführen ist.

Eine Einzelfallprüfung entfällt, wenn der Projektwerber/die Projektwerberin die Durchführung einer UVP beantragt.

3.2 Die UVP-Pflicht eines Vorhabens kann sich – abweichend von der innerstaatlichen Rechtslage – aber auch aus **unmittelbar anzuwendenden Bestimmungen des Gemeinschaftsrechts** ergeben. Nach stRsp des Gerichtshofes der Europäischen Gemeinschaften *hat jede staatliche Behörde* im Rahmen ihrer Zuständigkeit auf die unmittelbar anwendbaren Bestimmungen des Gemeinschaftsrechts *Bedacht zu nehmen* (vgl ua 9. 3. 1978, Rs 106 – 77, „Simmenthal", Slg 1978, 629, Rz 14, 24). Siehe auch die diesbzgl Hinweise bei *Bergthaler/Berger,* Die unionsrechtlichen Grundlagen des Betriebsanlagenrechts Rz 293.

In dem Erk v 18. 11. 2004, 2003/07/0127, zugrunde liegenden Fall erkannte der VwGH, dass ein bestimmtes Projekt den Schwellenwert der Z 10 des Anhanges I der UVP-RL idF der Änderungs-RL überschreitet und daher eine UVP-Pflicht nach Gemeinschaftsrecht besteht (obwohl nach dem österreichischen UVP-G in der im Zeitpunkt der Entscheidung geltenden Fassung eine solche UVP-Pflicht nicht vorgesehen war); denn die Bestimmung der zit Z 10 der UVP-RL ist inhaltlich unbedingt und hinreichend bestimmt und daher nach der Jud des EuGH unmittelbar wirksam; sie ist daher anzuwenden.

3.3 Ein eigenes **Feststellungsverfahren,** das in der Verwaltungspraxis vielfach in Anspruch genommen wird, regelt **§ 3 Abs 7 UVP-G.** Demnach hat die Behörde (LReg) auf *Antrag* des Projektwerbers/der Projektwerberin, einer mitwirkenden Behörde oder des Umweltanwalts festzustellen, ob für ein Vorhaben eine UVP nach diesem Bundesgesetz durchzuführen ist und welcher Tatbestand des Anhangs 1 oder des § 3a Abs 1 bis 3 durch das Vorhaben verwirklicht wird. Diese Feststellung kann auch von Amts wegen erfolgen. Die Entscheidung ist innerhalb von 6 Wochen mit Bescheid zu treffen. *Parteistellung* und das Recht, Beschwerde an das BVwG zu erheben, haben der Projektwerber/die Projektwerberin, der Umweltanwalt und die Standortgemeinde. Vor der Entscheidung sind die mitwirkenden Behörden und das ww Planungsorgan zu hören. Die Standortgemeinde kann gegen die Entscheidung des BVwG Revision an den VwGH erheben. Der Umweltanwalt und die mitwirkenden Behörden sind von der Verpflichtung zum Ersatz von Barauslagen befreit.

Neben der oben erwähnten Standortgemeinde steht selbstverständlich dem Projektwerber/der Projektwerberin eine *Revisionsbefugnis* an den VwGH zu.

Nachbarn iSd § 19 Abs 1 Z 1 UVP-G (s unten 4.5) steht *kein* Antragsrecht und damit **keine Parteistellung** in Bezug auf ein Feststellungsverfahren gem § 3 Abs 7 leg cit zu (vgl ua VwGH 22. 12. 2003, 2003/10/0232 und 28. 6. 2005, 2004/05/0032).

Gem § 3 Abs 7 UVP-G ist eine gem § 19 Abs 7 leg cit anerkannte Umweltorganisation berechtigt, binnen 4 Wochen ab dem Tag der Veröffentlichung des Bescheides im Internet Beschwerde an das BVwG zu erheben, wenn die Behörde feststellt, dass für ein Vorhaben keine UVP durchzuführen ist. (Bemerkenswert ist das Erk des BVwG vom 11. 2. 2015, W104 2016940 – 1/3E, in dem es einer Umweltorganisation erstmalig sogar ein Antragsrecht eingeräumt hat).

Entgegen der bisherigen Annahme, dass eine rk Feststellung nach § 3 Abs 7 UVP-G grundsätzlich Bindungswirkung für alle relevanten, für das Projekt in Frage kommenden Verfahren entfaltet (ua VwGH 26. 4. 2006, 2003/04/0097), hat der EuGH (EuGH 16. 4. 2015, C-570/13) in einem Vorabentscheidungsverfahren erkannt, dass Art 11 der RL 2011/92/EU dahingehend auszulegen ist, dass er einer nationalen Regelung – wonach eine Verwaltungsentscheidung, mit der festgestellt wird, dass für ein Projekt keine UVP durchzuführen ist, **Bindungswirkung für Nachbarn** hat, die vom Recht auf Erhebung einer Beschwerde gegen diese Entscheidung ausgeschlossen sind – entgegensteht, sofern diese Nachbarn, die zur „betroffenen Öffentlichkeit" iSv Art 1 Abs 2 dieser RL gehören, die Kriterien des nationalen Rechts in Bezug auf das „ausreichende Interesse" oder die „Rechtsverletzung" erfüllen. Es ist Sache des vorlegenden Gerichts, zu prüfen, ob diese Voraussetzung in der bei ihm anhängigen Rechtssache erfüllt ist. Ist dies der Fall, muss das vorlegende Gericht feststellen, dass eine Verwaltungsentscheidung, keine UVP durchzuführen, gegenüber diesen Nachbarn keine Bindungswirkung hat.

Der VwGH hat mit Erk vom 22. 6. 2015, 2015/04/0002, der Rechtsanschauung des EuGH und seiner Verpflichtung zur Durchsetzung des Unionsrechts Rechnung getragen.

3.4 Gem **§ 3 Abs 6 UVP-G** dürfen vor Abschluss der UVP oder der Einzelfallprüfung für Vorhaben, die einer Prüfung gem Abs 1, 2 oder 4 (des § 3) unterliegen, Genehmigungen nicht erteilt werden und kommt nach Verwaltungsvorschriften getroffenen Anzeigen vor Abschluss der UVP keine rechtliche Wirkung zu. **Entgegen dieser Bestimmung erteilte Genehmigungen können** von der gem § 39 Abs 3 leg cit zuständigen Behörde (dies ist entweder die sachlich in Betracht kommende Oberbehörde oder, wenn eine solche nicht vorgesehen ist, die Behörde, die den Bescheid erlassen hat) innerhalb einer Frist von drei Jahren als **nichtig erklärt werden.**

Näheres zur sog *Sperrwirkung* des § 3 Abs 6 UVP-G s *Ennöckl/N. Raschauer/Bergthaler,* UVP-G[3] Rz 33 – 41 zu § 3 unter Hinweis auf weitere Lit und VwGH 24. 2. 2006, 2005/04/0044.

Langt also bei einer BVB ein Genehmigungsantrag für ein Projekt (hier: gew BA) ein, trifft sie eine besondere Sorgfaltspflicht bei der Prüfung der Frage, ob dieses Vorhaben allenfalls der UVP-Pflicht iSd obigen Ausführungen 3.1 und 3.2 unterliegt bzw ob allenfalls bereits eine rk Feststellung iSd § 3 Abs 7 UVP-G (s oben 3.3) vorliegt.

Bei Annahme einer UVP-Pflicht hat die BVB das Anbringen gem § 6 Abs 1 AVG an die zuständige LReg (als UVP-Behörde) weiterzuleiten oder den Einschreiter an diese zu verweisen. Im Zweifel wird auf die Möglichkeit der Beantragung eines Feststellungsverfahrens nach § 3 Abs 7 UVP-G (s oben 3.3) durch die mitwirkende Behörde (hier: BVB; s die diesbzgl Begriffsbestimmung des § 2 Abs 1 UVP-G) verwiesen; das Verfahren bei der BVB wird in einem solchen Fall bis zur rk Entscheidung im Feststellungsverfahren zu unterbrechen sein.

4. Das konzentrierte Genehmigungsverfahren, Genehmigungsvoraussetzungen, Parteistellung

335   **4.1** Wenn ein Vorhaben einer UVP zu unterziehen ist (s oben 3.), dann sind gem **§ 3 Abs 3 UVP-G** die nach den *bundes- und landesrechtlichen Verwaltungsvorschriften* – auch soweit sie im eigenen Wirkungsbereich der Gemeinde zu vollziehen sind (zB baurechtliche Vorschriften) – für die Ausführung des Vorhabens erforderlichen materiellen Genehmigungsbestimmungen von der Behörde (LReg) *in einem konzentrierten Verfahren mitanzuwenden* (konzentriertes Genehmigungsverfahren).

Im Zusammenhang mit der Regelung des **§ 17 UVP-G,** wonach die Behörde (LReg) bei ihrer Entscheidung über den Antrag (s unten 4.2) die in den betreffenden Verwaltungsvorschriften und zusätzlich die in Abs 2 bis 6 des § 17 vorgesehenen Genehmigungsvoraussetzungen anzuwenden und über alle beantragten Genehmigungen gemeinsam abzusprechen hat (s unten 4.4), sowie iVm **§ 39 Abs 1 UVP-G,** wonach sich die Zuständigkeit der LReg auch auf alle Ermittlungen, Entscheidungen und Überwachungen nach jenen Verwaltungsvorschriften erstreckt, für die gem § 5 Abs 1 leg cit Genehmigungsanträge zu stellen sind (s unten 4.2), wurde sohin für alle (unter den zweiten Abschnitt des UVP-G fallenden) UVP-pflichtigen Vorhaben eine **umfassende Verfahrens- und Entscheidungskonzentration** normiert.

> An die Stelle der vielen Einzelverfahren nach den verschiedenen Rechtsvorschriften, wie zB Baurecht, Naturschutz, Raumordnung, Gewerberecht, Wasserrecht, Bergrecht, die von verschiedenen Behörden in unterschiedlichen Rechtszügen zu führen sind, das eine Verfahren vom Bürgermeister, das andere von der BVB, das dritte von der LReg, das vierte vom LH usw, tritt eine einheitliche Behörde, ein einheitliches Verfahren und ein einheitlicher Rechtsschutz.
>
> Das konzentrierte Genehmigungsverfahren nach dem UVP-G ersetzt sohin bei den UVP-pflichtigen Vorhaben alle nach bundes- und auch landesrechtlichen Verwaltungsvorschriften erforderlichen Verfahren; die Entscheidung über den umfassenden Genehmigungsantrag tritt an die Stelle der in den einzelnen Verwaltungsvorschriften vorgesehenen Genehmigungen, Bewilligungen usw.

4.2 Der Projektwerber/die Projektwerberin eines UVP-pflichtigen Vorhabens hat bei der LReg **einen umfassenden Genehmigungsantrag** einzubringen, der alle nach den einzelnen in Frage kommenden bundes- und landesrechtlichen Verwaltungsvorschriften für die Genehmigung des Vorhabens *erforderlichen Unterlagen* und die *Umweltverträglichkeitserklärung (UVE)* in der jeweils erforderlichen Anzahl enthält (vgl § 5 Abs 1 UVP-G).

4.3 Die §§ 6 bis 16 UVP-G enthalten insb detaillierte Regelungen über die Anforderungen an die UVE, den von der Behörde zu erstellenden Zeitplan und über die für sie geltenden Entscheidungsfristen, die öffentliche Auflage, grenzüberschreitende Umweltauswirkungen, Erstellung des Umweltgutachtens sowie über die Verpflichtung zur Abhaltung einer für alle anzuwendenden Verwaltungsvorschriften **gemeinsamen mündlichen Verhandlung** (§ 16; zu dieser sind ua auch die mitwirkenden Behörden beizuziehen).

4.4 Nach § 17 UVP-G hat die LReg in einer Konzentrationsentscheidung (s oben 4.1) über alle beantragten Genehmigungen gemeinsam abzusprechen und hiebei folgende **Genehmigungsvoraussetzungen** anzuwenden:

1. Die *in den betreffenden Verwaltungsvorschriften vorgesehenen* Genehmigungsvoraussetzungen (hinsichtlich zB der Genehmigungsvoraussetzungen der GewO s Lexikon „Genehmigung [Voraussetzungen]" Rz 59), und

2. die im § 17 Abs 2 bis 6 vorgesehenen *zusätzlichen* Genehmigungsvoraussetzungen (soweit dies nicht schon in anzuwendenden Verwaltungsvorschriften vorgesehen ist):

– Abs 2 Z 1: Emissionen von Schadstoffen sind nach dem Stand der Technik zu begrenzen (in § 77 Abs 3 GewO bereits hinsichtlich von Luftschadstoffen vorgesehen),

– Abs 2 Z 2: die Immissionsbelastung zu schützender Güter ist möglichst gering zu halten (mit näheren Kriterien in Z 2 lit a bis c des § 17 Abs 2),

– Abs 2 Z 3: Abfälle sind nach dem Stand der Technik zu vermeiden oder zu verwerten oder, soweit dies wirtschaftlich nicht vertretbar ist, ordnungsgemäß zu entsorgen (im § 77 Abs 4 GewO bereits vorgesehen),

– Abs 3: besondere Genehmigungsvoraussetzungen für bestimmte Infrastrukturprojekte (im Zusammenhang mit gew BA nicht relevant),

– Abs 4: Für die Entscheidung sind außerdem die Ergebnisse der UVP zu berücksichtigen (einschließlich der Stellungnahmen und dem Ergebnis einer allfälligen öffentlichen Erörterung). Durch geeignete Auflagen, Bedingungen, Befristungen, Projektmodifikationen, Ausgleichsmaßnahmen oder sonstige Vorschreibungen ist zu einem hohen Schutzniveau für die Umwelt in ihrer Gesamtheit beizutragen.

Zum Begriff der Auflagen s *Wendl,* Zulässige und unzulässige Auflagen Rz 341; zu ihrer Unterscheidung von Bedingungen s Lexikon „Bedingungen" Rz 19.

Im gew BA-Recht sind projektändernde Auflagen unzulässig (s *Wendl,* Zulässige und unzulässige Auflagen Rz 347, 9.3). Aufgrund der zit Sondernorm des UVP-G sind dagegen erforderlichenfalls auch Projektmodifikationen vorzuschreiben.

– Abs 5: Der Antrag ist auch dann abzuweisen, wenn sich aus einer Gesamtbewertung ergibt, dass durch das Vorhaben und seine Auswirkungen, insb auch durch Wechselwirkungen, Kumulierung oder Verlagerung, schwerwiegende Umweltbelastungen zu erwarten sind, die durch Auflagen usw nicht verhindert oder auf ein erträgliches Maß vermindert werden können.

– Nach Abs 6 können angemessene Fristen für die Fertigstellung des Vorhabens oder für die Inanspruchnahme von Rechten festgesetzt werden. Die Behörde kann diese Fristen unter bestimmten Voraussetzungen verlängern.

4.5 Parteistellung und Rechtsmittelbefugnis

Parteistellung haben (neben dem Projektwerber/der Projektwerberin als Hauptpartei) nach § 19 Abs 1 UVP-G

Z 1. **Nachbarn:** Hier verwendet das UVP-G fast gleichlautend den Nachbarbegriff des § 75 Abs 2 GewO, jedoch hinsichtlich Nachbarn im Ausland mit einer Abweichung gegenüber § 75 Abs 3 GewO;

Näheres zu diesem Nachbarbegriff sowie grundsätzlich zu der in § 42 Abs 1 AVG geregelten *Präklusionswirkung einer mündlichen Verhandlung* gegenüber Nachbarn s *Wendl,* Die Nachbarn und ihre Parteistellung Rz 260 bis 264 und 267. Die Kundmachung der mündlichen Verhandlung nach § 16 UVP-G hat im Hinblick auf den möglichen Eintritt einer solchen Präklusion jedenfalls durch Anschlag in der Gemeinde und in einer weiteren geeigneten Kundmachungsform zu erfolgen, also zB durch Verlautbarung in der für amtliche Kundmachungen der Behörde bestimmten Zeitung. Darüber hinaus sieht § 41 Abs 1 AVG noch die persönliche Verständigung der bekannten Beteiligten vor. Bei Kundmachung des UVP-Genehmigungsantrages durch *Edikt im Falle von Großverfahren* gelten die Sonderbestimmungen der §§ 44a ff AVG (s *Wendl*, Die Nachbarn und ihre Parteistellung Rz 266, 9.8). Hinsichtlich der Zulässigkeit von Einwendungen der Nachbarn für den Fall, dass zB Gegenstand des UVP-Verfahrens eine gew BA ist, s *Bergthaler/Holzinger*, Zulässige und unzulässige Einwendungen Rz 278.

Z 2. **die nach den anzuwendenden Verwaltungsvorschriften vorgesehenen Parteien,** soweit ihnen nicht bereits nach Z 1 Parteistellung zukommt (also zB in UVP-Verfahren betreffend gew BA, in denen auch wr oder baurechtliche Bewilligungstatbestände zum Tragen kommen, die in § 102 Abs 1 WRG oder in den jeweiligen baurechtlichen Normen der Länder vorgesehenen Parteien);

Z 3. und Z 5. der **Umweltanwalt** und **Gemeinden;**

Gem § 19 Abs 3 haben der Umweltanwalt, die Standortgemeinde und die an diese unmittelbar angrenzenden österreichischen Gemeinden, die von wesentlichen Auswirkungen des Vorhabens auf die Umwelt betroffen sein können, im Genehmigungsverfahren und im Verfahren nach § 20 (Abnahmeprüfung) Parteistellung. Sie sind berechtigt, die Einhaltung von Rechtsvorschriften, die dem Schutz der Umwelt oder der von ihnen wahrzunehmenden öffentlichen Interessen dienen, als *subjektives Recht* im Verfahren geltend zu machen und Beschwerde an den VwGH zu erheben. (Zur Frage, ob auch jene Organparteien, denen die Wahrnehmung bestimmter *öffentlicher Interessen als „subjektives Recht"* übertragen ist, der Präklusion iSd § 42 Abs 1 AVG unterliegen, s *Wendl*, Die Nachbarn und ihre Parteistellung Rz 267, 10.5 und die dort erfolgten Verweise auf *Ennöckl/N. Raschauer/Bergthaler*, UVP-G[3] und weitere Lit.)

Als *Rechtsvorschriften zum Schutz der Umwelt* gelten in einem weiten Sinne alle jene Rechtsvorschriften, die direkt oder indirekt dem Schutz des Menschen und der Umwelt vor schädlichen Aus- oder Einwirkungen dienen, wie etwa das BA-Recht der GewO, das Wasserrecht, Naturschutzrecht, Luftreinhalterecht, Bergrecht, Luftfahrtrecht, Rohrleitungsrecht ua (Bericht des Umweltausschusses 1179 BlgNR 18. GP); der Begriff „Umweltschutzvorschrift" ist weit zu verstehen und nicht auf Normenbereiche eingeschränkt, die in unmittelbarem Bezug zum Schutz der Umwelt stehen; er umfasst vielmehr Rechtsvorschriften, die direkt oder indirekt dem Schutz des Menschen und der Umwelt vor schädlichen Aus- oder Einwirkungen dienen (VwGH 18. 10. 2001, 2000/07/0229).

Z 4. das **ww Planungsorgan** zur Wahrnehmung der ww Interessen gem § 55 Abs 4 WRG;

Das ww Planungsorgan vertritt diese Interessen in Wahrnehmung objektiven Rechts; seine Stellung als Organpartei unterliegt nicht den Präklusionswirkungen des § 42 Abs 1 AVG.

Z 6. **Bürgerinitiativen** (ausgenommen im vereinfachten Verfahren, in dem sie als Beteiligte mit dem Recht auf Akteneinsicht teilnehmen können);

Im Rahmen der Öffentlichkeitsbeteiligung (öffentliche Auflage gem § 9 Abs 1) kann gem § 9 Abs 5 UVP-G von jedermann eine *schriftliche Stellungnahme* eingebracht werden. Eine solche Stellungnahme kann nach § 19 Abs 4 leg cit durch Eintragung in eine *Unterschriftenliste* unterstützt werden. Wurde eine Stellungnahme von mindestens 200 Personen, die zum Zeitpunkt der Unterstützung in der Standortgemeinde oder in einer an diese unmittelbar angrenzenden Gemeinde für Gemeinderatswahlen wahlberechtigt waren, unterstützt, dann nimmt diese Personengruppe als „Bürgerinitiative" am Verfahren teil. Als Partei ist sie berechtigt, die Einhaltung von Umweltschutzvorschriften als *subjektives Recht* im Verfahren geltend zu machen und Beschwerde an das BVwG und Revision an den VwGH sowie Beschwerde an den VfGH zu erheben. (Der vorzit § 19 Abs 4 wurde durch BGBl I 2008/2 mit Rechtswirkung vom 1. 1. 2008 von einer Verfassungsbestimmung wieder zu einer einfachgesetzlichen Bestimmung zurückgestuft.)

Zu den formalen Mindestanforderungen an die *Stellungnahme* gem § 9 Abs 5 UVP-G sowie die damit zusammenhängende *Unterschriftenliste* s VfGH 14. 12. 2006, V 14/06 und 1. 10. 2007, V 14/07.

Die Bürgerinitiative hat nicht die Stellung einer Organpartei; auf sie finden die Präklusionswirkungen der § 42 bzw § 44 b Abs 1 AVG (bei Großverfahren) Anwendung, sofern sie nicht rechtzeitige und zulässige Einwendungen erhebt. Bei diesen Einwendungen ist sie aber nicht an die im Rahmen der öffentlichen Auflage abgegebene Stellungnahme gebunden (*Altenburger/Wojnar,* UVP-G Rz 296). Jedenfalls ist an die Einwendungen ein wesentlich höherer Konkretisierungsmaßstab anzulegen als an die Stellungnahme gem § 9 Abs 5 UVP-G.

Es ist weder völker- noch unionsrechtlich geboten, einer Bürgerinitiative Parteistellung in einem vereinfachten UVP-Verfahren einzuräumen. Eine Gleichstellung von Bürgerinitiativen mit NGOs würde zu einer verfassungswidrigen unsachlichen Differenzierung führen (*Bußjäger/Lampert,* ecolex 2015, 165).

Z 7. **Umweltorganisationen;**

Nach der Verfassungsbestimmung des § 19 Abs 7 UVP-G hat der BMLFUW im Einvernehmen mit dem BMWA (nun: BMWFW) auf Antrag mit Bescheid zu entscheiden, ob eine Umweltorganisation die Kriterien des Abs 6 erfüllt und in welchen Bundesländern sie zur Ausübung der Parteienrechte befugt ist.

Weitere Sonderbestimmungen betreffend Umweltorganisationen enthalten die Abs 8 bis 11 des § 19 leg cit. Gem *Abs 10* ist eine Umweltorganisation im Rahmen ihrer Parteistellung berechtigt, die Einhaltung von Umweltschutzvorschriften im Verfahren geltend zu machen, soweit sie während der Auflagefrist gem § 9 Abs 1 schriftlich Einwendungen erhoben hat. Sie ist auch berechtigt, Beschwerde an das BVwG sowie Revision an den VwGH zu erheben.

Nach dem obzit *ersten Satz des § 19 Abs 10 UVP-G* muss die Umweltorganisation während der Auflagefrist gem § 9 Abs 1 leg cit schriftlich Einwendungen erheben, um ihre Parteistellung aufrechtzuerhalten. Dies trifft auch dann zu, wenn das UVP-Verfahren nicht als Großverfahren iSd §§ 44 a ff AVG geführt wird und die öffentliche Auflage gem § 9 Abs 1 UVP-G daher (lediglich) in Form einer Kundmachung gem § 9 Abs 3 leg cit iVm § 44 a *Abs 3* AVG zu erfolgen hat. Zweifelhaft bleibt, ob die Umweltorganisation aus Anlass einer mündlichen Verhandlung gem § 16 UVP-G neuerlich Einwendungen erheben muss, um Präklusionsfolgen zu vermeiden. Zweckmäßigerweise wird die Behörde den Termin der mündlichen Verhandlung in einem mit der öffentlichen Auflage kundmachen (s § 9 Abs 3 letzter Satz leg cit).

Zur Stellung der Umweltorganisation als Formalpartei und zur Parteifähigkeit von ausländischen Umweltorganisationen s auch *Ennöckl/N. Raschauer/Bergthaler,* UVP-G³ § 19 Rz 32 und 34.

5. **Abnahmeprüfung, Nachkontrolle, Strafen**

Gem § 20 UVP-G ist die Fertigstellung des Vorhabens der Behörde (LReg) vor der **336** Inbetriebnahme anzuzeigen. Sie hat das Vorhaben darauf zu überprüfen, ob es der Genehmigung entspricht und darüber einen **Abnahmebescheid** zu erlassen, der die nach den einzelnen Materiengesetzen jeweils vorgesehenen Bescheide (zB allenfalls erforderliche Betriebsbewilligungen etc) ersetzt. Der Abnahmeprüfung sind die mitwirkende Behörden und die Parteien gem § 19 Abs 1 Z 3 bis 7 (s oben 4.5) sowie § 19 Abs 11 leg cit beizuziehen. Für Vorhaben der Spalte 1 (des Anhangs 1) ist im Abnahmebescheid auch festzulegen, bis zu welchem Zeitpunkt die Nachkontrolle durchzuführen ist. Sofern eine Abnahmeprüfung der Art des Vorhabens nach nicht sinnvoll ist, hat die LReg bereits im Genehmigungsbescheid festzulegen, bis zu welchem Zeitpunkt die Nachkontrolle durchzuführen ist (§ 20 Abs 6 UVP-G).

Gem § 22 UVP-G haben die *„Behörden gem § 21 "* (s unten 7.) für *Vorhaben der Spalte 1* (des Anhangs 1) auf Initiative der Behörde gem § 39 UVP-G (LReg) das Vorhaben frühestens drei Jahre, spätestens fünf Jahre nach Anzeige der Fertigstellung oder zu dem gem § 20 Abs 6 festgelegten Zeitpunkt *gemeinsam* einer **Nachkontrolle** zu unterziehen. Der Nachkontrolle sind auch die LReg sowie die mitwirkenden Behörden jedenfalls beizuziehen.

Die Verwaltungsstraftatbestände finden sich in § 45 (s *Ennöckl/N. Raschauer/Bergthaler,* UVP-G[3]).

Zu den **gerichtlichen Straftaten** s *McAllister/Schmoller,* Gerichtliche Straftaten im Zusammenhang mit gewerblichen Betriebsanlagen Rz 396 ff.

6. Behörden

337   *Behörde* für das konzentrierte Genehmigungsverfahren (nach dem ersten und zweiten Abschnitt des UVP-G) ist die **LReg** (§ 39 Abs 1 UVP-G).

Ihre Zuständigkeit *beginnt* mit der Rechtskraft eines („positiven") Feststellungsbescheides nach § 3 Abs 7 (s oben 3.3) oder sonst mit dem Antrag auf ein Vorverfahren oder, wurde kein solcher Antrag gestellt, mit Antragstellung auf Durchführung eines UVP-Verfahrens; die Zuständigkeit der LReg *endet* zu dem in § 21 leg cit (s unten 7.) bezeichneten Zeitpunkt. Die Zuständigkeit der LReg erstreckt sich auf alle Ermittlungen, Entscheidungen und Überwachungen nach den betroffenen Verwaltungsvorschriften und auf Änderungen des Bescheides vor Zuständigkeitsübergang gem § 18 b leg cit. Sie erfasst auch die Vollziehung der Strafbestimmungen. Während des genannten Zeitraums der Zuständigkeit der LReg ist die Zuständigkeit der nach den Verwaltungsvorschriften sonst zuständigen Behörden auf die Mitwirkung an der Vollziehung des UVP-G eingeschränkt (daher sog mitwirkende Behörden; s § 2 Abs 1).

Über Beschwerden gegen Entscheidungen der LReg nach dem UVP-G, auch im Fall einer Delegation gem § 39 Abs 1 vierter Satz, **entscheidet das BVwG** (dies gilt nicht für Verfahren nach § 45 leg cit).

Die Beschwerde gegen einen Bescheid der LReg ist binnen **vier Wochen** einzubringen.

7. Zuständigkeitsübergang

338   Die Zuständigkeit der LReg (als UVP-Behörde) geht gem § 21 UVP-G *„auf die nach den Verwaltungsvorschriften* zur Vollziehung der für die Genehmigungen nach den §§ 17 bis 18 b relevanten Vorschriften *zuständigen Behörden"* (zB BVB bei gew BA) über

- *mit Rechtskraft des Abnahmebescheides* (s oben 5.);
- in den Fällen des § 20 Abs 6 (s oben 5.) *mit Rechtskraft des Genehmigungsbescheides;*
- in den Fällen des § 18 (Trennung in grundsätzliche Genehmigung und Detailgenehmigungen) *mit Rechtskraft der Abnahmebescheide* oder, wenn eine Abschnittsprüfung nicht durchgeführt wird, *mit Rechtskraft der Genehmigungsbescheide* nach § 18 (dh mit dem zeitlich letzten Detailgenehmigungsbescheid); zur Rechtskraft s *Stolzlechner,* Die Rechtskraft und die Änderung von Bescheiden Rz 359.

Für den Übergang der Zuständigkeit zur *Vollziehung und Überwachung der Einhaltung von Nebenbestimmungen des Genehmigungsbescheides* (von Bedingungen, Auflagen und sonstigen Pflichten) trifft § 21 Abs 4 UVP-G Sondervorschriften. Aufgrund von § 17 Abs 2 bis 4 und 6 erlassene Nebenbestimmungen (s oben 4.4) sind von der LReg zu vollziehen und auf ihre Einhaltung zu überwachen; besteht der Verdacht der Nichteinhaltung dieser Nebenbestimmungen (s Straftatbestand des § 45 Z 2 lit a leg cit), hat die LReg die in *§ 360 Abs 1 und 3 GewO* genannten Maßnahmen zu treffen (mit Delegierungsmöglichkeit an die BVB).

Die zuständigen Behörden haben die Beseitigung von im Rahmen der Nachkontrolle (s oben 5.) wahrgenommenen Mängeln und Abweichungen zu veranlassen.

V.

Auflagen

Zulässige und unzulässige Auflagen

Harald Wendl

Literatur: *Duschanek,* Die Genehmigung gewerblicher Betriebsanlagen, in *Rill* (Hrsg), Gewerberecht. Beiträge zu Grundfragen der GewO 1973 (1978) 257; *Duschanek,* Nebenbestimmungen im Bescheid, ÖZW 1985, 7; *Duschanek,* Die Genehmigung von Betriebsanlagen nach der Gewerberechtsnovelle 1988, ZfV 1989, 215; *E/R/W,* insb Kommentierung zu § 77; *Gaisbauer,* Vorschreibung von Auflagen bei der Genehmigung gewerblicher Betriebsanlagen im Interesse der Nachbarschaft, ÖJZ 1987, 77; *Grabler/Stolzlechner/Wendl,* GewO[3], insb Kommentierung zu §§ 77 und 359b; *Gruber/Paliege-Barfuß,* GewO[7], insb Kommentierung zu § 77; *Panholzer/Stichlberger,* Der gewerberechtliche Schutz des Nachbarn gegen genehmigte Betriebsanlagen, ZfV 1979, 186; *Potacs,* Gewerbliches Betriebsanlagenrecht, in *Holoubek/Potacs* (Hrsg), Öffentliches Wirtschaftsrecht II[3] (2013) 839; *Schwarzer,* Die Genehmigung von Betriebsanlagen (1992); *Schulev-Steindl,* Der Genehmigungsbescheid im anlagenrechtlichen Verwaltungsrechtsverhältnis, ZfV 1998/2, 82ff; *Steindl,* Umweltschutz im Betriebsanlagenrecht – Neue Akzente durch die Gewerberechtsnovelle 1988, ÖZW 1989/1, 6; *Stöger,* Neues zu gesetzlosen Auflagen, ecolex 2000, 248; *Triendl,* ÖNORMEN und sonstige technische Richtlinien in Auflagen anlagenrechtlicher Bescheide, ecolex 2007, 641; *Triendl,* Die Änderung der Betriebszeit einer gewerblichen Betriebsanlage im Spannungsfeld der Rechtskraft von Genehmigungsbescheiden, ZfV 2007/2081, 934.

Inhalt

1. Rechtsgrundlagen

Im Genehmigungsverfahren ist gem § 77 **Abs 1** erster Satz eine BA zu genehmi- **339** gen, wenn nach dem Stand der Technik und dem Stand der medizinischen und der sonst in Betracht kommenden Wissenschaften zu erwarten ist, dass überhaupt oder bei Einhaltung der erforderlichenfalls vorzuschreibenden bestimmten geeigneten Auflagen die nach den Umständen des Einzelfalls voraussehbaren Gefährdungen iSd § 74 Abs 2 Z 1 vermieden und Belästigungen usw iSd § 74 Abs 2 Z 2 bis 5 auf ein zumutbares Maß beschränkt werden (s unten 2. bis 9.). Diese Auflagen haben gem § 77 Abs 1 letzter Satz, erster Teilsatz, erforderlichenfalls auch Maßnahmen für den Fall der Unterbrechung des Betriebes und der Auflassung der Anlage zu umfassen (s unten 10.). Emissionen von Luftschadstoffen sind gem § 77 **Abs 3** *erster* Satz jedenfalls nach dem Stand der Technik zu begrenzen; nach Abs 3 *dritter* Satz ist die Genehmigung neuer Anlagen oder emissionserhöhender Anlagenerweiterungen in Gebieten, in denen bestimmte Grenzwerte iSd IG-L schon überschritten werden oder deren Überschreitung durch die Genehmigung zu erwarten ist, nur dann zu erteilen, wenn (ua) gem Z 2 bestimmte emissionsbegrenzende Auflagen vorgeschrieben werden (s unten 9.1). Des Weiteren sieht § 77 **Abs 4** vor, dass die BA erforderlichenfalls unter Vorschreibung bestimmter geeigneter Auflagen zu genehmigen ist, wenn die Abfälle (§ 2 AWG) nach dem Stand der Technik (§ 71 a) vermieden oder verwertet oder, soweit dies wirtschaftlich nicht vertretbar ist, ordnungsgemäß entsorgt werden (s unten 11.). Darüber hinaus hat die Behörde gem § 93 **Abs 2** ASchG Auflagen zum Schutz der ArbeitnehmerInnen (s *Giese*, Das Betriebsanlagenrecht und andere Bereiche des öffentlichen Rechts Rz 306) vorzuschreiben.

Alle vorzit Bestimmungen gelten sinngemäß auch in Verfahren nach § 81 **Abs 1** betreffend Genehmigung der Änderung einer genehmigten BA.

Die Behörden sind schließlich ermächtigt und verpflichtet, in **sonstigen Verfahren** Auflagen vorzuschreiben, so vor allem in Verfahren nach § 79 Abs 1, 3 und 4 sowie § 79 b (s unten 12. und 13.). Weiters können die Behörden Auflagen, Vorkehrungen bzw Aufträge in Verfahren nach §§ 80, 82, 83 und 84 (s *Wendl*, Verfahrensübersicht Rz 174, 178, 181 und 182) sowie § 359 b Abs 1 (s Lexikon „Bagatellanlagen" Rz 17 und „Vereinfachtes Genehmigungsverfahren [Auftragsverfahren]" Rz 148, *Wendl*, Verfahrensübersicht „Verfahren nach § 359 b Abs 1" Rz 187 sowie *Grabler/Stolzlechner/Wendl*, GewO³ § 359 b Rz 25 – 28) erteilen.

Vgl auch die betreffend **IPPC-Anlagen** – über die allgemein für BA geltenden Regelungen hinausgehend – vorzuschreibenden Auflagen bzw Maßnahmen gem §§ 77 a und 81 a. Näheres s *Vogelsang*, Sonderbestimmungen für IPPC-Betriebsanlagen Rz 245.

2. Amtswegige Prüfung

Aus § 77 Abs 1 (s oben 1.) lässt sich ableiten, dass die Behörde eine beantragte Ge- **340** nehmigung nicht schon dann versagen kann, wenn sie feststellt, dass nach dem eingereichten Projekt Gefährdungen nicht vermieden bzw Belästigungen usw nicht auf ein zumutbares Maß beschränkt werden können. Die Behörde ist vielmehr verpflichtet, von Amts wegen zu *prüfen, ob ein solches Genehmigungshindernis durch Vorschreibung von (zulässigen) Auflagen beseitigt werden kann.*

Zufolge § 77 Abs 1 besteht auch dann ein Rechtsanspruch auf Genehmigung der BA, wenn (nur) „bei Einhaltung bestimmter geeigneter Auflagen" zu erwarten ist, dass die in dieser Gesetzesstelle bezeichneten Immissionen nicht eintreten (VwSlg 10.020 A/1980). Umgekehrt muss die Genehmigung der BA versagt werden, wenn auch durch den Anforderungen des § 77 Abs 1 entsprechende Auflagen der vom Gesetz geforderte Schutz nicht gewährleistet werden kann (vgl VwGH 27. 1. 1999, 98/04/0196). Da die Vorschreibung von § 77 Abs 1 entsprechenden Auflagen der Behörde im amtswegigen Bereich erfolgt, ist sie auch an eine diesbzgl Antragstellung nicht gebunden (VwGH 15. 9. 1987, 87/04/0005); die Behörde hat jedoch Vorschläge (betreffend die Gestaltung von Auflagen), die vom Inhaber der BA selbst gemacht werden (zB das Angebot der Errichtung einer Schallschutzmauer), ihrer Entscheidung zugrunde zu legen, wenn deren Verwirklichung den angestrebten Schutz gewährleistet (VwGH 15. 9. 1987, 87/04/0006). Es kommt nicht darauf an, ob ein Nachbar die Verursachung entsprechender Immissionen beanstandet hat (VwGH 13. 9. 1988, 87/04/0261). Ebenso ist das Einverständnis der Parteien mit Auflagen unmaßgeblich (s unten 9.4).

Der Untersuchung des Begriffs der Auflage und ihrer Zulässigkeit kommt daher entscheidende Bedeutung zu.

3. Der Begriff der Auflage

341   Der Begriff der „Auflage" entstammt dem Zivilrecht; nach diesem ist unter Auflage eine jemandem iVm einer Zuwendung auferlegte **Verpflichtung zu einem Tun oder Unterlassen** zu verstehen, deren Inhalt alles sein kann, wozu sich jemand wirksam zu verpflichten vermag. Dem § 77 Abs 1 ist zu entnehmen, dass als Auflage jede Vorschreibung zu verstehen ist, durch die Gefährdungen vermieden und Belästigungen usw auf ein zumutbares Maß beschränkt werden; so etwa auch Betriebszeitbeschränkungen einschließlich Nachtarbeitsverboten (vgl ua VwSlg 9837 A/1979; VwGH 18. 11. 1983, 83/04/0107; 10. 9. 1991, 88/04/0311). Eine Auflage kann jede der Vermeidung von Immissionen dienende, geeignete (behördlich erzwingbare) Maßnahme des Inhabers der BA zum Gegenstand haben (ua VwGH 2. 6. 2004, 2002/04/0123).

Auflagen sind ihrem „Wesen" nach Pflichten begründende Nebenbestimmungen eines begünstigenden Verwaltungsaktes; sie haben **akzessorischen Charakter.** Sie werden erst dann wirksam, wenn der Konsenswerber von der ihm erteilten Bewilligung Gebrauch macht (bedingte Polizeibefehle). Im Fall der Gebrauchnahme werden die Auflagen zu unbedingten Befehlen.

Nach der stRsp des VwGH besteht das Wesen von Auflagen iSd §§ 74–83 darin, dass die Verwaltungsbehörde iVm einem dem Hauptinhalt nach begünstigenden Bescheid belastende Gebote oder Verbote erlässt, mit denen der Inhaber des Rechts für den Fall der Gebrauchnahme zu einem bestimmten, im Wege der Vollstreckung erzwingbaren Tun oder Unterlassen verpflichtet wird (VwGH 22. 5. 2003, 2001/04/0188). Das durch den Hauptinhalt des Spruchs gestaltete Rechtsverhältnis bleibt auch bei Nichtbeachtung der Auflage bestehen. Nur für den Fall der Gebrauchnahme vom erteilten Recht wird ein bestimmtes Verhalten (Tun, Unterlassen, Dulden) vorgeschrieben. Auflagen in diesem Sinn sind somit „bedingte Polizeibefehle", die erst wirksam werden, wenn der Bewilligungswerber von der erteilten Bewilligung Gebrauch macht. Im Fall der Gebrauchnahme werden die Auflagen zu unbedingten Aufträgen (VwGH 20. 3. 1981, 04/0938/80; 22. 1. 1982, 81/04/0018).

Aus diesem Auflagenbegriff ergibt sich aber, dass Inhalt einer zulässigen Auflage nur ein bestimmtes Tun oder Unterlassen sein kann, das unmittelbar aus dem Inhalt der Auflage folgt, was aber für eine Vorschreibung, wonach der Bewilligungswerber darüber hinaus für den Gebrauch der ihm erteilten Bewilligung noch der Zustimmung dritter Personen bedürfte, nicht zutrifft (VwGH 19. 6. 1990, 89/04/0269). Siehe auch unten 9.4.

Eine unter Vorschreibung einer Auflage erteilte Genehmigung einer gew BA bzw deren Änderung ist in der Weise eingeschränkt, dass von ihr ohne Beachtung der Auflage kein Gebrauch gemacht werden darf (VwGH 21. 3. 1988, 87/04/0245). Die mit der Auflage konkret vorgeschriebenen Maßnahmen sind im Falle der Gebrauchnahme von der erteilten Genehmigung zu setzen, mögen auch andere zum selben oder sogar zu einem noch besseren Ergebnis führen (VwGH 30. 6. 2004, 2002/04/0209). Bei Nichteinhaltung der Auflage ist daher eine Strafbarkeit des Inhabers der Anlage gegeben (s unten 16.).

Die Nichtbefolgung einer Auflage berührt jedoch den Bestand des Aktes, dem sie beigefügt ist, nicht (VfSlg 1786). Zur Unterscheidung von einer Bedingung s Lexikon „Bedingungen" Rz 19.

Zum im Wesentlichen gleichartigen Begriff der im Verfahren nach § 359 b erforderlichenfalls zu erteilenden „Aufträge" s Lexikon „Vereinfachtes Genehmigungsverfahren (Auftragsverfahren)" Rz 148.

4. Die Erfordernisse, die an Auflagen zu stellen sind

Auflagen müssen gem § 77 Abs 1 („bestimmte geeignete Auflagen") insb den Erfordernissen der Bestimmtheit (s unten 5.), der Geeignetheit (s unten 6.), der Erforderlichkeit (s unten 7.) und der behördlichen Erzwingbarkeit (s unten 8.) entsprechen. Auflagen, die diesen Erfordernissen nicht entsprechen, sind unzulässig und können letztlich zur Aufhebung des Genehmigungsbescheides durch den VwGH führen. **342**

5. Die Bestimmtheit von Auflagen

Dieses Erfordernis bedeutet, dass Auflagen **konkrete Gebote oder Verbote** enthalten müssen. Die Verpflichtung zur „Konkretisierung" von Auflagen ergibt sich nicht nur aus § 77 Abs 1, sondern auch aus dem Straftatbestand des § 367 Z 25. Danach müssen Auflagen so klar gefasst sein, dass sie dem Verpflichteten jederzeit die Grenzen seines Verhaltens und damit die Einhaltung der Auflagen zweifelsfrei erkennen lassen. **343**

5.1 Der Konkretisierungspflicht wird insb **nicht entsprochen:**

– Durch die bloße Bestimmung eines *Immissionsgrenzwertes* in einer Auflage, ohne dass im Einzelnen bestimmte Maßnahmen, bei deren Einhaltung die Wahrung dieses Grenzwertes zu erwarten ist, festgelegt werden (ua VwGH 30. 11. 1977, 945/76; 20. 10. 1987, 87/04/0021; 22. 12. 1992, 92/04/0121); Gleiches hat für die Vorschreibung eines *Emissionsgrenzwertes* zu gelten (VwGH 22. 3. 2000, 99/04/0213); durch eine Auflage mit dem Wortlaut: „Auf dem südseitigen Balkon des Nachbarn darf kein höherer Immissionsgrenzwert als 30 dB (A) durch den Betrieb der Anlage auftreten", ohne Vorschreibung bestimmter Maßnahmen (VwSlg 9979 A/1979); durch die Festlegung eines energieäquivalenten Dauerschallpegels, der tagsüber im Freien beim nächstgelegenen Wohnhaus 50 dB (A) nicht überschreiten darf (VwGH 5. 11. 1985, 84/04/0223);

– wenn nur aufgetragen wird, *„geeignete bzw wirksame Maßnahmen"* zu ergreifen, es also dem Konsenswerber überlassen bleibt, welche Maßnahmen er im Einzelnen für geeignet bzw wirksam hält und ergreift (VwGH 16. 10. 1981, 04/1485/79; 23. 5. 1995, 95/04/0035; s jedoch das unter 5.2 angeführte zweite Beispiel für eine entsprechende Auflage, wonach eine demonstrative Aufzählung von Maßnahmen dann genügt, wenn verlangt wird, dass ein einschlägiges Fachunternehmen betraut wird und Kontrollmessungen erfolgen); durch eine Auflage mit dem Wortlaut: „Die Einhaltung der Zufahrtszeiten ist durch geeignete Maßnahmen (zB Schranke oder Hinweisschilder) sicherzustellen", zumal es sich hier auch um keine echte alternative Auflage handelt (arg: „zB") (VwGH 2. 12. 1983, 83/04/0072);

– durch eine mit den Worten *„im Allgemeinen"* eingeleitete Auflage (VwGH 2. 6. 1976, 640/74, 686/75 ff);

– durch eine Auflage, die vorschreibt, dass einem Auftrag *„weitestgehend"* zu entsprechen ist (VwGH 18. 12. 1981, 04/3834/80). Das Bestimmtheitsgebot des § 77 Abs 1 verlangt eine Fassung der Auflage, die „aus sich heraus vollziehbar sein muss" (und nicht erst im Zusammenhang mit anderen Auflagen allenfalls verständlich wird); wenn BA betreffende Bescheide verschiedener Instanzen dem gleichen Zwecke dienende Vorschreibungen enthalten, wird dem Bestimmtheitsgebot nur dann entsprochen, wenn eine entsprechende sprachliche Bezugnahme hergestellt wird. Nur solcherart vermag der Verpflichtete in Bezug auf einen ihm erteilten Auftrag den Umfang der Pflicht zweifelsfrei zu erkennen (VwGH 5. 11. 1985, 84/04/0036);

– durch eine Auflage, die vorschreibt, dass *„anzustreben"* ist, dass die A-bewerteten Schallpegel in einem Abstand von 10 m bei nachstehenden Geräten bestimmte Werte nicht überschreiten (VwGH 24. 1. 1989, 88/04/0152);

– durch eine Auflage, die vorschreibt, dass die Sprengungen *„nach Möglichkeit"* zu Zeiten zu erfolgen haben, in denen im Steinbruch Betriebsruhe herrscht (VwGH 18. 4. 1989, 87/04/0080); durch eine Auflage, die durch die Anordnung eingeleitet wird, die Verfrachtung staubender Güter durch Wind sei durch nachfolgende – im Einzelnen nicht näher konkretisierte – Alternativvorkehrungen *„nach Möglichkeit zu vermeiden"* (VwGH 24. 4. 1990, 89/04/0176);

– durch eine Auflage, die vorschreibt, dass ein bestimmter Grenzwert *„nicht wesentlich"* überschritten werden darf; es genügt nicht, in der Begründung des Bescheides diesen „unbestimmten" Begriff näher zu erläutern (VwSlg 9087 A/1976);

– durch eine Vorschreibung von Auflagen für die „Nachtzeit" *ohne konkrete Zeitangaben,* denn Nachtzeit ist nicht unbedingt von 22.00 bis 6.00 Uhr (VwGH 28. 1. 1976, 1186/75; VwSlg 10.976 A/1983); durch eine Auflage, die von der Annahme eines „nächtlichen" Grundgeräuschpegels ausgeht, ohne eine diesbzgl nähere zeitliche Konkretisierung zu treffen (VwGH 18. 12. 1983, 81/04/0153);

– durch eine mit dem Begriff *„fallweise"* verbundene Betriebszeitenbeschränkung: „Nicht lärmende Komplettierungsarbeiten können fallweise bis 20.00 Uhr an Montagen bis Freitagen vorgenommen werden" (VwGH 3. 12. 1985, 85/04/0017);

– wenn anstelle konkret formulierter Auflagen im Spruch des Bescheides *lediglich ein Verweis auf* Darlegungen im *Sachverständigengutachten* laut Verhandlungsprotokoll erfolgt (VwGH 17. 3. 1987, 86/04/0219). Ähnlich VwGH 1. 10. 1985, 85/04/0068. Auflagen sollen im Übrigen auch keine Begründungselemente enthalten;

– durch eine Auflage, die vorschreibt, dass „die Ableitungen der Abluft *auf kürzestem Wege belästigungsfrei* ins Freie zu erfolgen haben" (VwGH 12. 2. 1985, 83/04/0054);

– durch eine Auflage, die vorschreibt, dass die Anlage so zu betreiben ist, „dass die Anrainer nicht durch Lärm, Rauch oder üblen Geruch usw unzumutbar belästigt werden", da das *Merkmal der „unzumutbaren Belästigung" in diesem Zusammenhang keinen ausreichend bestimmten Normeninhalt* darstellt (VwGH 27. 3. 1990, 89/04/0119);

– durch eine Auflage zur Lärmdämmung mit dem Titel „Umhausung" (hier: bei der Auswurfstelle im Bereich einer Förderanlage), weil sich daraus eindeutige und schlüssige Anhaltspunkte für die Tatbestandsmerkmale *„geeignete"* (Umhausung) und *„wesentlich"* (zur Reduzierung des Lärms) nicht ergeben (VwGH 27. 5. 1997, 97/04/0026);

– durch eine Auflage, mit der *„sämtliche lärmintensive Arbeiten"* untersagt werden, und zwar selbst dann, wenn die Arbeiten beispielsweise umschrieben werden. Umso weniger entspricht eine derartige Formulierung der Auflage dem Konkretisierungsgebot, wenn auch die beispielsweise Umschreibung wegfällt (VwGH 27. 1. 1999, 98/04/0156);

– durch eine Auflage, die vorschreibt, dass der Kassenarbeitsplatz *vor Zugluft und Störungen* durch vorbeigehende Kunden mittels Abschirmung zu schützen ist, weil ihr weder die Art der Störungen durch vorbeigehende Kunden noch die nähere Gestaltung der Abschirmung, insb der Höhe, zu entnehmen ist (VwGH 14. 4. 1999, 98/04/0201);

– durch eine Auflage, die vorschreibt, dass *„während der Winterzeit* der Betrieb der Schirmbar auf die Zeit zwischen 12.00 und 19.30 Uhr beschränkt" wird, weil hieraus nicht mit der erforderlichen Klarheit folgt, inwiefern damit die kalendermäßig bestimmte Winterzeit oder ein davon unabhängiger Zeitraum der „Wintersaison" oder allenfalls einer „winterlichen Jahreszeit" erfasst werden soll (VwGH 17. 12. 2003, 2001/04/0156);

– durch generelle Verweise auf die Einhaltung von technischen Richtlinien bzw Normen (s hiezu unten 5.2, siebente Anmerkung).

5.2 Dagegen wird der Konkretisierungspflicht **entsprochen:**

– durch eine Auflage mit dem Wortlaut: „An der Grundgrenze ist ein Stein- oder Erdwall in einer solchen Höhe zu errichten, dass hiedurch ein Abrollen des Gesteinsmaterials zur Talsohle verhindert wird" (VwGH 20. 10. 1976, 137/71);

– mit einem bescheidmäßigen Auftrag, durch schalldämmende Maßnahmen zu erreichen, dass die Spitzenwerte des Lärms 25 dB (A) in der Wohnung des Nachbarn nicht überschreiten, zur Durchführung der schalltechnischen Maßnahmen ein *einschlägiges Fachunternehmen* heranzuziehen, das anschließend eine *Kontrollmessung* durchzuführen hat, wobei das Attest hierüber der Behörde vorzulegen ist; es ist daher nicht rechtswidrig, wenn es die Behörde dem Konsenswerber überlässt, auf welche Weise er das definierte Ziel erreicht (etwa durch die von der Behörde *demonstrativ* angeführten Maßnahmen), da sich in diesem Fall durch eine einmalige Messung feststellen lässt, ob der Vorschreibung Rechnung getragen wurde (VwSlg 12.184 A/1986). Ähnlich VwGH 14. 3. 2012, 2010/04/0143;

– durch *alternative Auflagen* unter den in 9.6 näher bezeichneten Voraussetzungen;
– durch eine Auflage, die eine *bestimmte Art der Aufstellung* (Körperschalldämmung) von Einrichtungen der BA vorschreibt (VwGH 22. 3. 1988, 87/04/0137);
– durch eine Auflage, die vorschreibt, dass die straßenseitige Lokaleingangstür während der Betriebszeiten *grundsätzlich geschlossen* zu halten ist (VwGH 21. 3. 1988, 87/04/0144);
– durch eine Auflage, die vorschreibt, dass die Maschine *nur mit Anschluss an die Späneabsaugung* betrieben werden darf (VwGH 25. 3. 1989, 88/04/0342);
– durch eine Auflage, die vorschreibt, dass „die im Plan mit ‚FHT&rquot; gekennzeichneten Türen brandhemmend (T30) *gemäß ÖNORM B 3850 auszuführen*“ sind (VwGH 27. 9. 2000, 2000/04/0121); ebenso durch eine Auflage, die vorschreibt „das gesamte Objekt mit einer automatischen Löschanlage (Sprinkleranlage) auszustatten und diese nach den *Richtlinien der österreichischen Brandverhütungsstellen*-TRVB 127 auszuführen und zu betreiben“ (VwGH 22. 5. 2003, 2001/04/0188). *Dagegen würde ein genereller Verweis* mit dem Verlangen nach Einhaltung einer Richtlinie/Norm als Gesamtes bei Errichtung einer BA der Konkretisierungspflicht *keinesfalls entsprechen;* vgl hiezu auch *Triendl,* ecolex 2007, 641;
– durch eine Auflage, die eine *schalldämmende Maßnahme mit einem bestimmten Schalldämmmaß* vorschreibt, weil es dann Aufgabe des diese Maßnahme durchführenden Unternehmens ist, eine solche Ausführung zu wählen, dass das vorgeschriebenen Schalldämmmaß jedenfalls erreicht wird (VwGH 30. 6. 2004, 2002/04/0044);
– durch eine Auflage, die *Lärmemissionsmessungen* vorschreibt, da durch die Bezugnahme auf die in den schalltechnischen Projekten angegebenen Lärmemissionswerte eindeutig erkennbar ist, welche Messwerte nicht überschritten werden dürfen (VwGH 26. 4. 2006, 2003/04/0097);
– durch eine sicherheitstechnische Auflage, die es dem Konsenswerber überlässt, auf welche Weise er das definierte Ziel erreicht, und in diesem Zusammenhang eine Maßnahme demonstrativ anführt; eine solche Auflage ist nicht rechtswidrig, weil sich durch die ebenfalls in der Auflage vorgeschriebene Verpflichtung, die getroffene Vorkehrung der Behörde bekanntzugeben, feststellen lässt, ob der Vorschreibung Rechnung getragen wurde (VwGH 14. 3. 2012, 2010/04/0143).

Allgemein ist jedoch noch darauf hinzuweisen, dass eine Auflage nicht schon dann zu unbestimmt ist, wenn ihr Inhalt nicht für jedermann unmittelbar eindeutig erkennbar ist. **Ausreichende Bestimmtheit einer Auflage** ist *auch dann* anzunehmen, wenn ihr Inhalt für den Bescheidadressaten *objektiv* eindeutig erkennbar ist. Gleiches gilt, wenn die Umsetzung des Bescheides unter Zuziehung von Fachleuten zu erfolgen hat und der Inhalt der Auflage *für diese Fachleute objektiv eindeutig erkennbar* ist. Die Frage der ausreichenden Bestimmtheit einer Auflage ist daher nicht allein eine Rechtsfrage, sondern auch eine Fachfrage (ua VwGH 29. 6. 2000, 2000/07/0014; 25. 4. 2002, 98/07/0103).

6. Die Geeignetheit von Auflagen

344   Die Behörde hat zu prüfen, ob die vorzuschreibenden Auflagen überhaupt zur Gewährleistung des von Amts wegen wahrzunehmenden Schutzes der in § 77 Abs 1 iVm

§ 74 Abs 2 bezeichneten öffentlichen Interessen geeignet sind. Durch die Auflagen muss **gegenüber den Nachbarn** „sichergestellt" sein, dass Gefährdungen vermieden und Belästigungen usw auf ein zumutbares Maß beschränkt werden (VwGH 25. 9. 1981, 04/2787/79, 04/2789/79).

Auflagen müssen sohin (vor allem in technischer Hinsicht) tatsächlich durchführbar, ihre **Erfüllung darf nicht unmöglich sein.** Zwar darf die BA-Genehmigung nicht deshalb versagt werden – und liegt eine Unmöglichkeit daher nicht vor –, weil die Einhaltung der Auflagen nicht sicher oder nur teuer oder wirtschaftlich beeinträchtigend ist. Wenn jedoch die Erfüllung einer Auflage von vornherein augenscheinlich unmöglich ist, müsste der Vorschreibung solcher Auflagen die Versagung der Genehmigung vorgezogen werden (ua VwGH 18. 2. 1970, 1232/69). In den diesen Erkenntnissen zugrunde liegenden Fällen hatte der VwGH eine *faktische Unmöglichkeit* im Auge (VwSlg 11.188 A/1983).

Keine Unmöglichkeit in diesem Sinn liegt dagegen vor, wenn für die Erfüllung einer Auflage die Zustimmung des Eigentümers der Anlage erforderlich ist (VwGH 29. 9. 1976, 2180/74) oder sich ihr andere privatrechtliche Hindernisse entgegenstellen (ua VwGH 23. 4. 1985, 83/04/0130; 16. 2. 2005, 2004/04/0123). Auch ist die Vereinbarkeit von nach § 77 Abs 1 vorgeschriebenen „baulichen" Maßnahmen mit baurechtlichen Vorschriften nicht als Vorfrage zu prüfen (ua VwGH 14. 2. 1980, 2675/77; VwSlg 11.188 A/1983). Für die Gewerbebehörde besteht keine Bindung an einen Bescheid der Baubehörde (VwGH 26. 9. 2005, 2003/04/0098).

Umgekehrt wird mit der gewerbebehördlichen Genehmigung der Frage der Zulässigkeit der Auflage vom Standpunkt des Baurechts nicht vorgegriffen (VwSlg 9158 A/1976). Es wird aber gegebenenfalls ein Schuldausschließungsgrund im gewerberechtlichen Strafverfahren wegen Nichtbeachtung der Auflage anzunehmen sein, wenn der Erfüllung der Auflage baurechtliche Vorschriften entgegenstehen (VwSlg 8997 A/1976; s allgemein zu Schuldausschließungsgründen *Ziermann,* Das Verwaltungsstrafrecht und Verwaltungsstrafverfahren im Zusammenhang mit gewerblichen Betriebsanlagen Rz 385.

Eine Auflage „Ladetätigkeiten dürfen nur innerhalb der Ladezone in der X-Gasse und vor bzw innerhalb der Einfahrt der BA vorgenommen werden" hat keine zur Erfüllung des Zwecks der Vermeidung von Immissionen geeignete Maßnahme des Inhabers der BA zum Gegenstand, weil dieser auf einer Straße mit öffentlichem Verkehr mangels entsprechender Sanktionsmöglichkeiten Ladetätigkeiten anderer Personen, etwa seiner Kunden, nicht verhindern kann (VwGH 28. 3. 1989, 88/04/0238).

Einer Auflage kommt die erforderliche Eignung nur dann zu, wenn sie nach der Sach- und Rechtslage im Zeitpunkt der Erlassung des Bescheides erkennbaren nachbarrechtlich relevanten Immissionen uneingeschränkt *für die gesamte Zeitdauer des Betriebes* der Anlage Rechnung trägt; dies trifft dann nicht zu, wenn sich nach dem Gutachten des Sachverständigen mit der Ausweitung des Abbaubetriebes (des Steinbruchs) die Lärmsituation wegen der Begünstigung der freien Schallausbreitung erheblich verschlechtern würde (VwGH 19. 6. 1990, 89/04/0268).

Mit Auflagen darf dem Anlageninhaber – mangels entsprechender Sanktionsmöglichkeit – auch **keine** Verpflichtung auferlegt werden, für die **Einhaltung von Auflagen durch Lieferanten** Sorge zu tragen, da derartige Auflagen nicht geeignet wären, Gefährdungen oder Belästigungen der Nachbarn zu vermeiden; hier: nächtliche Anlieferung durch LKW (VwGH 12. 11. 1996, 94/04/0266).

Eine Auflage mit dem Wortlaut „Solange das Tor geöffnet ist, sind sämtliche mit Lärm verbundenen Arbeiten in der Werkstätte einzustellen" ist eine geeignete Auflage, da sich jederzeit und aktuell überprüfen lässt, ob während der Öffnungszeiten des Tores Lärm aus der

Werkstätte nach außen dringt und zweifelsfrei erkennbar ist, welche Tätigkeiten einzustellen sind und welche nicht (VwGH 22. 5. 2003, 2001/04/0113). Dagegen fehlt einer Auflage „Der Kundenparkplatz ist mittels geeigneter Maßnahmen (Abschrankung, Kette, Parkplatzwächter) vor der Benützung durch betriebsfremde Personen einschließlich solcher Kunden, welche die BA nicht der Art ihres Betriebes gemäß in Anspruch nehmen, zu sichern" die Eignung, da hieraus nicht mit der nötigen Klarheit entnommen werden kann, inwiefern durch diese Maßnahmen der Parkplatz vor der Benützung durch die angeführten Personen bzw Kunden zu sichern geeignet wäre (VwGH 10. 12. 1991, 91/04/0141).

7. Die Erforderlichkeit von Auflagen

345   Auflagen müssen nicht nur bestimmt und geeignet, sondern auch im Hinblick auf die nach § 77 Abs 1 iVm § 74 Abs 2 zu schützenden Interessen **erforderlich** sein. Eine Voraussetzung dafür, dass der Bescheid **gegenüber dem Bewilligungswerber** nicht rechtswidrig ist, besteht darin, dass die vorgeschriebenen Auflagen erforderlich sind, um eine Gefährdung zu vermeiden und Belästigungen usw auf ein zumutbares Maß zu beschränken (VwGH 25. 9. 1981, 04/2787/79, 04/2789/79).

Hiebei rechtfertigt aber nur die konkrete Eignung einer BA zu Gefährdungen, Belästigungen usw die Vorschreibung von Auflagen (VwGH 19. 3. 1982, 81/04/0111). Eine bloß abstrakte Eignung einer gew BA, Gefährdungen hervorzurufen, würde eine Vorschreibung von Auflagen noch nicht rechtfertigen, da hiefür eine derartige konkrete Eignung Voraussetzung ist. Ein derartiger Gefahrenbegriff setzt aber seinem gesetzlichen Sinngehalt nach nicht etwa die Feststellung eines in Ansehung der Gewissheit seines Eintritts als auch seiner zeitlichen Komponenten fixierten Schadenseintritts voraus, sondern es genügt, dass die Gefahr sachverhaltsbezogen nicht ausgeschlossen werden kann (ua VwGH 5. 11. 1991, 91/04/0136).

Es ist unerheblich, ob die Auflagen nur zum Schutz eines Nachbarn oder mehrerer Nachbarn erforderlich sind (VwGH 18. 11. 1983, 83/04/0107).

Soweit die Errichtung und der Betrieb der BA bereits durch die *Betriebsbeschreibung* und den daran anknüpfenden Spruch des Bescheides hinreichend deutlich vorherbestimmt sind, bedarf es keiner Vorschreibung von Auflagen (VwGH 25. 9. 1990, 89/04/0275; ähnlich 17. 3. 1998, 95/04/0075). Im Einzelfall reicht eine entsprechende „Spezifizierung" der Betriebsbeschreibung, ohne dass die entsprechenden Vorkehrungen zusätzlich in Form von Auflagen „abgesichert" werden müssten (VwGH 26. 4. 2006, 2001/04/0207). Allerdings wird durch eine solche rechtswidrige Vorschreibung von Maßnahmen, die bereits Gegenstand des Projekts sind, in die Rechtssphäre des Konsenswerbers nicht eingegriffen (VwGH 2. 6. 2004, 2002/04/0123).

Näheres zur Vermeidung einer Gefährdung s *Wendl,* Gefährdung des Lebens und der Gesundheit Rz 208 ff und *Kerschner,* Gefährdung des Eigentums und sonstiger dinglicher Rechte Rz 224 ff; zur Beschränkung auf ein zumutbares Maß s *Paliege-Barfuß,* Die Belästigung der Nachbarn Rz 215 ff.

7.1 Aus dem Grundsatz der Erforderlichkeit leitet sich die Pflicht der Behörde ab, zu prüfen, welche von mehreren möglichen Auflagen für den Bewilligungswerber weniger einschneidend ist, ohne dass dabei der Schutzzweck nach § 77 Abs 1 beeinträchtigt wird. Der Grundsatz, dass die Gewerbebehörde nicht verhalten ist, die wirtschaftliche Tragbarkeit (s unten 9.2) für den Genehmigungswerber zu untersuchen, bedeutet nicht, dass der Betriebsinhaber ohne Rücksicht darauf, ob derselbe Effekt nicht auch mittels **weniger einschneidender Vorkehrungen** erreicht werden kann, mit Maßnahmen belastet werden dürfte (VwSlg 9837 A/1979).

Ausgehend von dem in § 77 Abs 1 gebrauchten Wort „erforderlichenfalls" hat der VwGH in stRsp dargelegt, dass dem Betriebsinhaber nicht strengere (ihn stärker belastende) Maßnahmen vorgeschrieben werden dürfen, als zur Wahrung der in § 77 Abs 1 und 2 angeführten Schutzzwecke notwendig ist (ua VwGH 21. 12. 2004, 2002/04/0169; 15. 9. 2006, 2005/04/0026).

Steht die Zulässigkeit einer Auflage fest, ohne dass ersichtlich ist, durch welche weniger einschneidende Vorkehrungen derselbe Effekt erzielt werden kann, so ist die Frage der wirtschaftlichen Folgen für den Betriebsinhaber nicht mehr zu prüfen (VwGH 18. 11. 1983, 83/04/0107).

Bei einer Wahlmöglichkeit zwischen mehreren Auflagen ist darzulegen, dass (und aus welchen Gründen) eine andere, den Betriebsinhaber weniger belastende Auflage zur Vermeidung von Geruchsimmissionen nicht vorgeschrieben werden konnte (VwGH 25. 9. 1981, 04/1615/79).

Aus dem in § 77 Abs 1 enthalten Merkmal „erforderlichenfalls" ergibt sich, dass der *Nachbar nicht berechtigt* ist, die Vorschreibung einer *strengeren* (den Betriebsinhaber stärker belastenden) Maßnahme, als dies zu seinem Schutz notwendig ist, zu verlangen (VwSlg 10.020 A/1980). Bei der Prüfung der Frage, welche Auflagen zum Schutz der Nachbarn erforderlich sind, ist allerdings davon auszugehen, dass ein bestimmtes, dem Schutz vor Immissionen dienendes Verhalten der Nachbarn gesetzlich nicht normiert ist. Es muss dem Nachbarn daher unbenommen bleiben, zB seine Fenster zu öffnen oder zu schließen (VwGH 8. 5. 1981, 04/1129/80).

Aus der **„Dispositionsfreiheit"** der Nachbarn folgt, dass die Genehmigungsfähigkeit einer BA davon abhängt, ob eine Gesundheitsgefährdung einer sich nicht nur vorübergehend auf dem Nachbargrundstück – *gleichgültig wo* – aufhaltenden Person ausgeschlossen wird bzw Belästigungen auf ein zumutbares Maß beschränkt werden (VwGH 28. 8. 1997, 95/04/0222). Der Schutz des Inhabers einer Wohnung in Ansehung der Verwendung seiner Räume vor Immissionen erstreckt sich gleichermaßen auf alle Aufenthaltsräume. Es kommt nicht darauf an, ob ein der Belästigung ausgesetzter Raum ein Schlafraum oder ein Wohnraum ist (VwSlg 11.399 A/1983); es kommt daher auch nicht darauf an, ob ein Aufenthaltsraum zum Zeitpunkt der Entscheidung der Behörde als Wohnzimmer oder Schlafzimmer dient (VwGH 15. 9. 1987, 87/04/0005). Der Inhaber einer benachbarten Wohnung bleibt in seiner *Disposition* in Bezug auf die Benützung der dem **rechtmäßigen Aufenthalt** von Personen dienenden Räume grundsätzlich frei. Dies gilt in gleicher Weise für Personen, die erst nach der Genehmigung der BA Nachbarn iSd § 75 Abs 2 geworden sind und die in Bezug auf die Benützung der Räume eine andere Einteilung als ihre Vorgänger treffen (VwGH 20. 10. 1999, 99/04/0016). Nach dem Erk des VwGH vom 28. 8. 1997, 95/04/0222 kommt es entscheidend darauf an, dass die *Benützung des Gartens* der Bf *auch in der Nachtzeit* zumindest möglich ist und in ihrer Dispositionsfreiheit steht, weshalb Geräuschimmissionen zu dieser Zeit aus der Beurteilung nicht ausgeblendet werden dürfen (so nunmehr auch VwGH 28. 2. 2012, 2011/04/0111) Siehe hiezu jedoch die Ausführungen über die Grenze der Dispositionsfreiheit unten 12.9.

Eine Auflage, die dem Betreiber eines Steinbruchs aufträgt, von geplanten Sprengungen die Nachbarn zu verständigen, vermag deren persönliche Gefährdung oder eine Gefährdung ihres Eigentums nicht auszuschließen. Eine Verpflichtung der Nachbarn zur Räumung des Gefährdungsbereichs ist mit dieser Auflage jedenfalls nicht verbunden (VwGH 18. 4. 1989, 87/04/0080).

7.2 Zur Frage der Erforderlichkeit von Auflagen bedarf es eindeutiger Feststellungen. Die Behörde darf sich mit einem Hinweis im Sachverständigengutachten auf die

„Erfahrungen anhand ähnlich gelagerter Fälle" nicht begnügen (VwGH 25. 9. 1981, 04/
1615/79). Kann die Behörde die Auflage nicht auf entsprechende sachverständige Ausführungen stützen, aus denen ersichtlich ist, warum die Auflage iS der Rsp des VwGH
zur Wahrung der in § 77 Abs 1 und 2 angeführten Schutzzwecke notwendig sei, belastet
sie den Bescheid mit Rechtswidrigkeit infolge Verletzung von Verfahrensvorschriften
(VwGH 15. 9. 2006, 2005/04/0026).

7.3 Wie dargetan, sind Auflagen nach § 77 Abs 1 nur insofern „erforderlich" und
damit zulässig, als mit ihrer Hilfe die Vermeidung einer Gefährdung bzw die Beschränkung von Belästigungen usw auf ein zumutbares Maß zu gewährleisten ist. Hinsichtlich
der Bedachtnahme auf den **Stand der Technik** und den Stand der medizinischen und
der sonst in Betracht kommenden Wissenschaften s unten 9.1.

8. Die behördliche Erzwingbarkeit von Auflagen

346   Auflagen müssen (verwaltungs-)behördlich erzwingbar sein; sie müssen also so gestaltet sein, dass die Möglichkeit ihrer Durchsetzung im Verwaltungsstrafverfahren (s
Ziermann, Das Verwaltungsstrafrecht und Verwaltungsstrafverfahren im Zusammenhang mit gewerblichen Betriebsanlagen Rz 382 ff) oder im Wege einer Zwangsmaßnahme nach § 360 bzw mit Hilfe einer Verwaltungsvollstreckung (s *Giese,* Einstweilige
Zwangs- und Sicherheitsmaßnahmen Rz 376 ff) besteht.

Einer Auflage, die durch die Anordnung eingeleitet wird, die Verfrachtung staubender Güter
durch Wind sei durch nachfolgende – im Einzelnen nicht näher konkretisierte – Alternativvorkehrungen „nach Möglichkeit zu vermeiden", fehlt nicht nur die Bestimmtheit (s oben
5.), sondern auch die behördliche Erzwingbarkeit (VwGH 24. 4. 1990, 89/04/0176).

Voraussetzung für die Durchsetzung von Auflagen ist die Möglichkeit einer Kontrolle ihrer Einhaltung (s unten 9.9).

9. Weitere Grundsätze betreffend die Beurteilung der Zulässigkeit
von Auflagen nach § 77 Abs 1

347   **9.1 Bedachtnahme auf den Stand der Technik und der medizinischen und der
sonst in Betracht kommenden Wissenschaften**

Wie sich aus dem oben unter 1. zit Wortlaut des § 77 Abs 1 erster Satz ergibt, ist
lediglich die als Voraussetzung für die Genehmigung der BA normierte *Erwartung,* dass
durch die vorzuschreibenden Auflagen Gefährdungen vermieden und Belästigungen
usw auf ein zumutbares Maß beschränkt werden, nach dem Stand der Technik und
der sonstigen Wissenschaften zu beurteilen. Dagegen ist die *Einhaltung des Standes der
Technik und der sonstigen Wissenschaften schlechthin keine Genehmigungsvoraussetzung.*

Wenn also nach dem Stand der Technik und der sonstigen Wissenschaften aufgrund der Ergebnisse des Ermittlungsverfahrens zu erwarten ist, dass bereits durch die vorzuschreibenden
Auflagen Gefährdungen iSd § 74 Abs 2 Z 1 vermieden und Belästigungen usw iSd § 74
Abs 2 bis 5 auf ein zumutbares Maß beschränkt werden, so ist die BA unter Vorschreibung
dieser Auflagen zu genehmigen. Für die Vorschreibung darüber hinaus gehender Auflagen,
die nicht mehr dem zit Schutzziel des § 77 Abs 1 dienen, sondern eine Gestaltung der BA

nach dem Stand der Technik usw selbst zum Ziel haben, fehlt die Rechtsgrundlage. Beispielsweise wären Auflagen zu einer nach dem Stand der Technik möglichen völligen Lärmkapselung einer Maschine, von der auch ohne eine solche Kapselung keine unzumutbaren Belästigungen der Nachbarn ausgehen, daher unzulässig.

Eine **Sonderregelung** trifft jedoch § 77 **Abs 3** *erster* Satz hinsichtlich der Emissionen von **Luftschadstoffen:** Diese sind *jedenfalls* nach dem Stand der Technik zu begrenzen.

Diese Bestimmung trägt dem Umstand Rechnung, dass Auswirkungen von Luftschadstoffen nicht – wie etwa Maschinenlärm – örtlich eingegrenzt werden können (DE 1988). Zur Begrenzung der Emissionen von Luftschadstoffen sind also auch dann, wenn diese Emissionen der BA aufgrund der örtlichen Verhältnisse im Einzelfall weder gefährdend noch unzumutbar belästigend sind, entsprechende Auflagen durch die Behörde vorzuschreiben und damit zulässig, welche die Einhaltung des Standes der Technik schlechthin gewährleisten. Den Nachbarn steht jedoch kein subjektiv-öffentliches Recht auf die Einhaltung der Verpflichtung der Behörde zur Begrenzung der Luftschadstoffe nach dem Stand der Technik zu (ua VwGH 27. 9. 2000, 2000/04/0069). Im Rahmen der Neuanlagengenehmigung wurde damit – für den umweltpolitisch zentralen Bereich der Luftreinhaltung – das **Vorsorgeprinzip** verwirklicht (*Steindl*, ÖZW 1989/1, 12 f). Zur gleichheitsrechtlichen Problematik s *Stolzlechner*, Die bundesverfassungsrechtlichen Grundlagen des Betriebsanlagenrechts Rz 303, 6.3.
　Auch bei der Genehmigung der Änderung von genehmigten BA gilt das Gebot, Emissionen von Luftschadstoffen jedenfalls nach dem Stand der Technik zu begrenzen; dies allerdings *nur hinsichtlich des zu ändernden Teils* der BA selbst. Denn die Eingriffsmöglichkeit auf die bereits genehmigten Anlagenteile im Weg des § 81 Abs 1 zweiter Satz beziehen sich nur auf die Wahrung der in § 74 Abs 2 umschriebenen Interessen (so auch *Duschanek*, Gewerberechtsnovelle 1988, 228).

Nach § 77 **Abs 3** *dritter* Satz Z 2 sind emissionsbegrenzende Auflagen „im technisch möglichen und wirtschaftlich zumutbaren Ausmaß" vorzuschreiben, wenn es sich um die Genehmigung einer neuen Anlage oder einer emissionsbegrenzenden Anlagenerweiterung in einem Gebiet handelt, in dem bereits bestimmte Überschreitungen von Werten nach dem IG-L vorliegen oder durch die Genehmigung zu erwarten sind.

Näheres zur Begrenzung von Luftschadstoffen iVm Bestimmungen des IG-L s *Bergthaler/Holzinger*, Immissionsschutz-Luft im Betriebsanlagenrecht Rz 249 ff.

Weitere Sonderregelungen trifft § 77 a für IPPC-Anlagen hinsichtlich der Festlegung von Emissionsgrenzwerten nach dem Stand der Technik bzw der Vorschreibung von sogar über den Stand der Technik hinausgehenden Auflagen (§ 77 a Abs 6), Näheres s *Vogelsang*, Sonderbestimmungen für IPPC-Anlagen Rz 245.
　Allgemein zum Begriff des Standes der Technik s Lexikon „Stand der Technik" Rz 126 und zum Stand der medizinischen und sonstigen Wissenschaften s Lexikon „Stand der medizinischen und sonstigen Wissenschaften" Rz 125.

9.2 Keine Prüfung der wirtschaftlichen Tragbarkeit

Aus dem Umstand, dass § 77 Abs 1 keine diesbzgl Aussage enthält, leitet der VwGH seine Ansicht ab, die Behörden seien nicht verhalten, „notwendige und einzig die Genehmigungsfähigkeit einer . . . Anlage herstellende Maßnahmen in der Richtung zu untersuchen, ob sie für den Genehmigungswerber auch wirtschaftlich tragbar sind" (ua VwGH 22. 1. 1982, 81/04/0056). Die Behörden haben also auf dem Boden des § 77 Abs 1 die wirtschaftliche Tragbarkeit von Auflagen und ihre diesbzgl Auswirkungen, insb auch auf die Arbeitsplatzsituation, nicht zu prüfen.

> Dieser Grundsatz wird durch die „Erforderlichkeit" einer Auflage (s oben 7.) ein wenig entschärft; für den Fall, dass etwa eine Belästigung mit Hilfe mehrerer Maßnahmen beschränkt werden kann, steht es der Behörde nicht frei, für welche der Maßnahmen sie sich entscheidet. Sie hat vielmehr zu prüfen, welche Variante die für den Projektswerber weniger belastende ist (s oben 7.1).
>
> Die Auffassung, es sei „in jedem Einzelfalle das öffentliche Interesse am Schutz der Nachbarn und der Allgemeinheit gegenüber dem öffentlichen Interesse an der Entwicklung der Wirtschaft abzuwägen", findet im Gesetz keinen normativen Niederschlag (VwSlg 10.482 A/1981).
>
> Für wirtschaftliche Überlegungen, inwiefern auf der Grundlage des § 77 Abs 1 vorzuschreibende Maßnahmen betriebswirtschaftliche Auswirkungen haben und welche regionalpolitischen Auswirkungen insb hinsichtlich der Arbeitsplatzsituation auftreten, besteht bei Anwendung der zit Bestimmung des § 77 Abs 1 (auch im Anwendungsbereich des § 81 Abs 1) keine gesetzliche Grundlage (VwGH 14. 11. 1989, 89/04/0088).

9.3 Keine wesentliche Änderung des Projekts durch Auflagen zulässig

Aus dem Grundsatz der Antragsbedürftigkeit der BA-Genehmigung ist zu erschließen, dass das Vorhaben (Genehmigungsansuchen) durch Auflagen nur soweit modifiziert werden darf, dass dieses *in seinem „Wesen" unberührt bleibt* (ua VwGH 16. 6. 1976, 1446/75; 28. 3. 2007, 2005/04/0185). Hinter dieser Ansicht steht der durchaus vernünftige Gedanke, dass das Recht der Behörde zur Auflagenerteilung gewisse Grenzen haben muss; so kann es den Behörden nicht erlaubt sein, eine Anlagengenehmigung zu erteilen, die mit dem ursprünglich eingebrachten Projekt praktisch nichts oder nur mehr wenig gemeinsam hat. Dies bedeutet aber auch: Kann im Einzelfall die Genehmigungsfähigkeit einer Anlage (Anlagenänderung) durch andere – das Vorhaben in seinem „Wesen" unberührt lassende – Auflagen nicht erzielt werden, so muss die Genehmigung versagt werden.

> Auflagen, die eine Lärmkapselung einer Maschine, eine schwingungsdämpfende Aufstellung eines Anlagenteils usw, im Allgemeinen auch eine Betriebszeitenbeschränkung (insb auch durch Nachtarbeitsverbote; vgl VwGH 22. 3. 2000, 98/04/0143) vorschreiben, berühren das Vorhaben nicht in seinem „Wesen".
>
> Dagegen sind Auflagen, die zu einen völligen Umprojektierung oder auch nur zum Vorsehen neuer technischer Anlagen bzw Ausstattungen führen müssten, unzulässig. Ob die Vorschreibung einer mechanischen Be- und Entlüftungsanlage das Projekt (Errichtung einer Schlossereiwerkstätte) in seinem Wesen berührt und daher unzulässig ist, muss im Einzelfall durch erforderliche Sachverhaltsfeststellungen geprüft werden (vgl VwGH 18. 4. 1989, 87/04/0061). Eine Auflage, mit der der Betrieb der BA (entgegen dem Projektsantrag) auf die Zeit zwischen Dezember und April beschränkt würde, hätte zweifellos das Vorhaben in seinem Wesen verändert (VwGH 2. 10. 1989, 87/04/0046). Das Wesen einer Warmwasserkesselanlage bestimmt sich gerade durch die Art des eingesetzten Betriebsmittels; die Vorschreibung eines anderen Betriebsmittels würde das Vorhaben in seinem Wesen ändern und wäre unzulässig (VwGH 8. 10. 1996, 94/04/0205).

Weder in einem Verfahren nach § 79 Abs 1 und 2 (ungeachtet der Amtswegigkeit eines solchen Verfahrens) noch in einem Verfahren nach § 81 besteht eine Ermächtigung der Behörde, ihren Kompetenzbereich – dass die Modifizierung durch Auflagen nur soweit erfolgen darf, dass die BA in ihrem Wesen unberührt bleibt – bei der *nachträglichen* Vorschreibung einer Auflage zu überschreiten; hier: durch eine Auflage betreffend Einschränkung der Betriebszeiten, wodurch der schon genehmigte Zweischichtbetrieb nicht mehr aufrechterhalten werden könnte (VwGH 28. 3. 2007, 2005/04/0185). Auch ein Ansuchen um BA-Änderung ist als Einheit anzusehen, das durch Auflagen nur soweit modifiziert werden kann, als dadurch das Vorhaben in seinem Wesen nicht verändert wird (VwGH 23. 5. 1989, 88/04/0318, 0337).

Die dem normativen Abspruch des BA-Genehmigungsbescheides zugrunde liegende *Betriebsbeschreibung* (s Lexikon „Ansuchen" Rz 9 und oben 7. Einleitung) ist „einem ausdrücklich erklärten Willensakt des Konsenswerbers als Ausfluss seiner Antragslegitimation vorbehalten" (ua VwGH 29. 5. 1990, 89/04/0222; 25. 4. 1995, 93/04/0105) und daher einer Änderung durch Auflagen nicht zugänglich.

In Grenzfragen kommt auch der *Erklärung des Bewilligungswerbers* Bedeutung zu.

Erklärt er jede zeitliche Beschränkung des Einsatzes des beantragten Hubstaplers für ihn als unannehmbar, praktisch undurchführbar und für seinen Betrieb ruinös, dann würde eine solche Auflage das Vorhaben in seinem Wesen verändern und wäre daher unzulässig (VwGH 18. 11. 1983, 83/04/0011).

Präzisiert der Bewilligungswerber sein Ansuchen dahingehend, dass die Abfahrt der (Betriebs-)Fahrzeuge sonntags ab 22.00 Uhr erfolgen solle, dann würde die Vorschreibung einer Auflage, dass die Abfahrt vor 22.00 Uhr erfolgen müsse, das Ansuchen in seinen Grundzügen verändern (VwGH 2. 10. 1989, 87/04/0046).

Zur Vorschreibung von auch *projektsändernden Sanierungsmaßnahmen/Auflagen* gegenüber rk genehmigten BA im Rahmen von Verfahren nach § 79 Abs 3 s die unten 12.14 erfolgten weiteren Verweisungen.

9.4 Einverständnis der Parteien mit Auflagen unmaßgeblich

Für die Zulässigkeit einer Auflage ist die Zustimmung durch den Bewilligungswerber oder die Nachbarn nicht maßgeblich. Das Einverständnis der Parteien zu einer beabsichtigten Auflage entbindet die Behörde nicht von der Verpflichtung zur amtswegigen Durchführung des Verfahrens (VwSlg 9158 A/1976).

Inhalt einer zulässigen Auflage kann nur ein bestimmtes Tun oder Unterlassen sein, das unmittelbar aus dem Inhalt der Auflage folgt, was aber für eine Vorschreibung, wonach der Bewilligungswerber darüber hinaus für den Gebrauch der ihm erteilten Bewilligung noch der Zustimmung dritter Personen bedürfte, nicht zutrifft (VwGH 19. 6. 1990, 89/04/0269).

Auch bei Einverständnis aller Parteien des Verfahrens können in den Bescheid keine Auflagen, die lediglich der Durchsetzung privatrechtlicher Ansprüche dienen sollen, aufgenommen werden. In einem solchen Fall besteht aber die Möglichkeit einer zivilrechtlichen Beurkundung in der Niederschrift gem § 357.

9.5 Befürchtung der Nichteinhaltung von Auflagen irrelevant

Die oftmals von Nachbarn geäußerte Befürchtung, die vorzuschreibenden Auflagen würden nicht eingehalten werden, kann nicht zum Anlass einer Versagung der

BA-Genehmigung genommen werden (ua VwGH 11. 10. 1978, 2862/76; 30. 9. 1997, 95/04/0052).

9.6 Zulässigkeit alternativer Auflagen

Die Vorschreibung alternativer Auflagen ist unter der Voraussetzung zulässig, dass jede Alternative zum gleichen, mit der vorgeschriebenen Maßnahme angestrebten Ergebnis führt (ua VwGH 1. 10. 1985, 85/04/0041).

Es kann keinem Zweifel unterliegen, dass sowohl durch die Anbringung einer versperrten Kette oder eines Gitters oder Schrankens das angestrebte Ziel, einen Kundenverkehr mit Kfz auf der Zufahrt zum Betrieb hintanzuhalten, in gleicher Weise erreicht werden kann (VwGH 19. 9. 1989, 86/04/0068). Dagegen wird mit der Forderung, dass der Kundenparkplatz „mittels geeigneter Maßnahmen (Abschrankung, Kette, Parkplatzwächter)" vor der Benützung durch betriebsfremde Personen usw zu sichern ist, keine als gleichwertig anzusehende Alternativauflage vorgeschrieben (VwGH 10. 12. 1991, 91/04/0141).

9.7 Fristsetzung für die Auflagenerfüllung

Der akzessorische Charakter einer Auflage (s oben 3.) und die damit verbundene rechtliche Eigenart einerseits als bloß bedingter Polizeibefehl und andererseits als unbedingter Auftrag im Falle der Ausübung der eingeräumten Berechtigung schließt es aus, in einer derartigen Auflage einen dem § 59 Abs 2 AVG unterliegenden Ausspruch über die Auferlegung einer Verbindlichkeit zu einer Leistung oder zur Herstellung eines bestimmten Zustandes zu erblicken und macht daher die Setzung einer Frist für die Erfüllung unzulässig (vgl ua VwGH 22. 1. 1982, 81/04/0018).

Nach § 77 Abs 1 letzter Halbsatz kann jedoch die Behörde zulassen, dass bestimmte Auflagen erst ab einem dem Zeitaufwand der hierfür erforderlichen Maßnahmen entsprechend festzulegenden Zeitpunkt nach Inbetriebnahme der Anlage eingehalten werden müssen. Voraussetzung ist, dass dagegen keine Bedenken vom Standpunkt des Schutzes der in § 74 Abs 2 umschriebenen Interessen bestehen. Über diese Zulassung muss im Bescheid ausdrücklich abgesprochen werden. Siehe auch die von dieser Bestimmung zu unterscheidenden Regelungen im § 79 Abs 1 dritter Halbsatz und § 79 d Abs 2 Z 2.

9.8 Unzulässigkeit der Durchsetzung anderer Interessen

Unzulässig sind Auflagen zur Durchsetzung anderer als nach dem BA-Recht der GewO zu schützender öffentlich-rechtlicher Interessen (zB auf dem Gebiet des Baurechts [s dazu *Giese,* Das Betriebsanlagenrecht und andere Bereiche des öffentlichen Rechts Rz 328, 24.2], Naturschutzrechts, Straßenpolizeirechts) oder privatrechtlicher Ansprüche. In den Fällen des § 356 b (s Lexikon „Verfahrens- und Entscheidungskonzentration" Rz 149) sind jedoch – unter bestimmten Voraussetzungen – im BA-Genehmigungsverfahren die materiellrechtlichen Genehmigungsregelungen anderer Verwaltungsvorschriften des Bundes anzuwenden und daher gegebenenfalls *Auflagen nach diesen anderen Vorschriften* zu erteilen.

9.9 Kontrollmöglichkeit der Einhaltung der Auflagen

Auflagen müssen auch so gestaltet sein, dass ihre Einhaltung jederzeit und aktuell überprüft werden kann (vgl ua VwGH 23. 5. 1989, 88/04/0342). Diese Überprüfbarkeit erfordert einen solchen Inhalt der Auflage, dass jederzeit beurteilt werden kann, ob ein bestimmtes Verhalten als Einhalten der Auflage zu deuten ist.

> Diesen Erfordernissen entspricht eine Auflage, „sämtliche lärmintensiven Arbeiten in der BA wie zB Hämmern, Schleifen, Bohren usw" einzustellen, solange das Tor geöffnet ist, schon insofern nicht, als hier schlechthin auf die Durchführung „lärmintensiver Arbeiten" Bezug genommen wird (VwGH 25. 11. 1997, 97/04/0111). Dagegen kann in der Vorschreibung der Verwendung bestimmter Typen von Kühlaggregaten ab einem bestimmten Baujahr, allenfalls iVm einer Begrenzung der Anzahl der gleichzeitig verwendeten Kühlaggregate auf dem Betriebsgelände, eine geeignete Maßnahme in diesem Sinn gesehen werden (VwGH 3. 3. 1999, 98/04/0164).
> Näheres zur Überprüfung der Einhaltung von Auflagen s *Vogelsang*, Die Überwachung von Betriebsanlagen Rz 369 ff.

10. Die Zulässigkeit von Auflagen nach § 77 Abs 1 zweiter Satz erster Teilsatz

Die nach § 77 Abs 1 erster Satz vorzuschreibenden Auflagen haben – gem zweiter **348** Satz, erster Teilsatz – erforderlichenfalls auch zu umfassen:

- Maßnahmen für den Fall der **Unterbrechung des Betriebes** (s zunächst Lexikon „Unterbrechung des Betriebes" Rz 147):
  Diese Auflagen sind nur zulässig zur Wahrung der Schutzinteressen des § 74 Abs 2, dh also zur Vermeidung von Gefährdungen (zB Brand- und Explosionsgefahr) und unzumutbaren Belästigungen usw. Von diesen, erforderlichenfalls bereits im Genehmigungsbescheid vorsorglich für den Fall der Betriebsunterbrechung vorzuschreibenden Auflagen zu unterscheiden sind die Vorkehrungen, welche die Behörde im Anlassfall nach § 80 Abs 1 bzw 2 aufzutragen hat (s *Wendl*, Verfahrensübersicht „Verfahren nach § 80 Abs 1 vorletzter Satz und Abs 2 letzter Satz" Rz 174);
- Maßnahmen für den Fall der **Auflassung der Anlage** (s zunächst Lexikon „Auflassung von Betriebsanlagen" Rz 16):
  Auch diese Auflagen sind nur zulässig zur Wahrung der Schutzinteressen des § 74 Abs 2 (nicht daher zB Rekultivierungsmaßnahmen zur Vermeidung eine Störung des Ortsbildes). Von diesen, erforderlichenfalls bereits im Genehmigungsbescheid vorsorglich für den Fall der Auflassung der BA vorzuschreibenden Auflagen zu unterscheiden sind die Vorkehrungen, welche die Behörde im Anlassfall nach § 83 aufzutragen hat (s *Wendl*, Verfahrensübersicht „Verfahren nach § 83" Rz 181).

11. Die Zulässigkeit von Auflagen nach § 77 Abs 4

§ 77 Abs 4 idF des Art IV des AWG-alt sieht vor, dass die BA erforderlichenfalls **349** unter Vorschreibung bestimmter geeigneter Auflagen zu genehmigen ist, wenn die Abfälle (§ 2 AWG) nach dem Stand der Technik (§ 71a) vermieden oder verwertet oder, soweit dies wirtschaftlich nicht vertretbar ist, ordnungsgemäß entsorgt werden. Ausgenommen davon sind BA, soweit deren Abfälle nach Art und Menge mit denen der privaten Haushalte vergleichbar sind.

Bei dieser Bestimmung handelt es sich um eine **abfallwirtschaftliche** Regelung. Grundlage für die Beurteilung dieser zusätzlichen Voraussetzung für die Genehmigung einer gew BA und die Erforderlichkeit diesbzgl bestimmter geeigneter Auflagen ist das vom Antragsteller gem § 353 Z 1 lit c vorzulegende Abfallwirtschaftskonzept (s Lexikon „Abfallwirtschaftskonzept" Rz 2).

Von den hier in erster Linie der Abfallvermeidung dienenden Auflagen zu unterscheiden sind jene Auflagen, die sich im Hinblick auf eine gew Abfalllagerung bzw -verwertung in einer BA zur Gefahrenabwehr bzw zum Schutz vor Belästigungen usw als erforderlich erweisen. Diese sind nach § 77 Abs 1 erster Satz vorzuschreiben (s oben 1.).

Zur nachträglichen, dh nach rk Genehmigung der BA zulässigen Vorschreibung anderer oder zusätzlicher Auflagen iSd § 77 Abs 4 auf der Grundlage des § 79b s unten 13.

12. Die Zulässigkeit von Auflagen in Verfahren nach § 79

350   Unter den Voraussetzungen des **§ 79 Abs 1** (s *Stolzlechner,* Die Rechtskraft und die Änderung von Bescheiden Rz 362, 5.1 und 5.2) hat die Behörde **andere oder zusätzliche Auflagen** (§ 77 Abs 1) vorzuschreiben.

12.1 Auflagen nach § 79 Abs 1 kommt kein anderer Inhalt zu als dem der Auflagen nach § 77 Abs 1, weshalb auch andere oder zusätzliche Auflagen gem § 79 Abs 1 **bestimmt und geeignet** sein müssen (VwGH 24. 6. 1986, 86/04/0033). Auch in Verfahren nach § 79 Abs 1 ist die Vorschreibung *alternativer Auflagen* unter der Voraussetzung zulässig, dass jede Alternative zum gleichen, mit der vorgeschriebenen Maßnahme angestrebten Ergebnis führt (VwGH 1. 10. 1985, 85/04/0041). Vgl weiters sinngemäß die Ausführungen zum Begriff der Auflage, den an sie zu stellenden Erfordernissen und den weiteren Grundsätzen für die Beurteilung der Zulässigkeit von Auflagen oben 3. bis 9 (jedoch nach Maßgabe der nachfolgenden Sonderbestimmungen für Auflagen nach § 79 Abs 1).

12.2 Die anderen oder zusätzlichen Auflagen müssen **nach dem Stand der Technik** und der medizinischen und der sonstigen in Betracht kommenden Wissenschaften zur Erreichung eines hinreichenden Schutzes der gem § 74 Abs 2 wahrzunehmenden Interessen **erforderlich** sein.

Eine Anpassung einer Anlage an den Stand der Technik (und der sonstigen Wissenschaften) schlechthin ist damit nicht möglich.

Wenn also nach dem Stand der Technik und der sonstigen Wissenschaften zu erwarten ist, dass durch die vorzuschreibenden anderen oder zusätzlichen Auflagen Gefährdungen iSd § 74 Abs 2 Z 1 vermieden und Belästigungen usw iSd § 74 Abs 2 Z 2 bis 5 auf ein zumutbares Maß beschränkt werden, so sind diese Auflagen in Verfahren nach § 79 Abs 1 als erforderlich vorzuschreiben. Einer Vorschreibung darüber hinausgehender Auflagen, die eine noch weitergehende, nach dem Stand der Technik überhaupt mögliche Reduktion der Emissionen der BA zum Ziel haben, fehlt dagegen die Rechtsgrundlage. Siehe dazu sinngemäß auch die Ausführungen oben 9.1 erster und zweiter Absatz.

Hinsichtlich der Sanierung im Hinblick auf Bestimmungen des IG-L und damit der Vorschreibung allenfalls erforderlicher nachträglicher Auflagen gegenüber einer rk genehmigten BA enthält § 79 Abs 4 Sonderregelungen (s unten 12.15). Verwiesen wird weiters auf die Anpassungsmöglichkeiten auch von Altanlagen im Rahmen von Verfahren nach § 82 ua zur Vermeidung von Belastungen der Umwelt (§ 69 a).

Auflagen nach § 79 Abs 1 zur Umsetzung der gem § 77 Abs 4 anzustrebenden Ziele der Vermeidung usw von Abfällen sind unzulässig, da in Verfahren nach § 79 Abs 1 nur der Schutz der in § 74 Abs 2 angeführten Interessen wahrzunehmen ist. Vgl jedoch die seit der GewRNov 1992 nunmehr bestehende Möglichkeit der Vorschreibung nachträglicher Auflagen nach **§ 79 b** (s unten 13.).

Zum Begriff des Standes der Technik s Lexikon „Stand der Technik" Rz 126. Hinsichtlich des Standes der medizinischen und der sonstigen Wissenschaften s Lexikon „Stand der medizinischen und der sonst in Betracht kommenden Wissenschaften" Rz 125.

12.3 Die Auflagen haben gegebenenfalls auch die zur Erreichung des Schutzes iSd § 74 Abs 2 erforderliche **Beseitigung eingetretener Folgen** von Auswirkungen der Anlage zu umfassen (§ 79 Abs 1 zweiter Teilsatz).

Mit dieser Regelung soll dem Umstand Rechnung getragen werden, dass der Betrieb der „Altanlage" möglicherweise bereits durch seine Auswirkungen Folgen für die Nachbarn (die Umgebung) hatte (zB gewässergefährdende Bodenkontaminationen); es sollen daher auch erforderliche Auflagen (zB Vorschreibung eines Bodenaustausches) zulässig sein, die der Beseitigung eingetretener Folgen dienen, womit in manchen Fällen überhaupt erst die Grundlage für die Erreichung eines weitergehenden Sanierungszieles in Verfahren nach § 79 Abs 1 geschaffen wird (Näheres s *Grabler/Stolzlechner/Wendl*, GewO³ § 79 Rz 15).

12.4 Die Behörde hat – bei Vorliegen bestimmter Voraussetzungen – festzulegen, dass Auflagen erst nach Ablauf einer **angemessenen Frist** eingehalten werden müssen (§ 79 Abs 1 dritter Teilsatz).

Eine Voraussetzung ist der Nachweis durch den Betriebsinhaber, dass ihm die Einhaltung der Auflagen erst innerhalb dieser Frist „*wirtschaftlich zumutbar*" ist. Hinsichtlich des subjektiven Maßstabes dieser wirtschaftlichen Zumutbarkeit kann sinngemäß auf die Jud zur Rechtslage vor der GewRNov 1988 zurückgegriffen werden. So wurde etwa in VwSlg 11.890 A/1985 ausgeführt, dass „die wirtschaftliche Zumutbarkeit unter *Bedachtnahme auf die gesamte wirtschaftliche Lage des Betriebsinhabers* zu beurteilen ist. Wirtschaftlich zumutbar sind Auflagen dann, wenn aufgrund der Gebarung der jeweiligen Betriebsstätte oder des Gesamtbetriebes die mit der Verwirklichung der vorgeschriebenen Maßnahme verbundenen wirtschaftlichen Belastungen tragbar sind". Der Betriebsinhaber hat *nachzuweisen*, dass ihm die Einhaltung der Auflagen nach § 79 Abs 1 erst innerhalb dieser Frist wirtschaftlich zumutbar ist (Beweislastumkehr).

Siehe auch die durch die GewRNov 2013 I erfolgte Neuregelung in § 79 d Abs 2 Z 2 betreffend (nachträgliche) Fristeinräumung für die Einhaltung von Auflagen ua nach § 79 aus Anlass einer Betriebsübernahme. Nach § 79 d Abs 3 dürfen Fristen nach Abs 2 Z 2 und § 79 Abs 1 insgesamt fünf Jahre nicht übersteigen. Mit dieser Bestimmung soll verhindert werden, dass durch eine Kumulation der Rechte aus § 79 Abs 1 dritter Halbsatz und § 79 d Abs 2 Z 2 eine Einhaltefrist von mehr als fünf Jahren erreicht wird (vgl EB 2013 I).

12.5 Die anderen oder zusätzlichen Auflagen dürfen **nicht unverhältnismäßig** sein (§ 79 Abs 1 vierter Teilsatz). Bei der Beurteilung der Frage, ob eine Auflage unverhältnismäßig ist, handelt es sich um die Lösung einer *Rechtsfrage*. Hiezu ist der Sachverhalt im Einzelfall unter Beiziehung der erforderlichen Sachverständigen zu ermitteln. Für den Betreiber der BA besteht eine Mitwirkungspflicht (s auch unten 12.12).

Der Grundsatz der Beachtung der Verhältnismäßigkeit gilt *nach dem Wortlaut* des § 79 Abs 1 nicht nur im Bereich der Vermeidung von Gefährdungen des Eigentums und sonstiger dinglicher Rechte bzw von unzumutbaren Belästigungen usw, sondern auch dann, wenn es um die Vorschreibung anderer oder zusätzlicher Auflagen zur Vermeidung von Gefährdungen des Lebens oder der Gesundheit von Menschen geht. Allerdings hat der VwGH in seinen Erk ua v 12. 12. 1989, 89/04/0140; 7. 11. 2005, 2001/04/0040, ausgesprochen: „Ist das Ziel einer Auflage aber der *Schutz vor Gesundheitsgefährdung,* so kann der mit der Erfüllung der Auflage verbundene Aufwand niemals außer Verhältnis zu dem damit angestrebten Erfolg stehen".

> Unter der in § 79 Abs 1 geforderten Verhältnismäßigkeit von Auflagen ist die Relation zwischen einerseits dem mit der Erfüllung der Auflagen verbundenen Aufwand und andererseits dem damit gewonnenen Ausmaß an Schutz der nach § 74 Abs 2 wahrzunehmenden Interessen zu verstehen (VwGH 26. 9. 2012, 2007/04/0151).
>
> Es besteht keine gesetzliche Handhabe für eine etwaige Interessenabwägung zwischen wirtschaftlichen Einbußen eines gew Unternehmens und der Anzahl der in ihrer Gesundheit gefährdeten Personen (VwGH 5. 11. 1991, 91/04/0136). Ungeachtet dieser Grundsätze hat die Behörde allerdings im Einzelfall auch zu prüfen, mit welcher am wenigsten einschneidenden Vorkehrung das Auslangen gefunden werden kann (VwGH 24. 1. 2001, 99/04/0229).
>
> Weiters zum Begriff der Verhältnismäßigkeit und zu ihrer Feststellung im Rahmen einer Abwägungsentscheidung s Lexikon „Verhältnismäßigkeit" Rz 150 sowie *Stolzlechner,* Die Rechtskraft und die Änderung von Bescheiden Rz 362, 4.4 und die dort zit Lit.

12.6 Aus dem Sinn des § 79 Abs 1 und dem Begriff der „Auflage" ergibt sich, dass durch die Vorschreibung anderer oder zusätzlicher Auflagen – auch wenn sie zur Vermeidung einer Gefährdung erforderlich sind – die **BA-Genehmigung** als solche **nicht in Frage gestellt** werden darf.

> Die Anordnung einer *Stilllegung des Betriebes* kommt in einem Verfahren *nach § 79 nicht in* Betracht, weil eine solche Maßnahme begrifflich nicht als „Auflage" iS dieser Gesetzesstelle angesehen werden könnte. Steht als einzig wirksame Maßnahme zur Abwehr gesundheitsgefährdender Immissionen nur die Stilllegung des Betriebes zur Verfügung, ist nach **§ 360 Abs 4** vorzugehen (ua VwGH 19. 11. 1985, 85/04/0019, an die neue Rechtslage angepasst). Eine BA kann durch Auflagen nur soweit modifiziert werden, dass sie „ihrem Wesen nach" unberührt bleibt. Ausgehend davon kann aber nicht angenommen werden, dass durch die ausschließlich den Betrieb des Gastgartens betreffende zusätzliche Auflagenvorschreibung gem § 79 im Ergebnis eine „nachträgliche Entziehung der BA-Genehmigung" erfolgt wäre (VwGH 5. 11. 1991, 91/04/0136). Eine Stilllegung des Betriebes kommt nach § 79 nicht in Betracht (VwGH 26. 2. 2002, 2002/04/0037).
>
> Näheres zur Abgrenzungsproblematik zwischen § 79 und § 360 s *Giese,* Einstweilige Zwangs- und Sicherheitsmaßnahmen Rz 376, 1.3.

Kann in Ausnahmefällen der Schutz des Lebens oder der Gesundheit durch Auflagen nach § 79 Abs 1 nicht gewährleistet werden, so ist – abgesehen von der allfälligen Durchführung eines Sanierungsverfahrens nach § 79 Abs 3 (s unten 12.15) – auch auf die Möglichkeit der Abänderung bzw Behebung des Genehmigungsbescheides nach § **68 Abs 3 AVG** bei Vorliegen der dort normierten Voraussetzungen zurückzugreifen.

§ 79 erweist sich somit als Regelung, durch die rk Bescheide „aus anderen als den in § 68 Abs 3 AVG genannten Gründen" durch Auflagen abgeändert werden können. § 68 Abs 3 AVG hat durch § 79 keine Einschränkung seines Anwendungsbereichs erfahren. § 68 Abs 3 AVG bietet auch die Grundlage für Maßnahmen, die die Gewerbeausübung „unmöglich" machen. Wenn anders eine Abhilfe nicht geschaffen werden kann, ist auch die Behebung eines Bescheides zulässig (ua VwSlg 9837 A/1979). Siehe auch *Wendl,* Verfahrensübersicht Rz 189 und *Stolzlechner,* Die Rechtskraft und die Änderung von Bescheiden Rz 360, 2.1.

12.7 Andere oder zusätzliche Auflagen nach § 79 Abs 1 sind auch vorzuschreiben, wenn im Einzelfall mit ihrer Hilfe **kein voller Schutz** der gem § 74 Abs 2 wahrzunehmenden Interessen erreicht werden kann.

Wenn zB eine nach dem Stand der Technik zur Beseitigung einer bestehenden unzumutbaren Belästigung von Nachbarn erforderliche Auflage im Hinblick auf ihre Unverhältnismäßigkeit iSd § 79 Abs 1 zweiter Satz nicht vorgeschrieben werden kann, so sind dennoch zulässige Auflagen vorzuschreiben, auch wenn mit ihrer Hilfe die unzumutbare Belästigung nicht gänzlich beseitigt werden kann (vgl sinngemäß das zwar noch vor der Änderung des § 79 durch die GewRNov 1988 ergangene Erk VwGH 19. 11. 1985, 85/04/0019).

12.8 Nur die **konsensgemäß betriebene BA** ist einer Regelung nach § 79 Abs 1 zugänglich.

§ 79 Abs 1 bietet keine Grundlage dafür, den von einem Genehmigungsbescheid nicht gedeckten Betrieb einer BA zu regeln. Der Umstand, dass die genehmigte BA nicht konsensgemäß betrieben wird, rechtfertigt nicht die Vorschreibung einer anderen oder zusätzlichen Auflage mit dem alleinigen Ziel, den konsensgemäßen Betrieb zu gewährleisten (LVwG Wien 11. 6. 2014, VGW-122/008/9712/2014 unter Hinweis auf die diesbzgl Jud des VwGH).

12.9 Für die Zulässigkeit anderer oder zusätzlicher Auflagen kommt es grundsätzlich nicht darauf an, worauf es zurückzuführen ist, dass trotz konsensgemäßem Betrieb die gem § 74 Abs 2 wahrzunehmenden Interessen nicht hinreichend geschützt sind. Unzulässig sind jedoch Auflagen zum Schutz solcher Interessen, die ihre Ursache in einem nach der Genehmigung der BA – nicht durch den Inhaber der Anlage – herbeigeführten rechtswidrigen Zustand haben (VwGH 24. 6. 1986, 86/04/0033).

In dem diesem Erk zugrunde liegenden Fall war vom Betreiber der Anlage behauptet worden, der Inhaber der benachbarten Wohnung habe in einer wahrscheinlich als Garage gemieteten Räumlichkeit sein Schlafzimmer eingerichtet, dieser Raum sei sohin bauordnungsmäßig nicht als Schlafraum gewidmet, und im Übrigen sei das Nachbarhaus entgegen der Baubewilligung und der Bauordnung ohne Trennfuge und ohne Errichtung einer eigenen Feuermauer gebaut worden. Der VwGH erkannte, dass sich die Behörde nach Prüfung des Sachverhalts mit diesem Vorbringen hätte auseinandersetzen müssen. Denn die **Dispositionsfreiheit** des Nachbarn in Bezug auf die Benützung seiner Räume (s oben 7.1) habe dort ihre **Grenze,** wo der im strittigen Verfahren gewerberechtlich relevante Zustand des anrainenden Bauwerks im Falle der Genehmigungspflicht durch einen Genehmigungsbescheid nicht gedeckt ist. Gleiches gilt für die Behauptung der Bf betreffend Fehlen von Trennfuge und Feuermauer.

12.10 Zugunsten „nachträglich zugezogener Nachbarn" sind andere oder zusätzliche Auflagen (iSd § 79 Abs 1) nur soweit vorzuschreiben, als diese zur *Vermeidung einer Gefährdung des Lebens oder der Gesundheit* dieser Personen notwendig sind (**§ 79 Abs 2** erster Satz).

Zweck dieser Gesetzesstelle ist der Schutz des Betriebsinhabers vor einer Verschlechterung seiner Rechtsposition durch nachträglich, in Kenntnis des Bestehens der BA und der von dieser ausgehenden Emissionen, zugezogene Nachbarn (ua VwGH 31. 7. 2006, 2004/05/0003).

Auflagen zugunsten der „nachträglich zugezogenen Nachbarn" zur Vermeidung bloßer Belästigungen sind daher unzulässig. „Nachträglich zugezogene Nachbarn" sind nicht nur solche, die erst nach Genehmigung der BA neu errichtete Objekte (als Eigentümer oder Mieter usw) bezogen haben, sondern auch jene Personen, die nach Genehmigung der BA in solche Objekte von Vorgängern einziehen, die von diesen schon vor der Genehmigung der BA errichtet und bezogen wurden, bzw auch Personen, die Liegenschaften von solchen Vorgängern erwerben (*Grabler/Stolzlechner/Wendl,* GewO³ § 79 Rz 20).

Das Gesetz sieht auch in diesen Fällen eine Prüfung der Verhältnismäßigkeit („Auflagen iSd Abs. 1") vor. Siehe jedoch die bereits oben Pkt 12.5 zit Erk d VwGH, wonach bei Auflagen mit dem Ziel des Schutzes vor Gesundheitsgefährdung der mit der Erfüllung der Auflage verbundene Aufwand niemals außer Verhältnis zu dem damit angestrebten Erfolg stehen kann, sowie *Stolzlechner,* Die Rechtskraft und die Änderung von Bescheiden Rz 362, 4.5.

Weiters sind zugunsten „nachträglich zugezogener Nachbarn" Auflagen iSd § 79 Abs 1 zur *Vermeidung einer über die unmittelbare Nachbarschaft hinausreichenden beträchtlichen Belastung* durch Luftschadstoffe, Lärm oder gefährliche Abfälle – sofern sie nicht unter den ersten Satz des § 79 Abs 2 fallen – nur dann vorzuschreiben, wenn diese Auflagen verhältnismäßig sind (§ 79 Abs 2 zweiter Satz).

Mit dieser schwer verständlichen und teilweise in sich widersprüchlich scheinenden Formulierung wollte der Gesetzgeber vermutlich zum Ausdruck bringen, dass zugunsten „nachträglich zugezogener Nachbarn" zum Schutze vor Belastungen, die keine Gefährdung des Lebens oder der Gesundheit darstellen (arg: „soweit sie nicht unter den ersten Satz fallen"), erst dann andere oder zusätzliche Auflagen (iSd Abs 1) vorzuschreiben sind, wenn diese auch zu einer „über die unmittelbare Nachbarschaft hinausreichenden beträchtlichen Belastung durch Luftschadstoffe, Lärm oder gefährliche Abfälle" geworden sind. Dass auch hier eine Verhältnismäßigkeitsprüfung stattzufinden hat, dürfte wohl selbstverständlich sein.

Zum Antragsrecht des BMUJF (jetzt BMLFUW) s § 79 a Abs 2.

Zur Problematik der „nachträglich zugezogenen Nachbarn" s auch *Stolzlechner,* Die Rechtskraft und die Änderung von Bescheiden Rz 362, 4.5 und *Wendl,* Die Nachbarn und ihre Parteistellung Rz 272, 15.2.2.

12.11 Eine Beschränkung auf die einmalige Anwendung der Bestimmung des § 79 Abs 1 besteht nicht; bei Vorliegen der Voraussetzungen hat die Behörde erforderlichenfalls **auch mehr als einmal** andere oder zusätzliche Auflagen vorzuschreiben.

12.12 Der Inhaber der BA kann **Vorschläge** über die Gestaltung der Auflagen nach § 79 Abs 1 erstatten. Die Behörde ist aber an diese Vorschläge nicht gebunden (amtswegiges Verfahren).

Ungeachtet des Grundsatzes der Amtswegigkeit hat auch der *BA-Inhaber* als Partei im § 79-Verfahren zur Klarstellung des maßgebenden Sachverhalts die Aufgabe der Mitwirkung (vgl die Jud zu § 39 AVG); diese Mitwirkung erstreckt sich erforderlichenfalls auch auf die Erstattung von Vorschlägen betreffend die Gestaltung von Auflagen gem § 79 zur Sanierung der Anlage (Bericht des Handelsausschusses, 690 BlgNR 17. GP). Die Behörde kann Vorschläge, die vom Inhaber der BA selbst gemacht werden, also ein von ihm in diesem Sinn vorgelegtes Projekt, ihrer Entscheidung (nach § 79) zugrunde legen, wenn dessen Verwirklichung den angestrebten Schutz gewährleistet; sie ist aber an diese Vorschläge nicht gebunden (ua VwGH 27. 1. 1987, 86/04/0123). Eine Antragsbefugnis in Verfahren nach § 79 kommt dem BA-Inhaber aber nicht zu (VwGH 24. 4. 1990, 89/04/0180).

Gem § 79a Abs 1 ist ein Verfahren nach § 79 Abs 1 bei Vorliegen bestimmter Voraussetzungen auch auf Antrag eines Nachbarn einzuleiten. Die Behörde wird sich also auch in einem solchen Fall mit allfälligen Forderungen bzw Vorschlägen dieser *Nachbarn* auseinanderzusetzen haben (ohne daran gebunden zu sein).

12.13 Ergeben sich aus der Einhaltung von gem § 79 Abs 1 vorgeschriebenen Auflagen **Änderungen** an der BA, dann bedarf es hiefür nach der ausdrücklichen Regelung des § 81 Abs 2 Z 2 keiner Genehmigung nach § 81 Abs 1 (s hiezu *Paliege-Barfuß*, Die Änderung der genehmigten Anlage Rz 357, 2.3). § 79 Abs 1 bietet aber keine Grundlage, eine vom Genehmigungsbescheid abweichende (in diesem nicht erfasste) Betriebsweise durch Vorschreibung zusätzlicher Auflagen zu regeln; vielmehr ist eine entsprechende Änderung der Betriebsweise nach Maßgabe des § 81 genehmigungspflichtig (VwGH 17. 4. 1998, 96/04/0269).

12.14 Näheres zum **Verfahren** s *Wendl*, Verfahrensübersicht „Verfahren nach § 79 Abs 1" Rz 168. Näheres zur Antragsbefugnis und **Parteistellung von Nachbarn** s *Wendl*, Die Nachbarn und ihre Parteistellung Rz 272, 15.2.

12.15 Könnte der hinreichende Schutz der gem § 74 Abs 2 wahrzunehmenden Interessen nach Genehmigung der BA nur durch die Vorschreibung solcher anderer oder zusätzlicher Auflagen erreicht werden, durch die die BA **in ihrem Wesen verändert** würde, so besteht seit der GewRNov 1992 für die Behörde die Verpflichtung zur amtswegigen Durchführung eines Sanierungsverfahrens und erforderlichenfalls zur Vorschreibung bestimmter Auflagen nach **§ 79 Abs 3**. (Näheres hiezu s *Wendl*, Verfahrensübersicht „Verfahren nach § 79 Abs 3" Rz 169 und die dort erfolgten weiteren Verweisungen.)

§ 79 Abs 4 sieht ein ähnlich dem Abs 3 konzipiertes mehrstufiges amtswegiges Verfahren hinsichtlich einer genehmigten BA, die in einem Sanierungsgebiet liegt und von Anordnungen einer V gem § 10 IG-L betroffen ist, vor. Erforderlichenfalls sind bestimmte Auflagen vorzuschreiben. (Näheres hiezu s *Wendl*, Verfahrensübersicht „Verfahren nach § 79 Abs 4" Rz 170 und die dort erfolgten weiteren Verweisungen.)

13. Die Zulässigkeit von Auflagen nach § 79 b

Unter den Voraussetzungen des § 79 b (s *Stolzlechner*, Die Rechtskraft und die Änderung von Bescheiden Rz 366, 8.1) hat die Behörde **andere oder zusätzliche Auflagen iSd § 77 Abs 4** vorzuschreiben. (Näheres zu den schon im Genehmigungsverfahren erforderlichenfalls vorzuschreibenden Auflagen nach § 77 Abs 4 s oben 11.) **351**

13.1 Auflagen nach § 79 b kommt kein anderer Inhalt zu als dem der Auflagen nach § 77 Abs 1, weshalb auch andere oder zusätzliche Auflagen gem § 79 b **bestimmt und geeignet** sein müssen. Auch in Verfahren nach § 79 b ist die Vorschreibung alternativer Auflagen unter der Voraussetzung zulässig, dass jede Alternative zum gleichen, mit der vorgeschriebenen Maßnahme angestrebten Erfolg führt. Vgl auch sinngemäß die Ausführungen zum Begriff der Auflage, den an sie zu stellenden Anforderungen und den weiteren Grundsätzen für die Beurteilung der Zulässigkeit von Auflagen oben 3. bis 9.

13.2 Diese anderen oder zusätzlichen Auflagen müssen **nach dem Stand der Technik** zur hinreichenden Wahrung der Interessen gem § 77 Abs 4 **erforderlich** sein. Eine Anpassung einer Anlage an den Stand der (Abfall-)Technik schlechthin ist damit nicht möglich.

13.3 Diese anderen oder zusätzlichen Auflagen dürfen **nicht unverhältnismäßig** sein. Bei der Beurteilung der Frage, ob eine Auflage unverhältnismäßig ist, handelt es sich um die Lösung einer **Rechtsfrage.** Hiezu ist der Sachverhalt im Einzelfall unter Beiziehung der erforderlichen Sachverständigen zu ermitteln. Für den Betreiber der BA besteht eine Mitwirkungspflicht.

13.4 Ergeben sich aus der Einhaltung von gem § 79 b vorgeschriebenen Auflagen **Änderungen** an der BA, dann bedarf es hierfür nach der ausdrücklichen Regelung des § 81 Abs 2 Z 2 keiner Genehmigung nach § 81 Abs 1 (s hiezu *Paliege-Barfuß,* Die Änderung der genehmigten Anlage Rz 357, 2.3).

13.5 Näheres zum **Verfahren** s *Wendl,* Verfahrensübersicht „Verfahren nach § 79b" Rz 171. Nachbarn kommt in diesen Verfahren **keine Parteistellung** zu: s *Wendl,* Die Nachbarn und ihre Parteistellung Rz 274.

13.6 Ein dem Sanierungsverfahren nach § 79 Abs 3 (s *Wendl,* Verfahrensübersicht „Verfahren nach § 79 Abs 3" Rz 169) nachgebildetes Verfahren zum Schutz der gem § 77 Abs 4 wahrzunehmenden Interessen wurde in der GewRNov 1992 nicht vorgesehen.

14. Die Zulässigkeit von Auflagen nach § 81

352   **14.1** Bedarf die Änderung der BA einer Genehmigung iSd **§ 81 Abs 1,** dann sind erforderlichenfalls *Auflagen* in Bezug auf diese Änderung vorzuschreiben, im Falle des § 81 Abs 1 zweiter Satz auch insoweit, als solche Auflagen „wegen der Änderung zur Wahrung der im § 74 Abs 2 umschriebenen Interessen gegenüber der bereits genehmigten Anlage erforderlich" sind.

Im Übrigen gelten auch in Verfahren nach § 81 Abs 1 dieselben Kriterien für die Zulässigkeit von Auflagen wie in Genehmigungsverfahren nach § 77 (s oben 4. bis 11.). Siehe hiezu auch *Paliege-Barfuß,* Die Änderung der genehmigten Anlage Rz 358, 3.2.

14.2 Nach **§ 81 Abs 2** ist in den in Z 1 bis 11 angeführten Fällen keine Genehmigungspflicht gegeben; in den Fällen der Z 5, 7, 9 und 11 ist aber gem *§ 81 Abs 3* ein Anzeigeverfahren vorgesehen.

Die Vorschreibung von *Auflagen* ist (lediglich) bei Änderungen *nach Z 7 zulässig.*

Dieser Tatbestand der Z 7 wurde durch die GewRNov 2013 I neu eingefügt. Er setzt zwar weiterhin die *Emissionsneutralität gegenüber den Nachbarn* voraus, gibt jedoch der Behörde bei Auswirkungen, die sich nicht auf die geschützten Nachbarinteressen beziehen, auch die Möglichkeit, *Beeinträchtigungen der ansonsten geschützten Interessen* durch Erteilung von Auflagen zu vermeiden bzw auf ein zumutbares Maß zu beschränken (vgl EB 2013 I).

Es kommen also nach Z 7 nur erforderlichenfalls vorzuschreibende Auflagen zur Vermeidung von Gefährdungen des Lebens oder der Gesundheit von Personen (außer Nachbarn) und Auflagen zur Beschränkung von Beeinträchtigungen oder nachteiligen Einwirkungen iSd § 74 Abs 2 Z 3 bis 5 auf ein zumutbares Maß infrage.

Zur Annahme einer *Parteistellung von Nachbarn* in einem Änderungsanzeigeverfahren (ua) nach § 81 Abs 3 iVm § 81 Abs 2 Z 7 – beschränkt auf die Überprüfung des Vorliegens der Voraussetzungen des § 81 Abs 2 Z 7 – s *Wendl*, Die Nachbarn und ihre Parteistellung Rz 270, 13.2.

Die allfällige *Vorschreibung solcher Auflagen* hat in dem über die Änderungsanzeige gem § 81 Abs 3 zu erlassenden *Bescheid nach § 345 Abs 6 erster Satz* zu erfolgen. Mit dem Betrieb einer gem § 81 Abs 2 Z 7 geänderten BA darf erst nach Erlassung dieses Bescheids begonnen werden (§ 345 Abs 6 letzter Satz).

15. Die Vorschreibung von Auflagen und ihre Anfechtung

Die **Vorschreibung der Auflagen** hat im **Spruch des Bescheides** zu erfolgen. Bloße Verweise auf im Verhandlungsprotokoll enthaltene Darlegungen der Sachverständigengutachten entsprechen nicht der Bestimmung des § 59 Abs 1 AVG (ua VwGH 23. 10. 1984, 84/04/0045; 17. 3. 1987, 86/04/0219). Siehe auch § 359 Abs 1. **353**

Der VwGH lässt in seiner hier sehr formalistischen Beurteilung nicht einmal einen konkreten Verweis im Spruch des Bescheides auf bestimmte, genau bezeichnete Punkte im Gutachten von Sachverständigen, die ihrerseits die an die Auflagen zu stellenden Erfordernisse erfüllen und in der dem Bescheid angeschlossenen, zu einem wesentlichen Bestandteil desselben erklärten Niederschrift enthalten sind, gelten. Auch diese Vorgangsweise entspräche weder dem § 59 Abs 1 AVG noch der ausdrücklichen Anordnung des § 359 Abs 1 GewO, der zufolge allenfalls erforderliche Auflagen im BA-Genehmigungsbescheid anzuführen sind (VwGH 28. 3. 1989, 88/04/0205).

Forderungen oder Hinweise, die nur in Sachverständigengutachten selbst oder in der Begründung des Bescheides enthalten sind, begründen selbstverständlich auch keine Verpflichtung.

Auflagen dürfen **nur gegenüber dem Inhaber der BA** vorgeschrieben werden (ua VwGH 14. 4. 1999, 98/04/0225; LVwG Wien 16. 6. 2014, VGW 122/008/7423/2014). Vorschreibungen an die Adresse Dritter (bloßer Eigentümer, der nicht Antragsteller ist; Nachbarn; Lieferanten) sind unzulässig.

Die Vorschreibung einer Auflage betreffend Einsatz eines Wach- und Ordnerdienstes würde ausschließlich die Projektswerberin und nicht Dritte verpflichten und wäre daher zulässig (VwGH 29. 6. 2005, 2003/04/0042).

Hinsichtlich der **Anfechtung von Auflagen** und dem diesbzgl zulässigen Prüfungsumfang des LVwG kann wohl – zumindest teilweise – auf die Jud des VwGH zur Rechtslage vor der Verwaltungsgerichtsbarkeits-Novelle 2012 und dem VwGVG zurückgegriffen werden (vgl auch *E/R/W* § 77 Rz 39):

Im Hinblick auf § 77 Abs 1 kann eine „Trennbarkeit" von Genehmigungsbescheid und den in diesem erteilten Auflagen nicht angenommen werden (ua VwGH 8. 10. 1996, 94/04/0205). Bescheid und Auflagen bilden eine notwendige Einheit mit der Wirkung, dass kein Teil davon einer selbständigen Rechtskraft fähig ist (VwGH 26. 5. 1998, 97/04/0220).

Die Rechtsmittelbehörde ist ermächtigt, die bei ihr angefochtene Genehmigung auch in Ansehung der Auflagen, unter denen diese erteilt wurde, nach jeder Richtung abzuändern (VwGH 22. 3. 2000, 98/04/0019, der neuen Rechtslage angepasst). Somit ist auch die Vorschreibung von Auflagen zulässig, die eine stärkere Belastung des Bf bewirken (vgl sinngemäß VwGH 2. 7. 1992, 92/04/0064, der neuen Rechtslage angepasst).

Es ist also davon auszugehen, dass das LVwG in Verfahren über eine Beschwerde bei Entscheidung in der Sache (§ 28 Abs 2 VwGVG) im Rahmen des Prüfungsumfangs Auflagen konkretisieren, abändern oder auch notwendige neue Auflagen vorschreiben kann.

16. Die Verpflichtung zur Einhaltung von Auflagen und ihre Durchsetzung

354   Zur Erfüllung bzw Einhaltung der vorgeschriebenen Auflagen ist der Antragsteller bzw der jeweilige Inhaber (Betreiber) der Anlage – im Fall der Gebrauchnahme der erteilten Genehmigung – verpflichtet (s hiezu ua VwGH 14. 11. 2007, 2005/04/0300). Bei einem Wechsel des Inhabers der BA trifft den neuen Inhaber die Verpflichtung zur Einhaltung (Näheres s *Wendl,* Die Nachbarn und ihre Parteistellung Rz 269, 12.1 sowie Lexikon „Wechsel des Inhabers" Rz 159). Hinsichtlich der Strafbarkeit der Nichteinhaltung von Auflagen s *Ziermann,* Das Verwaltungsstrafrecht und Verwaltungsstrafverfahren im Zusammenhang mit gewerblichen Betriebsanlagen Rz 391, 10.2; hinsichtlich der Vollstreckung von Auflagen nach dem VVG und dem Verhältnis dieser Vollstreckungsmaßnahmen zu den besonderen Zwangs- und Sicherheitsmaßnahmen nach § 360 s *Giese,* Einstweilige Zwangs- und Sicherheitsmaßnahmen Rz 376, 1.2; 377, 2.5.

Die Behörde kann zulassen, dass bestimmte Auflagen erst ab einem festzulegenden Zeitpunkt *nach Inbetriebnahme der Anlage* einzuhalten sind (§ 77 Abs 1 letzter Halbsatz; s auch oben 9.7 und Lexikon „Inbetriebnahme der Anlage" Rz 73).

17. Die Aufhebung oder Abänderung von Auflagen

355   **Gem § 79 c Abs 1** sind vorgeschriebene *Auflagen mit Bescheid aufzuheben oder abzuändern,* wenn sich nach der Vorschreibung von Auflagen ergibt, dass die vorgeschriebenen Auflagen für die nach § 74 Abs 2 wahrzunehmenden Interessen nicht erforderlich sind oder für die Wahrnehmung dieser Interessen auch mit den Inhaber der BA weniger belastenden Auflagen das Auslangen gefunden werden kann.

Gem **§ 79 c Abs 2** sind *Abweichungen vom Genehmigungsbescheid* einschließlich seiner Bestandteile *mit Bescheid zuzulassen,* soweit dem nicht der Schutz der nach § 74 Abs 2 wahrzunehmenden Interessen entgegensteht, erforderlichenfalls unter Aufhebung oder Abänderung von vorgeschriebenen Auflagen oder auch Vorschreibung zusätzlicher Auflagen.

Der durch die GewRNov 2013 I neugefasste § 79 c enthält „auf die Interessenslage des Betriebsinhabers gerichtete Regelungen". Sie sehen die Möglichkeit einer Durchbrechung der Rechtskraft von Bescheiden vor (vgl EB 2013 I).

Verfahren nach Abs 1 oder 2 sind auf Antrag des Inhabers der BA einzuleiten, wobei im Antrag das Vorliegen der Voraussetzungen glaubhaft zu machen ist (Abs 3). Sowohl in Verfahren nach Abs 1 als auch nach Abs 2 ist § 77, für IPPC-Anlagen auch § 77 a sinngemäß anzuwenden).

Die gem § 356 b mitanzuwendenden materiellrechtlichen Genehmigungs-(Bewilligungs-)Regelungen nach anderen Verwaltungsvorschriften des Bundes sind in Verfahren nach Abs 1 oder Abs 2 mitanzuwenden (Abs 4). Das heißt, dass auch allfällige Auflagen in BA-Bescheiden auf der Grundlage solcher anderer Verwaltungsvorschriften bei Vorliegen der Voraussetzungen aufzuheben, abzuändern oder zusätzlich vorzuschreiben sind.

Besonders betroffen durch die Aufhebung oder Abänderung von Auflagen nach § 79 c Abs 1 bzw Aufhebung, Abänderung oder zusätzliche Vorschreibung von Auflagen nach § 79 c Abs 2 können die nach § 74 Abs 2 Z 2 geschützten Interessen der **Nachbarn** sein. Diesen wurde daher **mit § 356 Abs 4 (neu) eine verbesserte Parteistellung** (auch) in den Verfahren nach § 79 c eingeräumt. Näheres dazu in *Wendl,* Die Nachbarn und ihre Parteistellung Rz 272, 15.4 und *Stolzlechner,* Die Rechtskraft und die Änderung von Bescheiden Rz 367.

Zur gesamten Problematik des neuen § 71 c s auch *Grabler/Stolzlechner/Wendl,* GewO-KK § 79 c Rz 1 bis 9.

Speziell zur Frage der Zulässigkeit einer Änderung der im Genehmigungsbescheid mittels Auflage festgelegten Betriebszeit einer BA s *Triendl,* Die Änderung der Betriebszeit, ZfV 2007, 934 ff.

VI.

Anlagenänderung

Die Änderung der genehmigten Anlage

Sylvia Paliege-Barfuß

Literatur: *Aichlreiter,* Neu- oder Änderungsgenehmigung als Sache eines gewerbebehördlichen Betriebsanlagengenehmigungsverfahrens, wbl 1997, 236; *Bergthaler/Holzinger,* Die „nachbarneutrale" Änderung – ein trojanisches Pferd im Betriebsanlagenrecht, ÖZW 2014, 30; *Berka,* Das neue Betriebsanlagenrecht – Materiellrechtliche Bestimmungen, in *Korinek* (Hrsg) Gewerberecht. Grundfragen der GewO 1994 in Einzelbeiträgen (1995) 257 (273); *Duschanek,* Die Genehmigung gewerblicher Betriebsanlagen, in *Rill* (Hrsg), Gewerberecht. Beiträge zu Grundfragen der GewO 1973 (1978) 257; *Duschanek,* Nebenbestimmungen im Bescheid, ÖZW 1985, 7; *Duschanek,* Die Genehmigung von Betriebsanlagen nach der Gewerberechtsnovelle 1988, ZfV 1989, 215; *E/R/W,* insb Kommentierung zu § 81; *Grabler/Stolzlechner/Wendl,* GewO³ (2011) Kommentierung zu § 81; *Haller,* Regelungsdefizite und Vollzugsdefizite im Betriebsanlagenrecht nach der Gewerberechtsnovelle 1988, in FS Winkler (1989) 191; *Gruber/Paliege-Barfuß,* GewO⁷, insb Kommentierung zu § 81; *Kraemmer,* Auch die Anzeigepflicht nach § 81 Abs 3 GewO setzt die abstrakte Eignung der Änderung zur Beeinträchtigung der Schutzinteressen voraus, ZVG 2015, 351; *Potacs,* Gewerbliches Betriebsanlagenrecht, in *Holoubek/Potacs* (Hrsg), Öffentliches Wirtschaftsrecht II³ (2013) 840 (873); *Schulev-Steindl,* Betriebsanlagenrecht – Errichtung einer Lärmschutzwand als genehmigungsfreie Anlagenänderung, RdU 2006, 88; *Schwarzer,* Das Anzeigeverfahren für die Änderung von Betriebsanlagen nach der Gewerberechtsnovelle 1997, ecolex 2000, 684; *Schwarzer,* Neue Spielregeln für Abfallwirtschaftskonzepte, ecolex 2002, 702; *Stolzlechner/Lütte,* Aktuelle Judikatur des VwGH zum gewerblichen Betriebsanlagenrecht, in FS Kerschner (2013) 535; *Triendl,* Die Änderung der Betriebszeit einer gewerblichen Betriebsanlage im Spannungsfeld der Rechtskraft von Genehmigungsbescheiden, ZfV 2007/2081, 934.

Inhalt

1. Der Begriff der Änderung der genehmigten Anlage

356 **1.1** Wie der VwGH im Erk v 27. 3. 1981, 04/1236/80, ausgesprochen hat, wohnt dem im § 81 verwendeten Begriff **„Änderung"** im Zusammenhalt mit den ihm beigefügten, die Genehmigungspflicht bedingenden Merkmalen die dem allgemeinen Sprachgebrauch entsprechende Bedeutung eines **„Anders-Werdens"** inne; hiebei wird auf „Das große Wörterbuch der deutschen Sprache, Band 1, Mannheim 1976, Seite 128" verwiesen (vgl auch VwSlg 13.152 A/1990). Veränderungsmaßnahmen an einer bestehenden BA stellen jedoch nur dann eine nach § 81 Abs 1 zu beurteilende Änderung dar, wenn zwischen ursprünglicher und geänderter Anlage ein **örtlicher** und **sachlicher**

Zusammenhang besteht. Eine Gesamtumwandlung unter Wegfall des sachlichen oder örtlichen Zusammenhangs mit der bestehenden BA hingegen ist nicht als Änderung iSd § 81 zu qualifizieren (VwGH 17. 3. 1987, 04/0118/86, Weinkellerei und Erzeugung von Modelleisenbahnschienen – Gastgewerbebetrieb; 22. 9. 1987, 04/0011/87, Schuherzeugung – Gastgewerbebetrieb; VwSlg 10.675 A/1982, Sodawassererzeugung – Bier- und Mineralwasserlager).

Ist der geforderte sachliche und örtliche Zusammenhang zwischen der bestehenden genehmigten BA und der beabsichtigten Änderung nicht ohne weiteres ersichtlich, hat die Behörde durch geeignete Erhebungen, allenfalls unter Beiziehung eines gewerbetechnischen Sachverständigen, die erforderlichen Feststellungen zu treffen, um im Rechtsbereich die Frage dieses Zusammenhanges beurteilen zu können (VwGH 18. 6. 1996, 96/04/0043).

Unter **„Änderung"** einer genehmigten BA ist jede durch die erteilte **Genehmigung nicht gedeckte, bauliche** oder **sonstige, die Anlage betreffende Maßnahme** des Inhabers der BA zu verstehen, durch die sich die im § 74 Abs 2 Z 1 bis 5 bezeichneten Gefährdungen, Beeinträchtigungen oder sonstigen Auswirkungen ergeben können (VwSlg 15.749 A/2002; ähnlich zB VwGH 17. 2. 1987, 85/04/0191; 25. 2. 1993, 91/04/0248).

Die Frage, ob eine Änderung einer BA vorliegt, ist allein nach dem Inhalt des die BA genehmigenden Bescheides zu beurteilen (VwGH 3. 4. 2002, 2001/04/0069). So kann zB aus der BA-Genehmigung für den Betrieb eines „Gastgewerbes in der Betriebsart eines Kaffeehauses" nicht auf die Genehmigung auch für die **Aufstellung eines Billardtisches** geschlossen werden (sofern in der Betriebsbeschreibung ein solcher Tisch nicht genannt ist; s Lexikon „Genehmigung [Voraussetzungen]" Rz 59). Die Aufstellung eines Billardtisches fällt in diesem Fall – bei Vorliegen der in 2.1 näher beschriebenen Voraussetzungen – unter den Begriff einer (genehmigungspflichtigen) „Änderung" (VwGH 27. 3. 1990, 89/04/0223).
  Finden in einem Lokal **Musikdarbietungen** auch nach der im Genehmigungsbescheid festgesetzten Zeit statt, handelt es sich um eine Änderung der BA (VwGH 26. 5. 1998, 97/04/0245).

§ 81 ermächtigt nicht, die erteilte Genehmigung abzuändern oder zu beheben und insofern die bestehende bescheidmäßige Regelung einer Reform zu unterziehen, sondern lediglich, die **bisher bescheidmäßig nicht geregelte Sache** – nämlich die nach § 81 genehmigungspflichtige „Änderung" – einer solchen Regelung (erstmals) zu unterziehen (ua VwSlg 15.427 A/1999). Zur Zulässigkeit der Aufhebung oder Abänderung von Auflagen in einem Verfahren nach § 81 s Wendl, Zulässige und unzulässige Auflagen Rz 355.
  Auch dient das Verfahren nach § 81 nicht der inhaltlichen Überprüfung des nach § 77 ergangenen Genehmigungsbescheids. Dessen Inhalt ist dem Verfahren nach § 81 zugrunde zu legen (zB VwGH 27. 10. 2014, 2013/04/0095; 26. 5. 1998, 98/04/0028). Die genehmigte BA ist insoweit als **Vergleichsmaßstab** heranzuziehen. Auch die – jeweils Ausnahmen von der Genehmigungspflicht normierenden – Tatbestände des § 81 Abs 2 Z 7 und 9 stellen darauf ab, ob Änderungen (gegenüber dem bisherigen Konsens) das Emissionsverhalten der BA nachteilig beeinflussen (VwGH 27. 10. 2014, 2013/04/0095).
  Das Tatbestandsmerkmal des **„Änderns"** ist nicht erst dann erfüllt, wenn die Änderungsmaßnahme abgeschlossen ist, es ist vielmehr bereits gegeben, wenn mit der Herstellung der die Änderung der BA bezweckenden Maßnahme begonnen wird.

So erfüllt bereits das Entfernen des Humus auf einer Fläche und deren Beschotterung mit dem Ziel der Errichtung eines Holzlagerplatzes das Tatbestandsmerkmal des „Änderns", wobei es ohne Bedeutung ist, in welcher Tiefe und in welcher räumlichen Ausdehnung die Abschichtung des Humus und die Beschotterung erfolgt (VwGH 1. 7. 1997, 97/04/0063).

Eine eingeschränkte Auslegung des Begriffs „Änderung" dahin, dass es sich nur um „Umbauten" handeln darf, kommt somit nicht in Betracht. Auch **Neubauten** iS eines den Altbestand zur Gänze ersetzenden Baus fallen unter den Begriff der Änderung (VwGH 9. 10. 1981, 04/2678/78). In diesem Sinn ist auch die Erweiterung einer BA eine Änderung (VwGH 16. 2. 1988, 86/04/0094).

1.2 Von einer Änderung der genehmigten Anlage kann nur dann gesprochen werden, wenn eine **rk gewerbebehördliche Genehmigung** der Anlage vorliegt, auf die sich die Änderung beziehen soll (zB VwGH 27. 10. 2014, 2013/04/0095; 31. 3. 1992, 91/04/0305). Die Behörde muss feststellen, ob eine genehmigte Anlage vorliegt (VwGH 25. 2. 1998, 98/04/0028). Kann sich der Genehmigungswerber bei seinem Antrag gem § 81 auf keinen gewerbebehördlichen Ursprungskonsens stützen, kann dem Ansuchen schon aus diesem Grund nicht entsprochen werden (VwGH 12. 6. 2013, 2013/04/0019, mwN).

Ein solcher Ursprungskonsens liegt zB nicht mehr vor, wenn die erteilte Genehmigung aufgrund des § 80 (Nichtaufnahme oder Unterbrechung des Betriebs) erloschen ist (VwGH 29. 10. 1982, 82/04/0048, 0199; 18. 10. 1988, 87/04/0271; 30. 3. 1993, 92/04/0216). Nur wenn nach eingehender Prüfung ein Erlöschen der BA-Genehmigung nicht anzunehmen ist, wird eine Beurteilung der Genehmigungsfähigkeit des Änderungsantrags insb unter Bedachtnahme auf die § 81 Abs 1 und § 77 vorzunehmen sein (VwGH 18. 4. 1989, 88/04/0112).
    Wird eine genehmigte BA durch einen **Großbrand** größtenteils vernichtet, so ist zu prüfen, ob dadurch eine iSd § 80 Abs 1 für die Annahme des Erlöschens der Genehmigung der BA tatbestandsmäßige **Unterbrechung des Betriebs** eingetreten ist. Sollte sich bei dieser Prüfung ein Erlöschen der BA-Genehmigung ergeben, so würde schon aus diesem Grund eine rechtliche Grundlage für einen Antrag gem § 81 Abs 1 fehlen (VwGH 18. 4. 1989, 88/04/0112).

1.3 Aufgrund des Gesagten ist gem § 77 und nicht gem § 81 vorzugehen,

– wenn eine bisher nicht genehmigungspflichtige BA derart geändert werden soll, dass die geänderte Anlage gem § 74 Abs 2 genehmigungspflichtig wird („nachträgliche Genehmigungspflicht", s *Stolzlechner,* Die Genehmigungspflicht der Betriebsanlage Rz 201);

– wenn eine „Altanlage", die schon nach der GewO 1859 genehmigungspflichtig gewesen wäre, aber bisher noch nicht genehmigt wurde, geändert wird (VwGH 10. 12. 1985, 85/04/0126);

– wenn unter Bedachtnahme auf die Kriterien des § 74 Abs 2 Einleitungssatz ein sachlicher oder aber ein örtlicher Zusammenhang mit der bestehenden genehmigten BA fehlt. Daher ist eine Gesamtumwandlung der BA unter Wegfall des vorangeführten Zusammenhangs nicht als Änderung iSd § 81 anzusehen (VwSlg 10.675 A/1982).

1.4 Wird eine im *vereinfachten Genehmigungsverfahren* gem § 359 b genehmigte BA geändert, so liegt auch eine Änderung der genehmigten BA iSd § 81 Abs 1 vor. Unter welchen Voraussetzungen es sich um eine genehmigungspflichtige Änderung handelt, s unten 2.1.

1.5 Wird eine BA derart geändert (erweitet), dass zur bestehenden BA eine *IPPC-Anlage* hinzukommt, liegt ebenfalls eine Änderung der genehmigten BA iSd § 81 Abs 1 vor, bei der davon auszugehen ist, dass das eine BA-Änderung ist, die jedenfalls die nach § 74 Abs 2 geschützten Interessen berührt und nach § 81 genehmigungspflichtig ist.

1.6 Besondere Bestimmungen für die Änderung einer IPPC-Anlage enthält § 81 a (s dazu *Vogelsang,* Sonderbestimmungen für IPPC-Anlagen Rz 247).

Zu den Begriffen „wesentliche Änderung" und „Änderung des Betriebs" iZm der Änderung einer IPPC-Anlage s *Vogelsang* Sonderbestimmungen für IPPC-Anlagen Rz 247).

2. Die Voraussetzungen für die Genehmigungspflicht der Änderung der genehmigten Anlage

2.1 Grundsätzlich ist nicht jede Änderung einer genehmigten gew BA genehmigungspflichtig, sondern nur bei **Vorliegen bestimmter Voraussetzungen.** § 81 Abs 1 stellt in Bezug auf das Vorliegen einer Genehmigungspflicht der Änderung einer genehmigten BA auf das Erfordernis der **Wahrung der im § 74 Abs 2 umschriebenen Interessen** ab. Die Begründung der Genehmigungspflicht einer Änderung ist grundsätzlich nach den gleichen Kriterien wie die Begründung der Genehmigungspflicht einer BA zu beurteilen: Gem § 81 Abs 1 bedarf nicht jede Änderung einer genehmigten BA einer Genehmigung, sondern nur eine solche Änderung, die geeignet ist, die in § 74 Abs 2 umschriebenen Interessen zu beeinträchtigen (zB VwGH 27. 10. 2014, 2013/04/0095; 17. 4. 2012, 2010/04/0007; 15. 9. 2011, 2009/04/0154). Gegenstand eines Genehmigungsverfahrens nach § 81 hat primär nur die **Änderung einer genehmigten BA,** nicht aber die **geänderte BA insgesamt** zu sein (zB VwGH 27. 10. 2014, 2013/04/0095; 14. 4. 1999, 98/04/0191; 22. 11. 2011, 2011/04/0189; s auch *Stolzlechner,* Die Genehmigungspflicht der Betriebsanlage Rz 198). Diese grundsätzliche Eignung ist bereits zu bejahen, wenn die in § 74 Abs 2 näher bezeichneten Gefährdungen, Belästigungen, Beeinträchtigungen oder Einwirkungen nicht auszuschließen sind (VwGH 22. 6. 2011, 2009/04/0275). Um dies zu beurteilen, genügt es idR, auf das allgemeine menschliche Erfahrungsgut zurückzugreifen (zB VwGH 25. 2. 2004, 2002/04/0013; 18. 3. 2015, Ro 2015/04/0002, hier: abstrakte Eignung hinsichtlich Änderung eines Autowaschplatzes etc ohne weiteres erkennbar, nicht aber hinsichtlich Änderungen im Buffetbereich).

357

> Ergibt ein von der Partei vorgelegtes Gutachten, dass durch eine Veränderung eine – wenn auch nur geringe – Erhöhung der Immissionen eingetreten ist, kann die Voraussetzung einer Änderung der BA angenommen werden (VwGH 27. 3. 1981, 04/1236/80).
>
> Eine bloße **Änderung der Betriebsweise** eines Gastgewerbes (durch Verlängerung der Betriebszeiten) kann selbst ohne gleichzeitige Änderung der örtlich gebundenen Einrichtung eine Genehmigungspflicht nach § 81 bewirken (VwSlg 10.962 A/1983).
>
> Das Aufstellen eines Billardtisches in einem Kaffeehaus, das sich in einem mehrstöckigen Wohnhaus befindet, kann eine Genehmigungspflicht nach § 81 bewirken (VwGH 27. 3. 1990, 89/04/0223).

Betreibt der Inhaber einer BA die genehmigte Anlage in der Folge nicht entsprechend der erteilten Genehmigung, so kann sich daraus allenfalls die Frage ergeben, ob eine genehmigungspflichtige Änderung der BA iSd § 81 vorliegt (VwGH 27. 6. 1989, 87/04/0095).

Betrifft eine Änderung, die geeignet ist, die im § 74 Abs 2 umschriebenen Interessen zu berühren, eine BA, auf die eine nach § 82 Abs 1 erlassene V anzuwenden ist, so ist mit Rücksicht auf den sich aus § 82 Abs 1 erster Satz ergebenden Zweck einer nach dieser Bestimmung erlassenen V die Genehmigungspflicht dieser Änderung schon dann gegeben, wenn die BA in ihrer geänderten Form und als Folge der Änderung den Anforderungen dieser V nicht mehr entspricht (vgl VwGH 16. 12. 1998, 98/04/0033).

Emissionen der bereits genehmigten Anlage, die in keinem Zusammenhang mit der beantragten Änderung stehen und nicht durch sie bewirkt werden, sind nicht Gegenstand des Verfahrens zu deren Genehmigung (zB VwGH 27. 10. 2014, 2013/04/0095; 14. 3. 2012, 2010/04/0143).

Die Behörde hat im Zweifelsfall daher zB festzustellen, ob die im Antrag enthaltene **Umschreibung des Betriebsverkehrs** (und damit die Betriebszeiten) eine **Erweiterung** (iS einer Vermehrung der von der BA ausgehenden Emissionen) gegenüber dem bisherigen Konsens bedeutet (zB VwGH 15. 9. 1999, 99/04/0111; 1. 7. 1997, 97/04/0048). Dies ist Voraussetzung dafür, ob hinsichtlich der im Antrag umschriebenen Betriebstätigkeiten eine genehmigungspflichtige Änderung vorliegt bzw inwieweit in diesem Zusammenhang die Vorschreibung von Auflagen erforderlich ist (VwGH 27. 10. 2014, 2013/04/0095).

2.2 In § 81 Abs 2 sind **Ausnahmen von der Genehmigungspflicht einer Änderung** vorgesehen; daher ist ua **keine Genehmigungspflicht** gegeben:

- bei bescheidmäßig zugelassenen Änderungen gem § 79 c Abs 2 (Abweichungen vom Genehmigungsbescheid einschließlich seiner Bestandteile) (s dazu *Stolzlechner,* Die Rechtskraft und die Änderung von Bescheiden Rz 367, 9.3);
- bei Änderungen zur Einhaltung von anderen oder zusätzlichen Auflagen gem § 79 Abs 1 oder § 79 b oder zur Sanierung gem § 79 Abs 3 (vgl § 79 Abs 3 letzter Satz);
- bei Änderungen zur Anpassung an V aufgrund des § 82 Abs 1 (s auch *Vogelsang,* Verordnungen im Betriebsanlagenrecht Rz 255, 3.2);
- bei Änderungen aufgrund von Bescheiden gem § 82 Abs 3 oder 4 (abweichende Maßnahmen von § 82-V oder Vorschreibung zusätzlicher Auflagen; s auch *Vogelsang,* Verordnungen im Betriebsanlagenrecht Rz 255, 3.3 und 3.5);
- bei Änderungen durch den Einsatz von durch V gem § 76 Abs 1 oder durch Bescheide gem § 76 Abs 2 erfassten Maschinen, Geräten oder Ausstattungen (s auch *Vogelsang,* Verordnungen im Betriebsanlagenrecht Rz 254, 2.4);
- bei Änderungen aufgrund einer Sanierung gem § 12 LRG-K;
- bei der Fortschreibung des Abfallwirtschaftskonzepts.

Es handelt sich dabei um Tatbestände, bei denen aufgrund anderer Bestimmungen (zB §§ 79 und 82) eine Änderung der BA vorgesehen ist, die zu einer Verbesserung der Emissionssituation führen soll.

Beim Verhältnis von § 81 Abs 1 und § 81 Abs 2 handelt es sich um ein **Regel-Ausnahme-Verhältnis.** So normiert § 81 Abs 1 als **allgemeine Regel** die Genehmigungspflicht von Änderungen einer gew BA. § 81 Abs 2 nennt Ausnahmen von dieser allgemeinen Regel. Damit handelt es sich bei den Tatbeständen des § 81 Abs 2 um eine **Ausnahmeregel** von der Genehmigungspflicht nach § 81 Abs 1 (VwGH 18. 3. 2015, Ro 2015/04/0002; 14. 9. 2005, 2001/04/0047).

2.3 Die immer wieder strittige Frage, ob **Ersatzinvestitionen,** also der **Austausch gleichartiger Maschinen, Geräte** oder **Ausstattungen,** eine genehmigungspflichtige Änderung der BA bewirken, wurde bereits durch die GewRNov 1988 dahin gelöst, dass deren Genehmigungsfreiheit ausdrücklich festgelegt wurde (**§ 81 Abs 2 Z 5**). Die GewRNov 1992 fügte dieser Bestimmung eine Legaldefinition der *„Gleichartigkeit"* an. Demnach sind Maschinen, Geräte oder Ausstattungen, die an die Stelle der in der BA befindlichen Maschinen, Geräte oder Ausstattungen treten sollen, nur dann gleichartig, wenn ihr **Verwendungszweck** dem Verwendungszweck der in der Anlage befindlichen Maschinen, Geräte oder Ausstattungen entspricht und die von ihnen zu erwartenden **Auswirkungen** von den Auswirkungen der in der Anlage befindlichen Maschinen, Geräte oder Ausstattungen nicht so abweichen, dass der Austausch als genehmigungspflichtige Änderung (s oben 2.1) zu behandeln ist. Ein „Austausch" von Maschinen, Geräten oder Ausstattungen kann nur dann vorgenommen werden, wenn jene Maschinen, Geräte oder Ausstattungen, die ausgetauscht werden sollen, rk genehmigt sind.

> Maßstäbe für die Beurteilung der *„Gleichartigkeit"* von Maschinen oder Geräten, deren Austausch beabsichtigt ist, können gem § 81 Abs 1 nur aus einem **Vergleich zwischen der genehmigten BA** und der **beabsichtigten Änderung** gewonnen werden, dh, dass beim beabsichtigten Austausch von Maschinen oder Geräten auf die vom Genehmigungsbescheid erfassten Maschinen oder Geräte Bezug zu nehmen ist (VwGH 24. 4. 1990, 89/04/0194). Das Hinzukommen **neuer Anlagen** kann jedenfalls nicht dem § 81 Abs 2 Z 5 unterstellt werden (VwGH 8. 11. 2000, 2000/04/0157).

Nach § 81 Abs 3 besteht eine **Anzeigepflicht** vor Vornahme solcher Ersatzinvestitionen, wenn es sich hiebei um solche Maschinen, Geräte oder Ausstattungen handelt, wegen deren Verwendung die Anlage einer Genehmigung bedurfte. Dadurch soll die Behörde in die Lage versetzt werden, zu prüfen, ob überhaupt ein Austausch gleichartiger Maschinen, Geräte oder Ausstattungen vorliegt, und bejahendenfalls zur Wahrung der Schutzinteressen unter Heranziehung des § 79 Abs 1 notwendige andere oder zusätzliche Auflagen vorzuschreiben.

Änderungen nach § 81 Abs 2 Z 5 und 7, die gem § 81 Abs 3 anzuzeigen sind, müssen iSd § 81 Abs 1 geeignet sein, die in § 74 Abs 2 umschriebenen Interessen zu beeinträchtigen. Die Beurteilung, ob eine solche Eignung gegeben ist, erfordert idR keine sachverständige Prüfung, sondern es kann auf das allgemeine menschliche Erfahrungsgut zurückgegriffen werden (zB VwGH 18. 3. 2015, Ro 2015/04/0002).

Anzeigen gem § 81 Abs 3 sind bei der zur Genehmigung der BA zuständigen Behörde zu erstatten (zur zuständigen Behörde s Lexikon „Zuständigkeit" Rz 164). Für die der Anzeige anzuschließenden Belege gilt § 353 (§ 345 Abs 6 letzter Satz). Liegen die gesetzlichen Voraussetzungen iSd § 81 Abs 2 Z 5 vor, hat die Behörde die Anzeige binnen zwei Monaten **mit Bescheid zur Kenntnis zu nehmen;** dieser Bescheid bildet einen Bestandteil des Genehmigungsbescheids. Liegen dagegen die Voraussetzungen nicht vor, dann hat die Behörde dies – unbeschadet eines allfälligen Strafverfahrens – ebenfalls innerhalb von zwei Monaten mit Bescheid festzustellen und die betreffende Maßnahme zu untersagen (§ 345 Abs 6 iVm Abs 5).

Der GewO ist eine *„konkludente Kenntnisnahme"* einer BA-Änderung fremd (VwGH 15. 9. 2011, 2009/04/0154).

Die Zweimonatsfrist soll bewirken, dass der Anlageninhaber möglichst bald erfährt, ob er die angezeigte Änderung durchführen kann oder hiefür eine Änderungsgenehmigung benötigt (DE 1992). Im Hinblick auf den zweiten Satz des § 81 Abs 3 ist jedoch davon auszugehen, dass **nach Erstattung der Anzeige die Realisierung in Angriff genommen werden kann,** weil ansonsten für den Änderungstatbestand des § 81 Abs 2 Z 5 nicht vorgeschrieben worden wäre, dass die ersetzten Geräte usw bis zur Bescheiderlassung gem § 345 Abs 6 aufzubewahren sind. Eine solche Vorschrift erscheint nur sinnvoll, wenn die gem § 81 Abs 2 anzuzeigenden Maßnahmen realisiert werden dürfen, ohne den Feststellungsbescheid gem § 345 Abs 6 abwarten zu müssen.

Anders aber bei **nachbarneutralen Änderungen** nach § 81 Abs 1 Z 7, bei denen jene Interessen, die die Nachbarschaft nicht beeinflussen, einer behördlichen Auflagenerteilung zugänglich sind und der Betrieb der Änderung nicht vor Erlassung des Kenntnisnahmebescheides aufgenommen werden darf. Siehe dazu unten 2.5.

Zur **Parteistellung der Nachbarn** ist festzuhalten, dass das Änderungsanzeigeverfahren nach § 81 Abs 3 (iVm § 345 Abs 6) der Sache nach die vereinfachte Variante eines BA-Änderungsverfahrens ist, weshalb sich die Rsp zum Verfahren nach § 359 b auf Verfahren nach § 81 Abs 3 übertragen lässt. Zumal Nachbarn in verfassungskonformer Auslegung des § 359 b Abs 1 Parteistellung hinsichtlich der Frage der Überprüfung der Voraussetzungen dieses Verfahrens zukommt (VfSlg 16.103/2001, 16.259/2001), wäre es nach Ansicht des VfGH verfassungsrechtlich bedenklich, den Nachbarn die Parteistellung in Anzeigeverfahren nach § 81 Abs 3 iVm § 345 Abs 6 schlechthin, also auch bei Beurteilung der Frage, ob die Voraussetzungen des Anzeigeverfahrens überhaupt vorliegen, zu versagen und diese Beurteilung allein der Behörde zu überlassen. Daher ist § 81 Abs 3 iVm § 345 Abs 6 verfassungskonform dahingehend auszulegen, dass Nachbarn ein rechtliches Interesse an der Überprüfung der Voraussetzungen des § 81 Abs 3 iVm § 81 Abs 2 Z 9 und eine auf die Beurteilung dieser Frage **beschränkte Parteistellung** zukommt. Dass § 81 Abs 3 Nachbarn nicht wie § 359 b Abs 1 Anhörungsrechte einräumt, hindert die Annahme einer beschränkten Parteistellung nicht (VfSlg 19.617/2012). Siehe hiezu auch *Wendl,* Die Nachbarn und ihre Parteistellung Rz 270, 13.2 mit weiteren Hinweisen zur Frage der Parteistellung von Nachbarn in Änderungsanzeigeverfahren.

Hinsichtlich der Wahrung des **Schutzes der Arbeitnehmer** gilt Folgendes: Nach § 93 Abs 3 zweiter Satz ASchG dürfen Änderungen, die nach den in Abs 1 angeführten Rechtsvorschriften keiner Genehmigung bedürfen, der Behörde jedoch anzuzeigen sind, von der Behörde nur dann mit Bescheid zur Kenntnis genommen werden, wenn zu erwarten ist, dass sich die Änderung auch *nicht nachteilig auf Sicherheit* und *Gesundheit* der Arbeitnehmer auswirkt. Das Arbeitsinspektorat ist Partei in diesen Verfahren und es ist ihm vor Erlassung des Bescheides Gelegenheit zur Stellungnahme zu geben (vgl § 12 Abs 1 ArbIG).

2.4 Gem § 81 Abs 2 Z 9 sind auch **Anlagenänderungen, die das Emissionsverhalten der Anlage nicht nachteilig beeinflussen,** von der Genehmigungspflicht ausgenommen. Dabei wird nicht bloß auf die Emission von Luftschadstoffen (§ 77 Abs 3) abgestellt, sondern generell auf „Emissionen", dh auf jedwede Auswirkungen einer BA.

§ 81 Abs 2 Z 9 schränkt den Begriff **„Emissionsverhalten"** nicht weiter ein, sodass grundsätzlich auch *Abwässer (Emissionen in flüssiger Form)* von dieser Gesetzesstelle erfasst sind (VwGH 22. 2. 2011, 2010/04/0116).

Die Genehmigungspflicht der Änderung einer genehmigten BA ist *„jedenfalls",* also auch ohne Rücksicht auf das **Ausmaß** der durch die genehmigte BA bei konsensgemäßem Betrieb bei den Nachbarn verursachten Immissionen, (ua) dann nicht gegeben, wenn durch die Änderung das Emissionsverhalten der Anlage nicht nachteilig beeinflusst wird. Schon aus Gründen einer am Gleichheitssatz orientierten Auslegung kann daher der Umstand einer bereits durch den bisherigen konsensgemäßen Betrieb der Anlage verursachten Gesundheitsgefährdung der Nachbarn iSd § 74 Abs 2 Z 1 der Zulässigkeit einer Änderung der Anlage auch dann nicht entgegenstehen, wenn sich erst im Zuge eines eingeleiteten Genehmigungsverfahrens ergibt, dass durch die projektierte Änderung der Anlage, gegebenenfalls bei Einhaltung bestimmter Auflagen, das Ausmaß der Immission iSd § 74 Abs 2 nicht vergrößert wird (VwSlg 14.927 A/1998). Die nach § 81 erteilte Bewilligung ändert allerdings nichts an der Verpflichtung der Behörde – von Amts wegen oder über Antrag –, in einem Verfahren nach § 79 für die Wahrung der im § 74 Abs 2 umschriebenen Interessen zu sorgen.

Die unbestimmte Wortfolge *„nicht nachteilig beeinflussen"* ist nach dem Einleitungssatz des Abs 2 an den Kriterien des Abs 1 zu messen. Daraus folgt, dass die Beurteilung der Tatbestandsvoraussetzung „nicht nachteilig beeinflussen" durch jene Interessen begrenzt ist, die die Gewerbebehörde gem § 74 Abs 2 zu wahren hat. Ob daher die Änderung einer BA zu verstärkten Abwasseremissionen führt, ist im Rahmen des § 81 Abs 2 Z 9 nur zu prüfen, wenn für diese Änderung *keine Bewilligung aufgrund wasserrechtlicher Vorschriften* vorgeschrieben ist. Eine gesonderte wasserrechtliche Bewilligung entfällt gem § 356b Abs 1, wenn es sich um eine Maßnahme iSd Z 1 bis 5 handelt. In diesem Fall hat die Gewerbebehörde im Rahmen eines Genehmigungsverfahrens die entsprechenden Bestimmungen des WRG 1959 mitanzuwenden (VwGH 22. 2. 2011, 2010/04/0116).

Die Anwendbarkeit des § 81 Abs 2 – also auch der Z 9 – hängt nicht davon ab, ob eine Beeinträchtigung der „sonstigen gemäß § 74 Abs 2 wahrzunehmenden Schutzbereiche . . . ausgeschlossen werden" kann (VwGH 14. 9. 2005, VwSlg 16.702 A/2005).

Auch Änderungen, die das Emissionsverhalten der Anlage nicht nachteilig beeinflussen (§ 81 Abs 2 Z 9), sind *anzeigepflichtig* nach § 81 Abs 3. Siehe dazu oben 2.3.

2.5 Mit der GewRNov 2013 I wurden auch **nachbarneutrale Änderungen,** von der Genehmigungspflicht ausgenommen (**§ 81 Abs 1 Z 7**).

„Nachbarneutrale Änderungen" sind Änderungen, die das Emissionsverhalten der BA zu den Nachbarn nicht nachteilig beeinflussen und die auf Grund der besonderen Situation des Einzelfalles erwarten lassen, dass überhaupt oder bei Einhaltung der erforderlichenfalls vorzuschreibenden Auflagen Gefährdungen des Lebens oder der Gesundheit von Personen vermieden und Beeinträchtigungen oder nachteilige Einwirkungen iSd § 74 Abs 2 Z 3 bis 5 auf ein zumutbares Maß beschränkt werden.

Auch nachbarneutrale Änderungen (§ 81 Abs 2 Z 7) sind **anzeigepflichtig** nach § 81 Abs 3. Siehe dazu oben Punkt 2.3.

Anders als bei Ersatzinvestitionen (§ 81 Abs 2 Z 5), emissionsneutralen Änderungen (§ 81 Abs 2 Z 9) und Änderungen von vorübergehender Dauer (§ 81 Abs 1 Z 11) wird der Behörde bei nachbarneutralen Änderungen die Möglichkeit gegeben, Beeinträchtigungen der ansonsten geschützten Interessen durch **Vorschreibung von Auflagen** zu vermeiden bzw auf ein zumutbares Maß zu beschränken. Solche Auflagen können sich nur auf geschützte Interessen beziehen, die nicht der Sphäre des Nachbarschaftsschutzes zuzuordnen sind. Ausführlich zur Zulässigkeit von Auflagen nach § 81 Abs 2 Z 7 s *Wendl*, Zulässige und unzulässige Auflagen Rz 352, 14.2.

Bei nachbarneutralen Änderungen darf der **Betrieb** der Änderung **nicht vor Erlassung des Kenntnisnahmebescheides** aufgenommen werden. Die Durchführung einer nachbarneutralen Änderung ist sofort möglich, allerdings werden auch in diesen Fällen die dem Nachweis der Gleichartigkeit dienenden Belege bis zur Bescheiderlassung aufzubewahren sein.

2.6 Ebenfalls mit der GewRNov 2013 I wurden **vorübergehende Änderungen aus Anlass von Ereignissen oder Veranstaltungen, die in kulturellem oder sportlichem Interesse überregional breiter Kreise der Bevölkerung** stattfinden, genehmigungsfrei gestellt (**§ 81 Abs 2 Z 11**).

Damit soll dem Anliegen der Gewerbetreibenden Rechnung getragen werden, aus Anlass und für den Zeitraum von sportlichen Großveranstaltungen (zB Fußball-Europa- oder Weltmeisterschaften) etwa in Gaststätten und in deren Gastgärten **Fernsehbildschirme** aufstellen bzw **Großleinwände** montieren zu können, um Gästen das Anschauen von Übertragungen derartiger Großveranstaltungen zu ermöglichen.

Voraussetzung ist, dass die Änderungen höchstens vier Wochen lang dauern, keine Lebens- oder Gesundheitsgefährdungen bewirken und aus Anlass von Ereignissen oder Veranstaltungen vorgenommen werden, die auf kulturelles oder sportliches Interesse breiter Kreise der Bevölkerung stoßen und von überregionaler Bedeutung sind.

Solche Ereignisse oder Veranstaltungen sind zB Fußball-Weltmeisterschaften, Fußball-Europameisterschaften, Olympische Sommer- und Winterspiele, Alpine Schiweltmeisterschaften und Erhebung einer österr Stadt zur Kulturhauptstadt. Ereignisse oder Veranstaltungen, die ein über ein Bundesland hinausgehendes breites Interesse nicht erwecken, erfüllen das Kriterium der überregionalen Bedeutung nicht (EB 2013 I).

In die veranstaltungsrechtliche Kompetenz der Bundesländer wird dadurch nicht eingegriffen. Das Qualifizieren eines bestimmten Ereignisses oder einer bestimmten Veranstaltung als Anlass iSd § 81 Abs 1 Z 11 ersetzt nicht die veranstaltungsrechtlich von den Bundesländern festgelegten Erfordernisse bzw Genehmigungen; auch wird dadurch nicht die Großveranstaltung selbst genehmigt (EB 2013 I). Zur kompetenzrechtlichen Abgrenzung von Gewerbe- und Veranstaltungsrecht s *Stolzlechner*, Die verfassungsrechtlichen Grundlagen des Betriebsanlagenrechts Rz 299, 2.5.

2.7 § 358 und die dort vorgesehene Möglichkeit der Einleitung eines **Feststellungsverfahrens** über Antrag des Anlageninhabers ist auch zur Beantwortung der Frage heranzuziehen, ob die Voraussetzungen für die Genehmigungspflicht der Änderung der BA gegeben sind (Näheres zum Feststellungsverfahren s *Stolzlechner*, Die Genehmigungspflicht der Betriebsanlage Rz 207). Die Frage der *Genehmigungsfähigkeit* der Änderung der BA ist dagegen in einem Verfahren nach § 358 nicht zu prüfen (VwGH 27. 3. 1981, 04/1236/80; 25. 9. 1981, 04/0673/80; 20. 10. 1987, 87/04/0119); ebenso nicht die Frage, ob eine nach § 81 zu erteilende Genehmigung auch die bereits genehmigte BA zu erfassen hat (VwGH 25. 11. 1997, 97/04/0136).

3. Die Genehmigung der Änderung

3.1 Die Genehmigung der Änderung einer gewerbebehördlich genehmigten Anla- **358** ge setzt ein diesbzgl **Ansuchen** voraus, denn es handelt sich um einen antragsbedürfti- gen Verwaltungsakt (§§ 353 und 356; s dazu auch Lexikon „Ansuchen" Rz 9 Der Antrag hat auf Genehmigung der Änderung einer bereits genehmigten Anlage zu lauten (zB VwGH 12. 6. 2013, 2013/04/0019; 23. 12. 1974, 2052/74; 24. 4. 1990, 90/04/0061). Zur Antragstellung ist der **Inhaber** der bestehenden Anlage legitimiert, worunter auch der gewerberechtlich genehmigte Pächter zu verstehen ist (VwGH 15. 10. 1985, 84/04/ 0202; 28. 6. 1990, 89/04/0009). Ein neuer Inhaber kann in das noch nicht zu Ende ge- führte Genehmigungsverfahren durch ausdrückliche Erklärung eintreten (VwGH 25. 11. 1997, 97/04/0122 und 17. 4. 1998, 96/04/0087). Die Behörde muss im Verfahren feststellen, ob eine genehmigte Anlage vorliegt (vgl VwGH 25. 2. 1986, 84/04/0245).

Die Behörde ist an den Inhalt des Antrags gebunden. Es steht ihr nicht frei, abwei- chend von diesem je nach dem Ergebnis des Ermittlungsverfahrens die Genehmigung zur Errichtung iSd § 74 Abs 2 und § 77 oder zur Änderung iSd § 81 zu erteilen bzw zu versagen (VwGH 8. 10. 1996, VwSlg 14.857 A/1998).

> Ein auf *„Neugenehmigung"* des geänderten Anlagenteils gerichtetes Ansuchen müsste zu- rückgewiesen werden. Allerdings hat der VwGH im Erk v 26. 6. 1984, 84/04/0031, diese for- malistische Vorgangsweise dadurch abgeschwächt, dass auch ein zwar nicht wörtlich auf die Genehmigung der Änderung gerichtetes Ansuchen als zulässig behandelt wurde, wenn es „eine Deutung in dieser Richtung" zulässt. In diesem Zusammenhang ist an die im § 13 a AVG geregelte Manuduktionspflicht der Behörde zu erinnern.
>
> Wird das Ansuchen um Genehmigung der Änderung der BA **zurückgezogen,** dann fällt die Grundlage und demnach überhaupt die Möglichkeit, über diese Änderung zu ent- scheiden, weg (VwGH 23. 12. 1974, 2052/74).
>
> Ein Ansuchen um eine BA-Änderung ist als eine Einheit anzusehen, die durch Aufla- gen nur soweit modifiziert werden kann, als dadurch das Vorhaben in seinem Wesen nicht verändert wird (VwGH 23. 5. 1989, 88/04/0318, 0337). Unzulässig wäre daher eine bloß teil- weise Genehmigung einer beantragten Änderung unter Vorschreibung projektsändernder Auflagen; bei Fehlen von Genehmigungsvoraussetzungen müsste die Genehmigung für die gesamte beantragte Änderung versagt werden (s hiezu auch *Wendl,* Zulässige und unzulässi- ge Auflagen Rz 347, 9.3). Dagegen ist eine Verpflichtung der Behörde, mehrere Ansuchen um Genehmigung der Änderung ein und derselben BA in einem einheitlichen Verfahren zu behandeln und gemeinsam darüber zu entscheiden, dem Gesetz nicht zu entnehmen. Ei- ne Gefährdung des Nachbarschutzes durch getrennte Behandlung solcher Ansuchen ist überdies schon im Hinblick auf § 81 Abs 1 zweiter Satz nicht zu befürchten (VwGH 25. 11. 1986, 86/04/0129).

3.2 § 81 Abs 1 spricht von der Notwendigkeit einer Genehmigung „im Sinne der vorstehenden Bestimmungen"; dies bedeutet: Die **Genehmigungsvoraussetzungen**

(für die Änderung einer BA) nach § 81 sind keine anderen als jene, an die das G in § 77 die Errichtung und den Betrieb einer BA knüpft (zB VwSlg 9837 A/1979; VwGH 27. 10. 2014, 2013/04/0095; 28. 2. 2012, 2010/04/0065; 6. 4. 2005, 2000/04/0067; 21. 12. 2004, 2002/04/0169). Daher sind auch im Verfahren nach § 81 **Auflagen** vorzuschreiben, soweit dies erforderlich ist, um Gefährdungen iSd § 74 Abs 2 Z 1 zu vermeiden sowie Belästigungen, Beeinträchtigungen und nachteilige Einwirkungen iSd § 74 Abs 2 Z 2 bis 5 auf ein zumutbares Maß zu beschränken (zB VwGH 27. 10. 2014, 2013/04/0095). Die Feststellung, ob die Genehmigungsvoraussetzungen vorliegen, ist – wie im „Stamm-"Genehmigungsverfahren – Gegenstand des Beweises durch Sachverständige auf dem Gebiet der gewerblichen Technik und auf dem Gebiet des Gesundheitswesens (zB VwGH 27. 10. 2014, 2013/04/0095; 21. 12. 2011, 2010/04/0046).

Unter Berücksichtigung der Jud des VwGH zu § 81 iVm § 77 ist auf folgende Grundsätze zu verweisen:

– Ein Vergleich mit den Immissionen der genehmigten BA, soweit sie die örtlichen Verhältnisse mitbestimmen, ist nur im Fall der Beurteilung der Zumutbarkeit, nicht jedoch im Fall der Beurteilung der Gesundheitsgefährdung anzustellen (VwGH 25. 11. 1986, 86/04/0090; 27. 6. 1989, 87/04/0002; 27. 3. 1990, 89/04/0248).

– Immissionen von genehmigten Anlagen sind, soweit sie in keinem Zusammenhang mit der beantragten Änderung stehen, oder von einer nicht genehmigten und vom Genehmigungsverfahren nicht erfassten Änderung der Anlage ausgehen, nicht Gegenstand des die Genehmigung der Änderung betreffenden Verfahrens (VwGH 25. 11. 1986, 86/04/0129).

– Bei der Beurteilung der **Unzumutbarkeit von Immissionen** besteht kein sachlich zu rechtfertigender Unterschied, ob diese von einer neu errichteten Anlage oder von im Weg der Änderung der genehmigten Anlage errichteten Anlagenteilen herrühren. Mit einer solchen Auslegung wird in wohlerworbene Rechte des Genehmigungswerbers nicht eingegriffen, da sich diese allein auf den Betrieb der genehmigten Anlage beziehen und somit im Fall einer Änderung der Anlage iSd § 81 der normativen Kraft des § 77 Abs 2 nicht entgegenstehen (VwSlg 9437 A/1977). Eine dem § 79 Abs 2 vergleichbare Sonderregelung für neu hinzukommende Nachbarn hinsichtlich der Genehmigungsvoraussetzungen nach § 81 ist dem Gesetz fremd (VwGH 6. 4. 2005, 2000/04/0067).

– In einem Verfahren zur Entscheidung über die Genehmigung der Änderung der BA haben die **Nachbarn** das Recht, sei es durch die Erteilung von Auflagen anlässlich der Erteilung der Genehmigung, sei es durch die Versagung der Genehmigung, vor Gefährdungen, Belästigungen, Beeinträchtigungen oder nachteiligen Einwirkungen geschützt zu werden (VwGH 10. 4. 1987, 86/04/0226).

Hinsichtlich der Genehmigungsvoraussetzung der Vermeidung einer Gefährdung des Lebens oder der Gesundheit s *Wendl*, Die Gefährdung des Lebens und der Gesundheit Rz 211; hinsichtlich des Ausschlusses einer Gefährdung des Eigentums oder sonstiger dinglicher Rechte s *Kerschner*, Die Gefährdung des Eigentums und sonstiger dinglicher Rechte Rz 230; hinsichtlich der Beschränkung von Belästigungen etc auf ein zumutbares Maß s *Paliege-Barfuß*, Die Belästigung der Nachbarn Rz 218.

– Bei der Ermittlung des Istmaßes (s Lexikon „Istmaß – Beurteilungsmaß" Rz 79 und *Paliege-Barfuß,* Die Belästigung der Nachbarn Rz 222) sind sohin die (konsensgemäßen) Immissionen genehmigter Anlagen einschließlich der zu ändernden BA zugrunde zu legen (VwGH 9. 10. 1981, 04/2678/78; VwSlg 10.551 A/1981). Im Erk v 28. 5. 1991, 90/04/0320 hat der VwGH unter Bezugnahme auf § 77 Abs 2 ausdrücklich festgehalten, dass durch die normative Bezugnahme auf die *„tatsächlichen örtlichen Verhältnisse"* keine Einschränkung auf nur behördlich genehmigte Vorgangsweisen bzw Abläufe erfolgt ist und daher nur auf diese abzustellen sei.

– Im Verfahren zur Änderung der BA nach § 81 sind erforderlichenfalls eindeutige Feststellungen über den Genehmigungsumfang der zu ändernden „Altanlage" zu treffen (VwGH 12. 2. 1985, 84/04/0071).

3.3 Nach § 81 bedarf die Genehmigung der Änderung einer Genehmigung „im Sinne der vorstehenden Bestimmungen". Zu den vorstehenden Bestimmungen zählt auch § 77 a. Nach § 77 a ist für IPPC-Anlagen vorgesehen, dass im Genehmigungsbescheid über § 77 hinaus sicherzustellen ist, dass diese Anlagen so errichtet, betrieben und aufgelassen werden, dass die im § 77 a genannten Voraussetzungen erfüllt sind.

Kommt daher zu einer bestehenden gew BA eine IPPC-Anlage hinzu, so wird die Genehmigung der Änderung nach § 81 iVm § 77 und § 77 a zu erfolgen haben.

Die Änderung einer IPPC-Anlage unterliegt der Spezialregelung des § 81 a (s dazu *Vogelsang,* Sonderbestimmungen für IPPC-Anlagen Rz 247).

3.4 Im Verfahren zur Genehmigung der Änderung einer BA sind **nicht Verfahrensgegenstand:**

– Immissionen aus der genehmigten BA, die in keinem Zusammenhang mit der beantragten Änderung stehen und nicht durch sie bewirkt werden, sowie

– Immissionen, die ihre Ursache in einer nicht genehmigten und auch vom Genehmigungsverfahren nicht erfassten Änderung der BA haben (VwGH 3. 12. 1985, 85/04/0140).

3.5 Gegenstand der Genehmigung sind sohin die Änderung der BA sowie im Hinblick auf den zweiten Satz des § 81 Abs 1 die **Auswirkungen der Änderung auf die genehmigte BA,** soweit dies zur Wahrung der im § 74 Abs 2 umschriebenen Interessen erforderlich ist. Die Vermehrung der (von der BA verursachten) Gesamtimmissionen anlässlich deren Änderung allein bewirkt noch nicht, dass die Genehmigung der Änderung auch die genehmigte BA zu umfassen hat; vielmehr ist dieser Vermehrung der Immissionen durch entsprechende Auflagen im Bescheid über die Genehmigung der Änderung zu begegnen. Wenn durch die Änderung der BA neue oder größere Immissionen auch durch die bestehende, genehmigte BA ausgelöst werden, dann hat die Genehmigung der Änderung insoweit und diesbezgl auch die **genehmigte BA zu umfassen** (VwSlg 14.927 A/1998).

In diesem Fall bedarf es eindeutiger Feststellungen, auf welche Teile der genehmigten BA sich die Änderungen auswirken und welche Auflagen iSd § 77 Abs 1 auch hinsichtlich der bereits genehmigten BA erforderlich sind, wobei das vor diesen Änderungen vorhandene Immissionsausmaß in Relation zu dem nach diesen Änderungen gegebenen zu setzen ist (VwSlg 9800 A/1979). Erforderlichenfalls sind vergleichende Probemessungen vorzunehmen.

Für die **Überprüfung einer Änderungsgenehmigung** (zB durch ein LVwG) auf ihre Rechtmäßigkeit hin ist die **genaue Umschreibung des Verfahrensgegenstands** wesentlich: Der Genehmigung gem § 81 zugrundeliegende, Projektbestandteile enthaltende Pläne und Beschreibungen sind im Spruch des Bescheides so eindeutig zu bezeichnen, dass eine Nachprüfung in Ansehung eines eindeutigen normativen Abspruches möglich ist (zB VwGH 17. 4. 1998, 97/04/0217; 17. 4. 2012, 2009/04/0285).

Diesen Anspruch erfüllt ein Bescheid nicht annähernd, wenn darin lediglich eine ungeordnete Wiedergabe aufeinanderfolgender Projektänderungen erfolgt ist (VwGH 18. 10. 2012, 2009/04/0313).

3.6 Verschiedene Änderungen einer gew BA können Gegenstand verschiedener Genehmigungsansuchen und dementsprechend auch Gegenstand verschiedener Genehmigungsbescheide sein.

Eine Verpflichtung der Behörde, mehrere Ansuchen um Genehmigung der Änderung ein und derselben BA in einem einheitlichen Verfahren zu behandeln und gemeinsam darüber zu entscheiden, ist dem Gesetz nicht zu entnehmen (VwGH 12. 7. 1994, 92/04/0067, 0068). Eine solche Vorgangsweise ist – unbeschadet der im § 81 enthaltenen Regelung darüber, inwieweit eine (jeweilige) Änderung die genehmigte BA zu umfassen hat – nicht rechtswidrig (VwGH 24. 4. 1990, 89/04/0254).

VII.
Bescheidänderung
Die Rechtskraft und die Änderung von Bescheiden

Harald Stolzlechner

Literatur: *Barfuß,* Gedanken zur materiellen Rechtskraft im österreichischen Verwaltungsrecht, JBl 1974, 293; *Demmelbauer,* Zur Vorschreibung zusätzlicher Auflagen nach § 79 GewO, ÖGZ 1982, 391; *E/R/W,* insb Kommentierung der §§ 79 bis 79 d; *Ennöckl,* Was bedeutet Rechtskraft nach der Verwaltungsgerichtsbarkeits-Novelle – am Beispiel des gewerblichen Betriebsanlagenrechts, ZfV 2014, 795; *Grabler/Stolzlechner/Wendl,* GewO³ Kommentierung zu §§ 79 bis 79 d; *Grassl,* Neue Erleichterungen für gewerbliche Betriebsanlagen, ecolex 2013, 833; *Gruber/Paliege-Barfuß,* GewO⁷, Kommentierung zu §§ 79 ff; *Kneihs,* Rechtskraft. Eine allgemeine Untersuchung aus Anlass einer spezifischen Diskussion, ZfV 1A/2015, 171; *Leeb,* Bescheidwirkungen und ihre subjektiven Grenzen (2010); *Merkl,* Die Lehre von der Rechtskraft (1923); *Muzak,* Zuständigkeit ordentlicher Gerichte bei Unterlassung der Vorschreibung nachträglicher Auflagen durch die Gewerbebehörde, AnwBl 1997, 19; *Poltschak,* Rechtsprobleme der Altlastensanierung nach § 79 GewO 1994, SPRW 2011 VuV A, 11; *Potacs,* Gewerbliches Betriebsanlagenrecht, in *Holoubek/Potacs* (Hrsg), Öffentliches Wirtschaftsrecht II³ (2013) 870; *B. Raschauer,* Rechtskraftdurchbrechungen von Amts wegen in Verwaltungsverfahren, in *Holoubek/Lang* (Hrsg), Rechtskraft im Verwaltungs- und Abgabenverfahren (2007) 277; *Schiffkorn,* „Rechtskraft" nach dem System der Verwaltungsgerichtsbarkeits-Novelle 2012, ZVG 2014, 628; *Schmelz,* Neues zu den Auflagen im Betriebsanlagenrecht, ecolex 1997, 815; *Schmied/Schweiger,* Das Verfahren vor den Verwaltungsgerichten erster Instanz (2014); *Schulev-Steindl,* Der Genehmigungsbescheid im anlagenrechtlichen Verwaltungsrechtsverhältnis, ZfV 1998/2, 82; *Schwarzer,* Neues zum Anlagenrecht – GewO-Novelle hilft Rechtsnachfolgern bei Betriebsübernahmen, ZTR 2013, 158; *Schwarzer,* Abwehr- und Ersatzansprüche des Betriebsinhabers bei heranrückenden Wohnbauten, ÖZW 1999, 13; *Steindl,* Umweltschutz im Betriebsanlagenrecht – neue Akzente durch die Gewerberechtsnovelle 1988, ÖZW 1989/1, 6; *Stolzlechner,* Zur Rechtswirkung von Erkenntnissen der VwG auf bekämpfte Bescheide – dargestellt anhand der Interpretation des § 359 c GewO, ZVG 2014, 640; *Storr,* Das Verfahren der Bescheid-(Administrativ-)Beschwerde vor dem Bundesverwaltungsgericht, in *Holoubek/Lang* (Hrsg), Das Verfahren vor dem Bundesverwaltungsgericht und dem Bundesfinanzgericht (2014) 13; *Triendl,* Die Änderung der Betriebszeit einer gewerblichen Betriebsanlage im Spannungsfeld der Rechtskraft von Genehmigungsbescheiden, ZfV 2007, 934 ff.

1. Die Rechtskraft und ihre Durchbrechung (allgemein)

359   **1.1** Bis zur Verwaltungsgerichtsbarkeits-Nov BGBl I 2012/51 wurde – weitgehend unbestritten – unter Rechtskraft die formelle Rechtskraft verstanden, also die *Unanfechtbarkeit eines Bescheids mit ordentlichen/administrativen Rechtsmitteln* (zB VwGH 16. 5. 1989, 89/11/0123; 23. 4. 2003, 2000/08/0040; 28. 11. 2006, 2005/06/0387). Nach Einführung der neuen Verwaltungsgerichtsbarkeit durch die B-VG-Nov BGBl I 2012/51 (mit 1. 1. 2014), nach Beseitigung des administrativen Berufungsverfahrens (ausgenommen im eigenen Wirkungsbereich der Gemeinden; vgl Art 118 Abs 4 B-VG) und nach Einführung der Bescheidbeschwerde (Art 130 Abs 1 Z 1 B-VG) gegen grundsätzlich jeden Bescheid einer Administrativbehörde, insb auch gegen iZm gew BA erlassene Bescheide, stellt sich nunmehr die **formelle Rechtskraft von Bescheiden** wie folgt dar:

a) Der Bescheid einer Verwaltungsbehörde wird **formell rk,**

– wenn dagegen keine Bescheidbeschwerde erhoben wird, uzw nach Ablauf der Beschwerdefrist von 4 Wochen (§ 7 Abs 4 VwGVG),

– mit dem Tag der Abgabe eines Beschwerdeverzichts (§ 7 Abs 2 VwGVG),

– mit dem Tag der Zurückziehung einer erhobenen Bescheidbeschwerde.

b) Wird gegen den Bescheid einer Administrativbehörde innerhalb offener Frist eine Bescheidbeschwerde erhoben, erwächst der Bescheid erst **mit Erlassung des Erk des VwG** in Rechtskraft (wie hier zB *Hengstschläger/Leeb,* VerwVerfR[5] Rz 558; *Storr,* in *Holoubek/Lang,* Verfahren 27 f; weitgehend auch *Schiffkorn,* ZVG 2014, 628 mwN; aA zB *Grabenwarter/Fister,* VerwVerfR[4] 114; *Schmied/Schweiger,* Verfahren 129; *Ennöckl,* ZfV 2014, 795 mwN, die Rechtskraft sofort mit Erlassung des Administrativbescheids annehmen; anders auch *Kolonovits/Muzak/Stöger,* VerwVerfR[10] Rz 856, denen zufolge Rechtskraft des Erk eines VwG erst eintritt, wenn das Erk nicht mehr mit Revision bekämpft werden kann, also zB mit Ende der Revisionsfrist).

Die verschiedenen Zeitpunkte für das Entstehen der Rechtskraft ergeben sich aus folgenden Überlegungen: Die Bescheidbeschwerde **ersetzt** nach Absicht des Verfassungsgesetzgebers das ehemalige ordentliche Rechtsmittel der **Berufung.** Einer Bescheidbeschwerde kommt – ähnlich wie einer Berufung – grundsätzlich aufschiebende **Wirkung** zu (§ 13 Abs 1 VwGVG). Ferner hat das VwG **in der Sache selbst zu entscheiden,** also den Bescheid inhaltlich abzuändern, soweit dies gesetzlich erforderlich ist. Gegen das Erk eines VwG steht nur mehr das Rechtmittel der **Revision** an den VwGH offen (vgl § 25 a VwGG); dies allerdings nicht generell, sondern nur unter der Voraussetzung, dass eine Rechtsfrage von grundsätzlicher Bedeutung zu klären ist (vgl ferner die freilich eingeschränkte Beschwerdemöglickeit gem Art 144 B-VG). Der Revision kommt **keine aufschiebende Wirkung** zu (§ 30 Abs 1 VwGG).

Die Richtigkeit dieser Auffassung für das Gewerberecht lässt sich anhand zahlreicher GewO-Bestimmungen belegen, von denen hier nur einige angeführt seien: Nach **§ 78 Abs 1 erster Satz** können BA vor Eintritt der Rechtskraft des Genehmigungsbescheids errichtet und betrieben werden, wenn dessen Auflagen bei Errichtung und Betrieb der Anlage eingehalten werden. Dieses Recht endet mit Erlassung des Erk über die Beschwerde gegen den Genehmigungsbescheid (§ 78 Abs 1 zweiter Satz). Diese Bestimmung ergibt nur nach dem hier zugrunde gelegten Rechtskraftverständnis Sinn.

Würde man hingegen annehmen, der Bescheid einer BVB werde sofort rk, würde man der Bestimmung jedweden Anwendungsbereich nehmen.

Ein anderes Beispiel ist **§ 363 Abs 4 letzter Satz,** wonach bei Bescheiden der Oberbehörde, mit denen die Löschung einer Eintragung in das GISA verfügt wird, das Gewerbe bis zum Eintritt der Rechtskraft des Löschungsbescheids ausgeübt werden darf. Auch dieser Bestimmung wäre bei sofortiger Rechtskraft jeglicher Anwendungsbereich entzogen.

Ein weiteres Beispiel ist **§ 340 Abs 2,** wonach die Behörde bei Anmeldung eines in § 95 genannten Gewerbes oder des Rauchfangkehrergewerbes über das Ergebnis ihrer Feststellungen einen Bescheid zu erlassen hat. Gem § 340 Abs 2 zweiter Satz hat die Behörde den Anmelder in das Gewerberegister einzutragen, sobald der Bescheid in Rechtskraft erwächst. Wäre jeder Bescheid einer BVB sofort rk, wäre diese Anordnung nicht erforderlich.

Unverständlich wäre darüber hinaus das Wort „erst" in § 95 Abs 1, § 125 Abs 4 und 6 sowie in § 147 Abs 1. Weitere Bestimmungen ließen sich zwar auf beide Arten deuten, doch führt das dargelegte Rechtskraftverständnis zu deutlich sinnvolleren Interpretationsergebnissen (s zB § 84i Abs 1 und 2 und § 86 Abs 2).

1.2 Mit der formellen Rechtskraft tritt grundsätzlich auch **materielle Rechtskraft** ein; dabei können folgende Rechtskraftwirkungen unterschieden werden:

– Unwiderrufbarkeit des Bescheids,
– Unwiederholbarkeit (res iudicata) und
– Behörden haben sich – im Rahmen objektiver und subjektiver Grenzen der Verbindlichkeit – an den Spruch eines Bescheids zu halten.

Das B-VG enthält **keine ausdrücklichen Rechtssätze** über den **Umfang der Rechtskraft von Bescheiden.** Der Gesetzgeber kann daher weitgehend frei jene Rechtswirkungen bestimmen, die sich aus einem abgeschlossenen Verwaltungsverfahren ergeben. Es ist seine Sache, in jedem einzelnen Fall zu entscheiden, welchem Postulat – dem nach Rechtssicherheit oder dem nach Gesetzmäßigkeit – das größere Gewicht beigemessen werden soll (VfSlg 4273/1962; 4986/1965). – § 68 AVG trifft *keine abschließende Regelungen der materiellen Rechtskraft* von Bescheiden. § 68 Abs 6 AVG stellt es dem Materiengesetzgeber nämlich frei, weitere Durchbrechungen dieser Rechtskraft vorzusehen. Materienspezifische Regelungen über die Einschränkung der materiellen Rechtskraft sind somit keine *„abweichenden"* Verfahrensbestimmungen iSd Art 11 Abs 2 B-VG (zB VfSlg 13.855/1994; 17.232/2004; vgl auch *Kolonovits/Muzak/Stöger,* VerwVerfR[10] Rz 665).

1.3 Ein Bescheid muss nicht allen Verfahrensparteien gegenüber **zum gleichen Zeitpunkt** in Rechtskraft erwachsen (s zB *Kolonovits/Muzak/Stöger,* VerwVerfR[10] Rz 457). In Mehrparteienverfahren (zB BA-Genehmigungsverfahren) können Parteien auf eine Bescheidbeschwerde verzichten (§ 7 Abs 2 VwGVG) oder die Beschwerdefrist verstreichen lassen, während andere Parteien Beschwerde erheben, womit die Rechtskraft aufgeschoben wird (§ 13 VwGVG). In einem solchen Fall erwächst der Bescheid jenen Verfahrensparteien gegenüber sofort in Rechtskraft, die auf die Bescheidbeschwerde verzichten oder die Beschwerdefrist verstreichen lassen. Gegenüber Parteien, die gegen einen Bescheid Beschwerde erheben, tritt Rechtskraft hingegen erst mit Erlassung des Erk eines VwG ein.

In der Praxis wird dies als **Teilrechtskraft** bzw der Bescheid als (in Bezug auf beteiligte Parteien) **„teilweise rechtskräftig"** bezeichnet.

Der Eintritt der Teilrechtskraft bewirkt,

– dass Bescheidbeschwerde nur mehr von jenen Parteien erhoben werden kann, denen gegenüber Rechtskraft noch nicht eingetreten ist,

– dass eine Bescheidbeschwerde als unzulässig zurückzuweisen ist, sofern Parteien, denen gegenüber Rechtskraft eingetreten ist, versuchen, nachträglich eine Bescheidbeschwerde zu erheben.

1.4 Die **Möglichkeiten zur Durchbrechung** oder **Verhinderung der materiellen Rechtskraft** kraft positivrechtlicher Anordnung sind zahlreich und weitreichend.

Die sog **materielle Rechtskraft** (Unabänderbarkeit) ist ein von der Lehre entwickelter Begriff. Es gibt zahlreiche Bestimmungen, nach denen *formell rk Bescheide* aufgehoben oder abgeändert werden können (zB VwGH 26. 6. 1984, 84/11/0166; 21. 9. 1995, 95/07/0037; vgl auch *Walter/Thienel,* Verwaltungsverfahrensgesetze I² [1998] 1401).

Zum einen gibt es Regelungen, wonach **Bescheide** bei Eintritt bestimmter Umstände *unmittelbar kraft Gesetzes* **außer Kraft** treten (verschiedenartige Ausdrücke, zB „erlöschen" [§ 80 Abs 1 GewO], „endigen", „unwirksam werden" oder „Verlust der bindenden Kraft").

Genau genommen sind dies keine Durchbrechungen der materiellen Rechtskraft (mittels Bescheides), sondern gesetzliche Anordnungen der Aufhebung rk Bescheide.

1.5 Zum anderen ist von **echten Durchbrechungen der materiellen Rechtskraft** zu sprechen, wenn das Gesetz die *nachträgliche Rücknahme* oder *Änderung eines Bescheids* in einem Verfahren vorsieht (vgl *Raschauer,* in *Holoubek/Lang* [Hrsg], Rechtskraft 277 ff, insb 281).

Im AVG: § 68 (Abänderung und Behebung von Amts wegen), § 69 (Wiederaufnahme des Verfahrens) und § 71 (Wiedereinsetzung in den vorigen Stand).

In der GewO: §§ 79, 79 b (Vorschreibung anderer oder zusätzlicher Auflagen), § 79 c (insb Aufhebung oder Abänderung vorgeschriebener Auflagen), § 79 d (insb Aufhebung oder Abänderung vorgeschriebener Auflagen aus Anlass einer Betriebsübernahme).

1.6 Davon zu unterscheiden ist die Änderung rk Bescheide in einem neuen Verfahren bei **wesentlicher Änderung des entscheidungsrelevanten Sachverhalts.**

Die Jud des VwGH geht davon aus, dass **keine Identität der Sache** vorliegt und damit eine neue Entscheidungsmöglichkeit gegeben ist, wenn sich **wesentliche Änderungen im Sachverhalt** ergeben haben (VwSlg 330 A/1948; vgl die bei *Walter/Thienel,* Verwaltungsverfahrensgesetze I² § 68 AVG, E 73 ff wiedergegebene Jud). Bei Änderung des Sachverhalts darf ein neuerliches Ansuchen in einer bestimmten Sache nicht aufgrund des § 68 Abs 1 AVG zurückgewiesen werden (zB VwGH 23. 2. 1995, 94/06/0069; 4. 4. 2001, 98/09/0041; 24. 4. 2002, 2002/18/0039).

Die Rechtskraft eines Bescheides kann nur bei **unverändertem Sachverhalt** das Prozesshindernis der entschiedenen Sache bewirken (zB VfSlg 8495/1979; 8739/1980; 9764/1983; 13.258/1992). Die Rechtskraft eines Bescheides erfasst nicht einen Sachverhalt, der sich nach Erlassung des Bescheides geändert hat (zB VwGH 25. 4. 1985, 85/02/0083; 4. 4. 2001, 98/09/0041; 24. 4. 2002, 2002/18/0039).

2. Durchbrechung der Rechtskraft im AVG

2.1 Nach **§ 68 Abs 3 AVG** können **Bescheide,** aus denen jemandem ein (subjekti-ves) Recht erwachsen ist (zB BA-Genehmigungsbescheid), „in Wahrung des öffentlichen Wohls" von der Behörde, die den Bescheid in *„letzter Instanz"* erlassen hat, also von der BVB, oder von der sachlich in Betracht kommenden Oberbehörde (LH, BMWFW) in-soweit **abgeändert werden,** als dies *zur Beseitigung von das Leben oder die Gesundheit von Menschen gefährdenden Missständen* oder *zur Abwehr schwerer volkswirtschaftlicher Schädigungen* notwendig und unvermeidlich ist. Die Behörde hat mit möglichster Scho-nung erworbener Rechte vorzugehen (zur Zuständigkeit s näher *Wendl,* Verfahrens-übersicht Rz 189).

360

> Von einem *„das Leben oder die Gesundheit von Menschen gefährdenden Missstand"* kann noch nicht gesprochen werden, wenn eine solche Gefährdung nur nach den allgemeinen Er-fahrungen nicht ausgeschlossen werden kann. Es muss eine **konkrete Gefährdung** nachge-wiesen werden (zB VwSlg 7499 A/1969; VwGH 30. 9. 1983, 82/04/0137; vgl die bei *Walter/ Thienel,* Verwaltungsverfahrensgesetze I² § 68 AVG, E 307 ff angeführte Jud).
>
> Unter *„schweren volkswirtschaftlichen Schädigungen"* können nur Beeinträchtigungen volkswirtschaftlicher, nicht privatwirtschaftlicher Belange verstanden werden, die für eine gedeihliche wirtschaftliche Entwicklung und damit für die **allgemeine Wohlfahrt** von erns-ter Bedeutung sind (zB VwSlg 754 A/1949; VwGH 30. 3. 1981, 1255/80; vgl die bei *Walter/ Thienel,* Verwaltungsverfahrensgesetze I² § 68 AVG, E 311 ff angeführte Jud).

Wenn anders keine Abhilfe geschaffen werden kann, ist auch die *Behebung* eines Bescheides zulässig (ua VwSlg 9837 A/1979; vgl die bei *Walter/Thienel,* Verwaltungsver-fahrensgesetze I² § 68 AVG, E 307 ff angeführte Jud). Allerdings können in Handhabung des § 68 Abs 3 AVG nur die dort genannten Missstände oder Schädigungen beseitigt werden, nicht aber bloße Belästigungen. Hiefür sind die §§ 79 ff GewO heranzuziehen (s unten 4.).

§ 68 Abs 3 AVG hat **durch §§ 79, 79 b, 79 c** und **79 d GewO keine Einschränkung** seines Anwendungsbereichs erfahren. Während § 68 Abs 3 AVG die Grundlage dafür bieten kann, in Abänderung eines rk Bescheides Maßnahmen zu treffen, die die *Gewer-beausübung „unmöglich" machen,* ermächtigen §§ 79, 79 b, 79 c und 79 d die Behörde, rk Bescheide aus anderen als den in § 68 Abs 3 AVG genannten Gründen durch Vor-schreibung anderer oder zusätzlicher Auflagen abzuändern (zB VwSlg 9837 A/1979).

> Zur Abgrenzung von Maßnahmen nach § 68 Abs 3 AVG und §§ 79, 79 b, 79 c und 79 d GewO gegenüber Maßnahmen nach § 360 Abs 4 GewO s unten *Giese,* Einstweilige Zwangs- und Sicherheitsmaßnahmen Rz 380, 5.1.
>
> Näheres zum Verfahren s *Wendl,* Verfahrensübersicht „Verfahren nach § 68 Abs 3 AVG" Rz 189.
>
> Umstritten sind die Auswirkungen der Verwaltungsgerichtsbarkeits-Nov BGBl I 2012/ 51 auf den Anwendungsbereich des § 68 AVG. Der Zeitpunkt, ab dem nach § 68 AVG vor-gegangen werden kann, hängt davon ab, welche Auffassung zum Eintritt der Rechtskraft ver-treten wird (dazu s 1.1).

Ferner ist die Anwendbarkeit von § 68 AVG umstritten, wenn das Verfahren nicht durch Bescheid, sondern durch **Erk eines VwG** beendet wird. VwG können nicht nach § 68 AVG vorgehen (der IV. Teil des AVG ist vom Verweis in § 17 VwGVG ausgenommen). Ob eine Verwaltungsbehörde in solchen Fällen nach § 68 AVG vorgehen kann, hängt va davon ab, ob nach Erlassung des Erk des VwG ein Bescheid vorliegt. Das hängt wiederum davon ab, welche Auswirkungen ein Erk eines VwG auf den zugrunde liegenden Bescheid hat. Dazu wird vielfach vertreten, dass der einer Beschwerde zu Grunde liegende Bescheid im Erk „aufgehe" und seine Wirksamkeit verliere (so auch VwGH 9. 9. 2015, 2015/03/0032). Die besseren Gründe sprechen aber dafür, dass das Erk den Bescheid nur abändert, sodass nach einem Erk eines VwG ein **Bescheid in der Fassung des Erk des VwG** vorliegt (*Stolzlechner*, ZVG 2014, 640). Deshalb gibt es auch nach dem Erk des VwG einen Bescheid, hinsichtlich dessen die Verwaltungsbehörde – bei Vorliegen der Voraussetzungen – nach § 68 AVG vorgehen kann.

2.2 § 68 Abs 6 AVG erklärt die der Behörde in den Verwaltungsvorschriften eingeräumten Befugnisse zur Zurücknahme oder Einschränkung einer Berechtigung für *„unberührt"*. Er verweist damit auf das materielle Recht, welches derartige Fälle unter den verschiedensten Bezeichnungen in großer Zahl kennt.

Beispiele bei *Walter/Thienel*, Verwaltungsverfahrensgesetze I² § 68 AVG 1401. – Zur kompetenzrechtlichen Bedeutung von § 68 Abs 6 AVG vgl *Hengstschläger/Leeb*, AVG IV § 68 AVG Rz 134 ff; zur Kritik an zahllosen Rechtskraftdurchbrechungen s *Barfuß*, JBl 1974, 293 sowie *Stolzlechner*, Bundesverfassungsrechtliche Grundlagen des Betriebsanlagenrechts Rz 300.

3. Die Abänderbarkeit rechtskräftiger Bescheide im Betriebsanlagenrecht (allgemein)

361   Seit jeher bestand das Bedürfnis nach zusätzlichen Vorschreibungen, wenn sich später herausstellte, dass die in einem Genehmigungsbescheid enthaltenen Vorschreibungen für den Schutz der Nachbarn nicht ausreichten. Dominierend wurde die Verwaltungsübung, BA nur mit dem Vorbehalt zu genehmigen, auch später zusätzliche Bedingungen und Beschränkungen vorschreiben zu können (sog **„Vorbehaltsklausel"**).

Der VwGH hat erst spät (VwSlg 5156 A/1959) den Vorbehalt weiterer Anordnungen „ohne Einverständnis der Betroffenen" für rechtswidrig erklärt, andererseits aber Vorbehaltsklauseln, die Konsenswerber gegen sich in Rechtskraft erwachsen ließen, als durch die Rechtskraft gedeckt angesehen (zB VwSlg 5452 A/1960).

Nach heutiger Rechtslage ist jedem gewerberechtlichen BA-Genehmigungsbescheid die spätere Abänderbarkeit von Gesetzes wegen „einprogrammiert". Jeder Gewerbetreibende muss bei Vorliegen gesetzlicher Voraussetzungen mit **Bescheidkorrekturen** rechnen.

Die Behörde ist **verpflichtet,** bei Vorliegen gesetzlicher Voraussetzungen die notwendigen nachträglichen Maßnahmen anzuordnen (zur Parteistellung der Nachbarn s *Wendl*, Die Nachbarn und ihre Parteistellung Rz 272, 15.2).

4. Abänderungen im Verfahren nach § 79 Abs 1

362   **4.1 Allgemeine Bemerkungen**
Zufolge § 79 hat die Behörde nach rk Erteilung einer BA-Genehmigung **zum Schutz der gem § 74 Abs 2 wahrzunehmenden Interessen** „die nach dem Stand der

Technik und dem Stand der medizinischen und der sonst in Betracht kommenden Wissenschaften zur Erreichung dieses Schutzes erforderlichen **„anderen** oder **zusätzlichen Auflagen" vorzuschreiben.** Die Ermächtigung des § 79 dient vorrangig dem **Schutz von Nachbarinteressen** (vgl hingegen § 79 c, Möglichkeit der Durchbrechung der materiellen Rechtskraft **zugunsten des Anlageninhabers,** vgl 9.1).

> § 79 GewO erweist sich als Regelung, durch die die Genehmigungsbehörde ermächtigt wird, rk Bescheide betreffend die Genehmigung gew BA aus *anderen als den im § 68 Abs 3 AVG genannten Gründen* durch Vorschreibung anderer oder zusätzlicher Auflagen abzuändern (VwSlg 9837 A/1979).
>
> Der Stand der Technik und der medizinischen und sonst in Betracht kommenden Wissenschaften ist auch hier nur insoweit einzuhalten, als dies zur Wahrnehmung geschützter Interessen erforderlich ist (arg *„erforderlichen . . . Auflagen"*). Vgl dazu Lexikon „Stand der Technik" Rz 126 sowie „Stand der medizinischen und der sonst in Betracht kommenden Wissenschaften" Rz 125 sowie *Wendl,* Zulässige und unzulässige Auflagen Rz 347, 9.1.
>
> Auflagen gem § 79 Abs 1 haben sich an den **Inhaber der BA** zu richten und dürfen nur gegen diesen normativ wirken (VwGH 7. 7. 1993, 91/04/0338). Inhaber einer BA ist, wer eine Sache in seiner Gewahrsame hat (§ 309 ABGB). Im Unterschied zum Besitzer bedarf der Inhaber des sog Eigentümerwillens nicht. Solcherart ist ua auch der **Bestandnehmer** vom Inhaberbegriff eingeschlossen. Mit der Innehabung der BA wird daher die Möglichkeit der Bestimmung des in der BA ausgeübten faktischen Geschehens angesprochen (VwGH 15. 12. 2014, Ra 2014/04/0028; 23. 5. 2014, 2012/04/0155; s auch Lexikon „Antragsteller" Rz 10).
>
> Die – allenfalls iZm der Ausübung einer Gewerbeberechtigung stehende – Benutzung **einzelner Anlagenteile** aufgrund eines Vertragsverhältnisses räumt dem Verwendungsberechtigten nicht jedenfalls auch die Verfügungsmacht über die BA in ihrer Gesamtheit ein. Dies insb auch vor dem Hintergrund, dass Grundlage der behördlichen Prüfung nach § 79 die gew BA in ihrem durch bestehende Genehmigungsbescheide umschriebenen Bestand ist (VwGH 15. 12. 2014, Ra 2014/04/0028; 11. 11. 1998, 98/04/0137).

4.2 Voraussetzung für ein Vorgehen gem § 79 Abs 1

Voraussetzung für das „Nachjustieren" gem § 79 Abs 1 ist der Umstand, dass *„sich nach Genehmigung der Anlage ergibt . . .",* dass die gem § 74 Abs 2 **wahrzunehmenden Interessen** trotz Einhaltung der im Genehmigungsbescheid vorgeschriebenen Auflagen **nicht hinreichend geschützt** sind. Eine Präzisierung der Gründe für den nicht ausreichenden Schutz der gem § 74 Abs 2 wahrzunehmenden Interessen ist im G nicht vorgesehen; daher kann grundsätzlich **jeder Grund** ein behördliches Eingreifen gem § 79 rechtfertigen (zB Fehleinschätzung der Immissionssituation bzgl Lärm, Abgase etc; vgl *Grabler/Stolzlechner/Wendl,* GewO³ § 79 Rz 3; *E/R/W* § 79 Rz 7).

§ 79 ermöglicht es der Behörde, in bestehende Rechte einzugreifen, wobei es schon nach dem bloßen Wortlaut des § 79 nicht darauf ankommt, worauf es zurückzuführen ist, dass nach der Genehmigung der BA die in Rede stehenden Interessen nicht hinreichend geschützt sind, **welche Umstände also eine Situation eintreten ließen,** die die Vorschreibung anderer oder zusätzlicher Auflagen nach Erteilung der BA-Genehmigung erforderlich machen. Insb ist **nicht Voraussetzung** der Vorschreibung neuer oder anderer Auflagen nach § 79, dass eine **Änderung in dem dem Genehmigungsbescheid zu Grunde gelegenen Sachverhalt** eingetreten ist (vgl zB 26. 9. 2012, 2007/04/0151; 20. 10 1999, 99/04/0016).

Erfasst sind auch Fälle, in denen die Behörde schon im Zeitpunkt der Erlassung des ursprünglichen Genehmigungsbescheides weiter gehende Auflagen hätte erteilen können (zB VwGH 15. 10. 2003, 2000/04/0193).

Unter **Genehmigungen iSd § 79** sind sowohl *Genehmigungen nach § 77* als auch *solche nach § 81* zu verstehen (zB VwGH 27. 11. 1990, 90/04/0197; 29. 3. 1994, 93/04/0137; 28. 6. 1994, 93/04/0077; 1. 7. 1997, 97/04/0024, 0048). Eine nach § 81 erteilte Genehmigung ändert nichts an der Verpflichtung der Behörde in einem Verfahren nach § 79 für die Wahrung der im § 74 Abs 2 umschriebenen Interessen zu sorgen (VwGH 24. 6. 1998, 98/04/0095; VwSlg 14.927 A/1998). Gleiches gilt für eine *genehmigungsfreie Änderung* einer BA iSd § 81 Abs 2 (zB VwGH 26. 9. 2005, 2003/04/0098).

§ 79 normiert eine Ermächtigung der Behörde für den Fall, dass das Verfahren zur Genehmigung einer BA rk **abgeschlossen** ist, mit den in diesem Verfahren vorgeschriebenen Auflagen aber nicht das Auslangen gefunden werden kann, um die in § 74 umschriebenen Interessen hinreichend zu schützen, ungeachtet der Rechtskraft des Genehmigungsbescheides andere oder zusätzliche Auflagen vorzuschreiben (zB VwGH 20. 10. 1999, 99/04/0016). § 79 ist unabhängig davon anzuwenden, ob ein Genehmigungsverfahren durch **Bescheid der Verwaltungsbehörde** oder – im Fall einer Bescheidbeschwerde – mit **Erk eines LVwG** abgeschlossen wird; auch ein solcher *Bescheid idF eines LVwG-Erk* kann bei Vorliegen der gesetzlichen Voraussetzung durch Vorschreibung anderer oder zusätzlicher Auflagen abgeändert werden (so *Stolzlechner*, ZVG 2014, 640; anders *E/R/W* § 79 Rz 6).

Die Vorschreibung anderer oder zusätzlicher Auflagen setzt schon begrifflich das **Vorliegen einer rk genehmigten BA** voraus. Dem Verfahren nach § 79 ist daher regelmäßig die BA in ihrer genehmigten Form und *ohne Rücksicht auf einen von dieser Genehmigung allenfalls abweichenden Bestand* oder anhängige, aber noch nicht rk abgeschlossene Verfahren zur Genehmigung der Änderung der BA zugrunde zu legen (zB VwGH 9. 9. 1998, 98/04/0002). § 79 Abs 1 bietet keine Grundlage, eine **vom Genehmigungsbescheid abweichende Betriebsweise** durch Vorschreibung zusätzlicher Auflagen zu regeln (VwGH 26. 4. 2006, 2001/04/0147). Nur eine **konsensgemäß betriebene BA** ist einer Regelung gem § 79 Abs 1 zugänglich (LVwG Wien 11. 6. 2014, VGW-122/008/9712/2014; 16. 6. 2014, VGW-122/008/7423/2014 ua). – Daher rechtfertigt der Umstand allein, dass die **genehmigte BA nicht konsensgemäß betrieben** wird, nicht die Vorschreibung anderer oder zusätzlicher Auflagen mit dem Ziel, den konsensgemäßen Betrieb zu regeln bzw zu gewährleisten (zB VwGH 28. 10. 1997, 97/04/0084; 11. 11. 1998, 96/04/0016; LVwG Wien 11. 6. 2014, VWG-122/008/9712/2014). Ist die **regelmäßige Darbietung von Livemusik** in der BA von der BA-Genehmigung nicht umfasst, darf der durch regelmäßige Livemusikdarbietungen geänderte Betrieb nicht zum Gegenstand der Vorschreibung von Auflagen gem § 79 Abs 1 gemacht werden (LVwG Wien 8. 8. 2014, VGW-122/008/27713/2014).

Das **Verfahren nach § 79 setzt eine genehmigte BA voraus** und hat sich nur auf jene Gefährdungen der Interessen des § 74 Abs 2 zu beziehen, die vom **konsensgemäßen Betrieb dieser Anlage** ausgehen. Es ist daher nicht rechtswidrig, wenn die Behörde die Vorschreibung von Auflagen zur Vermeidung von Lärmimmissionen unterließ, die durch eine Betriebsweise der BA verursacht werden, die vom bestehenden Konsens nicht umfasst sind (zB VwGH 11. 11. 1998, 98/04/0137; 22. 12. 1999, 99/04/0128). Ist zB die Verwendung von „Rückfahrtpiepserln" in der BA von der BA-Genehmigung nicht umfasst, kann der durch Verwendung von „Rückfahrtpiepserln" ohne gewerbebehördliche Genehmigung geänderte Betrieb der BA nicht zum Gegenstand der Vorschreibung einer Auflage gem § 79 Abs 1 gemacht werden (zB VwGH 19. 11. 2003, 2001/04/0094; 7. 11. 2005, 2003/04/0102; 20. 12. 2005, 2001/04/0042).

Die Frage der **Rechtmäßigkeit der (ursprünglichen) Genehmigung** ist (in Verfahren nach § 79) nicht mehr zu prüfen (VwGH 25. 2. 1993, 90/04/0271; 21. 5. 1996, 94/04/0217).

§ 79 enthält auch keine tatbestandsmäßigen Voraussetzungen für einen *negativen Feststellungsbescheid* (VwGH 24. 1. 1995, 94/04/0244; 18. 6. 1996, 94/04/0194).

4.3 Behördliche Handlungsbefugnisse gem § 79 Abs 1

4.3.1 Liegen die Voraussetzungen gem § 79 Abs 1 vor, hat die Behörde die nach dem Stand der Technik und dem Stand der medizinischen oder sonst in Betracht kommenden Wissenschaften *„zur Erreichung dieses Schutzes"* (nämlich des ausreichenden Schutzes der Interessen nach § 74 Abs 2 iVm § 77 Abs 1) **erforderlichen anderen** oder **zusätzlichen Auflagen** vorzuschreiben. Einer Auflage gem § 79 kommt der **gleiche Inhalt** zu wie einer Auflage gem § 77. Mit *„andere"* sind **Auflagen anderer Art** gemeint, also Auflagen, die hinsichtlich ihrer Bekämpfungsrichtung (zB Lärm) bereits vorgeschrieben waren, jedoch durch eine andere Auflage (zur Lärmbekämpfung) ersetzt werden; *„zusätzlich"* ist eine Auflage, die zur den bisherigen Auflagen hinzukommt, sei es, dass eine weitere Auflage (zB zur Lärmbekämpfung) vorgeschrieben wird, sei es, dass das zur Bekämpfung einer bislang nicht bekämpften Gefährdung etc überhaupt eine neue Auflage vorgeschrieben wird (ähnlich *E/R/W* § 79 Rz 11).

Eine **„Auflage"** iSd § 79 kann *jede der Vermeidung von Immissionen dienende* und zur *Erfüllung geeignete (behördlich erzwingbare) Maßnahme* des Inhabers der BA zum Gegenstand haben. Dies hat aber zur Voraussetzung, dass die Einhaltung einer derartigen Auflage von der Behörde jederzeit überprüft werden kann (zB VwGH 21. 5. 1996, 94/04/0217; 10. 12. 1996, 96/04/0151; 22. 4. 1997, 96/04/0119; 28. 10. 1997, 95/04/0080; 25. 11. 1997, 97/04/0111); näher dazu *Wendl*, Zulässige und unzulässige Auflagen Rz 339 ff. – Die Anordnung einer **Stilllegung des Betriebs** kommt nach § 79 **nicht in Betracht,** weil eine solche Maßnahme nicht als „Auflage" zu qualifizieren ist (zB VwGH 12. 11. 1996, 94/04/0266; 26. 6. 2002, 2002/04/0037; 21. 10. 2004, 2001/06/0088). Eine **(umfassende) Ermächtigung** zum Eingriff in die Rechtskraft eines Genehmigungsbescheids enthält § 79 nicht, sondern nur eine solche zur Vorschreibung von Auflagen bzw allenfalls eines Sanierungskonzepts (zB VwGH 26. 4. 2006, 2001/04/0147).

Dem Betriebsinhaber dürfen nicht **strengere (ihn stärker belastende) Maßnahmen** vorgeschrieben werden, als zur Wahrung der in § 77 Abs 1 und 2 angeführten Schutzzwecke notwendig ist (zB VwGH 22. 4. 1997, 96/04/0217; 25. 11. 1997, 95/04/0123; 3. 3. 1999, 98/04/0164; 15. 9. 1999, 97/04/0074; 26. 6. 2002, 2000/04/0113). Es ist im Einzelfall zu prüfen, mit welcher **am wenigsten einschneidenden Vorkehrung** das Auslangen gefunden werden kann (VwGH 7. 11. 2005, 2001/04/0040). Zwar ist die Behörde bei der Vorschreibung von Auflagen nicht an Vorschläge des Betriebsinhabers gebunden, doch darf, wenn zur Erreichung desselben Zwecks mehrere Möglichkeiten zur Verfügung stehen, nur jene Maßnahme als Auflage vorgeschrieben werden, die den **Betriebsinhaber am wenigsten belastet** (VwGH 15. 9. 1999, 99/04/0028).

Die Vorschreibung anderer oder zusätzlicher Auflagen kann auch **mehrmals erfolgen** (VwSlg 10.624 A/1981; VwGH 5. 5. 1987, 86/04/0191).

4.3.2 In einem Erk aus 1996 sprach der VwGH aus, das Wesen einer Auflage gem § 79 Abs 1 verbiete es, eine solche Auflage mit dem Zweck vorzuschreiben, *„eine durch* den Betrieb der BA bereits eingetretene Einwirkung auf die Umwelt nachträglich wieder rückgängig zu machen" (VwGH 10. 12. 1996, 96/04/0151). In Reaktion darauf wurde § 79 Abs 1 dahingehend novelliert (vgl BGBl I 1997/63), dass Auflagen *„gegebenenfalls"* auch die zur Erreichung des Schutzes gem § 77 Abs 1 *„erforderliche Beseitigung eingetretener Folgen von Auswirkungen der Anlage"* zu umfassen haben. Die Behörde kann daher zur „Erreichung des Schutzes gem § 77 Abs 1" **bereits eingetretene Umwelteinwirkungen** (zB Bodenverunreinigungen) durch Vorschreibung erforderlicher Auflagen (zB Bodenaustausch) nachträglich wieder rückgängig machen. Im Fall einer *Gewässergefährdung* kann eine Abstimmung mit wasserpolizeilichen Maßnahmen gem § 31 Abs 3 oder § 138 WRG erforderlich werden (näher dazu *Grabler/Stolzlechner/Wendl,* GewO³ § 79 Rz 15).

4.3.3 Bei Beurteilung der Frage, welche anderen oder zusätzlichen Auflagen im Einzelfall vorzuschreiben sind, hat die Behörde **dieselben Beurteilungsgrundsätze** heranzuziehen, wie **im Genehmigungsverfahren nach § 77** (zB Vermeidung einer Gesundheitsgefährdung oder unzumutbaren Belästigung von Nachbarn): Wie sich aus der Bezugnahme auf § 74 Abs 2 ergibt, unterliegt die Beurteilung des hinreichenden Schutzes der gem § 74 Abs 2 umschriebenen Interessen (zB Nachbarinteressen) im Verfahren nach § 79 *keinen anderen Voraussetzungen als im Verfahren zur Genehmigung der BA* (zB VwGH 18. 6. 1996, 96/04/0005; 17. 4. 1998, 96/04/0269; 11. 11. 1998, 96/04/0016; 15. 10. 2003, 2000/04/0193; 19. 11. 2003, 2001/04/0094; 20. 12. 2005, 2001/04/0042; 31. 7. 2006, 2004/05/0003). Die Behörde hat daher die Auswirkungen der BA auf die Nachbarschaft zu beurteilen und zu prüfen, welche – anderen oder zusätzlichen – Auflagen erforderlich sind, um Gefährdungen oder – im Rahmen des § 79 Abs 2 – unzumutbaren Belästigungen der Nachbarn hintanzuhalten (zB VwGH 26. 9. 2012, 2007/04/0151; 7. 11. 2005, 2003/04/0102).

Gegenstand der Prüfung durch die Gewerbebehörde sind nicht einzelne Maschinen und Geräte oder beim Betrieb vorkommende Tätigkeiten, sondern die *gesamte gew BA,* die eine Einheit bildet (zB VwGH 11. 11. 1998, 98/04/0137). Daher ist zB das **Verhalten von Kunden** und von anderen betriebsfremden Personen **außerhalb einer gew BA** dieser nicht mehr zuzurechnen und bei Beurteilung der Erforderlichkeit von anderen oder zusätzlichen Auflagen iSd § 79 Abs 1 nicht zu berücksichtigen (zB VwGH 11. 11. 1998, 98/04/0137; näher *Stolzlechner,* Die Genehmigungspflicht der Betriebsanlage Rz 198, 1.4).

Wird ein Verfahren nach § 79 von Amts wegen eingeleitet, steht es der Behörde frei, selbst nach Durchführung eines Ermittlungsverfahrens **das Verfahren formlos, also ohne bescheidmäßige Erledigung, zu beenden** (VwGH 24. 1. 1995, 94/04/0244; 18. 6. 1996, 94/04/0194). Ob dies auch für auf Antrag des BMLFUW oder eines Nachbarn eingeleitete Verfahren gilt, ist fraglich. Jedenfalls bei Einleitung durch einen Parteiantrag wird die Behörde allenfalls bescheidmäßig festzustellen haben, dass die gem § 74 Abs 2 wahrzunehmenden Interessen durch die Auflagen des Genehmigungsbescheids ausreichend geschützt sind.

4.3.4 Als Grundlage für die Vorschreibung anderer oder zusätzlicher Auflagen hat die Behörde idR ein **umfangreiches Ermittlungsverfahren** durchzuführen: Um beurteilen zu können, ob die gem § 74 Abs 2 wahrzunehmenden Interessen durch die vorgeschriebenen Auflagen eines Genehmigungsbescheids in ausreichendem Maß gesichert sind oder nicht, bedarf es entsprechender, idR unter **Beiziehung eines Sachverständigen** zu treffender Feststellungen, ob und welche Gefahren, Belästigungen, Beeinträchtigungen oder sonstige nachteilige Einwirkungen drohen (VwGH 15. 9. 1999, 99/04/0028; 7. 11. 2005, 2003/04/0102). Dies ist dann unproblematisch, wenn im Verfahren gem § 79 **neue Sachverständigengutachten** (zB bzgl der aktuellen Lärmsituation) erstellt werden. Vielfach ziehen die Behörden aber **alte, zB anlässlich des Verfahrens gem § 77 erstellte Sachverständigengutachten** heran. Das ist dann zulässig, wenn **sachverständig** festgestellt wird, dass sich die aktuelle Gefährdungs- bzw Belästigungssituation und auch der Stand der Technik im Vergleich zum früher erstellten Sachverständigengutachten nicht geändert haben: Sachverständigengutachten aus den Jahren 1999 bzw 2002 können für die Beurteilung der Genehmigungsfähigkeit einer BA im Jahre 2011 **keine taugliche Grundlage** bilden. Denn es kann schon nach allgemeinem menschlichem Erfahrungsgut nicht ausgeschlossen werden, dass sich die Lärmsituation sowie der Stand der Technik in diesem nicht unbeträchtlichen Zeitraum von 12 bzw 9 Jahren geändert habe. Der zum Beweis des Vorliegens der Genehmigungsvoraussetzungen des § 77 herangezogene Sachverständige kann seiner Beurteilung vom Konsenswerber vorgelegte Messberichte zu Grunde legen, sofern er diese **nach eigenverantwortlicher Überprüfung** für unbedenklich hält (vgl VwGH 28. 3. 2007, 2006/04/0105). Dies gilt ebenso für **bereits vorliegende Sachverständigengutachten,** die das beantragte Projekt betreffen.

Daher wäre es durchaus (auch iSd in § 39 Abs 2 AVG angesprochenen Zweckmäßigkeit, Raschheit, Einfachheit und Kostenersparnis) zulässig gewesen, im vorliegenden Verfahren Sachverständigengutachten zum Beweis dafür einzuholen, inwieweit aus **sachverständiger Sicht** die bereits das vorliegende Projekt betreffenden **eingeholten Gutachten aufrechterhalten** werden können (VwGH 28. 9. 2011, 2011/04/0117). – Die Behörde befasste – aufgrund von Einwendungen des Bf, dass sich zusätzliche Betriebe im Bereich der BA angesiedelt hätten und daher **neuerliche Messungen** nötig seien – den gewerbetechnischen Sachverständigen mit der Frage, ob seit den schalltechnischen Erhebungen im Jahr 2000 **zusätzliche Schallemittenten** entstanden seien. In der Folge kam dieser zum Schluss, es sei nicht anzunehmen, dass die Umgebungsgeräuschsituation durch den Betrieb der neuen Gastgewerbebetriebe beeinflusst werde. – Es sind keinerlei Messungen angeführt, die jene aus dem Jahr 2000 sowie die Schlussfolgerungen des gewerbetechnischen Sachverständigen widerlegen würden. Ausgehend davon begegnet die **Heranziehung der Messungen aus dem Jahre 2000** fallbezogen **keinen Bedenken** (VwGH 14. 3. 2012, 2010/04/0038).

4.3.5 Überdies trifft den **Anlageninhaber** bei Ermittlung des Sachverhalts eine **Mitwirkungspflicht:** „Ungeachtet des Grundsatzes der Amtswegigkeit hat auch der **Anlageninhaber** als Partei im § 79-Verfahren zur Klarstellung des maßgebenden Sachverhaltes die **Aufgabe der Mitwirkung;** diese Mitwirkung erstreckt sich erforderlichenfalls auch auf die Erstattung von Vorschlägen betreffend die Gestaltung von Auflagen gem § 79 zur Sanierung der Anlage." **(AB 690 BlgNR 17. GP)**

Die Behörde hat von Amts wegen zu prüfen, welche anderen oder zusätzlichen Auflagen zum Schutz der in § 74 Abs 2 umschriebenen Interessen vorzuschreiben sind. Sie kann vom Anlageninhaber gemachte Vorschläge (zB vorgelegtes Projekt) ihrer Entscheidung zugrunde legen, **ohne an solche Vorschläge gebunden zu sein** (zB VwGH 27. 1. 1987, 86/04/0123; 5. 5. 1987, 86/04/0191; 24. 1. 1995, 94/04/0244; 18. 6. 1996, 94/04/0194).

4.3.6 Die Durchführung vorgeschriebener Auflagen kann mit einem **Kosten(Investitions)aufwand** in einer Höhe verbunden sein, der für den betreffenden Gewerbebetrieb **wirtschaftlich nicht zu verkraften** ist (zB erhöhte Betriebskosten; Gewinnrückgang). Um wirtschaftliche Härten oder gar den finanziellen Ruin eines betroffenen Gewerbebetriebs zu vermeiden (vgl EB 1997 I), hat die Behörde gem **§ 79 Abs 1 dritter Halbsatz** *„festzulegen"*, also mit Bescheid zu bestimmen, dass *„bestimmte Auflagen"* (zB besonders kostenintensive Auflagen) nicht sofort, also nicht mit Rechtskraft eines Bescheids gem § 79 Abs 1, sondern erst nach Ablauf einer **angemessenen, höchstens drei Jahre, in besonders berücksichtigungswürdigen Fällen (zB bei Betriebsübernahme) höchstens fünf Jahre, betragenden Frist** eingehalten werden müssen (vgl den ähnlichen § 79 d Abs 2 Z 2; vgl 10.3.2).

> Bei der Entscheidung über die Festlegung einer Umsetzungsfrist ist die Behörde **gebunden** (arg *„hat"*); bei **Bestimmung der Fristdauer** kommt der Behörde hingegen **Ermessen** zu (*„Ermessensrichtlinien"*, zB Höhe der Investitionskosten; wirtschaftliche Lage des Betriebs; Belästigungssituation).

Folgende **Voraussetzungen** für die Festlegung einer Umsetzungsfrist sind vorgesehen (vgl *Grabler/Stolzlechner/Wendl*, GewO³ § 79 Rz 16):

– der Anlageninhaber hat **nachzuweisen** (also *Beweislastumkehr*), dass ihm die Einhaltung der vorgeschriebenen Auflagen erst innerhalb bestimmter Frist *„wirtschaftlich zumutbar"* ist. Mit dem Maßstab der **„wirtschaftlichen Zumutbarkeit"** wird auf den betroffenen Gewerbebetrieb Bezug genommen; es handelt sich um einen **subjektiven Maßstab.** Die Behörde hat die konkrete wirtschaftliche Situation des betroffenen Gewerbebetriebs in den Blick zu nehmen, woraus folgt, dass „die wirtschaftliche Zumutbarkeit unter *Bedachtnahme auf die gesamte wirtschaftliche Lage des Betriebsinhabers* zu beurteilen ist. Wirtschaftlich zumutbar sind Auflagen dann, wenn aufgrund der Gebarung der jeweiligen Betriebsstätte oder des Gesamtbetriebs die mit der Verwirklichung der vorgeschriebenen Maßnahme verbundenen wirtschaftlichen Belastungen tragbar sind" (so zur früheren ähnlichen Rechtslage VwSlg 11.890 A/1985; vgl auch *E/R/W* § 79 Rz 17).
– Gegen die Fristeinräumung dürfen *„keine Bedenken vom Standpunkt des Schutzes der im § 74 Abs 2 umschriebenen Interessen bestehen."* Solche Bedenken würden entstehen, wenn mit einer Fristgewährung zB eine unzumutbare Belästigung oder gar eine Gefährdung der Gesundheit von Nachbarn verbunden wäre. In einem solchen Fall wäre die Festlegung einer Umsetzungsfrist unzulässig.

4.4 Schranken für Auflagen gem § 79 Abs 1

Bei Vorschreibung von Auflagen gem § 79 sind **inhaltliche Schranken** zu beachten. So darf die Behörde keine *das Wesen einer genehmigten BA* ändernden, ferner *keine unverhältnismäßigen Auflagen* vorschreiben (dazu näher *Wendl*, Zulässige und unzulässige Auflagen Rz 347).

4.4.1 Unzulässige wesensverändernde Auflagen

Eine BA kann **durch Auflagen** nur so weit **verändert („modifiziert")** werden, soweit mit einer Auflage nicht in das **„Wesen"** einer genehmigten BA eingegriffen wird,

also die genehmigte BA in ihrem Wesen unberührt bleibt (zB VwGH 19. 6. 1990, 89/04/
0256; 5. 11. 1991, 91/04/0136; 27. 4. 1993; 90/04/0265; 3. 3. 1999, 98/04/0114; 21. 10.
2004, 2001/06/0088; 21. 12. 2004, 2003/04/0094; vor allem: 28. 3. 2007, 2005/04/0185:
Auflage nach § 79 Abs 1 unzulässig, die bewirkt, dass *genehmigter Zweischichtbetrieb*
nicht aufrecht erhalten werden kann).

Eine Auflage **ändert** – bezogen auf eine Vorschreibung nach § 79 – dann **„die genehmigte BA in ihrem Wesen",** wenn sie in die **Substanz des verliehenen Rechts** – in
die Summe der im Rahmen der Gewerbeberechtigung zu verrichtenden Tätigkeiten –
eingreift (Hinweis auf VwGH 26. 6. 2002, 2002/04/0037, und die dort zit Rsp und Lehre; so zB VwGH 21. 12. 2004, 2003/04/0094; 15. 10. 2003, 2000/04/0193).

> Dieser Grundsatz ist auch bei Vorschreibung von **Betriebszeiteneinschränkungen** zu beach-
> ten (dazu *Triendl,* ZfV 2007, 937).
>
> Eine **Reduzierung der Lautstärke der Diskothekenmusik** kann derart sein, dass in
> das „Was der Gewerbeausübung" (nicht in das „Wie der Gewerbeausübung") eingegriffen
> wird – mit anderen Worten: in das Erscheinungsbild einer Diskothek durch das jeweilige
> Ausmaß der Begrenzung der Musiklautstärke derart eingegriffen wird, dass die *Diskothek
> überhaupt nicht mehr als solche* oder nur in einer Form betrieben werden kann, dass sie
> nur mehr bestimmte bzw andere Zielgruppen ansprechen kann (VwGH 26. 6. 2002, 2002/
> 04/0037; vgl ferner 21. 12. 2004, 2003/04/0094; 15. 10. 2003, 2000/04/0193).

4.4.2 Unzulässige unverhältnismäßige Auflagen

Gem § 79 Abs 1 zweiter Satz hat die Behörde den Grundsatz der **Verhältnismäßigkeit** zu beachten und darf **andere** oder **zusätzliche Auflagen** zum Schutz der Nachbarn **nicht vorschreiben,** wenn sie **„unverhältnismäßig"** sind, vor allem *„wenn der mit
der Erfüllung der Auflagen verbundene Aufwand außer Verhältnis zu dem mit den Auflagen angestrebten Erfolg steht".* Nach dem VwGH versteht man unter der insoweit geforderten **Verhältnismäßigkeit von Auflagen** die Relation zwischen einerseits dem mit der
Erfüllung der Auflagen verbundenen Aufwand und andererseits dem damit gewonnenen Ausmaß an Schutz der nach § 74 Abs 2 wahrzunehmenden Interessen, uzw unter
Bedachtnahme auf die demonstrativ aufgezählten Kriterien wie zB Menge und Gefährlichkeit der von einer BA ausgehenden Emissionen (zB VwGH 8. 10. 1996, 96/04/0060;
1. 7. 1997, 97/04/0048; 27. 1. 1999, 98/04/0176). Auch die **baurechtliche Unmöglichkeit**
der Erfüllung einer Auflage ist im Rahmen der Verhältnismäßigkeitsprüfung zu berücksichtigen (VwGH 26. 9. 2012, 2007/04/0151). Zur Vornahme dieser **Interessenabwägung** bedarf es der Feststellung einerseits des für den BA-Inhaber mit der Erfüllung
der vorgeschriebenen Auflagen verbundenen Aufwands und andererseits des Ausmaßes,
in dem mit der Erfüllung der Auflagen der Schutz der gem § 74 Abs 2 wahrzunehmenden Interessen erhöht wird (zB VwGH 27. 1. 1999, 98/04/0176). Unter Bezugnahme darauf hat die Behörde **nachvollziehbar zu begründen,** warum eine von ihr vorgeschriebene Auflage nicht unverhältnismäßig ist (VwGH 26. 9. 2012, 2007/04/0151; Verbot
des Betriebs von Kühlaggregaten nicht ausreichend begründet).

Sofern das Ziel einer Auflage dem **Schutz vor Gesundheitsgefährdung** dient, kann
der mit der Erfüllung einer Auflage verbundene Aufwand **niemals außer Verhältnis**
zum angestrebten Erfolg stehen (zB VwGH 8. 10. 1996, 96/04/0060; 3. 3. 1999, 98/04/
0164; 15. 9. 1999, 97/04/0074; 26. 6. 2002, 2000/04/0113; 7. 11. 2005, 2001/04/0040). Da-

für bedarf es allerdings entsprechender Feststellungen und einer nachvollziehbaren Begründung (VwGH 26. 9. 2012, 2007/04/0151). – Unzulässigkeit einer Interessenabwägung zwischen wirtschaftlichen Einbußen eines Unternehmens und der **Anzahl der in ihrer Gesundheit gefährdeten Personen** (VwGH 4. 11. 1991, 91/04/0136).

> Dem Maßstab der *„wirtschaftlichen Zumutbarkeit"* im subjektiven Sinn (vgl 4.3.6) kommt bei Prüfung der Verhältnismäßigkeit **keine rechtliche Bedeutung** zu (zB VwGH 15. 10. 2003, 2000/04/0193; 26. 6. 2002, 2002/04/0037).

4.5 Auflagenvorschreibung zugunsten nachträglich zugezogener Nachbarn (§ 79 Abs 2)

4.5.1 Gem § 79 Abs 1 hat die Behörde vor allem die für den Schutz der Nachbarn vor Gesundheitsgefährdungen und unzumutbaren Belästigungen *„erforderlichen"* anderen oder zusätzlichen Auflagen vorzuschreiben, sofern diese nicht unverhältnismäßig sind. Dies gilt freilich nur bzgl jener **Nachbarn, die bereits im Zeitpunkt der Erteilung der Genehmigung gem § 77** („Stammgenehmigung") Nachbarn der BA waren. Zum Schutz von Personen, die zu diesem Zeitpunkt noch nicht im Gefährdungs- bzw Belästigungsbereich der BA ansässig und folglich noch nicht Nachbarn (vgl § 75 Abs 2) waren, sondern die sich erst danach im Gefährdungs- bzw Belästigungsbereich einer BA angesiedelt haben, also **nachträglich zugezogen sind,** hat die Behörde zwar auch andere oder zusätzliche Auflagen vorzuschreiben, allerdings unter Beachtung der **Beschränkung des Abs 2 erster Satz:** Danach dürfen zugunsten **nachträglich zugezogener Personen** andere oder zusätzliche Auflagen nur soweit vorgeschrieben werden, als diese zur Vermeidung einer Lebens- oder Gesundheitsgefährdung notwendig sind. **Unzulässig** sind daher **Auflagen zur Vermeidung von Belästigungen** (und seien diese auch unzumutbar) von nachträglich zugezogenen Nachbarn (zur Abgrenzung von Gesundheitsgefährdung und Belästigung vgl *Wendl,* Die Gefährdung des Lebens und der Gesundheit Rz 212).

> Genießen *zugezogene Nachbarn* nur **eingeschränkten Schutz iSd § 79 Abs 2,** weil sie erst nach Genehmigung der BA Nachbarn geworden sind, dann stellt der von der Behörde wahrgenommene *Belästigungsschutz* noch *keine rechtlich tragfähige Grundlage für die Auflagenvorschreibung* dar (VwGH 18. 6. 1996, 94/04/0194). Nachträglich zugezogenen Nachbarn kommt in von Amts wegen einzuleitenden Verfahren **keine Parteistellung** gem § 356 Abs 3 zu; überdies fehlt ihnen die Antragslegitimation gem § 79 a Abs 3, daher können sie auch auf diesem Weg die Parteistellung nicht erwerben (s näher *Wendl,* Die Nachbarn und ihre Parteistellung Rz 272, 15.2.2).

Nachträglich zugezogene Nachbarn haben **jedwede (also auch unzumutbare) Belästigung** zu dulden: **Zweck dieser Gesetzesstelle** ist der Schutz des Betriebsinhabers vor Verschlechterung seiner Rechtsposition durch nachträglich zugezogene Nachbarn, die Kenntnis vom Bestehen der BA und von den von dieser ausgehenden Emissionen haben (zB VwGH 27. 11. 1990, 90/04/0197; 29. 3. 1994, 93/04/0137; 1. 7. 1997, 97/04/0024, 0048; 31. 7. 2006, 2004/05/0003).

> Der **Inhaber einer der BA benachbarten Wohnung** bleibt in seiner **Dispositionsbefugnis** in Bezug auf die Benützung von Räumen (zB Wohn- oder Schlafraum) grundsätzlich frei. Dies gilt auch für Personen, die erst **nach Genehmigung der BA** Nachbarn geworden sind

und die in Bezug auf die Benützung der Räume eine andere Einteilung treffen. Diese Dispositionsfreiheit hat dort ihre Grenze, wo ein gewerberechtlich relevanter Zustand des anrainenden Bauwerks im Fall der Genehmigungspflicht durch einen Genehmigungsbescheid nicht gedeckt ist (VwSlg 12.184 A/1986).

Dem Vorbringen, nicht alle Zimmer der „Großwohnung" der Nachbarin würden vom Lärm aus dem Lokal der bf Partei tangiert und es bestünde daher die Möglichkeit, ein Zimmer zu tauschen, ist zu erwidern, dass ein **bestimmtes, dem Schutz vor Emissionen dienendes Verhalten der Nachbarn** gesetzlich nicht normiert ist (VwGH 11. 11. 1998, 98/04/0137). Es entspricht daher auch die Art der Nutzung der verschiedenen Räume der *Dispositionsfreiheit* der Inhaberin dieser Wohnung (VwGH 26. 6. 2002, 2000/04/0113).

4.5.2 Mit der schwer verständlichen Regelung des Abs 2 zweiter Satz ist offenbar angeordnet, dass zugunsten nachträglich zugezogener Nachbarn zum Schutz vor Belästigungen, die keine Gefährdung des Lebens oder der Gesundheit darstellen (arg: *„sofern sie nicht unter den ersten Satz fallen")*, erst dann andere oder zusätzliche Auflagen (iSd Abs 1) vorzuschreiben sind, wenn diese Belastungen auch zu einer *„über die unmittelbare Nachbarschaft hinausreichenden beträchtlichen Belastung durch Luftschadstoffe, Lärm oder gefährliche Abfälle"* geworden sind (idS *Grabler/Stolzlechner/Wendl*, GewO³ § 79 Rz 23). Zur Auslegung der Wortfolge *„über die unmittelbare Nachbarschaft hinausreichend"* ist die ähnliche Wortfolge des § 356 Abs 1 Z 4 *(„unmittelbar benachbarte Häuser")* heranzuziehen; darunter sind jene Häuser zu verstehen, die rund um eine BA dieser zunächst liegen, uzw selbst dann, wenn zwischen BA und dem Haus eine Straße verläuft. Belastungen im angeführten Sinn, die sich auf darüber hinausreichende, also **weiter entfernt liegende Bereiche** noch beträchtlich auswirken, sind als über die unmittelbare Nachbarschaft hinausreichend zu qualifizieren (idS *Grabler/Stolzlechner/Wendl*, GewO³ § 79 Rz 23).

Auflagen gem Abs 2 zweiter Satz dürfen nur vorgeschrieben werden, soweit sie **verhältnismäßig** sind (vgl dazu 4.4.2): Da der Gesetzgeber in § 79 Abs 2 letzter Satz eine **Interessenabwägung** zwischen dem mit der Erfüllung der Auflagen verbundenen Aufwand und dem mit den Auflagen angestrebten Erfolg normiert, schließt er damit aus, dass die im § 74 Abs 2 geschützten Interessen in jedem Fall gegenüber dem mit der Erfüllung der Auflagen verbundenen Aufwand als höherwertig angesehen werden müssen (zB VwGH 16. 12. 1998, 98/04/0166).

Auflagen gem Abs 2 zweiter Satz dürfen nur in Bezug auf bestimmte Belästigungsarten vorgeschrieben werden, nämlich nur bei beträchtlicher Belastung durch **Luftschadstoffe, Lärm** oder **gefährliche Abfälle** (vgl § 2 Abs 4 Z 3 AWG 2002); wegen der besonderen Bedeutung dieser Belästigungsarten erscheint diese Regelung sachlich gerechtfertigt (Art 7 B-VG). – Siehe auch Lexikon „Abfälle" Rz 1, „Luftverunreinigungen" Rz 94 sowie „Lärm" Rz 93. Der Bestimmung des Abs 2 zweiter Satz kommt nur geringe praktische Bedeutung zu.

5. Abänderungen im Verfahren nach § 79 Abs 3

Die nachträgliche Änderung von Bescheiden gem § 79 Abs 3 hat in **zwei Verfah-** **363** **rensschritten** zu erfolgen (vgl auch *Grabler/Stolzlechner/Wendl*, GewO³ § 79 Rz 24 ff): Zunächst ist dem Anlageninhaber die Vorlage eines Sanierungskonzepts bescheidmäßig aufzutragen. Kommt der Anlageninhaber dem Auftrag nach und legt er ein taugliches

Sanierungskonzept vor, hat die Behörde das vorgelegte Sanierungskonzept zu prüfen und bei Vorliegen der gesetzlichen Voraussetzungen dieses mit Bescheid zu genehmigen (zur Parteistellung der Nachbarn lediglich im zweiten Verfahrensabschnitt vgl VwGH 22. 4. 2009, 2009/04/0002 sowie *Wendl*, Die Nachbarn und ihre Parteistellung Rz 272, 15.3). **Sachlich gerechtfertigt** (Art 7 B-VG) ist dieses aufwendige Verfahren deshalb, weil es um die Vorschreibung von **wesensverändernden Auflagen** geht.

5.1 Auftrag zur Vorlage eines Sanierungskonzepts

5.1.1 Könnte der hinreichende Schutz der gem § 74 Abs 2 wahrzunehmenden Interessen, insb der Schutz der Nachbarn vor Gesundheitsgefährdungen und unzumutbaren Belästigungen, nur durch Vorschreibung (an sich unzulässiger) *„anderer oder zusätzlicher Auflagen"* erreicht werden, durch die eine *genehmigte BA ihrem Wesen nach verändert würde,* hat die Behörde dem Inhaber der BA mit Bescheid **die Vorlage eines Sanierungskonzepts** binnen angemessener Frist **aufzutragen** (§ 79 Abs 3 erster Satz). Eine Auflage – bezogen auf eine Vorschreibung gem § 79 – ändert die genehmigte BA in ihrem Wesen, wenn sie in die **Substanz der verliehenen Berechtigung** (zur Errichtung und zum Betrieb der BA) eingreift (zB nachträgliche Aufhebung eines genehmigten Zwei-Schichtbetriebs; zB VwGH 28. 3. 2007, 2005/04/0185; 15. 10. 2003, 2000/04/0193; 26. 6. 2002, 2002/04/0037). Die Ermächtigung zur Vorschreibung eines Sanierungskonzepts ist eine *besondere Form behördlich angeordneter Mitwirkung,* die hier erforderlich ist, weil die Behörde im Verfahren gem § 79 Abs 1 und 2 durch nachträgliche Auflagenvorschreibung das Wesen einer genehmigten BA nicht verändern darf (zB VwGH 12. 11. 1996, 94/04/0266; 15. 10. 2003, 2000/04/0193; 21. 12. 2004, 2003/04/0094).

Die Vorschreibung gem § 79 Abs 3, ein Sanierungskonzept vorzulegen, ist für jenen Fall vorgesehen, in dem der Schutz der gem § 74 Abs 2 wahrzunehmenden Interessen Maßnahmen erfordert, die dem Betriebsinhaber **als Auflagen gem § 79 Abs 1 nicht vorgeschrieben werden dürfen,** weil sie die genehmigte BA in ihrem Wesen veränderten (vgl 4.4.1). Gerade weil die erforderlichen Auflagen „wesensverändernd" wären, hat sich die Behörde darauf zu beschränken, den Betriebsinhaber die Vorlage eines Konzepts zur Sanierung der festgestellten Mängel vorzuschreiben. Das **Ziel der Sanierung** liegt in der Behebung der festgestellten Mängel (vgl VwGH 22. 6. 2011, 2006/04/0188; 18. 10 2006, 2004/04/0206).

Ein Auftrag zur Vorlage eines Sanierungskonzepts hat einerseits darzulegen, *inwiefern ein hinreichender Schutz der Interessen des § 74 Abs 2* trotz Einhaltung der vorgeschriebenen Auflagen *nicht gewährleistet* ist, und andererseits, *inwiefern eine Sanierung dieses Mangels Maßnahmen erfordert,* die die genehmigte BA in ihrem Wesen verändern (zB VwGH 15. 10. 2003, 2000/04/0193; 21. 12. 2004, 2003/04/0094).

Auch eine **formlose, nicht als Bescheid bezeichnete Erledigung** ist als Auftragsbescheid gem § 79 Abs 3 zu qualifizieren, wenn sich daraus unmissverständlich der Wille der Behörde ergibt, einen Auftrag zur Vorlage eines Sanierungskonzepts zu erteilen (VwGH 10. 12. 2009, 2005/04/0059).

In der Frage, ob es überhaupt möglich ist, iSd § 79 Abs 3 ein Sanierungskonzept (im Hinblick auf die darin enthaltenen Sanierungsmaßnahmen) unter Beachtung des Grundsatzes der Verhältnismäßigkeit zu erstatten, sind der *amtswegigen behördlichen Erhebung fakti-*

sche Grenzen gesetzt, was ein **entsprechendes Vorbringen** und **Bescheinigungsanbieten der Partei** voraussetzt (VwGH 15. 10. 2003, 2000/04/0193).

5.1.2 Für die Erstellung eines Sanierungskonzepts ist der **Grundsatz der Verhältnismäßigkeit** (Abs 1) *„maßgeblich"* (vgl 4.4.2). Der Anlageninhaber ist daher nicht verpflichtet, *unverhältnismäßige Maßnahmen* in sein Sanierungskonzept aufzunehmen, also Maßnahmen, deren Aufwand außer Verhältnis zum erzielbaren Erfolg stehen. Daraus folgt auch eine *Handlungsbeschränkung für die Behörde:* Für den Fall, dass angesichts festgestellter Mängel eine Sanierung mit vertretbarem Aufwand unter allen Umständen unmöglich ist, darf *kein Sanierungskonzept* vorgeschrieben werden (VwGH 15. 10. 2003, 2000/04/0193).

5.1.3 Für die Ausarbeitung eines Sanierungskonzepts ist eine *„dem hiefür erforderlichen Zeitaufwand angemessene Frist"* zu gewähren. Die **Bemessung der Frist** erfolgt *im Ermessensbereich,* nach dem Grundsatz: je komplizierter und aufwendiger die geplante Sanierung, umso länger die Frist für die Erstellung des Sanierungskonzepts. Die Frist kann auch in Form einer zeitlichen Abfolge von Sanierungsschritten *(„Etappenplan")* festgelegt werden.

Legt ein Betriebsinhaber innerhalb aufgetragener Frist **kein (hinreichendes) Sanierungskonzept** vor, wird dadurch ein in Bescheidform ergangener **Auftrag nicht unwirksam** (zB VwGH 18. 10. 2006, 2004/04/0206; 10. 12. 2009, 2005/04/0059). Bei Nichtgenehmigung des Sanierungskonzepts besteht in einem solchen Fall nach wie vor eine rk Verpflichtung zur Vorlage eines hinreichenden Sanierungskonzepts.

Auch ein **nach Fristablauf vorgelegtes Sanierungskonzept** hat die Behörde zu prüfen und verpflichtet sie zur Fortsetzung des Sanierungsverfahrens (zB VwGH 18. 10. 2006, 2004/04/0206).

5.1.4 Der Auftrag zur Vorlage eines Sanierungskonzepts ist ein *Leistungsbescheid* und daher *vollstreckbar* (vgl §§ 1 ff VVG).

5.2 Genehmigung der Sanierung

Legt der Inhaber einer BA ein ausreichendes Sanierungskonzept vor, hat die Behörde ein Verfahren über die Genehmigung der Sanierung durchzuführen und diesem das Sanierungskonzept zugrunde zu legen, ohne an die Vorschläge eines solchen *„Konzepts"* gebunden zu sein. Sofern zur Erreichung der Ziele gem Abs 3 erforderlich, kann die Behörde im Sanierungskonzept unterbreitete Vorschläge unberücksichtigt lassen oder nicht enthaltene (das Wesen nicht verändernde) Auflagen vorschreiben. Unzulässig ist es aber jedenfalls, wesensverändernde Auflagen vorzuschreiben, die nicht im Sanierungskonzept enthalten sind.

Weist eine BA-Genehmigung keine besonderen Betriebszeiten auf, gilt ein **Betrieb rund um die Uhr** als genehmigt. Die nunmehrigen Betriebszeiten laut Genehmigung des Sanierungskonzepts bedeuten daher eine Einschränkung der bisherigen Betriebszeiten zugunsten der Bf (LVwG NÖ 15. 7. 2014, LVwG-AB-14-0176; Beschwerdeabweisung hinsichtlich dieses Punkts).

Die Behörde hat eine *„dem Zeitaufwand für die vorgesehenen Sanierungsmaßnahmen entsprechende Frist zur Durchführung der Sanierung"* festzulegen (zur ähnlichen

Frist nach Abs 3 erster Satz vgl 5.1.3). Auch die Festlegung dieser Frist liegt im **Ermessen der Behörde.**

Erwächst der Bescheid, mit dem die Sanierung genehmigt wird, in Rechtskraft, hat der Inhaber der BA *während der Sanierungsfrist* die Auflagen umzusetzen. Nach Fristablauf können nicht (rechtzeitig) umgesetzte Auflagen im Wege der **Verwaltungsvollstreckung** durchgesetzt werden.

§ 81 Abs 1 ist auf *„diese Sanierung"* nicht anzuwenden (vgl § 79 Abs 3 letzter Satz), woraus folgt, dass Sanierungsmaßnahmen nach § 79 Abs 3 keiner Änderungsgenehmigung gem § 81 bedürfen.

6. Abänderungen im Verfahren nach § 79 Abs 4

364   Analoge Befugnisse wie im Abs 3 – Vorschreibung eines Sanierungskonzepts und Genehmigung einer Sanierung unter Fristvorschreibung – kommen der Behörde zu in Hinsicht auf eine genehmigte BA, *„die in einem Sanierungsgebiet liegt und von Anordnungen einer Verordnung gemäß § 10 IG-L betroffen ist"* (vgl § 79 Abs 4; s näher *Giese,* Das gewerbliche Betriebsanlagenrecht und andere Bereiche des öffentlichen Rechts Rz 307, 3.3 sowie *Grabler/Stolzlechner/Wendl,* GewO[3] § 79 Rz 31).

7. Einleitung eines Verfahrens nach § 79

(§ 79 a)

365   **7.1** Liegen nach den Feststellungen der Behörde die Voraussetzungen des § 79 Abs 1 vor, ist die Behörde zur **(amtswegigen) Einleitung des Verfahrens** *verpflichtet* (arg *„hat"*). Wird die Einleitung und Durchführung eines Verfahrens in gesetzwidriger Weise unterlassen und entstehen daraus für Nachbarn zB gesundheitliche Schäden, so kann sich daraus ein *Amtshaftungsanspruch* ergeben (s dazu Lexikon „Amtshaftung [im Zusammenhang mit gewerblichen Betriebsanlagen]" Rz 5).

Zur Parteistellung der Nachbarn in einem bereits eingeleiteten Verfahren vgl § 356 Abs 3 sowie *Wendl,* Die Nachbarn und ihre Parteistellung Rz 272, 15.2.

7.2 Die Behörde hat ferner ein Verfahren nach § 79 **auf Antrag des BMLFUW** einzuleiten (näher *Grabler/Stolzlechner/Wendl,* GewO[3] § 79 a Rz 3). Der BM kann einen solchen Antrag stellen, wenn aufgrund ihm vorliegender *„Nachbarbeschwerden"* oder *„Messergebnisse"* anzunehmen ist, *„dass der Betrieb der Anlage zu einer über die unmittelbare Nachbarschaft hinausreichenden beträchtlichen Belastung der Umwelt durch Luftschadstoffe, Lärm oder gefährliche Abfälle führt"* (§ 79 a Abs 2).

Der BM hat seine *„Annahme"* über beträchtliche Umweltbelastungen in einer Weise der Behörde gegenüber darzulegen, dass deren Bestehen von vornherein nicht ausgeschlossen werden kann. – Beschwerden müssen nicht von allen Nachbarn, nicht einmal von der Mehrzahl der Nachbarn kommen. – Woher allfällige *„Messergebnisse"* auch immer kommen, wesentlich ist, dass sie *technisch einwandfrei* zustande gekommen sind.

7.3 Die Behörde hat ein Verfahren nach § 79 auch **auf Antrag eines Nachbarn** einzuleiten. In einem solchen Antrag hat der Nachbar *„glaubhaft"* zu machen, *„dass er* *als Nachbar vor den Auswirkungen der BA nicht hinreichend geschützt ist";* ferner hat er *nachzuweisen,* dass er bereits im Zeitpunkt der Genehmigung der BA oder einer allfälligen Anlagenänderung Nachbar iSd § 75 Abs 2 war (§ 79 a Abs 3).

Unter „**Glaubhaftmachung**" ist zu verstehen, dass der Antragsteller die Behörde von der **Wahrscheinlichkeit** des Vorliegens der Tatsache, als Nachbar vor den Auswirkungen der BA nicht hinreichend geschützt zu sein, zu überzeugen hat (VwGH 25. 6. 2003, 2000/04/0092).

Die Prüfung der Tatbestandsvoraussetzungen des § 79 a ist – der Art nach – ein **Zulassungsverfahren**: Wird im Antrag *nicht glaubhaft gemacht,* dass der Nachbar vor den Auswirkungen der BA nicht hinreichend geschützt ist, so (erlangt der Antragsteller keine Parteistellung und) ist der Antrag *zurückzuweisen;* wird jedoch der Prozessvoraussetzung der Glaubhaftmachung (sowie weiters des Nachweises, dass der Antragsteller bereits im Zeitpunkt der Genehmigung der BA oder einer BA-Änderung Nachbar iSd § 75 Abs 2 war) entsprochen, so ist der Antrag zulässig und das Verfahren gem § 79 Abs 1 durchzuführen (VwGH 25. 6. 2003, 2000/04/0092).

Wichtige Rechtsfolge der Einbringung eines *„dem Abs 3 entsprechenden Antrags"* ist, dass der Nachbar (jedenfalls) **Parteistellung im einzuleitenden § 79-Verfahren** erlangt, uzw unabhängig davon, ob dieser Nachbar Parteistellung gem § 356 Abs 3 genießt oder nicht (Abs 4). Diese Bestimmung begünstigt Personen, die Nachbarn (§ 75 Abs 2) sind und deren Parteistellung im ursprünglichen Genehmigungsverfahren (zB wegen Nichterhebung von Einwendungen) nicht aufrecht geblieben ist. Näheres s *Wendl,* Die Nachbarn und ihre Parteistellung Rz 272, 15.2.

Ein Nachbar ist gem § 76 Abs 1 AVG nicht zur Kostentragung verpflichtet, wenn aufgrund seines Antrags andere oder zusätzliche Auflagen vorgeschrieben werden.

8. Abänderungen im Verfahren nach § 79 b

8.1 Ergibt sich nach Genehmigung einer BA, dass die gem § 77 Abs 4 wahrzunehmenden Interessen trotz *Einhaltung des Abfallwirtschaftskonzepts* (§ 353 Z 1 lit c) und der vorgeschriebenen Auflagen nicht hinreichend gewahrt sind, hat die Behörde (§ 333) die nach dem Stand der Technik **erforderlichen anderen** oder **zusätzlichen Auflagen iSd § 77 Abs 4** vorzuschreiben. Maßstab für die vorgeschriebenen Auflagen ist, dass sie zur *„hinreichenden Wahrung"* der Interessen gem § 77 Abs 4 erforderlich sind (vgl dazu auch Lexikon „Stand der Technik" Rz 126).

366

8.2 Auf die Vorschreibung von Auflagen nach § 79 b findet der **Verhältnismäßigkeitsgrundsatz** Anwendung (s oben 4.4.2). Die Behörde hat daher Auflagen nach § 79 b nicht vorzuschreiben, wenn sie „**unverhältnismäßig**" sind, vor allem wenn der mit der Erfüllung der Auflagen verbundene Aufwand außer Verhältnis zu dem mit der Auflage angestrebten Erfolg steht.

8.3 Verfahren nach § 79 b sind lediglich **von Amts wegen** einzuleiten. § 79 a findet auf Verfahren nach § 79 b keine Anwendung, was sachlich gerechtfertigt (Art 7 B-VG) ist, zumal es sich bei § 77 Abs 4 um eine Regelung handelt, aus der Nachbarn *keine Parteistellung* ableiten können. Auch im Verfahren selbst kommt Nachbarn keine Parteistellung zu; vgl § 356 Abs 3 sowie *Wendl,* Die Nachbarn und ihre Parteistellung Rz 274, 17.

9. Abänderungen im Verfahren nach § 79c

367   **9.1 Entstehungsgeschichte des § 79c**

§ 78 Abs 2 und § 79c idF vor der GewRNov 2013 II betreffend die Abweichung von erteilten Auflagen bzw betreffend die Abänderung oder Aufhebung solcher Auflagen wurden stets als **zu wenig praxistauglich** kritisiert: § 78 Abs 2 enthielt keine Ermächtigung zur Durchbrechung der Rechtskraft; nach der Jud diente diese Bestimmung nicht dazu, eine im BA-Genehmigungsverfahren unbekämpft gebliebene oder erfolglos bekämpfte Auflage nachträglich zu beseitigen (zB VwGH 20. 10. 1999, 98/04/0244). Voraussetzung für eine Abstandnahme war eine *wesentliche Sachverhaltsänderung* nach Rechtskraft einer Auflagenvorschreibung, woran es in der Praxis vielfach fehlte. Ähnlich war die Rechtslage in Bezug auf § 79c (idF vor der GewRNov 2013 II); auch hier hing die mangelnde Praxisrelevanz mit der fehlenden Möglichkeit der Durchbrechung der Rechtskraft zusammen (vgl zB VwGH 10. 11. 1999, 99/04/0121; 17. 11. 2004, 2003/04/0068). Eine Aufhebung *überschießend vorgeschriebener Auflagen* war unzulässig (zB VwGH 18. 5. 2005, 2003/04/0066). Im Gegensatz zu diesen an sich **auf Interessen von Anlageninhabern gerichteten Regelungen** besteht seit jeher ein von den Interessen der Nachbarn gespeistes Bedürfnis nach die Rechtskraft durchbrechenden Auflagenvorschreibungen, wenn im Genehmigungsbescheid vorgeschriebene Auflagen für den Schutz der Nachbarn nicht ausreichen (§§ 79, 79a). Diese Regelungen sorgen für einen effektiven Schutz der Nachbarn. Mit dem neuen § 79c soll hier auf Seiten des Anlageninhabers *„gleichgezogen"* werden; der Gesetzgeber beabsichtigt mit dieser Regelung, eine **praxistaugliche Durchbrechung der (materiellen) Rechtskraft zugunsten der Anlageninhaber** einzuführen: „Mit Blick auf diese Regelungen der Durchbrechung der Rechtskraft zum Schutz (ua) der Nachbarn erscheint es als vertretbar und auch konsistent, eine solche Durchbrechung der Rechtskraft – bei Einhaltung des von § 74 Abs 2 gewährleisteten Schutzniveaus – auch für die in einem neuen § 79c zusammengefassten Fälle der Interessenlage des Betriebsinhabers vorzusehen." (**EB 2013 I**)

9.2 Nachträgliche Aufhebung oder Abänderung vorgeschriebener Auflagen (§ 79c Abs 1)

9.2.1 § 79c Abs 1 ermächtigt die Behörde, in einer „Stamm"-BA-Genehmigung (§§ 77, 77a) oder in einem Folgeverfahren (zB §§ 79, 81) **„vorgeschriebene Auflagen"** mit Bescheid **aufzuheben** oder **abzuändern.**

> *„Aufheben"* bedeutet, eine vorgeschriebene Auflage gänzlich aus dem Rechtsbestand auszuscheiden.
> *„Abändern"* bedeutet, dass eine vorgeschriebene Auflage dem Grunde nach bestehen bleibt, ihr ursprünglicher Inhalt (die in ihr vorgeschriebene Anordnung) zugunsten des Anlageninhabers geändert, also abgemildert wird (zB Verkürzung einer Betriebszeitenbeschränkung zugunsten des Anlageninhabers).

§ 79c Abs 1 bezieht sich nur auf im Genehmigungsverfahren (§§ 77, 77a) bzw in einem Folgeverfahren (§§ 79, 81) vorgeschriebene Auflagen, nicht aber auf in einem **Auflassungsverfahren** aufgetragene Vorkehrungen. § 79c Abs 1 erlaubt somit nicht, gem § 83 Abs 3 vorgeschriebene Aufträge abzuändern (Nö LVwG 8. 4. 2014, LVwG-AB-11-0256; dbzgl zu weit *Grassl*, ecolex 2013, 835 und *E/R/W* § 79c Rz 4).

9.2.2 Voraussetzung für eine nachträgliche Aufhebung oder Abänderung vorgeschriebener Auflagen ist, dass sich nach Vorschreibung der Auflagen *„ergibt",*

– dass vorgeschriebene Auflagen für nach § 74 Abs 2 wahrzunehmende Interessen (zB Belästigungsschutz der Nachbarn, Vermeidung nachteiliger Einwirkungen auf Beschaffenheit von Gewässern) *„nicht erforderlich",* also von der Sache her für die Einhaltung des gesetzlich gebotenen Schutzniveaus nicht notwendig sind, oder

– für die Wahrnehmung dieser Interessen auch mit den Anlageninhaber *„weniger belastenden Auflagen"* das Auslangen gefunden werden kann.

Mit der Formulierung, dass *„sich ergibt",* wird grundsätzlich jede Ursache angesprochen, die dazu führt, dass zB eine Auflage – entgegen der ursprünglichen Ansicht der Behörde – für den Schutz der Interessen gem § 74 Abs 2 nicht erforderlich ist (zur ähnlichen Voraussetzung gem § 79 Abs 1 vgl 4.2). Dies können zB auch zu strenge Sachverhaltsannahmen von Seiten der Sachverständigen sein. Abs 1 erlaubt insofern eine Abänderung oder Aufhebung *überschießend vorgeschriebener Auflagen.*

Bei den Voraussetzungen des Abs 1 handelt es sich um **alternative Voraussetzungen** (arg *„oder";* so auch LVwG Tir 14. 8. 2014, LVwG-2013/15/3510-11); es genügt, wenn eine der beiden Voraussetzungen gegeben ist.

Im Gegensatz zur bisherigen Rechtslage (vgl zB VwGH 10. 11. 1999, 99/04/0121) ist eine **wesentliche Sachverhaltsänderung** nach Rechtskraft der vorgeschriebenen Auflagen **keine zwingende Voraussetzung für die Anwendung des Abs 1;** idS heißt es auch in den EB: „Verfahren nach dem neuen § 79 c können vom Betriebsinhaber grundsätzlich unabhängig von einer Änderung der Sach- und Rechtslage beantragt werden, ..." **(EB 2013 I).**

Die beiden Tatbestandsalternativen sind **unvollständig,** zumal unklar ist, unter welchen Voraussetzungen eine vorgeschriebene Auflage für die nach § 74 Abs 2 wahrzunehmenden Interessen *„nicht erforderlich"* ist oder unter welchen Voraussetzungen für die Wahrnehmung dieser Interessen auch mit weniger belastenden Auflagen das Auslangen gefunden werden kann. Der Tatbestand für eine positive Erledigung iSd § 79 c Abs 1, also für eine Aufhebung oder Abänderung einer vorgeschriebenen Auflage, wird aber verständlich, wenn man die Anordnung des Abs 1 zweiter Satz in den Blick nimmt: Danach ist (bei „normalen" BA) **§ 77 sinngemäß** und für **IPPC-Anlagen** sind **§§ 77 und 77 a sinngemäß anzuwenden.** Dadurch wird der in § 79 c Abs 1 erster Satz formulierte **Tatbestand ergänzt** und **vervollständigt,** mit der Folge, dass eine vorgeschriebene Auflage aufgehoben oder abgeändert werden darf, weil sie iSd § 77 „nicht erforderlich" ist, weil durch die Aufhebung oder Abänderung einer vorgeschriebenen Auflage zB eine Gesundheitsgefährdung nicht eintritt oder Belästigungen der Nachbarn auf ein zumutbares Maß beschränkt bleiben. Die Tatbestandselemente *„nicht erforderlich"* und *„für die Wahrnehmung dieser Interessen ... das Auslangen gefunden werden kann"* sind also unter **sinngemäßer Anwendung des § 77** und folglich im Lichte dieser Bestimmung auszulegen.

Der sinngemäßen Anwendung des § 77 kommt darüber hinaus Bedeutung für die **Anforderungen an Auflagen** insofern zu, als in Verfahren gem § 79 c Abs 1 Auflagen nur vorgeschrieben werden dürfen, wenn sie bestimmt, geeignet und erforderlich sind und allenfalls den Anforderungen gem § 77 Abs 3 und 4 entsprechen (ähnlich *E/R/W* § 79 c Rz 5).

9.3 Zulassung von Abweichungen vom Genehmigungsbescheid (§ 79 c Abs 2)

Es kommt in der Gewerbepraxis immer wieder vor, dass sich nach Errichtung einer neuen oder Änderung einer bestehenden BA herausstellt, dass die neue oder geänderte BA anders, also **abweichend** vom (Änderungs-)Genehmigungsbescheid, ausgeführt wurde, als dies zB in Auflagenvorschreibungen oder in einer zum Bestandteil des Bescheids gewordenen Betriebsbeschreibung (vgl § 353 Z 1) vorgesehen war. In solchen Fällen ermächtigt § 79 c Abs 2 die Behörde **„Abweichungen vom Genehmigungsbescheid einschließlich seiner Bestandteile"** mit Bescheid zuzulassen, soweit dem nicht der Schutz der nach § 74 Abs 2 wahrzunehmenden Interessen entgegensteht, also iSd § 77 Abs 1 durch eine „Zulassung" zB die Gesundheit von Nachbarn nicht gefährdet wird und Nachbarn nicht unzumutbar belästigt werden. § 79 c Abs 2 ist insoweit ein Instrument dafür, dass **tatsächliche Abweichungen** einer BA vom konsensgemäßen Zustand **nachträglich rechtlich saniert** werden können.

Die Zulassung von Abweichungen hat *„erforderlichenfalls unter Aufhebung oder Abänderung von vorgeschriebenen Auflagen oder auch Vorschreibung zusätzlicher Auflagen"* zu erfolgen. Aus dieser Ermächtigung geht ebenso wie aus den Gesetzesmaterialien hervor, dass auch Abs 2 die **Durchbrechung der Rechtskraft von Bescheiden** erlaubt, indem zB vorgeschriebene Auflagen abgeändert oder aufgehoben oder neue Auflagen vorgeschrieben werden können (vgl **EB 2013 I**).

Die bescheidförmige Zulassung von Abweichungen gem Abs 2 bildet einen Bestandteil des Genehmigungsbescheids.

9.4 Gemeinsame Bestimmungen

Für die Aufhebung oder Abänderung vorgeschriebener Auflagen und für die Zulassung von Abweichungen vom Genehmigungsbescheid sind **gemeinsame Bestimmungen** vorgesehen, nämlich die Antragsbedürftigkeit des Verfahrens (Abs 3) und die Mitanwendung von Konzentrationsbestimmungen (Abs 4).

9.4.1 Gem § 79 c Abs 3 hat die Behörde ein Verfahren nach Abs 1 oder 2 *„auf Antrag des Inhabers einer BA"* einzuleiten (**Antragsbedürftigkeit des Verfahrens**).

Ein Verfahren gem Abs 1 oder 2 ist weder **von Amts wegen** einzuleiten noch kommt **Nachbarn** ein solches Antragsrecht zu.

In einem Antrag gem Abs 3 ist das Vorliegen der Voraussetzungen (für die Aufhebung oder Abänderung vorgeschriebener Auflagen bzw die Zulassung von Abweichungen vom Genehmigungsbescheid) *„glaubhaft zu machen"* (zB Vorlage von Aufzeichnungen). Es genügt, wenn die Behörde davon überzeugt wird, dass die Voraussetzungen für eine Maßnahme gem Abs 1 oder 2 aller Voraussicht nach, also **wahrscheinlich,** vorliegen; ein sicherer Nachweis ist für den Antrag nicht erforderlich: „In Parallelität zu § 79 a GewO 1994 soll der Betriebsinhaber aber die Tatbestandsvoraussetzungen (Einhaltung der betriebsanlagenrechtlichen Schutzinteressen) glaubhaft machen müssen – in dem Sinne, dass der Behörde die Überzeugung von der Wahrscheinlichkeit bestehender Tatsachenbehauptungen vermittelt werden muss, wobei ein summarisches Verfahren bei der Tatsachenermittlung genügt und Beweisaufnahmen, die sich nicht sofort ausführen lassen, ausgeschlossen sind (vgl VfSlg 8853/1980 und VwSlg 16.118 A/ 2003)." **(EB 2013 I)**

Misslingt die Glaubhaftmachung, hat die Behörde einen Antrag gem Abs 3 (ohne inhaltliche Prüfung) mit Bescheid zurückzuweisen.

9.4.2 Gem § 79 c Abs 4 sind die nach der GewO oder nach anderen Bundesrechtsvorschriften bei Erteilung der Genehmigung mitanzuwendenden materiellrechtlichen Genehmigungs-(Bewilligungs-)Regelungen auch in Verfahren gem Abs 1 oder 2 mitanzuwenden. Dies bedeutet namentlich, dass die **Konzentrationsbestimmung des § 356 b** auch in Verfahren gem Abs 1 oder 2 mitanzuwenden ist; dies mit der Folge, dass zB auch das WRG anzuwenden ist, wenn zB in einem Verfahren gem Abs 1 eine vorgeschriebene Auflage aufgehoben oder abgeändert werden soll, die iZm einer wasserrechtlich relevanten Maßnahme gem § 356 b Abs 1 Satz 5 vorgeschrieben worden war.

9.4.3 Zur Parteistellung der Nachbarn in Verfahren gem § 79 c s *Wendl*, Die Nachbarn und ihre Parteistellung Rz 272, 15.4.

10. Abänderungen im Verfahren nach § 79 d (Betriebsübernahme)

10.1 Allgemeine Überlegungen, Betriebsübernahme

368

Beabsichtigt jemand, eine bestehende gew BA neu zu übernehmen, kann dies hinsichtlich des Zeit- und Kostenaufwands mit *schwer abschätzbaren Risken* in Bezug auf den Stand und die Herstellung des gesetzmäßigen Zustands der BA verbunden sein; dies zunächst deshalb, weil idR keine „konsolidierte" Genehmigung vorliegt, aus der sich übersichtlich alle Auflagenvorschreibungen ergeben; zudem ist *„auf der Sachverhaltsebene häufig ein Mangel an Kenntnissen über den näheren Zustand der BA gegeben."* **(EB 2013 I)** Aus diesen **sachlichen Gründen** (Art 7 B-VG) sind in § 79 d **Sonderbestimmungen** zeitlich befristet für den Fall der **Betriebsübernahme** vorgesehen. Dabei ist folgender Verfahrensablauf zu beachten: Zunächst kann ein übernehmender Inhaber einer BA beantragen, dass ihm eine *„Zusammenstellung"* der die Genehmigung einer BA betreffenden Bescheide übermittelt wird. In der Folge kann er weiters beantragen,

– dass ein Verfahren gem § 79 c Abs 1 oder 2 durchgeführt wird,
– dass bestimmte vorgeschriebene Auflagen durch Festlegung der Behörde erst nach Ablauf einer angemessenen Frist eingehalten werden müssen.

Zentraler Zweck dieser Regelung ist eine *„bürokratische Vereinfachung"* **(EB 2013 I)**, die die **Betriebsübernahme erleichtert.**

Unter **„Betriebsübernahme"** versteht man jede Übernahme einer bestehenden BA durch einen neuen Inhaber, also grundsätzlich jeden **Wechsel in der Person des Inhabers,** uzw unabhängig davon, auf welcher zivilrechtlichen Grundlage die Betriebsübernahme erfolgt (zB neuer Pächter; neuer Eigentümer aufgrund eines Kaufvertrags oder einer Erbrechtsnachfolge); zum Begriff des Inhabers bzw der Innehabung s Lexikon „Antragsteller" Rz 10.

Eine „Betriebsübernahme" liegt nicht mehr vor, wenn sich das *„Wesen des Betriebs"* ändert, wenn also gleichzeitig mit der Übernahme einer BA beabsichtigt ist, eine **andere gew Tätigkeit als bisher** durchzuführen (zB Gastgewerbebetrieb wird zu Erzeugerbetrieb; ähnlich *Schwarzer,* ZTR 2013, 159).

10.2 Übermittlung einer „Zusammenstellung" von die Genehmigung einer BA betreffenden Bescheiden

Gem § 79 d Abs 1 kann der übernehmende Inhaber einer BA *„aus Anlass einer Betriebsübernahme"* beantragen, dass ihm eine *„Zusammenstellung"* der die Genehmigung der BA nach der GewO betreffenden **Bescheide** übermittelt wird („Stamm"-Genehmigung gem §§ 77 oder 77 a; Bescheide gem §§ 79, 79 b, 79 c, 81, 356 b, 359 b). Bescheide gem § 360 sind hingegen keine „die Genehmigung" einer BA betreffenden Bescheide. Gleichfalls nicht erfasst sind andere behördliche Schriftstücke (zB Sachverständigengutachten, Aufforderungen zur Herstellung des gesetzmäßigen Zustands).

Aus der Formulierung des Abs 1 (vgl insb *„Zusammenstellung"* sowie *„übermittelt"*, anstatt *„zugestellt"*), kann abgeleitet werden, dass es hier um die Übermittlung (Zusendung) einer **vollständigen,** aber **formlosen Liste der eine BA betreffenden Bescheide nach der GewO,** gekennzeichnet durch Datum und Geschäftszahl, geht (ähnlich *Schwarzer,* ZTR 2013, 160). Dies ergibt sich auch aus den EB: Der übernehmende Inhaber einer BA soll beantragen können eine „Erfassung des Genehmigungsstandes in der Art einer *nicht bescheidmäßigen Auflistung* der zur gegenständlichen BA ergangenen Bescheide, um anhand derer den konsolidierten behördlichen Konsens *informativ* und *nicht normativ* zu ergründen". **(EB 2013 I)** Wird ein Bescheid übersehen und nicht in die Liste aufgenommen, verliert er dadurch nicht seine Wirksamkeit (ebenso *Schwarzer,* ZTR 2013, 160).

Auf sein **„Verlangen"** hin sind einem übernehmenden Anlageninhaber auf seine Kosten **Kopien** oder **Ausdrucke der zusammengestellten Genehmigungsbescheide** einschließlich deren Bestandteile gem § 359 Abs 2 (ds die mit „Sichtvermerk" versehenen Beilagen, zB Betriebsbeschreibung) zu übermitteln.

Die Möglichkeit, von der Behörde eine Zusammenstellung der eine BA betreffenden Genehmigungsbescheide übermittelt zu bekommen, ist **zeitlich begrenzt:** Der Antrag auf Übermittlung der Zusammenstellung der BA-Genehmigungsbescheide ist **spätestens innerhalb von 6 Wochen** *„nach erfolgter Betriebsübernahme"* zu stellen. Wird die 6-wöchige Frist versäumt, ist die Behörde nicht verpflichtet, auf einen solchen Antrag zu reagieren.

Die Bestimmung des **Zeitpunkts der Betriebsübernahme** ist wichtig, weil damit die 6-wöchige Frist zu laufen beginnt. Zu welchem Zeitpunkt ist eine Betriebsübernahme *„erfolgt",* also abgeschlossen? Einfach ist die Bestimmung des Zeitpunkts dann, wenn zivilrechtliches Grundgeschäft (zB Abschluss des Pachtvertrags; Abschluss eines Kaufvertrags und grundbücherliche Eintragung; erbrechtliche Einantwortung) und tatsächliche Übernahme einer BA durch den neuen Inhaber zeitlich zusammenfallen. Fallen die beiden Zeitpunkte jedoch auseinander, zB wenn der neue Anlageninhaber zunächst tatsächlich übernimmt und der Pachtvertrag erst später förmlich abgeschlossen wird, so ist der Zeitpunkt der **tatsächlichen Übernahme** entscheidend; andernfalls könnte nämlich zB durch Hinauszögern des Vertragsabschlusses oder der Eintragung in das Grundbuch auch das Ende der 6-wöchigen Frist hinausgezögert werden.

Ist strittig, ob die 6-wöchige Frist abgelaufen ist, kann beantragt werden, dass darüber **bescheidmäßig abgesprochen** wird.

Das Gesetz bestimmt *keinen frühest möglichen Zeitpunkt,* ab dem ein Antrag überhaupt zulässig ist. Daher kann ein Antrag gem Abs 1 schon **vor der tatsächlichen Be-**

triebsübernahme gestellt werden, zumal sich ein potenzieller Übernehmer rechtzeitig über die Bescheidlage hinsichtlich einer allenfalls zu übernehmenden BA informieren können muss. Freilich muss eine *ernsthafte Absicht zur Betriebsübernahme* vorliegen (arg „*Aus Anlass einer Betriebsübernahme. . .*"). Auf anlasslose Anträge darf die Behörde schon aus *datenschutzrechtlichen Gründen* nicht eingehen (ähnlich *E/R/W* § 79 d Rz 2).

10.3 Beantragung von Verfahren gem § 79 c Abs 1 oder 2 und/oder der Einräumung einer Frist für die Einhaltung von Auflagen

Im Anschluss an eine nicht normative Übermittlung einer „Zusammenstellung" der auf eine BA Bezug nehmenden Bescheide (Abs 1) kann ein übernehmender Inhaber **behördliche Maßnahmen** gem Abs 2 beantragen.

10.3.1 Gem **§ 79 d Abs 2 Z 1** kann der übernehmende Inhaber einer BA innerhalb von 6 Wochen nach Übermittlung einer „Zusammenstellung" der die Genehmigung einer BA betreffenden Bescheide oder (sofern eine „Zusammenstellung" nicht beantragt wurde) auch innerhalb von sechs Wochen „*nach erfolgter Betriebsübernahme*" beantragen, „*dass ein Verfahren nach § 79 c Abs 1 oder 2 durchgeführt wird*" (zu diesen Verfahren vgl 9.2 und 9.3).

Verfahren nach § 79 c können vom Betriebsinhaber grundsätzlich *unabhängig von einer Änderung der Sach- und Rechtslage* beantragt werden, insofern kann ein solcher Antrag vom Betriebsübernehmer auch *ohne Einhaltung der 6-wöchigen Frist gem Abs 2* gestellt werden. **(EB 2013 I)** Die vorgesehene 6-Wochenfrist ist daher vor allem für einen Antrag gem § 79 d Abs 2 Z 2 von Bedeutung.

10.3.2 Gem **§ 79 d Abs 2 Z 2** kann der übernehmende Inhaber einer BA innerhalb der 6-wöchigen Frist ferner beantragen, dass „*bestimmte nach § 77, § 79, § 81 Abs 1 oder Abs 2 Z 7 vorgeschriebene Auflagen*" durch Festlegung der Behörde erst nach Ablauf einer angemessenen, höchstens drei Jahre betragenden Frist eingehalten werden müssen und nicht bereits mit Eintritt der Rechtskraft des Auflagen vorschreibenden Bescheids („**Sistierung von Auflagen**"; so *Schwarzer*, ZTR 2013, 161). Der Übernehmer kann die Einräumung einer **Frist für die Einhaltung (dh Umsetzung) bestimmter Auflagen** erwirken, wodurch es zu einer (freilich befristeten) **Absenkung des gesetzlich vorgeschriebenen Schutzniveaus** kommt. Eine Fristeinräumung ist daher primär in Bezug auf Auflagen zu gewähren, die andere als in § 74 Abs 2 vorgesehene Genehmigungsvoraussetzungen konkretisieren, wie zB Auflagen gem § 77 Abs 3 (Luftschadstoffe) oder Abs 4 (Abfälle). Ob sich eine Fristeinräumung auf **nachbarbezogene Auflagen** beziehen darf, scheint fraglich, ist aber wohl zu verneinen, zumal solche Auflagen ohnehin nur zum Schutz vor Eigentums- und Gesundheitsgefährdungen sowie vor unzumutbaren Belästigungen zulässig sind (diesbzgl anders *Schwarzer*, ZTR 2013, 162).

Voraussetzung für eine Fristgewährung ist, dass dem Übernehmer (zB wegen der mit der Betriebsübernahme verbundenen Kosten) die Einhaltung von Auflagen erst innerhalb dieser Frist „*wirtschaftlich zumutbar*" ist und gegen die Fristeinräumung keine Bedenken vom Standpunkt des Schutzes der in § 74 Abs 2 umschriebenen Interessen bestehen. Die Behörde wird dadurch ermächtigt, das gesetzliche Schutzniveau (befristet) herabzusetzen. Die Fristeinräumung bezieht sich zunächst auf Auflagen, die andere als in § 74 Abs 2 bestimmte Genehmigungsvoraussetzungen konkretisieren, wie zB Auflagen gem Abs 3 (Luftschadstoffe) und Abs 4 (Abfall). Bei Prüfung der Frage, ob die Einhaltung von Auflagen nur innerhalb einer Frist **wirtschaftlich zumutbar** ist, hat die Behörde die **gesamte wirtschaftliche Lage eines Unternehmens** in den Blick zu nehmen, also zB die Entwicklung von Umsatz- und Gewinnzahlen, allfällige Kredite etc (vgl 4.3.6). Zu beachten ist ferner, dass die in § 74 Abs 2 geschützten Interessen, namentlich der Schutz der Nachbarn vor Gesundheitsgefährdungen und unzumutbaren Belästigungen, auch bei Einräumung einer Frist gewahrt bleiben müssen; *„Bedenken hinsichtlich dieser geschützten Interessen dürfen ausdrücklich nicht bestehen".* (**EB 2013 I**) So ist eine **Fristgewährung** zB **unzulässig,** wenn es dadurch zu einer (wenn auch nur zeitlich befristeten) Gesundheitsgefährdung oder unzumutbaren Belästigung von Nachbarn käme; zulässig hingegen ist sie in Bezug auf Auflagen zum Schutz von Interessen gem § 74 Abs 1 Z 3 bis 5.

Gegenstand einer behördlichen Festlegung gem Abs 2 Z 2 ist eine **angemessene, höchstens drei Jahre betragende Frist** (innerhalb der vorgeschriebene Auflagen erfüllt werden müssen). Bei Auslegung des unbestimmten Gesetzesbegriffes *„angemessene Frist"* sind die beiden maßgeblichen Genehmigungskriterien heranzuziehen; die im Einzelfall zu gewährende Fristdauer ist daher „einerseits am Maßstab der dargelegten betriebswirtschaftlichen Erfordernisse, andererseits am Maßstab der genannten geschützten Interessen zu bewerten und entsprechend zu begründen". (**EB 2013 I**) Die gesetzlich vorgesehene Dauer von bis zu drei Jahren bildet eine *„maximale Höchstgrenze",* keineswegs eine *„Standardfrist",* die ungeachtet der Umstände des Einzelfalls ohne besondere Begründung einzuräumen ist. (**idS EB 2013 I**)

10.3.3 Gem **§ 79 d Abs 3** dürfen Fristen nach Abs 2 Z 2 (höchstens drei Jahre) und nach § 79 Abs 1 (höchstens drei Jahre, in besonders berücksichtigungswürdigen Fällen höchstens 5 Jahre) **insgesamt fünf Jahre nicht übersteigen.** Zum Verständnis dieser Bestimmung ist darauf hinzuweisen, dass die Möglichkeit gem § 79 Abs 1 (Einhaltung nachträglich vorgeschriebener Auflagen bei besonders berücksichtigungswürdigen Fällen, zB bei Betriebsübernahmen, erst nach bis zu fünf Jahren) vom § 79 d unberührt bleibt und beide Möglichkeiten (amtswegige und antragsbedürftige Fristgewährung) nebeneinander bestehen. Durch die Beschränkung der absoluten Höchstdauer einer Frist auf fünf Jahre soll verhindert werden, dass durch eine *Kumulation der Fristen* gem Abs 2 Z 2 und § 79 Abs 1 eine Einhaltefrist von mehr als fünf Jahren eingeräumt werden kann. (**EB 2013 I**)

10.4 Zur Notwendigkeit für den übernehmenden Anlageninhaber, das Vorliegen der Voraussetzungen gem § 79 d Abs 2 **glaubhaft zu machen,** vgl die analoge Regelung des § 79 c Abs 3 zweiter Satz (vgl 9.4.1).

10.5 Wurde von einem übernehmenden Anlageninhaber ein Antrag gem § 79 d Abs 2 gestellt, sind (von der Behörde) andere, eingeleitete BA-Verfahren nach der GewO (zB Verfahren gem § 360 Abs 1; Verwaltungsstrafverfahren), bei denen vom Antrag erfasste Auflagen oder Teile des Genehmigungsbescheids auch anzuwenden sind, bis zur Rechtskraft des Bescheids nur insoweit weiterzuführen, *„als dies zur Vermeidung einer Gefährdung des Lebens oder der Gesundheit von Personen notwendig ist."* Im Umkehrschluss ergibt sich daraus die Pflicht der Behörde, **„andere" BA-Verfahren nicht weiterzuführen, also formlos zu unterbrechen,** sofern es dadurch nicht zu einer Gefährdung des Lebens und der Gesundheit von Personen (zB von Nachbarn) kommt.

Verfahren gem § 360 Abs 4 dürfen in keinem Fall unterbrochen werden **(EB 2013 I),** weil es dabei gerade um die Abwehr von Gefahren für das Leben und die Gesundheit von Personen geht.

Die Möglichkeit einer Verfahrensunterbrechung gem Abs 5 setzt einen gültigen und rechtzeitigen Antrag gem Abs 2 voraus: Die Rechtswirkung des Abs 5 soll nur eintreten, wenn ein Antrag *innerhalb von sechs Wochen* und damit im unmittelbaren Zusammenhang mit einer Betriebsübernahme gestellt wird. **(EB 2013 I)**

Die Pflicht zur Verfahrensunterbrechung besteht *„bis zur Rechtskraft eines Bescheides über den Antrag"* (gem Abs 2), zB bis zur Rechtskraft eines Bescheids, mit dem eine Einhaltungsfrist festgelegt wird (Abs 2 Z 2). Dies ist – bei Unterlassung einer Beschwerdeerhebung – der Tag nach Ablauf der Beschwerdefrist (§ 7 VwGVG) oder bei Erhebung einer Bescheidbeschwerde (Art 130 Abs 1 Z 1 B-VG) der Zeitpunkt der Erlassung (dh Zustellung) des Erk eines LVwG (näher dazu 1.1).

10.6 Zur **Parteistellung** der Nachbarn in Verfahren gem § 79 d s *Wendl,* Die Nachbarn und ihre Parteistellung Rz 272, 15.4.

Dritter Teil

Überwachung, Zwangsmaßnahmen und Strafen

A. Die Überwachung von Betriebsanlagen

Kai Vogelsang

Literatur: *Grabler/Stolzlechner/Wendl*, GewO³, insb Kommentierung zu §§ 81 b, 82 b, 84 d und 338; *Gruber/Paliege-Barfuß*, GewO⁷, insb Kommentierung zu den vorangeführten Bestimmungen; *Holzmannhofer*, Hat die Selbstüberwachungspflicht nach § 82 b GewO eine Entbürokratisierung zur Erhöhung der Eigenverantwortung der Anlageninhaber und Entlastung der Behörden bewirkt? in *Gruber/Paliege-Barfuß*, Jahrbuch Gewerberecht 2010 (2010) 93.

Inhalt

1. Überblick

Der Überwachung gew BA kommt heute schon im Hinblick auf das erheblich gestiegene Umweltbewusstsein ein hoher Stellenwert zu. Auch um einem der wesentlichsten Schutzzwecke des gew BA-Rechts, nämlich dem Schutz von Leben und Gesundheit, Rechnung tragen zu können, ist eine regelmäßige Überwachung unabdingbar. Die nach dem Gesetz vorgesehenen Sanktionen bzw Konsequenzen im Fall konsenslos oder konsenswidrig geführter Betriebe (s unten 7.) können nur dann wirksam ergriffen werden bzw finden nur dann entsprechende Beachtung, wenn möglichst alle BA regelmäßig überprüft werden.

Eine amtswegige Überprüfung aller BA ist wegen des großen Verwaltungsaufwandes und der damit verbundenen, grundsätzlich ebenfalls von Amts wegen zu tragenden Kosten kaum möglich. Die GewO normiert daher zusätzliche Überwachungspflichten, die den Inhaber einer genehmigten BA selbst treffen.

Sohin sind zu unterscheiden:

- amtswegige Überprüfungen nach § 338 (unten 2.),
- amtswegige Überprüfungen nach § 84 k (unten 3.),
- Prüfungen nach § 82 b, die der Inhaber einer genehmigten BA selbst zu veranlassen hat (unten 4.),
- Umweltinspektionen bei IPPC-Anlagen (unten 5.)

Es ist allerdings darauf hinzuweisen, dass die mit der GewRNov 1988 in § 82 b eingeführte Selbstüberprüfungspflicht durch den Anlagenbetreiber *nicht die amtswegige Überprüfung gem § 338 ersetzt*. Auch wenn ursprüngliche Intention des Gesetzgebers war, mit der Selbst-

369

überwachung eine Entlastung der Behörden herbeizuführen, so hat das BMWA in einem Schreiben vom 14. 9. 2004 klargestellt, dass sich in der GewO kein Anhaltspunkt findet, aufgrund des § 82 b auf amtswegige Überprüfungen verzichten zu können.

2. Amtswegige Überprüfungen nach § 338

370　　**2.1** Soweit dies zur Vollziehung der gewerberechtlichen Vorschriften erforderlich ist, sind die Organe der zur Vollziehung dieser Vorschriften zuständigen Behörden sowie die von diesen Behörden herangezogenen Sachverständigen gem § 338 Abs 1 **berechtigt,** Betriebe sowie deren Lagerräume während der Betriebszeiten zu betreten und zu besichtigen, Kontrollen des Lagerbestandes vorzunehmen, in alle Geschäftsunterlagen Einsicht zu nehmen und Beweismittel zu sichern.

> Eine *Verpflichtung* der Behörde zur Durchführung von Betriebsrevisionen ist hier nicht ausdrücklich normiert, kann sich jedoch aus *amtshaftungsrechtlichen* Bestimmungen ergeben. Zweifellos ist die Behörde jedoch verpflichtet einzuschreiten, wenn konkrete Hinweise auf einen konsenslosen oder konsenswidrigen Betrieb bestehen (hinsichtlich der Stellung der Nachbarn sowie zur Problematik aus amtshaftungsrechtlicher Sicht s unten 2.6.).
>
> Eine ausdrückliche Verpflichtung zu periodischen amtswegigen Überprüfungen enthalten lediglich die Bestimmungen des § 84 d Abs 5 hinsichtlich der sog Seveso-III-Betriebsanlagen und § 82 a hinsichtlich der Umweltinspektionen von IPPC-Anlagen.

Auch wenn **kein konkreter Verdacht** der Nichteinhaltung gewerberechtlicher Vorschriften besteht, sind die Organe der Gewerbebehörden berechtigt, Überprüfungen nach § 338 vorzunehmen. Allerdings muss die Überprüfung „zur Vollziehung gewerberechtlicher Vorschriften erforderlich" sein.

> Die Kontrolle dient der Überprüfung der Einhaltung „gewerberechtlicher Vorschriften". Zu diesen zählen sowohl generelle gewerberechtliche Vorschriften (also die GewO selbst, auf ihrer Grundlage erlassene V sowie alle sonstigen auf dem Kompetenztatbestand des Art 10 Abs 1 Z 8 B-VG beruhenden Rechtsvorschriften) als auch in gewerberechtlichen Verfahren erlassene Bescheide.
>
> Das Betreten eines Raumes durch ein Amtsorgan zwecks Vornahme einer Amtshandlung kann nicht als Verletzung des Hausrechts angesehen werden (VfSlg 1857/1949, 3352/1958, 3648/1959, 6328/1970).

2.2 Insoweit **Organe des öffentlichen Sicherheitsdienstes** (im Rahmen des § 336) bei der Vollziehung mitwirken, haben ihnen die Gewerbetreibenden auf Verlangen alle für die Gewerbeausübung maßgebenden behördlichen Unterlagen vorzuweisen und zur Einsichtnahme auszuhändigen. Wenn gegen eine Person (ua) der Verdacht der Errichtung und des Betriebs einer BA (bzw der Änderung einer BA) ohne Genehmigung iSd § 366 Abs 1 Z 2 oder 3 vorliegt, so hat sich diese Person gegenüber den Organen des öffentlichen Sicherheitsdienstes auszuweisen.

2.3 Der Betriebsinhaber oder dessen Stellvertreter hat den Organen der Gewerbebehörde sowie deren Sachverständigen das **Betreten und die Besichtigung des Betriebes** und der Lagerräume zu ermöglichen sowie ihren in § 338 Abs 2 näher bezeichneten Anordnungen zu entsprechen.

Der Berechtigung der Behörde zur Überprüfung iSd § 338 Abs 1 steht somit eine Duldungspflicht des Betriebsinhabers nach Abs 2 gegenüber.

Die in § 338 Abs 2 normierte Verpflichtung (Ermöglichung des Betretens usw) des Betriebsinhabers oder seines Stellvertreters ist nicht von einer vorherigen Verständigung oder
Ladung des Betriebsinhabers abhängig (VwGH 9. 9. 1998, 98/04/0101).

Weiters hat der Betriebsinhaber oder dessen Stellvertreter den Organen der Behörde
die notwendigen **Auskünfte** zu geben, notwendige **Unterlagen** vorzulegen und erforderlichenfalls Einblick in die Aufzeichnungen über den Lagerbestand sowie über die Warenein-
und -ausgänge zu gewähren (§ 338 Abs 2 letzter Satz). Diese erhaltenen Angaben dürfen
nur für die Vollziehung der gewerberechtlichen Vorschriften verwendet werden (§ 338
Abs 5). Eine Veröffentlichung solcher Angaben ist gem § 1 DSG 2000 unzulässig.

Der Wortlaut „vorzulegen" kann nur im Zusammenhang mit Abs 1 verstanden werden und
verpflichtet daher nur zur Vorlage der Unterlagen während der Überprüfung. Der Betriebsinhaber kann aufgrund dieser Bestimmung nicht verhalten werden, für die Überprüfung
notwendige Unterlagen der Behörde vorab zu übermitteln.

Die Verpflichtung zur Übermittlung von Unterlagen kann jedoch in Form von Auflagen in Bescheiden nach §§ 77, 81 oder 79 begründet werden.

2.4 Die **Zuständigkeit** zur Durchführung der Überprüfungen liegt bei den BVB,
die auch zur Vollziehung der Strafbestimmungen und zur Verhängung der einstweiligen
Zwangs- und Sicherheitsmaßnahmen (§ 360) berufen sind.

Das Arbeitsinspektorat ist keine iSd § 338 zur Vollziehung gewerberechtlicher Vorschriften
zuständige Behörde. Die Bestimmungen des ArbIG und des BG über die Verkehrs-Arbeits-
inspektion werden durch die GewO nicht berührt (§ 338 Abs 6).

2.5 Durchführung der Überprüfung

Der Betriebsinhaber oder dessen Stellvertreter ist spätestens beim Betreten des Betriebes oder der Lagerräume zu **verständigen**.

Die Entnahme von **Proben** im unbedingt erforderlichen Ausmaß ist zulässig, soweit dies zur Vollziehung der gewerberechtlichen Vorschriften erforderlich ist. Über
die Probenentnahme ist dem Betriebsinhaber oder seinem Stellvertreter jedenfalls eine
Bestätigung auszustellen.

Proben dürfen nicht nur zur Beurteilung der Zulässigkeit von Immissionen entnommen werden,
sondern auch zur Überprüfung der Einhaltung sonstiger, auch genereller gewerberechtlicher
Vorschriften, zB zur Kontrolle der Einhaltung von V über den Schwefelgehalt im Heizöl.

Auf Verlangen ist dem Betriebsinhaber oder seinem Stellvertreter eine **Gegenprobe** auszufolgen.

Mit dieser Bestimmung soll dem Betreiber der Anlage aus Beweissicherungsgründen die
Möglichkeit einer eigenen Analyse der Probe eröffnet werden.

Ebenfalls auf Verlangen des Betriebsinhabers hat der Bund für die entnommene
Probe eine von der zuständigen Gewerbebehörde zu bestimmende **Entschädigung** in
der Höhe des Einstandspreises zu leisten, falls dieser mehr als € 36 beträgt. Die in

§ 338 Abs 3 vorgesehene Entschädigungszahlung folgt § 14 Abs 5 des ProduktsicherheitsG 2004 – PSG 2004 BGBl I 2005/16 idF BGBl I 2013/71.

Eine Entschädigung entfällt jedoch, wenn aufgrund der Probe eine Maßnahme nach § 69 Abs 4 oder § 360 Abs 2 getroffen worden ist oder eine bestimmte Person bestraft oder auf den Verfall der Probe erkannt worden ist.

Bei den Überprüfungen ist jede nicht unbedingt erforderliche **Störung oder Behinderung** des Betriebes zu vermeiden (§ 338 Abs 4).

§ 338 ist nicht zu entnehmen, dass eine Amtshandlung iS dieser Bestimmungen unzulässig wäre, wenn die Organe der Behörde bzw die von ihr herangezogenen Sachverständigen dem Gewerbetreibenden von sich aus keinen Dienstausweis bzw Prüfungsauftrag vorzeigen.

In § 338 Abs 2 ist ua – soweit dies zur Vollziehung der gewerberechtlichen Vorschriften erforderlich ist – die Verpflichtung festgelegt, dass der Gewerbetreibende das Betreten und die Besichtigung seines Betriebes und der Lagerräume zu ermöglichen sowie den Anordnungen zur Inbetriebnahme oder Außerbetriebsetzung und über die Betriebsweise von Maschinen und Einrichtungen und zur Vornahme betrieblicher Verrichtungen zu entsprechen hat.

Bei der Erfüllung dieser Verpflichtung kann es dem Gewerbetreibenden überlassen bleiben, ob er eine Person seines Vertrauens beiziehen will oder nicht. Das bedeutet jedoch nicht, dass die Überprüfungsmaßnahmen bis zum Eintreffen einer solchen Person aufgeschoben werden müssten, zumal die Sachverständigen auch ohne die Anwesenheit einer mit der Heizungsanlage vertrauten Person die entsprechenden Messungen vornehmen hätten können. Der Bf vermeint, aus § 338 Abs 4 den Schluss ziehen zu können, dass die sofortige Durchführung der Überprüfungsmaßnahme deswegen nicht zulässig gewesen sei, weil sie zu einer nicht unbedingt erforderlichen Störung oder Behinderung des Betriebes geführt hätte. Damit verkennt der Bf jedoch den Sinn des § 338 Abs 4. Dieser bestimmt nicht, dass die Behörde bei der Wahl des Zeitpunktes der Überprüfung, sondern nur bei der Durchführung der Amtshandlung darauf Bedacht zu nehmen hat, dass jede nicht unbedingt erforderliche Störung oder Behinderung des Betriebes vermieden wird (VwGH 14. 6. 1988, 87/04/0060).

2.6 Nachbarn einer BA kommt *kein subjektives öffentliches Recht* auf die Durchführung einer Überprüfung zu. Die Behörde ist jedoch unter bestimmten Voraussetzungen verpflichtet, einzuschreiten.

Die Behörde hat den Gewerbebetrieb in Bezug auf eine durch die Genehmigung nicht gedeckte Tätigkeit und in Bezug auf die vorgeschriebenen Auflagen zu überwachen; sie ist verpflichtet, einzuschreiten und den Schutz der Nachbarn herzustellen, wenn die Tätigkeit nicht der Genehmigung entspricht (VwGH 9. 10. 1981, 04/1744/80).

In **Amtshaftungsverfahren** wurden vom OGH folgende, für die gegenständliche Problematik relevante Aussagen getroffen:

Hat die Gewerbebehörde eine BA unter Beifügung einer Auflage genehmigt, so hat sie die Befolgung der Auflage auf geeignete Weise zu überwachen, jedenfalls soweit die Auflage zur Vermeidung der Gefährdung der körperlichen Sicherheit angeordnet wurde. Wurde diese Überwachung unterlassen, so fällt dem dafür verantwortlichen Rechtsträger rechtswidriges Verhalten zur Last, wofür er nach dem AmtshaftungsG haftet (OGH 9. 6. 1992, 1 Ob 16/92, JBl 1993, 320 ff).

§ 74 Abs 2, § 75 Abs 2, §§ 360, 366 und 367 kommt im Umfang des gesetzlichen Schutzzwecks für Leben, Gesundheit und Eigentum (dingliche Rechte) der Nachbarn schon kraft ausdrücklicher Anordnung im Gesetz der Charakter eines Schutzgesetzes iSd § 1311 ABGB zu. Unterlässt die Gewerbebehörde rechtswidrig und schuldhaft die Herstellung des auflagengemäßen und gesetzmäßigen Gewerbebetriebes durch Erlassung von Zwangsmaßnahmen oder Strafbescheiden, entsteht Amtshaftung für die dadurch verursachten Gesundheitsbeeinträchtigungen von Anrainern (OGH 11. 11. 1992, 1 Ob 5/92, JBl 1993; 26. 2. 1997, 7 Ob 47/97 f).

Sowohl § 74 Abs 2 wie auch § 79 sind Schutzgesetze iSd § 1311 ABGB. Veranlasst die Gewerbebehörde schuldhaft rechtswidrig nicht den gesetzmäßigen Gewerbebetrieb durch Erteilung der erforderlichen Auflagen durch Erlassung von Zwangsmaßnahmen oder Verhängung von Strafen, dann trifft den Rechtsträger die Amtshaftung für die dadurch verursachten Vermögensschäden von Anrainern, und zwar selbst dann, wenn gegen den Betriebsanlagengenehmigungsbescheid kein Rechtsmittel ergriffen wurde (OGH 28. 4. 1998, 1 Ob 107/97 k).

2.7 § 338 sieht **keine Erlassung eines Bescheides** über die Überprüfung vor.

§ 338 sieht die Erlassung eines Bescheides weder für die Feststellung, dass die BA nicht konsensgemäß ausgeführt wurde, noch für den Auftrag, durch Erfüllung der in früheren Bescheiden vorgeschriebenen Auflagen den konsensgemäßen Zustand bis zu einem bestimmten Zeitpunkt herzustellen, vor (VwSlg 8996 A/1976).

Zu den aus den Ergebnissen einer Überprüfung sich allenfalls ergebenden Sanktionen bzw Konsequenzen s jedoch unten 7.

2.8 Eine **besondere Überwachung bestimmter gew BA** auf der Basis des § 338 wurde durch *Erlass des BMWA v 17. 6. 2002,* 33.310/1-I78/02, angeordnet. Demnach sind BA oder Teile von BA, in denen es aufgrund der Art des Betriebes zu einer Ansammlung einer großen Anzahl von Personen kommen kann (zB Einkaufszentren, Großkaufhäuser, Großmärkte etc) und bei denen es bei Eintritt besonderer Umstände (Brand, Schäden an Baulichkeiten oder maschinellen Einrichtungen etc) zu einer Gefährdung der in § 74 Abs 2 Z 1 umschriebenen Interessen kommen kann, auch weiterhin besonders zu überwachen. Die besondere Überwachung hat die Erfassung, die Evidenthaltung und die Kontrolle der in Betracht kommenden BA und BA-Teile zum Inhalt. Die *Erfassung und Evidenthaltung* obliegt dem jeweiligen Amt der Landesregierung. Die (der BVB obliegende) *Kontrolltätigkeit* hat die Planung, Durchführung und Auswertung periodischer Überprüfungen der genannten Anlagen und -teile zu umfassen. Bei diesen Überprüfungen ist jedenfalls darauf zu achten, dass die zur Abwendung einer Gefährdung iSd § 74 Abs 2 Z 1 vorgeschriebenen Auflagen eingehalten werden und zu prüfen, ob iSd § 79 andere oder zusätzliche Auflagen vorzuschreiben wären. Die Überprüfungen sind durch die Gewerbebehörde *mindestens alle 5 Jahre an Ort und Stelle* durchzuführen. Die erste Überprüfung muss jedenfalls kommissionell erfolgen. Der überprüfenden Kommission sind alle erforderlichen Sachverständigen beizuziehen.

Mit diesem Erlass wurde der Erlass des BMHGI vom 13. 4. 1977, 30.566/6-III/1/77, (sog „Seveso-Erlass") aufgehoben.

3. Überwachung von unter Abschnitt 8 a GewO fallenden Betrieben

3.1 Nach § 84 k hat die Gewerbebehörde für die in ihrem Zuständigkeitsbereich **371** liegenden Betriebe gem § 84 a Abs 2 (s Lexikon „Industrieunfall(-recht)" Rz 74) ein **System von Inspektionen oder sonstigen Kontrollmaßnahmen** zu erstellen und auf der Grundlage dieses Systems die Einhaltung der Pflichten der Betriebsinhaber *planmäßig und systematisch zu überwachen*.

Das **Inspektionssystem** besteht aus einem **Inspektionsplan** und einem **Inspektionsprogramm** und muss für die Überprüfung der betriebstechnischen, organisatorischen und managementspezifischen Systeme des jeweiligen Betriebs geeignet sein, und zwar insb dahingehend, ob der Betriebsinhaber im Zusammenhang mit den betriebsspezifischen Tätigkeiten die zur Verhütung schwerer Unfälle erforderlichen Maßnahmen ergriffen hat, ob er angemessene Mittel zur Begrenzung der Folgen schwerer Unfälle vorgesehen hat, ob die im Sicherheitsbericht oder in anderen Berichten enthaltenen Angaben und Informationen die Gegebenheiten in dem Betrieb wiedergeben und ob die Öffentlichkeit iSd § 14 des Umweltinformationsgesetzes unterrichtet wurde.

> Das Inspektionssystem – bestehend aus Plan und Programm – ist ein selbstadressierter Verwaltungsakt, jedoch kein Bescheid.
> Hinsichtlich des Umfangs des Inspektionsplans s § 84 k Abs 3.

3.2 Im Rahmen einer solchen Überprüfung iSd § 338 dürfen Betriebsangehörige über ihre den angewendeten Sicherheitsmanagementsystemen dienenden Tätigkeiten als Auskunftspersonen befragt und Kontrollen des Bestandes an gefährlichen Stoffen vorgenommen werden.

3.3 Die **Fristen** für die **Vor-Ort-Überprüfung** der Betriebe sind im jeweiligen Inspektionsprogramm von der Behörde festzulegen; „Betriebe der oberen Klasse" (iSd § 84 b Z 3) sind längstens alle zwölf Monate zu überprüfen, „Betriebe der unteren Klasse" (iSd § 84 b Z 2) längsten alle drei Jahre, es sei denn, die Behörde hat im Inspektionsprogramm auf der Grundlage einer systematischen Bewertung der Gefahren schwerer Unfälle des in Betracht kommenden Betriebs anderes festgelegt.

> Die Kriterien für die Bewertung sind einerseits mögliche Auswirkungen der betreffenden Betriebe auf die menschliche Gesundheit und auf die Umwelt und andererseits die nachweisliche Einhaltung der Anforderungen an den Abschnitt 8 a GewO.

3.4 Zusätzlich sind nicht routinemäßige Inspektionen dann durchzuführen, wenn dies nach Einschätzung der Behörde wegen schwerwiegender Beschwerden, ernster Unfälle, Zwischenfällen, Beinahe-Unfällen oder der Nichteinhaltung von Anforderungen nach dem Abschnitt 8 a GewO angemessen ist. Im Falle der Feststellung eines bedeutenden Verstoßes gegen die Anforderungen nach dem Abschnitt 8 a GewO im Rahmen einer Inspektion hat die Behörde die zusätzliche Inspektion längstens sechs Monate nach der vorhergehenden Inspektion durchzuführen.

3.5 Über jede Überprüfung ist eine Niederschrift zu verfassen. Die Behörde muss innerhalb von vier Monaten nach jeder Inspektion dem Betriebsinhaber ihre Schlussfolgerungen und alle ermittelten erforderlichen Maßnahmen mitteilen. Der Betriebsinhaber hat diese Maßnahmen anschließend einzuleiten. Innerhalb von vier Monaten nach der Vor-Ort-Überprüfung hat die Behörde im Internet bekannt zu geben, wann diese Überprüfung stattgefunden hat und wo weiterführende Informationen zu erhalten sind.

> Geschäfts- und Betriebsgeheimnisse sind zu wahren.

3.6 Jedenfalls hat die Behörde gem § 84 l Abs 7 nach einem **schweren Unfall** eine Inspektion zur vollständigen Analyse der Unfallursachen vorzunehmen. Dabei sind die technischen, organisatorischen und managementspezifischen Gesichtspunkte des Unfalls festzustellen. Weiters ist zu überprüfen, ob der Betriebsinhaber alle erforderlichen Abhilfemaßnahmen zur Begrenzung der Unfallfolgen getroffen hat, und es sind dem Betriebsinhaber Empfehlungen über künftige Verhütungsmaßnahmen in Zusammenhang mit dem eingetretenen schweren Unfall bekannt zu geben.

4. Prüfungen nach § 82 b über Veranlassung des Inhabers der genehmigten Betriebsanlage

4.1 § 82 b verpflichtet den Inhaber einer genehmigten BA, diese zu prüfen oder **372** prüfen zu lassen.

Diese **Verpflichtung** besteht unabhängig von der Durchführung allfälliger amtswegiger Überprüfungen.

Verpflichtet zur Veranlassung der Prüfung ist nur der Inhaber einer **genehmigten BA.** Keine diesbzgl Verpflichtung besteht sohin bei konsequenter Auslegung für die Inhaber solcher Anlagen, welche aufgrund der Übergangsbestimmungen des § 376 Z 11 Abs 2 und der Abs 2 und 6 der Anlage 2 der K, mit der die GewO 1973 wiederverlautbart wird, BGBl 1994/194 keiner Genehmigung bedürfen.

Die mit der GewRNov 1988 in § 82 b eingeführte Selbstüberwachungspflicht durch den Anlagenbetreiber ersetzt nicht die amtswegige Prüfung nach § 338. Auch wenn ursprüngliche Intention des Gesetzgebers war, mit der Selbstüberwachung eine Entlastung der Behörden herbeizuführen, so hat das BMWA klargestellt, dass sich in der GewO kein Anhaltspunkt findet, aufgrund des § 82 b auf amtswegige Überprüfungen verzichten zu können.

4.2 Die Prüfungen sind **regelmäßig wiederkehrend** durchzuführen oder durchführen zu lassen. Es gelten primär die im Genehmigungsbescheid oder in den sonst für die Anlagen geltenden gewerbrechtlichen Vorschriften festgelegten Prüfungsfristen. Ist darin nicht anderes bestimmt, so betragen (subsidiär) die Überprüfungsfristen **sechs** Jahre für die unter § 359 b fallenden Anlagen und **fünf** Jahre für sonstige genehmigte Anlagen.

Fristenlauf:

Für die vor dem 1. 1. 1989 genehmigten Anlagen beginnen die im § 82 b Abs 1 angeführten Fristen für die erste Überprüfung mit 1. 1. 1989, dh, dass die Prüfbescheinigungen über die Erstprüfung für die unter § 359 b fallenden Anlagen spätestens am 1. 1. 1995, für sonstige genehmigte Anlagen spätestens am 1. 1. 1994 vorgelegen haben müssen (Abs 4 der Anlage 2 der K, mit der die GewO 1973 wiederverlautbart wird).

Für die nach dem 1. 1. 1989 genehmigten Anlagen beginnt der Fristenlauf mit Rechtskraft des Genehmigungsbescheides.

Im Rahmen der Gewerbereferrerententagung 1997 (Protokoll v 26. 1. 1998, GZ 33.820/1-III/A/98) hat der BMwAng (jetzt BMWFW) klargestellt, dass Gegenstand der Prüfung der aktuelle Zustand der (gesamten) BA ist. Die Auslegung, dass die Prüfungsfrist ab Eintritt der Rechtskraft des Änderungsgenehmigungsbescheides berechnet wird, ist mit dem Grundsatz der Einheit der gew BA nicht vereinbar.

4.3 Die Prüfungen haben sich darauf zu erstrecken, ob die Anlage dem **Genehmigungsbescheid** oder den **sonst für die Anlage geltenden gewerbrechtlichen Vor-**

schriften entspricht. Die Prüfung hat sich erforderlichenfalls auch darauf zu erstrecken, ob die BA dem Abschnitt 8 a betreffend die Beherrschung der Gefahren bei schweren Unfällen unterliegt.

Unter Genehmigungsbescheiden iSd § 82 b sind alle von der Gewerbebehörde gestützt auf die Bestimmungen des § 77 oder des § 81 GewO 1994 bzw 1973 sowie gestützt auf die Bestimmungen des § 30 und/oder § 32 GewO 1859 erlassenen Genehmigungsbescheide zu verstehen, desgleichen die als Genehmigungsbescheide geltenden (Feststellungs-)Bescheide nach § 359 b Abs 1 sowie Bescheide nach § 74 Abs 4, § 74 Abs 6, § 78 Abs 2, §§ 79, 79 c, 82 Abs 2 – 5 GewO 1994 und § 78 Abs 2 und 4, §§ 79, 82 Abs 2 – 5 GewO 1973.

Unter gewerberechtlichen Vorschriften iSd § 82 b sind jedenfalls die Bestimmungen des materiell-rechtlichen BA-Rechts zu verstehen sowie BA betreffende Bestimmungen von V.

Des Weiteren kann sich der Prüfungsumfang bei allfälligem Mitvollzug arbeitnehmerschutzrechtlicher Bestimmungen (vgl § 93 Abs 2 ASchG) auch auf die Einhaltung dieser Maßnahmen zum Schutze der ArbeitnehmerInnen erstrecken. Dasselbe gilt für die gem § 356 b mitzuvollziehenden Gesetze.

4.4 Die wiederkehrenden Prüfungen sind gem § 82 b Abs 2 von

– akkreditierten Stellen im Rahmen des fachlichen Umfangs ihrer Akkreditierung,
– staatlich autorisierten Anstalten,
– Ziviltechnikern oder Gewerbetreibenden, jeweils im Rahmen ihrer Befugnisse,
– dem Inhaber der BA, sofern er geeignet und fachkundig ist, oder
– sonstigen geeigneten und fachkundigen Betriebsangehörigen

durchzuführen.

Als **geeignet** und **fachkundig** sind **Personen** anzusehen, wenn sie nach ihrem Bildungsgang und ihrer bisherigen Tätigkeit die für die jeweilige Prüfung notwendigen fachlichen Kenntnisse und Erfahrungen besitzen und auch die Gewähr für eine gewissenhafte Durchführung der Prüfungsarbeiten bieten (§ 82 b Abs 2 letzter Satz).

Ob diese Voraussetzungen zutreffen, hat zunächst der Inhaber der Anlage selbst zu beurteilen, dem ja die Wahlmöglichkeit über die Heranziehung des jeweiligen Prüfers im Rahmen der zit gesetzlichen Bestimmungen zusteht. Wenn die Gewerbebehörde anlässlich einer Nachprüfung oder der Vorlage einer Prüfbescheinigung feststellt, dass es sich um keinen befugten Prüfer handelt, so hat sie – unabhängig von allfälligen strafrechtlichen Folgen – die Heranziehung einer anderen Anstalt oder Person als Prüfer zu verlangen.

Der Prüfer ist verpflichtet, über die wiederkehrende Prüfung eine **Prüfbescheinigung** auszustellen, der eine vollständige Dokumentation der Prüfung anzuschließen ist, aus der insb der Umfang und der Inhalt der Prüfung hervorgeht; diese Dokumentation bildet eines notwendigen Bestandteil der Prüfbescheinigung.

Der Inhaber der BA ist zur Aufbewahrung dieser Prüfbescheinigung – sofern im Genehmigungsbescheid oder sonstigen gewerberechtlichen Vorschriften nicht anderes bestimmt ist – bis zum Vorliegen der nächsten Prüfbescheinigung in der Anlage zur jederzeitigen Einsicht der Behörde verpflichtet; auf Aufforderung hat er die Prüfbescheinigung der Behörde innerhalb der von der Behörde zu bestimmenden Frist zu übermitteln (§ 82 b Abs 3).

Bei Feststellung von Mängeln oder Abweichungen vom konsensgemäßen Zustand im Rahmen der Prüfung hat die Prüfbescheinigung entsprechende Vorschläge samt angemessenen Fristen für die Behebung der Mängel oder für die Beseitigung der Abweichungen zu enthalten. In diesem Fall hat der Anlageninhaber unverzüglich eine Ausfertigung dieser Prüfbescheinigung sowie eine diesbezügliche Darstellung der getroffenen und zu treffenden Maßnahmen der Behörde zu übermitteln (§ 82 b Abs 4).

Der Inhaber einer BA ist sohin zur alsbaldigen Behebung allfälliger Mängel, die bei der Überprüfung festgestellt wurden, verpflichtet. Hiezu bedarf es keines gesonderten Auftrags der Behörde. Der Inhaber wird sich idR bei der Behebung der Mängel an die „Vorschläge" des Prüfers halten, ist an diese aber nicht gebunden.

Der Behörde steht es ihrerseits frei, nach Kenntnis der Mängel auf deren Behebung Einfluss zu nehmen. Insb kommen auch bei Vorliegen der Voraussetzungen Maßnahmen nach § 360 in Frage.

Angezeigte Mängel und Abweichungen bilden keine Verwaltungsübertretungen iSd § 366 Abs 1 Z 3 oder gem § 367 Z 25, sofern die Voraussetzungen für eine Maßnahme gem § 360 Abs 4 nicht vorliegen und die Behebung oder die Beseitigung innerhalb der angemessenen Frist der Behörde nachgewiesen werden (§ 82 b Abs 5).

4.5 Der Inhaber einer genehmigten BA **entspricht** gem § 82 b Abs 6 seiner **Verpflichtung zur wiederkehrenden Prüfung auch dann,** wenn

– er die Anlage einer *Umweltbetriebsprüfung nach der sog EMAS-Verordnung* (EG) 761/2001 oder einer Umweltbetriebsprüfung iSd ÖNORM EN ISO 14001 unterzogen hat,
– die Unterlagen über die Umweltbetriebsprüfung nicht älter als drei Jahre sind und
– aus dieser Umweltbetriebsprüfung eindeutig hervorgeht, dass die Übereinstimmung der genehmigten BA mit dem Genehmigungsbescheid und den sonst für die Anlage geltenden gewerberechtlichen und gem § 356 b mitanzuwendenden Vorschriften geprüft wurde.

Die Aufbewahrungs- und Meldepflicht gilt sinngemäß.

Näheres zur sog EMAS-V und das als begleitende innerstaatliche Regelung erlassene Umweltmanagement-G s Lexikon, „Umweltmanagementgesetz" Rz 142.

4.6 Die **Kosten** für die wiederkehrenden Prüfungen nach § 82 b sind vom Inhaber der BA zu tragen.

4.7 Die Nichtveranlassung der wiederkehrenden Prüfungen, die Nichtaufbewahrung der Prüfbescheinigung und die Nichtübermittlung einer Ausfertigung einer Prüfbescheinigung sowie die Darstellung der zur Mängelbehebung getroffenen Maßnahmen durch den Inhaber der Anlage fallen unter die **Strafbestimmung** des § 368.

Hinsichtlich der strafrechtlichen Folgen, die sich aus der allfälligen Feststellung eines konsenswidrigen Betriebs selbst ergeben, s unten *Ziermann*, Das Verwaltungsstrafrecht und Verwaltungsstrafverfahren im Zusammenhang mit gew BA Rz 391.

5. Systematische Überwachung von IPPC-Anlagen

373   **5.1** IPPC-Anlagen müssen regelmäßigen Umweltinspektionen iSd Abs 2 bis 5 des § 82 a unterzogen werden.

Hiefür erstellt der BMLFUW einen Inspektionsplan für alle IPPC-Anlagen (s § 63 a AWG 2002). Auf Grundlage des Plans hat der LH regelmäßig Programme für routinemäßige Umweltinspektionen zu erstellen, in denen auch – je nach Umweltrisiken – die Häufigkeit der Vor-Ort-Besichtigungen (alle ein bis drei Jahre) für die unterschiedlichen Arten von BA angegeben sind.

Die systematische Beurteilung der Umweltrisiken richtet sich nach den Kriterien des § 82 a Abs 3.

Wird bei einer Inspektion festgestellt, dass eine IPPC-Anlage in schwerwiegender Weise gegen den Genehmigungskonsens verstößt, so muss innerhalb der nächsten sechs Monate nach dieser Inspektion eine zusätzliche Vor-Ort-Besichtigung erfolgen.

Hinsichtlich der Beiziehung von Sachverständigen finden die §§ 52 bis 53 a AVG Anwendung.

5.2 Nicht routinemäßige Kontrollen müssen bei Beschwerden wegen ernsthaften Umweltbeeinträchtigungen, bei ernsthaften umweltbezogenen Unfällen und Vorfällen und bei Verstößen gegen die einschlägigen Rechtsvorschriften durchgeführt werden (§ 82 a Abs 4).

5.3 Nach jeder Vor-Ort-Besichtigung hat die Behörde einen Bericht zu erstellen, der relevante Feststellungen hinsichtlich der Einhaltung des Genehmigungskonsenses und Schlussfolgerungen zur etwaigen Notwendigkeit weiterer Maßnahmen enthält. Der Bericht ist dem IPPC-Anlageninhaber innerhalb von zwei Monaten zur Stellungnahme zu übermitteln. Innerhalb von vier Monaten nach der Besichtigung ist der Bericht im Internet zu veröffentlichen (§ 82 a Abs 5).

Die Bekanntgabe im Internet hat jedenfalls eine Zusammenfassung des Berichts sowie einen Hinweis über weitere Informationen zu enthalten. Betriebs- und Geschäftsgeheimnisse sind zu wahren.

Die Behörde hat sicherzustellen, dass die im Bericht angeführten Maßnahmen vom Anlageninhaber binnen angemessener Frist umgesetzt werden.

6. Sonstige Überwachung nach besonderen Verwaltungsvorschriften

374   Nach besonderen Verwaltungsvorschriften ergeben sich weitere Überwachungspflichten. Erwähnt seien:

6.1 Gem § 33 Abs 4 EG-K 2013 hat der Betreiber die in Betrieb befindliche Anlage hinsichtlich ihrer Emissionen in die Luft durch einen Sachverständigen periodisch zu überwachen. Die Sachverständigen haben über die durchgeführten Überprüfungen und deren Ergebnis schriftliche Befunde auszustellen. Die Befunde sind der Behörde auf ihr Verlangen vorzuweisen oder zu übermitteln.

Ergeben sich bei den Überprüfungen Abweichungen vom konsensgemäßen Zustand der Anlage und kann der konsensgemäße Zustand nicht sofort hergestellt werden, so hat der Sachverständige hierüber unverzüglich die Behörde zu unterrichten (§ 33 Abs 5).

Hält die Behörde aufgrund von Beschwerden oder Anbringen von Nachbarn, amtlicher Wahrnehmungen, Bewertung von Befunden oder baulicher oder verfahrenstechnischer Änderungen an der genehmigten Anlage eine zusätzliche Überprüfung für erforderlich, so hat sie diese binnen 6 Monaten durchzuführende Überprüfung dem Betreiber unter Beiziehung eines Sachverständigen aufzutragen oder selbst vorzunehmen (§ 33 Abs 4). Wenn die Emissionen der Anlage die festgesetzten Grenzwerte überschreiten und einerseits das Leben oder die Gesundheit von Menschen oder das Eigentum oder sonstige dingliche Rechte der Nachbarn gefährden, oder andererseits zu einer unzumutbaren Belästigung der Nachbarn iSd § 77 Abs 2 GewO 1994 führen, so hat die Behörde mit Bescheid unverzüglich anzuordnen, dass der Betrieb der Anlage solange eingeschränkt oder eingestellt wird, bis der vorschriftsmäßige Betrieb wieder möglich ist (§ 33 Abs 6)

> Einem Rechtsmittel gegen einen solchen Bescheid kommt keine aufschiebende Wirkung zu.
> Ansonsten ist von der Behörde eine angemessene Frist einzuräumen, innerhalb der der konsensgemäße Zustand der Anlage hergestellt werden muss. Wird dieser Anordnung nicht fristgerecht entsprochen, so ist sinngemäß nach Abs 6 vorzugehen.
> Die Einhaltung der Bestimmungen des Abs 1 ist von der Behörde zu kontrollieren. (§ 33 Abs 9)

6.2 Gem §§ 15 ff KesselG sind in regelmäßigen Zeitabschnitten (Revisionsfristen) wiederkehrende Untersuchungen und Überprüfungen an (hier: gewerblichen) Dampfkesseln, Druckbehältern und Versandbehältern bei Kesselprüfstellen oder Werksprüfstellen vom Betreiber der Anlage zu veranlassen.

6.3 Besondere Überprüfungspflichten ergeben sich aus den Bestimmungen der §§ 12 ff der V über die Lagerung und Abfüllung brennbarer Flüssigkeiten – VbF (BGBl 1991/240 idF BGBl II 2005/351). Vgl in diesem Zusammenhang auch die den Betreiber einer Anlage zur Lagerung oder zur Leitung wassergefährdender Stoffe treffenden Prüfungspflichten nach § 134 Abs 4 WRG.

6.4 Sind auf nach der GewO genehmigungspflichtige Vorhaben wr Bestimmungen von der Gewerbebehörde mitanzuwenden, so sind nach § 134 WRG bzgl der mitanzuwendenden wr Tatbestände auch die nach dem WRG bestehenden behördlichen Befugnisse und Aufgaben zur Überprüfung der Ausführung der Anlage, zur Kontrolle usw von dieser Behörde wahrzunehmen (vgl auch § 356 b Abs 3 GewO).

6.5 Überprüfungen in regelmäßigen Zeitabständen von Hebeanlagen durch vom Betreiber beauftrage Inspektionsstellen gem § 4 Hebeanlagen-Betriebsverordnung 2009 – HBV 2009 BGBl II 2009/210 idF BGBl 2014/228.

6.6 Nach §§ 5 und 9 VOC-Anlagen-Verordnung – VAV, BGBl II 2002/301 idF BGBl I 2010/77, sind der V unterliegende Anlagen durch den BA-Inhaber bzgl der Einhaltung der Emissionsgrenzwerte für Abgase durch Messungen von einem Sachkundigen wiederkehrend prüfen zu lassen. Bei einer BA gem § 1 Z 2 leg cit hat der Inhaber auch wiederkehrend alle fünf Jahre die Funktionstüchtigkeit der VOC-Anlage von einem Sachverständigen nachweislich prüfen zu lassen.

6.7 Gem § 14 a RohrleitungsG ist der Inhaber verpflichtet, regelmäßig wiederkehrend in einem Zeitraum von jeweils zehn Jahren durch eine akkreditierte Stelle im Rahmen ihres fachlichen Umfangs ein Gutachten über den Zustand der gesamten Rohrleitungsanlage usw erstellen zu lassen.

6.8 Prüf- und Kontrollpflichten nach §§ 32 ff der Flüssiggas-Tankstellen-V 2010 – FGTV 2010 BGBl II 2010/247 .

6.9 Wiederkehrende jährliche Prüfpflichten nach § 25 FeuerungsanlagenV – FAV, BGBl II 1997/331 idF BGBl II 2011/312.

6.10 „Auditierung" des Betriebs in regelmäßigen, fünf Jahre nicht überschreitenden Zeitabständen zur Sicherstellung der Konformität der betrieblichen Maßnahmen als Festlegung durch den Betriebsinhaber in einem Sicherheitskonzept gem § 3 Abs 1 Z 7 IUV BGBl II 2015/229.

6.11 Schließlich können sich Überwachungspflichten für den Betriebsinhaber aus **bescheidmäßigen Anordnungen** der Behörde **im Einzelfall** ergeben (zB Festlegung kontinuierlicher Emissionsmessungen bei Dampfkesselanlagen im Genehmigungsbescheid auf der Grundlage des § 35 Abs 2 EG-K 2013).

Eine von der Behörde (unabhängig von bescheidmäßig angeordneten Überprüfungen) amtswegig durchgeführte Überprüfung befreit den Betreiber der BA nicht von der bescheidmäßig angeordneten (Über-)Prüfungspflicht (VwGH 2. 10. 1989, 89/04/0050).

7. Sanktionen bzw Konsequenzen im Zusammenhang mit der Überwachung

375 Aus den amtswegigen Überprüfungen bzw der über Veranlassung des Betriebsinhabers durchzuführenden Überwachung können sich verschiedene Sanktionen bzw Konsequenzen ergeben.

Die Erlassung eines eigenen Feststellungsbescheides über die Überprüfung ist nicht vorgesehen (s auch oben 2.7). Auch eine Auflagenvorschreibung iSd § 77 Abs 1 ist durch die Bestimmung des § 82 b nicht gedeckt (VwGH 20. 10. 1992, 92/04/0135). Jedoch hat die nach der GewO zuständige Behörde

– die Beseitigung allenfalls festgestellter Konsenswidrigkeiten zu veranlassen;
– unter bestimmten Voraussetzungen auf Antrag die Zulassung von Abweichungen vom Genehmigungsbescheid auszusprechen (s *Wendl,* Verfahrensübersicht „Verfahren nach § 79 c Abs 2" Rz 172);
– eventuell erforderliche andere oder zusätzliche Auflagen gem § 79 vorzuschreiben oder ein allenfalls nach § 79 Abs 3 erforderliches Sanierungsverfahren einzuleiten und durchzuführen (s *Wendl,* Verfahrensübersicht „Verfahren nach § 79 Abs 1 bzw Abs 3" Rz 168 und 169);

– allfällige notwendige Maßnahmen nach § 360 zu verfügen (s *Giese,* Einstweilige Zwangs- und Sicherheitsmaßnahmen Rz 376);

– bei Feststellung von Übertretungen der GewO entsprechende Verwaltungsstrafverfahren einzuleiten oder durchzuführen (s Lexikon „Verwaltungsstrafverfahren" Rz 155). Das Zuwiderhandeln gegen die Bestimmung des § 338 selbst ist nach § 367 Z 26 strafbar;

– bei Verdacht des Vorliegens eines vom Gericht zu ahndenden Delikts (s *McAllister/ Schmoller,* Gerichtliche Straftaten im Zusammenhang mit gewerblichen Betriebsanlagen Rz 396 ff) eine entsprechende Strafanzeige zu erstatten (§ 84 StPO).

B. Einstweilige Zwangs- und Sicherheitsmaßnahmen

Karim Giese

Literatur: *Aichlreiter,* Das neue Betriebsanlagenrecht – Verfahrensrechtliche Bestimmungen, in *Korinek* (Hrsg), Gewerberecht. Grundfragen der GewO 1994 in Einzelbeiträgen (1995), 298 (= *Aichlreiter,* Anmerkungen zu Neuerungen in § 360 GewO durch die Novelle 1992, wbl 1994, 397); *Davy,* Vorläufige Polizeiverfügungen und Rechtsschutz, ZfV 1989, 335; *Davy,* Gefahrenabwehr im Anlagenrecht (1990); *E/R/W,* Kommentierung zu § 360; *Funk,* Gewerbepolizeiliche Maßnahmen, in *Rill* (Hrsg), Gewerberecht. Beiträge zu Grundfragen der GewO 1973 (1978) 425; *Giese* in *Thanner/Vogl* (Hrsg), SPG² (2013) § 19 SPG; *Grabler/Stolzlechner/Wendl,* GewO³ (2011) § 360; *Grof,* Der Anspruch auf behördliches Eingreifen bei Verletzung subjektiver öffentlicher Rechte, in *Grof/Reiter/Wolny,* Eingriffsrecht, Ausgleichs- und Eingriffspflicht in Smogsituationen (1984) 59; *Gruber/Paliege-Barfuß,* GewO⁷ (Stand März 2015, rdb.at) § 360; *Hanusch,* Kommentar zur Gewerbeordnung (Stand: 1. 1. 2015, lexisnexis.at); *Kienast,* Die einstweiligen Zwangs- und Sicherheitsmaßnahmen nach der GewO 1994, ZfV 1995, 303; *Moosbauer,* Probleme der Betriebsschließung gemäß § 360 GewO, ÖZW 1994, 97; *Paliege-Barfuß,* Das „rechte Maß" bei betriebsanlagenrechtlichen Maßnahmen, in FS Stolzlechner (2013) 475; *Pirker/Kleewein,* Amtshaftung wegen unterbliebener Gefahrenabwehr, ÖJZ 1995, 521; *Stöberl,* Die Herstellung des rechtmäßigen Zustandes im Gewerberecht, ÖJZ 1990, 321.

1. Zweck, Mittel und Charakter der einstweiligen Zwangs- und Sicherheitsmaßnahmen

376   **1.1** § 360 ermächtigt die Gewerbebehörde zu **gewerbepolizeilichen Maßnahmen** im Rahmen der allgemeinen Gewerbeaufsicht. Ihrem besonderen Zweck nach dienen einstweilige Zwangs- und Sicherheitsmaßnahmen

– zur (Wieder-)Herstellung des der Rechtsordnung entsprechenden Zustandes (Abs 1 bis 3 – **„Zwangsmaßnahmen"**) oder
– zur Abwehr von Gefahren für Leben, Gesundheit und Eigentum bzw
– zur Abstellung unzumutbarer Belästigungen der Nachbarn durch nicht genehmigte BA (Abs 4 – **„Sicherheitsmaßnahmen"**).

Analog zur Verfahrens- und Entscheidungskonzentration im BA-Genehmigungsverfahren (§ 356b Abs 1; s dazu *Giese,* Sonstige Genehmigungsvoraussetzungen im Rahmen der Verfahrens- und Entscheidungskonzentration Rz 233) ist auch eine **Konzentration der (Anlagen-) Kontrolle** in die GewO eingeführt worden. Der Gewerbebehörde kommen im Rahmen entsprechend erweiterter Aufsichtsfunktionen (§ 356 b Abs 3) zusätzliche (zB **wasserpolizeiliche, forstpolizeiliche) Befugnisse** zum Zweck der Herstellung des rechtmäßigen Zustandes (§ 138 WRG, § 172 Abs 6 ForstG) oder der Gefahrenabwehr (§ 122 WRG) zu.

Ähnliches kann sich auch im Zusammenhang mit den in anderen Verwaltungsgesetzen festgelegten Entscheidungskonzentrationen ergeben (vgl zB § 134 b WRG; § 96 ASchG, § 10 ArbIG).

Obwohl der Betrieb einer BA nicht in allen Anwendungsfällen des § 360 den primären Anlass für einstweilige Zwangs- und Sicherheitsmaßnahmen bildet, kommt in allen diesen Fällen (außer jenen gem § 360 Abs 2, die aus diesem Grunde hier auch nicht näher dargestellt werden) als äußerste Zwangs- oder Sicherheitsmaßnahme die (gänzliche, teilweise) **Schließung des Gewerbebetriebs** in Betracht. BA stellen daher in der Praxis – unmittelbar oder mittelbar – das **vorrangige Regelungsobjekt** einstweiliger Zwangs- und Sicherheitsmaßnahmen dar (VwGH 2. 6. 2004, 2004/04/0046).

1.2 Um ein rasches, effizientes Einschreiten der Gewerbebehörden zu gewährleisten, werden sie in bestimmten Fällen zur Ausübung unmittelbarer verwaltungsbehördlicher **Befehls- und Zwangsgewalt** ermächtigt (§ 360 Abs 2, 3 und 4). Aber auch alle bescheidmäßigen Verfügungen sind **sofort vollstreckbar** (§ 360 Abs 5). Da es sich bei den einstweiligen Zwangs- und Sicherheitsmaßnahmen des § 360 um besondere, vom Anwendungsbereich des VVG ausgenommene Zwangsbefugnisse handelt (§ 12 VVG), kann die Gewerbebehörde auch den *bescheidmäßig* verfügten Sollzustand sofort unter Einsatz von **Verwaltungszwang** realisieren (s unten 2.5).

1.3 Bei einstweiligen Zwangs- und Sicherheitsmaßnahmen handelt es sich um **kurzfristige Maßnahmen** von temporärem Charakter. Ihre Geltungsdauer ist auf **höchstens ein Jahr** beschränkt (§ 360 Abs 5 und 6; s unten 2.6 und 2.8).

Wenngleich – im Unterschied zu anderen, vergleichbaren Regelungen (§ 8 VVG, § 122 WRG – s dazu zB VwGH 29. 6. 2000, 99/07/0039; 23. 1. 2008, 2007/07/0060) – bei den *„einstweiligen"* Sicherungsmaßnahmen des § 360 kein enger rechtlicher und sachlicher Zusammenhang mit einer späteren, endgültigen Maßnahme erforderlich ist, verschaffen auch sie de facto der Gewerbebehörde jenen zeitlichen Spielraum, der für die Anordnung *dauerhafter* (Sicherungs-) Maßnahmen (zB zusätzliche Auflagen, Sanierungskonzept – vgl § 79 GewO; § 68 Abs 3 AVG) erforderlich ist.

2. Gemeinsame Bestimmungen für alle Maßnahmen nach § 360

2.1 Der **Anwendungsbereich** des § 360 erstreckt sich grds nur auf Tätigkeiten, die **377** der GewO unterliegen (§§ 1 bis 4, 74 ff).

Aufgrund ausdrücklicher gesetzlicher Anordnungen gelten die Bestimmungen über gew BA (§§ 74 ff) sowie damit zusammenhängende Bestimmungen (wie zB § 360) auch für die **nichtgewerblichen BA** der land- und forstwirtschaftlichen Nebenbetriebe (§ 2 Abs 5), der land- und forstwirtschaftlichen Erwerbs- und Wirtschaftsgenossenschaften (§ 2 Abs 8), der dem Bund zustehenden Monopole und Regalien sowie der Blatternimpfstofferzeugung (§ 2 Abs 12) und der Patentinhaber (§ 3 Abs 2).

§ 360 ist auch auf **gew Abfallbehandlungsanlagen** (§ 37 Abs 1 und 3 AWG; s dazu *Giese*, Betriebsanlagen und andere Bereiche des öffentlichen Rechts Rz 312, 8.1) sowie

UVP-pflichtige gew BA (§§ 3 ff UVP-G; s dazu *Vogelsang,* Sonderbestimmungen für UVP-pflichtige Betriebsanlagen Rz 335) anzuwenden, weil in diesen Fällen nur eine Genehmigungskonzentration (§ 38 AWG 2002, § 3 UVP-G 2000), nicht aber – abgesehen vom Ausnahmefall der befristeten Überwachungszuständigkeit der UVP-Behörde während der Genehmigungsphase gem § 39 Abs 1 zweiter Satz UVP-G – auch eine Konzentration der (Anlagen-)Kontrolle gesetzlich vorgesehen ist (vgl § 62 AWG, § 22 Abs 4 UVP-G).

2.2 Normadressat von einstweiligen Zwangs- und Sicherheitsmaßnahmen kann ausschließlich der **Gewerbeausübende** bzw der **Anlageninhaber** sein (vgl § 360 Abs 1).

Gewerbeausübender ist jene (natürliche, juristische) Person, die eine gew Tätigkeit iSd § 1 – befugt oder unbefugt – tatsächlich ausübt. Bei befugter Gewerbeausübung ist Gewerbeausübender jedenfalls der *Gewerbeinhaber* (§ 38). Als solcher gilt auch der *Fortbetriebsberechtigte* gem § 41 (zB Insolvenzmasse; vgl dazu UVS Stmk 5. 9. 2006, 43.19 – 6/2006), nicht aber der im Namen und auf Rechnung des Gewerbetreibenden tätige *gewerberechtliche Geschäftsführer* gem §§ 9, 39 (VwGH 27. 6. 1995, 94/04/0234; 28. 1. 1983, 82/04/0139).

    Anlageninhaber ist der zivilrechtliche (Sach-)Inhaber (iSd § 309 ABGB). Nach dem Zweck der gesetzlichen Bestimmung muss auf die **unmittelbare Innehabung** abgestellt werden. Eine solche liegt nur bei jener (natürlichen, juristischen) Person vor, die eine Möglichkeit hat, das in der BA ausgeübte faktische Geschehen zu bestimmen (vgl idS VwGH 21. 11. 2001, 2000/04/0197; 30. 6. 2004, 2002/04/0190; 14. 11. 2007, 2005/04/0300), wie zB der **Bestandnehmer** (VwGH 21. 9. 1977, 1823/76) oder **Pächter** (zB einer Tankstelle – VwGH 21. 11. 2001, 2000/04/0197). Wurde eine BA verpachtet, kann daher nicht (auch) der *Verpächter (Eigentümer)* im Rahmen des § 360 in Anspruch genommen werden (VwGH 21. 11. 2001, 2000/04/0197).

    Die Frage, ob im Einzelfall der Gewerbeausübende *oder* der Anlageninhaber vorrangig von der Gewerbebehörde in Anspruch genommen werden muss, stellt sich mE in der Praxis nicht (aA *Davy,* Gefahrenabwehr 618 f), denn es muss sich – wovon auch der Gesetzgeber auszugehen scheint (arg „*bzw*") – idR ohnedies um **ein- und dieselbe Person** handeln. In den Sonderfällen, dass zwar die BA, nicht aber auch die *Tätigkeit* unter die GewO fällt (vgl oben 2.1.), oder aber die Gewerbeausübung ausnahmsweise *keine BA* erfordert (vgl § 360 Abs 3 erster Satz zweiter Halbsatz), muss als Adressat der Maßnahmen im 1. Fall zwangsläufig der *Anlageninhaber,* im 2. Fall der *Gewerbeausübende* in Anspruch genommen werden.

2.3 Die Verfügung von einstweiligen Zwangs- und Sicherheitsmaßnahmen ist nur zulässig, wenn ein Gewerbe **tatsächlich ausgeübt** bzw eine der GewO unterliegende BA **tatsächlich betrieben** wird.

Maßnahmen gem § 360 (zB Schließung des Betriebes, Stilllegung von Maschinen) können nur getroffen werden, wenn die Tätigkeit ausgeübt und die BA betrieben wird (VwSlg 10.341 A/1981). Der normative Inhalt des § 360 Abs 1 setzt für die Anordnung jeweils notwendiger Zwangsmaßnahmen das weiterhin gegebene Nichtvorliegen eines der Rechtsordnung entsprechenden Zustandes voraus (VwGH 20. 1. 1987, 86/04/0139; idS auch VwGH 28. 1. 1983, 82/04/0139; 14. 2. 1984, 83/04/0230). Es darf sich folglich um keine *bereits abgeschlossene* unbefugte Gewerbeausübung handeln (VwGH 28. 1. 1992, 91/04/0236; 10. 12. 1991, 91/04/0293; 28. 1. 1983, 82/04/0139).

    Eine **präventive Stilllegung** einer Anlage für den Fall, dass eine BA (zB eine Selchkammer) *künftig* gewerblich betrieben werden könnte, sieht die GewO nicht vor (LVwG NÖ 29. 7. 2014, LVwG-AB-14 – 0883).

    Die Stilllegung einer zum Zeitpunkt der behördlichen Überprüfung **nicht betriebenen BA** ist zulässig. Die konkreten Betriebszeiten müssen aber ermittelt werden, zB im Wege nachvollziehbarer Angaben des BA-Inhabers und/oder der Nachbarn (LVwG NÖ 29. 7. 2014, LVwG-AB-14 – 0883), erforderlichenfalls im Wege nochmaliger Überprüfungen vor Ort. Bei Gefährdungen oder Belästigungen durch eine bereits **(gänzlich) aufgelassene BA** ist nicht § 360, sondern die Sondervorschrift des § 83 anzuwenden (VwGH 25. 9. 1990, 90/04/0055; 25. 9. 1990, 89/04/0259). Handelt es sich um eine bloße **Betriebsunterbrechung,** sind die § 83 nachgestalteten Sondervorschriften des § 80 Abs 1 und 2 heranzuziehen.

2.4 Einstweilige Zwangs- und Sicherheitsmaßnahmen sind **von Amts wegen** anzuordnen. Nachbarn kommt weder ein (Antrags-)Recht auf Einleitung einesVerfahrens noch ein (Parteien-)Recht auf Teilnahme am gewerbepolizeilichen Verfahren zu.

Maßnahmen nach § 360 dienen nach stRsp ausschließlich dem **öffentlichen Interesse.** Nachbarn haben keine Rechtsansprüche, die mit Mitteln des öffentlichen Rechts verfolgt werden könnten (VwGH 25. 9. 2014, 2013/07/0060). Nachbarn kommt daher **kein Antragsrecht** zu (VwGH 27. 5. 2009, 2009/04/0104). Das gilt insb auch im Fall von Sicherheitsmaßnahmen zum Schutz der Nachbarn (VwGH 20. 10. 1992, 92/04/0176; kritisch *Kienast,* ZfV 1995, 306; *Davy,* Gefahrenabwehr 664; *Funk* in *Rill,* Gewerberecht 157 f).

Nachbarn kommt auch **keine Parteistellung** im amtswegig eingeleiteten Verfahren zu (VwGH 27. 5. 2009, 2009/04/0104). Denn die Annahme eines derartigen prozessualen Rechts würde die Inkaufnahme eines verhältnismäßig umständlichen, zeitaufwendigen Verfahrens bedeuten, was jedoch – nach Ansicht des VfGH – mit dem deutlich erklärten Verfahrensziel unvereinbar wäre, erforderlichenfalls durch eine einstweilige Maßnahme unverzüglich Abhilfe zu schaffen (VfSlg 8897/1980; idS auch VwGH 27. 5. 2009, 2009/04/0104). In Ermangelung einer Parteistellung haben Nachbarn grds auch **kein Recht auf Akteneinsicht** gem § 17 AVG (VwGH 27. 5. 2009, 2009/04/0104).

Im Fall der Untätigkeit der Gewerbebehörde können aber Amtspflichten verletzt werden (VwGH 24. 10. 2001, 2001/04/0173), sodass Nachbarn bei Eintritt eines Schadens (zB wegen Beeinträchtigung der Gesundheit durch eine nicht genehmigte BA) **Amtshaftungsansprüche** nach dem AHG geltend machen können. § 360 gilt als Schutznorm iSd § 1311 ABGB (OGH 11. 11. 1992, 1 Ob 5/92 = JBl 1993, 532 ff).

2.5 Bescheidmäßig verfügte Zwangs- und Sicherheitsmaßnahmen sind bereits **vor Eintritt der formellen Rechtskraft vollstreckbar** (§ 360 Abs 5 – arg *„sofort"*). Einer Bescheidbeschwerde an das LVwG kommt – in Abweichung zu § 13 Abs 1 VwGVG – **keine aufschiebende Wirkung** zu.

Die Vollstreckbarkeit tritt mit der **förmlichen Erlassung** des Bescheides (Verkündung, Zustellung) gegenüber dem Verpflichteten ein. Auf Grund der Sonderregelungen des § 360 Abs 2, 3 und 4 zweiter Satz gilt der Bescheid idR auch im Fall der *Unzustellbarkeit* (iSd § 19 ZustellG – zB verreister Empfänger; Annahmeverweigerung; keine fristgerechte Behebung) mit der Rückübermittlung an die Gewerbebehörde als erlassen. Nur für Bescheide gem § 360 Abs 1 und 4 erster Satz gilt diese Zustellfiktion nicht.

Bei den einstweiligen Zwangs- und Sicherheitsmaßnahmen gem § 360 handelt es sich – nach Rsp (VwGH 19. 1. 1978, 2577/77; 20. 10. 1992, 92/04/0176; 27. 6. 2007, 2004/04/0221) und Lehre (vgl *Stöberl,* ÖJZ 1990, 322; *Kienast,* ZfV 1995, 310; *Walter/Thienel,* Verwaltungsverfahrensgesetze II² (2000) 1424) um in den Verwaltungsvorschriften eingeräumte **besondere Zwangsbefugnisse,** die gem § 12 VVG **vom Anwen-**

dungsbereich des VVG ausgenommen sind. Als solche umfassen sie nicht nur – eine im Vergleich zu § 8 VVG – speziellere Ermächtigung zur Verfügung (Anordnung) einstweiliger Zwangs- und Sicherheitsmaßnahmen, sondern auch eine Ermächtigung zur **sofortigen Setzung** der Zwangsmaßnahmen (*Stöberl*, ÖJZ 1990, 321 unter Bezugnahme auf die Gesetzesmaterialien zu § 360 GewO 1973 und § 152 GewO 1859). Die Durchführung eines förmlichen Vollstreckungsverfahrens nach VVG ist nicht erforderlich.

> Allerdings ist auch eine **Vollstreckung nach VVG** grds zulässig (so ausdrücklich VwGH 27. 6. 2007, 2004/04/0221). In der Rsp des VwGH wurden dementsprechend Verfügungen nach § 360 wiederholt als **nach dem VVG vollstreckbare Titelbescheide** qualifiziert (VwGH 27. 10. 2014, 2013/04/0079 – hier: Schließung eines Lagerplatzes; 31. 3. 1992, 92/04/0013 – hier: Schließung eines Gastgewerbebetriebes).
>
> Die Vollstreckung der in einem **Bescheid** der Gewerbebehörde oder in einem **Erk** des LVwG verfügten Betriebsschließung zB durch Anbringung einer Plombe ist **keine Ausübung unmittelbarer verwaltungsbehördlicher Befehls- und Zwangsgewalt** und kann daher nicht mittels Maßnahmenbeschwerde beim LVwG bekämpft werden (vgl idS VwGH 17. 4. 1998, 98/04/0005).

2.6 Einstweilige Zwangs- und Sicherheitsmaßnahmen (iSd § 360) verfolgen einen kurzfristigen, vorübergehenden Zweck. Soweit solche Maßnahmen von der Gewerbebehörde nicht im Einzelfall kürzer befristet werden, treten sie jedenfalls **nach Ablauf eines Jahres** ex lege außer Kraft (§ 360 Abs 5). Der Wirksamkeitszeitraum beginnt grds mit der Vollstreckbarkeit, dh mit Zustellung des diese Maßnahmen **(erstmals) verfügenden Titelbescheides** (VwGH 4. 12. 2003, 2003/04/0155; 27. 9. 2000, 2000/04/0103).

> Die Jahresfrist fängt im Fall einer Sachentscheidung des (im Rechtsmittelweg angerufenen) LVwG nicht neuerlich zu laufen an (vgl idS auch *Kienast*, ZfV 1995, 311; *Davy*, ZfV 1989, 335 ff), es sei denn, es wird im Rechtsmittelweg erstmals ein vom Bescheid der Gewerbebehörde abweichender exekutionsfähiger Vollstreckungstitel geschaffen (vgl idS VwGH 24. 8. 1995, 94/04/0062). Allerdings bewirkt nicht jede vom LVwG erfolgte Änderung der die Maßnahme verfügenden Spruchfassung des bekämpften Bescheides schon, dass das Erk des LVwG den Wirksamkeitszeitraum der einstweiligen Maßnahme neu begrenzt. Der Fall, dass erstmals durch das LVwG ein exekutionsfähiger Vollstreckungstitel geschaffen wird, kann etwa dann vorliegen, wenn das LVwG die Grenzen des Gegenstandes des verwaltungsgerichtlichen Verfahrens nach § 28 Abs 2 VwGVG überschreitet und nicht im Rahmen der „*Sache*" bleibt, die schon Gegenstand der verwaltungsbehördlichen Entscheidung war (vgl idS VwGH 4. 12. 2003, 2003/04/0155 sowie 30. 6. 2004, 2004/04/0096; 29. 3. 2006, 2006/04/0003).
>
> Die Vorschreibung von Maßnahmen, die über den Wirkungszeitraum von einem Jahr (zB „Aussiedlung des Betriebes innerhalb eines Zeitraumes von fünf Jahren ab Bescheiderlassung") hinausgehen, kann keine Bindungswirkung erzeugen, weil der Bescheid bereits *vor Eintreten der Leistungspflicht* ex lege außer Kraft tritt (VwGH 28. 4. 1992, 91/04/0290).

Der beschränkte Wirksamkeitszeitraum schließt nicht aus, dass erforderlichenfalls **mehrmals hintereinander** einstweilige Zwangs- und Sicherheitsmaßnahmen verfügt werden (**„Ketten-Verfügungen"**; vgl zB VwGH 3. 9. 2008, 2008/04/0085). Im Fall neuerlicher einstweiliger Zwangs- bzw Sicherungsmaßnahmen müssen aber wieder **sämtliche verfahrensrechtlichen Erfordernisse** des § 360 eingehalten werden.

Schon aus dem kurzfristigen und vorübergehenden Zweck ergibt sich, dass es nicht iSd Gesetzes liegen würde, wenn es der Behörde unbenommen bliebe, nach Erlassung einer Verfahrensanordnung nicht nur eine – auf maximal ein Jahr befristete – Maßnahme, sondern unmittelbar hintereinander mehrere solche Maßnahmen zu erlassen. Besteht nach Ablauf der befristeten Maßnahmen wieder ein (gleichartiges) Erfordernis nach einstweiligen Zwangs- und Sicherheitsmaßnahmen, hat die Behörde den Gewerbeausübenden oder Anlageninhaber **neuerlich mit Verfahrensanordnung** aufzufordern, diesen Zustand zu beseitigen, und kann erst, wenn dieser Anordnung nicht nachgekommen wird, die betreffende Maßnahme verfügen. Kommt der Gewerbeausübende bzw der Anlageninhaber während der Gültigkeitsdauer der Maßnahme der mit Verfahrensanordnung ausgesprochenen Aufforderung allerdings nicht nach und besteht der Verdacht, er werde nach Außerkrafttreten der Maßnahme mit dem rechtswidrigen Verhalten fortfahren, so kann eine solche Verfahrensanordnung bereits **vor Außerkrafttreten der Maßnahme** erlassen werden, um eine *lückenlose Hintanhaltung* des rechtswidrigen Verhaltens zu erreichen. Das **Fehlen einer (neuerlichen) Verfahrensanordnung** bewirkt allerdings die Unzulässigkeit der Maßnahme (VwGH 24. 5. 2006, 2006/04/0033).

2.7 Soweit sich einstweilige Zwangs- und Sicherheitsmaßnahmen auf BA oder Anlagenteile (bzw Gegenstände) beziehen, kommt Bescheiden nach § 360 eine **erweiterte, („quasi-")dingliche Rechtswirkung** zu (§ 360 Abs 5 zweiter Satz). Diese Bescheide verpflichten unmittelbar auch einen **nachfolgenden, neuen Betriebsinhaber.**

Der Übergang tritt mit dem *„Wechsel in der Person des Inhabers"* ein, dh mit dem Wechsel der **zivilrechtlichen Innehabung** (iSd § 309 ABGB; s dazu oben 2.2).

Eine im Hinblick auf einen **verfehlten Bescheidadressaten** (hier: Gesellschafter der Personengesellschaft anstatt die Personengesellschaft selbst) ins Leere gegangene einstweilige Zwangs- und Sicherheitsmaßnahme kann auch durch einen entsprechenden Wechsel in der Person des Inhabers nicht wirksam werden (VwGH 27. 6. 1995, 94/04/0206).

2.8 Ein **vorzeitiger Widerruf** der einstweiligen Zwangs- und Sicherheitsmaßnahmen kann von Amts wegen (§ 68 Abs 2 AVG) oder auf Antrag (§ 360 Abs 6) erfolgen.

Auf Antrag sind die getroffenen Maßnahmen zu widerrufen, wenn die Voraussetzungen für ihre Erlassung nicht mehr vorliegen (zB nach erfolgreicher Gewerbeanmeldung) und die Gewerbebehörde erwarten kann, dass die für die Verfügung maßgeblichen gewerberechtlichen Vorschriften in Hinkunft eingehalten werden (§ 360 Abs 6). Es handelt sich hierbei um eine **gebundene (Prognose-)Entscheidung.**

Die Einhaltung der gewerberechtlichen Vorschriften kann erwartet werden, wenn keine konkreten Bedenken von Seiten der Behörde vorliegen, die eine derartige Erwartung ausschließen würden. Da es nur um jene *„gewerberechtlichen Vorschriften, deren Nichteinhaltung für die Maßnahmen bestimmend waren"* geht, hat in diesem Zusammenhang **keine allgemeine Zuverlässigkeitsprüfung** (iSd § 87 Abs 1 Z 3) zu erfolgen (aA *Hanusch*, GewO § 360 Rz 22).

Der Umstand, dass ein Gewerbetreibender zwar bestimmte Betriebsabläufe ändern will, um in Hinkunft eine unzumutbare Belästigung der Nachbarn zu vermeiden, dessen ungeachtet aber weiterhin die nicht genehmigte gew BA betreiben will, gibt nicht zu erkennen, dass er die für die Maßnahmen bestimmenden gewerberechtlichen Bestimmungen (hier: über die Genehmigungspflicht von gew BA) einhalten will (VwGH 21. 12. 1977, 455/77).

Da bei Erlassung von *Sicherheits*maßnahmen (§ 360 Abs 4) – anders als bei *Zwangs*-maßnahmen (iSd § 360 Abs 1 bis 3) – nicht auf einen Verdacht der Rechtswidrigkeit abzustellen ist, muss bei diesen Maßnahmen bereits **nach Wegfall der Gefahren** der Widerruf erfolgen (teleologische Reduktion).

Antragslegitimiert ist jene Person, die die gew Tätigkeit (wieder) ausüben oder die BA (wieder) betreiben will. Diese Person muss nicht mit dem Adressaten der Verfügung (s oben 2.2) ident sein; es kann sich auch – zB nach Wechsel in der Person des BA-Inhabers – um einen neuen Betriebsinhaber handeln (s oben 2.7). Der Antrag kann erst nach Eintritt der formellen Rechtskraft in zulässiger Weise eingebracht werden (aA *Kienast,* ZfV 1995, 311).

Verfahrenspartei ist ausschließlich der Antragsteller (§ 8 AVG). *Nachbarn* haben im Widerrufsverfahren keine Parteistellung und sind daher auch nicht rechtsmittellegitimiert (VwGH 25. 6. 1991, 91/04/0130).

Die Behörde hat über den Antrag **ohne unnötigen Aufschub** *(„ehestens")* zu entscheiden. Eine Verkürzung der allgemein geltenden Entscheidungsfrist für Verwaltungsverfahren ist damit aber nicht verbunden. **Säumnisbeschwerde** gem Art 130 Abs 1 Z 3 B-VG (iVm § 8 VwGVG) kann erst erhoben werden, wenn die Gewerbebehörde nicht innerhalb von sechs Monaten entschieden hat.

2.9 Verwaltungsübertretungen

Verstöße gegen die **in Bescheiden** gem § 360 verfügten Ge- oder Verbote stellen Verwaltungsübertreten nach § 368 dar (VwGH 10. 12. 1985, 84/04/0136; 10. 6. 1987, 86/04/0184, 0185; s dazu *Ziermann,* Das Verwaltungsstrafrecht und Verwaltungsstrafverfahren im Zusammenhang mit gewerblichen Betriebsanlagen Rz 391).

2.10 Zuständigkeiten

2.10.1 Die Zuständigkeit zu Verfügung (Anordnung), Vollstreckung (s oben 2.5) sowie Widerruf (s oben 2.8) von einstweiligen Zwangs- und Sicherheitsmaßnahmen liegt bei der BVB (§ 333 Abs 1). Auch im Fall, dass die von der BVB erlassenen (Titel-)Bescheide bzw die im Rechtsmittelweg erlassenen Erk der LVwG nach dem VVG vollstreckt werden (s oben 2.5), ist die BVB zuständig (§ 1 Abs 1 Z 1 und 3 VVG).

Eine Mitwirkung von Organen des öffentlichen Sicherheitsdienstes, wie insb der **Bundespolizei,** ist weder bei Sofortmaßnahmen an Ort und Stelle gem § 360 Abs 2, 3 und 4 noch der gewerberechtsunmittelbaren Vollstreckung bescheidmäßiger Verfügungen gem § 360 Abs 5 (s oben 2.5) vorgesehen (vgl §§ 336, 336 a sowie *Kienast,* ZfV 1995, 303, *Grabler/Stolzlechner/Wendl,* GewO[3] § 360 Rz 58; aA *Gruber/Paliege-Barfuß,* GewO[7] § 336 Anm 3). Nicht ausgeschlossen sind bis zum Einschreiten der Gewerbebehörde **subsidiäre Hilfsmaßnahmen der Sicherheitsbehörden** einschließlich deren Exekutivorgane (Bundespolizei) im Rahmen der **ersten allgemeinen Hilfeleistungspflicht** (§ 19 SPG), wenn Leben, Gesundheit oder Eigentum von Menschen gegenwärtig gefährdet sind oder eine solche Gefährdung unmittelbar bevorsteht *(Grabler/Stolzlechner/Wendl,* GewO[3] § 360 Rz 58). Die erste allgemeine Hilfeleistungspflicht endet mit Einschreiten der Gewerbebehörde (vgl dazu weiterführend *Giese* in *Thanner/Vogl,* SPG[2] § 19 Rz 5).
   Im Fall der Vollstreckung von Bescheiden (bzw Erk der LVwG) **nach dem VVG** können bei der erforderlichen Ausübung von Zwang exekutive Hilfsorgane, wie zB die Bundespolizei, auf der Grundlage des § 9 VVG zur Unterstützung beigezogen werden.

2.10.2 Über **Beschwerden gegen Bescheide** der Gewerbebehörden (s oben 2.10.1) erkennt das örtlich zuständige LVwG (Art 130 Abs 1 Z 1 iVm Art 131 Abs 1 B-VG; § 3 VwGVG). Das LVwG hat grds **in der Sache selbst** („reformatorisch") zu entscheiden (§ 28 Abs 2 Z 1 VwGVG), dh den Bescheid der Gewerbebehörde zu bestätigen oder – zB wegen unterlassener oder fehlerhafter Verfahrensanordnung (LVwG Tir 13. 5. 2014, LVwG-2014/25/1145-1) – aufzuheben. Steht der Sachverhalt aufgrund besonders gravierender Ermittlungslücken nicht fest, ist eine **Zurückverweisung** zulässig (§ 28 Abs 3 VwGVG – vgl zB VwGH 26. 6. 2014, Ro 2014/03/0063).

Bei der **Beurteilung der Sach- und Rechtslage** ist auf den Zeitpunkt der verwaltungsgerichtlichen Entscheidung abzustellen.

Im Zeitpunkt der *verwaltungsgerichtlichen* Entscheidung müssen ebenso wie im Zeitpunkt der *verwaltungsbehördlichen* Entscheidung die Voraussetzungen für die (Zwangs-, Sicherungs-)Maßnahme gegeben sein. Fällt während des verwaltungsgerichtlichen Verfahrens eine dieser Voraussetzungen weg (zB Einstellung der gewerblichen Tätigkeit ohne Eintreten eines neuen BA-Inhabers), so ist eine **vergangenheitsbezogene Feststellung** in Form eines Erkenntnisses zu erlassen. Diesfalls hat sich die Entscheidung auf den Zeitraum beginnend ab der faktischen Setzung der Maßnahme bis zum **Wegfall der Voraussetzungen** zu beziehen. Dem Wort „hierüber" (in § 360 Abs 3 und 4) kommt die Bedeutung einer Abgrenzung der Sachentscheidungsbefugnis – ähnlich jener der nach der früheren Rechtslage der Berufungsbehörde nach § 66 Abs 4 AVG – insofern zu, als durch die Maßnahme der Gegenstand des Verfahrens umschrieben wird (LVwG Wien 16. 6. 2014, VGW-122/008/8258/2014; vgl dazu auch VwGH 26. 6. 2011, 2001/04/0073).

Dem Wegfall einer Voraussetzung ist der Fall gleichzuhalten, in dem sich (erst) aufgrund späteren Wissensstandes erweist, dass es an einer Voraussetzung für die Maßnahme fehlt. Auch in einem solchen Fall ist ein **vergangenheitsbezogener Bescheid** zu erlassen, und zwar betreffend den Zeitraum von der (faktischen) Setzung der Maßnahme an bis zum Vorliegen eines, die Aufrechterhaltung der Maßnahme nicht (mehr) rechtfertigenden Ermittlungsergebnisses (VwGH 24. 10. 2001, 2000/04/0142).

Das LVwG muss **in derselben Sache** wie die Gewerbebehörde entscheiden (§ 28 Abs 2 VwGVG; vgl idS VwGH 4. 12. 2003, 2003/04/0155 unter Bezugnahme auf § 66 Abs 4 AVG). Die Verfügung **anderer** oder **zusätzlicher Zwangs- und Sicherheitsmaßnahmen** ist nicht zulässig, wenn sie auf *erstmals* im verwaltungsgerichtlichen Verfahren festgestellten Verdachtsmomenten oder Gefahrenumständen gründen (so auch *Gruber/Paliege-Barfuß*, GewO[7] § 360 Anm 3).

2.10.3 **Sofortmaßnahmen** an Ort und Stelle, die im Wege der Ausübung unmittelbarer verwaltungsbehördlicher **Befehls- und Zwangsgewalt** durchgeführt werden (s unten 4. und 6.), können aufgrund der speziellen Rechtsschutzkonstruktion des § 360 Abs 2, 3 und 4 (Bescheid binnen eines Monats) nur in eingeschränktem Rahmen im Wege einer **Maßnahmenbeschwerde** beim LVwG bekämpft werden (Art 130 Abs 1 Z 2 iVm Art 131 Abs 1 B-VG).

Auch bei Sofortmaßnahmen **in Abwesenheit des BA-Inhabers** kann es sich um unmittelbare verwaltungsbehördliche Befehls- und Zwangsgewalt handeln (aA UVS OÖ 7. 3. 1997, VwSen-420122/24/Wei/Bk – hier: Versiegelung des Einfahrtstores durch Anbringen einer Plombe am Schloss in Abwesenheit der BA-Inhabers; vgl im Gegensatz dazu zB VfSlg 13533/1993 mwH zur Qualifikation des Abschleppens verkehrsbehindernd abgestellter Fahrzeuge in Abwesenheit des Inhabers).

Ergeht innerhalb eines Monats der Bescheid über die Aufrechterhaltung (bzw Einstellung) der Zwangsmaßnahmen, wird die unmittelbar gesetzte, *„faktische"* Amtshandlung **gegenstandslos** (VwGH 22. 4. 1987, 86/10/0186; 18. 5. 1987, 86/10/0157); sie verliert ihre selbständige rechtliche Existenz (VfSlg 12.211/1989). In diesem Fall hat das LVwG die Beschwerde zurückzuweisen (vgl idS UVS Stmk 29. 9. 2010, 20.3–5/2010 mit Hinweis auf VwGH 18. 3. 1997, 96/04/0231). Praktische Relevanz kommt einer Maßnahmenbeschwerde nur im Fall zu, wenn die Gewerbebehörde der Sofortmaßnahme **keinen Bescheid** nachfolgen lässt (*Kienast,* ZfV 1995, 313; *Gruber/Paliege-Barfuß,* GewO[7] § 360 Rz 13). Da die Sofortmaßnahmen diesfalls aber nach einem Monat ex lege als aufgehoben gelten, kann das LVwG nur eine **vergangenheitsbezogene Feststellung** treffen.

3. Einstweilige Zwangsmaßnahmen nach § 360 Abs 1 und Abs 1a

378   ### 3.1 Verdacht auf bestimmte Verwaltungsübertretungen

Die Gewerbebehörde ist bei Verdacht auf **bestimmte Verwaltungsübertretungen mit (überwiegend) hohem Unrechtsgehalt** verpflichtet, das inkriminierte Verhalten – unabhängig von der Einleitung eines Verwaltungsstrafverfahrens (§ 25 Abs 1 VStG) – durch einstweilige Zwangsmaßnahmen zu beenden. Es handelt sich um folgende, taxativ aufgezählte **vier Verdachtsfälle:**

– Verdacht der **Ausübung eines Gewerbes ohne die erforderliche Gewerbeberechtigung** (§ 366 Abs 1 Z 1);

Die Ausübung eines Gewerbes ohne die erforderliche Gewerbeberechtigung liegt nicht nur vor, wenn für eine gewerbliche Tätigkeit (iSd §§ 1 ff) kein Gewerbe angemeldet worden ist (§§ 5, 339 ff), sondern auch im Fall, dass der Umfang einer Gewerbeberechtigung (§§ 29 ff, 94 ff) überschritten wird.

– Verdacht der Errichtung oder des Betriebs einer **BA ohne Genehmigung** (§ 366 Abs 1 Z 2);

Näheres hiezu *Ziermann,* Verwaltungsstrafrecht und Verwaltungsstrafverfahren im Zusammenhang mit gewerblichen Betriebsanlagen Rz 389.
     Werden bei **genehmigungsfreien Gastgärten** (s dazu *Stolzlechner,* Die Genehmigungspflicht der Betriebsanlage Rz 199) die Voraussetzungen des § 76a Abs 1 und 2 für die Genehmigungsfreistellung wiederholt nicht eingehalten, hat die **Schließung des Gastgartens** nicht im Wege des § 360 Abs 1 (Betrieb einer BA ohne Genehmigung), sondern gem der (dem § 360 Abs 1 nachgebildeten) Sondervorschrift des § 76a Abs 4 zu erfolgen.

– Verdacht der Änderung oder des Betriebs der **BA ohne (Änderungs-)Genehmigung** (§ 366 Abs 1 Z 3);

Näheres hiezu *Ziermann,* Verwaltungsstrafrecht und Verwaltungsstrafverfahren im Zusammenhang mit gewerblichen Betriebsanlagen Rz 390.

– Verdacht der **Nichtbefolgung von V** gem § 82 Abs 1 oder § 84d Abs 7 oder der **Nichtbefolgung von Auflagen** (gem §§ 74 bis 83) **oder Aufträgen** (§ 359b Abs 1) in Bescheiden, außer es ist zu deren **Aufhebung** oder **Abänderung** bereits ein einschlägiges **(Genehmigungs-)Verfahren** gem § 79c Abs 1 und 2 oder § 82 Abs 3 **anhängig** (§ 367 Z 25).

Näheres hiezu *Ziermann,* Verwaltungsstrafrecht und Verwaltungsstrafverfahren im Zusammenhang mit gewerblichen Betriebsanlagen Rz 391 sowie *Wendl,* Verfahrensübersicht „Verfahren nach § 79c" Rz 172 und „Verfahren nach § 82 Abs 3" Rz 178.

Besteht bei der Gewerbebehörde bereits Gewissheit, dass vom BA-Inhaber Auflagen (Aufträge) nicht eingehalten werden, können die Auflagen (Aufträge) auch im Wege des VVG vollstreckt werden. Bei dem die Auflagen (Aufträge) enthaltenden BA-Bescheid handelt es sich mit Eintritt der Rechtskraft um einen **vollstreckbaren Titelbescheid** (vgl auch *Stöberl,* ÖJZ 1990, 326).

Es genügt in allen Fällen des § 360 Abs 1 der **bloße Verdacht** auf Vorliegen einer Verwaltungsübertretung. Ein solcher Verdacht muss über bloße Vermutungen hinausgehen und erfordert einen auf bestimmten Tatsachen beruhenden Erfahrungsschluss, der die Annahme der **Verwirklichung des betreffenden (äußeren) Tatbestandes** vertretbar bzw nicht völlig ausgeschlossen erscheinen lässt.

Da nicht jede Änderung einer BA genehmigungspflichtig ist (§ 81 Abs 2; vgl dazu *Paliege-Barfuß,* Die Änderung der genehmigten Anlage Rz 357), bedarf der Verdacht einer Verwaltungsübertretung gem § 366 Abs 1 Z 3 entsprechender **Sachverhaltsfeststellungen,** die die Beurteilung der Frage zulassen, ob durch die Errichtung und/oder den Betrieb dieser Anlagenteile die Gefahr einer Verletzung der im § 74 Abs 2 umschriebenen Interessen besteht (VwGH 11. 11. 1998, 98/04/0108). Der Verdacht einer genehmigungspflichtigen BA-Änderung gem § 366 Abs 1 Z 3 liegt zB vor, wenn in einer Betriebstankstelle, die nur der Betankung von betriebseigenen Fahrzeugen dient, auch betriebsfremde Fahrzeuge betankt werden. Die zusätzlichen Betankungsvorgänge können das Emissionsverhalten der BA nachteilig beeinflussen und rechtfertigen die Annahme, dass eine genehmigungspflichtige BA-Änderung ohne Genehmigung vorgenommen wurde (VwGH 19. 11. 2003, 2003/04/0167).

Enthält eine Betriebsbeschreibung einer BA-Genehmigung **keine präzise Limitierung des Betriebsumfanges** (zB: „Schlachtkapazität von *ca* 600 Schweinen pro Woche"), kommt eine Bestrafung wegen Überschreitung des Betriebsumfanges (§ 366 Abs 1 Z 3) nicht in Betracht. In einem solchen Fall kann auch der von § 360 Abs 1 geforderte Verdacht einer derartigen Übertretung nicht vorliegen (VwGH 3. 9. 2008, 2008/04/0085).

Ein zureichender Verdacht liegt auch vor, wenn **trotz bereits erfolgter Bestrafung** wegen einer einschlägigen Verwaltungsübertretung das inkriminierte Verhalten fortgesetzt wird (VwGH 23. 5. 1995, 95/04/0015).

Nicht erforderlich ist für das Einschreiten der Gewerbebehörde gem § 360 Abs 1, dass im Einzelfall auch **Gefahr im Verzug** vorliegt (VwGH 3. 4. 2002, 2001/04/0069; 28. 1. 1992, 91/04/0236) oder mit dem rechtswidrigen Verhalten (zB Betrieb einer BA) **Gefährdungen** oder **Belästigungen für Dritte** einhergehen (VwGH 22. 11. 1988, 86/04/0209). Im Fall von Gefährdungen oder Belästigungen können sich allerdings kumulierende Amtspflichten der Gewerbebehörde gem Abs 1 und 4 ergeben (s unten 5.).

3.2 Herstellung des rechtmäßigen Zustandes (§ 360 Abs 1, 1 a und 3)

Die Gewerbebehörde ist bei der (Wieder-)Herstellung des rechtmäßigen Zustandes zu einer **differenzierten Vorgangsweise** verpflichtet. Grds hat die Behörde stufenweise vorzugehen und den Gewerbeausübenden (bzw Anlageninhaber) zuerst mit **Verfahrensanordnung** zur Herstellung des der Rechtsordnung entsprechenden Zustandes aufzufordern (Abs 1 erster Satz; s unten 3.2.1). Handelt es sich um eine rechtswidrig errichtete (geänderte) oder betriebene BA (iSd § 366 Abs 1 Z 2 oder 3, § 367 Z 25), gegen die keine Bedenken vom Standpunkt des Schutzes öffentlicher oder Interessen Dritter (zB der Nachbarn) bestehen, dann hat die Gewerbebehörde dem Verpflichteten die Alternative einzuräumen, eine **nachträgliche Genehmigung** zu erwirken (Abs 1 a; s unten 3.2.2). Wird der Aufforderung der Gewerbebehörde nicht fristgerecht nachgekommen, sind die notwendigen Zwangsmaßnahmen mit **Bescheid** zu verfügen (Abs 1 zweiter Satz; s unten 3.2.3). Nur im Fall einer offensichtlich unbefugten Gewerbeausübung hat die Behörde **Sofortmaßnahmen an Ort und Stelle** zu ergreifen (Abs 3; s unten 4.).

3.2.1 **Aufforderung zur Herstellung des rechtmäßigen Zustandes (§ 360 Abs 1 erster Satz)**

Die verfahrenseinleitende Aufforderung zur Herstellung des der Rechtsordnung entsprechenden Zustandes hat im Wege einer **formlosen Verfahrensanordnung** zu ergehen. Das Wesen dieser Verfahrensanordnung erschöpft sich in der **Bekanntgabe der Rechtsansicht** der Behörde über das rechtswidrige Verhalten, verbunden mit der nicht weiter sanktionierten Aufforderung, innerhalb der gesetzten Frist den rechtmäßigen Zustand wieder herzustellen.

> Diese Verfahrensanordnung kann nicht mit Beschwerde beim LVwG gem Art 130 Abs 1 Z 1 oder 2 B-VG bekämpft werden, da es sich bei dieser Anordnung weder um einen Bescheid (VwGH 21. 9. 1993, 93/04/0140) noch um Ausübung unmittelbarer verwaltungsbehördlicher Befehls- und Zwangsgewalt (VwGH 8. 10. 1996, 96/04/0168) handelt. Allfällige **Mängel** der Verfahrensanordnung (zB bei der Beschreibung des Sollzustandes) können aber die Rechtswidrigkeit der nachfolgenden *bescheidmäßigen* Verfügung nach sich ziehen (VwGH 16. 7. 1996, 96/04/0062; vgl dazu auch VwGH 8. 10. 1996, 96/04/0168).

Die Gewerbebehörde hat in der Verfahrensanordnung noch keine konkrete Maßnahme vorzuschreiben (VwGH 16. 7. 1996, 96/04/0062). Allerdings muss der Verfahrensanordnung entnommen werden können, welcher konkreten Verwaltungsübertretung der Verpflichtete verdächtigt wird. Der rechtlich geschuldete **Sollzustand** ist von der Gewerbebehörde so hinreichend konkret zu beschreiben, dass kein Zweifel daran bestehen kann, welches Ergebnis der Verpflichtete zu bewirken hat (zB Einstellung des unbefugten Errichtens oder Betreibens einer BA; Einhaltung einer bestimmten Auflage).

> Im Fall zB der rechtswidrigen Änderung einer genehmigten BA hat die Verfahrensanordnung den maßgeblichen Genehmigungsbescheid anzuführen, die konkreten Abweichungen davon im Detail darzulegen sowie auszuführen, aus welchen Erwägungen heraus die Abweichungen genehmigungspflichtig erscheinen (LVwG Tir 22. 10. 2014, LVwG-2014/22/2601-1).
>
> Bezieht sich die Verfahrensanordnung indifferent auf *„errichtete/betriebene"* Maschinen und damit auf zwei alternative Straftatbestände, bleibt offen, welche Sollordnung innerhalb der gesetzten Frist herzustellen ist: Die Sollordnung in Ansehung der Änderung der BA ohne die erforderliche Genehmigung oder des Betreibens nach der Änderung oder (kumulativ) beider Tatbestände (VwGH 16. 7. 1996, 96/04/0062).

Dem Verpflichteten muss in der Verfahrensanordnung eine **angemessene Frist** zur Herstellung des rechtmäßigen Zustandes eingeräumt werden. Von *„Angemessenheit"* ist auszugehen, wenn der rechtmäßige Zustand in der festgelegten Zeitspanne tatsächlich hergestellt werden kann. Liegen besondere Umstände vor, kann die Gewerbebehörde – mangels res iudicata – die Frist nochmals erstrecken (so auch *Paliege-Barfuß* in FS Stolzlechner 482).

Da die Schließung eines Gastgewerbebetriebes in der Regel keinen besonderen Zeitaufwand erfordert, ist die Frist von **7 Tagen** zur Einstellung eines Gasthausbetriebes angemessen (VwGH 13. 12. 2000, 2000/04/0189).

Eine Frist von **6 Monaten** wird idR als bereits zu lang angesehen werden müssen (*Gruber/Paliege-Barfuß*, GewO⁷ § 360 Rz 7 mit Hinweis auf die GRT 1997).

Die Frist muss nicht in jedem Fall mit einem **exakten Zeitraum** (zB nach Tagen) oder **Zeitpunkt** angegeben werden. Auch die Anordnung einer **unverzüglichen** Herstellung kann im Einzelfall zulässig sein. Der Begriff *„unverzüglich"* schließt nicht das völlige Fehlen einer Frist in dem Sinn in sich ein, dass dem Verpflichteten keine Zeit zur Erfüllung bliebe. Die zur Durchführung der aufgetragenen Leistung notwendige Zeit steht dem Verpflichteten jedenfalls zur Verfügung (VwGH 8. 11. 2000, 2000/04/0156 – hier: Stilllegung einer Musikanlage).

Auf welche Art und Weise die Herstellung des rechtmäßigen Zustandes bewerkstelligt wird, liegt im Gutdünken des Verpflichteten.

Es ist Sache des Gewerbeausübenden bzw des BA-Inhabers, den rechtmäßigen Zustand (wieder-)herzustellen und zwar auf die von ihm zu wählende Art und Weise, dh mit den von ihm zu wählenden Maßnahmen (VwGH 16. 7. 1996, 96/04/0062).

Ein vom Verpflichteten **anhängig gemachtes BA-Genehmigungsverfahren** stellt grds keine geeignete Maßnahme zur Herstellung des rechtmäßigen Zustandes dar (VwGH 27. 10. 2014, 2013/04/0079; 25. 2. 1993, 92/04/0158; 5. 11. 1991, 91/04/0182), außer die Gewerbebehörde räumt eine solche Möglichkeit **explizit** ein (s unten 3.2.2).

Besonderes gilt im Verdachtsfall der **Nichteinhaltung von Auflagen (Aufträgen) der BA-Genehmigung oder Verordnungen** gem § 367 Z 25: Hat der Gewerbetreibende bzw BA-Inhaber bereits vor Einschreiten der Gewerbebehörde ein **Verfahren gem § 79 c und § 82 Abs 3** anhängig gemacht, dann darf bis zum Abschluss des betreffenden Verfahrens keine Verfahrensanordnung zur Herstellung des rechtmäßigen Zustandes ergehen.

3.2.2 Aufforderung zur Einbringung eines Ansuchens um Genehmigung der BA (§ 360 Abs 1 a)

Im Fall einer **rechtswidrig errichteten oder betriebenen BA** (iSd § 366 Abs 1 Z 2 oder 3, § 367 Z 25) hat die Gewerbebehörde zur Wahrung der Verhältnismäßigkeit (vgl *Paliege-Barfuß* in FS Stolzlechner 475) neben der Herstellung des rechtmäßigen Zustandes zugleich das **Ansuchen um nachträgliche Genehmigung** der BA aufzutragen. Dieser **„Alternativauftrag"** ist nur zulässig, wenn vom Standpunkt des Schutzes der im § 74 Abs 2 umschriebenen Interessen oder der Vermeidung von Belastungen der Umwelt (§ 69 a) **keine Bedenken** bestehen (§ 360 Abs 1 a Z 1) und es sich bei der BA auch um **keine IPPC-Anlage** gem Anl 3 handelt (§ 360 Abs 1 letzter Satz).

Die Gewerbebehörde hat zu diesem Zweck eine **„Grobprüfung"** vorzunehmen (EB 2012). Gegenstand der Grobprüfung ist nicht die Abschätzung der Genehmigungsfähigkeit der BA (zB unter Vorschreibung von Auflagen), sondern der **aktuellen Auswirkungen des konsenslosen Zustandes** auf die Umgebung. Die Grobprüfung ist an Ort und Stelle vorzunehmen und hat auch sachverständige Einschätzungen und Erfahrungsschlüsse (zB zur örtlichen Zumutbarkeit des Betriebslärms) zu umfassen. Die Erstellung eines umfänglichen Sachverständigengutachtens (Befund, Gutachten) ist nicht erforderlich. Sind die Auswirkungen eine BA ohne umfangreichere sachverständige Erhebungen gar nicht einschätzbar oder liegen der Gewerbebehörde zB plausible Nachbarbeschwerden vor, ist der Alternativauftrag unzulässig (*Paliege-Barfuß* in FS Stolzlechner 483).

Ist ein Alternativauftrag zulässig, hat die Gewerbebehörde in der Verfahrensanordnung (s oben 3.2.1) auch diesbezüglich eine **angemessene, nicht erstreckbare Frist** zu setzen, innerhalb der bei der Gewerbebehörde ein **Genehmigungsansuchen eingebracht** sowie der **Genehmigungsbescheid (auch) erlassen** worden sein muss.

Eine angemessene Frist muss nicht nur die Zeit für die Ausarbeitung der Projektunterlagen, sondern auch die für die Erledigung des Ansuchens geltenden **Entscheidungsfristen** des § 359b Abs 1 GewO (vereinfachtes Verfahren) und des § 73 Abs 1 AVG (normales Verfahren) zureichend berücksichtigen.

Als „Erlassen" iSd § 360 Abs 1a gilt der Genehmigungsbescheid bereits mit der Verkündung bzw Zustellung/Ausfolgung durch die Gewerbebehörde. Der Eintritt der Rechtskraft ist nicht erforderlich.

Es handelt sich bei dieser Frist um eine **zweite Frist,** die mit der (ersten) Frist gem § 360 Abs 1 zur Herstellung des rechtmäßigen Zustandes nicht ident ist und idR einen wesentlich **längeren Zeitraum** umfassen muss. Im Zeitraum zwischen dem Ablauf der ersten Frist und der zweiten Frist für die Erwirkung eines BA-Bescheides darf grds **keine bescheidmäßige Verfügung** von einstweiligen Zwangsmaßnahmen (§ 360 Abs 1 zweiter Satz; s unten 3.2.3) ergehen. Daher kommt der zweiten Frist eine Art **aufschiebende Wirkung** zu. Diese aufschiebende Wirkung gilt allerdings nur „solange", als nicht vor Fristablauf doch noch Bedenken bezüglich der Auswirkungen der BA iSd § 360 Abs 1a Z 1 hervorkommen.

3.2.3 Bescheidmäßige Verfügung von einstweiligen Zwangsmaßnahmen (§ 360 Abs 1 zweiter Satz)

Kommt der Verpflichtete der Aufforderung in der Verfahrensanordnung nicht rechtzeitig nach oder kommen – im Fall des Alternativauftrages (s oben 3.2.2) – nachträgliche Bedenken iSd § 360 Abs 1a Z 1 vor Fristablauf hervor, hat die Gewerbebehörde auf der Grundlage der *bestehenden* Verfahrensanordnung die jeweils notwendigen Maßnahmen **mit Bescheid** zu verfügen.

Bei den gesetzlich angeführten Maßnahmen der Stilllegung von Maschinen, Schließung von Teilen des Betriebes oder die Schließung des Betriebes handelt es sich um eine **demonstrative Aufzählung** (arg „wie"), sodass auch noch andere Zwangsmaßnahmen in Betracht kommen. Der Gewerbebehörde steht bei der Bestimmung der Zwangsmaßnahmen grds ein **gewisses (Auswahl-)Ermessen** zu. Eine Grenze findet der Ermessensspielraum aber in der **konkreten Notwendigkeit** der einstweiligen Zwangsmaßnahme. Davon kann – als „*contrarius actus*" (VwGH 29. 1. 1991, 90/04/0325; 5. 11. 1991, 91/04/0182) – nur ausgegangen werden, wenn die einstweilige Zwangsmaßnahme im konkreten Einzelfall (arg „*jeweils*") **erforderlich** und **geeignet** ist, den rechtswidrigen Zustand zu beseitigen. Auf die *wirtschaftliche Leistungsfähigkeit* des Verpflichteten (wirtschaftliche Zumutbarkeit) kommt es dagegen nicht an.

Die **Schließung des Betriebs** als härteste Zwangsmaßnahme darf nur dann verfügt werden, wenn *mit anderen Maßnahmen* der gebotene Erfolg nicht erreicht wird (VwGH 29. 9. 1971, 1173/70). Bei bloßem Verdacht der Nichteinhaltung von Auflagen (§ 367 Z 25) ist die Schließung der BA idR noch nicht zulässig (*Grabler/Stolzlechner/Wendl*, GewO³ § 360 Rz 22). Ist mangels der erforderlichen Genehmigung der Betrieb der BA insgesamt unzulässig, kann der rechtmäßige Zustand nur in der Einstellung des gesamten Betriebs liegen. Die Schließung des gesamten Betriebes ist diesfalls das einzig adäquate Mittel zur Herstellung des der Rechtsordnung entsprechenden Zustandes (VwGH 30. 6. 2004, 2004/04/0096; 13. 12. 2000, 2000/04/0189).

Einen Raum für eine Interessenabwägung **zur Vermeidung von Härten** lässt § 360 Abs 1 nicht zu (VwGH 28. 7. 2004, 2004/04/0041; 8. 11. 2000, 2000/04/0156; 24. 8. 1995, 95/04/0069). Die Frage der **Gefährdung der Existenz** durch Schließung der BA ist keine Tatbestandsvoraussetzung des § 360 (VwGH 23. 4. 1996, 96/04/0009).

Ob eine einstweilige Zwangsmaßnahme (auch) geeignet ist, **bestimmte Gefahren** (iSd § 74 Abs 2) abzuwehren, kommt im Zusammenhang mit § 360 Abs 1 keine Bedeutung zu (VwGH 24. 8. 1995, 95/04/0069 – hier: betreffend allfällige nachteilige Einwirkungen auf die Beschaffenheit der Gewässer oder die Kontaminierung des Erdreichs).

Es darf sich nach dem Zweck des § 360 sowie der Art der in § 360 Abs 1 angeführten Maßnahmen (Stilllegung, Schließung) bei einstweiligen Zwangsmaßnahmen generell nur um **kurzfristig realisierbare Maßnahmen von temporärem Charakter** handeln (vgl § 360 Abs 5). Zwangsmaßnahmen, die ihrer Natur nach auf Dauer angelegt sind („Dauermaßnahmen"), sind unzulässig. Das gilt selbst im Fall, dass sich aus der Sicht des Verpflichteten die vorübergehenden Maßnahmen des § 360 Abs 1 im Vergleich zu den Dauermaßnahmen, wie sie gem § 79 vorgeschrieben werden können, als *„überschießend"* und *„unadäquat"* darstellen sollten (VwGH 8. 11. 2000, 2000/04/0156).

Im Fall **unzulässiger Lärmimmissionen** (zB aus einer Musikanlage in einer gastgewerblich genutzten BA) kann nur die Demontage von Lautsprechern und die Entfernung einer Musikanlage aus der BA verfügt werden (VwGH 24. 11. 1992, 92/04/0111), nicht aber stattdessen die Herstellung einer („dauerhaften") technischen Lärmbegrenzung (VwGH 8. 11. 2000, 2000/04/0156).

Da die Gewerbebehörde bereits in der Verfahrensanordnung die Frist zur Herstellung des rechtmäßigen Zustandes zu setzen hat (s oben 3.2.1), muss – in Abweichung zu § 59 Abs 2 AVG – im Verfügungsbescheid **keine weitere (Leistungs-)Frist** mehr eingeräumt werden (VwGH 23. 4. 1996, 96/04/0009).

Fehlt in der Verfahrensanordnung eine solche Frist, dann ist auch die darauf beruhende bescheidmäßige Verfügung rechtswidrig (LVwG Tir 13. 5. 2014, LVwG-2014/25/1145-1).

4. Sofortmaßnahmen nach § 360 Abs 3

4.1 Sofortmaßnahmen an Ort und Stelle sind nur zulässig, wenn ein Gewerbe **of-** **379** **fenkundig unbefugt** (*„ohne die erforderliche Gewerbeberechtigung"*) ausgeübt wird (§ 366 Abs 1 Z 1). Der *bloße Verdacht* einer Verwaltungsübertretung (s oben 3.1) ist in diesem Fall nicht ausreichend.

Der Begriff *„offenkundig"* ist im Schrifttum unterschiedlich interpretiert und problematisiert worden (*Aichlreiter* in *Korinek*, Gewerberecht 397 f; *Moosbauer*, ÖZW 1994, 100). Ein Vergleich mit anderen gewerberechtlichen Bestimmungen, die an eine Offenkundigkeit anknüpfen (zB § 358 Abs 1), lässt aber den Schluss zu, dass für den Gesetzgeber eine Verwaltungsübertretung bereits dann offenkundig ist, wenn bei Bedachtnahme auf den offenliegenden Sachverhalt **keine Zweifel** daran bestehen können (VwGH 23. 4. 2003, 2002/04/0112; 23. 10. 1984, 83/04/0305; *Grabler/Stolzlechner/Wendl,* GewO³ § 360 Rz 30; *Kienast,* ZfV 1995, 305).

Aus einem **vorangegangenen Schließungsbescheid** allein ergibt sich noch keine Offenkundigkeit der unbefugten Gewerbeausübung (VwGH 23. 4. 2003, 2002/04/0112 – keine Tatbestandswirkung).

Liegt in der gew BA eine Getränkekarte auf und werden Gäste bei der Konsumation von Getränken angetroffen, kann im Fall einer fehlenden Gewerbeberechtigung für das Gastgewerbe (lt Gewerberegister) von einer *offenkundig illegalen* Gewerbeausübung ausgegangen werden (LVwG Wien 7. 2. 2014, VGW-122/008/21446/2014).

Keine offenkundig illegale Gewerbeausübung liegt dagegen vor, wenn in einem (hier: Sport-, Kultur- und Freizeit-)Verein Getränkepreise nicht oder nur teilweise festgelegt worden sind. Auch die Feststellung der Behörde, dass die erzielten Einnahmen dem Verein zugutekämen, verrät noch nicht unbedingt, dass die Voraussetzungen der Gewerbsmäßigkeit iSd § 1 Abs 6 vorlägen (UVS Tir 13. 12. 2006, 2006/16/3395-1).

4.2 In diesem Fall hat die Gewerbebehörde ohne vorausgegangenes Verwaltungsverfahren und vor Erlassung eines Bescheides die **Schließung des Betriebes an Ort und Stelle** zu veranlassen (zB Versiegelung oder Austausch von Schlössern, Anbringung eines Absperrbandes – VwGH 26. 6. 2001, 2001/04/0073; Anbringung einer Tafel „Betrieb behördlich geschlossen"). Diese Sofortmaßnahme kann im Wege der Ausübung unmittelbarer verwaltungsbehördlicher **Befehls- und Zwangsgewalt** durchgesetzt werden (s dazu oben 2.10.3). Es besteht – im Unterschied zu § 360 Abs 4 – keine Verpflichtung der Gewerbebehörde, die Absicht der Betriebsschließung vorher anzukündigen, um dem Verpflichteten noch Gelegenheit zu geben, den rechtswidrigen Zustand zu beseitigen (VwGH 17. 4. 1998, 98/04/0052).

4.3 Als Sofortmaßnahme ist stets die **Schließung des gesamten Betriebes** vorzunehmen. Der Begriff „*des gesamten der Rechtsordnung nicht entsprechenden Betriebes*" ist allerdings eng auszulegen.

Dient daher – wie zB bei Einkaufszentren – eine BA **verschiedenen Gewerbebetrieben,** darf im Fall bloß *einer* unbefugten Gewerbeausübung nur der entsprechende Handelsbetrieb geschlossen werden (*Grabler/Stolzlechner/Wendl;* GewO³ § 360 Rz 32; *Gruber/Paliege-Barfuß,* GewO⁷ § 360 Anm 16 mH; *Aichlreiter* in *Korinek,* Gewerberecht 304).

4.4 Über die Sofortmaßnahme muss die Gewerbebehörde binnen eines Monats einen **schriftlichen Bescheid** erlassen, widrigenfalls die vorläufige Betriebsschließung ex lege als aufgehoben gilt. Vor Erlassung des Bescheides ist ein förmliches Ermittlungsverfahren (iSd §§ 37 ff AVG) durchzuführen. Inhaltlich hat die Gewerbebehörde (nochmals) sowohl über die grundsätzliche Rechtmäßigkeit der einstweiligen Betriebsschließung als auch über deren konkreten Umfang zu entscheiden. Sie hat zwischenzeitige Änderungen im Sachverhalt (zB rechtswirksame Gewerbeanmeldung) zu berücksichtigen, da bei der Beurteilung der Sach- und Rechtslage auf den **Zeitpunkt der Entscheidung** abzustellen ist.

Nach dem Zweck der Bestimmung, möglichst rasch die **erforderlichen Ermittlungen** aufzunehmen (sowie der Verlängerung der gesetzlichen Frist von ursprünglich zwei Wochen auf einen Monat im Zuge der GewRNov 1992), erscheint – entgegen der hM (*Grabler/Stolzlechner/Wendl,* GewO³ § 360 Rz 28; *Gruber/Paliege-Barfuß,* GewO⁷ § 360 Anm 33; *E/R/W* § 360 Rz 26; *Kienast,* ZfV 1995, 313) – ein **abgekürztes Mandatsverfahren** iSd § 57 AVG und das damit einhergehende weitere Aufschieben eines ordentlichen Ermittlungsverfahrens **nicht zulässig.**

Im Fall, dass die Voraussetzungen für die Betriebsschließung von Beginn an nicht vorlagen oder nachträglich **wieder weggefallen** sind, hat die Gewerbebehörde die Anordnung der Betriebsschließung vorzeitig mit Bescheid aufzuheben.

Ein schriftlicher Bescheid ist (erst) erlassen, wenn er dem Verpflichteten zugestellt worden ist. Aufgrund der Sonderregelung des § 360 Abs 3 gilt der Bescheid auch dann als zugestellt, wenn er wegen Unzustellbarkeit iSd § 19 ZustellG an die Behörde zurückgestellt worden ist (s dazu oben 2.5).

Ein **nach Ablauf der Monatsfrist** erlassener Bescheid ist nicht absolut nichtig, sondern *rechtswidrig.* Er entfaltet bis zu seiner Aufhebung durch das LVwG im Rechtsmittelverfahren vorläufig Rechtswirkungen (ähnlich VwGH 29. 9. 1986, 86/10/0118 zu § 51 Abs 7 VStG).

Zur sofortigen Vollstreckbarkeit, beschränkten zeitlichen Geltung sowie (quasi-) dinglichen Wirkung des Bescheides s oben 2.5 bis 2.8.

5. Einstweilige Sicherheitsmaßnahmen nach § 360 Abs 4 erster Satz

5.1 Zweck und Abgrenzung der einstweiligen Sicherheitsmaßnahmen nach **380**
§ 360 Abs 4 gegenüber Maßnahmen nach § 79 GewO und § 68 Abs 3 AVG

Bei den einstweiligen Sicherheitsmaßnahmen nach § 360 Abs 4 handelt es sich, wie sich aus der demonstrativen Aufzählung der anzuordnenden Maßnahmen (Stilllegung von Maschinen, Geräten oder Ausrüstungen, sonstige Sicherheitsmaßnahmen, gänzliche oder teilweise Schließung des Betriebes) ergibt (VwGH 8. 11. 2000, 2000/04/0146), um **kurzfristige, vorübergehende Notmaßnahmen** zur Beseitigung einer Gefahr oder Belästigung im öffentlichen Interesse (§ 360 Abs 5 und 6; vgl dazu VwGH 19. 9. 1989, 89/04/0037). Davon zu unterscheiden sind gewerbebehördliche **Maßnahmen nach § 79 GewO und § 68 Abs 3 AVG,** die ihrem Zweck nach auf den dauerhaften Schutz vor ebensolchen Gefahren oder Belästigungen abzielen:

- Zum Schutz vor Gefahren oder Belästigungen durch eine *rk bewilligte BA* ist eine **nachträgliche Vorschreibung anderer oder zusätzlicher Auflagen** zulässig (§ 79 Abs 1 bis 3). Zweck dieser Bestimmung ist die *dauerhafte Sanierung der BA* (s dazu *Stolzlechner,* Die Rechtskraft und die Änderung von Bescheiden Rz 362, 4.1). Eine dauerhafte Stilllegung des Betriebes kommt in diesem Rahmen nicht in Betracht (VwGH 19. 11. 1985, 85/04/0019).
- § 79 GewO hat den Anwendungsbereich des § 68 Abs 3 AVG nicht eingeschränkt. Daher ist bei *lebens-* oder *gesundheitsgefährdenden Missständen* oder schweren volkswirtschaftlichen Schädigungen weiterhin auch die **Aufhebung des BA-Genehmigungsbescheides** durch die Gewerbebehörde oder sachlich in Betracht kommende Oberbehörde zulässig (§ 68 Abs 3 AVG; s dazu *Stolzlechner,* Die Rechtskraft und die Änderung von Bescheiden Rz 360, 2.1).

– Im **Zusammenspiel zwischen einstweiligen Sicherheits- und endgültigen Dauermaßnahmen** ergibt sich eine (auch interpretativ nicht zu schließende) *„Schutzlücke"*, weil bei *(bloßen) Belästigungen durch genehmigte BA* in den meisten Fällen zwar Dauermaßnahmen (§ 79 Abs 1), nicht aber auch kurzfristige Schutzmaßnahmen verfügt werden können (vgl § 360 Abs 4 – „durch eine *nicht genehmigte* Betriebsanlagen verursachte unzumutbare Belästigung der Nachbarn"). In diesem Fall besteht aber zumindest die Möglichkeit, bei Gefahr im Verzug die erforderlichen Dauermaßnahmen (gem § 79) in Form eines **Mandatsbescheides** (§ 57 AVG) zu erlassen.

5.2 Die Anlassfälle des § 360 Abs 4 erster Satz

5.2.1 Einstweilige Sicherheitsmaßnahmen zum Schutz von Leben, Gesundheit oder Eigentum

Die Gewerbebehörde hat einstweilige Sicherheitsmaßnahmen zu verfügen, wenn von **gewerblichen Tätigkeiten** (§§ 1 ff) oder von nicht ordnungsgemäß in den Verkehr gebrachten **gefährlichen Maschinen** (§ 71) eine Gefahr für das Leben oder die Gesundheit von Menschen oder für das Eigentum ausgeht.

Ausschlaggebend ist ausschließlich, ob eine Tätigkeit oder eine der Tätigkeit dienende BA der GewO unterliegt (s oben 2.1). Unerheblich ist dagegen, ob diese Tätigkeit *rechtmäßig* oder *rechtswidrig* ausgeübt wird. Daher kommen auch im Fall, dass Gefahren für Leben, Gesundheit oder Eigentum vom Betrieb einer **genehmigten BA** ausgehen, einstweilige Sicherheitsmaßnahmen gem § 360 Abs 4 in Betracht (vgl VwSlg 11.344 A/1984 sowie *Grabler/Stolzlechner/Wendl,* GewO³ § 360 Rz 43; aA *Funk* in *Rill,* Gewerberecht 428).

Ein Einschreiten der Gewerbebehörde ist nur zulässig, wenn eine **konkrete Gefahr für Leben, Gesundheit** oder **Eigentum** besteht. Die Gewerbebehörde hat die ausschlaggebenden Tatsachen zureichend zu erheben.

Zu den Gefahren für Leben, Gesundheit und Eigentum s *Wendl,* Die Gefährdung des Lebens und der Gesundheit Rz 209 sowie *Kerschner,* Die Gefährdung des Eigentums und sonstiger dinglicher Rechte Rz 227.
   Zwar bestimmt der Charakter einer Maßnahme das erforderliche **Ausmaß der behördlichen Ermittlungspflichten** mit. Die Gewerbebehörde ist aber auch bei *einstweiligen* Sicherheitsmaßnahmen zur Prüfung verpflichtet, ob eine konkrete Gefährdung nachweisbar ist. Der Umstand, dass eine Gefährdung nach den **allgemeinen Erfahrungen** nicht ausgeschlossen werden kann, ist hiefür nicht als ausreichend anzusehen. Ein derartiger Gefahrenbegriff setzt seinem gesetzlichen Sinngehalt nach allerdings nicht etwa auch die Feststellung eines – in Ansehung der Gewissheit seines Eintrittes als auch seiner zeitlichen Komponenten – fixierten Schadenseintrittes voraus (VwGH 19. 9. 1989, 89/04/0037).
   Ergibt sich aus einem **amtsärztlichen Sachverständigengutachten** lediglich, dass eine Gesundheitsgefährdung *nicht ausgeschlossen* werden könne, wird mit dieser Schlussfolgerung noch keine konkrete Gefahr dargelegt. Vielmehr muss sich aus dem Gutachten ergeben, dass mit einer Gesundheitsgefährdung (hier zB: eines über der BA wohnenden Nachbarn) durch die Lärmemissionen zu rechnen ist (LVwG Wien 16. 6. 2014, VGW-122/008/8258/2014).

Die Gefahrenabwehr ist – im Unterschied zur Abstellung unzumutbarer Belästigungen (s unten 5.2.2) – nicht ausschließlich auf den Schutz der **Nachbarn** (iSd § 75 Abs 2) zu beschränken. Auch **andere Personen** (arg *„Menschen"*), zB Arbeitnehmer, Kunden oder Konsumenten (VwGH 22. 11. 1988, 88/04/0085), fallen in den Schutzbereich.

5.2.2 **Einstweilige Sicherheitsmaßnahmen zum Schutz vor unzumutbaren Belästigungen**

Die Gewerbebehörde hat einstweilige Sicherheitsmaßnahmen weiters auch dann zu verfügen, wenn der Betrieb einer **nicht genehmigten BA** zu **unzumutbaren Belästigungen der Nachbarn** (iSd § 75 Abs 2; s dazu *Paliege-Barfuß*, Die Belästigung der Nachbarn Rz 215) führt.

Der Begriff „*nicht genehmigte Betriebsanlage*" ist weit auszulegen, sodass auch **nicht genehmigte BA-Änderungen** gem § 81 (zB betreffend **Betriebszeiten** – vgl VwGH 18. 6. 1996, 96/04/0050) darunter zu subsumieren sind (*Kienast,* ZfV 1995, 307; *Grabler/Stolzlechner/ Wendl,* GewO³ § 360 Rz 47). Rechtlich unerheblich ist auch, ob es sich um eine BA handelt, bei der trotz bestehender Genehmigungspflicht keine Genehmigung vorliegt, oder um eine BA, welche zB nach § 376 Z 11 Abs 2 („übergeleitete" BA) keiner Genehmigung bedarf (VwGH 20. 3. 1984, 83/04/0261, 0262).

Ob hinsichtlich einer (bereits betriebenen) BA ein Genehmigungsverfahren anhängig ist oder nicht, ist für die Anwendung des § 360 Abs 4 grds nicht von Bedeutung (VwGH 14. 11. 1989, 89/04/0048). Zu beachten ist, dass im Fall des § 78 Abs 1 schon **vor Eintritt der Rechtskraft des BA-Genehmigungsbescheides** ex lege eine rechtswirksame BA-Genehmigung iSd § 360 Abs 4 vorliegt.

Unzumutbaren Belästigungen, die von **rk genehmigten BA** ausgehen, kann im Rahmen des § 360 Abs 4 nicht begegnet werden (VwGH 21. 12. 1977, 0455/77). Als „*genehmigt*" muss auch eine BA gelten, bei der zB (nur) die in der Genehmigung vorgeschrieben **Auflagen** zum Zwecke des Immissionsschutzes **nicht eingehalten** werden (*Grabler/Stolzlechner/Wendl,* GewO³ § 360 Rz 47), es sei denn, es handelt sich um die Betriebszeiten (s oben). Auch ein **genehmigter Versuchsbetrieb** (vor Genehmigung der gew BA – vgl § 354) stellt eine genehmigte BA iSd § 360 Abs 4 dar (*Grabler/Stolzlechner/Wendl,* GewO³ § 360 Rz 47).

Ein Einschreiten der Gewerbebehörde ist auch in diesem Fall nur zulässig, wenn eine **konkrete unzumutbare Belästigung** vorliegt. Eine abstrakte Belästigungsmöglichkeit reicht nicht aus (VwGH 19. 9. 1989, 89/04/0058).

Zur unzumutbaren Belästigung der Nachbarn s *Paliege-Barfuß*, Die Belästigung der Nachbarn Rz 218 und 219; zur Abgrenzung der Gesundheitsgefährdung von der Belästigung s *Wendl,* Die Gefährdung des Lebens und der Gesundheit Rz 212.

Die Gefahrenabwehr ist ausdrücklich auf den Personenkreis der **Nachbarn** (§ 75 Abs 2; s dazu Lexikon „Nachbarn" Rz 99 und *Wendl,* Die Nachbarn und ihre Parteistellung Rz 258 ff) beschränkt. Unerheblich ist, ob es sich dabei um allenfalls nachträglich zugezogene Nachbarn handelt.

5.3 § 360 Abs 4 enthält **keine bloß demonstrative Aufzählung zulässiger Sicherheitsmaßnahmen** (*Kienast,* ZfV 1995, 304; *Grabler/Stolzlechner/Wendl,* GewO³ § 360 Rz 53). Dennoch eröffnet auch diese Aufzählung der Gewerbebehörde gewisse Spielräume, weil neben der gänzlichen (teilweisen) Schließung des Betriebes, der Stilllegung (bzw Nichtverwendung) von Maschinen, Geräten oder Ausrüstungen auch „*sonstige die Anlage betreffende Sicherheitsmaßnahmen und Vorkehrungen*" verfügt werden können. Es muss sich aber auch bei diesen Maßnahmen um **sofort vollstreckbare Maßnah-**

men (§ 360 Abs 5) sowie – dem allgemeinen Zweck des § 360 entsprechend – um **Maßnahmen temporären Charakters** handeln (s oben 3.2.3).

Die Gewerbebehörde ist verpflichtet, die einstweilige Sicherheitsmaßnahme **hinreichend zu konkretisieren** (VwGH 22. 11. 1988, 88/04/0085).

Der Begriff „**Schließung des Lagerraumes**" umfasst nicht notwendigerweise die Räumung desselben (VwGH 6. 3. 1984, 83/04/0294 VwSlg 11.344 A/1984 – hier: Lagerung von Propangasflaschen in Lagerräumlichkeiten). Die Vorschreibung eines einzuhaltenden Zieles (zB **bestimmter Dauerschallpegel** zu Tag- und Nachtzeit zum Schutz der Nachbarschaft) sowie der Umsetzung nicht näher genannter Maßnahmen ist mangels Bestimmtheit (und Vollstreckbarkeit) unzulässig (LVwG NÖ 15. 7. 2014, LVwG-AB-14 – 0914).

Maßnahmen, die an eine gewerbebehördliche (Änderungs-) Genehmigung nach § 81 f geknüpft sind (zB „**die Herstellung einer Abflussmöglichkeit bzw die Verlegung der Anlage**"), können mangels Eignung zur sofortigen Vollstreckung nicht Gegenstand einer Verfügung gem § 360 Abs 4 sein (UVS Tir 5. 4. 2005, 2005/22/0786-1).

Einstweilige Sicherheitsmaßnahmen und Vorkehrungen dürfen weiters nur „*entsprechend*" dem Ausmaß der Gefährdung oder Belästigung verfügt werden. Die Gewerbebehörde hat sich zur Gefahrenabwehr auf eine **angemessene (verhältnismäßige) Sicherheitsmaßnahme** zu beschränken. Kommen verschiedene Sicherheitsmaßnahmen in Betracht, mit denen der angestrebte Erfolg herbeigeführt werden kann (s oben 3.2.3), dann darf **nicht mit der strengeren Maßnahme** vorgegangen werden (VwGH 2. 3. 1977, 1945/76).

Eine verfügte Sicherheitsmaßnahme (Vorkehrung) muss mit dem Ausmaß der angenommenen Gefährdung oder Belästigung vergleichend in Beziehung gesetzt werden können (VwGH 27. 4. 1993, 92/04/0174). Wenn sonstige Maßnahmen nicht schlechthin ausgeschlossen werden können, erfordert die **Schließung eines Betriebes** eine Auseinandersetzung mit der Frage, ob die verfügte Sicherheitsmaßnahme dem Ausmaß der kausalen Gefahr angemessen ist (VwGH 6. 3. 1984, 83/04/0294 VwSlg 11.344 A/1984).

5.4 Einstweilige Sicherheitsmaßnahmen sind – mit Ausnahme der Sofortmaßnahmen nach § 360 Abs 4 zweiter Satz (s unten 6.) – mit **Bescheid** zu verfügen. Der Erlassung des Bescheides hat ein ordentliches Ermittlungsverfahren (iSd §§ 37 ff AVG) voranzugehen. Zur Feststellung, ob die gesetzlichen Voraussetzungen vorliegen (s oben 5.2), ist idR die Beiziehung von (Amts-)Sachverständigen auf dem Gebiet der gewerblichen Technik und des Gesundheitswesens erforderlich (§ 52 AVG; vgl VwSlg 12.988 A/ 1989).

Bei **Gefahr im Verzug** kann erforderlichenfalls auch ein Mandatsverfahren (§ 57 AVG) durchgeführt werden (*Grabler/Stolzlechner/Wendl*, GewO³ § 360 Rz 50; *Gruber/Paliege-Barfuß*, GewO⁷ § 360 Anm 33).

6. Sofortmaßnahmen nach § 360 Abs 4 zweiter Satz

381 **6.1** Eingeschränkt auf **Gefahren für Leben, Gesundheit** oder **Eigentum** (s oben 5.2.1) kann die Gewerbebehörde einstweilige Sicherheitsmaßnahmen ohne vorausgegangenes Ermittlungsverfahren (und Erlassung eines Bescheides) anordnen, wenn Grund zur Annahme besteht, dass **Sofortmaßnahmen** an Ort und Stelle erforderlich sind.

Erforderlich ist eine Sofortmaßnahme, wenn sie wegen des erwarteten Eintritts eines Schadens unaufschiebbar erscheint.

Auch bei den Sofortmaßnahmen hat die Gewerbebehörde die Verhältnismäßigkeit zu wahren und muss die **gelindeste** der zur Gefahrenabwehr geeigneten Sicherheitsmaßnahmen (s oben 5.3) auswählen (arg *„solche"*).

Für einen **„Grund zur Annahme"** der Erforderlichkeit von Sofortmaßnahmen genügt eine bloße *subjektive Einschätzung* nicht. Auch wenn keine aufwändigeren Ermittlungen geschuldet sind, so muss dennoch der **(Erfahrungs-)Schluss aus bestimmten Tatsachen** nachvollziehbar und (ex ante) vertretbar sein.

6.2 Vor der Durchführung der Sofortmaßnahmen hat eine **formlose Verständigung** des Betriebsinhabers, seines Stellvertreters oder des Eigentümers der BA durch die Gewerbebehörde zu erfolgen. Ist eine sofortige Verständigung nicht möglich (zB bei unbekanntem Aufenthalt), muss – subsidiär – jedenfalls jene Person verständigt werden, die die Betriebsführung vor Ort tatsächlich wahrnimmt (zB Mitarbeiter).

Auf welche Weise die Verständigung erfolgt, liegt im Ermessen der Gewerbebehörde. Aufgrund der Formlosigkeit kann sie auch telefonisch oder mündlich vor Ort erfolgen.

Die Verständigung stellt ihrem Charakter nach eine **Ankündigung der Sofortmaßnahme** dar und hat jedenfalls vor der tatsächlichen Ausführung der Sicherheitsmaßnahme zu erfolgen.

Die vorausgegangene Verständigung wird nach hM als unerlässliche Voraussetzung für eine rechtmäßige Durchführung der Sofortmaßnahme verstanden (*Grabler/Stolzlechner/Wendl*, GewO³ § 360 Rz 55; *Hanusch*, GewO § 360 Rz 12; *Funk* in *Rill*, Gewerberecht 430; aA offensichtlich *Davy*, Gefahrenabwehr 616 FN 21).

6.3 Sofortmaßnahmen sind mit unmittelbarer verwaltungsbehördlicher **Befehls- und Zwangsgewalt** anzuordnen und durchzusetzen (s oben 2.9.3).

Die Anwesenheit des BA-Inhabers (oder einer anderen zuvor verständigten Person) **während der Ausführung der Sofortmaßnahme** (zB Versiegelung der BA) ist nicht zwingend erforderlich (s auch oben 2.10.3).

Über die Sofortmaßnahmen an Ort und Stelle ist von der Gewerbebehörde binnen eines Monats ein **schriftlicher Bescheid** zu erlassen, andernfalls die Sicherheitsmaßnahmen ex lege als aufgehoben gelten (s oben 4.4). Der schriftliche Bescheid ist (erst) dann erlassen, wenn er dem Verpflichteten zugestellt worden ist oder wegen Unzustellbarkeit iSd § 19 ZustellG an die Behörde zurückgestellt worden ist (§ 360 Abs 4 letzter Satz; s dazu oben 2.5).

Zur sofortigen Vollstreckbarkeit, beschränkten zeitlichen Geltung sowie (quasi-) dinglichen Wirkung des Bescheides s oben 2.5 bis 2.8.

C. Das Verwaltungsstrafrecht und Verwaltungsstrafverfahren im Zusammenhang mit gewerblichen Betriebsanlagen

Erwin Ziermann

Literatur: *Balthasar,* Wer ist „Inhaber" einer Betriebsanlage? ecolex 1993, 350; *Bumberger,* VwGH-Rechtsprechung zum Verwaltungs(gerichts)verfahren 2014, ÖJZ 2015, 211; *Dünser,* Beschwerde und Vorverfahren bei der Behörde, ZUV 2013, 12; *E/R/W,* insb Kommentierung zu § 366; *Eder/Martschin/Schmid,* Das Verfahrensrecht der Verwaltungsgerichte (2013); *Faber,* Verwaltungsgerichtsbarkeit (2013); *Fischer/Pabel/Raschauer* (Hrsg), Handbuch; *Fister/Fuchs/Sachs,* Das neue Verwaltungsgerichtsverfahren (2013); *Götzl/Gruber/Reisner/Winkler,* Das neue Verfahrensrecht der Verwaltungsgerichte (2015); *Grabler/Stolzlechner/Wendl,* GewO[3]; *Grabler/Stolzlechner/Wendl,* GewO-KK; *Grabenwarter/Fister,* Verwaltungsverfahrensrecht und Verwaltungsgerichtsbarkeit[4] (2014); *Grassl,* Neue Erleichterungen für gewerbliche Betriebsanlagen, ecolex 2013, 833; *Gruber/Paliege-Barfuß,* GewO[7]; *Hauer,* Gerichtsbarkeit des öffentlichen Rechts[2] (2013); *Hauer/Leukauf,* Handbuch des österreichischen Verwaltungsverfahrens[6] (2003); *Hengstschläger/Leeb,* AVG IV; *Holoubek/Lang* (Hrsg), Die Verwaltungsgerichtsbarkeit erster Instanz (2013); *Huber-Medek,* Anlageninhaber wider Willen? RdU-UT 2009/2; *Kleiser,* Rechtsprechung des VwGH zum Gewerberecht 2008, ÖJZ 2009, 101; *Kleiser,* Rechtsprechung des VwGH zum Gewerberecht 2011, ÖJZ 2012, 114; *Kleiser,* Rechtsprechung des VwGH zum Gewerberecht 2012, ÖJZ 2013, 56; *Kolonovits/Muzak/Stöger,* Grundriss des österreichischen Verwaltungsverfahrensrechts[10] (2014); *Lewisch/Fister/Weilguni,* Verwaltungsstrafgesetz (2013); *Schmied/Schweiger,* Das Verfahren vor den Verwaltungsgerichten erster Instanz (2014); *Schwarzer,* Neues zum Anlagenrecht – GewO-Novelle hilft Rechtsnachfolgern bei Betriebsübernahme, ZTR 2013, 158; *Stolzlechner,* Das Fortsetzungsdelikt im Verwaltungsstrafrecht, ZfV 1981, 425; *Stolzlechner,* Zur Rechtswirkung von Erkenntnissen der VwG auf bekämpfte Bescheide – dargestellt anhand der Interpretation des § 359c GewO, ZVG 2014, 640; *Triendl,* Die Änderung der Betriebszeit einer gewerblichen Betriebsanlage im Spannungsfeld der Rechtskraft von Genehmigungsbescheiden, ZfV 2007, 934; *Triendl,* ÖNORMEN und sonstige technische Richtlinien in Auflagen anlagenrechtlicher Bescheide, ecolex 2007, 641; *Triendl,* Die Strafbarkeit des Anlageninhabers im Zusammenhang mit der Prüfbescheinigung nach § 82b GewO 1994, UVSaktuell 2009, 156; *N. Raschauer/Wessely,* Verwaltungsstrafgesetz (2010); *Walter/Thienel,* Verwaltungsverfahren II[2] (2000); *Wessely,* Die höchstgerichtliche Rechtsprechung im Umwelt-Verwaltungsstrafrecht im Jahr 2011, RdU 2012, 112; *Wessely,* Zur höchstgerichtlichen Rechtsprechung im Umwelt-Verwaltungsstrafrecht 2012, RdU 2013, 142; *Wessely,* Die höchstgerichtliche Rechtsprechung im Umwelt-Verwaltungsstrafrecht 2013, RdU 2015, 3.

Inhalt

1. Verwaltungsstrafrechtliche Tatbestände im Überblick

1.1 Allgemeines   382

Im Zusammenhang mit gew BA legt die GewO in den §§ 366 ff bestimmte schuldhafte Verhaltensweisen als Verwaltungsstraftatbestände fest. Der Tatbestand ergibt sich nicht immer unmittelbar aus der übertretenen Gesetzesbestimmung; es kann in Strafnormen (zB § 367) auch auf andere Vorschriften (zB Auflagen in Bescheiden, V, technische Richtlinien) verwiesen werden. Bei diesen sog **Blankettstrafvorschriften** ergibt sich der Inhalt des verwaltungsstrafrechtlichen Tatbestandes sodann aus der Zusammenschau von verweisender Norm und verwiesenem Norminhalt.

Die hier zu behandelnden Delikte sind **Ungehorsamsdelikte,** bei denen – im Gegensatz zu den Erfolgsdelikten – der Eintritt einer Gefahr oder eines Schadens nicht zum Tatbild gehört. Für Ungehorsamsdelikte normiert § 5 Abs 1 VStG, dass der Täter fahrlässig und somit schuldhaft gehandelt hat, wenn es ihm nicht gelingt, Gegenteiliges glaubhaft zu machen.

Nach Art der Tathandlung, die in einem Tun oder Unterlassen bestehen kann, wird im hier interessierenden Bereich zwischen **Begehungs-** und **Unterlassungsdelikten** unterschieden. Nach der Dauer des strafbaren Verhaltens unterscheidet man **Zustandsdelikte** und **Dauerdelikte.**

> Ein *Zustandsdelikt* liegt vor, wenn *nur* die *Herbeiführung* eines bestimmten Zustands den strafbaren Tatbestand bildet; bei *Dauerdelikten* bilden die *Herbeiführung und* die *Aufrechterhaltung* des rechtswidrigen Zustands den objektiven Tatbestand.

Bei Verwaltungsübertretungen gem §§ 366 ff sind häufig die Voraussetzungen für das **Vorliegen eines fortgesetzten Deliktes** erfüllt, bei dem die Tathandlungen eine sachliche, zeitliche und örtliche Einheit bilden und von einem Gesamtkonzept (Gesamtvorsatz) umfasst sind.

1.2 Verwaltungsstraftatbestände

1.2.1 **Konsensloses Errichten oder Betreiben einer Betriebsanlage**

Eine Verwaltungsübertretung begeht, wer eine genehmigungspflichtige BA ohne die erforderliche Genehmigung errichtet oder betreibt (§ 366 Abs 1 Z 2).

1.2.2 Konsensloses Ändern einer Betriebsanlage bzw konsensloses Betreiben nach Änderung

Eine Verwaltungsübertretung begeht, wer eine genehmigte BA ohne die erforderliche Genehmigung ändert oder nach der Änderung betreibt (§ 366 Abs 1 Z 3).

1.2.3 Nichteinhalten von Auflagen, Aufträgen oder Verordnungen

Eine Verwaltungsübertretung begeht, wer Gebote oder Verbote von gem § 82 Abs 1 oder § 84 d Abs 7 erlassenen V nicht befolgt oder die gem §§ 74 bis 83 und 359 b in Bescheiden vorgeschriebenen Auflagen oder Aufträge nicht einhält (§ 367 Z 25).

1.2.4 Verwaltungsstraftatbestände iZm Prüfungen gem § 82 b und Überprüfungen gem § 338

Eine Verwaltungsübertretung begeht, wer die Prüfbescheinigung gem § 82 b nicht, unvollständig oder mit unrichtigen Angaben erstellt (§ 367 Z 25 a). Verstöße gegen die in § 82 b normierten Duldungs- und Mitwirkungspflichten des Anlageninhabers sind nach der allgemeinen *subsidiären* Strafbestimmung des § 368 strafbar.

Eine Verwaltungsübertretung begeht, wer den Bestimmungen des § 338 zuwiderhandelt (§ 367 Z 26).

1.2.5 Verwaltungsstraftatbestände iZm Betriebszeiten bzw Sperrzeiten

Überschreitungen der Betriebszeiten können – je nach normativer Anordnung der Betriebszeit in der Betriebsbeschreibung oder in einer Auflage – gem § 366 Abs 1 Z 3 oder § 367 Z 25 strafbar sein. Übertretungen der Sperrzeiten sind gem § 368 zu bestrafen.

1.2.6 Verwaltungsstraftatbestände iZm dem Betrieb eines Gastgartens

Eine Verwaltungsübertretung begeht, wer entgegen § 76 a Abs 3 den *Betrieb* eines (genehmigungsfreien) Gastgartens *nicht anzeigt* (§ 367 Z 24 a), wer einen solchen Gastgarten *entgegen einem Bescheid gem § 76 a Abs 4 oder 5 betreibt* (§ 366 Abs 1 Z 3 a), wer die in § 76 a Abs 1 und 2 geregelten Zeiten und Voraussetzungen nicht einhält (§ 368), oder wer einen *genehmigungspflichtigen Gastgarten* (BA) *ohne* die erforderliche *Genehmigung errichtet oder betreibt* (§ 366 Abs 1 Z 2) bzw *ändert* oder *nach* der *Änderung betreibt* (§ 366 Abs 1 Z 3).

1.2.7 Verletzung von Anzeigepflichten betreffend Betriebsanlagen

Die Verletzung der Anzeigepflichten gem § 81 Abs 3 iVm § 81 Abs 2 Z 5, 7, 9, und 11, sowie gem § 83 Abs 2 und 5 ist nach der subsidiären Strafbestimmung des § 368 strafbar.

2. Zusammentreffen strafbarer Handlungen

383   ### 2.1 Verwaltungsübertretung und gerichtlich strafbare Handlung

Gem § 371 liegt eine Verwaltungsübertretung nicht vor, wenn eine in den §§ 366 bis 368 bezeichnete Tat den Tatbestand einer in die *Zuständigkeit der (ordentlichen) Gerichte* fallenden strafbaren Handlung bildet **(Subsidiarität).**

Der Vorrang des gerichtlichen Strafrechts ist seit der VStG-Nov BGBl I 2013/33 in § 22 Abs 1 VStG als generelle Regel festgelegt.

Diese Subsidiarität bedeutet, dass ein Verwaltungsstrafverfahren von der Verwaltungsstrafbehörde nicht einzuleiten ist, wenn der Sachverhalt in die Zuständigkeit der ordentlichen Gerichte fällt (vgl *Lewisch/Fister/Weilguni,* VStG § 30 Rz 6). Ist **„zweifelhaft",** ob es sich um ein Gerichtsdelikt handelt, ist ein bereits eingeleitetes Verwaltungsstrafverfahren **auszusetzen,** bis das Gericht über diese Frage rk entschieden hat (§ 30 Abs 2 VStG). Zur Aussetzung s *Hauer/Leukauf,* Handbuch Anm 7 zu § 30 VStG mwN; *N. Raschauer/Wessely,* VStG § 30 Rz 7; *Lewisch/Fister/Weilguni,* VStG § 22 Rz 6; § 30 Rz 6.

Im Falle einer verurteilenden Entscheidung durch das ordentliche Gericht besteht eine **Bindungswirkung** und ist das Verwaltungsstrafverfahren einzustellen. Erfolgt durch das Gericht ein Freispruch oder eine Einstellung, hat die Verwaltungsbehörde selbständig zu prüfen, ob sie zur Ahndung zuständig ist (zB VwGH 20. 5. 1994, 93/02/0110). Dabei wird zu beurteilen sein, ob der Freispruch das verwaltungsstrafrechtlich zu ahndende Verhalten einschließt bzw aus welchen konkreten Gründen eine Einstellung erfolgte (zB VwGH 28. 2. 1997, 95/02/0173; *Hauer/ Leukauf,* Handbuch 1435 ff; *Lewisch/Fister/Weilguni,* VStG § 30 Rz 8).

Zu den in die Zuständigkeit der ordentlichen Gerichte fallenden Handlungen s *McAllister/Schmoller,* Gerichtliche Straftaten im Zusammenhang mit gewerblichen Betriebsanlagen Rz 396 ff.

2.2 Mehrere Verwaltungsübertretungen

Hat der Täter entweder durch *verschiedene Taten* mehrere Verwaltungsübertretungen – gleicher oder verschiedener Art – begangen **(Realkonkurrenz)** oder durch *ein und dieselbe Tat* mehrere verschiedene Delikte verwirklicht **(Idealkonkurrenz),** so ist grds jedes Delikt selbständig zu bestrafen (§ 22 Abs 1 VStG – **Kumulationsprinzip**).

Für das Zusammentreffen einer *unbefugten Gewerbeausübung* (§ 366 Abs 1 Z 1) mit *sonstigen Übertretungen* von Vorschriften der GewO sieht § 371 Abs 2 die Anwendung des Kumulationsprinzips ausdrücklich vor. Weiters sind (zB) die *Nichteinhaltung jeder einzelnen in einem BA-Genehmigungsbescheid vorgeschriebenen Auflage* (VwGH 2. 10. 1989, 88/04/0032) oder das *konsenslose Errichten und Betreiben* einer BA (wenn die BA während der Zeitspanne des Errichtens oder während der Verfolgungsverjährungsfrist des genehmigungslosen Errichtens auch betrieben wird) kumulativ zu bestrafen (s auch *Gruber/Paliege-Barfuß,* GewO[7] § 366 Anm 58). Dasselbe gilt für die Änderung der BA und das Betreiben einer geänderten BA nach Änderung.

Es sind aber auch BA-Delikte denkbar, die nicht nach § 22 VStG zu behandeln sind, weil eine **bloße Scheinkonkurrenz** *(Konsumtion, Subsidiarität, Spezialität)* vorliegt.

Konsumtion nimmt der VwGH an, wenn eine wertende Betrachtung zeigt, dass der Unwert (Unrechts- und Schuldgehalt) eines anwendbaren Straftatbestandes auch den Unwert eines weiteren (formal erfüllten) Delikts vollständig abdeckt (vgl VwGH 3. 7. 2007, 2006/05/0026; *Lewisch/Fister/Weilguni,* VStG § 22 Rz 13). Einen in der Praxis wichtigen Fall der scheinbaren Konkurrenz bildet das sog fortgesetzte Delikt (2.3).

Die Strafbestimmung des **§ 368 stellt einen subsidiären Auffangtatbestand** dar. Diese Bestimmung ist nur dann anzuwenden, wenn nicht in § 366, § 367 oder § 367 a ein Straftatbestand normiert ist (zB VwGH 10. 9. 1991, 88/04/0311; an die aktuelle Rechtslage angepasst).

2.3 Fortgesetztes Delikt

Ein fortgesetztes Delikt liegt vor, wenn der Täter **mehrere (gleichartige) gesetzwidrige Einzelhandlungen** begeht, die von einem **einheitlichen Willensentschluss** (sog „Gesamtvorsatz") umfasst sind und wegen der **Gleichartigkeit ihrer Begehungs-**

form sowie der **äußeren Begleitumstände** im Rahmen eines erkennbaren **zeitlichen Zusammenhanges** zu einer Einheit zusammentreten (zB VwGH 23. 5. 1995, 94/04/0267; 15. 9. 2011, 2009/04/0112 mwN; vgl auch *Lewisch/Fister/Weilguni,* VStG § 22 Rz 18; *Walter/Thienel* II[2] § 22 VStG). Diese Voraussetzungen sind bei BA-Delikten idR erfüllt.

Gleichartige gesetzwidrige Einzelhandlungen sind **nur** solche, die **gegen dieselbe Rechtsvorschrift** verstoßen, nicht aber Verstöße gegen unterschiedliche Rechtsvorschriften (zB VwGH 23. 9. 1992, 92/03/0166). Verstößt der Besch zB gegen **Auflagen unterschiedlichen Inhalts,** liegt **kein fortgesetztes Delikt** vor; auch dann nicht, wenn diese Verstöße in einem engen zeitlichen Zusammenhang begangen wurden (VwGH 26. 9. 2013, 2013/07/0046).

Das Vorliegen des **einheitlichen Willensentschlusses** stellt im Einzelfall das zentrale Beurteilungsmerkmal für das Vorliegen eines fortgesetzten Deliktes dar (vgl auch *N. Raschauer/Wessely,* VStG § 22 Rz 11). Von einem derartigen „Gesamtvorsatz" kann nur dann gesprochen werden, wenn der Täter den erstrebten Enderfolg von Anfang an in seinen wesentlichen Umrissen erfasst hat, sodass sich die einzelnen Akte zu dessen Erreichung nur als Teilhandlungen eines von vornherein gewollt vorhandenen Gesamtkonzeptes darstellen. Erst dieser innere Zusammenhang lässt die Einzelakte nur als sukzessive Verwirklichung des einheitlich gewollten Ganzen erscheinen (vgl VwGH 23. 5. 1995, 94/04/0267; 15. 3. 2000, 99/09/0219). Demnach reicht der allgemeine Entschluss, eine Reihe gleichartiger strafbarer Handlungen bei jeder sich bietenden Gelegenheit zu begehen, nicht aus, um subjektiv einen Fortsetzungszusammenhang zu begründen. Der Gesamtvorsatz kann auch nicht in einem bloß einheitlichen Motiv erblickt werden (VwGH 3. 4. 2008, 2007/09/0183; 15. 9. 2011, 2009/07/0180).

Bei **bloß fahrlässigen Tathandlungen** ist nach der Rsp **kein fortgesetztes Delikt** anzunehmen (VwGH 19. 10. 2004, 2004/03/0102); der Täter **muss zumindest bedingt** vorsätzlich gehandelt haben (vgl *N. Raschauer/Wessely,* VStG § 22 Rz 11).

Wie groß der **Zeitraum zwischen den einzelnen Tathandlungen** sein darf, hängt im besonderen Maße von den Umständen des Einzelfalls ab. Für die Annahme der zur Kontinuität noch hinreichenden Zeitspanne lassen sich keine festen Regeln aufstellen. Die Teilakte müssen jedoch „in einem **noch erkennbaren zeitlichen Zusammenhang**" stehen, der sich äußerlich durch zeitliche Verbundenheit objektivieren lässt (zB VwGH 20. 9. 1984, 84/16/0052). Der VwGH hat – bei einem ungeändert vorhandenen Gesamtkonzept – auch bei einer ca dreieinhalb Monate dauernden Unterbrechung (hier: bei Nichteinhaltung einer Auflage, mit der die Betriebszeit festgesetzt wurde) noch eine Deliktseinheit angenommen (VwGH 23. 5. 1995, 95/04/0022).

Zwischen einzelnen Tathandlungen gesetzte, **erkennbare Maßnahmen zur Vermeidung** der Übertretungen **unterbrechen** den einheitlichen Willensentschluss (VwGH 9. 8. 2006, 2003/10/0053; 15. 9. 2011, 2009/04/0112).

Die Frist für die Verfolgungsverjährung beginnt beim fortgesetzten Delikt mit der **Beendigung des letzten tatbildmäßigen Verhaltens** (zB VwGH 15. 9. 2006, 2004/04/0185).

Wurden mehrere Taten bloß fahrlässig (somit ohne Gesamtvorsatz) begangen, ist die Verjährung hinsichtlich jeder einzelnen Tathandlung zu prüfen (VwGH 23. 5. 1995, 94/04/0267). Die Frist für die Verfolgungsverjährung beginnt in diesen Fällen mit dem Zeitpunkt, in dem die jeweilige strafbare Tätigkeit abgeschlossen wurde oder das strafbare Verhalten aufgehört hat (§ 31 Abs 1 VStG).

Da die wiederholten Einzelhandlungen zu einer Deliktseinheit zusammengefasst werden, wird dem Täter beim fortgesetzten Delikt nur **eine einzige Straftat** angelastet und **nur eine Strafe** verhängt (zB VwGH 7. 9. 1995, 94/09/0321; 15. 3. 2000, 99/09/0219). Die Bestrafung wegen eines derartigen Deliktes umfasst – ungeachtet einer im Spruch des Strafbescheides angeführten Tatzeit – alle Einzelhandlungen bis zur Zustellung des Straferkenntnisses erster Instanz **(Erfassungswirkung)**. *Anzahl* und *Ausmaß der Einzelübertretungen* erlangen ausschließlich im Rahmen der *Strafzumessung* Bedeutung (vgl *Stolzlechner,* ZfV 1981, 425).

Setzt der Täter die verpönte Tätigkeit nach Erlassung des Straferkenntnisses fort, darf die neuerliche Bestrafung nur die **nach der letzten Bestrafung gesetzten Tathandlungen** umfassen. Eine neuerliche Bestrafung wegen Tathandlungen, die in den von der ersten Bestrafung umfassten Tatzeitraum fallen, verstößt gegen das Verbot der Doppelbestrafung (vgl VwGH 16. 2. 2012, 2010/01/0009 mwN).

3. Verwaltungsstrafrechtliche Verantwortlichkeit

3.1 Allgemeines   384

Da das Verwaltungsstrafrecht als Schuldstrafrecht konzipiert ist und jede Bestrafung demnach persönliches Verschulden voraussetzt, können **nur physische Personen** wegen einer Verwaltungsübertretung **bestraft** werden. Die im BA-Recht normierten, mit verwaltungsstrafrechtlichen Sanktionen belegten Pflichten treffen aber auch **juristische Personen** und **eingetragene Personengesellschaften.** Da diese nicht verschuldensfähig sind, sind für die Einhaltung der von Unternehmen zu beachtenden Vorschriften grds – sofern die Verwaltungsvorschriften nicht anderes bestimmen – jene **Organe** verwaltungsstrafrechtlich **verantwortlich, die das Unternehmen** nach außen vertreten (§ 9 Abs 1 VStG).

Unter den in § 9 Abs 2 VStG näher dargestellten Voraussetzungen sind die zur Vertretung nach außen Berufenen berechtigt, **verantwortliche Beauftragte** zu bestellen, denen die Verantwortung für die Einhaltung der Verwaltungsvorschriften obliegt.

Für **die Einhaltung gewerberechtlicher Vorschriften** ist hingegen gem § 9 Abs 1, §§ 39 und 370 der **gewerberechtliche Gf** oder der **FilialGf** (sofern bestellt) verwaltungsstrafrechtlich verantwortlich.

Dies ergibt sich aus der Subsidiaritätsanordnung des § 9 Abs 1 VStG. Demnach gehen Bestimmungen der Verwaltungsvorschriften (zB GewO) den Regeln des § 9 VStG vor (zB VwGH 1. 7. 1997, 97/04/0063; 26. 2. 2014, Ro 2014/04/0030).

Das **zur Vertretung** nach außen **berufene Organ** (zB handelsrechtlicher Gf einer GmbH) einer juristischen Person/eingetragenen Personengesellschaft (oder allenfalls ein verantwortlicher Beauftragter) ist **für die Einhaltung gewerberechtlicher Vorschriften** verwaltungsstrafrechtlich **(nur) dann verantwortlich, wenn ein gewerberechtlicher Gf (oder FilialGf) im Einzelfall nicht bestellt oder bereits ausgeschieden ist** (zB VwGH 23. 11. 1993, 93/04/0152; 3. 9. 1996, 96/04/0052; 20. 1. 1998, 97/04/0179).

Strafbar ist der Gewerbetreibende (bzw der zur Vertretung Berufene) **zudem, wenn er** die Verwaltungsübertretung **wissentlich duldet** oder wenn er es **bei** der **Auswahl** des gewerberechtlichen Gf **an der erforderlichen Sorgfalt hat fehlen lassen** (§ 370 Abs 3).

Nach stRsp des VwGH muss **in der T**atumschreibung iSd § 44 a Z 1 VStG zum Ausdruck kommen, worauf sich die **strafrechtliche Verantwortlichkeit** des Besch gründet, dh ob er die Tat in eigener Verantwortung, als der für die Einhaltung der Verwaltungsvorschriften durch juristische Personen/eingetragene Personengesellschaften strafrechtlich Verantwortliche nach § 9 VStG oder etwa als durch Verwaltungsvorschriften zum Verantwortlichen Bestimmter (zB gewerberechtlicher Gf) begangen hat (VwGH 28. 6. 1993, 93/10/ 0013). Es ist auch darzulegen, für welche konkrete juristische Person er tätig wurde (VwGH 23. 4. 2008, 2008/03/0012).

Hingegen besteht keine Notwendigkeit, diese Eigenschaft bereits **in die Verfolgungshandlung aufzunehmen.** Vielmehr kann die diesbzgl Ergänzung oder Änderung der Tatumschreibung auch noch durch das VwG – auch nach Ablauf der Frist des § 31 Abs 2 VStG – erfolgen (vgl VwGH 24. 1. 2008, 2004/03/0007).

Diejenige Person, die das im Tatbestand der Deliktsnorm umschriebene Verhalten setzt, ist **als unmittelbarer Täter** (Haupttäter) zu bestrafen. Bei BA-Delikten ist dies der **Inhaber der BA** bzw **des Standortes der BA** (s 3.2). Neben dem unmittelbaren Täter ist nach § 7 VStG strafbar, wer vorsätzlich veranlasst, dass ein anderer eine Verwaltungsübertretung begeht **(Anstiftung),** oder wer vorsätzlich einem anderen die Begehung einer Verwaltungsübertretung erleichtert **(Beihilfe),** ohne dass dabei Ausführungshandlungen gesetzt werden.

Anstiftung und Beihilfe sind gegenüber der unmittelbaren Täterschaft **subsidiär** und nur dann strafbar, wenn der unmittelbare Täter das Tatbild verwirklicht hat, das der übertretenen Vorschrift entspricht. Ein und dieselbe Person kann nicht gleichzeitig als unmittelbarer Täter und als Mitschuldiger bestraft werden. Wer andere dazu bestimmt, mit ihm *gemeinsam* eine Straftat auszuführen, ist *nur* als *unmittelbarer Täter* zu bestrafen, wobei die Tatsache der „Anstiftung" erschwerend wirkt (VwGH 22. 3. 1993, 92/10/0132).

Wird jemand der Beitragstäterschaft iSd § 7 VStG schuldig erkannt, sind im Spruch des Straferkenntnisses – neben der Anführung des § 7 VStG – die *Beteiligungshandlung und* die *Tathandlung des unmittelbaren Täters* (jeweils unter Anführung aller Tatumstände in konkretisierter Form) darzustellen und ist auch die *kausale Verbindung* zwischen Tatbeitrag und Tatausführung anzuführen. Zudem ist dem Beitragstäter der *Vorsatz* vorzuwerfen (zB VwGH 25. 11. 1983, 83/02/0085; 23. 4. 1991, 90/04/0276; 23. 2. 1995, 92/16/ 0277; vgl auch *Hauer/Leukauf,* Handbuch 1271 ff, mwN; *Lewisch/Fister/Weilguni,* VStG § 7 Rz 13).

Wer Maßnahmen zur Herstellung einer BA, insb Maßnahmen zur entsprechenden **Bauführung** vornimmt, ohne Inhaber des Standortes zu sein, kann sich unter den Voraussetzungen des § 7 VStG wegen **Beihilfe** zur Begehung einer Verwaltungsübertretung nach § 366 Abs 1 Z 2, nicht jedoch als unmittelbarer Täter dieser Übertretung strafbar machen (VwGH 27. 4. 1993, 92/04/0223).

3.2 Inhaber

Nach der Rsp des VwGH ist der anlagenrechtliche Begriff des Inhabers nach den allgemeinen zivilrechtlichen Vorschriften auszulegen. Demnach ist Inhaber einer Sache derjenige, der diese in seiner Macht oder Gewahrsame hat. Inhaber einer BA ist daher, wer die **Möglichkeit** hat, über das in der BA ausgeübte **faktische Geschehen zu bestimmen** (zB VwGH 30. 6. 2004, 2002/04/0190; 2. 2. 2012, 2011/04/0170; 23. 5. 2014, 2012/ 04/0155; 15. 12. 2014, Ra 2014/04/0028; krit *Balthasar,* ecolex 1993, 350).

Die Möglichkeit zur Bestimmung des faktischen Geschehens kann im Einzelfall auch durch ein Vertragsverhältnis (mit einem Mieter oder Pächter) bestimmt sein (zB VwGH 15. 12. 2014, Ra 2014/04/0028). Wesentlich für die Qualifikation des Inhabers ist auch das Vorliegen eines *Betreiberwillens* (VfGH 3. 12. 2008, B1702/07; vgl *Huber-Medek*, RdU-UT 2009/2).

Aufgrund der sog **„dinglichen Wirkung"** der Genehmigung (§ 80 Abs 5) obliegt dem neuen Inhaber auch die Erfüllung bzw Einhaltung aller dem Vorgänger vorgeschriebenen Pflichten.

Bei einer noch nicht errichteten BA ist der Inhaber des Standortes derjenige, dem die tatsächliche *Verfügungsgewalt hinsichtlich der zu errichtenden BA* zukommt. Vom Inhaberbegriff ist auch der **Pächter** umfasst, nicht hingegen der Verpächter (VwGH 21. 11. 2001, 2000/04/0197).

Aus dem **Vorliegen einer Gewerbeberechtigung** kann (ohne weitere Prüfung) noch nicht zwingend abgeleitet werden, dass der Gewerbeinhaber auch der Inhaber des Anlagenstandortes bzw der Betreiber der BA ist. Für die verwaltungsstrafrechtliche Haftung wegen Nichtbeachtung betriebsanlagenrechtlicher Vorschriften ist nicht relevant, ob der Inhaber des Standortes auch über eine Gewerbeberechtigung verfügt.

Zum Begriff „Inhaber" s Lexikon „Antragsteller" Rz 10 und „Wechsel des Inhabers" Rz 159.

3.3 Gewerberechtlicher Geschäftsführer

Die verwaltungsstrafrechtliche Verantwortlichkeit des gewerberechtlichen Gf (§§ 39, 370 Abs 2) bezieht sich nur auf die Einhaltung von **Verpflichtungen, die sich aus gewerberechtlichen Vorschriften ergeben.** Hiezu zählen die Regelungen, die dem Kompetenztatbestand *„Angelegenheiten des Gewerbes und der Industrie"* (Art 10 Abs 1 Z 8 B-VG) zugehören (näher *Grabler/Stolzlechner/Wendl*, GewO³ § 39 Rz 6 ff; *E/R/W* § 39 Rz 9 ff). Übertretungen von Vorschriften die nicht auf diesem Kompetenztatbestand fußen, fallen selbst dann, wenn sie in Beziehung zur Gewerbeausübung stehen, nicht in den Bereich der Verantwortlichkeit des gewerberechtlichen Gf (vgl VwGH 26. 9. 1994, 92/10/0148 mwN).

Für den *Bereich des Arbeitnehmerschutzes* in einer BA bleibt somit – auch wenn ein gewerberechtlicher Gf bestellt ist – der *Anlageninhaber oder der zur Vertretung Berufene* (§ 9 Abs 1 VStG) verwaltungsstrafrechtlich verantwortlich (VwGH 24. 6. 1994, 92/04/0219).

Steht jedoch eine (in den genannten Kompetenzbereich fallende) Tätigkeit, für die keine Gewerbeberechtigung vorliegt, im sachlichen Zusammenhang mit einer durch eine vorhandene Gewerbeberechtigung gedeckten Tätigkeit, trifft die strafrechtliche Verantwortung für die unbefugte Tätigkeit den gewerberechtlichen – und nicht etwa den handelsrechtlichen – Gf (VwGH 20. 1. 1998, 97/04/0179).

Verletzt der gewerberechtliche Gf **aufgrund besonderer Weisung** des Gewerbeinhabers eine Verwaltungsvorschrift, so ist er nicht verantwortlich, wenn er glaubhaft zu machen vermag, dass ihm die Einhaltung dieser Verwaltungsvorschriften unzumutbar war (§ 370 Abs 2).

In der **Tatumschreibung** iSd § 44 a Z 1 VStG muss zum Ausdruck kommen, dass ein Besch als **gewerberechtlicher** Gf bestraft werden soll (zB VwGH 18. 9. 1987, 86/17/0021); die undifferenzierte Bezeichnung „**als Geschäftsführer**" **genügt nicht** (zB VwGH 14. 2. 1984, 83/04/0148; 21. 9. 1990, 89/17/0040). In die **Verfolgungshandlung** muss die Verantwortlichkeit des Besch **nicht** aufgenommen werden, weil sie kein Tatbestandsmerkmal bildet; sie kann vom VwG im Beschwerdeverfahren noch richtiggestellt bzw nachgeholt werden (zB VwGH 27. 1. 1999, 97/04/0070).

Die verwaltungsstrafrechtliche **Verantwortung** des gewerberechtlichen Gf b**eginnt mit** der **Anzeige** der Bestellung bei der Gewerbebehörde (§ 39 Abs 5). Sie **endet mit** dem „**Ausscheiden**" und nicht etwa erst mit der Anzeige des Gewerbeinhabers über das Ausscheiden.

Die **Anzeige der Bestellung** hat **konstitutive Wirkung** (*E/R/W* § 39 Rz). Bei den in § 95 Abs 1 angeführten Gewerben ist die Bestellung des Gf genehmigungspflichtig. Die Verantwortung geht in diesem Fall erst mit der *Rechtskraft der Genehmigung* über (*Grabler/Stolzlechner/Wendl*, GewO³ § 39 Rz 53). Bei fehlender Genehmigung (oder Nichtanzeige) eines gewerberechtlichen Gf sind daher die zur Vertretung nach außen befugten Organe (§ 9 VStG) zu bestrafen (VwGH 9. 10. 2002, 2000/04/0198).

Das Tatbestandsmerkmal des „Ausscheidens" wird – unabhängig vom zwischen dem Gewerbeinhaber und dem gewerberechtlichen Gf bestehenden zivilrechtlichen Verhältnis – auch durch ein *„faktisches Ausscheiden oder Entfernen"* erfüllt (VwGH 22. 12. 1992, 92/04/0203).

Durch eine (betriebsinterne) Bestellung einer weiteren Person für die Einhaltung der gewerberechtlichen Vorschriften und einer dadurch allenfalls „überlappenden" Verantwortung allein, wird der *bestellte* Gf (ohne ausdrückliche Abberufung) seiner strafrechtlichen Verantwortung nicht enthoben (VwGH 27. 1. 1999, 97/04/0070).

Wenn in einer gew BA Tätigkeiten entfaltet werden, für die **mehrere Gewerbeberechtigungen** erforderlich sind und (in grds zulässiger Weise) **mehrere Personen als gewerberechtliche Gf** bestellt wurden, muss der Verantwortungsbereich in räumlicher, sachlicher und allenfalls auch zeitlicher Hinsicht so eindeutig und zweifelsfrei umschrieben werden, dass für den jeweiligen Bereich immer nur eine von vorherein feststehende Person als verwaltungsstrafrechtlich Verantwortlicher in Betracht kommt (zB VwGH 30. 3. 2006, 2004/15/0022). Ist eine zweifelsfreie Abgrenzung der Verantwortungsbereiche nicht erkennbar, trifft die verwaltungsstrafrechtliche Verantwortlichkeit bei mehreren Gf grds jeden von ihnen für die gesamte BA (vgl zB VwGH 16. 10. 2008, 2007/09/0369; 28. 9. 2011, 2011/04/0128).

4. Verschulden

385　### 4.1 Schuld

Eine Bestrafung ist nur bei Vorliegen eines schuldhaften Verhaltens möglich. Die Schuld wird im VStG (§ 5) als Vorsatz und Fahrlässigkeit typisiert. Für die Verwirklichung der hier interessierenden Delikte iZm BA **genügt fahrlässiges Verhalten** (§ 5 Abs 1 VStG). Vorsätzliches Verhalten, das in der Absicht oder in dem Bewusstsein besteht, das rechtswidrige, objektive Verhalten zu setzen, wird für die Verwirklichung der BA-Delikte grundsätzlich nicht gefordert.

Bei bloß fahrlässig gesetzten Tathandlungen scheidet jedoch die Annahme eines fortgesetzten Deliktes aus. Dieses kann nur (zumindest bedingt) vorsätzlich begangen werden (VwGH 23. 5. 1995, 94/04/0267; 19. 10. 2004, 2004/03/0102).

4.2 Fahrlässigkeit und Fahrlässigkeitsvermutung

Die Schuldformen des Vorsatzes und der Fahrlässigkeit werden im VStG nicht definiert. Wenngleich das VStG (außer in § 19) nicht auf das StGB verweist, sind diese Schuldformen nach hL und stRsp iSd §§ 5 und 6 StGB zu verstehen (zB VwGH 18. 10. 1993, 93/10/0030; 28. 5. 2008, 2008/09/0117; vgl *Hauer/Leukauf,* Handbuch 1214 ff; *Lewisch/Fister/Weilguni,* VStG § 5 Rz 4;). **Fahrlässig handelt** demnach, wer einen Sachverhalt, der einem gesetzlichen Tatbild entspricht, **unter Außerachtlassung der ihm möglichen Sorgfalt** (jedoch ohne dies zu wollen) verwirklicht (zB VwGH 30. 5. 1994, 92/10/0106; vgl auch *Kolonovits/Muzak/Stöger,* VerwVerfR[10] Rz 1004).

Die Außerachtlassung der objektiv gebotenen und subjektiv möglichen Sorgfalt kann dem Täter iSd § 6 Abs 1 StGB nur vorgeworfen werden, wenn es ihm unter dem besonderen Verhältnis des Einzelfalles auch zuzumuten war, sie tatsächlich aufzuwenden. Der Maßstab für das Ausmaß der objektiven Sorgfaltspflicht ist ein objektiv-normativer; **Maßfigur** ist der **einsichtige** und **besonnene Mensch,** den man sich in die **Lage des Täters** versetzt zu denken hat. Objektiv sorgfaltswidrig hat der Täter folglich nur dann gehandelt, wenn sich ein einsichtiger und besonnener Mensch des Verkehrskreises, dem er angehört, an seiner Stelle anders verhalten hätte (VwGH 28. 5. 2008, 2008/09/0117).

Wer eine gew BA errichtet oder betreibt, ist **verpflichtet,** sich vor Aufnahme der entsprechenden Tätigkeit **mit** den **gesetzlichen Vorschriften** betreffend die gew BA **vertraut zu machen.** Im Falle von Unklarheiten über die Rechtslage sind entsprechende Auskünfte bei den zuständigen Stellen einzuholen (zB VwGH 16. 12. 1986, 86/04/0091; 27. 4. 1993, 90/04/0358; ähnlich zu anderen Rechtsmaterien: zB VwGH 25. 4. 1996, 92/06/0039; 22. 6. 2005, 2004/09/0051; vgl 4.5.2.2).

Fahrlässigkeit ist **auch** anzunehmen, **wenn** der für die Einhaltung der gewerberechtlichen Bestimmungen Verantwortliche der Erfüllung einer ihm auferlegten **Pflicht** nicht persönlich nachkommt, sondern diese einem anderen **überträgt** und sich nicht in ausreichendem Maße überzeugt, ob die Aufträge befolgt worden sind (Näheres s unten 4.4).

4.3 Beweislastverteilung

Da zum Tatbestand der unten (s 8. bis 14.) dargestellten BA-Delikte weder der Eintritt eines Schadens noch einer Gefahr gehört, handelt es sich bei diesen Übertretungen durchwegs um **Ungehorsamsdelikte,** bei denen das Tatbild in einem bloßen **Zuwiderhandeln gegen ein Verbot oder der Nichtbefolgung eines Gebotes** (Handlung/Unterlassung) besteht. Bei diesen Delikten ist in Bezug auf die Verwirklichung des objektiven Tatbestandes und die Rechtswidrigkeit die Beh beweispflichtig (zB VwGH 2. 7. 1992, 89/04/0001). Das Verschulden in der Schuldform der **Fahrlässigkeit wird** (widerlegbar) **vermutet.** Der Besch hat glaubhaft zu machen, dass ihn an der Verletzung der Verwaltungsvorschrift kein Verschulden trifft (§ 5 Abs 1 VStG).

Um mangelndes Verschulden darzutun, hat der Besch **initiativ** und in konkreter Form – dh durch geeignetes Tatsachenvorbringen (vgl VwGH 27. 2. 1996, 94/04/0214), bzw durch Beibringung von Beweismitteln oder durch entsprechende Beweisanträge (zB VwGH 26. 3. 2015, 2013/07/0011) – **alles darzulegen, was für seine Entlastung spricht.** Es bedarf jedoch nicht eines Entlastungs**beweises** durch den Besch. Somit ist die Beh (nur) von der Wahrscheinlichkeit und nicht von der Richtigkeit des Vorliegens einer bestimmten Tatsache zu überzeugen (vgl zB VwGH

22. 12. 1992, 91/04/0019). Bloßes Leugnen oder allgemein gehaltene Behauptungen reichen für die „Glaubhaftmachung" jedoch nicht aus (zB VwGH 24. 2. 1993, 92/03/0011).

4.4 Wirksames (schuldbefreiendes) Kontrollsystem

Die im heutigen Wirtschaftsleben notwendige Arbeitsteilung lässt es oft nicht zu, dass sich ein Unternehmer aller Belange und Angelegenheiten persönlich annimmt. Dies gilt auch für die strafrechtlich Verantwortlichen einer juristischen Person/eingetragenen Personengesellschaft oder den gewerberechtlichen Gf. Den Verantwortlichen muss daher zugebilligt werden, dass sie die Besorgung einzelner Angelegenheiten anderen Personen selbstverantwortlich überlassen und die eigene Tätigkeit in diesen Belangen auf eine angemessene Kontrolle beschränken.

Mangelndes Verschulden iSd § 5 Abs 1 VStG kann in diesen Fällen glaubhaft gemacht werden, indem ein **wirksames Kontrollsystem** dargetan und nachgewiesen wird, durch welches die **Einhaltung der einschlägigen Vorschriften jederzeit sichergestellt** werden kann. Nach der zum Kontrollsystem bestehenden umfangreichen Rsp ist bei dieser Kontrolle ein sehr **strenger Sorgfaltsmaßstab** anzuwenden. Ein wirksames (schuldbefreiendes) Kontrollsystem liegt danach nur vor, wenn (alle) **Maßnahmen** gesetzt wurden, **die** unter den vorhersehbaren Verhältnissen mit gutem Grund die **Einhaltung der gesetzlichen Vorschriften erwarten lassen** (zB VwGH 25. 2. 1993, 92/04/0134; 30. 6. 2006, 2003/03/0033; 24. 1. 2013, 2012/07/0030 uva; s auch die in *Hauer/Leukauf,* Handbuch 1228 ff zit Rsp).

Damit ein solches Kontrollsystem den Besch von seiner Verantwortung für die vorliegende Verwaltungsübertretung befreien kann, hat er konkret darzulegen, welche Maßnahmen von ihm getroffen wurden, um derartige Verstöße zu vermeiden; insb ist auszuführen, *wann, wie oft, auf welche Weise und von wem Kontrollen der Angewiesenen vorgenommen wurden* (zB VwGH 25. 11. 2004, 2004/03/0107; 26. 5. 2014, 2012/03/0084).

Der Hinweis auf bisher tadelloses Arbeiten der Mitarbeiter ersetzt zB die nähere Darlegung eines wirksamen Kontrollsystems nicht (VwGH 24. 1. 2013, 2012/07/0030). Die (bloße) Erteilung von Weisungen oder die Durchführung von Schulungen (zB VwGH 30. 4. 2007, 2006/02/0034) reichen für ein wirksames Kontrollsystem ebenso nicht aus, wie Belehrungen und Arbeitsanweisungen (VwGH 23. 4. 2008, 2004/03/0050, mwN).

Entscheidend ist vielmehr, ob auch eine **wirksame Kontrolle** der erteilten Weisungen erfolgt (VwGH 25. 2. 1993, 92/04/0134). Der VwGH hat dazu wiederholt die Auffassung vertreten, dass die Durchführung **stichprobenartiger Kontrollen** (zB der Einhaltung von Auflagen) nicht als wirksames Kontrollsystem angesehen werden kann, wenn für den Fall der Verletzung der Anordnungen keine Sanktionen angedroht wurden (zB VwGH 18. 10. 1994, 93/04/0075 mwN). Der Besch hat auch darzutun, aus welchen Gründen es trotz dieses Kontrollsystems zur Verwaltungsübertretung kommen bzw warum eine menschliche Fehlleistung auch durch Kontrollen nicht verhindert werden konnte (vgl VwGH 24. 1. 2013, 2012/07/0030).

Die **Effizienz** eines Kontrollsystems wird nicht an der subjektiven Meinung des gewerberechtlichen Gf oder der im Kontrollsystem eingebundenen Personen, sondern **nach einem objektiven Maßstab gemessen** (VwGH 27. 2. 1996, 94/04/0214; 2. 6. 1999, 98/04/0099).

4.5 Strafbefreiungsgründe

4.5.1 Rechtfertigungsgründe

Ein strafbefreiender Rechtfertigungsgrund liegt vor, **wenn** eine **Tat** zwar dem Tatbestand einer Verwaltungsübertretung entspricht, aber **durch** eine **Rechtsvorschrift erlaubt** ist.

So bilden zB Abweichungen einer BA vom konsensgemäßen Zustand, die der Beh gem § 82b Abs 4 durch Übermittlung einer Prüfbescheinigung mit Vorschlägen zur Beseitigung der Abweichungen bekannt gegeben werden, unter näher bezeichneten Umständen (gem § 82b Abs 5) keine Verwaltungsübertretungen iSd § 366 Abs 1 Z 3 oder gem § 367 Z 25.

Einen Rechtfertigungsgrund für den gewerberechtlichen Gf normiert § 370 Abs 2 (s 3.3).

Aus dem Umstand, dass Behördenorgane den Betrieb einer nicht genehmigten BA „billigen", kann eine Rechtmäßigkeit des Betriebs nicht abgeleitet werden (VwGH 28. 11. 1995, 93/04/0049; 1. 7. 1997, 96/04/0183).

4.5.2 Schuldausschließungsgründe

Schuldausschließungsgründe sind Umstände, die den Wegfall des Verschuldens bewirken, sodass der Täter trotz Verwirklichung des (objektiven) Straftatbestandes nicht strafbar ist. Insb sind dies Notstand (gem § 6 VStG) und der unverschuldete Verbotsirrtum (gem § 5 Abs 2 VStG).

4.5.2.1 Notstand

Gem § 6 VStG ist eine Tat nicht strafbar, wenn sie durch Notstand entschuldigt ist. Der Begriff „Notstand" ist im VStG nicht definiert. Er ist stets mit einer *unmittelbar drohenden Gefahr für Leben, Freiheit oder Vermögen* verbunden. Die Möglichkeit einer wirtschaftlichen Schädigung allein oder bloß nachteilige Folgen dieser Art können einen Notstand nicht rechtfertigen (zB VwGH 25. 5. 2000, 99/07/0003).

Die Rsp lässt eine Entschuldigung wegen eines Notstands iZm BA-Delikten kaum zu (vgl zB VwGH 20. 1. 1987, 86/04/0100).

4.5.2.2 Unverschuldeter Verbotsirrtum (Rechtsirrtum)

Die Unkenntnis einer Verwaltungsvorschrift, der der Täter zuwidergehandelt hat, entschuldigt nur dann, wenn sie **erwiesenermaßen unverschuldet** ist und der Täter das Unerlaubte seines Verhaltens ohne Kenntnis der Verwaltungsvorschrift nicht einsehen konnte (§ 5 Abs 2 VStG).

Unverschuldet ist die Unkenntnis nur, wenn jemandem die Verwaltungsvorschrift trotz **Anwendung der nach seinen Verhältnissen erforderlichen Sorgfalt** unbekannt geblieben ist (VwGH 25. 2. 1993, 92/04/0085).

Wer eine **BA betreibt** bzw wer beabsichtigt, eine solche zu betreiben, **ist verpflichtet, sich** vorher **über** die die Anlage betreffenden **Vorschriften zu unterrichten.** Die entsprechenden Erkundigungen können bei den (zuständigen) Beh, bei gesetzlichen beruflichen Vertretungen (zB VwGH 16. 11. 1993, 93/07/0022) oder bei einer zur berufsmäßigen Parteienvertretung berechtigten Person eingeholt werden (VwGH 30. 11. 1981, 81/17/0126).

Das **Vertrauen auf** eine allenfalls **unrichtige Auskunft** eines Organes der **zuständigen Beh** bewirkt die **Straflosigkeit** nach § 5 Abs 2 VStG jedenfalls (VwGH 19. 11. 2002, 2002/91/0096).

Ob die Erteilung einer falschen Rechtsauskunft durch einen berufsmäßigen Parteienvertreter einen Schuldausschließungsgrund iSd § 5 Abs 2 VStG darstellt, hängt von den konkreten Umständen des Einzelfalls ab.

Zur **unrichtigen Rechtsauskunft durch einen Rechtsanwalt** hat der VwGH ausgesprochen, dass diese Auskunft dann einen Schuldausschließungsgrund iSd § 5 Abs 2 VStG darstellt, wenn es sich nicht um unmittelbar einsichtige Tatsachen handelt, die der Gewerbetreibende jedenfalls wissen muss (VwGH 21. 5. 1985, 84/04/0044) bzw dass sich der Besch allein wegen der Auskunft seines Rechtsfreundes, ohne sich bei der zuständigen Beh über deren Richtigkeit zu erkundigen, nicht mit Erfolg auf den Schuldausschließungsgrund iSd § 5 Abs 2 VStG berufen darf (VwGH 15. 9. 1999, 98/04/0104). Ein schuldausschließender Irrtum liegt auch dann nicht vor, wenn die Partei, die von einem Rechtsanwalt eine falsche Auskunft erhalten hat, Zweifel an der Richtigkeit der Auskunft hätte haben müssen (VwGH 19. 11. 1998, 96/15/0153).

4.6 Geringes Verschulden und geringe Beeinträchtigung des Rechtsguts

Gem § 45 Abs 1 Z 4 VStG hat die Beh von der Einleitung oder Fortführung eines Strafverfahrens abzusehen und die Einstellung zu verfügen, **wenn die Bedeutung des strafrechtlich geschützten Rechtsguts** und die **Intensität seiner Beeinträchtigung** durch die Tat **und** das **Verschulden** des Besch **gering** sind.

Dieser Einstellungsgrund entspricht § 21 Abs 1 VStG aF (vgl ErläutRV 2009 BlgNR 24. GP 19). Mit der Neuformulierung des § 45 VStG durch das Verwaltungsgerichtsbarkeits-AusführungsG 2013 BGBl I 2013/33 sollten die bisher in § 21 Abs 1 enthaltenen Bestimmungen nur an systematisch richtiger Stelle zusammengeführt werden. Es kann daher in Bezug auf den Einstellungstatbestand des § 45 Abs 1 Z 4 VStG auf die gesicherte, zu § 21 Abs 1 VStG ergangene Rsp des VwGH zurückgegriffen werden (VwGH 5. 5. 2014, Ro 2014/03/0052; 18. 11. 2014, Ra 2014/05/0008).

Zur Rsp zu § 21 VStG aF s *Raschauer/Wessely*, VStG § 21 auf S 327/328, *Walter/Thienel* II² § 21 E 5 ff (geringfügiges Verschulden) und E 57 ff (unbedeutende Folgen); *Lewisch/Fister/Weilguni*, VStG § 45 Rz 3).

5. Strafbemessung

386   ### 5.1 Allgemeines

Die GewO sieht für die hier relevanten Übertretungen betreffend BA in den §§ 366, 367 und 368 **Geldstrafen mit absoluten Obergrenzen** vor. Eine Mindeststrafe ist nicht vorgesehen. Nach § 16 VStG ist für den Fall der Uneinbringlichkeit der Geldstrafe eine Ersatzfreiheitsstrafe festzusetzen, die zwei Wochen nicht übersteigen darf. Die Strafbemessung innerhalb eines gesetzlichen Strafrahmens ist eine **Ermessensentscheidung,** die nach den in § 19 VStG festgelegten Kriterien vorzunehmen ist. Ein fixer Umrechnungsschlüssel für die Bemessung der Ersatzfreiheitsstrafe ist nicht vorgesehen.

Die Strafbemessung ist von der Beh bzw vom VwG **nachvollziehbar zu begründen;** es sind die für die Ermessensübung maßgebenden Umstände und Erwägungen insoweit aufzuzeigen, als dies für die Rechtsverfolgung durch die Parteien und die Nachprüfbarkeit des Ermessensaktes auf seine Übereinstimmung mit dem Sinn des Gesetzes erforderlich ist (zB VwGH 3. 11. 2005, 2005/15/0106).

Die Strafe richtet sich nach dem **zur Zeit der Tat geltenden Recht,** es sei denn, dass das **zur Zeit der Entscheidung geltende Recht in** seiner **Gesamtauswirkung** für den Täter **günstiger** wäre (§ 1 Abs 2 VStG idF BGBl I 2013/33).

Nach § 1 Abs 2 aF war nur eine Änderungen der Rechtslage zwischen Tat und der *Entscheidung der Beh* relevant; seit der VStG Nov 2013/33 sind nun **auch Rechtsänderungen im Beschwerdeverfahren vor dem VwG beachtlich.**

Ausführlich zum Günstigkeitsvergleich s *Kolonovits/Muzak/Stöger,* VerwVerfR[10] Rz 982 ff; *Lewisch/Fister/Weilguni,* VStG § 1 Rz 13, 17; vgl auch VwGH 19. 3. 2014, Ro 2014/09/0007 mwN.

5.2 Bemessungskriterien

Die **Bedeutung des strafrechtlich geschützten Rechtsgutes** und die **Intensität seiner Beeinträchtigung** durch die Tat bilden als *objektive Bemessungskriterien* gem § 19 Abs 1 VStG die Grundlage für die Bemessung der Strafe. **Erschwerungs- und Milderungsgründe,** das **Verschulden** sowie die **Einkommens- und Vermögensverhältnisse** und allfällige **Sorgepflichten** sind *als subjektive Umstände* gem § 19 Abs 2 VStG zu berücksichtigen, wobei auf das Ausmaß des Verschuldens besonders Bedacht zu nehmen ist.

Entscheidend für die Beurteilung der **objektiven Bemessungskriterien** ist **nicht** die **(abstrakte) Wertigkeit des** durch die verletzte Norm geschützten **Rechtsgutes** (diese findet ihren Ausdruck bereits in der Höhe des gesetzlichen Strafrahmens), **sondern** das **Ausmaß der** durch die Tat erfolgten **konkreten Beeinträchtigung.** Die in § 19 Abs 1 VStG geforderte Beurteilung erfordert daher entsprechende konkrete Sachverhaltsfeststellungen (VwGH 24. 10. 2001, 2001/04/0137).

Milderungs- und Erschwerungsgründe sind im VStG nicht aufgezählt; iW ist bei der Strafbemessung auf die §§ 33 bis 35 StGB zurückzugreifen und sind diese unter Berücksichtigung der Eigenart des Verwaltungsstrafrechts sinngemäß anzuwenden. Ungetilgte einschlägige Vorstrafen sind als erschwerend heranzuziehen (VwGH 11. 11. 1998, 98/04/0034); getilgte Verwaltungsstrafen dürfen gem § 55 Abs 2 VStG bei der Strafbemessung nicht berücksichtigt werden. Bei Ungehorsamsdelikten (zu denen auch BA-Delikte zählen) ist vorsätzliches Handeln als Erschwerungsgrund zu werten (zB VwGH 29. 3. 1994, 93/04/0086).

Bei einem fortgesetzten Delikt sind die *Anzahl der Einzelhandlungen* und *das Ausmaß der* einzelnen *Übertretungen* bei der *Strafbemessung* zu berücksichtigen (vgl auch *Stolzlechner,* ZfV 1981, 425).

6. Verwaltungsstrafverfahren vor der Bezirksverwaltungsbehörde

6.1 Zuständigkeit

387

Zur Vollziehung der Verwaltungsstrafbestimmungen der §§ 366 ff ist jene **BVB** zuständig, in deren **Sprengel** die Verwaltungsübertretung begangen wurde (§ 333 GewO iVm §§ 26, 27 VStG).

6.2 Verfolgungshandlung

Die Strafbehörde **hat binnen eines Jahres** eine taugliche **Verfolgungshandlung** gegen den Besch zu setzen, um den Eintritt einer Verfolgungsverjährung zu verhindern (§ 31 VStG). Die Verjährungsfrist beginnt mit dem Zeitpunkt zu laufen, an dem die strafbare Tätigkeit abgeschlossen worden ist oder das strafbare Verhalten aufgehört hat. Dieser fristauslösende Zeitpunkt ist vom jeweiligen Deliktstyp (Begehungs- oder Unterlassungsdelikt, Dauerdelikt, fortgesetztes Delikt) abhängig. Näheres zu den einzelnen Delikten s 8. bis 14.

An die Verfolgungshandlung nach § 32 Abs 2 VStG sind grds dieselben Anforderungen zu stellen wie an die Tatumschreibung im Spruch des Straferkenntnisses nach § 44 a Z 1 VStG (VwGH 18. 10. 2012, 2012/04/0020).

Die (korrekte) **rechtliche Qualifikation** der Tat ist hingegen **in** der **Verfolgungshandlung nicht** erforderlich (VwGH 30. 1. 2015, Ro 2014/02/0121). Es auch nicht notwendig, in der Verfolgungshandlung bereits die **Eigenschaft des Täters** (zB als Verantwortlicher gem § 9 VStG oder gewerberechtlicher Gf) anzuführen (zB VwGH 27. 1. 1999, 97/04/0070). Nach der jüngeren RSp ist bei Auflagenübertretungen auch die **wörtliche Anführung der Auflage** nicht in die Verfolgungshandlung aufzunehmen (VwGH 18. 10. 2012, 2012/04/0020); s auch 10.2.6.

6.3 Straferkenntnis

Das Verwaltungsstrafverfahren wird entweder durch **Einstellung** aus den in § 45 VStG genannten Gründen oder durch **Erlassung eines Strafbescheides** beendet. Strafbescheide wegen Übertretungen im Zusammenhang mit gew BA werden idR nicht durch eine Strafverfügung (§§ 47 ff VStG), sondern – nach Durchführung eines Ermittlungsverfahrens – durch ein **Straferkenntnis** beendet, mit dem entweder eine Ermahnung (§ 45 Abs 1 Z 4 VStG) ausgesprochen oder eine Strafe verhängt wird.

Der Spruch eines Straferkenntnisses hat gem § 44 a VStG iVm mit der hiezu ergangenen höchstgerichtlichen Rsp strengen formalen Anforderungen zu entsprechen. Er hat, wenn er nicht auf Einstellung lautet, insb die als **erwiesen angenommene Tat** (Z 1), die **Verwaltungsvorschrift, die** durch die Tat **verletzt** worden ist (Z 2), die verhängte **Strafe** und die **angewendete Gesetzesbestimmung** (Z 3) und die Entscheidung über die **Kosten** (Z 5) zu enthalten.

Die als erwiesen angenommene Tat ist im Spruch mit allen Tatmerkmalen anzuführen, die zur Konkretisierung und Individualisierung des inkriminierten Verhaltens erforderlich sind. Sohin muss der Spruch die **Person des Täters,** den **Tatort** und die **Tatzeit** konkretisieren, sowie die **relevante Tathandlung** verbal umschreiben.

Der Umfang der notwendigen Konkretisierung hängt vom einzelnen Tatbild ab und ist nach den jeweils gegebenen Begleitumständen unterschiedlich. Die *bloße Wiedergabe des Gesetzeswortlautes entspricht dem Konkretisierungsgebot* des § 44 a Abs 1 Z 1 VStG *nicht.*

Zu den Konkretisierungserfordernissen der einzelnen Übertretungen s näher 8. bis 14.

Die Konkretisierungserfordernisse sind im Einzelfall an den von der Rsp des VwGH aufgestellten **Rechtsschutzerfordernissen** zu messen. Der Vorschrift des § 44 a Abs 1 Z 1 VStG wird grds (nur) dann entsprochen, wenn a) dem Besch im Spruch des Straferkenntnisses die Tat in so konkretisierter Umschreibung vorgeworfen ist, dass er in die Lage versetzt wird, **auf den konkreten Tatvorwurf bezogene Beweise** anzubieten, um eben diesen Tatvorwurf zu widerlegen, und wenn b) der Spruch geeignet ist, den Besch rechtlich **vor** einer **Doppelbestrafung** zu **schützen** (zB VwGH 10. 12. 2001, 2000/10/0024).

Die **Verwaltungsvorschrift, die durch die Tat verletzt** wurde (§ 44 a Abs 1 Z 2 VStG), ist jene Norm, die ein bestimmtes Verhalten gebietet oder verbietet (vgl *Lewisch/Fister/Weilguni,* VStG §§ 44 a Rz 5 f). Der Besch hat ein Recht darauf, dass ihm im Spruch die richtige (und nur die richtige) verletzte Verwaltungsvorschrift richtig und vollständig vorgehalten wird (VwGH 9. 7. 1992, 91/10/0239). Näheres s auch *Hauer/Leukauf,* Handbuch 1564 f; zur jeweiligen verletzten Norm bei den hier interessierenden BA-Delikten s unten 8. bis 14.

Unter „angewendeter Gesetzesbestimmung" iSd § 44 a Z 3 VStG ist die **Strafsanktionsnorm** zu verstehen, welche jene Strafdrohung enthält, in der die tatsächlich verhängte Strafe Deckung findet. Bei den Übertretungen der **§§ 366 und 367** ist stets der **Einleitungssatz** der genannten Bestimmungen als Strafsanktionsnorm anzuführen, da dieser die Strafdrohung enthält (zB VwGH 26. 4. 1994, 94/04/0004). In den jeweiligen Ziffern der Bestimmungen (zB § 366 Abs 1 Z 2 oder Z 3) findet sich nur die Umschreibung des Tatbildes.

Zur „**Entscheidung über die Kosten**" (§ 44 a Z 5VStG) gehören der Verfahrenskosten-beitrag und der allfällige Barauslagenersatz (§§ 64 ff VStG).
Näheres s *Lewisch/Fister/Weilguni*, VStG §§ 64 ff.

7. Beschwerdeverfahren vor dem Verwaltungsgericht

7.1 Beschwerdelegitimation und Einbringung der Beschwerde 388

Gegen Straferkenntnisse der BVB kann **Beschwerde** an das zuständige LVwG er-heben, wer in seinen **subjektiven Rechten verletzt** zu sein *behauptet* (Art 132 Abs 1 Z 1 B-VG); s Lexikon „Behörden/Verwaltungsgerichte" Rz 21 und „Beschwerde" Rz 26.

Parteien des Strafverfahrens vor dem VwG im Zusammenhang mit gew BA Ver-fahrens sind grds der **Bf** und die **belangte Beh** (Art 132 Abs 1 Z 1 B-VG, § 18 VwGVG).

Ein Beschwerderecht und Parteistellung können im gegebenen Zusammenhang auch Haften-de nach § 9 Abs 7 VStG haben (vgl *Kolonovits/Muzak/Stöger*, VerwVerfR[10] Rz 1199 mwN)

Die Beschwerde ist **schriftlich** bei der **BVB**, die das Straferkenntnis erlassen hat einzubringen; eine mündliche Beschwerde ist unzulässig. Die **Beschwerdefrist** beträgt **vier Wochen** (§ 7 Abs 4 VwGVG). Eine rechtzeitig eingebrachte und zulässige Be-schwerde hat gem § 13 Abs 1 VwGVG **aufschiebende Wirkung.**

Zur Schriftlichkeit der Beschwerde vgl *Kolonovits/Muzak/Stöger*, VerwVerfR[10] Rz 739, *Eder/Martschin/Schmid* § 12 VwGVG K 3; *Fister/Fuchs/Sachs* § 12 VwGVG Anm 1; *Götzl/Gru-ber/Reisner/Winkler* § 12 VwGVG Rz 2.

Die (unmittelbare) **Einbringung beim VwG** ist nur dann **fristwahrend, wenn** die Be-schwerde gem § 6 AVG iVm § 17 VwGVG **rechtzeitig an** die **BVB weitergeleitet** wird.

Der Fristenlauf beginnt mit dem Tag der Zustellung der Beschwerde, wenn das Straferkennt-nis dem Bf nur mündlich verkündet wurde, mit dem Tag der Verkündung (§ 7 Abs 4 Z 1 VwGVG). Wurde ein Straferkenntnis mündlich verkündet und auch zugestellt, beginnt die Beschwerdefrist mit der Zustellung. Bei einer mehrfachen Zustellung ist für den Beginn des Fristenlaufes ausschließlich die erste Zustellung maßgeblich (vgl auch *Götzl/Gruber/Reisner/Winkler* § 7 VwGVG Rz 24).
Für die **Berechnung der Frist** sind die §§ 32 und 33 AVG maßgeblich. Wird der Be-scheid zB an einem Do zugestellt, so endet die Frist am Do der vierten Woche um 24 Uhr. Für die Wahrung der Frist ist der auf der Briefsendung angebrachte Datumsstempel (Post-stempel) maßgeblich.
Die **aufschiebende Wirkung kann** gem § 41 VwGVG in Verwaltungsstrafverfahren **nicht ausgeschlossen werden.**

7.2 Kein Anwaltszwang – Verfahrenshilfe möglich

Im Verfahren vor dem VwG besteht **kein Anwaltszwang.** Gem § 40 VwGVG kann der Besch *unter näher bezeichneten Voraussetzungen* innerhalb der Beschwerdefrist je-doch **die unentgeltliche Beigebung eines Verfahrenshilfeverteidigers** beantragen. Über den Antrag entscheidet das VwG durch Beschluss.

Der Antrag kann – **in jedem Stadium des Verfahrens** (VwGH 8. 9. 1998, 98/03/0112) – schriftlich oder mündlich gestellt werden. Er ist bis zur Vorlage der Beschwerde an das

VwG bei der BVB einzubringen, nach der Vorlage beim VwG. Die Strafsache, für die ein Verteidiger begehrt wird, ist im Antrag bestimmt zu bezeichnen.

Durch den fristgerecht gestellten Antrag wird die **Beschwerdefrist unterbrochen.** Sie beginnt für den Besch mit dem Zeitpunkt neuerlich zu laufen, in dem dem zum Verteidiger bestellten RA der Beschluss über seine Bestellung und der anzufechtende Bescheid zugestellt werden. Wird der Antrag abgewiesen, so beginnt die Beschwerdefrist mit der Zustellung des abweisenden Beschlusses an den Besch zu laufen (§ 40 Abs 4 VwGVG).

7.3 Inhalt der Beschwerde

Die Beschwerde hat den angefochtene Bescheid und die belangte Beh zu bezeichnen (§ 9 Abs 1 Z 1 und 2 VwGVG) und sie muss **Beschwerdegründe** und ein Begehren sowie Angaben zur Rechtzeitigkeit enthalten (§ 9 Abs 1 Z 3, 4 und 5 VwGVG). Die Behauptung der Rechtswidrigkeit eines Strafbescheides hat sich auf die in § 9 Abs 1 Z 3 VwGVG als Inhaltserfordernis der Beschwerde umschriebenen Gründe zu stützen.

Mit dem Begehren der Beschwerde wird erklärt, in welchem Umfang das Straferkenntnis überprüft werden soll. Es kann die Aufhebung des gesamten Straferkenntnisses, allenfalls die Aufhebung einzelner Spruchpunkte oder lediglich eine Strafreduktion begehrt werden.

Soweit die Beschwerde unvollständig ist, ist grundsätzlich ein **Verbesserungsauftrag** nach § 13 Abs 3 AVG zu erteilen.

7.4 Beschwerdevorentscheidung und Vorlageantrag

Der BVB steht es gem § 14 Abs 1 VwGVG frei, innerhalb *von zwei Monaten* eine Beschwerdevorentscheidung (BVE) zu erlassen. Will die Beh von der Erlassung einer BVE absehen, hat sie nach § 14 Abs 2 VwGVG dem VwG die Beschwerde unter Anschluss der Akten des Verfahrens vorzulegen. Die Frist von zwei Monaten hat sie in diesem Fall nicht abzuwarten.

In der Praxis macht die Beh von dem Recht auf Erlassung einer BVE kaum Gebrauch. Wird jedoch eine BVE erlassen, kann jede Partei binnen zwei Wochen ab Zustellung der BVE bei der Beh den Antrag stellen, die Beschwerde dem VwG zur Entscheidung vorzulegen (**Vorlageantrag**). Einem rechtzeitigen und zulässigen Vorlageantrag kommt gem § 15 Abs 2 Z 1 VwGVG aufschiebende Wirkung zu. **Durch** einen **Vorlageantrag tritt** die **BVE nicht außer Kraft**; *sie tritt an die Stelle des mit Beschwerde bekämpften Bescheides und bildet selbst den Gegenstand der Überprüfung im verwaltungsgerichtlichen Verfahren* (vgl *Fister/Fuchs/Sachs* § 15 VwGVG Anm 9; BVwG 9. 2. 2015, W193 2016693 – 1).

7.5 Mündliche Verhandlung

Gem § 44 Abs 1 VwGVG hat das VwG in Verwaltungsstrafverfahren grds eine **öffentliche mündliche Verhandlung** durchzuführen. Der Bf hat die Durchführung einer Verhandlung in der Beschwerde oder im Vorlageantrag zu beantragen.

In § 44 Abs 2 bis 5 VwGVG finden sich **Ausnahmen** von der Verhandlungspflicht. Dazu näher *Eder/Martschin/Schmid* § 44 VwGVG K 5 ff; *Götzl/Gruber/Reisner/Winkler* § 44 VwGVG Rz 7 ff; VwGH 10. 12. 2014, Ra 2014/09/0013.

7.6 Prüfungsumfang und „Sache" des Beschwerdeverfahrens

7.6.1 Gem § 27 VwGVG hat das VwG die behauptete Rechtswidrigkeit des angefochtenen Strafbescheides **aufgrund der Beschwerde** (§ 9 Abs 1 Z 3 und 4 VwGVG) zu überprüfen. Die Rückverweisung auf § 9 präzisiert den Prüfungsumfang dahingehend, dass die **Gründe,** auf die sich die Behauptung der Rechtswidrigkeit stützt (Z 3), und das **Begehren** der Beschwerde (Z 4) die vom VwG zu entscheidende Sache begrenzen.

Die der Berufungsbehörde gem § 66 Abs 4 AVG eröffnete Möglichkeit, einen Bescheid „nach jeder Richtung abzuändern", ist im verwaltungsgerichtlichen Verfahrensrecht im Gesetzeswortlaut zwar nicht (mehr) vorgesehen, nach der Rsp des VwGH ist jedoch eine Auslegung des § 27 VwGVG dahingehend, dass die Prüfbefugnis der VwG jedenfalls stark eingeschränkt zu verstehen wäre, unzutreffend (VwGH 5. 11. 2014, Ra 2014/09/0018; 17. 12. 2014, Ro 2014/03/0066; 26. 3. 2015, Ra 2014/07/0077).

Demnach kann von einem Bf nicht erwartet werden, dass er in seiner Beschwerde sämtliche rechtlichen Angriffspunkte aufzeigt. Ebenso wenig kann davon ausgegangen werden, dass der Gesetzgeber den Prüfungsumfang ausschließlich an das Vorbringen des Bf binden wollte. Die Prüfungsbefugnis der VwG ist aber keine unbegrenzte. Der äußerste Rahmen für die Prüfbefugnis ist die „**Sache**" des bekämpften Bescheides. Dieser Rahmen wird in den Fällen einer **Trennbarkeit der behördlichen Entscheidung** weiter eingeschränkt, wenn in der Beschwerde von mehreren trennbaren Absprüchen nur ein Teil bekämpft wird. Innerhalb des so eingeschränkten Prüfungsumfanges findet noch einmal eine weitere Beschränkung insofern statt, als Parteibeschwerden iSd Art 132 Abs 1 Z 1 B-VG **nur** insoweit zu prüfen sind, als die **Frage einer Verletzung von subjektiv-öffentlichen Rechten** Gegenstand ist. **In diesem Rahmen,** der sich im Einzelfall jeweils aus dem Zusammenwirken von verfahrensrechtlichen und materiellrechtlichen Normen ergibt, ist das **VwG auch befugt, Rechtswidrigkeitsgründe aufzugreifen, die in der Beschwerde nicht vorgebracht** wurden (VwGH 26. 3. 2015, Ra 2014/07/0077).

Auch in der Rsp der VwG wird davon ausgegangen, dass zB eine vorliegende Verfolgungsverjährung oder relevante Verfahrensmängel **von Amts wegen** (auch ohne Geltendmachung in den Beschwerdegründen) aufzugreifen seien (zB VwG Wien 18. 4. 2014, VGW—041/008/21519/2014; LVwG NÖ 25. 3. 2014, LVwG-PL-13 – 0053 betreffend die Bestellung eines verwaltungsstrafrechtlichen Verantwortlichen).

7.6.2 Das VwG hat gem § 50 VwGVG in Verwaltungsstrafverfahren – soweit die Beschwerde nicht zurückzuweisen oder das Verfahren einzustellen ist – „in der Sache selbst" zu entscheiden. Der Begriff der **„Sache" ist im Vergleich zu diesem Begriff iSd § 66 Abs 4 AVG im verwaltungsgerichtlichen Verfahren unverändert geblieben** (VwGH 18. 12. 2014, Ra 2014/07/0002).

„Sache" des Beschwerdeverfahrens vor dem VwG ist – ungeachtet des durch § 27 VwGVG vorgegebenen Prüfumfangs – grds jene Angelegenheit, die den Inhalt des Spruchs des Bescheids der vor dem VwG belangten Beh gebildet hat (zum Berufungsverfahren bereits VwSlg 8864 A/1975; VwGH 18. 10. 2011, 2011/02/0281; weiterhin zum Beschwerdeverfahren VwGH 17. 12. 2014, Ra 2014/03/0049). Im Verwaltungsstrafverfahren wird **dabei auf den in der Verfolgungshandlung erhobenen Tatvorwurf abgestellt.** Demnach ist „Sache" des Verwaltungsstrafverfahrens die dem Besch innerhalb der Verjährungsfrist zur Last gelegte Tat mit ihren wesentlichen Sachverhaltselementen, *unabhängig von ihrer rechtlichen Beurteilung* (VwGH 8. 11. 2000, 99/04/0115; 22. 8. 2012, 2011/17/0102; 24. 2. 2014, 2012/17/0378; 13. 3. 2014, 2012/17/0379).

Somit könnte auch ein von einer Verfolgungshandlung umfasstes, im Spruch des Bescheides jedoch nicht enthaltenes Tatbestandsmerkmal vom VwG ergänzt und in den Spruch des Erk aufgenommen werden (vgl VwGH 05. 09. 2013, 2013/09/0065; vgl *N. Raschauer/Wessely*, VStG § 51 Rz 7). Im Falle einer eingeschränkten Beschwerde ist „Sache" des Beschwerdeverfahrens der vom Rechtsmittel erfasste Teil des Bescheides, wenn dieser vom übrigen Bescheidinhalt trennbar ist. Richtet sich die Beschwerde lediglich gegen die Strafhöhe, erwächst der Schuldspruch in Rechtskraft und ist über den Tatvorwurf nicht mehr abzusprechen.

Wird eine Beschwerde vom Besch oder zu seinen Gunsten erhoben, darf vom VwG – nach dem Prinzip des Verbots der **reformatio in peius** – keine höhere Strafe verhängt werden (§ 42 VwGVG).

Eine unzulässige **Änderung des Tatvorwurfs** bzw eine **Auswechslung der Sache** liegt vor, wenn das VwG Sachverhaltselemente welche dem Besch von der Beh nicht zur Last gelegt worden waren, erstmalig in den Schuldspruch aufnimmt.

Eine Auswechslung liegt zB vor, wenn das VwG die Eignung einer BA zur Gefährdung der Kunden durch Brände und zur Gefährdung des Grundwassers durch austretendes Heizöl (VwGH 23. 10. 1995, 94/04/0080), zuvor in das Verfahren nicht einbezogene Grundstücke (VwGH 25. 2. 1997, 94/04/0030) oder einen längeren Tatzeitraum (VwGH 5. 11. 2014, Ra 2014/09/0018) erstmals in den Spruch des Erk aufnimmt.

Das VwG ist jedoch grds berechtigt – und auch verpflichtet – einen zB mit „seit 20. 3. 1986" angegebenen Tatzeitraum in Abänderung des Straferkenntnisses zu modifizieren und den Zeitpunkt der Schöpfung des behördlichen Straferkenntnisses als Tatzeitende zu bezeichnen (zB VwGH 23. 4. 1996, 96/04/0053).

Das **VwG** kann sowohl die **verletzte Norm,** als auch eine **unrichtige oder unvollständig zitierte Strafsanktionsnorm** – ergänzen oder richtigstellen, solange kein anderer Sachverhalt zur Last gelegt wird. Die ist **auch nach Ablauf der Verfolgungsverjährungsfrist** noch möglich (vgl VwGH 1. 7. 2005, 2001/03/0354; 26. 2. 2009, 2009/09/0031; 22. 10. 2012, 2010/03/0065).

Zulässig ist auch die Aufrechterhaltung der Bestrafung mit der Maßgabe, dass dem Besch die Straftat nicht für seine Person, sondern als Organ einer juristischen Person zuzurechnen sei (VwGH 6. 11. 1995, 95/04/0122). Dasselbe gilt für den Fall, dass dem Besch die ihm zur Last gelegten Übertretungen – hier der GewO – nicht als bestellter verantwortlicher Beauftragter gem § 9 Abs 2 VStG, sondern als gewerberechtlicher Gf zuzurechnen sind (VwGH 27. 1. 1999, 97/04/0070).

7.7 Entscheidung und Entscheidungsfrist

Das VwG entscheidet *in der Sache mit Erkenntnis*. Das Straferkenntnis des VwG hat den Erfordernissen des § 44 a VStG zu entsprechen (vgl *Kolonovits/Muzak/Stöger*, VerwVerfR[10] Rz 1220).

Die Zurückweisung der Beschwerde und die Einstellung des verwaltungsgerichtlichen Verfahrens (zB wegen Zurückziehung der Beschwerde) erfolgen mit Beschluss (§ 50 VwGVG; vgl *Götzl/Gruber/Reisner/Winkler*, § 50 VwGVG Rz 2 f).

Wird die Beschwerde vom Besch erhoben, hat das VwG innerhalb von **15 Monaten** zu entscheiden (VwGH 18. 12. 2014, Fr 2014/01/0048). Diese Frist wird mit dem *Einlangen der Beschwerde bei der Beh* ausgelöst.

Die Entscheidungsfrist von sechs Monaten (§ 34 Abs 1 VwGVG) gilt im verwaltungsgerichtlichen Strafverfahren nur, wenn die Beschwerde nicht vom Besch erhoben wird. Die Verjährungsfrist des **§ 43 Abs 1 VwGVG** ist als **lex specialis** zur Entscheidungsfrist des § 34 Abs 1 VwGVG anzusehen (VwGH 18. 12. 2014, Fr 2014/01/0048).

Sind seit dem Einlangen einer rechtzeitig eingebrachten und zulässigen Beschwerde des Besch gegen ein Straferkenntnis bei der Beh 15 Monate vergangen, tritt es gem § 43 Abs 1 VwGVG von Gesetzes wegen außer Kraft; das Verfahren ist einzustellen. Nach Ablauf der Frist darf eine Beschwerde nicht mehr meritorisch erledigt werden.

7.8 Kosten

In Verwaltungsstrafsachen ist für die Beschwerde an das VwG **keine Eingabegebühr** zu entrichten (vgl § 13 TP 6 Abs 5 Z 7 GebG; *Fister/Fuchs/Sachs* § 52 VwGVG Anm 3).

Gem § 52 Abs 2 VwGVG hat der Bestrafte 20% der verhängten Strafe, mindestens jedoch 10 Euro als **Kostenbeitrag für** das **Beschwerdeverfahren** zu leisten, wenn die Beschwerde zur Gänze erfolglos blieb. Wenn der Beschwerde auch nur teilweise Folge gegeben worden ist (zB durch Herabsetzung der Strafe oder Einschränkung des Tatvorwurfs), sind dem Bf keine Kosten aufzuerlegen (§ 52 Abs 8 VwGVG). Bei der Festsetzung der Kosten ist jeder Spruchpunkt einzeln zu betrachten (zB VwGH 14. 7. 2006, 2005/02/0175).

Näher zu den Kosten s *Götzl/Gruber/Reisner/Winkler* § 52 VwGVG.

7.9 Revision beim VwGH und Beschwerde beim VfGH

Wer **in seinen Rechten verletzt zu sein behauptet** (Art 133 Abs 6 Z 1 B-VG), kann gegen ein Erk oder einen Beschluss des VwG – binnen sechs Wochen ab Zustellung bzw Verkündung (§ 26 Abs 1 VwGG) – **Revision** an den VwGH erheben (Art 133 Abs 1 Z 1 B-VG; s Lexikon „Revision" Rz 116). Dabei handelt es sich um eine Parteirevision wegen subjektiver Rechtsverletzung. Die **belangte Beh** des Verfahrens vor dem VwG (Art 133 Abs 6 Z 2 B-VG) hat keine subjektiven Rechte, die verletzt werden können, sie kann aber eine **Revision wegen objektiver Rechtsverletzung** erheben (Amtsrevision).

Die (ordentliche) Revision ist nur zulässig, wenn sie von der *Lösung einer Rechtsfrage von grundsätzlicher Bedeutung* abhängt (Art 133 Abs 4 B-VG). Gem § 25a Abs 1 VwGG hat das VwG im Spruch seines Erk oder Beschlusses auszusprechen, ob die Revision gem Art 133 Abs 4 B-VG zulässig ist. Der Ausspruch ist kurz zu begründen.

Eine Rechtsfrage von grundsätzlicher Bedeutung liegt insb vor, wenn das VwG von der Rsp des VwGH abweicht, eine solche Rsp fehlt, oder die zu lösende Rechtsfrage in der bisherigen Rsp des VwGH nicht einheitlich beantwortet wird (Art 133 Abs 4 B-VG).

Wird eine ordentliche Revision vom VwG nicht zugelassen, kann gem § 28 Abs 3 VwGG eine **außerordentliche Revision** erhoben werden. Diese hat auch gesondert die Gründe zu enthalten, aus denen entgegen dem Ausspruch des VwG die Revision für zulässig erachtet wird.

Wegen einer Verletzung in einem *verfassungsgesetzlich gewährleisteten Recht* oder wegen Anwendung einer *rechtswidrigen Norm* (zB G, V) kann gegen ein Erk oder einen Beschluss des VwG gem Art 144 B-VG binnen sechs Wochen ab Zustellung oder Verkündung **Beschwerde an den VfGH** erhoben werden.

Näher s zB *Hauer*, Gerichtsbarkeit des öffentlichen Rechts[2] 279 ff ; *Kahl*, Rechtsschutz gegen Entscheidungen der Verwaltungsgerichte erster Instanz beim VwGH in *Fischer/Pabel/Raschauer*, Verwaltungsgerichtsbarkeit 434 ff.

8. Errichten oder Betreiben einer Betriebsanlage ohne Genehmigung (§ 366 Abs 1 Z 2)

389   ### 8.1 Zwei Tatbestände

Wer eine genehmigungspflichtige BA (§ 74) ohne die erforderliche Genehmigung errichtet oder betreibt, begeht eine Verwaltungsübertretung, die mit Geldstrafe bis zu € 3.600 zu bestrafen ist (§ 366 Abs 1 Z 2).

Diese Bestimmung enthält **zwei – alternative – strafbare Tatbestände,** nämlich das **Begehungs-** und **Zustandsdelikt des Errichtens** und das **(fortgesetzte) Begehungsdelikt des Betreibens** einer BA. Die Unterscheidung ist für die Konkretisierung der Tatzeit, die Berechnung der Verjährungsfristen und für die Anwendbarkeit des Kumulationsprinzips beim Zusammentreffen strafbarer Handlungen von Bedeutung.

8.2 Tatbildmerkmale

Wesentliche Tatbildmerkmale einer Übertretung gem § 366 Abs 1 Z 2 sind das Vorliegen einer **(gew) BA,** die bestehende **Genehmigungspflicht** der Anlage iSd § 74 Abs 2, das **Fehlen der** erforderlichen behördlichen **Genehmigung** und das **Errichten** oder **Betreiben** dieser Anlage.

Um das Erfordernis des § 44 a Z 1 VStG (Konkretisierungsgebot) zu erfüllen, muss der Vorwurf einer Übertretung gem § 366 Abs 1 Z 2 verbale Ausführungen hinsichtlich aller Tatumstände enthalten, die für eine rechtliche Beurteilung der Tatbestandselemente erforderlich sind. Bereits die Verfolgungshandlung muss sich auf alle der späteren Bestrafung zugrundeliegenden Sachverhaltselemente beziehen, um eine Verfolgungsverjährung auszuschließen.

8.2.1 Gewerbliche Betriebsanlage

Nach § 74 Abs 1 ist unter einer gew BA jede **örtlich gebundene Einrichtung** zu verstehen, die der **Entfaltung einer gewerblichen Tätigkeit regelmäßig** zu dienen bestimmt ist.

Zum Begriff der gew BA s Lexikon „Betriebsanlage" Rz 27 und *Paliege-Barfuß,* Der Begriff der Betriebsanlage Rz 191 ff.

Es ist erforderlich, die **gew BA** in der Verfolgungshandlung und im Spruch des Strafbescheides so zu umschreiben, dass **sämtliche Tatbestandsmerkmale** erfasst sind.

So ist zB die Umschreibung einer BA mit „*Kohlenhandlung*" (an einem adressenmäßig bezeichneten Standort) *nicht ausreichend,* weil das Tatbestandsmerkmal „örtlich gebundene Einrichtung" nicht in ausreichender Weise erfasst ist (VwGH 17. 5. 1988, 88/04/0016). Auch die Umschreibung einer gew BA mit „*Parkplatz mit insgesamt 95 Stellplätzen*" entspricht nicht dem Konkretisierungsgebot, weil ein derartiger Parkplatz nicht schlechthin, sondern (gem § 4 Abs 1 Z 2) nur dann eine gew BA darstellen kann, wenn dort mehr als 50 Kraftfahrzeuge von *hausfremden* Personen abgestellt werden (VwGH 27. 6. 2007, 2006/04/0131). Hingegen ist der Vorwurf, im Rahmen seines Mietwagen- und Taxigewerbes einen „*Einstellund Abstellplatz für Kraftfahrzeuge*" zu betreiben, *ausreichend,* weil damit eine örtlich gebundene Einrichtung umschrieben wie auch das Tatverhalten des Ein- und Abstellens erfasst ist (VwGH 19. 6. 1990, 90/04/0041).

8.2.2 Genehmigungspflicht

Die Genehmigungspflicht iSd § 74 Abs 1 ist gegeben, **wenn** eine **Beeinträchtigung** der im § 74 Abs 2 genannten Schutzinteressen nicht auszuschließen bzw **bloß möglich** ist (zB VwGH 25. 2. 2004, 2002/04/0013; s dazu *Stolzlechner,* Die Genehmigungspflicht der Betriebsanlage Rz 198). Die Genehmigungs**fähigkeit** ist im Verwaltungsstrafverfahren **nicht zu prüfen;** die Beurteilung dieser Frage erfolgt im Genehmigungsverfahren.

Ob eine gew BA zufolge ihrer konkreten Eignung, die in § 74 Abs 2 näher bezeichneten Auswirkungen hervorzurufen, **genehmigungspflichtig** ist, hat die **Beh im Strafverfahren selbständig festzustellen.** Zur Unterbrechung des Verwaltungsstrafverfahrens bis zum Abschluss eines anhängigen Verfahrens nach § 358 Abs 1 ist die Strafbehörde nicht verpflichtet (zB VwGH 30. 1. 1996, 95/04/0139).

Ob von der konkreten BA grundsätzlich mögliche **Beeinträchtigungen auch tatsächlich** ausgehen, ist **für** das Vorliegen einer Genehmigungs**pflicht nicht tatbestandsmäßig** (VwGH 22. 1. 2003, 2002/04/0197). Bei dieser Beurteilung ist die Aufnahme eines Sachverständigenbeweises nicht erforderlich; idR genügt es, auf das **allgemeine menschliche Erfahrungsgut** zurückzugreifen (zB VwGH 20. 9. 1994, 94/04/0068; 11. 11. 1998, 97/04/0161).

Die **Tatumschreibung** hat (auch) jene Tatumstände zu enthalten, die eine Beurteilung dahin zulassen, ob die BA die **Schutzinteressen des § 74 Abs 2** zu beeinträchtigen geeignet ist (zB VwGH 19. 12. 1995, 93/04/0239). Mit dem Tatvorwurf, einen Gastgewerbebetrieb in der Betriebsart „Bar" betrieben zu haben, wird zB das Tatverhalten, mit welchem der Gastgewerbebetrieb in einer die Genehmigungspflicht der BA begründenden Weise ausgeübt wurde – trotz der Beifügung, es handle sich um eine genehmigungspflichtige BA – nicht hinlänglich dargestellt (VwGH 25. 6. 1991, 90/04/0216).

Um beurteilen zu können, ob eine BA der Genehmigungspflicht nach § 74 Abs 2 unter dem Gesichtspunkt des Nachbarschutzes unterliegt, bedarf es neben der Feststellung der von der BA möglicherweise ausgehenden Einwirkungen auch konkreter **Feststellungen über das Vorhandensein von Nachbarn,** die durch solche Einwirkungen gefährdet oder beeinträchtigt werden könnten (VwGH 30. 1. 1996, 95/04/0139). In diesen Fällen muss aus der Begründung des Bescheides bzw des Erk erkennbar sein, ob und allenfalls in welcher Entfernung von der BA Nachbarn vorhanden sind, die durch von der BA ausgehende Emissionen gefährdet, beeinträchtigt oder belästigt werden könnten (VwGH 23. 11. 1993, 93/04/0131; 30. 1. 1996, 95/04/0139).

Vgl auch die in *Grabler/Stolzlechner/Wendl,* GewO[3] und in *Gruber/Paliege-Barfuß,* GewO[7] zu § 74 wiedergegebene Rsp; Näheres s auch *Stolzlechner,* Die Genehmigungspflicht der Betriebsanlage Rz 198 ff.

8.2.3 Fehlen der erforderlichen behördlichen Genehmigung

Für Übertretungen gem § 366 Abs 1 Z 2 ist maßgeblich, dass die genehmigungspflichtige BA **ohne rechtswirksame gewerbebehördliche Genehmigung** errichtet oder betrieben wird. Wesentlich ist, dass **jegliche** behördliche Genehmigung fehlt.

Die Umschreibung der Tat muss erkennen lassen, ob der *Betrieb* einer genehmigungspflichtigen BA *ohne jegliche Genehmigung* (§ 366 Abs 1 Z 2) *oder* der *Betrieb* einer zwar *genehmigten,* aber *ohne Genehmigung geänderten* BA (§ 366 Abs 1 Z 3) vorgeworfen wird (VwGH 12. 12. 1989, 88/04/0219).

Das genehmigungslose Errichten oder Betreiben einer (im „vereinfachten Genehmigungsverfahren") nach § 359 b zu behandelnden Anlage ist ebenso nach § 366 Abs 1 Z 2 zu bestrafen wie das genehmigungslose Betreiben einer „Altanlage", die vor dem Inkrafttreten der GewO 1973 (1. 8. 1974) errichtet wurde, schon nach der GewO 1859 genehmigungspflichtig war, und auch nach der GewO 1973 (nunmehr GewO 1994) genehmigungspflichtig ist (vgl zB VwGH 22. 3. 1988, 87/04/0096; 1. 7. 1997, 97/04/0050). Eine BA hingegen, die am

1. 8. 1974 errichtet und nach der GewO 1859 nicht genehmigungspflichtig war, aber nach der GewO 1994 genehmigungspflichtig wäre, bedarf gem § 376 Z 11 Abs 2 keiner Genehmigung gem § 74 Abs 2.

Ein **anhängiges Genehmigungsverfahren** hindert eine Bestrafung wegen des genehmigungslosen Betriebes einer gew BA nicht (VwGH 22. 1. 2003, 2002/04/0197).

Gem **§ 78 Abs 1** dürfen BA **vor Eintritt der Rechtskraft** des Genehmigungsbescheides **errichtet** und **betrieben** werden, **wenn** dessen **Auflagen** bei der Errichtung und beim Betrieb der Anlage **eingehalten** werden.

Dieses Recht endet mit der Erlassung des Erk (des VwG) über die Beschwerde gegen den Genehmigungsbescheid, spätestens jedoch drei Jahre nach Zustellung des Genehmigungsbescheides an den Genehmigungswerber. In diesem Fall bildet der „vorläufige", angefochtene Bescheid der Beh die erforderliche behördliche Genehmigung iSd § 366 Abs 1 Z 2. Die Nichteinhaltung der Auflagen ist gem § 367 Z 25 zu bestrafen (VwGH 16. 4. 1985, 84/04/0182; 5. 3. 1985, 84/04/0210). Der *Genehmigungswerber verliert* demnach *das ihm durch § 78 Abs 1 eingeräumte Recht nicht,* wenn er die im Bescheid vorgeschriebenen Auflagen nicht einhält (vgl *E/R/W* § 78 Rz 10; *Grabler/Stolzlechner/Wendl,* GewO³ § 78 Rz 2; aA *Wagner,* RdU 1997, 177). Dies erscheint mE sachgerecht, weil das Einhalten der Auflagen auch mit Zwangsmaßnahmen gem § 360 erreicht werden kann. Die gegenteilige Auffassung würde bereits bei einem einmaligen und/oder geringen Auflagenverstoß zum Wegfallen der Genehmigung und allenfalls zur Schließung der gesamten Anlage gem § 360 führen.

Gem **§ 359 c** darf der Genehmigungswerber die betreffende Anlage **bis zur Rechtskraft des Ersatzbescheides,** längstens jedoch ein Jahr, **entsprechend dem aufgehobenen Genehmigungsbescheid** weiter betreiben, **wenn** ein Genehmigungsbescheid **vom VwGH aufgehoben** wird. Das gilt nicht, wenn der VwGH der Revision, die zur Aufhebung des Genehmigungsbescheides führte, die aufschiebende Wirkung zuerkannt hatte.

Der vom VwGH „**aufgehobene Genehmigungsbescheid**" ist bei verfassungskonformer Interpretation des § 359 c der ursprünglich **von der BVB erlassene Genehmigungsbescheid in der Fassung des (aufgehobenen) Erk des VwG,** mit dem über eine Beschwerde gegen die behördliche Genehmigung abgesprochen wurde. Nach *Stolzlechner* tritt das Erk des VwG nicht an die Stelle des behördlichen Bescheides, sondern bleibt ein bekämpfter Bescheid auch nach Erlassung des Erk aufrecht, aber eben mit einem durch das Erk eines VwG geänderten bzw neu gestalteten Inhalt (ausführlich *Stolzlechner,* ZVG 2014, 640 ff). Dieser Bescheid bildet die (weiter geltende) Genehmigung iSd § 366 Abs 1 Z 2. Die Bestimmung des § 359 c stellt eine **lex specialis zu § 78 Abs 1** dar. Der Betrieb kann daher – obwohl sich das Verfahren wieder im Stadium des Beschwerdeverfahrens vor dem VwG befindet – nicht gem § 78 auf den vorläufigen (noch unbekämpften) Bescheid der BVB gestützt werden (vgl auch *E/R/W* § 359 c Rz 6); andernfalls hätte die Bestimmung des § 359 c keinen selbständigen Anwendungsbereich. Die BA wird nur dann nicht konsenslos betrieben, wenn sie dem aufgehobenen Erk des VwG entsprechend „weiter betrieben" wird. Ein Errichten oder erstmaliges Betreiben nach Aufhebung des Genehmigungsbescheides fällt demnach nicht unter § 359 c (*Grabler/Stolzlechner/Wendl,* GewO³ § 359 c Rz 2).

Die **Genehmigung gem § 354** (Versuchsbetrieb, Vorarbeiten) berechtigt im genehmigten Umfang nur zur Beschaffung zusätzlicher Beweismittel im BA-Genehmigungsverfahren; sie dient lediglich einer möglichst rationellen Verfahrensgestaltung zur Feststellung des entscheidungserheblichen Sachverhaltes in einem besonders schwierigen BA- Genehmigungsverfahren (vgl VfSlg 13.013/1992).

Maßnahmen, die über den Umfang der gem § 354 erteilten Genehmigung hinausgehen, stellen eine Übertretung gem § 366 Abs 1 Z 2 dar.

8.2.4 Errichten einer BA

Das Tatbestandselement des „Errichtens" wird durch **Maßnahmen zur Herstellung einer gew BA** (idR Bauführungen) erfüllt. Liegen *mehrfache* derartige *Einzelhandlungen* (zB konsenslose Errichtung und Erweiterung) einer BA vor, wird der Tatbestand durch die jeweils in Betracht kommende Handlung erfüllt. IdZ ist auch zu prüfen, ob allenfalls ein fortgesetztes Delikt vorliegt (VwGH 12. 2. 1982, 81/04/0078; 28. 4. 1992, 91/04/0332).

Das *Tatbestandsmerkmal* ist schon *erfüllt, wenn mit dem Errichten begonnen* wurde (vgl VwGH 1. 7. 1997, 97/04/0063 zu Z 3). Durch die Herstellung des rechtswidrigen Zustands – also idR mit Fertigstellung der Anlage – ist das strafbare Verhalten abgeschlossen (VwGH 12. 2. 1982, 81/04/0078).

Errichter einer BA (und somit unmittelbarer Täter einer Übertretung des § 366 Abs 1 Z 2, erste Alternative) ist, wer als **Inhaber des Standortes** der zu errichtenden BA eine Handlung zur Herbeiführung eines rechtswidrigen Sachverhaltes (idR eine bauliche Maßnahme) durchführt bzw derjenige, dem eine diesbezügliche Auftragserteilung *zuzurechnen* ist (zB VwGH 27. 4. 1993, 92/04/0223).

Zum Begriff „Inhaber" s 3.2 und Lexikon „Wechsel des Inhabers" Rz 158.

Dass der Errichter über eine zum beabsichtigten Betrieb entsprechende **Gewerbeberechtigung** verfügt, ist **nicht Tatbestandsvoraussetzung** des „Errichtens" (VwGH 28. 4. 1992, 91/04/0332).

Wer Maßnahmen zur Herstellung einer BA, insb Maßnahmen zur entsprechenden Bauführung vornimmt, ohne Inhaber des Standortes zu sein, kann sich unter den Voraussetzungen des § 7 VStG wegen **Beihilfe** zur Begehung einer Verwaltungsübertretung nach § 366 Abs 1 Z 2, nicht jedoch als unmittelbarer Täter dieser Übertretung strafbar machen (VwGH 27. 4. 1993, 92/04/0223). Näheres zur Beihilfe s oben 3.1.

Wer **während** der Zeitspanne **des Errichtens** der BA oder während der Verfolgungsverjährungsfrist der Verwaltungsübertretung des genehmigungslosen Errichtens diese BA **betreibt,** ist **sowohl wegen** des **Errichtens als auch wegen des Betreibens** einer nicht genehmigten Anlage nach § 366 Abs 1 Z 2 zu bestrafen (s auch *Gruber/Paliege-Barfuß*, GewO[7] § 366 Anm 58).

8.2.5 Betreiben einer BA

Das konsenslose Betreiben einer BA ist schon seinem Wortlaut nach ein **(fortgesetztes) Begehungsdelikt. Betreiber** einer BA (und somit unmittelbarer Täter einer Übertretung gem § 366 Abs 1 Z 2, zweite Alternative) ist der **Inhaber der Anlage,** weil er die Möglichkeit hat, über das in der BA ausgeübte faktische Geschehen zu bestimmen (zB VwGH 20. 12. 2005, 2003/04/0137; 30. 6. 2004, 2002/04/0190 uva), bzw der **Inhaber des betreffenden Standortes** (VwGH 20. 12. 2005, 2003/04/0137).

Die Begriffe „Inhaber der BA" und „Inhaber des Standortes" werden – soweit erkennbar – in der Rsp oft gleichbedeutend verwendet; s auch Lexikon „Wechsel des Inhabers" Rz 159.

Wer Eigentümer der BA oder Adressat des Genehmigungsbescheides ist, ist für die Qualifikation als unmittelbarer Täter (bei BA-Delikten) nicht maßgeblich. Wird eine BA verpachtet, ist idR der **Pächter** der Betreiber der Anlage (s 3.2).

Der **dinglich Berechtigte** einer konsenslos betriebenen BA kann nicht schon deshalb als Betreiber angesehen werden, weil er die BA-Genehmigung beantragt hatte; wesentlich ist, ob er die **faktische Verfügungsgewalt** über die BA hatte (UVS Steiermark 22. 3. 2006, 30.4–61/2005).

8.3 Tatort und Tatzeit

Tatort der Übertretungen nach § 366 Abs 1 Z 2 **(erste und zweite Alternative)** ist der **Standort der BA** und nicht etwa der hievon abweichende Sitz der Unternehmensleitung (VwGH 2. 7. 1992, 92/04/0100).

Tatzeit einer Übertretung gem § 366 Abs 1 Z 2, erste Alternative **(Errichten)** ist jener **kalendermäßig umschriebene Zeitraum,** in dem **Handlungen zur Errichtung** der Anlage (zB Bauführung) durchgeführt bzw abgeschlossen wurden. Die Frist für die **Verfolgungsverjährung** beginnt mit **Abschluss der Handlungen.**

Beim konsenslosen Errichten einer BA handelt es sich um ein Zustandsdelikt, das mit der Herbeiführung eines solcherart zu qualifizierenden Sachverhalts abgeschlossen ist (zB VwGH 28. 4. 1992, 91/04/0332; 27. 4. 1993, 92/04/0223). Das **Aufrechterhalten des rechtswidrigen Zustandes** ist bei einem Zustandsdelikt **nicht** mehr **strafbar** (vgl zB VwGH 28. 3. 2014, 2014/02/0004). Die Angabe einer **Uhrzeit** ist beim Errichten für die Umschreibung der Tatzeit idR **nicht erforderlich** (VwGH 29. 1. 1991, 90/04/0211). Der in der Verwaltungspraxis häufig angeführte **Tag der Feststellung des konsenswidrigen Zustandes** anlässlich einer Überprüfung der BA stellt **keine Tatzeitangabe** dar, wenn die Errichtungshandlungen zum Zeitpunkt der Überprüfung bereits beendet sind (zB VwGH 4. 9. 2002, 2002/04/0077).

Als **Tatzeit** einer Übertretung gem § 366 Abs 1 Z 2, zweite Alternative **(Betreiben)** ist jener **Zeitraum** (in einer hinsichtlich Anfang und Ende kalendermäßig eindeutig umschriebenen Art) anzuführen, **in dem** die BA **betrieben** wurde. Die **Verfolgungsverjährungsfrist** beginnt mit Beendigung des letzten tatbildmäßigen Verhaltens (zB VwGH 15. 9. 2006, 2004/04/0185), sohin **mit dem Ende des letzten Begehungsaktes** (zB VwGH 23. 10. 1995, 93/04/0191; vgl auch 12. 9. 2013, 2011/04/0002).

Das Tatbild des Betreibens wird erfüllt, wenn und solange (fortgesetzte) Begehungshandlungen erfolgen. Die (bloße) **Aufrechterhaltung** des durch die verpönte Tätigkeit **geschaffenen Zustands erfüllt** das **Tatbild** auch hier **nicht** (mehr).

Wenngleich die Bestrafung beim fortgesetzten Delikt – unabhängig vom angeführten Tatzeitraum – auch allenfalls später bekannt gewordene Einzelhandlungen bis zum Zeitpunkt der Fällung des behördlichen Straferkenntnisses erfasst, ist auch bei diesem Deliktstypus die kalendermäßige Umschreibung des Tatzeitraumes erforderlich (zB VwGH 20. 8. 1995, 94/07/0053; 25. 6. 1991, 91/04/0050 ua). Die Konkretisierung der Tat durch Anführung der Tatzeit ist insb auch dann geboten, wenn durch den Strafbescheid ein noch nicht abgeschlossenes Geschehen erfasst werden soll (zB VwGH 29. 5. 1990, 89/04/0205).

Wenn die Tatzeit im behördlichen Straferkenntnis mit „**seit**. . .“ – ohne ausdrückliche (kalendermäßige) Anführung des Tatzeitendes – umschrieben wird und im Erk des VwG der Zeitpunkt der „Schöpfung“ des behördlichen Straferkenntnisses (das ist im Fall der schriftlichen Bescheiderlassung der Zeitpunkt der Unterfertigung durch den Genehmigenden) als Tatzeitende bezeichnet wird, kann darin kein Abweichen vom Gebot der Entscheidung in der „Sache" erblickt werden (zB VwGH 14. 5. 1985, 84/04/0134 zum Berufungsverfahren). Zur „Sache" s 7.6.2

8.4 Verletzte Norm und Strafsanktionsnorm

Die **übertretene Norm** ist § 366 Abs 1 Z 2. Als **Strafsanktionsnorm** iSd § 44 a Z 3 VStG ist im Spruch **„§ 366 Einleitungssatz"** zu zitieren.

In der Verfolgungshandlung ist die rechtliche Qualifikation der Tat, sohin die Bezeichnung der übertretenen Norm, noch nicht erforderlich (VwGH 21. 12. 1993, 93/04/017). Das VwG kann die verletzte Norm und die Strafsanktionsnorm – auch nach Ablauf der Verfolgungsverjährungsfrist – richtigstellen, solange kein anderer Sachverhalt zur Last gelegt wird (vgl VwGH 1. 7. 2005, 2001/03/0354; 22. 10. 2012, 2010/03/0065).

9. Konsensloses Ändern einer genehmigten Betriebsanlage oder konsensloses Betreiben einer genehmigten Betriebsanlage nach Änderung (§ 366 Abs 1 Z 3)

9.1 Zwei Tatbestände

390

Gem § 366 Abs 1 Z 3 begeht eine Verwaltungsübertretung, die mit Geldstrafe bis zu 3 600 € zu bestrafen ist, wer eine genehmigte BA ohne die erforderliche Genehmigung ändert oder nach der Änderung betreibt (§§ 81 f).

Auch diese Strafbestimmung enthält **zwei – alternative – strafbare Tatbestände.** Bei der konsenslosen **Änderung** der BA handelt es sich um ein **Zustandsdelikt,** beim genehmigungslosen **Betrieb** der BA **nach** (genehmigungspflichtiger) **Änderung** idR um ein **fortgesetztes Begehungsdelikt.**

Tatbestandselemente einer Übertretung nach § 366 Abs 1 Z 3 sind das Vorliegen einer (von der Änderung betroffenen) **rechtswirksam genehmigten BA** und die Vornahme einer (konsenslosen) **genehmigungspflichtigen Änderung** bzw der **Betrieb nach** dieser **Änderung** ohne Genehmigung.

Das jeweilige Tatverhalten ist bereits in der Verfolgungshandlung und sodann im Schuldspruch entsprechend den Anforderungen des § 44 a Z 1 VStG zu konkretisieren. Als **Strafsanktionsnorm** iSd § 44 a Z 3 VStG ist **„§ 366 Einleitungssatz"** zu zitieren.

Ein Schuldspruch nach § 366 Abs 1 Z 3 muss das **Tatverhalten hinsichtlich** der alternativen Straftatbestände **„ändern"** und **„nach Änderung betreiben"** *widerspruchsfrei* darstellen. Mit der Spruchformulierung „Sie haben das Gastlokal als öffentlich zugängliches Barlokal VERWENDET . . . und haben damit eine genehmigte BA ohne die erforderliche Genehmigung geändert" wird sowohl das Ändern als auch das Betreiben nach Änderung vorgeworfen. Damit wird das Tatverhalten nicht widerspruchsfrei dargestellt (VwGH 30. 3. 1993, 91/04/0220).

9.2 Tatbildmerkmale

9.2.1 Rechtswirksam genehmigte BA

Wesentliche Tatbestandsvoraussetzung der gegenständlichen Übertretung ist das Vorliegen einer ursprünglich rechtswirksam genehmigten BA. Zu prüfen ist daher, ob ein (aufrechter, noch nicht erloschener) **Grundkonsens iSd § 77,** ein (als Genehmigungsbescheid geltender) positiver **Feststellungsbescheid gem § 359 b** oder eine **„Genehmigungsfiktion"** aufgrund der **Übergangsbestimmungen (§ 376)** vorliegt.

Der Spruch eines Straferkenntnisses nach § 366 Abs 1 Z 3 muss die BA soweit konkretisieren, dass erkennbar ist, von welcher genehmigten BA die Beh ausgegangen ist. Diesem Konkretisierungsgebot wird im Regelfall durch einen **Hinweis auf** den konkreten **Genehmigungsbescheid** Rechnung getragen (VwGH 28. 1. 1993, 91/04/0246; 25. 2. 1993, 91/04/0248).

Da es sich bei der *Genehmigung eines Versuchsbetriebs* gem § 354 nicht um eine gewerbebehördliche Genehmigung iSd § 366 Abs 1 Z 3 handelt (s 8.2.3) stellen Maßnahmen, die über den Umfang der gem § 354 erteilten Genehmigung hinausgehen, eine Übertetung gem § 366 Abs 1 Z 2 dar.

„Altanlagen", die zum Zeitpunkt des Inkrafttretens der GewO 1973 (1. 8. 1974) bereits errichtet und vor diesem Tag nach der GewO 1859 nicht genehmigungspflichtig waren, nach den Bestimmungen der GewO 1973 jedoch genehmigungspflichtig gewesen wären, sind aufgrund des § 376 Z 11 als genehmigte Anlage zu qualifizieren. Eine konsenslose Änderung dieser Anlage ist daher gem § 366 Abs 1 Z 3 zu bestrafen (s *Stolzlechner,* Die Genehmigungspflicht der Betriebsanlage Rz 205).

Hätte die (vor 1. 8. 1974 errichtete) Anlage jedoch bereits nach der GewO 1859 einer Genehmigung bedurft und war sie auch nach der GewO 1973 (nunmehr GewO 1994) genehmigungspflichtig, kommt die Übergangsbestimmung nicht zur Anwendung. Eine nach Inkrafttreten der GewO 1973 vorgenommene Änderung ist daher nicht gem § 81 zu beurteilen; das konsenslose Betreiben dieser geänderten Anlage ist auch nicht nach § 366 Abs 1 Z 3, sondern (da eine rechtswirksam genehmigte BA nicht vorliegt) nach § 366 Abs 1 Z 2 zu bestrafen.

Gem § 376 Z 14 b gilt die BA eines Gastgewerbes, für das die Konzession gem der GewO idF vor Inkrafttreten der GewRNov 1993 erteilt worden ist, im Umfang der Betriebsräume und der Betriebsflächen, auf die die Gastgewerbekonzession gem dem Konzessionserteilungsbescheid lautet, als gem § 74 Abs 2 genehmigte BA. Weiters gilt die Betriebsstätte eines Gastgewerbes, für das eine Gast- und Schankgewerbekonzession gem den Bestimmungen der vor dem 1. 8. 1974 in Geltung gestanden GewO erteilt worden ist, als gem § 74 Abs 2 genehmigte BA, uzw entsprechend den Plänen und Betriebsbeschreibungen, die Bestandteil des Konzessionserteilungsbescheides sind.

9.2.2 Genehmigungspflicht der Änderung

Voraussetzung für die Strafbarkeit gem § 366 Abs 1 Z 3 ist die *genehmigungspflichtige* Änderung einer genehmigten BA. Gem § 81 Abs 2 ist nicht jede Änderung genehmigungspflichtig; *genehmigungsfreie* Änderungen (§ 81 Abs 1 Z 5, 7, 9 und 11) sind anzeigepflichtig gem § 81 Abs 3. Zur Verletzung der Anzeigepflicht s unten 14.

Zur Genehmigungspflicht gelten die Ausführungen zu 8.2.2 sinngemäß. Näheres s auch *Paliege-Barfuß,* Die Änderung der genehmigten Anlage Rz 356. Zu den Ausnahmen von der Genehmigungspflicht s auch *Grabler/Stolzlechner/Wendl,* GewO³ § 81 Rz 15 ff; *Gruber/Paliege-Barfuß,* GewO⁷ § 81 Anm 33 ff.

9.2.3 Änderung einer genehmigten BA

Unter dem Begriff „Änderung" iSd § 366 Abs 1 Z 3 (iVm § 81) **ist jede durch die erteilte Genehmigung nicht gedeckte** bauliche oder sonstige die Anlage betreffende **Maßnahme** zu verstehen (zB VwGH 20. 9. 1994, 93/04/0081). Zur Beurteilung der Frage, ob eine Änderung einer BA vorliegt, ist die genehmigte BA als Vergleichsmaßstab heranzuziehen (VwGH 27. 10. 2014, 2013/04/0095). Die Beurteilung hat allein nach dem **Inhalt des vorhandenen Genehmigungsbescheides** zu erfolgen (VwGH 3. 4. 2002, 2001/04/0069). Die **Beurteilungsgrundlage** für die normative Tragweite des Genehmigungsbescheides bildet die **Betriebsbeschreibung** (VwGH 7. 9. 2009, 2009/04/0153). Zu prüfen ist, ob die BA in ihrer Gestaltung bzw in ihrem Betrieb von dem im Bescheid umschriebenen Projekt abweicht (VwGH 22. 4. 1997, 96/04/0253).

Die Betriebsbeschreibung wird idR in den Spruch des Genehmigungsbescheides aufgenommen und hat daher normativen Charakter (VwGH 18. 06. 1996, 96/04/0050). Auch die der Genehmigung zugrundeliegenden Pläne und Beschreibungen müssen im Spruch des Bescheides so eindeutig bezeichnet sein, dass eine Nachprüfung in Ansehung eines eindeutigen normativen Abspruchs möglich ist (VwGH 17. 4. 1998, 97/04/0217; 17. 4. 2012, 2009/04/0285; 18. 10. 2012, 2009/04/0313).

Bauliche Änderungsmaßnahmen, die unter den Begriff „Änderung" fallen, sind nicht nur „Umbauten", sondern **auch „Neubauten", die** einen **Altbestand zur Gänze ersetzen** (VwGH 9. 10. 1981, 2678/78). Der bloße **Untergang** einer ursprünglichen BA (zB durch Abbruch des Gebäudes, in dem die BA situiert war) bewirkt für sich alleine noch nicht das Erlöschen der Genehmigung (iSd § 80), sodass eine innerhalb der Frist von fünf Jahren wieder errichtete, teilweise geänderte BA einer **Änderungsgenehmigung** und keiner Neugenehmigung bedarf (vgl VwGH 19. 10. 1981, 2678/78; 18. 10. 1984, 94/04/0087; vgl auch VwGH 18. 4. 1989, 88/04/0112).

Nicht als Änderung iSd § 81 anzusehen ist eine **Gesamtumwandlung der BA** unter Wegfall des sachlichen oder örtlichen Zusammenhangs mit der bestehenden genehmigten BA (zB VwGH 12. 6. 2013, 2013/04/0019 mwN).

Näheres zur Änderung s *Paliege-Barfuß*, Die Änderung der genehmigten Betriebsanlage Rz 356 ff; zur Änderung der Betriebszeiten s unten 12.1

9.2.4 Betreiben einer BA nach einer Änderung

Tatbestandsvoraussetzung der Übertretung des § 366 Abs 1 Z 3, zweite Alternative ist das **genehmigungslose Betreiben** einer genehmigten BA nach genehmigungspflichtiger Änderung. Für den Begriff „Betreiben" gilt sinngemäß das unter 8.2.5 Gesagte.

Stellt die Beh zB im Spruch des Bescheides lediglich darauf ab, dass die verfahrensgegenständliche BA nach Änderung durch den Ausbau der Trempelräume zu Wohnräumen „betrieben wurde", ohne darzulegen, worin das Betreiben nach der Änderung gelegen sein sollte, so verabsäumt sie – unabhängig von idZ erforderlichen Begründungsdarlegungen – das Tatverhalten iSd § 44 a Z 1 VStG hinlänglich darzustellen (VwGH 26. 4. 1994, 93/04/0243).

9.3 Tatort und Tatzeit

Tatort der Übertretungen des § 366 Abs 1 Z 3 ist – ebenso wie bei der Übertretung gem § 366 Abs 1 Z 2 – der **Standort der BA.** Hinsichtlich der Tatzeit gilt grds das unter 8.3 zur Übertretung gem § 366 Abs 1 Z 2 Gesagte sinngemäß.

10. Nichtbefolgen von Verordnungen oder Nichteinhalten von vorgeschriebenen Auflagen oder Aufträgen (§ 367 Z 25)

10.1 Allgemeines

391

Gem § 367 Z 25 begeht eine Verwaltungsübertretung, die mit Geldstrafe bis zu € 2.180 zu bestrafen ist, wer Gebote oder Verbote von gem § 82 Abs 1 oder § 84 d Abs 7 erlassenen V nicht befolgt oder die gem den Bestimmungen der §§ 74 bis 83 und 359 b in Bescheiden vorgeschriebenen Auflagen oder Aufträge nicht einhält.

Diese Strafnorm stellt das **Nichtbefolgen** von Bestimmungen unmittelbar anwendbarer **V** und das **Nichteinhalten** von **Auflagen** und **Aufträgen,** die in Bescheiden betreffend eine (genehmigte) BA vorgeschrieben wurden, unter Strafe. Durch den zit Verweis in § 367 Z 25 werden die in V und Bescheiden enthaltenen Gebote und Verbote Teil des Straftatbestandes.

Voraussetzung für die Erfüllung des Straftatbestandes nach § 367 Z 25 ist ausschließlich ein Verhalten bzw eine Vorgangsweise im Rahmen einer (genehmigten) BA (VwGH 22. 11. 1988, 88/04/0109; 18. 6. 1996, 96/04/0008).

Die Nichteinhaltung jedes einzelnen Gebotes oder Verbotes stellt eine eigene, nach § 367 Z 25 strafbare Verwaltungsübertretung dar. Je nach Inhalt und Formulierung der behördlichen Anordnung kann es sich um ein Begehungsdelikt oder ein Unterlassungsdelikt handeln. Die Übertretung kann demnach als fortgesetztes Delikt oder in der Form eines Dauerdelikts in Erscheinung treten.

10.2 Nichteinhalten von Auflagen

10.2.1 Auflagen als „bedingte Polizeibefehle"

Auflagen sind Nebenbestimmungen, in einem dem Hauptinhalt nach begünstigenden Bescheid, mit denen der Bescheidadressat zu einem Tun oder Unterlassen verpflichtet wird. Als sog „bedingte Polizeibefehle" werden sie erst wirksam, wenn der Genehmigungswerber von der ihm erteilten **Genehmigung Gebrauch macht** (zB VwGH 22. 5. 2003, 2001/04/0188).

Näher s *Wendl,* Zulässige und unzulässige Auflagen Rz 341.

Auflagen betreffend gew BA können im Spruch von BA-Genehmigungsbescheiden (gem §§ 77 bzw 81) als nachträgliche Auflagen in Bescheiden gem § 79 Abs 1, 3 und 4 sowie §§ 79 b und 79 c Abs 2, oder in Verfahren nach §§ 80, 82 und 83 vorgeschrieben werden.

Die Nichteinhaltung der in BA-Genehmigungsbescheiden zum Schutz von Arbeitnehmern nach § 93 ASchG vorgeschriebenen Auflagen ist nach ASchG zu bestrafen.

Näher *Wendl,* Übersicht über die Verfahren betreffend Betriebsanlagen Rz 167 ff.

Im Falle der „Gebrauchnahme" von der erteilten Genehmigung ist der Inhaber *„zur Herstellung des dem Genehmigungsbescheid entsprechenden Zustandes" verpflichtet.* Somit sind die in der Auflage vorgeschriebenen Maßnahmen zu treffen, mögen auch andere Maßnahmen zum selben oder sogar zu einem besseren Ergebnis führen (VwGH 30. 6. 2004, 2002/04/0209). Bei Nichtbeachtung der Auflage ist (lediglich) der objektive Tatbestand der Übertretung des § 367 Z 25 erfüllt; die durch den Hauptinhalt des Spruches gestaltete Genehmigung bleibt bei einem Auflagenverstoß jedoch bestehen (VwGH 22. 1. 1982, 81/04/0018).

Unklar scheint **die Strafbarkeit der Nichteinhaltung von Auflagen, die zum Tatzeitpunkt rk vorgeschrieben** sind, jedoch (ohne Änderung des Sachverhalts) in einem Verfahren nach §§ 79 c oder 79 d **nachträglich abgeändert** oder **aufgehoben** werden bzw deren **Erfüllungsfrist** gem § 79 d Abs 2 Z 2 nachträglich **verlängert** wird.

Nach dem durch die GewO Nov 2013 neu gestalteten **§ 79 c** hat die Anlagenbehörde vorgeschriebene **Auflagen** – auf Antrag des Anlageninhabers (Abs 3) – mit Bescheid **aufzuheben** oder **abzuändern,** wenn näher bezeichnete Voraussetzungen vorliegen (Abs 1). Der **Übernehmer einer BA** kann gem § 79 d Abs 2 innerhalb einer definierten Frist die **Durchführung eines Verfahrens nach § 79 c Abs 1 und** eine **Fristverlängerung** für die Einhaltung der Auflagen beantragen. Werden derartige Anträge gestellt, sind **andere Verfahren, bei denen** die vom Antrag erfassten **Auflagen** auch **anzuwenden** sind, bis zur Rechtskraft eines Bescheides über den Antrag **nur soweit weiterzuführen, als** dies *zur Vermeidung einer Gefährdung des Lebens oder der Gesundheit* von Personen **notwendig** ist (§ 79 d Abs 5). Nach den Gesetzesmaterialien (EBRV 2197 BlgNR 24. GP) sind mit „anderen Verfahren" **auch Verwaltungsstrafverfahren** gemeint (vgl auch *E/R/W* § 79 d Rz 11 f). Näher *Stolzlechner,* Die Rechtskraft und die Änderung von Bescheiden Rz 367, 368.

ME ist bei Beurteilung der Strafbarkeit der Nichteinhaltung von Auflagen während eines beantragten „Änderungsverfahrens" zwischen „Auflagenänderungen" nach § 79 c und § 79 d zu unterscheiden:

Für den **Antragsteller gem § 79 c Abs 3** bleibt die **Verpflichtung,** eine im Genehmigungsbescheid rk vorgeschriebene **Auflage** als Inhaber der gew BA **einzuhalten,** grds so lange unverändert **weiter bestehen, bis** die Beh die **Auflage abgeändert** oder **aufgehoben** hat. Erst der bescheidmäßige Abspruch über die Zulässigkeit der vorgenommenen „Abweichung" beseitigt die Verpflichtung zur Einhaltung der Auflage (vgl VwGH 30. 6. 2004, 2002/04/0209 zu § 78 Abs 2 aF; vgl auch *Hengstschläger/Leeb,* AVG IV § 68 Rz 56 ff). Die **Aufhebung** der Auflage wirkt **ex nunc;** ein rückwirkender Rechtfertigungsgrund für das Nichteinhalten der aufgehobenen/geänderten Auflage entsteht daher durch die Aufhebung/Änderung nicht (aA offenbar *Grassl,* ecolex 2013, 833 ff, FN 32).

Im Einzelfall wäre jedoch – je nach Schutzzweck der Auflage – **zu überlegen, ob § 45 Abs 1 Z 4 VStG zur Anwendung kommt,** weil zB der von der (überschießenden) Auflage gewünschte Zustand auf andere Weise ohnehin eingetreten ist und somit sowohl „die Bedeutung des zu schützenden Rechtsguts" und die Intensität seiner Beeinträchtigung, als auch das Verschulden gering sind und das tatbildmäßige Verhalten des Täters somit erheblich hinter dem in der Strafdrohung typisierten Unrechts- und Schuldgehalt zurückbleibt (vgl zB *N. Raschauer/Wessely,* VStG § 21 Anm 10; *Lewisch/Fister/ Weilguni* § 45 VStG Rz 3). Zur Einstellung gem § 45 Abs 1 Z 4 VStG s oben 4.6.

Der **Übernehmer einer gew BA** ist hingegen insofern **privilegiert,** als ein Antrag gem § 79 d Abs 2 die Behörde gem § 79 d Abs 5 zur Unterbrechung des Verwaltungsstrafverfahrens bis zur rk Entscheidung im „Änderungsverfahren" verpflichtet (s *Stolzlechner,* Die Rechtskraft und die Änderung von Bescheiden Rz 368).

§ 79 d Abs 5 legt zwar nicht fest, was nach einer rk Entscheidung über den „Abänderungs- oder Aufhebungsantrag" in einem unterbrochenen Verfahren zu geschehen hat, teleologisch wird die Bestimmung aber wohl so auszulegen sein, dass **bei rechtzeitiger Antragstellung** (gem § 79 d Abs 2) **und anschließender** antragsgemäßer **Aufhebung oder Abänderung einer Auflage** die **Strafbarkeit für das Nichteinhalten** dieser Auflage im Umfang der Entscheidung **entfäll**t (ähnlich *Grassl,* ecolex 2013, 833 ff). Das gilt sinngemäß auch für die Verlängerung der Erfüllungsfrist.

Die unterschiedliche Behandlung des Anlageninhabers und des Übernehmers scheint gerechtfertigt (Art 7 B-VG), weil der Anlageninhaber idR die Möglichkeit hatte, die (überschießende) Auflage mit einem Rechtsmittel zu bekämpfen, während dem Übernehmer diese Möglichkeit nicht eröffnet war.

10.2.2 Bestimmtheit von Auflagen

Das Nichtbeachten von Auflagen kann nur bestraft werden, wenn diese **ausreichend konkretisiert** sind. Im Verwaltungsstrafverfahren ist zu prüfen, ob nicht eingehaltene Auflagen so klar gefasst sind, dass sie dem Verpflichteten *jederzeit die Grenzen seines Verhaltens und damit den Unrechtsgehalt eines Zuwiderhandelns zweifelsfrei erkennen lassen* (zB VwGH 11. 11. 1998, 98/04/0034; 27. 6. 2002, 2000/10/0162). Die Anforderungen an die Umschreibung von Auflagen dürfen jedoch nicht überspannt werden.

Eine Auflage ist nicht schon dann zu unbestimmt, wenn ihr Inhalt nicht für jedermann unmittelbar eindeutig erkennbar ist. Wenn der **Auflageninhalt** (lediglich) für den Bescheidadressaten bzw – wenn die Umsetzung des Bescheides unter Zuziehung von Fachleuten (etwa aus dem Baubereich) zu erfolgen hat – **für die zuzuziehenden Fachleute** objektiv eindeutig **erkennbar** ist, wird dem Bestimmtheitsgebot entsprochen (VwGH 20. 11. 2014, 2011/07/0244). Ob eine Auflage gesetzlich ausreichend bestimmt ist, stellt daher nicht bloß eine Rechtsfrage, sondern auch eine **gegebenenfalls fachlich zu lösende Tatsachenfrage** dar (VwGH 29. 6. 2000, 2000/07/0014; 25. 6. 2001, 2000/07/0012).

Eine Auflage ist dann ausreichend bestimmt, wenn **genau erkennbar** ist, **welcher Zweck** erreicht werden soll. Wenn dem Verpflichtenden lediglich die Wahl der Mittel überlassen wird, um den Zweck dieser Auflage zu erfüllen, liegt keine Unbestimmtheit vor (VwGH 15. 5. 2014, 2012/05/0148).

Zur Bestimmtheit von Auflagen s *Wendl*, Zulässige und unzulässige Auflagen Rz 343.

10.2.3 Rechtmäßigkeit von Auflagen

Die Frage der **Rechtswidrigkeit** der in einem Genehmigungsbescheid oder in einem anderen, in einem anlagenrechtlichen Verfahren erlassenen Bescheid vorgeschriebenen Auflagen ist **im Verwaltungsstrafverfahren nicht zu prüfen** (zB VwGH 10. 12. 1991, 91/04/0053).

Es ist nicht entscheidend, ob es der vorgeschriebenen Auflagen tatsächlich bedurfte, um die Schutzinteressen gem § 74 Abs 2 zu wahren und ob nicht – rechtswidrig – dem Betriebsinhaber belastendere Auflagen vorgeschrieben wurden als unbedingt notwendig. Dieser Umstand ist kein Tatbestandsmerkmal der Verwaltungsübertretung des § 367 Z 25 (VwGH 31. 3. 1992, 92/04/0003; 22. 5. 2003, 2001/04/0188).

Ist die Auflagenerfüllung faktisch oder rechtlich unmöglich, kann die Nichterfüllung der Auflage unverschuldet sein (zB VwGH 25. 2. 1976, 1519/75; hier: wenn der Auflagenerfüllung baurechtliche Vorschriften entgegenstehen). Es ist jedoch Sache des Inhabers einer mit Auflagen belasteten Bewilligung, die der Erfüllung der Auflage entgegenstehenden (behebbaren) Hindernisse – zB mangelnde privatrechtliche Verfügungsgewalt – zu beheben (VwGH 19. 11. 1981, 0640/80).

10.2.4 Täter

Unmittelbarer Täter einer Übertretung gem § 367 Z 25 ist der **Betreiber (Inhaber) der BA,** wenn er von der erteilten Genehmigung Gebrauch macht und eine Auflage nicht einhält. Verpflichtungen, die dem Genehmigungswerber vorgeschrieben wurden, sind auch von Rechtsnachfolgern einzuhalten.

Zum Begriff „Inhaber" s Lexikon „Wechsel des Inhabers" Rz 159; oben 3.2.

Im Falle einer Verpachtung der BA ist idR der **Pächter** und nicht der Verpächter (den idR mit dem Betrieb der BA „nichts verbindet") für die Einhaltung der Auflagen verantwortlich (vgl dazu auch VfSlg 12.767/1991; VwGH 21. 11. 2001, 2000/04/0197).

Die Überlassung einzelner Teile einer *einheitlichen* BA – auf welcher rechtlichen Grundlage auch immer – an dritte Personen vermag einen Übergang der strafrechtlichen Verantwortlichkeit ua für die Einhaltung von Auflagen vom Inhaber der BA auf diese dritte Person auch nicht in Ansehung der überlassenen Teile der BA zu begründen (VwGH 10. 12. 1996, 96/04/0154, 0155).

10.2.5 Tatort

Tatort einer Übertretung gem § 367 Z 25, die sich auf beim Betrieb der Anlage einzuhaltende Auflagen bezieht, ist idR der **Standort der BA** und nicht etwa der hievon abweichende Sitz der Unternehmensleitung (vgl zB VwGH 10. 6. 1992, 92/04/0058).

Es ist jedoch immer auf das konkrete Tatbild und somit auf den Inhalt der jeweiligen Auflage Bedacht zu nehmen. Bei **unterlassenen Übermittlungen von Unterlagen** ist der Tatort – ähnlich wie bei einer unterlassenen Auskunft nach § 103 Abs 2 KFG – der Sitz der die Übermittlung dieser Unterlagen verlangenden Beh (zB VwGH 23. 11. 2001, 99/02/0369).

10.2.6 Tathandlung und Tatumschreibung

Bei der Nichteinhaltung einer mit Bescheid vorgeschriebenen Auflage muss die Tatumschreibung iSd § 44 a Z 1 VStG im Spruch des Strafbescheides **alle Handlungen** oder **Unterlassungen anführen, durch welche die Auflage nicht eingehalten wurde.**

Das an die Umschreibung der als erwiesen angenommenen Tat zu stellende **Erfordernis ist am Rechtsschutz des Besch zu messen** (VwGH 22. 3. 2012, 2010/07/0150). Die Tat ist dem Besch in jedem Fall in so konkretisierter Umschreibung vorzuwerfen, dass er **in die Lage versetzt** wird, auf den konkreten Tatvorwurf bezogene **Beweise anzubieten,** um eben diesen **Tatvorwurf zu widerlegen,** und dass er **vor** einer **Doppelbestrafung geschützt** wird (VwGH verst Sen 3. 10. 1985, 85/02/0053).

Hat eine Auflage zB den Wortlaut „Hauptverkehrswege, Ausgänge und Fluchtwege dürfen nicht eingeengt oder verstellt werden", so ist wesentliches Tatbestandsmerkmal dieser Norm der das Einengen oder Verstellen des Fluchtweges bewirkende Gegenstand. Da es ohne konkreten Gegenstand nicht zu einer Einengung oder einem Verstellen des Fluchtweges kommen könnte, ist die Bezeichnung des Gegenstandes (der Gegenstände) somit für die Tatumschreibung essentiell (VwGH 27. 4. 1992, 91/19/0290).

Nach **stRsp** bedarf es im Hinblick auf die Verzahnung zwischen § 367 Z 25 und den im Bescheid enthaltenen Geboten und Verboten **im Spruch** des Straferkenntnisses einer **wörtlichen Anführung der entsprechenden Auflagen,** um die Zuordnung des Tatverhaltens zu der Verwaltungsvorschrift, die durch die Tat verletzt worden ist, in Ansehung aller Tatbestandsmerkmale zu ermöglichen (vgl VwGH 27. 9. 2000, 2000/04/0121; 25. 2. 2002, 2001/04/0253; 18. 5. 2005, 2005/04/0037 mwN). Der **bloße Hinweis auf ziffernmäßig bezeichnete Auflagen** des BA-Genehmigungsbescheides ist **nicht ausreichend** (zB VwGH 20. 9. 1994, 94/04/0041).

An die **Verfolgungshandlung** nach § 32 Abs 2 VStG sind **grds dieselben Anforderungen zu stellen wie an** die **Tatumschreibung im Spruch** des Straferkenntnisses nach § 44 a Z 1 VStG (zB VwGH 5. 11. 1997, 97/03/0105; 18. 10. 2012, 2012/04/0020).

In der **jüngeren Rsp** hat der VwGH ausgesprochen, dass die **wörtliche Anführung der Auflage** zwar in den Spruch des Bescheides, **nicht aber in eine taugliche Verfolgungshandlung** iSd § 32 Abs 2 VStG **aufzunehmen** ist (VwGH 18. 10. 2012, 2012/04/0020). Ob die wörtliche Anführung der Auflage im Spruch sodann in die Tatumschreibung aufzunehmen, oder als verletzte Norm anzuführen ist, ließ der VwGH in dieser Entscheidung offen.

Bei Nichteinhaltung einer Auflage, wonach näher genannte Türen „brandhemmend (T 30) gemäß ÖNORM B 3850 auszuführen" sind, **schadet** es (fallbezogen) **nicht, dass in** der Tatbeschreibung der **Verfolgungshandlung** die **ÖNORM** B 3850 **nicht ausdrücklich angeführt** wird (VwGH 27. 9. 2000, 2000/04/0121; 8. 11. 2012, 2012/04/0036, 18. 10. 2012, 2012/04/0020); im Spruch ist die ÖNORM als verletzte Verwaltungsvorschrift aber anzuführen (s 10.2.7).

10.2.7 Verletzte Norm und Strafsanktionsnorm

Beim Nichteinhalten von vorgeschriebenen Auflagen gem § 367 Z 25 besteht die Verwaltungsvorschrift, die durch die Tat verletzt wurde, aus der Strafbestimmung **des § 367 Z 25 iVm der konkret bezeichneten Untergliederung jenes Bescheides, in dem sich die betreffende** (nicht beachtete) **Auflage befindet** (zB VwGH 24. 11. 1992, 90/04/0350; 20. 9. 1994, 94/04/0041; 25. 4. 1995; 93/04/0112; 11. 11. 1998, 98/04/0034).

Wird in einer Auflage auf eine **ÖNORM** verwiesen, so wird dadurch auch der bezogene Abschnitt der ÖNORM Teil des Straftatbestandes. In einem solchen Fall ist im Straferkenntnis als verletzte Verwaltungsvorschrift iSd § 44 a Z 2 VStG neben § 367 Z 25 und der konkret bezeichneten Untergliederung jenes Bescheides, in dem die in Rede stehende Auflage vorgeschrieben wurde, **auch die bezogene ÖNORM,** allenfalls unter Anführung der zutreffenden Untergliederung anzuführen (VwGH 3. 9. 1996, 95/04/0209).

Für die **Verfolgungsverjährung** ist die **rechtliche Qualifikation** der angelasteten Verwaltungsübertretung (durch Anführung der verletzten Norm) **bedeutungslos** (zB VwGH 25. 3. 2009, 2009/03/0024, 22. 3. 2012, 2010/07/0150).

Bei einer Übertretung gem § 367 Z 25 ist **als Strafsanktionsnorm** (iSd § 44 a Z 3 VStG) **„§ 367 Einleitungssatz"** zu zitieren, weil § 367 Z 25 lediglich die Umschreibung des Tatbildes der Verwaltungsübertretung enthält (VwGH 26. 4. 1994, 94/04/0004).

Das **VwG** kann die **verletzte Norm und** die **Strafsanktionsnorm** – auch nach Ablauf der Verfolgungsverjährungsfrist – richtigstellen, solange kein anderer Sachverhalt zur Last gelegt wird (vgl VwGH 1. 7. 2005, 2001/03/0354; 22. 10. 2012, 2010/03/0065).

10.3 Nichteinhalten von Aufträgen

Für das Nichteinhalten von Aufträgen gilt das unter 10.2.1 bis 10.2.7 Gesagte sinngemäß. Die Vorschreibung von Aufträgen ist im „vereinfachten Verfahren" gem § 359 b, aber auch in § 79 Abs 3 und § 83 Abs 3 vorgesehen.

Aufträge iSd § 359 b sind – **ebenso wie Auflagen** – **rechtsgestaltende und pflichtenbegründende Nebenbestimmungen,** die von der Genehmigungsbehörde erforderlichenfalls im Feststellungsbescheid gem § 359 b (der als Genehmigungsbescheid der Anlage gilt) zum Schutz der gem § 74 Abs 2 und der gem § 77 Abs 3 und 4 wahrzunehmenden Interessen zu erteilen sind (vgl auch *Gruber/Paliege-Barfuß,* GewO[7] § 359 b Anm 26).

§ 79 Abs 3 ermächtigt die Behörde, die Vorlage eines Sanierungskonzepts der Anlage aufzutragen. Legt der Betriebsinhaber innerhalb festgesetzter Frist kein (hinreichendes) Sanierungskonzept vor, ist er gem § 367 Z 25 zu bestrafen. Der in Bescheidform ergangene Auftrag gem § 79 Abs 3 wird durch Ablauf der aufgetragenen Frist nicht unwirksam. Die

Verfolgungsverjährung beginnt erst mit Nachholung der unterlassenen Handlung; die Erfüllungsfrist ist iZm dem Beginn der Verfolgungsverjährung ohne Bedeutung (VwGH 18. 10. 2006, 2004/04/0206).

Gem § 83 Abs 3 anlässlich einer Anlagenauflassung von der Genehmigungsbehörde vorgeschriebene Vorkehrungen sind als Aufträge iSd § 367 Z 25 zu verstehen; deren Nichteinhaltung ist nach dieser Bestimmung zu bestrafen.

10.4 Nichtbefolgen von Verordnungen

§ 367 Z 25 stellt Verstöße gegen V, die gem § 82 Abs 1 und gem § 84 d Abs 7 erlassen wurden, unter Strafe. Normadressaten dieser V sind die Inhaber der diesen V unterliegenden BA.

Das **strafbare Verhalten** ergibt sich **direkt aus der V;** der in den V festgelegte Anforderungsstandard muss im Genehmigungsbescheid nicht mehr festgeschrieben werden. Die V muss daher eine klare Verhaltensanordnung enthalten.

Näheres zu den V s *Vogelsang,* Verordnungen im Betriebsanlagenrecht Rz 253 ff.

Im Spruch des Strafbescheides ist als **verletzte Norm § 367 Z 25 iVm der angewendeten V-Bestimmung** anzuführen.

Enthält eine V mehrere Untergliederungen, so ist dem Erfordernis der konkreten Bezeichnung der angewendeten V-Bestimmung nur entsprochen, wenn auch die im Einzelfall angewendete Untergliederung dieser V bestimmt bezeichnet ist (vgl VwGH 27. 6. 1995, 95/04/0056).

11. Übertretungen im Zusammenhang mit Prüfungen gem § 82 b und Überprüfungen gem § 338

11.1 Verletzung der Prüf-, Aufbewahrungs- und Übermittlungspflichten gem § 82 b (Übertretung gem § 368) 392

Nach § 82 b hat der Inhaber einer genehmigten BA diese **regelmäßig wiederkehrend zu prüfen** oder **prüfen zu lassen** (Abs 1) und die über die Prüfung **erstellte Prüfbescheinigung** (bzw sonstige die Prüfung betreffende Schriftstücke) bis zum Vorliegen der nächsten Prüfbescheinigung in der BA **zur jederzeitigen Einsicht der Beh aufzubewahren** (Abs 3). Über Aufforderung hat er die Prüfbescheinigung der Beh einer angemessenen (von der Beh zu bestimmenden) Frist zu übermitteln (Abs 3). **Werden** im Rahmen der Prüfung **Mängel** oder **Abweichungen** vom konsensgemäßen Zustand **festgestellt,** hat der Inhaber der Anlage der Beh **unverzüglich** eine Ausfertigung der **Prüfbescheinigung** (mit Vorschlägen der Mängelbehebung) **zu übermitteln** (Abs 4).

Die genannten Pflichten sind dem **Inhaber** einer genehmigten BA gesetzlich auferlegt. Verletzt er diese Pflichten, begeht er eine **Übertretung gem § 368.**

Bei **Nichtdurchführung der Prüfung** handelt es sich um ein **Unterlassungsdelikt.** Die **Strafbarkeit beginnt** mit dem **Stichtag, zu dem die Prüfung durchgeführt sein muss;** während des laufenden Prüfungsintervalles liegt keine Strafbarkeit vor (vgl *Triendl,* UVSaktuell 2009, 156). Da nach dem Stichtag bereits das Intervall für die nächste Prüfung beginnt und die unterlassene Prüfung nicht mehr nachgeholt werden kann, beginnt mit dem Zeitpunkt, zu dem die Prüfung letztmöglich durchgeführt bzw veranlasst werden konnte, auch die **Verfolgungsverjährung.** Es liegt *kein Dauerdelikt* vor (UVS Tirol 30. 4. 2008, 2008/22/1346-1; vgl auch VwGH 16. 12. 1980, 1264/80).

Zur jederzeitigen Einsichtnahme aufzubewahren bedeutet, dass der Inhaber der Anlage die Prüfbescheinigung der Beh grds bei einer Überprüfung gem § 338 in der BA vorzulegen hat. Die **Verpflichtung zur Übermittlung** der Bescheinigung besteht erst **nach** ausdrücklicher **Vorlageaufforderung** durch die Beh; eine generelle Übermittlungspflicht ist nicht vorgesehen (AB 2393 BlgNR 24. GP). Die **Verjährungsfrist** für die unterlassene Übermittlung beginnt **mit Ablauf der** von der Beh **gesetzten Frist.** Das Delikt dauert bis zur Vorlage an. **Tatort** der unterlassenen Übermittlungen ist (iSd der Rsp zur Auskunftspflicht nach § 103 Abs 2 KFG) der **Sitz der Beh,** der die Bescheinigung zu übermitteln ist.

Die Verletzung der Übermittlungspflicht setzt voraus, dass eine Prüfbescheinigung erstellt wurde. Eine nicht vorhandene Prüfbescheinigung kann denklogisch nicht übermittelt werden (vgl VwGH 24. 7. 1991, 91/19/0146). Liegt keine Prüfbescheinigung vor, weil keine Prüfung durchgeführt wurde, ist der Inhaber der BA wegen Nichtdurchführung der Prüfung gem § 368 zu bestrafen.

11.2 Nichterstellen oder mangelhaftes Erstellen einer Prüfbescheinigung gem § 82 b (§ 367 Z 25 a)

11.2.1 Tatbestände des § 367 Z 25 a

Gem § 367 Z 25 a idF BGBl I 2013/125 begeht eine Verwaltungsübertretung, die mit Geldstrafe bis zu € 2.180 zu bestrafen ist, **wer die Prüfbescheinigung** gem § 82 b **nicht, unvollständig** oder **mit unrichtigen Angaben** erstellt.

Gem § 82 b Abs 1 dritter Satz ist **über jede** (regelmäßige) wiederkehrende **Prüfung** eine **Prüfbescheinigung zu erstellen,** der eine *vollständige Dokumentation der Prüfung* anzuschließen ist, aus der insb der Umfang und der Inhalt der Prüfung hervorgehen. Die wiederkehrende Prüfung ist von gem § 82 b Abs 2 näher bezeichneten Stellen oder von geeigneten und fachkundigen Betriebsangehörigen durchzuführen. Der Inhaber der BA darf die Prüfung selbst durchführen, sofern er geeignet und fachkundig ist.

§ 367 Z 25 a enthält **drei Tatbestände,** nämlich das **Nichterstellen** einer Prüfbescheinigung, das **unvollständige Erstellen** und das **Erstellen** der Prüfbescheinigung **mit unrichtigen Angaben.**

Eine Bestrafung wegen des Nichterstellens der Bescheinigung setzt wohl voraus, dass eine Prüfung durchgeführt wurde; nur dann kann vom Prüfer auch eine Bescheinigung erstellt werden.

„**Unvollständig**" ist die Bescheinigung dann, wenn sie keine vollständige Dokumentation der Prüfung enthält, aus der insb Umfang und Inhalt der Prüfung hervorgehen.

„**Mit unrichtigen Angaben**" wird die Bescheinigung insb erstellt, wenn sie unwahre (falsche) Tatsachen über den erforderlichen Inhalt (vgl AB 2393 BlgNR 24. GP 10 f) enthält. Ein **(Täuschungs-) Vorsatz** ist **nicht erforderlich,** Fahrlässigkeit genügt (§ 5 Abs 1 VStG). Veranlasst der Inhaber der BA den Prüfer vorsätzlich zum Erlassen einer unrichtigen Bestätigung, ist er wegen Anstiftung zu bestrafen (§ 7 VStG).

11.2.2 Täter

Die Strafnorm des § 367 Z 25 a richtet sich an den (beauftragten) **Prüfer** und nicht an den Anlageninhaber (vgl auch *E/R/W* § 367 Rz 37). Der Inhaber der BA hat eine Prüfbescheinigung nur zu erstellen, wenn er selbst die Prüfung – als geeigneter und fachkundiger Prüfer iSd § 82 b – durchgeführt hat.

Kann eine Prüfbescheinigung nicht ausgestellt werden, weil eine Prüfung nicht durchgeführt wurde, unterliegt die Nichtdurchführung der Prüfung nicht der Strafnorm des § 367 Z 25 a (aA *E/R/W* § 82 b Rz 19). In diesem Fall ist mE der Inhaber der BA gem § 368 (Auffangtatbestand) zu bestrafen, weil diesen gem § 82 b Abs 1 die Prüfpflicht trifft. Wenn der Inhaber der BA jedoch selbst der Prüfer ist, wird im Fall der Unterlassung der Prüfung und der Unterlassung der Erstellung der Prüfbescheinigung der *(subsidiäre)* Strafanspruch wegen der unterlassenen Prüfung durch den Strafanspruch wegen des Nichterstellens der Prüfbescheinigung konsumiert.

11.2.3 Tatumschreibung

In der Tatumschreibung sind zusätzlich zur Umschreibung der durchgeführten Prüfung die Sachverhaltselemente anzuführen, durch welche die Prüfbescheinigung unrichtig geworden ist; ebenso sind die fehlenden Angaben anzuführen, durch die eine Prüfbescheinigung unvollständig geblieben ist.

11.2.4 Tatort und Tatzeit

Der Tatort des Nichterstellens einer Prüfbescheinigung wird **im Zweifel** mit dem **Unternehmenssitz des Prüfers** zusammenfallen, weil die Erstellung der Bescheinigung nicht bereits am Standort der BA verlangt werden kann. **Tatort einer unvollständig** oder **mit unrichtigen Angaben erstellten Prüfbescheinigung** ist dort, **wo der Täter** die **Bescheinigung erstellt** hat, **im Zweifel** wird auch bei diesen Delikten der **Unternehmenssitz** des Prüfers der Tatort sein.

Das Nichterstellen der Prüfbescheinigung und das Erstellen einer unvollständigen Bescheinigung stellen **Unterlassungsdelikte** dar, bei denen die Verfolgungsverjährung mit der Nachholung der unterlassenen Handlung, spätestens jedoch am Stichtag der nächsten wiederkehrenden Prüfung beginnt. Welcher Zeitraum dem Prüfer nach Durchführung der Prüfung für das Erstellen der Prüfbescheinigung verbleibt, lässt das Gesetz offen.

Die Erstellung einer Bescheinigung mit unrichtigen Angaben ist ein **Begehungsdelikt.** Die Verfolgungsverjährung beginnt mit dem Tag der Erstellung der Bescheinigung.

11.3 Zuwiderhandeln gegen Bestimmungen des § 338 (§ 367 Z 26)

Gem § 367 Z 26 begeht eine Verwaltungsübertretung, die mit Geldstrafe bis zu € 2.180 zu bestrafen ist, wer den *Bestimmungen des § 338 zuwiderhandelt.*

§ 338 räumt der BVB **bei Durchführung von** amtswegigen **Betriebsüberprüfungen** zahlreiche Kontrollbefugnisse ein. Diesen Befugnissen stehen **Duldungs-** und **Mitwirkungspflichten des Betriebsinhabers** und **seines Stellvertreters** gegenüber, deren Verletzung eine Verwaltungsübertretung gem § 367 Z 26 darstellt. Die Pflichten bestehen ab dem **Beginn der Überprüfung.** Sie sind zeitlich auf die im Einzelfall maßgebenden **Betriebszeiten beschränkt** (vgl *E/R/W* § 338 Rz 27).

Ausführlich zu den Befugnissen der Beh und den korrespondierenden Pflichten des Betriebsinhabers s *E/R/W* § 338 Rz 12 ff; *Grabler/Stolzlechner/Wendl,* GewO³ § 338; *Vogelsang,* Die Überwachung von Betriebsanlagen Rz 369 ff.

§ 338 enthält **keine Befugnis der Behörde,** eine **Übermittlung von Unterlagen** an den Sitz der Beh **zu verlangen.** Das Unterlassen einer derartigen Urkundenübermittlung ist daher nicht nach § 367 Z 26 strafbar (ähnlich *E/R/W* § 338 Rz 20).

Bei einem Zuwiderhandeln gegen die in § 338 normierten Pflichten sind der **Betriebsinhaber** oder **dessen Stellvertreter** gem § 327 Z 26 zu bestrafen.

> **Betriebsinhaber** iS dieser Bestimmung ist der **Inhaber der gew BA** und somit derjenige, der die Möglichkeit hat, über das faktische Geschehen im Betrieb zu bestimmen. Zum Begriff des Inhabers s 3.2
>
> **Stellvertreter** des Inhabers ist (nur) die Person, die der Inhaber mit seiner Vertretung **beauftragt** bzw **zur Vertretung ermächtigt** hat. Ehegatten, Miteigentümer, Angestellte etc sind – ohne entsprechende Beauftragung – nicht als Stellvertreter anzusehen (vgl auch *E/R/W* § 338 Rz 29). Hat der **Stellvertreter dem Verbot** des § 338 Abs 2 **zuwider gehandelt**, ist **nur dieser** und nicht (auch) der Inhaber zu bestrafen (vgl VwGH 19. 1. 1988, 87/04/0200 zur Vorgängerbestimmung des § 367 Z 26).

Die Tatumschreibung hat **die be- oder verhinderte Kontrollbefugnis** – entsprechend den Tatbestandsmerkmalen des § 338 – zu umschreiben und **alle Handlungen** oder **Unterlassungen** anzuführen, **durch welche diese nicht ermöglicht** wurde (vgl VwGH 22. 2. 1994, 92/04/0214). Allenfalls wird als Tatzeit auch die Uhrzeit anzuführen sein.

Da sich § 367 Z 26 auf unterschiedliche Verpflichtungen bezieht, die in mehreren Absätzen des § 338 geregelt sind, ist **als verletzte Verwaltungsvorschrift** neben § **367 Z 26** auch der **entsprechende Absatz des § 338** zu zitieren (vgl *E/R/W* § 367 Rz 38; VwGH 14. 6. 1988, 87/04/0060 zur Vorgängerbestimmung § 367 Z 26).

Näheres zu § 338 *Vogelsang,* Die Überwachung von Betriebsanlagen Rz 369 ff.

12. Verwaltungsstraftatbestände im Zusammenhang mit Betriebszeiten und Sperrzeiten

393   12.1 Betriebszeit

Die Betriebszeit einer BA ist jene Zeit, während der die BA betrieben wird. Diese kann über jene Zeit, in der eine BA für den Kundenverkehr offensteht (Öffnungszeit) hinausgehen, zumal zB auch Vorbereitungs- und Aufräumarbeiten als Betriebszeit gelten (vgl *Triendl,* ZfV 2007, 934).

Die **Betriebszeit** wird im **Spruch des Genehmigungsbescheids** der BA entweder als Bestandteil der **Betriebsbeschreibung** des Projekts oder durch eine **Auflage** festgelegt.

Wird die Betriebszeitenregelung in die **Betriebsbeschreibung** aufgenommen, erlangt sie insofern normativen Charakter, als damit der Betrieb der BA nur im Rahmen der genannten Betriebszeiten genehmigt ist. Die Nichteinhaltung der Betriebszeit stellt in diesem Fall eine **konsenslose Änderung der BA** und somit eine Verwaltungsübertretung nach § 366 Abs 1 Z 3 dar (VwGH 18. 6. 1996, 96/04/0050). Die Nichteinhaltung der in einer **Auflage** vorgeschriebenen Betriebszeit bildet hingegen eine Übertretung gem § 367 Z 25.

12.2 Sperrzeiten (§ 113)

Im Zusammenhang mit der **Ausübung des Gastgewerbes** finden sich in der GewO Bestimmungen über die Sperrstunde bzw Aufsperrstunde (Sperrzeiten). **Sperrzeiten** sind durch **V des Landeshauptmanns** (§ 113 Abs 1 und 2) oder durch **Bescheid der Gemeinde** (§ 113 Abs 3 bis 5) festzusetzen.

Nach der systematischen Einordnung im II. Hauptstück der GewO bei den Vorschriften über die Gewerbeausübung handelt es sich bei den **Sperrzeitenregelungen** um **Gewerbeausübungsvorschriften** für das Gastgewerbe (vgl VwGH 8. 5. 2013, 2011/04/0049; 29. 4. 2014, Ro 2014/04/0005).

§ **113 Abs 7** normiert die Verpflichtung für Gastgewerbetreibende, **Betriebsräume** und **sonstige Betriebsflächen während der festgelegten Sperrzeiten geschlossen zu halten** und die Gäste rechtzeitig auf den Eintritt der Sperrstunde aufmerksam zu machen. Während dieser Zeit dürfen sie **Gästen** weder den **Zutritt zu diesen Räumen** und **zu diesen Flächen** noch dort ein **weiteres Verweilen gestatten** und die Gäste auch nicht in anderen Räumen oder auf anderen sonstigen Flächen gegen Entgelt bewirten.

Die **Verletzung** des § 113 Abs 7 ist **nach § 368 zu ahnden.** Bei Vorliegen der entsprechenden Voraussetzungen sind Sperrstundenüberschreitungen als fortgesetztes Delikt (s oben 2.3) zu qualifizieren. Als **verletzte Verwaltungsvorschrift** ist **§ 368 iVm § 113 Abs 7** und **der angewendeten Bestimmung** anzuführen (vgl VwGH 21. 12. 1993, 93/04/0174, angepasst an die geltende Rechtslage).

Ein Nichteinhalten des § 113 Abs 7 liegt bereits vor, **wenn Gästen** lediglich ein **weiteres Verweilen** (auch ohne Bewirtung) gestattet wird (VwGH 26. 11. 2010, 2006/04/0174). Wegen Nichtbeachtung der Sperrzeiten können auch **Gäste** nach § 368 iVm § 113 Abs 7 bestraft werden, wenn sie vor Eintritt der Sperrstunde vom Gastgewerbetreibenden zum Verlassen der BA aufgefordert wurden (LVwG Vlbg 25. 3. 2014, LVwG-1 – 930/13).
Siehe auch *Grabler/Stolzlechner/Wendl*, GewO[3] § 113 Rz 12 f

12.3 Verhältnis der Sperrzeiten nach § 113 zu betriebsanlagenrechtlich genehmigten Betriebszeiten

Die als **Gewerbeausübungsvorschriften** zu beachtenden Sperrzeiten (iSd § 113) sind **unabhängig von** den **Vorschriften** zu sehen, die für gew BA **zum Schutze der Interessen gem § 74 Abs 2** gelten. Auch wenn sich beide Rechtsbereiche inhaltlich ähnlich sind, so sind sie aufgrund ihres unterschiedlichen Regelungsgegenstandes nach der Systematik der GewO **getrennt** und **voneinander unabhängig zu beachten** (VwGH 29. 4. 2014, Ro 2014/04/0005).

Das bedeutet, dass die in einem BA-Genehmigungsbescheid enthaltene, von der jeweiligen SperrzeitenV abweichende Betriebszeit (zB bis 4 Uhr) an der Verpflichtung zur Einhaltung der Sperrzeiten der SperrzeitenV (zB bis 2 Uhr) nichts ändern kann. IdS bestehen auch die unterschiedlichen Verwaltungsstraftatbestände der § 366 Abs 1 Z 3, § 367 Z 25 und § 368.

Wird durch ein längeres Offenhalten **sowohl** eine im BA-Genehmigungsbescheid vorgeschriebene **Betriebszeit als auch** eine **Sperrstunde** gem SperrzeitenV **überschritten,** liegt eine **Übertretung gem § 366 Abs 1 Z 3** vor. Der Unrechtsgehalt des formal ebenfalls erfüllten subsidiären Tatbestandes des § 368 iVm § 113 Abs 7 ist durch die Unterstellung unter § 366 Abs 1 Z 3 abgegolten.

13. Verwaltungsstraftatbestände im Zusammenhang mit dem Betrieb von Gastgärten

13.1 Unterlassen der Anzeige gem § 76 a Abs 3 (§ 367 Z 24 a)   394

Wer entgegen § 76 a Abs 3 den Betrieb des Gastgartens nicht anzeigt, begeht eine Verwaltungsübertretung gem § 367 Z 24 a, die mit Geldstrafe bis zu € 2.180 zu bestrafen ist (näher zur Anzeigepflicht *Stolzlechner*, Die Genehmigungspflicht der Betriebsanlage Rz 199).

Gem § 76 a sind Gastgärten die sich auf öffentlichem Grund befinden oder an öffentliche Verkehrsflächen angrenzen und von 8.00 bis 23.00 Uhr betrieben werden (Abs 1) sowie jene Gastgärten, die sich weder auf öffentlichem Grund befinden, noch an öffentliche Verkehrsflächen angrenzen und von 9.00 bis 22.00 Uhr betrieben werden (Abs 2), von der Genehmigungspflicht ausgenommen, wenn sie jeweils die in Abs 1 Z 1 bis 4 normierten Voraussetzungen kumulativ erfüllen.

Anzuzeigen ist der Beh gem § 76 a Abs 3 „**der Betrieb**" eines (nicht genehmigungspflichtigen) Gastgartens iSd § 76 a Abs 1 und Abs 2. Die Strafbestimmung des **§ 367 Z 24 a pönalisiert** somit **nur die unterlassene Anzeige** „des Betriebs" eines den Anforderungen des § 76 a entsprechenden Gastgartens; das Betreiben dieses Gastgartens ist vom Tatbild dieser Verwaltungsübertretung nicht umfasst (vgl auch *E/R/W* § 367 Rz 27; ähnlich etwa VwGH 19. 4. 1988, 88/04/0025 zur Anzeige einer Automatenaufstellung).

In der Tatumschreibung ist daher nur das Unterlassen der Anzeige des Betriebs und nicht das Betreiben ohne Anzeige vorzuwerfen (ähnlich VwGH 5. 11. 1991, 91/04/0007 zur Anzeige einer weiteren Betriebsstätte). Die Anzeigepflicht setzt den Betrieb des Gastgartens voraus. Der gem § 76 a Abs 1 anzeigepflichtige Gastgarten ist hinsichtlich der Erfüllung der Voraussetzungen iSd Abs 1 Z 1 bis 4 näher zu umschreiben.

Täter einer Übertretung gem § 367 Z 24 a ist der **Betreiber des Gastgartens. Tatort** der Übertretung ist der **Sitz der örtlich zuständigen Gewerbebehörde**, bei der die Anzeige zu erstatten ist (vgl zB VwGH verst Sen 31. 1. 1996, 93/03/0156 zu § 103 Abs 2 KFG; 17. 10. 2012, 2010/08/0012 zu einer Anmeldung gem ASVG).

Bei der Übertretung handelt es sich um ein **Unterlassungsdelikt in der Form eines Dauerdeliktes.** Die Unterlassung ist so lange strafbar als der anzeigepflichtige Gastgarten betrieben wird. Erst mit der Erstattung der Anzeige oder dem Wegfall der Anzeigepflicht beginnt die Verjährungsfrist zu laufen.

13.2 Betreiben trotz Untersagung des Betriebs bzw Schließung (§ 366 Abs 1 Z 3 a)

Gem § 366 Abs 1 Z 3 a begeht eine Verwaltungsübertretung, die mit Geldstrafe bis zu € 3.600 zu bestrafen ist, wer einen Gastgarten entgegen einem Bescheid gem § 76 a Abs 4 oder 5 betreibt.

Nach **§ 76 a Abs 4** ist der **Betrieb** des angezeigten Gastgartens, der die Voraussetzungen des § 76 a Abs 1 oder 2 nicht erfüllt – spätestens drei Monate nach Einlangen der Anzeige – von der Beh mit Bescheid **zu untersagen.**

Nach **§ 76 a Abs 5** hat die Beh den **Gastgarten mit Bescheid zu schließen,** wenn die – grundsätzlich vorliegenden – Voraussetzungen des § 76 a Abs 1 oder Abs 2 – wiederholt nicht eingehalten werden, und auch eine zuvor erfolgte Aufforderung zur Einhaltung der Voraussetzungen nicht beachtet wurde.

Wird der (angezeigte) Gastgarten trotz eines rk Untersagungsbescheides oder trotz eines rechtskräftigen Schließungsbescheides weiterbetrieben, liegt eine Übertretung gem § 366 Z 3 a – und nicht etwa eine Übertretung gem § 366 Abs 1 Z 2 oder 3 – vor. **Täter** einer Übertretung gem § 366 Abs 1 Z 3 a ist der Betreiber des Gastgartens. **Tatort** ist der Standort des Gastgartens.

Die genannten Bescheide gem § 76a Abs 4 oder Abs 5 haben im Verwaltungsstrafverfahren Tatbestandswirkung; ob sie zu Recht erlassen wurden, ist im Strafverfahren nicht zu prüfen (zB VwGH 26. 4. 2012, 2012/07/0056). Die Bescheide treten nach § 76a Abs 6 außer Wirksamkeit, wenn eine Genehmigung gem § 81 (zB Änderungsgenehmigung der gesamten BA durch Hinzunahme eines Gastgartens) erteilt wird.

13.3 Nichteinhaltung der in § 76a Abs 1 und 2 geregelten Zeiten oder Voraussetzungen (§ 368)

Nach § 336 Abs 3 haben die Organe des öffentlichen Sicherheitsdienstes **an der Vollziehung des § 368** mitzuwirken, sofern es sich um die in § 76a Abs 1 oder 2 geregelten Zeiten oder Voraussetzungen handelt.

Demnach soll die Nichteinhaltung der genannten Zeiten und Voraussetzungen nach § 368 – und nicht nach § 366 Abs 1 Z 2 oder 3 – zu bestrafen sein (vgl EBRV 780 BlgNR 24. GP; ähnlich *Grabler/Stolzlechner/Wendl,* GewO-KK § 76a Rz 5; *E/R/W* § 76a Rz 38; § 336 Rz 10).

> Das ist sachgerecht, wenn ein anzeigepflichtiger Gastgarten vorliegt, der von der Genehmigungspflicht nach § 74 bzw § 81 ausgenommen ist, weil er grds die Voraussetzungen des § 76a Abs 1 und 2 erfüllt. Ein bloß vorübergehendes Nichtbeachten der Voraussetzungen führt noch nicht dazu, dass der Gastgarten genehmigungspflichtig wird und unter die Strafbestimmung des § 366 Abs 1 Z 2 oder 3 fällt.

13.4 Konsensloser Betrieb eines genehmigungspflichtigen Gastgartens (§ 366 Abs 1 Z 2 oder 3)

Gastgärten, die nicht unter die genehmigungsfreien Gastgärten gem § 76a subsumierbar sind, weil sie die in Abs 1 und 2 normierten Voraussetzungen nicht erfüllen, bedürfen einer Genehmigung, wenn es zur Wahrung der in § 74 Abs 2 umschriebenen Interessen erforderlich ist. Ein konsensloser Betrieb dieser Gastgärten ist nach § 366 Abs 1 Z 2 oder 3 zu bestrafen.

14. Nichtbefolgen anderer als der in §§ 366, 367 und 367a genannten Gebote oder Verbote (§ 368)

Gem § 368 begeht eine Verwaltungsübertretung, die mit einer Geldstrafe bis zu € 1.090 zu bestrafen ist, wer andere als in den §§ 366, 367 und 367a genannte Gebote oder Verbote nicht einhält. **395**

Erfasst werden von dieser allgemeinen **subsidiären Strafbestimmung** Gebote oder Verbote, die in der GewO selbst, in den aufgrund der GewO erlassenen V, oder in Bescheiden enthalten sind, die aufgrund der GewO oder aufgrund der erlassenen V ergangen sind. Dies jedoch **nur dann, wenn nicht in §§ 366, 367 und 367a ein eigener Straftatbestand normiert ist.**

Bei § 368 handelt es sich um eine **Verweisungsbestimmung,** die als verletzte Verwaltungsvorschrift nur iVm einem unter die Verweisung fallenden Gebot oder Verbot in Betracht kommt; erst das Zitat der mit der Strafnorm in Verbindung stehenden Gebots- oder Verbotsvorschrift ermöglicht die Beurteilung, inwieweit zB eine Deliktskonkurrenz (etwa Idealkonkurrenz) iSd § 22 Abs 1 VStG vorliegt (VwGH 28. 4. 1992, 91/04/0337).

Der subsidiäre Straftatbestand des § 368 kommt vor allem für folgende Übertretungen im Zusammenhang mit gew BA zur Anwendung:

– **Nichteinhaltung der in § 76 a Abs 1 und 2 geregelten Zeiten oder Voraussetzungen** (näher s 13.3).
– **Verletzung der in § 82 b dem Inhaber einer genehmigten BA auferlegten Pflichten** (näher s 11.1).
– **Verletzung der Sperrzeitenbestimmungen des § 113** (näher s 12.3)
– **Nichteinhaltung der mit Bescheid gem § 360 Abs 4 verfügten Gebote oder Verbote**
– **Verletzung der in der GewO normierten Anzeige- und Aufbewahrungspflicht betreffend BA** (§ 81 Abs 3 iVm § 81 Abs 2 Z 5, 7, 9 und 11; § 83 Abs 2 und 5).

Änderungen nach § 81 Abs 2 Z 5, 7, 9 und 11 die gem § 83 anzuzeigen sind, müssen abstrakt geeignet sein, die in § 74 Abs 2 umschriebenen Interessen zu beeinträchtigen (vgl VwGH 18. 3. 2015, Ro 2015/04/0002). Liegt diese abstrakte Eignung nicht vor, sind die Änderungen schon gem § 81 Abs 1 nicht genehmigungspflichtig und somit auch nicht anzeigepflichtig gem § 81 Abs 2 und 3.

Der Nichterstattung einer derartigen Anzeige ist eine *unvollständige oder unrichtige Anzeige gleichzuhalten.* Täter ist der Anlageninhaber bzw der auflassende Anlageninhaber. Tatort ist (iSd Rsp zur Auskunftspflicht nach § 103 Abs 2 KFG) Sitz der Behörde, bei welcher die Anzeige zu erstatten ist.

Sämtliche Anzeigen sind vor Durchführung der anzuzeigenden Maßnahmen zu erstatten. Die Strafbarkeit dauert bis zur Erstattung der Anzeige bzw solange die eine Anzeigepflicht begründenden Umstände vorliegen. Somit handelt es sich um **Dauerdelikte,** bei welchen auch die Aufrechterhaltung des rechtswidrigen Zustandes strafbar ist. Die Verfolgungsverjährungsfrist beginnt erst, wenn die Anzeige in der gesetzlich gebotenen Form – wenn auch verspätet – erstattet wurde bzw mit dem Zeitpunkt des Wegfalls der die Anzeigepflicht begründenden Umstände.

D. Gerichtliche Straftaten im Zusammenhang mit gewerblichen Betriebsanlagen

Vanessa McAllister / Kurt Schmoller

Literatur: *Altenburger/Raschauer* (Hrsg), Kommentar zum Umweltrecht (2013); *Bertel/ Schwaighofer,* Österreichisches Strafrecht Besonderer Teil II[11] (2015); *Bertel/Venier,* Strafprozessrecht[8] (2015); *Boller,* Die strafrechtliche Verantwortlichkeit von Verbänden nach dem VbVG (2007); *Fuchs,* Strafrecht Allgemeiner Teil I[8] (2012); *Fuchs/Ratz* (Hrsg), Wiener Kommentar zur StPO (Stand 2015); *Grabenwarter/Pabel,* Europäische Menschenrechtskonvention[5] (2012); *Hinterhofer,* Zur Strafbarkeit des „Anfütterns" von Amtsträgern – Versuch einer einschränkenden Auslegung, ÖJZ 2009, 250; *Hinterhofer/Rosbaud,* Strafrecht Besonderer Teil II[5] (2012); *Höcher/Singer,* Kaffee, Kuchen, Korruptionsstrafrecht, ecolex 2014, 234; *Höpfel/Ratz* (Hrsg), Wiener Kommentar zum StGB[2] (Stand 2015); *Kienapfel/Höpfel/Kert,* Strafrecht Allgemeiner Teil[14] (2012); *Kienapfel/ Schmoller,* Strafrecht Besonderer Teil III[2] (2009); *Kienapfel/Schroll,* Strafrecht Besonderer Teil I[3] (2012); *Kucsko-Stadlmayer,* Korruptionsstrafrecht und Dienstrecht, JBl 2009, 742; *Leukauf/Steininger,* Kommentar zum StGB[3] (1992); *Marek/Jerabek,* Korruption und Amtsmissbrauch[8] (2015); *Messner,* Gebührliche und geringfügige Vorteile nach dem KorrSträG 2012, in BMJ (Hrsg), 41. Ottensteiner Fortbildungsseminar aus Strafrecht und Kriminologie 2013 (2014) 85; *Öner/Walcher,* Zum Einspruch nach § 106 StPO. Anmerkungen zu Reichweite und Grenzen des Rechtsbehelfs, ÖJZ 2014, 999; *Raschauer/Wessely,* VStG – Verwaltungsstrafgesetz (2009); *Reindl-Krauskopf/Huber,* Korruptionsstrafrecht in Fällen (2014); *Reindl-Krauskopf/Salimi,* Umweltstrafrecht (2013); *Sautner,* Umweltstrafrecht – Eine Zwischenbilanz, RdU 2009, 4; *Schick,* „Kartellstrafrecht" in Österreich oder Falsa demonstratio non nocet, in *Sieber et al* (Hrsg), Strafrecht und Wirtschaftsstrafrecht. Festschrift für Klaus Tiedemann (2008) 851; *Schmoller,* Grundstrukturen der Beteiligung mehrerer an einer Straftat – die objektive Zurechnung fremden Verhaltens, ÖJZ 1983, 337, 379; *Schmoller,* Zur Argumentation mit Maßstabfiguren, JBl 1990, 631, 706; *Schmoller,* Strafe ohne Schuld? – Überlegungen zum neuen Verbandsverantwortlichkeitsgesetz, RZ 2008, 8; *Schmoller,* Verwirklichung einer unerlaubten Gefahr bei „Risikoerhöhung", in *Zöller et al* (Hrsg), Gesamte Strafrechtswissenschaft in internationaler Dimension. Festschrift für Jürgen Wolter (2013) 479; *Schmoller,* Rechtlicher Rahmen von Korruption – Neue Rechtslage ab 1. 1. 2013, in *Pfeil/Prantner* (Hrsg), Sozialbetrug und Korruption im Gesundheitswesen (2013) 51; *Schroll,* Die Gefährdung bei Umweltdelikten, JBl 1990, 681; *Schwaighofer,* Strafrechtliche Verantwortung für Umweltschäden – Grundfragen des StGB und des VStG, ÖJZ 1994, 226; *Seiler,* Strafprozessrecht[14] (2015); *E. Steininger,* Strafrecht Allgemeiner Teil I[2] (2013), Teil II (2012); *E. Steininger,* Kommentar zum Verbandsverantwortlichkeitsgesetz (2006); *Triffterer,* Österreichisches Strafrecht Allgemeiner Teil[2] (1994); *Triffterer/Rosbaud/Hinterhofer* (Hrsg), Salzburger Kommentar zum StGB (Stand 2015); *Wegscheider,* Strafrecht Besonderer Teil[4] (2012).

Inhalt

1. Grundlagen

396   ### 1.1 Strafrecht als ultima ratio

Strafrecht ist jener Teil der Rechtsordnung, der die gravierendsten Sanktionen (bis zu langjährigem Freiheitsentzug) vorsieht. Aus diesem Grund sollte der Gesetzgeber Strafrecht nur als „ultima ratio" einsetzen, dh **nur zur Verhinderung besonders gravierender sozialer Störungen** und nur dann, wenn weniger einschneidende rechtliche Möglichkeiten der Verhaltenssteuerung (Verwaltungsrecht, Zivilrecht, Steuerrecht etc) nicht ausreichen. **Nicht alle rechtswidrigen Verhaltensweisen sind auch strafbar,** sondern nur solche, die aufgrund eines gesteigerten Unwerts die Schwelle zum Strafrecht überschreiten. Daraus ergibt sich der **„fragmentarische" Charakter des Strafrechts:** Verhaltensweisen, die keinen gesetzlichen Straftatbestand erfüllen, bleiben – auch wenn sie rechtswidrig sind – straflos (dazu zB *Fuchs,* AT I[8] Kap 1 Rz 3 ff). Deshalb stehen gerade iZm gew BA **verwaltungsrechtliche** und **privatrechtliche Regelungen im Vordergrund,** nur ausnahmsweise greift das Strafrecht ein. Gem § 1 StGB setzt jede Strafbarkeit „eine ausdrückliche gesetzliche Strafdrohung" zum Tatzeitpunkt voraus (vgl etwa *Triffterer,* AT[2] Kap 2 Rz 10). Daher sind eine **Analogie zulasten des Täters, eine Strafbegründung durch Gewohnheitsrecht** sowie **eine rückwirkende Einführung von Straftatbeständen unzulässig** (*Triffterer,* AT[2] Kap 2 Rz 11 ff mwN).

Das „materielle" Strafrecht regelt die mit Strafe bedrohten Verhaltensweisen in ihren Voraussetzungen und Folgen. Das Strafprozessrecht (= Strafverfahrensrecht = „formelles" Strafrecht) regelt, wie die Strafverfolgungsorgane vorzugehen haben, um zu entscheiden, ob sich jemand strafbar gemacht hat (vgl *Kienapfel/Höpfel/Kert,* AT[14] Z 3 Rz 14).

1.2 Verhältnis zum Verwaltungsstrafrecht

Das hier zu behandelnde gerichtliche Strafrecht (= Justizstrafrecht = Kriminalstrafrecht) ist nicht mit dem Verwaltungsstrafrecht zu verwechseln. Das **Verwaltungsstrafrecht betrifft weniger gravierende Verstöße,** deren Ahndung der Gesetzgeber **Verwaltungsbehörden** übertragen hat. Diese ermitteln und entscheiden selbst, die Entscheidung kann dann im Weg der Verwaltungsgerichtsbarkeit (hier LVwG, VwGH) angefochten werden (s *Ziermann,* Das Verwaltungsstrafrecht und Verwaltungsstrafverfahren im Zusammenhang mit gewerblichen Betriebsanlagen Rz 387, 388). Der Adressat eines Verwaltungsstrafbescheids ist *nicht* vorbestraft (vgl § 55 Abs 2 VStG; näher *Raschauer/Wessely,* VStG-Kommentar § 55 Rz 1 f). Verwaltungsstraftaten weisen grds einen geringeren Unwert auf, etwa die Verwaltungsübertretungen nach der StVO, der GewO, des AWG etc. Die hier interessierenden **Kriminalstraftaten werden dagegen von der Staatsanwaltschaft angeklagt** und **durch Strafgerichte abgeurteilt,** der Verurteilte ist vorbestraft. Wenn eine gerichtliche Strafbarkeit eingreift, tritt eine allfällige gleichzeitige Verwaltungsstrafbarkeit als subsidiär zurück, weil eine Doppelverfolgung unzulässig wäre (Art 4 7. ZPMRK). Für beide Bereiche (Verwaltungsstraf- und Kriminalstrafrecht) gelten die in Art 6 Abs 1 EMRK verankerten Grundrechte (*Grabenwarter/Pabel,* EMRK[5] Art 6 Rz 16 ff; grundlegend für das österr Verwaltungsstrafrecht EGMR, 23. 10. 1995, 15963/90, *Gradinger/Österreich* Rz 34 ff).

1.3 Täterkreis und Beteiligung

Die meisten Delikte des Kernstrafrechts sind **Allgemeindelikte,** das bedeutet, dass grds jedermann dieses Delikt begehen kann; zB § 80 StGB (Fahrlässige Tötung), §§ 83 ff

StGB (Körperverletzungsdelikte), §§ 180 ff StGB (Umweltdelikte). Einige andere Straftatbestände setzen dagegen voraus, dass der Täter bestimmte persönliche Eigenschaften
oder Verhältnisse aufweist, dann spricht man von einem **Sonderdelikt;** zB §§ 133 StGB
(Veruntreuung: jemand, dem ein Gut anvertraut wurde), § 153 StGB (Untreue: Verfü-
gungsbefugnis über fremdes Vermögen), § 302 StGB (Beamter), §§ 304 ff StGB (Amtsträger oder Schiedsrichter). Dabei wird eine Person, bei der diese Eigenschaften oder
Verhältnisse vorliegen, als **„Intraneus"** bezeichnet; eine Person, auf die das nicht zutrifft, als **„Extraneus"** (*Fuchs*, AT I[8] Kap 35 Rz 1; *Kienapfel/Höpfel/Kert*, AT[14] E 7 Rz 4).

Wegen eines Delikts strafbar ist allerdings nicht nur derjenige, der die Tathandlung
ausführt (= unmittelbarer Täter), sondern grds auch, wer sich an ihr beteiligt. Das österr
Strafrecht folgt dabei dem **„Einheitstätersystem",** nach dem **alle Beteiligten „Täter"**
des betreffenden Delikts sind (§ 12 StGB), wobei drei Täterformen unterschieden werden
(unmittelbarer Täter, Bestimmungs- und **Beitragstäter).** Grds sind diese Täterformen
rechtlich gleichwertig, sodass für sie auch die gleiche Strafdrohung anwendbar ist (s zB
Kienapfel/Höpfel/Kert, AT[14] E 2 Rz 41 a). Die konkrete Höhe der Strafe richtet sich stets
nach dem Ausmaß des eigenen Unrechts (evtl kommen Rechtfertigungsgründe in Betracht) und nach der eigenen Schuld (ein Beteiligter könnte etwa im entschuldigenden
Notstand handeln). Zusätzlich ergibt sich aus § 14 Abs 1 StGB, dass auch die **Beteiligung
eines „Extraneus" am Sonderdelikt** in dem Sinn möglich ist, dass dieser an der Tatbege-
hung durch einen „Intraneus" mitwirkt (wenn die gesetzlich geforderten Eigenschaften
oder Verhältnisse das Unrecht der Tat prägen und nicht bloß die persönliche Schuld betreffen). Wegen Amtsmissbrauchs gem § 302 StGB ist deshalb etwa auch der Nichtbeamte
strafbar, der den Beamten zB durch Korruption zum Amtsmissbrauch anstiftet. Verschiedene Ansichten bestehen darüber, ob ein **„Extraneus" auch unmittelbarer Täter** (und
nicht bloß Bestimmungs- oder Beitragstäter) eines Sonderdeliktes sein kann (für eine
Strafbarkeit des Extraneus auch als unmittelbarer Täter zB *Kienapfel/Höpfel/Kert*, AT[14]
E 7 Rz 6 ff; *Fabrizy*, WK StGB[2] § 14 Rz 8; *Triffterer*, AT[2] Kap 16 Rz 123; *Schmoller*, ÖJZ
1983, 389; *Leukauf/Steininger*, StGB[3] § 14 Rz 7; aM *Fuchs*, AT I[8] Kap 35 Rz 8, 13).

1.4 Vorsätzliche und fahrlässige Begehung

Grds ist gem § 7 Abs 1 StGB **nur vorsätzliches Handeln strafbar.** Auf fahrlässiges
Verhalten erstreckt sich die Strafbarkeit nur, sofern dies im jeweiligen Straftatbestand
ausdrücklich angeordnet ist. Darin besteht ein deutlicher Unterschied zum
Verwaltungsstrafrecht, in dem für die Strafbarkeit idR fahrlässiges Handeln genügt
(§ 5 Abs 1 VStG; s dazu *Ziermann*, Das Verwaltungsstrafrecht und Verwaltungsstrafverfahren im Zusammenhang mit gewerblichen Betriebsanlagen Rz 385). Innerhalb vorsätzlichen Handelns unterscheidet das StGB drei Vorsatzformen (§ 5 Abs 1 bis 3 StGB):
bedingten Vorsatz (= dolus eventualis), **Absicht** und **Wissentlichkeit.** Sofern ein Straftatbestand weder absichtliche noch wissentliche Begehung verlangt, reicht bedingter
Vorsatz aus. Dieser liegt vor, wenn der Täter den betreffenden Sachverhalt „ernstlich
für möglich hält" und sich „mit ihm abfindet". Beispielsweise verlangt § 180 Abs 1 StGB
(vorsätzliche Beeinträchtigung der Umwelt) keine besondere Vorsatzform, deshalb genügt bedingter Vorsatz. Dagegen setzt etwa § 302 StGB (Amtsmissbrauch) ausdrücklich
voraus, dass der Beamte seine Befugnis *wissentlich* missbraucht; § 87 StGB verlangt die
absichtliche Zufügung einer schweren Körperverletzung.

Eine deutlich **geringere Zahl von Straftatbeständen kann auch fahrlässig** verwirklicht werden: So gibt es im Bereich der Delikte gegen Leib und Leben typischerweise neben den Vorsatzdelikten entsprechende Fahrlässigkeitsdelikte. Auch das Umweltstrafrecht enthält einige Fahrlässigkeitstatbestände (zB §§ 181, 181 c, 181 e StGB). Gem § 6 StGB handelt fahrlässig, wer die Sorgfalt außer Acht lässt, zu der er nach den Umständen verpflichtet und nach seinen geistigen und körperlichen Verhältnissen befähigt ist; Fahrlässigkeit verlangt also eine **„objektiv" (= nach den Umständen) sorgfaltswidrige Handlung,** die die Grenzen des sozial adäquaten Verhaltens überschreitet (s näher 2.1.2); ferner muss für den Täter **„subjektiv" (= nach seinen geistigen und körperlichen Verhältnissen) zumindest erkennbar** gewesen sein, dass sein Verhalten entsprechende Folgen haben könnte (= **unbewusste Fahrlässigkeit,** § 6 Abs 1 StGB), sofern er diese Möglichkeit nicht ohnehin erkannt hat (= **bewusste Fahrlässigkeit,** § 6 Abs 2 StGB; dazu ausführlich *Burgstaller,* WK StGB[2] § 6 Rz 2 ff und Rz 7 ff mwN).

> **Beispiel:** Der Schichtleiter bemerkt, dass der Dampfkessel aufgrund mangelhafter Wartung nicht ordnungsgemäß funktioniert und explodieren könnte. Um keinen Rückstau in der Produktion zu verursachen, schreitet er nicht ein, wobei er darauf vertraut, dass niemand zu Schaden kommen werde. Wenig später explodiert der Dampfkessel und verletzt zwei umstehende Arbeiter. Der Schichtleiter hat bewusst fahrlässig gehandelt. Hat er aus reiner Nachlässigkeit bei seinen Kontrollen das mangelhafte Funktionieren nicht erkannt, handelt er unbewusst fahrlässig; beides führt zu einer Strafbarkeit wegen § 88 Abs 1 StGB.

Eine Ausnahme von der Regel, dass nur vorsätzliche Begehung strafbar ist, wenn im Tatbestand nichts anderes geregelt ist, besteht für sog **„erfolgsqualifizierte" Delikte:** Ist ein bestimmtes Verhalten strafbar (Grundtatbestand) und knüpft sich eine schwerere Strafe daran, dass eine besondere Folge der Tat eingetreten ist („Erfolgsqualifikation"), so genügt gem § 7 Abs 2 StGB **hinsichtlich des Eintritts der straferschwerenden Folge Fahrlässigkeit** (näher *Fuchs,* AT I[8] Kap 9 Rz 9; *Kienapfel/Höpfel/Kert,* AT[14] Z 9 Rz 10 ff; *Triffterer,* AT[2] Kap 13 Rz 74 ff).

> **Beispiel:** Führt eine vorsätzliche Gemeingefährdung zum Tod einer Person, kommt die erschwerte Strafbarkeit gem § 176 Abs 2 iVm § 169 Abs 3 StGB (= vorsätzliche Gemeingefährdung mit Todesfolge) auch dann zum Tragen, wenn der Täter bzgl der Todesfolge nicht vorsätzlich, sondern nur fahrlässig gehandelt hat: Da § 176 Abs 2 StGB an eine *besondere Folge* der vorsätzlichen Gemeingefährdung gem § 176 Abs 1 StGB (nämlich eben den Tod eines Menschen) anknüpft, handelt es sich um eine „Erfolgsqualifikation", sodass gem § 7 Abs 2 StGB hinsichtlich der erschwerenden Folge (Tod eines Menschen) Fahrlässigkeit ausreicht.

1.5 Strafbarkeit des Versuchs

Ein Delikt ist „vollendet", wenn alle Tatbestandsmerkmale verwirklicht wurden. Stellt der Tatbestand (als sog „Erfolgsdelikt") zusätzlich zur Tathandlung auf den Eintritt eines bestimmten „Erfolgs" ab, dh auf eine von der Tathandlung räumlich und zeitlich trennbare schädigende Folge (zB Tod, Verletzung, Schaden, Gewässerverschmutzung etc; vgl *Kienapfel/Höpfel/Kert,* AT[14] Z 9 Rz 6; *Steininger,* AT I[2] Kap 6 Rz 5), so muss für die Vollendung auch dieser Erfolg eintreten. Allerdings ist **nicht nur das vollendete Delikt strafbar, sondern nach § 15 StGB grds auch der Versuch.** Versuch werden können gem § 15 Abs 1 StGB alle vorsätzlichen Straftaten; Fahrlässigkeitsdelikte können dagegen nicht versucht werden.

Ein Versuch liegt dann vor, wenn der **objektive Tatbestand nicht vollständig verwirklicht** wurde, weil etwa der Erfolg nicht eingetreten (oder der Tathandlung nicht zurechenbar) ist, **auf der subjektiven Tatseite jedoch Vorsatz wie beim vollendeten Delikt** vorliegt; der Täter hat also vollen Tatentschluss und handelt hinsichtlich aller Tatbestandsmerkmale vorsätzlich (etwa *Triffterer*, AT² Kap 15 Rz 2; *Fuchs*, AT I⁸ Kap 29 Rz 3 ff; *Steininger*, AT II Kap 20 Rz 15 ff). Die Versuchsstrafbarkeit beginnt, **sobald der Täter die der Tathandlung unmittelbar vorangehende Handlung** vornimmt (also jene Handlung, die unmittelbar in die Ausführungshandlung übergeht). Allein die Planung und Vorbereitung eines Delikts ist dagegen grds straflos; dies gilt jedoch nicht, wenn einzelne Vorbereitungshandlungen als selbständiges Delikt eigens unter Strafe gestellt wurden; zB § 239 (Vorbereitung einer ua Geldfälschung) und Organisationsdelikte wie zB § 278 (Kriminelle Vereinigung; vgl dazu *Kienapfel/Höpfel/Kert*, AT¹⁴ Z 21 Rz 5 ff; *Steininger*, AT II Kap 20 Rz 9 ff).

Nicht nur der unmittelbare Täter kann wegen Versuchs strafbar sein. Wer zu einem Deliktsversuch bestimmt oder dazu beigetragen hat, ist als **Beteiligter am Versuch** ebenfalls wegen des versuchten Delikts strafbar (§ 15 Abs 1 aE StGB). Darüber hinaus ist ein Bestimmungstäter (§ 12 zweiter Fall StGB, nicht jedoch ein Beitragstäter gem § 12 dritter Fall StGB) bereits ab seiner eigenen Bestimmungshandlung wegen **„Bestimmungsversuchs"** strafbar, unabhängig davon, ob er im Adressaten der Bestimmung einen Tatentschluss wecken konnte bzw dieser ins Versuchsstadium getreten ist (§ 15 Abs 2 StGB; ausführlich *Hager/Massauer*, WK StGB² §§ 15, 16 Rz 180 ff; *Triffterer*, AT² Kap 16 Rz 82 ff).

1.6 Rechtfertigungsgründe und Schuld

Auch wenn ein Verhalten einen strafrechtlichen Tatbestand erfüllt, ist es nicht strafbar, wenn **im Einzelfall ein Rechtfertigungsgrund** (sodass das Verhalten ausnahmsweise erlaubt ist) oder ein **Schuldausschließungs- bzw Entschuldigungsgrund** (sodass dem Täter kein persönlicher Vorwurf gemacht werden kann) eingreift. Rechtfertigungsgründe bilden etwa Notwehr oder rechtfertigender Notstand, zu einem Schuldausschluss können etwa Zurechnungsunfähigkeit, ein Verbotsirrtum oder entschuldigender Notstand führen. Im Zusammenhang mit gew BA kann insb die Frage relevant werden, ob sich der Täter strafbefreiend auf Notstand oder auf einen Verbotsirrtum berufen kann.

Im **rechtfertigenden Notstand** handelt ein Täter, der einen deutlich schwerer wiegenden drohenden Nachteil dadurch abwendet, dass er jemandem einen bloß geringeren Nachteil zufügt, wenn diese Art der Abwendung insgesamt angemessen erscheint. Sind diese Voraussetzungen nicht erfüllt, kann bei existentiellen Notlagen zumindest **entschuldigender Notstand** (§ 10 StGB) in Betracht kommen, wenn das Verhalten des Täters verständlich war. Zu befürchtende **bloß wirtschaftliche Einbußen** begründen dagegen **idR weder einen rechtfertigenden noch einen entschuldigenden Notstand.** So kann etwa die Gefahr eines drohenden Umsatzverlustes, von notwendigen Kündigungen oder auch einer Insolvenz einen Betrug, ein Umweltdelikt oder eine Steuerhinterziehung weder rechtfertigen noch entschuldigen. Die Rsp lässt allenfalls in besonders extremen Fällen die Prüfung eines entschuldigenden Notstands zu, etwa wenn der Entgang eines Groß-auftrages und dadurch eine massive und langzeitige Beeinträchtigung der wirtschaftlichen Situation des Unternehmens droht (vgl OGH 17. 5. 1983, 12 Os 121/82 JBl 1983, 545 (555 f); OLG Innsbruck 11. 9. 1991, 7 Bs 390/91 RdU 1994/11 mAnm *Wegscheider;* näher *Moos,* SbgK § 10 Rz 108; *Höpfel,* WK StGB² § 10 Rz 6).

> **Beispiele:** Bricht auf einem Betriebsgelände ein Feuer aus und droht durch eine Explosion dort gelagerter explosiver Flüssigkeiten eine Gefahr für Leib oder Leben von Menschen, ist es infolge rechtfertigenden Notstands erlaubt, diese Flüssigkeiten möglichst rasch abzulassen, auch wenn dadurch der Boden verschmutzt wird und es zu einer erheblichen Gefahr für Tiere und Pflanzen kommt. Denn die Gefahr für Leib und Leben wiegt schwerer als die Be-gehung des Umweltdelikts. – Wenn hingegen der Gf der Pharmaproduktion-GmbH auf-grund deren schlechter wirtschaftlicher Lage zur Vermeidung einer Insolvenz auf die gesetz-lich vorgeschriebene, aber kostspielige Entsorgung von giftigen Produktionsabfällen verzich-tet und die Abfälle selbst in einen nahegelegenen Fluss entleert, kann er sich im Hinblick auf ein dadurch verwirklichtes Umweltdelikt weder auf rechtfertigenden noch auf entschuldi-genden „wirtschaftlichen" Notstand berufen.

Die **irrtümliche Annahme des Täters, im Einklang mit der Rechtsordnung zu handeln („Verbotsirrtum"),** entschuldigt nur dann, wenn der **Irrtum dem Täter nicht vorgeworfen** werden kann; die Vorwerfbarkeit kann sich aus der leichten Erkennbarkeit des Unrechts sowie aus besonderen Bekanntmachungspflichten, etwa infolge einer be-stimmten Berufsausübung, ergeben (§ 9 StGB). Hat sich ein Unternehmer mit den ein-schlägigen rechtlichen Vorschriften nicht hinreichend vertraut gemacht, ist der **Irrtum idR vorwerfbar** und führt deshalb nicht zur Straflosigkeit. Dagegen ist ein Verbotsirrtum unter Umständen dann **nicht vorwerfbar,** wenn ein Unternehmer sich bei kompetenter Stelle nach der Rechtslage erkundigt und eine **falsche Auskunft** erhalten hat; mehr als ei-ne Erkundigung bei kompetenten Stellen kann nicht verlangt werden. Ein nicht vorwerf-barer Verbotsirrtum kommt ferner dann in Betracht, wenn **untergebene Mitarbeiter von ihren Vorgesetzen die Information erhalten,** dass ein bestimmtes Verhalten recht-lich gedeckt sei, und ihnen eine Überprüfung dieser Auskunft nicht zugemutet werden kann.

> **Beispiel:** Der neue Schichtmeister einer Gerberei lässt bescheidgemäß Abwasser in den Fluss ab, obwohl wegen extremen Niederwassers eine ausreichende Verdünnung offen-sichtlich nicht mehr sichergestellt ist. Einen Kilometer flussabwärts befindet sich ein Bade-platz, an dem – wie im Sommer üblich – Kinder im Wasser spielen. Einige Kinder müs-sen sich infolgedessen wegen Hautrötungen und Ausschlägen in ärztliche Behandlung be-geben. Der Schichtmeister war vom Betriebsinhaber dahin informiert worden, dass er sich allein um die Einhaltung der behördlich vorgeschriebenen Auflagen zu kümmern habe. Die gesundheitliche Beeinträchtigung anderer hielt er zwar für möglich, aber für gerecht-fertigt. In einem solchen Fall ist es denkbar, einen nicht vorwerfbaren Verbotsirrtum an-zunehmen.

2. Ausgewählte Deliktsgruppen

397   Im Folgenden werden einige Deliktsgruppen, die iZm einer gew BA praktisch rele-vant erscheinen, angesprochen.

2.1 Delikte gegen Leib und Leben

2.1.1 **Überblick.** Dem Rechtsgut des menschlichen Lebens bzw der körperlichen Unversehrtheit wird im StGB zu Recht eine sehr hohe Bedeutung beigemessen; seinem Schutz dienen die im Ersten Abschnitt des Besonderen Teils verankerten Delikte (§§ 75 bis 95 StGB). Wegen der hohen Schutzwürdigkeit des Rechtsguts ist dieses nicht nur gegen vorsätzliche, sondern durchgehend **auch gegen fahrlässige Angriffe geschützt.** Vorsätzliche Tötungs- oder Körperverletzungsdelikte werden freilich iZm gew BA kaum vorkommen. Deshalb bedürfen die Vorsatzdelikte der §§ 75 ff sowie §§ 83 ff StGB hier keiner näheren Betrachtung. Zwar lassen die §§ 84, 85 und 86 StGB (= schwere Körperverletzung, Körperverletzung mit schweren Dauerfolgen und Körperverletzung mit tödlichem Ausgang) hinsichtlich der erschwerenden Folgen gem § 7 Abs 2 StGB eine fahrlässige Herbeiführung ausreichen; allerdings bauen diese Tatbestände auf § 83 StGB auf, für den Körperverletzungsvorsatz (§ 83 Abs 1 StGB) oder zumindest Misshandlungsvorsatz (§ 83 Abs 2 StGB) erforderlich ist, sodass sie hier ebenfalls kaum relevant erscheinen.

Im Zusammenhang mit gew BA relevant sind dagegen die Straftatbestände der **fahrlässigen Tötung** (§ 80 StGB), der **fahrlässigen Körperverletzung** (§ 88 Abs 1 StGB), der **fahrlässigen schweren Körperverletzung** (§ 88 Abs 4 erster Fall StGB) und der **Gefährdung der körperlichen Sicherheit** (§ 89 StGB). Eine erhöhte Strafe ist bei fahrlässiger Tötung mehrerer Personen (§ 80 Abs 2 StGB) sowie allgemein bei **grober Fahrlässigkeit** vorgesehen (§ 81 Abs 1 bzw § 88 Abs 3 und 4 zweiter Satz StGB). Die (bloße) Gefährdung der körperlichen Sicherheit (ohne dass jemand verletzt wurde) ist überhaupt nur unter der Voraussetzung grober Fahrlässigkeit (§ 6 Abs 3 StGB) strafbar (§ 89 StGB).

Ein Schwerpunkt der Prüfung von fahrlässigen Tötungs-, Körperverletzungs- oder Gefährdungsdelikten liegt bei der Frage, unter welchen Voraussetzungen eine eingetretene Folge (eben Tod, Körperverletzung oder Gefährdung) dem Verhalten des Täters zugerechnet werden kann.

2.1.2 **Zurechnung eingetretener Folgen.** Notwendige Voraussetzung der **Zurechnung einer eingetretenen Folge** ist zunächst, dass die Tathandlung für diese Folge „kausal" war, dh sie muss die Folge – empirisch gesehen – in irgendeiner Form mitbewirkt haben; **jede Mitbewirkung** begründet gleichermaßen Kausalität (Äquivalenztheorie). Auch wenn die Feststellung der Kausalität allein noch nicht ausreicht, um eine Folge zuzurechnen (vgl im Folgenden), ist sie doch eine Mindestbedingung der Zurechnung. Niemand soll strafrechtlich für etwas haften, was er nicht zumindest mitbewirkt hat (ausführlich *Steininger,* SbgK Vorbem § 2 Rz 1 ff; *Triffterer,* AT[2] Kap 8 Rz 54 ff; jeweils mwN).

Auch in den Fällen der **additiven Kausalität** liegt ein Kausalzusammenhang zweifellos vor. **Beispiel:** Zwei an einem Fluss gelegene Fabriken leiten geringe Mengen an Schadstoff in das Wasser ein, jede der beiden Mengen für sich hätte die im Fluss lebenden Fische nicht beeinträchtigt; erst die kumulierte Schadstoffmenge führt zu einem Fischsterben. Beide Einleitungen waren kausal für das anschließende Fischsterben, wenngleich eine für sich allein nicht den Erfolg herbeigeführt hätte. – Ebenso ist ein Kausalzusammenhang in den Fällen der **Doppel-** bzw **Mehrfachkausalität** zu bejahen. **Beispiel:** Zwei Fabriken leiten gleichzeitig Schadstoffmengen in einen Fluss, wodurch es zu einem Fischsterben kommt; schon die Einleitung durch eine der Fabriken hätte jedoch zu demselben Fischsterben geführt. Auch in diesem Fall sind beide Einleitungen kausal, der Erfolg ist nur „überbedingt".

Neben der empirischen Kausalität muss eine eingetretene Folge auch bei einer **normativen (rechtlichen) Bewertung** als „objektiv zurechenbar" erscheinen (Lehre von der **objektiven Zurechnung**). Für die „objektive Zurechnung" einer Folge zu einer Handlung ist (zusätzlich zur kausalen Mitbewirkung) erforderlich, dass die Handlung (1.) ein nicht mehr hinnehmbares Risiko solcher Folgen geschaffen hat und (2.) sich letztlich genau dieses geschaffene unerlaubte Risiko verwirklicht hat. Im Einzelnen ist Folgendes zu beachten:

Die Frage, ob ein **nicht mehr hinnehmbares (= sozial inadäquates) Risiko** einer Körperverletzung oder Tötung geschaffen wurde, deckt sich mit der in § 6 StGB erwähnten Beurteilung, ob das Verhalten des Täters insoweit **objektiv sorgfaltswidrig** war (oben I.4.). Eine objektiv sorgfaltswidrige Handlung liegt etwa dann vor, wenn gegen **einschlägige Rechtsnormen** (zB Gesetze, V oder Bescheide) oder **Verkehrsnormen** verstoßen wird, welche gerade dem Schutz der körperlichen Unversehrtheit dienen (zB Betriebsvorschriften, technische Normen wie die ÖNORMEN, die „lex artis" der Medizin). Fehlt eine solche einschlägige Rechts- oder Verkehrsnorm, wird darauf abgestellt, ob ein **einsichtiger und gewissenhafter Mensch** aus dem Verkehrskreis des Täters (die sog „differenzierte Maßstabfigur") anders gehandelt hätte (ausführlich *Burgstaller,* WK StGB² § 6 Rz 33 ff; *Triffterer,* SbgK § 6 Rz 52 ff; *Kienapfel/Schroll,* BT I³ § 80 Rz 14 ff; aus der Rsp zB OGH 3. 12. 1992, 12 Os 123/92 RdM 1994/13; zur Kritik an der Argumentation mit solchen Maßstabfiguren vgl *Schmoller,* JBl 1990, 631 ff und 703 ff).

Eine wichtige Einschränkung der objektiven Sorgfaltspflichten bildet der **Vertrauensgrundsatz,** welcher insb bei arbeitsteiligem Zusammenwirken (analog § 3 StVO) zur Anwendung kommt. Nach ihm ist jedermann grds nur zu jener Sorgfalt verpflichtet, die unter der Prämisse sorgfaltsgemäßen Verhaltens der anderen Mitarbeiter erforderlich ist. Erst wenn ein Fehlverhalten eines anderen eindeutig erkennbar oder konkret indiziert ist, darf auf eine Sorgfaltsgemäßheit seiner Handlungen nicht mehr vertraut werden (aus der Rsp zB OGH 21. 6. 1995, 13 Os 189/94; ferner *Triffterer,* SbgK § 6 Rz 61; *Burgstaller,* WK StGB² § 6 Rz 52 ff).

> Ein Hilfsarbeiter darf daher etwa auf die Richtigkeit der Anweisungen seines Vorgesetzten, welcher ein Fachmann ist, vertrauen (OGH 9. 11. 1994, 13 Os 84/94 JBl 1996, 193; 21. 1. 1991, 13 Os 67/91; 21. 6. 1995, 13 Os 189/94). Werden einem Mitarbeiter aber spezielle Überwachungs- und Kontrollpflichten auferlegt, kann er sich bei schlampigen Kontrollen nicht darauf berufen, er könne auf das sorgfaltsgemäße Handeln anderer vertrauen. Das gleiche gilt für Organisationspflichten der Management-Ebene: gefährliche Arbeits- und Produktionsabläufe sind gefahrenbegrenzend zu organisieren, soweit dies technisch möglich und zumutbar ist (*Burgstaller,* WK StGB² § 80 Rz 51).

Weiters muss geprüft werden, ob sich die tatsächlich eingetretene Folge als **Realisierung gerade jenes Risikos** erweist, das der Täter durch seine sozial inadäquate Handlung geschaffen hat (*Triffterer,* SbgK § 6 Rz 62). Auf dieser Ebene werden solche Folgen als nicht zurechenbar ausgesondert, die völlig atypisch sind und außerhalb jeglicher Lebenserfahrung liegen (= **Adäquanzzusammenhang;** *Burgstaller,* WK StGB² § 6 Rz 63; *Triffterer,* AT² Kap 8 Rz 119; *Steininger,* AT II Kap 17 Rz 28). Besondere Bedeutung kommt diesbzgl auch dem Schutzzweck der übertretenen Norm zu: Die konkret eingetretene Folge muss sich als Verwirklichung gerade derjenigen Gefahr erweisen, deren Abwendung die übertretene Sorgfaltsnorm bezweckt (= **Risikozusammenhang;** *Kienapfel/Höpfel/Kert,* AT¹⁴ Z 27 Rz 4 ff; *Triffterer,* AT² Kap 8 Rz 122 ff; *Triffterer,* SbgK § 6 Rz 65 ff). Schließlich ist zu prüfen, ob nach den konkreten Umständen nicht (ausnahmsweise) genau dieselbe Körperverletzung oder Tötung mit gleicher Wahrscheinlichkeit eingetreten wäre, wenn der Täter sich sorgfaltsgemäß verhalten hätte (= **Risikoerhöhung gegenüber rechtmäßigem Alternativverhalten;** *Burgstaller,* WK StGB² § 6 Rz 74 ff; *Fuchs,* AT I⁸ Kap 13 Rz 52 ff; *Triffterer,* AT² Kap 8 Rz 134 ff).

> **Beispiele:** Teilt der Betriebsleiter Arbeiter zu Tätigkeiten in luftiger Höhe ein, ohne die vorgeschriebenen Sicherheitsauflagen zu erfüllen, die den Sturz eines Arbeiters verhindern sollen (zB höheres Geländer, Anseilvorrichtung), entsteht ein sozial inadäquates Risiko in Bezug auf Verletzungen oder sogar Todesfolgen. Begeht allerdings dann einer der Arbeiter gezielt Selbstmord, indem er sich absichtlich in die Tiefe stürzt, wird dies vom Schutzzweck der Sicherheitsauflagen nicht mehr gedeckt und liegt daher außerhalb des Schutzzwecks der verletzten Sorgfaltsnorm. Der Tod kann dem Betriebsleiter deshalb nicht angelastet werden.
>
> Betreibt jemand eine gew BA ohne behördlich vorgeschriebene Luftfilter und kommt es zu einer Luftverunreinigung, kann eine Haftung dann ausgeschlossen sein, wenn sich herausstellt, dass der vorgeschriebene Luftfilter gerade diese Schadstoffe *nicht* herausgefiltert hätte; bei „rechtmäßigem Alternativverhalten" wäre somit dieselbe Luftverunreinigung eingetreten. Eine Besonderheit besteht allerdings in Fällen der **Doppel-** oder **Mehrfachkausalität:** Wenn zwei Fabriken durch gleichzeitige Einleitung von Schadstoffmengen in einen Fluss ein Fischsterben verursachen, zu dem gleichermaßen die Einleitung durch eine der Fabriken geführt hätte, würde ein Vergleich mit „rechtmäßigem Alternativverhalten" bei jeder der beiden Fabriken zum Ergebnis führen, dass das Fischsterben bei rechtmäßigem Verhalten (infolge der anderen Fabrik) ebenfalls eingetreten wäre. In solchen Fällen ist von einer Risikoverwirklichung auch dann auszugehen, wenn sich mehrere gleichrangige Risiken „in ein und demselben Erfolg *nebeneinander* verwirklichen" (*Schmoller* in FS Wolter 492 ff mwN).

2.1.3 Besonderheiten. Die **behördliche Genehmigung einer gew BA bildet grds keinen Rechtfertigungsgrund** für fahrlässige Körperverletzungen oder Tötungen. Denn eine solche Genehmigung deckt nicht Verhaltensweisen, bei denen – etwa aufgrund besonderer oder geänderter Umstände – die Körperverletzung oder Tötung einer Person konkret vorhersehbar ist. Wenn daher ein Anlagenbetreiber eine besondere Gefahrensituation erkennt, muss er sein Verhalten ungeachtet einer vorliegenden behördlichen Bewilligung darauf einstellen. Deshalb kann ein Verhalten auch dann objektiv sorgfaltswidrig sein, wenn alle in einem Bescheid erforderlichen Auflagen erfüllt wurden (*Burgstaller,* WK StGB² § 6 Rz 45).

> **Beispiele:** Es zeigt sich bei Inversionswetterlage, dass die Emissionen bei konsensgemäßem Betrieb einer gew BA bei den Nachbarn zu Gesundheitsschädigungen führen. Der Anlagenbetreiber ist trotz einer behördlichen Genehmigung strafbar, wenn er Kenntnis von der Schädigungsmöglichkeit hatte und dennoch weiterhin emittierte. – Werden zum Verkauf zugelassene fehlerhaft konstruierte Öfen auch nach Kenntnis ihrer Gefährlichkeit weiter produziert bzw ihre Besitzer nicht gewarnt und die Öfen ausgetauscht, kommt § 80 oder § 88

StGB in Betracht, wenn durch die mangelhafte Konstruktion ein Mensch getötet oder verletzt wird (OGH 2. 12. 1970, 10 Os 127/70 EvBl 1971/186).

Ferner wird eine **rechtfertigende Einwilligung iSd § 90 StGB bei Mitarbeitern in der gew BA regelmäßig zu verneinen** sein. Denn allein aus der Durchführung einer gefährlichen Tätigkeit im Rahmen einer gew BA kann nicht auf die Einwilligung in konkrete Gefährdungen oder sogar Körperverletzungen bzw Gesundheitsschädigungen geschlossen werden.

2.2 Gemeingefährdungsdelikte

2.2.1 **Überblick.** Die Gemeingefährdungsdelikte des § 176 (**Vorsätzliche Gemeingefährdung**) und des § 177 StGB (**Fahrlässige Gemeingefährdung**) pönalisieren die Herbeiführung einer Tötungs- oder Verletzungsgefahr für eine größere Zahl von Menschen bzw einer Gefahr für fremdes Eigentum in großem Ausmaß. IZm gew BA wird wiederum vor allem der Fahrlässigkeitstatbestand in Betracht kommen. Die **konkrete Gefährdung einer größeren Zahl von Menschen** liegt vor, wenn ca 10 Personen (als Richtwert; näher *Kienapfel/Schmoller,* BT III² Vorbem §§ 169 ff Rz 50 ff mwN) tatsächlich in den Gefahrenkreis gelangten und beinahe verletzt oder getötet wurden (näher *Flora,* SbgK § 176 Rz 14 ff). Dabei müssen mehrere Personen *gleichzeitig* gefährdet werden (eine sukzessive Gefährdung genügt nicht) und es muss eine **kumulative Verletzungsmöglichkeit** vorliegen (es darf nicht nur alternativ eines der bedrohten Objekte verletzt werden können).

Beispiele: Wenn ein Karussell einen Sitz mit lockeren Schrauben hat, sodass es nur eine Frage der Zeit ist, bis sich dieser löst und samt dem Benützer abstürzt, werden zwar hintereinander mehrere Benützer gefährdet, es kann aber jeweils nur einer verletzt werden; daher ist dieser Fall nicht unter § 176 StGB zu subsumieren (*Mayerhofer,* StGB⁶ § 176 Anm 2). Gemeingefährdung liegt dagegen vor, wenn bei einem Absturz gleichzeitig mit dem Benützer eine größere Zahl unten stehender Personen verletzt zu werden droht (*Kienapfel/Schmoller,* BT III² §§ 176 – 177 Rz 5 ff). Die Explosion eines Dampfkessels wegen Überdrucks steht kurz bevor, der Schichtleiter unterlässt jedoch jede Maßnahme, damit der Produktionslauf nicht ins Stocken gerät. Wenn nun zwar über 10 Arbeiter abwechselnd in die Nähe des Explosionsradius kommen, gleichzeitig aber nie mehr als 4 bis 5 Personen, so besteht keine *gleichzeitige* Gefährdung für eine größere Zahl von Menschen (= mindestens 10 Personen).

Gegenüber den allgemeinen Gemeingefährdungsdelikten in §§ 176, 177 StGB knüpfen spezielle Straftatbestände an besondere Gefahrenpotentiale an, nämlich an die (vorsätzliche oder fahrlässige) **Herbeiführung einer Feuersbrunst** (§§ 169, 170 StGB), die **Freisetzung von Kernenergie oder ionisierenden Strahlen** (§§ 171, 172 StGB) sowie die **Explosion eines Sprengmittels** (§§ 173, 174 StGB). Zum Ausgleich für das besondere Gefahrenpotential reicht es nach diesen Tatbeständen aus, dass nur eine einzige Person konkret gefährdet wird (bei § 169 Abs 1 StGB wird auf die konkrete Gefährdung einer Person überhaupt verzichtet).

Bei der in den angesprochenen Tatbeständen jeweils enthaltenen zweiten Alternative, der **Gefährdung von „fremdem Eigentum in großem Ausmaß"**, ist von einem „großen Ausmaß" dann auszugehen, wenn die konkrete Gefahr für dieses Eigentum zusätzlich eine zumindest abstrakte Gefahr für eine größere Zahl von Menschen mit sich bringt (vgl *Kienapfel/Schmoller,* BT III[2] §§ 176 – 177 Rz 8).

> **Beispiel:** Steht eine kleine gew BA inmitten einer unbesiedelten Landschaft und geht diese in Flammen auf, ohne dass sich Personen im Umkreis befinden, reicht dies für §§ 169, 170 StGB nicht ohne weiteres aus. Erfordert allerdings der Wert der gew BA einen riskanten Löscheinsatz, bei dem sich eine größere Zahl von Personen einer abstrakten Gefahr aussetzt, kann sich daraus die Einordnung als „fremdes Eigentum in großem Ausmaß" ergeben.

2.2.2 **Besonderheiten.** Die Gemeingefährdungsdelikte weisen höhere Strafdrohungen auf als die Straftatbestände des Umweltstrafrechts und gehen diesen deshalb vor.

> **Beispiel:** Pestizide und andere gefährliche Stoffe gelangen aufgrund einer unsachgemäßen Ablagerung von Chemikalien in den Boden, sodass dieser und das Grundwasser nachhaltig schwer verunreinigt werden. Das Grundwasser in dem Gebiet wird zur Trinkwasserversorgung von einigen umliegenden Gemeinden verwendet. Da dadurch gesundheitsgefährdende Pestizide ins Trinkwasser gelangen, wird eine Gefahr für Leib oder Leben einer größeren Zahl von Menschen herbeigeführt; § 177 StGB geht in diesem Fall einem fahrlässigen Umweltdelikt, insb § 181 StGB, vor (anders OGH 21. 8. 2013, 15 Os 62/13 a, wo echte Konkurrenz der beiden Delikte angenommen wurde; zum Vorrang von § 177 gegenüber § 181 StGB etwa *Kienapfel/Schmoller,* BT III[3] §§ 180 – 181 Rz 47).

2.3 Umweltdelikte

2.3.1 **Überblick.** Das geschützte Rechtsgut der §§ 180 ff StGB ist die Umwelt (*Reindl-Krauskopf/Salimi,* Umweltstrafrecht Rz 6 ff; *Wegscheider,* BT[4] 286) und umfasst die **Umweltmedien Wasser, Boden** und **Luft.** Die Umweltstraftatbestände sind **durchweg „verwaltungsakzessorisch"** ausgestaltet (unten 2.3.2).

Die **zentralen Umweltstraftatbestände** in §§ 180, 181 StGB (Vorsatz- bzw Fahrlässigkeitsdelikt) setzen voraus, dass es zu einer Verunreinigung oder sonstigen Beeinträchtigung eines **Gewässers,** des **Bodens** oder **der Luft** gekommen ist (insoweit Erfolgsdelikt). Von der Beeinträchtigung des Umweltmediums muss zusätzlich eine gewisse **abstrakte (potentielle) Gefahr** (mit weiteren Beispielen zB *Reindl-Krauskopf/Salimi,* Umweltstrafrecht Rz 40 ff; *Kienapfel/Schmoller,* BT III[2] Vorbem §§ 169 ff Rz 15 ff; jeweils mwN) für bestimmte geschützte Objekte ausgehen. Die Eignung, eine solche Gefahr herbeizuführen, ist im Einzelfall zu prüfen (*Schroll,* JBl 1990, 683 f; OLG Wien 16. 2. 1998, 19 Bs 465/97 RdU 1998/135). Nach der ersten Tatbestandsvariante muss eine Gefahr für die Gesundheit und körperliche Sicherheit einer *größeren Zahl* von Menschen entstehen können; bei einer Gefahr für das Leben oder einer *schweren* Körperverletzung reicht eine solche Gefahr für *einen* Menschen aus (§ 180 Abs 1 Z 1 StGB). Die weiteren Tatbestandsvarianten beziehen sich auf eine Gefahr für den Tier- oder Pflanzenbestand in erheblichem Ausmaß (Z 2), auf die Gefahr einer lange Zeit andauernden Verschlechterung des Zustands eines Gewässers, des Bodens oder der Luft (Z 3) und auf die Gefahr, dass ein Beseitigungsaufwand oder Schaden an einer fremden Sache, einem Denkmal oder Naturdenkmal im Ausmaß von über € 50.000 entsteht (Z 4). Verwirklicht sich eine der potentiellen Gefahren und treten die Folgen tatsächlich ein, so führt dies jeweils zu einer höheren Strafdrohung (§ 180 Abs 2 bzw § 181 Abs 2 StGB).

Beispiel: Durch die unsachgemäße Lagerung von zur Produktion dienenden Chemikalien im Außenbereich des Betriebsgeländes wurde der Boden bzw das Grundwasser so verunreinigt, dass dadurch eine Gefahr für die Gesundheit einer größeren Zahl von Menschen (den Einwohnern mehrerer Gemeinden) entstehen konnte. Da diese Gefahr tatsächlich (neben anderen) eingetreten ist und die Täterin fahrlässig in Bezug auf die Folge gehandelt hat, war sie wegen § 181 Abs 1 und 2 StGB strafbar (OGH 21. 8. 2013, 15 Os 62/13 a; s auch bei 2.2.2).

Zusätzlich zu den zentralen Umweltdelikten der §§ 180, 181 StGB enthält das Umweltstrafrecht **für bestimmte Bereiche „Vorfeldtatbestände"**, die auch schon erfüllt sein können, **bevor es zu einer Umweltbeeinträchtigung gekommen** ist. Tritt in der Folge die Umweltbeeinträchtigung tatsächlich ein, werden diese Vorfeldtatbestände regelmäßig von § 180 bzw § 181 StGB verdrängt (*Kienapfel/Schmoller,* BT III² §§ 181a–183). Ein solcher Vorfeldtatbestand betrifft das **Behandeln und Verbringen von Abfällen** (Vorsatz- und Fahrlässigkeitsdelikt gem §§ 181 b, 181 c StGB). Was unter „Abfall" fällt, ist in § 2 AWG definiert; danach kommt es darauf an, dass sich der Besitzer durch einen nach außen sichtbaren Akt der Sache entledigen will (Abfall im subjektiven Sinn) oder dass die Entsorgung aufgrund öffentlichen Interesses geboten ist (Abfall im objektiven Sinn; vgl dazu *Reindl-Krauskopf/Salimi,* Umweltstrafrecht Rz 144; *Manhart,* SbgK § 181 b Rz 16). Die in Frage kommenden Tathandlungen sind denkbar weit und umfassen neben dem Sammeln, Befördern, Verwerten und Beseitigen auch die betriebliche Überwachung bzw Kontrolle dieser Tätigkeiten. Zusätzlich ist ein Verstoß gegen Verwaltungsrecht erforderlich (zB § 32 WRG, § 16 AWG, etc; *Reindl-Krauskopf/Salimi,* Umweltstrafrecht Rz 149). Zwar muss es zu keiner Beeinträchtigung eines Umweltmediums kommen, der Umgang mit den Abfällen muss aber doch (abstrakt) geeignet sein, eine der in §§ 180, 181 StGB erwähnten Gefahren entstehen zu lassen; also zB die Gefahr für die Gesundheit einer größeren Zahl von Menschen oder für den Tier- bzw Pflanzenbestand in erheblichem Ausmaß. Auch hier ist die Tat gem § 181 b Abs 2 bzw § 181 c Abs 2 StGB erhöht strafbar, wenn sich eine dieser Gefahren tatsächlich realisiert hat.

Darüber hinaus ist (subsidiär) das **gefährliche Betreiben einer Anlage** strafbar, wenn dadurch die oben genannten Gefahren entstehen können; also etwa die Gefahr für das Leben eines Menschen, die Gefahr für die Gesundheit einer größeren Zahl von Menschen etc. Neben dem Vorsatzdelikt (§ 181 d Abs 1 StGB) ist das entsprechende Fahrlässigkeitsdelikt (§ 181 e StGB) **auf grobe Fahrlässigkeit beschränkt;** dh es muss ein auffallendes und ungewöhnliches Ausmaß an Sorglosigkeit vorliegen, welches den Eintritt der Tatbestandsverwirklichung sogar wahrscheinlich macht (§ 6 Abs 3 StGB; vgl *Sautner,* RdU 2009, 8 ff; s ferner *Manhart,* SbgK § 181 e Rz 3 ff; *Reindl-Krauskopf/Salimi,* Umweltstrafrecht Rz 171; *Aicher-Hadler,* WK StGB² §§ 181 d, 181 e Rz 6). Die praktische Relevanz dieser Delikte hält sich jedoch in Grenzen (vgl Verurteilungstabelle bei *Reindl-Krauskopf/Salimi,* Umweltstrafrecht Rz 57: bisher keine gerichtlichen Verurteilungen – evtl kam es zu diversionellen Erledigungen; ferner zB *Wegscheider,* BT⁴ 287).

2.3.2 **Verwaltungsakzessorietät.** Eine Besonderheit der Umweltdelikte liegt in ihrer Akzessorietät zu verwaltungsrechtlichen Vorschriften. Die Straftatbestände stellen durchwegs darauf ab, dass der Täter **„entgegen einer Rechtsvorschrift oder einem be-**

hördlichen Auftrag" handelt (einschlägige Rechtsvorschriften können neben nationalem Recht auch unmittelbar anwendbare EU-Verordnungen sein, wie etwa die AbfallverbringungsVO, 1013/2006/EG; vgl *Reindl-Krauskopf/Salimi,* Umweltstrafrecht Rz 16). **Ohne einen – vorgelagerten – Verstoß gegen Verwaltungsrecht greift somit auch keine Strafbarkeit ein.** Dies bedeutet, dass derjenige, der sich an die Bestimmungen des Verwaltungsrechts hält, insoweit auch keine Umweltstraftat begehen kann; ferner dass Lücken im Verwaltungsrecht in dem Sinn „durchschlagen", dass dann insoweit auch keine gerichtliche Strafbarkeit in Betracht kommt (*Reindl-Krauskopf/Salimi,* Umweltstrafrecht Rz 14 f; *Schwaighofer,* ÖJZ 1994, 227; *Kienapfel/Schmoller,* BT III² Vorbem §§ 180 ff Rz 41 f). Wurde eine verwaltungsbehördliche Erlaubnis erteilt, scheidet eine Strafbarkeit grds unabhängig davon aus, ob diese Erlaubnis rechtmäßig oder rechtswidrig erteilt wurde (*Kienapfel/Schmoller,* BT III² Vorbem §§ 180 ff Rz 45 ff; *Reindl-Krauskopf/Salimi,* Umweltstrafrecht Rz 23 ff). Stützt sich ein Täter daher auf einen **formell wirksamen Bescheid, der aber materiell rechtswidrig** ist (weil zB Voraussetzungen für die Genehmigung nicht vorlagen), bleibt er straflos (*Reindl-Krauskopf/Salimi,* Umweltstrafrecht Rz 23; *Kienapfel/Schmoller,* BT III² Vorbem §§ 180 ff Rz 45; *Bertel/ Schwaighofer,* BT II¹¹ §§ 180, 181 Rz 2; *Schwaighofer,* ÖJZ 1994, 228; *Manhart,* SbgK Vorbem §§ 180 ff Rz 48; jeweils mwN). Allein eine **missbräuchlich erlangte Erlaubnis** (etwa durch Nötigung oder Bestechung) befreit nicht von Strafe, wobei hierzu unterschiedliche Begründungen vertreten werden (vgl den Meinungsstand bei *Kienapfel/ Schmoller,* BT III² Vorbem §§ 180 ff Rz 49 ff). Eine **behördliche Duldung** kann dagegen eine formale Genehmigung grds nicht ersetzen, sodass in einem solchen Fall idR von einer Verwaltungsrechtswidrigkeit auszugehen ist, etwa wenn bei Änderung der gew BA nicht um Genehmigung angesucht wird und die Behörde trotz Kenntnis untätig bleibt (vgl den Fall in 4.1; außerdem *Reindl-Krauskopf/Salimi,* Umweltstrafrecht Rz 29. Die Rsp verneint dagegen eine Verwaltungsrechtswidrigkeit, vgl OLG Linz 2. 7. 1996, 7 Bs 39/96 RdU 1996/135 mAnm *Wegscheider;* für eine Rechtfertigungswirkung bei **rechtmäßiger Duldung** *Kienapfel/Schmoller,* BT III² Vorbem §§ 180 ff Rz 60 f mwN).

Für die Strafbarkeit wegen eines Vorsatzdelikts wäre nach allgemeinen Regeln erforderlich, dass auch der Verstoß „gegen eine Rechtsvorschrift oder einen behördlichen Auftrag" vom Vorsatz umfasst ist (wobei die laienhafte Einschätzung genügen würde, dass das Verhalten gegen Verwaltungsvorschriften verstößt; sog „Parallelwertung in der Laiensphäre"; dazu *Reindl-Krauskopf/Salimi,* Umweltstrafrecht Rz 17; *Hinterhofer/ Rosbaud,* BT II⁵ Vorbem §§ 180 ff Rz 5). Aber auch wenn dieser Vorsatz fehlt, scheidet eine Strafbarkeit wegen des Vorsatzdelikts infolge der Sonderregelung in § 183 a StGB nicht generell aus: Geht der Täter **irrtümlich davon aus, dass sein Verhalten nicht gegen Verwaltungsrecht verstößt, ist nach § 183 a Abs 1 StGB zu prüfen, ob dieser Irrtum vorwerfbar war.** Im Fall eines vorwerfbaren Irrtums ist der Täter trotz fehlenden Vorsatzes hinsichtlich des Verstoßes gegen Verwaltungsrecht *wegen des Vorsatzdelikts* zu bestrafen. Nur bei fehlender Vorwerfbarkeit des Irrtums bleibt der Täter straflos. Im Ergebnis ist der Täter deshalb schon dann wegen des jeweiligen Vorsatzdelikts strafbar, wenn sich sein Vorsatz auf *alle übrigen* Tatbestandsmerkmale erstreckt hat und hinsichtlich des Verstoßes gegen Verwaltungsrecht *vorwerfbare* Unkenntnis bestand (ausführlich *Reindl-Krauskopf/Salimi,* Umweltstrafrecht Rz 245 ff mwN).

Beispiel: Durch das Einleiten von Jauche in einen Bach wird das Wasser derart verschmutzt, dass sich der Zustand des Gewässers für lange Zeit verschlechtern kann. Dem Landwirt ist die Auswirkung von Jauche auf das Gewässer zwar klar, er ist sich aber sicher, dies im Rahmen seiner landwirtschaftlichen Tätigkeit zu dürfen. Er hat daher keinen Vorsatz auf die Verwaltungsrechtswidrigkeit, handelt aber hinsichtlich der anderen Tatbildmerkmale des § 180 Abs 1 Z 3 StGB vorsätzlich. Gem § 183 a Abs 1 StGB kann ihm infolge seines Berufs als Landwirt aber vorgeworfen werden, dass er sich nicht mit den wasserrechtlichen Bewilligungspflichten gem § 32 WRG vertraut gemacht hat; er ist daher nach dem Vorsatzdelikt des § 180 Abs 1 StGB strafbar (vgl auch das Beispiel in *Reindl-Krauskopf/Salimi*, Umweltstrafrecht 127; VwGH 12. 9. 1969, 1857/68; *Erlacher/Lindner*, Umweltrecht-Kommentar § 32 WRG Rz 9).

2.3.3 **Besonderheiten.** Für Täter eines Umweltdelikts besteht nach **§ 183 b StGB** die Möglichkeit, unter bestimmten Voraussetzungen **durch tätige Reue Strafbefreiung** zu erlangen. Dieser persönliche Strafaufhebungsgrund greift ein, wenn der Täter von ihm verursachte Verunreinigungen, sonstige Beeinträchtigungen und damit verbundene Gefahren vor dem Eintreten einer Schädigung beseitigt. Die **Beseitigung muss freiwillig und rechtzeitig** erfolgen; dh die Strafverfolgungsbehörde darf vom Verschulden des Täters noch keine Kenntnis haben. Steht hinter einem Umweltdelikt die Vermeidung von zusätzlichen Kosten (zB teure Abfallbehandlung), können solche Ersparnisse im Rahmen eines Strafverfahrens als **Gewinn abgeschöpft** werden (Verfall gem § 20 StGB).

2.4 Amtsmissbrauch und Korruptionsdelikte

Geschütztes Rechtsgut der Amtsdelikte (§§ 302 ff StGB) ist die **Aufrechterhaltung eines funktionierenden Staatsgefüges** und damit eine **reibungslose Erfüllung der staatlichen Aufgaben** (*Kienapfel/Schmoller*, BT III² Vorbem §§ 302 ff Rz 1). § 302 StGB schützt nur hoheitliche Vollziehungsaufgaben, während die Korruptionsdelikte gem §§ 304 ff StGB jede staatliche Aufgabenerfüllung, also auch jene im Rahmen der Privatwirtschaftsverwaltung, umfassen (*Kienapfel/Schmoller*, BT III² Vorbem §§ 302 ff Rz 17 f).

2.4.1 **Missbrauch der Amtsgewalt.** Beim Missbrauch der Amtsgewalt (§ 302 StGB) handelt es sich um ein **Sonderdelikt,** das dem Wortlaut nach nur ein **Beamter** iSd § 74 Abs 1 Z 4 StGB begehen kann. Andere Personen ohne Beamtenstellung, etwa auch der Inhaber einer BA, können sich aber, weil die Sondereigenschaft das Unrecht der Tat prägt, gem § 14 Abs 1 StGB **als Beteiligte** ebenfalls nach § 302 StGB strafbar machen (oben 1.3).

Der Tatbestand ist erfüllt, wenn ein Beamter im Rahmen **hoheitlicher Tätigkeit** („in Vollziehung der Gesetze"; zB *Kienapfel/Schmoller*, BT III² § 302 Rz 21 ff) seine **Befugnis missbraucht.** Ein solcher Missbrauch liegt vor, wenn der Täter hoheitlich tätig wird, das Verhalten aber unter den gegebenen Umständen rechtlich unvertretbar ist (*Kienapfel/Schmoller*, BT III² § 302 Rz 35 f; vgl die Bsp aus der Rsp bei *Marek/Jerabek*, Korruption⁸ § 302 Rz 29). Solange sich der Beamte im Rahmen einer vertretbaren Rechtsauffassung bewegt, liegt kein Missbrauch vor. Der Beamte kann auch bei einem **Unterlassen** strafbar werden. Unterschiedliche Ansichten bestehen darüber, ob dazu die spezifischen Voraussetzungen des § 2 StGB (Begehung durch Unterlassen) erforderlich sind. Nach traditioneller Rsp ist dies zu bejahen (zB *Kienapfel/Schmoller*, BT III²

§ 302 Rz 38 ff mwN). Danach liegt eine Garantenstellung nur dann vor, wenn der Beamte aufgrund seiner konkreten Tätigkeit zur Abwendung bestimmter Gefahren oder Schäden besonders zuständig ist (*Kienapfel/Schmoller,* BT III² § 302 Rz 41); zusätzlich ist die Gleichwertigkeitsklausel des § 2 StGB zu prüfen. Jüngst hat der OGH allerdings die Ansicht vertreten, dass § 302 StGB schon dem Wortlaut nach auch durch Unterlassen begangen werden könne, sodass eine gesonderte Prüfung der Kriterien des § 2 StGB überflüssig sei (OGH 21. 1. 2015, 17 Os 47/14 m EvBl 2015/71; ebenso zB *Hilf,* WK StGB² § 2 Rz 16; *Hinterhofer/Rosbaud,* BT II⁵ § 302 Rz 38; jeweils mwN aus dem Schrifttum).

> **Beispiel:** Der Bürgermeister, der ein rechtswidrig errichtetes Bauwerk bemerkt, ist verpflichtet, dagegen einzuschreiten (OGH 15. 6. 1994, 15 Os 50/94 RdU 1995/34). Ein Umweltschutzbeauftragter muss Umweltstraftaten, welche ihm bekannt werden, verfolgen (*Kienapfel/Schmoller,* BT III² § 302 Rz 41). Der Leiter der unter anderem für Gewerberecht zuständigen Abteilung unterlässt es, den Betrieb einer konsenslos geänderten gew BA (Umbau und Aufstockung des Gebäudes sowie Erneuerung der Anlage) durch Einleitung eines Ermittlungsverfahrens zur Schließung der BA und Erlassung eines entsprechenden Bescheids zu untersagen (OGH 2. 10. 2012, 17 Os 14/12 f; 12. 6. 1992, 16 Os 19/92 RdU 1994/24). In allen diesen Fällen kommt Amtsmissbrauch durch Unterlassen in Betracht.

Auf der subjektiven Tatseite muss der Täter **hinsichtlich des Befugnismissbrauchs wissentlich** handeln; er muss also die rechtliche Unvertretbarkeit seines Handelns für gewiss halten (= besondere Vorsatzform iSd § 5 Abs 3 StGB). Zusätzlich verlangt das Gesetz den erweiterten (bedingten) **Vorsatz** (= überschießende Innentendenz), dass durch den Missbrauch eine natürliche oder juristische Person (bzw die Allgemeinheit = der Staat) **an ihren Rechten geschädigt** wird (ausführlich dazu *Bertel,* WK StGB² § 302 Rz 89 ff sowie *Zagler,* SbgK § 302 Rz 109 ff).

> **Beispiel:** Der Prokurist einer HandelsGmbH überredet den zuständigen Staatsanwalt, das gegen die Manager seines Unternehmens geführte Ermittlungsverfahren wegen § 81 LMSVG einzustellen. Folgt der Staatsanwalt dieser „Anweisung", macht er sich strafbar wegen § 302 StGB, wenn er wissentlich seine Befugnis missbraucht; darüber hinaus handelt er zumindest bedingt vorsätzlich dahin, dass er dadurch den Staat an seinem Recht schädigt, strafbare Verhaltensweisen aufzudecken und gegen verdächtige Personen zu ermitteln. Der Prokurist kann sich als Bestimmungstäter ebenfalls wegen Amtsmissbrauchs strafbar machen (§ 12 zweiter Fall, § 14 Abs 1, § 302 StGB). Lässt sich der Staatsanwalt nicht überreden und verhält er sich in der Folge korrekt, hat sich der Prokurist wegen Amtsmissbrauchs in Form der *versuchten* Bestimmung strafbar gemacht (§ 12 zweiter Fall, § 14 Abs 1, § 15 Abs 2, § 302 StGB).

2.4.2 **Korruptionsdelikte.** Die Korruptionsdelikte für den öffentlichen Sektor sind in §§ 304 bis 307 b StGB geregelt; die private Korruption wird seit dem KorrStRÄG 2012 (BGBl I 2012/61) durch § 309 StGB erfasst.

Im **öffentlichen Sektor** sind Vorteilsannahmen (passive Korruption) bzw Vorteilsgewährungen (aktive Korruption) in Bezug auf **Amtsträger, Schiedsrichter** (Richter eines Schiedsgerichts) und zum Teil **gerichtliche und behördliche Sachverständige** pönalisiert (zu den Tatsubjekten etwa *Marek/Jerabek,* Korruption⁸ §§ 304–306 Rz 2 ff). Der Begriff „Amtsträger" ist weiter als der strafrechtliche Begriff des „Beamten", weil unter ihn gem § 74 Abs 1 Z 4 a lit d StGB auch Organe und Bedienstete von öffentlichen Unternehmen (insb Unternehmen, die zu mindestens 50% dem Staat gehören) fallen.

Die **Bestechlichkeit** (§ 304 StGB) setzt das Fordern, Annehmen oder Sich-versprechen-Lassen eines Vorteils für ein pflicht*widriges* Amtsgeschäft voraus, die **Vorteilsannahme** (§ 305 StGB) dagegen für ein pflicht*gemäßes* Amtsgeschäft. Das jeweilige Delikt ist nicht erst bei **Annahme** des Vermögensvorteils oder sonstigen immateriellen Vorteils vollendet, sondern schon, wenn der Täter den Vorteil **fordert** oder **sich versprechen lässt**. Irrelevant ist, ob der Amtsträger den Vorteil sich oder einem Dritten (zB der Institution, für die er tätig ist) zukommen lässt bzw lassen will. Bei Begehung in Bezug auf ein **pflichtwidriges Amtsgeschäft** begründet jeder Vorteil Strafbarkeit, mag er auch gering oder sogar üblich sein. Besteht hingegen ein Bezug zu einem **pflichtgemäßen Amtsgeschäft,** ist zu unterscheiden: Das Fordern eines Vorteils ist stets strafbar. In den Fällen des Annehmens und Sich-versprechen-Lassens ist die Strafbarkeit hingegen auf einen **„ungebührlichen Vorteil"** beschränkt. Ein Vorteil ist *nicht* ungebührlich, wenn seine Annahme (1.) **gesetzlich erlaubt** ist oder im Rahmen einer Veranstaltung erfolgt, an deren Teilnahme ein amtliches oder sachlich gerechtfertigtes Interesse besteht, (2.) für einen **gemeinnützigen Zweck** erfolgt und der Annehmende auf die Verwendung keinen bestimmenden Einfluss hat oder (3.) es sich um eine **orts- oder landesübliche Aufmerksamkeit geringen Werts** (ohne Wiederholungsabsicht) handelt (§ 305 Abs 4 StGB; zB *Kucsko-Stadlmayer,* JBl 2009, 744 ff). Damit übereinstimmend erlaubt zB § 59 Abs 2 BDG für Bundesbeamte die Annahme „orts- oder landesüblicher Aufmerksamkeiten von geringem Wert". Für Landesbeamte sind die einschlägigen Landesgesetze zu beachten; zB erlaubt § 11 c Sbg L-BG die Annahme geringfügiger ortsüblicher Aufmerksamkeiten (darüber hinaus *Hauss/Komenda,* SbgK § 305 Rz 38 ff; *Höcher/ Singer,* ecolex 2014, 234 ff; *Marek/Jerabek,* Korruption[8] §§ 304 – 306 Rz 43 a; *Reindl-Krauskopf/Huber,* Korruptionsstrafrecht 22 ff).

> **Beispiel:** Um das Genehmigungsverfahren einer großen Mühle zu beschleunigen, schenkt der Inhaber dem Leiter der zuständigen Abteilung eine Flasche Wein; dabei handelt es sich um eine ortsübliche Aufmerksamkeit von geringem Wert. Wird nach Abschluss des Genehmigungsverfahrens eine Kiste mit teurem Wein geschenkt, liegt dagegen ein ungebührlicher Vorteil vor; auch schadet es nicht, dass das Geschenk erst nach Vornahme des Amtsgeschäfts ausgefolgt wurde (etwa *Hinterhofer/Rosbaud,* BT II[5] § 304 Rz 27 und § 305 Rz 18).

Richter und Staatsanwälte dürfen wegen § 59 RStDG überhaupt keine Geschenke annehmen; dabei wird vertreten, dass übliche Aufmerksamkeiten von geringem Wert im Rahmen des § 305 Abs 4 Z 3 StGB dennoch keine Strafbarkeit begründen (*Bertel/ Schwaighofer,* BT II[11] § 305 Rz 4; *Hauss/Komenda,* SbgK § 305 Rz 43 mwN).

Nach der Judikatur des VwGH sind **Geldgeschenke** niemals „orts- oder landesübliche Vorteile geringen Werts" (VwGH 29. 10. 1997, 96/09/0053; 17. 12. 1992, 91/09/ 0236; gegen einen pauschalen Ausschluss von Bargeld-Geschenken vgl *Marek/Jerabek,* Korruption[8] §§ 304 – 306 Rz 43 d; *Hauss/Komenda,* SbgK § 305 Rz 45 ff); dies ist allerdings in Bereichen zu hinterfragen, in denen auch bei privater Tätigkeit Trinkgelder üblich sind (*Messner* in BMJ, 41. Ottensteiner Fortbildungsseminar 97 f; *Schmoller* in *Pfeil/ Prantner,* Sozialbetrug und Korruption 68; *Reindl-Krauskopf/Huber,* Korruptionsstrafrecht 27). Die Geringfügigkeitsgrenze liegt nach hM bei ca € 100; Geschenke mit höherem Wert können nur im Einzelfall ausgenommen sein (zB *Hauss/Komenda,* SbgK § 305 Rz 49 ff mwN und Beispielen).

Den passiven Korruptionsdelikten, bei denen Tatsubjekt ein Amtsträger oder Schiedsrichter ist (und die daher Sonderdelikte sind), stehen die aktiven Korruptionsdelikte (als Allgemeindelikte) gegenüber. Diese pönalisieren das **Anbieten, Versprechen** oder **Gewähren** eines Vorteils; schon mit dem Anbieten ist das Delikt vollendet. Bei der **Bestechung** (§ 307 StGB) erfolgt die Tat in Bezug auf ein pflicht*widriges* Amtsgeschäft (Pendant zu § 304 StGB); bei der **Vorteilszuwendung** (§ 307 a StGB) in Bezug auf ein pflicht*gemäßes* Amtsgeschäft (Pendant zu § 305 StGB).

Seit dem KorrStrÄG 2012 ist auch das „Anfüttern" bzw die **„Klimapflege"** wieder strafbar, also eine Vorteilsannahme bzw -zuwendung, die in **keinem Konnex zu einem konkreten Amtsgeschäft** steht, sondern auf eine allgemeine Beeinflussung für allfällige künftige Amtsgeschäfte ausgerichtet ist (**Vorteilsannahme zur Beeinflussung** gem § 306 StGB bzw **Vorteilszuwendung zur Beeinflussung** gem § 307 b StGB). Auch diese Delikte enthalten eine Beschränkung auf **ungebührliche Vorteile;** gegenüber §§ 304 f bzw §§ 307 f StGB sind sie ausdrücklich subsidiär (*Marek/Jerabek,* Korruption[8] §§ 304 – 306 Rz 45 a; *Hinterhofer,* ÖJZ 2009, 251 ff). Ferner werden gewisse Formen von **Lobbyismus** durch § 308 StGB erfasst, wobei zentrales Tatbestandsmerkmal das ungebührliche Einflussnehmen auf die Entscheidungsfindung eines Amtsträgers oder Schiedsrichters ist; als schlichtes Tätigkeitsdelikt kommt es nicht darauf an, ob die Einflussnahme gelingt (*Hinterhofer/Rosbaud,* BT II[5] § 308 Rz 1).

Schließlich wurde mit dem KorrStrÄG 2012 die Korruption im **privaten Sektor** in § 309 StGB verlagert; davor war die private Korruption in §§ 168 c und 168 d StGB enthalten, weiterhin ist allerdings ein Fall privater Korruption in § 153 a StGB geregelt. Strafbar macht sich ein Bediensteter oder Beauftragter eines Unternehmens, der im geschäftlichen Verkehr (ausschließlich) für die pflicht*widrige* Vornahme oder Unterlassung einer Rechtshandlung (rein faktische Verrichtungen sind nicht erfasst) einen Vorteil fordert, annimmt oder sich versprechen lässt (§ 309 Abs 1 StGB), sowie jemand, der einen diesbezüglichen Vorteil anbietet, verspricht bzw gewährt (§ 309 Abs 2 StGB). Ob die pflichtwidrige Rechtshandlung tatsächlich erfolgt, ist für die Strafbarkeit nach § 309 StGB nicht relevant (vgl ausführlich *Thiele,* SbgK § 309 Rz 26 ff mwN sowie *Marek/Jerabek,* Korruption[8] § 309 Rz 4).

2.5 Sonstige Delikte

Weitere einschlägige Delikte im Kernstrafrecht finden sich in **§ 122 StGB** (Verletzung eines Geschäfts- bzw Betriebsgeheimnisses). Im Nebenstrafrecht kommen zB **§§ 79, 80 AußWG 2011** (verbotener Güterverkehr), **§§ 81, 82 LMSVG** (Inverkehrbringen von gesundheitsschädlichen Lebensmitteln, Gebrauchsgegenständen oder kosmetischen Mitteln), **§ 4 UWG** (wissentliche Anwendung von aggressiven oder irreführenden Geschäftspraktiken), **§ 10 UWG** (Bestechung von Bediensteten oder Beauftragten zu Wettbewerbszwecken), **§ 60 MSchG** (Kennzeichenverletzung) und **§ 159 PatentG** (strafbare Patentverletzung) in Betracht. Darüber hinaus kennt das **FinStrG** neben verwaltungsbehördlichen Finanzvergehen auch solche, die in die strafgerichtliche Zuständigkeit fallen, etwa eine Abgabenhinterziehung von über € 100.000 (vgl § 53 Abs 1

FinStrG), Schmuggel ab einem Wertbetrag von über € 50.000 (vgl § 53 Abs 2 FinStrG) oder Abgabenbetrug gem § 39 FinStrG.

3. Prozessuale Gesichtspunkte

398   Im Folgenden werden einige zentrale Aspekte des Ermittlungsverfahrens darge-stellt; das anschließende Verfahren vor Gericht (Hauptverhandlung) und die Möglich-keit der Urteilsbekämpfung (Rechtsmittelverfahren) nur im Überblick.

3.1 Ermittlungsverfahren

Die Staatsanwaltschaft (StA) erlangt Kenntnis von einer strafbaren Handlung idR durch eine **Strafanzeige** (*Seiler*, StPO[14] Rz 613 ff). Privatpersonen haben das Recht, An-zeigen bei der Kriminalpolizei oder direkt bei der StA zu erstatten; sie sind jedoch nicht dazu verpflichtet (§ 80 Abs 1 StPO). *Wissentlich* wahrheitswidrige Anzeigen können je-doch nach § 297 StGB (Verleumdung) strafbar sein. Behörden und öffentliche Dienst-stellen sind hingegen grds verpflichtet, amtswegig zu verfolgende Straftaten, die ihnen dienstlich zur Kenntnis gelangen, anzuzeigen (§ 78 StPO; näher *Schwaighofer*, WK StPO § 78 Rz 4 ff). Erstattete Anzeigen können **nicht mehr „zurückgenommen"** werden, weil die meisten Delikte von Amts wegen zu verfolgen sind (ausgenommen Privatanklage- und Ermächtigungsdelikte).

Nach § 1 Abs 2 StPO **beginnt das Strafverfahren,** sobald Kriminalpolizei oder StA zur Aufklärung des Anfangsverdachts einer Straftat gegen eine bekannte oder unbe-kannte Person **ermittelt,** nicht bereits ab Einlangen der Strafanzeige (OGH 27. 6. 2013, 17 Os 13/13 k EvBl 2013/136 mAnm *Ratz;* OGH 11. 6. 2012, 1 Präs 2690 – 2113/12 i JBl 2012, 671 mit krit Anm *Venier; Seiler*, StPO[14] Rz 620; *Markel*, WK StPO § 1 Rz 25 ff). Im Ermittlungsverfahren wird die Grundlage für das spätere Hauptverfahren geschaffen. **Zweck des Ermittlungsverfahrens** ist einerseits, den Sachverhalt und Tatverdacht durch Ermittlungsmaßnahmen soweit zu klären, dass die StA über Anklage, Rücktritt von der Verfolgung (diversionelle Erledigung) oder Einstellung des Verfahrens entschei-den kann, andererseits, die Hauptverhandlung vorzubereiten (§ 91 Abs 1 StPO). Seit dem StPRÄG 2014 (BGBl I 2014/71) unterscheidet die StPO zwischen „Verdächtigen" und „Beschuldigten" (§ 48 Abs 1 Z 1 und 2 StPO), wobei gegen einen Verdächtigen erst ein Anfangsverdacht, gegen einen Besch bereits ein konkreter Tatverdacht besteht, Er-mittlungsmaßnahmen gegen ihn angeordnet oder bestimmte Beweise aufgenommen wurden. Hinsichtlich ihrer Rechte werden Verdächtige mit Besch gleichgestellt (§ 48 Abs 2 StPO); es können daher nicht die Beschuldigtenrechte dadurch umgangen wer-den, dass die konkrete Person (bloß) als Verdächtiger bezeichnet wird.

Die **StA leitet das Ermittlungsverfahren** und führt dieses in **Kooperation mit der Kriminalpolizei.** Die Kriminalpolizei hat zwar eine eigenständige Ermittlungskompe-tenz und besitzt faktisch Ermittlungsmacht (*Seiler*, StPO[14] Rz 624), sie ist aber den Anordnungen der StA und des Gerichts unterworfen (vgl § 99 Abs 1 StPO). Das **Ge-richt hat im Ermittlungsverfahren primär die Funktion der allgemeinen Rechtskon-trolle** der Tätigkeit von StA und Kriminalpolizei. Zu diesem Zweck können alle Perso-nen (also auch der Besch) einen Einspruch an das Gericht erheben, wenn sie durch Er-mittlungsschritte in einem subjektiven Recht verletzt wurden (§ 106 StPO). Ausnahmsweise wird das Gericht bereits im Ermittlungsverfahren zur Aufnahme von Beweisen tätig (zB kontradiktorische Vernehmung, Tatrekonstruktion). Ferner **entscheidet das Gericht über Anträge der StA auf Bewilligung bestimmter prozessualer Zwangsmittel** (zB Beschlagnahme, Anordnung der Untersuchungshaft, Durchsuchung einer Wohnung; vgl *Seiler*, StPO[14] Rz 644; laut OGH darf in der Begründung der gerichtlichen Bewilligung auf die Begründung in der staatsanwaltschaftlichen Anordnung verwiesen werden; zB OGH 26. 8. 2008, 14 Os 109/08y EvBl 2008/173; aM *Bertel/Venier*, Strafprozessrecht[8] Rz 195). Für bestimmte schwere Wirtschaftsstraftaten besteht anstelle der örtlichen StA eine Sonderzuständigkeit der **WKStA** (=„Zentrale Staatsanwaltschaft zur Verfolgung von Wirtschaftsstrafsachen und Korruption"; § 19 Abs 1 Z 3, § 20 a StPO), anstelle der Kriminalpolizei ermittelt das **Bundesamt zur Korruptionsprävention und Korruptionsbekämpfung** (BGBl I 2009/72, § 20 a Abs 2 StPO).

Der **Besch** ist zwar verpflichtet, sich auf das Verfahren einzulassen („Prozesseinlassungspflicht"; dazu *Markel*, WK StPO § 1 Rz 22; *Achammer*, WK StPO § 7 Rz 18 ff), er kann aber nicht zu einer Aussage gezwungen werden; er **muss nicht an seiner eigenen Überführung mitwirken** (§ 7 Abs 2, § 164 StPO). Der Besch darf daher nicht durch Drohung und Zwang, aber auch nicht durch Täuschung oder Versprechungen zu einer Aussage genötigt werden (vgl §§ 165 und 166 StPO; weiterführend *Seiler*, StPO[14] Rz 404; *Michel-Kwapinski*, WK StPO § 166 Rz 9 ff). Eine **Verweigerung der Aussage** darf **nicht als Schuldindiz** bewertet werden (*Schmoller*, WK StPO § 14 Rz 23 ff mwN). Eine Falschaussage begründet für den Besch – anders als für Zeugen (vgl § 288 StGB) – keine Strafbarkeit. Ein **Geständnis** ist allerdings bei der Strafzumessung mildernd zu berücksichtigen (vgl § 34 Abs 1 Z 17 StGB). Ein solches befreit die Ermittlungsbehörden jedoch nicht davon, die Tat weiter zu untersuchen (*Seiler*, StPO[14] Rz 399; *Schmoller*, WK StPO § 3 Rz 31). Der Besch ist spätestens vor Beginn der Vernehmung darüber zu informieren, welcher Tat er verdächtigt wird und dass ihm ein Aussageverweigerungsrecht zukommt; ferner dass er sich **mit einem Verteidiger beraten** kann (§ 164 Abs 1 StPO). Die Verständigung über das gegen ihn geführte Ermittlungsverfahren soll überhaupt in einem möglichst frühen Stadium des Ermittlungsverfahrens vorgenommen werden (§ 50 StPO), damit er sich einer wirksamen Verteidigung bedienen kann; bei „heimlichen" Überwachungsmaßnahmen, von denen der Besch ja keine Kenntnis haben soll, ist ein Aufschub der Verständigung zulässig, um den Erfolg einzelner Ermittlungen nicht zu gefährden. Jedenfalls hat er aber bei Anwendung von Zwang das Recht, über seine Stellung als Besch aufgeklärt zu werden (*Achammer*, WK StPO § 50 Rz 4 mwN).

Im Zusammenhang mit Umweltdelikten oder Körperverletzungen bzw Gesundheitsschädigungen innerhalb des Betriebs kommen als Ermittlungsmaßnahmen insb der **Augenschein** und die **Tatrekonstruktion** in Betracht (§§ 149 f StPO). Ein Augenschein kann grds auch allein durch die Kriminalpolizei durchgeführt werden (§ 149 Abs 2 StPO), wobei ihr zu diesem Zweck der Zugang zum Betriebsgelände zu gestatten ist (vgl allgemein § 93 Abs 1 StPO). Eine Tatrekonstruktion wird durch das Gericht unter Beteiligung der Parteien durchgeführt (§ 104 Abs 1, § 150 StPO).

Ferner kann eine **Durchsuchung von Orten,** zB des Betriebsgeländes, als Ermittlungsschritt naheliegen: Werden dort Gegenstände oder Spuren vermutet, die sicherzustellen und auszuwerten sind, kann die Kriminalpolizei aufgrund staatsanwaltschaftlicher Anordnung mit gerichtlicher Bewilligung (zB auch gegen den Willen des Betriebsinhabers oder Grundstückeigentümers) das Betriebsgebäude und Grundstück durchsuchen; bei Gefahr im Verzug kann die Kriminalpolizei auch von sich aus eine Durchsuchung vornehmen (§ 120 Abs 1 StPO). Der Betriebsinhaber (oder sonstige Betroffene) ist zunächst aufzufordern, die Durchsuchung (freiwillig) zuzulassen, und er darf während der Durchsuchung (gemeinsam mit einer Person seines Vertrauens) anwesend sein (vgl § 121 Abs 1 und Abs 2 StPO).

> **Beispiel:** Gegen den Landwirt L wird ein Strafverfahren wegen § 181 StGB geführt, weil überschüssige Gülle in einen nahegelegenen Bach gelangt ist und dort ein ausgebreitetes Fischsterben verursacht hat (vgl OLG Wien 16. 2. 1998, 19 Bs 465/97 RdU 1998/135; ähnlich OLG Innsbruck 2. 2. 1995, 7 Bs 491/94 RdU 1995/41). Um festzustellen, ob die im Bach entdeckten Güllerückstände vom Grundstück des L kamen, wird von der StA eine Durchsuchung des gesamten Bauernhofs mit den dazugehörenden Wiesen angeordnet.

Ein ebenfalls wichtiges Beweismittel ist das **Sachverständigengutachten.** Ist für Ermittlungen oder für eine Beweisaufnahme besonderes Fachwissen erforderlich, bestellt grds die Staatsanwaltschaft einen Sachverständigen und betraut ihn mit der Erkundung relevanter Sachverhaltsumstände (*Seiler*, StPO[14] Rz 422 f). Der Besch kann binnen 14 Tagen ab Zustellung der Bestellung, ab Kenntnis eines Befangenheitsgrundes bzw Vorliegen begründeter Zweifel an seiner Sachkunde einen Antrag auf Enthebung des Sachverständigen stellen; darüber entscheidet (wenn die StA dem nicht stattgeben will) das Gericht mit Beschluss. Ferner kann der Besch von vornherein die Sachverständigenbestellung durch das Gericht (im Rahmen einer gerichtlichen Beweisaufnahme) verlangen (vgl § 126 Abs 5 idF BGBl I 2014/71). IdR wird der gleiche Sachverständige auch für die Hauptverhandlung bestellt; dabei können sich aber dann Zweifel an seiner Unparteilichkeit ergeben, wenn er im Ermittlungsverfahren nicht nur zu konkret vorgegebenen Fragen sachverständig und neutral Stellung genommen, sondern wenn er ganz allgemein der StA bei ihren Ermittlungen geholfen hat. Im letzten Fall erscheint dann der Sachverständige vielmehr als **„Gehilfe der StA",** was eine Befangenheit iSd § 47 Abs 1 Z 3 StPO begründen kann (OGH 23. 1. 2014, 12 Os 90/13 x JBl 2014, 336 mAnm *Schmoller*). Diese Befangenheit muss mit dem Ziel geltend gemacht werden können, für das Hauptverfahren einen neuen Sachverständigen zu bestellen (vgl in diesem Zusammenhang das Erk des VfGH zur (aufgehobenen) Regelung in § 126 Abs 4 StPO: VfGH 10. 3. 2015, G 180/2014 ua JBl 2015, 434 mAnm *Schmoller*).

Gegen gerichtliche Beschlüsse besteht im Ermittlungsverfahren ferner die Möglichkeit, binnen 14 Tagen eine **Beschwerde** gem §§ 87 ff StPO einzulegen: Dies kann nicht nur der Besch, sondern jede Person, die durch den konkreten Beschluss betroffen ist (*Seiler*, StPO[14] Rz 1189 ff). Auf diese Art können zB die gerichtliche Bewilligung der Durchsuchung eines Orts oder die Verhängung einer Untersuchungshaft bekämpft werden. Bei **Verletzung subjektiver Rechte** (Akteneinsichtsrecht, Beweisantragsrecht etc) **durch die Kriminalpolizei** oder **die StA** im Ermittlungsverfahren steht der schon erwähnte **Einspruch** wegen Rechtsverletzung gem § 106 StPO offen, welchen nicht nur der Besch, sondern jeder von der Rechtsverletzung Betroffene geltend machen kann. Der Einspruch ist binnen sechs Wochen ab Kenntnis der Rechtsverletzung bei der StA einzubringen; das Gericht wird dann damit befasst, wenn die StA dem Einspruch nicht (binnen vier Wochen) entspricht. Seit dem StPRÄG 2013 (BGBl I 2013/195) kann die

Rechtsverletzung auch nach Beendigung des Ermittlungsverfahrens geltend gemacht werden (*Öner/Walcher*, ÖJZ 2014, 1000 f).

3.2 Diversionelle Erledigung

Für den unteren und mittleren Kriminalitätsbereich erscheint ein **förmliches Strafverfahren mit anschließender Verhängung einer Strafsanktion verzichtbar,** wenn der Verdächtige dadurch Verantwortung für die Tat übernimmt, dass er **freiwillig bestimmte Leistungen erbringt** und damit den spezial- und generalpräventiven Bedürfnissen hinreichend Rechnung getragen werden kann; gleichzeitig werden damit negative Effekte einer Strafverfolgung (insb Stigmatisierung) vermieden (*Schroll*, WK StPO Vor §§ 198–209 b Rz 1; *Kienapfel/Höpfel/Kert*, AT[14] E 10 Rz 3). Daher sehen §§ 198 ff StPO vor, dass unter bestimmten Voraussetzungen eine „diversionelle" Erledigung der Straftat möglich ist.

Voraussetzung für eine Diversion ist zunächst, dass der **Sachverhalt hinreichend geklärt** ist, keine Einstellung des Verfahrens wegen Geringfügigkeit in Betracht kommt und der Besch **freiwillig** kooperiert; ihm kann keinesfalls eine diversionelle Maßnahme gegen seinen Willen aufgetragen werden (vgl § 207 StPO und zur fundamentalen Bedeutung dieser Voraussetzung zB *Schroll*, WK StPO § 198 Rz 9 f). Darüber hinaus dürfen **weder spezial- noch generalpräventive Gründe** eine Strafe erfordern. Spezialpräventive Gründe sprechen insb dann gegen eine Diversion, wenn der Täter bereits mehrere Vorverurteilungen aufweist; ein zwingender Schluss ist dies jedoch nicht (*Schroll*, WK StPO § 198 Rz 38 mwN).

Die Grenze der Möglichkeit einer diversionellen Erledigung wird im Gesetz folgendermaßen gezogen: Die Tat darf **nicht den Tod eines Menschen** zur Folge gehabt haben, die **Schuld des Täters darf nicht schwer** wiegen und das Delikt **nicht mit mehr als 5 Jahren Freiheitsstrafe** bedroht sein.

Das Gesetz sieht 4 alternative Wege für eine diversionelle Erledigung vor:
- Zahlung eines **Geldbetrags** (an den Staat, nicht an das Opfer),
- **gemeinnützige Leistungen** (in der Freizeit des Täters über eine entsprechende Einrichtung, zB bei einem Krankenhaus oder Tierheim),
- **Probezeit** (in diesen ein bis maximal zwei Jahren müssen idR zusätzliche Pflichten erfüllt werden, insb den Schaden nach Kräften – also nicht zwingend vollständig – wiedergutzumachen) oder
- **Tatausgleich** (insb Schadensgutmachung, aber darüber hinaus auch eine Auseinandersetzung mit den Ursachen der Tat und ihren Folgen; das Zustandekommen ist grds von der Zustimmung des Opfers abhängig); zu den einzelnen Diversionsmaßnahmen vgl jeweils die ausführlichen Kommentierungen bei *Schroll*, WK StPO §§ 200 bis 205.

Erfüllt der Täter die jeweilige Diversionsmaßnahme, hat die StA von der Verfolgung endgültig zurückzutreten; damit kann – abgesehen von der Ausnahme einer Wiederaufnahme (§ 205 Abs 1 iVm §§ 352 ff StPO) – die Deliktsbegehung nicht Gegenstand eines neuerlichen Strafverfahrens sein (*Schroll*, WK StPO § 205 Rz 3 ff mwN).

3.3 Hauptverhandlung und Rechtsmittel

Erhebt die StA **Anklage** (bzw bringt sie bei einzelrichterlichen Verfahren einen Strafantrag ein), wird das Ermittlungsverfahren in das Hauptverfahren übergeleitet, in welchem nun das **Gericht die Leitungsbefugnis** innehat und die StA zur Verfahrens-partei wird (*Seiler,* StPO[14] Rz 725; *Danek/Mann,* WK StPO § 232 Rz 1 ff). Eine Anklage ist nur zulässig, wenn der Sachverhalt ausreichend geklärt erscheint, eine Verfahrensein-stellung oder Diversion nicht möglich und eine Verurteilung des Besch wahrscheinli-cher als ein Freispruch ist (vgl § 210 StPO). Der (nunmehrige) „Angeklagte" hat das Recht, **gegen die Anklageschrift** (nicht jedoch gegen einen Strafantrag) innerhalb von 14 Tagen **Einspruch** zu erheben, zB weil die Anklage nicht stichhaltig sei (vgl § 213 StPO; ausführlich *Birklbauer/Mayrhofer,* WK StPO Vor §§ 210–215 Rz 41 ff).

In der **Hauptverhandlung** werden alle Beweise unmittelbar vom erkennenden Ge-richt aufgenommen. Anschließend entscheidet das Gericht – nach freier Beweiswürdi-gung – über die in der Anklage angelastete Tat. Gegen eine Verurteilung kann ein Rechtsmittel sowohl zum Vorteil als auch zum Nachteil der Angeklagten, gegen einen Freispruch nur ein Rechtsmittel zum Nachteil des Angeklagten erhoben werden. Diese Bekämpfungsmöglichkeiten unterscheiden sich je nachdem, welches Gericht in erster Instanz zuständig war: Ein Urteil des Bezirksgerichts sowie des Einzelrichters am Lan-desgericht ist grds in vollem Umfang bekämpfbar **(volle Berufung);** dies umfasst auch eine Anfechtung der Beweiswürdigung. Urteile von Kollegialgerichten (Schöffen- und Geschworenengericht) sind dagegen nur eingeschränkt anfechtbar. Es muss ein im Ge-setz aufgezählter Nichtigkeitsgrund vorliegen, um eine Anfechtung des Urteils zu errei-chen (**Nichtigkeitsbeschwerde,** über die der OGH entscheidet); daneben ist eine Über-prüfung der konkret verhängten Strafe durch **Strafberufung** möglich, über die grds das OLG entscheidet.

4. VbVG: Strafbarkeit von Unternehmen

399   Im Jahr 2006 trat das VbVG (BGBl I 2005/151) in Kraft, sodass nunmehr auch **ein Verband strafrechtlich verurteilt** werden kann. Das VbVG selbst spricht zwar von der „Verbandsgeldbuße" (§ 4), nach hM ist diese aber aufgrund ihres repressiven und prä-ventiven Charakters **als „Strafe" zu qualifizieren** (vgl *Schmoller,* RZ 2008, 10 f; *Steinin-ger,* VbVG Vorbem Rz 4 ff sowie § 4 Rz 6; *Schick* in FS Tiedemann 859; *Boller,* Straf-rechtliche Verantwortlichkeit 211). Die strafrechtliche Verantwortlichkeit des Verbands tritt **neben die jeweilige individuelle Strafbarkeit** (§ 3 Abs 4 VbVG).

4.1 Voraussetzungen einer Verbandsgeldbuße

Der **Begriff des Verbands** ist nach § 1 Abs 2 VbVG sehr **weit gehalten.** Er um-fasst insb **juristische Personen** (Kapitalgesellschaften wie AG, GmbH, Körperschaften öffentlichen Rechts, Vereine, Gebietskörperschaften im Rahmen der Privatwirtschafts-verwaltung), aber auch **eingetragene Personengesellschaften** (wie OG, KG), nicht je-doch die Gesellschaft bürgerlichen Rechts (also zB nicht eine Bau-ARGE, die als GesbR organisiert ist; vgl dazu und zu weiteren Ausnahmen *Steininger,* VbVG § 1 Rz 23 ff; *Hilf/Zeder,* WK StGB[2] § 1 VbVG Rz 22 ff und 27 ff). Auch ein **Einzelunternehmen ist kein Verband.** Gebietskörperschaften fallen nicht unter das VbVG, soweit sie hoheitlich tätig werden (§ 1 Abs 3 Z 2 VbVG).

Erste Voraussetzung für eine strafrechtliche Haftung des Verbands ist, dass die Tat entweder **zu Gunsten des Verbands begangen** oder dass durch sie **Pflichten des Ver-**

bands verletzt wurden (vgl § 3 Abs 1 Z 1 bzw Z 2 VbVG). Eine Tat wirkt „zu Gunsten" des Verbands, wenn dieser dadurch materielle Vorteile erzielt hat oder erzielen hätte sollen, also wenn er bereichert wurde oder sich einen Aufwand gespart hat bzw dies zumindest geplant war (ausführlich *Hilf/Zeder*, WK StGB² § 3 VbVG Rz 8 ff).

> **Beispiel:** Der Gf überredet den zuständigen Beamten der BVB, die Genehmigung der gew BA ohne besondere Auflagen hinsichtlich der Entsorgung giftiger Stoffe zu erteilen. Diese Tat des Gf (Bestimmung zum Amtsmissbrauch) war zum Vorteil des Verbands, weil sich die GmbH dadurch den Aufwand erspart, teure Entsorgungssysteme zu installieren.

Zur Verletzung von Pflichten des Verbands ist zunächst darauf hinzuweisen, dass (auch) den Verband nicht die grundsätzliche Pflicht trifft, zum Schutz von Rechtsgütern Dritter ganz allgemein einzugreifen. Daher fehlt es zB am Verbandsbezug, wenn ein Mitarbeiter ausschließlich in seinem Eigeninteresse Diebstähle, wenngleich in der Dienstzeit, begeht (*Steininger*, VbVG § 3 Rz 13; *Hilf/Zeder*, WK StGB² § 3 VbVG Rz 21). Relevante Verbandspflichten ergeben sich dagegen zB aus eingegangenen Verträgen, aus dem Arbeitnehmerschutzrecht, aus Verwaltungsgesetzen oder Bescheidauflagen, aus dem Produkthaftungsrecht oder sonstigen Normen, die zur Sicherung von Gefahrenquellen verpflichten, mithin aus der gesamten Rechtsordnung (vgl *Hilf/Zeder*, WK StGB² § 3 VbVG Rz 14 ff; *Steininger*, VbVG § 3 Rz 14 f).

> **Beispiel:** Ein LKW-Fahrer wird vom Dienstgeber aufgrund wichtiger Auslieferungen über die zulässige Einsatzzeit hinaus herangezogen; wegen seiner Übermüdung verursacht er einen Unfall, bei dem mehrere Personen schwer verletzt werden (§ 88 Abs 1 und 4 StGB). Die entsprechende Verbandspflicht, welche durch die konkrete Tat verletzt wurde, ergibt sich aus § 102 KFG iVm § 16 ArbeitszeitG (ausführlich zu den Verbandspflichten aufgrund des ArbeitszeitG *Steininger*, VbVG § 3 Rz 19).

Als zusätzliche Voraussetzungen der Zurechnung zum Verband werden **zwei Fallgruppen** unterschieden, je nachdem, ob die Straftat durch einen „Entscheidungsträger" (§ 2 Abs 1 VbVG) oder durch einen sonstigen Mitarbeiter (§ 2 Abs 2 VbVG) begangen wurde; der Verband haftet dabei für jenes Delikt, das der Entscheidungsträger oder Mitarbeiter begeht (straftat- bzw deliktsspezifische Akzessorietät; *Steininger*, VbVG § 3 Rz 36 und 48).

– Wird die Straftat von einem **Entscheidungsträger** begangen, also etwa einem Gf oder Prokuristen, begründet dies grds **ohne weiteres eine Haftung auch des Verbands.** Die Tat des Entscheidungsträgers muss dabei tatbestandlich, rechtswidrig und schuldhaft begangen werden (§ 3 Abs 2 VbVG). Der Entscheidungsträger muss die Tat in Ausübung seiner Leitungsfunktion begehen, ansonsten – wenn er als „normaler" Mitarbeiter tätig war – müssen die Kriterien der Mitarbeitertat vorliegen. Für die strafrechtliche Haftung des Verbands reicht dabei aus, wenn sich nachweisen lässt, dass *einer von mehreren* Entscheidungsträgern diese Tat begangen hat (dazu *Hilf/Zeder*, WK StGB² § 3 VbVG Rz 30; aM *Steininger*, VbVG § 3 Rz 42 mit Verweis auf die Materialien: EBRV 994 BlgNR 22. GP 22).

– Die Straftat eines **sonstigen Mitarbeiters** wird dem Verband nur dann zugerechnet, wenn zusätzlich die Tat **durch einen Entscheidungsträger (zumindest fahr-**

lässig) ermöglicht oder **erleichtert** worden ist („Organisationsverschulden", zB weil organisatorische Maßnahmen wie regelmäßige Kontrollen bzw Überprüfungen zu ihrer Verhinderung unterlassen wurden; *Steininger*, VbVG § 3 Rz 52 ff; *Hilf/Zeder*, WK StGB[2] § 3 VbVG Rz 41 ff). Der Mitarbeiter muss dabei tatbestandlich und rechtswidrig gehandelt haben (nicht jedoch schuldhaft); bei den Schulderfordernissen hinsichtlich des Entscheidungsträgers ist das Gesetz zwar unklar, es wird aber wohl in dem Sinn auszulegen sein, dass *schuldloses* Verhalten des Entscheidungsträgers von der Verbandsverantwortlichkeit befreien würde, dh **schuldhaftes Verhalten** des Entscheidungsträger **erforderlich** ist (§ 3 Abs 3 VbVG; vgl *Schmoller*, RZ 2008, 13 f). Wiederum reicht die Feststellung aus, dass die Tat einer der Mitarbeiter begangen hat und diese durch einen der Entscheidungsträger ermöglicht oder erleichtert worden ist; eine konkrete Person muss jeweils nicht feststehen (*Steininger*, VbVG § 3 Rz 87 f).

Beispiel: Der Gf lagert aus Kostengründen schädliche Schadstoffe auf dem Betriebsgelände, anstatt sie AWG-konform zu entsorgen; aufgrund der Ablagerung besteht die Gefahr einer anhaltenden Verschlechterung des Bodens auf dem Gelände. Wenn er den Tatbestand des § 181 b StGB erfüllt, darüber hinaus rechtswidrig und schuldhaft handelt, kann der Verband – weil der Gf Entscheidungsträger ist – nach § 4 VbVG mit einer Verbandsgeldbuße bestraft werden, weil den Verband die Pflicht trifft, für eine rechtmäßige Entsorgung der schädlichen Abfälle zu sorgen. – Begeht dieselbe Tat ein (sonstiger) Mitarbeiter des Betriebs, ohne dass die Geschäftsführung daran mitwirkt, so hängt die Verbandsverantwortlichkeit zusätzlich davon ab, dass die im Verband tätigen Entscheidungsträger Maßnahmen verabsäumt haben, um solche Taten zu verhindern; zB wenn es kein Kontroll- oder Überwachsungssystem gibt.

Die **Höhe der Verbandsgeldbuße** richtet sich gem § 4 Abs 3 VbVG nach der Strafdrohung des vom Entscheidungsträger bzw Mitarbeiter begangenen Delikts, wobei die **für das Delikt angedrohte Freiheitsstrafe gesetzlich in eine bestimmte Anzahl von Tagessätzen „umgerechnet"** wird. So beträgt die Verbandsgeldbuße bei einer Straftat nach § 180 Abs 1 StGB (Freiheitsstrafe bis zu drei Jahren) gem § 4 Abs 3 fünfter Teilstrich VbVG 85 Tagessätze, wobei der einzelne Tagessatz sich grds an dem Tagesertrag des Verbands orientiert, mindestens jedoch € 50 und höchstens € 10.000 beträgt.

4.2 Prozessuale Besonderheiten

Grds gelten für das Verfahren gegen den Verband die **allgemeinen Vorschriften der StPO** (§ 14 Abs 1 VbVG), soweit sie nicht nur auf natürliche Personen anwendbar sind. Der „belangte Verband" hat im gesamten Verfahren die Rechte eines Besch; die StA muss grds iSd Offizialprinzips von Amts wegen tätig werden und ist an das Legalitätsprinzip gebunden. Am Ende des Ermittlungsverfahrens, wenn eine Verurteilung wahrscheinlich ist, hat die StA bei Gericht einen Antrag auf Verhängung einer Verbandsgeldbuße einzubringen (§ 13 Abs 1 VbVG). Eine Besonderheit besteht darin, dass die StA – anders als im Individualstrafrecht – aufgrund von gesetzlich bezeichneten **Opportunitätserwägungen** – unter bestimmten Voraussetzungen das Verfahren einstellen kann (§ 18 Abs 1 VbVG; zu diesen Opportunitätserwägungen *Hilf/Zeder*, WK StGB[2] § 18 VbVG Rz 6 ff). Darüber hinaus ist eine **diversionelle Erledigung** auch für Verbände möglich (§ 19 VbVG). Die (sachliche) Zuständigkeit des Gerichts richtet sich nach dem begangenen Delikt (§ 15 Abs 1 VbVG). Auch wenn das Verfahren gegen Verband und natürliche Person getrennt geführt wird, hat der Verband im Verfahren gegen die natürliche Person die Stellung als Besch (*Steininger,* VbVG § 15 Rz 15f; *Hilf/Zeder,* WK StGB[2] § 15 VbVG Rz 4f).

Verbände sind selbst nicht prozessfähig, daher bedarf es natürlicher Personen für die Abgabe und den Empfang von Erklärungen. Grds sind dazu die vertretungsbefugten Organe berufen. Wenn jedoch alle vertretungsbefugten Organe selbst einer Straftat verdächtigt werden, hat das Gericht von Amts wegen einen Verteidiger als „Kollisionskurator" zu bestellen (vgl § 16 Abs 2 VbVG). Nach § 17 Abs 1 VbVG haben im Strafverfahren gegen den Verband **sämtliche Entscheidungsträger die Stellung als Besch;** Mitarbeiter nur dann, wenn sie selbst der Anlasstat verdächtig sind. Alle anderen Mitarbeiter können daher als Zeugen geladen werden und müssen grds aussagen; sie haben etwa kein Zeugnisverweigerungsrecht, nur um den Verband zu schützen; sie könnten sich allerdings darauf berufen, dass sie bei einer Aussage sich selbst belasten müssten (vgl § 157 Abs 1 Z 1 StPO; ferner dazu *Hilf/Zeder,* WK StGB[2] § 17 VbVG Rz 1ff; *Steininger,* VbVG § 17 Rz 6ff).

Sachverzeichnis

Die Zahlen nach den Stichwörtern verweisen auf die Randzahlen im Text, diesen (nach einem Beistrich) nachfolgende Zahlen verweisen auf Unterabschnitte in den betreffenden Randzahlen; vereinzelt (nach einem Strichpunkt) nachfolgende Zahlen verweisen auf weitere Randzahlen zum selben Stichwort. Paragraphen ohne Anführung des Gesetzes sind solche der GewO. Das Wort *„Kurzinformation"* verweist auf das Lexikon im ersten Teil.

G

597